普通高等教育“十一五”国家级规划教材

普通高等教育“十二五”规划教材

植物基因工程

（第二版）

王关林　方宏筠　主编

科学出版社

北京

内 容 简 介

本书是融汇了近代植物基因工程新理论、新技术及新成果编写而成的系统论述植物基因工程原理与技术的"十二五"高等院校统编教材。本书对第一版进行了较大的改动,共设八篇46章,新增了"植物基因变异分子生物学"、"植物质体基因转化系统"及"外源基因在转基因植物中的表达调控"等共20余章,最后还增加了第八篇生物信息学与植物基因工程,新增内容为全书的三分之二以上。同时,本书引入了许多最新的图表及近三年的新文献,力求图文并茂,内容丰富,既具有较高的专业水平,又深入浅出,使本书具有多种功能。

本书既是植物基因工程领域研究人员的参考书,又是高等院校生物技术相关专业本科生及研究生的教材,教师可以根据教学大纲需要从中选择适合的内容灵活使用。同时,本书也是学生拓宽知识、激发专业兴趣、启蒙创新的深入阅读资料。

图书在版编目(CIP)数据

植物基因工程/王关林,方宏筠主编. —2版. —北京:科学出版社,2014
普通高等教育"十一五"国家级规划教材·普通高等教育"十二五"规划教材
ISBN 978-7-03-041090-0

Ⅰ.①植… Ⅱ.①王… ②方… Ⅲ.①植物-基因工程-高等学校-教材
Ⅳ.①Q943.2

中国版本图书馆CIP数据核字(2014)第129192号

责任编辑:席 慧 丛 楠 田明霞/责任校对:李 影
责任印制:赵 博/封面设计:迷底书装

科 学 出 版 社 出版
北京东黄城根北街16号
邮政编码:100717
http://www.sciencep.com

北京市金木堂数码科技有限公司印刷
科学出版社发行 各地新华书店经销
*
2009年7月第 一 版 开本:A4(890×1240)
2014年7月第 二 版 印张:28 3/4
2025年4月第七次印刷 字数:920 000

定价:118.00元
(如有印装质量问题,我社负责调换)

《植物基因工程》(第二版)编委会名单

主　　编　王关林　方宏筠

副 主 编　朱延明　王傲雪　那　杰　刘昱辉　胡银岗　张　明

编写人员(按姓氏汉语拼音排序)

才　华	东北农业大学
陈秀玲	东北农业大学
杜　娟	北京大学
端木慧子	东北农业大学
方宏筠	辽宁师范大学
何俊娜	中国农业大学
胡银岗	西北农林科技大学
胡鸢雷	北京大学
纪　巍	东北农业大学
李大力	南京理工大学
刘昱辉	中国农业科学院
罗红梅	中国医学科学院
闵东红	西北农林科技大学
那　杰	辽宁师范大学
石若夫	南京理工大学
孙晓丽	东北农业大学
王傲雪	东北农业大学
王关林	辽宁师范大学
王小芳	清华大学
王旭静	中国农业科学院
夏　然	中国科学院遗传与发育生物学研究所
夏秀英	大连理工大学
张　明	吉林省农业科学院
周卫东	北京鼎国生物技术公司
朱延明	东北农业大学

前　言

全球生物技术的快速发展使生命科学进入了大科学、大数据时代，其影响力远超人们想象。生物科技创新成果层出不穷，产业大军厉兵秣马，无不预示着生物产业春天已然来临。生物医药、生物农业及生物产品制造“三足鼎立”的格局基本形成。基因工程是生物大时代的开拓者，其中植物基因工程与农业发展、人民生活息息相关，从而得到了高度重视，产业化的进程急速递增。1996年至2012年的17年间，全球种植以抗病虫、抗除草剂性状为主的转基因作物面积从170万 hm^2 增长到1.7亿 hm^2，增长了近100倍，创造了一千亿美元价值，相当于节约了16.3亿亩耕地；减少了4.73亿kg化学农药的使用，业绩举世瞩目。这一崭露头角的新兴产业方兴未艾，解决全球粮食危机寄希望于植物基因工程的未来。植物基因工程与历史上其他的重大农业技术相比，如化学革命从有机肥到无机肥的推广用了半个多世纪，可见转基因发展之快。在生命科学家眼中，植物基因工程是一项给人类带来福祉的伟大技术，也是将为农业谱写文明新篇章的技术。直至今日，联合国粮食及农业组织对30年前获得第一株转基因植物的三位科学家（有的科学家已去世）授予了崇高“世界粮食奖”，奖励他们对世界农业的巨大贡献，这也是首次对转基因作物的高度肯定。农业生物科技新时代已经来临，全球农业生物育种和产业化发展已进入战略机遇期。

我国已开展20多年转基因技术研究，拥有重要基因的自主知识产权和核心技术，在棉花、水稻、玉米等作物转基因应用研究方面，已形成优势与特色，达到国际先进水平。我国种植的棉花中80%是转基因抗虫棉，减少了约80%的农药使用量。我国对植物基因工程高度重视，2008年投巨资启动了“十一五”和“十二五”植物基因工程育种专项，已对7种转基因植物发放了商品化生产许可，有力地推动了我国植物基因工程产业的发展。

科技发展，人才为本。早在1993年，本书编者、国务院特殊津贴专家王关林教授在美国从事植物基因工程研究时就致力于编写植物基因工程专著，旨在加快我国人才培养。于1998年他编著了第一部专著《植物基因工程原理与技术》，2002年又改编出版了《植物基因工程》第二版并多次重印。在此基础上，2008年根据我国教育部的教材建设规划要求，由专家组评审，教育部审批，王关林教授又承担了编写我国普通高等教育“十一五”国家级规划教材《植物基因工程》的专项任务。该书是我国植物基因工程领域内的第一本高等院校统编教材，于2009年由科学出版社出版后，被中国科学院研究生院及多所大学遴选为本科高年级学生和研究生的教科书，使用五年来多次得到好评。为紧跟生物科技大时代的发展，导入近期植物基因工程的创新成果，在第一版的基础上，编者汇集近代的新理论、新技术及其产业化进展，编写了系统论述植物基因工程基础理论及其原理与技术，教学科研两用的新作——《植物基因工程》第二版，以克服两者脱节的弊病，提高本书的使用率。教材是传授知识的载体，是培养人才的保证。编者深知责任重大，求贤为业，竭诚邀请了来自中国科学院遗传与发育生物学研究所、中国农业科学院、北京大学、清华大学等院校教学科研一线的教授、专家、中青年博士参加编写，集成他们的渊博学识和真知灼见，提高著作水平。

本书保持了原专著和第一版教材的特点：强化基础理论，重视知识体系；融合学术创新，汇集科技成果；做到理论与技术结合，理论与实践结合，理论与应用结合；注意激发读者的专业兴趣和激情，培养创新能力。本书以植物基因工程的操作程序为主线循序展开，逐渐深入，在论述植物基因工程学科理论的基础上，系统阐明了植物基因工程各程序的原理与技术，使本书既具有较高的理论性，又具有较强的实用性和可操作性，从而构成植物基因工程完整的理论体系，也为植物基因工程学科的确立奠定基础。

新版《植物基因工程》中删除了“植物基因工程实验技术篇”，拟将该内容独立编写成《植物基因工程实验指南》，与本书配套，本书改编的主要内容：一是在第一篇植物基因工程分子生物学中新增了第4章植物基因变异分子生物学，首次综述了植物基因损伤、突变与修复的分子机制及其与转基因的同理性，从而深化了植物基因工程的基础理论；二是在第三篇目的基因分离克隆中，汇集了近期国内外植物基因分离克隆的新技术，建立了其技术体系；三是增设了第四篇植物基因工程载体及其构建，融汇了近年来载体研发的新技术，如多基因转化载体、RNAi 载体等；四是在第六篇中增加了第 38 章转基因植物的生物学特性检测，首次系统论述了转基因植物的纯合体、多态性、遗传规律、目的产物等生物学特性及其检测，为转基因植物的系统标准化检测奠定基础；五是新编了第八篇生物信息学与植物基因工程，使生物信息学融入植物基因工程，顺应生物大数据时代的发展，提高了植物基因工程信息学水平；六是全书还新增了“植物质体基因转化系统”、“生物产品植物基因工程”、“外源基因在转基因植物中的表达调控”及“转基因植物的遗传特性及其利用”等，共 16 章，新编写内容为全书内容的三分之二以上。此外，本书紧紧围绕植物基因工程的主题内容，突出植物特点，与相关学科既减少重复，又融会贯通。同时本书引入了许多最新的图表及近三年的新文献，力求图文并茂，内容丰富，生动活泼，既具有较高的专业水平，又深入浅出、通俗易懂，使本书既可作为植物基因工程领域研究人员的参考书和工具书，又可作为高等院校生物技术相关专业本科生及研究生的教材，教师根据教学大纲需要从中选择适当的内容灵活使用，同时本书也是学生拓宽知识，激发兴趣，启蒙创新的深入阅读资料。

参编的 20 多位教授、专家、博士大多数是留学回国人员。他们查阅了大量的最新文献资料，汇集了国内外植物基因工程的基础理论知识和创新的科研成果，并结合他们多年的科研教学经验，使本书具有较高的专业水平，能与国际接轨。他们分别负责编写的章节是：第一篇王关林、王傲雪；第二篇方宏筠、李大力、陈秀玲、夏秀英、石若夫、闵东红、刘昱辉、罗红梅；第三篇刘昱辉、王旭静、杜娟、夏然、王小芳；第四篇王傲雪、孙晓丽、纪巍、胡鸾雷、陈秀玲、何俊娜；第五篇王关林、方宏筠、那杰；第六篇张明、周卫东、才华、胡鸾雷；第七篇胡银岗、张明、闵东红（张小红、陈亮编写部分内容）；第八篇朱延明、端木慧子。

本书编写过程中承蒙中国农业科学院贾士荣教授和北京大学林忠平教授等我国多位知名植物基因工程科学家的鼓励和支持，引用了国内外许多科学家的著作、文献及科研成果，特别是受到科学出版社责任编辑席慧的鼎力相助和指导。在此一并表示衷心感谢。为避免每章间文献的重复，又便于读者拓展次级文献查阅及体现本书的新颖性，本书在每篇后列出了部分近期的参考文献，请被引用文献而未列出的国内外文献作者见谅。

编者深知编写新作任务艰巨、责任重大，生怕有误，更愿读者裨益，遂抛砖引玉，倍加努力，以勤补拙。囿于编者水平及时间所限，书中难免存在不足之处，竭诚希望专家和读者不吝赐教，予以雅正，不胜感激。

编　者

2014 年 2 月 12 日于大连

目　　录

第二篇 植物基因工程的目的基因

第三篇 目的基因分离克隆

第四篇 植物基因工程载体及其构建

第五篇　目的基因转化

第六篇　转基因植物的检测

第七篇　转基因植物的遗传特性及其安全性

第八篇 生物信息学与植物基因工程

绪论

植物基因工程概述

自开天辟地以来，浩瀚地球惊天动地的变迁孕育着生命的诞生。在漫长的生物进化历程中树起的丰碑是历史的见证(图 0-1)。分子生物学的问世揭示了基因是生命之源。在大自然的生物进化过程中，自然力量的胁迫驱使基因不断发生突变、重组、转移及选择，从而推动生物界无止境的进化，形成了今天五彩缤纷的生物界。因此，生物进化是伴随着基因变异的轨迹缓步而进。生命科学的飞速发展，创立了现代分子生物学。基因工程技术的建立，为人类改造生物开辟了崭新的途径，预示着生物进化史从自然进化产生人类，发展到了人类改造自然的科学顶峰时期。基因工程将使整个生物界发生重大变革，这足以说明基因工程的巨大威力。顾名思义，植物基因工程是改造植物的科学，它也是与基因工程发展结伴而行的领先者。

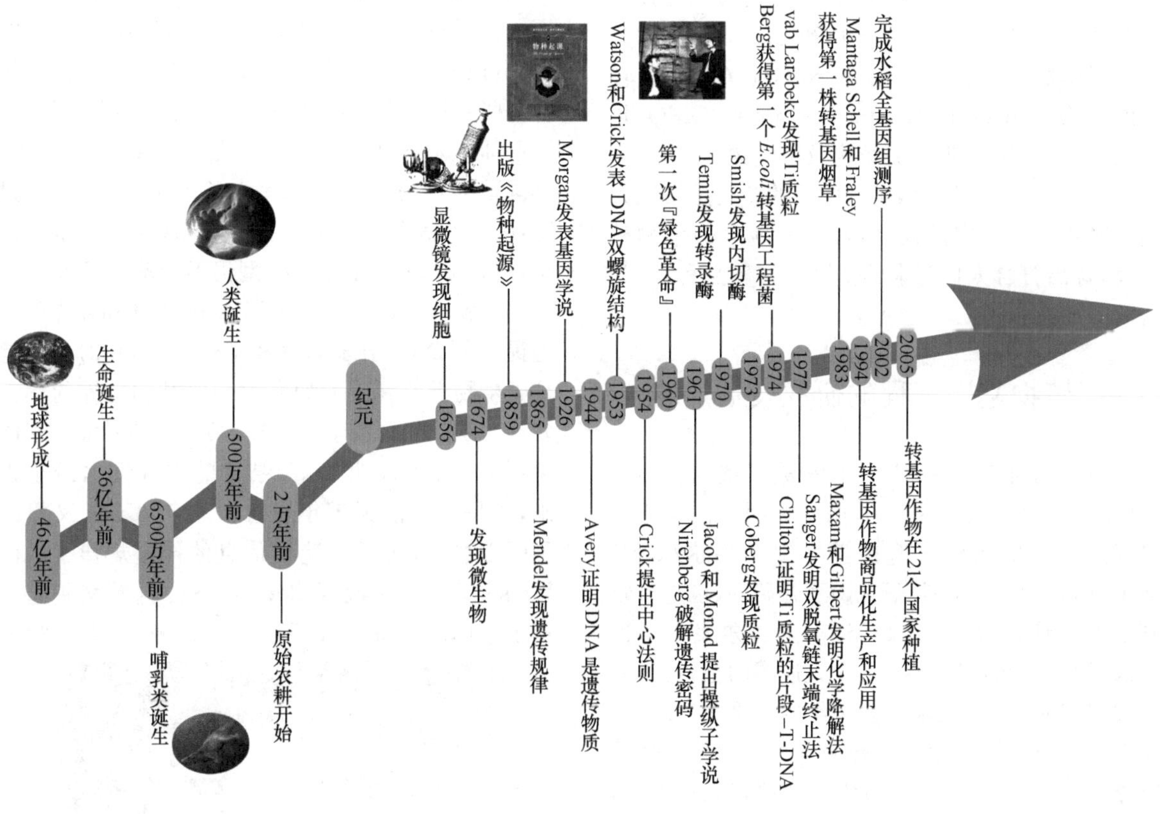

图 0-1　植物基因工程研究发展史事

1　植物基因工程的定义

随着分子生物学的诞生，基因工程问世。所谓基因工程(genetic engineering)是指从生物体中(供体)分离克隆基因或人工合成基因，再与载体 DNA 拼接重组，并将其导入到另一种生物体内(受体)，使之按照预先的设计持续稳定表达和繁殖的遗传操作。因此，供体、受体和载体成为基因工程的三大要素。基因克隆、重组和转化是其三大核心技术。来自供体的基因属于外源基因。由于基因工程是改造生物的遗传特性，故也称为遗传工程(genetic engineering)、遗传修饰(genetic modification)

及基因操作(gene manipulation)等。从工程学的范畴而言,基因工程是DNA操作技术的产业化设计和应用,包括上游技术和下游技术两大组成部分。上游技术指的是基因分离克隆、重组和载体构建,而下游技术则涉及基因转化、表达及受体培养和表达产物的分离提取技术。

植物基因工程是基因工程研究的一个先导领域。基于植物细胞全能性的确立、农杆菌Ti质粒转化系统的发现、多种基因转化技术的建立及植物与农业的密切相关性,植物基因工程的发展迅速,并逐渐自成体系,成为一门理论与技术紧密结合的完整学科。确切地说,植物基因工程是植物分子生物学的一门分支学科,植物基因工程(plant genetic engineering)的定义是利用基因工程理论技术,从供体分离克隆的外源基因,在体外与载体DNA重组后,经遗传转化导入受体植物基因组中,并获得有效表达及稳定遗传的工程。转基因植物(genetically modified plant,GMP)是指通过基因工程技术改变基因组构成的植物。该植物是农作物,即称为转基因作物(genetically modified crop,GMC)。转基因生物(genetically modified organism,GMO)是广义的,指转基因的动物、植物及微生物。

由此可见,植物基因工程的目的意义是按照人们的愿望进行严密的设计,有目的地改造生物种性,培育出符合人们需求的基因工程新品种,生产所需的产品。

2 植物基因工程的研究发展历史

纵观基因工程的发展历程编绘了植物基因工程研究发展大世纪(图0-1),图中表明基因工程的研究是伟大的科学家遗传学之父孟德尔(G. J. Mendel,1822～1884)从研究豌豆开始的,也是植物基因工程研究的起点。1865年,孟德尔发现了遗传因子及遗传的三大规律。令人遗憾的是,这天才的发现在他逝世后的半个多世纪内几乎无人理,直到1900年欧洲三位植物学家重新发现孟德尔遗传定律,他才被公认为经典遗传学的奠基人。而后,孟德尔遗传定律像不朽的神话故事流芳百世,推动着基因遗传学的发展。除此之外,丹麦植物遗传学家约翰森(Johannsen)在1909年提出"基因型"(genotype)和"表现型"(phenotype)的概念,并为基因型定下了一个单位"基因"(gene),从此正式拉开了基因工程研究的序幕。显然,植物基因工程是基因研究的开拓者,但是植物基因工程是基因工程的一门分支学科,依托于基因工程而发展。其研究发展史同样可以分为以下三个时期。

2.1 植物基因工程理论形成期

2.1.1 DNA分子结构功能的创立

在孟德尔的基础上,1910年,摩尔根(Morgan)在果蝇的研究中第一次提出了基因学说,铺下了基因工程的奠基石。但是在相当长的时间里,对基因的理解仍是抽象的,概念化的。1944年,美国的微生物学家格里菲思(Griffith)和艾弗里(Avery)等通过细菌转化研究,证明DNA是遗传物质,是基因的载体。DNA的真正身份得到了确认,但更大的难题出现了:DNA的结构是什么样子?此后对DNA构型的研究成为当时科学界最大的热点之一。令人惊异的是能回答如此重大问题的竟是发表在英国《自然》杂志上一篇长不到一千个单词的论文,并且论文的作者名不见经传:一位25岁的美国博士后沃森(Watson)和一位37岁的英国剑桥大学的研究生克里克(Crick)。更值得惊讶的是他们不是常规地进行生物实验,而是如同小孩玩的拼图游戏,把一张图画割裂后再拼复成更美的图画。然而一些愚昧的非议阻挡不了这篇论文的真正魅力,相反却正是表明伟大的天才创新思维。1952年,英国国王学院的科学家威尔金斯(Wilkins)通过DNA分子X衍射研究获得了DNA结构的重要证据,但是DNA分子结构模型仍不清楚。经历了10年的不懈努力,于1953年Watson和Crick开创性地提出了DNA分子的双螺旋模型(图0-2)。这是分子生物学发展史上如春雷一般撼动世界的伟大发现。从此生命科学家茅塞顿开,新的科学发现屡见不鲜,各类证明DNA结构的实验证据纷至沓来,真是一智能灭千年愚。1954年,Crick又提出了中心法则,揭示了遗传信息的传递规律。从而Watson和Crick及Wilkins这三位科学家一起获得了诺贝尔生理学或医学奖。1958年,大科学家

图0-2 Watson和Crick提出了DNA分子的双螺旋模型

Meselson 等用超速密度离心的技术证明了 DNA 通过半保留方式复制。该实验被誉为生物史上最漂亮的实验之一。1961 年，法国科学家 Jacob 和 Monod 提出操纵子（operon）学说，并发现了 mRNA，同时美国科学家 Nirenberg 首次破译了 64 种遗传密码，成功地揭示了遗传信息的流向和基因表达调控的方式，从而为基因工程问世奠定了理论基础。

2.1.2　DNA 表达、重组理论的建立

DNA 双螺旋模型的提出，遗传密码的破译，mRNA 及操纵子的发现，中心法则及基因表达调控学说的确立，都发生在短短的十余年时间里。科学家好像如梦初醒、茅塞顿开，突然读懂了上帝撰写的无字天书。从此，生命科学进入分子生物学的新时代。理论发展必然会指导实践，应用于生产，因此生物技术、基因工程技术的创新应运而生。

1956 年，华盛顿大学教授科恩伯格（Kornberg）利用大肠杆菌的细胞液，在体外合成 DNA。两年后他又从中分离出 DNA 聚合酶，从而开拓了分子生物学的另一片新天地——基因操作技术。为此，诺贝尔生理学或医学奖的桂冠一年后就献给了科恩伯格。1970 年，霍普金斯大学的科学家 Smith 等发现了限制性内切酶，同年，Temin 等发现了反转录酶，接着 1973 年 Cobeng 等建立了质粒重组 DNA 技术，使切割 DNA 成为可能，此时已万事俱备只欠东风。这些新的发现激发无数科学家产生了体外重组 DNA，再导入宿主细胞，并在其中进行复制和有效表达的构想。东风来自美国的西海岸。斯坦福大学的教授 Berg 是研究 DNA 重组技术的元老。他研究发现了质粒是承载外源 DNA 片段的理想载体，病毒和噬菌体的 DNA 和 RNA 都可以改建成载体。1974 年，他在世界上最早获得了重组有编码哺乳动物激素基因的质粒，并导入大肠杆菌，获得了第一株基因工程菌株。1980 年，Sanger 因设计出一种测定 DNA 分子内核酸序列的方法而与 Gilbert 和 Berg 荣获诺贝尔化学奖。这一切 DNA 重组技术的创举为基因工程问世做好了技术准备，也为植物基因工程奠定了基础。

2.1.3　农杆菌基因转化机制的认知

率领植物基因工程研究发展的生长点是对植物冠瘿瘤的发生机制的认识。这是自然界存在的巧夺天工的植物基因工程典范。早在 1907 年美国科学家布朗（Armin Bran）研究提出农杆菌把“肿瘤诱导物”（tumor-inducing principle，TIP）传递给了植物，即根瘤细胞是被农杆菌转化了的植物细胞，并推测被转换的肿瘤诱导物是 DNA，这就是 TIP 假说。这天才的推测 30 年后才被证实。布朗被誉为“根癌病研究之父”。1970 年，法国科学家证明诱导物 DNA 是编码氨基酸衍生物冠瘿碱合成酶的基因，证实了 TIP 假说的正确性。但是用农杆菌的 DNA 来转化植物的尝试接二连三地失败。1974 年，比利时科学家 van Larebeke 等发现了“农杆菌的肿瘤诱发质粒”（tumor-inducing plasmid，Ti 质粒）。Ti 质粒的发现如同一剂强心针唤醒了美国西海岸华盛顿大学的科学家们。他们成立了“西雅图根癌集团”（Seattle Crown Gall Group），全心致力于农杆菌转化的植物基因工程研究。然而他们同样是经受了失败的困扰，多年的努力在植物的肿瘤组织中找不到 Ti 质粒 DNA。但是 Chilton 等没有气馁，坚持不懈，终于在 1977 年发现了“肿瘤诱导物”来自 Ti 质粒上的 T-DNA（transferred DNA）。接着阐明了冠瘿瘤形成的机制是通过农杆菌介导把 T-DNA 致病基因转化到植物细胞，并在植物细胞中表达合成冠瘿碱，供给农杆菌生长繁殖所需的氮源，故有人将这个过程称为分子内共生或遗传寄生（genetic colonisation）。这是自然界中存在的极为巧妙的植物基因工程遗传转化体系。这一发现是植物分子生物学发展史上一个重大的里程碑，也是植物基因工程新纪元的开始。

2.2　植物基因工程的问世期

1977 年，农杆菌 T-DNA 的发现及其转化机制的阐明，对分子生物学及基因工程都有十分重大的意义。它首次证明了单细胞生物在自然环境下能够跨越原核生物与真核高等植物的界限发生基因重组，至今尚未发现第二个类似的例子。更值得注意的是“西雅图根癌集团”的首席科学家，美国科学学院的玛丽·德尔·奇尔顿（Mary Dell Chilton）在论文中明确指出了这个发现的重要应用价值：“这个能够被转移的元件可用来当作今后高等植物基因工程研究载体的可能性是显而易见的。”从此植物基因工程研究成为当时的热点。

1983 年 1 月，在迈阿密召开的植物与动物分子遗传学讨论会上发表的三个重要报告标志着植物基因工程新纪元的开始。比利时根特大学的 Mantaga 教授及 Monsanton 公司科学家 Fraley 领导的小组都分别将 T-DNA 上的致癌基因切除，代之以外源基因，实验结果证明 T-DNA 可以将外源基因转入植物基因组。世界上第一株农杆菌介导的转基因植物烟草在美国圣路易斯大学诞生，与此同时，美国华盛顿大学教授 Chilton 领导的研究小

组取得了另一项突破性的进展，将细菌的新酶素磷转移酶(NPT-Ⅱ)基因转入植物细胞后，植物细胞可抗卡那霉素(Kan)。与此相关的论文分别发表于 *Nature*，1983，303；*Nature*，1983，304；*EMBO*，1983。该转基因植物烟草的获得，标志着植物基因工程的问世。直至当今，国际粮农组织对 30 年前揭示农杆菌 Ti 质粒基因转化机制，并获得第一株转基因植物的三位科学家(有的科学家已去世)(图 0-3)授予了 25 万美元的崇高世界粮食奖，奖励他们对世界农业的巨大贡献——开启农业生物科技新时代。

图 0-3　三位获奖者：Marc van Montagu、Robert Fraley 和 Marry Dell Chilton

2.3　植物基因工程的发展期

1983 年，第一个转基因植物烟草成功后，各种转基因植株的获得如雨后春笋，转基因技术也迅速发展。1985 年，Horsch 等首创了由根癌农杆菌介导的烟草叶盘法转化技术(leaf disc transformation)。1987 年，美国康乃尔大学的科学家首先设计出了基因枪转化(particle gun)，攻克了农杆菌难以转化禾本科植物的难关。同年，Jefferson 等发现了以 *gus* 基因作为转化筛选的报告基因。其他的报告基因荧光素酶基因(*luc*)、*bar* 基因及新霉素磷酸转移基因(*hyg*)等相继研究成功。这些技术成果使植物基因工程转化体系建立更加完善，从而推动了植物基因工程向生产应用的进程。转基因研究的应用性研究硕果累累：1985 年获得了抗除草剂的转基因番茄；1986 年抗烟草花叶病毒的外壳蛋白的转基因烟草获得成功；1990 年转 *Bt* 基因的抗虫棉问世。1994 年美国 FDA 批准第一个转基因食品——延熟保鲜转基因番茄进入市场；同年，美国孟山都的抗草甘膦转基因大豆(RR 转基因大豆)被批准商业种植；抗除草剂玉米、大豆、油菜、抗虫棉等也相继批准进行商业化生产。至 1995 年年底，美国和加拿大共批准了 35 种转基因作物进入商业化生产种植。至此，植物基因工程成为生物技术中发展最快，应用最广泛的领域之一。

由此可见，植物基因工程从 1983 年进入蓬勃发展时期以来体现了以下几个趋势：①转化技术有了长足之进，一个完整的技术体系的建立，特别是在重要的禾本科农作物的基因转化技术有了大的突破；②转化目的基因丰富多样，基因库的建立为植物基因工程打下基础；③转基因植物的商业化生产不断扩展；④转基因植物安全性和管理制度形成法规，确保基因工程又好又快地发展；⑤转基因植物的理论研究不断发展，外源基因的表达调控及遗传规律等机制不断被阐明。因此，一个植物基因工程的产业化时期必将来临。

3　植物基因工程的理论基础及技术路线

3.1　理论基础

从上述植物基因工程的发展历史可见，DNA 的分子结构与功能及基因的表达调控、修饰、重组等分子生物学理论是植物基因工程发展形成的基础。此外，鉴于植物固有的特性，使其拥有专一性的理论基础。以下对植物基因工程中的一些重要内容作进一步阐述。

3.1.1　植物细胞全能性理论

1) 细胞全能性的定义　　细胞全能性(cell totipotency)是指细胞携带着一套完整的基因组，并具有产生完整个体的能力。植物细胞的全能性能力更易表现出来。早在 1902 年由德国植物学家 Haberlandt 提出了一个单细胞具有再生一棵完整植株的潜在能力的观点。当时他试图由小野芝麻、凤眼兰的叶肉细胞等培养再生完整植株，但未能成功。1943 年，美国植物生理学家 White 在番茄组织培养中正式提出了植物细胞全能性学说，但是此学说也未能得以证实。经过 50 多年的研究工作，直至 1958 年美国学者 Steward 在美国将胡萝卜髓细胞培养为一个完整的植株。这是人类第一次获得了人工体细胞胚，证实了 Haberlandt 预言的正确性。此后研究证明动物细胞同样具有全能性，真正地确立了细胞全能性理论。

2) 细胞全能性的实现　　具有全能性的细胞可分为三类，受精卵细胞(合子)、分生组织细胞(包括幼嫩器官的细胞)及雌雄配子和单倍体细胞。细胞全能性的实现可以用图 0-4 来表示。图中 A 循环表示生命周期，它包括孢子体和配子体的世代交替。B 循环表示细胞的核质变化周期，使其在遗传物质和营养物质上确保其全能性的实现。C 循环是组织培养周期，细胞在离体培养条件下再生完整的植株，实现细胞全能性。

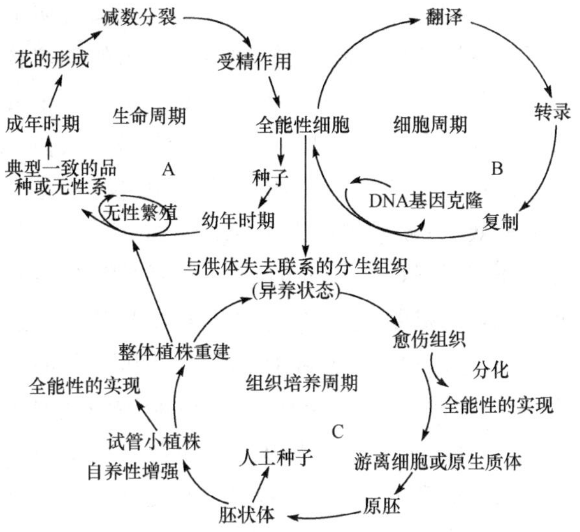

图 0-4　细胞全能性的实现与利用

3.1.2　遗传物质同一性理论

地球上的所有生物，从细菌到高等动物和植物，再到人类，它们的基因遗传物质组成都是一个具有遗传功能的特定核苷酸序列的 DNA 片段。而且所有生物 DNA 的基本结构都是一样的，由四种碱基组成。虽然某些病毒的基因遗传物质是 RNA，但是 RNA 可以通过反转录产生 cDNA。

3.1.3　遗传密码的同一性理论

所有生物基因的三联密码子(除少数以外)同氨基酸之间的对应关系都是相同的，即遗传密码是通用的。各种生物均能识别相同的密码，只要具备转录翻译条件，均可翻译出相应的氨基酸。

3.1.4　基因表达法则的同一性理论

所有生物基因表达都遵循同一中心法则，即 DNA→RNA→蛋白质。尽管病毒以 RNA 为遗传物质载体，但其表达依照该规律。重组转化的基因同样在这一法则下进行表达。基因的表达过程中同样遵循基因与多肽的对应关系。

3.1.5　基因加工、修饰和转移的同一性理论

基因直线排列在 DNA 分子上，通过核酸内切酶、外切酶、连接酶等可以将基因从 DNA 分子上切割下来与其他的 DNA 分子连接重组，并可以在同一个 DNA 分子上移动或不同的 DNA 分子上跳跃，甚至可以在不同生物的 DNA 分子上转移。这些重组、转化的 DNA 同样遵循遗传法则，能够复制和遗传给下一代。

3.2　植物基因工程的技术基础

科学理论和技术之间一直是相互依存的关系。分子生物基因理论及细胞全能性理论的确立极大地推动了生物技术的创新发展，也为基因工程奠定了技术基础，其主要包括以下几个方面的技术：①植物组织细胞培养技术；②DNA 切割、连接及重组等基因操作技术；③基因转化技术；④分子育种技术；⑤基因表达调控分析技术。

由此可见，植物基因工程涉及分子生物学各个领域中的技术，是一个综合性的系统工程，故称之为基因工程。

3.3　植物基因工程的技术路线

植物基因工程的技术路线归纳为图 0-5。从图中可以看出，植物基因工程的技术路线包括以下工作：受体细胞的培养，目的基因的制备，目的基因的载体构建，目的基因的转化及转基因植株的获得和目的基因的表达检测。目的基因的制备可以有多条途径：cDNA 文库建立、基因文库建立、目的基因直接分离克隆及人工合成目的基因。目的基因转化的方法同样有许多：农杆菌 Ti 质粒介导转移法、DNA 直接导入法、种质系统介导转化法等。植物基因工程最终的目的是培养出基因工程新品种或植物生物反应器，因此，转化外源目的基因的表达是十分重要的，只有目的基因的正常表达才能取得成功。

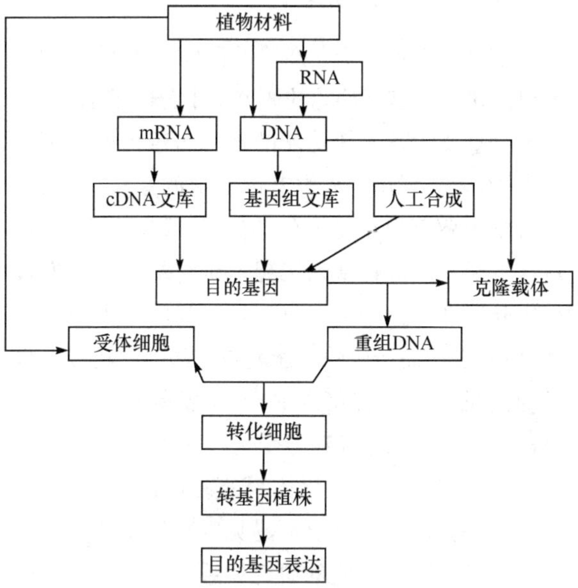

图 0-5　植物基因工程基本技术路线

4 植物基因工程研究的内容

4.1 植物基因工程的基础理论研究

4.1.1 植物基因组的研究

基因是一种有限的战略性资源，开发基因资源已成为发达国家之间激烈竞争的热点之一。基因工程研究的基本任务是开发利用人们需要的基因产物。编码这些产物的基因统称为目的基因。据最近估计，地球上生活着的植物总数达50余万种，共同组成了千姿百态、丰富多彩的植物界。每一种植物约有数万个基因组成。由此可见，植物界是基因资源的巨大宝库。谁拥有这些基因的专利，谁就在基因工程领域占有主导地位。即使是那些今天尚不清楚功能的基因，明天可能是无价之宝。现在已获得的来自植物的目的基因大致可分为五类：一是抗病虫害的基因；二是抗非生物胁迫的基因；三是编码具有特殊营养价值的蛋白质或多肽的基因；四是与医药相关的基因；五是调控植物生长发育的基因。因此，植物基因工程将对植物基因资源的开发利用具有重大的实践意义。

植物基因组的研究包括植物基因组的分析及目的基因的分离克隆，从而获得基因资源。2001年，我国宣布成功地完成了中国水稻基因组“工作框架图”和数据库的建立。这一成果将为水稻目的基因的分离克隆及利用奠定基础。

4.1.2 植物基因功能的研究

植物基因组的研究推动了后基因组，即功能基因组的研究。基因功能的研究是十分困难的，但也是十分重要的。未知功能的基因图谱犹如读不懂的天书，无法利用。人类基因图谱的建立，强烈催促科学家解读每个基因的功能，读懂这本天书，利用这本天书。植物基因工程是研究基因功能的极好实验体系。把分离克隆的目的基因导入模式植物，使其表达而产生的功能就是该基因的功能。也可通过反义基因转化或RNA干扰等技术灭活受体内的目的基因引起功能变化，来证实该基因的功能。植物基因工程转化体系的易得，转化成功率高，表达易控制，表型显而易见等特性都使其成为十分理想的基因功能的研究体系。因此植物基因工程将为植物功能基因组研究发挥巨大作用。

4.1.3 基因表达调控的研究

基因表达调控机制是一个分子生物学中十分重要的理论问题，是生命的奥秘所在，也是基因工程能否应用于生产实践的关键问题。只有阐明了基因表达调控的机制，人们才能有目的的调控转化外源基因的表达。植物基因转化体系是一个极好的研究外源基因表达调控的实验系统。人们可以系统地研究：导入的外源基因表达的时空、位置及周期效应；顺式作用因子（*cis*-acting element）与反式作用因子（*trans*-acting element）的调控作用；基因沉默的机制；超敏位点及甲基化与基因表达的关系；基因表达的组织特异性和环境因子的影响；基因表达的RNA干扰，反义基因干扰；基因转录、翻译后的加工及外源基因表达与其他基因的互作关系等理论问题。这些基础理论的研究不仅将推动植物基因工程的快速发展，而且对揭示生命的奥秘具有十分重要的作用。

4.2 植物基因工程的应用研究

4.2.1 植物基因工程育种

植物基因工程育种是利用基因工程技术，有计划地在体外对分离克隆的基因进行重组、构建，再转化整合到受体植物基因组中，使重组基因在受体植物细胞中有效表达和稳定遗传，从而使转基因植物获得新的性状，培养出预期的植物新品种的过程。

1）植物基因工程育种的优点　①植物基因工程能够跨越自然界生殖隔离障碍，将不同生物的优良性状组合，大大拓宽了可利用的基因资源，为创新种类资源，培养植物新品种开辟了新途径；②增强了育种的目的性，缩短育种周期，降低成本；③克服了常规育种中出现的因基因连锁而难以获得单个优良性状转移的缺陷；④利用植物基因工程技术可实现转基因植物的组织特异性表达及时空特异性表达；⑤利用植物基因工程技术可实现多基因转化，使多种优良性状汇集，从而培养出超级基因工程新品种；⑥基因工程获得的转基因植物作为育种的中间材料与常规育种结合，提高其育种的可操作性及缩短育种周期。

2）植物基因工程育种的主要内容　①抗病虫害基因工程育种；②抗除草剂基因工程育种；③抗非生物胁迫基因工程育种；④改良品质

基因工程育种；⑤改变育性等其他基因工程育种。

4.2.2　植物医药基因工程

植物医药基因工程是近年来迅速发展的研究领域。一方面是由于药用植物的研究同样进入了分子生物学时代，迫切需要应用现代生物技术推动药用植物的发展，特别对我国中医中药的发展具有历史性的意义。另一方面是随着基因工程的深入发展，发现了原核生物基因工程药物表达系统与动植物基因工程表达系统相比，后者具有许多优点。为此，植物医药基因工程的研究是当前十分关注的领域。

1）*植物表达系统的优点*　高等的绿色植物是一种较为完善的真核表达系统，不同于生产传统亚单位疫苗的大肠杆菌和酵母。它较之传统的疫苗生产系统将显示以下优点：一是由于高等植物属于真核生物，可对外源基因的表达产物进行正确的糖基化、酰胺化、磷酸化等翻译后加工，使表达产物具有良好的免疫原性和生物活性；二是生产成本降低，所需要的条件仅仅是阳光、水分、土壤，不需要昂贵的生产设备，如果要扩大产量，只需简单地增加播种面积即可；三是使用简便，植物基因工程疫苗不像传统疫苗那样在运输、保存过程中需要低温冷藏，它只需在常温下就可以正常地运输、保存，而且在使用过程中不涉及注射器的消毒和重复使用，更加不需要专业人员的训练与培养，只要食用即可，这非常适合于发展中国家的国情；四是转基因植物中的外源基因可以通过传统的杂交方法进行重组，从而达到在植物体内积累多个外源基因的目的，使生产出的疫苗具有多效性；五是植物细胞中不会含有潜在的动物和人类的病毒，因此无毒副作用，安全性很高。正因为植物基因工程疫苗具有上述优点，所以在全世界范围内对其开展了广泛的研究。

2）*药用植物基因工程研究的主要内容*　①成功地用植物生产药用蛋白质多肽；②成功地在植物中表达抗体（antibody）；③成功地用植物生产某些动物疫苗。

4.2.3　植物生物工业产品基因工程

植物化学工厂是指利用植物基因工程技术，使目的基因在转基因植物的细胞、组织、器官及整株植物中表达，实现以植物细胞作为“化学工厂”生产生物工业产品。其机制是利用植物自身的酶、激素、代谢产物和基因表达调控系统，使目的基因在转基因植物中表达和产物富集，并通过转基因植物的大规模种植，生产有重要工业价值的目的产物，如工业用酶、食品用酶、农业用酶、饲料用酶、特殊碳水化合物、生物可降解塑料、脂类及其他一些次生代谢产物。越来越多的实验证据表明，以植物基因工程生物反应器表达生产的一些动物蛋白质与动物本身所产生的蛋白质在结构、功能、理化性质上已达到难以区别的程度。目前，已应用于生产生物工业产品的转基因植物有烟草、拟南芥、大豆、小麦、水稻、玉米、油菜、马铃薯、番茄等20多种植物。植物基因工程化工厂已成为一些商业用蛋白质生产途径，也是近代新兴的热点领域。

5　植物基因工程的发展前景

植物基因工程作为育种工作的一个重要手段，拓宽了植物可利用的基因库，按照人们的意愿对作物进行定向变异已成为现实，给作物育种带来了变革。随着生物技术的突飞猛进，新基因的克隆和转基因技术手段的完善，采用人工染色体技术、RNA干扰技术、靶基因置换等进行多个基因定向操作，有望培育出高产优质，集高光效、抗病、抗虫和抗逆等特性于一身的作物超级新品种。植物基因工程在解决人类所面临的资源短缺、环境恶化和效益衰退三大难题中显示出越来越重要的作用，为农业的持续、稳定发展提供了强有力的保障。许多科学家预言，21世纪所有主要农作物都将是基因工程产品，当然，要实现这一目标尚需要时间和努力，但科学家深信植物基因工程将在第二次“绿色革命”中发挥巨大作用。

植物生物反应器将是未来植物基因工程研究开发的又一重要领域。其优点是投资少、成本低，避免传统发酵生产出现的产物聚集不溶或产品易被污染现象，同时可使药物生产的活性更高，更易被直接利用。未来的转基因植物可能成为制造药物、营养品、生物工业产品的植物工厂，利用转基因植物生产工业用酶、脂肪酸等工业用、医用材料及可降解的生物塑料等。植物生物反应器将促进农业延伸到工业、医药范畴，使传统农业向药物分子农业（midecine molecular farming）转变。

复 习 题

名词解释

基因工程、植物基因工程、转基因生物、转基因植物、细胞全能性

问题

(1) 植物基因工程的定义及研究内容是什么?
(2) 植物基因工程的理论基础是什么?
(3) 植物基因工程安全性研究内容有哪些?
(4) 植物基因工程育种的特点是什么?

第一篇

植物基因分子生物学

随着植物基因工程的迅速发展，逐渐形成独立的分支学科“植物基因工程学”。那么，植物基因工程的基础理论体系是什么？大量的研究结果表明，植物基因工程是在分子生物学理论和技术创立的基础上发展起来的。DNA分子结构与功能及基因表达调控、修饰。重组等分子生物学理论无疑是植物基因工程学科的基础理论。此外，植物基因除了拥有一般生物基因的基本结构功能外，还存在偏爱密码子、启动子、终止子、表达调控元件等结构功能上独有的系列特性，构成植物基因专业性的理论体系。

在本篇中详细阐述了植物基因组及其基因的分子结构，功能特点，表达调控特点，基因突变、修复、重组等变异特点及植物细胞内三套遗传系统的互作关系，同时揭示了植物基因分子生物学的基础理论与植物转基因的相关性、同理性及逻辑性，从而构成植物基因工程独特的基本理论体系。

第 1 章

植物基因组的结构功能及特点

尽管基因组的名词很早就在植物遗传学中提出，但是直至近代，随着分子生物学的发展才得到高度重视，并赋予更明确的涵义，特别是人类基因组图谱的建立展示了广阔的应用前景。根据基因组的应用，近年来又提出了结构基因组学、功能基因组学、比较基因组学等。植物有三套基因组，各具有独特的结构功能，比较复杂。本章将系统论述植物基因组的结构、功能及特点。

1　植物基因组与基因组学的基本概念

1.1　植物基因组的定义

基因组(genome)这个名词最初经典遗传学的概念是单倍体细胞中所含有的整套染色体，所以又被称为染色体组。1920 年，德国汉堡大学的威克勒教授提出，基因组是指一个物种的全部遗传信息的总和，即生物的整套染色体所含有的全部 DNA 序列。近年来，随着基因分子生物学的研究进展，基因组的含义有所扩大，基因组的定义为一个细胞中遗传物质的总量。植物基因组是一个植物细胞中遗传物质的总量。不过，有人认为基因组只包括染色体遗传物质(chromosomal genetic material)，将染色体以外的遗传物质排除在基因组之外，此认识是回归到了经典的染色体组概念。另一个值得阐明的问题是细胞有二倍体(diploid)和单倍体(haploid)之分，基因组的遗传物质指单倍体还是二倍体？根据现代基因分子生物学的理论，作者认为基因组的定义应该是指一个单倍体细胞中遗传物质的总和。一般来说原核细胞常为单倍体细胞，其基因组就是原核细胞内构成染色体的 DNA 分子，而真核生物细胞常为二倍体细胞，所以真核生物的基因组是指单倍体细胞内遗传物质的总和，并且包括核基因组(nuclear genome)、细胞器基因组(plasmone)两部分的遗传物质。植物细胞的细胞器基因组又由线粒体基因组(mitochondrial genome)和叶绿体基因组(chloroplast genome)或质体基因组(plastome)组成。由此可见，关于基因组概念尚需深入理解和更确切的定义。

1.2　基因组学的概念

1.2.1　基因组学的定义及研究内容

基因组学(genomics)一词是美国 T. H. Roderick 于 1986 年提出的，是伴随人类基因组计划的实施而形成的一个全新的生命科学研究领域，是关于基因组作图、测序及基因组功能分析的遗传学学科分支。基因组学定义是研究基因组结构、功能和进化的科学。其具体研究内容和主要目的有：①建立以互联网为平台的基因组数据库；②组建基因组的物理图谱和遗传图谱；③确定基因及基因组的序列(两种基因组序列测定策略)；④分析基因组的结构特点；⑤鉴定基因组中所有基因，并且根据蛋白质序列来确定其功能或大致功能；⑥建立基因表达数据库；⑦建立基因型与表现型之间的关系；⑧确定 DNA 序列的复杂性；⑨为比较不同生物的基因组提供资料，使一种生物的遗传数据可用来分析其他生物的基因和基因组。

基因组学与传统遗传学其他学科的差别在于，基因组学是在全基因组范围研究基因的结构、组成、功能及其进化，因而涉及大范围高通量收集和分析有关基因组 DNA 的序列组成，全基因组的基因数目、功能和分类，基因组水平的表达调控及不同物种之间的进化关系。基因组研究的主要内容和基本任务可以用 4 张图谱来概括，即遗传图谱、物理图谱、基因图谱和序列图谱。

1.2.2　结构基因组学和功能基因组学

基因组学的分支学科主要包括两方面的内容：以全基因组测序为目标的结构基因组学(structural genomics)和以基因功能鉴定为目标的功能基因组学(functional genomics)。结构基因组学的主要目标是构建生物高分辨率的遗传图谱、物理图谱和转录本图谱及测定全基因组序列，代表基因组分析的早期阶段。功能基因组学包括生化功能、细胞功能、发育功能和适应功能等的研究，主要是利用结构基因组学提供的信息，系统地研究基因功能。它以高通量、大规模实验方法，以及统计与计算机分析为特征，使得生物学研究从对单一基因或蛋白质的研究转向多个基因或蛋白质同时进行系统的研究，代表基因组分析的新阶段，又被称为后基因组学(post-genomics)。

1.2.3　应用基因组学

目前，在基因组学的基础上，根据其应用又发展出比较基因组学(comparative genomics)、药物基因组学(pharmacogenomics)、化学基因组学(chemical genomics 或 chemogenomics)、毒理基因组学(toxicogenomics)等不同方向的研究。比较基因组学是在基因组图谱和测序基础上，通过对已知的基因和基因组结构进行比较来了解基因的功能、表达机制和物种进化的学科。例如，通过比较对水稻、玉米、高粱等禾本科主要作物间的基因组研究结果表明，它们的基因组存在高度的保守性，染色体共线性和基因间的同源性广泛存在。这些研究对于进一步丰富和发展人类对自然和环境的认识及改造利用具有十分重要的意义。药物基因组学主要指的是通过研究基因变异疾病对不同药物的反应，进而研究开发新的药物和研究药物的使用方法；化学基因组学指的是采用小分子化合物作为探针，研究该小分子化合物与靶蛋白的相互作用，进而明确人类疾病密切相关的基因功能，同时也为发现新药提供有效手段。毒理基因组学是毒理学与基因组学相结合的学科，主要是研究化合物对生物体全基因组变化的影响，进而研究其机制，用于风险评估和毒性机制分析。

2　植物基因组的结构特点

2.1　植物基因组的大小与 C 值复杂性

2.1.1　C 值的定义

C 值(C value)是指单倍体细胞中基因组的总量，它表示其基因组的大小，故 C 值也称基因组大小(genome size)。C 值是一个物种特有的，而且是相当恒定的特性(characteristic)，一般对某一物种来说是一个常数(constant)，基于这两个英文字而简称为 C 值。C 值的单位以 pg (1pg＝10～12g)、道尔顿(Dolton)、双链碱基对(bp)或千碱基对(kb)表示。

2.1.2　C 值的特性和意义

(1) C 值代表物种的特性。它是由生物长期进化形成的一个物种所固有的稳定的遗传物质的总量，它也是鉴别物种的一个重要指标。

(2) 高等植物的基因组在大小上差异很大。例如，拟南芥基因组仅为 125Mb，而松树($2n=24$)为 23 000Mb，比拟南芥大近 200 倍。

(3) C 值在一定程度上表示了物种的复杂性。各门生物存在一个 C 值范围，在不同的门中 C 值的变化很大。在每个或一个门中随着生物复杂性的增加，其基因组大小也随之增加。基因组大小与生物复杂性多数一致。例如，结构最简单的支原体门的 C 值约为 106bp，结构复杂的高等显花植物门约为 1011bp，两者相差约 10 倍。从总的趋势来看，生物的结构越复杂，C 值越有增加的倾向。

2.2　植物基因组的简单序列

简单序列(simple sequence)又称单一序列(unique sequence)或非重复序列(nonrepetitive sequence)，即在基因组中只有 1 个或 2～3 个拷贝。真核生物的大多数基因在单倍体中都是单拷贝的，原核生物基因组只含单一序列。低等真核生物基因组中，大部分 DNA 为单一序列，在基因组中占 50%～80%。在植物中，非重复 DNA 占基因组的少数，为 10%～30%，但是单一序列中储存了巨大的遗传信息，编码各种不同功能的蛋白质。

简单序列分布在植物基因组中的所有部位，在它们的两端常是重复序列。简单序列按其长度可以分为两类：一类叫做“短周期散布”(short period interspersion)，另一类叫“长周期散布”(long period interspersion)。短周期散布是由较短的简单序列(300～1200bp)散布在较短的重复序列之中。长周期散布中的简单序列长度较长(2000～6000bp)，分散在重复序列之中。绝大多数植物的基因组都有短周期散布结构，而有长周期散布结构的植物，它们的重复序列也比较长。另外，基因组的大小与简单序列的结构有一定关系：在一般情况下，基因组大的植物有短周期散布，基因组较小的植物有长周期散布。

2.3　植物基因组的重复序列

在真核生物，特别是高等植物基因组中有大量的重复序列(repetitive sequence)，基因组大小的差异主要是由重复 DNA 序列的数量不同造成的。高等植物重复 DNA 的比例大大超过动物基因组。

重复序列按排列方式分为两类：串联重复(tandem repeat)和散布重复(interspersed repeat)。基因组较大的植物 DNA 序列重复的程度高，单拷贝序列较短(＜2kb)。例如，在小麦中有 83%的 DNA 是重复序列，在洋葱中则高达 95%。

按其长度又可分中度重复序列(moderately

repetitive sequence)和高度重复序列(highly repetitive sequence),根据DNA复性速度可以算出三个组分的重复频率(repetition frequency, Rf)及每个组分在基因组中出现的拷贝数,高度重复序列、中度重复序列及简单序列的拷贝数分别为500 000、350和1。由此可知,复性速度最快的组分是一些高度重复序列,复性速度居于中间的组分则是中度重复序列,复性速度最慢的组分是基因组中的单一序列,只能在互补的单链之间复性。

根据来源或结构特点基因组DNA的重复序列元件可以分为5类:①来自转座子的重复序列,常被称为"散布重复序列"(interspersed repeated sequence),人类基因组中,45%的DNA是这类重复序列;②非活跃的、在反转录后被转座的细胞基因常被称为"处理后的假基因"(processed pseudogene);③简单重复序列(simple sequence repeat);④大片段(10～300kb)加倍(segmental duplication);⑤串联重复序列(tandem repeated sequence),如着丝点、端粒等部位的DNA序列和rRNA基因(图1-1)。

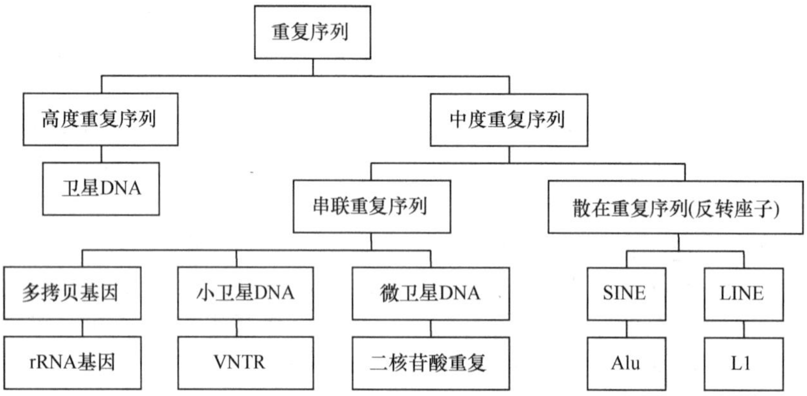

图1-1　重复序列的类别

2.3.1　中度重复序列

中度重复序列是指长约300bp、在基因组中有十至数万个拷贝的顺序,一般每个单倍体基因组中的拷贝数小于10^6个,如rRNA和tRNA基因。根据其在基因组中的分布方式,高等生物基因组中的中度重复序列又可以分为两类(图1-1):一种为串联重复序列;另一种为散在重复序列。中度重复序列少数在基因组中成串排列在一个区域,以串联重复序列形式存在,大多数与单拷贝基因或其他序列间隔排列,以散在重复序列形式存在。

1) *串联重复序列*　它是指许多个重复单位按照串联形式排列在一起,包括微卫星DNA(microsatellite DNA)、小卫星DNA(minisatellite DNA)等。另外,有些文献中也将着丝粒序列(centromeric repeat sequence)和端粒序列(telomeric repeat sequence)包含在其中。

(1) 小卫星DNA由短重复单位(15～400bp)串联重复而成,平均长度为20bp,在基因组中拷贝数从10～10 000不等,通常为1000～5000bp,主要分布在染色体的近端粒处,也称为数目可变串联重复序列(variable number of tandem repeat, VNTR)。VNTR是由于相同的重复序列在不同个体基因组中的重复次数不同所导致,这决定了小卫星DNA长度的多态性。不同个体基因组中重复单位数目的高度变异是由于不等交换所造成的。在重复序列中没有酶切位点,而在重复序列两侧有限制性酶切位点,则切割的片段由于所包含的重复序列的数目不同而出现长度的变化,这样导致了不同个体间存在着串联数目的差异,即存在DNA长度多态性。DNA长度多态性的遗传方式为孟德尔遗传方式,广泛应用于基因定位、DNA指纹图谱(DNA fingerprinting)分析、遗传性状的分析和诊断。

(2) 微卫星DNA序列又称短串联重复序列(short tandem repeat, STR)或简单重复序列(simple sequence repeat, SSR),是由1～4个碱基对组成的,通常以$(AC)_n$和$(TG)_n$二聚核苷酸为组成部分,并且重复次数为10～60次,总长度小于150bp,可分布在整个基因组的不同位置上。由于等位基因间重复次数不同导致其在动植物中具有很高的多态性。平均而言,植物中每23.3kb的DNA序列中出现1个长度在20bp以上的微卫星DNA序列,每62kb中出现一个≥20bp的$(AT)_n$微卫星DNA序列。它被广泛应用于一些简单遗传性状的分子标记研究和连锁作图。

2) *散在重复序列*　其重复单位与其他无关的重复序列或单拷贝序列相间排列。在大多数真核生物基因组中,多数中等重复序列是可移动遗传因子(mobile element),也称为转座子。据它们插入DNA序列的方式不同,可分为两种类型。

(1) 第一类称为还原因子(tetroelement),在插入 DNA 序列前以 RNA 为介导,先经过反转录,一旦插入,还原因子就不能切离,包括反转座子(retrotransposon)、非长末端重复(non-long-terminal-repeat, non-LTR)反转座子、LINE、SINE 等。反转座子只分布在植物、真菌、无脊椎动物和微生物基因组,脊椎动物中少见。在植物中占主导地位的是 LTR-反转座子中的 Ty1-copia 和 Ty3-gypsy 成分,LINE 和 SINE 也有报道。

(2) 第二类通常称为转座子,既可以插入又可以切离,通常具有末端反向重复序列,主要有 Ac/Ds、Spm/dSpm、MuDR/Mu。

2.3.2　高度重复序列

高度重复序列(highly repetitive sequence)是在基因组中存在拷贝数大于 10^6 的序列,其长度通常为 6～200bp。高度重复序列大部分集中在异染色质区,特别是在着丝粒和端粒附近。高度重复序列中常有一些 AT 含量很高的简单串联序列,因此在很低 Cot 值时就可以变性,复性速度很快。高度重复序列在基因组中所占比例随种属而异,占 10%～60%,大多数高等真核生物 DNA 都有 20% 以上的高度重复序列。这类重复序列非常简单,没有启动子结构,因此没有转录能力。按其结构特点可以分为倒位(反向)重复序列和卫星 DNA。

2.4　植物基因组的多态性

生物的多样性(diversity)与其基因组 DNA 序列的多态性(polymorphism)直接相关,也是生物进化中生物与环境的适应性反应及自然选择的结果。植物基因组的多态性是其重要的特征之一。植物基因组的多态性同样根据其 DNA 序列的多样性可分为两种:① 长度多态性(length polymorphism),在自然群体中,DNA 位点存在核苷酸序列长度的变异,为插入和缺失多态性,简写为 InDel;② 单核苷酸多态性(single nucleotide polymorphism, SNP),染色体 DNA 上某一特定位置的碱基多态性。生物的多态性很可能与基因组序列的多态性有关。DNA 序列的多态性在生物学研究中也有非常大的用途,如基因组作图、遗传检测、基因诊断、法医鉴定等。

2.5　植物基因组的密码偏爱性

2.5.1　密码偏爱性的基本概念

遗传密码有 64 种,但是绝大多数生物倾向于利用这些密码子中的一部分。那些被最频繁利用的称为最佳密码子(optimal codon),也称为偏爱密码子(biased codon)或高利用率的密码子(high-usage codon)。实际上每种生物都表现出某种程度的密码子利用的差异或偏爱,编码高丰度蛋白质的基因明显避免低利用率的密码子。因此,可以利用偏爱密码子(biased codon)并避免利用率低的或稀有的密码子合成基因,进而增加基因的表达量,基因的这种重新设计叫密码子优化(codon optimization)。每种生物的基因组序列都有自己的特点。

2.5.2　密码偏爱性的物种差异

不同生物在 G-C 与 A-T 碱基对含量上的差异较大。例如,酵母基因组的嘌呤含量为 50%,GC 含量为 35.6%;人类基因组的嘌呤含量也为 50%,GC 含量为 42%。因此,基因组的 GC 含量是一项重要的参数。另外,由于 G-C 碱基对之间可以形成三个氢键,而 A-T 之间只有两个氢键,所以人们在潜意识中认为 GC 含量的差异更具有生物学意义。基因组学的研究结果表明,这个猜测是正确的:①在基因组中,GC 含量高的区域,基因密度趋高;②染色体用吉姆萨染色法出现染色较深的条带(giemsa band),这个区域的 GC 含量较低(平均 37%),而染色浅的区域 GC 含量较高(平均 45%);③内含子的长度与 GC 含量呈负相关;④LINE 类转座子在 GC 含量低的区域密度较高,而 SINE 类转座子(特别是其中的 Alu 类)在 GC 含量高的区域密度较高;⑤GC 含量还与点突变率有关系。可见,明确某种生物基因组的偏爱密码子对提高基因表达水平、合成最优化的基因序列及其基因工程具有重要意义。

2.5.3　植物基因组偏爱密码子的特点

目前研究结果表明,植物的偏爱密码子如下,Met ATG: 100%;Glu GAG: 51%,GAA: 49%;Asp GAT: 58%,GAC: 42%;Lys AAG: 61%,AAA: 39%;Asn AAC: 55%,AAT: 45%;Cys TGC: 56%,TGT: 44%;Tyr TAC: 56%,TAT: 44%;Phe TTC: 55%,TTT: 45%;Gln CAA:…

从这些偏爱密码子中可以看出:①蛋氨酸(Met): ATG 和色氨酸(Trp): TGG 含量很高;②GC含量高于 AT;③G 含量最高,为 40%左右;④线粒体基因组和叶绿体基因组同样具有各自的偏爱密码子。

单(双)子叶植物的偏爱密码子特点:①单子叶植物 TATA 盒序列前保存一个胞嘧啶,而双子叶植物没有;②单子叶植物使用的密码子较少,64 个密码子中平均使用只有 38 个;③单子叶植物使用的终止密码子常为(UGA)。

2.5.4 密码偏爱性的发生机制

成簇的、低利用率的密码子抑制了核糖体的运动,这是基因不能以合适水平表达的机制之一。核糖体翻译由 9 个密码子组成的 mRNA(含几个低利用率密码子或全部为低利用率密码子)时的运动速度要比翻译不含低利用率密码子的同样长的 mRNA 的速度慢。即使低利用率密码子簇位于 3′端,mRNA 最后也会被核糖体“拥挤”而损害,核糖体又回到 5′端。3′端低利用率密码子簇的抑制效应可以和全部 mRNA 都由低利用率密码子组成的抑制效应一样大。如果低利用率密码子簇位于 5′端,其效应是起始核糖体数目的全面减少,导致蛋白质合成中 mRNA 的低效率。散在分布的稀有密码子对翻译的效应还未很好地研究,但是有证据表明这种情况的确对翻译效率有负面效应。消除稀有密码子、去除所有去稳定序列和利用最佳密码子的基因重新设计都可能增加蛋白质产量,使蛋白质生产更加有效和经济。

3 植物细胞三套基因组的结构功能

植物基因组是所有生物基因组中遗传物质含量最大、C 值范围最宽,结构最复杂的基因组。广义的植物基因组常常是指植物细胞核基因组,实际上植物基因组科学的概念是由植物细胞核基因组(nuclear genome)、叶绿体基因组(chloroplast genome)及线粒体基因组(mitochondrial genome)组成,特别是叶绿体基因组是植物所特有的基因组,也是唯一能进行光合作用合成能量的基因组,排除了叶绿体基因组就不成为植物。植物这三个基因组的结构功能都有独特的特点。

3.1 植物细胞核基因组的结构特点

细胞核基因组是植物基因组的主要组成,占整个植物细胞遗传物质的最大部分,而细胞器基因组的遗传物质只占不到 0.1%,甚至可以忽略不计,因此广义的基因组概念中把植物基因组与细胞核基因组等同认识,也称之为“染色体基因组”(chromosome genome)。普通遗传学中的植物基因组特点实际上是指细胞核基因组的特点。从现代基因分子生物学水平上看植物细胞核基因组不仅具有真核生物基因组的一般特征,还具有独特的特点,综合来说,植物细胞核基因组具有如下特点。

(1) 植物细胞核基因组由多条染色体组成,每条染色体又是由 DNA 分子与蛋白质稳定地结合成染色质的多级结构储存于细胞核内,故称为细胞核 DNA(nuclear DNA, nDNA)和细胞核基因组(nuclear genome, nG)。

(2) 植物细胞核基因组的遗传物质含量差异是整个生物界中最大的。例如,拟南芥的单倍体基因组中只有 1.25×10^7 bp,普通小麦中有 160×10^7 bp,两者相差约 128 倍,而百合基因组有 $15\,000\times10^7$ bp,是拟南芥的 10 000 多倍。

(3) 植物细胞核基因组没有操纵子结构,但许多结构相似、功能相关的基因组成基因家族(gene families)。同一基因家族的成员可以紧密地排列在一起,成为一个基因簇(gene cluster),也可以分散在不同的染色体上或同一染色体的不同部位上。

(4) 细胞核基因组中存在大量不编码蛋白质的 DNA 序列,基因组中不编码的区域多于编码区域。编码蛋白质的基因往往位于基因组单拷贝 DNA 序列中,只占 1%左右。核基因组存在大量的中度或高度重复序列(repeated sequence)(如卫星 DNA 等),高度重复序列重复频率可达 10^6 次,而中度重复序列可达 $10^3\sim10^4$ 次,如 Alu 家族、rRNA 基因、tRNA 基因、组蛋白基因等。

(5) 多数细胞核基因是不连续的,由内含子和外显子相间排列,称为断裂基因(split gene)。

(6) 细胞核基因转录产物是单顺反子(monocistron),即一个结构基因转录、翻译成一个 mRNA 分子、一条多肽链。

(7) 细胞核基因组具有多个复制起点,为多复制子(multi-replicon)结构,但每个复制子的长度较小。

(8) 植物细胞核基因组的遗传特点完全遵循孟德尔规律。

3.2 植物线粒体基因组的结构特点

真核生物细胞中都有线粒体 DNA(mtDNA),形成细胞器基因组,在动物细胞中没有叶绿体基因组,所以线粒体基因组就是细胞器基因组。尽管在各种生物中 mtDNA 变化很大,但其基本特征相类似,下面详细叙述植物细胞线粒体的结构特征。

(1) 植物细胞线粒体基因组同样是由独立于核染色体外的 mtDNA 组成。mtDNA 结构与原核生物类似,是环状双链 DNA 分子,但也有线状分子,其长度一般几百到几千 kb,比叶绿体 DNA(cpDNA)分子大 10 倍左右。

(2) mtDNA 的突出特征是,不仅细胞内拷贝的数量不同,而且 mtDNA 分子长度随不同物种有明显变化,即使在同一细胞中同时有被称为异质性(heteroplasmy)的现象,即同一细胞内存在着两种以上的mDNA分子。植物不同种属之间线粒体基因组大小变化很大，为120～2500kb。月见草的mtDNA分子只有195kb，而甜瓜的mtDNA长达2600kb，相差十多倍。

(3) 高等植物线粒体基因组另一个特点是非均一性：大多数高等植物线粒体基因组在同一个线粒体中含有多个线性和环状DNA。有些植物线粒体中除了一个大的DNA环状外，还有多个线状分子，大小在1～100kb，称附加体。玉米不同自交系细胞中的mtDNA分子长度不等，有的是700kb，有的约为570kb或400kb多等。这些DNA是通过分子内的重复序列发生重组而产生的。

(4) mtDNA分子同样由复合操纵子结构组成，为多顺反子，它可翻译成多个蛋白质。

(5) mtDNA的一个重要特点是易发生变异，变异率高于cpDNA和nDNA，并且mtDNA缺乏修复能力。其中最突出的是比较容易发生基因丢失(gene loss)和重排(rearrangement)，一般认为丢失的基因被转移到细胞核基因组中。这是因为高等植物线粒体基因组中含有大量短序列正向或反向重复序列，它们之间的频繁重组可引起DNA序列的重排，是植物线粒体基因组常常发生大量变异及结构非均一性的主要原因。线粒体DNA的分子内重组可产生异常结构的基因，它们与细胞质雄性不育密切相关。

(6) mtDNA基因表达调控序列基本与原核生物相类似，但还是有其自身的特异性。

(7) mtDNA能自我复制，并且只有一个复制点。它的遗传特性为核外遗传，属母系遗传。

(8) 植物mtDNA的浮力密度一般在1.705～1.706g/cm^3，虽然线粒体细胞器比叶绿体细胞器小，DNA的总量也小，但mtDNA分子长度却比cpDNA要大，根据其浮力密度可以分离mtDNA。

3.3 植物叶绿体基因组的结构特点

叶绿体基因组(chloroplast genome，cpG)是1962年首先在藻类中发现的，没有叶绿素的叶绿体叫质体(plastid)，因此，叶绿体基因组也称质体基因组(plastome)。叶绿体基因组对于植物细胞是十分重要的，并具有独特结构功能。

(1) 叶绿体基因组是独立的遗传物质，含量小，变化大。cpG是独立于核染色体外的遗传物，称为叶绿体DNA(cpDNA)，并以"类核体"(nucleoid)形式分布在一定的区域内。一般在植物细胞中有10～20个类核体，每个类核体由2～20个叶绿体DNA分子组成。叶绿体DNA的含量大体在1×10^{-14}g水平上，明显比线粒体DNA量(1×10^{-16}g)多。但是cpDNA的总量在不同物种中变化很大，例如，最大的植物叶绿体基因组DNA是天竺葵(*Geranium*)，有217kb，但在多数植物中cpDNA为12～160kb。在大麦的叶肉细胞中，每个细胞约有60个叶绿体，每个叶绿体可以有200个DNA分子，一个细胞中的cpDNA拷贝数可以超过10 000个，小麦叶绿体基因组大小约为134kb。一般幼嫩组织细胞叶绿体基因组的拷贝数高于成熟叶片。在拟南芥叶片细胞基因组中，细胞核基因组、线粒体基因组和叶绿体基因组的拷贝数比例是1∶13∶280。

(2) 叶绿体基因组DNA的结构特点与原核生物基本相同。cpDNA为环状双链分子，不与蛋白质结合成染色质，具有原核生物DNA(prokaryotic DNA，pkDNA)的基本特点，cpDNA分子的长度一般为100～200kb。

(3) cpDNA能自我复制，并且只有一个复制点，其遗传特点表现为非孟德尔遗传方式，属母系遗传，也称核外遗传。

(4) 在cpDNA中相同或相关功能的基因组成复合操纵子，表达为多顺反子(polycistron)，也就是一条mtDNA分子上有多个"开放阅读框"(ORF)，它们可翻译成多个蛋白质，这一特点有利叶绿体基因的表达与调控。

(5) cpDNA基因中无内含子和外显子，基因之间无间隔序列或极短。编码序列占绝大多数，其中一半以上是与蛋白质合成相关的基因。

(6) 几乎所有绿色植物中，其叶绿体基因组中核糖体操纵子内的基因顺序都是一样的：16S rRNA-tRNA-23S rRNA-5S rRNA。

(7) cpDNA基因表达调控序列基本与原核生物相类似，但还具有本身的特异性。几乎所有种属叶绿体基因组都有两段很长的反向重复序列，这一结构可有效阻止叶绿体DNA的分子内重组。但在有些植物如蚕豆、豌豆中并未发现有两段对称的反向重复序列。叶绿体基因组中缺少类似线粒体基因组中那样的短序列重复序列，因此，叶绿体基因组很少发生基因组的重排事件。

(8) cpDNA一个显著特点是不含5′-甲基胞嘧啶，用这个特点可以大致检测cpDNA的纯度。由于cpDNA的浮力密度与nDNA不同，所以根据其浮力密度1.694～1.698g/cm^{3}可以将cpDNA分离出来。

3.4 植物细胞三套基因组的结构功能比较

植物细胞中三套基因组的结构功能各有特点，而最重要的是线粒体基因组和叶绿体基因组十分相似，表现了原核生物DNA的基本特征，而细胞核基因组表现了真核生物DNA的基本特征。

3.4.1 线粒体基因组和叶绿体基因组的比较

随着研究的深入，从分子生物学水平上看，线粒体基因与叶绿体基因有以下类似的特点。

(1) 线粒体和叶绿体的基因组结构与原核生物相似：① 环状DNA；②DNA没有与蛋白质结合成染色质。

(2) 线粒体和叶绿体有自己的一套蛋白质合成体系，而这个体系与原核生物相似：rRNA和核糖体结构像原核生物而不像真核生物(质体的rRNA序列与光合细菌相似，线粒体rRNA序列与朊细菌相似，核糖体是70S而不是真核生物的80S)。

(3) 翻译的第一个氨基酸和细菌一致，是fMet，而不是Met(蛋氨酸)。

(4) 一些能够抑制细菌蛋白质合成的抗生素也能够抑制它们的蛋白质合成，但不能够抑制真核生物细胞质中的蛋白质合成。反之，一些能够抑制真核生物细胞质蛋白质合成的抑制物对它们和细菌的蛋白质合成没有影响。

(5) 一种能够抑制细菌RNA聚合酶的抗生素(rifampicin)也能够抑制线粒体和叶绿体RNA聚合酶，但对细胞核内的RNA聚合酶却没有作用。

(6) 线粒体和叶绿体的基因结构与细菌的相似，也有像细菌那样的启动子、顺反子、操纵子结构等。

3.4.2 三套基因组的比较

把植物核基因组、叶绿体基因组和线粒体基因组放在一起比较，见表1-1。

表1-1 植物核基因组、叶绿体基因组和线粒体基因组的比较

项目	nDNA	cpDNA	mtDNA
大小/kb	$5\times10^5\sim2\times10^8$	120～200	200～2400
重复序列	多	少	少
复杂性	复杂多变	保守	较复杂多变
结构	与蛋白质结合成染色体	裸露、环形	裸露、环形或线形
遗传方式	核遗传、完全自主	质遗传、半自主	质遗传、半自主
遗传特性	双亲遗传	母系遗传	母系遗传
体细胞杂交	有对称、不对称和胞质杂种3种	子代只出现一亲本cpDNA	双亲mtDNA可存
重组性	可重组	无重组	可重组
tRNA	核基因编码	叶绿体基因编码	核基因和线粒体基因编码

4 植物细胞三套基因组的遗传关系

真核生物进化学说认为真核生物来自原核生物，在进化过程中原核生物与好氧菌(aerobic bacteria)共生演化成为叶绿体。因此，在长期的进化中核基因组、线粒体基因组及叶绿体基因已建立一个完整协调的遗传关系，它们既各自独立又相互合作共同调控着植物细胞的一切生命活动。

4.1 三套基因组的混源DNA

植物细胞内三套基因组之间相互调控的遗传关系首先是基于以下三个方面。

(1) 叶绿体和线粒体的结构蛋白质多数是由细胞核基因编码。这说明在进化的过程中，这两个细胞器基因组已发生了变化，把许多基因和它们所担负的功能转移给了细胞核。

(2) 线粒体和叶绿体的部分基因已转移到核基因组。在这三个不同的基因组中，存在着同源DNA，如线粒体基因组中有与叶绿体基因组相同的序列，它们的DNA序列也在细胞核中被发现。这类存在于两种或两种以上基因组内的同源DNA被称为“混源DNA”(promiscous DNA)。

(3) 核基因转移到线粒体和叶绿体基因组。也有些基因是从细胞核基因组转移到细胞器基因组的。

4.2 叶绿体中蛋白质的基因编码及核质调控

叶绿体基因组主要用于编码叶绿体自身所需的蛋白质及tRNA和rRNA，其中叶绿体基因编码的蛋白质主要在叶绿体中的核糖体上合成，叶绿体可以自己完成DNA复制、转录及蛋白质合成过程，但是叶绿体DNA并不足以编码叶绿体本身所需的所有蛋白质。例如，在DNA复制、转录和翻译过程中所需的蛋白质大部分都是由核基因编码的。据统计，植物叶绿体中有2000～3500个多肽都是由核基因编码并在细胞质中合成的，这些蛋白质通过特殊的运输机器运输到叶绿体中。这种运输是单向的，目前还没发现有蛋白质从叶绿体中运输到细胞质的现象。有趣的是，有些叶绿体蛋白质复合物一部分亚基由细胞器基因组编码，而另一部分由核基因组编码，如Rubisco大亚基(*rbcl*)基因是由叶绿体基因编码的，而小亚基(*rbcs*)基因却是由核基因编码的。但是叶绿体中的RNA分子都由叶绿体本身提供。除了蛋白质和核酸分子外，细胞内脂质的生物合成主要在叶绿体中进行。例如，在菠菜叶片中，虽然细胞内脂肪酸的脱饱和没有在叶绿体中发生，但是细胞内脂肪酸却在叶绿体中合成。

4.3 线粒体中蛋白质的基因编码及核质调控

线粒体是产能的场所，细胞的发电厂，它行使着能量转换、电子传递和氧化反应功能，这是一个十分复杂的生理代谢，需要许多酶和蛋白质的调控。

线粒体基因组的DNA所编码的功能分子是有限的，植物线粒体基因组仅能编码3种rRNA及24种tRNA和部分蛋白质，线粒体中的绝大多数蛋白质包括部分RNA聚合酶，都是由核基因编码的，核基因编码的蛋白质通过线粒体膜运至线粒体内进行组装或直接起作用。另外，线粒体所需要的tRNA还不足以识别线粒体中的密码子，一部分tRNA还需要来自核基因和叶绿体基因才能满足需要。其中核基因编码的tRNA约占36%，这些tRNA转录后运输到线粒体中，而叶绿体基因编码的tRNA约占16%，这些基因序列转移并插入到线粒体基因组中成为线粒体基因组的一部分，在线粒体中转录。

4.4 植物细胞三套基因组之间的相互调控

在植物细胞中三套基因组之间的相互调控归纳为图1-2，并显示出以下几个方面。

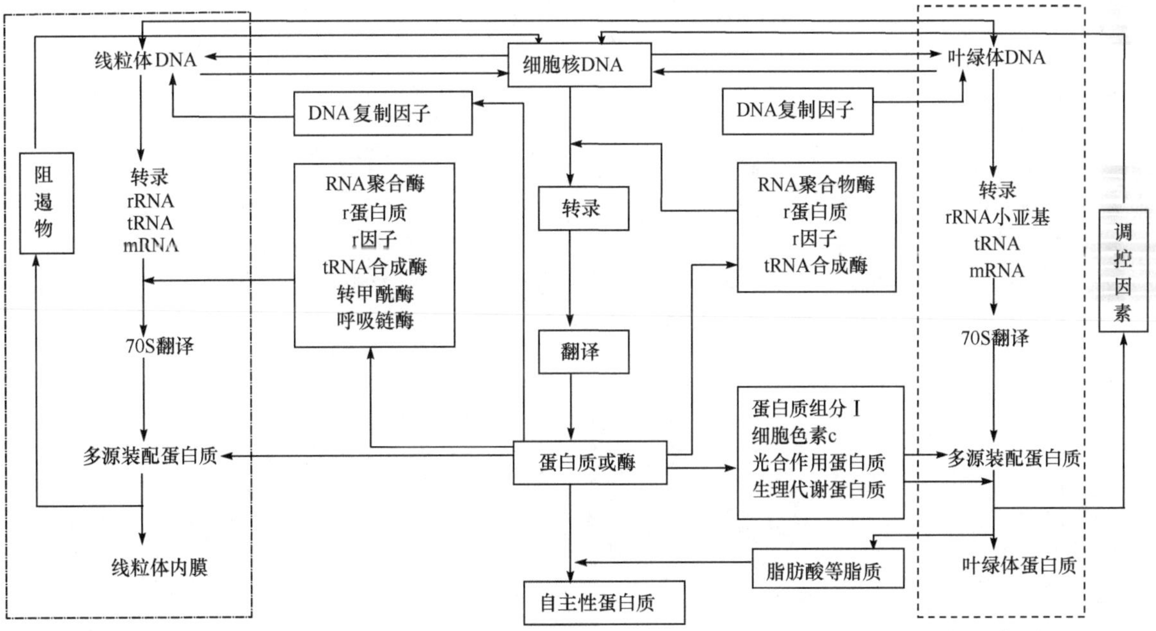

图1-2 植物细胞三套基因组的遗传关系

(1) 三套基因的基因存在相互转移的现象，从而形成了混源DNA和同源序列。

(2) mtDNA和cpDNA的复制所需的许多调控因子是由核基因组合成的。

(3) mtDNA和cpDNA的转录、翻译过程中RNA聚合酶和调控因子是由核基因组提供的。

(4) mtDNA和cpDNA的核糖体的蛋白质中相当部分是由核基因编码合成后提供，共同装配成核糖体。

(5) 线粒体基因组合成的蛋白质是非常有限的，只占5%～10%，其余大部分蛋白质是由核基因编码合成的。

(6) 线粒体中具有重要功能的细胞色素C等蛋白质是由核基因组合成后转送到线粒体中组装成内膜。

(7) 叶绿体中的叶绿素、类胡萝卜素、叶绿体脂质及光合作用和淀粉合成反应所需的酶由核基因编码合成，并受其调控。

(8) 叶绿体中核糖体蛋白质的大亚基由cpDNA编码合成的，而小亚基由nDNA编码合成。

(9) 许多实验结果表明三套基因转录的RNA可以相互转移，并翻译成蛋白质。三套基因组的遗传信息流动有DNA、RNA及蛋白质三个层次进行交流。

(10) 三套基因组的遗传关系可以通过对抑制剂专一性反应进行分析，放线菌酮能专一性地抑制细胞核基因组蛋白质合成，对线粒体和叶绿体基因组无效。氯霉素专一性地抑制线粒体和叶绿体基因的蛋白质合成。

(11) 线粒体和叶绿体基因组的生物合成可能分两个阶段：第一阶段是通过核-质调控体系，合成线粒体和叶绿体代谢活动所需的酶，促进其合成反应；第二阶段是线粒体和叶绿体的代谢活动，同时产生了控制细胞核DNA转录的阻遏物或调控因子，调节细胞核基因组的活动。

综上所述，可以得出的结论是：线粒体和叶绿体基因的自主性是有限制的，要受到核基因组的调控；三套基因组相互作用调控着植物细胞的生命活动。

复习题

名词解释

基因组、基因组学、基因组C值、简单序列、重复序列、小卫星DNA、微卫星DNA、转座子、偏爱密码子

问题

(1) 简述植物基因组的结构功能特点。

(2) 植物基因组偏爱密码子的特点及其机制。

(3) 植物细胞三套基因组的结构功能比较。

(4) 植物细胞三套基因组之间的相互调控。

第2章

植物基因的分子结构功能及特点

植物基因的基本概念与所有生物相同，基因(gene)是遗传的基本物质和功能单位，是DNA分子中含有特定遗传信息的一段DNA序列。基因的研究自孟德尔遗传规律发现以来一直是生物学研究的核心内容，随着分子生物学的不断发展，基因的概念也得到了丰富和发展。广义的基因概念不仅包括结构基因，即能翻译成蛋白质的基因，还包括非结构基因，即不能翻译成蛋白质的基因。而狭义的基因概念仅指结构基因。然而植物基因结构功能均具有其自身的特点，这主要表现在植物细胞核基因。

1 植物细胞核基因的分子结构功能及特点

1.1 植物细胞核基因的基本结构

植物细胞核基因具有真核基因的一般结构，它包括转录区和非转录区两部分。基因的转录区主要包括转录起始位点、起始密码子、外显子、内含子、终止密码子、poly(A)信号等6个具有典型功能特点的部分，其中翻译成蛋白质的部分(从翻译起始密码子ATG开始至翻译终止密码子)被称为开放阅读框(open reading frame, ORF)，而非转录区主要包括启动子、终止子、调控序列三个部分，具体结构如图2-1所示。

1.2 植物细胞核基因的分子结构特点

1.2.1 植物启动子元件的结构特点

启动子是位于转录起始位点上游，启动基因转录的调控序列。核心启动子主要包括4个重要的区域：转录起始位点、TATA盒、CAAT盒和GC盒。转录起始位点是基因转录的起始碱基，为了方便计算，把该位置定为+1位置，从转录起始位点到起始密码子ATG的区域称为5′UTR区(5′untranslated region)，即5′端非翻译区。

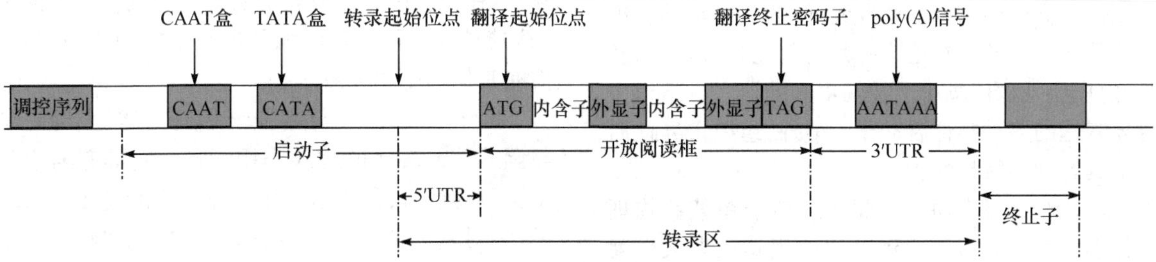

图2-1 植物基因的基本结构

1) *转录起始位点* 在高等植物中，核基因转录起始位点位于ATG密码上游，其碱基大多数是腺嘌呤(A)，少数情况下为鸟嘌呤(G)。转录起始位点发生变化或缺失会影响基因的转录效率。

2) TATA盒 TATA盒位于转录起始位点上游约30个碱基处(一般位于−35到−25之间)。TATA盒的核心序列是5′-TCACTATATATAG，TATA盒也是根据这个序列特征来命名的。该盒是转录起始复合体的结合位点，它的主要功能是使RNA聚合酶Ⅱ结合到启动子的正确位点从而启动转录。TATA盒序列的轻微改变也会使RNA聚合酶Ⅱ结合到启动子上，但是转录效率可能会大大降低。如果将TATA盒反向排列，转录效率也会降低。TATA盒并不是在所有基因中存在，一些持家基因就不含有TATA盒，也有一些基因含有两个以上的TATA盒。

3) *CAAT盒和GC盒* 一般CAAT盒位于基因约−80的位置处，其核心序列是GGT(C)CAATCT，因其保守序列CAAT而得名，是最早被发现的转录起始元件。CAAT盒正反方向都起作用。但有些基因无此序列，如禾谷类作物的贮藏蛋白基因中无CAAT盒而被CATC盒代替。

GC盒一般位于基因的约－100位置处。该元件的具体位置在不同基因中不同，它可以处于TATA盒与CAAT盒之间，也可位于CAAT盒上游。它的核心序列是GGGCGG，可有多个拷贝，并能以任何方向存在而不影响其功能。转录因子通过结合CAAT盒和GC盒从而促进转录起始复合体的组装。

4）*启动子的功能及类型*　植物基因中常见的启动子按其作用方式及功能可分为三类：组成型启动子、组织特异性启动子和诱导型启动子。

（1）组成型启动子。组成型启动子在所有组织中都能启动基因表达，表达具有持续性，不表现时空特异性，也不受外界因素的诱导，在不同组织中所启动的基因表达水平基本相同。因此，其启动的基因RNA转录量和蛋白质表达量也是相对恒定的。从结构上看，大多数组成型启动子在基因转录起始位点上游几百个核苷酸处，都存在保守的核苷酸序列TGACTG。目前在植物基因工程中单子叶植物上使用最广泛的组成型启动子是花椰菜花叶病毒CaMV 35S启动子、水稻肌动蛋白Act基因启动子和玉米泛素Ubi基因启动子，在双子叶植物上通常使用CaMV 35S启动子或来自根癌农杆菌Ti质粒上胭脂碱合成酶基因的Nos启动子。

（2）组织特异性启动子。组织特异性启动子又称器官特异性启动子。在组织特异性启动子调控下，基因常常只在某些特定的器官或组织中表达，而且常表现出发育调节的特性。这类启动子除具有一般的结构外，通常还有增强子或沉默子（调控元件中会介绍这两个调控元件）的一般特性。组织特异性启动子有在植物叶片、根、花粉绒毡层、胚胎、内皮层、胚乳、糊粉层及韧皮部的器官或组织中特异表达的多种类性启动子。另外，组织特异性启动子具有种间特异性。

（3）诱导型启动子。此类启动子在某些物理或化学信号的刺激下启动基因的表达或者大幅度地提高基因的转录。该类启动子常以诱导信号命名。例如，光诱导表达基因启动子、热诱导表达基因启动子、创伤诱导表达基因启动子、激素诱导表达基因启动子、真菌诱导表达基因启动子和共生细菌诱导表达基因启动子等。它们具有以下共同特点：①启动子的活化受特定物理或化学信号的诱导；②具有增强子、沉默子或类似功能的序列结构；③感受特异性诱导的序列具有明显的专一性；④一部分该类型的启动子同时具组织特异性表达的特点。

1.2.2　基因调控元件的结构与功能

调控元件是指DNA分子上的一段序列，该段序列可特异地与某些具有调控作用的蛋白质分子相互作用来激活或抑制基因的表达。该元件也属于顺式作用元件，由于这部分元件不是启动子共有的核心元件，所以在这里单独介绍。在TATA盒的上游、非翻译区的前导序列、3′端的下游、内含子内部等多个位置都可以发现具有调控功能的顺式作用元件即调控元件。调控元件中最典型的就是增强子（enhancer），增强子的功能是提高RNA聚合酶Ⅱ的效率进而增强基因的表达。相对于增强子，调控元件沉默子（silencer）的功能主要是降低基因的表达水平，作用方式与增强子类似。绝缘子（insulator）一般位于基因的两侧，长0.5～3kb，它既可以阻止或隔绝增强子的作用，也可以影响沉默子的调控作用，因此属于转录中性元件。

1）*增强子*　不同的增强子相互间在结构上的同源性较少，但具有一些短的简并共有序列。增强子具有以下特征：①增强子能通过启动子提高靶基因的转录效率，没有启动子的存在，增强子不表现活性；②增强子没有固定的位置，可在基因5′上游、基因内或其3′下游序列中，也可远离转录起始位点，通常在距离转录起始位点1～4kb（个别情况下可远离转录起始位点达30kb）起作用；③增强子发挥作用与其序列的正反方向无关；④增强子对启动子没有严格的专一性，同一增强子可以影响不同类型启动子的转录；⑤增强子也可以包括多个重复元件，其中每个单独的重复元件都可以单独起顺式作用元件的功能；⑥增强子一般具有组织或细胞特异性，在植物中许多重要的发育基因就是由增强子来调控的，并且许多增强子仅在某些细胞中有效，而在其他细胞中无效。

2）*沉默子*　与增强子相同，沉默子也是参与调节基因表达的顺式作用元件。它具有与增强子类似的特点：①可以远距离作用于所连接的启动子；②对基因的阻遏作用没有方向的限制，无论位于启动子的上游或下游均可阻遏所调控的基因的表达。此外，有些沉默子的作用方式具有组织特异性，有些则是非特异性的。大多数沉默子对启动子没有专一性，有的沉默子直接阻遏启动子的转录，有的沉默子对启动子的阻遏依赖于增强子。

除了上述共有的保守序列外，不同来源的启动子还通常具有种属或组织器官特异及仅局限于某种基因家族特有的调控元件。例如，G盒，该元件高度保守，其共同序列为CACGTG，在细胞接受外界信号时对转录起始的频度起调控作用；还有豆球蛋白盒，其保守序列为TCCATAGCCATGCATGCTGAAGAATATC，该序列指导成熟种子中基因的特异表达。另外，还有醇溶谷蛋白盒、根瘤盒、热激蛋白盒、厌氧反应盒、愈伤反应盒等特有元件，分别在植物不同的发育事件中调控基因的表达。

3) Kozak序列 真核基因起始密码子ATG的周围序列是保守的，由于这一现象是Kozak最先发现的，所以把起始密码子周围保守的序列称为Kozak序列，也叫做起始子序列。大多数植物Kozak序列的保守序列为5′-NNNNANA/UNU/AANNNNANNAATGGCU-3′(其中N代表4个核苷酸中的任意一个)。该序列的功能是在翻译过程中提高核糖体的识别和翻译效率。Kozak通过对起始密码子ATG周边碱基定点突变后，对转录和翻译所造成的影响研究，总结出在真核生物中，起始密码子周边序列为ACCATGG时，转录和翻译效率最高，特别是在翻译起始密码子ATG上游第3个腺嘌呤(A)对翻译效率非常重要。Kozak序列规则是基于已知数据的统计结果，即第一个ATG侧翼序列的碱基分布所发现的。但是，并不是所有的基因都含有这个Kozak序列。因此，该序列并不是基因表达的必要条件，但是有该段序列可以提高基因的表达水平，因此列入基因的调控序列。

1.2.3 植物基因的断裂结构

植物基因(或真核基因)往往是不连续的，即在单个基因中含有两种成分，有编码意义的外显子(exon)片段和无编码意义的内含子(intron)序列，编码蛋白质的外显子被不编码的插入序列内含子所中断，称为断裂基因。但有些基因，如热休克蛋白基因和凝集素基因则无内含子。

1) 外显子与内含子的结构与功能

(1) 外显子与内含子结构。外显子是原初转录物中通过RNA拼接反应而保留于成熟RNA中的区域，这种DNA与成熟RNA间的对应区域称为氨基酸的编码区(amino acid coding region)；而在原初转录物[又称为前体mRNA(pre-mRNA)或核内异质RNA(heterogeneous nuclear RNA, hnRNA)]中通过RNA拼接反应而被去除的RNA序列相对应的DNA序列称为氨基酸的非编码区(noncoding region)，即内含子。植物的内含子较短，多数短于150bp，大部分在80～139bp，少数长达2～3kb。

外显子与内含子连接区是高度保守的，符合GT-AG法则，即内含子5′端起始的两个碱基都是GT，3′端最后两个碱基总是AG，而且其中的GT两核苷酸碱基的保守性最强。改变这种区域结构，不仅影响切割效率，而且可能破坏切割位点，产生具有不同功能的相关蛋白质。

(2) 外显子与内含子的功能。通常一个基因的外显子序列在同源基因之间很保守，但是内含子序列几乎都不具有同源性。内含子虽是非编码序列，但却具有重要的生物学功能。一是内含子中含有各种剪接信号，不同的细胞选择不同的剪接点，将初始转录产物通过不同的加工而产生不同的蛋白质或转录分子。二是有些内含子含增强子序列可以增强基因的表达。例如，玉米乙醇脱氢酶基因(*Adhl*)的第一个内含子(intron 1)对外源基因表达有明显增强作用，该基因的其他内含子(如intron 8、intron 9)也有一定的增强作用。Tanaka等的多项研究表明，内含子对基因表达的增强作用主要发生在单子叶植物，而在双子叶植物中不明显。

2) 断裂基因 由于内含子的存在使基因比实际编码蛋白质的序列要大得多，许多长基因的存在并不表明其编码的氨基酸产物较长，而常常是因为含有较长的内含子序列。通常在进化上相关的基因有相似的基因结构，甚至内含子在基因中的位置也是保守的。基因的大小还与它所包含的内含子数目有关，通常情况下，越高等的物种所含有的内含子数目越多，基因也更大些、复杂些。

1.2.4 mRNA的poly(A)加尾信号序列

植物基因在转录时首先转录成未成熟的mRNA，未成熟的mRNA经过加帽、加尾、剪接等一系列加工后生成成熟的mRNA。其中，加尾主要是指未成熟的mRNA在尾端加入若干个(通常100～200个)腺嘌呤(A)，也叫poly(A)尾巴或者是多聚腺嘌呤尾巴。在真核生物基因的3′端非翻译区内有一段保守序列AATAAA，它与其下游的一段GT丰富区(或T丰富区)共同构成mRNA加尾的信号序列。动物的加尾信号序列非常保守(AATAAA)，而植物会由于基因的不同略有差异(A/TAATAAA/G)。AATAAA序列发生点突变或缺失，均导致切除作用和mRNA加尾作用显著降低或不能正常而有效地进行。

1.2.5 植物基因的终止子

在转录的过程中，提供转录终止信号的序列称为终止子(terminator)。终止子的共同序列特征是在转录终止点之前有一段回文序列，长7～20bp。回文序列的两个重复部分由几个不重复的碱基对隔开，回文序列的对称轴一般距转录终止点16～24bp，在回文序列的下游有6～8个A-T对。因此，这段终止子转录后形成的RNA具有发夹结构，并具有与A互补的一串U，因为A-U之间氢键结合较弱，所以RNA/DNA杂交部分易于拆开，这样对转录物从DNA模板上释放出来是有利的，也可使 RNA 聚合酶从 DNA 上解离下来，实现转录的终止。

植物基因翻译的终止密码为 TAA、TAG 和 TGA，如玉米花色苷调控基因 *C1* 的 3′端有 TGA、TAA 两个终止密码子，莴苣中的甘露聚糖酶基因（*Man1*）含有两个 TAA 终止密码子。基因转录的终止位于 poly（A）加尾的开始点上。终止后加尾产生的 mRNA 运入细胞质发挥作用。单子叶植物最常见的终止密码子为 TGA，在双子叶植物中 TAA 的使用频率比 TGA 高。

1.3 植物细胞核基因的功能及类型

前面介绍过，基因可以分为结构基因和非结构基因两类。如果根据其是否具有转录和翻译功能还可以进一步把基因分为三类。第一类是编码蛋白质的基因，它具有转录和翻译功能，主要指结构基因；第二类是只有转录功能而没有翻译功能的基因，如 tRNA 基因和 rRNA 基因；第三类是不转录的基因，它对基因表达起调节控制作用，如启动基因和操纵基因等，启动基因和操纵基因有时被统称为控制基因。从基因的功能和特点上，基因还可分为跳跃基因、假基因、断裂基因、持家基因等。结构基因还可以进一步分为组成型表达基因、诱导型表达基因和组织特异性基因。组成型表达基因指在生物生长的任何时期、任何部位都表达的基因，这类基因表达只受启动序列或启动子与 RNA 聚合酶相互作用的影响，不受其他机制调节。诱导型表达基因指植物受到外界或内部条件变化的刺激，相应的基因被激活或抑制，基因表达增加或受到阻遏的一类基因。诱导和阻遏在生物界普遍存在，也是生物体适应环境的基本途径。组织特异性基因是指不同的细胞类型进行特异性表达的基因，其产物赋予各种类型细胞特异的形态结构特征与特异的生理功能的基因。如果从大的功能分类来说，一类是调控基因，如转录因子，它可以调节一系列基因的表达；而另一类就是功能基因，它往往执行一种分子功能或者是生化功能，从而参与植物的生长发育过程。

2 植物叶绿体基因的分子结构功能及特点

2.1 叶绿体基因的基本结构

叶绿体 DNA 是由细菌内共生体的基因组演化而来的，是小的、双链环状 DNA 分子，通常以多拷贝形式存在。叶绿体 DNA 的一个显著特点就是不含有 5-甲基胞嘧啶，用这个特点可以大致检测叶绿体 DNA 的纯度。叶绿体 DNA 结构上大致可分为 4 个区，分别为大单拷贝区（large single copy region，LSC）、小单拷贝区（small single copy region，SSC）和两个等同的反向重复区（IRA、IRB）。从这个特点上，可将叶绿体基因组分为三类，一类是缺少重复序列的叶绿体基因组，二类是具有反向重复序列的叶绿体基因组，三类是具有同向重复序列的叶绿体基因组。叶绿体 DNA 含有 60～200 个基因，从功能上说，叶绿体基因大致可分为三大类，第一类是叶绿体遗传系统相关基因，如编码 rRNA、tRNA、核糖体蛋白质、起始因子等基因；第二类是与光合作用相关基因；第三类是与氨基酸、脂类、电子传递功能和色素生物合成有关基因。

2.2 叶绿体基因的分子结构特点

(1) 许多叶绿体的核糖体 RNA（rRNA）基因（*rrn*）与大肠杆菌同源，如玉米、烟草与大肠杆菌的 *16S rrn* 基因同源性都达到 74%，烟草、玉米与大肠杆菌的 *23S rrn* 基因同源性分别达到 69%和 71%。它们之间较高的同源性有助于研究进化的分子机制。

(2) 叶绿体中转录成 tRNA 的基因（*trn*）编码的 tRNA 都没有 3′-CCA 端。一些 *trn* 基因具有内含子，如玉米叶绿体中 *trn G-UCC* 基因在 D-环区内有一个内含子，这是叶绿体所特有的 tRNA 基因结构特征。

(3) 叶绿体编码蛋白质的基因有光合作用相关基因 Rubisco 大亚基 *rbcL* 基因、光合系统Ⅰ和Ⅱ基因、细胞色素 b/f 复合体基因（*pet* 或 *psb*）、翻译因子基因、NADH 脱氢酶基因（*ndh*）、ATP 合成酶亚基基因（*atp*）等。通过对叶绿体基因的分析表明叶绿体基因与细菌基因具有很大的相似性，主要表现在以下几点：一是启动子序列中有类似细菌基因的－10 区和－35 区的结构，但位置可能有所差异；二是转录终止序列的转录终止位点存在互补序列，可形成与细菌类似的转录终止茎环结构；三是转录产物中含有类似细菌的 SD 序列，与翻译起始有关；四是有些相邻基因之间共转录形成顺反子（cistron），所以翻译起始和终止密码子有时重叠；五是叶绿体蛋白质翻译起始的氨基酸为甲酰蛋氨酸，这点与细菌相同；六是叶绿体中一些基因与细菌基因同源性较高，如 RNA 聚合酶 α、β、β′亚基的基因与大肠杆菌的核心酶基因同源，但是编码 β′亚基的基因含有一个内含子。叶绿体基因有一些也与原核基因不同的特征，具有自己的独特性，如 16～23S 基因存在较大的间隔区，tRNA 基因不编码 3′-CCA 端，有些基因具有内含子等。

2.3　叶绿体基因表达调控特点

叶绿体基因组中有多种类型的启动子、多种RNA聚合酶、多个RNA加工步骤及多种翻译起始机制，所以叶绿体基因的转录和表达非常复杂，归纳起来有如下特点。

1）叶绿体的多顺反子转录单位　大多数叶绿体的转录产物为双顺反子或多顺反子转录单位。这可能和叶绿体基因组来源于光合细菌基因组有关。而且叶绿体一个操纵子中的顺反子或者具有相同功能，或者具有不同功能。多顺反子可以减少转录起始位点和启动子数目，而且可以选择性转录而产生不同的RNA分子或蛋白质分子。因此，研究者可以利用叶绿体多顺反子转录这一特点来实现多基因的遗传转化。

2）转录水平的调控　目前发现叶绿体的启动子主要保守元件就是－35区、－10区和TATA盒类似元件。从这三个元件上来说，启动子可分为三种类型：第一种是有－35区和－10区的启动子；第二种是既有－35区、－10区，又有TATA盒类似元件的启动子，其中TATA盒类似元件主要存在于－35区和－10区之间；第三种是没有任何上游序列的启动子。叶绿体RNA聚合酶主要有两种，一种是结合型RNA聚合酶，该酶与DNA紧密结合；另外一种是可溶型RNA聚合酶，该酶的亚基由叶绿体基因和核基因共同编码，一般用来转录rRNA基因。叶绿体基因转录有以下几个特点：①植物叶绿体基因的转录水平主要与发育阶段诱导和光诱导有关，如*rbcl*、*psbA*基因在光照4h后转录水平加强；②叶绿体基因转录水平和转录速度有很大关系；③启动子的强弱可以导致基因的转录水平差异；④在许多植物叶绿体中，RNA聚合酶的增加水平和基因的转录水平相关；⑤叶绿体基因转录水平与叶绿体DNA分子的拓扑学结构有关，DNA的拓扑学结构可以影响叶绿体基因组的整体转录和个别启动子的活性，从而导致叶绿体基因转录水平的变化；⑥除rRNA基因外，在一般情况下与基因的拷贝数没有关系。

3）转录后水平的调控　mRNA的稳定性可以调节基因的转录水平。如果mRNA稳定、存在时间长，就会由于积累效应从而提高基因的转录。现在已经发现许多叶绿体的基因mRNA稳定性与其3′端非翻译区的短反向重复序列(IR)有关，如果去除这些IR序列，mRNA就会降解。这些IR序列的一级结构和二级结构(茎环结构)对mRNA的稳定性都有影响。但是还有一些与IR序列相结合的RNA结合蛋白，通过降解IR序列或结合非聚核糖体上的RNA形成类似hnRNA颗粒从而稳定RNA等方式来调节mRNA的稳定性。例如，菠菜中有三种限制性内切核酸酶可以降解*petD*基因3′端IR序列，分别为Endoc1、Endoc2和P67，它们都识别6个核苷酸的切点[YGGA(A/T)Y]。在高等植物叶绿体中还发现与*psbA*基因mRNA 5′端结合的蛋白质和mRNA的稳定性有关，它们也是核基因编码的。

4）翻译和翻译后修饰　叶绿体基因组很多是多顺反子转录物，有些多顺反子的初级转录物(即含有多顺反子的mRNA)是可以翻译的，有些多顺反子必须裂解为单顺反子才能翻译，而且多顺反子裂解为单顺反子翻译效率会更高。如烟草叶绿体中的*psac*-*ndhD*以双顺反子进行转录，只有裂解为单顺反子才能翻译，原因在于*psac*基因和*ndhD*基因5′UTR区分别有一个具8个核苷酸的互补序列，从而抑制了双顺反子的翻译。

叶绿体中有些基因具有类似原核生物的核糖体结合位点SD序列(即Shine-Dalgarno序列GGAGG)，但是存在的位置和序列都比原核生物具有更大的可变性。多数叶绿体基因SD序列位置在－27到－7，但是也有位于很远距离处的SD序列，如烟草叶绿体*atpB*基因中SD序列GGAGG位于－115到－111处，*rps4*基因中SD序列GAAG位于－1492到－1496。除了SD序列，还有AU丰富序列UAAAUAAA、U丰富序列，这些序列与16S rRNA的3′端序列互补，对核糖体30S亚基的结合非常重要。在叶绿体基因中，除了与5′UTR区结合的反式作用因子外，还存在与3′UTR区结合的蛋白质，这些蛋白质多属于核酸酶类，与mRNA的成熟相关。

3　植物线粒体基因的分子结构功能及特点

3.1　线粒体基因分子结构特点

(1) 植物线粒体基因排列的变化很大，即使是亲缘关系近的属变化也很大，这主要和植物线粒体中含有大量的重复序列有关，但植物线粒体的基因却很保守。高等植物线粒体DNA中的重复序列从6bp到14kb甚至更大。这些序列重组可分为两类，一类是参与重组的重复序列，在线粒体的基因重排和重组中起重要作用；另一类是不参与或很少参与重组的重复序列，该类重复序列比第一类重复序列小得多，但是该类重复序列可能影响基因内重组，从而导致新的开放阅读框的产生。这些重复序列的重组是造成高等植物线粒体DNA基因复杂多变的主要因素。

（2）和动物相比，植物线粒体具有更大的基因组，但线粒体的基因数目并不多。例如，拟南芥线粒体基因组是367kb，但是只有57个基因；甜菜叶绿体基因组是501kb，但是只有52个基因。植物线粒体编码的少数基因是其他线粒体所没有的，如线粒体的*5S rrn*基因、ATP酶的σ亚基基因等。线粒体基因的来源有时候存在很大差别，而且即使是亲缘关系较近的物种，某个基因在一个植物由线粒体基因编码，而在另外一个植物中由核基因编码。

（3）植物线粒体的核糖体为78S，包括26S rRNA和18S rRNA。在高等植物中还有5S rRNA。相对应的rRNA基因有3个，*26S rrn*、*18Srrn*和*5Srrn*基因。在所有植物中，*5S rrn*基因与*18S rrn*基因紧密连锁。植物线粒体rRNA在初级结构和二级结构上与叶绿体rRNA和细菌rRNA有更大的同源性。

（4）植物线粒体的tRNA基因通常分散在整个线粒体基因组上，不同植物线粒体的tRNA基因数目不同。高等植物线粒体有起始tRNA和延伸tRNA之分，和其他生物线粒体tRNA基因相比，植物线粒体tRNA基因与叶绿体和细菌tRNA基因有更大的同源性，如小麦、玉米和菜豆线粒体的tRNA *trp*与相应的叶绿体tRNA序列有96%～97%的同源性。

（5）植物线粒体的蛋白质基因大多由核基因编码，然后通过跨膜运输到线粒体内。线粒体基因组编码的蛋白质主要是呼吸链复合体的蛋白质和核糖体。由线粒体基因组所编码的复合体亚基主要有细胞色素b的亚基cob，细胞色素氧化酶复合体的3个亚基cox1、cox2和cox3，ATP合成酶亚基atpl、atp6和atp9，NADH脱氢氧化酶复合体的9个亚基及核糖体蛋白小亚基等。

3.2 线粒体基因的表达调控特点

（1）大多数植物线粒体基因是单顺反子转录的，但是在小麦、水稻等植物线粒体中也发现有多顺反子转录的，在同一植物内不同线粒体基因的转录模式不相同，即使是同一基因在不同物种中的转录模式也有所不同。例如，细胞色素b亚基基因在小麦和玉米中的转录不同。

（2）植物线粒体mRNA 5′端不加帽子，3′端也没有多聚腺苷酸化，但通常有长的不翻译的5′前导序列和3′尾端序列。同种植物内不同转录起始位点间的共有序列保守程度较低，一般单子叶植物或双子叶植物类群内的保守序列的同源性要高于它们类群间的保守序列，相对保守的转录起始位点的序列是CRTA。

（3）在种子植物线粒体中还存在着类似叶绿体的RNA编辑。RNA编辑主要出现在编码蛋白质的区域，在植物线粒体中最常见为U代C，少数也有C代U。

（4）线粒体中也存在着翻译后调节。在植物线粒体基质中没有发现具有活性的蛋白酶，但是在线粒体内膜上发现了有限的蛋白酶活性，这些蛋白酶可能用来降解没装配的或外源的蛋白质。例如，普通菜豆线粒体中的细胞质雄性不育相关基因*ORF239*，从苗期组织中分离线粒体，结果分离的线粒体只有在有蛋白酶抑制剂存在的情况下才能产生ORF239蛋白。

（5）线粒体蛋白翻译后调节就是蛋白磷酸化。在植物线粒体中，HSP70蛋白具有钙诱导的自磷酸化功能，线粒体内膜上F0F1-ATPase的两个亚基也显示被磷酸化，而且线粒体内也检测到了蛋白激酶的活性，磷酸化可能对细胞内调控起重要作用。

4 植物核基因、叶绿体基因和线粒体基因结构功能的比较

把植物核基因、叶绿体基因和线粒体基因结构功能作简略的比较，见表2-1。

表2-1 植物核基因、叶绿体基因和线粒体基因结构功能的比较

特点	nDNA	cpDNA	mtDNA
poly(A)尾巴	有	无	无
3′端加帽	有	无	无
RNA编辑	无	有	有
遗传密码	正常	正常	特殊
编码所需蛋白质	全部	部分	部分
调节序列	增强子＋CAAT盒＋TATA盒	类似原核—10盒、35盒	不明

复　习　题

名词解释

RNA 编辑、终止子、启动子、Kozak 序列、开放阅读框、断裂基因、增强子、内含子

问题

(1) 简述植物基因的基本结构，用图加以说明。

(2) 简述各类启动子的结构、类型和作用。

(3) 简述植物叶绿体基因的结构特点。

(4) 简述植物叶绿体基因的表达特点。

(5) 简述植物线粒体基因的表达特点。

第3章

植物基因的表达调控特点

正是植物基因的精细调控，使植物在不可逆的分化和发育过程中适应外界条件的变化。植物的基因调控可以分为两类调控，一种是发育调控，是不可逆的调控，发育调控决定了细胞的分化，也是不同时期的基因差次表达；另一种是瞬时调控，受外界环境条件变化或体内某种代谢底物浓度或激素水平及细胞周期在不同阶段中酶活性和浓度的调控，是可逆的调控。

如图3-1所示，根据基因调控在同一时间中发生的先后次序，植物可以在DNA水平、转录水平、转录后的修饰、翻译水平及翻译后的修饰等多个水平上对基因进行调控。其中转录水平的调控是基因表达的主要调节方式。由于在基因的启动子上存在着很多顺式作用元件，反式作用因子（或转录因子）就是通过和启动子上的顺式作用元件结合来调节基因的表达的。大多数时候，一个转录因子可以控制很多基因的表达。mRNA转录后也存在这样和那样的调节方式，很多mRNA由于受外界条件的诱导而降解，如在菜豆中，真菌的侵染可导致编码富含脯氨酸基因*PvPRP1*的mRNA迅速降解，从而影响该基因的表达。mRNA的翻译也存在着可变性，如mRNA的二级结构或三级结构会影响核糖体与翻译起始位点的结合从而影响基因的翻译。而且即使基因表达了蛋白质，也存在蛋白质的降解情况，所以植物基因表达调控的特点表现在不同的水平上。

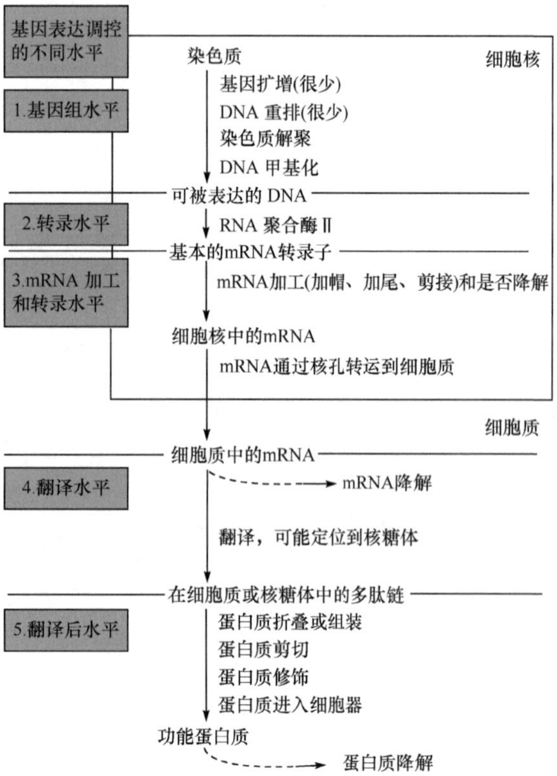

图3-1 基因表达在不同水平上的调控（Taiz et al.，2006）

1 植物基因表达在染色质水平上的调控特点

真核细胞中有两类染色质，一部分呈紧缩状态，如间期细胞着丝粒区、端粒、次缢痕，染色体臂的某些节段部分的重复序列和巴氏小体均不能表达基因，把该部分称为异染色质。与异染色质相反的是活跃的常染色质，真核基因的转录都是在常染色质进行的。植物基因表达染色质水平的调控有以下几个特点。

1.1 植物染色质MAR的调控

植物基因组中一部分染色质由于附着核支架从而形成环状结构，这个环状结构末端被基质附着区（MAR）固定在核支架（核基质结构框架）上，基质附着区大小在5～200kb，有富含AT区（200～1000bp大小）。MAR功能是通过松弛染色质来增强基因的转录。在拓扑学上，这个环状结构相对独立，MAR结合到核支架上还需要MAR相关蛋白质的作用。研究发现，MAR经常会侧面与编码基因相连或和调控元件相关，影响基因的结构和功能。例如，菜豆中*β-phaseolin*基因的5′侧翼中发现有一个MAR元件，它的功能和增强子相一致，而且该基因展示了DNaseⅠ的敏感性。MAR常被利用在基因转化中，在转基因植物中目的基因两端加入MAR序列可有效防止目的基因的沉默，这说明MAR染色质结构影响基因的表达。

1.2　DNase Ⅰ 超敏位点的调控

在植物的染色质中，一般活性基因表达位置对核酸酶 DNase Ⅰ 更加敏感，因为这个地方的染色质不紧缩且没有核小体结构。DNase Ⅰ 的超敏感性在一定程度上代表了这个区域染色质的空间构象。DNase Ⅰ 超敏感位点主要位于基因的 5′端或 5′端附近。超敏感位点主要分为两类，一类是诱导型位点，指的是仅存在于活性的或准备进行转录的基因中的超敏感位点；另一类组成型位点，指的是存在于不转录或不具活性的基因中的超敏感位点。在同一种植物的不同发育时期或不同组织中，DNaseⅠ 超敏感位点会有所变化，而且敏感程度也会有所不同。超敏感位点的变化反映了染色质结构的紧缩程度及染色体结构对基因表达的调节，不同的染色质构象可能影响了超敏感位点进而影响了基因转录的效率。例如，在玉米 *sh* 基因的转录起始点附近＋150、－550 及－1050 位点存在具有同样强度的 DNase Ⅰ 的 3 个超敏感位点，在胚和未受精的胚珠中，找不到－550 和－1050 的超敏感位点，却在胚中发现了－350 的新超敏感位点，在胚珠中发现了－100 的新超敏感位点，在休眠胚中没有发现任何超敏感位点，可见超敏感位点的变化调节着基因的表达。

1.3　DNA 甲基化对基因表达的调控

DNA 甲基化(methylation)是植物细胞中一种普遍存在的 DNA 修饰现象，它影响涉及 DNA 的许多重要事件，包括 DNA 复制起始、DNA 突变、限制修饰系统、基因表达调控及组织分化等，同时 DNA 甲基化也是影响染色质结构变化的重要因素之一。DNA 的甲基化具有抑制基因表达的作用，转录活跃的基因往往处于未甲基化状态。高等植物的 DNA 甲基化主要是甲基化转移酶的作用，主要发生在 CpG、CpNpG 和 CpIIpII 的嘧啶碱基 C 的第 5 位碳原子上，研究发现在高等植物中约有 30％的胞嘧啶核苷酸残基被甲基化。

DNA 甲基化对基因表达调控的机制可能有三种：一是 DNA 甲基化影响了蛋白质的识别与作用；二是甲基化影响 DNA 的构象，如使 B-DNA 形成了 Z-DNA，从而影响了基因的活性；三是当 DNA 甲基化发生后，造成了 DNA 与核小体蛋白质间相互缠绕的作用加强，或者是细胞内存在甲基胞嘧啶结合蛋白质，该种蛋白质与甲基化 DNA 结合，这两种现象都会形成非活性染色质，使得转录因子不能结合到启动子区，造成基因的沉默。

2　植物基因表达在转录水平的调控特点

基因在转录水平上的调控包括 DNA 是否转录成 RNA 和转录效率的调控。植物基因转录的关键因素就是转录因子。RNA 聚合酶本身不能有效地启动转录，只有当转录因子与相应的顺式作用元件结合形成蛋白复合体后才能有效启动转录。当然，转录因子本身的表达也要靠一系列的信号转导过程，故植物基因在转录水平上的调控特点表现在以下几个方面。

2.1　转录因子调控

转录因子(transcription factor, TF)也称反式作用因子，是一类在细胞核内诱导基因转录的蛋白质因子，它通过结合顺式作用元件来调控基因的表达。植物转录因子通常可分为两类，即普遍性转录因子(general transcription factor, GTF)和特异性转录因子(specific transcription factor, STF)。普遍性转录因子帮助 RNA 聚合酶正确识别起始位点并开始转录，如 TFⅡA、TFⅡB 等；特异性转录因子使基因特异地应答外界刺激，调节基因的特异时空转录和转录水平，如拟南芥的抗冷转录因子 *cbf* 基因等。转录因子的功能包括：识别和结合核心启动子，确保 RNA 聚合酶Ⅱ与启动子正确结合；与其他上游元件或反式作用因子结合或相互作用，参与蛋白质与蛋白质的相互作用；有助于转录起始复合物的装配和稳定。

典型的转录因子包括 4 个区域，即 DNA 结合区、转录调控区、寡聚化位点及核定位信号区等功能区域。这些功能域决定转录因子的功能、特性、核定位及调控作用等，转录因子通过这些功能域与启动子顺式作用元件结合或与其他蛋白质的相互作用来激活或抑制基因的表达。近年来，相继从高等植物中分离出一系列调控发育、生物胁迫和非生物胁迫等相关基因表达的转录因子，并已应用到植物的基因改良上。

2.1.1　DBD 调控

DNA 结合结构域(DNA binding domain, DBD)是指可以特异地识别并结合特定的顺式作用元件的区域。DNA 结合结构域具有高度保守的空间结构，包括螺旋-转角-螺旋结构、锌指结构、亮氨酸拉链、螺旋-环-螺旋结构和高迁移率族蛋白(high mobility group, HMG)盒基序等。这些 DNA 结合蛋白通常是通过一个简单的二级结构直接与顺式作用元件互补结合，用来调控基因的转录。

2.1.2 转录调控区调控特点

转录调控区(regulation domain)包括转录激活区(activation domain)和转录抑制区(repression domain)两种，它们决定转录因子功能的差异。

不同的激活结构域可以按氨基酸组成划分为富含酸性氨基酸区(如GAL4、VP16、GCN4)、富含谷氨酰胺区(如SP1)、富含脯氨酸区(如CTF/NFI)三类激活结构域。一般包含30～100个氨基酸残基，而且有时一个转录因子可含1个以上的转录激活区。激活结构域的功能是与其他反式因子或RNA聚合酶结合，正是由于反式因子激活结构域的这种功能，才能使一些离TATA 盒较远(几个kb)的顺式作用元件所结合的反式因子能参与转录起始的调控。由于DNA分子是柔性的且可以移动，所以相距较远的转录因子可以结合到转录起始复合物上。

转录抑制区主要是阻遏基因的表达。例如，菜豆PvALF转录因子能激活子叶贮藏蛋白基因*DLEC2*的表达，而菜豆碱性区亮氨酸拉链(bZIP)的ROM2转录因子能与基因*DLEC2*的增强子结合，从而抑制PvALF对转录的激活。一旦去除ROM2的N端bZIP结构域，ROM2就失去对PvALF激活活性的抑制能力。另外，对抑制钝稃野大麦(*Hordeum spontaneum*)α-淀粉酶基因表达的VP1转录因子的研究表明，VP1中也含有对转录起抑制作用的功能域。

2.1.3 核定位基因序列调控

核定位信号区(nuclear localization signal，NLS)是引导转录因子进入细胞核的区段，该区域中富含精氨酸和赖氨酸残基。有的转录因子有1个以上的核定位基序，如玉米的转录因子*O2*基因有A和B两个核定位信号区，分别位于氨基酸残基101～135和223～254，其中B信号区的效率较A信号区高。核定位信号区并不等同于DNA结合区，而是各自独立的发挥作用，在DNA结合缺陷突变体中，NLS仍然有功能。

利用转录因子(反式作用因子)的自身调控及与顺式作用元件的作用机制，可以按遗传设计调控一系列多个相关基因的表达。大量研究充分表明，反式作用因子在基因工程中具有十分重要的意义，尤其在改良农艺性状上有着重要的应用价值。例如，将拟南芥的抗冷转录因子CBF的基因转入番茄，证实可以调控番茄中一系列抗冷基因的表达，从而提高番茄的抗冷能力。

2.2 增强子、沉默子及Kozak序列调控

增强子、沉默子及Kozak序列调控在第2章介绍了，这里就不再重复叙述。

3 植物基因转录后水平的调控特点

植物基因转录成未成熟的mRNA分子以后，还要经过RNA的修饰、加工等调控行为，才能生成满足植物需要的mRNA。这些过程主要包括mRNA的加工、修饰甚至是降解。高等植物的mRNA的平均寿命为几个小时。转录后水平调控的分子机制十分复杂，mRNA代谢调控的分子机制还不十分清楚，但一般认为，mRNA转录后水平调控从根本上取决于转录产物自身的结构特点。

3.1 选择性剪接

植物基因转录物的剪接指基因转录为前体mRNA后内含子的剪切和外显子之间的连接过程，可分为组成型剪接和选择性剪接两类。组成型剪接指基因以一种固定的模式进行的剪接，在任何时候剪接产物均相同；而选择性剪接指的是一个基因在不同情况下在不同位置发生剪接，可以生成不同的mRNA分子，即一个外显子或内含子是否出现在成熟mRNA中是可以选择的。选择性剪接在分化或发育中某一时期特异的细胞类型中发生，该剪接通过剪接位点和分叉点的选择，产生不同的剪接产物。

植物的选择性剪接能产生不同的蛋白质来满足细胞不同的生理功能的需要，而且它还可能在更深层次上调控那些负责启动和维持不同发育程序的基因表达。作为基因表达开关和转录后水平上的调控环节，它具有非常重要的意义：①选择性剪接会间接影响蛋白质的定位，植物细胞存在多种细胞器和多种膜结构，选择性剪接通过改变蛋白质的定位信号进而改变了蛋白质亚细胞位点；②选择性剪接改变蛋白质的编码序列，进而影响蛋白质的活性和功能；③选择性剪接可以影响一些转座子的活性，某些细胞类型通过选择性剪接产生有活性的转座酶，另一些细胞类型该内含子不能被剪接，产生不同的多肽可能不具转座酶活性；④选择性剪接可以改变转录因子与DNA或蛋白质相互作用的结构域，导致其对不同靶序列的亲和性不同，对基因表达水平和开关起调控作用。

3.2 小分子RNA的调控特点

mRNA在细胞核中合成后被运输到细胞质

中，在核糖体中开始进入翻译过程。这时，一些mRNA分子可以被一类小分子RNA降解抑制翻译，这类小分子RNA有两类，一类是miRNA(micro RNA)，另一类是siRNA(short interfering RNA)。

在植物细胞中miRNA是一类进化保守、短的、非编码的RNA分子，在转录后水平调节基因的表达。研究表明miRNA在物种间具有高度的保守性、时序性和组织特异性。这种小RNA分子能以不完全互补的方式与其靶mRNA的3′非翻译端的特定区域相互作用来抑制表达，最终导致蛋白质合成的减少，这种现象叫做转译抑制。该RNA不编码任何蛋白质，长约21bp，该RNA通过结合到目标mRNA的3′端非翻译区来抑制基因的翻译。在植物中，miRNA与目标mRNA分子能够较好地互补匹配导致靶mRNA分子的降解，从而抑制基因的表达；而在动物中，miRNA与目标mRNA分子的3′端非编码区域(3′ untranslated region，3′UTR)仅部分互补匹配，导致靶mRNA分子的翻译受到抑制，而靶mRNA并不发生变化，这属于是一种翻译水平的抑制效应。而在酵母和一些植物中，miRNA通过指导染色质的甲基化来抑制基因的表达。

在植物中，所有的miRNA都产生于一个70bp的前体miRNA(pre-miRNA)，这个前体miRNA在它的两个末端包括回文序列(反向重复序列)，两个回文序列可以碱基互补配对使前体miRNA形成发夹结构。然后这个发夹结构被核糖核酸酶所降解，在动物中，这个核糖核酸酶叫Dicer，存在于细胞质中。植物细胞核中也发现有Dicer类似蛋白质(如DCL1)，在植物中，前体miRNA被剪切为21～23bp的小二聚体(miniduplexes)，这个小二聚体中和目标mRNA互补的非编码的单链RNA分子称miRNA。21～23bp的双链片段或二聚体被RNA诱导沉默复合体(RNA-induced silencing complex，RISC)所结合，在ATP的参与下，RISC把双链解成单链，释放正义RNA。RISC用反义链RNA在核糖体上结合到目标mRNA分子，RISC在结合位点中间部位把目标mRNA分子剪成两半，剪成两半的mRNA分子进一步被其他核糖核酸酶所降解(图3-2)。

RNA干涉(RNA interfering，RNAi)现象首先在矮牵牛中发现，在牵牛花中转入一个花青素合成的关键酶查尔酮合成酶基因，发现本来紫色的花瓣变成了白色。这个外源基因对内源同源基因的抑制现象称共抑制，这个现象叫RNA干涉，是由siRNA引起的，在植物基因工程中主要用该原理来抑制基因的表达，从而改良植物的性状。转化的外源基因mRNA在一个关键酶RNA依赖的RNA聚合酶(RNA-dependent RNA polymerase，RDR)的作用下，合成一个互补的RNA分子，形成了RNA双链分子，外源基因诱导了RDR的产生。RNA双链分子进一步被Dicer类似蛋白质降解为21～23bp的双链片段，这个双链RNA分子片段称siRNA，siRNA通过和miRNA相似的途径引导核糖核酸酶结合并降解目标mRNA分子。在植物基因工程的新策略中，会详细介绍RNA干涉的原理和应用。

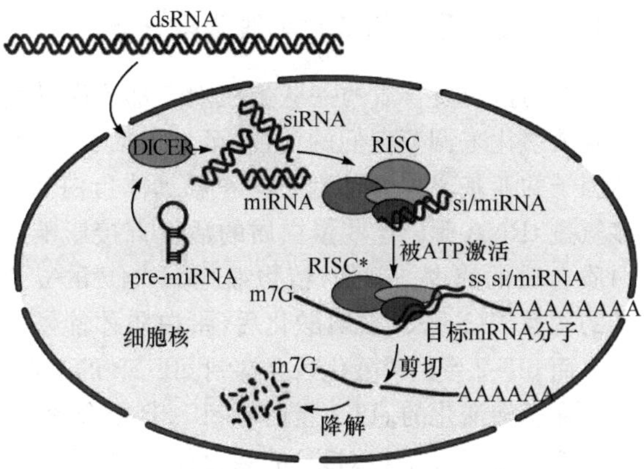

图3-2　miRNA和siRNA抑制基因表达示意图(Taiz et al.，2006)

ss si/miRNA：单链的si/miRNA分子

植物miRNA与siRNA之间相同之处在于：①长度都在22个核苷酸左右；②都依赖Dicer酶的加工；③都需要RISC组分；④miRNA和siRNA合成都是由双链的RNA或RNA前体形成的。植物miRNA与siRNA的不同点在于：①miRNA是内源的，是生物体本身用来调节基因表达的分子，而siRNA是外源的，是RNA干涉中用来抑制目标基因表达的中间产物；②miRNA是单链RNA分子，siRNA是双链RNA分子；③miRNA可通过两种机制来抑制基因的翻译，即降解mRNA或通过指导染色质中组蛋白的甲基化来抑制基因翻译，而siRNA只通过降解mRNA来抑制基因的表达。

4　植物基因翻译水平的调控特点

蛋白质翻译阶段的基因调控主要有三个方面：①蛋白质合成起始速率的调控；②mRNA的识别；③外界因素通过影响翻译蛋白质的表达来调控蛋白质的翻译。在植物细胞中翻译水平的基因调控特点如下。

4.1 调控因子的磷酸化和脱磷酸化调节

参与蛋白质合成的一些蛋白因子都受磷酸化和脱磷酸化来调节它们的活性，至少包括 13 个起始因子的亚基、3 个延伸因子、3 个核糖体蛋白和许多氨酰 tRNA 等。这些蛋白质的活性直接影响蛋白质合成的速度。例如，植物细胞 eIF-4F 的 α 亚基的丝氨酸(Ser35)被磷酸化后，蛋白质才能够合成。而 eIF-2 蛋白磷酸化后会抑制 eIF-2B 的功能，原因在于磷酸化的 eIF-2 蛋白与 eIF-2B 结合紧密，结合能力远远大于与 GTP 的结合能力，导致 eIF-2B 含量下降。

4.2 前导序列调控

mRNA 分子的前导序列对基因的表达具有一定的调控作用。多数植物基因的前导序列长度在 40～80bp，富含 AU。研究证明，用烟草花叶病毒 TMV 的 68bp 前导序列(Ω 序列)和苜蓿花叶病毒 AMV 的 36bp 前导序列都证明可以增强植物基因的翻译。在基因工程中常通过添加前导序列来增强基因的表达。

4.3 移码和选读

在翻译过程中有些基因会遇到无义密码子，植物基因以两种方式处理这种情况：一种是移码(frameshift)，即阅读框向后移动形成新的阅读框，移码是通过氨酰 tRNA 在 DNA 上的滑动而引起的。例如，tRNA Leu 的密码子是 CUU，在 CUU UGA 序列中，若阅读框移动一格，变成 UUU(Phe 的密码子)，就可以产生一个新的阅读框；另外一种是连读(readthrough)，即在无义密码子处结合一个其他氨酰 tRNA，使翻译能够继续进行，产生完整的多肽链。

5 翻译后水平调控特点

在植物细胞中与真核生物一样，大多数蛋白质必须经过翻译后加工过程形成具有天然构象的功能蛋白质才具有蛋白质的功能。加工包括很多过程，其中主要是多肽链折叠为天然功能构象的蛋白质和肽链的修饰。这为植物基因工程生产医药产品奠定了基础。

5.1 多肽链折叠调控

新生肽链正确结构的折叠在肽链合成中或合成后完成，新生肽链 N 端在核蛋白体上一出现，肽链即开始进行空间折叠。随着肽链的不断延伸肽链逐步折叠，进而产生正确的二级结构、模序、结构域，直到形成完整空间构象。蛋白质一级结构是蛋白质空间构象的基础，蛋白质自身的氨基酸顺序储存着蛋白质折叠方式的信息。在植物细胞中大多数天然蛋白质折叠都需要在其他蛋白质辅助下完成，如分子伴侣、蛋白质二硫键异构酶和肽-脯氨酰顺反异构酶等蛋白质辅助因子。

5.1.1 分子伴侣

分子伴侣(molecular chaperon)是植物细胞一类保守蛋白质，可识别肽链的非天然构象，促进各功能域和整体蛋白质的正确折叠。伴侣蛋白质有助于蛋白质折叠、寡聚物组装、亚细胞定位和蛋白质降解。伴侣蛋白不直接指导蛋白质的折叠，而是阻止蛋白质中多肽之间、多肽内及多肽与其他大分子之间的不正确互作，进而增加具有功能的蛋白质。伴侣蛋白可分为两类，一类是 HSP(heat shock protein)70 家族，主要在蛋白质折叠过程的早期起作用，常常发生在翻译中；第二类是伴侣素(chaperonins)，主要在蛋白质折叠过程的晚期起作用，常常发生在翻译结束后。这两类伴侣蛋白质发挥功能都需要 ATP 水解产生的能量。

5.1.2 蛋白质二硫键异构酶(protein disulfide isomerase，PDI)

蛋白质内半胱氨酸之间二硫键的正确形成对稳定分泌蛋白、膜蛋白等的天然构象十分重要，该过程在细胞的内质网进行。该酶通过在富含半胱氨酸区域催化错配二硫键断裂并形成正确二硫键连接来加速蛋白质的正确折叠，最终使蛋白质形成热动力学最稳定的天然构象。

5.1.3 肽酰-脯氨酰顺反异构酶(peptidyl prolyl *cis/trans* isomerase，PPI)

多肽链中肽酰-脯氨酰间形成的肽键存在顺反两种异构体，空间构象差别明显。肽酰-脯氨酰顺反异构酶可促进上述顺反两种异构体之间的转换，顺反两种异构体之间的转换实际上是破坏肽酰平面，使脯氨酸残基围绕酰胺键旋转 180°。脯氨酸异构化常常是蛋白质体外折叠的限速步骤，体内情况还不清楚。

5.2 肽链的修饰调控

5.2.1 肽链 N 端的修饰

某些蛋白质在特定的条件下，可在酶的作用下在 N 端添加额外的氨基酸残基，N 端氨基酸的添加可以改变原来蛋白质的稳定性，改变蛋白质的寿命。例如，蛋白质的 N 端氨基酸有时会在精氨酰-tRNA 蛋白转移酶的作用下加入一个精氨酸（来自于精氨酰-tRNA），这种被修饰的蛋白质原来的 N 端多为 Glu 或 Asp，使本来稳定的氨基酸变得容易降解。

5.2.2　肽链个别氨基酸的修饰

生物体内的蛋白质并不是能够正确折叠就具有活性，还需要进一步的修饰才会产生有活性的蛋白质。氨基酸的化学修饰主要发生在氨基酸残基的侧链上，修饰主要有氨基酸的羟基化、磷酸化、乙酰化、羧基化、糖基化等。氨基酸残基的修饰可以改变蛋白质的理化性质和调节酶或蛋白质的自身活性。

1）肽链蛋白质磷酸化和脱磷酸化调节　蛋白质的磷酸化和脱磷酸化调节是生物体内广泛存在的一种调节机制，普遍存在于各种细胞类型中。蛋白质磷酸化和脱磷酸化调节是控制蛋白质合成速率和调节蛋白质活性的主要因素，涉及细胞周期和基因的表达。磷酸化和脱磷酸化是细胞内信号转导通路的重要组成部分，与基因的转录、表达密切相关。

2）肽链蛋白质糖基化修饰　在结合于内质网上的核糖体中合成的蛋白质，与寡聚糖共价连接，就形成糖蛋白。寡聚糖的功能是多方面的，一是蛋白质运输的需要，寡聚糖可能是定位信号，同时保证蛋白质运输过程中不被降解；二是能够改变蛋白本身的物理化学性质；三是保证蛋白质正确地折叠进而行使生物活性的需要；四是可以使蛋白质分子通过糖链的结合而与其他的蛋白质分子互作。由此可见，寡聚糖对于糖蛋白来说是行使功能所必需的元件。典型的糖蛋白是一个或数个寡聚糖[连接的糖基通常是 *N*-乙酰葡糖胺（GlcNAc）]通过 *N*-糖苷键连接在肽链中的天冬酰胺侧链，也有少数糖基[*N*-乙酰半乳糖胺（GlcNAc）]通过 *O*-糖苷键连接到肽链中的丝氨酸、苏氨酸或羟脯氨酸侧链。植物糖蛋白中的寡聚糖有三类：第一类是高甘露糖型（high mannose type），其普遍结构是 5～9 个连接在一起的甘露糖单体加 2 个 *N*-乙酰葡糖胺，表示为 Man5～9（GlcNAc）2；第二类是复杂型聚糖（complex type），普遍结构是 3 个连接在一起的甘露糖单体加 2 个 *N*-乙酰葡糖胺，在这个寡聚糖上主链或侧链上还有木糖、果糖、半乳糖或 *N*-乙酰葡糖胺残基；第三类是杂合型（hybrid type），普遍结构是一半分子类似复杂型，另一半分子类似高甘露糖型。

5.2.3　多肽链的水解修饰

蛋白质的合成是从第一个氨基酸 fMet（原核生物）或 Met（真核生物）开始的，在原核生物中，第一个氨基酸 fMet 都被核糖体结合的脱甲酰酶切除，在植物和真核生物中也有大约一半的蛋白质的甲硫氨酸从原生的多肽链中被甲硫氨酸氨基肽酶切除。水解的过程有的蛋白质发生在肽链合成的进程中，有的蛋白质发生在肽链从核糖体上释放之后。在植物细胞中蛋白质合成并到达细胞的亚细胞位置（细胞器、细胞膜等）后，蛋白质的信号肽会被切除，有些激素蛋白质前体是分子质量较大的蛋白质，经过切割变成分子质量小的蛋白质行使它的功能。例如，植物受伤后细胞分泌的系统素（systemin），只有 18 个氨基酸，它被分泌到植物的其他部位诱导防御中蛋白质合成，系统素的前体分子质量却大得多，需要水解生成有功能的系统素。

5.2.4　蛋白质的剪接

蛋白质剪接类似于 RNA 分子的内含子剪接过程，是指将一条多肽链内部的一段氨基酸序列切除，同时将两端的序列连接在一起的过程。被剪切的肽段称为内含肽（intein），被保留的称为外显肽（extein）。很多前体蛋白质要经过剪接才能成为成熟的蛋白质。

综上所述，在翻译过程中存在着多种调节方式，在不同的情况下植物采用不同的方式调节基因翻译。各种外界和内源信号可能是植物调控基因翻译的诱发因素。

5.3　蛋白质的降解

在植物细胞内蛋白质的降解是一个持续的过程。这个过程主要功能是除去不正常的蛋白质，有助于氨基酸的循环，通过消除不再需要的蛋白质来调控蛋白质活性等。细胞内由于蛋白质合成或折叠出错、突变、自然变性、胁迫或自由基的损伤会出现不正常的蛋白质，如果不及时除去这些不正常的蛋白质，这些异常蛋白质就会聚集而危害细胞。另外，除去蛋白质可以在蛋白质复合体中通过消除亚基来维护不同亚基的比例。例如，Rubisco 蛋白质的大亚基和小亚基，当叶绿体中大亚基量减少，而由细胞核产生的小亚基进入叶绿体就会被迅速降解。还有蛋白质降解可以调控很多生物过程，如蛋白质降解可以降解生物过程中的关键酶或限速酶以调节生物过程。蛋白质降解还可以为维护体内氨基酸的动态平衡和新的生长提供氨基酸。

在植物细胞质、液泡、叶绿体和细胞核等内都发现有蛋白质的降解酶或有降解功能的蛋白质复合体。在细胞质和细胞核中，蛋白质降解通过蛋白质复合体（proteasome）来执行。蛋白质复合体由100多个基因的编码产物组成，是一个分子质量很大的蛋白质复合体。蛋白质复合体是26S蛋白复合体，核心部位是20S蛋白质复合体。蛋白质复合体核心由4个堆积环组成，每个环由7个亚基组成，堆积环中心通道就是蛋白质降解的活性中心，进入中心通道由另外一种蛋白质所控制，这个蛋白质和核心蛋白质共同构成26S蛋白质复合体。要被降解的蛋白质首先被一个小蛋白质——泛素共价结合，蛋白质与泛素的共价结合需要ATP和多种酶，也可能形成多个泛素链。然后泛素化的蛋白质被送入到蛋白质复合体，在那里蛋白质被降解。

复 习 题

名词解释

转录因子、转录、核定位信号区、反义链、有义链、选择性剪接、miRNA、分子伴侣

问题

（1）植物在哪些水平上调控基因的表达？
（2）简述核前体mRNA的剪接过程。
（3）简述植物miRNA与siRNA的异同。
（4）简述植物miRNA调控基因的机制。
（5）解释基因选择性剪接的生物学意义。

第4章

植物基因变异分子生物学

基因变异是生物进化的源泉。物种世世代代的稳定遗传依赖于造成基因损伤、突变的频率通过修复降低到低水平，使其基因组维持在基本水平。物种的进化主要通过两个过程进行，基因变异和自然选择。细胞内的自身因素和外界物理或化学因素都可以导致基因变异，其结果必然产生生物学效应，改变物种的遗传型和表现型，从而适应环境变化产生进化，形成新的物种或性状的改变。物种的基因变异发生在基因组和基因 DNA 分子结构两个水平上。本章详细论述基因变异的分子机制。

1 植物基因组变异

所谓植物基因组变异主要是指其 C 值及其结构功能的变异。可分为染色体组倍性变异、染色体组核型变异及染色体组的结构变异，从产生的机制上可分为以下几种。

1.1 染色体组的倍性变异

染色体组的倍性变异即基因组的数量变异，由 n 变成 $2n$、$3n$、多 n，即单倍体、二倍体、三倍体和多倍体。其原因是不同倍性物种间的有性杂交及外界物理、化学因素的影响而成。染色体组倍性变异的生物学效应不会改变该物种的基本遗传特性，如小麦有二倍体、三倍体和多倍体小麦。

1.2 同源染色体配对错误性变异

同源染色体(homologous chromosome)是指形态、结构、遗传组成基本相同，在减数第一次分裂前期彼此联会(配对)，并且能够形成四分体，然后分裂到不同的生殖细胞中的一对染色体。由于同源染色体减数分裂Ⅱ时会进行交换，因此同源染色体在配对的过程中会发生错误，引起染色体缺失(chromosome deletion)、染色体重复(chromosome duplication)、染色体倒位(chromosome transposition)和染色体易位(chromosome translocation)等，它们有的是单条染色体片段的改变，有的是在两条同源染色体之间的改变。该基因组染色体结构的变化将产生明显的生物学效应，造成性状上的改变。

1.3 有性杂交基因重组变异

有性杂交育种(sexual cross breeding)是不同基因型的亲本进行杂交，经过基因的分离、导入、整合、重组，创造异质的基因组的后代群体，从中选择优良个体，并进一步选育成新品种。杂交育种包括杂交、选择和自交三个过程。可见杂交育种与生物进化类似，包括基因变异和选择两个过程。其原理是：①重组双亲的基因；②打破基因的遗传连锁；③定向选择使目的基因从群体中分离出来；④通过自交促使重组基因纯合，并稳定的遗传。

由此可见，杂交育种是自然界导入外源基因的有效途径，是一种自然的基因转化系统。其优点是简便易行，缺点是基因组水平的重组，优劣基因随机的杂合重组，从而需要长周期选择和纯化，效率低，缺乏可控性。基因工程与杂交育种相比具有同理性，并使其上升到基因分子生物学的水平，克服了杂交育种的缺点，大大增加了目的性和可靠性。

2 植物基因变异

基因变异是 DNA 分子水平结构功能的变异，比染色体水平的基因组变异更加复杂和精细。它包括 DNA 损伤、基因突变和修复重组。

2.1 DNA 损伤

在生物体生命过程中，由自发或环境因素引起的 DNA 双螺旋一级结构发生的任何变化称为 DNA 损伤(DNA damage)。受到破坏的是 DNA 的碱基、糖或磷酸二酯键，导致 DNA 损伤、基因突变，通过修复重组后使基因功能丧失和获得。DNA 损伤造成的基因突变，对生物可能产生致死、丧失某些功能及发生有利于物种生存的结果，使生物进化。根据 DNA 损伤产生的因素不同，可将 DNA 损伤分为自发性损伤，物理、化学因素引发的损伤三种类型。

2.1.1 自发性损伤

自发性损伤是指不考虑外在环境因素的影响，生物体内自发出现的错配，如G∶T、G∶U、G∶G、A∶A、G∶A、C∶C、T∶T、U∶U、C∶T、C∶U等。根据错配方式不同，将这种自发性损伤导致的错配分为以下几种类型。

1）*复制中的损伤* DNA复制是以DNA为模板按碱基配对进行复制，是一个严格而精确的事件，但也会发生错误。复制中的损伤指复制过程中碱基配对时发生的误差，即使经过DNA聚合酶“校读”和单链结合蛋白等综合因素作用，仍然存在的DNA损伤。当双螺旋链滑动或二级结构异常时，导致DNA损伤发生碱基错配的频率较大。如大肠杆菌中，DNA复制时发生碱基配对的误配率为10^{-2}～10^{-1}。总之在复制过程中如果某一环节出现问题，误配率会明显增高，尤其是DNA聚合酶本身的功能和底物的改变、二价阳离子的改变等。

2）*自发脱嘌呤和嘧啶* 在生理条件下，自发水解导致*N*-糖苷键断裂，使嘌呤和嘧啶从DNA链的核糖磷酸骨架上脱落下来，在复制时产生DNA错配。一个哺乳动物细胞在37℃条件下，20h内通过自发水解可以从DNA链上脱落约1000个嘌呤和500个嘧啶。

3）*碱基的脱氨基作用* 碱基的脱氨基作用是指胞嘧啶、腺嘌呤和鸟嘌呤分子结构中都含有的环外氨基有时会自发脱落，从而胞嘧啶会变成尿嘧啶(U)，腺嘌呤会变成次黄嘌呤(H)，鸟嘌呤会变成黄嘌呤(X)。尿嘧啶优先与腺嘌呤配对，因此，复制时在配对侧链上引入腺嘌呤，而不是胞嘧啶指导下的鸟嘌呤。同理，脱氨基的腺嘌呤(次黄嘌呤)优先与胞嘧啶形成氢键；黄嘌呤与胞嘧啶配对。

4）*碱基的互变异构* 互变异构是指DNA中的4种碱基自发地使氢原子改变位置，产生互变异构体(如烯醇式与酮式碱基间的互变)，进一步地使碱基的配对形式发生改变。碱基的互变异构可以导致复制过程中出现问题，如腺嘌呤的互变异构体可以使胞嘧啶错配，胸腺嘧啶的互变异构体与鸟嘌呤错配，在子链上出现错误，形成损伤。

5）*细胞代谢产物对DNA的损伤* 过氧化物是植物体内呼吸作用及逆境胁迫下生理生化过程的副产物，如O^{2-}和H_2O_2，多余的过氧化物非常活跃，对DNA也能造成氧化损伤，产生胸腺嘧啶乙二醇、胸苷乙二醇和羟甲基尿嘧啶等。这些损伤基本上能够被修复，损伤的碱基通过代谢排除。另外，葡萄糖和碱基氧化产物6-磷酸葡萄糖，能够跟DNA反应，产生明显的结构和生物学效应。以上的几种损伤与复制中的损伤不同，这些水解、脱氨基及碱基互变异构都导致DNA形成非天然的碱基结构，这种损伤是可以被修复系统识别并修复的。

2.1.2 物理因素引起的损伤

1）*紫外线引起的DNA损伤* DNA分子损伤最早就是从研究紫外线的效应开始的。当DNA受到最易被其吸收波长(200～260nm)的紫外线照射时，主要是使同一条DNA链上相邻的嘧啶以共价键连成二聚体，相邻的两个T、两个C或C与T间都可以环丁基环连成二聚体，如TT、TC、CC等二聚体。其中最容易形成的是CC二聚体。

2）*电离辐射引起DNA损伤* 电离辐射引起的DNA损伤包括直接效应和间接效应两种途径。直接效应是DNA直接吸收射线能量而遭损伤；间接效应是指DNA周围其他分子(主要是水分子)吸收射线能量产生具有很高反应活性的自由基进而损伤DNA。电离辐射可导致DNA分子的多种变化。

(1) 碱基变化。主要是由OH^-自由基引起，导致DNA链上的碱基氧化修饰、过氧化物的形成、碱基环的破坏和脱落等。一般嘧啶比嘌呤更为敏感。

(2) 脱氧核糖变化。脱氧核糖上的每个氢原子和羟基上的氢都能与OH^-反应，从糖基上夺去氢原子，导致脱氧核糖分解，最后会引起DNA链断裂。

(3) DNA链断裂。这是电离辐射引起的严重损伤事件，断链数随照射剂量增加而增加。射线的直接和间接作用都可能使脱氧核糖破坏或磷酸二酯键断开而致DNA链断裂。DNA双链中一条链断裂称单链断裂(single-strand break，SSB)，DNA双链在同一处或相近处断裂称为双链断裂(double-strand break，DSB)。

(4) 交联。电离辐射还能引起DNA交联，包括DNA链间交联和DNA-蛋白质交联。同一条DNA链上或两条DNA链上的碱基间以共价键结合，称为DNA链间交联(DDC)。DNA与蛋白质之间以共价键结合，称为DNA-蛋白质交联(DPC)。

2.1.3 化学因素引起的损伤

1）*碱基类似物对DNA的损伤* 碱基类似物是一类结构与碱基相似的人工合成的化合物。当它们进入细胞后，便能替代正常的碱基而掺入到

DNA 分子中，干扰 DNA 正常合成，引起损伤或突变，常见的碱基类似物是 5-溴尿嘧啶(5-BU)和 2-氨基嘌呤(2-AP)。5-溴尿嘧啶是在胸腺嘧啶第 5 个碳元子上由 Br 取代了甲基，与尿嘧啶的结构非常相似。5-BU 有酮式和烯醇式两种异构体，可分别与 A 及 G 配对结合，但在烯醇式状态的频率更高。2-氨基嘌呤(2-AP)有酮式状态和烯醇式状态两种异构体，可分别与 T 和 C 配对结合。当碱基类似物掺入到 DNA 复制中时，由于其异构体的变换而导致 DNA 损伤。

2) 烷基化合物　　引起的 DNA 损伤的烷化剂是一类带有活性烷基的化合物，可提供甲基或其他烷基，引起碱基或磷酸基的烷基化，甚至可引起邻近碱基的交联。DNA 中易被烷基化的位点主要是碱基磷酸二酯键中的氧，可形成链内和链间交联。另外，嘌呤环 N-7 位被烷化后，会在该部位形成四价氮。结果引起 G-C→A-T 的转换，造成 DNA 损伤。除此之外，烷基化的鸟嘌呤糖苷键很不稳定，该键的裂解会导致碱基的脱落，而形成 DNA 上的无碱基位点。此位点在复制过程中任何碱基都有可能插入，从而有可能造成碱基对的转换或颠换。DNA 链上的磷酸二酯键被烷基化则形成不稳定的磷酸三酯键，可能在糖与磷酸间发生水解作用，导致 DNA 链的断裂。

2.2 基因突变

由于生物因素、物理因素或化学因素造成的 DNA 损伤，引发的主要生物学效应即基因突变。基因突变必然影响基因功能。突变的产生除了 DNA 损伤之外，还有其他复杂的分子机制。

2.2.1　基因突变的基本概念

突变(mutation)最早是 1902 年荷兰植物学家 Hugo de Vries 研究月见草(*Oenothera*)遗传时使用的。他发现月见草植株会偶然出现一些特殊性状，他认为这是由于基因突然发生改变的结果，并称这种变化为突变。现在发现，他所指的大多是等位基因重组造成的，突变的概念由此建立起来。突变是基因组小范围的核苷酸序列的改变，可以通过复制而遗传。突变可以发生于生殖细胞中，能遗传给后代；也可以发生在体细胞中，称为体细胞突变(somatic mutation)，只是引起当代生物形态或生理的变化，并不能遗传给后代。

发生了突变的基因叫突变型(mutant)，未发生突变的原始基因叫做野生型(wild type)。突变体是指相对某一性状野生型基因发生改变后表现出来的性状发生改变的生物个体、群体或者株系。多数情况下野生型表现出具备某种能力的性状，用“+”表示，与之相对应的突变型表现出缺乏这种能力的性状，用“−”表示。

2.2.2　基因突变的类型

从突变中碱基对变化的数目上来看，可分为点突变(point mutation)和多点突变(multiple mutation)，在 DNA 突变中最主要的就是点突变，点突变主要有替换突变(replacement)、插入突变(insertion)和缺失突变(deletion)3 种，如图 4-1 所示。而从 DNA 碱基顺序改变来看，突变一般可分为单碱基突变、移码突变、整码突变及染色体错误配对和不等交换 4 种。

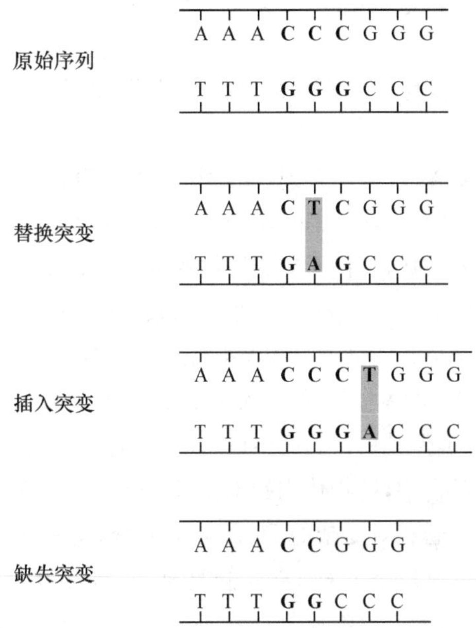

图 4-1　点突变的类型(Tamarin，2001)

1) 单碱基置换突变　　单碱基置换突变即通过 DNA 序列中单碱基突变，改变旧的三联密码子，产生新的密码子，最终导致蛋白质一级结构氨基酸组成的改变而影响蛋白质酶的生物功能。由于碱基置换改变了核苷酸序列，进而影响了多肽链中的氨基酸序列，从而影响蛋白质功能。单碱基置换突变有下列几种类型：同义突变、错义突变、无义突变、终止密码突变及抑制基因突变。

2) 移码突变　　在阅读时，由于插入突变和缺失突变，引起突变位点以后阅读框的移动(frame shift)，称为移码突变(frame-shift mutation)。移码突变造成的肽链延长或缩短，取决于移码终止密码子推后或提前。这对细胞和机体具有破坏性，因而显得非常重要。阅读框突变主要产生两种问题：第一是由于阅读框的改变，使得所有的密码子翻译改变，很可能产生的是一条没有功能的蛋白质；第二是终止密码子的错读，突变的密码子可能形成新的终止密码子，导致翻译过程的提前终止，或者由于阅读框的改变，翻译复合体识别不了原来的终止密码子，翻译超过基因的末端。插入突变也引起阅读框移动，产生无义突变，翻译提前终止，产生较短的蛋白质链。

3）整码突变　如果在DNA链的密码子之间插入或丢失一个或几个密码子，则合成的肽链将增加或减少一个或几个氨基酸，但插入或丢失部位的前后氨基酸顺序不变，称为整码突变（codon mutation），也称之为密码子插入或丢失（codon insertion or deletion）。

3　植物DNA损伤、突变及修复重组

紫外线、电离辐射、化学诱变剂等环境因子或真菌、细菌毒素等都会作用于DNA，造成其结构与功能的破坏，从而影响到植物的生长和繁殖。以上因素所造成的植物内生性（endogenous）或外生性（exogenous）来源的DNA损害均无法避免，所以面对这些DNA损伤，植物细胞就必须采取适当的措施，以确保其机体内遗传信息的正确性。在长期的进化过程中，植物体内针对DNA损伤及突变已形成了一套相对复杂的DNA修复系统，这一修复系统主要有以下几种DNA修复机制：直接修复（direct repair）、切除修复（excision repair）、错配修复（mismatch repair，MMR）、同源性重组（homologous recombination，HR）、非同源性末端连接（non-homologous end joining，NHEJ）。有趣的是，科学家发现无论是单细胞还是植物细胞，都存在类似的DNA修复机制，这说明了DNA修复机制在各物种间的高度保守性（highly conservative）。

3.1　直接修复

直接修复是修复系统直接作用于DNA链受损伤处，将其恢复为原来的结构。与动物和酵母相比，植物长时间暴露在太阳辐射之下，尤其无法避免紫外线造成的损伤。紫外线可使DNA双链的磷酸二酯键发生断裂形成切口，如果切口两端核苷酸的5′-磷酸和3′-羟基完好，则DNA连接酶可直接将切口修复（图4-2）。

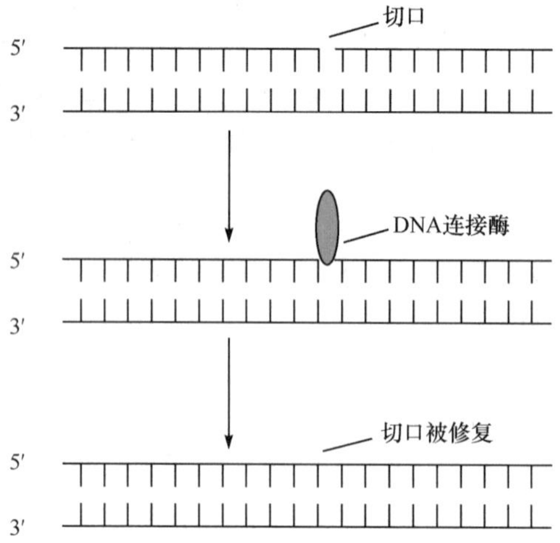

图4-2　DNA连接酶修复切口
（Kimura et al.，2004）

直接修复的另一个例子是光复活作用（photoreactivation）。紫外线照射下两相邻胸腺嘧啶碱基间能以共价键联结形成环丁基二聚体，其他嘧啶碱基间也能形成类似结构，但数量较少。二聚体的形成影响了DNA的双螺旋结构，阻碍了其复制和转录。在光复活反应中，DNA光解酶从波长300～600nm（最有效波长为400nm）光线中捕获能量，分解紫外辐射造成的嘧啶二聚体结构并将其转化为原来的单体核苷酸（图4-3）。光复活修复只特异性地作用于紫外线引起的DNA嘧啶二聚体损伤，这种修复方式在植物中特别重要。在植物中还存在一种类似的光复活作用，与光产物光解酶相关，促进损伤的修复。很多生物中存在这种酶，但是大肠杆菌与人类中并未发现。

3.2　切除修复

切除修复，指修复系统将一段已损伤的多核苷酸除去，并以另一条完整的链为模板合成正确的核苷酸序列，恢复DNA的正常结构。切除修复作用是一种普遍的功能，它一般性地识别DNA双螺旋结构的改变，对不正常结构进行修复。该修复途径通过一类能发现损伤碱基或DNA空间结构变化的识别酶起始，包括碱基切除修复（base excision repair，BER）与核苷酸切除修复（nucleotide excision repair，NER），后者用于校正更为严重的损伤。

3.3　错配修复

无论在真核生物还是原核生物中，错配修复系统确保了遗传物质精确稳定地复制。直接修复系

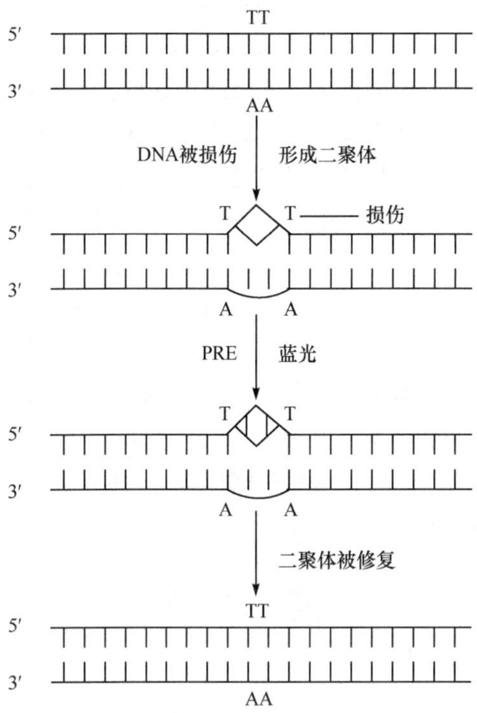

图 4-3　光复活作用(Kimura et al.,2004)

统和切除修复系统都是寻找异常化学结构,它们不能校正复制错误造成的错配,因为错配核苷酸各方面都和其他核苷酸一样。要修正复制错误必须寻找子母链间碱基配对的消失,而不是错配核苷酸本身。一旦发现一个错配,修复系统就切除部分子链并以与切除修复相似方式填充缺口。错配修复还能抑制同源双链之间发生重组,从而保证了遗传物质复制的高度保真,确保遗传的稳定性。

在真核生物中,错配修复系统是如何辨别子母链尚没有研究清楚,但真核生物不是用甲基化来区别子链与母链的,因为在一些真核生物包括果蝇和酵母的 DNA 并未广泛甲基化。一些体外模拟实验发现,DNA 链的特异性修复可以由链上预先存在的缺口引发。真核生物中的错配修复系统至少需要以下几种蛋白质的参与:MutSα(MSH2～MSH6)或 MutSβ(MSH2～MSH3)、MutLα(MLH1～PMS2)、RPA、PCNA、EXO1、HMGB1、RFC 和 DNA 聚合酶 δ。这些蛋白质的功能可参阅文献。

3.4　双链断裂修复

DNA 双链断裂对细胞来说是最严重也是最致命的 DNA 损害类型。单链的 DNA 损害在组蛋白的保护下或许可以逃过更进一步的损害或化学物质的攻击,但 DNA 双链断裂的结果使得 DNA 的末端直接裸露,这种情况的发生若没有得到及时的处理,细胞内 DNA 损害反应(DNA damage response)机制就会运行,其后果是停止细胞的生长和分裂,或是启动细胞凋亡,无论如何都是驱使细胞走向毁灭一途。真核生物的细胞在进化过程中发展出数套机制用来防范 DNA 双链断裂的产生,主要有非同源性末端连接和同源性重组。

3.4.1　非同源性末端连接

非同源性末端连接是指两分子的末端不需要有同源性就能连接起来。它被看作是一种重组,因为除了修复断裂,它能将原来并未连在一起的分子或片段连接在一起,产生新的组合。该过程需要一系列蛋白质的参与,这些蛋白质组成蛋白质复合物,能将 DNA 连接酶引向断裂处,最终将两个末端连接。

3.4.2　同源重组

DNA 双链断裂没有互补链可以直接利用,不能像切除修复那样在切除损伤段落后以原来正确的互补链为模板来合成新的片段。在发生 DNA 双链断裂时,可以通过同源重组进行修复。现已发现有两种类型的重组修复系统:单链退火(single-strand annealing, SSA)与基因转换(gene conversion),生物体启动哪种修复系统取决于损伤所在位置与同源序列所在的位置。

3.5　跨损伤 DNA 合成

以上介绍的例子中,DNA 损伤是通过切除受损片段后利用未受损的模板重新合成来完成修复,其修复功能可以不经诱导而发生。但是正在复制的 DNA 聚合酶仍会遇到未被修复的损伤,如模板多核苷酸存在 AP 位点或嘧啶二聚体和其他由于受到化学诱变剂或紫外线辐射产生的光产物。因为这样的损伤是 DNA 聚合酶前进的障碍,所以复制一般会被阻断或延迟。然而细胞内存在着防故障机制,使受损部位被绕过而复制继续进行,称为跨损伤合成(translesion synthesis, TLS)。该机制可以耐受损伤的存在,它允许 DNA 合成绕过损伤继续进行下去。跨损伤合成是在多种 DNA 聚合酶及辅助因子的联合作用下完成的。

4　植物基因变异的生物学效应及其应用

4.1　性状改良

在自然界由自发性或环境等方式引起的基因组染色体断裂、缺失、基因重组等生物学效应,可能使后代性状发生变异,从而丰富了物种的遗传变异类型,也为植物遗传学研究和作物性状改良提供了良好的基因资源基础。目前，各国都从事诱变育种工作，已经获得水稻、大麦、小麦、玉米等重要作物的100多种植物的数千个新品种。其中有一部分是通过无性繁殖直接利用突变体形成的品种，一部分是利用突变体杂交选育而形成新品种。美国科学家Peterrson等首次进行阿波罗飞行实验，对包含特殊遗传标记(LW1/IW1)的玉米种子进行宇宙射线高能重离子轰击，结果玉米体细胞产生突变，在2～9片叶子上出现黄色条纹。

4.2 新品种培育

植物基因变异可用于培育植物新品种。培育方法有很多种，其中包括杂交育种、单倍体育种、多倍体育种、诱变育种、基因工程育种、细胞工程育种等方法。它们的基本原理是基因的分离、插入、突变及重组。基于诱发基因变异的原理不同，形成了多种育种方法：利用基因组变异有单倍体育种、多倍体育种；基于基因重组的原理有杂交育种和细胞工程育种；利用诱发基因突变有诱变育种；基于基因变异重组的分子机制产生了基因工程育种。由此可见，基因工程育种是科学发展到分子生物学水平的必然趋势。

5 植物转基因与基因变异的同理性分析

转基因是把某一物种的基因转移到另一物种中进行表达，从而获得不同基因型的新品种，是按照人们自己的意愿去设计，应用的是基因工程技术。而自然界发生的基因变异是植物细胞在自身或外在因素的影响下，基因结构发生变异，包括DNA损伤、基因突变、修复重组，形成新的基因型和新的表现型，适应环境的变化，从而促进物种进化。该基因变异通常是自然状况下随机发生的被动性变异，是一个漫长的进化历程。从机制上说，两者都是DNA损伤、基因突变、修复和重组过程。即在基因水平上修饰了原有的基因组，产生新的基因型及表现型。植物转基因只是比基因变异更具有目的性、可控性及时效性。因此，植物转基因与基因变异具有同理性。

复 习 题

名词解释

DNA损伤、直接修复、移码突变

问题

(1) 简述植物基因序列变异途径及因素。

(2) 简述同源染色体配对错误性变异。

(3) 简述植物基因序列变异的生物学效应及其应用。

(4) 简述植物转基因与基因变异的比较分析。

部分近期参考文献

布朗 T A. 2006. 基因组学. 2 版. 袁建刚等译. 北京：科学出版社

查夫拉 H S. 2005. 植物生物技术导论. 许亦农，麻密，译. 北京：化学工业出版社

成晓亚，薛红卫. 2012. 植物生理与分子生物学. 4 版. 北京：高等教育出版社

何华纲，朱姗颖. 2011. 分子生物学与基因工程实验教程. 北京：中国轻工业出版社

克雷布斯 J E，戈尔茨坦 E S，基尔帕特里克 S T. 2013. 基因 X. 江松敏译. 北京：科学出版社

李海英，杨峰山，邵淑丽. 2010. 现代分子生物学与基因工程. 北京：化学工业出版社

李浩戈，金迪，马慧，等. 2012. 农杆菌介导主要农作物遗传转化的研究进展. 辽宁农业科学，(4)：38-42

刘忠松，罗赫荣. 2010. 现代植物育种学. 北京：科学出版社

阮燕晔，薛寥莎. 2012. 植物抗除草剂基因研究进展. 南方农业学报，(4)：462-466

王关林，方宏筠. 2002. 植物基因工程. 2 版. 北京：科学出版社

王关林，方宏筠. 2009. 植物基因工程. 北京：科学出版社

沃森. 2009. 基因的分子生物学. 6 版. 北京：科学出版社

严海燕. 2012. 植物发育分子生物学. 北京：科学出版社

张韵洁，李德铢. 2011. 叶绿体系统发育基因组学的研究进展. 植物分类与资源学报，33(4)：365-375

中国科协学会学术部. 2011. 转基因植物与食品安全. 北京：中国科学技术出版社

Chandler S F，Sanchez C . 2012. Genetic modification; the development of transgenic ornamental plant varieties，Plant Biotechnology Journal，(8)：8760-8769

Charles N S，Alisher T，Vitaly C. 2011. Plant Trans Formation Technologies. Now York：Wiley-Blackwell

John H D. 2012. Plant Genetic Engineering. Cambridge：Cambridge University Press

Lutken H，Clarke J L，Muller R. 2012. Genetic engineering and sustainable production of ornamentals：current status and future directions. Plant Cell Reports，(7)：2341-2351

Mehrnaz S，Rafsanjani O. 2012. Application of novel nanotechnology strategies in plant biotransformation：a contemporary overview. Recent Patents on Biotechnology，(1)：340-358

Neelakandan A K，Wang K. 2012. Recent progress in the understanding of tissue culture-induced genome level changes in plants and potential applications. Plant Cell Reports，(4)：1290-1298

第二篇

植物基因工程的目的基因

基因是“生命的基本动因”，也是生物特有的遗传物质。转基因技术是利用现代分子生物学技术，将人们期望的目标基因导入并整合到受体生物基因组中，从而修饰生物原有性状或赋予新的优良性状，故转基因植物也被称为“基因修饰生物(genetically modified organism，GMO)”。可见，转化的目的基因是决定转基因植物能否获得预期目标的关键。

基因的生物通用性克服了自然界的生殖隔离障碍，为基因工程开创了广阔的应用前景。随着基因工程技术的迅速发展，世界上已分离克隆了大量的目的基因。在GeneBank中储存着巨大的基因信息，也是迄今科学大数据时代的重要组成部分。怎样正确选择转化的目的基因？首先必须了解各基因的基本理论知识。目的基因按照功能可分为抗病虫害基因，抗非生物胁迫基因，提高作物产量、改善作物品质的基因，调控植物生长发育繁殖的基因及植物生产医药和工业生物产品的基因等。这些功能基因各自具有特殊的结构和功能，在生产实践中的应用也各不相同。为使读者掌握其基本理论，事半功倍地选择目的基因，本篇将在查阅国内外大量文献的基础上系统叙述各目的基因的分子结构、功能及应用前景。

第5章 抗植物虫害基因及其应用

植物虫害往往使农业生产蒙受严重损失，全世界每年大约损失数千亿美元，防治害虫是增加农作物产量的重要措施。人类通过使用农药，采用科学的生产管理技术和培育、种植抗病虫害的作物品种等手段，与病原、害虫进行了长期坚持不懈的斗争。虽然取得长足进步，但尚未彻底解决病虫害的防治问题，甚至产生了新的问题。例如，通常使用的农药是化学农药，它们在农业生产中的确起到了重要的作用，但同时也带来许多严重问题：①化学农药在食物中的残留及在人类食物链中的富集，严重危害人体健康。②化学杀虫剂的作用方式是非特异性的，在杀灭害虫的同时，也使有益的昆虫和害虫的天敌受到毒害，从而危及多种生物资源，破坏生态平衡。③化学农药的长期使用使病原体逐步产生抗性。目前已出现了几百种对杀虫剂有耐药性的害虫，迫使人们不断增加农药的使用剂量并研制新的更强大的药剂。大剂量农药的使用，使前述问题更加严重，形成恶性循环。除化学杀虫剂外，生物杀虫剂也应用了多年，如苏云金杆菌(*Bacillus thuringiensis*，Bt)表现出人们所希望的性质，即对害虫的高毒性和对环境的安全性。但生物杀虫剂的缓效性、不稳定性及抗虫谱窄等不足之处，使其远未能取代化学杀虫剂。在目前世界农药市场上，生物杀虫剂所占比重还很小。

通过常规的育种手段来获得抗病虫害的作物品种是很困难的，这主要是由于不仅新品种选育历程较长，而且对于某些病虫害尚无基因资源作为杂交育种的亲本，即基因资源缺乏。基因工程技术的发展为培育抗病虫害的作物品种提供了新的途径，开辟了植物抗病虫害育种的新时代。利用基因工程手段培育抗病虫害作物品种可克服常规育种的不足：①它不仅利用存在于植物中的抗病虫害基因，还可以利用某些动物、微生物中的抗性基因，将其重组到植物染色体上，并使之在植物体内特定地遗传及表达，从而产生抗病虫害性状，因此基因资源非常丰富。②该性状具有连续性和整体性，即可控制任何时期内、在植物任何部位(如叶下表面、根等农药难以作用的部位)发生的病虫害。③育种周期短、成本低。④利用基因工程培育抗病虫害作物品种还具有不污染环境等优点。因此，植物抗病虫害基因工程在国内外受到了普遍关注，也成为植物基因工程研究和应用的热点。

抗植物虫害的基因有几十种，根据它们的来源可分为三类：一是从微生物分离出的抗虫基因，如苏云金杆菌的争内毒素基因即防卫基因；二是从植物中分离出的抗虫基因，其中应用最广泛的是豇豆胰蛋白酶抑制剂基因(*cpti*)；三是从动物中分离出的抗虫基因，如植物凝集素(lectin)基因。下面将分别介绍这些常用基因的结构功能及其应用情况。

1 微生物来源的抗虫基因及其应用

1.1 *bt* 基因

1.1.1 *bt* 基因的作用原理

苏云金芽孢杆菌(*Bacillus thuringiensis*)属于原核生物(procaryotic organism)细菌纲(Bacteria)芽孢杆菌科(Bacillaceae)芽孢杆菌属(*Bacillus*)，是一种分布非常广泛的革兰氏阳性菌。在芽孢形成过程中，可产生伴胞晶体，它由一种或多种蛋白质组成，具有高度特异性杀虫活性，这种蛋白质通常被称作 δ-毒素(δ-endotoxin)或杀虫结晶蛋白(insecticidal crystal protein，ICP)。

ICP通常以原毒素(protoxin)形式存在，当敏感昆虫摄食ICP后，在昆虫的消化道内，原毒素被活化，转型为毒性多肽分子。ICP的活化是多步骤的过程。首先，ICP必须溶解在昆虫的肠道里。ICP在中性条件下不溶，而在碱性条件下可溶。ICP一经溶解，在蛋白酶的作用下，通过专一性蛋白酶水解切割，ICP被活化。活化的ICP不被胰蛋白酶或其他蛋白酶所破坏，它能与昆虫肠道上皮细胞上面的特异性蛋白结合。大多数情况下，ICP的毒性都来源于这种结合。结合以后的ICP全部或部分嵌合于细胞膜中，使细胞膜产生一些孔道，从而导致细胞由于渗透平衡被破坏而破裂。伴随着上述过程，昆虫将停止进食，最终死亡。

1.1.2 ICP的分类、结构及抗虫谱

根据ICP的抗虫谱及它们的序列同源性，ICP

被划分为四个主要类型。类型Ⅰ(CryⅠ)具有抗鳞翅目昆虫的活性,对其幼虫有特异的毒性作用。类型Ⅱ(CryⅡ)抗鳞翅目和双翅目昆虫。类型Ⅲ(CryⅢ)抗鞘翅目昆虫。类型Ⅳ(CryⅣ)抗双翅目昆虫。在最近几年中,一些具有其他特殊抗性的ICP被相继发现和鉴定,如Tailor等于1992年鉴定了一种既抗鳞翅目又抗鞘翅目的ICP,他们把它划分为一个新的类型——类型Ⅴ(CryⅤ)。2011年,德国耶纳的MaxPlank化学生态所研制出的ICP(CryⅠAbMod和CryⅠAcMod),对菜蛾、棉铃虫、欧洲玉米螟等5种害虫都具有抗性,这两个基因可以单独使用或与其他Bt毒素联合使用。另外,具有线虫抗性的ICP也已被发现。

在每种主要类型中,根据序列同源性,ICP又可划分为若干小组,如CryⅠ划分为ⅠA(a)、ⅠA(b)、ⅠA(c)、ⅠB、ⅠC等十余种。关于ICP的详细分类及其抗虫谱详见表5-1。

表5-1 ICP的分类及其活性

类型	分子质量/kDa	编码氨基酸数	作用范围	类型	分子质量/kDa	编码氨基酸数	作用范围
CryⅠ A(a)	133	1176	L	CryⅢ A	73	644	C
CryⅠ A(b)	131	1155	L	CryⅢ B(a)	74	—	C
CryⅠ A(c)	133	1178	L	CryⅢ B(b)	74	—	C
CryⅠ B	138	1207	L,C	CryⅢ C(a)	74.4	—	C
CryⅠ C(a)	135	1189	L	CryⅢ C(b)	129	—	C
CryⅠ C(b)	134	—	L	CryⅢ C(c)	70	—	C
CryⅠ D	133	1165	L	CryⅢ D(d)	73	—	C
CryⅠ E	133	—	L	CryⅣ A	134	1180	D
CryⅠ F	134	—	L	CryⅣ B	128	1136	D
CryⅠ G	130	—	L	CryⅣ C	78	675	D
CryⅠ X	81	—	L	CryⅣ D	72	643	D
CryⅡ A	71	633	L,D	CryⅤ	81	—	C,L
CryⅡ B	71	633	L,D	PS140E2	78、70、35	—	H
CryⅡ C	110	—	L,D	PS17a(CryⅤ)	156	—	N
				PA52A1(CryⅣ)	54	—	N

注:L. 鳞翅目;D. 双翅目;C. 鞘翅目;H. 膜翅目;N. 线虫;—表示编码氨基酸数不清楚

CryⅠ蛋白为长1100～1200个氨基酸的多肽,大小为130～140kDa,其毒性多肽分子是60～70kDa的核心片段。活性区在氨基端,而原毒素羧基端至少一半以上的氨基酸序列对于毒性功能是非必要的。另一些CryⅣ蛋白,也具有该特征。而某些ICP,虽然其原毒素仅约70kDa,但其毒性多肽分子却约60kDa,这表明毒性多肽分子在伴胞晶体中装配之前,已经自然加工好了。*bt 2* 编码的最短毒性片段位于29～607氨基酸残基处,进一步从基因3′端删除4个密码子或从5′端删除8个密码子,将完全消除其产物的毒性。所以对于基因工程而言,只保留编码毒性核心片段的核苷酸序列就能达到抗虫目的。

1.1.3 *bt* 基因的简并性修饰

未加改造的 *bt* 基因在转基因植物中表达水平很低,只占植株内全部可溶性蛋白质的0.001%以下,不可能直接毒杀害虫。因此,对原核 *bt* 基因进行修饰改造是非常必要的。

密码子具有简并性,这些"简并子"的出现概率与生物的种类有关。酵母中96%以上的氨基酸被全部61个密码子中的25个所编码。高等植物中单、双子叶植物之间密码子的使用频率也有明显差异。这种密码子的偏爱性直接影响基因的转录水平。因此,密码的偏爱性成为外源基因在微生物或高等生物中高效表达的重要因素。为此,研究人员根据植物偏爱密码子对原核基因进行了改造。将改造的 *bt* 基因导入棉花,经免疫分析表明表达水平大幅度提高,表达产物占细胞可溶性蛋白的0.03%～0.1%,对棉铃虫具有较强的毒杀作用。

1.1.4 *bt* 基因的应用

1) *bt* 基因的修饰　自1987年首次获得转

bt 基因植株以来，全世界有多个实验室或公司先后将不同 bt 株系的不同类型 *icp* 基因转入多种作物，如烟草、番茄、玉米、棉花、水稻等，其中一些转基因植物表现出良好的抗虫效果。目前用以转化植物的 *bt* 基因主要是编码 CryⅠ的基因，它具有抗包括烟草天蛾、番茄果螟和玉米螟等鳞翅目害虫的作用。最近，CryⅡA 基因已被转入植物，从而赋予植物抗包括马铃薯甲虫在内的鞘翅目害虫的功能。根据转 *bt* 基因植株获得的先后及 *bt* 基因在植物中的表达水平，转基因植物可分为两代，即 20 世纪 80 年代获得的转基因植物称为第一代，20 世纪 90 年代获得的称为第二代。

第二代转基因植物和第一代相比有两点提高：一是转基因植物种类增加，如玉米、棉花的转基因植株的获得；二是 *bt* 基因在植物中的表达水平大大提高，这是通过对 *bt* 基因进行修饰和使用新的启动子(包括组织特异性启动子)来实现的。

为了解决富含 A、T 碱基的基因在基因组富含 G、C 碱基的植物细胞中表达水平低的问题，研究人员对 CryⅠ基因进行了部分甚至完全的修饰。修饰后的 CryⅠ基因在转基因棉花、烟草、番茄和玉米中的表达水平有了显著提高。

2) *bt* 基因应用中存在的问题及对策　在以 *bt* 基因作为植物基因工程的目的基因时，一个潜在的严重问题是害虫可能会对转基因植物产生抗性。从应用苏云金杆菌的近 60 年的历史看，无论是用添加 ICP 的人工饲料喂养害虫，还是田间长期使用苏云金杆菌杀虫剂，都出现了昆虫对 ICP 产生抗性的问题。印度谷螟在长期饲喂含有 ICP 的人工饲料后，其后代产生了对 ICP 的抗性，ICP 的半致死剂量(LD_{50})提高了 250 倍。而在长期使用高浓度 *bt* 杀虫剂的田间也发现了抗 ICP 的小菜蛾。为了防止昆虫对转基因植株产生耐受性，可在基因构建时采取措施：①使用组织专一性启动子或化学诱导启动子。组织专一性启动子的使用，可使 *bt* 基因的表达局限在植物重要的组织，如只在棉花的棉铃中表达，以便未经选择的害虫能在叶片上存活。病原相关蛋白质(pathogensis-related protein，PR 蛋白)是植物受到病原物侵染或其他刺激时表达的一组蛋白质。*pr-la* 是编码其中一种 PR 蛋白质的基因，可被侵染诱导，也可被一些化学刺激物(如水杨酸)诱导。用化学药剂处理 *pr-la* 启动子调控 *bt* 基因的转基因烟草，它对烟草天蛾产生抗性。因此采用上述化学诱导启动子的方法可以调控 *bt* 基因在化学诱导剂存在下才能表达，从而降低抗性选择压的产生，以防止抗性扩散。②通过对 *bt* 基因进行修饰，使 ICP 在植物中高剂量表达。到目前为止，田间发现的高水平表达的 *bt* 抗性基因都是隐性基因，而且 ICP 对害虫的幼虫特别有效，所以 *bt* 基因的连续、高效表达，可以消除突变杂合体。而高剂量的方法不适合于田间喷洒 *bt* 产品，因为这种喷洒不是连续的，而且持续时间短，故害虫能够逃脱。上述策略对于防止或延迟害虫产生耐受性具有一定的作用。随着人们对 ICP 杀虫机制及昆虫产生耐受性的原因的进一步了解，ICP 的耐受性问题将有望得到解决。

1.2　胆固醇氧化酶基因

胆固醇氧化酶(cholesterol oxidase，Cho)基因是从两种链霉菌属(*Streptomyces*)基因组中分离出来的第二代抗虫基因，其编码的胆固醇氧化酶属于乙酰胆固醇氧化酶家族成员，可催化胆固醇形成 17-酮类固醇和过氧化氢，伴随着这一反应昆虫会致死。胆固醇氧化酶对棉铃象甲幼虫有极高的毒性，并能延迟美洲烟草夜蛾的生长，有广阔的应用前景。

胆固醇是胆酸盐的前体，在脂类的消化过程中起重要作用。胆固醇也是细胞膜的主要组成成分。如果昆虫体内的胆固醇被氧化，摄食昆虫的消化受阻，肠道表皮细胞出现胞溶现象，由此导致昆虫死亡。另一种解释是胆固醇被氧化成类固醇，从而破坏了膜的完整性，最终导致细胞裂解和死亡。

1.3　营养杀虫蛋白基因

营养杀虫蛋白(vegetative insecticidal protein，Vip)基因是近几年发现的 3 种杀虫蛋白基因。它们分别是从蜡状芽孢杆菌(*B. cereus*)培养物中分离出来的两个基因 *vip1* 和 *vip2*。另一个基因是从苏云金芽孢杆菌(*B. thuringiensis*)培养物中分离的 *vip3*。Vip3 蛋白质的 N 端由带正电荷的氨基酸组成，随后是疏水中心，这种结构特征与苏云金杆菌的信号肽类似。这 3 种蛋白质的作用机制相似，Vip 可与昆虫肠道敏感细胞，尤其是柱状细胞相结合造成细胞崩解，从而引起肠道表面严重受损，使受害昆虫迅速死亡。Estruch 等(1996)进行的生物测试结果表明，Vip3 有广谱鳞翅目抗性，尤其对小地老虎、黏虫和甜菜叶蛾有显效，因此说 *vip3* 被称为第二代营养性杀虫蛋白的抗虫基因。

1.4　其他微生物来源的抗虫基因

来自细菌的异戊烯转移酶基因(*ipt*)参与细胞分裂素的合成。马铃薯蛋白酶抑制剂基因的创伤诱导启动子与该基因融合后转化到茄科植物 *Nicotiana plumbaginifolia*。转基因植株对鳞翅目害虫有明显抗性，但其作用机制不详。

2　植物来源的抗虫基因及其应用

2.1　蛋白酶抑制剂基因

2.1.1　蛋白酶抑制剂基因的抗虫原理

在自然界中的所有生命体中，尤其是在植物中都含有蛋白酶抑制剂（proteinase inhibitor，PI）。蛋白酶抑制剂是一类蛋白质，在大多数植物的种子和块茎中，其含量可高达总蛋白质的 1%～10%。在有些果实中丝氨酸蛋白酶抑制剂的含量可达总蛋白质的 30%。

大量的研究表明，蛋白酶抑制剂在植物防御昆虫和病原体侵染的天然防御系统中起着重要作用。通过用某些纯化的蛋白酶抑制剂喂养昆虫发现，蛋白酶抑制剂具有明显的抗虫作用。其抗虫机制在于：蛋白酶抑制剂与昆虫消化道内的蛋白消化酶相结合，形成酶抑制剂复合物（EI），从而阻断或减弱蛋白酶对于外源蛋白质的水解作用，导致蛋白质不能被正常消化；同时 EI 复合物能刺激昆虫过量分泌消化酶，这一作用可使昆虫产生厌食反应。这样，由于昆虫缺乏生活代谢中所必需的一些氨基酸，必然会导致昆虫发育不正常或死亡。此外，蛋白酶抑制剂分子可能通过消化道进入昆虫的血淋巴系统，从而严重干扰昆虫的蜕皮过程和免疫功能，以致昆虫不能正常发育。

植食性昆虫的消化系统大体可分为 3 种类型：一是消化道内 pH 为中性或微碱性，以丝氨酸类蛋白酶为主要消化酶，主要包括鳞翅目害虫和部分鞘翅目害虫；二是消化道内 pH 为弱酸性，主要的蛋白消化酶为巯基类蛋白酶，包括鞘翅目尤其是谷仓害虫及部分鳞翅目害虫；三是消化道中不含任何蛋白酶，主要包括同翅目吸浆害虫。蛋白酶抑制剂和昆虫消化酶的特异性相互作用，决定了不同类型蛋白酶抑制剂的抗虫谱。蛋白酶抑制剂作用于蛋白消化酶的活性中心。活性中心是酶最保守的部位，产生突变的可能性极小，故可以排除害虫通过突变产生抗性的可能性。蛋白酶抑制剂对于人、畜是无害的，其原因在于人、畜的消化机制和昆虫的明显不同。对于人、畜，蛋白消化酶主要存在于肠道中，而蛋白酶抑制剂在胃中的酸性条件下被胃蛋白酶分解，而且至今还没有发现植物中存在胃蛋白酶的抑制剂。

2.1.2　蛋白酶抑制剂的分类及抗虫谱

植物中存在三类蛋白酶抑制剂，它们是丝氨酸蛋白酶抑制剂、巯基蛋白酶抑制剂和金属蛋白酶抑制剂。其中，丝氨酸蛋白酶抑制剂与抗虫关系密切，因为大多数昆虫所利用的蛋白消化酶正是丝氨酸类蛋白消化酶，特别是类胰蛋白酶。而巯基类蛋白酶抑制剂对于利用巯基类蛋白消化酶的鞘翅目昆虫具有独特抗性。目前已经获得多种转蛋白酶抑制剂基因植物（表 5-2）。

表 5-2　植物蛋白酶抑制剂及其转基因作物

蛋白酶抑制剂	靶标害虫	获得的转基因作物
C-Ⅱ（大豆丝氨酸蛋白抑制剂）	鞘翅目、鳞翅目	烟草、马铃薯、番茄、油菜
Cme（大麦胰蛋白酶抑制剂）	鳞翅目	烟草
CMTI（南瓜胰蛋白酶抑制剂）	鳞翅目	烟草
CpTI（豇豆胰蛋白酶抑制剂）	鞘翅目、鳞翅目、直翅目	烟草、马铃薯、番茄、甘薯、水稻、油菜
MTI-2（芥菜丝氨酸蛋白酶抑制剂）	鳞翅目	烟草、拟南芥
CO-1（水稻巯基蛋白酶抑制剂）	鞘翅目、同翅目	烟草、油菜
PI-Ⅳ（大豆丝氨酸蛋白酶抑制剂）	鳞翅目	烟草、马铃薯
PI-Ⅰ（马铃薯蛋白酶抑制剂Ⅰ）	鳞翅目、直翅目	烟草
PI-Ⅱ（马铃薯蛋白酶抑制剂Ⅱ）	鳞翅目、直翅目	烟草、水稻
SKTI，Kti3（大豆 Kunitz 型蛋白酶抑制剂）	鳞翅目	烟草、马铃薯
TI-Ⅰ、Ⅱ（番茄蛋白抑制剂Ⅰ、Ⅱ）	鳞翅目	烟草、番茄
CTPI（海芋蛋白酶抑制剂）	鳞翅目	烟草

1）*丝氨酸类蛋白酶抑制剂*　丝氨酸类蛋白酶抑制剂有 6 个家族，其中豇豆胰蛋白酶抑制剂（cowpea trypsin inhibitor，CpTI）和马铃薯蛋白酶抑制剂Ⅱ（potato proteinase inhibitor Ⅱ，PI-Ⅱ）的

抗虫效果最为理想。

(1) 豇豆胰蛋白酶抑制剂(CpTI)。CpTI是由80个氨基酸组成的小分子多肽,分子中富含二硫键,属于丝氨酸蛋白酶抑制剂类Bowman-Brik型双头抑制剂。它的一个分子具有两个抑制活性中心。CpTI通过氢键和范德华力与胰蛋白酶紧密结合,使酶活性中心失活。CpTI抑制的活性位点都是Lys-Ser。CpTI对于许多给农业生产造成重大经济损失的害虫都具有抗性,其中包括鳞翅目的烟草芽蛾、棉铃虫、黏虫和玉米螟,鞘翅目的玉米根叶甲、四纹豆象和杂拟谷盗,直翅目的蝗虫等。CpTI抗虫谱广泛是其应用于植物基因工程的最主要的原因。Hilder等(1987)获得了转*cpti*基因烟草植株。在转基因植株中*cpti*的表达量最高可占总可溶性蛋白质的0.9%以上。一般表达量为0.5%以上的转基因植株即可表现出明显的抗虫性。转*cpti*基因的烟草和棉花,也表现出较好的抗虫性,转*cpti*基因的水稻对玉米螟和水稻三化螟都有一定抗性。

(2) 马铃薯蛋白酶抑制剂分为两个家族:①PI-Ⅰ家族,包括马铃薯和番茄蛋白酶抑制剂Ⅰ,其成熟肽单体分子质量为8.1kDa,只有一个活性中心,主要抑制胰凝乳蛋白酶;②PI-Ⅱ家族,包括马铃薯和番茄蛋白酶抑制剂Ⅱ,其成熟肽单体分子质量为12.3kDa,有两个活性中心,可分别抑制胰蛋白酶和胰凝乳蛋白酶。PI-Ⅱ家族比PI-Ⅰ家族有更大的应用价值。Johnson(1989)将马铃薯*pi-Ⅰ*和*pi-Ⅱ*基因分别导入烟草。两种蛋白酶抑制剂基因都能在烟草中得到有效表达,每克组织表达量为50~200μg,转基因植株表现出了良好的抗虫能力。PI-Ⅱ家族对烟草天蛾的抑制作用更强烈。另外,*PI-Ⅰ*基因启动子是损伤诱导型调控启动子,所以在抗虫基因工程中更是有应用潜力。

2) *巯基蛋白酶抑制剂* 巯基蛋白酶抑制剂对于利用巯基蛋白酶消化植物蛋白的昆虫具有特殊的抗性,而这一点是CpTI和PI-Ⅰ及PI-Ⅱ所不具有的。研究表明基因序列内有两个内含子,cDNA编码102个氨基酸的小肽,分子质量约为11.5kDa。巯基蛋白酶抑制剂分子中部第52位后的Gln-Val-Val-Ala-Gly具有高度保守性,该保守区对于维持抑制剂活力是必要的。重组巯基蛋白酶抑制剂对杂拟谷盗、米象、赤拟谷盗和大谷盗、马铃薯甲虫、豇虫象等均有明显的抑制作用。最近有人报道巯基蛋白酶抑制剂对线虫、黄粉虫和棉铃虫均有一定抗虫能力。

3) *慈姑蛋白酶抑制剂* 慈姑块茎中富含蛋白质抑制剂,它们对胰蛋白酶和胰凝乳蛋白酶有不同程度的抑制。目前已获得慈姑蛋白酶抑制剂基因(arrowhead proteinase inhibitor,API)及其cDNA。

2.1.3 蛋白酶抑制剂基因的应用

目前已经有许多种蛋白酶抑制剂的基因或cDNA被克隆,其中有些表现出明显的抗虫作用。*cpti*基因、*pi-Ⅱ*基因和水稻巯基蛋白酶抑制剂基因是迄今在植物抗虫基因工程中应用广泛且研究比较深入的蛋白酶抑制剂基因。

美国Kansas大学的研究人员获得了表达水稻巯基蛋白酶抑制剂基因的转基因烟草,并且测定了其对鞘翅目和同翅目害虫的抗虫能力。蛋白酶抑制剂基因的抗虫谱广泛。例如,*cpti*基因对几种昆虫均有毒性作用,而*bt*基因的抗虫谱却是十分有限的,上述优点使得蛋白酶抑制剂基因能够被广泛地应用。但是,要达到理想的抗虫效果,在转基因植物中对蛋白酶抑制剂所要求的表达量远远高于对ICP所要求的表达量。这是由蛋白酶抑制剂本身所具有的特性决定的。要求蛋白酶抑制剂基因能够在转基因植物中高效表达,无疑给基因工程带来一定难度。解决这一问题的关键在于对基因表达的不同调控机制的深入研究。通过使用特定启动子,或对蛋白酶抑制剂基因进行修饰,可以提高其在转基因植物中的表达水平。

2.2 植物凝集素基因

2.2.1 植物凝集素的基本特性及抗虫原理

植物凝集素(lectin)是非免疫来源的糖蛋白或结合糖的蛋白质(sugar-binding protein),它们能聚集细胞和(或)沉淀糖蛋白。植物凝集素多数是一些寡聚蛋白、二聚体或四聚体,少数是含有两个糖结合部位的单体(如蓖麻毒蛋白)。植物凝集素的最主要的特性是能和糖类结合。已有许多植物凝集素的一级结构被测定,也有一些凝集素及凝集素与配体结合复合物的三维立体结构被测定。一些植物凝集素的基因结构也已阐明。人们比较植物凝集素的蛋白质结构和基因结构后,发现它们有许多相似性,这表现为许多氨基酸序列都有很大的同源性,并且在某些部位还具有特别的保守性。凝集素广泛存在于植物界,在各种组织器官中均有发现。尤以豆科植物的种子中含量最为丰富。

禾本科中典型的植物凝集素是麦胚凝集素(wheat germ agglutinin,Wga)。从小麦胚芽可以分离到三种相近的凝集素(WgaⅠ、WgaⅡ和WgaⅢ)。同工Wga的氨基酸组成相近,分子中甘氨酸和半胱氨酸含量很高，极性氨基酸的含量很低，不含糖。一般条件下，WgaⅡ分子由两个相同亚基组成。亚基包括171个氨基酸残基，是由4个重复性的约41个残基组成的肽单元。亚基之间通过二硫键相连，对*N*-乙酰葡萄糖胺有特异亲和性。

雪花莲(*Galanthus nivalis*)凝集素(Gna)是英国剑桥农业遗传公司和Durham大学的科学家发现的，它对于蚜虫、叶蝉、稻褐飞虱等同翅目吸食性害虫具有极强的毒性。雪花莲凝集素的一级结构、生物合成及基因结构已经搞清。它是由105个氨基酸残基组成的成熟蛋白质，包括3个重复性的同源片段，每个约25个氨基酸残基。Gna对稻褐飞虱有抑制作用，也能控制蚜虫一类的吸汁性害虫的生长，而其他的外源凝集素无此效果。

植物凝集素主要存在于细胞的蛋白粒中。其抗虫原理是当被昆虫取食之后，外源凝集素在昆虫的消化道中，与肠道围食膜上的糖蛋白相结合，从而影响营养的吸收。这种结合具有专一性，即不同的外源凝集素与相应的糖类结合。同时，凝集素还可能在昆虫的消化道内诱发病灶，促进消化道中细菌的繁殖。这些作用都会对害虫造成危害，从而达到杀虫目的。

2.2.2 植物凝集素基因的应用

目前，豌豆凝集素、麦胚凝集素和雪花莲凝集素等植物凝集素的编码基因已经分离获得，并被成功地导入植物中。英国剑桥农业遗传公司和Durham大学把分离出的雪花莲凝集素基因成功地导入烟草和莴苣。将此基因用CaMV35S启动子或水稻蔗糖合成酶基因启动子调控，转基因烟草对蚜虫表现出明显抗性。麦胚凝集素基因转化的玉米对欧洲玉米螟具有良好的抗性。

2.3 淀粉酶抑制剂基因

2.3.1 淀粉酶抑制剂的基本特性及抗虫原理

淀粉酶抑制剂(α-amylase inhibitor，αAI)是植物界普遍存在的一类蛋白质，尤其是在禾谷类作物和豆科作物种子中含量丰富。它能抑制哺乳动物及昆虫体内的α-淀粉酶的活性，从而阻断对摄取食物中淀粉成分的消化。αAI对植物本身和细菌的α-淀粉酶不起作用。αAI作用的最适pH为5.6，这对消化道呈酸性的鞘翅目昆虫有良好的抵御作用。关于淀粉酶抑制剂种类尚无统一的分类，但一般认为小麦和大麦的αAI可分成三种类型，即单体，12kDa；二聚体，24kDa；四聚体，60kDa。其中单体αAI对黄粉虫、米象的抑制效果明显优于二聚体，而对马铃薯甲虫、锯谷盗的抑制效果正相反。大、小麦中的αAI对谷仓类害虫及异色蝽有明显的抑制作用，而对螟虫类、禾谷类蚜虫没有作用。菜豆的αAI是约45kDa的热稳定糖蛋白，由几个15～18kDa的亚基组成。αAI的杀虫机制在于抑制昆虫消化道内α-淀粉酶的活性，使摄食的淀粉无法正常被消化，阻断了主要的能量来源。而且αAI和淀粉酶结合成的EI复合物也刺激昆虫过量分泌消化酶，通过神经系统反馈产生厌食反应，最后导致非正常发育或死亡。

2.3.2 淀粉酶抑制剂基因的应用

Altabella等(1990)把菜豆*αai*基因导入烟草，发现*αai*在转基因烟草中能够准确、稳定地表达，并在种子发育过程中积累。体外分析表明，它对黄粉虫的肠道α-淀粉酶具有显著的抑制效果，同时也抑制猪胰α-淀粉酶的活性。αAI对哺乳动物的淀粉酶抑制作用大大限制了其在生食作物基因工程中的应用。

2.4 系统肽基因

McGaul和Ryan(1992)从番茄叶片中分离到一种有18个氨基酸的系统肽(systemin)，它是蛋白酶抑制剂合成过程中潜在的诱导物。他们认为系统肽是植物对昆虫攻击或其他机械伤害发生反应的调节蛋白酶抑制剂合成的最初系统信号。他们报道了编码番茄前系统肽(prosystemin)基因的结构是由5个相同的外显子和一个C端的外显子组成。其编码的系统肽前体是200个氨基酸组成的亲水蛋白质，以后加工成小肽。在转反义系统肽基因的番茄植株中，能显著降低蛋白酶抑制剂的创伤诱导，饲虫实验结果，幼虫生长率提高3倍。这些实验表明，系统肽作为植物防御虫害反应的诱导物，其基因工程的目的是增强抗虫性的调控途径。最近从胡蜂、蝎子、蜘蛛毒液中分离到一些小肽(30～40个氨基酸)也都具有抗虫作用。澳大利亚Deakin公司从大洋洲漏斗蜘蛛毒液中分离纯化到一种杀虫肽，由37个氨基酸组成，分子质量为4kDa。体外实验证明它能杀死多种对农作物有害的昆虫，特别是对棉铃虫属有很强的毒害作用，但对哺乳动物没有毒害作用。这些新的毒性肽基因的发现为利用植物基因工程技术更有效地控制害虫提供了广泛的选择空间。

2.5 其他植物来源的抗虫基因

核糖体失活蛋白基因*rip*通过水解rRNA特

异碱基使虫体细胞内的核糖体失活，抑制蛋白质的合成而致死，业已证明核糖体失活蛋白对鞘翅目害虫有效。RIP 对昆虫有毒性作用，但不同的昆虫类型对 RIP 的敏感性也有区别。当食物中有 0.0001%～0.001%的蓖麻毒蛋白（ricin）、肥皂草素（saporin）-S6 时，就可以使鞘翅目的四纹豆象和棉铃象甲致死；但对鳞翅目的烟芽夜蛾（*Spodoptera littoralis*）和一种黏虫则无影响。Ⅱ型 RIP 的 B 链具有凝集素活性，有些Ⅰ型 RIP 也可归入凝集素家族中，而且发现 RIP 和植物凝集素可同时存在于同一植物中，植物凝集素与 RIP 有一定的序列相似性。因此 RIP 的抗虫性还有可能是因为 RIP 与昆虫细胞的某些特异性受体结合，使昆虫产生不良反应，阻止昆虫对植物的进一步侵害。色氨酸脱羧酶（tryptophan decaiboxylase，TDC）来源于长春花，该酶基因在烟草表达后，可使烟草白粉虱的繁殖力降低 97%。TDC 可将色氨酸转化为吲哚生物碱色胺，Thromas 等（1995）推断植物体内色胺和来源于色胺的生物碱类可以起到抗产卵和拒食作用或者作为幼虫种群发育的抑制剂。

几丁质酶能破坏昆虫围食膜中含有的几丁质，一旦昆虫摄食了几丁质酶后就会作用于围食膜，从而影响消化，抑制昆虫生活。把菜豆几丁质酶基因转化到马铃薯中，可明显降低蚜虫的生殖力。但对鳞翅目昆虫 *Lacanobia oleracea* 无毒害作用。烟草阴离子过氧化物酶基因在烟草、番茄中表达时，可产生对鳞翅类、鞘翅类及桃蚜的抗性。豌豆脂肪氧化酶、番茄素、多酚氧化酶对昆虫也有较强的毒杀作用。转有天花粉蛋白（ TCS）基因的水稻植株能够明显增强对螟虫、稻飞虱的抗性。

3 动物来源的抗虫基因及其应用

3.1 昆虫特异性神经毒素基因

蝎毒素（AaIT）作用的靶位均在神经细胞膜中的钠离子通道上，引起神经麻痹，使昆虫失去知觉。目前一些蝎毒素已得到分离和结构上的确定，并且导入烟草后，对一些害虫有极强的致死作用，其专一性较强，抗昆虫毒素对哺乳动物无害或毒性很小。

蜘蛛毒素是蜘蛛毒液一种具有 37 个氨基酸的小肽，可杀死许多农业害虫，对哺乳动物无毒害作用。蜘蛛毒素基因导入烟草后，杀虫率为 30%～40%，并能显著抑制昆虫蜕皮和生长发育，表现出明显的抗虫作用。

3.2 其他动物来源的抗虫基因

目前可利用的基因资源见表 5-3。

表 5-3 来源于动物的抗虫基因在植物中的表达

基因产物	靶标害虫	转基因植物
烟草天蛾中的反式糜蛋白	同翅目	烟草、棉花
烟草天蛾中的反式弹性蛋白酶	同翅目	苜蓿、棉花、烟草
α-反式胰蛋白（α1AT）	鳞翅目	马铃薯
烟草天蛾中的反式弹胰蛋白酶	同翅目	棉花、烟草
牛胰蛋白抑制剂（BPTI）	鳞翅目、直翅目	莴苣、矮牵牛、马铃薯、烟草、白苜蓿
脾抑制剂（SI）	鳞翅目	马铃薯
烟草天蛾的几丁质酶	鳞翅目	烟草

4 非蛋白质类杀虫剂调控基因

除了蛋白质或多肽类的抗虫物质外，还有非蛋白质杀虫物质，如印苦楝子素在细胞内合成需要一系列酶共同作用。过去人们认为要在植物中同时转入所有编码这些酶的基因才能使此物质在植物中表达，从而获得抗虫植物。现在实验表明，生物体内的物质都是从代谢中间产物转化而来的。因此只需要找到合成这种物质的最后一步反应所需要的酶，将其基因转入植物，即可在植物中合成该物质。人们还发现在许多水果和蔬菜中都存在着非蛋白质苧烯（limonene），它能使植物少受虫害。因此可以在作物中转入苧烯合成酶获得抗虫品种。

来自长春花 *Catharanthus roseus* 的生物碱（alkaloids）称之为 CRA 生物碱，对许多昆虫有毒杀作用。该生物碱的合成受 *Catharanthus reseus* 细胞内色氨酸脱羧酶基因调控。将此基因转化烟草，其表达结果使烟草中合成了色胺或色胺类生物碱。转基因烟草能抑制昆虫 *Bemisia tabaci* 的生长和繁殖，但具体作用机制尚不清楚。此外，番茄素（tomatine）对昆虫也有毒杀作用，其合成同样受到酶基因的调控。

5　抗虫基因的互补和协同作用

在长期的进化过程中逐渐形成了这些抗虫基因。每一个抗虫基因都各自具有抗虫机制和抗虫谱，不可能抵御所有害虫。而任何一种作物都会受到多种害虫的袭击，因此通过将多个抗虫基因联合导入同一植物，可使转基因植物拓宽抗虫谱，并且能延缓害虫产生耐药性的可能。为实现此策略必须首先明确抗虫基因之间的特性、互补性及协同性。从表 5-4 中可看出 *bt* 基因抗虫谱很窄，而凝聚素具有很宽的抗虫谱。蛋白酶抑制剂对重要害虫不起作用，但对根结线虫有十分明显的作用。植物蛋白酶抑制剂种类繁多，但抗虫谱比较集中在鳞翅目和鞘翅目，也有同翅目和直翅目害虫。在进行植物抗虫基因操作时，需要根据受体植物种类、害虫的特点，正确地选择、使用适宜的抗虫基因。从不同基因的比较分析可见抗虫基因的联用是很好的策略，不但通过基因作用的互补拓宽抗虫谱，而且增强抗虫效果，延缓害虫产生抗性。多基因的转化是实现上述目标的重要方法。多数昆虫抑制蛋白的特点是慢性作用，而不是迅速杀死害虫，故其效果不及化学杀虫剂，因而和化学杀虫剂配合使用是一种很好的方法。另外，以昆虫病毒为载体的基因工程同样可以取得较好的抗虫效果，是有效的微生物杀虫剂。如果将神经毒素基因、螨虫毒素基因及昆虫激素基因插入到多角体病毒的基因组中，可进一步增强病毒的抗虫效果。

表 5-4　昆虫控制蛋白对昆虫及其他生物的毒性

昆虫控制蛋白	鳞翅目	同翅目	半翅目	线虫	真菌	哺乳动物
丝氨酸蛋白酶抑制剂	+	+	−	+	+	+/−
巯基蛋白酶抑制剂	−	+	−	+		−
凝集素：Mannose sp	+	+	+		+	−
NacGlu sp	+	+	+			+
α-淀粉酶抑制剂	+	+	−			+/−
酶：脂氧化酶	+	+	+			
酰基水解酶	+	+				
几丁质酶	+	+	−		+	−
核糖体失活蛋白	+	+			+	+
Bt 毒素：CryⅠ	+	−	−	−	−	−
CryⅢ	−	+	−	−	−	−

注：+为有毒性，−为无毒性

复　习　题

名词解释

系统肽基因、杀虫结晶蛋白、δ-内毒素

问题

(1) 简述 *bt* 基因的结构及功能。

(2) 简述 *pi* 基因的结构和功能。

(3) 简述植物 *gna* 基因的结构和功能。

(4) 列表总结目前已知的抗虫基因的结构、功能及其应用。

第 6 章 抗植物病毒基因及其应用

病毒病引起的作物病害是十分严重的，全球每年农作物的损失达 200 亿美元。仅以马铃薯为例，X 病毒引起的产量损失可达 10%，Y 病毒引起的损失可达 80%。由于植物病毒对植物细胞的绝对寄生性及其致病的独特性，使得化学防治等常规措施难于发挥作用。传统的常规杂交育种对病毒病的防治由于抗源材料少、选育周期长等原因，也尚无良策。随着植物基因工程技术的出现和病毒分子生物学的发展，为培育植物抗病毒病的新品种开辟了途径。

在分子生物学和植物生物技术迅速发展的几十年中，植物抗病毒基因工程的技术路线已趋向成熟，并且仍在不断发展。迄今，在植物抗病毒基因工程研究方面，主要包括以下几个领域：利用植物病毒来源基因介导的抗性，包括导入病毒外壳蛋白基因和利用非病毒结构蛋白基因（特别是复制酶基因）等；利用植物本身编码的抗病毒基因和核糖体失活蛋白基因；利用动物中的干扰素（interferon）基因；利用植物的抗体基因，即中和抗体法技术等。此外，利用人工构建的缺陷干扰 RNA 和设计核酶剪切病毒 RNA 等也是较常见的植物抗病毒策略。本章将对植物病毒基因、植物体内的抗病毒基因及植物抗病毒策略及应用进行介绍。

1 病毒基因及其应用

1.1 病毒基因介导的抗性机制

1929 年，Kinney 等首次报道了“交叉保护”（cross-protection）这一现象。交叉保护是指预先感染了温和株系病毒的田间作物（如烟草、番茄、苹果等）可以防御与之亲缘关系相近的强毒株系病毒的侵染。其抗性机制主要是利用无毒的病毒外壳蛋白抑制病毒的复制或激发宿主的抗性反应，策略主要是将病毒的外壳蛋白基因（*cp*）进行体外克隆、体外重组及构建表达盒，然后将重组的 *cp* 基因转化到植物细胞内并得以表达，从而使转基因植物获得抗病毒的能力。20 世纪 80 年代初，人们曾一度利用弱毒株系来防治生产中的某些重要病毒病，并取得了一定的效果。但这种方法也有其自身的缺点，有些对农作物侵害性极大的病毒没有温和型毒株，或者温和型毒株虽然能对烈性毒株有一定的抑制作用，但仍然会在一定程度上降低该作物的产量。

1985 年，Sanford 和 Johnston 首先提出了由病原介导的抗性（pathogen-derived resistance，PDR），利用植物病毒本身的基因导入受体植物，使宿主植物获得抗性。包括利用植物病毒外壳蛋白（coat protein，CP）基因、病毒复制酶（replicase）基因、利用病毒的卫星 RNA（satellite RNA，Sat-RNA）、病毒运动蛋白（movement protein，MP）基因、核酶（ribozyme，Rz）、病毒反义 RNA（antisense RNA）及缺陷干扰 RNA（defective interfering RNA，DIRNA）等方法介导的病毒抗性。

虽然利用病毒基因介导的抗性使转基因植株获得了不同程度的抗性，但转基因植株的抗性机制十分复杂。利用蛋白质基因介导的抗性、RNA 介导的抗性和核酶基因介导的抗性，均存在不同的抗性机制。既有蛋白质水平的抗性，又有 RNA 水平的抗性。不同病毒的基因由于其自身的功能特点，介导的抗性也各有差异；不同病毒的侵染复制能力也不尽相同，这也可能会造成转基因植株的抗性差异；可能是外源基因单独起作用，也有可能是基因组与外源基因协同作用；各种抗性机制在同一植株中互相影响，可能并不相互排斥。因此，要揭示植物病毒基因介导的抗性机制，必须考虑到各种可能的影响因素，如遗传转化材料、病毒的特性、外源基因的种类、构建方式及插入位置等。

1.2 *cp* 基因及其应用

1.2.1 *cp* 基因的抗病毒原理

外壳蛋白是形成病毒颗粒的结构蛋白，功能是将病毒基因组核酸包被起来，保护核酸；与宿主相互识别，决定寄主范围；参与病毒的长距离运输等。由外壳蛋白介导的抗性是研究最早的抗病毒手段。外源的病毒外壳蛋白基因导入植物细胞后，可能以下述作用方式使植物细胞获得保护作用。一种假说认为，当入侵病毒的裸露核酸进入植物细胞后，它们立即被细胞中的自由 CP 重新包裹，从而阻止了入侵病毒核酸的翻译和复制。在离体条件下，附加自由 CP 能够抑制未装配病毒的翻译的实验结果支持了上述假说。另一假说认为，抗性机制是在 CP 水平上抑制病毒脱壳，此说法最有力的证据是转基因植株可抗完整病毒的侵染，但不能抵御裸露病毒 RNA 的入侵。此外，转 *cp* 的植株的抗性与 CP 表达量成正相关，或以高剂量病毒接种使其丧失抗性的现象也间接地支持这种假说。

随着研究工作的不断发展，特别是用马铃薯 Y 病毒(potato virus Y，PVY)、烟草蚀纹病毒(tobacco etch virus，TEV)、马铃薯卷叶病毒(potato leaf roll virus，PLRV)和番茄斑萎病毒(tomato spotted wilt virus，TSWV)所做的工作发现：缺失的不完整的 *cp* 主要是缺少 AUG 密码子，从而当这种不能被翻译的 *cp* 或针对部分 *cp* 的反义 RNA 基因整合到植物染色体上后，能使转基因植株获得很好的抗性，甚至达到完全免疫，而且对裸露的 RNA 也表现出良好的抗性。上述现象说明这类转基因植株的抗性机制显然不是外壳蛋白在起作用，而可能是它们的 RNA 转录物与入侵病毒 RNA 之间的相互作用。

转基因植株的田间试验表明：凡是表达病毒 *cp* 的植株都在一定程度上延缓或减轻病毒症状；与对照株相比，很少失绿或有坏死病斑，侵染病毒的扩展被阻止、推迟或减轻，而且 *cp* 在植株中的表达不影响植株的生长发育、孕性表现和生理表现。这种抗性可稳定地遗传给植株子代或几代以上。转基因植株获得的抗性与整合到植物细胞的 *cp* 拷贝数有关，含有多个 *cp* 拷贝的转基因植株比只含一个拷贝的植株有更高的抗性。*cp* 的抗性可扩展至该病毒的其他株系或相关病毒上。如表达 TMV 的 U1 株系的 CP 的转基因植株，可防御 TMV 其他株系的侵染。另外，许多种类病毒组及组中病毒的 *cp* 具有同源结构，因此在一定的条件下一种 *cp* 将可能抗多种病毒。

1.2.2 *cp* 基因的应用

自从 Powell 等(1986)将病毒外壳蛋白基因在转基因烟草中表达而使烟草获得一定程度的抗 TMV 侵染特性以来，大量的病毒基因及其片段都被证明是可以诱导植物对相应病毒产生有效抗性的基因。现已获得多种植物的转 *cp* 植株，包括双子叶植物中的烟草、马铃薯、番茄、欧洲李和杏等作物及单子叶植物中的水稻等，下面介绍几个比较成功的实例。

美国孟山都公司在 1988 年获得了表达 TMV 的 *cp* 的番茄品种 VF36 的转基因植株。田间试验表明，转基因植株在接种后表现出延迟发病，发病率小于 5%，产量几乎不受影响；而对照植株则 100%发病，果实减产 26%～35%。该公司还于 1990 年把马铃薯 X 病毒(potato virus X，PVX)和 PVY 的 *cp* 同时导入北美最重要的马铃薯品种 Russet Burbank，其中筛选出的一个转基因株系在机械接种条件下完全抗 PVX 和 PVY，而田间试验表明，传毒蚜虫接种 16 周后，转基因植株只有 8% 的发病率，而对照植株的发病率却高达 79.3%。

水稻纹叶枯病是水稻的重要病害，由水稻条纹叶枯病毒(rice stripe virus，RSV)引起。1991 年，日本国家农业环境所获得了水稻品种 Kinuhikari Nipponbai 的转 RSV 的 *cp* 的工程植株，试验室的接种实验表明在接种 2～3 周后，转基因植株只有 3%～5%的发病率，而对照植株的发病率为95%～100%。这也是禾本科作物中用基因工程获得抗病毒特性的第一例成功报道。

洋李痘疱病毒(plum pox virus，PPV)是核果类果树重要的病害之一，危害范围极广。1994 年，奥地利农林大学的科研人员利用农杆菌介导法把 PPV 的 *cp* 导入杏。随后，美国农业部农业科学研究院(ARS)研究人员将 PPV 外壳蛋白的基因通过农杆菌介导法导入李子品种“Bluebyrd”中，获得了转基因抗李痘病毒的李子 C5。转基因李子 C5 中含有多个拷贝的 T-DNA 插入位点。遗传稳定性研究结果表明，插入 DNA 的结构在无性繁殖的植物个体和 C5 后代中都没有发生改变，证明插入位点是稳定的。在 7 年的田间试验中，C5 的嫁接苗、离体培养苗，以及 C5 与其他李子品种的杂交后产生的秧苗都能产生抗李痘病抗性。转基因抗病毒李子 C5 经美国农业部审批，于 2007 年允许商业化种植，2009 年批准食用或饲用。

国内研究者利用 *cp* 基因也做了大量工作，双抗 TMV 和 TMV 烟草 NC89 株系的获得，转 TMV-cp 抗病毒香料烟草 PK873 是世界上第一例获得安全证书的转基因烟草。表达黄瓜花叶病毒(cucumber mosaic virus，CMV)外壳蛋白的转基因番茄对 CMV 也表现出明显的抗性。转 CMV 外壳蛋白质的抗病毒甜椒和番茄也获得了大田试验的批准，目前正在准备商品化。

虽然导入病毒 *cp* 的技术路线已经获得很大成功，但利用 *cp* 介导的病毒抗性仍有一些问题：一是转基因植株对病毒的抗性局限于一定的程度，而且也仅限于特定的病毒或密切相关的病毒；二是转基因植株大多只是推迟发病，而不能彻底根治；三是异源包被作用，即转基因植物表达的一种病毒外壳蛋白可能包被另一种相近的有害病毒基因组，形成一种新的杂合病毒。

1.3 非病毒结构基因及其应用

1.3.1 病毒复制酶基因

病毒复制酶基因是病毒非结构蛋白质基因，复制酶一般是在病毒核酸进入寄主细胞并结合到寄主核糖体之后形成的。把 TMV 的 RNA 编码 126kDa 蛋白质的通读部分 54kDa 的基因导入烟草，结果转基因烟草对 TMV 表现出绝对高的抗性(接毒 500μg/ml，植株不发病)。这一实例证实了病毒非结构蛋白基因介导抗性的假说。由于该 54kDa 蛋白质包括了病毒复制酶核心功能团，因此很可能是不完整的复制酶亚基基因赋予了植物细胞这种抗性。后来的实验证实了这一点。用豌豆早褐病毒(pea early brown virus，PEBV)221kDa 的复制酶中相当于 TMV 的 54kDa 部分的核酸片段转化烟草，获得的转基因植株对高达 1000μg/ml 的接种量仍具有高度抗性。

病毒的复制酶基因赋予植物相当高的抗病毒性，在 RNA 水平上和蛋白质水平上都能够介导植株抗性的产生，但其作用机制还不十分清楚。在携有编码 54kDa 蛋白质的基因的转基因烟草中检测不到 54kDa 的蛋白质产物，这说明很可能是其 DNA 转录物干扰了病毒的复制。值得注意的是，TMV 编码的 126kDa 的完整基因导入植株后，植株却未获得抗性；而若插入 1.4kDa 的核酸序列，使其基因失去功能，则能赋予植物以抗性。这一现象说明具有一定空间构象的 RNA 才能抑制病毒复制。

另一种关于复制酶介导的抗性机制的假说是转基因植株表达的复制酶或复制酶的一部分可能干扰了病毒的正常复制。也有假说认为表达出来的无功能的缺损的复制酶可以与有功能的复制酶相互竞争，从而干扰病毒的正常复制，故称之为竞争假说。但是在转 TMV 54kDa 基因的抗性植株中检测不到 54kDa 蛋白质的存在，这一事实又为这些假说蒙上了一层神秘色彩，吸引着科学家们对它深入探索。

根据这一抗病毒途径，研究者做了大量工作。Braun 等(1992)把 PVX 复制酶全长基因(165kDa 基因)导入马铃薯。徐丽等(2009)把 PVY 的不同保守序列转化烟草 NC89。转基因植株都表现了不同程度的抗性，其中有些植株表现出完全的抗性，显示出这种抗病毒策略在农业生产中的巨大潜力。这种策略的缺点是抗性比较专一，如转 TMV U1 株系 54kDa 蛋白质基因的烟草不能抵抗亲缘关系较远的 TMV 株系或其他病毒。如何使抗性拓宽成为广谱抗性是研究者们今后的努力方向。

从实验室结果来看，病毒复制酶基因所介导的抗性远远强于 *cp* 介导的抗性。其最大优点在于，即使对转基因植株使用很高浓度的病毒或其 RNA，抗性仍然明显。

1.3.2 运动蛋白基因

病毒在植物体内的传播要依赖于运动蛋白，运动蛋白与胞间连丝相结合，调控胞间连丝可使细胞间的流动物质的孔径增大以便使病毒粒子或基因组核酸通过胞间连丝进入邻近细胞中，使病毒在细胞间侵染和扩散。如果能够干扰或阻遏运动蛋白与胞间连丝的结合，就可以阻止病毒的转移，将已侵入植物体内的病毒局限在最初的侵染部位，从而达到抗病毒的目的。为此，细胞间运动蛋白逐渐引起了人们的极大兴趣。

Lindbo 等(1992)研究证明 TMV 的运动蛋白可以与细胞骨架中的微管和微丝结合，在细胞内沿微管运动。TMV MP 还可以与 TMV RNA 形成复合物，帮助 TMV RNA 通过胞间连丝进入到邻近细胞。因此人们正在尝试设计一种或几种蛋白质分子的基因转入植物，特异性地封闭运动蛋白或与有功能运动蛋白互相竞争，从而获得具有抗病毒活性的转基因植物。

病毒 MP 介导的植物抗病性与 CP 介导的机制不同，只有当转基因植物表达的是功能缺陷的 MP(defective movement protein，dMP)时，转基因植株才能表现出抗病性。这一现象在 Deom 等(1990)的研究中得到了证实，转 *TMV-dMP* 基因的烟草植株，病毒侵染症状表现推迟并发病较轻，而转完整的 *TMV-MP* 基因的转基因烟草却加快了症状发展，并发症较重。

突变的植物病毒 *mp* 基因转化的植株具有广谱抗病性，*Cooper* 等(1995)报道将缺陷型的 *TMV-MP*(*dMP*)基因转入烟草中，转基因烟草对其他种类的病毒，如 TRV、烟草环斑病毒(tobacco ring spot virus，TRSV)、CMV 等都有不同程度的抗性。Tacke 等(1996)报道，稳定表达 N 端或 C 端延长的 PLRV 17kDa 的运动蛋白基因的突变体的马铃薯植株，不仅能抗 PLRV，还能抗 PVX 和 PVY 的侵染。这些实验结果显示各种病毒的 MP 之间缺乏同源性，但它们具有共同的功能，因此用一种缺陷型 MP 占据胞间连丝可以阻断其他种病毒 MP 的功能。

缺陷型运动蛋白基因的抗性为植物抗病毒基

因工程开辟了一条新途径，使实现转一种基因而抗多种病毒的愿望成为可能。由于植物在大田中经常受到多种病毒的混合感染，这一抗病毒途径可能具有广阔的应用前景。

1.3.3 其他病毒非结构蛋白基因

病毒的运动蛋白基因和复制酶基因所介导的抗性目前研究得比较多，而且比较深入。此外，研究表明其他的非病毒结构蛋白基因在抗病毒中也起到一定作用，如马铃薯 Y 病毒 Potato virus PVY 的核内含体及蛋白酶等介导的抗病性。将 PVY 含 HC 在内的前三个顺反子转入到烟草中，可以提高转基因烟草对 PVY 的抗性，这种抗性的提高主要与基因转录后的同源沉默有关。

Fellers 等(1998)将烟草叶脉斑点病毒(tobacco vein mottling virus，TVMV)、PVY 和 TEV 的 NIa 蛋白酶一起转入到烟草中，病毒接种表明转基因烟草产生特异的抗性，而且抗性类型发生了分化。含有多个 NIa 基因的转基因系对 NIa 自身来源的病毒具有抗性。

1.4 缺陷干扰 RNA

在自然情况下，有些病毒的某些基因发生缺失，形成了缺陷干扰型 RNA(DIRNA)。该序列与亲本病毒相关，但必须依赖于病毒才能复制的 RNA 分了。在自然界中，这种分子存在于多种动物病毒和植物病毒中。DIRNA 直接来源于病毒的核酸序列，但它在病毒核酸中有不连续体。和反义 RNA 技术有所不同，DIRNA 是利用有义 RNA 去竞争病毒复制酶的结合位点而干扰病毒复制，从而减轻病症。利用大麦花叶病毒(barely mosaic virus，BMV)的 RNA2 构建的缺陷型 RNA 在大麦原生质体内对病毒的复制有干扰。非洲木薯花叶病毒(AC-MV)中缺陷干扰病毒 DNA B 串联重复后导入烟草，获得的转基因植株抗 ACMV 的感染。将雀麦草花叶病毒不同片段的核酸，经重组形成缺陷型 RNA 后导入水稻，获得了具显著抗病毒特性的转基因植株，但这一方法仍具有可能因在转基因植物体内发生 RNA 重组而产生新病毒的潜在危险性。

1.5 病毒卫星 RNA

卫星 RNA 是一类多核苷酸、低分子质量的 RNA，目前发现已有 31 种植物 RNA 病毒中含有卫星。它们依赖于相伴病毒进行复制和传播，但又干扰辅助病毒的复制，抑制其从一个植株传到另一个植株。它们不与其相伴病毒的核苷酸序列同源，对病毒的复制也不起主导作用。但是卫星 RNA 具有改变其相伴病毒的致病能力。例如，表达 CMV 和 TRV 的卫星序列的转基因烟草植株当被其相应的病毒侵染时，其发病症状减轻。而且 CMV 的卫星序列也减轻了 CMV 相关病毒——番茄不孕病毒(tomato aspermy virus，TAV)引起的症状。

利用病毒卫星 RNA 使植物获得抗病毒特性的最大优点在于，一旦其相应病毒侵入，其卫星 RNA 就被激活和放大，所以植物细胞中只要有低浓度的卫星 RNA 的转录物就行。因此，卫星 RNA 赋予植物的抗性不会因病毒的接种量而被克服。但是，在应用病毒卫星 RNA 时，也存在许多问题而限制了该策略的应用。首先是只有少数植物病毒具有卫星 RNA，这就大大限制了其应用范围；其次是卫星 RNA 有可能被其自然的病毒载体包装并释放到环境中；再者有些卫星 RNA 实际上能够增强病毒的致病力；另外其存在的潜在危险是一个核苷酸的突变可能造成严重病症，而且病毒卫星 RNA 可能和植物卫星 RNA 重组，从而产生一种难以预料的病症。

1.6 核酶基因

核酶是一类具有特殊二级结构、能特异性催化切割自身及其他 RNA 分子的小分子 RNA，它广泛存在于一些类病毒和病毒卫星 RNA 序列中，核酶基因能抑制病毒基因的复制、剪接和表达。在自然界中已发现 7 类核酶，但在植物抗病毒中应用的核酶主要有锤头型和发夹型两类。锤头型核酶是因为其催化区序列的二级结构含有一个锤头型结构，它存在于一些植物的亚病原体中，包括卫星 RNA 和类病毒。发夹型核酶与底物结合形成的二级结构包括 5 个环和 4 个螺旋臂。发夹型核酶既可催化切割反应又可催化连接反应，与锤头型核酶相反，其催化连接反应的活性比催化切割反应的活性高。发夹型核酶最先在 TRSV 的负链的卫星 RNA 中发现，主要在卫星 RNA 复制时催化 RNA 加工反应。

Edington 等(1992)首次设计出可酶切烟草原生质中 TMV-RNA 的核酶，他把 TMV 上的 RNA 聚合酶编码区一分为二。该核酶本身侧链 40 个核苷酸，与酶切位点周围的 TMV 序列互补，防止了病毒的复制。Liu 等(2000)利用马铃薯 X 病毒(PVX)载体在细胞质中表达核酶，其对靶病毒的抑制效果超过了反义 RNA 对照。然而利用核酶基因介导的抗病毒性，存在一定的潜在危险，核酶可能将细胞 RNA 作为靶 RNA 切割而破坏细胞的正常功能。

多价核酶切割病毒 RNA 的探索也取得了一定进展。李洁等(1995)利用双价核酶 RZ34 和 RZ13 对 2 个不同的 TMV 底物的体外切割表明,双价核酶同一分子内的 2 个单元核酶能够独立地行使切割作用,互不影响,其专一性和切割效率也没有改变,并且双价核酶不仅能分别作用于 2 个靶序列,还能在一个系统中同时对这 2 个靶序列进行切割。张剑峰等(2012)设计、合成并克隆了特异性切割马铃薯卷叶病毒(potato leaf roll virus,PLRV)中国分离株(PLRV-Ch)复制酶基因负链 RNA 的二价核酶序列,该核酶对 PLRV 复制酶基因负链 RNA 具有的体外切割的活性,为最终在植物体内应用核酶阻断或干扰 PLRV 的复制和基因表达创造条件。

2 植物体内的抗病毒基因及其应用

上述各种抗病毒基因都来源于病毒基因组,人们长期以来一直在寻找植物自身的抗病毒基因。研究表明植物中同样具有抗病毒的基因,植物自身的一些抗病毒性状多数是由单个基因控制的。

2.1 病程相关蛋白基因

植物受病毒或其他病原体侵染时,产生的过敏反应所诱发的防御反应主要是以植物编码的病程相关蛋白(pathogenesis-related protein,PR/PRP)为物质基础的,病程相关蛋白是一类水溶性蛋白,主要功能是攻击病原物,降解细胞壁大分子,降解病原物毒素,抑制病毒外壳蛋白与植物分子结合等。根据 PR 蛋白氨基酸序列的相似程度而划分的富含甘氨酸的 PR-1 组在烟草对 TMV 的过敏反应过程中产生,推测可能具有抗病毒功能。但在随后的研究中,用从细胞间液和叶片中分离到的 PR-1 组、PR-2a 组和 PR-3 组同时进行烟草 TMV 防效试验,显示 PR-2a 组和 PR-3 组可以降低 TMV 的侵染指数,而 PR-1 组防效相对较差。辣椒的病程相关蛋白 CaPR-10 可以裂解病毒的 RNA,当病毒侵染辣椒时,可以使 CaPR-10 磷酸化,从而激活该蛋白质的核糖核酸酶功能,降解病毒的 RNA,行使抗病毒的功能。含有 L_3 基因的辣椒可以对大多数 TMV 病毒产生抗性,从该类型辣椒中,分离得到的 PR-4 蛋白,与病毒侵染时产生的过敏反应有关。当被 PVX 侵染时,PR-4 蛋白的量也有所增加,该蛋白质同时具有核糖核酸酶活性和脱氧核糖核酸酶活性。如果将这些基因分离出来用于抗病毒基因工程,则可能提高植物的抗性,但植物的抗性不是靠单一的 PR 蛋白独立作用而产生的,而是复杂的调控过程。虽然目前转 *PR* 基因植物的抗性水平并不理想,但随着植物防御机制的深入研究,这种抗病毒手段具有广阔的应用前景。

2.2 核糖体失活蛋白基因

核糖体失活蛋白(ribosome-inactivating protein,RIP)是一类能抑制蛋白质生物合成的蛋白质,广泛存在于高等植物中,含量丰富。根据结构可将 RIP 分为三种类型,Ⅰ型 RIP 是单链碱性蛋白质,其分子质量约为 30kDa,具有抑制无细胞蛋白质生物合成的作用,对完整植物细胞或动物细胞呈无毒或低毒。Ⅱ型 RIP 是由 A、B 两条肽链通过二硫键组成的二聚体,其分子质量约为 60kDa。其 A 链与Ⅰ型 RIP 同源呈酸性或碱性,是毒性分子;B 链是凝集素,能结合到细胞膜表面并协助 A 链进入细胞。Ⅲ型 RIP 包括玉米毒蛋白(b-32)和大麦毒蛋白(JIP60),b-32 在移除了内部的一个短肽片段后,才具有酶活性;JIP60 中有一段类似于Ⅰ型 RIP 的片段,另外连接着一个长度相似但功能未知的片段。在结构上也可以将这两个蛋白质看做特殊的Ⅰ型核糖体失活蛋白。但 Yang 等(2010)分析了玉米中相对分子质量为 28 000 的 RIP 活性突变体的整体蛋白质结构,将它与Ⅰ型 RIP 比较,在特定区域有明显的不同,也可认为是另一类型的 RIP。

2.2.1 核糖体失活蛋白抗病毒作用原理

RIP 选择性作用于 60S 核糖体大亚基,抑制肽链延伸。不同的 RIP 分别对于病毒、真菌和昆虫具有不同的抗性。美国孟山都公司的研究人员发现,存在于美国商陆叶和种子中的 RIP,即商陆抗病毒蛋白(pokeweed antiviral protein,PAP)具有抗植物和动物病毒的活性。PAP 抑制病毒,使其不能制造自身的蛋白质,同时也不能依赖寄主细胞产生该蛋白质。将 PAP 喷洒于数种植物叶片,均有保护作用,使其抗若干种不同病毒的机械性侵染。因此,RIP 基因的最大优点在于其能使植物获得对若干种非相关病毒的广谱抗性。

不同来源的 RIP 其功能有明显差异。从 PAP 表现出的较强抗 TMV 的特性引起了人们极大的兴趣。随后又发现其他Ⅰ型 RIP 几乎都具有不同程度的抗 TMV 的能力,而且转天花粉蛋白(trichosanthin)和香石竹毒蛋白(dianthins)基因的烟草分别对胡萝卜花叶病毒(turnip mosaic virus,TuMV)和非洲木薯花叶病毒(african cassava mosaic virus,Ac-MV)具有抗性。

关于RIP抗病毒的作用机制至今尚未有确切的答案，但有几种认识：最早认为RIP在核糖体RNA上的作用位点是一段以GA-GA为中心的保守的环结构，而病毒中无这种类似的结构，所以过去认为这种抗性是一种间接的作用。当病毒侵入植物细胞后，病变的细胞可以使RIP进入细胞质，失活自身的核糖体，导致细胞死亡，从而阻止了病毒的繁殖及对周围其他细胞的扩大侵染。但1989年，McGrath等发现从栝楼中提取出的RIP蛋白质在作用于HIV感染的细胞时，使病毒的RNA和蛋白质合成量减少，但不影响细胞本身蛋白质的合成，说明RIP可直接对病毒的RNA起作用，这与以前的认识是不同的。

1992年，Barbieri等发现肥皂草素（saponetin）、商陆抗病毒蛋白、天花粉蛋白均能从小鼠肝细胞核糖体中释放出多个腺嘌呤，其中肥皂草素的能力最强，此后又证明肥皂草素的L1等52种RIP对多聚腺苷酸、鲱鱼精DNA（herring sperm）及其他非核糖体RNA，包括TMV和洋蓟斑点皱叶病毒（artichoke mottled crinkle virus，AMCV）的RNA都有作用。研究还表明RIP可以水解质粒DNA 5′AMP中的腺嘌呤，还可作用于单链DNA。虽然对RIP的DNA酶活性有人提出质疑，认为是由于DNA酶被污染而影响其活性，但Wang等（1999）则证明PAP对rRNA和超螺旋DNA的作用需要同一活性位点，rRNA脱嘌呤活性的丧失也导致DNA酶活性的消失；利用原子力显微镜（atomic force microscope，AFM）观察到了RIP与超螺旋DNA的结合，说明了RIP的作用底物是多样性的。因为RIP大量存在于细胞壁和细胞膜之间，它们可能在病毒进入细胞前就能直接与之作用，阻止病毒对细胞的侵入，起到抗病毒的作用。当然，也可能这两种方式都存在。

2.2.2 核糖体失活蛋白基因应用

美国孟山都公司的研究人员克隆了编码PAP的基因。通过农杆菌介导，把该基因导入烟草和马铃薯细胞，并获得了转基因植株。在检测转基因植株中PAP含量时，他们发现含高浓度的PAP（>10ng/mg蛋白质）的转基因烟草植株生长发育缓慢，具叶斑病，而且败育。但是，含较低浓度的PAP（1～5ng/mg蛋白质）的植株则正常生长。用PVX、PVY和CMV三种非相关病毒侵染上述转基因植株子一代，两种转基因烟草品系与对照相比叶斑病较少，这表明像所有RIP一样，PAP在初期低表达水平阶段防止病毒侵染。Corrado等（2008）研究了商陆中的Ⅰ型RIP——PhRIP Ⅰ，表达在烟草叶基因中，可以有效限制PVX侵染作用，发病程度降低。Huang等（2008）发现麻疯树中叶子中的新型RIP curcin 2，在烟草中表达可以有效增加对TMV、水稻纹枯病菌（*Rhizoctonia solani*）的抗性。

2.3 其他植物内源基因

近年来从植物自身抗病基因中分离克隆抗病毒基因是研究的热点。大量实验证明有许多植物具有抗病毒能力，而且是受基因控制。Whitham等（1994）从烟草中分离出一种抗TMV的*n*基因。该基因长3432bp，由核基因组中的5个外显子构成，编码的蛋白质有1144个氨基酸。其蛋白质有NBS位点，有4个不完备的以26个氨基酸为单位的LRR区域。*n*基因编码的蛋白质产物不具跨膜结构域，也没有信号肽序列，所以它是一个细胞质蛋白质。N蛋白的末端结构与果蝇的Toll蛋白和人的IL-IR序列同源。在哺乳动物中，IL-IR参与了对Rel相关转录因子NF-KB的激活与转移，诱导了一系列参与防御反应的蛋白质合成。在果蝇中一个Rel与相关的转录因子Dif一起诱导各种抗微生物基因的表达。推测N蛋白可能像Toll和IL-IR一样，通过对病原侵入信号的感知，引发细胞内一系列的信号传递从而介导寄主细胞的超敏反应。通过*n*基因的转化研究表明转基因烟草在受到TMV侵染时，侵染位点附近的细胞中会发生一系列生化反应，最终导致细胞死亡，形成一个枯斑，限制病毒向周围扩展，这种反应被称为超敏反应（hyper sensitive response，HR）。

Gutierrez-Campos等（1999）根据马铃薯Y病毒属（*Potyviruses*）的作用机制都涉及巯基蛋白酶这一个特点，将一水稻巯基蛋白酶抑制剂基因导入烟草进行组成型表达，发现在不同的烟草品系中均可对烟草蚀纹病毒（*tobacco etch virus*，TEV）和马铃薯Y病毒有抗性，但对TMV无抗性，这是因为TMV的侵染过程不涉及巯基蛋白酶，这一结果表明巯基蛋白酶抑制剂对马铃薯Y病毒属病毒有抗性，对其他复制时涉及巯基蛋白酶的病毒也可能有抗性。

除*n*基因外，转化*tm*基因的番茄对TMV有抗性，拥有*rx*和*ry*基因的马铃薯分别抗PVX和PVY。此外还有玉米*hml*基因、番茄的*pto*基因等被克隆出来。相信随着研究的深入，抗病毒的新基因将不断被克隆。

3 干扰素基因及其应用

干扰素（interferon，IFN）是具有多种功能的活性蛋白质（主要是糖蛋白），具有广谱抗病毒性，并不直接杀伤或抑制病毒，而主要是通过细胞表面受体作用使细胞产生抗病毒蛋白，从而抑制病毒的复制；或者起到免疫调节作用，增强抗病毒能力。干扰素基因最先在脊椎动物中发现，细胞在受病毒感染后能合成并分泌干扰素。近年来研究发现，植物具有和动物类似的先天免疫系统（innate immunity），植物免疫系统可在未受特定原微生物诱导的情况下，对病原浸染发生快速的防卫反应，推断植物中也存在类似脊椎动物中的免疫反应物质——干扰素。

3.1 干扰素的抗病毒原理

干扰素是一类小分子质量的蛋白质，作为低聚糖与蛋白质的复合物，当它进入植物体后，能结合在细胞质膜上，使细胞产生抗病毒蛋白，产生的抗病毒蛋白并不直接作用于病毒，而是使寡核苷酸合成酶、内切核酸酶和激酶三种酶的产生加强，从而导致抗病毒态。这三种酶平时处于静止状态，而在易感细胞被病毒感染或经双链 RNA 作用后才活化。活化后的激酶将蛋白质合成过程中所需的起始因子磷酸化，致使其活性丧失；寡聚腺苷酸激活一种内切核酸酶，致使 mRNA 降解。

干扰素作用特别强，而且它赋予细胞对病毒的抗性是广谱的。它能阻断病毒与寄主细胞结合，即病毒进入宿主机体后，病毒黏附蛋白质，首先与宿主靶细胞膜特异受体结合，被吸附到宿主敏感细胞上，然后通过膜融合等方式侵入细胞中，完成脱囊膜或脱壳并进行复制、转录及装配等增殖过程。植物细胞干扰素既可以特异性与病毒黏附结合，也可以与靶细胞上的特异病毒受体结合，从而阻断病毒与细胞的黏附，使病毒无法进入细胞，以达到抗病毒抗感染的目的。

3.2 干扰素基因的应用

利用脊椎动物的干扰素基因，可以使植物对某种病毒产生抗病毒活性，为植物的抗病毒育种开辟了新思路。爱沙尼亚科学院、芬兰农业研究中心及赫尔辛基大学的研究人员合作，把大鼠中编码干扰素之一的 3′、5′-寡腺苷酸合成酶的基因导入马铃薯植株。田间试验表明，用 PVX 侵染烟草的叶来感染马铃薯植株时，转基因植株的叶和块茎里的病毒浓度显著低于未转化的对照。而且几个转基因无性系植株的病毒浓度低于转 *cp* 植株中的病毒浓度。人体干扰素（HuIFN）能在某些植物中诱导对病毒的抗性。Orchansky 等（1982）发现 HuIFN 能降低 TMV 病毒对 Samsun 烟叶碟和原生质体的侵染。Song 等（2009）构建含有 *ChIFN-α* 基因的植物双元表达载体，采用农杆菌介导法将 *ChIFN-α* 基因导入植物细胞中，以组织化学鉴定和分子生物学鉴定技术筛选出转基因植株，研究转基因植株表达干扰素蛋白的生物学活性，并对转基因烟草对花叶病毒（TMV）的抗性进行接种鉴定，转基因烟草植株在病毒侵染后表现出发病率低、发病时间推迟和病症减轻。

耶路撒冷希伯莱大学研究者在烟草中分离出抗病毒因子（antiviral factor，AVF），它与人 β-干扰素极相似，并证明它对烟草花叶病毒的侵染或复制具有抑制作用。该病毒因子的分离，为可从不同来源得到相似的抗病毒物质及大规模遗传工程提供了可能性。利用该类型基因进行植物的遗传改良，可以提高植物的抗病毒活性。

4 抗体基因及其应用

抗体（antibody，Ab）是由抗原刺激而产生并能与刺激其产生的抗原发生高亲和性、特异性结合的、具有免疫功能的蛋白质。随着医学界抗体基因工程与植物生物技术相结合，导致了植物抗体的产生，为规模化、经济有效地制备医用治疗性抗体开辟了新的途径。植物中表达的重组抗体除了直接用于临床外，也可用于植物体自身对环境胁迫的反应。如介导植物抗病毒、细菌、真菌及线虫等，是植物分子育种的又一途径。

4.1 抗体基因的抗病毒原理

植物抗体（plantibody）是指通过基因工程技术在植物中表达或生产的抗体，是抗体基因工程的一个新领域。人们根据免疫学原理并利用医学界已取得的成就，将某一植物病毒的抗体基因转入植物细胞内，使其充分表达，使转基因植物在相关病毒侵染时能表达出相应抗原结合的抗体或抗体片段，从而达到防治植物病毒病的目的。抗体基因可以通过结合致病因子，形成大分子的免疫复合物，降低病原物的浓度，同时使病原物在细胞间的运输受阻，抑制病害蔓延。或者特异地与病毒复制过程中的关键酶结合，抑制病毒的繁殖。

4.2 抗体基因在植物中的应用

利用抗体基因进行植物病毒病防治，为植物的抗病毒育种开辟了新途径，同时可以避免利用外壳蛋白和卫星 RNA 策略带来的异包壳和突变产生的潜在危险。植物界到目前为止仍未发现和动物一样能产生抗体的免疫功能组织，为了能提高植物的抗细菌、真菌及病毒病的能力，美国科学家成功地将动物中分离的抗体基因导入植物中并能使植物产生有活性的抗体。

Haitt 等(1989)首次利用农杆菌介导法将一种催化抗体(IgG1)的重链(H)和轻链(L)基因导入烟草，获得了表达完整抗体的转基因烟草，这种植物抗体具有与抗原结合的活性。表明植物体内能生产从小分子抗体到全抗体等各种工程抗体，因此，这种将某一病毒的抗体基因转入植物体内使其充分表达而抵御相关病毒入侵的方法具有极好的发展前景。

Tavladoraki 等(1993)将对 AMCV 病毒有作用的单链抗体(sc)的可变区(Fv)编码的基因导入烟草细胞，获得的转基因植株抗 AMCV 侵染，表现为发病率降低，发病延缓。用 TMV 攻毒时，与未转基因的对照相比，其坏死病斑的数量下降了 70%，且下降水平与抗体的分泌水平有关。这一研究结果使人们看到了利用“胞内抗体免疫技术”防止病毒及害虫危害的曙光。

综上所述，植物抗病毒基因工程在过去的十多年中已取得了长足进步，新的基因和转基因植物不断涌现，对病毒与植物相互作用的机制研究也不断深入。比较而言，病毒外壳蛋白基因转化方法是一种抗性效果较好、技术较成熟、机制最清楚，并且已进入大田、生产阶段的有效策略。其他各种策略有的还处于试验阶段。RIP 转化策略是有前途的方法，特别是它具有广谱的特性，可以克服病毒变异的困难，弥补外壳蛋白基因转化方法的不足之处。针对不同病毒选择最佳策略或多基因互作是今后研究的方向。

复　习　题

名词解释

病毒卫星 RNA、缺陷干扰 RNA、缺陷型运动蛋白、抗体、病原介导的抗性

问题

(1) 简述 *cp* 基因的结构和功能。

(2) 简述病毒复制酶的结构和功能。

(3) 简述 *rip* 基因的结构和功能。

第 7 章

抗植物真菌病害基因及其应用

真菌病害是危害作物产量和质量的主要因素之一。不同的真菌病害介导的抗性机制各不相同，植物抵御真菌病害涉及许多防护反应基因。利用转基因技术选育抗病品种、发掘更多可用于抗病育种的基因资源在抗真菌病育种工作中尤其重要。

本章主要介绍抗菌物质相关基因、病程相关蛋白基因、来自植物的抗真菌病 *R* 基因及植物系统获得性抗性诱导基因等抗植物真菌病害基因的种类、抵御植物真菌病害的作用机制及在抗病育种中的应用。

1 抗菌物质相关基因及其应用

1.1 植物抗毒素(植保素)基因及其应用

植物抗毒素又称植保素(phytoalexins，PA)，是植物受病原物侵染后产生的一类低分子质量的抗病化合物。不同的植物产生不同的植保素，病菌对非寄主植物的植保素敏感性较强。目前已鉴定出200多种植保素，包括类黄酮类、芪类、倍半萜类、类固醇和生物碱等。

具有抗菌活性的芪类化合物结构的共同特征是反式分子骨架和3、5位酚羟基取代。芪类化合物来源于苯丙酸代谢途径，芪合酶(STS)为芪类化合物的关键合成酶。通过转基因技术将芪合酶基因导入到目标植物基因组中，有望使转基因植物表达芪合酶活性，启动芪类次生代谢合成途径，增强植物抵御病原菌的能力。Hain 等从葡萄(*Vitis vinifera* L.)中分离出芪合酶基因 *vst1* 和 *vst2* 并转入烟草原生质体基因组，转基因烟草对灰霉菌(*Botrytis cinerea*)表现出较强抗性。随后，Serazetdinova 等把 *vst1* 和 *vst2* 及来自松树(*Pinus sylvestris* L.)的赤松素合酶基因 *pss* 转入小麦中，结果显示，转 *vst* 基因的小麦抗叶锈病病原菌(*Puccinia recondita* f. sp. Tritici)和颖枯病病原菌(*Septoria nodorum* Berk.)的能力明显提高，但是转 *pss* 基因的小麦却没有表现出相应的抗性。

人们还在苹果、白杨、油菜、小麦、水稻、紫花苜蓿、番茄等近20种植物中进行了芪合酶基因克隆及转化研究，结果显示，大部分转基因植株都能表达芪合酶，并有芪类产物的生成，转基因植物的抗病害、抗氧化能力也大大提高。但研究中也发现，部分转芪合酶基因的植物只能使病原菌的侵害速度降低但并不能消除其侵害，甚至有些转基因植物虽然体内积累了芪类物质，却没有表现出任何的抗病能力。

1.2 核糖体失活蛋白基因及应用

1.2.1 核糖体失活蛋白抗真菌的作用机制

核糖体失活蛋白(RIP)是一类可以破坏核糖体的功能从而抑制蛋白质生物合成的蛋白质。RIP具有抵抗多种植物病原真菌的功能。RIP抗真菌作用机制是因其具多种酶活性。按作用方式可将 RIP 分为 2 类：RNA 糖苷酶(RNA glycosidase)型和 RNA 水解酶(RNase)型。大多数的 RIP 具有 RNA N-糖苷酶活性，专一水解真核细胞核糖体 28S rRNA 第 4324 位腺苷酸的 N—C 键，释放出一个腺嘌呤碱基而使核糖体大亚基不能结合延长因子 EF2，使核糖体失活，进而抑制真菌蛋白质的合成。RNA 水解酶型能专一水解 28S rRNA 第 G_{4325}-A_{4326}位间的磷酸二酯键，在 28S rRNA 的 3′端切下一个长约 450bp 的片段，从而使核糖体失活。某些 RIP 还能作用于 DNA、poly(A)和 mRNA。此外，RIP 还具有脂肪酶、几丁质酶、超氧化物歧化酶、磷酸酶、DNA 糖基化酶及解旋酶等酶活性。另有研究发现，转 *rip* 基因烟草中相关防御蛋白的表达量增加，并且增加的程度与 *rip* 基因表达量成正比。这表明转入 *rip* 基因还可能通过激活植物的某些与防御相关的信号转导途径，启动植物自身的防御系统，从而提高转基因植株抗真菌能力。

1.2.2 *rip* 基因的应用

近年来大量 *rip* 基因被分离、鉴定，部分基因已成功转入某些植物中，且转基因植株对真菌病害的抵抗力明显提高。例如，将大麦胚乳 *rip* 基因转入烟草中，转基因烟草对立枯丝核菌(*Rhizoctonia solani*)的抗性明显提高；玉米 *rip* 基因转入水稻和甜菜后，明显增加了转基因水稻对纹枯病的抗性及甜菜对褐斑病的抗性。研究中发现，*rip* 只有适量表达才能达到抗病最佳效果，表达量过多会对转基因植物本身产生毒害作用。因此，将 *rip* 作为植物抗病基因利用时，其生物安全性是一个值得重视的问题。

真菌的细胞壁能够阻止 RIP 进入细胞中，如果能与某些可以破坏真菌细胞壁的物质协同作用，将大大增加 RIP 抑制真菌的能力。Kim 等将修饰的玉米 RIP 基因 *mod1* 和水稻几丁质酶基因 *rch10* 在水稻中共表达，转基因植株对立枯丝核菌(*Rhizoctonia solani*)的抗性明显高于单独转移 *mod1* 基因。

1.3　多聚半乳糖醛酸酶抑制蛋白基因及其应用

抑制病原菌降解细胞壁是植物抵抗病原真菌侵染的重要途径。多聚半乳糖醛酸酶(polygalacturonase，PG)是病原真菌侵染植物时所分泌的第一个水解酶，能水解果胶，破坏细胞壁。PG 是许多真菌的关键致病因子。多聚半乳糖醛酸酶抑制蛋白(polygalacturonase-inhibiting protein，PGIP)是一种植物细胞壁糖蛋白，能与真菌分泌的 PG 特异性结合，通过降低 PG 活性并在植物体内累积能激活各种防御反应的长链寡聚半乳糖醛酸(oligo-galacturonide，OG)，而抑制病原真菌侵染，增强植物抗病性。

pgip 基因在植物中一般以基因家族的形式存在，家族成员的数目从 2 个到 20 个不等，尽管同一家族的不同成员对来自同一病原真菌的 PG 抑制活性可能存在差异，但它们的核苷酸组成大都相似，并具有保守的氨基酸序列。*pgip* 基因可被 OG、水杨酸、茉莉酸、乙烯、伤口、真菌侵染等多种因素不同程度的诱导。不同物种或同一物种的 *pgip* 基因对不同因素的反应不尽相同。*pgip* 对于外界信号调节表现出多样性的意义在于：当病原菌经过进化，依靠某些特殊的转换途径抑制 *pgip* 表达时，植物细胞中至少有一个 *pgip* 能正常表达。

目前，多个物种的 *pgip* 基因被分离并实现了异体表达，转基因植物的抗真菌病害能力得到了提高。例如，苹果 PGIP 能有效抑制 *Colletotrichum lupine* 和 *Aspergillus niger* 的 PG，将 *mdpgip1* 导入烟草，转基因烟草可抑制 *C. lupine* 和苹果真菌 *Botryosphaeria obtusa* 及 *Diaporthe ambigua*，转梨 *pgip* 基因的番茄和柿子对 *B. cinerea* 的抗性明显增加。

2　病程相关蛋白基因及其应用

2.1　病程相关蛋白种类

病程相关蛋白(pathogenesis-related proteins，PR/PRP)是植物体受病原体或其他外界因子的胁迫而诱导表达的一类蛋白质。植物 PR 稳定性较强，分子质量较小，一般为 6～43kDa。PR 在进化上相对保守，主要分布于植物细胞间隙和液泡内。大部分病程相关蛋白具有抗真菌活性。PR 蛋白没有病原特异性，是由宿主的反应类型决定的。依据氨基酸组成、生物化学和血清学特性，将 PR 蛋白分为 17 个不同的家族(PR-1～PR-17)。其中 PR-2 具 β-1，3-葡聚糖酶活性；PR-3、PR-4、PR-8 和 PR-11 具有几丁质酶活性，PR-4 还具有几丁质结合蛋白的功能；PR-5 是类甜蛋白；PR-6 是蛋白酶抑制子；PR-7 具有蛋白水解酶活性；PR-9 和 PR-10 分别具有过氧化物酶和核糖核酸酶活性；PR-12、PR-13 和 PR-14 分别具有防御素、硫素和脂质转移蛋白的特性；PR-15、PR-16 分别具有萌发素和类萌发素蛋白的特性。

真菌细胞壁主要包含多聚葡萄糖、几丁质和蛋白质。因此，水解酶(β-1，3-葡聚糖酶、几丁质酶和蛋白水解酶)可以作为分解真菌细胞壁的工具。PR-5、PR-12、PR-13 和 PR-14 的细胞膜透性能够使真菌病原体质壁分离，阻止其生长和发育。

2.2　病程相关蛋白基因及其应用

2.2.1　几丁质酶及 β-1，3-葡聚糖酶基因及其应用

1）几丁质酶基因及其应用　　几丁质酶(chitinase)能水解几丁质的 β-1，4-糖苷键，降解几丁质，为单基因所编码。健康的植物中几丁质酶活性很低，但病菌侵染能诱导其迅速增强。几丁质酶可通过降解菌丝生长端区域新合成的几丁质，破坏菌丝端部的生长而抑制真菌。另外，分解病原真菌产生的细胞壁碎片、几丁质酶的酶解产物能诱导寄主植物产生抗病反应，如芳香族化合物的积累、木质化的形成、PR 蛋白的产生等，从而阻止病原菌进一步侵入和扩散，起到抵御病害的作用。除卵菌纲(Oomycetes)外，绝大多数植物病原真菌细胞壁的主要成分是几丁质，而植物中还未发现几丁质酶的底物，所以，几丁质酶在防御真菌侵害中具有重要作用。

人们通过把过量表达的几丁质酶基因转入植株体内以提高植物抗病性。Brogue 最早将菜豆几丁质酶基因置于 CaMV35S 启动子控制下转入烟

草，转基因植株在接种立枯丝核菌（*R. solani*）的土壤中死苗率比对照下降30%以上。Shin等将大麦几丁质酶基因导入小麦，转基因小麦对禾谷镰刀菌（*F. graminearum*）的抗性得到明显提高。几丁质酶基因还被转移到水稻、大豆、棉花、油菜、马铃薯、番茄等多种植物中，多数转基因植物抗真菌病害的能力得到不同程度提高，且大多数转化植物增强的抗性与其所表达的几丁质酶量呈正相关。但研究中也发现，由于不同植物几丁质酶往往具有不同的作用方式或抑菌效果，并不是所有植物转入几丁质酶基因后抗病性都会增加。

2）β-1，3-葡聚糖酶基因及其应用　β-1，3-葡聚糖酶（glucanase，Glu）能水解β-1，3-葡聚糖，从而抑制真菌的生长及增殖，水解获得的寡糖产物还可以作为植物防御反应的重要激发因子。许多真菌菌丝尖端的β-1，3-葡聚糖暴露在表面，能够直接受到Glu的攻击。对*glu*基因进行分离和克隆，并将其转入植物，可成为植物真菌病害防治的有效途径。Libantova在烟草和马铃薯中导入烟草*glu*基因，获得组成型表达的转基因植株，体外接种病原菌实验表明，转基因植株对立枯丝核菌（*R. solani*）和尖胞镰刀菌（*F. oxysporum*）有很强抗性。

3）几丁质酶基因及β-1，3-葡聚糖酶基因的互作　通常β-1，3-葡聚糖被包被在成熟真菌菌丝体几丁质的外面，保护几丁质不受几丁质酶的降解。在植物体内，几丁质酶和Glu的诱导具有同步性和协同作用。实验证明，几丁质酶和Glu协同作用比单一的酶抑菌活性增强很多。研究人员获得了表达烟草几丁质酶基因和*glu*基因的转基因番茄植株，用枯萎病菌（*Fusarium*）接种植株，3～4周后，转基因植株只出现萎蔫症状，随即恢复正常，而非转化植株和只转化了一种基因的植株死亡。

2.2.2　类甜蛋白基因及其应用

1）类甜蛋白的结构及抗真菌机制　类甜蛋白（tyhaumatin-like proteins，TLP）的氨基酸序列与西非竹芋（*Thaumatococcus daniellii*）甜蛋白（thaumatin）高度同源。植物TLP具有显著的抗真菌活性，参与多种植物病原真菌侵染之后的主动防御反应。TLP一般具有201～209个氨基酸残基，其分子中最重要的结构特征是具有由16个保守的半胱氨酸残基构成的8个二硫键，这些二硫键使得TLP具有稳定的化学结构，能够抗热、抗酶解和抗酸碱。多数TLP分子的三维结构由3个结构域组成。结构域Ⅰ由β片层反向平行折叠形成，结构域Ⅱ和结构域Ⅲ主要由α螺旋构成，而结构域Ⅰ和结构域Ⅱ之间形成一个具有强烈电负性的“V”字形裂缝。目前多数研究认为该“V”字形裂缝与抗真菌活性有关。TLP的裂缝区域是一个典型的碳水化合物的结合位点，实验证明，TLP与线性β-1，3-葡聚糖的结合发生于裂缝区域，裂缝区域内的几个残基与真菌细胞壁的碳水化合物形成氢键，并且芳香族氨基酸在裂缝处参与形成堆积力，共同破坏了真菌细胞壁的结构，使TLP与细胞膜接触，造成真菌细胞死亡。对于没有裂缝结构的TLP，可能是结构域Ⅰ中的酸性残基与真菌细胞膜上的水通道蛋白、离子通道蛋白和渗透感受器之间相互作用的结果。

研究发现，许多TLP具有Glu活性，能够结合并水解β-1，3-葡聚糖。但杨树、玉米、草莓等TLP分子的催化位点之间距离较长，而真正的Glu催化位点之间的距离较短。因此有观点认为，仅仅TLP本身可能无法通过直接破坏真菌细胞壁来抵抗真菌，而是通过Glu反应的产物来诱导植物的防御反应进而抵抗真菌的侵染。TLP的抗真菌作用不仅与真菌细胞壁破坏和真菌细胞膜透性改变有关，还与木质素、植保素等抗性物质的合成及抗性结构的形成有关，植物TLP表现的抗真菌活性很可能是这些防御机制协同作用的结果。

2）*tlp*基因在植物抗真菌病育种方面的应用　植物的*tlp*基因以基因家族的形式出现，如杨树、拟南芥、水稻基因组中分别有55个、24个、30个基因。*tlp*基因一般在植物特定组织、器官中组成型表达，且其表达与植物生长环境（生长状态）和植物抗病性有关。目前已从多种植物中克隆到*tlp*基因，异源*tlp*基因也已在水稻、小麦、大麦、马铃薯等多种植物中成功表达，转基因植物显示出对多种病原真菌的抗性。如转大麦*tlp-1*基因的小麦植株对由*F. graminearum*或其他镰刀菌引起的小麦赤霉病（fusarium head blight，FHB）的抗性有所增加。在籼稻品种中超量表达水稻*tlp*基因，增强了其对水稻纹枯病致病菌*Rhizoctonia solani*和水稻叶鞘腐败病菌*Sarocladium oryzae*的抗性。

TLP和其他防御蛋白之间存在某种协作关系。近期研究发现，同时转入几丁质酶基因*chi11*和*tlp*基因的水稻对真菌绿色木霉（*T. viride*）和白色念珠菌（*C. albicans*）的抗性明显增强，对纹枯病（sheath blight，ShB）的抗性也要高于只转入单基因的植株。

2.2.3　蛋白酶抑制剂基因及其应用

植物致病真菌能够分泌蛋白酶，病原菌的致病性似乎与分泌的蛋白酶有关，蛋白酶缺乏的突变体缺少在植物中诱发病变的能力。蛋白酶抑制剂抑制了真菌蛋白酶并因此增加植物对病原真菌的抵抗力。如从阿拉伯树胶(*Acacia plumosa*)种子中分离得到三个丝氨酸蛋白酶抑制剂(APTIA、APTIB、APTIC),它们对黑曲霉、异根串珠霉具有抗性。Quilis 等将马铃薯羧肽酶抑制剂(potato carboxypeptidase inhibitor,PCI)基因在水稻中组成型表达,转基因植株对稻瘟病菌 *Magnaporthe oryzae* 及镰刀菌 *Fusarium verticillioides* 都表现出抗性。

2.2.4 过氧化物酶基因及其应用

过氧化物酶(peroxidase,POD)主要催化 H_2O_2 和其他过氧化物对各种有机物和无机物的氧化作用。POD 是植物在逆境条件下酶促防御系统中的关键酶之一,它与超氧化物歧化酶、过氧化氢酶相互协调配合清除过剩的自由基,使体内自由基维持在一个正常的动态水平以提高植物的抗逆性。更重要的是,POD 还能以 H_2O_2 为底物催化芳香胺和酚类等物质的氧化,加速细胞壁的氧化交联,并诱导木质素的合成,以限制病原菌的扩散。大量证据表明,过氧化物酶系与多种植物的抗真菌能力密切相关,真菌病原菌能够诱导过氧化物酶基因的表达。

编码 POD 的基因形成了一个大的多基因家族。目前已克隆和鉴定了多种植物的 *pod* 基因,利用 *pod* 基因提高植物抗真菌病性能的基因工程策略也受到人们关注。如将 *pod* 基因和 CaMV35S 启动子相连导入烟草,显著提高了烟草对霜霉菌(*P. parasitia*)的抗性。

2.2.5 防御素基因及其应用

1) 防御素作用机制　防御素是一组富含半胱氨酸(Cys)残基的碱性抗菌肽。由于防御素具有分子质量小、抗菌谱广、不宜产生耐药性等特点,其编码基因成为植物基因工程中的一种理想抗病材料。研究发现,植物防御素能广谱抑制真菌的生长。目前对防御素的抑菌机制提出了两种不同的观点,一种是独立的膜机制,另一种是防御素结合细胞内复合物的机制。独立膜机制的观点认为,带正电荷的防御素与带负电荷的病原菌细胞膜相互吸引,并相互结合,从而破坏了磷脂双分子层的完整性,引起靶细胞膜出现裂隙,于是二聚或多聚的防御素进入细胞膜,形成了跨膜的离子通道,细胞膜的通透性及细胞能量状态受到了破坏,离子和大分子物质通过病菌的细胞膜,导致细胞膜去极化,呼吸作用受到抑制,ATP 含量下降,最终导致靶细胞死亡。近年研究显示,防御素还能与真菌细胞内线粒体、核酸等重要细胞器或复合物相互作用,最终导致细胞死亡。

植物防御素含 45～54 个氨基酸,通常具有 8 个半胱氨酸,通过 4 对二硫键连接。目前已分离到 80 多种植物防御素基因,在拟南芥中已经鉴定了 15 个防御素类似基因。

2) 植物防御素基因及其应用

(1) 马铃薯 *sn1* 基因。SN1 是从马铃薯块茎中分离的一种防御素。SN1 可以显著抑制多种植物重要病原真菌的菌丝生长,如番茄立枯镰刀菌(*F. solani*)、玉米小斑病菌(*B. maydis*)、黄瓜炭疽病菌(*C. lagenarium*)、灰霉病菌(*B. cinerea*)、禾谷丝核菌(*R. cerealis*)和平脐蠕孢菌(*B. sorokiniana*)。*sn1* 基因过表达可显著增强转基因马铃薯对立枯丝核菌的抗性。

(2) *rs-afp* 基因。Rs-AFP(*Raphanus sativus* L. antifungal proteins)是从萝卜中分离的一类 5kDa 的 γ-硫堇类防御素。这类蛋白质通过引起菌丝过度分枝或抑制菌丝顶端生长而表现出有效的抗真菌活性。研究发现,Rs-AFP 可以与真菌细胞膜上鞘脂类的葡糖苷神经酰胺等相互作用,影响细胞膜的正常结构,改变细胞膜的透性,引起 Ca^{2+} 和 H^+ 内流、K^+ 外流,并且可以诱导内源活性氧(ROS)增加,影响细胞正常的生理过程,最终导致细胞死亡。研究表明,Rs-AFP 对禾谷镰刀菌、稻瘟病菌、水稻纹枯病菌、小麦根腐病菌、棉花黄萎病菌、小麦赤霉病菌、辣椒疫霉菌等病原真菌均有不同程度的抑制作用,表现了其广谱抗真菌特性。Terras 等将 Rs-AFP2 cDNA 导入烟草,转基因植株对链格孢菌 *A. brassicola* 的抗性显著增强。将 *rs-afp* 基因置于组成型启动子或强启动子控制之下进行超量表达,转基因烟草、小麦获得了较好的抗真菌病效果。但 *rs-afp* 基因在植物体内高水平表达会导致植株畸形或死亡,也会导致作物产量下降。若将此基因置于受病原真菌诱导的基因启动子控制之下,获得受病原真菌诱导表达的转化植株,将降低上述不利影响,具有更广阔的应用前景。

(3) *gnk2-1* 基因。GNK2-1(ginkbilobin 2-1)为一种来自银杏(*Ginkgo biloba*)种仁的防御素。该蛋白质由 108 个氨基酸组成,含有 6 个半胱氨酸残基,对黄瓜镰刀菌(*Fusarium oxysporum*)、瓜类炭疽病菌(*Colletotrichum orbiculare*)及小麦全蚀病菌(*Gaeumannomyces graminis*)等植物病原真菌具有广谱体外抑制活性。序列分析表明,其结构与富含半胱氨酸的植物类受体激酶的胞外结构域相似。刘缙等构建了 *gnk2-1* 的高效组成型表达载体并转入黄瓜(*Cucumis sativus*)基因组中,转基因黄瓜对枯萎病的抗性增强。

2.2.6 类萌发素蛋白基因及其应用

1) 类萌发素蛋白抗真菌作用及机制　类萌发素蛋白(germin-like protein,GLP)是在植物中普遍存在的一类与小麦(*Triticum aestivum*)萌发素(germin)序列高度相似、位于胞外基质的可溶性糖蛋白,绝大多数 GLP 为稳定的低聚物。目前已陆续在大麦、拟南芥、水稻、豌豆等 34 科植物中发现 GLP。GLP 家族成员具有广谱的真菌病害抗性。GLP 在不同的物种中具有时空表达特性和不同的功能,主要以酶、受体和结构蛋白的形式参与多种生理生化过程。研究表明,GLP 具有草酸氧化酶(Oxalate oxidase,OXO)、超氧化物歧化酶(superoxide dismutase,SOD)、ADP 葡萄糖焦磷酸酶/磷酸二酯酶(ADP glucose pyrophosphatase/phosphodiesterase,AGPPase)等酶活性。SOD 和 OXO 是植物体内重要的 ROS 清除酶类。SOD 把超氧化物转变为 H_2O_2 和氧分子,OXO 可以分解草酸产生 CO_2 和 H_2O_2。SOD 及 OXO 催化产生的 H_2O_2 不仅能直接杀死病原菌,还可以通过纤维素交联作用增强细胞壁的结构,并催化细胞壁的氧化交联形成乳突,延缓和阻止病原菌的侵入和扩散,以保护细胞免受再次感染。H_2O_2 还可通过激活水杨酸合成来诱导防卫基因的表达,使植物产生系统获得性抗性。AGPPase 活性可以控制核糖形成糖蛋白和糖脂的水平,有助于控制代谢流向淀粉、细胞壁多糖。

2) *glp* 基因结构及应用　GLP 由多基因家族编码。如拟南芥基因组中包含 32 个成员,大麦中有 21 个成员。*glp* 基因在萌发的种子、根、茎、叶和花中都能表达。病菌侵染是 *glp* 基因表达的主要激发子。*glp* 通常由 2 个外显子编码,在 C 端包含 cupin 蛋白结构域。GLP 家族成员的氨基酸序列同源性不高,大多数 GLP 的前体蛋白都含有一个信号肽,可以帮助它们从细胞中运输出来,因此,GLP 能在细胞壁或细胞质基质中发挥作用。在水稻 8 号染色体上发现有 12 个紧密连锁在一起的 *glp*,通过 RNA 干涉使 *osglp8-6*、*osglp8-7*、*osglp8-11* 基因沉默后,水稻对稻瘟病菌及纹枯病菌的侵染都变得更敏感。Knecht 等通过在拟南芥中表达甜菜(*Beta vulgaris*)*bvglp-1* 基因,增强了转基因植株对黄萎病菌(*Verticillium longisporum*)及立枯丝核菌(*R. solani*)的抗性。

3 植物抗真菌病 *R* 基因及其应用

3.1 植物抗真菌病 *R* 基因的作用机理

3.1.1 符合基因对基因关系的互作模式

植物的抗病基因(resistant gene,*R*)是决定寄主植物对病原菌专化性识别并激发抗病反应的基因,与病原菌的无毒基因(*avr*)互补,往往为显性遗传,个别情况下为隐性遗传。多数 *R* 基因控制的是"基因对基因"的小种专化性抗性。"基因对基因假说"(gene-for-gene hypothesis)主要内容是:植物对某种病原菌的特异抗病能力取决于该植物是否含有 *R* 基因,并且同时病原体是否具有与该 *R* 基因相应的 *avr* 基因,只有当一个植株携带 *R* 基因并且病原菌携带 *R* 基因能够识别的 *avr* 基因时,植株才产生抗病反应,在其余的情况下,植株表现为感病。寄主植物中每一个显性的 *R* 基因在病原真菌中对应存在一个显性的 *avr* 基因。寄主的 *R* 基因产物通过直接或间接的方式对病原菌的 *avr* 基因产物进行识别,引发病原菌与寄主植物的非亲和反应,启动植物防卫反应,促使局部细胞发生过敏性细胞坏死,以阻止病原微生物在植株内扩散,进而产生对该病原菌的抗性。

大部分 *R* 基因如 *pto*、*n*、*l6*、*rps2*、*cf-9*、*xa21* 等属于依赖于 *avr* 基因的 *R* 基因。这些 *R* 基因在抗病反应中起着信号识别和转导作用。它们大多编码含 LRR 的蛋白质,在 *avr* 基因产物即信号因子激发子的作用下,发生由 LRR 介导的相互间的及与其他含 LRR 蛋白间的互作,产生二聚体或部分二聚体。由此产生的信号通过蛋白激酶而继发转导,最终激活抗病防卫反应。根据"基因对基因"理论,利用转基因技术,只要在带有 *R* 基因的植物中导入 *avr* 基因,该植物就表现相应的抗性。

3.1.2 非基因对基因互作模式

从已克隆的 *R* 基因及其所揭示的产物结构和功能看,抗病机制有的并不符合"基因对基因"模式。如 *hml* 基因和 *mlo* 基因,它们不需要病原菌 *avr* 基因的激活便赋予植物抗病性,也不能诱导植物细胞的过敏性死亡,其抗性机制与病原菌的亲和因子有关。*R* 基因产物能使亲和性因子失活而不起病害诱发作用,例如,在个别寄主与强烈的死体营养病原真菌的互作体系中,病原菌产生寄主选择性毒素,而寄主 *R* 基因编码相应的解毒素。这种情况下,"基因对基因"的互作变成只有带产生毒素基因的病原菌与不带抗病基因的寄主组合才产生感病反应，病原菌没有严格意义上的 *avr* 基因。此外，通过修饰甚至缺失亲和性因子的作用受体，也可使植物对亲和因子失去敏感性而表现抗病，但目前对该机制的了解还不多。

3.2　植物抗真菌病 *R* 基因功能及应用策略

利用 *R* 基因及病原菌的 *avr* 基因进行遗传转化是提高植物对病原菌抗性的一条有效途径。目前已获得了一批抗病转基因植株，有的还通过了安全性试验，开始了商品化生产，在控制真菌病害发生、保障农业安全生产上展现出了美好的前景。近年来已有 100 多个 *R* 基因被分离鉴定。虽然不同的 *R* 基因针对不同病原物，但它们往往编码结构相似的蛋白质。根据已克隆的 *R* 基因所编码的蛋白质结构及其在细胞中的位置，可将 *R* 基因分为 5 类：毒素还原酶类、NBS-LRR 类、PK（蛋白激酶）类、LRR-TM 类、LRR-TM-PK 类。除了毒素还原酶类外，其余 *R* 基因编码的蛋白质都是受体或信号转导体。*R* 基因产物有两个功能：①识别相应的 Avr 衍生信号；②激活下游信号转导，引发复杂的防御反应。

多数 *R* 基因的抗性是十分专化的，不仅抗病谱窄，而且随着病菌群体的变化，抗病性会很快丧失，因此发现和克隆新的具有广谱和持久抗性的 *R* 基因，对提高转基因改良植物抗性的成效极为重要。研究发现，某些 *R* 基因赋予寄主植物抗病持久性，如水稻抗白叶枯病的 *xa21* 基因、辣椒抗细菌性斑点病的 *bs2* 基因，对这些基因进行遗传转化，有望提高转基因植物抗真菌病的有效性和持久性。

另外，针对 *R* 基因介导的抗性具有严格的种属专一性观点，人们提出了一个植物双因子广谱抗性策略：将 *R* 基因和相应的病原菌中的 *avr* 基因同时导入植物，并由专一的病原菌诱导启动子驱动，当病原菌侵染时，可诱导产生原位 HR 反应，进而诱导 SAR。此方法的优点在于，只有当原菌感染时才引发 HR 反应，而且抗性与病原小种的专化性无关。该策略目前还没有十分成功的报道，但有些研究者利用相应的 *avr* 基因转化植株诱导出植物的广谱抗性。

3.3　植物抗真菌病 *R* 基因及其应用

3.3.1　玉米 *hml* 基因

hml 基因能使某些基因型玉米产生对玉米圆斑病的抗性。*hml* 基因定位于玉米第 1 染色体长臂，核基因长 694bp，编码部分 408bp，有一个 286bp 的内含子，编码一个依赖于 NADPH 的 HC 毒素还原酶（HCTR）。HC 毒素是玉米圆斑病真菌 *C. carbonum* 小种 1 产生的致病因子，它使病原菌能够侵染某些基因型的玉米。*hml* 基因产物与二氢叶酸还原酶高度同源，其作用是使病原菌产生的 HC 毒素分子毒性位点的羰基失活，从而产生对病原菌的抗性。HC 毒素缺陷菌株对不含 *hml* 的寄主没有致病性，说明 *hml* 与 HC 毒素基因的作用机制属于非“基因对基因”互作模式。*hml* 基因的毒素降解方式不涉及 *avr* 基因，不能诱导过敏性植物细胞死亡。

3.3.2　大麦 *mlo* 基因

mlo 基因定位于大麦第 4 染色体的长臂中部，基因全长 1599bp，编码一个由 533 个氨基酸（约 60kDa）组成的一个七次跨膜蛋白，有钙离子结合区、酪氨酸激酶区、核定位信号，可能与钙信号传递有关。研究表明 *mlo* 基因是一种植物防卫的负向调控因子，该基因隐性突变后可引起叶细胞壁次生加厚，导致部分叶细胞自发性的编程死亡，诱导植株的系统获得性抗性，并可合成一种酚类杀菌物质（pcHA），该物质在体内和体外试验中均表现出很强的抗真菌活性。基因突变植物具有较强的对白粉菌（*B. graminis* f. sp. Hordei，Bgh）抵抗特性，可以有效地降低病原菌分生孢子的数量。

目前已从拟南芥、水稻、小麦、玉米、苹果、番茄、百脉根、豌豆、北美云杉等多种植物中鉴定出近百个编码 MLO 同源蛋白的基因，并开展了基因转化研究。Schweizer 的研究表明，用大麦 *mlo* 基因双链 RNA 轰击小麦培养细胞，可以大大增强小麦对白粉菌的抵抗力。邢莉萍等采用基因枪法将小麦反义 *mlo* 基因导入扬麦 158 和济麦 20 的幼胚愈伤组织中，获得 6 个高抗白粉病的转基因株系。

3.3.3　亚麻 *l6* 基因

亚麻 *l6* 基因编码 1284 个氨基酸的多肽。它的 N 端是一个信号肽，C 端则是一个亮氨酸比例较高的区域。该多肽上有一个 NBS（nucleotide binding site，NBS）位点和一个亮氨酸拉链结构，但没有疏水跨膜结构域。研究发现 *l6* 的核基因有 3 个内含子，由于剪切方式的不同，它有另外的一种编码框，编码一个含 705 个氨基酸的蛋白质。*l6* 基因的表达产物对亚麻锈病病原菌 *M. lini* 有抗性。

3.3.4　番茄 *cf-2* 基因

该基因是由串联的两个拷贝组成，它们各自编码一个有功能的 112 个氨基酸的蛋白质产物。这两个拷贝的 ORF 间仅有 3 个核苷酸的差异。它们的两个核基因都有内含子，一个是182bp，另一个是185bp。分析表明，其N端是由26个不带电荷的氨基酸构成的一个跨膜结构域，蛋白质上有31个*N*-糖基位点。转基因研究表明*cf-2*基因对携带无毒基因*avr2*的真菌*C. fulvum*有抗性。

3.3.5 番茄*cf-9*基因

番茄*cf-9*核基因无内含子，它编码一个863个氨基酸的蛋白质。其结构特点是N端信号肽含有几个半胱氨酸，有一个以24个氨基酸为单位的LRR结构域，还有疏水的跨膜结构域。整个蛋白质中含有22个*N*-糖基化位点。从结构上看，*cf-9*的蛋白质产物是锚定在细胞膜上的细胞外糖蛋白，它的胞外结构域主要是由LRR构成的。它的作用机制可能是其LRR域直接与无毒基因*avr9*的产物结合，然后其胞质域激活某种蛋白激酶或与其他含LRR的膜结合蛋白互作，最后激活抗病反应的信号转导网络。转基因研究表明，*cf-9*基因能提高番茄对携带无毒基因*avr9*的真菌*C. fulvum*的抗性。

3.3.6 拟南芥*rpp8*基因

拟南芥的*rpp8*基因编码一种NBS-LRR类抗病蛋白质，特异性识别病原菌*Peronospora parasitica 8*。拟南芥*rpw8.1*和*rpw8.2*基因转入烟草后表现出对白粉病菌相对保守的抗性。

除了上述基因外，抗真菌病*R*基因还包括：番茄抗叶霉病基因*cf-4*、*cf-5*及*hcr9-4E*，抗霜霉病基因*rps5*、*rpp1*，对轮枝菌有抗性的*ve1*和*ve2*基因；大麦抗白粉病基因*rpg1*，抗黄萎病基因*rar1*，抗云纹病基因*rhythm*。

4 植物系统获得性抗性的抗病基因及其应用

4.1 SAR的作用机制

植物复杂的防御机制中存在一个系统获得性抗性(systomic acquired resistance，SAR)机制。这种抗性是由病原侵染激发，对随后同种病原体甚至不同种的其他病原体的侵染均能表现出系统性的抗病性。SAR是植物自我保护的一种机制，突破了基因对基因抗病的局限性，能够使植物产生系统、持久、广谱的抗性，可以抵抗多种病原物侵害。

植物对病原菌感染的反应最初表现为感染部位细胞局部性迅速死亡，即过敏反应(hypersensitive response，HR)。一般而言，过敏反应定义为宿主细胞在病原菌攻击后24h内的局部快速坏死反应。与此局部反应相关，经几天到1周的时间，被感染植物产生新的抗性，并对病原菌的再次感染甚至对其他病原菌的感染均有很强的抗性，此抗性可扩展到整个植株，即SAR。SAR显著区别于其他抗病反应的2个标志是：对病原菌有广谱抗性及PR蛋白的表达。从发生HR到植物SAR的产生，需要一系列信号的转导。这一过程可以简单概括为：病原感染植物后，在植物体内产生一种适于长距离传输的信号分子，该信号分子从植物的病原感染部位经韧皮部转移到其他非感染部位，然后诱导PR蛋白基因的表达，其表达产物再直接或间接杀死病原物，抑制病原物生长。

研究表明，水杨酸(salicylic acid，SA)是激活植物HR和SAR的内源信号分子。未感染病原物的植株体内SA含量很低。感染病原物后，在感染植株的韧皮部SA含量急剧增加，所增加的内源SA足以诱导PR蛋白的表达。近年来，人们对SA介导的植物SAR抗病信号转导途径逐渐有了比较清晰的认识，目前已鉴定出至少5个*R*基因引起的抗病信号的下游组分：NDR1、EDS1、PAD4、RAR1、SGT1。SA通过调控下游的NPR1及转录因子TGA2、TGA5和TGA6而最终诱导*PR*基因表达为病程相关蛋白质，使植物获得系统抗病性。SA、NPR1、TGA和WRKY处于调控网络的重要位置。SA介导的SAR信号转导途径如图7-1所示。

4.2 SAR的诱导基因

4.2.1 无毒基因

无毒基因(*avr*)具有双重功能：在含相应*R*基因的植株中表现无毒效应，激发非亲和反应；在不含*R*基因的植株中则表现为一个毒性因子，抑制寄主的基础抗病反应，使病原菌在寄主中定殖。理论上分离病原菌的*avr*基因，使其在含相应*R*基因的植株中表达，将给这类植物赋予对其他病原菌的广谱抗性。迄今为止，已从植物病原菌中分离了至少60个*avr*基因，包括外壳蛋白、复制酶和运动蛋白基因。已克隆的*avr*基因在DNA序列和氨基酸序列之间均无显著的同源性。

在植物抗真菌病害基因工程中应用比较成功的*avr*基因有*hrmA*和*avr9*等。*hrmA*基因是从*P. syringae*分离出的一种无毒基因，利用烟草根结线虫诱导表达启动子RB7控制该基因在烟草中表达，转基因植株PR蛋白基因被激活，对病毒、细菌和真菌的抗性显著增强，利用这种弱诱导型启动子控制*avr*基因的表达可以使植株产生广谱抗病性。将马铃薯PRP-1启动子指导下的*avr9*基因导

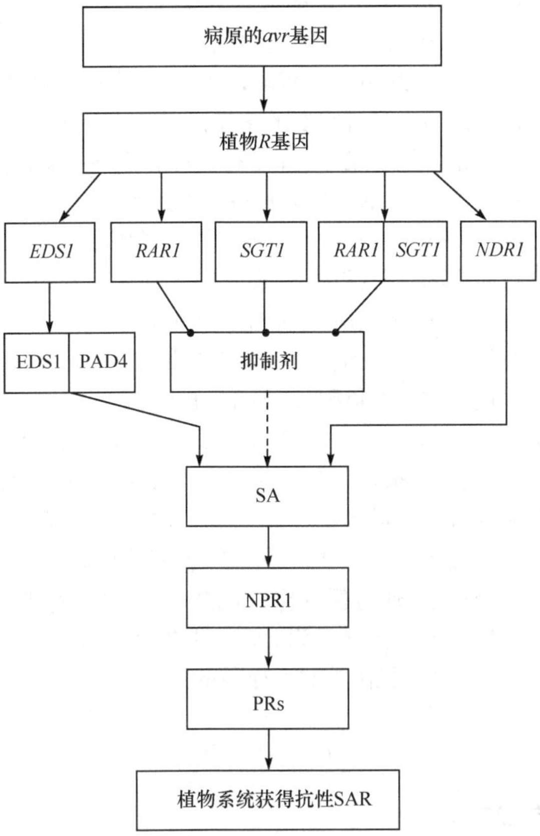

图 7-1　植物抗真菌病害 SAR 信号转导途径

•表示降解；相连的两方框表示两蛋白质存在相互作用；- - -► 表示有待证实的步骤

入 *cf 9* 基因型番茄，转基因番茄对多种真菌产生抗性。

4.2.2　*hrp* 基因

hrp(hypersensitive reaction and pathogenicity)基因普遍存在于革兰氏阴性植物病原细菌中，其编码的产物是 Harpin 蛋白。Harpin 蛋白是一种激发非寄主或抗性寄主植物产生 HR 或 SAR 的非特异性激发子。它不直接作用于靶作物，而是刺激作物产生自然免疫机制，诱发主动的防卫反应。

hrp 基因家族一般都成簇存在。遗传分析表明，植物病原细菌中主要存在两类 *hrp* 基因簇：一类是大的 *hrp* 基因簇，其 DNA 序列最长的为 41kb，最短的 17kb，其中包含了 3～13 个基因，由 6～8个转录单元组成；另一类是小的 *hrp* 基因簇，被称为附属 *hrp* 位点，与大的 *hrp* 基因簇不相连，其 DNA 序列只有 2.5～4kb，这些基因协同调节，功能上类似于一个调控单元。由于 *hrp* 基因簇由很多个 *hrp* 位点共同组成，因此它的功能非常复杂。

最近几年 *hrp* 在植物抗真菌基因工程方面取得了较大的进展。大量研究表明，Harpin 蛋白可以诱导植物对多种真菌的抗性。用不同来源的 *hrp* 基因转化梨树、烟草、水稻、油菜、马铃薯、大豆等植物，转基因植株都获得了不同程度的抗真菌能力。例如，烟草 *hrpzpsta* 基因在大豆中表达，T_3 代转基因株系对疫霉根腐病的抗病性得到提高；转 *hrf1* 基因的小麦对小麦赤霉病有较好的抗性；*harpinea* 在马铃薯中表达，可以提高马铃薯对晚疫病的抗性；转 *hrf2* 基因的油菜对菌核病的抗性提高。

4.2.3　SAR 信号转导途径中的功能基因

1) *R* 基因信号转导网络下游基因　分析大部分的 *R* 基因的作用机制发现，其信号转导下游有很多的共同点，有很多相同的因子参与了不同 *R* 基因介导的抗病反应。因此直接利用这些基因作为 SAR 的诱导者，比利用 *R* 基因有更多的优点，它没有种属专一性，可以使植物产生广谱抗病性。目前研究比较清楚的基因有 *eds1*、*ndr1* 和 *pad4*。

(1) *eds1* 基因。拟南芥 *eds1* (enhanced disease susceptibility 1)突变体虽然有对霜霉菌 *P. parasitica* 特异的 *R* 基因 *rpp14*，但它对此病原菌的侵染表现敏感。该基因与真核细胞的脂肪酶同源，它在 *pr-1* 基因诱导的上游起作用，遗传分析发现 EDS1 对于含有 TIR 结构域的 *R* 基因行使功能是必需的，但目前尚无转基因成功的报导。

(2) *rar1* 基因。*rar1* 基因最早从大麦中分离(*hvrar1*)，是多个 *R* 基因激发抗病信号的一个必需基因，*rar1* 基因可以作为植物广谱真菌抗性分子育种的潜在的重要基因资源。*hvrar1* 编码一个 25kDa 的细胞质蛋白，突变 *hvrar1* 基因可抑制 *R* 基因 *mla6* 和 *mla12* 介导的白粉病抗性。突变拟南芥 *atrar1* 基因可抑制由 *rpp* 介导的霜霉病抗性。Song 等发现，与野生型相比，水稻 *osrar1* 突变体对稻瘟病病菌(*M. oryzae*)的抗性明显减弱。廖勇等研究表明，中间偃麦草 *rar1* 基因在小麦中超量表达可提高小麦对白粉病菌的抗性、拓宽其抗病谱。

(3) *sgt1* 基因。植物 SGT1(suppressor of the G2allele of *skp1*)的作用可能是通过特定的 SCF 复合物降解抗性调节蛋白，靶蛋白可能是植物防卫反应中负调节因子。拟南芥 *sgt1b* 突变体可抑制 *rpp5* 介导的霜霉病抗性。王凯等将中间偃麦草 *tisgt1* 基因转入小麦，*tisgt1* 超量表达的转基因小麦对黄矮病、白粉病的抗性得到提高。

(4) *ndr1* 基因。NDR1(nonrace-specific disease resistance 1)同时参与多种 *R* 基因介导的抗性，*ndr1* 突变株对许多细菌和真菌的敏感性增强。

该基因产物的阅读框为660bp，编码219个氨基酸，没有内含子，在拟南芥中为病原菌诱导表达。NDR1是*rps2*、*rpm1*和*rps5*等*R*基因行使功能必需的。

(5) *pad*基因。*pad*(phytoalexin deficient)是另外一个抗病反应信号转导中的关键基因，该基因突变体的最大特点是不能有效积累植保素。对已克隆的*pad4*基因研究表明，其表达产物与三酰甘油酯酶(triacyl glycerol lipases)同源，其表达受病原菌*P. syringae* pv. maculicola的诱导，它除了与PR-1积累有关外，还参与植保素的合成。可见，*pad*基因可以同时控制SAR和植保素合成两条防御途径的信号转导。

2)*npr1*基因　NPR1(nonexpressor of pathogenesis-related gene 1)是SAR信号途径中的一个关键调控因子，是诱导PR相关基因表达所必需的。*npr1*突变体表现为对病原菌更加敏感，降低了*R*基因参与形成的抗病性。

NPR1作用于SA的下游。在SAR反应中，水杨酸的累积增加了细胞内的还原势，从而破坏了NPR1寡聚体中的二硫键，寡聚体解离为单体，单体在C端的核定位序列引导下，在细胞核内积累，与TGA等转录因子发生互作，激活下游防卫基因表达而产生SAR抗性。目前，已从烟草、水稻、棉花、大豆、甘薯、苹果及葡萄等植物中克隆得到*npr1*基因，表明NPR1介导的抗性途径可能是多种植物共同保守的途径。

研究发现，过量表达*npr1*基因可以提高植物对真菌病害的抗性。例如，在小麦中过量表达拟南芥*atnpr1*增加了小麦对赤霉病菌(*F. graminearum*)的抵御能力，还可以减轻转基因小麦由禾谷丝核菌(*R. cerealis*)引起的纹枯病病症。过表达*npr1*的转基因棉花对土传病害棉花黄萎病菌(*V. dahliae*)、棉花枯萎病菌(*F. oxysporum* f. sp. vasinfectum)、立枯丝核病菌(*R. solani*)及黑霉病(*A. alternata*)的抗性显著增强。

3)*wrky*基因　WRKY转录因子在SAR复杂调控网络中具有重要的功能。WRKY18是SAR反应的正调控转录因子；WRKY70既是SA合成负调控因子，又是SA介导的基因表达和抗性的正调控因子；WRKY58是一个负调控转录因子，能够识别低浓度的SA，抑制SAR反应的错误启动；对于已启动的SAR反应，当细胞中SA处于低浓度时，及时终止SAR反应，避免能量浪费。

过量表达水稻*wrky13*、*wrky31*、*wrkyC53*、*wrky45*、*wrky3*、*wrky89*及*wrky71*基因，都可以提高水稻对病原菌的抗性；而沉默这些基因后，水稻表现对病原菌易感。拟南芥中的*atwrky38*、*atwrky62*、*atwrky11*和*atwrky17*是对病原菌抗性的负调控因子，通过插入突变沉默这些基因后，拟南芥对病原菌的抗性增强，而过量表达*atwrky38*和*atwrky62*后，拟南芥对病原菌的抗性减弱。

复　习　题

名词解释

PR蛋白、HR反应、SAR、"基因对基因"假说、PGIP、TLP、植保素

问题

(1) 论述植物真菌病害的防卫反应机制及抗真菌病植物基因工程策略。

(2) 论述PR蛋白的种类、结构及抗真菌病害功能。

(3) 试述目前已克隆的植物真菌病害*R*基因的结构和功能。

(4) 总结SAR诱导基因的种类及功能。

(5) 阐述SA在抗病反应中的功能。

第 8 章

抗植物细菌病害基因及其应用

全世界细菌性病害约有 500 多种，我国有 70 多种，如水稻白叶枯病、作物青枯病、白菜软腐病、柑橘溃疡病等，危害性虽然不及真菌病害，但也常常对农林和畜牧业生产造成重大损失。据估计，全世界马铃薯每年因细菌病害减产 25%，约合 40 亿美元。历史上由于细菌病害大流行而导致农业绝产、社会动荡的残酷事例屡见不鲜。最典型的例子当属 1845～1860 年发生在爱尔兰的马铃薯晚疫病大流行。这次灾害造成 100 万人饥饿，并迫使另外 100 万人移民至北美。1970 年，美国爆发的玉米叶斑病使美国玉米当年减产 15%，曾再次引起全球的恐慌。细菌病害还可引起年复一年，持续不断的作物产量损失，因此细菌病害构成了影响粮食减产的重要生物因素。

细菌病原复杂的遗传变异、寄生特性、侵染途径决定了其多变的致病机制，给防治细菌病害增加了困难。药剂常常不能完全奏效，同时又易造成环境污染。在某些情况下，由于作物本身缺乏抗性基因资源，限制了抗病育种的发展。重组 DNA 技术使不同生物有机体的基因得以相互转移，从而开辟了一条解决问题的新途径。

我国植物抗细菌病基因工程研究始于 20 世纪 80 年代初，以水稻、番茄和烟草为主，尽管只有少数成功的例子，但是随着研究的深入，基因工程抗病品种的有效性、持久性、无毒性及环境影响等问题将会逐步得到解决，因此植物抗细菌病害基因工程具有广阔的应用前景。

1　病原菌自身的抗性基因及其应用

1.1　作用原理

利用病原菌本身抗性基因的设想，最早由 Sanford 于 1985 年提出，其基本方法是将病原菌中的某一基因导入寄主植物细胞，使之对该病菌产生抗性。依据是病原菌基因组中必定存在某一基因，其表达产物在病原菌与宿主相互作用时，发挥不可或缺的作用。一旦这些功能之一遭到破坏，病原菌的致病过程立即停止发生，因此，将病原菌基因导入植物细胞，使其过量表达，或表达失去原有功能的蛋白质，或表达失去原有的时空性，从而干扰病原菌的正常生理代谢，以致寄主植物表现出抗性。

1.2　*oct* 基因和 *tta* 基因及其应用

丁香假单胞菌菜豆病理变种（*Pseudomonas syringae* pv. phaseolicola）可产生菜豆毒素（phaseolicola），为重要的致病因子，其作用机制是抑制植物中参与精氨酸合成的鸟氨酸氨甲酰基转移酶（ornithine carbamyl-transferase，OCTase）的活性，同时，也能产生抗菜豆毒素的 OCTase。编码该酶的基因 *argK* 已被克隆，将其导入菜豆，获得转基因植株表现出对丁香假单胞菌菜豆病理变种的完全抗性；将其导入烟草，获得的烟草转基因植株在接种菜豆毒素后，不表现系统病症，而未转化的对照植株则表现花叶褪绿，并最终死亡。

丁香假单胞菌烟草病理变种（烟草野火病原菌）能产生野火毒素，该毒素能抑制烟草细胞中谷氨酰胺合成酶的活性，导致铵的非正常积累，对植物产生毒害作用。但病原菌基因组还编码一种烟毒素乙酰基转移酶（tabtoxin transferase，TTA），可使野火毒素乙酰化，从而降解其毒害作用。将病原菌的 *tta* 基因与 CaMV35S 启动子融合，用农杆菌介导转入烟草，获得了对野火毒素处理及病原菌侵染均表现良好抗性的转基因菌株。

2　抗菌肽基因及其应用

2.1　抗菌肽的分子结构及其抗菌谱

通过注射活的非致病的细菌或高温杀死的病原菌，能够在昆虫的体内产生体液免疫（humoral immunity）。许多科研人员在不同的昆虫中研究了这种现象。其中，瑞典科学家 Boman 和他的同事从惜古比天蚕（*Hyalophora cecropia*）的蛹中纯化出 15 种不同的免疫蛋白相应的免疫 RNA。

当细菌侵染天蚕时，天蚕之所以能产生潜在的抗菌性，是由于在一个短暂的 RNA 合成期之后，昆虫体内合成了至少两种新的杀菌蛋白质：溶菌酶（lysozyme）和杀菌肽（cecropin 或 attacins）。其中的溶菌酶和在鸡蛋清中发现的溶菌酶非常相似。

杀菌肽包括6种主要形式，即杀菌肽A、B、D、E、F、G等，其中杀菌肽B和D分别与A有65%和62%的同源性。由于最早从天蚕中分离而来的抗菌化合物命名为杀菌肽，后来将所有具抗菌活性并与之高度同源性的化合物统称为杀菌肽。

杀菌肽是由30多个氨基酸残基组成的小肽，分子质量约为4kDa。它们是碱性蛋白质，对热稳定，不易被胰蛋白酶、胃蛋白酶水解。该肽链N端为含有色氨酸、赖氨酸和精氨酸的稳定区，C端为含甘氨酸或脯氨酸残基的疏水区。杀菌肽具有双亲性或称两亲性(amphipathic)的α螺旋结构，此二级结构可能是杀菌肽破坏膜活性的关键。

杀菌肽具有广泛的抗菌谱，既抗革兰氏阳性菌又抗革兰氏阴性菌，杀菌肽A和B特别对革兰氏阴性菌有强大的杀伤力。杀菌肽对重要的植物病原菌有较强的杀伤作用。Nordeen等(1992)研究了杀菌肽A类似物SB-37对感染7种植物的9种病原菌的作用，发现其致死浓度在0.1～4.5μU，由于其具有广谱的杀菌作用，故又被称为抗菌肽。

关于杀菌肽B对植物病原菌的抗菌谱，我国学者大量研究结果表明，对14种植物病原细菌都有较好的抗菌作用，其中对欧氏杆菌属中的马铃薯、花椰菜软腐病菌和野杆菌属中的根癌农杆菌的抗菌作用最强，最低抑菌浓度为0.3μmol/L；对黄单胞杆菌属中的水稻白叶枯病菌、水稻细菌性条斑病菌和甘蓝黑腐病菌的作用次之，最低抑菌浓度为0.3～3.0μmol/L；对假单胞杆菌属中的番茄、马铃薯青枯病菌的作用较弱，最低抑菌浓度为126～150μmol/L；对棒状杆菌属中的番茄溃疡病菌、马铃薯环腐病菌的作用最弱，最低抑菌浓度为162～198μmol/L。此外，研究还表明杀菌肽BN19比较稳定，在4℃下储存2个月后杀菌活性基本不变。

2.2 抗菌肽的杀菌机制

杀菌肽的抗菌活性依赖于其两亲性的α螺旋结构，这种结构使之可以在原核细胞质膜上形成巨大的时间性及电压依赖性的离子通道，致使细胞内外渗透压改变，细胞内容物，尤其是K^+大量渗出，细胞因此死亡。

Cecropin类杀菌肽又是如何在细胞膜上穿孔，破坏膜结构呢？近年来研究表明，当杀菌肽与细胞膜疏水区接触时，整个分子从N端到C端诱导出两亲螺旋，即分子全长形成亲水一侧和细胞膜结合的一侧(图8-1)。抗菌肽N端的1～11个氨基酸形成两亲螺旋，中间部分12～24个氨基酸形成弹性转角，C端易形成疏水螺旋。杀菌肽的透膜过程：首先是抗菌肽N端的带电氨基酸与细胞膜的极性基团通过静电作用被吸引到的表面，然后疏水性C端尾部插入细胞膜中的疏水区域，接着形成α螺旋轴的翻转嵌入细胞膜，改变膜的构象，通过多个杀菌肽分子聚合，在膜上形成离子通道(图8-1)。

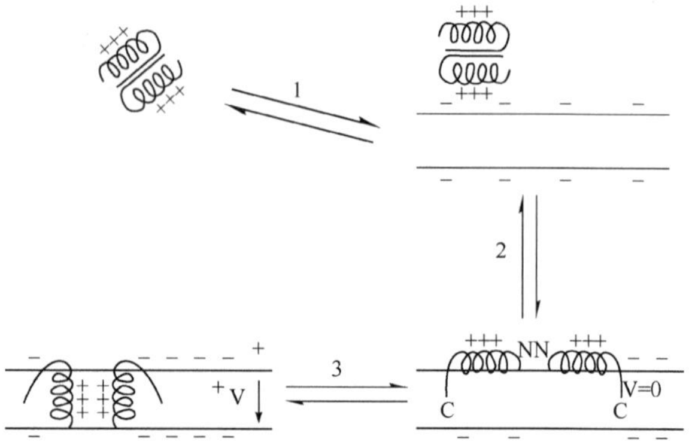

图8-1 Cecropin插入脂双层膜的假设模型(王关林等，2009)
1. 静电吸附；2. 疏水的C端插入质膜；
3. 带正电的α螺旋插入质膜，形成通道

如上所述，抗菌肽不但具有抗菌谱广的特点，而且其抗菌机制也不同于青霉素等常用的抗生素。青霉素、头孢霉素和万古霉素等抗生素的抗菌机制是通过阻碍细菌细胞壁成分合成、使核糖体蛋白质合成失活、阻碍DNA回旋酶和DNA依赖性的RNA复制酶来影响核酸和叶酸的合成等达到抗菌作用。细菌可通过R质粒的传播可以对青霉素等抗菌药物的抗菌机制产生抗药性。昆虫抗细菌蛋白质通过对细菌细胞膜的破坏作用达到抗菌作用的机制不易导致细菌产生耐药性。所以昆虫抗细菌蛋白质基因工程培育抗菌植物新品种具有重要的应用价值。

2.3 抗菌肽基因的应用

各种结构和来源的抗菌肽已经在医药、农业、畜牧等技术领域得到了成功的应用。由于常用抗生素抗药性的日益增长，新抗生素的开发利用引起了人们浓厚的兴趣。在开发利用动物源抗菌肽直接用于临床的药物中，有局部给药、口服药和系统给药的各种产品。通过植物转基因技术，已经成功地获得了一些抗病品种，如转基因烟草、黑麦草、水稻、桑树、泡桐、马铃薯、番茄、辣椒、西瓜、大豆、枳壳、鱼腥草等。

3 防御素基因及其应用

3.1 防御素的结构与功能

植物防御素(plant defension)是近几年主要从植物组织中分离得到的一类新型植物抗菌肽，其结构功能与来自昆虫和哺乳动物的抗菌肽具有同源性。由于它们来源于植物，为了与来源于动物的抗菌肽相区别，人们又把它们称为植物防御素，已知多种植物防御素之间的保守序列如图 8-2 所示。

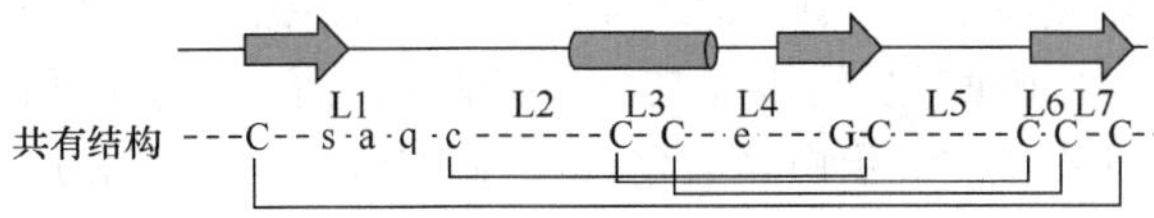

图 8-2 已知植物防御素的氨基酸保守序列
箭头和圆柱分别表示 β 折叠和 α 螺旋的位置，环结构（L1～L7）是半胱氨酸残基和二硫键的功能连接，用虚线表示在下方

图 8-2 比较了来自 7 科 15 种 17 个植物防御素的氨基酸一级结构，发现在不同植物防御素中有一些保守氨基酸，这可能与维持其三维结构或功能有关。植物防御素的抗菌作用主要表现在对菌物生长的抑制作用。当种子萌发时，植物防御素立即得到释放，从而有效地保护幼苗免受菌物的危害。转化胡萝卜防御素 *Rs-AFP2* 基因的烟草植株显著地提高了对烟草赤星病的抗性。

3.2 防御素 *np-1* 基因及其应用

防御素 *np-1* 基因是从兔子的免疫细胞中分离克隆的基因。它编码的小肽由 29～34 个氨基酸组成，由半胱氨酸形成 3 个二硫键，并且折叠成 3 个 β 折叠片的三维结构。NP-1 防御素的抗菌谱最广，对真菌、细菌及病毒等都有较强的抑制作用。赵世民等(1999)将 *np-1* 基因转化毛白杨，并获得有效表达。转基因植株组织提取液对枯草杆菌和农杆菌都有明显的抑菌作用。

3.3 美洲商陆 *Pa-afp* 基因及其应用

植物种子萌发条件也是微生物最适的繁殖条件，植物种子在萌发的因子诱导下防御反应被激活，合成抗菌蛋白抑制各种微生物的侵染。在植物中已发现许多抗菌蛋白质，如玉米中的类甜蛋白(thaumatin like protein)、烟草中的 PR 蛋白、萝卜种子中的抗微生物蛋白质及早前发现的几丁质酶和 RIP 等。这些蛋白质都在不同程度上抑制细菌、真菌及病毒的生长。

美洲商陆蛋白 Pa-AFP 由 38 个氨基酸残基组成，不同于 RIP，在表达时以一个有 65 个氨基酸残基的前体蛋白进行，其后加工成熟为 38 个氨基酸的蛋白质。北京大学刘迎芳等(1999)依据 AFP 蛋白的氨基酸序列合成引物，从该植物种子的 mRNA 中分离克隆了 AFP 前体蛋白的基因，并转化到大肠杆菌，融合蛋白被大量表达。*pa-afp* 基因由 120bp 组成，与紫茉莉中发现的 37 个氨基酸的抗菌多肽同源性达 66%，核苷酸序列的同源性为 70%，因此它们同属于一类防御素蛋白。AFP 的热稳定性很好，在 90℃、15min 灭菌条件下仍保持抗菌活性，因此小分子抗菌肽的抗菌作用不容忽视。

4 溶菌酶基因及其应用

1922 年，英国细菌学家 Alexander 偶然发现鼻黏液具有溶解细菌的作用，后来他揭示黏液中的抗菌物质是一种酶，命名为溶菌酶(lysozyme)，溶菌酶靠裂解某些细菌细胞壁的多糖组分来溶解它们。细菌中细胞壁的功能在于提供机械支持。因为细胞内部渗透压高，细菌去掉细胞壁后一般会吸水胀破的。胞壁多糖是由两种糖组成：*N*-乙酰葡糖胺(NAG)和 *N*-乙酰胞壁酸(NAM)。NAG 和 NAM 都是通过 1 个糖的 C-1 和另一个糖的 C-4 之间的糖苷键相连。溶菌酶的作用机制在于水解 NAM 的 C-1 和 NAG 的 C-4 之间的糖苷键。

目前，编码溶菌酶的一些基因已被克隆，有 3 种已成功导入植物中，即卵清溶菌酶、T4 噬菌体溶菌酶和人体溶菌酶。转入 T4 噬菌体溶菌酶基因的马铃薯对马铃薯黑胫病菌(*Erwinia carotovora* sub. atroseptica)有一定抗性；转入人体溶菌酶基因的烟草对烟草野火病菌(*P. syringaw* pv. tabaci)的抗性提高；转入 T4 噬菌体溶菌酶基因的烟草对软腐病的防治效果达到 65%，而转入鸡溶菌酶基因的烟草，对于软腐病的防治没有效果。

5 病原相关蛋白基因及其应用

5.1 PR 蛋白的基本结构和功能

病原相关(pathogenesisrelated，PR)蛋白基因最初是在 TVM 侵染表现过敏性反应的烟草中发现的。近年来的研究不仅分离了 PR 蛋白，而且克隆了 PR 蛋白的基因。PR 蛋白的合成与植物系统获得抗性(system acquired resistance，SAR)的启动具有相关性。在某些植物中，如烟草、拟南芥、番茄等，PR 蛋白诱导表达被看做植物抗病反应的生化指标。

根据 PR 蛋白的结构功能可将已发现的 PR 蛋白分为 5 大类：PR1、PR2、PR3、PR4、PR5，对每一大类蛋白质又可根据蛋白质酸碱度及定位空间等分为 2 个或多个亚类：第一亚类 PR 蛋白呈碱性、合成后在细胞液泡内积累；另一类 PR 蛋白呈酸性，合成后分泌至胞外。几丁质酶和 β-1，3-葡聚糖酶是最早发现和使用的 PR 蛋白。

关于PR蛋白的功能已有许多研究，结果表明几乎每种PR蛋白都具有体外抑制菌物生长的作用，只是抑菌谱不同。转基因植物研究证明PR蛋白在体内超量表达后均能提高转基因植物对某些菌物的抗性。同时发现：①除PR1a蛋白外，液泡内的碱性PR蛋白比胞外的酸性蛋白质具有更强的抗菌活性；②当两个或多个PR蛋白在同一植株中共表达时，有协同效应，能提高抗性水平。

5.2 番茄 *pto* 基因的结构与功能

Martin等(1993)从番茄中克隆了病毒诱导表达的抗性基因 *pto*，此基因含有一个由963bp构成的ORF，其蛋白质产物为321个氨基酸。它编码的是一个没有明显的跨膜结构域和细胞外结构域的丝-苏氨酸蛋白激酶。它赋予寄主对携有 *avrpto* 基因的病原假单胞菌(*Pseudomonas syringae* pv. tomato)菌株的抗性。*pto* 基因是第一个克隆到的符合“基因对基因”模式的抗病基因。Rommens等(1995)用 *pto* 基因对烟草进行转基因研究表明，*pto* 基因可使原本感病的烟草获得对 *avrpto* 的丁香假单胞菌烟草变种的特异性抗性。而DNA杂交分析证明，烟草中存在着与 *pto* 同源的基因。这些结果提示，在烟草中转化 *pto* 基因引发PR和HR(hypersensitive response)反应的基本组分是同源的。Rommens的实验中值得一提的是，在用 *pto* 基因的特异性引物对3种烟草的核基因组进行PCR时，从两个对含无毒基因 *avrpto* 病原小种敏感的品系 *Nicotiana tabacum* 和 *N. bentamiana* 扩增出了与 *pto* 同源的DNA片段，而在另一个对含 *avrpto* 基因病原小种有抗性品系 *N. clevelandii* 中，即使是用很大的引物，仍不能扩增出这些片段。这个结果似乎表明，推测的 *N. clevelandii* 中与 *pto* 同源的基因在结构上与番茄的抗病基因 *pto* 是不同的。W-38是一个含有与 *pto* 功能同源基因的烟草品种，Thilmony等的转基因实验证明，表达 *pto* 基因的W-38烟草转基因植株的抗性得到显著的提高。它也表明，烟草和番茄中介导的 *pto* 信号转导所需的组分在功能上是保守的。

番茄的 *pto* 是一个复合基因座，在这里排列有5～7个与 *pto* 基因属于同一个家族的基因，其中 *fen* 基因赋予番茄对有机磷杀虫剂Fenthion的敏感性。*prf* 基因既参与番茄对丁香假单胞菌番茄变种(*Pesudomonas syringae* pv. tomato)的抗性，又参与了对Fenthion的敏感性反应。克隆到的 *fen* 基因表明它也编码了一个丝-苏氨酸蛋白激酶，这个基因与 *pto* 的同源性高达80%。现已克隆了与 *pto* 位点紧密连锁的其他基因，对阐明PR防御系统研究是一个极好的理论资料。

5.3 番茄 *ptil* 基因的结构与功能

Zhou等(1995)从番茄中克隆到另一个编码丝-苏氨酸激酶的基因 *ptil*。Ptil蛋白激酶可被Pto蛋白磷酸化，但不能被Fen磷酸化，而Ptil蛋白则既不使Pto蛋白磷酸化，也不使Fen磷酸化。表达 *ptil* 基因的转基因烟草对携带 *avrpto* 基因的病原菌 *P. syringae* pv. tabaci的抗性得到增强。这些结果显示，耦联的蛋白激酶系统参与了识别 *avrpto* 的信号转导过程。对马铃薯病原相关蛋白PR-10a的研究结果也支持这种观点。Despres等(1995)发现，马铃薯 *PR-10a* 基因的激活需要一个称为PR-10z结合因子1的磷酸化。

6 植物保卫素合成酶基因及其应用

6.1 化合物保卫素的功能及其合成酶基因

植物保卫素(phytoalexin)是植物在一系列生物和非生物因子刺激下合成积累的一类具有抗微生物活性的低分子质量脂溶性化合物。这些化合物的合成受到酶基因的调控。植物保卫素的存在与对某个病原菌的抗性有关，如环型八硫(S8)是从可可粉植物中发现的一类对细菌剧毒的新型植物保卫素。Resveratrol (3,4′,5-trihydroxystilbene)是葡萄中的一种植物保卫素，能抑制 *Botrytis cinerea* 生长。落地花生中的stilbene合成酶是合成resveratrol的关键酶，在烟草中大都缺少这种酶。采用基因工程技术将stilbene合成酶基因导入烟草，转基因烟草不但能合成resveratrol，而且表现出明显的抗 *B. cinerea* 的抗性。

6.2 活性氧的抗菌功能及其调控基因

在植物与病原物互作系统中，经常观察到植物对病原物的防卫反应中包括活泼氧产生。迄今在寄主与病原物非亲和性互作系统中共发现了4种活性氧：$O_2^{\cdot}$、H_2O_2、$H_2O^{\cdot}$、$^{\cdot}OH$。这些活性氧不仅对病原物有杀伤或抑制作用，而且H_2O_2参与植物防卫反应的若干过程。例如，启动植物保卫素的合成，诱导植物细胞壁羟脯氨酸糖蛋白的交联，提高苯息香酸-2-羟基化酶的活性，增加SA的合成，调节植物中与防卫反应有关mRNA的稳定性等。近年来的研究进一步表明，H_2O_2不仅在局部范围内诱导过敏性反应，而且还可作为信号启动邻近细胞的自我保护机制，诱导合成酶调控基因的表达，如谷胱甘肽S转移酶(glutathione S-transferase, GST)基因的表达。H_2O_2还可参加水杨酸SAR的诱导过程，诱导 PR 蛋白基因的表达等。转基因植物研究证明：H_2O_2 的产生与植物抗菌相关。将 *Aspergillus niger* 的葡萄糖氧化酶（glucose oxidase，GO）基因导入马铃薯后，GO 通过氧化葡萄糖释放 H_2O_2，测定表明转基因植物叶片和块茎中的 H_2O_2 水平提高后明显增强了对软腐病和晚疫病的抗性。

7　类甜蛋白基因及其应用

7.1　类甜蛋白的成分和结构

类甜蛋白（TLP）是从单子叶和双子叶植物中分离出来的一类抗菌蛋白质的总称，其氨基酸序列与非洲浆果（*Thaumatocuus daniellii*）超甜味蛋白质具有相似性，因此称为 thaumatin-like。TLP 包括烟草 Osmotin 1、Osmotin 2、PR-S、PR-R、番茄 NP24、马铃薯 AP24、玉米（zeamatin）、高粱（sormatin）、燕麦（avematin）、小麦（trimatin）及大麦和亚麻种子分离的 zeamatin-like 蛋白等。其中前 6 个 TLP 是 PR5 的成员，由病原侵染诱导产生，而后 6 个 TLP 在植物中为组成型表达，但在成熟种子含量最高。除 PR-S 和 PR-R 为酸性蛋白质外，其他 TLP 均为碱性蛋白质。

TLP 蛋白的分子质量在 22～24kDa，在一级结构上共同的特征为：含有 16 个半胱氨酸、8 个二硫键、具有稳定的三维结构和强疏水性。这些蛋白质的基因也都被克隆。

7.2　TLP 的作用机制和应用

TLP 蛋白的共同特点是都表现为对不同类型的菌物生长有抑制作用。TLP 的抑菌机制是蛋白质与菌物细胞膜结合，形成离子通道改变膜的透性使菌物致死。TLP 的转基因植物研究已开展了许多工作。Liu 等（1994）将烟草 Osmotin 蛋白的基因导入马铃薯。Zhu 等（1996）将马铃薯 Osmotin-like 蛋白的基因导入不同的马铃薯品种中。这两种转基因植株都表现出对 *Phytophtnora infestans* 的抗性。Malehorn 等（1994）对玉米 ZLP（zeamatin-like protein）基因进行了详细的功能研究，发现 *ZLP* 能在昆虫细胞、拟南芥和番茄中表达，并靠自身的信号肽分泌至细胞外，具有很强的抗菌物作用，对人类病原菌（*Candita albicans*）、真菌（*Thichoderma reesei*）及植物病原菌（*Alternavia solani*）都有抑制作用。有趣的是水解后的 ZLP 蛋白仍然具有抑菌活性。

7.3　*tho* 基因的结构与功能

Thonins 是从禾谷类作物胚乳及叶片等组织中分离的一类分子质量为 5kDa 含硫蛋白质，该蛋白质一般呈碱性，含 6～8 个半胱氨酸，通过 3～4 个二硫键稳定其三维结构。Thonins 基因 *tho* 在细胞内表达时以一种前体蛋白成分存在，分泌至液泡、蛋白质包涵体和细胞壁中。对大麦的 *tho* 研究表明，该基因能被生物和非生物因子所诱导表达。体外实验结果表明 Thonins 对菌物和细菌都具有一定的毒性，如何利用 *tho* 基因通过基因工程培育抗病的新品种是值得研究的课题。

复　习　题

名词解释

植物保卫素、类甜蛋白

问题

(1) 简述抗菌肽基因的结构和功能。

(2) 列表总结出抗细菌基因的结构与功能。

第9章

抗非生物胁迫基因及其应用

植物在生长过程中，不可避免地会受到各种环境因子的影响。通常把植物受到的非生物的环境因子的影响，称为非生物逆境胁迫。在长期的进化过程中，植物自身也产生了一系列的适宜与抵御不利环境因子的机制，发掘这一类能够提高植物抵抗非生物逆境胁迫能力的基因，并将其应用到作物生产中，将有利于提高植物生产的稳定性。本章将从植物耐除草剂（herbcide）、抗旱、耐寒、耐瘠薄等方面介绍植物抗非生物逆境胁迫相关的基因及其应用。

1 耐除草剂基因及其应用

按照除草剂对植物作用的性质可分为灭生性和选择性两种。灭生性除草剂会杀灭所有的植物，不具有选择性，因此，只能在农田休闲季节使用。选择性除草剂可以在作物生产期间使用，但是其选择性是在目标作物生长发育的特定时期、一定剂量下的选择性，对使用的作物、时期和剂量都有严格的要求，这就限制了这类除草剂的应用。草甘膦和草丁膦等灭生性除草剂具有高效、低毒、易降解、无残留等特点，但它们没有选择性，不能在作物的生长期利用。为扩大这类除草剂的应用范围，抗除草剂转基因作物应运而生，目前全球耐除草剂转基因作物种植面积占转基因作物种植面积的70%左右。

1.1 抗 EPSPS 抑制剂基因

草甘膦（glyphosate）特异性地抑制植物中莽草酸羟基乙烯转移酶（EPSPS）的活性，而EPSPS是芳香族氨基酸合成途径中的关键酶。

1.1.1 5-烯醇式丙酮酸莽草酸-3-磷酸合成酶

5-烯醇式丙酮酸莽草酸-3-磷酸合成酶（5-enolpyruvylshikimate-3-phosphate synthase，EPSPS，EC2.5.1.19）是细菌、真菌、藻类、高等植物体内芳香族氨基酸（包括色氨酸、酪氨酸、苯丙氨酸）生物合成过程中的一个关键酶，催化莽草酸-3-磷酸和磷酸烯醇丙酮酸缩合，生成5-烯醇式丙酮酸莽草酸-3-磷酸（EPSP）。EPSPS活性被抑制，导致分枝酸合成受阻，阻断芳香族氨基酸和一些芳香化合物的生物合成，从而扰乱了生物体正常的氮代谢而使其死亡。在植物细胞中，编码EPSPS的基因存在于细胞核中，但成熟蛋白质位于叶绿体内。

1.1.2 EPSPS 抑制剂

草甘膦是美国孟山都公司（Monsanto）开发的目前唯一商品化的EPSPS酶抑制剂，也是世界上生产量与销售量最大、使用范围最广的除草剂。草甘膦理化性质稳定，具有高效、广谱、低毒、低残留、不破坏土壤环境、对大多数植物具有灭生性等优点。其对植物的生长抑制有3种机制：①阻断植物体内芳香族氨基酸和某些由其参与合成的次生代谢物的生物合成；②导致3-磷酸莽草酸（shikimate-3-phosphate，S3P）积累消耗能量；③造成普通途径中间代谢物（尤其是磷酸化合物如NADP或shikimate-3-phosphate）积累，对植物产生毒性。

1.1.3 EPSPS 的突变体及耐草甘膦转基因植物研究进展

人们已经从大肠杆菌、鼠伤寒沙门氏菌、矮牵牛、番茄、拟南芥、大豆和水稻等多种生物中克隆了编码EPSPS的 *aroA* 基因，序列比对发现，其中一段高度保守的氨基酸序列LXLGNAGTAXRXL（X代表不保守的氨基酸），涉及该酶与其底物PEP或草甘膦的相互作用。如突变其中的保守氨基酸，使其与草甘膦的亲和性下降，形成对草甘膦的抗性。

美国孟山都公司的研究人员将克隆的耐草甘膦的EPSP合成酶基因转入植物，获得了一系列Roundup Ready的转基因耐草甘膦作物，并得到广泛的推广种植，包括转基因大豆、玉米、棉花、油菜和苜蓿。另外，利用草甘膦乙酰转移酶将草甘膦乙酰化也可使草甘膦失活。美国先锋公司（Pioneer Hi-bred，2006）将该基因与对ALS抑制剂具有高抗性的 *hra* 基因共同转入玉米中，获得了对咪唑啉酮及草甘膦都有很好耐性的转基因玉米。

1.2　抗ALS抑制剂基因

1.2.1　乙酰乳酸合成酶

乙酰乳酸合成酶(acetolactate synthase,ALS,EC4.1.3.18),也称乙酰羟酸合成酶(acetohydroxyacid synthase,AHAS),是支链氨基酸合成中的一个关键酶。若ALS活性受到抑制,将造成支链氨基酸合成受阻,进而影响蛋白质合成及植物生长。人们在大肠杆菌、鼠伤寒沙门氏菌、酵母、真菌、藻类、植物中发现了多种ALS酶,这些来源不同的ALS酶均为由一个60～70kDa的接触亚基和一个9～54kDa的调节亚基共同组成的二聚体,ALS酶的接触亚基本身就具有催化活性,但与调节亚基共同作用将使其催化活性大大提高,支链氨基酸也通过调节亚基反馈抑制ALS酶的活性。

1.2.2　乙酰乳酸合成酶抑制剂

以ALS作为靶标已成为开发超高效除草剂品种的重要领域,现已开发出的ALS抑制剂类除草剂有5大类50余种:磺酰脲类(sulfonylurea,SU)、咪唑啉酮类(imidazolinone,IMI)、三唑嘧啶类(triazolopyrimidine,TP)、嘧啶水杨酸类(pyrimidinyl-thio-benzoate,PTB)、磺酰胺类(sulfonylamino-carbonyl-triazolinone,SCT)。这些ALS抑制剂具有选择性强、杀草谱广、低毒高效等特点,其中具有代表性的是磺酰脲类和咪唑啉酮类除草剂。

1.2.3　ALS突变体及耐ALS抑制剂类除草剂植物研究进展

1992年以来,美国氰胺公司(American Cyanamid Company)通过组织培养及田间筛选突变体等传统育种方法选育、开发出一系列抗咪唑啉酮的玉米、油菜、水稻、小麦和向日葵等突变体。杜邦公司(DuPont)也开发出了抗氯嘧磺隆与噻磺隆等磺酰脲类除草剂的转基因大豆及棉花品种(1997),使上述除草剂可以安全地应用于大豆及棉花的田间除草。

目前,耐ALS抑制剂类除草剂植物的研究,集中于新的抗性位点的发掘及获得对ALS抑制剂类除草剂具有更高耐性的植物。例如,从水稻愈伤组织中诱导出的对ALS抑制剂具有抗性的两个突变株的ALS都发生了Gly—Ala突变,这个突变的ALS酶对双草醚(bispyribac-sodium)、嘧草硫醚(pyrithiobac-sodium)、嘧草醚(pyriminobac)这3种ALS抑制剂的耐受性分别达到野生型的16 000倍、9100倍和13 000倍,转入该基因的水稻也表现出了对除草剂的高抗性。

1.3　草铵膦乙酰转移酶基因

1.3.1　谷氨酰胺合成酶

谷氨酰胺合成酶(glutamine synthetase,GS,EC6.3.1.2)在植物的氨同化及氮代谢调节中起重要作用,催化无机氮向有机氮的转化反应,同时也是植物中唯一的解毒酶,能够解除由硝酸盐还原、氨基酸降解及光呼吸中释放出的氨的毒性。谷氨酰胺合成酶存在于所有植物组织中,有2种同工酶:细胞质中的GS1和叶绿体中的GS2。一般在非光合作用体系中以GS1为主,而在叶片中以GS2的形式存在。

1.3.2　谷氨酰胺合成酶(GS)抑制剂

草铵膦(glufosinate)也称草丁膦(phosphinothricin,PPT),是目前最主要的GS抑制剂,是一种有机膦类除草剂,是非选择性、广谱除草剂Basta的活性成分。其作用机制是强烈抑制GS的活性,干扰植物的氮代谢,最终使植物死亡。另外一种商业化的GS抑制剂类除草剂是双丙氨膦,它是草铵膦的一种三肽前体,由PPT连上2个L-丙氨酸残基构成,完整的三肽不具离体抑制活性,通过植物体中的肽酶除去2个L-丙氨酸残基后,在细胞内释放出的PPT才有活性。

1.3.3　耐草铵膦转基因植物的研究进展

耐草铵膦的基因一种是来自土壤吸水链霉菌(*Streptomyces hygroscopicus*)的*bar*基因,另一种来自*S. viridochromogenes*的*pat*基因,两个基因均编码草铵膦乙酰转移酶(phosphinothricin *N*-acetyltransferase,PAT),其对草铵膦的抗性机制在于所编码的PAT使草铵膦的自由氨基乙酰化,从而对草铵膦解毒。近年来,*bar*基因和*pat*基因广泛用于各种植物转化,在转基因抗除草剂作物研究与推广中,抗草铵膦作物仅次于抗草甘膦作物而居第二位,耐草铵膦转基因作物主要有油菜、玉米、大豆、棉花、甜菜等。

2　抗非生物逆境基因及其应用

2.1　渗透调节物质合成酶基因及其应用

在高渗条件下,微生物或植物细胞通过增加胞内一些相容性物质的浓度来维持渗透压的平衡。这些相容性物质即为渗透调节物质,包括无机离子、糖类、多元醇、氨基酸和生物碱等。通过基因工程手段，使细胞内积累渗透调节物质如甜菜碱、脯氨酸、甘露醇、山梨醇等，能够不同程度地提高转基因植物的耐盐性和抗旱性等。

2.1.1 脯氨酸合成酶基因

脯氨酸是一种重要的有机渗透调节物质，植物在遭遇干旱、高盐和低温等逆境伤害时，其体内都会积累较高水平的游离脯氨酸。目前，已从高等植物中克隆了多个编码脯氨酸合成酶基因。

2.1.2 甜菜碱合成有关的酶基因

甜菜碱是一类季铵化合物，研究最多的是甘氨酸甜菜碱(glycine betaine)，简称甜菜碱(betaine)。许多植物受到盐分和水胁迫时，细胞中积累甜菜碱，积累水平与植物耐盐性成正比，是最好的有机渗透调节剂。

高等植物中甜菜碱合成是以胆碱为底物在叶绿体的基质中经两步酶催氧化生成的，其中，催化第二步反应的是甜菜碱醛脱氢酶(BADH)，将含BADH cDNA的植物双元表达载体转到水稻中，获得的转基因水稻有较高的耐盐性。

2.1.3 海藻糖合成有关的酶基因

研究表明，海藻糖能保护生物膜、蛋白质的结构并能保持逆境条件下酶的活性，从而提高生物体对干旱、低温、高温、pH、盐渍等逆境条件的抗性。近年来，已在多种生物中克隆了该代谢途径上的各种酶的基因，如酵母中海藻糖的合成酶基因 *tps1*，*tps2* 和 *tsl1* 等。并将大肠杆菌海藻糖合成酶基因 *ostA*、*ostB* 转化烟草，在干旱胁迫下，转基因烟草叶片表现出具有较高的光合速率，更好的保水性，较低的渗透势，较高的葡萄糖、果糖和蔗糖含量。

2.1.4 果聚糖合成酶和果聚糖果糖基转移酶基因

植物中果聚糖作为贮藏碳水化合物，主要储存于细胞液泡中。两个酶参与最简单型果聚糖(inulin)的合成，一是蔗糖：蔗糖果糖基转移酶(sucrose：sucrose fructosyl transferase，SST)，通过催化一个蔗糖分子上的果糖基转移到另一个蔗糖分子上，形成一个果聚三糖(1-蔗果三糖)和一个葡萄糖分子，从而开始果聚糖的合成；二是果聚糖：果聚糖果糖基转移酶(fructan：fructan fructosyl transferase，FFT)，催化 DP≥3 的果聚糖分子上的果糖基转移到另一果聚糖分子或蔗糖分子上，从而形成果聚糖多聚体。1-SST 和 1-FFT 共同作用导致不同链长的果聚糖分子混合物形成。

有研究将小麦的 *wtf2*(编码 1-SST)基因转化水稻，转基因水稻叶片的可溶性糖(葡萄糖和果糖)含量是受体对照的 2 倍以上，且没有表现出生长缓慢或育性降低等不利效应，提高了转基因水稻的抗冷性。

2.1.5 甘露醇、山梨醇等糖醇代谢关键酶基因

山梨醇、甘露醇等己糖醇分子结构、理化性质和生理功能相近，它们含有多个羟基，亲水性强，能有效地维持细胞内水活度，属于有机渗透调节物质。将大肠杆菌 1-磷酸甘露醇脱氢酶 *mtlD* 基因转化烟草，转基因烟草获得了合成甘露醇的能力，从而使转基因烟草获得较强的耐盐性。

2.2 抗氧化保护酶基因及其应用

2.2.1 超氧化物歧化酶

SOD 是一类含金属离子的酶，作为清除活性氧(ROS)的第一道防线，将 O_2^- 歧化为 H_2O_2。基于所结合的金属离子，将其分为三类：Fe-SOD、Mn-SOD 及 Cu/Zn-SOD。在拟南芥中发现有 7 种 SOD 酶：3 种 Cu/Zn-SOD(1 种细胞质 Cu/Zn-SOD，CSD1；1 种叶绿体 Cu/Zn-SOD，CSD2；1 种叶绿体 Cu/Zn-SOD，CSD3)，3 种 Fe-SOD 及 1 种 Mn-SOD(MSD1)，此外还有 1 种 Fe/Mg-SOD 家族蛋白。这些酶在细胞内不同逆境下有不同的调控作用，其中 CSD1 和 CSD2 有解除超氧自由基毒害的作用。

Meng 等(2012)合成了 3 种 SOD 的类似物甲基苯并咪唑基铜络合物(benzimidazolate-based Cu^{2+} complexes)，对其在干旱胁迫下与水稻器官中活性氧(ROS)及抗氧化酶水平的关系研究发现，SOD 的类似物处理种子后，叶片中及根中的活性氧水平显著下降，而包括 SOD 和过氧化氢酶 CAT 在内的抗氧化酶的活性显著提高。

2.2.2 过氧化物酶

根据催化底物的不同，植物过氧化物酶(POD)可分为抗坏血酸过氧化物酶(APX)、谷胱甘肽过氧化物酶(GPX)和愈创木酚过氧化物酶等。APX 以抗坏血酸为底物，将 H_2O_2 还原为 H_2O，在植物抗非生物胁迫、维持活性氧的稳态中起着非常重要的作用。

水稻基因组中有 8 个 OsAPX。Zhang 等(2012)通过 T-DNA 插入敲除突变体，对胞质 *osapx2* 基因的功能研究表明，*osapx2* 的表达受干旱胁迫诱导，*osapx2* 突变体的 APX 活性下降，对干

旱胁迫更加敏感，而 *osapx2* 过表达的转基因植株 APX 的活性及抗胁迫能力提高。

2.2.3　过氧化氢酶

过氧化氢酶是一种四聚体血红素酶，能将 SOD 歧化产生的 H_2O_2 分解成 H_2O 和 O_2，从而使细胞免遭 H_2O_2 的毒害。按照催化中心结构可分为铁过氧化氢酶（FeCAT）和锰过氧化氢酶（Mn-CAT）两类。有人将豌豆的过氧化氢酶转入玉米，转基因玉米的过氧化氢酶活性和抗旱能力比对照明显提高。

2.3　LEA 蛋白基因及其应用

LEA 蛋白（late-embryogenesis-abundant protein）是指胚胎发生后期植物种子中大量积累的一系列蛋白质，广泛存在于高等植物的细胞质、细胞核、内质网、线粒体和叶绿体中，其受发育阶段、干旱、高盐、低温和外源 ABA 的调节，使植物能够在水分亏缺时，保持细胞膜系统及生物大分子免受破坏。

2.3.1　LEA 蛋白的种类、特性和功能

LEA 蛋白是一个大的家族，其分子质量较小（10～30kDa），富含甘氨酸、赖氨酸等亲水性氨基酸，疏水氨基酸含量很少，它最显著的理化性质是高亲水性和热稳定性，在煮沸的条件下也能保持水溶状态。除了在种子中表达外，花粉管和营养组织中都能积累。

根据 LEA 蛋白氨基酸序列的同源性和一些特殊的基元序列，将 LEA 蛋白分为 6 组，即 D19 LEA（第 1 组）、D11 LEA（第 2 组）、D7 LEA（第 3 组）、D113 LEA（第 4 组）、D29 LEA（第 5 组）和 D95 LEA（第 6 组）。其中，第 2 组 LEA 蛋白又称为脱水素（dehydrin），其作用可能有两点：①可部分代替水分子，保持细胞液处于溶解状态，避免植物因干旱胁迫引起细胞结构的塌陷，稳定细胞结构，尤其是膜结构；②当植物遇到水分胁迫时能稳定和保护蛋白质的结构，起到分子伴侣和亲水性溶质的作用。

2.3.2　*LEA* 基因结构及其表达调控

LEA 基因作为 ABA 应答基因的一种，在结构上同其他 ABA 应答基因类似，启动子区域有 TATA-box 和 CAAT-box，poly(A)端含 1 个至多个内含子。*LEA* 基因的表达需要在基因结构上存在一个（或多个）激素感应区，称为顺式作用元件，位于基因的上游，反式作用因子与之结合，促进基因的转录。许多研究表明，*LEA* 基因在组织和器官水平上的表达没有特异性，在种子的子叶、花序，以及根、茎和叶等器官中表达。

2.3.3　LEA 蛋白与植物抗逆性

LEA 蛋白存在多种功能，其中与植物的抗逆性关系密切。

1）与植物抗旱性　LEA 蛋白有较高的亲水性，能够把足够的水分捕捉到细胞内，保护细胞免受水分胁迫时的伤害。在水分缺乏时，此种蛋白质在细胞中像可溶性糖一样，有增强束缚水，使细胞膜结构免受伤害的作用。有研究将小麦 LEA 蛋白基因 *TaLEA3* 在中华羊草中超表达后，其抗旱性显著提高。

2）与植物抗盐性　将大豆 *PM2*、*PM11* 和 *PM30* 基因分别转化大肠杆菌，重组菌在高盐下的存活率明显高于对照菌。对转 *LEA 3* 基因水稻植株的抗渗透胁迫能力分析显示，在相同的胁迫条件下，转基因植株的苗高、根长、离体叶片保水率、叶绿素含量、可溶性糖含量、可溶性蛋白质含量和 SOD 活性均高于未转化的对照植株，表明转 *LEA* 基因水稻对高盐和干旱胁迫有较强的抗性。

3）与植物抗寒性　在受到冷胁迫时，第 2 组酸性 LEA 蛋白 WCOR410 在原生质膜和冻害植物组织中大量积累，小麦的 D11LEA 蛋白、拟南芥的 COR47 和大麦的 HAV1 都大量表达。将马铃薯的 LEA 蛋白 *DHN24* 转入黄瓜，转基因株系的抗寒性都显著提高。

2.4　抗逆相关转录因子基因及其应用

转录因子（transcription factor，TF）也称为反式作用因子，是指能够与真核基因启动子区域中的顺式作用元件发生特异性相互作用，并对转录有激活或抑制作用的 DNA 结合蛋白。转录因子在植物响应外界环境变化刺激、最终诱导植物相关防御和抗性基因的表达过程中起着极其重要的作用。迄今已发现的编码植物转录因子的基因已达数百种，与抗逆相关转录因子主要有 DREB、MYC/MYB、bZIP、WRKY 和 NAC 类等。

2.4.1　DREB 转录因子

1）DREB 转录因子的结构特点　DREB（dehydration responsive element binding protein）属于 AP2/EREBP（APETALA2/ethlene responsive element binding protein）转录因子家族，其序列中只含有 1 个 AP2/EREBP 保守结构域。DREB 亚族转录因子具有由 59 个氨基酸组成的高度保守的

AP2结构域，包含YRG和RAYD两个保守元件。YRG区为N端含有20个氨基酸残基的碱性亲水区，有利于与DNA的结合，其位于第二个β折叠的第14和19位的氨基酸残基分别为缬氨酸（V14）和谷氨酸（E19），是与DRE作用元件相互结合的关键位点，对识别并结合各类顺式作用元件具有重要作用。RAYD区位于AP2结构域的C端，由42个或43个氨基酸残基组成，含有由大约18个氨基酸残基组成的双亲α螺旋核心区域，主要调节转录因子与DRE顺式作用元件的结合，通过影响YRG保守区的构象或通过与其他蛋白质发生相互作用来调节AP2结构域与DNA的结合。CBF/DREB转录因子的二级结构具有典型的转录调控因子二级结构的特点，即N端含有大量的碱性氨基酸残基（核定位信号区），C端含大量的酸性氨基酸残基，只有少量碱性氨基酸（转录激活区）。

2）DREB转录因子的表达调控　编码DREB转录因子的基因家族中，*DREB1/CBF*基因可被低温诱导但不被干旱和高盐诱导，而*DREB2*基因可被干旱和高盐诱导，二者蛋白质都可与DRE/CRT顺式元件结合，但DREB1/CBF蛋白调节低温应答基因的表达，而DREB2蛋白参与干旱响应基因的表达。有些DREB类转录因子可被外源ABA诱导表达。

3）DREB类转录因子与非生物胁迫抗性
目前，已经从拟南芥、水稻、大豆、小麦、玉米、番茄、杨树等植物中分离出大量DREB类转录因子，主要功能都是通过其与顺式作用元件DRE结合，调节在抗逆反应中直接起保护作用的抗性蛋白基因的表达，以及在信号传递和胁迫诱导基因表达中起调节作用的调节因子基因的表达来提高植物的抗逆性。

（1）干旱胁迫抗性。DREB转录因子可以调控与可溶性糖合成有关蛋白质的基因的表达，提高植株的抗旱能力。通过对4周龄转*GmDREB3*基因与野生型拟南芥干旱处理19d，复水8d后发现，野生型全部死亡，而转基因植株的存活率为32%。

（2）盐胁迫抗性。*DREB*类基因的表达可诱导*Rd29A*和*cor15a*等下游基因的表达，增强植物对高盐的胁迫抗性。

（3）低温胁迫抗性。一些DREB类转录因子经低温诱导表达后，可调控耐低温功能基因的表达，进而降低细胞可溶性物质的渗漏率，维持细胞的渗透平衡，提高植物抗寒性。例如，将*Ubi-GhDREB*转基因小麦于−6℃下处理3d，恢复培养后，其存活率高于37%，而对照只有6.2%。

（4）高温胁迫抗性。高温对植物的直接伤害是致使蛋白质变性，生物膜结构破损，导致体内生理生化代谢紊乱。*DREB*基因的过表达能够激活热激相关基因的表达，提高植物对高温的耐受力。

2.4.2　Myb类转录因子

1）Myb类转录因子的结构特征　Myb类转录因子以其结构上都有一段保守的DNA结合区Myb结构域而得名。Myb类转录因子由3个保守的功能域组成：一个保守的DNA结合结构域（DNA binding domain，DBD）、一个转录激活结构域（transactivation domain，TAD）及一个不完全界定的负调节区（negative regulatory domain，NED）。根据DBD中重复片段R的个数，将Myb类转录因子分为单一Myb结构域蛋白（R1/R2）、2R蛋白（R1R2，R2R3）和3R蛋白（R1R2R3），其中R2R3亚类成员数目最多。据估计，拟南芥中有180个Myb成员，其中126个是R2R3亚类成员；大麦中有320个Myb成员，其中51个是R2R3亚类成员。

2）Myb类转录因子的抗逆功能　Myb类转录因子与其他转录因子家族成员，尤其是bHLH类转录因子相互作用，通过组合调控的方式调节植物细胞的形成与模式建成、调节植物次生代谢特别是苯丙氨酸代谢，并对外界环境、激素及病虫害等做出应答。

拟南芥中的*AtMyb2*基因是第一个被发现受ABA诱导的R2R3型*Myb*基因，AtMyb2蛋白与bHLH类蛋白RdBPl相互作用，协同调节*Rd22*基因的表达。

Myb转录因子参与了光照、干旱及营养条件甚至病虫害等外界环境刺激的信号转导。有研究发现，小麦的3个Myb转录因子通过调控一些逆境胁迫响应基因的表达、提高转基因植株的渗透平衡能力和活性氧清除能力、调节ABA和水杨酸信号通路中的胁迫相关基因的表达等不同的机制调控植物的抗旱性。

2.4.3　bZIP类转录因子

植物碱性亮氨酸拉链（basic leucine zipper，bZIP）蛋白是一类重要的植物转录因子。碱性区域亮氨酸拉链蛋白bZIP（basic region/leucine-zipper motif）由一个DNA结合域和一个亮氨酸拉链二聚体结构域组成，是转录因子中较大的基因家族之一。

1）植物bZIP转录因子的结构　植物bZIP蛋白含有60～80个氨基酸残基，其结构域有以下3个特点：①含有一个约20个氨基酸残基的碱性结构域，紧靠亮氨酸拉链结构域的N端，通过一个固定的 N-x7-R/K 结构与特异 DNA 序列相结合，起核定位信号作用；②参与寡聚化作用的亮氨酸拉链区与碱性区紧密相连，每 7 个氨基酸的第 7 位含有一个亮氨酸(亮氨酸有时会被异亮氨酸、缬氨酸、苯丙氨酸和蛋氨酸替代)，亮氨酸拉链形成两亲的 α 螺旋结构，参与 bZIP 蛋白与 DNA 结合之前的二聚体化；③转录因子的 N 端含有酸性激活区，能以二聚体形式结合 DNA，而肽链 N 端的碱性区与 DNA 直接结合。另外，有些植物的 bZIP 蛋白还共有其他一些结构域，如脯氨酸、谷氨酰胺和酸性氨基酸丰富的结构域，这些特殊的结构域可能与转录激活结构域相互作用从而调控下游基因的表达。

2) 植物 bZIP 转录因子的分类　根据碱性结构域及其他保守的结构域，将拟南芥的 77 个 bZIP 类转录因子基因家族成员分为 A、B、C、D、E、F、G、H、I 和 S 类 10 个亚家族。除碱性结构域和其他保守结构域外，同一类亚家族成员之间还具有共同的特征，如亮氨酸拉链的大小等。另外，同类亚家族成员大多数能识别类似 *cis* 的顺式作用元件。不同家族成员行使的功能也不相同，如 A 亚族主要参与 ABA 和逆境胁迫的调控表达；C 亚族在种子发育和逆境胁迫中期作用；D 亚族在抗氧化和病菌防御方面起重要作用；E 亚族与 I 亚族在亮氨酸拉链结构上相似性很高，但目前功能研究较少；G 亚族在光信号转导和种子成熟过程中期作用；H 亚族在光合作用过程起关键作用；I 亚族参与 GA 代谢；S 亚族参与逆境胁迫和糖类信号代谢，而 B 亚族和 F 亚族报导很少。

3) 植物 bZIP 转录因子与环境胁迫　植物在环境逆境胁迫条件下，bZIP 转录因子可以与 ABA 应答元件 ABRE 结合因子 ABF(ABA-responsive element binding factor)或 ABRE 结合蛋白 AREB(ABRE-binding protein)结合来调节下游靶基因的表达，其中 ACGT 为核心序列，其保守序列为 PYCGTGGC。目前，大豆中已经鉴定出 131 个 *bZIP* 基因，命名为 *GmbZIP*，分为 10 个亚族，其中至少 1/3 以上的 *GmbZIP* 对 4 种逆境胁迫即脱落酸(ABA)、高盐、干旱和低温中的至少 1 种响应。

2.4.4 WRKY 类转录因子

WRKY 类转录因子是一种植物特有的、研究得较多的新型锌指型(zinc-finger type)转录调控因子，仅拟南芥就含有 100 多种 WRKY 成员。目前，大量的研究仅限于拟南芥、水稻和烟草等模式植物，其功能研究也主要集中在抗病反应上。

1) WRKY 转录因子的结构特点　WRKY 转录因子因含有保守的能结合目的基因 DNA 的 WRKY 结构域而得名。WRKY 结构域由约 60 个氨基酸组成，其靠近氨基 (N)末端有 7 个保守的氨基酸残基 WRKYGQK 和锌指结构。WRKYGQK 是 WRKY 结构域的核心序列，其序列发生变化可导致 DNA 结合活性减弱甚至失去。WRKY 转录调控因子能与目标基因启动子的 W 盒(T)TGACC(A/T)和 SURE(sugar-responsive *cis*-element)结合，调控目标基因的转录。

2) WRKY 转录因子与胁迫抗性　研究发现，在拟南芥中有 2 个主要的共调控网络(COR-A、COR-B)和 2 个较小的网络(COR-C、COR-D)。利用从水稻中分离的病原真菌 *Magnaporthe oryzae*、FR13 和两种非水稻病原菌、小麦中的 *M. oryzae*、BR32，以及马塘草中的 *M. grisea*、BR29 侵染拟南芥，通过表达聚类和 PCC 分析表明，COR-A 中包括多个参与植物病原物互作的 *AtWRKY* 基因。

2.4.5 NAC 类转录因子

1) NAC 转录因子的基本结构特征　NAC 家族转录因子的 N 端都具有高度保守的 NAC 结构域，由大约 150 个氨基酸残基组成，包含 5 个保守区(A～E)，它们通过盐桥等作用形成具有功能的 NAC 蛋白二聚体，该二聚体表面一侧富含正电荷，可能与 DNA 的结合有关，而其 C 端则为高度变异和具有转录激活功能的调控区。研究发现一些 NAC 蛋白的 C 端还表现出蛋白质结合活性和跨膜(TM)元件。全基因组分析发现，水稻和拟南芥中分别有至少 151 个和 117 个 NAC 家族转录因子基因。

2) NAC 家族转录因子与逆境胁迫抗性　NAC 家族中的大多数成员都是诱导型表达的转录因子，植物不同生长发育阶段，病原体侵染、高盐、干旱、低温、植物激素刺激和机械损伤等生物与非生物胁迫都可诱导其表达。因此，NAC 家族转录因子在植物生长发育、代谢调节、器官建成、激素响应、抵抗逆境和作物品质改良中具有重要作用。有研究发现，大豆的 2 个 *NAC* 基因 *GmNAC11* 和 *GmNAC20* 都能被生物胁迫和植物激素诱导表达。

2.5 信号因子及其应用

在转录因子的上游，各种环境胁迫的刺激会激活各种信号因子的表达，包括磷酸化和/或去磷酸化、磷脂代谢、钙调节、蛋白质降解等。利用信号因子可以调节一类逆境应答基因的表达，增强植物对多种逆境的抵抗和适应能力，从整体上增强植物的抗逆性。

2.5.1 MAPK

促分裂原活化蛋白激酶(mitogen-activated protein kinase,MAPK)链是真核生物信号传递网络中的重要途径之一,在真核生物中普遍存在。MAPK通路是多种生长信号跨膜传递的交汇点或共同通路,该通路也可以将外源刺激转入胞内并引发细胞应答,调控细胞的基因表达,细胞的生长发育,细胞的分裂、分化及凋亡等多种过程,生长素(IAA)、脱落酸(ABA)、乙烯(ETH)和细胞分裂素(CTK)的代谢都与MAPK通路有关。MAPK级联途径是真核生物在进化上非常保守的信号通路。MAPK级联途径由MAPK、MAPKK(MAPK kinase,MAPK激酶)及MAPKKK(MAPK kinase kinase,MAPK激酶激酶)3个部分组成,通过蛋白质磷酸化作用将上游信号级联放大传递至下游应答分子(MAPKKK→MAPKK→MAPK)。

1) *MAPK*基因的组成　植物(拟南芥)*MAPK*基因被分为A、B、C、D共4个亚族。根据编码氨基酸序列的TXY基序的差异,将*MAPK*基因分为TEY类和TDY类。由系统发生关系进一步将TEY类分为A族、B族和C族,剩下的TDY类则为D族。A和B两个亚族编码氨基酸序列的活性位点都含有一个TEY磷酸化基序。A族基因包括*MAPK3*、*MAPK6*、*MAPK10*共3种基因。B族基因包括*MAPK4*、*MAPK5*、*MAPK11*、*MAPK12*、*MAPK13*共5种基因。C族*MAPK*基因包括*MAPK1*、*MAPK2*、*MAPK7*和*MAPK14*共4种基因。D族*MAPK*基因编码的氨基酸序列的活性位点拥有TDY区,包括*MAPK8*、*MAPK9*、*MAPK15*、*MAPK16*、*MAPK17*、*MAPK18*、*MAPK19*和*MAPK20*共8种基因。

2) *MAPK*基因与抗逆性　早在1994年就克隆出拟南芥*AtMAPK1*基因,并发现盐胁迫处理能够增强拟南芥*AtMAPK1*的表达水平。进一步研究发现,AtMAPK1激酶可以被机械损伤和ABA、JA、H_2O_2等胁迫信号所激活,从而证明了*MAPK1*的表达受胁迫信号的影响。

有研究从PEG模拟干旱胁迫的玉米根系中分离到的*ZmOSMAPK1*基因与拟南芥*AtMPK4*和烟草*NtMPK4*有较高同源性,能够被干旱、高盐、机械损伤诱导表达,将*ZmOSMAPK1*转化拟南芥和烟草,转基因拟南芥对干旱和盐胁迫、转基因烟草对低温均具有较高的耐性。

2.5.2 CDPK

植物钙依赖的蛋白激酶(calcium-dependent protein kinase,CDPK)由多基因编码,如拟南芥和水稻中分别具有34和31个*CDPK*基因。在植物细胞中,CDPK作为胞质Ca^{2+}受体广泛参与植物生长、发育和逆境胁迫的分子响应等生理代谢活动的Ca^{2+}信号转导。

1) CDPK的基本结构和活性调控　CDPK蛋白在结构上具有保守性,CDPK为单肽链,从N端到C端依次为可变区、催化区、连接区和调控区4个功能区(结构域)。催化区具有典型的Ser/Thr蛋白激酶的催化保守序列。连接区由20~30个氨基酸残基组成,紧靠催化区以拟底物的方式与催化区结合起自抑制作用,所以又称自抑制区。调控区是Ca^{2+}结合区,有一段结构和功能类似于钙调素(CaM)的氨基酸序列,一般有4个与Ca^{2+}结合的EF手性结构,这是CDPK对Ca^{2+}高度亲和而不依赖于CaM的原因。

CDPK的激活严格依赖于自由Ca^{2+}的存在。拟南芥CDPK同系物AK1在Ca^{2+}存在时,CDPK激酶活性可以提高127倍。植物细胞在正常条件下,胞质中自由Ca^{2+}浓度很低,CDPK调控区不能完全与Ca^{2+}结合,也就不能完全解除连接区对激酶区的抑制,因此CDPK的本底活性很低。但当植物受到胁迫刺激,细胞内大量Ca^{2+}由储藏处(液泡、质体等)向胞质流动,Ca^{2+}与CDPK调控区结合,引起构型变化,使激酶区从与自抑制区的结合中释放出来,激酶活性被激活。

2) CDPK与逆境抗性　在水稻中,*OsCDPK7*基因超表达使转基因水稻对低温、干旱和盐胁迫的耐性增强,且胁迫耐性的程度与*OsCDPK7*基因的表达水平密切相关,*OsCDPK7*基因表达量越高,转基因水稻对胁迫的耐性就越强。同时,*OsCDPK7*基因的超表达增强了*salT*、*rab16A*等胁迫响应基因在盐胁迫条件下的诱导。这表明*OsCDPK7*基因可能调控*salT*、*rab16A*等下游胁迫响应基因来参与水稻对盐胁迫的耐性反应。

3　抗寒基因及其应用

3.1　抗冻蛋白基因

抗冻蛋白(antifreeze protein,AFP)是最早在极地海鱼中发现的一类具有热滞效应和冰晶生长抑制效应的蛋白质,具有高度的亲水性和热稳定性,能够保护植物细胞免受低温伤害。目前,已发现的抗冻蛋白可分为4类:Ⅰ型抗冻蛋白是富含丙氨酸重复序列、具有α螺旋结构的多肽,以美洲拟鲽的AFP为代表;Ⅱ型抗冻蛋白是富含胱氨酸,并具有β折叠结构的多肽，以绒杜父鱼的 AFP 为代表；Ⅲ型抗冻蛋白的氨基酸组成无明显偏向性，是无一定二级结构的多肽，以美洲大绵的 AFP 为代表；Ⅳ型抗冻蛋白是抗冻糖肽（antifreeze glycopeptide，AFGP），主要代表为南极鳕鱼，可产生类似于糖三肽多聚体的 AFGP。

3.1.1　鱼类 *AFP* 基因及其转基因植物

20 世纪 70 年代初期，人们就已从海洋鱼类的血清中发现了抗冻蛋白。将比目鱼体内抗冻蛋白（AFP）基因转入番茄，发现转基因番茄不但稳定转录 AFP 的 mRNA，还产生一种新的蛋白质，且转基因番茄的组织提取液在冰冻条件下能有效阻止冰晶增长。将美洲拟鲽 *afp* 基因导入番茄，田间抗寒性实验表明，在春季平均气温低于正常年份 4.4℃的条件下，转基因植株生长优于对照，致死温度也比对照降低了 2℃。

3.1.2　昆虫 *AFP* 基因及其转基因植物

从甲虫和云杉卷叶蛾中分离到的抗冻蛋白的活性是鱼类抗冻蛋白的 10～100 倍。将云杉蚜虫的抗冻基因 *AFP* 与 CaMV35S 及胭脂碱合成酶基因组成重组基因后转入烟草，发现云杉蚜虫抗冻基因 *AFP* 在转基因烟草质外体中的表达能抑制冰重结晶，并且提高了热滞值。

3.1.3　植物 *AFP* 基因及其转基因植物

1992 年，从经过低温锻炼可忍受细胞外结冰的冬黑麦中发现了植物内源性 AFP，随后从多种植物中获得了具有热滞效应的 AFP。Wallis 等（1997）将植物凝集素基因和 *AFP* 基因共同转化马铃薯，在－2℃条件下，发现非转基因马铃薯叶片的电渗值比转基因马铃薯的高 2 倍多，而且非转基因植株遭受了严重的冻害。

3.2　提高生物膜流动性的蛋白质基因

生物膜是植物细胞及细胞器与周围环境间的一个界面结构，它能够接受和传递环境信息，对环境胁迫做出反应，并对保持植物正常生命活动也具有重要的作用。研究表明，生物膜是低温冷害作用的首要部位，而且低温伤害的原初反应发生在生物膜系统类脂分子的相变上。一般认为，膜脂不饱和脂肪酸含量增高，膜脂相变温度会降低，增加了膜的流动性，从而使植物的抗寒性相应提高。反之，冷敏感植物的膜脂相变可能是由于膜脂脂肪酸的不饱和程度较低，低温下膜脂由液晶相向凝胶相转变，造成细胞膜膜相分离，从而引起细胞代谢紊乱。

3.2.1　*des* 基因

植物叶绿体膜中磷脂酰甘油（PG）的脂肪酸不饱和度与膜脂相变温度及植物抗寒性密切相关。研究认为，植物叶绿体甘油-3-磷酸酰基转移酶可增加叶绿体 PG 脂肪酸的不饱和度，从而提高抗寒性。植物中减饱和作用的 *desA* 基因编码一种减饱和酶和减饱和酶的辅酶，能在脂肪酸结合到膜甘油脂的 Δ12 位置导入第二个顺式双键。

有研究将从拟南芥中克隆的叶绿体 ω23 脂肪酸去饱和酶基因（*FAD7*）导入烟草中，转基因烟草中十六碳三烯酸和十八碳三烯酸含量提高，其前体物质相应减少，在 1℃ 低温下表现出明显的抗寒性。

3.2.2　甘油-3-磷脂酰转移酶基因

脂酰甘油（PG）具有较多的饱和脂肪酸，是决定膜脂相变的主要因素。而甘油-3-磷酸酰基转移酶（GPAT）是 PG 生物合成过程中的第一个酰基酯化酶，对决定植物膜 PG 的不饱和度起关键作用。Murata 等（1992）将冷敏植物南瓜的 GPAT 酶基因转至烟草，植株膜脂脂肪酸饱和度增加；相反，转移抗冷植物拟南芥的酰基转移酶基因，能够使烟草内囊体 PG 的脂肪酸组成趋向不饱和，烟草植株抗寒性大大提高。

3.3　环境因素诱导表达的植物抗寒相关基因

3.3.1　低温信号转录因子 CBF（C-repeat binding factor）

植物在遭受低温胁迫时，从感受低温信号到发生一系列生理生化反应和调节基因表达，进而产生抗寒能力，期间存在一个复杂的信号网络转导系统，CBF（CRT/DRE binding factor）转录因子调控的信号转导途径是其中的一个传导系统，其传导途径为：CBF 转录因子→CRT/DRE 基序→*COR* 基因表达→植物抗寒性增加，即转录因子 CBF 结合到 CRT/DRE 基序上，诱导了 *COR* 基因表达，从而提高植物的抗寒性。

Stocking 等（1997）首次从拟南芥中鉴定出这种编码能识别 *COR* 基因中的 CRT/DRE 元件，并与之结合的转录因子，故命名为 CBF1（CRT/DRE binding factor 1），即 CRT/DRE 结合因子。将 CBF1 蛋白基因转入未经冷驯化的拟南芥中，大量表达后能诱导冷诱导基因在常温下表达，增强了拟南芥的抗寒能力。后来人们发现拟南芥 *CBF1* 基因属于一个包括 *CBF1*、*CBF2*、*CBF3*、*CBF4*、*CBF5*

和 *CBF6* 基因在内的 *CBF* 基因家族,该基因家族成员均具有提高植物抗寒性的功能。

3.3.2 *COR* 基因

COR 基因是冷诱导基因,在它的启动子区域含有具有 5 个碱基核心序列 CCGAC。脱水反应元件 DRE(dehydration responsive element)作为顺式作用启动子元件,能在低温胁迫时激活 *COR* 基因的表达。研究发现,将 *Cu2COR19* 转入烟草,转基因烟草的电渗值较低、发芽率较高、抗冻性有所提高。

3.3.3 转录激活因子

转录激活因子(inducer of CBF expression, ICE)是在低温时诱导 CBF 家族表达的转录激活因子,它在低温时能特定地结合到 CBF 的启动子序列上,诱导 CBF 的表达,而后 CBF 结合到其下游目的基因启动子的 DRE 序列上,诱导 COR 的表达,从而提高植株的抗冻性。从拟南芥中得到 ICE1 (inducer of CBF expression 1),连上 CaMV35S 启动子转入拟南芥,转基因拟南芥植株的抗冻性有很大的提高。

4 耐瘠薄基因及其应用

养分利用效率(nutrient use efficiency, NUE)是植物生产力的重要指标之一。提高植物耐瘠薄和有效利用养分的能力,是降低生产成本、减轻过量施肥对环境不良影响的重要措施。

4.1 耐低磷候选基因及其应用

根表或皮层细胞的质膜是磷进入植物体内的第一道屏障,因而质膜对磷的吸收效率就必然成为植物磷营养性能的重要因子之一。近年来,模式植物拟南芥的质膜磷吸收转运的分子生物学研究取得了很大进展,许多高亲和磷转运子基因及其编码的转运蛋白(磷转运子)被识别、克隆和表达,复杂的植物磷吸收转运过程及其调控系统也开始被解读。

4.1.1 高亲和性磷转运蛋白基因

植物吸收的磷能否迅速向地上部转运是植物磷营养能效的重要因子之一。通过对 EMS 诱变获得的拟南芥磷突变体(*pl9*)磷吸收特点研究表明,拟南芥 5 号染色体上的 *PHO1* 基因控制着根系吸收的磷向木质部卸载。通过 *PHO1* 缺失突变体与野生型拟南芥 *PHO1* 基因推导表明,低磷吸收是 *PHO1* 位点隐性突变所致。进一步研究证明,*PHO1* 基因功能具有一定的专一性,*PHO1* 是高亲和磷转运调控基因。

植物根系对磷的吸收速率受植物地上部磷营养水平的负反馈调节,通过拟南芥另一突变体(缺失 *PHO2* 基因)的磷营养试验,表明 *PHO2* 是调节磷在地上部积累的基因。*PHO2* 与 *PHO1* 一样也是一个隐性基因,同时在遗传上是与 *PHO1* 互补的。一般认为 *PHO1* 基因编码的磷转运蛋白位于根木质部导管周围薄壁细胞的质膜上,而 *PHO2* 基因编码的磷转运蛋白位于叶的韧皮部,但尚未被分离到。

4.1.2 磷营养相关转录因子基因

磷转运子属于共运子(cotransporter),质膜上的磷转运子数量及其对磷离子的亲和力对植物磷吸收效率具有很大的影响。*AtPT1*、*AtPT2* 是从拟南芥根系磷胁迫诱导的 cDNA 文库中筛选到的高亲和磷转运子的基因。*AtPT1* 与 *AtPT2* 属小基因家族,低磷胁迫可诱导其在根中表达,但 *AtPT1* 的诱导表达强度比 *AtPT2* 高得多。试验表明,酵母突变体 *ns219*(缺失 *PHO84* 基因)导入 *AtPT1* 或 *AtPT2* 克隆后,在低磷条件下磷转运速率比突变体对照快 2.5 倍,说明 *AtPT1* 或 *AtPT2* 能补偿 *PHO84* 基因的功能。

PHT1 是低磷胁迫诱导的高亲和磷转运子基因。以拟南芥 *PHT1* 的保守序列设计探针,筛选拟南芥 cDNA 文库获得了与 *PHT1* 紧密连锁于 5 号染色体上的 2 个基因:*PHT2* 和 *PHT3*。*PHT1* 基因家族成员所编码的磷转运子蛋白在氨基酸序列上都非常相似,一般具有 520~550 个氨基酸,分子质量约为 58kDa。每一种转运蛋白均具有数个高度疏水的跨膜区(MSD),每个跨膜区是由 17~25 个氨基酸所形成的螺旋体结构。推测这类磷转运蛋白一般有 12 个 MSD,6 个一组在质膜上形成特定的跨膜构型,MSD 之间则由高度亲水性氨基酸组成的"扣件"(loop)连接,并推测磷转运子的 C 端和 N 端及其中央"扣件"位于质膜的细胞质。PHT1 磷转运子的这种构型也为其他植物磷转运子家族如 AtPT 及其他生物如真菌、酵母和哺乳动物的磷转运子所共有,这表明磷转运子蛋白构型在生物进化过程中高度保守。

4.1.3 酸性磷酸酶基因

酸性磷酸酶(APase)普遍存在于植物体内,这类酶可催化分解磷酸单脂等含磷有机化合物并释放出无机磷(Pi)。植物也能分泌酸性磷酸酶到根际，以分解土壤有机磷并释放出无机磷离子供植物吸收利用，因而胞外酸性磷酸酶的分泌与植物磷营养效率也有一定的关系。低磷胁迫诱导的分泌性酸性磷酸酶 APase 是一种复杂的化合物，具有几种同工酶，常形成聚合体发挥作用。从低磷条件悬浮培养烟草细胞中分离到 2 个具有双脂酶活性的中性焦磷酸酶，它们的最适 pH 为 6.8，另外分离出 1 个随低磷诱导而活性增强的 APase 酶，这个酶具有广泛的作用底物，最适 pH 为 5.8。

番茄植株在低磷胁迫下可诱导分泌 APase 酶，并具有基因表达调节子和系列信号传递系统，植物体内可能存在着低磷胁迫诱导的基因及与细菌和真菌相似的 PHO 调节子基因。

4.1.4　根形态及根分泌物相关基因

1) *植物根形态相关基因*　　根系对植物的磷营养效能起着决定性的作用。由于磷在土壤中移动性很弱，根系形态学上的一些特征，如根毛、排根、根分枝、菌根及根系空间构型等就决定了植物根系对土壤磷的摄取范围，即磷的空间有效性，因而根系形态学性状对植物磷营养效率具有很大的影响。

从莨菪（*Hyoscyamus niger*）须根上克隆到 *HR7* 基因，其在转基因莨菪根系上的过量表达促进了侧根的形成和激增。

2) *植物根系分泌物相关基因*　　植物能够向根际环境中分泌各种有机和无机物质，分泌物的种类和数量因植物种类而异。根系分泌物改变了根际微域的物理、化学及生物条件，从而极大地影响了植物对环境的适应能力。就植物磷营养而言，植物根系分泌的有机酸对增强植物磷营养效能起着很大作用，但有机酸分泌并不是植物适应低磷环境的专一性反应，其他逆境条件下也能引起有机酸的分泌。磷效率不同的植物或不同基因型在分泌有机酸的种类和数量上存在明显的差异，某些植物的磷营养效率与其有机酸分泌密切相关。

目前，对有机酸基因调控的认识和研究还处于初始阶段，大量研究正致力于识别和克隆有机酸分泌所涉及一系列过程的控制基因，将来有望通过基因工程改造作物，使其增强表达参与有机酸分泌过程中的一些限速酶，以提高根系有机酸分泌，改善植物对土壤磷的活化能力。

4.2　耐低钾候选基因及其应用

在植物中，钾通道及其转运体负责根系从土壤中吸收钾及钾在体内的转运，它们是由相应的基因控制的。继 1992 年在拟南芥发现第一个吸钾基因 KT 以来，小麦、马铃薯、大麦、水稻、胡萝卜、葡萄藤植物、雨树、棉花等物种中吸钾相关基因也相继得到克隆。其中，在拟南芥中已经发现不少于 10 个吸钾相关基因。这些基因按照功能上的不同，可分为三类：负责根从土壤中吸收钾离子，包括在外界低钾浓度下工作的高亲和力钾基因，如 AKT1 内流型钾通道；在外界高钾浓度下工作的低亲和力钾基因，如 HKT、KUP 类转运体；负责钾离子在木质部内的长距离运输，如外流型钾通道 SKOR；负责钾离子在叶片保卫细胞的转运和信号转导，如在叶片保卫细胞中表达的内流型钾通道 KAT1。

目前，已应用于基因工程技术研究的有 *KAT1*、*AKT1* 和 *AtKUP1* 等基因。将 *KAT1* 基因转入水稻，表达钾离子通道基因的各转基因水稻株系的吸钾速率、对钾的累积能力及生物量都有不同程度的提高。

复　习　题

名词解释

草丁膦、甘氨酸甜菜碱、LEA 蛋白、脱水素、碱性亮氨酸拉链蛋白

问题

(1) 目前用到的抗除草剂基因有哪几类？它们的作用靶点是什么？

(2) 根据除草剂抗性基因筛选的实践，请设计一个从细菌中筛选除草剂草甘膦抗性基因的试验？

(3) 植物非生物胁迫抗性的基因主要有哪几类？各有什么特点？其作用机制是什么？

(4) 设计一个试验，通过转基因来验证某一个转录因子基因的抗逆功能。

(5) 根据植物抗非生物胁迫的 ABA 依赖性信号转导机制，寻找其中可能应用于提高转基因植物抗性的关键基因，并说明依据。

(6) 植物抗冻性的机制有哪些？试一试，看看其中的哪些关键基因可以作为提高植物抗冻性的外源基因？

(7) 根据植物吸收养分的过程，看看哪些途径中的哪些关键基因可以作为提高植物磷和钾利用效率的外源基因？

第 10 章

影响作物产量、品质的基因及其应用

世界人口的不断增加（从 1960 年的大约 30 亿，到现在的约 70 亿、2050 年的约 90 亿）和耕地面积的不断减少，要求世界粮食生产，特别是主要粮食作物水稻和小麦的单位面积产量至少增加 50% 才能满足人类社会的需要。而且，第一次绿色革命的优势正在丧失，人们迫切需要找到增加作物单产的新途径，很多作物学家指出第二次绿色革命的核心问题是作物光合效率的改善。

1　影响作物产量的基因及其应用

1.1　植物光合作用机制及提高作物产量的设想

植物的光合产物是人类赖以生存的物质基础。植物的光合作用是一个非常复杂的生物学过程，主要是在叶绿体中进行的。随着植物生理和分子生物学的发展，人们对光合作用特别是分子机制的认识越来越清楚。光合作用的第一阶段是由光合色素（叶绿素和胡萝卜素）将光能转变成化学能，并形成 ATP 和 NADPH 的光反应过程。第二阶段是利用 ATP 和 NADPH 的化学能使 CO_2 还原成糖或其他有机物的酶促反应的不需光的暗反应过程。绿色植物在进行光合作用的同时，还存在一个吸收 O_2 和释放 CO_2 的光呼吸过程。目前，提高作物产量的基因工程的主要设想是改造光合碳代谢过程。

根据光合作用中 CO_2 的同化途径，植物可分成 C_3、C_4 和 CAM 三类，其中农作物主要是以 C_3、C_4 途径为主。C_3 植物通过 1,5-二磷酸核酮糖羧化酶/加氧酶（Rubisco）催化 1,5-二磷酸核酮糖（RuBP）羧化，直接同化大气中的 CO_2，产生 2 个三碳化合物 3-磷酸甘油酸（3-PG），该途径称为 C_3 途径（或卡尔文循环）。小麦、水稻等作物都是 C_3 作物。Rubisco 还催化加氧反应，使羧化合成的碳水化合物被氧化，固定的能量重新被释放。C_4 植物 CO_2 的初始固定由位于叶肉细胞的磷酸烯醇式丙酮酸羧化酶（PEPC）所催化，该酶对 CO_2 的结合能力特别强，催化空气中的 CO_2 与其受体磷酸烯醇式丙酮酸（PEP）形成四碳化合物草酰乙酸（OAA），该途径称为 C_4 途径。玉米、高粱、谷子、甘蔗等作物都是 C_4 作物。

C_4 植物的叶肉细胞和维管束鞘细胞具有不同类型的叶绿体和酶系。叶肉细胞中含有与 CO_2 亲和力很强的 PEPCase，可将空气中低浓度的 CO_2 固定。苹果酸从叶肉细胞运输到维管束鞘细胞中脱羧释放出 CO_2，大大增加了维管束鞘细胞 CO_2 的浓度，使 Rubisco 保持其最大活性。C_4 植物为防止水分过多蒸发，常关闭叶片上的气孔，这使得空气中的 CO_2 和 O_2 都不易进入维管束鞘细胞，从而导致 C_4 植物的光呼吸很弱，在高光强、高温及相对湿度较低的条件下，C_4 植物的光合速率远远超过 C_3 植物。向 C_3 植物导入 C_4 型 PEPCase 基因是提高作物光合效率的基本设想之一。

从脂肪酸合成中还可以看出，Rubisco 具有两种催化作用，一是催化 RUBP 和 CO_2 反应，形成 3-PG，即羧化作用；另一是催化 RUBP 和 O_2 反应，形成 3-PG 和磷酸乙醇酸（光呼吸作用），即氧化作用。光呼吸是一个消耗能量的过程，在 C_3 植物中，光呼吸作用可使光合效率降低 25%。Rubisco 羧化酶活性的 K_a 与其加氧酶活性的 K_a 之比称为特性系数（specificity factor）。提高 Rubisco 的特性系数是提高作物光合效率的另一个基本设想。

蔗糖是光合作用中最先形成的游离糖，它是在细胞质内形成的。磷酸蔗糖合成酶是催化该反应过程的关键酶，通过基因工程提高该酶活性，是提高作物产量的一条途径。淀粉是光合作用的另一个终产物，是在叶绿体中合成的，淀粉合成酶 ADPG 焦磷酸酶是反应过程中的关键酶，利用基因工程来提高它们的活性，是提高作物产量的另一条途径。

1.2　影响作物光合作用的基因及其应用

1.2.1　Rubisco 及其调控基因

C_3 植物中，Rubisco 主要存在于叶肉细胞的叶绿体间质中，在基粒片层上也有少量分布。C_4 植物中，Rubisco 则定位于维管束鞘细胞中的叶绿体间质内。Rubisco 由多个大亚基和小亚基组成，大亚基具有催化功能，小亚基仅具有调节作用。Rubisco催化C_3途径的第1步，即把CO_2分子共价结合到底物RuBP(1,5-二磷酸核酮糖)上，形成3-磷酸甘油酸。但其羧化反应速度每秒只有2～3次，与一般的酶促反应速度(每秒25 000次左右)相比，效率极低。Rubisco是一种双功能酶，还催化另外一个反应(加氧反应，即Rubisco不与CO_2结合而是与O_2结合，除消耗能量外，还损失羧化反应中固定的20%～50%的有机碳)。

植物Rubisco催化CO_2固定的周转速率特别低，是体内最慢的催化剂，而且Rubisco活性的调节还没有达到最优化，Rubisco活化酶(RCA)是实现这种优化调节的靶酶。拟南芥*rca*基因的改造改善了RCA的耐热性，从而改善了光合碳同化和植物的生长，获得了较高的生物产量和籽粒产量。改善Rubisco活性的另一个办法，是提高它对CO_2(相对于O_2)的专一性，即RuBP羧化反应速率与RuBP氧化反应速率的比值。降低Rubisco的加氧酶活性也是未来改善光合作用的一个靶标。有证据表明，Rubisco以外的另一些参与光合碳还原循环的酶含量对最大生物质生产来说也不是最优的。其数值模拟结果表明，不增加氮素的总投入，而只是重新安排氮素在多种不同光合蛋白质之间的优化分配，就可以提高光合能力60%。

Rubisco激酶是Rubisco活性的一个关键调节因子。该活性蛋白质对温度非常敏感。将耐热的Rubisco激酶转入拟南芥中，在高温胁迫下，转基因植株叶面积是野生型的2倍，光合效率提高约30%。另外，将高度需要CO_2的蓝细菌中的无机碳转运子*ictB*基因转入高等植物中，提高Rubisco反应的羧化反应，也是改善植物产量的有效措施。

1.2.2 二磷酸核酮糖(RuBP)再生能力相关基因

C_3植物光饱和的光合速率受Rubisco的最大羧化能力(V_{cmax})和RRuBP再生能力即最大电子传递速率(J_{max})的共同限制。通过反义技术创造并分析单个酶水平降低的转基因植物表明，1,7-二磷酸景天庚酮糖酯酶(SBPcase)是C_3循环中RuBP再生能力的主要控制位点。将蓝细菌独特的双功能酶FBPase/SBPase基因在烟草叶绿体过量表达，促进了烟草的光合作用和生长。在烟草中表达绿藻的SBPase，增加了RuBP含量和Rubisco的活化状态，提高了光合速率和生长速率。单个基因的改变确实引起了植物产量的提高，然而，正常条件下水稻(*Oryza sativa*)SBPase活性的提高并没有导致光合和生长的增加，但如果植物遭遇热或盐胁迫，SBPase水平提高的转基因水稻的光合速率还是比野生型高。

1.2.3 降低光呼吸和改变线粒体呼吸相关基因

在有利的条件下消除光呼吸可以提高作物产量。将大肠杆菌(*E. coli*)的乙醇酸代谢途径引入拟南芥，使叶绿体内的乙醇酸直接(不经过过氧化物酶体和线粒体)返回到甘油酸而减少流向光呼吸代谢的碳流，增加了光合作用和生物质生产。一些改变线粒体酶活性或代谢关键酶活性的基因也导致光合速率的提高，例如，顺乌头酸酶或苹果酸脱氢酶表达不足的野生种番茄突变体*aco1*的光合碳同化速率提高50%，果实产量提高5倍。琥珀酸脱氢酶(SDH)在三羧酸循环和呼吸电子传递链中发挥重要作用，通过RNA干扰技术部分沉默的拟南芥突变株SDH活性降低30%，而CO_2同化速率和生长却明显高于其野生型。

1.2.4 UDP-葡萄糖差向异构酶

存在于叶绿体上的光合膜含有丰富的糖脂(半乳糖甘油酯)，而UDP-半乳糖是合成这些糖脂的主要供体。储成才等克隆和鉴定了编码一个新型UDP-葡萄糖差向异构酶(UDP-glucose epimerase，UGE)基因*PHD1*。*PHD1*参与了糖脂的生物合成及光合膜的生物发生过程。*phd1*突变体中糖脂的不足严重影响了光合色素的含量并降低了有效光化学效率；过表达*PHD1*不仅对水稻分蘖、千粒重及株高等产生适度促进效应，而且使其在低光强下光合能力得到显著提高。

1.2.5 改造C_3植物成为C_4植物

1) C_4光合途径中的关键酶基因　C_4光合途径中主要涉及3种关键酶，即磷酸烯醇式丙酮酸羧化酶(PEPC)、磷酸丙酮酸二激酶(PPDK)和依赖于NADP的苹果酸酶(NADP-ME)。

PEPC可分为C_4型、C_3型和根型。是C_4型主要负责C_4双羧酸循环途径中固定CO_2的初始反应，C_4光合循环的关键限速酶。将玉米的C_4型*PEPC*基因导入水稻，叶片PEPC活性提高了20～110倍；导入小麦，酶活性提高了3～5倍；导入烟草，酶活性最高提高了2.4倍。将高粱的C_4型*PEPC*基因导入水稻，酶活性提高5～10倍。

PPDK分为C_4型和胞质型。C_4型*PPDK*基因与胞质型*PPDK*基因往往有部分重叠，如玉米C_4型*PPDK*基因与胞质型*PPDK*基因的大部分序列相同，区别在于C_4型*PPDK*基因的上游比细

胞质型 *PPDK* 基因多 1 个外显子和 1 个内含子，该外显子编码 1 个叶绿体多肽，而内含子的部分序列则为胞质型 *PPDK* 基因的启动子，具有组成型转录活性。将玉米的 C_4 型 *PPDK* 基因转入水稻，最高酶活力提高了 40 倍；转入马铃薯，最高酶活力提高了 5.4 倍。

NADP-ME 由 1 个小的基因家族编码。C_4 型 NADP-ME 位于维管束鞘细胞叶绿体的基质中，通过其脱羧反应生成的 CO_2 被 Rubisco 重新固定而进入 C_3 循环。高粱和玉米的 *NADP-ME* 基因均在水稻植株中得到了有效表达，水稻转基因植株的生物学产量不仅显著高于非转基因水稻植株，也高于转 *PEPC* 基因和 *PPDK* 基因的水稻植株。

2) C_4 相关基因在 C_3 植物改造中的应用

由于 C_4 植物具有二氧化碳浓缩机制，可以基本消除氧抑制和光呼吸，从而使光合效率比 C_3 植物高 50%，人们试图将光合作用的 C_4 途径引入 C_3 植物，并且认为这是未来 40 年内将作物产量提高 50%，以便应对世界人口增长和耕地减少难题的唯一出路。C_4 途径的诱人之处，不仅在于其高生产力和高产量，而且还在于其较高的水分利用率和氮肥利用效率。

要显著提高转基因植株的光合效率，需要引入完整运行的 C_4 循环。为此，需要导入多个 C_4 循环基因并使其协调表达，或者把含不同 C_4 循环基因的植株彼此杂交，聚合 C_4 循环基因。将 C_3 植物改造成为 C_4 植物的种种努力中，最引人注目的是创制 C_4 水稻。由国际水稻研究所(IRRI，菲律宾)领导并有 24 个研究组参加的国际 C_4 水稻合作研究项目已在开展，并取得了很大进展。

1.3 植物产量形成的相关基因

1.3.1 调节光合产物分配的基因

碳水化合物从源到库的转运效率是作物产量形成的限制因素之一。蔗糖是植物体内碳水化合物长距离运输的主要形式，蔗糖转运蛋白(sucrose transporter，SUT)家族负责蔗糖的跨膜运输，在韧皮部介导的源、库蔗糖运输及库组织的蔗糖供给中起关键作用。组织特异性抑制 *StSUT1* 基因在马铃薯块茎中的表达，使块茎产量明显减少；而过表达蔗糖转运子 SoSUT1，改变了马铃薯叶片中的碳源分配，降低了叶中蔗糖含量，提高了块茎中的蔗糖水平。

细胞壁转化酶催化蔗糖水解为葡萄糖和果糖，进一步作为储存物质淀粉的主要来源。在果实维管组织中过量表达细胞壁转化酶能促进蔗糖水解为单糖，提高对同化产物的卸载能力，在促进植物灌浆效率的同时，有利于反馈调节源组织光合作用的提高。

增强作物储藏器官组织中淀粉合成和积累能力一直是育种的一个主要目标。通过对质体腺苷酸激酶基因修饰而改变该酶的活性，转基因马铃薯块茎中腺苷酸水平得到明显提高，淀粉含量增加了 60%，块茎产量增加了 39%。这是一种通过遗传修饰调节参与目标代谢的辅助因子含量来增加产量的新策略。

1.3.2 扩大植物碳水化合物库容的基因

库容是高产的主要限制因子之一，库容量大的品种具有实现高产的潜力。扩大库容主要从提高产量构成因素，如单位面积穗数、每穗粒数、粒重等入手。*Gnla* 基因编码细胞分裂素氧化酶，能够不可逆地降解细胞分裂素，使细胞分裂减慢，降低该基因在水稻中的表达会导致花序分生组织中细胞分裂素的累积、繁殖器官和穗粒数的增加，从而提高了水稻产量；相反，在拟南芥中过量表达 *Gnla* 的同源基因 *AtCKX3*，降低了植株的花序数目。

GS3 是位于水稻第三染色体上控制水稻粒重和粒长的主效 QTL，同时也是控制水稻粒宽和籽粒充实度的微效 QTL。序列分析发现，与小粒品种相比，所有的大粒品种在该蛋白质第二外显子区发生了无义突变，造成蛋白质翻译提前终止(缺失了 178 个氨基酸)，表明 *GS3* 编码的蛋白对粒重起负调控作用。在水稻中过量表达 GS3 蛋白导致植株变矮，叶片和花序变小，粒长、粒宽、粒重变小，每穗粒数减少。

1.3.3 提高植物氮同化效率的基因

氮素是植物生长发育必需的营养物质，长期以来大量使用氮肥是稳产和高产的重要措施。但土壤中仅 1/3 的氮肥能被植物吸收利用，大量的氮肥流失，造成环境污染。因此，提高作物对氮素的利用率，将对作物产量的提高和环境保护起到重要作用。结合基因工程和生理生化分析，利用氮同化过程中的关键酶是提高氮素利用率的有效途径。

谷氨酰胺合成酶(GS)是高等植物氮同化代谢的主要酶，其活性是影响植物生长速度的重要因素。该酶以两类蛋白质形式存在，分别存在于胞质和质体中。不论是单子叶植物还是双子叶植物，胞质 GS(GS1)均由一个多基因家族编码，而质体 GS(GS2)则由多个单基因编码。谷氨酸合成酶(GOGAT)以两种形式存在，即依赖于铁氧还蛋白的 Fd-GOGAT 和依赖于 NADH 的 NADH-

GOGAT，都存在于质体中，与GS一起同化铵。在铵的再利用中起重要作用的GDH，也分为两种类型，一类是依赖NADH的GDH，存在于线粒体中，另一类是依赖NADPH的GDH，存在于叶绿体中。小麦的胞质*GS1*基因在植株体内铵的再利用过程中起关键作用，*GS1*基因的过量表达增强了小麦叶片GS1活性，氮在体内尤其在籽粒中积累增多，提高了根部和籽粒干重。

1.3.4 修饰植株株型与产量构成因子的基因

1）半矮秆基因与株高　株高是株型中最重要的性状，它与生物产量呈线性相关，还与光合效率及抗倒性有关。植株过高一方面增加倒伏风险，另一方面，会导致源组织中的碳水化合物和其他营养物质更多地供应茎秆而不是籽粒生长。19世纪60年代，小麦和水稻半矮秆品种的利用引发了"绿色革命"。株高的形成主要涉及2种激素，即赤霉素(GA)与油菜素内酯(BR)。而调控GA代谢是目前最佳的培育矮秆高产品种的育种方法。拟南芥*GAI*基因、小麦*Rht-B1*/*Rht-D1*、玉米*dwarf-8*和水稻*Sdl*基因为同源基因，它们编码一类具有SH2-like功能域的细胞核转录因子蛋白，参与赤霉素信号转导过程，这些位点发生突变的转基因植株对赤霉素的响应减弱，表现为植株矮化。

半矮秆基因*sdl*的利用使水稻单产水平获得了第1次飞跃。该基因位于第1染色体上，参与了GA的生物合成。第5染色体上的*Dwarf 7*基因参与了赤霉素信号转导，隐性矮秆等位基因阻止了GA介导的α-淀粉酶活性诱导，导致GA信号不能正常转导。

油菜素内酯是20世纪末才被确认的植物激素，具有促进细胞分裂和伸长、促进光合作用和向地性反应、抑制根系生长、延缓衰老、提高抗逆性等生理作用。

2）分蘖相关基因　分蘖是影响单产的重要农艺性状之一，直接决定作物的穗数和产量。水稻*OsTB1*基因负向调控水稻分蘖，过量表达该基因，转基因植株分蘖数显著减少，而侧芽的起始不受影响，幼苗比野生型粗壮。另一个与分蘖相关的基因*MOC1*，编码GRAS家族的核苷酸转录因子，该基因突变体植株几乎完全丧失分蘖能力，只有一条主茎，表明*MOC1*是植物侧向分枝的正调节因子。

3）穗粒数相关基因　穗粒数是一个非常重要的性状，直接关系到作物的产量。对水稻穗粒数贡献最大的是二次枝梗数，二次枝梗与穗粒数有更多的共同QTL位点。Gnla是一个负向调控因子，表达量的降低可引起花序分生组织中细胞分裂素的积累，促进生殖器官数量的增加，从而增加颖花数量，最终提高产量。

水稻第9染色体上的DEP1直立穗高产基因，是穗型和穗粒数的显性负调控因子，能提高分生组织的活性，使花序的节间变短，穗直立，促进细胞增殖，最终增加产量，穗粒数的增多来源于二次枝梗数量的增加。在我国大面积种植的直立和半直立穗型的高产水稻品种都含有突变的*dep1*基因，该基因还能在小麦、大麦等作物中发挥作用。

4）粒重　粒重是产量构成的三因子之一，籽粒性状以粒长、粒宽和粒厚来衡量。大多数的研究表明粒重是数量性状，受多基因的加性效应控制。位于水稻第2染色体短臂上的*GW2*编码一个新型E3泛素连接酶，参与泛素介导的蛋白质降解途径。在大粒型水稻品种中该基因功能缺失，导致泛素不能被转移到靶蛋白上，使本应降解的底物无法被识别，进而激活颖壳细胞的分裂，导致颖壳变宽，籽粒变大，提高了产量。

在水稻第5染色体短臂上克隆了控制粒宽的*qSW5*，粒宽的增加主要是由于外颖细胞数目的增多。GS3是籽粒大小的负调控因子，翻译产物中有功能各异的4个结构域，其中OSR区对于负调控功能是最重要的，它的功能丧失导致粒型变长。最近克隆出的显性基因*GS5*可正向调控籽粒的大小，启动子区的变异导致了*GS5*表达水平的差异，较高的*GS5*表达水平加快了细胞周期循环进程，从而增大粒重和单株产量。

籽粒充实度是影响千粒重的重要因素，利用灌浆有缺陷的水稻突变体*gif 1*将*GIF1*定位于第4染色体长臂，它编码细胞壁蔗糖转化酶，在灌浆过程中蔗糖卸载场所的背部维管束中特异表达，从而控制水稻蔗糖运输卸载，最终影响灌浆。

2 影响作物品质的基因及其应用

2.1 谷物种子贮藏蛋白基因及其应用

小麦蛋白质是人类食物蛋白质的主要来源。根据溶解特性将小麦籽粒蛋白质分为4种类型：溶于水和稀释缓冲液的清蛋白、溶于盐溶液的球蛋白、溶于70%～90%乙醇的醇溶蛋白及溶于稀酸或稀碱的麦谷蛋白。清蛋白和球蛋白统称代谢蛋白，麦谷蛋白和醇溶蛋白统称贮藏蛋白。小麦胚乳蛋白亚基总数多达1300个，已对其中的300个亚基进行了N端氨基酸测序。麦谷蛋白又分为高分子质量麦谷蛋白亚基(HMW-GS)和低分子质量麦谷蛋白亚基(LMW-GS)，HMW-GS赋予面团黏弹性，LMW-GS赋予面团延展性，良好的弹性和延展性是制作优质面包的基础，因此选择优良的*HMW-GS*和*LMW-GS*等位基因是小麦品质改良的主要目标。

2.1.1 高分子质量麦谷蛋白亚基基因

高分子质量麦谷蛋白亚基基因位于小麦第一同源群染色体1A、1B和1D的长臂上，这些位点分别被命名为Glu-A1、Glu-B1和Glu-D1，通称为Glu-1。每个位点包括两个紧密连锁的基因：一个编码分子质量较大的x-亚基，另一个编码分子质量较小的y-亚基。理论上讲，六倍体小麦应该有6种不同的HMW-GS，但由于某些基因发生沉默，因此每个小麦品种通常包括3～5个高分子质量麦谷蛋白亚基，其中2个由Glu-D1编码，1-2个由Glu-B1编码，0～1个由Glu-A1编码。每个HMW-GS位点有许多变异，Glu-A1位点编码的HMW-GS亚基为1、2和Null，Glu-B1位点编码的HMW-GS亚基为7，7+8，7+9，6+8，20，13+16，13+19，14+15，17+18，21和22等，Glu-D1位点编码的HMW-GS亚基为2+12，3+12，4+12，5+10，2+10和2.2+12等。所有小麦品种均含1Bx、1Dx和1By亚基，一些品种还含有1By、1Dx亚基。

由Glu-1编码基因的DNA序列推导出的HMW-GS氨基酸全序列表明，HMW麦谷蛋白亚基一般由627～827个氨基酸残基组成，在每个HMW-GS的一级结构中有3个区域即非重复的N端(N-terminal)、C端(C-terminal)和中间重复区域(repetitive domain)。图10-1是典型的X型(1Dx5)亚基和Y型(1Dy10)亚基的氨基酸序列模式图，SH* 为1Dx5所特有。

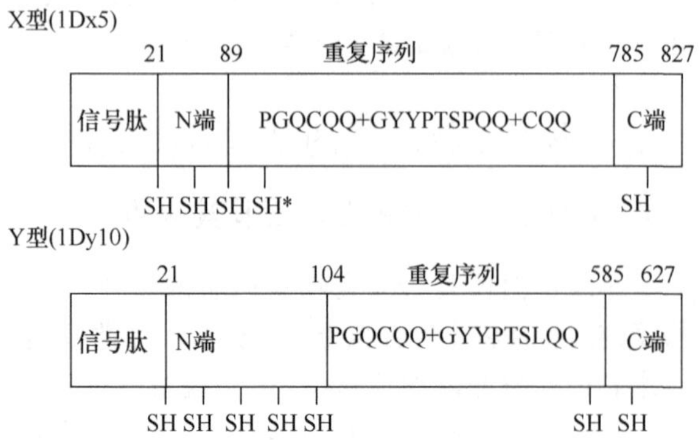

图10-1 典型X型和Y型高分子质量麦谷蛋白亚基序列模式图(段淑娥，2007)

2.1.2 低分子质量麦谷蛋白亚基基因

小麦低分子质量麦谷蛋白亚基基因位点聚集于第一部分同源群染色体1A、1B和1D的短臂上，与醇溶蛋白基因位点紧密连锁，分别被命名为Glu-A3、Glu-B3、Glu-D3，总称为Glu-3。迄今，已分析了32个国家的222个六倍体小麦栽培品种，共发现有40个不同的LMW亚基。每个品种只具有其中的7～16个亚基。根据亚基间在这些个体中出现的互斥性规律，将这40个亚基分成20种、3组不同的电泳图谱组合。遗传分析表明，Glu-3位点与Glu-1位点紧密连锁，Glu-3位点与其他麦胚乳贮藏蛋白位点一样是一个复合位点。

根据N端序列中第一个氨基酸残基不同，将LMW-GS主要分为LMW-ITI和LMW-S两种类型：第一个氨基酸为甲硫氨酸的称为LMW-ITI型亚基；第一个氨基酸为丝氨酸的称为LMW-S型亚基，为LMW-GS的主要类型。其他的LMW-GSN端氨基酸序列则与醇溶蛋白序列相似。低分子质量麦谷蛋白亚基依次由信号肽、区域Ⅰ、区域Ⅱ、区域Ⅲ、区域Ⅳ和区域Ⅴ组成(图10-2)。绝大多数LMW-GS含有8个半胱氨酸残基，其中6个形成分子内二硫键，2个游离的半胱氨酸残基形成分子间二硫键，这正是LMW-GS之间和HMW-GS形成聚合物的原因。

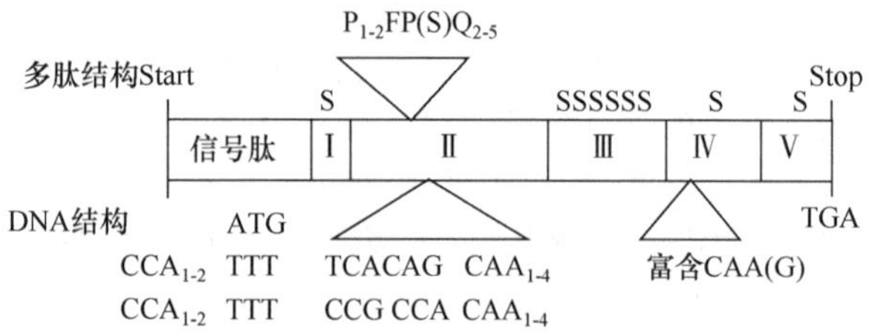

图10-2 低分子质量麦谷蛋白亚基序列模式(段淑娥，2007)

2.1.3 麦谷蛋白的分子改良

应用基因工程技术来改良储藏蛋白品质常用的方法有：①修饰自身种子储藏蛋白基因；②利用人工合成的基因改善种子储藏蛋白品质；③导入外源储藏蛋白基因。目前，最有成效的是导入外源储藏蛋白基因。

有研究利用天然HMW-GS启动子，在小麦品种Bobwhite中获得了可表达的新的杂种麦谷蛋白亚基。导入*HMW-GS*基因后，与其他的种子贮藏蛋白相比，提高了HMW-GS的积累量。

2.2 影响淀粉品质的基因及其应用

2.2.1 淀粉的生物合成

淀粉合成的主要场所是叶绿体和造粉体。在叶绿体中淀粉合成的反应是在光下进行，在暗中分解，贮藏时间较短，通常被称为“临时淀粉”；在造粉体中合成的淀粉则稳定积累长达几个月甚至几年，称为“贮藏淀粉”，也就是人类通常利用的淀粉。淀粉的合成与积累发生在种子发育的特定阶段，蔗糖是合成淀粉的主要原料。在叶绿体中，淀粉合成的碳源物质主要来自卡尔文循环固定的 CO_2，而在造粉体中，由于它自身不能够通过光合作用固定 CO_2，主要依赖于经韧皮部输送而来的在叶中合成的蔗糖作为碳源。

2.2.2　参与淀粉合成的关键酶

在淀粉合成过程中涉及的最后 4 个关键酶是：ADPG 焦磷酸化酶（ADPG pyrophosphorylase，AGPP），淀粉合（成）酶（starch synthase，SS）、淀粉分支酶（starch branching enzyme，SBE）、淀粉去分支酶（starch debranching enzyme，SDBE）。每一个酶又分别有不同的同工型（isoform），AGPP 分大亚基 sh2 和小亚基 b12；淀粉合成酶（SS）又可进一步分为淀粉粒结合的淀粉合成酶（granule bound starchsynthase，GBSS）和可溶性淀粉合成酶（soluble starch synthase，SSS）；淀粉分支酶的同工型也至少有三种，即 SBEⅠ、SBEⅡ和 SBEⅢ，目前对 SBEⅠ和 SBEⅢ研究已比较透彻，它们淀粉去分支酶分为 SDBE（*sul*）和 SDBE（*zpul*）。这些同工型在淀粉合成过程中发挥着不同的功能（图 10-3）。

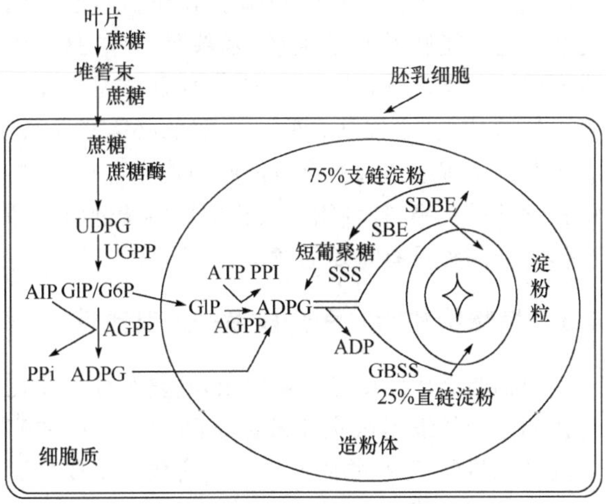

图 10-3　淀粉生物合成途径（汪结明，2009）

2.2.3　淀粉基因工程改良

1）应用反义 RNA 技术　已有一些试验报道了用反义 RNA 技术来调节某些淀粉合成相关基因的表达。例如，通过电激法将 *Wx* 基因的反义片段导入水稻，获得的转基因植株种子中直链淀粉含量有所下降。在马铃薯中，通过反义抑制 GBSS 的活性，成功地获得了没有直链淀粉的马铃薯。

2）应用 RNA 干扰技术　利用 RNA 干扰技术抑制了小麦 *SBEⅡa* 和 *SBEⅡb* 基因的表达，使籽粒直链淀粉含量达到 70%以上，与普通标准淀粉相比该淀粉对人类健康更有利。用 RNA 干扰 *SBE* 基因，发现玉米转基因植株中 *SBE* 基因的 mRNA 降解，SBE 活性降低了约 85%，使得支链淀粉的合成受到抑制，直链淀粉含量提高了约 50%，但总淀粉含量基本没有改变。

3）应用基因过量表达技术　在无直链淀粉的马铃薯块茎中导入 GBSS1 成功地弥补了直链淀粉的缺乏，在块茎中直链淀粉的含量占总淀粉的 20%，基本恢复到了正常水平。在籼稻中过量表达 *rbel* 基因，T_0 代种子直链淀粉含量总体上明显下降，表明采用过量表达内源基因来调控淀粉合成相关基因，获得淀粉性状改变的新种质是可行的。

3　调控果实成熟基因及其应用

果实成熟软化不仅影响果实的外观品质和食用口感，而且还会导致其腐烂，给果农带来严重的经济损失。软化常常与乙烯的释放相伴相生，且与细胞壁的分解及果胶等黏合物质的分解有关，控制果实软化，需要针对不同种类的果实，控制不同的酶活性。利用现代生物技术，如构建 RNA 反义表达、RNA 干扰等，或寻找突变体对果树幼株种子进行遗传转化，降低其果实软化关键酶的 mRNA 表达，抑制相关酶的活性，使果实在保持其优良品质性状的同时，保持果实硬度，提高耐贮性。

3.1　多聚半乳糖醛酸酶

多聚半乳糖醛酸酶（polygalaeturonase，PG）是一种多糖水解酶，大多数研究认为在苹果、梨、梅、香蕉、草莓、番茄等果实软化过程中，PG 起了主要作用。转反义 *PG* 基因草莓的硬度、*PG* 基因转录水平及酶活性都显著下降。

3.2　果胶酯酶

果胶酯酶（pectinpectylhydrase，PE）是催化果胶的甲氧酯水解产生果胶酸和甲醇反应的酶，又称果胶甲基酯酶（PME）、果胶酶、果胶氧化酶，广泛存在高等植物的组织中，在大多数组织中以多种同工酶形式存在。PE 作用于多聚半乳糖醛酸的半乳精醛酸残基的 C-6 羧基基团，去除甲基，催化果胶酯酸转化为果胶酸，协同 PG 发生作用。目前，对多种水果的研究证明 PE 和果实软化密切相关。PE 活性提高，加速梨果实的后期软化；采后番木瓜果实经低温处理或施用 1-MCP 后，*PE* 基因表达量降低，延迟了果实软化。

3.3 果胶裂解酶

果胶裂解酶(pectate lyases，PL)又称为果胶酸裂解酶，它能作用于聚半乳糖醛酸-(1，4)-键并促使其断裂，是一种能降解植物细胞壁，导致植物组织软化甚至死亡的解聚酶。香蕉的试验最先发现了*PL*基因的转录与果实成熟软化有关，PL可能与草莓果实细胞壁的降解有关，PL的表达积累很可能与芒果果实的软化密切相关。有报道表明，PL参与草莓、香蕉果实的软化。转反义果胶裂解酶基因草莓果实比对照组软化延迟，因此通过改变裂解酶的活性可以改善果实的软化情况。

3.4 纤维素酶

纤维素酶(cellulase)是一种重要的多糖水解酶，在降解纤维素时起生物催化作用，它主要包括内切葡聚糖酶(endo-1，4-B・D-glucanase，EG)、外切葡聚糖酶(exo-1，4-B・D-glucanase，EBH)和3-葡萄糖苷酶(3-1，4-glucosidase，BG)3类。纤维素作为细胞壁组成物质中的主要成分，其降解与果实软化有着密切的关系。通过抑制纤维素酶的活性可以有效延缓果实软化，施用1-MCP和NO处理果实可以推迟纤维素酶活高峰期的到来，延迟果实软化。

3.5 脂氧合酶

植物脂氧合酶(lipoxygenase，LOX)(LOX，EC1.13.11.12)有9-LOX和13-LOX2种类型，专一催化含有顺，顺-1，4-戊二烯结构的多元不饱和脂肪酸加氧反应，生成9-氢过氧物(9-HPOS)和13-氢过氧化物(13-HPOS)。LOX代谢途径的催化产物在果实成熟进程中具有重要作用。许多研究表明，脂氧合酶的活性与果实的硬度呈负相关，LOX酶活性升高也是导致膜结构破坏的重要因素。

3.6 乙烯合成相关酶类

通过调节乙烯合成或其信号转导途径达到控制或延迟果实成熟目的，一直是果实采后生理研究的重要课题。乙烯的生物合成由2个步骤进行酶调节，即由1-氨基环丙烷-1-羧酸(ACC)合成酶(ACC synthase，ACS)催化*S*-腺苷甲硫氨酸(SAM)向ACC的转化，及由ACC氧化酶(ACC oxidase，ACO)催化ACC向乙烯的转化。ACS是植物乙烯合成过程中的限速酶，对乙烯的合成具有重要的调控作用。ACO在氧和抗坏血酸存在的条件下催化ACC裂解生成乙烯、氰化氢和CO，也是植物乙烯合成途径的一个关键酶。

将乙烯合成的限速酶ACC合酶的反义基因导入番茄植株，反义基因几乎完全控制了ACC合酶的转录，在纯合的转基因果实中乙烯合成的99.5%被抑制，乙烯的释放水平大大降低，果实不能正常成熟。反义ACC合酶转基因果实，在大气中或植株上可保存90～120d，只产生橘黄色，但不能变红、变软和产生香气。此外，反义基因果实在大气中没有呼吸高峰出现。

Klee等将ACC脱氨酶基因正向导入番茄中得到转基因植株，乙烯的生物合成被抑制达97%，但对营养生长无明显影响，转基因果实成熟显著推迟，在室温下贮存6周后果实的硬度与新采收的基本相同。目前，在植物中尚未发现ACC脱氨酶。

*ACO*基因能被果实中低水平的乙烯所激活，故这些转录物在果实成熟过程中变得越来越多，使果实中ACO活性增强。在这种现象中，ACO似乎是第一个关键因素——ACO的激发导致ACC转变为乙烯；反之，这又引导ACS转录物产生更多ACC，因而这一过程导致了一个正反馈调节。

4 改良脂肪酸组成的基因及其应用

组成植物油基本成分的脂肪酸一般可以分为3类：饱和脂肪酸、单不饱和脂肪酸和多不饱和脂肪酸。这些脂肪酸与维生素、氨基酸一样，是人体重要的营养素之一，其中多不饱和脂肪酸是人体自身无法合成的、必须从食物中摄取的必需脂肪酸。利用基因工程改造植物自身的脂肪代谢过程，创造培育含油量更高、各种脂肪酸比例更协调健康的油料作物新品种具有重要的意义。

4.1 植物饱和脂肪酸合成途径及其改造

植物脂类代谢途径非常复杂，其复杂性主要在于代谢途径的细胞区室化及区室间这些脂库的广泛混合。目前，对植物脂肪酸生物合成的主要代谢反应及其相关酶系已有较完整的了解。

脂肪酸合成的前体为乙酰-CoA。它首先在乙酰-CoA羧化酶的作用下合成丙二酰-CoA。然后脂肪酸合成酶以丙二酰-CoA为底物进行连续的聚合反应，以每次循环增加2个碳的方式合成酰基碳链，进一步合成16～18碳的饱和脂肪酸。高等植物中脂肪酸的生物合成发生在质体中，参与脂肪酸合成的酶主要为乙酰-CoA羧化酶(acetyl-CoA carboxylase，ACCase)和脂肪酸合酶复合体(fatty acid synthase complex，FAS)(图10-4)。

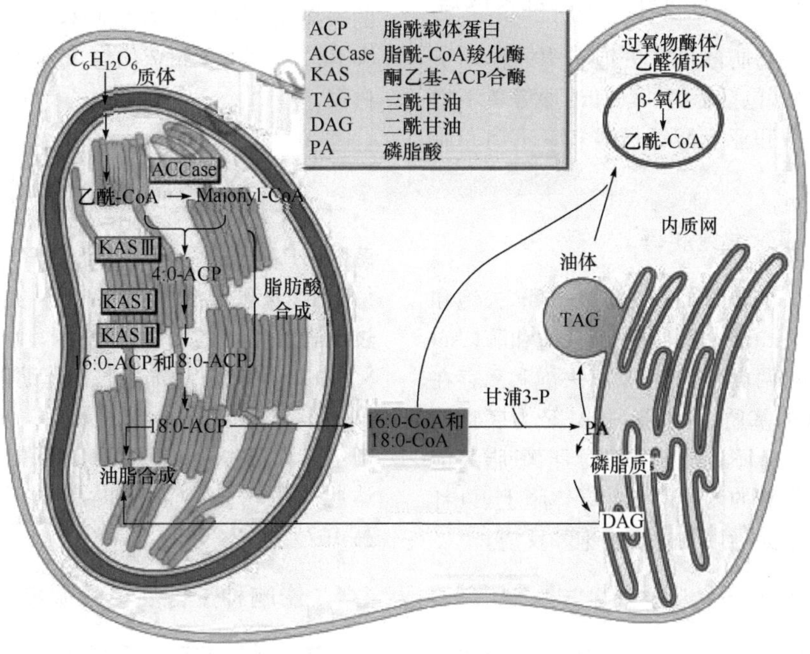

图 10-4　植物细胞内脂肪酸和甘油三酯合成示意图(夏晗等,2010)

4.1.1　乙酰-CoA 羧化酶

乙酰-CoA 羧化酶是脂肪酸生物合成的关键酶之一。它催化依赖 ATP 的羧化反应,即催化乙酰-CoA 生成丙二酸单酰-CoA,该步骤是从头合成脂肪酸的第一步反应。在高等植物中存在 2 种结构显著不同的乙酰-CoA 羧化酶,即多亚基乙酰-CoA 羧化酶(multi-subunit ACCase,MS-ACCase)和多功能域乙酰-CoA 羧化酶(multifunctional ACCase,MF-ACCase)。

两种乙酰-CoA 羧化酶在细胞中的定位不同,如玉米、小麦、水稻等禾本科植物的质体和胞质中均为多功能域乙酰-CoA 羧化酶。除禾本科植物以外,绝大多数植物具有这 2 种类型乙酰-CoA 羧化酶,其中多亚基乙酰-CoA 羧化酶定位于质体中,而多功能域乙酰-CoA 羧化酶定位于胞质中,如大豆、烟草、马铃薯、花生等。而在油菜和拟南芥的质体中可能同时含有多亚基乙酰-CoA 羧化酶和多功能域乙酰-CoA 羧化酶。乙酰-CoA 在细胞内不同区域的羧化反应导致物理隔离的丙二酸单酰-CoA 池。质体中丙二酸单酰-CoA 也是从头合成脂肪酸反应中产生 C_{16} 和 C_{18} 脂肪酸的前体。胞质丙二酸单酰-CoA 也用于产生 C_{20} 以上的脂肪酸。

4.1.2　脂肪酸合成酶

生物界中存在 2 种类型的脂肪酸合成酶(fatty acid synthase,FAS)催化脂肪酸合成。Ⅰ型脂肪酸合成酶(typeⅠFAS)在 1 条或 2 条多亚基肽链上含有全部活性位点,主要存在于脊椎动物、酵母和一些细菌中。Ⅱ型脂肪酸合成酶(type Ⅱ FAS)的活性位点分布在不同基因产物上,主要存在于多数细菌、植物质体和线粒体中。植物质体型 FAS 为Ⅱ型脂肪酸合成酶复合体,由酰基载体蛋白(ACP)、丙二酸单酰-CoA-ACP 转移酶(MCAT)、β-酮脂酰-ACP 合酶(KASⅠ、KASⅡ、KASⅢ)、β-酮脂酰-ACP 还原酶(KR)、β-羟脂酰-ACP 脱水酶(HD)和烯脂酰-ACP 还原酶(ER)等部分构成。

4.1.3　植物饱和脂肪酸代谢的基因工程改造

有关植物质体 typeⅡ FAS 大部分基因工程改良工作集中在酰基载体蛋白和 β-酮脂酰-ACP 合酶上。植物酰基载体蛋白由多基因家族编码,在植物中组成型表达或组织特异性表达。在芥菜型油菜(*Brassica junceal*)中表达巴西固氮螺菌(*Azospirillum brasilense*)的酰基载体蛋白,提高了叶片中 $C_{18:3}$ 的含量和种子中脂肪酸 $C_{18:1}$ 和 $C_{18:2}$ 的含量,并提高了种子中不饱和脂肪酸($C_{18:1}$)/饱和脂肪酸及亚油酸($C_{18:2}$)/亚麻酸($C_{18:3}$)的比值,降低了芥酸(erucic acid,$C_{22:1}$)的含量。KASⅡ和 KASⅢ表达水平的改变可以引起植物种子含油量和脂肪酸组成的改变。利用 RNAi 技术降低拟南芥中 KASⅡ的表达可以显著提高软脂酸 $C_{16:0}$ 含量,转基因后代在胚胎发育早期有致死现象,成活的植株种子中软脂酸含量可达到 53%。

4.2 植物不饱和脂肪酸的合成途径及其改造

植物体内饱和脂肪酸可在去饱和酶的作用下形成不饱和脂肪酸，包括棕榈油酸和油酸等单不饱和脂肪酸及亚油酸和亚麻酸等长链多聚不饱和脂肪酸。

4.2.1 脂肪酸去饱和酶

植物脂肪酸去饱和酶可分为脂酰-ACP去饱和酶（Acyl-ACP desaturase）和脂酰-脂去饱和酶（Acyl-lipid desaturase）两类。脂酰-ACP去饱和酶存在于植物细胞质体的基质中，以脂酰-ACP为底物催化饱和脂肪酸形成单不饱和脂肪酸。脂酰-脂去饱和酶存在于植物细胞的内质网和叶绿体膜上，以甘油酯中酯化的脂肪酸为底物进行去饱和反应。

4.2.2 脂肪酸去饱和酶的基因工程

Δ9-硬脂酸去饱和酶和Δ12-油酸去饱和酶是脂肪酸去饱和途径的关键酶。Δ9-硬脂酰-ACP去饱和酶催化18碳的硬脂酸转变为油酸，反义抑制油菜中硬脂酸-ACP去饱和酶基因，不同转基因株系种子中硬脂酸含量为2%～40%。抑制大豆中Δ12-油酸去饱和酶，使大豆油酸含量从不到10%提高到86%。

调节γ-亚麻酸的组成也是脂肪酸基因工程的重要目标，Δ6-脂肪酸去饱和酶在其中起到关键作用。在烟草中过量表达蓝藻的Δ6-脂肪酸去饱和酶可导致γ-亚麻酸的积累。Δ15-脂肪酸去饱和酶是亚油酸转化成ω-3系列多不饱和脂肪酸的关键酶，十八碳四烯酸（SDA）是ω-3类长链多不饱和脂肪酸的前体，在人体内易转化成EPA和DHA，将莴苣中的Δ6-脂肪酸去饱和酶和拟南芥中的Δ15-脂肪酸去饱和酶共同转入大豆，可以使大豆中SDA含量提高到脂肪酸总量的29%以上，ω-3类多不饱和脂肪酸含量高达60%。

4.3 三酰甘油组装酶及其改造

4.3.1 三酰甘油组装酶系

利用贮存在胞质中的酰基-CoA池，在内质网上通过3种不同的酰基转移酶的作用合成三酰甘油（triacylglycerol，TAG），这3种酶分别是作用于Sn-1位置上的甘油-3-磷酸酰基转移酶（glyceral-3-phosphate acyltransferase，GPAT）、作用于Sn-2位置上的溶血磷脂酸酰基转移酶（lysophosphatidic acid acyltransferase，LPAT）和作用于Sn-3位置上的二酰甘油酰基转移酶（diacyl-glycerol acyltransferase，DGAT）。三种酰基转移酶常具有对脂肪酸的选择性，饱和脂肪酸通常位于三酰甘油的Sn-1和Sn-3位置上，Sn-2位置上通常被不饱和脂肪酸占据。

4.3.2 三酰甘油组装酶的基因工程

研究表明，在拟南芥中过量表达红花和大肠杆菌的*GPAT*基因可以增加种子含油量和种子重量，含油量可增加8%～29%。在拟南芥和油菜中过量表达酵母的*LPAT*基因，种子含油量提高了8%～48%，同时增加了长链脂肪酸的比例和含量。DGAT催化TAG合成的最后一步反应，从高油玉米中分离到一个DGAT1-2蛋白，在常规玉米中表达此基因可使含油量提高41%，使油酸含量提高107%。

4.4 影响种子含油量的调控因子

影响种子发育的系列转录因子同时影响着种子中油分和蛋白质的积累。LEC1、LEC2、ABI3及FUS3等转录因子在种子发育和物质积累过程中起关键作用，它们处于调控网络的上游，控制着植物发育的多项生物过程。WRI1直接调控糖酵解和脂肪酸代谢过程的基因，而*LEC2*和*LEC1*均是影响WRI1表达的上游基因。根据目前的研究，在调控种子含油量的复杂网络中LEC1、LEC2、FUS3和ABI3都起着重要的作用。而这4个转录因子均受植物激素（IAA、ABA、GA）的影响，同时调控下游的WRI1、ABI5和AGL15等转录因子。将大豆Dof4和Dof11转录因子转入拟南芥，引起转基因种子含油量的提高和千粒重的增加，两种蛋白质分别提高了乙酰辅酶A羧化酶和长链乙酰-CoA合成酶的活性并能引起储藏蛋白基因的表达下调，从而将能量流向脂肪酸合成的方向转变。

5 植物甜味蛋白及其应用

5.1 甜味蛋白的基因工程

甜味蛋白（thaumatin）是从一种热带植物*Thaumatococus deniellii* Benth的果实胶质种皮中分离出来的，该植物为竹芋科（Marabtaceae）的一种多年生灌木，广泛生长在西非的雨林中。甜味蛋白被认为是世界上已知的最甜的物质，大约2×10^{-8}mol/L即可感受到甜味，比蔗糖甜10万倍。正是由于其甜度高而卡路里低，无毒安全，因而糖尿病患者可以食用，且不会导致龋齿，所以它被认为有希望发展成为食品工业中营养性碳水化合物的替代品而成为未来新型的甜味剂。但

T. deniellii 在原产地之外不能正常结实。为了能够大量生产出廉价的甜味蛋白产品，许多国家都在积极探索用基因工程的方法生产甜味蛋白的新途径。

5.1.1　甜味蛋白基因在大肠杆菌中的表达

从 *T. deniellii* 果实假种皮的 cDNA 文库中筛选到一个全长为 687bp 的 *thaumatin* Ⅱ 基因，在大肠杆菌中进行了低水平的表达，但分离出来的基因产物比预计的要大一些，并不具备甜味蛋白所具有的甜味。

5.1.2　甜味蛋白基因在酵母菌中的表达

根据 *thaumatin* Ⅱ 的 cDNA 序列合成了甜味蛋白基因，并在酵母菌中表达。通过检测，表达的重组甜味蛋白不能溶解，占酵母不溶蛋白的 20%。尽管表达产量高，但所表达的甜味蛋白并没有甜味。有意义的是，此不溶的甜味蛋白在体外经变性，再复性会产生甜味。

5.1.3　甜味蛋白基因在高等植物中的表达

1990 年，新西兰科学家 Witty 用毛根转化技术将甜味蛋白基因插入马铃薯基因组中，转化体的叶片、茎、毛根和块茎组织均有甜味，说明马铃薯可以对外源的甜味蛋白Ⅱ基因表达的产物进行准确的后加工，并形成高级构象，使之具有甜味蛋白的活性。这是 *T. deniellii* 的甜味特性第一次在一个高产的温带作物中表达，而且这种作物可在世界范围内广泛种植。

5.2　环化糊精糖苷转移酶基因及其应用

环化糊精(CD)是由 6 个以上葡萄糖单元通过 α-1，4-糖苷键连接而成的环状低聚糖化合物，其中最常用的是 α-、β-、γ-环糊精。环糊精分子具有独特的疏水空腔结构，能包含疏水性客体分子，从而改变客体分子的溶解度、稳定性等物理化学性质，因此在食品、医药、农业、纺织、环保、化妆品、生物技术和分析化学等领域具有广泛的应用。

环糊精葡萄糖基转移酶(CGT，EC2.4.1.19)是生产环化糊精最为关键的生物催化剂。CGT 能通过环化反应利用淀粉生产环糊精。除了最常见的 α-、β-、γ-环糊精，CGT 也能通过偶合和歧化反应，先将淀粉或环糊精转化为单糖、双糖或低聚糖，然后将这些糖分子作为供体转移到各种受体分子上，从而改善受体分子的性质。

CGT 属于 α-淀粉酶家族。除了具有与 α-淀粉酶相同的 A、B、C 结构域之外，CGT 还存在另外两个结构域，分别称为 D 和 E 结构域。至今，约 38 种不同来源的 *cgt* 基因片段相继得到了证实。大量的研究工作开始从对酶的化学修饰分析转向了更为精确的基因改造研究。通过定点突变或定向进化的方法获取高专一性、强适应性的酶就成为 CGT 领域研究的热点。迄今为止，已经完成 10 种不同来源 CGT 的部分定向改造工作，结果发现，仅少数改造对酶的活力及产物的特异性产生的影响是积极的。

复　习　题

问题

(1) 根据植物光合作用的过程，分析限制作物光合效率的主要因素有哪些？并筛选哪些过程中的哪个关键酶可能会对提高植物光合效率有作用？

(2) 试比较 C_3 和 C_4 植物光合作用过程的差异，说明 C_4 作物光合效率高的原因，并从中发掘可能作为提高 C_3 植物光合效率的关键代谢途径及其靶点基因。

(3) 根据作物产量构成因子，分析提高作物产量可能的途径。

(4) 试设计一个试验，分析某一候选基因对作物穗粒数的贡献。

(5) 根据小麦麦谷蛋白的特点，设计一个试验，从野生和近缘材料中筛选某一特殊亚基编码基因的有效位点。

(6) 根据生物体内淀粉生物合成的代谢途径，设计一个转基因试验，使马铃薯块茎中只产生直链淀粉、而不产生支链淀粉。

(7) 根据植物体内脂肪合成途径，设计一个试验，通过转基因技术提高花生籽粒中的不饱和脂肪酸含量。

(8) 根据水果果实成熟过程中的代谢特征，选择其中一个代谢途径的关键基因，通过转基因来提高苹果的耐贮藏性。

第 11 章

调控植物生长发育的基因及其应用

高等植物从一颗种子萌发、生长发育到开花结果经历着极其复杂的生理生化变化过程，这些生理活动都在基因的表达调控下完成。人们可以通过基因工程技术调控植物的生长发育过程而造福人类。

1　植物激素基因对植物生长发育的调控及其应用

1.1　生长素相关基因

植物侧根、腋芽、无籽果实的形成和发育都受到生长素的影响及调控。目前，生长素相关基因工程可应用在 4 个方面：①通过改变生长素关键基因以改变作物株型、单株穗数、抗倒伏性、穗型等产量性状，实现高产；②通过改变生长素关键基因改变作物侧根的形成及发育，改良植物营养水分状态，实现高产；③通过改变生长素关键基因调控器官大小，改良作物产量及品质；④在子房中特异表达生长素合成或转导相关基因，诱导无籽果实。

1.1.1　生长素合成及运输相关基因

1) *iaaM* 及 *iaaH* 基因　色氨酸单加氧酶(tryptophan monooxygenase，iaaM)及吲哚乙酰胺水解酶(indole acetamide hydrolysis enzyme，iaaH)参与吲哚乙酰胺途径的生长素合成。在拟南芥和烟草中分别克隆到编码 iaaH 的基因 *atamil* 和 *ntamil*。根癌农杆菌的 T-DNA 上含有的 *tms* 基因组由 *iaaH* 和 *iaaM* 两个基因组成。同时表达 *iaaM* 和 *iaaH* 的转基因烟草的叶片和节间 IAA 含量增加，茎和叶形成不定根、顶端优势增强。Rotino 等通过转入受胚珠特异启动子 Defh9 调控的 *iaaM* 基因获得了烟草和茄子单性结实果实。该基因工程转化系统还被应用于草莓、树莓、葡萄、甜橙等多种植物，均成功获得无籽果实植株。

2) *cyp* 基因　细胞色素 P450 单加氧酶(cytochrome P450 mono-oxygenase, CYP) CYP79B2 和 CYP79B3 是吲哚乙醛肟生长素合成途径的关键酶。双突变体 *cyp79b2*/*cyp79b3* 生长素含量显著降低，表现为幼苗下胚轴变短，植株矮小；过量表达 *cyp79b2* 基因导致拟南芥生长素含量显著提高。

3) *aux1*/*lax* 及 *pin* 基因　AUX/LAX 蛋白家族是最主要的生长素输入载体。目前已在多种植物中鉴定出了 *aux1*/*lax* 类基因。杨树 *ptaux1* 基因超表达可导致生长素重新分配，转基因株系再生芽的分生组织中的 IAA 流向改变，形成子房状结构丛。

PIN 蛋白家族是生长素输出载体，在细胞膜上呈极性分布。目前已先后分离出 *pin1*、*pin2*、*pin3*、*pin4* 和 *pin7* 等基因。生长素极性运输是玉米原基和分枝形成的关键，玉米嫩枝每个腋生分生组织或侧向器官原基中的 *zmpin1a* 表达均明显上调。

1.1.2　生长素信号转导相关基因

1) *tir* 基因　TIR1(transport inhibitor response 1，运输抑制剂响应蛋白 1)和 ABP1(生长素结合蛋白 1)是植物中发现的两类生长素受体。TIR1 蛋白是由 *tir1* 基因编码的一种 F2box 蛋白，是 SCF(Skp1、Cdc 53/cullin、F-box)^{TIR1} 复合体的组成部分，催化激活状态的泛素分子从泛素连接酶 E3 转移到底物分子。超表达 *tir1* 可诱导番茄形成无籽果实。

2) *aux*/*iaa* 及 *arf* 基因　AUX/IAA(生长素反应阻遏子/抑制子)由 *aux*/*iaa* 基因家族编码，在生长素信号转导途径中发挥阻遏蛋白的作用，可对响应生长素的基因进行负调控。目前已分别从拟南芥、水稻、杨树及高粱中分离到 29、31、25 及 25 个 *aux*/*iaa* 基因。

ARF(auxin response factor，植物生长素响应因子)能和生长素早期诱导基因的启动子响应元件特异结合，起着激活或者抑制基因表达的作用。在拟南芥、番茄、水稻、玉米、高粱、葡萄和杨树中分别发现了 23、17、25、35、26、20 和 39 个 *arf* 基因家族成员。*arf* 成员突变能够造成明显的表型变化。如 *arf8* 突变体不能受精，导致单性结实产生无籽果实；*arf2* 功能缺失突变体产生较大的花器官和种子 。

AUX/IAA 和 ARF 对于侧根形成具有重要作用，其基因突变可影响依赖于生长素的侧根形成。

将突变的 *osiaa3* 基因转入水稻，发现转基因植株出现冠状根数目减少等表型。另外，利用反义技术使编码 AUX/IAA 家族的 *iaa9* 基因表达下调可诱导番茄形成无籽果实。

1.2　细胞分裂素基因

1.2.1　细胞分裂素合成途径相关基因

1) *ipt* 基因　异戊烯基转移酶(IPT)是细胞分裂素(cytokinin，CK)生物合成的限速酶。*ipt* 基因是一个小得多基因家族，目前从拟南芥、水稻和苹果中分别鉴定了 9、10 和 10 个 *ipt* 基因。拟南芥 *atipt* 家族各基因的亚细胞定位和空间分布不尽相同，催化合成 CK 效率不同，具有 CK 生物合成的时空特异性。

转化 *ipt* 基因对延缓衰老及株型改良都具有潜在价值。过量表达 *ipt* 基因可使植株内源 CK 水平提高，导致顶端优势消失并促进侧芽萌发。如转 *ipt* 基因的苹果产生多分枝和矮化的表型。过表达菊花 *dgipt3* 基因的拟南芥植株侧枝明显增多。特异诱导 *ipt* 基因表达可以延迟植株开花和减缓叶片衰老。如用大豆 Hsp6871 启动子调控 *ipt* 基因转化烟草，转基因植株叶片衰老延迟。Gan 等用在衰老过程中特异表达的 *sag12* 基因的启动子与 *ipt* 基因结合，构建成一个特异抑制植物衰老的 *sag12-ipt* 融合基因。该融合基因具有自动调控功能，只有当植物衰老发生时才开始表达，从而避免了高浓度细胞分裂素对植物的毒害作用。采用此种生物技术策略，已创建了水稻、小麦、番茄、花椰菜、白三叶草等多种植物的延衰转基因材料或品系，这些材料具有延缓衰老特性的同时，还表现出良好的生长和发育特性，产量和品质都得到改善。

2) *ckx* 基因　细胞分裂素氧化酶(cytokinin oxidase，CKX)能够不可逆地降解细胞分裂素。*atckx1* 基因在烟草中过表达使烟草内源性 CK 含量下降，幼苗发育迟缓、顶端分生组织变小，顶端优势受到抑制，但根区分生组织发达，侧芽生长加快。大麦 *hvckx1* 基因的沉默表达降低了大麦中 CKX 水平，提高了大麦产量。*osckx2* 过表达在水稻中引起谷粒数下降，而携带 *osckx2* RNAi 载体的转基因植株谷粒数和产量明显增加。

1.2.2　细胞分裂素信号转导相关基因

细胞分裂素信号可以由反应调节因子(arabidopsis response regulator，ARR)传递并激活下游生长调节基因的表达，来促进细胞的增殖。A 型 ARR 既可正调控细胞分裂素，也可负调控细胞分裂素；B 型 ARR 作为细胞分裂素的正调控因子起作用。拟南芥 *arr1*、*arr2*、*arr3*、*arr4*、*arr5* 突变体对细胞分裂素不敏感且出现严重的发育缺陷现象。目前玉米中已发现 10 个 *arr* 基因，其中 *zmrr3* 与玉米叶序发育相关，控制叶序的类型，*zmrr3* 失活可导致玉米对生叶序的出现。

1.3　赤霉素基因

20 世纪 60 年代以来，由于水稻 *sd1*(semidwarf 1)基因和小麦 *rht*(reduced height)基因在育种中的广泛应用，使主要粮食作物株高降低、产量大幅度提高，推动了席卷全球的第 1 次"绿色革命"。*sd1* 基因编码 GA 生物合成途径的 GA20 氧化酶(GA 20-oxidase，GA20OX)，*rht* 基因编码 GA 信号转导途径的核心元件 DELLA 蛋白。可见，"绿色革命"均与 GA 密切相关。另外，用基因工程技术调控赤霉素生物合成及信号传递相关基因或其同源基因，可以培育纤维生物质量提高的能源植物新品种。

1.3.1　赤霉素生物合成相关基因

古巴焦磷酸合成酶(ent-copalyl diphosphate synthase，CPS)、内根-贝壳杉烯合成酶(ent-kaurene synthase，KS)、内根-贝壳杉烯氧化酶(ent-kaurene oxidase，KO)及内根-贝壳杉烯酸氧化酶(ent-kaurenoic acid oxidase，KAO)在 GA 生物合成前期起作用，在拟南芥中均是单基因编码，这些位点的突变导致植株严重矮化。GA 生物合成后期的酶 GA3 氧化酶(GA3-oxidase，GA3OX)及 GA20OX 由多基因编码，这些位点的突变导致植株的半矮化表型。水稻中发现的另 2 个矮化突变体 *d35* 和 *d18* 分别由 *osko2* 和 *osga3ox2* 位点变异引起。柑橘中正义和反义过量表达 *ga20ox2* 导致株高变异，正义植株株高增加，反义植株株高降低。拟南芥 *atga3ox* 基因包括 4 个成员，超量表达 *atga3ox1* 基因促进 GA 的合成，影响植株的茎高；同时突变 *atga3ox1* 和 *atga3ox2* 基因不仅显著抑制了茎秆次生细胞壁纤维细胞的增厚，而且也明显降低了纤维素、半纤维素和木质素的含量。

GA2OX 是水解活性 GA 的关键酶，可使 GA1、GA4 等活性 GA 转化成非活性的 GA34 和 GA8，降低 GA 水平。将 *ga2ox* 基因转入到作物中过量表达可得到矮化优良品种，此策略已在多种植物中获得成功。豌豆中编码 GA2OX 的 *sln*(slender)基因突变使种子出现细长性状。*ga2ox* 突变获得的矮化水稻 H032 可以保持正常的开花与结实，对培育优良矮化新品种具有重要意义。通过沉默或抑制 *ga2ox* 基因的表达，可以产生更多的纤维并且加快植物的生长速率，缩短生命周期，产生更多优良的木本或草本植物资源，在木材和牧草生产中应用前景广阔。

1.3.2 赤霉素信号转导相关基因

1) *gid1* 基因　GID1(GA-insensitve dwarf 1)是GA受体蛋白，GA可通过其促进生长抑制蛋白DELLA的降解，解除DELLA蛋白对下游GA响应基因的抑制，促进器官的发育。GID1蛋白对活性GA具有很强的亲和性。单碱基替换或碱基缺失的*gid1*突变体对GA完全不敏感，植株均严重矮化，过量表达*gid1*的转基因植株则表现出对GA超敏感的表型。拟南芥中含有3个*gid1*基因：*atgid1a*、*atgid1b*和*atgid1c*，分别编码形成含345、358和344个氨基酸的蛋白质。

2) DELLA蛋白基因　DELLA蛋白是GA信号转导途径中的一类抑制元件，定位于细胞核，属于植物特有的GRAS(GAI、RGA、SCR)蛋白家族。拟南芥的GAI(GA insensitive)、RGA(repressor of GA1-3)和RGL(RGA like)，水稻的SLR1(slender rice 1)，小麦的RhtB1/RhtD1，大麦的SLN1(slender 1)，玉米的D8等都是DELLA蛋白，在序列上高度保守。GAI和RGA协同抑制植物体节间的伸长、远轴面毛状体的突起及叶片的扩展；RGL1和RGL2抑制种子的萌发。在苹果、菊花、水稻、杨树等物种中过量表达*gai*基因，植株均表现出明显矮化。当DELLA结构域发生变异时，GA诱导的DELLA蛋白降解受阻，DELLA蛋白成为组成型的阻遏蛋白，植株表现出对GA不敏感的矮化表型。拟南芥半矮化突变体*gai-1*、大麦*sln1b*矮化突变体、玉米*8-1*矮化突变体、*D8-2023*矮化突变体、*D8-Mp1*半矮化突变体等是由于DELLA结构域的缺失突变导致；小麦的*rht-B1b*和*rht-D1b*、大麦矮化突变体*sln1d*、葡萄矮化突变体*vvgai*等是由于DELLA结构域内发生单碱基变异形成突变蛋白质引起的。

1.3.3 *eui*基因

近年来在水稻中发现*eui*(elongated uppermost internode)基因，*eui*编码细胞色素单加氧酶CYP714D1。EUI蛋白可降低活性GA水平。*eui*基因突变引起上部节间显著伸长，可克服杂交水稻不育系稻穗不能完全伸出剑叶叶鞘的包穗现象，同时也可以使恢复系株高和穗颈节增高，有利于提高杂交水稻制种产量，被称为“杂交水稻第四遗传要素”。

2 光信号转导相关基因对植物形态建成的调控及其应用

光可以作为信号去激发植物体内的光受体，并通过一定的信号转导过程，调节植物的分化、生长和发育，使其更好地适应环境。植物中大量基因的转录受光照调控。

2.1 光受体基因对形态建成的调控

2.1.1 光敏色素基因对形态建成的调控

光敏色素(phytochrome，PHY)是红光和远红光的受体，是由两个亚基组成的二聚体，每个亚基有生色团和脱辅基蛋白两部分。脱辅基蛋白由不同的基因编码。拟南芥中有5类光敏色素：PHYA、PHYB、PHYC、PHYD、PHYE，分别由*phyA*，*phyB*，*phyC*，*phyD*和*phyE*基因编码形成。*phyA*的表达受光的负调节，在光下mRNA合成受到抑制，其余4种基因表达不受光的影响，属于组成型表达。PHY在种子萌发、去黄化、气孔发育、开花诱导及避荫反应等多种光控发育过程中发挥关键作用。

研究证明，水稻、玉米、小麦等粮食作物的早开花品种是光敏色素信号转导途径上重要组分的缺失突变所造成的。转*phy*基因的番茄、烟草、马铃薯和水稻均表现为株高降低、光合效率增强和产量提高。近年研究还发现，光敏色素基因家族共同控制水稻节间伸长。

2.1.2 隐花色素基因对形态建成的调控

隐花色素(cryptochrome，CRY)和向光素(phototropin，PHOT)能接受UV-A和蓝光。CRY是与DNA光解酶氨基酸序列高度同源的黄素蛋白，但不具有光解酶活性。CRY能够抑制下胚轴伸长，促进花青素积累，子叶开张，气孔开放，调节植物开花及去黄化等。编码CRY的基因是多基因家族。拟南芥有3个隐花色素基因：*cry1*、*cry2*和*cry3*。过量表达拟南芥*cry1*的转基因烟草幼苗在蓝光、紫外线A和绿光下生长时下胚轴比野生型的短，在红光/远红光及黑暗条件下与野生型的相同。水稻*oscry1*基因过量表达会导致叶鞘和叶片的生长被更多抑制。在蓝光下，*cry1*突变体幼苗根的伸长减少，过量表达*cry1*的幼苗根的伸长明显增加。

2.1.3　UV-B 受体基因及其对形态建成的调控

UVR8 是目前已经鉴定的植物 UV-B 受体。拟南芥 UVR8 蛋白由 440 个氨基酸残基组成。UVR8 能够介导一系列重要的 UV 防御基因的表达。转录组分析发现有 72 个 UV-B 诱导的基因受 UVR8 调节，包括黄酮类生物合成基因、次生代谢途径相关基因及氧化性应激防御基因。UVR 8 可与染色体上一些 UV-B 应答基因如 *hy5*、*myb12*（编码调节 *chs* 基因和黄酮类生物合成的转录因子）和 *cryd*（编码推测的叶绿体光解酶）启动子结合。UV-B 处理后，UVR8 通过控制拟南芥叶片表皮细胞的分化来调节叶片的生长。低强度的 UV-B 能够通过 UVR8 介导的途径快速诱导生物钟核心基因 *cca1*、*prr9*、*gi* 和 *elf4* 的转录，调节植物的生物节律。

2.2　*cop1* 基因及其对光形态建成的负调控

拟南芥 COP1（constitutive photomorpogenic 1）是由 675 个氨基酸组成的分子质量为 76kDa 的可溶性核蛋白。*cop1* 突变体在暗处生长时，其下胚轴缩短，子叶大且开放、伸展，有发达的叶绿体，植株去黄化，表型为光形态建成。过量表达 *cop1* 的转基因拟南芥植株即使生长在光下，仍具有幼苗顶端弯曲、下胚轴伸长、子叶不发达未展开、含有黄化质体的暗形态建成表型，证明 COP1 是光形态建成的抑制因子。COP1 蛋白作为泛素/26S 蛋白酶体体系中的一种 E3 泛素连接酶，通过参与泛素化降解光形态建成的正调节因子 HY5 和 HFR1、共转录激活子 CIP7 和 CIP4、光受体 PHYA 和 CRY2、开花相关蛋白质和生物钟相关蛋白质 ELF3 和 GI 等来调控植物的形态建成、开花诱导及生物节律等多个方面。COP1 的亚细胞定位受到光的调控。在黑暗条件下，COP1 主要定位在细胞核中；在光照条件下，COP1 从细胞核转移到细胞质。COP1 只有定位在细胞核才能完成对光形态建成的负调控作用。

2.3　*hy5* 基因及其对光形态建成的正调控

hy5（elongated hypocotyl 5）编码碱性亮氨酸拉链（bZIP）类转录因子，定位于细胞核，能够直接与受光调控的基因的启动子结合。拟南芥 *hy5* 突变体生长在光下时，表型为暗形态建成，过量表达 *hy5* 的转基因拟南芥在光下表现为光形态建成，表明 HY5 是光形态建成过程中一个正调控因子。表型分析表明 HY5 位于各种光受体信号转导途径共同的下游，即这些光受体所介导的信号都要经过 HY5，*hy5* 发生突变后各光受体所转导的信号都会在此终止。HY5 蛋白水平受到光的严格控制。在黑暗条件下，HY5 蛋白发生降解，而在光条件下，HY5 蛋白迅速积累。HY5 的降解依赖于 26S 泛素蛋白酶体水解途径。在黑暗条件下，定位在细胞核的 COP1 靶作用于未磷酸化的 HY5，通过泛素化途径降解 HY5；而在光照条件下，COP1 重新定位于细胞质，这样 HY5 被 COP1 介导的降解作用得到解除，HY5 积累，启动光形态建成。

3　调控胚胎发育及体细胞再生的基因及应用

3.1　调控胚胎发育的基因

植物胚胎发育是一个多步骤的复杂过程，受众多基因的表达调控。到目前为止，已有数百个胚胎发育相关基因被克隆。

3.1.1　*gnom*/*emb30* 基因

植物细胞极性和不对称细胞分裂对胚胎分化及发育类型的改变有重要影响。*gnom*/*emb30*（*gn*）是从植物中分离的第一个与极性建立有关的基因。在 *gnom* 突变体中，合子的第一次分裂基本是对称的，产生大小相近的基细胞和顶细胞，缺少顶-基轴极性的形态特征，导致胚胎失去根部和下胚轴。把 *emb30* 基因导入 *gnom* 突变种，可恢复其正常的第一次不对称分裂，产生的顶细胞明显大于基细胞，形成极性的胚。

3.1.2　*lec* 基因

lec（leafy cotyledon）基因在胚胎发育早期决定胚柄细胞的命运；在胚胎成熟阶段决定许多与成熟有关基因的表达，并使种子获得对脱水的耐受性。拟南芥 *lec* 突变体（*lec1*、*lec2* 和 *fus3*）表现胚胎发育不正常，子叶表面生有毛状体，缺少胚胎特异性蛋白，胚胎提早萌发等特征。*lec1* 编码一个 CBF（CCAAT binding factor）转录因子的 HAP3 亚基，可激活形态建成和细胞分化相关基因的转录，调控胚胎发育。*lec1* 能诱导体细胞向胚性细胞的转变。在拟南芥中异位表达 *lec1* 导致幼苗畸形，子叶不能张开，根不能伸长，顶端分生组织处长出类似胚胎的结构。*lec2* 和 *fus3* 编码 VP1/ABI3-like B3 家族转录因子，LEC2 和 FUS3 的蛋白序列有 43%的同源性。转 *atml1*::*fus3* 基因植株在顶端分生组织产生体细胞胚，异位表达 *fus3* 会延长子叶发育到真叶的时间。过量表达 *lec2* 基因也促进了体细

胞向胚性细胞的转变，使转基因植株具有了胚胎的特性。

3.1.3 *wus*/*clv* 基因

wus（wuschel）基因编码一个同源域（homeodomain，HD）转录因子，可在 SAM 顶端中心区干细胞的组织中心区（organizing center，OC）特异表达，以维持邻近多能干细胞的增殖和控制干细胞的数量，并抑制干细胞分化，保持其全能性。*wus* 缺失时干细胞分化加速，过表达使得所有离体组织、器官在没有外源激素的条件下均能高频率产生体细胞胚。目前已发现多个与 *wus* 的 HD 区相似的开放阅读框，称为 wus homeobox（wox）。

与 *wus* 基因功能相反，*clv*（clavata）基因促进干细胞分化和器官形成。*clv* 编码一个受体蛋白激酶信号通路，包括编码 2 个跨膜蛋白激酶异构体的 *clv1* 和 *clv2* 及编码信号肽的 *clv3*。合成受体激酶的 coryne（*crn*）基因也参与干细胞的调控过程。*clv1*、*clv2*、*clv3* 和 *crn* 中任何基因突变都促进 *wus* 表达，造成拟南芥 SAM 和花分生组织中的干细胞增多，表现为顶端、花和其他器官膨大；过度表达 *clv3* 引起 *wus* 表达丧失，造成顶端和花分生组织停止发育。

3.1.4 *lea* 基因

lea（late embryogenesis-associated 或 late embryo abundant）仅仅在胚休眠过程中表达。*lea* 编码的蛋白质是一种普遍性 DNA 结合蛋白（general DNA binding protein），可以非专一性抑制其他基因转录。*lea* 表达受 ABA 调控。在胚发育后期 ABA 开始积累，促进 *lea* 基因表达，抑制 DNA 转录，导致胚脱水并进入休眠状态。降低 ABA 的浓度或抑制 *lea* 基因的表达，则打破休眠，促进胚的发育。反义 *lea* 基因的转化可抑制胚的休眠，在生产中可以连续播种。

3.2 胚胎发育基因在体细胞再生中的应用

体细胞胚胎发生是一个复杂的无性繁殖过程。植物再生相关基因可以使缺乏再生能力的植物基因型获得再生能力，在转基因研究中具有潜在应用前景。利用来自植物自身的再生相关基因作为指示标记或筛选标记，可以获得无抗生素标记或除草剂标记的转基因植株，利于转基因植物的安全性评价和商业化种植。目前已从植物中筛选到一些调控体细胞向胚性细胞转变的关键基因，如 *emb30*、*lec* 和 *wus* 等。利用基因工程方法调控 *emb30*、*lec* 及 *wus* 等基因的表达，可提高体细胞胚胎的发生率，但这些基因在植物组织培养中的真实作用尚未得到验证。因为控制植物再生性状的基因数量众多，路径复杂，从一种植物中克隆的再生相关基因不一定能提高另种植物的再生能力，不同植物和同种植物不同外植体调控体细胞胚胎发生的主效基因也可能不同，因此，再生相关基因在得到真正的应用前还需做大量的工作。

4 调控叶片发育、衰老的基因及其应用

叶片是植物进行光合作用的主要器官，其大小、形状及衰老情况直接影响植物的产量和品质。目前已克隆 20 余个与水稻叶片卷曲度、叶宽、叶倾角及叶片披垂等叶片形态相关的调控基因。通过基因工程技术对叶片发育进行调控，是培育高光效作物新品种的新途径。

4.1 调控叶片发育的基因

4.1.1 *knox* 基因

knox 基因可调控叶序的发生，*knox* 基因的异源表达可以引起叶形态的多种变化。改变 SAM 中的 *knox1* 基因，如拟南芥的 *stm-10* 突变体，表现出异常叶序。有研究发现，与 *knox* 基因同源的 *bell* 基因可以影响顶端分生组织中细胞的传输动力及对器官形成信号的敏感性，可以在不改变分生组织大小的前提下改变叶序的形成。

4.1.2 *rot3*/*4* 基因

ROT3/4（ROTUNDIFOLIA3/4）是调控拟南芥叶基-顶轴极性的两个基因，决定叶片纵向生长。*rot3-1* 突变体的叶片长度发育受阻；过量表达 *rot3* 基因，叶片变大，叶柄长度保持不变。*rot3* 编码细胞色素 P450 家族的 CYP90C1，参与油菜素内酯（BR）的合成，可能通过 BR 影响细胞极性扩展来调节叶的长度。*rot4* 编码一种小肽，可能通过抑制细胞在基-顶轴上的分裂来调节叶的长度。

4.1.3 *spl* 基因

SPL（SQUAMOSA promoter-binding protein like）是植物特有的一类转录因子。SPL 不仅可以调控叶片数量，还能够影响叶片的形状。过量表达 *atspl2*、*atspl10* 或 *atspl11* 后，拟南芥最初的 2 片叶变成椭圆形，第 3 片叶叶缘呈锯齿状，莲座叶部分表现出茎生叶的特征。*atspl9* 或 *atspl10* 不仅能够改变叶片形状，而且能够促进叶片远轴面表皮毛的形成。在一些禾本科植物中，SPL 还会影响叶环、

叶耳和叶舌的发育。水稻 *osspl8* 功能缺失导致叶片无法形成正常的叶耳和叶舌。*spl* 也能够调控叶片间隔期,影响叶片生成速率。在拟南芥中过量表达 *atspl9* 和 *atspl10* 均可以延长间隔期,降低叶片生成速率,导致叶片数量减少,叶面积增加。在拟南芥种子萌发初期,上调 *atspl13* 表达水平会抑制叶原基发育,延迟第1片真叶的形成。

4.1.4 miRNA

miRNA 在叶片发育中具有重要的调控作用。miRNA 可通过调控细胞增殖相关的靶基因参与叶子大小的调控。如 miR396 通过抑制 GRF(growth regulating factor)活性及细胞周期基因的表达减缓细胞增殖。miR396 还可以通过 bHLH74 (basic helix-loop-helix 74)调控叶子大小,抗 miR396 剪切的转基因植株叶片变窄(长度不变)。miR164 通过调控靶基因 CUC2 在叶子边缘的表达,引起叶缘局部生长的停滞,从而决定叶子锯齿的深度。拟南芥 *mir164a* 突变体和抗 miR164 剪切的植株叶缘锯齿加深,过量表达 *miR164* 的植株叶缘光滑。miR319 参与叶片发育中细胞的分裂和生长的协同调控,在拟南芥中过表达 miR319 导致叶片更大更圆,边缘分离更明显。miR159 也在叶发育中起作用,*mir159a*/*mir159b* 双突变体呈现向上卷曲的叶片。最近研究表明,miR393 及其靶基因 *tir1* 和 *afb1/2/3* 可通过调控生长素反应,对叶的形状、大小产生影响,*miR393* 过表达会导致生长素含量变化,*mir393b* 突变体的叶数目增多,叶片狭长下卷,长宽比增大,叶片的偏上性增加近2倍。

4.2 调控叶片衰老的基因

4.2.1 蛋白降解相关基因

人们已从玉米、拟南芥和油菜的衰老叶片中分离出多个促进衰老的蛋白降解酶基因:*sag2*、*see1*、*lsc7*、*sag12*、*lsc790*、*lsc760*。其中 *sag2*、*sag12*、*see1* 编码半胱氨酸蛋白酶,*sag12* 只在衰老叶片中特异表达。

在拟南芥 *ore9* 和 *dls1*(delayed leaf senescence 1)突变体中,年龄依赖的、暗诱导的及植物激素诱导的衰老均被推迟。*dls1* 突变体缺失了 *atate1* 基因,该基因编码一个精氨酸转移酶,可以把精氨酸转移到谷氨酸和天冬氨酸残基结尾的蛋白质氨基末端,从而靶定这些蛋白质进行泛素依赖的蛋白质水解。

4.2.2 叶绿素分解相关基因

Ren 等通过筛选滞绿(stay-green)突变体,鉴定到一个与叶绿素降解代谢相关的关键调控基因 *nye1*(non-yellowing)。*atnye1* 过表达能引起拟南芥叶片黄化;其无义突变体 *nye1-1* 在叶片衰老进程中,叶绿素及光合作用相关蛋白质的降解受到显著抑制。目前已鉴定出多个 *atnye1* 的同源基因,*nye1* 在植物中高度保守,这些基因的变异能够导致植株的滞绿表型。这些基因统称为衰老诱导的叶绿体滞绿相关蛋白质(senescence-inducible chloroplaststay-green protein,SGR)基因,是叶片衰老过程中叶绿素降解的重要调控基因。

4.2.3 激素相关基因

很多激素合成、代谢和信号转导的关键组分直接或间接参与了叶片衰老的调控。番茄中的一些乙烯相关突变体呈现出叶片衰老减缓表型。ETR1(ethylene-resistant 1)是乙烯受体,拟南芥 *etr1* 突变体对外源乙烯的敏感性减弱,*sag* 的表达推迟,光合作用相关基因的表达量提高,突变体莲座叶的寿命比野生型延长了30%。脱落酸不敏感突变体 *abi-5* 叶片的衰老也比野生型显著延迟。Raab 等鉴定了一个 U-box E3 泛素连接酶 SAUL1,它能阻止拟南芥早衰。研究表明,SAUL1 通过参与降解醛脱氢酶(AAO3),阻止 ABA 合成来抑制早衰。拟南芥 LRR 型类受体蛋白激酶(LRR-RLK)基因 *atsark* 在叶片衰老过程中表达水平显著增加,*atsark* 基因通过生长素和乙烯的协同作用调控叶片衰老进程,插入突变体具有衰老延缓表型,过表达则导致转基因植株早衰。另外,还分离了一个在拟南芥叶片衰老过程中表达水平大幅度下降的蛋白磷酸酶基因 *sspp*,过表达 *sspp* 基因可以逆转 *atsark* 诱导的早衰。

细胞分裂素延缓叶片衰老,*ipt* 基因转化已成为叶片衰老分子调控的一个重要方法(本章1.2.3)。细胞分裂素信号转导组分中的 AHK3、CKI1 和 ARR2 也参与了叶片衰老的调控,*ahk3* 突变后,植物叶片衰老的速度明显加快;在拟南芥中异位表达 *arr2* 能够延缓衰老。

4.2.4 转录因子基因

转录因子 NAC 和 WRKY 参与了叶片衰老信号的转导。WRKY70 通过调控水杨酸信号途径,介导了植株衰老的启动和衰老进程;WRKY6 通过特异地结合到衰老诱导受体样激酶基因(*sink*)启动子区域的 W-box 而调节植物衰老。在拟南芥中受衰老诱导表达的 WRKY 成员还有 AtWRKY4、6、11、53。拟南芥中近1/5的 *nac* 基因与叶片衰老相关。野生二粒小麦中的一个 NAC 转录因子能够增强叶片中的蛋白质、Zn和Fe等向发育籽粒的运输，造成营养器官的营养胁迫，从而加速衰老。拟南芥 *atnap*(NAC-like, activated by APETALA 3/PISTILLATA)的两个T-DNA插入突变体叶片的衰老被显著延迟，*atnap* 过量表达导致拟南芥叶片早衰。

5 调控植物花发育、衰老的基因及应用

5.1 调控植物花发育的基因

目前对植物花发育的研究已经深入到分子水平，已在百合、月季和菊花等重要观赏植物中分离出花发育相关基因。利用花发育基因转化观赏植物调控花型和花期的研究也已开展。

5.1.1 花序分生组织特性基因

花序分生组织特性基因主要控制植物从营养生长到生殖生长的转变，即成花诱导，在植物上的表型就是花期的早晚。*ft*(flowering locus T)/*tfl1*(terminal flower like 1)基因家族编码的蛋白质可能作为一种"成花素"类物质，在叶片中合成后转运到茎尖，诱导植物开花。*ft* 基因是花发育途径的整合子，可以整合光周期途径、春化途径和自主途径的花发育信号。当各种开花信号汇集到 *ft* 基因时，即可激活花分生组织特性基因的表达，启动花芽的分化。目前已从拟南芥、水稻、杨树、文心兰、苹果、向日葵等植物中克隆了 *ft* 类基因，转基因结果表明，*ft* 基因可以明显促进植物开花。姜丹等将拟南芥的 *ft* 基因导入切花菊"神马"中，转 *ft* 基因的组培苗能够在16h长日照条件下开花，改变了菊花对光周期的敏感性。

tfl1 基因对花序的发育具有双重作用。在花序发育的早期，*tfl1* 基因抑制花序的发育，拟南芥 *tfl1* 突变体表现为花序发育提前；当花序型顶端分生组织发育后，它又维持花序顶端分生组织发育，抑制顶端分生组织从花序型向花芽型的转化。目前已从多种植物中克隆出 *tfl1* 的同源基因，如凤仙花的 *ibtfl1-1*、*ibtfl1-2* 和 *ibtfl1-3*，梅花的 *pmtfl1* 等。研究表明，*pmtfl1* 包含1251 bp的开放阅读框，编码172个氨基酸，有3个内含子和4个外显子。转 *pmtfl1* 基因的拟南芥出现莲座叶，花期明显延迟。

5.1.2 花分生组织特性基因

花分生组织特性基因的首要功能是抑制分生组织从生殖生长向营养生长的逆转，其次是维持花分生组织的正常功能和花的发端，还具有激活花器官特性基因的作用。拟南芥的 *lfy*(leafy)、*ap1*(apetala 1)及金鱼草的 *flo*(floricaula)是研究较多的花分生组织特性基因。利用花分生组织特性基因转化植物可以调控花期。如用拟南芥 *lfy* 基因转化菊花和热带兰，得到提前开花的植株。将拟南芥 *ap1* 基因转入菊花，得到提前约15d开花的植株。人们还构建了 *lfy* 的RNA干扰载体，以期获得不育的无果转基因植株，减少飞絮、果毛对环境的污染。

5.1.3 花器官特性(同源异型)基因

花器官的形成受彼此关联的多个基因的控制。花发育的ABCDE模型从基因水平，通过花器官特性基因的互作解释了花器官发育的模式。该模型将与花器官发育有关的基因按功能分为 *A*、*B*、*C*、*D*、*E*5类，*A*+*E* 控制萼片发育，*A*+*B*+*E* 控制花瓣发育，*B*+*C*+*E* 控制雄蕊发育，*C*+*E* 控制心皮发育，*C*+*D*+*E* 控制胚珠发育，而且 *A*、*C* 相互拮抗。

在拟南芥中，*A* 类基因包括 *ap1*(apetala 1)、*ap2* 和 *lug*(leunig)；*B* 类基因包括 *ap3* 和 *pi*(pistillata)；*C* 类基因包括 *ag*(agamous)；*D* 类基因包括 *stk*(seedstick)、*shp1*(shatteproff 1)和 *shp2*；*E* 类基因有 *sep1*(sepalla)、*sep2*、*sep3* 和 *sep4* 。除 *ap2* 基因外，*A*、*B*、*C*、*D*、*E* 基因均属于MADS-box转录因子基因家族，包含由56～58个氨基酸残基组成的MADS结构域的高度保守区。目前人们已克隆出许多同源异型基因并在模式植物中表达。同源异型基因表达的加强或减弱都可能会改变花型，而它的表达时间将直接影响到植物的花期。同源异型基因控制花型过程十分保守，在几乎所有的花卉中都是一样的，为人们用基因工程方法改变花型和花期提供了有利条件。但目前用 *ABCDE* 基因改变花型、花期的研究大多以模式植物为转化受体，虽然在百合、菊花等观赏植物中也有报道，但并没有获得稳定的具有较大观赏价值的优良品种，距离真正意义上的花期、花型育种还有很长的距离。

5.1.4 背腹特性基因

花的对称性作为被子植物花部结构的典型特征，近年来成为植物发育及分子生物学的研究重点。研究发现，*tcp*(玉米、金鱼草、水稻中发现的控制花对称性的转录因子TB1、CYC及PCF首字母)基因家族在花的对称性发育中发挥重要的作用。对金鱼草的研究发现，其花部对称的表型由 *cyc*(cycloidea)和 *dich*(*dichotoma*)基因控制。*cyc* 和 *dich* 基因同属于 *tcp* 基因家族。在 *cyc*/*dich* 双突

变体中，金鱼草的所有花瓣突变成类似腹部花瓣的表型，使金鱼草的花部结构变成了辐射对称型。*div*(*divaricata*)基因调控金鱼草腹部器官的发育，在 *div* 突变体中，花冠腹部的区域获得了部分侧部器官的性状。近年来，在多种植物中发现了 *cyc* 类似基因，如豆科中的 *lst1*(*lobed standard 1*)基因和 *kew1*(*keeled wings 1*)基因。*cyc* 类似基因表达的时机、持续时间和表达位置与花部对称密切相关。*cyc* 基因在早期花分生组织中的不同表达式样可能促进了近轴花瓣的增大及近轴雄蕊的退化。由于 *cyc* 基因的启动子和开放阅读框甲基化导致 *cyc* 基因沉默，可使柳穿鱼(*Linaria vulgaris*)花的两侧对称突变为辐射对称。

5.2　调控植物花衰老的基因及其应用

乙烯是花卉衰亡的关键。ACC合成酶(ACC synthase, ACS)和 ACC 氧化酶(ACC oxidase, ACO)是乙烯生物合成途径的关键酶。利用基因工程技术将这两种酶的基因反义导入乙烯敏感型花卉中，可以达到延迟衰老、延长花期的目的。目前，已成功克隆了多种重要花卉如康乃馨、兰花、矮牵牛等的 *acs* 和 *aco* 基因。Aanhane 等将 *acs* 基因反向导入康乃馨中，转基因植株比对照组的观赏寿命延长了2倍。利用此转化策略，在月季、金鱼草、百合、天竺葵、龙胆属植物上也成功获得了花期延迟的植株。Savin 等将 *aco* 基因反义导入香石竹，结果抑制了内源 *aco* mRNA 的表达，抑制了乙烯生成，使瓶插寿命延长了将近1倍。Kosugi 等将正义 *aco* 基因导入香石竹，也延缓了花瓣衰老。另外，Lu 等将一个康乃馨乙烯合成酶基因 *corn363* 反向导入康乃馨，获得了衰老延缓的植株。Bovy 等将拟南芥 *etr-1* 等位基因导入香石竹中，降低了转基因植株对乙烯的敏感性，使其瓶插寿命延长了3倍左右。

半胱氨酸蛋白酶参与了植物花器官衰老过程的调控。花椰菜花瓣衰老过程有5个半胱氨酸蛋白酶基因与对照相比有明显的差异表达，其中 *bocp5* 的下调表达明显延缓了花的衰老。

6　植物雄性不育基因及其应用

6.1　创建植物雄性不育的基因

利用基因工程创造植物雄性不育是近年研究的活跃领域。转基因雄性不育及其恢复的一个关键是花药或花粉特异表达启动子，这类启动子可以直接驱动人工雄性不育基因在花药或花粉内特异表达，而对雌蕊和其他器官没有影响。目前，已有大量的花药或花粉特异表达启动子被鉴定，如绒毡层中特异表达的启动子 TA13、TA29、Osg6B、A3 和 A9 等，花粉特异启动子 Bp4 基因家族、ZM401、LAT52、TUA1 等。另外，采用化学诱导性启动子等将"不育基因"或其产物定位到花药和/或花粉，由此所获得的转基因植物在施用相应的化学物质时为雄性不育，自然条件下为雄性可育，这一系统已经在烟草、油菜和小麦上获得成功。

6.1.1　特异表达的细胞毒素基因

在应用各种细胞毒素物质以获得雄性不育的遗传操作中，以 barnase 最为常用。Barnase 是淀粉芽孢杆菌(*Bacillus amyloliquefciens*)的"RNA 酶/RNA 酶抑制因子"防御系统中的一种细胞毒素，它编码一种胞外核糖核酸酶。将其与花药及花粉特异性启动子相连转化植物，可阻断花粉发育过程，造成花粉败育。目前，利用 *barnase* 基因已经在油菜、菊苣、玉米中成功获得了商业化应用的雄性不育系。

半胱氨酸蛋白酶(cysteine proteases 1, CysP1)具有潜在细胞毒素用途，CysP1 蛋白家族一旦被激活便不可逆催化裂解众多的细胞内功能蛋白分子，这些裂解的分子可以导致细胞凋亡。用花椰菜花药绒毡层特异基因 *boa9* 启动子介导 *bocysP1* 基因转化拟南芥，得到的转基因植株产生完全雄性不育的概率高达53%。核糖体失活蛋白(RIP)也可作为细胞毒素创建不育系，如将编码 RIP 的 cDNA 序列置于 TA29 启动子控制之下导入烟草，21 株转化株中20株表现雄性不育。

在同一受体植物的不同个体中分别导入细胞毒素基因的轻链和重链或者前段和后段，然后将含有基因不同部分的个体进行杂交，基因或其产物在杂交后代体内装配成完整的功能单位，使之雄性不育，此法不需要专门的保持系和恢复系，是较有前景的创建不育系的途径。

6.1.2　反义基因

通过反义 RNA 技术阻断与花粉发育有关的基因的表达可以获得雄性不育植株。类黄酮是花粉粒外壁的一个重要组成部分，在花粉粒的形成中起着非常重要的作用。查尔酮合成酶(CHS)是类黄酮生物合成的一个关键酶。Vander Meer 等将"花药盒序列"(anther box sequence)与 CaMV35S 启动子串联并与反义 *chs* 基因构建成嵌合基因，导入矮牵牛，抑制了 CHS 的合成，得到了雄性不育的植株。Matsuda 等用 Osg6B 与反义绒毡层酶类基因 *pal* 构建成载体转化烟草，获得转基因雄性不育株。Schoenbeck 等将反义的 *nadh-gogat* 基因与 AAT-2 启动子相连，转化苜蓿，得到了雄性不育的转基因植株。将反义豌豆肌动蛋白基因与花粉、花药特异启动子连接转化植物，使在花粉中特异性表达的肌动蛋白基因不能正常表达，得到了花药畸形和花粉无活力的植株。该技术经过完善已获得发明专利，是第一例中国具有独立知识产权的转基因雄性不育。

6.1.3 降解胼胝质基因

正常情况下，小孢子形成外壁后，胼胝质壁被绒毡层分泌出的胼胝质酶(β-1，3-葡聚糖酶)分解，小孢子随后游离到药室中。该过程有严格的时间性，所以只要将胼胝质酶提早或过晚分泌或不分泌，就可以形成人工的雄性不育株。Worrall 等将经过修饰的 β-1，3-葡聚糖酶基因与拟南芥绒毡层特异表达的启动子 A3 或 A9 重组，转入烟草，发现在减数分裂时期表达 β-1，3-葡聚糖酶的转基因植株中出现从部分不育到全部不育的现象。Tsuchiya 等将 Osg6B 启动子与大豆的 β-1，3-葡聚糖酶基因嵌合转化烟草，得到雄性不育植株。

6.1.4 *rol* 基因

发根农杆菌(*Agrobact erizum rhizogenes*)Ri 质粒上 T-DNA 左边界端的 *rolA*、*rolB*、*rolC*、*rolD* 是致病的关键性基因，对毛根的形态及生长有着重要作用。如果把这些基因导入植物会导致植物形态和性状变化造成雄性不育。Schmulling 等将 *rolC* 基因与 CaMV35S 启动子连接构成嵌合基因转化烟草，产生雄性不育。Spena 等将 *rolB* 基因与金鱼草的 TAP1 启动子重组转化烟草，结果花药中的 IAA 含量增加，GA 含量下降，导致雄性不育。

6.1.5 细胞质雄性不育基因

细胞质雄性不育与线粒体基因发生结构变异或产生新的嵌合基因等异常现象有关。研究表明，与雄性不育相关的线粒体基因多数与 ATP 合成酶和细胞色素氧化酶 C 及其嵌合基因有关，如 *atp4*，*atp6*，*atp8*，*atp9*，*atpA*，*nad5*，*nad7*，*cob*，*cox* Ⅰ，*cox* Ⅱ，*rps12*，*rrn26*。

atp9 的 RNA 需要编辑才能形成成熟的 mRNA。Hernould 等用转基因技术把编辑和未编辑的 *atp9* 基因转入烟草原生质体中，结果显示导入编辑的 *atp9* 基因的再生植株可育，而导入未编辑的 *atp9* 基因的再生植株则为雄性不育。Zabaleta 等通过表达 *atp9* 的反义 RNA，使非编辑的 *atp9* 的转录水平急剧下降，将由非编辑的 *atp9* 基因诱导的雄性不育转基因植物恢复为可育的植物，说明非编辑的 *atp9* 基因表达可以诱导雄性不育，并可通过反义技术使其恢复育性。玉米不育胞质中的 *T-urf13* 线粒体基因和细胞质雄性不育有关，He 等将烟草线粒体 ATP 合成酶 β 亚基的靶序列与 *T-urf13* 基因相连，并与 CaMV35S 启动子构成嵌合基因，转化到烟草的线粒体中，有 20% 的转化株成为胞质不育并能稳定遗传。

6.2 雄性不育保持及恢复相关基因

6.2.1 雄性不育系的保持

非转基因的正常植株均可作为雄性不育系的保持系。但由于转基因植株为显性杂合不育系，当与正常植株杂交后，其后代出现 1∶1 分离，会出现 50% 的可育植株。如何区分不育株和可育株是建立保持系的关键。近年来已建立了理想的策略：在构建表达载体时，将不育基因与抗除草剂基因 *bar* 串联在一起，这样在转基因植物中，不育基因与 *bar* 是紧密连锁的。在 F_1 代中不育基因和 *bar* 基因表达时，能抗除草剂，而无不育基因和 *bar* 基因的 F_1 植株不能抗除草剂，使用除草剂即可把其杀死，而保持不育株。将 *TA29-barnase* 嵌合基因和抗除草剂基因串联起来已获得了油菜、小麦、烟草、番茄的雄性不育系及保持系。

6.2.2 恢复系的创制

对于以生产种子或果实为目的的作物，要得到能用于生产的杂交种子还需要一个恢复系。把不育物质的反义 DNA 基因或不育蛋白及多肽的抑制剂基因导入正常植物可获得雄性不育植物的恢复系。如 Mariani 将 Barnase 的抑制基因 *barstar* 与 TA29 串联构成嵌合基因，并获得 *TA29-barstar* 的转基因油菜，这些油菜就是 *TA29-barnase* 转基因不育油菜的恢复系。TA29∷barnase/TA29∷bastar 基因工程三系系统是世界首例植物基因工程雄性不育及其恢复系统。目前，这一工作已获专利，由此培育的雄性不育油菜、玉米、小麦和苜蓿品种(或品系)和由其配制的 F_1 已经商品化生产。Schmulling 等将 *rolC* 基因以反义的形式与含不同数目增强子的 CaMV35S 启动子构建成嵌合基因，转化烟草获得的转基因植株与 *rolC* 基因转化的雄性不育烟草杂交，获得了其他性状都正常的恢复系。

复　习　题

名词解释

光敏色素、DNA 结合结构域、ABA 应答元件

问题

(1) 简述 *ipt* 基因的结构与功能。

(2) 试述赤霉素合成及信号传递相关基因的应用。

(3) 植物光受体的种类及功能。

(4) 简述 *hy5* 及 *cop1* 基因调控植物生长发育的作用。

(5) 简述花发育的 ABCDE 模型及相关基因。

(6) 论述调控叶片衰老的基因功能及其应用。

(6) 总结基因工程创造植物雄性不育的方法。

第12章 植物生物产品基因工程

植物基因工程的生物反应器是指利用植物基因工程技术，使目的基因在转基因植物的细胞、组织、器官及整株植物中表达，实现以植物细胞作为"化学工厂"生产生物产品。其机制是利用植物自身的酶、激素、代谢产物和基因表达调控系统，使目的基因在转基因植物中表达和产物富集，并通过转基因植物的大规模种植，生产有重要工业价值、医药价值的目的产物，如医药用酶、工业用酶、食品用酶、农业用酶，饲料用酶、特殊碳水化合物、生物可降解塑料、脂类及其他一些次生代谢产物。越来越多的试验证据表明，以植物基因工程生物反应器表达生产的一些动物蛋白质与动物本身所产生的蛋白质在结构、功能、理化性质上已达到难以区别的程度。目前，已应用于生物反应器的转基因植物有烟草、拟南芥、大豆、小麦、水稻、玉米、油菜、马铃薯、番茄等20多种植物。植物基因工程生物反应器已成为一些商业用蛋白质生产途径。本章主要叙述工业生物产品植物基因工程及其基因，关于植物医药基因工程在第13章讲述。

1 植物基因工程生物反应器

1.1 植物基因工程生物反应器的优点

与传统生物反应器如细菌、酵母、动物细胞和转基因动物相比，植物作为生物反应器具有以下优点：①具有完善的真核表达系统，能进行有效的蛋白质翻译后修饰和加工，如糖基化、磷酸化、酰胺化、亚基正确装配等过程，表达的蛋白质或抗体在功能、空间结构和免疫原性上，与动物自身产生的蛋白质和抗体几近相同；②对人畜安全性好，不像动物那样可能已被病毒和其他致病微生物、热源污染；③生产成本低。植物栽培是最经济的蛋白质生产系统，只需消耗阳光、水和肥料，成本低廉，据估计植物表达外源蛋白质成本要比用 *E. coli* 低10～50倍(Fischer,2000)；④易于规模化生产。转基因植物的种植和生产规模可完全根据市场需求确定，且不会对环境造成破坏；⑤当目的产物在植物种子、块茎或果实中表达时，可长期稳定储存。

1.2 植物基因工程产品的表达定位

1.2.1 植物整体表达

植物整体表达是转基因植株的根、茎、叶都能够有效表达目的产物，其机制是目的基因由组成型启动子调控，其优点是整体植株都可以提取目的产物，表达的试材量大，成本低，可以秸秆等形式废物利用。

1.2.2 种子表达

种子表达系统具有独特的吸引力和竞争力，其成功表达并商业化生产的重组蛋白越来越多，如人血清白蛋白、人载脂蛋白、胰岛素、人粒细胞集落刺激因子、弓形虫表面抗原P30、疟疾表面抗原Fl-gp42和人胰岛素样生长因子等。种子表达系统之所以具有如此重要的地位，是与种子的组成和结构特点分不开的，种子贮藏大多数可溶性蛋白质在特定的细胞器中，用于随后的种子萌发，这种细胞器称为蛋白质贮藏液泡，并有3种在形态和生化特性上各异的亚组成部分：基质(matrix)、球状体(globoid)和晶状体(crystal loid)。蛋白质贮藏液泡的每个亚组成部分都具有独特的性能和环境，适合储存不同的重组蛋白。基质是可溶性贮藏蛋白的主要储存库；球状体的环境是酸性的，含有植酸或草酸盐类物质，有利于药物水解蛋白酶的稳定积累；而晶状体的晶格结构则可能由贮藏类蛋白质组成。另外，植物种子合成蛋白质能力强，种子发育期间能够积累大量的蛋白质，因而为重组蛋白的储存提供了保障。在种子成熟过程中，会失去95%以上的水分，导致细胞中的水解酶活性大大降低，使得重组蛋白可以在种子内长期、稳定地储存而不会被降解。因此，植物种子作为生物反应器生产药用蛋白质和疫苗等重组分子具有强大的吸引力和经济效益。

1.2.3 植物油体表达

严格意义上讲，植物油体表达系统也是植物种子表达系统的一种，与普通种子表达系统不同的是，目的蛋白是在油料作物种子的油体中特异表达并以融合蛋白的形式镶嵌在油体表面，该系统作为一种新型种子表达系统近年来受到科学家的广泛关注。植物种子中贮存的营养物质主要包括蛋白质、碳水化合物和脂类物质。其中脂类物质一般以三酰甘油(triacylglycerols，TAG)的形式存在。种子中的 TAG 分子之间不是彼此聚合的，而是分散成许多小的稳定的亚细胞微滴，被称为油体。油体为直径 0.5～2.5μm 的球体，其内部为液态 TAG，外部是由单层磷脂分子及其镶嵌蛋白组成的半单位膜。油体蛋白 oleosin 是高度疏水的碱性小分子蛋白，分子质量为 15～26kDa，主要在种子中特异表达。不同来源的 oleosin 除中部疏水区域高度保守外，N 端和 C 端核苷酸序列差异很大，将外源小分子蛋白编码基因插入 *oleosin* 基因的 5′端或 3′端，不影响重组蛋白(oleosin-目的蛋白)在油体上的定位。由于 *oleosin* 为种子特异表达，并镶嵌在油体表面，目的蛋白在转基因植物中是以融合蛋白的形式与 *oleosin* 一起在油体中特异表达。该体系的优点包括：①融合蛋白易于分离。利用油体亲脂疏水的特性，将转基因植物种子经粉碎→液体抽提→离心处理，回收上层油相即可将融合蛋白与细胞内其他组分分开，可去除 90%以上的种子蛋白质。当融合蛋白中插入的目的蛋白为酶时，oleosin-融合蛋白可直接作为酶使用，酶催化反应结束后还可回收，用于下一次酶促反应。②融合蛋白可在种子中长期稳定贮存。oleosin-Gus (β-葡糖醛酸苷酶)融合蛋白在转基因油菜种子中 4℃贮存 1 年以上，也不降解。③与绿色组织或植物的其他组织器官相比，更易于运输和工业化生产。利用植物油体表达体系已成功表达的蛋白质有人载脂蛋白、人胰岛素、Gus、水蛭素、木聚糖酶、降钙素等。

1.2.4　叶绿体表达

叶绿体(chloroplast)是植物中具有自主遗传信息的重要细胞器，叶绿体表达系统不是核转化系统，目的基因以同源重组的方式整合到叶绿体 DNA (cpDNA) 上，其遗传方式为细胞质遗传，即母系遗传。叶绿体表达系统可使目的基因高效表达，也是目前表达量最高的系统，关于叶绿体表达系统的转化机制及特点已在第五篇第 33 章质体基因转化系统中详细叙述，本章不再赘述。

1.2.5　植物细胞悬浮培养表达

植物细胞悬浮培养技术是将游离的植物细胞或小的细胞团置于液体培养基中进行培养和生长的一种技术。悬浮培养技术经历了从试管悬浮培养发展到大容量发酵罐培养，从不连续培养到半连续和连续培养的一系列发展进程。细胞悬浮培养已成为利用植物细胞进行次生代谢物工业生产的重要途径。

2　酶合成植物基因工程

工业酶应用领域遍及医药、轻工、食品、能源及环境保护等，在现代工业生物技术中将成为潜力巨大的核心产业。据中国台湾食品工业发展研究所统计，全世界酶制剂市场以平均 11%的速度逐年增加。利用植物来生产工业用的酶，同传统的生产方法如微生物发酵相比具有生产成本低这一显著的特点。首先，植物本身就是一个廉价的资源；其次，由于植物产品对纯化的要求很低，从而也降低了下游的处理费用。

利用植物反应器表达工业酶的主要策略是借助基因工程的手段将酶的基因转入植物体内，在转基因植株中表达外源的蛋白质。α-淀粉酶就是其中之一。人们将 α-淀粉酶基因加入马铃薯中，在植物体内 α-淀粉酶分泌到块茎的质外体不与底物接触，而在加工过程中，两者充分混合发生作用，因而该种马铃薯在加工过程中不需再加入淀粉酶，在工业生产中省去填料这一工艺，减少了相应的设备与费用。其他成功的工业用酶及其基因见表 12-1。

表 12-1　利用转基因植物生产工业用酶

工业酶或蛋白质	表达植物	年份
α-淀粉酶	烟草	1995
锰过氧化物酶	烟草、苜蓿	1995
β-1,4-木聚糖酶	烟草、蔓菁	1997
植酸酶(肌醇磷酸酶)	烟草、苜蓿	1999
纤维素酶	烟草、苜蓿、马铃薯	1999

基因组测序技术的飞速发展使得生物数据库中基因和基因组序列数据呈爆炸式增长。在如此庞大的基因组数据库中无疑包含着海量的工业酶基因资源，见表 12-2，其中氧化还原酶的基因序列数量高达 100 多万条，酯水解酶也高达 4 万多条。

表 12-2　部分工业酶基因资源数量概况
(截止到 2010 年 12 月 10 日)

酶种类	"Swiss-prot"数据库中收录的基因序列数量
氧化还原酶	1 119 669
酯酶/脂肪酶	42 549

续表

酶种类	“Swiss-prot”数据库中收录的基因序列数量
环氧水解酶	8 819
腈水解酶	2 490

生物催化剂的传统发现方法是从采集土样开始的，主要存在两个问题：一个是开发周期太长（通常需要2～3年），另一个是天然酶在细胞中的含量非常低，而且其基因背景不清楚，从而给分子改造带来很大的困难。在后基因组时代，生物催化剂的发现也从“挖土”转向“挖基因”，也就是所谓的“基因组打猎”（genome hunting）或“数据挖掘”（data mining），该方法实际上是根据某一已知的探针酶的基因序列去搜索数据库来发现结构和功能类似的同源酶的编码序列。在此基础上，人们可以方便地设计引物，利用聚合酶链式反应（PCR）技术从目标物种中大量地扩增获得目的酶基因，利用植物生物反应器进行分子生物学操作，从而大幅提高酶的产量，也为进一步从结构上改善酶的各种应用性能提供了分子基础。

3 脂肪合成植物基因工程

根据饱和脂肪酸与不饱和脂肪酸的不同性质和功能，借助基因工程手段已逐步实现了多种脂肪酸的工业化生产，为调控植物脂肪酸代谢开辟了新的途径。通过特异性地超量表达或抑制表达脂肪酸生物合成途径中的某个或某些内源关键酶基因，或导入新的外源酶基因，可有目的地调控脂肪酸C链长度、不饱和键数目或不同的功能团结构，从而获得饱和脂肪酸和不饱和脂肪酸不同比例、不同链长、不同性质和功能用途的植物基因工程产品。随着对脂肪酸生物合成途径、相关酶基因的克隆及高效的遗传转化体系等研究的不断深入，利用基因工程调控脂肪酸代谢也获得了一些新进展。

3.1 不饱和脂肪酸的基因调控

由于长期摄入大量饱和脂肪酸会导致高血压、冠心病，而植物油的饱和脂肪酸含量较动物脂肪少40%～50%，使人们对脂肪的摄入由动物脂肪逐渐转向植物油。利用基因工程手段降低饱和脂肪酸含量的研究受到越来越多的关注。概括起来有三种方式：第一种方式是提高催化聚合反应的酶基因的表达水平，抑制软脂酰硫酯酶的活性，从而提高硬脂酰-ACP含量，如通过β-酮脂酰-ACP合酶基因（*kas* Ⅱ）在油菜种子中超量表达来抑制软脂酸合成、降低软脂酸含量；第二种方式是通过竞争抑制的方法降低饱和脂肪酸酰基硫酯酶的活性，即将另一种活性更强的酰基硫酯酶基因转化到植物中，以抑制软脂酰或硬脂酰硫酯酶活性，从而降低饱和脂肪酸含量；第三种方式则是通过提高去饱和酶基因的表达水平，促使饱和脂肪酸向不饱和脂肪酸的转变。如将酵母和小鼠硬脂酰-CoA去饱和酶基因转入烟草，转基因植物的饱和脂肪酸含量明显降低，不饱和脂肪酸含量则大大提高。在提高不饱和脂肪酸含量的同时，人们发现亚麻酸在贮存过程中极易氧化，严重影响油的品质，需要降低多聚不饱和脂肪酸的合成、提高单不饱和脂肪酸的含量。用基因工程技术抑制油酸去饱和酶基因，现已培养出油酸含量高达85%、多聚不饱和脂肪酸含量极低的大豆和油菜品种。另外，亚麻酸是哺乳动物的必需脂肪酸，还是油漆、上光剂和包埋剂的重要原料，利用基因工程技术生产亚麻酸显得非常重要，目前已有一些探索性研究工作。如在水稻中转入烟草*nt-FAD3*基因，并在CaMV35S启动子的控制下表达，转基因植株中亚油酸含量减少，亚麻酸含量增加。在烟草中转入人微粒体ω3-脂肪酸去饱和酶基因也可增加α-亚麻酸的含量，其中根中增加40%，叶片中增加10%。这些研究为进一步调控不饱和脂肪酸合成提供了基础。

3.2 饱和脂肪酸的基因调控

传统的生产工艺是通过植物油脂氢化后获得饱和脂肪酸。但这一过程中会有反式脂肪酸（油酸的异构体）生成，这种脂肪酸被认为是引起冠心病的因素之一。于是人们开始探索新的途径来生产更为稳定、更有益于健康的饱和脂肪酸。例如，通过共抑制、反义抑制、RNA干扰等手段调控大豆、棉花、芸薹中硬脂酸-ACP去饱和酶的活性，成功产生了含40%硬脂酸的种子油，不需要额外的氢化加工，提供了一种半固态的人造黄油原料。

1992年，Calgene公司把由种子特异性启动子控制的硬脂酸去饱和酶反义基因导入油菜，以抑制发育阶段的油菜籽中硬脂酸ACP去饱和酶活性。转基因油菜籽中硬脂酸的含量从2%跃升到40%。这是利用基因工程手段调节脂类代谢的首例成功报道。1994，Voelker从加利福尼亚月桂树种子中分离出月桂酸-ACP硫酯酶同系物（FatB-type），并在油菜种子中特异表达，获得了月桂酸达到50%～63%的转基因油菜品种，该油菜种子可以正常萌芽并在田间良好生长，且种子基本含油量也未改变。Knutzon等将来自甘蓝型油菜的硬脂酸ACP脱饱和酶的反义基因导入油菜后，转基因植株中脱饱和酶的活性及酶本身都几乎检测不到，而种子中硬脂酸的含量提高了 20 倍。其中一株甘蓝型油菜转基因植株的饱和脂肪酸含量达 39%，而且油脂含量和生活力都表现正常。

4　淀粉合成植物基因工程

淀粉可分为直链淀粉（糖淀粉）和支链淀粉（胶淀粉）。前者为无分支的螺旋结构；后者由24～30 个葡萄糖残基以 α-1，4-糖苷键首尾相连而成，在支链处为 α-1，6-糖苷键。

在食品工业中，可以利用高直链玉米淀粉生产减肥食品和煎炸食品，也是糖尿病人的理想食品，被称为“功能性食品”；高直链淀粉还是胆结石及高血压病人的理想食品，具有防止胆结石形成及降低血液胆固醇的作用；还可以用来制造一种半透明纸，可通透二氧化碳，但不透氧气和氮气，且这种纸可食用。淀粉最大的非食品工业的应用是在造纸过程中作为黏合剂，每年消耗几百万吨。例如，在典型的一张拷贝用纸之中，淀粉的含量可达纸张质量的 8%。此外，淀粉还可以作为纺织工业加浆、生产瓦楞纸板黏合剂及生产氢气等的原料。值得关注的是，淀粉还具有一个非常重要的潜在利用价值，即用于生产可生物降解的合成聚合物，用于制造生物降解塑料，如聚乳酸等。目前日常大量使用的塑料袋、快餐盒等塑料制品至少需 100 年才能被土壤中的微生物降解掉。高直链玉米淀粉是生产光解塑料的最佳原料，而推广光解塑料是解决目前严重的“白色污染”的最有效途径。美国已选育出高直链淀粉玉米，主要作为本国和西欧生产“光解塑料膜”的原料，国际市场价格 2000～2500 美元/吨。

4.1　催化淀粉合成的酶及其基因

淀粉合成的主要场所是淀粉体和叶绿体。在叶绿体中，参与淀粉合成的碳源物质是通过卡尔文循环固定的 CO_2，而在淀粉体中，由于它自身不能进行光合作用固定 CO_2，所以它依赖蔗糖作为淀粉合成的碳源。淀粉在淀粉体中的生物合成和积累主要发生在植物种子发育的特定阶段，主要由 ADP 焦磷酸化酶（ADP-glucose pyrophosphorylase，AGPase）、淀粉合成酶（starch synthase，SS）、淀粉分支酶（starch branching enzyme，SBE）及淀粉去分支酶（starch debranching enzyme，SDBE）等一系列的酶催化形成。

4.1.1　ADP 焦磷酸化酶基因

ADP 焦磷酸化酶（ADP-AGpyrophos phorylase，AGPase）催化 1-磷酸葡萄糖和 ATP 生成的 ADP-葡萄糖将作为淀粉合成酶的底物参与直链淀粉和支链淀粉的合成。许多研究表明，AGPase 催化淀粉合成的第一步，是淀粉合成过程中的限速酶，其活性的改变将直接影响淀粉的合成速率，直接决定贮藏组织中淀粉的水平，从而最终决定了植物的产量。

在植物中，该酶是由两个大亚基和两个小亚基组成的异源四聚体，分子质量在 200～240kDa。不同植物的大小亚基有些差异，一般而言小亚基分子质量在 50～60kDa，大亚基分子质量在 51～60kDa。在植物中，AGPase 也是一个变构调节酶，它正向受 3-磷酸甘油酸的激活而负向受无机磷酸的抑制。3-磷酸甘油酸与无机磷酸的比率改变其活性，从而调节淀粉的合成。两种亚基的基本氨基酸序列不同，大亚基主要起调控作用，而小亚基与底物结合，起催化作用。对比 AGPase 大小亚基的氨基酸序列和核酸序列发现，两亚基的基因间均有较大的同源性。目前倾向认为，小亚基是酶的催化活性中心，而大亚基则是酶的调节中心，在植物中均受变构调节，能够被 3-P-甘油酸激活，而被无机磷酸抑制。

Adderson 等（1991）研究了水稻胚乳编码 AGPase小亚基的基因 *gp-2* 和 *ragp-2.2* 并做了序列分析，有 10 个外显子，9 个内含子。其中第一个内含子最大，外显子/内含子边界处序列均遵守 GT/AC 规则。在基因的 5′端第一个外显子上游转录起点 －80 和 －30 处分别有保守的 CAAT 和 TATA 共有序列，5′端的再上游区也含有某些重复序列。这些序列在调节基因表达时可能有重要的作用。他们借助 Northern 印迹分析也研究了水稻 *agp* 基因在种子发育过程中的表达情况。Nakata 等以马铃薯为材料分析了 *agp* 基因表达的调控方式及其活性与淀粉合成关系，结果表明，块茎发育期间大亚基和小亚基协同表达主要在转录水平受调控。Burgess 等对豌豆子叶的三个 *agp* 的表达进行了研究，发现小亚基 Psagps1 和 Psagp2 的氨基酸序列同源性为 95%，而编码基因在表达水平上存在差异，*Psagps1* 正处在转录中时，*Psagp2* 的表达却达到了高峰，并且在种子中的表达量高于其他组织，大亚基编码基因 *Psagps3* 比两个小亚基编码基因（*Psagps1* 和 *Psagp2*）显示出更强的选择性，它在库组织（种子、果实和种皮）中高度表达，而在叶片中却检测不到。这些都说明 *agp* 基因表达调控发生在多重水平，并且具有组织特异性。

4.1.2　淀粉合成酶基因

淀粉合成酶（starch synthase，SS）是一个葡萄糖转移酶，它以寡聚糖为前体，ADP-葡萄糖为底物，通过 α-1，4-糖苷键不断增加寡聚糖的葡萄糖单位，最终合成以 α-1，4-糖苷键连接的聚糖，聚糖又将作为淀粉分支酶的底物合成支链淀粉。淀粉合成酶依据它在淀粉中的存在状态，可分为颗粒结合型淀粉合成酶（GBSS 或 SSⅠ）和可溶性淀粉合成酶（SSS）。植物体中 SSS 有 SSⅡ和 SSⅢ两种，对豌豆突变材料的研究发现，*SSⅡ*基因受抑制后并未影响胚中的淀粉含量，但淀粉粒出现畸形，出现极短或非常长的淀粉链；在马铃薯块茎中 SSⅡ仅占可溶性淀粉合成酶活性的 15%，*SSⅡ*基因活性的降低对块茎的影响几乎检测不到。在马铃薯块茎中淀粉合成酶活性 85%与 SSⅢ有关，反义抑制 *SSⅢ*基因导致块茎中 80%的可溶性淀粉合成酶活性丧失，淀粉粒出现深度裂隙，但不影响支链淀粉的结构，但在同时反义抑制 *SSⅡ*和 *SSⅢ*的马铃薯植株中，淀粉粒则没有发现裂隙。

4.1.3 淀粉分支酶基因

淀粉分支酶（starch branching enzyme，SBE）具有双重功能，一方面能切开以 α-1，4-糖苷键连接的葡聚糖（包括直链淀粉或支链淀粉的直链区），另一方面又能把切下的短链通过 α-1，6-糖苷键连接于受体链上。SBE 有 SBE-A 和 SBE-B 两种同工酶。通过改变 SS 和 SBE 的表达量可有效地改变淀粉的含量和结构，利用反义技术同时抑制 SBE-A 和 SBE-B 的表达可得到高直链淀粉含量的马铃薯植株。BE 位于淀粉粒的淀粉贮藏细胞中，在淀粉体基质中主要集中于基质内表面和淀粉粒表面，在基质中的膜结合包涵体里也有发现。BE 在淀粉粒表面占优势，表明淀粉分支发生在淀粉体基质表面，而不是整个淀粉粒。淀粉粒有序结构的形成可能是几个酶通过加入葡萄糖单元到淀粉粒表面，使它们在顺序方向聚合的结果。Pan 等认为，正是由于同工型淀粉分支酶在结构和功能上的差异而最终决定支链淀粉的结构。

4.1.4 淀粉去分支酶基因

淀粉去分支酶（starch debranching enzyme，SDBE）能特异性地水解淀粉中的 α-1，6-糖苷键，在氨基酸序列上与 α-淀粉酶相似，属于淀粉水解酶家族。依据 SDBE 作用的底物的不同，可将其分为两大类：一类是极限糊精酶或称 R 酶；另一类是异淀粉酶。极限糊精酶以极限糊精等为底物，特异去除它们的 α-1，6-糖苷键，异淀粉酶则以支链淀粉或糖原为底物；去除它们的 α-1，6-糖苷键，它不能作用于极限糊精。SDBE 对支链淀粉最终形成簇或树结构起重要作用。SBE 和 SDBE 的平衡决定了支链淀粉的最终分枝程度。SDBE 的活性对于淀粉颗粒的形成起着修饰作用。支链淀粉的合成及其整合到淀粉颗粒中均是由于 SDBE 对高分枝葡聚糖进行修饰的结果。

4.2 改造或生产特定结构淀粉的基因

应用基因工程技术通过对植物淀粉合成途径采取适当的基因调控策略，进行相应的遗传修饰，可以使植物中淀粉的含量、产量及品质发生变化，从而获得人类所需要的高淀粉含量、特用高品质淀粉的新材料或者新品种。目前已在马铃薯、水稻、玉米、大麦、小麦等作物中进行了大量淀粉遗传特性改造等相关研究，取得了许多突破性进展。

4.2.1 AGPase 基因调控

ADP-葡萄糖是淀粉合成的底物和淀粉合成的前体物质。早期研究中。遗传操作提高淀粉合成的首选策略是增加 ADP-葡萄糖含量。这可通过遗传修饰 AGPase 的特性来增加 ADP 葡萄糖的水平，也可以通过改变这种酶的已知变构效应物的水平，或者提高 ADP 葡萄糖上游代谢物——己糖磷酸酯来达到此目的。这些遗传修饰策略虽然使转基因植株的代谢发生较大改变，但其中只有对 AGPase 特性的遗传修饰后，才成功地提高了 ADP-葡萄糖含量，进而使玉米籽粒和马铃薯块茎中淀粉合成和积累增加。AGPase 是淀粉合成过程中的第一个重要限速酶，其活性的改变将直接影响淀粉的合成速率，AGPase 活性的增强或是特异性表达可使淀粉合成增加，从而提高淀粉产量。因此在对淀粉合成的转基因修饰中，常规的调控策略就是从 AGPase 入手，通过减少该酶对其负调控因子的敏感性、改变该酶的活性、利用突变体提高亚基间的互作、提高酶的热稳定性等手段来达到提高淀粉产量的目的。现在已经从水稻、玉米、甜菜、马铃薯、拟南芥等作物 cDNA 中克隆了 AGPase 的基因，并在烟草、水稻、马铃薯块茎等中表达成功。

4.2.2 SS、SBE 和 DBE 酶基因调控

影响淀粉用途的关键因素是淀粉结构，特定的应用目的对淀粉结构有特定的要求。基因工程改变淀粉结构集中于对 GBSS、SSS 和 SBE 三种酶基因的操作上。其调控策略一般是通过导入某个酶基因的正义结构或反义结构，影响细胞内酶的含量或活性，从而达到对淀粉结构的控制。例如，Visser 等于 1991 年利用反义 RNA 技术，向马铃

薯中导入反向连接的 *gbss* 基因，导致 *gbss* 基因表达量下降，从而使马铃薯块茎中直链淀粉含量减少 70%～100%。与此相反，van der Leij 等在 1991 年将 *gbss* 基因导入无直链淀粉的马铃薯块茎中，成功地弥补了该种马铃薯块茎中直链淀粉的缺乏。通过反义 RNA 技术，在木薯、水稻等植物中，也获得了低（或无）直链淀粉的转化体。对 *gbss* 的操作是控制直链淀粉的可靠途径。通过对 *sbe* 的操作来控制淀粉质量的研究也取得了一定的进展。以在玉米中的研究为例，把 *sbe Ⅱ b* 的 cDNA 基因或部分片断正向或反向置于玉米 Zein 蛋白启动子（胚乳特异性启动子）控制下，组成一系列植物表达载体，转化玉米，所得转基因植株中，整合了 *sbe Ⅱ b* 基因 3′部分序列反义结构的转基因玉米的内源的 SBE 基因受到了抑制，其淀粉粒中较长糖链增加了近 2 倍；转入了 5′部分序列反义结构表达载体、*sbe Ⅱ b* 基因全长 cDNA 反义结构表达载体的转基因植株中也获得了类似的结果（国际专利 WO9722703A2）。关淑艳等（2009）克隆玉米淀粉分支酶基因（*sbe Ⅱ a*）片段，以 pWGLL 为载体，构建反义表达载体，以铁 7922 为受体，获得了 4 个转基因株系，RT-PCR 和淀粉分支酶活性测定表明转反义 *sbe Ⅱ a* 玉米，淀粉分支酶基因的表达受到明显抑制，直链淀粉含量最高 51.3%，而总淀粉含量与转基因受体铁 7922 之间基本无差异。在小麦研究方面，Regina 等利用 RNAi 技术抑制了小麦 *sbe Ⅱ a* 和 *sbe Ⅱ b* 基因表达，结果使直链淀粉含量提高到 70%以上，用其进行小鼠饲喂试验，结果表明与普通标准淀粉相比该淀粉更有利于健康。利用其他基因进行的遗传工程操作，也可以达到改变植物体淀粉结构的目的。例如，李加瑞等用 Waxy 编码区 683bp 的正向和反向片段及 150bp 内含子，构建了以玉米 *ubil* 启动子驱动的 RNAi 植物表达载体。用农杆菌介导的方法对扬麦幼胚进行转化，获得了直链淀粉含量明显下降的小麦植株。Shimada 等利用 RNAi 沉默策略，将红薯 *Waxy* 基因沉默，培育出低直链淀粉含量的转基因植株。

5　可降解塑料（PHA）合成植物基因工程

化学合成塑料的废弃物由于化学性质稳定，不易降解，对环境造成严重的污染。遏制白色污染，开发可降解塑料已成当今世界之共识。可降解塑料分为两大类：光解塑料和生物可降解塑料。光解塑料是把光敏感产物直接掺入共聚物主链中或作为附加成分，通过光解作用把共聚物分解为不可降解的小碎片，失去材料结构的完整性，从而达到缓解环境污染的目的。但目前对此类部分可降解塑料尚存争议，因为分解形成的微小碎片会破坏土壤结构，容易造成再次污染，这个缺陷限制了光解塑料的广泛应用。而理想的生物可降解性聚合物在使用过程中能够保持其各项性能，一旦废弃后也不产生任何有毒中间产物，而是被环境中的微生物分解为二氧化碳、水、甲烷及生物能量，完全进入生态循环，不会对环境造成任何污染。目前对已投入市场的大约 20 种生物可降解塑料的应用证明，生物可降解塑料的性能完全适合消费的需要，是从源头上解决白色污染的新型材料。

5.1　生物可降解塑料 PHB 的结构功能

目前常用的生物降解塑料主要包括 3 种类型，微生物合成型（如聚 β-羟基丁酸酯，即 poly-β-hydroxybutyrate，简称 PHB，是一种最早被发现的聚羟基烷酸酯 polyhydroxyalkanotates，PHA）、天然高分子型（如淀粉、纤维素、木质素和甲壳素等）和合成高分子型（如聚乳酸、聚乙烯醇、聚丁二酸丁二醇酯等）。

PHB 为 PHA 家族中结构最简单、研究得最早和最清楚的一种。但其高昂的生产成本阻滞了 PHA 的大规模商业化生产。研究者们逐渐将目光转向转基因植物。将细菌 PHA 合成途径引入植物后，可以 CO_2 为碳源、太阳能为能源合成目的产物，大大降低生产成本。人们期望以转基因植物为生物反应器实现 PHA 大规模生产。

根据单体组成可将 PHA 分为三类：①短链（short-chain-length，scl）脂肪酸共聚体，单体为含 3～5个碳原子的羟基脂肪酸，PHB 和 PHBV 是结构最简单、研究较深入的 scl-PHA，其代表合成菌为 *Ralstonia eutrophus* 和 *Azotobacter vinelandii* UWD。该类 PHA 为结晶度很高的热塑性塑料，其缺点在于韧性较差。②中长链脂肪酸共聚体（*medium-chain-length*，*mcl*，侧链碳原子数不少于 3），单位为含 6～14 个碳原子的羟基脂肪酸，目前所知能合成 mcl-pHAs 菌种还较少，*Pseudomonas oleovorans* 和 *Pseudomonas putida* 为研究较深入的两个菌种。③短链（多为 HB）与长链 HA 单体共聚物。通常一个细菌不能同时合成短链和中长链单体共聚 PHA，但 *Pseudomonas resinovorans* 能合成两种不同的 PHA。

5.2 PHA的生物合成及其基因调控

5.2.1 PHB的细胞内合成途径

以 *Ralstonia eutropha* 为代表的多数菌以三步法进行PHB合成：β-酮硫裂解酶（β-ketothiolase）催化两分子乙酰-CoA缩合生成乙酰乙酰-CoA；乙酰乙酰-CoA经依赖NADPH的乙酰乙酰-CoA还原酶（acetoacyl-CoA reductase）的作用还原为D(-)-3-羟丁酰-CoA；PHB合酶（PHB synthase）催化单体D(-)-3-羟丁酰-CoA聚合成PHB。

在 *R. rubrum* 中存在类似途径，不同的是乙酰乙酰-CoA先被还原为L(-)-3-羟丁酰-CoA，经烯酰-CoA水解酶作用生成D(-)-3-羟丁酰-CoA，再由PHB合酶催化成为具有D型手性的PHB。此为五步法合成途径。

5.2.2 PHA合成相关酶及基因

PHA所代表的聚酯种类繁杂，合成途径不止一条，因而在自然界中存在多种合成相关酶，其中PHA合酶是关键酶，决定微生物合成PHA的种类。迄今为止，已经测定30多种PHA合酶基因序列。根据基因结构和底物特异性，PHA合酶可分为Ⅰ型、Ⅱ型、Ⅲ型三类，其共同特征是都具有一个高度保守的半胱氨酸位点，可能在聚合反应中起重要作用。Ⅰ型和Ⅱ型合酶都由单亚基（*phaG* 基因编码）构成，分子质量为61～68kDa，其不同之处在于底物特异性。虽然它们都催化短链单体形成PHA，但Ⅰ型合酶催化合成C3～C5的sclPHA，而Ⅱ型合酶对C5以上的单体有专一性。Ⅲ型合酶由两个亚基组成：一个是phaC亚基。分子质量约40kDa，与Ⅰ型和Ⅱ型合酶在氨基酸序列上有21%～28%的同源性，另一个为phaE亚基，分子质量40kDa左右，与前两种PHA聚合酶没有同源性，这种合酶对短链PHA的合成有专一性。

多种微生物能合成PHA作为储藏物质，并形成了适合各自生存环境的合成途径，因而在自然界中存在多种与PHA合成相关的基因。据Rehm等1999年统计，仅PHA合酶基因便可从38种不同菌中克隆出42种，其中30种已经测序。与PHA合成相关的基因一般在细菌基因组中成簇存在。对 *R. eutropha* 的代谢途径研究得最为详尽。Poirier等采用酶活筛选、转座突变及异源探针等手段从中分离了 *phbA*（编码β-酮硫裂解酶）、*phbB*（编码乙酰乙酰-CoA还原酶）、*phbc*（编码PHB合酶）DNA片段。分析表明它们处于同一操纵子，由共同启动子控制，形成phaCAB操纵子。

5.3 利用转基因植物生产PHA的策略

利用植物来生产PHA并将其商业化是目前相关研究的重点。常用的策略主要有两个：第一个是通过基因工程手段将催化合成PHA的酶编码基因直接导入受体植物中，利用转基因植株生产PHA。Poirier等于1992年第一次在植物组织中成功生产PHA。他们从产碱杆菌（*A. eutrophas*）中克隆出PHB的聚合酶基因 *phaC* 和 *phaB*，将其导入受体植株，检测发现能够使转基因植株在体内细胞中合成PHB，但产率很低（约0.1%）而且PHB的积累水平越高植物的生长就越受影响，针对这两个问题，Nawrath等将嵌合酶基因分别导入拟南芥中，再经过异花授粉，获得的杂交植物，其PHB产量可达到14%（干细胞质量），且不影响植物的生长。Matsurnoto等对利用转基因拟南芥生产PHBV和短链—中链—长链PHA分别进行了研究，在一定程度上提高了产率。Menzel等则对甜菜须根进行了转基因研究，得到了产率为5%的PHB，并首次利用含糖类作物根茎对PHA进行生产，但这一策略也存在PHB产率过低及对植物生长发育产生很大的危害的问题。为此，研究者们探索并提出了另一个策略，即PHB的细胞器定位表达。Nawrath等利用豌豆Rubisco（1,5-2-磷酸核酮糖羧化/加氧酶）小亚基的转运肽，将PHB合成的3个关键酶基因 *phbA*、*phbB*、*phbC* 的表达定位于质体。分别构建CaMV35S启动子控制下的 *phbA*、*phbB*、*phbC* 表达载体，分别转化拟南芥后，经连续杂交得到同时表达3个基因的植株。植物生长发育未受明显影响。Valentin等将 *β-ketoacyl-CoA thiolase*（β-酮脂酰-CoA硫解酶）、*phbA*、*phbB*、*phbC* 基因和一个提高2-酮丁酸含量的调控基因 *ilvA* 转入拟南芥中，定位在质体中表达，在纯合的转基因植株中PHBV的含量达干重的12%～13%；他们又将 *ilvA*、*bktB*、*phbA*、*phbB*、*phbC* 基因转入油菜中，定位在种子中表达以合成PHBV。结果表明，纯合的转基因油菜种子中PHBV的积累量约达7%。Zeneca公司的研究人员利用拟南芥种子储存蛋白编码基因CRB的启动子，连接叶绿体导肽，将合成的PHB定位于油菜种子的胚中，PHB最终含量达种子鲜重的1%。Houmiel等从罗氏真氧菌中分离了PHB合成的3个关键酶基因，分别与 *Lesquerella fendleri* 油酸12-羟化酶种子特异性启动子和叶绿体导肽ctp相连，构建表达载体并转化油菜，转基因油菜中PHB含量达成熟种子鲜重7.7%。

目前，已有一些公司对利用转基因植物生产可降解塑料的技术进行了产业化应用。例如，意大利的Bio-On公司与糖类生产商Co. Pro. B公司于2008年4月底宣布已成功得到可用于商业化生产生物塑料聚羟基烷基酸酯（PHA）的甜菜，并定于2009年投产。据Bio-On公司公布的结果显示，该树脂在河水中10d内便可以被生物完全降解。2008年9月，Metabolix公司宣布该公司已利用多重基因表达技术成功实现以换季牧草为原料，大批量地生产PHA生物塑料的研发目标，可以进一步用于可降解塑料的生产。

综上所述，尽管植物基因工程生产工业生物产品仍存在表达水平低、下游生产成本高等一些问题，但是其产业潜在的发展前景令人振奋。据测算，生物经济将成为新的经济增长点，其市场空间可能是信息产业的10倍。

复　习　题

问题

（1）植物基因工程的生物反应器的优点是什么？

（2）利用基因工程手段降低饱和脂肪酸含量的途径有哪些？

（3）简述催化淀粉合成的酶类及其催化活性。

第 13 章

植物医药基因工程及其应用

1　植物医药基因工程概述

医药重组蛋白的生产系统主要包括原核细胞表达系统和真核细胞表达系统。大肠杆菌是成熟稳定的原核表达系统，但不完全适合真核基因表达，因为原核表达系统不能实现真核基因编码蛋白质的翻译后修饰（如糖基化等）、折叠、加工和组装等过程。此外，有些重组蛋白对细菌有毒害作用，使原核细胞产生自抑制现象；原核细胞中蛋白质表达产物易形成包涵体或易被蛋白酶降解，均导致无法实现重组蛋白的成功表达。近年来，因为昆虫和哺乳动物细胞对重组蛋白能进行正确的翻译后修饰，包括复杂的糖基化和 γ-碳化等，而被用于生产多种重要的药物蛋白质。但因哺乳动物细胞表达系统生产成本高、获得转基因动物困难、生产的医药重组蛋白易受病毒等成分污染、蛋白质分离纯化工艺复杂等原因而较少应用于临床药物蛋白质的生产。与哺乳动物细胞表达系统相比，植物表达系统具有易于大面积种植，成本低，有自然的蛋白质储存器官——种子，便于收割、运输、储藏和加工等优点，与传统的农业生产相近，能大规模生产医药重组蛋白，形成“医药工厂化农业”（medicine factory farming）或“分子药田”（molecular medicine farming），已成为植物基因工程领域的研究热点，具有极好应用前景。

1.1　植物医药基因工程的发现

现代基因工程技术是建立在结构简单的微生物遗传操作基础之上，以大肠杆菌为受体表达重组蛋白。用转基因植物生产医药蛋白质始于 20 世纪 80 年代末，比利时 PGS 公司的科学家将一个神经肽（enkephalin，脑啡肽）编码基因转入烟草中进行表达并成功获得再生植株。结果该小肽以多聚体的形式在烟草中成功表达，由此引起人们对该领域的思考和关注。1989 年，美国 Scripps 研究所克隆抗体的重链和轻链基因并分别转入烟草，再将两种转基因烟草杂交，在子代烟草叶片中产生了大量的抗体蛋白（占叶片总蛋白质含量的 1.3%）。该研究开创了用植物生产人畜疫苗的新时代。Drake 等（2010）报道了在 2002～2008 年植物制药的专利申请情况。绝大多数专利是关于候选疫苗（55%），其次是治疗学（38%）和抗体（7%）。迄今，在世界范围内正在研究开发的转基因植物生物反应器生产药物、酶等达数千种。

1.2　转基因植物生产药物的优点

与原核表达系统和动物表达系统相比，转基因植物生物反应器生产医药重组蛋白具有以下优点：①成本低廉；②种植转基因植物，能够规模化生产，形成“分子药田”；③用植物生产疫苗简单、方便，有的疫苗（如乙肝疫苗等）能够在水果和蔬菜中表达，并可直接食用；④ 植物具有完整的真核细胞表达系统，能够正确地实现基因转录、蛋白质翻译后加工等过程，使表达产物具有与高等动物细胞一致的免疫原性和生物活性；⑤表达产物无毒副作用。目前，该领域的研究主要包括以下 3 方面：①用植物生产药用蛋白质多肽；②在植物中表达抗体（antibody）；③用植物生产某些动物疫苗。

1.3　植物医药基因工程宿主植物的选择

在选择植物医药基因工程的宿主植物时，需全面考虑植物遗传转化体系的易操作性、医药重组蛋白的翻译后加工、重组蛋白在植物中的可积累性及目标产物的简便提取和纯化方法等。随着转基因技术的日趋成熟，能够利用生产医药蛋白质的转基因植物种类逐渐增多，并且各种转基因植物作为疫苗生产系统具有不同的优缺点。Antzen 等（1997）对可用作重组医药蛋白质（如疫苗等）表达系统的植物种类作了比较分析（表 13-1）。

表 13-1　重组疫苗表达系统的部分植物种类比较

植物种类	优点	缺点	获得转基因植物样品时间
烟草	可做研究工具；基因表达系统已充分特征化；易于种植并大量供应；材料丰富，便于确定蛋白质特征	叶组织含有毒的生物碱，不能用于饲喂研究	叶组织在 5～6 周内即可用于分析（对结构性基因表达很有用）
马铃薯	生产可饲（食）疫苗的典型植物，容易转化；茎块特异性基因表达元件已充分特性化；能被多种动物模型作为饲用而接受；可循环克隆繁殖，周期 3～4 个月，扩大 50 倍；易于保存	在可食组织中蛋白质成分相对低，所以重组蛋白水平也低；人消费时需煮熟，绝大多数重组蛋白二级结构和免疫原性被破坏	在 8～10 周内微块茎即可用于测定组织特异性表达，以估价基因表达水平所需的转基因植株；土壤生长的块茎在 3～4 个月即可用于饲喂
豆类	广泛种植且产量高；种子中蛋白相当丰富，重组蛋白质水平较高；种子易于贮存；作为动物疫苗极适合饲喂免疫	人食用前需加热或煮熟，很可能使重组蛋白变性	产生转化植物的时间和效率随种类而异，有些作物 5～6 个月才能得到有限的种子，种子还必须有性繁殖，在子代中需监测所需的转基因表达水平
香蕉	在许多国家都可种植生长；儿童和成人都可食用；不需煮熟；一旦建立，有丰富而便宜的果实可用，食用周期长	转化系统相对效率低；基因表达调控无资料可用，特别是无果实特异性启动子，生长需要很长时间	叶中结构性基因表达分析为 3～4 个月；从转化到产生水果约需 18 个月（在实际试验中尚未获得大的空间）

在选择医药重组蛋白表达系统时，要根据各种植物表达系统的优缺点、所表达疫苗的类型及免疫对象来选择适合的植物。转基因番茄可表达狂犬病病毒糖蛋白；一些转基因植物疫苗已在苹果（娄晓明等，2005）、樱桃（Gao et al.，2003）、番木瓜（张更林等，2003）、香蕉（Renuga et al.，2010）等水果中表达成功，由于水果口感较好，容易被人们尤其是儿童所接受，具有较好应用前景。

1.4　重组蛋白在细胞中的定位

在植物细胞中表达的重组蛋白有三种存在方式：①储存在细胞液中；②储存在具膜包裹的植物细胞贮藏结构中，如蛋白体、油体、液泡或种子中等；③分泌到细胞外。这些重组蛋白的存在方式对蛋白质稳定性及其结构具有重要影响。外源基因与植物的特异蛋白质基因及其调控序列连接，使重组蛋白在植物中的表达具有器官或组织特异性，可大大提高重组蛋白的表达量。多羟基丁酸（PHB）合成酶的 3 个基因（3-酮基硫解酶、乙酰乙酰-CoA 还原酶和 PHB 合成酶）分别与二磷酸核酮糖羧化酶（Rubisco）小亚基基因连接构成融合基因，它包括 Rubisco 小亚基的 55 个氨基酸转运肽、Rubisco 小亚基的前 23 个氨基酸残基、一个短的合成接头用于融合外源基因。融合基因分别转入拟南芥，并将转基因植株进行杂交得到含有 3 个基因的转基因拟南芥，3 种重组蛋白在这种转基因拟南芥中的含量占总干重的 14%。Rubisco 小亚基是细胞核基因产物，但它合成后转运到叶绿体，从而将重组蛋白携带到叶绿体，并将重组蛋白的表达量在细胞中的积累提高约 100 倍，而 PHB 生物合成途径在质体中的表达对于转基因植物的生长和可育性没有明显影响。大多数植物种子含有油体，在油体上装配有一种称作油脂蛋白（oleosin）的特异蛋白质。油脂蛋白是一种高度亲脂蛋白质，它在种子中高水平表达并且锚定在油体上。将 β-葡萄苷酸酶（Gus）基因与油脂蛋白基因的前 860bp 核苷酸序列（包括启动子和部分油脂蛋白的编码序列）连接，转入芸薹种子中，80% Gus 活性分布在油体上。植物种子贮藏蛋白是种子中含量很高的蛋白质，它占种子总重量的 15%～30%，为总蛋白质含量的 60%以上。利用植物种子贮藏蛋白的这一特征，将亮氨酸脑啡肽基因与拟南芥的 2S 清蛋白基因连接组成融合基因，目的基因的 N 端和 C 端分别与 2S 清蛋白基因的 5′端和 3′端区域连接作为融合基因的调控元件，2S 清蛋白在转基因拟南芥中的含量为种子可溶蛋白的 0.1%。这既提高了重组蛋白的表达量，又简化了重组蛋白的提取纯化步骤。

蛋白质累积水平是蛋白质合成与降解过程综合作用的结果。肽链越短降解越快，重组蛋白分子质量大，不易发生降解，从而可提高目标产物的产量。可利用以下方法防止蛋白质降解：①在种子中表达重组蛋白，种子内的蛋白酶抑制剂能减缓蛋白质降解速度；②引导重组蛋白定位到内质网；③构建无蛋白酶酶切位点的重组蛋白；④选择蛋白酶活性低的胚质表达重组蛋白。

2 植物抗体基因工程及相关基因

“植物抗体”(plantibody)是指动物抗体基因或基因片段在转基因植物中表达的免疫性产物。目前已利用植物表达系统生产出各种各样的抗体。此外，把抗植物病毒、真菌和细菌的抗体基因转入植物可获得抗病的植物新品种。

2.1 抗体及其基因的结构与功能

2.1.1 抗体的结构与功能

抗体的化学本质是球蛋白，但并非所有血清球蛋白都是抗体。血清球蛋白包括 α1 球蛋白、α2 球蛋白、β 球蛋白和 γ 球蛋白，其中具有抗体活性的蛋白质大部分为 γ 球蛋白，部分为 β 球蛋白，少数为 α 球蛋白。只有这些与抗原特异性结合的球蛋白才可称为抗体。1964 年，世界卫生组织(WHO)将血清球蛋白的抗体部分命名为免疫球蛋白(immunoglobulin, Ig)。在血清中有五类抗体(IgG、IgA、IgM、IgD、IgE)，每一类抗体均由重链(H 链)和轻链(L 链)组成。每个 L 链和 H 链均由一个可变区(V)和一个恒定区(C)组成。不同类的 H 链恒定区各不相同，但 L 链均相同。抗原结合部位由 L 链和 H 链两者可变区的超变片段残基构成。

免疫球蛋白 G(IgG)是血清中的主要抗体。IgG的亚基结构是 L_2H_2。150kDa 的 IgG 能被木瓜蛋白酶水解为两个 50kDa 的活性片段，其中一个 Fab 片段能与抗原结合，故被称作 Fab；另一个片段称为 Fc，它不与抗原结合，却有介导功能，如与补体的结合等。利用基因工程技术，可以得到不同的活性抗体片段，除了 Fab 和 Fc 外，还有 Fv、ScFv 和 sdAb。Fv 是由两条独立的多肽(VL 和 VH)组装而成，它具有一个完整的抗原结合位点。ScFv，即单链 Fv(single-chain Fv)是单基因合成的产物，它由一条肽链把 VH 和 VL 连接在一起，所以较稳定。在设计新的治疗、诊断和亲和试剂时，ScFv 是增加活性的靶点。sdAb 为单结构域抗体(single domain antibody)。

2.1.2 抗体基因的结构与功能

1) 免疫球蛋白 G(IgG)重链(H 链)基因的结构与功能　免疫球蛋白重链基因家族在人类基因组内位于第 14 号染色体上，重链的可变区基因包括 VH、D、和 JH 片段，分别编码 1～97、98～106、107～120 个氨基酸的肽链恒定区基因是由 4 个或者 5 个功能区外显子组成，其间有间隔序列，同时编码膜结合重链的基因中具有 M1 和 M2 膜结合功能区外显子。免疫球蛋白重链的可变区基因包含 4 个独立的基因片段：先导肽基因片段(LH)、间隔序列、可变区基因片段(VH)、多样性基因片段(D)及连接区基因片段(JH)组成。先导肽由 19 个氨基酸组成，由 57bp 碱基编码，其间隔序列为 83bp。先导肽基因片段编码的先导肽为疏水性的肽链，对免疫球蛋白重链多肽合成后被分泌到细胞外具有一定的作用。D 即多样性片段处于 VH 和 JH 之间，位于第三个超可变区的中心。因为它的氨基酸顺序及其长短变化特别大，直接影响到抗体对抗原的结合作用。

2) 免疫球蛋白 G(IgG)轻链(L 链)基因的结构与功能　免疫球蛋白轻链基因家族在人类基因组中，κ 型轻链多肽基因家族位于第 2 号染色体上，而 λ 型位于第 22 号染色体上。无论是 κ 型还是 λ 型，轻链基因的结构均包括先导基因片段、间插序列或者内含子Ⅰ、轻链可变区基因片段(VL)、连接区基因片段(J)、间插序列Ⅱ和轻链恒定区基因(CL)。免疫球蛋白轻链的可变区是由可变区基因编码，它包括先导肽基因序列、间插序列、可变区基因片段和连接区基因片段。先导肽的编码序列均由 194bp 碱基组成，其中包括 128bp 的间插序列，将先导肽序列分成 5′端的 54bp 碱基编码 18 个氨基酸(包括 ATG 起始密码子)和 3′端的与可变区序列直接相连的 12bp 碱基编码 4 个氨基酸。由此可见，先导肽链为 22 个氨基酸，但依其轻链表型差别，先导肽长度变化为 7～22 个氨基酸。先导肽链是疏水性的，它对新合成的免疫球蛋白通过细胞膜的转移过程是极为重要的；也是活性轻链基因蛋白质的初级产物的一部分。当新合成的免疫球蛋白通过细胞膜后，先导肽便被酶水解掉。免疫球蛋白轻链可变区基因片段 VK 是经过体细胞重组后由 VL 基因片段和 J 基因片段连接构成的，编码可变区多肽链。J 基因片段有很重要的作用，由它编码的某些氨基酸发生变化后，可能改变结合抗原的特异性。不仅如此，J 序列在其 5′端带有 DNA 水平上的重组信号，在 3′端带有 RNA 水平上的拼接信号。在小鼠和人的基因组中，免疫球蛋白 κ 型轻链只有一个拷贝的恒定区基因(CK)，位于距 J 基因片段 3′端的2.1～2.3kb处。

2.2　抗体在转基因植物中的表达

2.2.1　抗体在转基因烟草中表达

Hiatt等(1989)首先在烟草中表达了重组抗体6D4。6D4属于IgG,它具有与一种合成磷酸酯(P3)结合的功能和催化某些羧酸酯水解的作用。利用CaMV35S启动子调控下的编码重链及其信号序列的基因或编码轻链及其信号序列的基因分别转化烟草,获得分别表达重链或轻链的转基因植株。同时,利用切除了信号序列的编码重链或轻链的基因转化烟草。再把表达重链的转基因植株和表达轻链的转基因植株进行杂交,获得表达完整抗体6D4的植株。结果表明,免疫球蛋白的信号序列对于蛋白质的累积极为重要。既表达轻链基因又表达重链基因的F_1代转基因植株能够产生装配好的完整抗体,其表达量高达植株总蛋白质的1%,而且这种抗体和杂交瘤(hybridoma)来源的抗体对于P3的亲和性相同。

2.2.2　抗体在转基因拟南芥中表达

De Neve等(1993)将抗体(IgG1)及其Fab片段分别在拟南芥和烟草中进行表达。尽管两种植物表达出的抗体和Fab都具有抗原结合能力,但它们的表达量明显不同。Fab在烟草中的表达量为叶片总蛋白质量的0.04%,而在拟南芥中的表达量则为1.3%。另外,免疫印迹实验表明,在转完整抗体基因的拟南芥中,含有150kDa的完整抗体,而烟草则含有丰富的50kDa抗体片段,这说明两种宿主组装抗体的形式也有差异,这可能与宿主植物本身的特性有关。

2.2.3　抗体在植物愈伤组织细胞中表达

愈伤组织细胞作为去分化细胞也能够有效表达抗体及其功能片段。为了研究抗体分子在植物细胞内表达后的分布情况,Hein等(1991)在愈伤组织细胞中掺入同位素S,该实验结果表明,大部分抗体分子在合成以后,通过细胞膜和细胞壁而被分泌到培养基中,其浓度可达20mg/L。

2.3　植物抗体的应用前景

2.3.1　抗病植物

利用PCR技术扩增,克隆各种抗病毒、支原体、细菌和真菌的抗体基因,并将这些基因转化到植物细胞中,使转基因植物在病原微生物侵染时能表达出与相应抗原结合的抗体或抗体片段,这些植物抗体可减轻病原微生物的致病作用。抗病植物通过利用体内的抗体中和致病因子,减少病原浓度,同时形成大分子免疫复合物,使病原物在细胞间的运输受阻,抑制病灶蔓延,从而防止植物系统感染;或通过其体内抗体特异地结合病毒繁殖过程中所需的酶,使病毒的复制受到抑制。

2.3.2　生物滤膜

利用生物工程技术防治环境污染可能是一条理想途径。如果用抗污染的抗体基因转化林木、草和花卉,可使之在转化植物中表达抗体或抗体功能片段。由于这些免疫活性物质的分子质量大于植物细胞的细胞壁孔径(约20kDa),它们不能通过细胞壁的半透膜而形成一个具有结合能力的空间。当污染物分子"过境"植物时,细胞壁内的抗体能将这些有害物质黏着,并固定在细胞壁内,从而起到清洁环境的目的。

2.3.3　农业规模化生产抗体

基因工程抗体要解决的一个重要问题是抗体的大规模生产。由于植物本身的生产特点,加之植物播种面积广阔并可以在一个生长季节收获多次,决定了植物是最大生产规模、最经济方便的抗体表达系统。除烟草已作为植物抗体的主要表达宿主外,其他如苜蓿、大豆、番茄和马铃薯等均可作为生产抗体的宿主。利用植物生产的抗体来源丰富、操作方便,因此植物抗体的造价将远远低于从杂交瘤细胞或腹水中产生抗体的成本。此外,植物抗体还可以避免由于动物自身所患某种疾病通过抗体再传染其他人畜的危险。

2.4　植物抗体存在的问题及研究方向

(1) 抗体及其片段在植物中的表达水平仍待提高。可通过基因工程手段,对植物表达系统加以改造,使其能够高效表达符合临床需要的抗体。

(2)通过抗体直接中和病原物而达到植物抗病的目的具有一定难度。有研究表明,中和病毒的外壳蛋白质需要过量的抗体。利用抗病原微生物中非结构蛋白的抗体转化植物可能是抗体在植物抗病方面应用的理想途径。例如,在植物中表达能中和病毒复制或组装有关的酶的抗体,不需要很高浓度就可能有效干扰病毒复制。

(3)由于动植物遗传背景的差异可能会造成抗体成分的不同。例如,植物抗体重链羧基末端碳水化合物残基与哺乳动物不同。因此尚需评价植物来源的抗体对人体的免疫抗性问题。

(4)抗体作为植物抗病因子是否能在适宜的时

间和部位进行适量表达。

(5)抗体是动物体液免疫系统中的防御物质。因此即使抗体能中和致病因子,如果不能进一步消化和清除,这些免疫复合物在植物体内的积累可能会引起植物体内的过敏反应,而妨碍植物的防御功能和正常新陈代谢。

(6)由于抗体的特异性比较单一,即一种抗体只能中和一种或一类结构相似的病原微生物,而大田中分布的病原体是多种多样和高频率变异的,因此抗体作为植物抗病策略在实际应用中还存在许多有待解决的问题。

3 植物疫苗基因工程及相关基因

基因工程单克隆疫苗、活载体疫苗、核酸疫苗等研究为利用转基因植物疫苗提供理论指导,而植物疫苗因其具有可食(饲)性,展现了巨大开发价值。

3.1 植物疫苗基因工程目的基因的选择

植物疫苗目的基因应选择疫苗基因表达产物在细胞内易于加工装配,且不易被人的胃液降解的基因。一般选择病原体表面糖蛋白编码基因,对于易变异的病毒则可选择各亚型共有的核心蛋白的主要保护性抗原基因序列。到目前为止,在转基因植物中表达用于疫苗研究的病原基因主要有大肠杆菌热敏肠毒素B亚单位基因(*lt-B*)、霍乱弧菌毒素B亚单位基因(*ctB*)、乙型肝炎病毒表面抗原基因(*hbsAg*)、猪传染性胃肠炎病毒S糖蛋白基因(*tgev-S*)、诺沃克病毒衣壳蛋白基因(*nvcp*)、疟原虫多表位抗原基因(*awte*)、人类免疫缺陷病毒(HIV)*P24*基因和*Tat*基因、狂犬病菌病毒糖蛋白基因(*G*)、口蹄疫病毒基因(*vpi*)等,其中研究得最多的是*lt-B*(周岩等,2013)。

3.1.1 *lt-B*基因的结构与功能

人源肠毒素性大肠杆菌的致病因子(LT)主要包括耐热肠毒素和热敏肠毒素两种,由A、B亚基组成,LT-B无毒,具有免疫原性和黏膜佐剂活性。编码B亚基的为*toxB*基因,该基因编码区全长372bp,编码由124个氨基酸组成的肽链。*toxB*在起始密码子前3个核苷酸处有SD序列,其中5个核苷酸可与16S核糖体RNA 3′端12个核苷酸中的5个互补,且近ATG端碱基为A。这些结构有助于提高核糖体的结合效率,且*toxB* mRNA的二级结构也有助于*toxB*的翻译,从而导致在1个启动子下游,虽然*toxB*位于远端,但表达量却超过*toxA*的5倍。B亚单位由2个α螺旋和6个β片层结构组成,其N端的一个半胱氨基残基与C端的一个半胱氨基残基形成二硫键,将2个分子末端连接在一起,且5个分子排列在一起呈环状结构(王星等,2005)。LT-B主要与GM1结合,也能与GD1b、乳糖酶基(神经)鞘氨醇、一些糖蛋白等结合,但是结合能力相对弱一些。LT-B调节免疫反应的作用是通过与细胞表面分子结合,从而调节免疫细胞功能。LT-B不仅激活B细胞、抗原递呈细胞,而且能诱导$CD8^+$ T细胞选择性凋亡。

3.1.2 *hbsAg*基因的结构与功能

乙肝病毒表面抗原(HBsAg)是乙型肝炎病毒(HBV)的外膜蛋白,由*HBV*基因的S区所编码。S区又分为*S*基因、*preS1*基因和*preS2*基因三段,分别编码226个氨基酸的S蛋白、108~119个氨基酸的preS1蛋白和55个氨基酸的preS2蛋白。其中S蛋白称为主要蛋白或小蛋白,是HBsAg的主要成分,preS1+S蛋白称为中蛋白,preS1+preS2+S蛋白称为大蛋白。在HBV的不同亚型中,*S*基因与*preS2*基因长度是固定的,而*preS1*基因区的长度则有所差别,为324~357个核苷酸。完整的HBV病毒是42nm的Dane颗粒,*S*基因区所编码的3种产物(S蛋白、M蛋白和L蛋白)都参与Dane颗粒的装配,其中S蛋白是病毒外壳的主要蛋白。S区基因所编码的产物除了在病毒及亚病毒颗粒的装配中作为主要成分外,还刺激机体产生中和性抗体或称为保护性抗体。S蛋白可以刺激机体产生中和性抗体,preS1和preS2多肽的免疫原性都很强。preS多肽中含有多个优势抗原决定簇,由preS抗原引起的T细胞免疫反应,可以改变免疫缺损的小鼠对S抗原的无反应状态。preS1特异性的T细胞免疫可以帮助克服某些个体对S蛋白的免疫无反应状态或同时对S和preS2蛋白的双重无反应状态(杨瑞丽等,2002)。

3.2 植物疫苗基因工程的研究进展及应用前景

3.2.1 植物疫苗基因工程研究进展

利用转基因植物生产基因工程疫苗研究中,能否实现真正有效地表达食用和饲用的蔬菜食品疫苗(food vaccine)也是人们十分关心的问题。转基因植物疫苗生产的流程主要包括:①选择并克隆特异性抗原的编码基因;②将目的基因插入植物表达载体上或植物病毒载体上;③利用各种转基因方法将抗原基因转入植物,得到能够表达所需抗原基因的再生植株;④外源基因表达水平的检测和免疫原性的测定；⑤疫苗安全性评价。由于人和动物的消化道具有独立的黏膜免疫系统，因此有效的口服疫苗必须防止被胃酸和蛋白酶降解，否则就会失去免疫原性。而植物细胞壁作为天然的生物胶囊，可使细胞中的疫苗抵抗胃内的酸性环境和消化道内各种酶的降解，使其顺利到达小肠，并且在小肠内缓慢释放引起消化道的黏膜免疫反应，并且能刺激黏膜下的 B、T 淋巴细胞产生抗生素到消化道、血液和呼吸道中，从而发挥对机体的全面保护作用。疫苗还能诱导消化道相关淋巴样组织产生免疫球蛋白 A1，以达到防治疾病的目的(Yu et al.，2001)。可见，转基因植物疫苗口服后，不但可以引起黏膜免疫，还可引起体液和细胞免疫(王军政等，2011)。Antzen 等(1997)在转基因烟草表达 HbsAg 疫苗的基础上，用莴苣和香蕉构建"乙型肝炎疫苗色拉"和"可食香蕉乙型肝炎疫苗"。目前，已利用植物生产的疫苗见表 13-2。

表 13-2　利用转基因植物生产的疫苗

疫苗	植物	表达蛋白
乙型肝炎疫苗	烟草	重组 HBsAG
乙型肝炎疫苗	烟草/莴苣	属肝炎抗原决定簇
流感病毒	烟草	血细胞凝集素
霍乱口服疫苗	马铃薯	霍乱弧菌毒素 CtoxA 和 CtoxB 亚单位
肺结核病毒	胡萝卜	肺结核抗原决定簇
霍乱和大肠杆菌腹泻疫苗	烟草/马铃薯/玉米	大肠杆菌不耐热肠毒素 LT-B
龋齿疫苗	烟草	变异链球菌表面蛋白 SpaA
自体免疫糖尿病疫苗	马铃薯	霍乱弧菌毒素 B 亚单位-人胰岛素融合
霍乱腹泻疫苗	水稻	霍乱弧菌毒素 B 亚单位
狂犬病疫苗	烟草/菠菜	狂犬病毒抗原决定簇 gp120
艾滋病疫苗	烟草/黑眼豆	艾滋病毒抗原决定簇 gp41
口蹄疫疫苗	黑眼豆	口蹄疫病毒抗原决定簇
疟疾疫苗	黑眼豆	疟疾 B 细胞抗原决定簇
诺活克病毒腹泻疫苗	烟草/马铃薯	诺活克病毒壳蛋白
癌症疫苗	烟草	治疗非霍奇金淋巴瘤
滤过性毒素疫苗	烟草	治疗猫科细小病毒
家禽疫苗	油菜	治疗球虫病感染

3.2.2　植物疫苗基因工程应用前景

1) *治疗自身免疫疾病和糖尿病*　将人类胰岛素与霍乱毒素 B 亚单位(ctb)融合，并成功转入马铃薯。用能合成保留有 CTB 神经节苷脂 GM1 结合位点和具有抗原性的胰岛素的转基因马铃薯块茎饲喂非肥胖糖尿病(NOD)小鼠，发现小鼠的胰岛素炎症大幅减少，并延迟糖尿病的发展进程，而口服 CTB-胰岛素融合蛋白并不能减轻糖尿病症状(Arakawa et al.，1998)。还有报道将 *mIL-4* 和 *hGAD65* 基因融合成功转化马铃薯，用该转基因马铃薯叶片饲喂非肥胖糖尿病小鼠，发现小鼠的胰岛素炎症明显减轻(Ma et al.，2004)。由此可见，转基因植物疫苗能够抵抗由 T 细胞介导的自身免疫疾病和糖尿病。

2) *预防和治疗癌症*　Stoger 等(2000)克隆了单链 Fv 抗体(ScFvT84.66)基因，该基因与肿瘤标志性抗原——癌胚抗原(CEA)相关。经过基因重组，使单链 Fv 片段定位在植物细胞质外的内质网，并在小麦和水稻的叶和籽粒中得到表达，小鼠口服后表现出明显的抗肿瘤效果。人类乳头瘤病毒(HPV)16 型和 18 型可引发宫颈癌。人类乳头瘤病毒(HPV)16 型基因组的早期基因区 *e7* 编码 E7 蛋白，可与 pRB、p110 和 p107 等蛋白质结合从而干扰 p53 和 RB 的作用，引发细胞癌变；晚期基因区 *l1* 编码 L1 蛋白，是病毒主要衣壳蛋白，可组装成 VLP。用 E7 表位疫苗或重组 L1 蛋白免疫宿主均可诱导保护性免疫反应(Franconi et al.，2002)。将Ⅱ型人乳头瘤病毒的 *l1* 基因转入马铃薯，当大鼠摄入含 *l1* 基因的转基因马铃薯后，激活了其体液免疫应答(Warzecha et al.，2003)。将人类乳头瘤病毒 hpv-16 的 *l1* 基因成功转入烟草中，并从转基因烟草中分离纯化出可溶性 L1 蛋白，用该蛋白质注射小鼠，小鼠体内诱导产生了高水平的

L1蛋白抗体(Maclean et al.,2007)。Kohl等(2007)将一种兔子的乳头瘤病毒L1蛋白的编码基因转入烟草,经检测 *l1* 基因在烟草中得到表达,用L1蛋白提取液加Freund不完全佐剂注射免疫兔子,发现经过免疫的兔子能够抵抗活病毒的感染。以上研究表明利用转基因植物疫苗在一定程度上能够降低癌症的发病率。

3)控制哺乳动物的生殖　哺乳动物受精过程中精卵细胞的结合具有种属特异性,这种特异性是由精子表面的特异性蛋白质与卵细胞透明带糖蛋白通过受体配体模式决定的。透明带是卵细胞膜外的一层非细胞结构,具有多种糖蛋白,是精子与卵细胞识别和结合的部位,其中糖蛋白ZP3在受精过程中起着重要作用,它是免疫避孕的一个靶位。Fitchen等(1995)将小鼠ZP3蛋白的一个含有13个氨基酸残基的抗原决定簇融合在烟草花叶病毒的衣壳蛋白中,利用其作载体感染植物获得了转基因植物,在感染的植物中产生了融合蛋白,从中直接提取含有融合蛋白的病毒样颗粒给小鼠免疫,小鼠产生了能识别ZP3的特异性抗体,且发现透明带聚集有抗ZP3抗体。Walmsley等(2003)在转基因番茄中表达了LT-B和免疫避孕疫苗的融合蛋白。以上研究表明利用转基因植物生产避孕疫苗具有可行性。

4)防治传染性疾病　病毒疫苗是转基因植物疫苗应用的最主要领域。Gao等(2003)将乙肝病毒表面抗原hbsAg的基因成功转入樱桃,并用樱桃浆果饲喂小鼠,发现小鼠所产生的免疫抗原性与经商业疫苗免疫的小鼠具相似性。Dus等(2005)将口蹄疫病毒(FMDV)衣壳蛋白基因 *p1* 和蛋白酶的基因 *3c* 融合导入紫花苜蓿,将该转基因紫花苜蓿蛋白提取液接种小鼠,发现免疫小鼠产生了抗体应答,并能完全抵抗强病毒的攻击。Ramirez等(2007)将Ⅰ型人类免疫缺陷病毒(HIV-Ⅰ)Tat蛋白基因转到番茄中并成功表达,对BALB/c雄性小鼠口服免疫和注射免疫,通过ELISA分析检测到小鼠体内产生抗Tat蛋白的抗体。Rigano等(2004)在拟南芥中表达了肺结核抗原和LT-B融合蛋白,重组蛋白保持了良好的神经节苷脂-GM1结合活性。1999年,李霞等用疟原虫多表位抗原 *awt* 基因与霍乱弧菌 *ct-b* 基因融合构建植物表达载体转化烟草,酶联免疫反应和Western印迹分析表明融合蛋白具有这两种抗原的活性。2008年,Arlen等首次将鼠疫杆菌 *f1-v* 基因导入烟草叶绿体,得到转基因植物疫苗,用该植物疫苗提取物分别对小鼠皮下注射免疫或口服免疫,小鼠体内产生了相应的IgG2a和IgA,当用鼠疫菌CO92侵染小鼠时,通过注射免疫或口服免疫的小鼠成活率分别为33%和88%,而未免疫的小鼠全部死亡。

目前研究成功的抗病毒转基因植物疫苗还有兔出血症病毒、人呼吸道合胞病毒、麻疹病毒、牛瘟病毒、戊型肝炎病毒、传染性胃肠炎病毒等(李文桂等,2006)。

3.3　植物疫苗基因工程存在的问题及策略

转基因植物可食(饲)疫苗的研究尽管有人已经或正在进行人体试验,但要实际应用还有许多问题尚需深入研究。

(1)增强转基因植物可食(饲)疫苗的免疫原性。作为植物可食(饲)疫苗达到实际应用的程度,首先要提高其免疫原性。有两个因素可能影响转基因植物疫苗的免疫原性:一个原因是植物本身可能含有一些因素会影响或干扰重组蛋白的免疫原性;第二个原因是重组蛋白在经历胃肠消化酶的作用后,可能发生降解或破坏,从而影响其免疫原性。

(2)提高外源基因在植物中的表达量。可食(饲)疫苗在植物中的产量取决于编码抗原蛋白的基因序列的利用率,以及构建合适的植物转化表达元件,使抗原基因表达的疫苗能达到植物可溶性总蛋白质1%以上。可通过优化密码子、优化抗原表位、添加增强子或前导序列、添加修饰基因或吸附基因(如M细胞等)使抗原直接靶向免疫系统等对目的基因进行修饰,提高重组抗原基因在植物中的表达水平。可采取以下措施消除目的基因转化后的沉默现象:①在构建表达载体时,降低目的基因与植物基因的同源性,对多基因结构采用不同的启动子和polyA序列,或在转基因的侧翼接上核基质结合序列以避免位置效应;②用5-氮胞嘧啶处理植株,可以抑制甲基化和脱甲基化的作用;③选用强启动子如来源于花椰菜花叶病毒(CaMV)的35S启动子,可增强目的蛋白在叶片中的表达水平;④选用组织特异性启动子,如马铃薯块茎启动子、番茄果实特异性启动子、玉米种子特异性启动子等,可使目的蛋白在植物的特定部位集中表达;⑤将疫苗蛋白定靶于细胞的不同部位,如线粒体、叶绿体(Bock,2007)、液泡和油体等活跃的细胞器,可提高蛋白质表达水平和免疫效价;⑥应用含融合抗原基因的植物病毒载体去感染植物的特定部位,可使外源基因随病毒的自发复制而在植物体内增殖,瞬时高效表达抗原蛋白(陈珍等,2006)。

(3)选择合适的宿主植物。宿主植物的选择对于转基因植物疫苗非常重要,转基因疫苗宿主植物通常要具备表达量高、耐储藏和适宜于口服等特点。从目前转基因技术来讲，番茄、苹果、香蕉和胡萝卜等蔬菜和水果是生产植物转基因疫苗比较理想的宿主植物。对于饲用疫苗，可选用苜蓿、大豆和玉米等作为宿主植物，使疫苗积累于种子等天然蛋白质贮藏器官或整株植物体。另外，还可以开发分泌型抗原，通过水培使合成的疫苗通过植物的根分泌到水中，以简化疫苗的提取和纯化（Komarnytsky et al.，2000）。

（4）转基因植物可食（饲）疫苗的贮存。作为动物饲用疫苗，虽较为理想，但保存期在 4℃也只有 3 个月，如果是人食用疫苗，番茄和香蕉的储存期可能更短。作为转基因植物，不仅用作疫苗的组织（果实）本身需耐储存，而且在储存期内，其重组蛋白必须保持结构特征及生物学活性不变。为使植物疫苗能真正产业化，需要有可靠的方法来定量植物抗原并保证其稳定性。

（5）植物可食（饲）疫苗可能引起的免疫耐受性。机体对口服疫苗的免疫耐受性与免疫系统的抑制性 T 淋巴细胞（Ts）的功能密切相关。免疫耐受的程度与免疫剂量、免疫程序、抗原特异性等多种因素有关。减少疫苗服用次数，加大每次摄入量等方法可以减少免疫耐受的发生。因此，有必要对转基因植物疫苗进行免疫耐受方面的实验，找到避免口服免疫耐受的最佳免疫方案。

（6）优化免疫途径。抗原免疫接种的策略和过程对引发的免疫应答有重要影响。选用适当的免疫程序、适量的抗原剂量、合适的植物材料处理方法、添加免疫佐剂、建立理想的动物模型及准确的抗体检测方法等，将为早日实现植物疫苗进入商业化生产奠定基础（陈珍等，2006）。

（7）植物可食（饲）疫苗的生物安全性。转基因植物的生物安全性一直是近年来争论的焦点。用于筛选转基因植株的抗生素基因，可能对环境安全和人体健康产生潜在的危害。另外，人或动物口服转基因植物后还可能对机体产生某些毒理作用或引起过敏反应，这些不良作用在进行临床实验前必须进行充分的验证，确保植物疫苗的安全性。开发新的安全性标记基因。例如，木糖异构酶基因和甘露糖异构酶基因已成功用于水稻、甜菜、马铃薯等植物的遗传转化，这为转基因植物疫苗的研发提供了有益示范。

4　转基因植物生产药用蛋白多肽

早在 1990 年，第一个重组植物来源的药物蛋白是在转基因烟草和马铃薯中获得的人血清白蛋白（Sijmons et al.，1990）。此后，用转基因植物生产药用蛋白的研究硕果累累（Fischer et al.，2000），见表 13-3。α1 抗胰蛋白酶是一种治疗囊肿纤维化的药物。1999 年，美国获得了利用转基因植物烟草生产葡糖脑苷脂酶的专利。据此，可利用转基因植物进行商业化生产葡糖脑苷脂酶和其他溶酶体酶类用于酶替代疗法。水蛭素是适合于转基因植物表达的另一种药用蛋白。水蛭素可作为抗凝血剂，在治疗血栓形成方面有显著疗效。现在除大部分水蛭素利用重组细菌和酵母生产外，还可利用转基因油菜、烟草和埃塞俄比亚芥生产。

表 13-3　利用转基因植物生产的药用蛋白质多肽

目的蛋白质	植物	用途
人 α-干扰素	芜菁	乙型肝炎
A-天花粉蛋白	烟草	艾滋病
人水蛭素变种 2	烟草/油菜	凝血酶抑制剂
人血清蛋白酶	烟草	血清蛋白途径
人血红蛋白	烟草	血液代用品
人血清清蛋白	马铃薯/烟草	肝硬化
人高三聚胶原蛋白	烟草	胶原蛋白
血管紧张素转化酶抑制剂	烟草/番茄	高血压
葡萄脑苷脂酶	烟草	高歇病
人干扰素	芜菁	抗病毒
表皮生长因子	烟草	刺激上皮细胞分裂
人粒细胞-巨噬细胞群刺激因子	烟草	中性粒细胞减少症
胃脂肪酶	烟草/玉米	囊包性纤维症
α-半乳糖苷酶	烟草	法布瑞氏症
乳铁蛋白	玉米/水稻	胃肠紊乱
溶解血栓剂	紫萍	溶解血栓
白介素	烟草	克罗恩病
胰岛素	红花	糖尿病
重组人内因子	拟南芥	维生素 B_{12} 缺乏症
载脂蛋白 AI	红花	心血管疾病

5　植物医药基因工程研究展望

20 世纪 90 年代初开始，植物医药基因工程的研究已经取得了可喜进展，展现出极好的应用前景。迄今已获得的具有（潜在的）产业化价值的转基因植物表达医药重组蛋白见表 13-4。

表 13-4　有商业价值的转基因植物重组蛋白

重组蛋白名称	相对分子质量(10^3)	基因来源	植物名称	表达水平
单克隆抗体		链球菌	烟草	叶子可溶性蛋白 0.3%
单链 Fv 表位	5.0	肿瘤细胞	烟草	种子可溶性蛋白 1.0%
凝乳酶	30.0	小牛	烟草	可溶性蛋白 0.1%～0.5%
右旋糖苷转移酶	36.0	疱疹病毒	马铃薯	茎块可溶性蛋白 0.1%
脑啡肽	0.5	人		种子可溶性蛋白 0.1%
促红细胞生成素	37.5	人	烟草	可溶性蛋白 0.0026%
生长激素	21.0	鳟鱼	烟草	叶子可溶性蛋白 0.1%
HL-B	39.0	大肠杆菌	烟草	叶子可溶性蛋白 0.001%
乙肝表面抗原	24.0	乙肝病毒	烟草	叶子可溶性蛋白 0.007%
水蛭素	11.0		苜蓿	种子重量 1%
γ 链和 κ 链	45 和 27	鼠	烟草	叶子可溶性蛋白 1.3%
β-干扰素	20.0	人	烟草	净重 0.000 017%
溶菌酶	14.4	鸡	烟草	叶子净重 0.003%
疟疾表位	0.6	疟原虫	烟草	病毒重 0.4%～0.8%
肌醇六磷酸酶	80.0		烟草	叶子可溶性蛋白 14.4%
蓖麻蛋白	34.0		烟草	叶子可溶性蛋白 0.25%
人血清白蛋白	66.5	人	马铃薯	叶子可溶性蛋白 0.02%
木聚糖酶	37.0		烟草	叶子可溶性蛋白 4.1%
血管紧张素		牛奶	烟草	
表皮生长因子		人	烟草	
水蛭素		人工合成	油菜	
人乳铁蛋白		人	烟草	
出血热病毒糖蛋白	98.0		烟草	3.3mg/kg

从表 13-4 中可见各种蛋白质表达累积量差别很大，如重组肌醇六磷酸酶可表达在烟草叶细胞外的部分，累积量达可溶性蛋白的 14%。因此，植物生产医药蛋白质或酶类具有极大的商业价值，特别是针对抗体和疫苗的植物医药基因工程研究已展现出极好应用前景。

随着基因工程、细胞生物学及免疫学理论和技术的不断成熟，植物医药基因工程必将在艾滋病、乙型肝炎等传染性疾病及癌症等疑难杂症的预防和治疗中发挥举足轻重的作用。尽管利用转基因植物生产抗体、疫苗及药用蛋白多肽等还有许多问题需要解决，但这不影响植物医药基因工程的进一步开发利用。随着科学技术的发展，外源基因在转基因植物中的表达效率和转基因产物的免疫原性将进一步提高。转基因植物生产的抗体和疫苗在疾病治疗中发挥作用，也在防治疾病方面具有良好的应用前景。在加速转基因植物疫苗和抗体产业化的同时，必须保证转基因植物制成的生物药品的性能和安全标准。

在利用植物医药基因工程生产抗体、疫苗及其他药用蛋白多肽过程中，还需考虑转基因药物的安全性，尤其是糖基化对药物安全带来的影响。因为糖基化对蛋白质的折叠、稳定性和活性产生影响，而大多数转基因植物生产的药用蛋白都是糖蛋白。由于植物的糖基化和哺乳动物中的糖基化过程不同，因此来源于哺乳动物的糖蛋白在植物内活性会受到影响。此外，寻找安全的转化载体和宿主植物、探索有效的融合蛋白分离纯化途径、建立高效的检测药物安全性检测体系等问题仍需开展深入研究。

总之，利用植物医药基因工程生产的转基因植物药物具有广阔的市场前景，它为生产价格低廉的生化药品开拓了一条崭新而有效的途径，转基因植物药物将为人类健康提供更有效的保障。

复　习　题

名词解释

转基因植物生物反应器、分子药田、抗体、疫苗

问题

（1）分析植物抗体基因工程的优缺点。

（2）综述植物疫苗基因工程的研究进展及应用前景。

（3）设计合成次生代谢产物医药基因工程的研究方案。

（4）植物医药基因工程生物反应器的优点是什么？

部分近期参考文献

曹红利，岳川，王新超，等．2012. bZIP 转录因子与植物抗逆性研究进展．南方农业学报，43(8)：1094-1100

贾志伟，张鲁斌，高豪杰，等．2012. 果实成熟软化的分子生物学研究进展．安徽农业科学，40(13)：7633-7635

金征宇，柏玉香，王金鹏．2012. 环糊精葡萄糖基转移酶的筛选及其定向改造．食品与生物技术学报，31(2)：114-123

康桂娟，曾日中，聂智毅，等．2012. 植物 NAC 转录因子的研究进展．生物技术通报，11：21-26

李璨，杨天杰．2011. 植物抗寒基因工程研究进展．吉林农业科学，36(2)：15-20

李科友，朱海兰．2011. 植物非生物逆境胁迫 DREB/CBF 转录因子的研究进展．林业科学，47(1)：124-134

李志亮，吴忠义，叶嘉，等．2010. DREB 类转录因子及其在植物抗逆基因工程改良中的应用进展．北方园艺，20：206-210

刘翠芳，邹杰，陈信波．2010. DREB 转录因子与植物非生物胁迫抗性研究进展．生物技术通报，10：26-29，48

刘莉．2013. DREBs、bZIP 转录因子与植物抗旱性研究进展．浙江农业科学，1：98-102

刘晓月，王文生，傅彬英．2011. 植物 bHLH 转录因子家族的功能研究进展．生物技术进展，1(6)：391-397

潘园园，徐祥彬，王春玲，等．2012. WRKY 转录因子的研究概况．浙江农业科学，2：253-257，261

沈乾，陆续，张凌，等．2012. 植物中 MYC2 转录因子功能研究进展．上海交通大学学报，30(6)：51-57

沈亚欧，李淑君，林海建，等．2011. 通过转基因手段改善作物产量性状．农业生物技术学报，19(4)：753-762

汪结明．2009. 玉米籽粒淀粉合成相关酶基因的分子调控研究．合肥：安徽农业大学博士学位论文

王关林，方宏筠．2009. 植物基因工程．北京：科学出版社

王景晨，陈信波．2011. 植物非生物胁迫应答相关转录因子研究进展．湖南农业科学，17：9-11，12

王磊，高晓清，朱苓华，等．2011. 植物 WRKY 转录因子家族基因抗病相关功能的研究进展．植物遗传资源学报，12(1)：80-85

吴爽，刘莉，王守海，等．2012. 水稻产量性状定位与基因克隆研究进展．安徽农业科学，40(14)：8048-8056

夏晗，王兴军，李孟军，等．2010. 利用基因工程改良植物脂肪酸和提高植物含油量的研究进展．生物工程学报，26(6)：735-743

邢莉萍，钱晨，李明浩，等．2013. 小麦 *Mlo* 反义基因的转化及转基因植株的白粉病抗性分析．作物学报，39(3)：431-439

许传俊，孙叙卓，李玲，等．2012. 蝴蝶兰抗坏血酸过氧化物酶基因克隆及其表达研究．园艺学报，39(4)：769-776

许大全．2012. 探索新绿色革命的靶标．植物生理学报，48(8)：729-738

旭日干，范云六，戴景瑞，等．2012. 转基因 30 年实践．北京：中国农业科学技术出版社

张计育，渠慎春，郭忠仁，等．2011. 植物 bZIP 转录因子的生物学功能．西北植物学报，31(5)：1066-1075

张剑峰，张鹤龄，于嘉林，等．2012. 二价核酶基因构建及对 PLRV 负链靶序列的体外切割研究．华北农学报，2：12-18

张丽萍，查仁明．李尚伟．2012. 转 *Bt* 基因抗虫水稻的研究进展．天津农业科学，(06)：9-13

张四维，王兵，王成树．2011. 基于微生物源的抗虫基因发掘，生命科学，(02)：212-215

张忠梁，张名昌，白云凤，等．2011. 植物高光效基因工程研究进展．山西农业科学，39(10)：1134-1136

周岩，赵茜，何男男，等．2013. 转基因植物疫苗的最新研究进展．中国畜牧兽医，40(2)：61～65

朱斌，梁颖．2012. 植物 *MAPK C* 族基因的研究进展．生物技术通报，11：27-31

Akhtar M，Jaiseal A，Taj G，et al. 2012. DREB1/CBF transcription factors：their structure，function and role in abiotic stress tolerance in plants. J Genet，91(3)：385-395

Borras-Hidalgo O，Caprari C，Hernandez-Estevez I，et al. 2012. A gene for plant protection：expression of a bean polygalacturonase inhibitor in tobacco confers a strong resistance against *Rhizoctonia solani* and two oomycetes. Frontiers in Plant Science，3：1-6

Ceasar S A，Ignacimuthu S. 2012. Genetic engineering of crop plants for fungal resistance：role of antifungal genes. Biotechnol Lett，34：995-1002

Deikman J，Petracek M，Heard J E. 2012. Drought tolerance through biotechnology：improving translation from the laboratory to farmers' fields.（Special Issue：Food biotechnology-Plant biotechnology.）. Current Opinionin Biotechnology，(5)：1232-1239

Devi R，Kaur N，Gupta A K. 2012. Potential of antioxidant enzymes in depicting drought tolerance of wheat (*Triticum aestivum* L.). Indian J Biochem Biophys，49(4)：257-265

Du D，Zhang Q，Cheng T，et al. 2013. Genome-wide identification and analysis of late embryogenesis abundant (LEA) genes in *Prunus mume*. Molecular Biology Reports, 40(2): 1937-1946

Huang C, Hu G, Li F, et al. 2013. NbPHAN, a MYB transcriptional factor, regulates leaf development and affects drought tolerance in *Nicotiana benthamiana*. Physiol Plant, 49(3): 297-309

Huang X, Ouyang X, Yang P, et al. 2012. *Arabidopsis* FHY3 and HY5 positively mediate induction of COP1 transcription in response to photomorphogenic UV-B light. Plant Cell, 24(11): 4590-4606

Huseynova I M. 2012. Photosynthetic characteristics and enzymatic antioxidant capacity of leaves from wheat cultivars exposed to drought. Biochim Biophys Acta, 1817(8): 1516-1523

Ivanov K I, Makinen K. 2012. Coat proteins, host factors and plant viral replication. Curr Opin Virol, 2(6): 712-718

Junker A, Monke G, Rutten T, et al. 2012. Elongation-related functions of LEAFY COTYLEDON1 during the development of *Arabidopsis thaliana*. The Plant Journal, 71(3): 427-442

Karpova O, Nikitin N, Chirkov S, et al. 2012. Immunogenic compositions assembled from tobacco mosaic virus-generated spherical particle platforms and foreign antigens. J Gen Virol, 93(2): 400-407

Kausar R, Hossain Z, Makino T, et al. 2012. Characterization of ascorbate peroxidase in soybean under flooding and drought stresses. Mol Biol Rep, 39(12): 10573-10579

Klintenas M, Pin P A, Benlloch R, et al. 2012. Analysis of conifer FLOWERING LOCUS T/TERMINAL FLOWER1-like genes provides evidence for dramatic biochemical evolution in the angiosperm FT lineage. The New Phytologist, 196(4): 1260-1273

Lagunes-Fortiz E, Robledo-Paz A, Gutiérrez-Espinosa M, et al. 2013. Genetic transformation of garlic (*Allium sativum* L.) with tobacco chitinase and glucanase genes for tolerance to the fungus *Sclerotium cepivorum*. African Journal of Biotechnology, 12(22): 3482-3492

Lico C, Santi L, Twyman R M, et al. 2012. The use of plants for the production of therapeutic human peptides. (Special Issue: Plant molecular pharming 2012 and beyond.). Plant Cell Reports, (3): 5432-5441

Meng X, Wang M, Jiang N, et al. 2012. Regulation of both the reactive oxygen species level and antioxidant enzyme activity in drought-stressed rice organs by benzimidazolate-based SOD1 mimics. J Agric Food Chem, 60(45): 11211-11221

Mohammadzadeh R, Zamani M, Motallebi M, et al. 2012. *Agrobacterium tumefaciens*-mediated introduction of polygalacturonase inhibiting protein 2 gene (PvPGIP2) from *Phaseolus vulgaris* into sugar beet (*Beta vulgaris* L.). Australian Journal of Crop Science, 6(8): 1290-1297

Molina-Rueda J J, Tsai C J, Kirby E G. 2013. The populus superoxide dismutase gene family and its responses to drought stress in transgenic poplar overexpressing a pine cytosolic glutamine synthetase (GS1a). PLoS One, 8(2): e56421

Muhammad R, He G Y, Yang G X, et al. 2012. AP2/ERF transcription factor in rice: genome-wide canvas and syntenic relationships between monocots and eudicots. Evolutionary Bioinformatics, 8: 321-355

Niehl A, Amari K, Gereige D, et al. 2012. Control of tobacco mosaic virus movement protein fate by CELL-DIVISION-CYCLE protein 48 (CDC48). Plant Physiol, 160: 2093-2108

Ohmori Y, Tanaka W, Kojima M, et al. 2013. WUSCHEL-RELATED HOMEOBOX4 is involved in meristem maintenance and is negatively regulated by the CLE gene *FCP1* in rice. Plant Cell, 25(1): 229-241

Polko J K, Pierik R, van Zanten M, et al. 2013. Ethylene promotes hyponastic growth through interaction with ROTUNDIFOLIA3/CYP90C1 in *Arabidopsis*. Journal of Experimental Botany, 64(2): 613-624

Qin Y, Wang M, Tian Y, et al. 2012. Over-expression of TaMYB33 encoding a novel wheat MYB transcription factor increases salt and droughttolerance in *Arabidopsis*. Mol Biol Rep, 39(6): 7183-7192

Sakuraba Y, Schelbert S, Park S Y, et al. 2012. STAY-GREEN and chlorophyll catabolic enzymes interact at light-harvesting complex Ⅱ for chlorophyll detoxification during leaf senescence in *Arabidopsis*. Plant Cell, 24(2): 507-518

Shan H, Chen S, Jiang J, et al. 2012. Heterologous expression of the chrysanthemum R2R3-MYB transcription factor CmMYB2 enhances drought and salinity tolerance, increases hypersensitivity to ABA and delays flowering in *Arabidopsis thaliana*. Mol Biotechnol, 51(2): 160-173

Song M Y, Kim C Y, Han M, et al. 2013. Differential requirement of *Oryza sativa* RAR1 in immune receptor-mediated resistance of rice to *Magnaporthe oryzae*. Molecules and Cells, 35: 327-334

Tombuloglu H, Kekec G, Sakcali M S, et al. 2013. Transcriptome-wide identification of R2R3-MYB transcription factors in barley with their boron responsive expression analysis. Mol Genet Genomics, 288(3-4): 141-155

Wang J E, Liu K K, Li D W, et al. 2013. A novel peroxidase can *POD* gene of pepper is involved in defense responses to *Phytophtora capsici* infection as well as abiotic stress tolerance. Int J Mol Sci, 14 (2): 3158-3177

Wang L, Xin M, Qin Z, et al. 2011. Functional analysis of an *iaaM* gene in parthenocarpic fruit development in transgenic *Physalis pubescens* L. plants. Plant Cell, Tissue and Organ Culture, 107(2): 333-340

Wang X, Zhu X, Tooley P, et al. 2013. Cloning and functional analysis of three genes encoding polygalacturonase-inhibiting proteins from *Capsicum annuum* and transgenic CaPGIP1 in tobacco in relation to increased resistance to two fungal pathogens. Plant Molecular Biology, 81(4-5): 379-400

Zagrai I, Ravelonandro M, Gaboreanu I, et al. 2011. Transgenic plums expressing plum pox virus coat protein gene do not assist the development of virus recombinants under field conditions. J Plant Pathol, 93 (1): 159-165

Zhang Z, Liu X, Wang X, et al. 2012. An R2R3 MYB transcription factor in wheat, TaPIMP1, mediates host resistance to *Bipolaris sorokiniana* and drought stresses through regulation of defense- and stress-related genes. New Phytol, 196(4): 1155-1170

Zhang Z, Zhang Q, Wu J, et al. 2013. Gene knockout study reveals that cytosolic ascorbate peroxidase 2 (OsAPX2) plays a critical role in growth and reproduction in rice under rought, salt and cold stresses. PLoS One, 8(2): e57472

第三篇

目的基因分离克隆

分离克隆目的基因是基因工程的第一步,也是一项十分复杂的分子生物学技术,包括目的靶基因的定位、分离及重组过程。分离克隆到优良性状的新基因可以申请发明专利,拥有知识产权,别人使用该目的基因就要支付昂贵的专利使用费。因此,分离克隆新基因是近代研究的热点,也是争夺基因市场的制高点。

迄今,目的基因分离克隆技术研究进展十分迅速,已创造出许多新的技术,如同源克隆技术,基因芯片技术、基因文库技术、差异表达技术、插入突变技术、图位克隆技术、酵母双杂技术及功能蛋白组技术等。本篇将对目前世界上各实验室主要采用的以上基因分离克隆技术的原理、操作程序及关键技术等进行较为详细地叙述。最后在综述文献结合作者长期研究工作的基础上,比较各种技术的特点和适用范围,并提出了目的基因分离克隆的选择策略。

第 14 章 基因序列同源性克隆目的基因

物种进化过程中，遗传物质发生着遗传与变异，相同基因的核苷酸序列及其编码的蛋白质在遗传关系较近的物种间具有一定的保守性。遗传上来自于某一共同祖先 DNA 序列的基因叫做同源基因（homologous gene）。现代分子生物学中用同源性来描述基因与基因之间的相似关系，表明序列之间的匹配程度。基因具有同源性的特点，为使用基因同源序列法克隆目标基因提供了可能。随着基因克隆技术的发展，克隆出的基因数目迅猛增长，不断充实已有的基因组文库、cDNA 文库及表达序列标签（expressed sequence tags，EST）文库等。科研工作者通过寻找拟分离基因的保守区，使用简并引物进行 PCR 扩增得到目标基因的保守区段，再通过与基因组文库比对，或 cDNA 文库筛选和其他分子生物学手段就能够扩增得到目标基因的 cDNA 全长及基因组 DNA 全长。

1 基因序列同源性克隆的原理

1.1 基因序列同源性克隆的种类

基因序列同源性克隆技术也叫基于同源序列的候选基因法（homology-based candidate gene method）：就是利用相关蛋白质的保守结构域基因序列的同源性，根据同源序列设计引物，从相近物种中扩增目的基因的方法。同源克隆法可以分为两类：一种是基于物种间基因的同源性，简单地说，就是在目标基因的功能背景相对清晰，在相似或相同功能基因已经被克隆出来后，根据基因在物种间的同源性，简单有效地克隆目标基因；另一种是基于基因内部存在保守序列，如上述的保守区，就可以根据这些保守序列设计引物，通过 PCR 扩增获得全长候选基因。

1.2 基因序列同源性克隆的原理

目前运用同源序列克隆法克隆比较多的是抗病基因，下面以抗病基因的同源克隆为例介绍同源序列克隆法的原理。虽然抗病基因之间的完整序列同源性不是很高，然而经科研工作者对已经克隆抗病基因编码的蛋白质的结构特征进行分析，发现虽然不同抗病基因互作的病原体种类不同，但是大多数抗病基因所编码的蛋白质却都含有一些保守的结构域，如富亮氨酸重复序列（leucin-rich repeat，LRR）、丝氨酸-苏氨酸激酶（serine/threomine kinase，STK）、跨膜结构域（transmembrane domain，TMD）、核苷酸结合位点（nucleotide binding site，NBS）及亮氨酸拉链（leunine zippers，LZ）等，而且编码这些抗病基因的核苷酸序列也有一定的同源性，可以根据保守的结构域或同源的核苷酸序列设计简并引物来扩增未知的抗病目的基因。

简并引物（degenerate primer）是指代表编码单个氨基酸所有不同碱基可能性的不同序列的混合物。为了增加特异性，可以参考密码子使用表。它的特点是所设计的引物序列某位置的核苷酸可以分别是两个或两个以上不同的碱基，结果所合成的引物是该位置上不同序列的混合物。关于简并引物的设计在后面将详细介绍。

基于这些保守结构域的基因序列设计简并引物，扩增出目标基因的保守区序列，与已知基因进行同源性比较。如果目标物种虽没有完成全基因组测序，但拥有丰富的 EST 数据，那么可以利用生物学软件或网站检索功能，从已经获得的保守序列出发，进行 EST 序列的电子延伸，通过这种方法有可能拼接出更长的序列，甚至是一个完整的阅读框。如没有这样的便利条件，也可以对 cDNA 进行 5′RACE（rapid amplifilcation of cDNA ends）和 3′RACE序列的扩增，得到编码目的基因的全长 cDNA 序列，再继续从基因组上扩增内含子序列，即可拿到该基因的 DNA 全长序列。利用基因序列同源性克隆基因的方法已经得到了国内外学者的广泛关注，成为当前克隆和寻找新基因的简捷、经济、有效的方法。

2 基因序列同源性克隆的程序

利用基因序列同源性克隆目标基因操作程序

主要包括简并引物设计、PCR 扩增基因片段并进行同源性比对、目的基因全长克隆 3 个步骤。基本操作程序如图 14-1 所示。

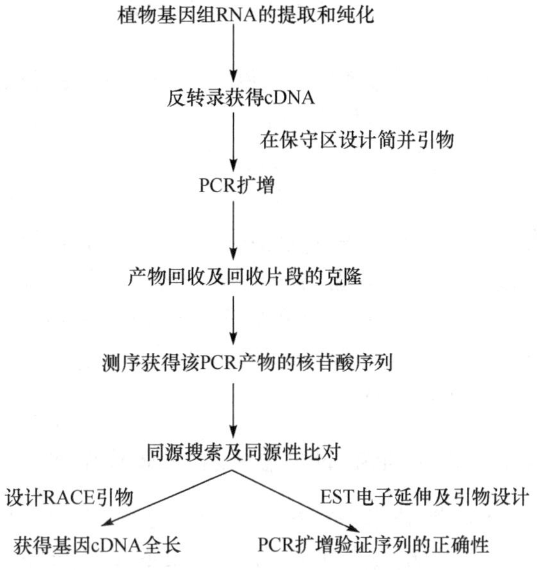

图 14-1　同源序列克隆的基本程序

2.1　简并引物设计

简并引物主要用来同源克隆未知的基因。其基本原理就是根据氨基酸序列设计两组带有一定简并性的引物库，所谓库就是有多条引物组成的一个组合，这些引物有很多相同碱基，在序列的好几个位置也有很多不同的碱基，只有这样才能保证该引物组合和多种同源序列发生退火，实现 PCR 扩增。简并引物设计的常见程序如下。

(1) 在 NCBI(national center of biotechnology information)搜寻不同物种中编码相同功能的蛋白质序列或 cDNA 编码的氨基酸序列。由于密码子具有简并性，即使编码的氨基酸序列相同，但不等于编码该序列的核苷酸序列也相同，所以氨基酸序列才是真正保守的。可以从 NCBI 的 Entrez 检索系统，查找到一条相关序列。把搜索到的氨基酸序列通过 BLASTp (通过蛋白质搜索比对蛋白质)，在整个 Nr 数据库中查找与之相似的氨基酸序列。

(2) 对所找到的序列进行多序列比对。多序列比对(multiple sequence alignment，MSA)是指将两条以上核酸或氨基酸、RNA 序列进行多重比对，以反映其进化关系及结构特征的数据分析方法。在阐明一组相关序列的重要生物学模式方面起着相当重要的作用，有时用来区分一组序列之间的差异，但其主要用于描述一组序列之间的相似性关系，以便对一个基因家族的特征有一个简明扼要的了解。多重序列比对一般通过 3 个步骤完成：①两两进行双重比对；②生成一个系统树，将序列按相似性大致分组；③使用系统树作为引导，产生出最终的多序列比对结果。按照以上方法将搜索到的同一基因的不同氨基酸序列进行多序列比对，最好采用局部比对程序如 BLOCK，也可选工具 Clustal W 或者在 EBI 网站进行在线分析。

(3) 确定合适的保守区域。设计简并引物至少需要上下游各有一个保守区域，且两个保守区域相距 50～400 个氨基酸为宜，使得 PCR 产物在 150～1200bp，最重要的是每一个保守区域至少有 4 个氨基酸。若比对结果保守性不是很强，很可能找不到 4 个氨基酸的保守区域，这时可以根据物种的亲缘关系，选择亲缘相近的物种进行二次比对，若保守性仍达不到要求，则需进行三次比对。总之，究竟要选多少序列来比对，要根据前一次比对的结果反复调整。最终目的就是至少有两个 4 个氨基酸且两者间距离合适的保守区域。

(4) 利用软件设计引物。当得到保守区域后，就可以利用专业的软件来设计引物了，如利用 primer 5.0 进行设计。也有专门的简并引物设计的方法如：CODEHOP 和 GeneFisher2 等。在这里特别值得说明的是 CODEHOP 方法，该方法要求的保守区较短，而且能有效的降低引物的简并度，是一种非常有效的方法。该方法主要是通过将简并区放在 3′端，并在 5′端设计一个一致性的区域来降低简并性。

(5) 对引物的修饰。在简并引物中用不同的符合表示该位点可代表的碱基种类(表 14-1)。把每个符号代表的碱基种类数乘积，得到的值叫做简并度。例如，若得到的引物为：5-NAGSGNGCDT-TANCABK-3，则其简并度＝4×2×4×3×4×3×2＝2304。一般简并度在 1024 以内属于正常，明显上述引物简并度偏高，不适宜 PCR 反应，这种情况下可以用 I(次黄嘌呤)来代替 N，因为它可以与四种碱基配对，以上引物的简并度就降为 36。若引物序列高度简并，利用脊椎动物基因组中 CpG 二核苷酸的较低丰度，有望降低简并度。

简并引物的设计一般遵循以下几个原则：①选择高度保守的序列作为引物。尽可能选择基因家族内和不同种属间都保守的序列。②使用简并度较低的引物。③由于色氨酸和甲硫氨酸的密码子是唯一的，是设计简并引物区段的首选。尽可能不用含有亮氨酸、精氨酸、丝氨酸的肽段。④引物的 3′端残基尽可能使用确定残基。⑤PCR 产物的适合长度为150～1200bp。

表 14-1 简并引物符号说明

简并引物符号	代表的碱基	简并引物符号	代表的碱基
M	A/C	V	A/C/G
R	A/G	H	A/C/T
W	A/T	D	A/G/T
S	C/G	B	C/G/T
Y	C/T	N	G/A/T/C
K	G/T		

2.2 克隆基因片段序列及同源性分析

2.2.1 克隆基因片段序列

利用简并引物扩增的 DNA 片段，经产物回收纯化后，与克隆载体相连接，测序后将结果与 DNA 或蛋白质序列库进行比较，用于确定该序列的生物属性，找出与此序列相似的已知序列是什么。

2.2.2 同源性分析

同源性分析可以用很多软件和网站进行，如 DNAstar、Cluta W、MEGA、LaserGene、Cluta X、DNAman 等软件均可以进行这方面的分析。另外，使用 BLAST(basic local alignment search) 程序也可以轻松的分析序列的同源性。BLAST 是一个基于序列相似性的数据库搜索程序。该程序包含了许多个独立的程序，这些程序是根据查询对象和数据库的不同来定义的。查询结果会列出跟查询序列相似性比较高，符合限定要求的序列结果，根据这些结果可以获取该序列可能的功能，可能来源的物种和可能是某种基因的同源基因等信息。具体操作步骤如下。

(1) 复制得到的序列，序列通常是以“*.seq”“*.fas”“*.ASN”等格式存在。

(2) 打开 BLASTn 程序，该程序是在核苷酸数据库中进行相似核苷酸序列的搜索。

(3) 粘贴以上序列到输入框内。

(4) 选择数据库(database)，一般选用“others”，除非已知拟查找的序列属于人或鼠，方可选择前两项。

(5) 选择相应的相似度级别，megablast 为相似度极高、discontiguous megablast 为相似度中等、blastn 为相似度较低。一般默认是选择 megablast。

(6) 运行程序，等待并检查运行结果。运行结构显示的序列是按照同源性由高到低排列的，其中排列在第一位的就是同源性最高的序列，其中 E 值是判断相似程度的标准，这一数值越接近零，代表发生这一事件的可能性越小，联配结果越显著。

3 目的基因全长克隆

利用简并引物 PCR 得到的基因片段，经过同源比对以后，如果该物种的基因组已经发布过，那么可以轻松地搜索到该基因的两侧序列，但这只是在研究少数模式生物时才会出现的情况。对于自然界种类繁多的其他生物而言，则需要进一步获得该基因的全长序列。近年来随着 PCR 技术的快速发展和成熟。已经有多种方法可以获得基因的全长序列，这里主要介绍 RACE 法和染色体步移法。

3.1 cDNA 末端的快速克隆(RACE 技术)

RACE 技术是根据已知的部分 cDNA 序列，通过 PCR 方法来扩增出未知 cDNA 5′端和 3′端，又被称为锚定 PCR(anchored PCR)和单边 PCR(one-side PCR)技术。RACE 技术根据扩增 cDNA 的位置不同，可分为 5′RACE 和 3′RACE。锚定 PCR 和反向 PCR(inverse PCR)都可用于 RACE 技术而进行 cDNA 末端的快速克隆。最初的 RACE 技术就是通过锚定 PCR 原理设计的，这方面的试剂盒可从 GIBCO-BRL 和 CLONTECH 公司所获得，而 TaKaRa 公司的 5′RACE 试剂盒则是通过反向 PCR 原理所设计的。

3.1.1 RACE 的基本原理

RACE 技术是通过以 mRNA 为模板反转录成 cDNA 第一链后，用 PCR 方法来实现从基因内部某个特定位点到 3′端或 5′端之间未知序列克隆的，因而有 5′RACE 和 3′RACE 之分。经典 3′RACE 克隆的策略是：首先设计一个 52 个核苷酸的 Q_T 引物(5′-Q_0-Q_1-TTTT-3′)，此引物含有 17 个核苷酸的 oligo(dT)序列，*Hind*Ⅲ，*Sst* Ⅰ 及 *Xho* Ⅰ 限制性内切酶识别位点，引物 Q_0 和引物 Q_1 以 Q_T 为反转录引物合成 cDNA 第一链，然后以 Q_0 和基因特异性引物(GSP_1)进行首次 PCR 扩增，以 Q_1 和基因特异性引物(GSP_2)为巢穴引物进行第二次嵌套式 PCR 扩增，最后获得所需的 3′端目的片段(图 14-2A)。而其 5′RACE 端克隆的策略是以基因特异引物(GSP-RT)将 mRNA 特异性反转录为cDNA 第一链，同聚物加尾在 cDNA 第一链 3′端加入 poly (A)尾后，以 Q_T 和 GSP_1 进行首次扩增，然后再以 Q_1 与 GSP_2 进行第二次，最后获得 5′端目的片段(图 14-2B，图 14-2C)

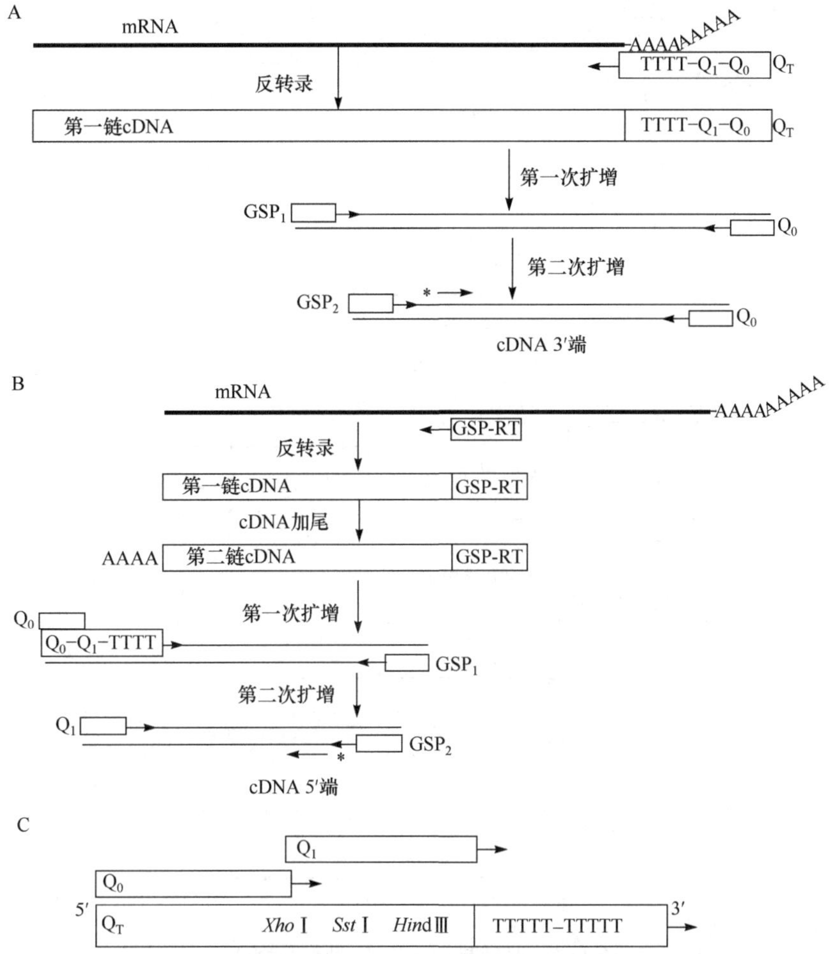

图 14-2 经典 RACE 原理示意图(迪芬巴赫等,2000)

GSP_1. 基因特异引物 1;GSP_2. 基因特异引物 2;GSP-RT. 用于反转录的基因特异引物;*→表示基因特异引物,用于杂交和测序反应。A. 3′RACE;B. 5′RACE;C. 用于经典 RACE 的引物图示。Q_T(5′-Q_0-Q_2-TTTT-3′)引物:5′-CCAGTGAGCAGACTGACGAGGACTCGAGCTCAAGCTTTTT-TTTTT TTTTT-3′;Q_0 引物:5′-CCAGTGAGCAGAGTGACG-3′;Q_1 引物:5′-GAGGA-CTCGAGCTCAAGC-3′,Q_1 和 Q_2 引物用过 1 个核苷酸重叠,含有 *Hin*dⅢ,*Sst* Ⅰ 及 *Xho* Ⅰ 限制性内切酶识别位点。

3.1.2 改进的 5′RACE

cDNA 5′端的缺失是植物基因分离与鉴别中最常遇到的问题,也是最富有挑战性的课题。因此,自 RACE 技术问世以来,人们就对 5′RACE 进行了不断的改进,形成了更加增强目的基因特异性的反向 PCR 5′RACE 和确保得到全长序列的新 RACE。

1) 高特异性 5′RACE　利用反向 PCR 进行已知序列两侧未知序列的克隆时,由于所采用的上、下游引物均为基因内部特异性序列,故扩增的 PCR 产物具有较高的特异性。高特异性 5′RACE 就是根据这一原理,利用 T4RNA 连接酶将带有 5′端未知序列的单链 cDNA 环化或首尾相连形成同分子多聚体而实现的。其基本原理是:①利用 5′端磷酸化的特异性引物对 mRNA 进行反转录形成 5′端磷酸化的 cDNA 第一条链;②以 RNaseH 分解掉 cDNA-RNA 杂交体中 RNA;③在 T4RNA 连接酶的作用下将单链 cDNA 环化或首尾相连物;④用两对基因特异性引物:A_1、S_1 及 A_2、S_2 分别进行二次 PCR 扩增得到所需目的片段(图 14-3A)。其所采用的引物设计时,正向序列靠近已知序列的 3′端,反向序列靠近已知序列的 5′端(图 14-3B),由于所扩增序列是正、反向引物间已知片段外侧的序列,因此其所采用的是反向 PCR 原理。

2) 高完整性 5′RACE(新 RACE)　一般 5′RACE技术中存在的最具挑战性的一步是诱导反转录酶将目的 mRNA 反转录成完整的 cDNA 第一链。由于过早终止的 cDNA 第一链也能像全长 cDNA 第一链一样,利用末端转移酶在其 3′端有效地加尾或利用 T4 RNA 连接酶将其首尾连接,这样过早终止的 cDNA 第一链会导致非全长 cDNA 末端的扩增和回收。经典 RACE 中反转录过程的

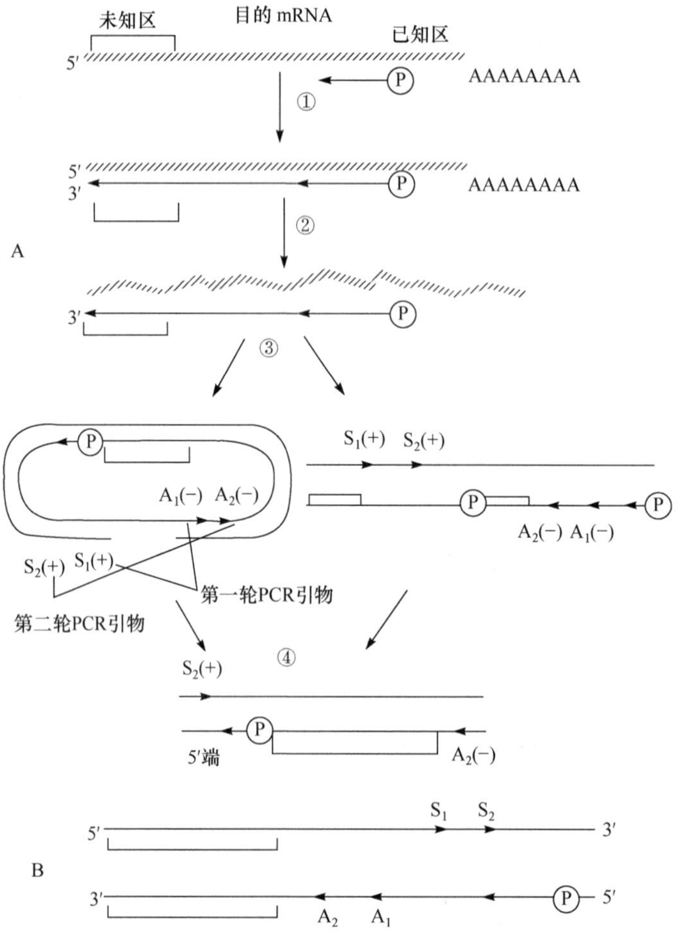

图 14-3　高特异性 5′RACE 原理示意图

提前终止导致非全长第一链 cDNA 的多聚腺苷化，并在 PCR 中全部扩增，全部 cDNA 在 PCR 中均能扩增，产生非全长 cDNA 5′端，从而给实验带来一定的难度。当对5′端富含 GC 碱基易阻止反转录酶的序列进行操作时常会遇到此问题。而新 RACE 中只有全长转录得到的 cDNA 才能得到扩增(图 14-4)。

新 RACE 中，虽然也会产生非全长 cDNA，但由于不会被锚定序列终止，因此在随后 PCR 中不会得到。扩增新 RACE 技术与一般 RACE 不同之处在于，锚定引物在反转录之前就连接到 mRNA 的 5′端，因此，只有通过目的 mRNA 5′端全长的反转录产物，锚定序列才能整合到 cDNA 第一链中(图 14-5A)。其基本原理是：首先利用牛小肠磷酸酶(CIP)对 mRNA 脱磷酸化，由于全长的 mRNA 在其 5′端有甲基化的 G 帽，故脱磷酸化作用只对降解的 mRNA 有效而对全长的 mRNA 无效。由于降解的 mRNA 在连接反应中无磷酸基团的驱动而在下一步连接反应中显示出生物惰性，使其不能与锚定引物连接。用烟草酸性焦磷酸酶(TAP)处理全长 mRNA 使其脱帽，即可使全长 mRNA 5′端

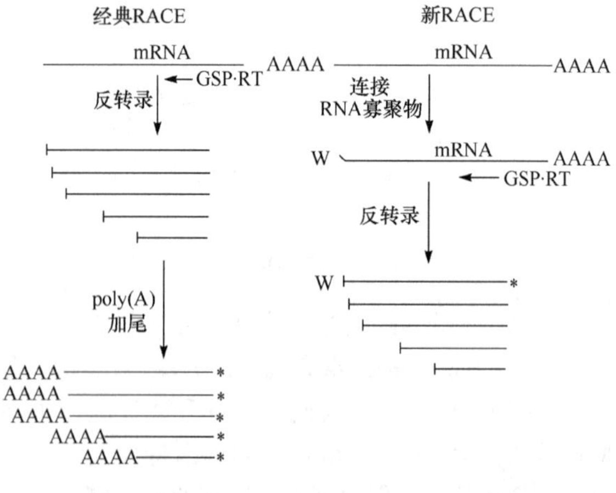

图 14-4　新 RACE 与经典 RACE 之比较
(迪芬巴赫等，2000)
* 表明产生的 cDNA 末端在之后的 PCR 中会得到扩增

带上活化的磷酸基团，随后用 T4 RNA 连接酶将其与一段由线性化质粒体外转录产生的特异 RNA 寡核苷酸(图 14-5B)相连。然后，用基因特异引物或随机引物对 RNA 寡核苷酸 mRNA 杂合体进行反转录产生 cDNA 第一链。最后，用基因特异引物和 RNA 寡核苷酸特异引物。用 T3 RNA 聚合酶

处理的质粒作体外翻译，可产生由 132 个核苷酸组成的 RNA 寡核苷酸。引物 NRC-1、NRC-2 及 NRC-3 均来自寡核苷酸的序列；但不编码限制酶位点进行 PCR 扩增，从而获得 5′端未知序列。

扩增得到的 3′端和 5′端 cDNA 目的产物，可以用限制性内切酶酶切，利用 southern blot 分析酶切后的片段是否存在于已知 cDNA 部分序列同源的序列。对分析得到的同源序列进行克隆，最后通过拼接得到全长 cDNA。也可以通过分析 RACE 产物的 5′端和 3′端序列，再合成相应的引物，扩增出全长 cDNA。如要得到 DNA 水平的全长基因，还需要根据 cDNA 两头的序列设计引物，以 DNA 为模板获得全长序列。

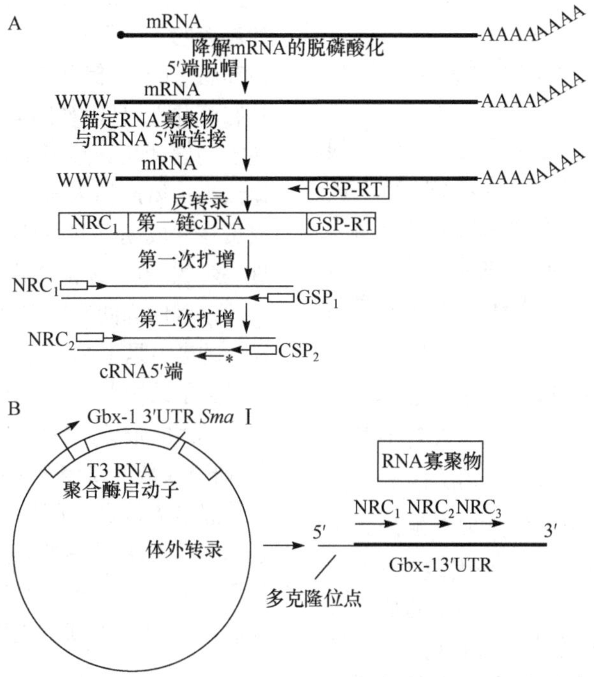

图 14-5　新 RACE 图示(迪芬巴赫等，2000)

a. 5′部分 cDNA 末端的扩增；b. 新 RACE 中用于连接的 RNA 寡核苷酸的体外合成及相应引物

3.2　染色体步移(chromosome walking)技术

染色体步移 (chromosome walking) 是指从生物基因组或基因组文库中的已知序列出发逐步探知其旁邻的未知序列，或与已知序列呈线性关系的目的序列核苷酸组成的方法和过程。目前，基于 PCR 扩增为主要手段的染色体步移技术操作比较简单，尤其适合于已知一段核苷酸序列的情况下进行的染色体步移。反向 PCR 和热不对称交错 PCR (TAIL-PCR) 等就是建立在 PCR 技术基础上的染色体步移技术，为扩增已知序列旁侧的未知 DNA 片段提供了捷径。

3.2.1　反向 PCR

反向 PCR 的原理如图 14-6 所示。这里以扩增已知序列的上游序列为例。首先分析同源克隆得到的已知序列中含有哪些酶切位点，选择合适限制性内切酶对 DNA 进行酶切，就会在已知序列的相应位点留下一个黏性末端，另外，在已知序列的 5′端若也含有该酶切位点，那么也会留下一个同样的黏性末端。由相同的限制性内切酶或者同尾酶进行酶切后，产生的黏性末端能够通过碱基互补作用，在连接酶的作用下重新结

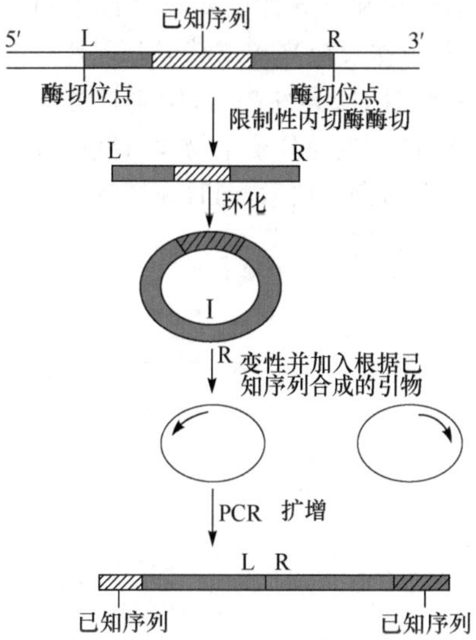

图 14-6　反向 PCR 原理图

合起来。将酶切得到的产物用DNA连接酶连接，酶切产生的两个黏性末端就会互补连接，包含目的基因及其上游序列的片段会形成环状。在已知序列上酶切位点上游的序列设计引物，值得一提的是，这里设计的引物虽然与DNA区两末端序列互补，但两引物3′端是相互反向的。通过反向PCR，得到的线性DNA两端是目的基因，中间是目的基因上游侧翼序列，将该产物测序，即可得知目的基因5′端侧翼序列。同样方法，在酶切位点的下游序列上设计反向引物进行PCR即可获得3′侧翼序列。

该方法的不足是：①这种方法往往需要尝试很多种限制性内切酶才能切出合适大小的DNA片段，这种选择不能在非酶切位点切断靶DNA；②大多数核基因组含有大量中度和高度重复序列，这样，通过反向PCR得到的探针就有可能与多个基因序列杂交。

3.2.2 热不对称交错PCR（thermal asymmetric interlaced PCR，TAIL-PCR）

热不对称交错PCR是建立在PCR技术基础上的染色体步移技术，为扩增已知序列旁侧的未知DNA片段提供了捷径。该技术以基因组DNA为模板，使用高退火温度的长特异引物和短的低退火温度的简并引物，通过特殊的热不对称（高严谨性PCR和低严谨性PCR交替）循环程序，有效扩增特异产物。其基本原理是利用目标序列旁的已知序列设计3个嵌套的特异性引物（special primers，分别为sp1，sp2，sp3，用它们分别和一个具有低T_m值的短的（14bp）随机简并引物（arbitrary degenerate prime，AP）相组合，以基因组DNA作为模板，根据引物的长短和特异性的差异设计不对称的温度循环，通过分级反应来扩增特异基因片段。该技术具有简单快速、特异性高，近年来被分子生物学研究者广泛应用，成为分子生物学研究中非常实用的基因侧翼序列克隆技术，同时在植物基因克隆方面也取得了很大进展。

4 基因序列同源性克隆的评述

同源性序列克隆技术自提出以来，受到了国内外学者的广泛重视，发展很迅速，相比图位克隆和转座子标签克隆法来说，同源克隆有其特有的优势，在理论上能够简单快速的克隆出目的基因。但这种优势不是绝对的，并不是所有的基因都能用同源序列克隆的方法得到理想的结果，有些问题是值得重视和思考的：①简并引物的设计要得当，由于密码子具有简并性，且序列间同源程度存有差异，必要时可能需要设计几套甚至十几套引物组合；②不能简单地认为扩增产物来自同一个基因家族；③基因家族成员往往成簇存在，克隆得到的基因片段需要经过进一步的验证，才能知道是否是目的基因。

基因序列同源性克隆方法在新基因的克隆中所显示的潜力是很诱人的，但目前应用同源序列法大多只得到了结构上与已知基因类似的片段，鲜有克隆出完整基因的报道。我们相信，随着基因克隆技术的发展，研究人员可以综合现有的克隆技术，结合运用生物信息学方法和当前先进的基因芯片等技术快速识别未知基因，用更短的时间从更多的植物中分离获得最多的优势基因，推测其功能和可能参与的生理生化反应，从而为后续研究提供宝贵信息。

复习题

名词解释

同源序列的候选基因法、简并引物、锚定PCR、单边PCR、染色体步移

问题

（1）简述同源序列法克隆目的基因的原理。

（2）简述简并引物设计的原则及注意事项。

（3）根据同源序列法克隆法设计克隆一个植物抗病基因的实验。

第 15 章

基因芯片技术克隆目的基因

基因芯片是 20 世纪 90 年代发展起来的一项由生物学、物理学、微电子学、计算机科学、化学、生物信息学、统计学等多种学科交叉结合而形成的生物高新技术。它通过多项技术的有效结合，在芯片上完成生命科学中不连续分析过程的集成，实现样品检测分析过程连续化、集成化、微型化和信息化。

1　基因芯片概述

20 世纪 80 年代初，人们根据计算机半导体芯片制作技术将晶体管集成在芯片上，提出将寡核苷酸分子也集成在芯片上的设想。美国 Affymetrix 公司率先开展了这方面的研究，并于 1991 年生产出第一块寡核苷酸基因芯片。1995 年，斯坦福大学应用 DNA 芯片技术成功进行了酵母菌的基因表达研究，并完成了 1046 个人类基因的检测。1996 年，第一块商业化 DNA 芯片问世，标志着基因芯片技术进入广泛研究和应用阶段。美国《财富》杂志 1997 年 3 月载文指出：基因芯片是生命信息的集成，它将改变生命科学的研究方式，开辟一个生命信息研究和应用的新纪元。目前基因芯片技术已广泛用于基因组测序、基因表达分析、突变体和多态性检测、基因文库作图、转基因产品检测等多个方面。

1.1　基因芯片的定义

基因芯片又叫 DNA 芯片、DNA 微集芯片(DNA microchip)、DNA 微集阵列(DNA microarray)、寡核苷酸阵列或芯片(oligonucleotide array)，是指采用寡核苷酸原位合成(*in situ* synthesis)或显微打印手段，将数以万计的 DNA 探针片段有序地固化于支持物表面，产生二维 DNA 探针阵列，然后与标记的样品进行杂交，通过检测杂交信号来实现对生物样品的快速、并行、高效地检测或诊断。

1.2　基因芯片的特点

基因芯片中每个分子的序列和位置都是已知的，并按预先设定好的序列点阵。基因芯片具有与芯片(大规模晶体管集成电路)相似的特点：①微型化。基因芯片一般大小为 $1cm^2$ 左右，上面有几十万至上百万个探针位点，每个位点含有几百万个相同的探针。目前探针位点的空间分辨率为 $20\mu m$。在 $1.28cm^2$ 硅芯片上，原位合成的 DNA 探针阵列集成度可达 40 万点阵，而显微打印的 DNA 微集阵列的集成度可达 1 万～4 万点阵/cm^2。②高度并行性。基因芯片能够同时并行处理大规模的生物信息，这样有利于图谱的快速对照和阅读。③多样性。基因芯片提供了样品的多指标测定。④自动化。基因芯片的自动化程度提高，不但减少了人力投入，而且还保证了质量。

2　利用基因芯片技术分离目的基因

2.1　基因芯片技术分离目的基因的原理

此处所说的分离目的基因是指从基因组中发现或找出某个目标基因。目前主要通过以下两种途径来分离目标基因：①分析不同物种间，或同一物种不同个体间，或同一个体不同发育时期，或同一个体不同环境条件下基因表达的差异来分离目标基因。②利用同源探针从 cDNA 或 EST 芯片中筛选分离目的基因。

2.1.1　利用 DNA 芯片分离目的基因

首先进行序列分析，根据基因序列中特异的片段设计探针，制备出代表该生物所有基因的寡核苷酸或 PNA 阵列，即 DNA 芯片。然后将不同条件下从某生物体中转录出的所有 mRNA 标记，与 DNA 芯片杂交，通过分析杂交位点及信号强弱，可得知在不同条件下各基因是否表达及各自表达程度。根据表达图谱进行不同条件下基因表达的对比分析，可找出在环境条件变化时，哪些基因表达发生变化，变化多大，从而分析这些基因的生理功能，进而找出与该生理功能相关的功能基因。

研究者用含有能够与 114 个已知基因杂交的长度为 20bp 的 65 000 个不同探针的基因芯片，检测了某细胞总 RNA 中 21 个不同的 mRNA 在诱导因素作用下发生的变化，结果表明，该系统对 RNA 的检出率为 1∶300 000，对 mRNA 的定量基准为 1∶300。

2.1.2 利用 cDNA 芯片分离目的基因

利用 cDNA 芯片分离差异表达的目的基因是目前比较常用的方法。基本原理是将细胞全部 mRNA 反转录为 cDNA 并与载体连接，构建足够的已知或未知的 cDNA 克隆并进行 PCR 扩增，或者扩增 cDNA 文库中的 cDNA 片段。然后将各 cDNA 的扩增产物转入微量滴定板的小孔中，再利用微量移液器将 cDNA“转印”到一块或几块玻璃板或其他载体上（图 15-1），经化学和热处理使变性 cDNA 固定在介质表面，制成 cDNA 芯片。提取待分析样品的 mRNA，经反转录制备出荧光标记的 cDNA 探针。将 cDNA 探针与 cDNA 微点阵杂交，由于探针量相对于点阵 cDNA（经过扩增）的量来说是相对少得多，所以杂交时不会出现饱和现象。这样每一点阵位点的荧光强度就反映着相应基因的转录强度。

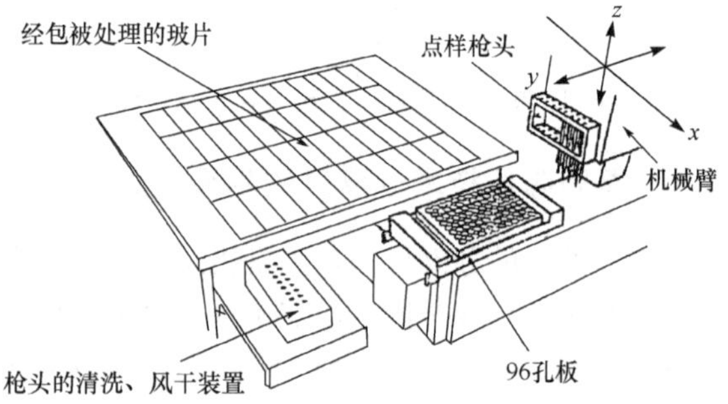

图 15-1 微点阵芯片点样装置示意图（梁国栋，2001）

将不同来源的 mRNA 分别用不同荧光标记物标记。两种标记样品等量混合，并与同一个芯片杂交。两种荧光标记物由不同的激发光激发，产生的发射光分别用两个光电倍增管接收，检测两种发射光强度便可直观地反映出不同条件下的基因表达的差异。结合样品的来源，就能发现与生理功能相关的基因（图 15-2）。

为了解该方法的特异性，研究者采用 48 对不同种属来源的 cDNA 片段与荧光标记的探针杂交，其中包括阳性对照丽丝胺（lissamine）、鼠糖皮质激素受体、酵母 TRP4 DNA 等来检测拟南芥的不同基因表达。在鼠和酵母的对照中，未发现有基因表达，说明 DNA 芯片的特异性是足够高的。

利用 cDNA 芯片还可以分离同源目的基因，该方法原理是利用基因在物种进化中的保守性，即同源基因在结构上具有相似性。以保守区结构为探针，或以一种植物的同源基因片段为探针与亲缘关系较近的某植物靶 cDNA 芯片杂交，可以从靶 cDNA片段中分离出同源基因。该方法的应用依赖于对植物基因组结构及对各种基因功能的认知，植物基因组测序是此方法能否应用的基础。

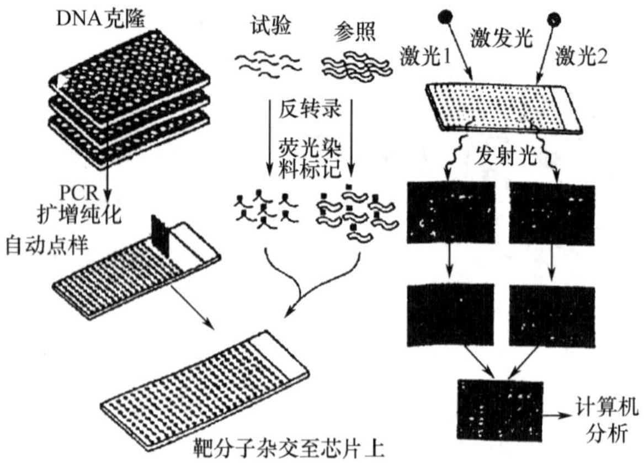

图 15-2 DNA 微点阵芯片分类差异表达基因示意图（梁国栋，2001）

2.2 基因芯片技术分离目的基因的操作流程

利用基因芯片技术分离目的基因主要包括探针设计、芯片制备、样品制备、杂交扫描、数据分析等几个主要步骤。

2.2.1 探针的设计

设计表达谱芯片的探针时要考虑使用的探针类型和需要检测的靶基因序列。设计出的整套探针必须具有相同的特性，在所用的试验条件下具有相同的热力学行为，而且探针必须高度特异，只能检测到与其互补的序列。敏感性、特异性、噪音和偏差是衡量表达谱芯片的探针序列设计的得当与否的标准。

特异性是指探针能特异地检测到所对应的序列。探针的特异性随长度的增加而增强，但探针最长为 100bp，探针的长度超过 100bp 后，特异性会随长度的增加而减弱，这是因为探针与其他序列随机匹配的概率加大。特异性的高低直接影响实际测定的结果，高特异性的探针只能结合单个靶位点产生信号，而低特异性能够产生出混合信号。但是在进行不同物种间的表达分析时，要优先选择长探针，因为探针和样品并不是完全匹配的，普遍认为具有 70%左右识别序列的靶基因可以和一个长的 cDNA 探针交叉杂交。

敏感性是最大限度地检测到探针和靶基因杂交的低信号点。探针的敏感性除了与长度有关外，还与探针序列的热力学特性、杂交时与靶序列的结合能力、芯片片基的表面化学，以及芯片上探针的浓度等多种因素有关。

噪声是指特异探针与靶基因杂交信号的随机变异，经常用一组重复测量的变异系数来度量。探针的噪声越小，检测的结果就越好。对一个靶基因使用多个独立的探针是减少噪音的有效方法。

偏差是指来自真实杂交信号的系统测量偏差，这种偏差不可避免，但可以通过一定的探针设计规则来尽可能地减小。

2.2.2　芯片制备

选择合适的芯片是确保基因芯片成功应用的关键因素之一。目前已发展起来多种芯片制备技术。从制备路线上可以将其分为 2 类，一类是探针分子在介质上原位合成（又称在片合成），另一类是合成后点样，即将制备好的探针点样并固定到介质上。

1) *DNA 芯片的在片合成*　DNA 芯片上寡聚核苷酸探针主要是通过在片合成法制备。在片合成法是基于组合化学的原理，单体在介质表面上的聚合位点及次序是由一组定位模板决定。目前在片合成已经开发了多种方法，如掩膜导向的光刻法、无掩膜光刻法、喷墨驱动合成法、电化学合成法等。每种方法都有其各自的优缺点，研究中可以根据试验目的和条件选择合适的方法。

2) *基因芯片的合成点样*　合成点样法与在片合成法不同，它是先用常规方法制备出一系列的寡核苷酸探针或 cDNA，既预先合成好 DNA 样品，然后通过特殊的针头或喷头把各种 DNA 溶液逐一点阵在介质的相应位点上，并通过物理的或化学的方法使之固定。该方法优点是探针来源较广泛，可用常规方法合成探针，也可用 PCR 法扩增 cDNA 或 EST 文库。探针种类多样化，可以是寡核苷酸，也可以是片段较长的基因，甚至可以使用核苷酸类似物探针如 PNA 等，固定探针的方式灵活多样。因此，点样法适合于各研究者利用各自条件进行非大规模的基因芯片的制备。

精确的点样法需要一套由计算机控制的自动化点样装置。点样方式有两种：点涂和喷印。Incyte Pharmaceutical 公司采用的化学喷射法是将事先合成好的寡核苷酸探针定点喷射到介质上并进行固定，针头不与芯片接触。其优点是定量准确、重现性好，但喷印的斑点较大，探针的密度低，$1cm^2$上只可以排布 400 个探针。斯坦福大学研制的接触式点涂法是通过高速精密机械手的精确移动使移液头与玻片有序接触而将合成好的探针在芯片表面有规则地点阵，一般说来它的点样密度较喷印高，可达到 2500 个探针/cm^2。

点样后，探针在固相介质表面的固定是芯片制备的重要一环。常用的固定方法有物理吸附及化学偶联二种。前者通过非共价作用吸附固定。后者是生物分子通过与固相介质表面分子上某些基团发生化学反应，形成共价键或离子键而固定，称化学偶联。化学偶联法可满足芯片定量分析对每一个点阵点固定的探针量要一致的要求，并且固定物能耐受较高的温度及耐洗涤，因而制备芯片时主要采用化学偶联法。

2.2.3　靶（被检）样品制备

在与芯片杂交之前，被检基因一般需要进行分离、扩增及标记。由于生物材料化学成分十分复杂，所以除少数特殊的生物样品外，细胞破碎物及粗提物一般不能直接用于芯片检测，仍需要从组织细胞混合物中提取出 RNA。用于芯片分析所用的样品 RNA 纯度要高，A260/A280 在 1.8～2.0。另外，RNA 的完整性要好，电泳检测时能看到明显的 28S rRNA 和 18S rRNA 的条带，而且二者的比值约为 2∶1。提取到高质量的 RNA 后，需要通过反转录反应来形成 cDNA，以用于后续的杂交反应。

为了便于检测与探针结合的 cDNA 或 RNA，需要对样品进行标记。目前被检基因样品的标记主要采用荧光标记。最方便的标记方法是在反转录过程中直接标记，即在反转录过程中，用 Cy3-dCTP 和 Cy5-dCTP 取代一定量的未标记的 dCTP，直接掺入到 cDNA 中进行标记。这种直接标记的方法具有简单、迅速、便于大规模的分析样品等优点，但需要样品量比较大，为 25～100μg 总 RNA 或 0.5～2μg mRNA，而且容易产生“染料偏性效应”。克服“染料偏性效应”的有效方法是间接标记，首先利用氨基化的 dNTP 进行反转录形成 cDNA 第一链，然后通过具有氨基反应活性的 Cy 染料化学偶联到 dNTP 的氨基基团，完成 cDNA 标记。但由于 Cy5 比 Cy3 不稳定，易被臭氧所氧化，在间接标记过程中需要使用活性炭过滤膜来控制臭氧水平。

在进行基因表达差异分析时，为满足多种不同来源样品的平行分析，应该有多种激发波长不同的荧光标记物种类，即使用双色或多色荧光技术。Cy3-dNTP、Cy3-dNTP 是常用的双色荧光标记物，它们很容易通过反转录结合到探针中，并具有光激发产率高、激发和发射谱间距大、光量子产率高等优点。将来源不同的被测样品用不同的荧光物标记，不同标记物等量混合同时与芯片杂交，通过比较芯片上各种波长荧光的分布及强度就可获得不同样品基因表达的差异信息。此技术也可用于基因多态性及基因突变的检测，可提高准确性。

2.2.4 杂交与扫描

芯片的杂交过程与一般的分子杂交基本一致，仍为固液杂交。被检基因样品溶解在杂交液中，杂交液成分也主要是 50%甲酰胺试剂、5×SSC 或 6×SSC、0.5% SDS、5×Denhardt's 试剂。杂交液中含有甲酰胺时杂交温度一般采用 42℃，不含甲酰胺时杂交温度多采用 65℃，与一般的分子杂交相同。杂交后的清洗步骤主要是去除样品中未与探针结合的核酸分子。洗涤成分及洗涤原则与常规的 Southern 杂交基本一致，杂交后芯片先在 1×SSC，0.1%SDS 洗液Ⅰ中晃动清洗几分钟除去残留的杂交液成分，再于降低离子强度的洗液Ⅱ除去非特异性杂交。清洗后的芯片利用芯片甩干仪(microarray dryer)去除玻片表面的液体。

当基因芯片和样品探针杂交完毕后，就需要对杂交结果进行图像采集和分析。近年来主要采用激光共聚焦荧光检测系统对杂交后基因芯片进行扫描，扫描仪有一个激光管(或一组激光管)，可以产生与所用荧光染料激发光谱相应的某一波长激光，激光从芯片背面射入，然后聚焦于芯片的杂交反应面上，芯片上的荧光标记物被激发出荧光，荧光经聚焦后进入检测器，激光共聚焦显微镜检出不同位点的荧光信号，经计算机专业软件分析得出二维杂交信号图即芯片图谱，图谱中贮存着复杂的基因结构信息及表达信息。激光共聚焦显微镜检测的灵敏度和分辨率都较高，目前扫描一张 $10cm^2$ 的芯片需要 2～6min。

2.2.5 数据分析

数据分析是指对芯片高密度杂交点阵扫描图像处理并从中提取杂交点的荧光强度信号进行定量分析，并通过有效数据的筛选和相关基因表达谱的聚类，最终整合杂交点的生物学信息，发现基因的表达谱与功能可能存在的联系。数据分析主要包括图形处理(biodiscovery imagene 4.0\quantarray 分析软件)、数据入库、数据归一化处理、差异基因表达分析、基因聚类分析(gene cluster)等过程。经过数据分析后获得差异表达的基因信息。

2.2.6 目的基因分离

对于差异表达目的基因的检测，从 cDNA 芯片的杂交结果中找出差异表达的目的基因的 cDNA 克隆后，还要进行 Northern 印迹杂交及其他方面的验证。在 Northern 杂交及验证结果与基因芯片检测结果一致时，可对目的基因的 cDNA 克隆进行测序，确定目的基因结构，并进一步进行功能方面的深入研究。对于同源目的基因的检测，从杂交结果初步找出具同源片段的 cDNA 克隆后，还需分离 cDNA 片段，与同源基因杂交验证。对于与 DNA 芯片杂交检测出的基因组靶 DNA 片段，也还需要根据探针序列信息，设计并合成探针，进行常规杂交验证，并利用常规的分子生物学手段(PCR 、基因文库等)从基因组中分离克隆目的基因并测序，根据测序结果认定是否分离到目的基因。从目前研究结果来看，无论是 DNA 芯片还是 cDNA 芯片都可用于目的基因的分离，但前者一般要依赖于对基因序列有所了解，而 cDNA 芯片在缺乏任何序列信息的条件下，可通过对基因表达差异的分析来分离目的基因。cDNA 芯片技术是以定量的方式同时监测大量基因相对表达的有效方法。

2.3 基因芯片技术在分离目的基因中的应用

目前人们利用基因芯片技术已比较成功地研究了拟南芥(*Arabidopsis thaliana*)、酵母(*Saccharomyces cerevisiae*)、水稻及人等不同生物的基因组表达，并分离出一些新的基因。以大麦品种 Tadmor(耐旱)和 WI2291(干旱敏感)为材料，利用 22 000个 EST 的 Affymetrix 大麦基因芯片 Barley1 分析了生殖生长期干旱胁迫下 2 个大麦材料的差异表达基因，结果发现干旱胁迫下 2 个材料中有 77 个共调节基因，其中部分基因已被报道过可能与抗旱性相关。进一步分析证明两个材料间存在 372 个基因的表达差异，这些基因中有功能注释基因可分为 15 组，其中一些已被认为与抗旱性相关，而对那些未知功能的基因，推测在大麦的抗旱性上具有一定的功能。

利用硬质小麦 cDNA 文库构建了含有 4925 个独立基因的基因芯片，分析近等基因系感白粉病 Latino 和抗白粉病的 5BIL-42 在接种病原菌后的基因表达情况，发现二者之间有 6 个基因存在差异，其中 4 个基因能根据已知数据库来推测其功能，物理图谱证明 6 个基因定位在 5B 和 6B 染色体上，而抗白粉病基因 *Pm36* 就定位在 5B 上面。

以番茄为试材，利用含有 35 802 个已知基因启动子区(转录起始位点上游 2kb 区域)探针的基因芯片，通过 CHIP-Chip 相结合技术，发现了 1200 个成熟抑制因子(RIN)作用基因，其中 851 个与微列阵的数据相符，在这些潜在作用基因中，137 个为正调控相关基因，104 个为负调控相关基因，而且这些基因分属于 24 类家族，其中 11 类为已知的 RIN 相关基因。

3 基因芯片技术的其他应用

3.1 基因表达分析

利用基因芯片技术能够同时分析多个基因在不同环境条件、不同发育阶段、不同组织结构的表达情况。采用cDNA或寡核苷酸芯片进行基因表达分析时，将待测样品（处理组）与对照样品的mRNA以两种不同的荧光分子进行标记，同时与芯片进行杂交，通过分析两种样品与探针杂交的荧光强度的比值，来检测基因表达水平的变化。

3.2 大规模测序

利用基因芯片进行大规模测序的原理是通过与已知序列的核苷酸探针进行杂交来测定未知核苷酸序列。首先在基片表面固定好已知序列的八核苷酸的探针，杂交过程中溶液里带有荧光标记的核酸序列TATGCAATCTAG，与芯片上对应位置的核苷酸探针发生互补配对，确定荧光强度最强的探针位置，获得一组序列完全互补的探针序列，并据此获得靶核苷酸的序列。

3.3 突变体和多态性检测

杂交测序（sequencing by hybridization, SHB）技术可大规模地检测和分析DNA的变异及多态性。利用结合在玻璃支持物上的等位基因特异性寡核苷酸（ASO）芯片建立了简单快速的基因多态性分析方法。将ASO共价固定于玻璃载片上，采用PCR扩增基因组DNA，其一条引物用荧光素标记，另一条引物用生物素标记，分离两条互补的DNA链，将荧光素标记DNA链与芯片杂交，通过荧光扫描检测杂交模式，即可测定PCR产物存在的多种多态性。

3.4 基因文库作图

DNA芯片通过鉴定重叠克隆的顺序来对基因组文库进行作图。将若干个基因组克隆的DNA提取出来，用识别4个碱基的限制性内切酶切开，通过PCR扩增荧光标记得到的ssDNA产物分别与DNA芯片杂交，荧光信号强度被均衡化，用统计分析的方法推算出两个克隆之间的相关系数。最后，几个信号最强的克隆可以根据相关系数按正确的顺序排列出来，并最终形成重叠图谱。

3.5 转基因产品检测

随着转基因技术的迅猛发展，转基因产品的种类越来越多，而且转入的外源基因的种类和调控元件也在不断增加，基于普通PCR的转基因产品检测技术因无法实现高通量检测而难以满足需要。基因芯片技术为转基因产品的高通量检测提供了新的技术平台。将转基因产品中通用的报告基因、选择基因、启动子和终止子、外源基因等特异性DNA片段制成基因芯片，待测产品DNA与芯片进行杂交，就可很方便快捷的检测出样品是否为转基因产品。

3.6 基因芯片技术的评价及发展前景

虽然通过20多年的发展，基因芯片技术已经能够对全基因组进行可靠分析，但是还存在一些不足，针对这些不足，基因芯片技术今后的研究方向主要包括：①探针设计的精确性；②数据分析技术的高效性。随着基因芯片技术的不断发展，如何对获得的海量数据进行分析对研究者是一个很大的挑战，需要进一步探寻新的数据分析方法和平台。尽管基因芯片技术还有一些技术问题需要进一步改进，但其在分离基因、基因功能研究、医疗、微生物等多个领域的应用前景还是非常广阔的。

复 习 题

名词解释

DNA微集芯片

问题

(1) 简述基因芯片技术在植物基因工程中的应用。

(2) 简述基因芯片技术分离目的基因的主要操作流程。

(3) 简述基因芯片技术的特点。

(4) 设计一个利用cDNA芯片从水稻中克隆一个与光合作用有关基因的试验。

第 16 章

基因文库技术

构建基因文库的意义不只是使生物的遗传信息以稳定的重组体形式贮存起来，更重要的是它是分离克隆目的基因的主要途径。对于复杂的染色体 DNA 分子来说，单个基因所占比例十分微小，要想从庞大的基因组中将其分离出来，一般需要先进行扩增，所以需要构建基因文库。在很多情况下目的基因的分离都离不开基因文库。此外基因文库也是复杂基因组作图的重要依据。

1　基因文库概述

基因文库(gene library)是指某一生物类型全部基因以重组体形式的集合。某生物一个 DNA 片段群体与载体分子重组后转化导入宿主细胞，并在选择培养基上生长出的单个菌落（噬菌斑或成活细胞)，即为一个 DNA 片段的克隆。某生物全部 DNA 片段克隆的集合体即为该生物的基因文库。

基因文库构建包括以下基本程序：①植物 DNA 提取及片段化，或是 cDNA 的合成；②载体的选择及制备；③DNA 片段或 cDNA 与载体连接；④重组体转化宿主细胞；⑤转化细胞的筛选。文库的构建只是分离基因的基础，文库构建后还要对克隆的基因进行分离，即利用各种手段把目的基因从文库中分离出来。分离出目的基因还必须对其进行必要的检测与分析：如进行序列测定，体外转录及翻译、功能互补实验等。通过这些实验确定出基因的结构及功能。所以，文库的构建、基因的克隆和分离、基因的功能鉴定是利用基因文库技术分离目的基因的主要内容。

2　基因文库的类别

2.1　基因组文库和 cDNA 文库

2.1.1　基因组文库

根据基因类型，基因文库可分为基因组文库及 cDNA 文库。基因组文库是指将某生物的全部基因组 DNA 切割成一定长度的 DNA 片段克隆到某种载体上而形成的集合。基因组文库根据 DNA 来源可分为核基因组文库、叶绿体基因组文库及线粒体基因组文库。基因组文库构建时遗传信息供体是基因组 DNA，因而无发育时期及组织器官特异性，在一个完全的基因组文库中包含着基因组 DNA 上的所有编码区及非编码区序列的克隆。植物有机体的每一个基因在文库中都有其克隆，该克隆的基因片段里包括间隔序列，所以基因组文库可真实地显示基因组的全部结构信息。

2.1.2　cDNA 文库

cDNA 文库是指某生物某一发育时期的 mRNA 经反转录形成的 cDNA 片段与某种载体连接而形成的克隆的集合。cDNA 文库与基因组文库的区别在于 cDNA 文库是有时效性的。文库构建时的信息供体是某一时空条件下的细胞总 mRNA，它是在转录水平上反映该植物在某一特定发育时期，某一特定组织（或器官）在某种环境条件下的基因表达情况，但不包括该植物有机体的全部基因。在某种意义上讲它可以表现基因组的功能信息。cDNA 中不含有真核基因的间隔序列及调控区，确切地说 cDNA 并不是真正意义上的基因。另外，由于 cDNA 不含内含子序列，因而 cDNA 文库可用于进行原核表达。

目前这两类基因文库在植物基因工程中都得到有效应用。选择哪一种，主要根据实验目的。在分离植物 RNA 病毒基因、研究植物功能蛋白序列、分离植物特定发育阶段或特定组织特异表达的基因时应构建 cDNA 文库；在研究 mRNA 分子中不存在的序列及基因组作图时必须构建基因组文库。

2.2　克隆文库及表达文库

依基因文库的功能可分为克隆文库及表达文库。克隆文库用克隆载体构建，载体中具复制子、多克隆位点及选择标记，可通过细菌培养使克隆片断大量增殖。表达文库用表达载体构建，表达载体是可携带外源DNA片段进入宿主细胞进行复制、转录及翻译的载体。载体中除上述元件外，还具有控制基因表达的序列（如启动子、SD序列、ATG、终止子等），可在宿主细胞中表达出克隆片段的编码产物。根据重组子的编码产物，可将表达载体分为融合蛋白表达载体及天然蛋白表达载体；根据载体的来源及宿主类型则可分为质粒表达载体、病毒表达载体、人工染色体载体和转移载体等。

从克隆文库中分离目的克隆时主要利用核酸探针，可以是根据蛋白质序列合成的寡核苷酸探针，也可以是同种或同属植物的同源序列探针。从表达文库中分离目的克隆时，因克隆片段的表达产物-蛋白质具有抗原性及生物活性，所以除核酸探针外，还可以利用免疫学探针及生物功能进行筛选。表达文库适用于不知道蛋白质氨基酸序列、不能用核酸类探针筛选的目的基因的分离。

2.3 不同载体的基因文库

目前用于构建基因文库的载体主要有质粒、噬菌体、黏粒及人工染色体4大类。每类中又有许多不同的载体，不同的载体适于构建不同的基因文库。

2.3.1 质粒文库

质粒是最早用于基因克隆的载体。现已有各种适用于不同工作如克隆、表达、测序等的专用商品质粒。但在构建基因文库上，由于质粒相对较小且只能容纳比自身更小的片段，因此它不能用于构建植物核基因组文库，通常只用来构建短序列的克隆文库。由于叶绿体DNA分子较小，可以用质粒构建叶绿体DNA文库。质粒载体可用于植物cDNA文库构建。但由于植物细胞中mRNA含量相对很低，而质粒文库的克隆数目又较少，所以只适合于高丰度的mRNA。

2.3.2 噬菌体文库

目前用于基因克隆的噬菌体载体及其衍生载体很多，如单链的M13噬菌体载体、λ噬菌体载体、P1噬菌体载体、噬菌粒（phagemid或phasmid）等。其中使用最多的是λ噬菌体载体。

λ-DNA为双链结构，长49kb。线性分子两端各有一条12个核苷酸的黏性末端称cos序列。分子中有约15kb可去掉的非必要基因区，又称“填充区”，其两侧的序列含有其增殖所必需的全部基因，称为左、右臂。“填充区”可被外源DNA取代，构成重组体，这是它成为克隆载体的结构基础。由于噬菌体头部包装容量的限制，重组λ-DNA分子大小只能在39～52kb。

2.3.3 黏粒文库

黏粒（cosmid）也称柯斯质粒，是人工构建的由λ噬菌体的cos序列、质粒的复制子序列及抗生素抗性基因序列组合而成的一类特殊的质粒载体。它既具有λ噬菌体载体的优点，可以容纳较大的DNA片段，同时又具有质粒载体的优点，可以在宿主细胞内自主复制。黏粒载体的分子较小（2.8～24kb），但克隆容量很高，对外源DNA长度的要求是30～45kb，上限几乎是λ噬菌体载体容量（23kb）的2倍，所以黏粒载体在植物核基因组文库构建上具有相当的优势，可克隆包括3′和5′调控区在内的完整的植物基因。对两个连锁的基因也可以一道克隆。由于黏粒载体克隆的容量大，使大基因组植物如番茄（1×10^6kb）、玉米（2.5×10^6kb）、烟草（4.3×10^6kb）等文库构建及筛选的难度和工作量都相对降低。与λ噬菌体载体相比，黏粒具有很多与之相似的性质，但由于λ噬菌体载体具有多功能性及更高的克隆效率，因此，λ噬菌体载体仍是构建基因文库的首选载体。而黏粒通常只在以下两种情况下使用：①在单个重组体中克隆和增殖完整的真核基因；②克隆与分析组成某一基因家族的真核DNA片段。上述两种情况都需要载体的克隆容量大。

2.3.4 人工染色体文库

人工染色体载体是利用真核生物染色体或原核生物基因组的功能元件构建的能克隆大于50kb DNA片段的人工载体。其中有的载体既可用于基因克隆，又能直接转化植物，是进行植物基因功能研究的良好载体。近年来陆续发展起来的人工染色体文库有YAC库、BAC库、BIBAC库、PAC库及TAC库，将在下文中详细叙述。

3 植物核基因组文库构建

植物核基因组文库构建主要使用λ噬菌体载体或黏粒载体，其操作程序如下。

3.1 DNA片段的产生和制备

3.1.1 基因文库DNA插入片段的要求

构建基因文库，首先需要考虑的是文库的完整性。理论上讲，完整的基因文库需要满足以下条件：①染色体DNA所有的片段得到克隆；②所有用于构建文库的DNA片段均含有完整的基因。

要保证文库的完整性，需要综合考虑构建文库所需重组克隆数目，重组子中外源片段长度及生物单倍体基因组的大小等因素。

3.1.2 DNA 插入片段的制备

构建基因文库的 DNA 片段为长度适中的随机片段。随机片段可通过机械切割或限制酶消化产生。机械切割法主要有移液枪抽吸法及超声波裂解法。通过随机切割可获得较均一的随机片段，但片段不能直接用于克隆，需经末端修饰、甲基化，连上接头后再用限制性内切酶消化产生黏性末端。机械切割法操作较为繁琐。目前主要用限制酶消化法制备 DNA 随机片段，不仅可以直接产生黏性末端与载体相连，而且有较高的连接效率。

3.2 构建基因文库的载体

选择合适的载体对于所构建文库的完整性、文库筛选的工作量等具有较大的影响。目前，适合基因组文库构建的克隆载体主要有噬菌体载体、黏粒载体和人工染色体载体。它们容纳外源基因的能力不同，分别为 10～23kb、35～45kb、数百 kb 以上，由于不同真核基因的大小差异很大，在选择载体时应考虑各种真核基因的大小，使用不同的载体构建文库。

3.3 应用 λ 噬菌体载体构建基因组文库

构建基因组文库的流程如下：

(1) 基因组片段的制备。包括基因组 DNA 的提取及 DNA 克隆片段的制备。在基因组 DNA 提取过程中，应尽量避免机械切割，以保证染色体分子长度，使酶切产生更多具有有效末端的克隆片段，从而提高连接反应的效率。

(2) 载体的制备。以置换型载体为例，该类载体大致由居中的填充区、左臂、右臂三部分组成。构建文库时，通常用限制酶切割载体填充区（填充区左、右两端至少各有一个该酶的酶切位点），得到填充区、左臂、右臂三条片段。左、右臂需经纯化，方可用于连接反应。

(3) 将适当大小的随机基因组片段与载体左、右臂进行连接，得到左臂-插入片段-右臂的重组子。重组子在体外进一步被包装成为噬菌粒。未携带外源插入片段的非重组子无法包装成为 λ 噬菌粒而被滤除。重组子被包装后形成噬菌粒混合物即为基因文库的原库，可以留存，用于后续的文库筛选。

4 植物 cDNA 文库构建

cDNA 文库构建共分四步：①细胞总 RNA 提取并分离纯化出 mRNA；②合成 cDNA 第一链；③将mRNA-DNA 杂交分子转变成双链 cDNA；④双链 cDNA 重组到载体上。文库构建过程中，为保证其完整性，所需重组子克隆数目的下限，可用 Chark-Carbon 公式计算：

$$N=\frac{\ln(1-P)}{\ln(1-n/T)}$$

式中，P 为得到特定重组克隆的概率；N 为构建文库所需最少重组子克隆数；n 为最低丰度 mRNA 拷贝数；T 为所有 mRNA 总拷贝数。

其中，构建 cDNA 文库所需最少重组子克隆数是指：为确保从文库中筛选出任意 mRNA 序列的概率为 P 所需的最少重组子克隆数。

4.1 mRNA 的制备

植物基因组中多数的基因的表达并非组成型表达，而是具有一定的组织和发育阶段的特异性，从而导致不同基因转录的 mRNA 的丰度不同。占细胞 mRNA 总量 50%～90%的 mRNA 为高丰度 mRNA，低于 0.5%的为低丰度 mRNA。选择一定发育时间、一定组织的植物材料提取 mRNA 构建 cDNA 文库，将具有更强的针对性，也将增加获得目的 cDNA 克隆的概率。

mRNA 的提取主要依据其 3′端几乎都具有多聚腺苷酸末端这一特点，在适当条件下，这个由数十到上百个腺苷酸组成的结构与寡聚胸腺嘧啶核苷酸 oligo(dT)可以通过碱基配对相互结合，这就为植物 mRNA 的提取和 cDNA 的合成创造了有利条件。目前常用的 mRNA 提取手段为纤维柱层析法，所依据的原理是在分析柱的纤维素上交联有 poly(dT)，可与 mRNA 的 poly(A)尾结构互补结合。另一种方法是磁珠分离法，与纤维柱层析法原理相同，但操作更为简便。

4.2 cDNA 的合成

要获得文库所需的 cDNA 插入片段，首先需要将提取并纯化后的 mRNA 反转录成双链 cDNA。cDNA 第一链合成是由依赖于 RNA 的 DNA 聚合酶催化完成的，并且基本都以 12～18bp 的寡聚胸腺嘧啶核苷酸为引物进行合成。cDNA 第二链，则可以通过自身引导法、置换合成法、引导合成法等方法合成。

4.3　cDNA 与载体的连接

4.3.1　cDNA 的末端修饰

用各种方法合成的 cDNA，克隆前要经末端修饰。cDNA 末端修饰的目的是使之能与载体的相应末端连接。主要采用 3 种方法。

(1) 同聚物加尾：该方法是利用末端脱氧核苷酸转移酶在 DNA 分子 3′-OH 加上一系列同种脱氧核苷酸。一般采用 cDNA 片段加上 oligo(dC)，载体加上与之互补的 oligo(dG)，两种分子按照黏性末端连接。形成重组体时还需要连接酶及大肠杆菌聚合酶 Klenow 片段补平因尾长短不一出现的缺刻。

(2) 加接头(linker)：接头是一些人工合成的长 8～12bp 双链平末端片段。片段中含有一个能产生黏性末端的限制酶位点。利用 T4 DNA 连接酶先将衔接体连接到 cDNA 平末端（非平端可通过 Klenow 作用补平），然后再用限制酶消化，产生带黏性末端的 cDNA。目前有带各种限制酶位点的商品接头。采用此方法时必须通过甲基化酶作用保护 cDNA 中的酶切位点，或是使用限制酶切位点在高等生物细胞内较为罕见的接头。

(3) 加衔接子(adaptor)：衔接子也是人工合成的短的双链 DNA 片段。与接头不同的是其一端为平末端（与平末端 cDNA 连接），另一端是已形成的限制酶黏性末端(与载体相连)，且 5′端无磷酸基团。这主要是为了减少 cDNA 之间的连接，增加其与载体重组的机会。通过修饰，使 cDNA 携带与载体片段互补的黏性末端，在 T4 DNA 连接酶的催化下，通过碱基配对形成重组子。

4.3.2　cDNA 文库的克隆载体

cDNA 克隆载体主要有质粒及 λ 噬菌体。质粒载体适于高丰度的 mRNA，并且在重组子鉴定、文库扩增等操作方面都比较方便，但质粒载体的克隆效率比较低，而且质粒 cDNA 文库很难长期保存而不丧失活性。相比之下，λ 噬菌体 cDNA 文库可以扩增并可长期保存而不丢失活力，而且文库筛选较为方便。用于植物 cDNA 文库构建的 λ 噬菌体载体主要有 λgt10（为免疫区 *c* Ⅰ 基因插入型，用核酸探针筛选)、λgt11(为表达型载体，用免疫学探针筛选)、λZAP(具有体内删除及转录功能)等。

4.3.3　cDNA 文库的构建流程

cDNA 文库的构建流程及技术要点概括于图 16-1。

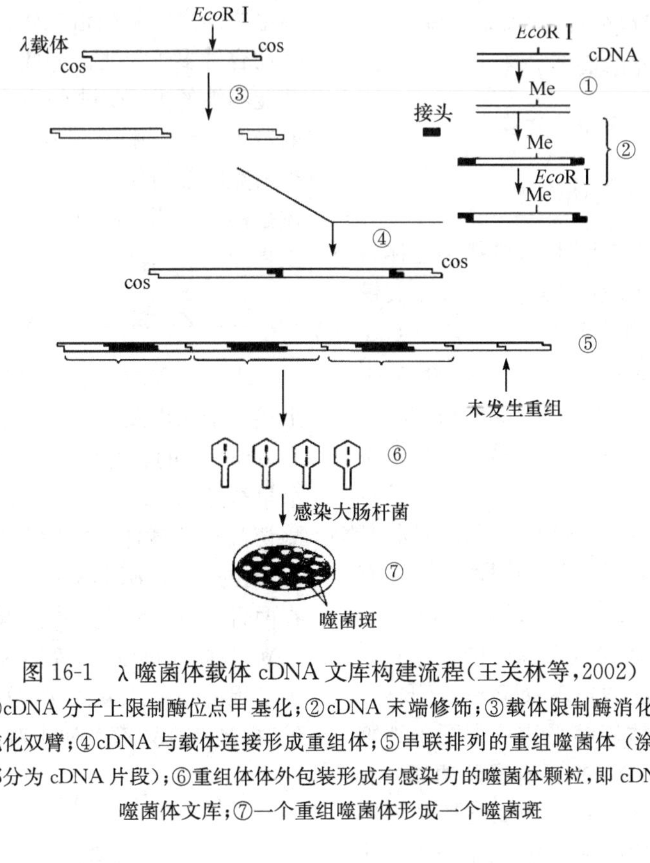

图 16-1　λ 噬菌体载体 cDNA 文库构建流程(王关林等，2002)

①cDNA 分子上限制酶位点甲基化；②cDNA 末端修饰；③载体限制酶消化并纯化双臂；④cDNA 与载体连接形成重组体；⑤串联排列的重组噬菌体（涂黑部分为 cDNA 片段)；⑥重组体体外包装形成有感染力的噬菌体颗粒，即 cDNA 噬菌体文库；⑦一个重组噬菌体形成一个噬菌斑

5 人工染色体文库构建

5.1 人工染色体文库简介

随着对真核细胞基因结构及功能研究的不断深入，如何克隆大片段基因已成为热点问题。在高等动植物的基因组分析、真核基因功能研究及定向克隆等工作中，常需要克隆几百至几千 kb 的大片段 DNA。由于已有载体对克隆片段大小的限制（λ 噬菌体最大容量是 23kb、黏粒最大容量为 50kb），人们发展了利用重叠片段克隆的染色体移步技术、染色体跳查技术和连锁文库技术。但此类技术仍然摆脱不了传统载体容量小的限制，使“移步”的距离有限而效率不高。自 20 世纪 80 年代起，各种大片段 DNA 克隆载体系统相继而生，出现了多种人工染色体，如酵母人工染色体（yeast artificial chromosomes，YAC）、细菌人工染色体（bacterial artificial chromosomes，BAC）、P1 噬菌体及其衍生人工染色体（P1-derived artificial chromosomes，PAC）、可转化人工染色体（transformation competent artificialchromosomes，TAC），还有哺乳动物人工染色体（mammalian artificial chromosomes，MAC）、人类人工染色体（human artificial chromosomes，HAC）和植物人工染色体（plant artificial chromosome，PAC）。至今，人工染色体系统的研究迅速发展，已成为基因组分析、基因功能鉴定、染色体结构与功能关系研究的重要工具。

5.2 酵母人工染色体（YAC）文库

5.2.1 酵母人工染色体原理

目前认为，在真核细胞周期中，线状染色体自我复制、分离和传递至少依赖于染色体上 3 个关键序列（key sequence）：①自主复制 DNA 序列（autonomously replicating sequence，ARS），ARS 的生物功能是确保染色体在细胞周期中能够自我复制，维持染色体在细胞世代传递中的连续性。真核生物复制起点的研究集中在酵母 ARS 区，目前已从酵母中克隆和鉴别了带有真核细胞 DNA 复制起点的 ARS 序列。已克隆的 ARS 片段中都含有 14bp 的核心序列，其中 A（或 T）TTTATPuTTA（或 T）的 11 个核苷酸序列是高度保守的。②着丝粒 DNA 序列（centromere DNA sequence，CEN），着丝粒确保复制的染色体能够平均分配到子细胞中，它在细胞分裂间期及分裂期具有多种功能。着丝粒参与细胞周期的调控并在间期能与核仁蛋白发生互作。着丝粒是动粒形成的位点，位于染色体表面，在有丝分裂时结合微管并调控染色体运动。着丝粒是姐妹染色体单体配对时的最后位点，在中期向后期转变时，能接收某种信号使姐妹染色体单体分开，着丝粒可能会影响分离机制。③端粒 DNA 序列（telomere DNA sequence，TEL），端粒的功能是与端粒酶结合，完成染色体末端复制。现在认为，端粒酶以其自身的 RNA 为模板，在染色体端部添加上端粒的重复序列，作为模板的 RNA 比较短，含有 1.5 个端粒重复单元。端粒结构的另一个功能是防止染色体融合及降解。

上述 ARS、CEN、TEL 是染色体自主复制功能起码的，也是足够的结构基础。所有真核染色体中都含有这 3 个功能元件。用 DNA 重组技术将这 3 个元件分别从染色体上分离出来，并按顺序重组就构成所谓的“人造微小染色体”（artificial mini chromosome），这种线状小染色体转化进入酵母细胞，可以进行正常的复制和有丝分裂。如果没有端粒结构，转化可同样发生，但不能复制。这种小染色体经过改造，组装上作为载体所必需的其他功能序列，就可以成为人工染色体载体。由于真核染色体分子很大，所以这种载体可以插入很大的片段。1983 年，Murray 等首次成功构建了包括着丝点、端粒、复制子和外源 DNA，长度为 55kb 的酵母人工染色体。1987 年，Burke 等构建了能克隆大片段人体 DNA 分子的载体，证明 YAC 可用来构建高等生物的完整基因组文库。最近构建的 YAC 文库平均容量多于 1 兆。如此大容量的原因是 YAC 载体能容纳的 DNA 没有理论上的限制。这是 YAC 的最大优点。由于 YAC 插入片段长，所以只需较少的克隆数目便可覆盖整个基因组，因此 YAC 载体是构建植物核基因组文库及基因作图的重要工具。

5.2.2 酵母人工染色体载体结构

现有的 YAC 载体系统主要有两类。一类是将上述 3 个元件及构成载体所必需的其他元件组装在 pBR322 的合适位点上，形成一个环形质粒。如最早构建的 pYAC4 就属此类。使用时用两种限制酶切割环状载体，一种切出端粒结构，另一种切出克隆位点。外源 DNA 大片段通过克隆位点连接在两臂之间，形成真正意义上的人工染色体。自 YAC 载体问世以来，人们对其结构不断改进，都是为了提高载体的灵活性，增大可插入外源片段的长度，提高克隆效率及便于对外源片段进行分析等。

5.2.3 植物 YAC 文库构建

YAC 文库构建包括植物核基因组 DNA 制备

及部分酶解、载体制备及连接、YAC 克隆转化酵母原生质体。YAC 克隆过程如图 16-2 所示。

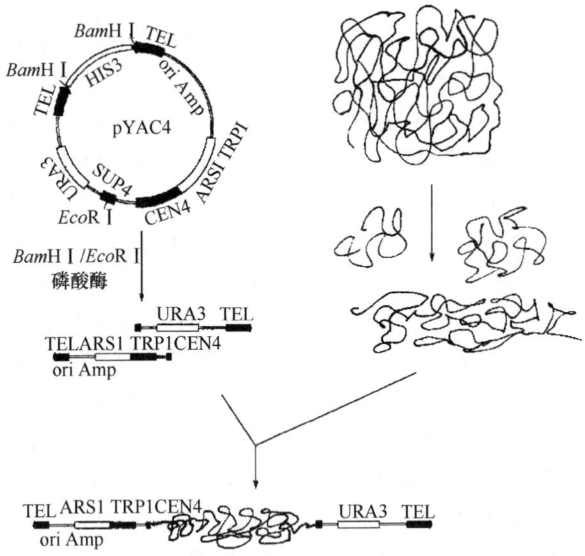

图 16-2　YAC 克隆示意图(王关林等，2002)

1) 植物 Mb 级大片段 DNA 制备　构建植物 YAC 文库要求外源 DNA 片段在 100kb 以上，因而必须从植物材料中制备出大于此数量级的核 DNA。尽管目前已有一些文献报道了从植物组织、培养细胞的原生质体或细胞核中提取 Mb 级 DNA 片段的多种方法。但每种方法各有长短，实验时仍要针对不同植物进行方法优化。制备 Mb 级 DNA 片段的一般原则是首先要制备除去细胞壁的原生质体或先分离出完整的细胞核，然后温和裂解原生质体及细胞核。

2) YAC 载体的制备与连接　在 YAC 克隆过程中，载体的制备是关键的一步。克隆效率取决于载体臂上克隆位点的完整及载体不可自连。然后分别用可以切出端粒及切出克隆位点的限制性内切核酸酶完全消化载体，得到具克隆位点的左右两臂。大于 100～300kb 的连接产物插入左右两臂，形成完整的 YAC 载体。

3) 转化及人工染色体克隆的鉴定　通常采用 PEG 法将 YAC 克隆转化进酵母原生质体。转化时应设有质粒 YCP50 转化的正对照及载体 DNA 转化的负对照。用不含氨基酸的 SORB 选择平板于 30℃培养，挑选菌落。将若干菌落（一般为 20 个)集合培养，于低熔点琼脂糖凝胶中裂解细胞，脉冲场凝胶电泳分离细胞 DNA，检查新出现的片段。按一般程序将 DNA 转至尼龙膜上，用 pBR322 质粒 DNA 作探针进行杂交以鉴定人工染色体。再用植物总 DNA 探针杂交以鉴定植物 DNA 克隆。

4) 文库的保存及筛选　文库以单个克隆有序排列方式保存。简便的方法是将每个单个克隆转到 96 孔板中的单个孔内，培养基中应有 20%的甘油，－80℃保存。YAC 文库筛选方法有多种，其中有两种格外有意义，一种是菌落原位杂交，它是常用的经典方法。另一种是 PCR 筛选法，它克服了酵母菌落杂交法的一些不足，更快捷有效（详见本章 6.4）。

5.2.4　植物 YAC 文库研究近况及优缺点

现已成功构建了拟南芥、玉米、番茄、大麦、甜菜、水稻、马铃薯等植物的 YAC 文库。已构建的 YAC 文库平均插入片段为 100～350kb，较动物的要短。植物 YAC 文库的应用目前主要集中在分离已在遗传图谱上定位的基因及建立它们的物理图谱。

YAC 的最大优点是它的克隆容量大。YAC 载体所能容纳的 DNA 长度没有理论上的限制，所以利用 YAC 可以克隆植物完整的大而复杂的基因，包括它的调控区，便于对植物基因结构及功能调控进行全面分析。同时可以通过重叠片段绘制出植物基因组物理图谱及序列图谱，从而使传统的细胞水平的遗传图谱与分子水平的物理图谱统一起来。这样就能够在对基因功能信息并不清楚的条件下，也可以从染色体的特定位点上克隆某一基因，即进行所谓的基因定位克隆。

YAC 的大片段克隆在充分表现它优点的同时也产生了较多的难以克服的缺点。第一，片段较大，稳定性较差，不好操作。第二，文库中的嵌合现象严重。嵌合现象是指一个 YAC 克隆中的 DNA 片段来自两个或两个以上的染色体。嵌合现象妨碍基因分离及染色体移步。第三，YAC 内部有重排现象（rear-rangement)，由于插入的 DNA 片段大，序列发生重排，使原来染色体序列发生错乱。第四，缺失(deletion)使文库不完整。第五，YAC 转化酵母细胞的转化率并不十分理想。第六，转化细胞中 YAC 的分子结构与酵母天然染色体的分子结构有一定的相似，所以从转化细胞中分离 YAC 时，不易与酵母天然染色体分开。

5.3　细菌人工染色体(BAC)文库

细菌人工染色体（bacterial artificial chromosome，BAC)是目前基因操作中最常用的一种合成载体，由于具有插入片段大、遗传稳定性好、转化效率高等优点，可用于基因组文库的构建、基因组测序、功能基因、新基因的发现和基因定位转化组学研究等。

5.3.1 细菌人工染色体结构

细菌人工染色体是以 F 因子为基础人工构建的大容量克隆系统。F 因子是在某些大肠杆菌中发现的一种最有代表性的单拷贝或双拷贝的接合型质粒。它具有稳定遗传的特点。其环形分子上还可以带上细菌染色体 DNA 片段。

BAC 载体以氯霉素抗性基因为选择标记。为便于克隆的筛选，在 pFOS1 质粒克隆位点引入 pGEM32 的 *lacZ* 基因片段，构成 pBAC-lac 载体，可进行蓝白斑筛选。Mejia(1997)等引入了 *lac* 报告基因和 *neo* 标记，可通过 G418 选择转化子。Baker(1997)将荧光素酶/绿色荧光蛋白 GFP 的编码基因克隆入 BAC 载体，便于依据表达的产物筛选重组克隆。

5.3.2 细菌人工染色体研究近况及优缺点

BAC 载体的插入片段长度一般为 100～350kb，不如 YAC 载体的克隆片段长(100～1000kb)。这可能是因为 BAC 载体的宿主菌是大肠杆菌，而 YAC 载体的宿主菌是酵母菌。虽然在克隆容量上 BAC 不如 YAC，但在以下几方面 BAC 优于 YAC：①BAC 在宿主细胞中具有相当的稳定性。由于 BAC 的复制子来源于 F 因子，所以 BAC 在宿主细胞中只有极少拷贝数(1～2 个)，即使传代 100 代以后，仍可稳定遗传，缺失、重组现象少，插入片段不易发生变化。②BAC 文库中几乎不存在嵌合现象，而 YAC 文库中嵌合现象为 5%～50%。③BAC 电击法转化大肠杆菌的转化率比 YAC 转化率高 10～100 倍，这就减少了构建文库所需的 DNA 量。因此 BAC 文库适于资源有限的 DNA。此外，BAC 载体对宿主细胞毒副作用较小。④BAC 以环状超螺旋形式存在于大肠杆菌中，而 YAC 是以线性分子形式存在，所以 BAC 克隆便于操作，可通过碱裂解法提取。⑤BAC 文库筛选方便，可采用菌落原位杂交法筛选目的基因。⑥BAC 载体上的插入片段两侧有 T7 和 SP6 聚合酶启动子，可用于转录获得 RNA 探针或可以直接进行测序以获得末端序列。应用较为广泛的载体有 BAC108L、pBeloBAC11 和 pBACe3.6。

目前已构建完整 BAC 文库的植物有水稻、高粱，此外拟南芥、西红柿、黄瓜、大豆、玉米、小麦、马铃薯、珍珠粟和莴笋等也构建了部分 BAC 文库。BAC 克隆技术是目前复杂基因组研究中的重要手段。在 BAC 克隆技术基础上发展了 BAC 文库构建、重叠群的构建、全基因测序及图位基因克隆等技术，并产生了用于植物转基因的 BAC 克隆载体，在植物基因组研究及基因转化中具有重要作用。

5.4 可转化人工染色体(TAC)文库

华南农业大学刘耀光等结合 PAC 载体和农杆菌双元载体的特点，构建了植物可转化人工染色体(transformation-competent artificialchromosome，TAC)载体 pYLTAC7 和 pYLTAC17。载体中含有 P1 质粒和 Ri 质粒 pRiA4 的复制子，所以在大肠杆菌及根癌农杆菌中能够以单拷贝形式复制。载体中 T-DNA 区内具多克隆位点。该区是载体克隆及转化植物的重要功能区。为了便于阳性克隆、基因文库及转化体的筛选(选择)，载体具有以下特征：T-DNA 区内(pYLTAC17)有蔗糖致死基因 *sacB*，载体上携带有 Kan^R 选择标记，两者可用于重组克隆的筛选；载体中的 P1 裂解复制子可被 IPTG 诱导产生多拷贝；T-DNA 区靠近右边界处有植物选择标记基因，pYLTAC7 中是 *npt Ⅱ*，pYLTAC17 中是 *bar* 基因。

目前 TAC 载体已被证明能够高效率地转化拟南芥，并已将一个大约 80kb 含重力感应基因 *sgr1* 的克隆导入拟南芥重力感应突变体，使转化体恢复正常的重力感应性。此外，与 BAC 相比，两者共同的优点有：首先，都能作为大片段基因组文库的载体，因而有利于功能基因的精确定位及图位克隆；其次，两者都能在大肠杆菌及农杆菌中以单拷贝形式复制，因此可以通过根癌农杆菌介导将克隆片段导入植物基因组直接进行功能互补试验，省去了亚克隆步骤。两者不同点表现在：首先大肠杆菌中的复制起点不同，TAC 源于 P1 噬菌体；而 BAC 源于 F 因子。其次，TAC 载体中具有 P1 裂解子(lytic replicon)，可以在 IPTG 的诱导下产生 5～20 个拷贝，提高了质粒产量。目前，应用 TAC 载体已成功构建了拟南芥、小麦—簇毛麦易位系 6VS/6AL、高抗黄矮病基因的小麦—中间偃麦草易位系、籼稻品种 H359、稻瘟菌、百脉根、水稻、桃、六倍体小麦、番茄等的基因组文库。

6 基因文库筛选方法

从文库中筛选目的基因的方法主要有以下几种：①核酸杂交法；②免疫学检测法；③DNA 同胞选择法；④PCR 筛选法。

6.1 核酸杂交法

从基因文库中筛选携带目的基因插入序列的重组克隆，最为常用的方法是利用核酸杂交技术进行筛选。带有特定的互补核苷酸序列的单链 DNA

或 RNA 混合后，在适宜的退火温度下相应的互补序列会通过碱基配对结合成双链结构。如果用放射性同位素（^{32}P 或 ^{125}I）将部分目的基因的 DNA 或 RNA 序列进行标记，作为探针，与基因文库中的重组子序列进行杂交，便可以利用同源 DNA 碱基配对的原理从基因文库中检测并筛选出携带有目的基因插入片段的重组克隆。

核酸杂交法适用于大量群体的筛选，可同时快速筛选克隆数目极大的文库。不管文库中所含的序列是否是全长，也不管是否表达，均可被同时检出，因而核酸杂交法是常用的可靠方法。核酸杂交法所用的核酸探针有多种：利用 cDNA 探针可以从核基因组中分离目的基因；总 cDNA 探针可用于筛选高丰度 mRNA 的 cDNA 克隆及用于差别杂交筛选特异表达的 cDNA 克隆；筛选低丰度 mRNA 的 cDNA 克隆时，需要使用扣除探针；对已知部分序列的目的基因的克隆，使用按已知信息合成的寡核苷酸探针；分离植物同源基因时，可根据保守序列合成同源探针；对于已知其编码产物部分序列的目的基因的克隆，应使用猜测体探针。

6.2　免疫学检测法

免疫化学检测技术的过程与菌落杂交技术较为相似，但其所使用的探针不是放射性同位素标记的核酸探针，而是抗体探针，主要用于鉴定那些产生 DNA 编码的抗原的菌落或噬菌斑。免疫化学检测技术具有灵敏度高、专一性强的优点。只要具有目的蛋白质的抗体，同时目的基因在宿主细胞内表达，便可以从基因文库中筛选出目的重组克隆。免疫化学检测法可分为抗体检测法和免疫沉淀检测法等类型。该方法使用抗体探针，通过检测重组克隆表达出的蛋白质来筛选目的克隆。抗体探针只适用于表达文库的筛选，并只能筛选出表达了的克隆。

6.3　同胞选择法

同胞选择法是按矩阵分置亚库，通过 mRNA 与 cDNA 杂交后释放出 mRNA，使其在无细胞蛋白质合成体系中翻译，然后对翻译产物进行免疫沉淀、PAGE 电泳鉴定或活性分析等来筛选目的克隆，该方法要求全长 cDNA，一般只是在无其他筛选方法可用或表达产物很小时才使用。

6.4　PCR 筛选法

基因文库 PCR 筛选法仍然遵从 PCR 反应的基本原理及反应条件，所不同的是通过混合克隆的 PCR，以尽可能少的 PCR 反应次数从含有成千上万个克隆的基因文库中筛选出目的（阳性）克隆。PCR 筛选法对细菌文库、噬菌体文库、YAC 文库等都适用，具较高灵敏度，并不需放射性物质。实验中要合理设计 PCR 引物。cDNA 文库筛选应使用上游引物，以筛出全长 cDNA 克隆。YAC 文库可使用序列标志位点（STS）引物。PCR 反应时要有宿主细胞 DNA 及植物 DNA 样品作对照，并尽可能对 PCR 条件进行优化。

7　问题与展望

基因克隆及基因文库构建是基因工程的核心工作。目前，基因文库技术及 PCR 扩增技术是直接从植物基因组中分离目的基因的两大基础技术。尽管近年来各种分离目的基因的新策略相继产生，但这些策略仍然离不开基因文库及 PCR 这两个基础技术。近年来，基因克隆载体的结构及转化方法不断改进，已构建的多种载体（表 16-1），尤其是人工染色体载体的应用弥补了以前载体容量与高等生物物理图谱之间的缺口，所以 YAC 载体一经产生就马上成为各种基因组计划的主要克隆载体。

表 16-1　真核基因组克隆载体及特点

载体	构建年限	宿主	结构	容量/kb	稳定性	嵌合性	DNA 制备	植物转化能力
λ 噬菌体	1978	*E. coli*		9～24	+	−	易	−
黏粒	1979	*E. coli*		33～47	+	−	易	−
YAC 载体	1987	酵母	线性染色体	100～1000	−	+	难	−
P1 载体	1990	*E. coli*	环形质粒	75～100	+	−	易	−
BAC 载体	1992	*E. coli*	环形质粒	50～350	+	−	易	−
PAC 载体	1994	*E. coli*	环形质粒	100～300	+	−	易	−
BIBAC 载体	1990	*E. coli*		>150	+	−	易	+
TAC 载体	1996	*E. coli*		70～200	+	−	易	+
YAC 载体	1997	酵母		80～700	+	−	较易	+

续表

载体	构建年限	宿主	结构	容量/kb	稳定性	嵌合性	DNA 制备	植物转化能力
MAC		哺乳动物细胞	线性染色体	≥1000				
HAEC	1994	人体细胞	环形染色体	100～330				
HAC	1997	人体细胞			+			

注：+表示有；一表示无

双元细菌染色体(BIBAC)和 TAC 等可转化人工染色体的建立不仅改变了以往植物基因工程中转化的外源基因片段一般小于 30kb 的状况，而且可直接转化植物细胞，这在植物基因工程上无疑是一个里程碑。通常新基因克隆需要对候选克隆进行基因功能互补试验。可转化载体问世之前，在 YAC、BAC、PAC 等基因组文库进行目的基因筛选后，一般需要对候选克隆进行亚克隆，然后对每一个亚克隆逐一进行基因功能互补试验，不仅工作量大，而且有遗漏目的基因的可能。研究人员梦寐以求的就是如何将克隆有外源大片段 DNA 的载体直接送到植物细胞中去研究植物的表型变化。可转化人工染色体正是满足了这一愿望，省去了繁琐的亚克隆，直接将大片段 DNA 导入植物细胞进行功能分析。这种新型载体的出现必将推动植物基因工程的发展。PCR 技术与新的基因文库技术进一步融合传统的遗传图谱分析与现代的基因组物理图谱，将对植物基因组学研究及植物基因工程的应用产生巨大影响。

复 习 题

名词解释

基因文库、表达文库、黏粒、人工染色体载体、YAC、BAC、TAC、免疫沉淀检测

问题

(1)列举基因文库的分类及构建文库所用载体的种类。

(2)描述利用 λ 噬菌体载体构建基因组文库的流程。

(3)简述基因文库的筛选方法。

第 17 章

差异表达基因的分离技术

有机体的基因组中有成千上万个基因，一般真核生物基因的总数是 10 万个左右，在生物的一定发育阶段或在某一类型的细胞中，只有一小部分基因得到表达，大约占基因总数的 15%，即 15 000 个左右。这种在生物个体发育的不同阶段、或在不同组织器官中，按一定时间和空间，基因有序表达的方式称为基因的差别表达（differentisl expressing），基因的这种差异表达不仅受生物体内在机制的调控，也受外界环境因素，如光照、温度、逆境、药物作用等影响。如何有效地分离克隆在不同发育阶段及不同细胞群体间差异表达的基因，成为分子生物学研究的一大热点，大量差异基因分离策略如 mRNA 差异显示技术、实时荧光定量 PCR 技术分离目的基因、RACE 技术克隆全长目的基因、基因表达系列分析（SAGE）、差减杂交（SH）与抑制性差减杂交（SSH）等相继问世。

1　mRNA 差异显示技术

mRNA 差异显示技术（mRNA differential display）是对组织特异性表达基因进行分离的一种快速并行之有效的方法之一。mRNA 差别显示技术也称为差示反转录 PCR，简称为 DDRT-PCR。它是将 mRNA 反转录技术与 PCR 技术相互结合发展起来的一种 RNA 指纹图谱技术。

mRNA 差异显示技术是在 1992 年由美国哈佛大学医学分校 Dena-Farber 研究所的两位科学家 Liang 和 Pardee 首次提出的，并运用这种方法来分离一对培养哺乳动物细胞中差别表达的基因。至今，在短短的几年时间里，运用 mRNA 差别显示技术分离、鉴定的差别表达基因有 300 多个。相对来说，有关利用 mRNA 差别显示技术鉴定的植物发育调控基因的报告要少得多，但也在逐年增加。

1.1　mRNA 差异显示技术的基本原理

真核生物基因中的绝大多数 mRNA（除少数 mRNA，如组蛋白 mRNA）在 3′端均具有多聚腺苷酸（20～250），即 3′poly（A）尾巴结构，利用这一特征设计 3′端锚定引物，将 mRNA 分成不同的群体。锚定引物的通式是 oligo（dT）$_{12}$MN，其中 M 为 A、C、G 中的任意一种，N 为 A、C、G 或 T 中的任意一种，所以共有 12 种 oligo（dT）$_{12}$MN 引物，其中 M 称为锚定碱基，起增大引物 T_m 值的作用；N 称为分类碱基，对反转录进行分类。用这 12 种引物分别对同一种 RNA 样品进行 cDNA 合成，即进行 12 次不同的反转录反应，每一种 3′端锚定引物，都能够把总 mRNA 群体的 1/12 分子反转录成 mRNA cDNA 杂交分子。由此可知，使用 3′-T$_{11}$MN（或 T$_{12}$MN）引物，可以将整个 mRNA 群体在 cDNA 水平上，分成大致相等但序列结构不同的 12 份亚群体，这一过程叫做差异显示反转录，即 DDRT。代表特异性表达基因的杂交分子在全部杂交分子中所占的比例很低，必须采用 PCR 扩增放大后进行比较，才可能把它们从庞大的群体中分离出来。因此，还需要另外一种由 10 个核苷酸组成的 5′端随机引物。这种 5′随机引物可以同特定细胞类型的总 mRNA 群体中的一部分分子发生杂交作用，而且杂交部位是随机地分布在距每条新合成的 cDNA 链 3′端的不同位置上。

用 3′端锚定引物和 5′随机引物组成的引物对，以 mRNA：cDNA 为模板进行 PCR 扩增，经过 2～3h 的变性聚丙烯酰胺凝胶电泳，可以显示出 50～100 条长度在 100～500bp 的 DNA 条带，那么使用 12 种 3′端锚定引物和 20 种 5′端随机引物组成的 240 组引物进行 PCR 扩增，可以得到 20 000 条左右的 DNA 条带，每一条都代表了一种特定的 mRNA，这样就覆盖了一定发育阶段某种类型细胞中所表达的全部 mRNA 种类的 96%左右。目前较为流行的方法是对 mRNA 进行 3 种归类，即用 3 种 3′端锚定引物和 80 种 5′端随机引物组成的 240 组引物进行 PCR 扩增。不同组织样品的同一类 cDNA 的 PCR 选择性扩增产物在凝胶电泳上的差别表现在同一迁移位置上条带的有和无、条带所含分子数目的多少。条带的有无反映出组织特异性表达基因的“开”与“闭”。因为 mRNA 差异显示属半定量实验，所以条带中分子数目的多少，也是

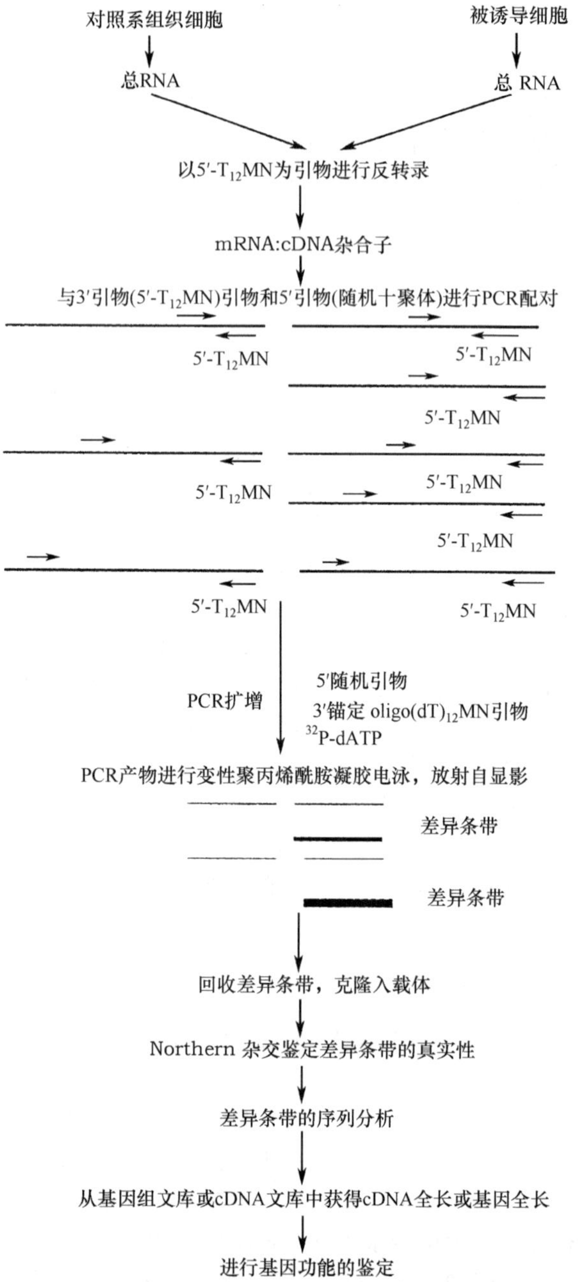

图 17-1　mRNA 差异显示的基本程序

（王关林等，2002）

mRNA 剂量效应的一种体现。

1.2　mRNA 差异显示技术分离差异表达基因的基本程序

mRNA 差异显示技术的基本操作程序(图 17-1)包括以下程序。

(1) 从植物组织中提取总 RNA，在这一步中注意不能有 DNA 污染，一般用无 RNA 酶的 DNA 酶 37℃下处理 30min。

(2) 在反转录酶作用下，以 Oligo T_{11} MN 为引物进行反转录。

(3) 以 cDNA 的第一链为模板进行 PCR 扩增反应。

(4) 扩增产物进行聚丙烯酰胺凝胶电泳，使差次表达片段在测序胶上分开。

(5) 找出不同处理间差异显示的条带，从胶上切下来，并回收。

(6) 克隆差异片段，作为探子。

(7) Northern 杂交，验证目的片段是否差异表达。

(8) 对目的片段进行测序。

(9) 以克隆的目的片段为探子，从基因组文库中筛选出相应的全长基因。

1.3　mRNA 差异显示技术的优点及局限性

在 mRNA 差异显示技术出现以前，人们广泛应用差异筛选和减法杂交来鉴定和分离未知表达基因。差别筛选的特点是直观和操作简单。但灵敏度相对较低，工作量大。减法杂交较为灵敏，但需要大量的起始材料，在杂交过程中易被降解，因而容易产生假阳性，使重现性降低。mRNA 差别显示技术具有以下优点：①简便性，在技术上主要依靠 PCR 扩增和聚丙烯酰胺变性凝胶电泳。②灵敏度高，丰度较低的目的 mRNA 通过调整引物，进行 PCR 放大可以达到直观比较的水平。Liang 等(1993)曾设计一个 RNA 梯度，在 20μl 反应体系中含 0.002～2μg 总 RNA，进行 DDRT-PCR 反应。他们发现即使在 RNA 浓度低至 0.02μg(约为 200 个细胞中的总 RNA 量)时也能得到与较高浓度相似的显示条带，这说明扩增量与加入 RNA 量并不呈正比例显示关系。5μg 总 RNA 足够所有的锚定引物和随机引物配合使用。③可重复性较好，90%～95%的条带在不同的反应中可以进行重复。④mRNA差别显示技术最终所得的差别条带往往不仅一条，通常包含某一基因的上游及下游的调控基因，这是其他许多方法所不能比拟的。⑤几种样品或不同处理之间可在同一个胶板上比较它们相互之间基因的差异表达，差异条带的特性可以被确定。

虽然 mRNA 差异显示技术具有简单、快速、灵敏、重现性好、多用途和可适用于微量起始 RNA 等优点而被人们称道。但该方法也存在一些局限性：利用这种方法检测到的往往是 $3'$端出现差异的基因，$5'$端表现差异的基因不易检测到。由于 $3'$端下游引物是被锚定在 mRNA 分子中与 poly(A)序列相邻的两个碱基处，所以绝大多数差异显示的条带往往仅含有 $3'$UTR 的一短片段信息。与基因的编码区不同，mRNA$3'$端的序列结构相对来说比较保守。因此，用含3′端的cDNA做探针进行RNA杂交，容易出现假阳性的结果。此外，mRNA差别显示技术倾向于分离到高拷贝mRNA对应的cDNA序列。要完全显示细胞中的所有mRNA种类，据估计大约300种引物对，要达到显示96%以上的mRNA也至少需240对引物。故若进行小范围的比较，此方法并不显示其优越性。

1.4 mRNA差异显示技术的改进

由于mRNA差异显示技术具有显著的优越性，因而很快得到广泛的应用。但同时，差别显示技术本身又存在许多缺点。人们在利用差别显示技术的同时，不断对该技术进行改进，使之符合实验的目的和要求。具体的改进有以下几个方面。

1.4.1 模板的选择

最初人们倾向于用总RNA作为反转录的模板，但有时会出现大量的5′引物间的扩增产物。于是一些研究人员尝试用mRNA代替总RNA作为模板，这样减少了5′间引物扩增，条带数减少。用mRNA作模板的不利因素是在纯化mRNA时不可避免的引进oligo(dT)，常常使扩增产物模糊不清。Sempayracl(1995)主张用细胞质RNA代替总RNA，从而消除核RNA，特别是hnRNA的污染，可取得较好的结果。

1.4.2 引物的改进

1) 锚定引物的改进　常规DDRT-PCR用非简并或简并的2个碱基起锚定作用的oligo(dT)T_{12}MN(M=G/C/A，N=A/G/C/T)锚定引物。T_{12}MN将总mRNA群体分成12个亚群体，因此要全面分析总mRNA的差异，则工作量巨大，而且用其中的T_{12}MT往往导致差别显示过程中序列分析胶上的弥散状态。Liang等(1993)将锚定引物改用T_{12}MA，T_{12}MG，T_{12}MC，T_{12}MT(M=A/C/G)4种简并引物。显然，4种简并引物仅将总mRNA群体分成4个亚群体，因此大大减少DDRT-PCR的工作量。然而，T_{12}MT的使用仍难免弥散状态。由于使用无锚定碱基的oligo(dT)在反转录和PCR扩增中的锚定作用具有很大的随机性，因此同一个PCR扩增反应中同一个模板扩增的产物可能是大小不同的cDNA片段的混合体。Liang等(1994)在4种简并引物的基础上，改用单碱基锚定引物T_{11}M(M为A、C、G)，该引物将总mRNA群体分成3个亚群体，即用3种T_{11}M可将总mRNA群体全部反转录为cDNA。这不仅大大减少DDRT-PCR的工作量、避免扩增产物的弥散状态，而且能够检测用两个碱基锚定时所检测不到的特定mRNA亚群体。此外，该引物大大增加了重复性，提高了分辨率。

2) 5′引物的改进

(1) DDRT-PCR专用引物。用绝大多数RAPD引物做5′引物进行PCR扩增后，其差显结果往往不理想。原因之一是引物的G+C含量太高，与mRNA模板的互补序列稀少，二是引物自身的互补配对大大降低了扩增效率。为克服上述缺点，Bauer等(1993)设计了26个DDRT-PCR专用引物，这些专用引物的共同特点是A+T与G+C含量几乎相等，而且3′端以G或C结尾。

(2) 特异引物。针对特定基因的差别显示，以特异性引物作为5′引物则可获得理想效果。Joshi等利用热激蛋白HSP70多基因家族专一性引物作为5′引物进行扩增，并用6%的PAGE变性胶进行DDRT分析，结果表明特异性扩增效果良好，在短时间内便分离得到了因热激诱导而特异性表达的3个cDNA片段。

(3) 含次黄嘌呤碱基的通用引物。常规所用的差别显示序列与待测RNA或cDNA之间的退火不是特别理想，容易出现错配，造成许多非重现性带的出现，使情况复杂化，为了提高引物与靶序列之间的结合程度，设计了一套带有次黄嘌呤碱基的十聚体寡核苷酸，认为次黄嘌呤与4种常用碱基之间具有相似的结合强度。结果发现次黄嘌呤碱基的引进的确使mRNA差别带型的重现性有了很大的改观。

(4) 长序列(≥20bp)专一性引物。以长序列(≥20bp)专一性引物作为5′引物进行扩增，结果表明该法灵敏可靠并能够迅速检测基因在转录水平的加强或减弱(关闭)。用该方法所得特异cDNA片段的序列分析结果表明，以锚定引物和长序列(≥20bp)专一性引物产生的cDNA片段均为mRNA 3′—端不翻译的区段，而且71%的克隆是由锚定引物和专一性引物共同产生的，29%仅由专一性引物所产生。所产生的特异cDNA克隆中，40%为假阳性，60%是真正差异表达的基因。

1.4.3 差异显示所用的标记

在Liang(1992)的最早报道中使用的是^{35}S-dATP。^{35}S-dATP有一些令人讨厌的缺点：①^{35}S在贮存和使用过程中都有较大程度的挥发；②^{35}S在高温下易分解，温度越高分解速度越快，往往会造成仪器的污染。因此，Trentmann等(1995)建议用[α-^{32}P]-dCTP来代替[α-^{35}S]-dATP，结果降低了同位素污染的危险。但是^{32}P的放射性很强，使操作难度加大，与^{35}S相比，带的分辨率有所下降，最近有人利用新上市的^{33}P来标记核苷酸。^{33}P具有^{32}P和^{35}S两者的优点，但费用较为昂贵。选择使用哪一种同位素，应从检测的灵敏度、带型的分辨率、安全性及费用等方面多加考虑。Chen 等(1996)发明一种非同位素标记的差别显示技术。他们用 oligo $(dT)_{12}MN$ 简并引物连接地高辛，扩增后，进行 6% SDS-PAGE 电泳并转移至尼龙膜上，用带碱性磷酸酶的抗地高辛抗体进行免疫反应进行显色。另外，Bauer 等(1993)尝试用荧光素作为标记物替代同位素，并在自动 DNA 序列仪上直接读出 mRNA 差别显示产物。这些改进也取得较好的结果并使操作的安全性提高。

1.4.4 差异显示的标记方法

差别显示的标记方法包括直接掺入法和末端标记法。在 Liang(1992)的最早报道以后，其他人的许多报道中多沿袭采用直接掺入法，即在进行 PCR 的同时直接加入放射性同位素。这种方法直接、易操作、步骤简单、产物可在电泳结束后经曝光冲洗 X 线片后进行分析。但直接掺入法往往无法排除过多的假阳性，且对小分子质量的 cDNA 带的检测不利。Trentmann 等(1995)比较了末端标记引物法和直接掺入法的效果，结果发现末端标记 3′引物法有两个优点：一是可以消除许多假阳性带，末端引物标记一般只标记 3′引物，即 $5'\text{-}T_{12}MN\text{-}3'$，所以只有 3′引物参与 PCR 反应合成的产物才有可能在胶上产生放射信号，而单单 5′引物合成的非必需带因不带放射信号而被排除；二是更有利于小分子质量带的检测。

1.4.5 差异显示产物的凝胶分析

在大多数报道中进行差别显示产物分析的主要手段是进行 6%的变性聚丙烯酰胺凝胶电泳。一方面是因为这是常用的 DNA 序列分析胶，可以将相差一个碱基的 DNA 带分辨出来；另一方面是因为差别显示的 PCR 条件往往控制在能给出 200～500bp 范围大小的 50～100 条 cDNA 带的条件下，这正好在序列胶的有效分辨范围之内。

然而，在实验中发现 *Taq* 酶可以在新合成的 cDNA 链末端加上额外的 dA 碱基使得到的两个互补 DNA 表现出 1 至几个碱基的差异，通过变性胶电泳，两互补 DNA 会因电泳迁移率上的细微差异而表现为不同的 DNA 带，这种假象的出现使差别显示的情况复杂化。因此，Bauer 等(1993)利用非变性的 6%聚丙烯酰胺胶来进行产物分析，使互补的 DNA 始终结合在一起以相同的迁移率电泳，大大减少了上述假象的出现。

1.4.6 真假阳性克隆的鉴定

如上所述，用常规 DDRT 得到的 cDNA 片段质量往往较低，有非专一性背景，而且一条 cDNA 带中通常不止包含一个 cDNA 片段，导致假阳性克隆的比例很高。因此，如何快速而准确地鉴定真假阳性克隆，对于提高差别显示技术的效率及可靠性具有重要意义。鉴定真假阳性差异片段的方法主要有以下几种。

1) Northern 杂交　这是鉴定序列胶中的特异 cDNA 片段是否为真正差异表达的基本方法。通常将从序列胶中回收的片段再次扩增后做 Northern 杂交检测，确定阳性片段后再进行克隆，但困难之处是往往得不到杂交信号。原因可能有两方面，一是 mRNA 的丰度太低，二是 cDNA 片段太短。这样就无法确定真假阳性，甚至淘汰真正阳性的 cDNA 片段。

2) 用 Northern 杂交并回收与特异 mRNA 杂交的 cDNA 片段　该方法快速而有效，然而也有许多不足之处。首先该方法不适于对大量差异表达的片段进行筛选，而且从杂交膜上回收的 cDNA 片段仍可能有部分污染的 DNA。此外，该方法对 RNA 的需要量大。

3) 用差异杂交法筛选 PCR 产物　该方法仍不能完全排除污染的 cDNA 序列。

4) 用 PCR 标记的片段做探针筛选特异克隆　该技术一次只能鉴定一个差异表达的 cDNA 片段。

5) 质粒斑点印迹法(plasmid dotblotting)　该方法具有短时间内筛选许多克隆的优点，但由于作为探针的 PCR 产物的异质性或由于克隆的 cDNA 片段本身就是假阳性 RT-PCR 产物，其筛选结果可能不完全可靠(Callard，1994)，仍须用 Northern 分析来确定真假阳性。

6) DNA 部分序列分析法(partial sequencing)　先对 10 个菌落的 cDNA 插入序列进行部分序列分析，通过比较，选出不同的菌落，再对其进行序列分析以证实其异质性。

7) DNA 单链构型多态性(single-strand conformation polymorphism，SSCP)　将插入序列进行再次 PCR 扩增，扩增产物与 5μl 甲醛样品缓冲液(95%甲醛，2mmol/L EDTA，pH8.3，0.05% EB，0.05%二甲苯青)，80℃变性 5min，并以 5%非变性 PAGE 进行分辨。电泳结束后，将凝胶置于 0.1μg EB/ml 的 1×TBE 中染色 15min，紫外灯下观察。有研究表明 DNA 部分序列分析法比 SSCP 法可靠。但这两种方法通常与 Northern 杂交相结合而使用。

8）限制性酶切指纹图谱的应用　对 cDNA 插入序列经再次 PCR 扩增后，用两种限制酶 *Esa* Ⅰ和 *Alu* Ⅰ的混合液酶解。据酶切图谱对菌落进行分类。从理论上讲，在 128 个碱基中就具有两种酶切位点的可能。因此，该方法可对大于 150 碱基的 cDNA 片段进行分类鉴定。但由于两种酶切位点的不可预测性，该方法不能完全保证分类的成功。

Shoham 等(1996)利用限制酶指纹(restriction-enzyme finger printing)，将序列胶中的一条带内含有的不同 cDNA 片段进行快速分组分析，即用具有 4 个核苷酸识别位点的限制酶 *Sau*3A Ⅰ 作图。消化的 DNA 片段在 4%琼脂糖胶(含 0.5μg EB/ml)中分离，据限制性图谱的差异，可将 cDNA 分成几组，序列分析结果表明，具有相同限制性酶切指纹的一组 cDNA 片段都是一种。因此，大大减少需要进行序列分析的克隆数。这是一种对真假阳性克隆进行快速、非放射性、廉价的鉴定方法。

9）质粒 DNA 的差异狭缝印迹　从 10 个克隆中以微量制备法提取质粒 DNA，变性后转两份膜，紫外线照射使 DNA 固定于膜上。分别以同位素标记的对照和处理条件下的 mRNA 反转录产物为探针，与两部分膜杂交，从杂交带型即可识别真假阳性克隆。该方法的优越性在于可对多种 PCR 产物进行快速分析，而且还能检测基因的增强性表达，对包含组成型表达 cDNA 与差异表达的 cDNA 片段的克隆进行快速识别。前已述及，来自序列胶一条特异带中可能有组成型表达的 cDNA 的污染。因此，许多假阳性(false positives)不能用 Northern 印迹分析而证实。Vogeli Lange 等选取 10 个克隆并将插入序反向 Northern 斑点印迹(reverse Northern dotblot)，该方法可对从序列胶中回收大量 cDNA 片段进行快速鉴定分析。它基于 Northern 分析的原理，首先将回收的 cDNA 片段转两份膜，分别以两类 mRNA 样品反转录的 cDNA 为探针做点杂交。最大优点是高效快速而且只需很少量 RNA 样品便可筛选大量 cDNA 片段。主要缺陷是未将再次扩增的 cDNA 进行电泳分离而直接转膜，结果可能不完全可靠，而且一些阳性片段由于其基因表达水平低而得不到杂交信号。进行 PCR 扩增，采用 DNA 的差异狭缝印迹，通过杂交带型的比较，可将包含组成型表达的基因的 cDNA 片段的克隆与包含差异表达的基因的 cDNA 片段的克隆区分开。

10）反向 Northern 印迹(reverse Northern blot)与部分序列分析及 RT-PCR 相结合　该方法比反向 Northem 斑点印迹可靠得多，其方法是先将回收的 cDNA 片段经再次扩增后用 1.4%的琼脂糖胶分离，并转两份膜，分别以两类 mRNA 样品反转录的 cDNA 为探针做杂交，根据杂交结果即可初步确定真假阳性，克隆阳性片段，并再次克隆特异插入片段和进行反向 Northern 分析。结合部分 DNA 序列分析即可确定真假。

1.5　mRNA 差异显示实验中的注意事项

1.5.1　mRNA 的提取与反转录条件

mRNA 差异显示实验的成功受很多因素的影响。mRNA 的提取要注意提取的总 RNA 的纯度和完整性，既要防止 mRNA 的降解，又要注意核 DNA 和蛋白质的污染。实验表明提取 RNA 中污染的 DNA 对差异显示有明显的影响。无论用哪种方法提取 RNA，均避免不了有少量 DNA 的存在，必须用 DNase 去除污染的 DNA。

关于使用总 RNA 还是纯化的 mRNA 作模板，实验表明结果是一样的，甚至用总 RNA 背景差异更少。为此，实验中均应用总 RNA 作模板。20μl 反应体系中总 RNA 的加样量以 0.2μg 为宜。

1.5.2　PCR 扩增条件

1）镁离子浓度的影响　Bauer 等(1993)研究中发现最佳镁离子浓度因随机引物种类及 dNTP 的浓度不同稍有差异，当 dNTP 浓度为 2μmol/L 时，1～25μmol/L 的镁离子浓度是一个较好的使用浓度。

2）复性温度的影响　因随机引物只有 10bp，差异显示 PCR 的复性温度与常规 PCR 有所不同。研究表明，当复性温度在 42℃以上时，电泳带明显减少，低于 40℃时，电泳带呈弥散分布，因而复性温度多选用 40～42℃。

3）随机引物长度的影响　研究结果表明，设计出 3′端引物后，5′端引物理论上应比较短，有利于同 cDNA 末端结合，其长度以 10bp 为宜。

4）标记同位素的影响　常用的 3 种同位素标记各有优缺点，^{35}S 标记 dATP 分辨率高，敏感性好，但高温下容易分解、挥发、污染环境；^{32}P 标记的 dCTP 较稳定，曝光时间短，但分辨力低；^{33}P 标记 dATP 离子强度及半衰期介于两者之间，兼有两者的优点，是一种较好的同位素标记，但比较昂贵。碱基标记利于长片段显示，引物末端标记易于短片段显示。

5）综合条件影响　上述条件下，序列凝胶电泳平均每孔显示 50～100 条 cDNA 带；要覆盖细胞中 15 000 条 cDNA 需 300 次引物组合。Guimerase 等(1995)把 5′端引物浓度提高到 30μmol/L，退火温度降至 32℃，冷启动，循环 40 次。在不增加背景信号的情况下，平均每孔显示 66 条带。同时还发现降低循环次数，可提高差异显示带的检出，起到半定量 PCR 的效果。

1.5.3 电泳、自显影优化条件

(1) 常用的 6%变性聚丙烯酰胺凝胶电泳常出现多数带成簇出现，序列胶上差别条带与邻近条带的间距很小，切割又需借助于同位素的放射自显影的胶片，从而增加了特异条带切割的难度，致使假阳性的频率大为增加。为避免这种影响，可以加大电泳胶的长度以拉开差异条带之间的距离。Bauer 等(1993)采用非变性聚丙烯酰胺凝胶电泳法，使带数明显减少，利于差异条带的比较和分离。

(2) 采用聚丙烯酰胺凝胶水平电泳银染法的分辨率及敏感性与放射自显影一致，而以时间短、无放射性为优。

2 实时荧光定量 PCR 技术分离目的基因

实时荧光定量 PCR(real-time fluorescent quantitative polymerase chain reaction, Real-time PCR) 是将荧光能量传递技术应用于常规多聚酶链式反应仪中，通过受体发色团之间偶极相互作用，能量从供体发色团转移到受体发色团，受体荧光染料发射出的荧光讯号强度与 DNA 产量成正比，检测 PCR 过程的荧光讯号便可得知靶序列初始浓度，从而达到定量目的。由于该技术不仅实现了 PCR 从定性到定量的飞跃，而且与常规 PCR 相比，具有特异性更强、灵敏度高、有效解决 PCR 污染问题、自动化程度高等特点，目前已在动植物基因工程，微生物和医学领域中得到广泛应用。关于实时荧光定量 PCR 技术的基本原理及操作程序等将在第 34 章外源基因整合检测中详细论述，本章阐述实时荧光定量 PCR 技术在基因分离中的应用。

实时荧光定量 PCR 能够在绝对定量和相对定量的水平精确地分析差次表达基因，可以不仅确定靶基因的条带，还能确定靶基因表达的绝对定量和相对定量，明确主基因，辅助基因及基因簇，从而精确地分离克隆靶基因。因此，实时荧光定量 PCR 比 mRNA 差别显示技术更具有优越性。

3 RACE 技术克隆全长目的基因

cDNA 完整序列的获得对基因结构、蛋白质表达、基因功能的研究至关重要。当试图分离一种新转录的 cDNA 拷贝时，往往得到的 cDNA 克隆只是原 mRNA 的部分序列。缺失的 cDNA 末端可通过 cDNA 文库筛选、末端快速克隆技术所获得。20 世纪 80 年代末发展起来的 cDNA 末端的快速克隆(rapid-amplification of cDNA ends, RACE)技术是一种通过 PCR 进行 cDNA 末端快速克隆的技术，是以 mRNA 为模板反转录成 cDNA 第一链后用 PCR 技术扩增出某个特异位点到 3′端或 5′端之间未知序列的方法。其与筛库法相比具有许多方面的优点，首先 RACE 法是通过 PCR 实现的，无需像筛库法那样需建立 cDNA 文库，它可在 1～2d 内获得筛库法数星期乃至数月才能获得的信息。极大地节约了实验所花费的经费和时间。其次，筛库法只能回收一个或几个 cDNA 克隆，而 RACE 法则与此不同，它能产生大量的独立克隆用以证实核苷酸序列，并使得被选择性剪接或开始于很少使用的启动子的特殊转录物分离成为可能。故完全可用 RACE 技术来代替筛库法获得缺失的 cDNA 末端序列。关于 RACE 技术的原理及其基本程序已在第 14 章同源克隆目的基因中详细叙述，故此内容请参阅前章。

4 基因表达系列分析技术(SAGE)分离目的基因

1995 年，Velculescu 等在 EST 方法的基础上进一步发展建立了基因表达系列分析(serial analysis of geneexpression, SAGE)技术，近两年得到了完善和发展，成为检测细胞基因活动、分离克隆基因的新方法，能同时对上千个转录物进行分析。

4.1 SAGE 的原理

SAGE 的主要依据有两点：一是一个 9～10 个碱基的短核苷酸序列标签包含有足够的信息，能够唯一确认一种转录物。例如，一个 9 个碱基顺序能够分辨 262 144 个不同的转录物(49)，而人类基因组估计仅能编码 80 000 种转录物，所以理论上每一个 9 个碱基标签能够代表一种转录物的特征序列。二是如果能将 9 个碱基的标签集中于一个克隆中进行测序，并将得到的短序列核苷酸序列以连续的数据形式输入计算机中进行处理，就能对数以千计的 mRNA 转录物进行分析。

4.2 SAGE 操作程序

(1) 以特定细胞的总 mRNA 作模板加入 5′端接有生物素的寡聚核苷酸 oligo(dT)为引物及转录

成 cDNA，选用 4 碱基识别位点的限制酶（锚定酶，anchoring enzyme，AE）酶切。由于锚定酶要求至少在每一种转录物上有一个酶切位点，一般 4 碱基限制酶能达到这种要求，因为大多数 mRNA 要长于 256 碱基（44）。通过链霉抗生物素蛋白珠收集 cDNA 3′ 端部分。对每一个 mRNA 只收集其 polyA 尾与最近的酶切位点之间的片段。

（2）将 cDNA 等分为 A 和 B 两部分，分别连接接头 A 或接头 B。每一种接头都含有标签酶（tagging enzyme，TE）酶切位点序列（标签酶是一种Ⅱ类限制酶，它能在距识别位点约 20 碱基的位置切割 DNA 双链）。接头的结构为引物 A/B 序列＋标签酶识别位点＋锚定酶识别位点。

（3）用标签酶酶切产生连有接头的短 cDNA 片段（9～10 个碱基），混合并连接两个 cDNA 池的短 cDNA 片段，构成双标签后，以引物 A 和 B 扩增。

（4）用锚定酶切割扩增产物，抽提双标签（ditag）片段并克隆、测序。一般每一个克隆最少有 10 个标签序列，克隆的标签数为 10～50。

（5）对标签数据进行处理。在所测序列中的每个标签间以锚定酶序列间隔，采用 *Nia*Ⅲ限制酶进行锚定，则以 CATG/GTAC 序列确定标签的起始位置和方向。

由于双标签体的长度基本相同，不会导致扩增的偏态性，同时数量和种类极大的转录物使同一种标签连接成双标签体的可能性极小，这保证了克隆中的每一个标签代表一种转录物在当前细胞状态下的一个单位的转录产物，因此通过计算机软件的分析能够得到上千种基因表达产物的标签序列及丰度。

虽然 SAGE 技术能够尽可能全面地收集生物组织的基因表达信息，但也不能完全保证涵盖所有的低丰度的 mRNA。另外标签体的连接可能因接头的干扰造成克隆所包含的标签体过少和克隆序列末端不能高效地连入载体。Powell 利用磁性生物素珠特异吸附引物，避免了接头的干扰。

4.3　SAGE 的特点分析及应用

与 EST 相比 SAGE 是一项快捷、有效的基因表达研究技术，任何具备 PCR 的实验室都可以使用这项技术，结合测序能在几小时内完成几千个转录物的分析。另外使用不同的锚定酶，如能识别 5～20bp 的Ⅱ类内切核酸酶，可使其具有更高的灵敏度和效率。但是 SAGE 只能分离特定时空下表达的基因，且不能分析基因内和基因间的调控序列，克隆出的新基因的功能也有待鉴定。

由于 SAGE 具有上述优点，因此具有多方面的功能。

（1）能快速、全范围提取细胞内基因表达信息，并对已知基因进行量化分析。采用 SAGE 技术制备的大量探针进行计算机分析，就会得到某一特定探针在整个 cDNA 文库中出现的频率，因为这一频率应与其所代表的 mRNA 在总 mRNA 中的出现频率相同，从而可定量检测出细胞中特定基因的表达水平。

（2）能分离克隆新基因。SAGE 采用锚定酶的位点序列为 4bp，再加上标签包括 9bp，共可确认 13bp 序列。如果一个标签检索已知序列时没有同源序列，13bp 片段就可作为探针筛选 cDNA 文库而得到目的基因克隆。如果采用 5～20bp 的锚定酶，则灵敏度更高，因此 SAGE 目前已成为寻找新基因的重要方法。

（3）定量比较不同状态下的组织细胞特异基因的表达。利用 SAGE 技术分析比较两种不同诱导条件下基因表达的差异，从而发现诱导条件下哪些基因被诱导表达，哪些基因被失活，比较不同细胞间丰度进行相对定量分析。例如，Zhang 等（1997）比较正常细胞和肿瘤细胞基因表达的 30 万个转录物发现，在被分析的 4500 种转录物中，至少有 500 种在两种细胞中表达有显著差异。

（4）构建染色体表达图谱。SAGE 能够同时最大限度的收集一种基因组的表达信息，转录物的分析数据可用来构建染色体表达图谱（chromosome expression map）。

Velculescu 等（1997）应用 SAGE 技术对酵母基因组中的表达基因即转录组（transcriptome）进行了分析，在 60 633 转录产物中有 4165 个基因，其中有 1981 个基因的功能是已知的，而另有 2184 个是未知的。特定部位的基因表达信息不仅可以获得能分辨转录活性的物理区域的表达图谱，也能鉴定出仅靠序列信息不能预测其功能的基因。上述研究展示了对酵母的基因表达图谱进行分析的前景，同时表明了用 SAGE 对植物细胞全基因组进行表达图谱研究的可行性。另一方面的应用是对高等植物突变细胞和正常细胞间，以及不同分化细胞间的基因表达图谱的差异分析。

5　差减杂交（SH）与抑制性差减杂交（SSH）技术分离目的基因

差减杂交或称消减杂交法（subtractive hybridization，SH），该方法缺点是技术要求高，工作量大及结果可靠性差等。然而经过多年的改进发展成为众多基因克隆方法的基础，许多其他方法是从该方法衍生发展而来。Diatchenko 等(1996)建立抑制差减杂交法(suppression subtractive hybridization，SSH)。

5.1 SSH 的基本原理

SSH 是新近发展起来的一种分离差异表达基因的新方法，其依据的技术和原理主要是抑制 PCR 和差减杂交这两种方法的技术与原理。它们都是利用 DNA 复性动力学原理来富集一个样品中有，而另一个样品中没有的 DNA。消减杂交的材料可以是核 DNA，用于分离克隆两个样品中特异性存在的基因，也可以是 cDNA，用于分离两个样品中差异表达的基因。SSH 克服了以往任何一种差减方法的技术限制，在差减过程中使不同丰度 cDNA 的拷贝数差异趋于均衡，因此不同丰度的差异表达基因都能得到有效克隆(Gurskayaetal，1996)。

5.2 SSH 的操作程序

SSH 的基本操作过程如图 17-2 所示，有以下步骤。

1) 合成 ds cDNA　提取待比较的两组细胞的 mRNA，利用 3′端引物将 mRNA 反转录 cDNA，根据真核生物 mRNA 序列 3′端具有 poly(A)结构的特点，合成 3′端引物，反转录体系中要加入 T4DNA 聚合酶以产生平头 cDNA。

2) tester 准备　产生平头 ds cDNA 后，用 *Rsa* Ⅰ或 *Hae* Ⅲ限制酶将 ds cDNA 酶切成短片段，将 tester cDNA 分为两组，在 T4 连接酶的作用下分别在 cDNA 的 5′端连上两个不同的寡核苷酸接头(接头 1 和接头 2)，接头 1 和接头 2 分别是具有一段反向末端重复序列的寡聚核苷酸序列，以利于以后的选择性扩增。

3) driver 准备　对于 driver 的 ds cDNA 只需经 *Rsa* Ⅰ或 *Hae* Ⅲ限制性内切酶切成短片段，而不添加接头。

4) 差减杂交　分别向两个 tester 样品中加入过量的 driver cDNA，于杂交缓冲液中进行杂交反应。第一轮杂交反应完毕后，将两个 tester 样品混合，再加入过量变性的 driver cDNA 继续杂交反应，获得作为 PCR 扩增模板的差异表达序列。

5) PCR 反应　杂交产物中两端连有不同接头的片段就是所寻找的差异表达基因。经补平末端后进行巢式 PCR 扩增(nested PCR)以获得所需要的差异表达基因。第一次 PCR 反应以两个接头的 5′端作引物对差异表达序列进行特异性扩增，有效富集表达差异的 cDNA 片段，然后再以这一次扩增反应产物为模板，用两个接头的 3′端部分作引物以再次特异扩增差异表达序列，并进一步消除背景序列干扰。

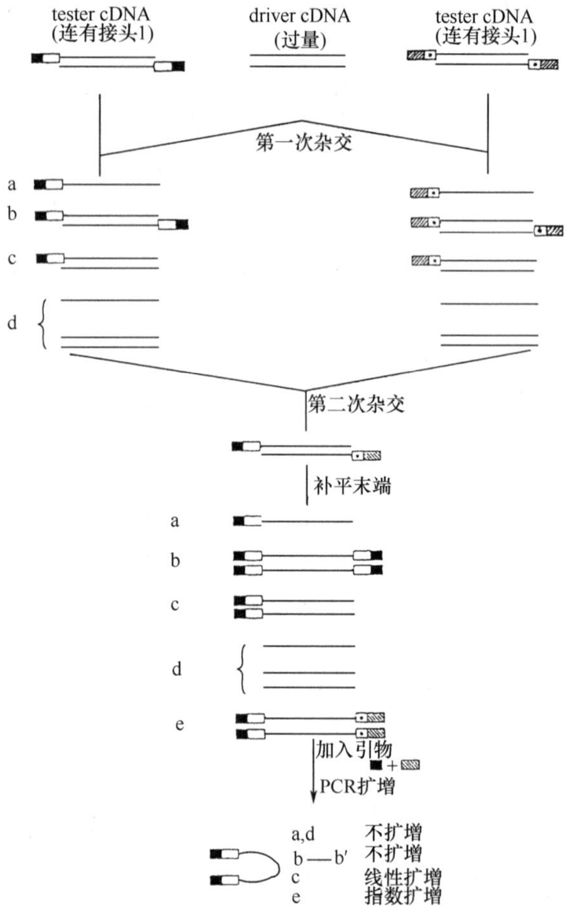

图 17-2　抑制差减杂交的基本操作过程
(王关林等，2002)

6) 特异性确定　以 PCR 扩增产物为探针与对比细胞的 mRNA 进行 Northern 印迹或者与 cDNA 文库进行 Southern 印迹杂交以确定差异片段的特异性，克隆杂交为阳性的 cDNA 片段，对其进行测序分析以鉴定其身份，并进一步研究这些有表达差异的基因在相应生理过程中的作用。

在应用抑制差减杂交技术中有几个关键点：①利用抑制差减杂交方法成功筛选出与表型密切相关的差异表达基因片段的一个关键，也是最重要的一点是要 tester 与 driver 配对密切，最好双方是同源细胞株，这样双方才具有高度可比性，筛选出的差异表达基因才可能与表型关系密切，从而减少工作量，减少下一步工作的盲目性。②在选用限制酶时应尽量选用对于基因组 DNA 中酶切位点较少的限制酶，使酶切后产生的片段尽量大一些。例如，使用 *Rsa* Ⅰ 可产生 600bp 左右的片段，这样既可防止过长的 cDNA 片段影响杂交效率，也可提高每个基因的代表性。③此法不同于 RDA 法且优于 RDA 法的巧妙之处在于其接头的设计上。接头要含有酶切位点以连于平端 cDNA 上,重要的是要在其末端含有一段反向末端重复序列,这使得在 PCR 反应中能选择性扩增目的 cDNA 片段,同时抑制非目的 cDNA 片段的扩增,即抑制 PCR 技术。

5.3 SSH 的优点分析

1) 操作简便易行　SSH 方法设计巧妙,操作简便。初始 mRNA 只需 0.5～2μg,前后只需 3～4d,即可得到 PCR 扩增的差减 cDNA 群体。由于巧妙地引入抑制 PCR 扩增,摆脱了传统的物理方法分离单双链这一繁琐困难的操作,能选择性地扩增目的 cDNA 片段,使目的分子得到有效富集。此外,SSH 采用的杂交体系成分简单,差减产物经稀释后可直接用于 PCR 扩增,避免了多轮杂交反复过柱纯化的麻烦。

2) 背景低、目的序列富集程度高　SSH 最显著的优点在于消除了 cDNA 群体内部各分子间丰度的差异。结果表明,在一个模式系统里,初始比例占总 cDNA 量 0.1%,0.01%,0.001%(相当于每细胞 100、10、1 拷贝)的三类分子经差减杂交后,相对含量分别提高为 10%、10%、5%,表明各分子的丰度在抑制 PCR 扩增后相对比例趋于一致。一般说来,经过 SSH,稀有丰度 cDNA 能富集 1000～5000 倍。这种富集作用使得低至每细胞 1 个拷贝的分子也有可能被检出,分离低丰度 mRNA 不再是一件大海捞针的工作。

3) 丰度一致性好　提高目的基因克隆获得的阳性率可运用识别 4 碱基位点的限制性内切酶。选用识别 4 碱基位点并产生平头末端的限制酶有两个目的:一是 cDNA 片段太长容易相互交联形成网状结构,影响分子杂交,选择合适的限制酶,使切割片段的平均大小在 600bp 左右,以保证杂交的充分彻底。二是切割每一 cDNA 片段成为较小的片段实际上提高了单个基因的代表性。因为,源自同一基因家族不同成员的 cDNA 往往具有相似的编码顺序,彼此间可因异源杂交而丢失;同一 cDNA 分子不同区段的杂交、扩增特性方面存在差异,被切割成不同区段后,一部分区段会杂交去除,而另一部分差异明显的区段则得到保留和富集。三是平均大小在 600bp 左右的片段较适合于 cDNA 扩增。尽管加入酶切步骤给分离全长 cDNA 带来麻烦,但是,一旦得到任何一条表现真实差异的 cDNA 片段,有许多方法可以方便地得到全长 cDNA 克隆。

4) 应用快速　这方法一般 3～4d 即可获得差异表达基因片段的 cDNA,如果在实验中应用增 PEG,那么可使实验缩短至 24h 以内。

5.4 SSH 在基因克隆中的应用前景

自 1996 年 SSH 技术提出以来,已经在许多分子遗传学、定位基因克隆的研究中成功应用,例如,鉴别病理变化、生物体生长发育、组织分化中的基因表达变化及其他有差别表达的基因。初期,在肿瘤基因的克隆中研究较多。近年来,SSH 技术在植物方面的应用越来越得到广泛。主要集中在以下方面:①分离在植物不同的发展阶段,不同特异性表达的基因;②分离在各种生物和非生物胁迫条件下,抗性相关基因的研究;③用于突变体的研究;④在致病菌研究中的应用;⑤耐药相关基因的发现。

因此,SSH 技术已成为分子生物学领域研究生物细胞群体间差异表达基因的一个有力工具。SSH 不仅可用于研究某一特定器官、特定分化细胞或不同发育阶段特异表达的基因,也可用于分离受外界环境因素作用(如药物、逆境、光温变化、病原物)影响开启或关闭的基因,还可用来分离两个群体间表达丰度呈现高低差异的基因,大大扩展了 SSH 的应用范围。

复　习　题

名词解释

实时荧光定量 PCR 技术、cDNA 末端的快速克隆、差减杂交、抑制性差减杂交

问题

(1) 简述 mRNA 差别显示技术的基本原理。

(2) 简述实时荧光定量 PCR 技术的基本原理与类型。

(3) 简述 cDNA 末端的快速克隆(RACE 技术)的过程。

(4) 简述基因表达系列分析(SAGE)原理与特点。

第 18 章 插入突变技术分离克隆目的基因

传统获得突变体的方法是通过选择具有新特性的生物体，然后克隆有关的野生型与突变型的基因并对其进行序列比对分析。由重组 DNA 技术衍生出的插入突变改变了传统的突变方法，它是人为地造成某一待研究基因的突变体，并根据由此带来的表型特征的改变分析该基因的功能，然后再进行基因等分子水平上的研究，因此，目前有人把这种根据基因变异效果得出基因功能的方法称作反求遗传学方法（reverse genetic techniques）。人为获得基因插入突变的方法主要有 3 种，即接头插入突变法、T-DNA 标签法和转座子诱变法。通过这些方法可大大提高突变频率，简化传统方法中对基因所有变异体的鉴定和分离工作，尤其是它可在找不到天然存在的突变体表型的情况下就对某一特定区段的 DNA 的功能进行更为详细的研究。

1 插入失活筛选重组体

插入失活就是将额外的 DNA 插入到重组 DNA 分子中，根据其突变的类型鉴定失活的基因，进而筛选出重组体。这种插入失活筛选重组体的方法主要有以下 2 种。

1.1 根据载体表型特征选择重组体

利用载体上遗传标记内部的限制性内切酶位点进行基因克隆时，由于外源 DNA 片段的插入可以导致该遗传标记的灭活，即所谓的插入失活，因此可以通过载体和重组体表型上的差异筛选重组体。例如，在 pBR329 质粒的 *Eco*R Ⅰ 位点上插入外源 DNA 片段，会使氯霉素抗性基因（*cmlr*）失去活性，在所筛选出来的氯霉素敏感的转化子细胞群体中，含有插入片段重组体质粒的几率便会显著的上升。在设计克隆载体时，质粒的抗药性标记、营养代谢标记和噬菌体的一些标记都是可考虑的失活标记。例如，pBR322 中有 2 个抗药性标记，为 AprTetr，利用其中一抗药性标记（如 Tetr）内的限制酶位点进行克隆时，插入外源 DNA 片段的重组体其 Tetr 灭活，转变为 AprTets；而没有外源 DNA 插入的自身环化的载体仍为 AprTetr 。由此，在含有相应抗生素的平板上，很容易区别重组体和非重组体，如只能在含有氨苄青霉素的平板上生长，而不能在含有四环素平板上生长的菌落，即为 AprTets，可回收并扩增以做进一步重组子的分析鉴定。所以，选用插入失活型质粒，将外源 DNA 片段插入在会导致选择标记基因（如 *tetr*、*apr*、*cmlr* 等）失活的位点，通过抗生素抗性的筛选，就可大幅度提高获得阳性克隆的概率，这不失为一种获得重组体的有效途径。

此外，目前使用的许多载体均含有一个大肠杆菌 DNA 的小片段，其中含有 β-半乳糖苷酶基因（*lacZ*）的调节序列和头 146 个氨基酸的编码信息。这个编码区中插入了一个多克隆位点，虽有少数几个氨基酸插入到 β-半乳糖苷酶的氨基端，但它并不破坏阅读框。这样一些载体可与编码 β-半乳糖苷酶 C 端部分序列的宿主间发生功能上的互补——α 互补，产生具有完整 β-半乳糖苷酶活性的 Lac^+ 细菌，它们在生色底物 5-溴-4-氯-3-吲哚-β-D-半乳糖苷（X-gal）及诱导物异丙基的 β-D-硫代-半乳糖苷（IPTG）存在下形成蓝色菌落，然而外源 DNA 片段插入到质粒多克隆位点后，几乎不可避免地导致产生无 α 互补能力氨基端片段，使带重组质粒的细菌形成白色菌落。因此，根据这种 β-半乳糖苷酶的显色反应，仅目测就可筛选数千个菌落，大大简化了在这类载体中鉴定重组体的工作，从而检测出含有外源 DNA 插入序列的重组体克隆。

在 λgt10 等噬菌体中还有另一个可用作插入失活的基因 *cI*。在 λgt10 携带的 *cI* 基因中有一个 *Eco*R Ⅰ 酶切位点，当外源 DNA 片段插入该位点时，可使 *cI* 灭活。重组噬菌体不再使带有 *hfl*（高频溶源化）突变的大肠杆菌溶源化，而是进入裂解期产生大量的子代噬菌体颗粒，在平板上形成噬菌斑。因此，选用 λgt10 这样的载体构建基因组文库特别有利，将基因文库转入 *hfl* 菌株中传一代，便可筛选除去很大一部分非重组体，大大简化了对基因文库的筛选工作。

1.2　根据插入序列的表型特征筛选重组体

如果插入的外源基因能在大肠杆菌寄主细胞中实现其功能性表达，那么根据表型特征分离带有此种基因的克隆是最简便的途径。例如，插入编码大肠杆菌生物合成酶基因的外源DNA片段，对于大肠杆菌寄主菌株的不可逆的营养缺陷型突变具有互补的功能。那么，根据这种特性，便可分离获得这种基因的重组体克隆。目前已拥有相当数量，并对其突变做了详尽研究的可使用菌株，而且其中有许多种类型的突变体，只要克隆的外源基因的产物获得低水平的表达，便会被抑制或发生互补作用。Camerson等（1975）将野生型的大肠杆菌DNA连接酶基因，克隆到λgt·λB噬菌体载体上。由于C片段的缺失而造成重组缺陷的λred-噬菌体载体，在允许的温度下，生长在大肠杆菌*ligts*菌株上并不能形成噬菌斑，但却能在具有连接酶功能的大肠杆菌lig^{+}菌株上形成噬菌斑，据此表型特征，就可以十分方便的选择出具野生型连接酶功能的重组体噬菌体。还有研究表明，一些真核的基因能在大肠杆菌中表达，并能同寄主菌株的营养缺陷突变发生互补作用。例如，将机械切割产生的酵母DNA片段，经同聚物加尾后插入质粒载体ColE1，转入大肠杆菌*hisB*突变体，再经互补作用选择程序，分离到了一种携带着表达酵母*his*基因的克隆。通过质粒DNA上含*kanR*基因插入突变的光合菌SDH2hupT基因片段与光合细菌SDH20基因组发生同源双交换获得了*hupT*插入突变株SDHT1和SDHT2。对获得的插入突变株进行了吸氢酶活性的变化及吸氢酶结构基因*hupS*表达的研究，结果表明*hupT*突变株SDHT2的吸氢酶活性和*hupS*的表达都比野生型有极大提高，说明*hupT*基因是一个吸氢酶合成的负调节基因，它的插入失活导致吸氢酶结构基因*hupS*的超表达。应用类似的方法还成功地分离了小鼠的二氢叶酸还原酶(DHFR)基因。

尽管这种方法可直接选择重组体，但它受到一定条件的限制。例如，许多真核基因是不能够同大肠杆菌的突变发生一致或互补效应的，或者大多真核基因都存在间隔序列，而大肠杆菌并不具备真核基因转录加工的剪辑功能，这样也会阻碍它们在大肠杆菌寄主细胞中实现基因表达产物的表达。因此，为分离克隆新的目的基因，尤其是研究真核基因的DNA序列的特异性改变会对其功能产生何种影响，人们又探索出了进行基因及其他遗传因子的鉴定，常用的方法是插入突变。

2　插入接头突变分离克隆目的基因

2.1　基本原理

插入接头突变是通过在重组DNA分子中随机位点上引入一个合成接头，使目的基因失活从而确定克隆基因的位置。基本原理是对超螺旋质粒DNA双链进行随机切割，产生一系列线状分子，然后在这些随机出现的缺口处插入一个人工合成的接头。再用适当限制酶切割接头，并采用适宜的核酸酶从所得线状DNA的每一端上除去几个核苷酸，然后用连接酶使线状DNA重新环化，即可转变为小段缺失突变，进而达到获得突变体的目的。

2.2　具体操作

依据进行随机切割的方法可将插入接头突变分为两种，一种是采用切点频繁出现的限制性酶部分消化引入接头。因产生平端的酶切割后可直接加入各种合成接头，如*Alu* Ⅰ、*FnuD* Ⅱ、*Hae* Ⅲ和*Rsa* Ⅰ等，所以这些酶特别有用。其实如采用与限制酶的末端互补的带突出端的接头，也可实现这一策略，如Pharmacia的TABTM诱变系统就是采用所带末端与切点频繁出现的限制酶所产生的末端相匹配的六聚体接头，在接头的回文序列与插入位点核苷酸合并之后，便可产生一个新的限制酶切位点。此种方法的缺点是：①接头的分布由靶序列中的适当限制酶切位点的位置所决定，如果靶区域中潜在酶切位点所占比例较小，则大多数接头将插入无关的位置；②很难将全长线状质粒DNA与被切点频繁出现的限制酶切割不止一次的分子分开。

另一种方法是用胰DNase Ⅰ进行部分消化引入接头。即在合适的条件下用DNase Ⅰ随机切割处理重组DNA分子，使之刚好在某一随机位点上被切割成线状分子。然后，用相应的甲基化酶处理此线状DNA分子，以钝化分子内部原有的限制性酶切位点。再用DNA聚合酶Ⅰ将线状DNA的两端补平，用连接酶在此平端接上这个限制酶的接头，进一步用此限制酶消化，经T4DNA连接酶作用使它环化。这种方法尤其是在当需要得到大量缺失体而自然存在的限制酶切位点又很有限时是最佳方案。此种方法的主要缺点是：①在DNase Ⅰ的部分消化中，整个质粒都受到攻击，如果靶序列与整个质粒相比较小，则只有一小部分突变体会落于目标区以内；②用DNase Ⅰ进行部分消化时，产生线状DNA的效率不高且难于重复，可受缓冲液离子强度、温度及模板DNA超螺旋度的影响；③利用DNase Ⅰ将质粒DNA随机切割成线状，常常产生残缺的DNA末端，必须经T4噬菌体DNA聚合酶或大肠杆菌DNA聚合酶Ⅰ Klenow片段处理进行修补。随后将接头连接于这些末端，常常会发生移码或在蛋白质编码区内部出现符合读框的终止密码子；④难于将全长线状DNA同超螺旋及松弛型质粒DNA完全分开。

尽管各有其缺点，但当靶序列的长度在350bp～2kb时，上述两种方法都可用。而且在适当条件下，合成接头会连同另外几个侧翼核苷酸一起被除去。更大的缺失可以通过连接一个接头左侧的序列与另一接头右侧的序列而实现。所以利用这些方法便可将限制性酶切位点的接头插入到重组DNA分子的某一随机位点上，而有了这几个核苷酸接头的插入就可能导致克隆化目的基因的失活。更重要的是，此接头的位置可以通过限制性内切酶消化后电泳确定，就是说，一旦发现目的基因失活，便可通过接头插入位点，将克隆化目的基因的位置确定下来。

3 T-DNA标签法分离克隆目的基因

3.1 基本原理

植物病原细菌——根癌农杆菌的Ti质粒上有一段T-DNA，又称转移DNA，约占Ti质粒DNA总长度的10%，当病原菌致病过程中，它能随机且稳定地整合到植物基因组中，并能稳定表达。关于T-DNA转移和整合的机制迄今尚不完全清楚，但已知在T-DNA的两端是25bp长的同向重复序列，是它决定着T-DNA转移到植物细胞并整合进核基因组的过程，而且它具有转座子没有的优点，即T-DNA在转基因植物中一般只留有1～2个拷贝，所以它可以作为插入致变效应的突变原。在PCR基础上发展起来的反求遗传学方法就是利用T-DNA或后面提到的转座子在任何感兴趣的基因处产生插入性突变，获得分析该基因功能的对照突变体。该方法为进一步完善功能基因组学的研究开辟了广阔的前景。

3.2 操作及应用

T-DNA标签法（T-DNA tagging）就是将T-DNA左右边界之间携带的外源报告基因片段作为一个选择性的遗传标记，因为插入的序列是已知的，因而对获得的转基因重组突变体就可以通过各种克隆和PCR策略加以研究，它的具体操作完全是按照根癌农杆菌介导的植物基因转化的遗传操作进行的。影响这种插入突变的主要因子包括基因的涵盖率（即保证被研究对象的每一个基因都至少发生一次插入行为）、插入序列的随机度及每一突变系中插入序列的数量。对于拟南芥基因组来讲，如果要达到95%的饱和度大约需要120 000独立的插入序列，因而基因组的大小和复杂程度是决定饱和度的关键因素。目前采用这种T-DNA标签法已成功分离和鉴定了一批基因，例如，受到普遍关注的调节植物生长发育、编码转录因子的植物同源异型基因。Dangl等也从感病的拟南芥中分离到了许多病斑同效坏死突变体，并积极使用T-DNA标签克隆了这些基因。另外，伴随着拟南芥基因组DNA全序列的测定，该方法在插入诱变拟南芥的基因和基因功能分析中也得到成功使用。例如，Rad50蛋白是与双链DNA断裂修复有关的一类功能蛋白，Gallego等（2001）在拟南芥中分离并克隆了一个与Rad50蛋白在N端和C端具有高度保守性并且在花器官中转录水平很高的基因AtRAD50，为了探索该基因的功能，他们利用T-DNA标签获得了该基因的突变体，它在表型上表现为完全不育，分子水平分析证明这些不育突变体都带有双拷贝的T-DNA插入片段，同时体外变异细胞系检测结果也证明该基因变异造成植物细胞双链DNA断裂修复功能丧失，因此他们首次得出AtRAD50蛋白属于RAD50-Mre11-Xrs2系列，是植物细胞减数分裂和DNA修复过程中的重要蛋白质。Filleur等（2001）也报道了利用T-DNA插入突变获得了拟南芥AtNrt2对照分析该基因功能的突变体，再一次证明了植物的Nrt2蛋白在高亲和转移系统（HATS）中发挥重要作用。但常规插入突变在应用上也有明显不足，如大多数插入突变为隐性突变，而相反高等植物多为二倍体，这就需要对大量样本进行自交才能获得纯合子，工作量相当大；而且高等植物基因组内多存在重复序列，这也会导致突变率降低。为克服这些困难，金振华等对T-DNA进行了重新设计和操作，构建出重组质粒pIMV（图18-1）。

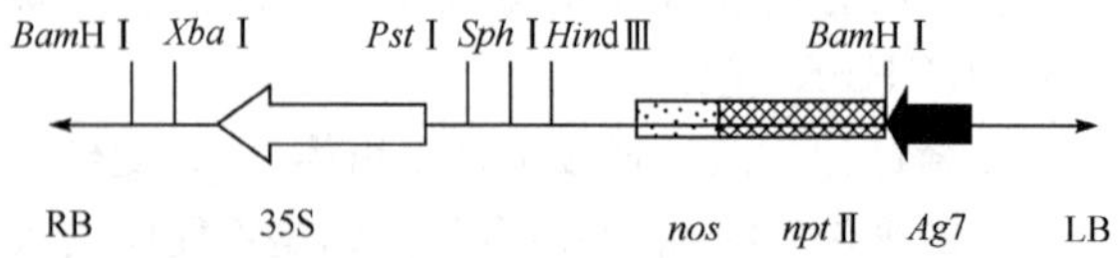

图18-1 插入突变改造载体（王关林等，2002）

在理论上，当这样的T-DNA整合到宿主基因组后，如果35S强启动子整合到内源基因的上游，将会因引起后者表达量的异常增加（过量表达）或表达的时空特异性改变（异位表达）而破坏基因的表达。事实上，若把已经分离到的若干与发育有关的基因与35S启动子连接，再导入植物，结果都产生了有趣的发育突变体，而且这种功能获得的突变是显性的。当这样的 T-DNA 整合到内源基因的下游，则在 35S 启动子的作用下，由于产生大量反义 RNA 而阻抑了该基因及其等位基因的表达，产生显性的“功能丧失”突变表型。然而 Huang 等(2001)报道利用 T-DNA 插入 Sturdy 基因的 3′端却造成该基因的超表达，生成了显性“功能获得性”突变体，因此这种插入突变的人为控制性还需要进一步完善。

总之，用这种 T-DNA 插入整合进宿主基因组后确能改变内源基因的表达，并通过异位表达或反义 RNA 阻抑作用，产生一系列大规模的现行突变表型，而且还可在转化当代直接筛选，无需进行自交等遗传操作，有关基因也可通过反向 PCR 或以 T-DNA 为探针筛选突变体的基因组文库而分离到，因此这种方法将会在大规模的基因克隆与功能研究上发挥巨大的作用。

4　转座子诱变分离克隆目的基因

4.1　转座子的基本概念

在原核生物与真核生物基因组中存在着可从一个染色体位点转移到另一位点的一些 DNA 序列，这些具有转座能力的遗传单位称为“可转座的因子(transposable element，TE)”或“转座子(transposon)”。转座因子(TE)是可插入到染色体新位点并且可以产生其自身双链复制的一段 DNA 片段。转座子是基因组突变的主要因素之一。

随着大规模 DNA 测序时代的到来，发现 TE 是大多数真核生物遗传物质中最大的组成成分，可以占到人类基因组的 45%，以及一些草本植物基因组的 50%～80%。由于 TE 具有转座活性及重组频率，可以使生物在进化过程中产生多种遗传类型。在基因的研究及分离上，转座因子是一个很有效的工具，它最早是由美国冷泉港实验室(Cold Spring Harbor Laboratory)著名的植物育种学家 McClintock(1948)首先在玉米中发现的。当时叫做“控制元件”(controlling element)或“激活解离元件”(activator-dissociation element，即 Ac/Ds 元件)，这些控制因子能插入玉米染色体的靶位点，从而抑制与之相邻的其他染色体基因的表达活性。以后的许多研究都是在此基础上从分子水平进一步去了解转座因子在高等植物基因组中是如何影响特异基因表达的。近年来，人们对转座因子的了解越来越深刻，不仅在大肠杆菌中而且在其他革兰氏阴性菌和阳性菌中也发现广泛存在着转座子，包括：DNA 转座子、自发性反转座子及非自发性反转座子。

4.2　转座子的分类和结构特征

4.2.1　原核生物转座子的类型

原核生物转座子可分为以下几类：插入序列(insertion sequence，IS)、复合转座子(composite transposons)、TnA 转座子家族(tnA family)和可移动噬菌体(muphage)。

1) **插入序列**　DNA 片段长度小于 2000bp，末端具有一段反向重复序列(IR)，只编码一种转位酶，能四处活动，几乎可以插入到大肠杆菌染色体的各个位置，也可插入质粒和某些噬菌体基因组上，甚至还可插入到同一基因内的不同位点上，如大肠杆菌 IS10R(1329bp)、IS1(768bp)和 IS2(1327bp)因子都属于这一种。

2) **复合转座子**　DNA 片段长度大于 2000bp，由两个同样的 IS 因子(同向或反向)连接在抗生素抗性片段的两侧构成。很易携带抗生素抗性基因从细菌染色体转移到质粒或噬菌体基因组上。如大肠杆菌复合转座子 Tn903(3100bp，kanR，反向)和 Tn9(2500bp，camR，同向)。

3) **Tn3 系转座子**　结构较复杂，长约 5000bp，末端有一对插入序列，长为 38bp，通常带有 3 个基因：编码对氨苄青霉素抗性的 β-内酰胺酶(β-lactamase)基因，另两个是与转位作用有关的基因 *tnpA* 和 *tnpR*。除了上述几种外，还有一些在结构及生物学特性上较为特殊的转座子，如 Tn7 家族的 Tn7 转座子、Tn916 等接合型转座子、Tn554 位点专一性转座子。

4) **可移动噬菌体(Muphage)**　是一种溶菌周期和溶源性交替方式的噬菌体，可诱发大肠杆菌突变。Mu 噬菌体既有温和噬菌体的特性，又有转座子的特性。噬菌体 DNA 的多个拷贝转座到染色体 DNA 的许多位点上，最终由这些染色体上的转座单位进行噬菌体包装。Mu 噬菌体基因组右末端存在由 3kb 组成的 G 片段，或称可倒位片段。G 片段在不同的 Mu 噬菌体 DNA 分子中取向不同。G 片段携带两种不同基因：G(+)取向时，基因 S 和 U 表达；G(−)取向时，基因 S′和 U′表达。

4.2.2　真核生物转座子的类型

1) **酵母菌中的转座子**　Ty 因子是一大类转座子，长 6.3kb，两端各有一段长 334bp 的顺向重复序列，称为 δ 成分。每个酵母细胞基因组有 30～35 拷贝的 Ty 因子，有约 100 个独立存在的 δ

成分。

2）还原病毒与转座子　还原病毒为单链RNA病毒，基因组RNA长7～10kb，有*gag*、*pol*、*env*三种基因。还原病毒与转座子有相似性，可能由祖先转座子衍生而来。

3）非病毒转座子　真核生物的非病毒转座子都起源于RNA pol Ⅱ和Ⅳ的转录产物。前者为长散布重复序列，后者为短散布重复序列。

4）玉米中转座子　玉米调控元件是真核生物中首先被发现的转座子。玉米调控元件有几个家族，每个家族分为两大类：一类是自发元件，另一类是非自发元件。

5）反转录转座子　反转录病毒、病毒超家族及非病毒超家族。以RNA介导的转座与反转录病毒有关，被转移的因子称为反转录转座子。反转录转座子是真核生物转座子的重要类型。

反转录病毒与反转录转座子的区别：反转录病毒是具有感染能力的病毒颗粒，可以在细胞之间转移。两条正链RNA(二倍体)3～4个基因，由*gag*、*pol*、*env*组成。存在两种mRNA，分别翻译GAG和POL两种蛋白质。反转录病毒感染细胞主要产生两种结果：反转录产生原病毒像溶源性噬菌体DNA一样，成为宿主基因组的一部分；细胞DNA序列可能与病毒序列重组，并经过转座作用插入新位点，改变细胞的性质。反转录产生的线形病毒DNA，由整合酶催化插入宿主靶位点DNA，这一整合过程与转座子一样。病毒DNA的末端相当重要，如发生突变则抑制整合(图18-2)。

反转录病毒可转导真核细胞的序列，常被称为转导反转录病毒。原病毒DNA整合在*C-onc*基因附近，二者可融合在一起，转录后形成一条即含病毒序列又含*C-onc*的RNA，后者如含包装信号可被包装进病毒颗粒中，形成含有一条融合RNA和一条正常病毒RNA的二倍体病毒颗粒。二者分子之间发生重组将会产生转化反转录病毒基因组。病毒携带*V-onc*，即具有转化能力。

反转录转座子是宿主DNA基因组的组分，可以在基因组内转座，但不能在细胞之间转移。与反转录病毒结构有许多相似之处(包括：同向长末端重复序列、每个重复序列两侧是短反向重复序列、中央区域含gag和pol的阅读框架)，但*env*基因被破坏或没有，故反转录转座子不能形成感染粒子。二者的活性机制是不同的。

总体说来，无论是原核生物还是真核生物，它们的转座因子都有两个基本的特点：①转座子的两端分别有一DNA重复序列，其长度在不同转座子系统中存在一定的差异；②在重新整合的位点上，

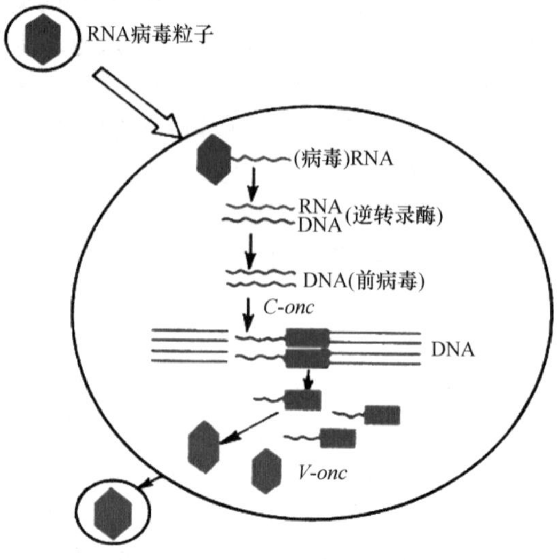

图18-2　反转录病毒与转座

转座子的一侧都会形成一DNA正向重复序列，它们的长度也因转座子系统的不同而不同；③编码与转座有关的蛋白质——转座酶；④可以在基因组中移动。

4.3　转座机制

通过研究转座子的分子作用机制，人们发现在一般情况下，植物的转座因子可按照一定的相关性分成两大类，一种称为自动转座因子，它能调控自身的转位运动，因为在它上面带有编码转位酶(transposase)的基因，如对胞嘧啶进行甲基化修饰可使这种自动转座因子暂时失去功能，像玉米的转座子Ac(Mp)就能催化自身的切割和转位；另一种称为非自动转座因子，它不能自己转位，只有在自动转座因子存在并向它提供转位酶的情况下才能进行转位，如玉米(Ds、Ds1、Ds2)因子只有在有功能的Ac因子存在时才能实现转位。有人对这两大类转座因子之间的DNA同源性进行了研究，发现在同一转座因子家族中同源性差异较大，但属于同一家族的转座因子至少其两端的重复序列是相同的，这也说明转座因子两端的重复序列很可能对转位酶的识别起关键作用。玉米的Ac和Ds因子的末端DNA序列非常相似，构成了玉米中的一个转座子双元系统(two-element system)，像这种类似的植物转座子的双元系统还有玉米的En/Spm-Ⅰ系统、MuⅠ系统和金鱼草的Tam转座子，目前它们已被克隆并在分子水平上加以鉴定，为后来植物基因标签技术的发展奠定了基础。

最近对细菌转座子如Tn3的DNA片段及其相邻的DNA的序列分析，为转座子的转座机制提供了强有力的依据，可归纳为以下三方面：①转座

子携带它插入位点上的全部序列准确移动，而不携带邻近任何 DNA。转座子两端的序列相同，是转座酶能识别的共同的结合位点。②在靶 DNA 的转座子插入位点上准确地复制 3～12 个碱基(取决于转座子)，在转座子的每一端都要保留一个拷贝，为此在转座过程中必须发生 DNA 复制以构建双份靶 DNA 插入位点。③虽然大多数转座子几乎可以移动到新基因组的任何区域，但是它们的移动也并非完全是随机的，它们往往攻击专一的 4 或 6 个碱基对的对称序列，很像限制酶切割 DNA 的作用一样。后来，对一些能将 DNA 链打开和重新连接的酶，如 λ 噬菌体整合酶和 DNA 拓扑异构酶的研究结果，提出了一种解释转座酶如何进行工作的模式，即转座酶既结合到转座子的两个末端，也能与靶位点上插入位点的序列结合，然后转座酶像限制酶那样在靶 DNA 链上形成交叉切割，同时也在转座子的每一股的一端切割。转座子的两条链的自由末端分别和靶 DNA 的两个插入位点的末端连接在一起，这样新老两个靶 DNA 分子就相互连接。此后，转座子的转座类型有两种不同的选择，一种是简单转座(simple transposition)，另一种是复制性转座(replicative transposition)。简单转座是将转座子转移到新的位点上，并在宿主靶 DNA 上留下一个致死性缺口。复制性转座是一个拷贝转移，另一个拷贝留在原来的宿主 DNA 上而不被切割。在此过程中，转座子 DNA 没有被第二次切开，而是在 DNA 聚合酶作用下从第一个切口的末端开始复制，共合体(cointegrate)结构的存在是这种转座过程的有力证据(图 18-3)。

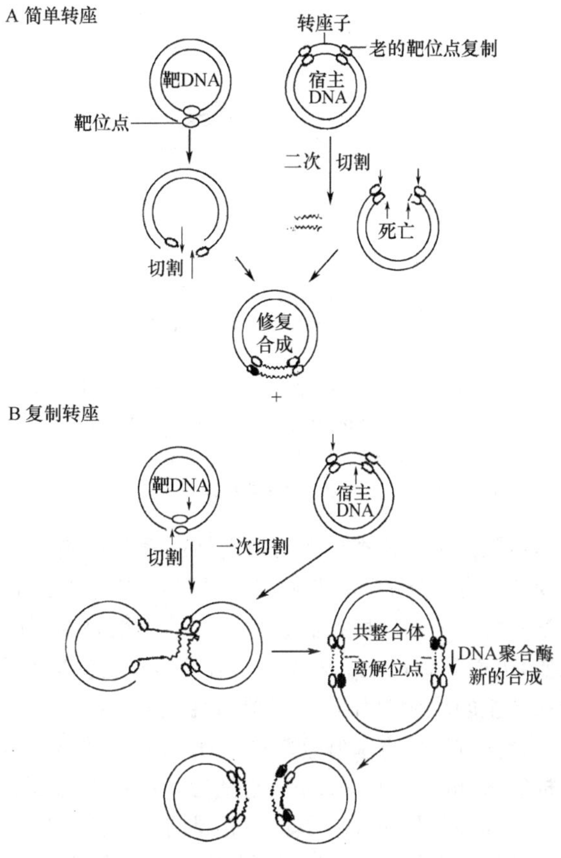

图 18-3 转座子的转座类型(王关林等，2002)

4.4 转座子的应用

从以上对转座子的叙述中可以看到转座子会参与许多遗传现象，其带来的遗传学效应主要有下列几个方面：①若转座频率为 10^3～10^8，会引起插入突变，如，插入的位置是一个操纵子前端的基因，则可能造成蛋白质合成速度降低的极性突变；②插入位置上会出现新的基因，如转座子上带有抗药性基因，那么它一方面造成基因插入突变；另一方面会在这一位置上出现一个新的抗药基因；③转座子插入染色体后引起染色体的畸变，即当转座子在宿主 DNA 原有位点附近的第二位点插入一份拷贝时，宿主系统可以在转座子的两个拷贝之间产生相互重组，发生缺失或倒位，其结果取决于重复序列的取向是相同的还是相反的；④在进化中非常重要的基因重排现象可能也是由转座子介导的。例如，转座子可能负责将一些原来在染色体上相距甚远的基因组合到一起，组成现在被构建到一起的一些操纵子，也有可能把两段分离着的碱基序列转变成连在一起的 DNA。这样在进化过程中就能产生一些新的蛋白质分子。根据转座子的遗传学效应发展出的转座子标签技术已在许多基因的分离和功能分析上得到了应用。

4.4.1 基因的定位

利用转座子本身虽不能独立复制，却往往能携带授予寄主抗生素抗性的基因自动插入同一细胞中其他 DNA 分子上，引起基因钝化(突变)的特征，将含有转座子的质粒或噬菌体引入重组细胞，待转座子转位到重组质粒上后，纯化该质粒并转化受体菌，通过对重组质粒上原有表型特征和转座子抗生素抗性标记的选择，可以鉴定含转座子诱变质粒的转化子。根据转座子和重组质粒的限制酶切图谱，可以确定转座子插入的位点，其表型变化可通过互补作用得到确认，从而可得到基因相对位置的有关信息图(图 18-4)。

4.4.2 基因的分离

用转座子特异性基因片段作探针进行杂交，从而分离出由转座因子导致突变的目的基因的方法称为基因标签法(gene tagging)。这种方法的最基

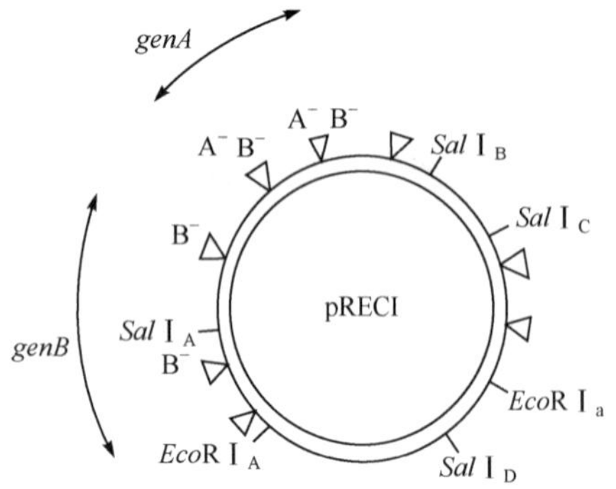

图 18-4　利用转座子诱发突变定位基因
(Rodriguez et al. ,1983)
△代表转座子 Tn5 的插入位置;*gen A* 、*genB* 的位置由双向箭头标出

本步骤是将一株携带有功能性转座系统的植物与遗传上有差异的同种植物杂交,因转座因子插入到某一特定的基因序列而破坏了该基因编码的蛋白质,进而导致可见的表型的破坏或改变,这样就可在产生的后代中筛选出新型的突变体。依据使用的杂交方法可将基因标签法分为两种,一种是目的标签法(targeted tagging),它是对某一特定的基因作上标签(图 18-5A),具体过程是将一特定基因的隐性纯合子的亲本植株与该基因显性纯合子(且带有功能性转座因子)的亲本植株杂交,杂交后产生的子代会出现三种表型,一种是与后一亲本的表型一致,另两种是因转座因子插入导致改变的表型,或是与隐性表型一致,其中突变体植株就是要进一步研究分析的个体;另一种是非目的标签法(non-targetted tagging)(图 18-5B)它是将带有功能性转座因子的显性纯合系植株与不含转座因子的同种植株杂交,产生的子一代(F_1)再自交,在子二代(F_2)中筛选到突变表型的植株,再利用经杂交得到的纯合突变株构建一个核基因文库,然后用同位素标记的转座子为探针就可从该文库中筛选出同源的转座子及其插入到的目的基因(或基因片段)了,将这一目的基因经亚克隆获得的片段再作为探针去杂交筛选另一用正常非突变植株构建的核基因文库,从而获得完整的正常的目的基因。迄今,已形成了一个完整的基因标签法分离克隆过程(图 18-5C)。

自 1984 年从玉米中分离出第一个玉米 UPD-糖基转移酶基因以来,利用转座子标签技术已从玉米和金鱼草中分离出 20 多个植物基因,其中包括与花色、雄性不育和抗病等性状相关的基因。综合以上利用转座子标签技术分离植物基因的实验,可得出在实践操作过程中基本要从以下 4 方面入手:①首先要确定能在所要研究的目标植物中转座的转座因子,为克服目前已克隆了的转座子只有少数几种植物的缺陷,有人对基因标签法进行了改进,如使用特殊的外源 DNA 替代转座子以期更易筛选出突变植株,而这样做的同时又要求该种植物必须较易获得稳定的转基因植株,但由于多数高等植物都存在倍性、多基因家族,并有很多基因不发生转录,因此给实际操作带来一定困难。②如已通过杂交方式筛选出由转座因子产生的突变体,还要求突变的频率要足够高,而且转座子的转座频率也要相对较高,否则对子代进行筛选的工作量会很大。③即使找到了突变体还需证明该突变体确实是因转座子插入产生的,且是因我们采用的转座子插入产生的,这就涉及观察验证表型的不稳定性和新突变体的遗传性、了解使用的转座子的拷贝数等问题。④最后还需证明分离到的带标签的基因就是我们要找的目的基因,通常采用的方法是对正常植株、突变植株和回复突变植株的 DNA 同时进行 Southern 杂交。

为进一步拓宽转座子标签技术在植物基因分离方面的物种范围,一方面需要进一步从分子水平上研究新的更多的植物的内源转座子,然后用内源转座子来分离同源寄生植物的基因,即同源转座子标签技术(homologous transposon tagging)。另一方面可利用已在分子水平上研究较清楚的转座子系统,如玉米的 Ac/Ds 与 En/Spm 及金鱼草的 Tam3 等来分离异源植物的基因,即异源转座子标签技术(heterologous transposon tagging),它已成为植物基因分离技术的一个热点。随着对异源转座子的深入研究,人们发现保证分离成功必须有两个先决条件,首先必须研究清楚转座子在异源植物中的转座活性,以利于建立转座标记系统。自从 Baker(1988)首次将玉米的 Ac 导入烟草并观察到 Ac 在烟草中的转座活性之后,迄今已发现 Ac 在拟南芥、亚麻、大豆、胡萝卜、杨树等中有转座活性,Ds 因子在烟草、矮牵牛、马铃薯和水稻中,En/Spm 在烟草、土豆、拟南芥中,Tam3 在烟草、矮牵牛中也具有转座活性,这些都为转座子在异源植物上的应用奠定了基础。其次需要建立一个切实可行的异源转座子标签系统,根据使用的转座子的种类数,可将其分为一元、二元、三元标签系统,其中最常用的、也是最成熟的是 Ac/Ds 二元标签系统。Bancroft(1992)利用该系统克隆了一个拟南芥中调控根叶形态及花序形成的基因 *drl Ⅰ*,后来利用这种异源转座子标签系统还克隆到了一些重要基因,如烟草抗病毒的基因、矮牵牛的花色控制基因等。关于二元转座子标签系统的构建及用于克隆异源植物基因的策略如图 18-6 所示。*Npt-Ⅱ* 基因:初

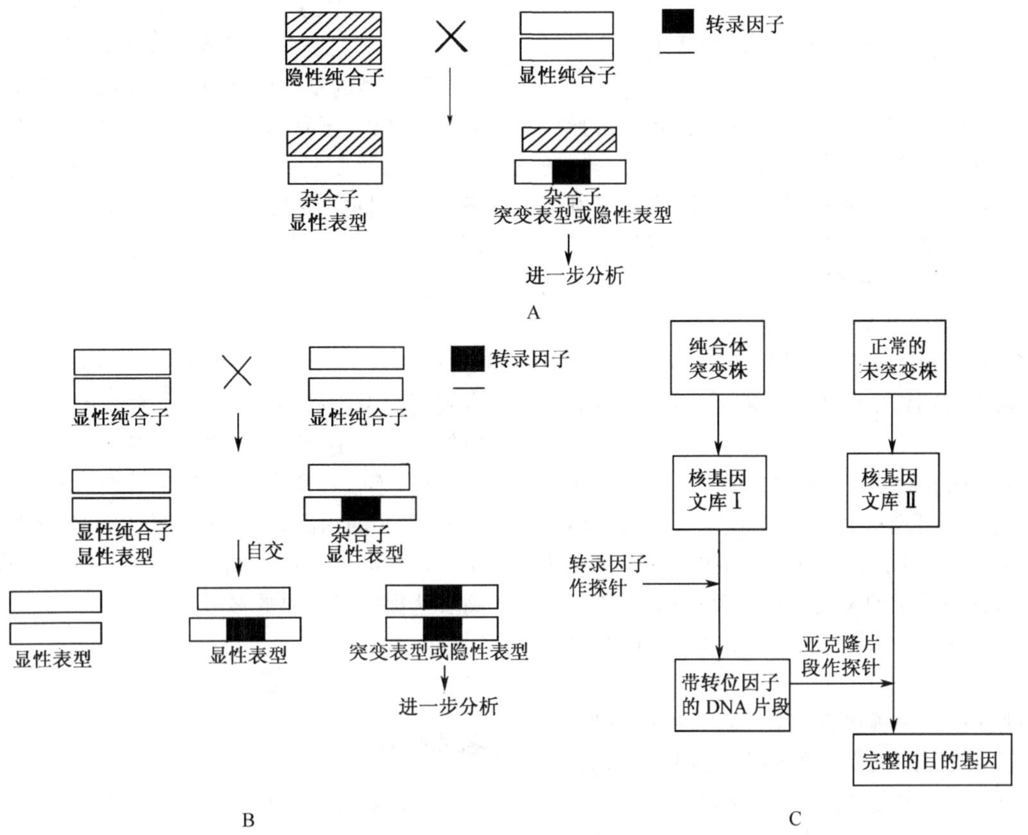

图 18-5　基因标签法(王关林等,2002)

始转化的筛选标记;*spt* 基因:证明 Ds 元件的转座;*iaaH*:负选择标记基因(提供排除 sAc 而只有 Ds 的选择标记)。通过转基因植株自交的途径,可以得到 Ds 与 Ac 元件分离的后代,它们同时表现出对链霉素、潮霉素及萘乙酰胺的抗性,从而获得因 Ds 插入引起的稳定突变体,用转座子作为探针即可克隆出该突变位点的基因。Kan:卡那霉素;NAM:萘乙酰胺;SPT;链霉素抗性基因;HPT;潮霉素抗性基因;Sm:链霉素;Hm:潮霉素;LB 与 RB:分别为 T-DNA 左右边界序列。可见一个好的二元转座子标签系统应具备以下几个特点:①可用于多种植物基因的分离;②标签因子不催化自身转座,即最好是非自动转座因子,这样有利于转座子诱发的突变能通过标签因子与转座酶之间的分离而在后代中稳定下来;③转座酶因子应经改造而不能转座;④标签因子应含显著标签基因,以利于选择出标签因子与突变表型的共分离株(系);⑤标签因子应经改造而易于分离突变基因;⑥该系统还应提供一监测转座子切割并易分析的标记基因。

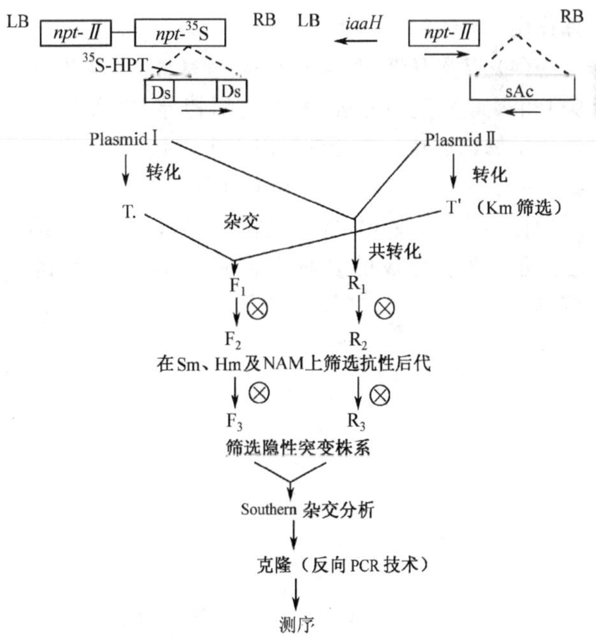

图 18-6　二元转座子标签系统构建及其克隆基因的技术图解(王关林等,2002)

Dale(1994)曾报道利用噬菌体的 PLCre/Lox 重组系统可切除转基因植物中选择标记基因;Russell(1992)用同样方法从 95%的转基因烟草的重复转化体中切除了选择标记基因。

4.4.3　基因的敲除

近年来伴随着重要农作物的遗传转化进程,抗性标记基因的安全问题备受关注。为此,有人提出了利用转座子切除转基因植物中的选择标记基因。

5 插入突变的其他应用

(1) 一步法基因破坏技术,即用含有被选择性遗传标记破坏的克隆化基因的一个 DNA 片段,通过转化一步产生一个基因破坏。如同源重组发生于高重组率的游离 DNA 末端和酵母菌基因组中的同源序列,就会导致野生型基因被已破坏的基因拷贝替代,而这个已破坏的基因含有一个简单的插入(选择性标记的)或一个缺失/插入突变,这样只经一步就在基因组中引入一个破坏,得到稳定的不可逆的突变。

(2) 基因移换法,又称等位置换,它是将在体外构建的不具可选择表型的突变引入到染色体相应位点上,即可用于引入单个确定的突变(含有选择或非选择性标记的突变均可,如在一个重要基因中引入一个条件致死突变),又可用于筛选突变的质粒。

(3) 在执行调解功能的 DNA 区段内,例如,在对特定基因的表达进行控制的上游序列的内部,产生插入或缺失。将这些突变型的调控元件与适当的报道基因相连,就可在转染细胞中定量测定报道基因的表达水平。这在有关启动子与组织特异性增强子的大小及其在调控区中的位置研究领域发挥作用。

(4) 点突变(包括碱基置换、碱基插入、碱基缺失)和多重突变的方法,其中包括特异 DNA 片段经化学修饰后重新整合到基因组中、用经特异化学修饰的 RNA 诱发突变、双螺旋 DNA 单链间隙特异的化学修饰、核苷酸类似物酶促参入 DNA 特异位点上、化学合成的寡核苷酸的位点专一性诱变等。

(5) 基因定点诱变是在体外用化学法合成一段带有预定突变序列的寡聚核苷酸片段。这种片段同野生型的基因序列退火时,就会形成部分异源双链的结构,于是通过 DNA 复制更可诱发出少量的完整的突变基因,然后,再经由体内增殖便可最终获得大量的突变基因。例如,天然的 HBVpreS 区很难在大肠杆菌中表达,这是由于 preS1 的 2～19 位氨基酸为一滞留序列,将编码 2～3 位氨基酸的核苷酸序列,由 GGAGGT 突变为 AAAAAA,以防止 RNA 二级结构的形成。结果显示 pTPS4 融合蛋白的表达量提高了几乎 1 倍,达到菌体总蛋白质的 60%。这说明 mRNA 二级结构中稳定的发夹结构,不仅在翻译起始区时对表达有影响,而且在 mRNA 的内部,甚至下游区也可能对表达量产生一定的影响。这一结果为今后研究融合蛋白的高表达提供了重要的参考依据。

复 习 题

名词解释

T-DNA 标签、转座子、反转录转座子、基因标签法、同源转座子标签技术

问题

(1) 插入接头突变分离克隆目的基因基本原理是什么?

(2) T-DNA 标签法分离克隆目的基因基本原理是什么?

(3) 简述原核生物转座子的类型及组成特点。

(4) 解释反转录病毒与反转录转座子的区别。

(5) 简述转座子诱变分离克隆目的基因转座机制。

第 19 章

图位克隆分离目的基因

从遗传学的观点来看，克隆基因的方法多种多样，总体可概括为正向遗传学(forward genetics)途径和反向遗传学(reverse genetics)途径两种。正向遗传学途径指的是通过鉴定被克隆基因的表达产物或表型突变进行；反向遗传学途径则指的是通过特定的基因序列或依据被克隆基因在染色体上的位置来实现。由于绝大多数控制重要农艺性状的基因表达产物及调控机制尚不清楚，走正向遗传学之路困难较多，而反向遗传学途径则显示出较好的前景。

反向遗传学途径克隆基因主要有三种方法可以利用，分别是转座子示踪法、随机突变体筛选法和图位克隆法。其中，转座子受其种类、活性和数量的制约，随机突变体筛选法则随机性较大且不能控制失活基因的种类和数量，也限制了其使用。比较而言，图位克隆法随着相关配套技术的日趋成熟，已成为分离基因的常规方法，数十个与作物农艺性状密切相关的基因已被成功地克隆。本章对图位克隆分离基因作较为详细地介绍。

1　图位克隆的基本原理

图位克隆 (mapbased cloning) 又称定位克隆(positional cloning)，还有人称为候选基因法(candidate gene cloning)，是由英国剑桥大学 Coulson 等于 1986 年首次提出，近几年来随着各种植物的分子标记图谱的相继建立而发展起来的。它是基因表达产物未知时，根据目的基因在染色体上的位置进行基因克隆的一种方法，该方法的基本思路是通过连锁分析原理进行基因定位。若多态标记与待定基因距离较远，则它们在向子代传递时会发生自由分离，呈连锁平衡；反之，则不发生自由分离，而呈现共分离 (cosegregation) 即“连锁不平衡”。据此可在染色体上定位与某一 DNA 标记相连锁的基因。

功能基因在基因组中都有相对较稳定的基因座，在利用分子标记技术对目的基因进行精细定位的基础上，用与目的基因紧密连锁的分子标记筛选 DNA 文库 (包括 YAC、BAC TAC、PAC 或 cosmid 文库)，从而构建目的基因区域的物理图谱，再利用此物理图谱通过染色体步移(chromosome walking)逐步逼近目的基因或通过染色体登陆(chromosome landing)的方法最终找到包含该目的基因的克隆，并通过遗传转化试验证实目的基因的功能。而且，随着各种植物的高密度遗传图谱和物理图谱的相继构建成功，图位克隆技术在植物的基因克隆中有着更广阔的应用前景。

2　图位克隆的基本程序

图位克隆的基本程序包括：

(1) 建立目的基因的遗传分离群体，如 F、DH、BC、RI 等，找到与目标基因紧密连锁的分子标记。

(2) 用遗传作图和物理作图将目标基因定位在染色体的特定位置。

(3) 构建含有大插入片段的基因组文库(YAC、BAC、TAC 或 PAC 文库)。

(4) 以与目标基因连锁的分子标记为探针筛选基因组文库。用阳性克隆构建目的基因区域的跨叠群。通过染色体步移、登陆或跳查获得含有目标基因的大片段克隆。

(5) 通过亚克隆获得含有目的基因的小片段克隆。

(6) 通过遗传转化和功能互补验证最终确定目标基因的碱基序列。下面将对其中几个关键环节予以叙述。

3　图位克隆的主要技术环节

3.1　目的基因遗传作图群体的构建

3.1.1　遗传作图群体的选择

用于作图群体的类型可有多种。一般来说，在这类群体中，异花授粉植物分子标记的检出率较自花授粉植物的高。但是对于基因的图位克隆而言，培育特殊的遗传群体是筛选与目标基因紧密连锁的分子标记的关键环节。这些遗传材料应该满足这样的条件：即除了目标基因所在座位的局部区域外，基因组DNA序列的其余部分都是相同的，在这样的材料间找到的多态性标记才可能与目标基因紧密连锁。

目标基因的近等基因系(near isogenic lines, NIL)是符合条件的一类群体。近等基因系是指几乎仅在目标性状上存在差异的两种基因型个体，这可通过连续回交的途径获得。由于NIL的遗传组成特点，一般凡是能在近等基因系间揭示多态性的分子标记就极有可能位于目标基因的两翼附近。Torres等(1993)就是用RAPD技术分析番茄*Pto*基因的近等基因系而获得了与该基因表现共分离的分子标记，以该分子标记为探针筛选基因组文库而实现了染色体登陆。王泽立等(2000)利用AFLP技术分析玉米CMS-S型雄性不育的恢复系及近等基因系，已获得与目标基因紧密连锁的分子标记并以其作为分离Rf3基因的探针。

3.1.2 遗传作图群体的构建

通常来说，F_2的杂合程度最大。李大林等认为在只有独立杂合基因作用的情况下，F_3的变异程度略大于F_2。人们在选种中，F_1留下的种子少，而以后各代产生的种子呈几何级数增长，人们不可能留下所有的种子。通常，F_2是由F_1的所有种子产生的，而F_3则是从F_2中选中的那一部分单株的种子。因此，在育种工作中实际的F_3与理论估计的F_3的变异会存在系统误差。因此，在以分离基因为目的的DNA分子标记材料的选择上，以F_2代最佳。一般说来，当标记为显性遗传时，欲获得最大遗传信息量的F_2群体，须借助于进一步的子代测验，以分辨F_2中的杂合体。为此，为筛选目标基因所在区域的分子标记，Favre等(1994)发明了分离群体分组分析法(bulked segregant analysis, BSA)。其原理是将目标基因的F_2(或BC)代分离体的各个体仅以目标基因所控制的性状按双亲的表型分为两群，每一群中的各个体DNA等量混合，形成两个DNA混合池(如抗病和感病、不育和可育)。由于分组时仅对目标性状进行选择，因此两个DNA混合池之间理论上主要存在目标基因所在局部区域的差异，这非常类似于NIL，故也称为近等基因池法，该法克服了许多作物没有或难以创造相应NIL的限制。

研究表明，近等基因系法，分离群体分组分析法再结合AFLP等强有力的分子标记技术使人们能够在短时间内从数量众多的分子标记中筛选出与目标基因连锁的标记，快速把目的基因初步定位于基因组中某染色体的一定区段上。更为有意义的是，这种策略在尚未构建遗传图谱的物种中也是可行的。

3.2 筛选与目标基因连锁的分子标记

实现基因图位克隆的关键是筛选与目标基因连锁的分子标记。DNA分子标记是以个体间核苷酸序列变异为基础的遗传标记，直接在DNA水平上检测生物个体之间的差异，是生物个体在DNA水平上遗传变异的直接反映。实质上，分子标记是一个特异的DNA片段或能够检出的等位基因，能对各个发育时期的个体、各个组织器官甚至细胞做检测，不受环境与基因表达与否的限制，数量极多，遍及整个基因组，多态性高，遗传稳定，对其有效地利用即可达到图位克隆基因之目的。迄今为止，已有几十种技术可用于分子标记的筛选(表19-1)。这些技术有别于最初的形态标记、细胞学标记和生化标记，一般表现出稳定、可靠的特点，有的使用成本也相对较低，特别适用于筛选与目标基因紧密连锁的标记，尤其是与目标基因共分离的标记。因此能够加快克隆基因的进程，研究者可依据不同的研究目标、对象、目的、条件等，选择使用这些技术。值得提及的是随着分子标记技术的发展，一些植物的遗传图谱构建和比较基因组的研究也有了长足的进步，它们相得益彰，互为促进，为基因的图位克隆提供了有益的借鉴。

表19-1 主要的分子标记技术

标记的技术基础	标记技术名称
以Southern杂交为基础的标记技术	限制性片段长度多态性标记(restriction fragment length polymorphism, RFLP)
	单链构象多态性RFLP(single strand conformation polymorphism-RFLP, SSCP-RFLP)
	DNA可变串联重复数标记(variable number of tandem repeat, VNTR)

续表

标记的技术基础	标记技术名称
以 PCR 为基础的分子标记技术	随机扩增多态性 DNA(randomly amplified polymorphic DNA, RAPD)
	测定序列标签位点(sequence tagged site, STS)
	表达序列标签(expressed sequence tag, ETS)
	随机引物 PCR(random primer-PCR, RP-PCR)
	单链构象多态性 PCR(single strand conformation polymorphism-PCR, SSCP-PCR)
	DNA 扩增产物指纹分析(DNA amplification fingerprinting, DAF)
	酶解扩增多态顺序(cleaved amplified polymorphic sequences, CAPS)
	扩增的限制性内切核酸酶片段长度多态性(amplified fragment length polymorphism, AFLP)
	单核苷酸多态性(single nucleotide polymorphism, SNP)
	特定扩增的多态性(specific amplicon polymorphism, SAP)
	相关序列扩增多态性(sequence related amplified polymorphism, SRAP)
	随机扩增微卫星序列的多态性(random amplified microsatellite polymorphism, RAMP)
以重复顺序为基础的分子标记技术	卫星 DNA (重复单位为几百～几千碱基对, satellite DNA)
	微卫星 DNA(重复单位为 2～5 碱基对, microsatellite DNA, MS)
	简单顺序长度多态性(simple sequence length polymorphism, SSLP)
	简单重复顺序多态性即微卫星 DNA 标记(simple sequence repeat polymorphism, SSRP)
	短重复顺序(short repeat sequence, SRS)
	串珠式重复顺序(tandem repeat sequence, TRS)
	内部简单重复序列(inter simple sequence repeat, ISSR)
	简单重复序列(simple sequence repeats, SSR)
以转座子和反转录转座子为基础的标记	内部微小倒转重复转座因子多态性(inter MITE polymorphism, IMP)
	特异序列扩增多态性(sequence specific amplification polymorphism, SSAP)
	反向反转录转座子扩增多态性(inter retrotransposon amplification polymorphism, IRAP)
	反转录转座子-微卫星扩增多态性(retrotransposon-microsatellite amplification polymorphism, REMAP)
	基于反转录转座子的插入多态性 (retrotransposon-based insertion polymorphism, RBIP)

3.2.1　利用连锁图谱筛选分子标记

当基因图位克隆策略刚刚提出的时候，植物分子连锁图谱的构建尚处于萌芽阶段，当时找到一个与目标基因连锁的分子标记通常要花费数月甚至数年的时间。在过去的十年里，这种状况有了显著改善。由于可以很方便地建立和维持建图所必需的较大的分离群体，因而植物分子连锁图构建工作的发展速度超过了动物的同类研究。现在业已建图的植物已多达几十种，其中包括了所有重要的农作物，如水稻、玉米、番茄、小麦、马铃薯、拟南芥等重要经济作物和模式植物遗传学图谱已相当精细，含有数百甚至数千个标记(Tanksley et al.,1995)。高密度分子连锁图的绘制为筛选与目的基因紧密连锁的分子标记提供了良好的开端。例如，番茄的遗传图谱含有 1000 个分子标记，其基因组大小约为 1000×10^6 bp，因此对任何基因，都可以找到与之相距在 1000kb 之内的分子标记。

3.2.2　利用比较基因组共享分子标记

比较基因组研究主要是利用相同的 DNA 分子标记(主要是 cDNA 标记和基因克隆)在相关物种之间进行遗传或物理作图，比较这些标记在不同物种基因组中的分布特点，提示染色体或染色体片段上的基因及其排列顺序的相同性(共线性)或相似性(同线性)，并由此对相关物种的基因组结构和起源进化进行分析。已有的研究表明，存在生殖隔离的不同植物物种之间在标记探针的同源性、拷贝数及连锁顺序上都具有很大程度的保守性，如番茄、马铃薯和辣椒，水稻、小麦和玉米，高粱和玉米，以及大麦和水稻。植物比较基因组十年的研究成果表明，在更广的范围上，包括禾本科、十字花科、豆科植物及一些树木的基因组在基因组成和基因排列顺序上都存在很大程度的一致性（Gale and Devos，1998）。而在包括小麦、玉米和水稻等重要农作物的禾本科作物上，基因组成和排列顺序的一致性非常完好，人们可以在模式植物上用图位克隆技术克隆相关物种的大多数重要基因。此外，比较基因组研究还给人们一个重要的启示，那就是模式植物上遗传作图的成果可推而广之，这对那些遗传作图工作相对滞后的植物尤其重要。比较基因组作图使我们建立高密度遗传连锁图可以利用的标记显著增加，从而大大提高了获取离目标基因很近的分子标记的可能性。

3.3 目的基因区域的精细定位和作图

精细定位目的基因是图位克隆策略中最艰苦和最耗时的限速步骤。精细定位通常采用的方法是侧翼分子标记或者混合样品作图。侧翼分子标记是指利用初步定位的目的基因两侧的分子标记，鉴定更大群体的单株来确定与目的基因紧密连锁的分子标记，Dixon 等(1995)利用该方法成功地将番茄的叶霉病基因 *Cf2* 精细定位到 40kb 的区间。由于侧翼分子标记需要对单个植株进行分析，工作效率比较低，因此 Churchill 等(1993)提出混合样品作图的方法进行目的基因的精细定位。混合样品作图是指在准确鉴定目的基因表型（单基因控制的隐性突变）的基础上，把大群体中单株突变体分成若干组(通常 5 个单株一组)，以组为单位提取 DNA，形成一个混合的 DNA 池，用目的基因附近所有的分子标记对混合的 DNA 池进行分析，根据池中的分子标记与目的基因发生的重组数来确定与目的基因连锁最紧密的分子标记及目的基因附近所有分子标记的顺序。混合样品作图可以很大程度地提高分子标记分析效率，减少 DNA 提取的工作量，有利于扩大群体。

把目标基因定位在某染色体的特定区域后，再对其进行精细的作图及筛选与目标基因紧密连锁的分子标记。目前的作图类型分为两类，分别是遗传图谱和物理图谱。

3.3.1 遗传学图谱的构建

遗传学图谱构建的理论基础是染色体的交换与重组，即同源染色体减数分裂过程中发生交换，使染色体上的基因发生重组，两个基因之间发生重组的频率取决于他们之间的相对距离，因此只要准确地估算出交换值，进而确定基因在染色体上的相对位置，就可以绘制出连锁遗传图。遗传作图一般是通过两点测验和三点测验来进行，构建过程主要包括 4 个步骤：①选择适合的遗传标记；②根据遗传材料之间的多态性确定亲本组合，建立一个能充分、准确反映染色体重组交换的分离群体；③搜集反映染色体交换信息的遗传标记；④数据的处理分析，构建连锁群。

通过作图群体的分析，如果一个基因与两侧最近的分子标记距离均在 2cM 以上，就需要作精细的遗传学图谱。因为即使是在小基因组水稻中，平均 1cM 也相当于 250kb 左右的物理距离，如果在着丝粒附近就可能相当于 1000kb 左右，需要进行若干步的染色体步移，非常费时费力，因此，精细的遗传学图谱对图位克隆显得非常重要，而增加遗传学图谱上的分子标记数目是精细作图的基础。在一个已知区域内增加分子标记有两种方法：①整合已有的遗传学图谱，如将生理、生化、分子标记图在同一区域内整合在一起，就会提高分子标记的密度；②寻找新的分子标记。

植物的精细作图发展速度超过了动物的同类研究，这主要是因为利用植物可很方便地建立和维持较大的分离群体，并已建立了几种不同的检测标记间连锁关系的统计软件。现在，已建图的植物已多达几十种，其中包括了所有重要的农作物，如玉米、番茄、水稻、小麦、大麦、燕麦、大豆、高粱、油菜、莴苣和马铃薯等。

3.3.2 物理图谱的构建

在精细定位目的基因的基础上，还要确定目的基因区域的近似物理距离和遗传距离的比值(kb/cM)，从而构建目的基因区域的物理图谱(physical map)。物理图谱的实质是基因组克隆和 DNA 片段的染色体序列排列，因为分子标记与目的基因之间的实际距离是按碱基数(bp)来计算的，它会因不同染色体区域基因重组值的不同而造成与遗传距离的差别，所以物理图谱是真正意义上的基因图谱。因此，物理图谱的构建也是图位克隆技术一个至关重要的环节。

1）物理图谱的种类　物理图谱的种类很多，从简单的染色体分带图到精细的碱基全序列都是物理图谱。最为常用的物理图谱有限制酶切图谱、跨叠克隆群图谱(contig map)和 DNA 序列图谱等。限制酶切图谱是以限制性内切酶为标记的物理图谱，用几种限制性内切酶消化 DNA，通过电泳检查限制性片段长度的办法确定它们的排列顺序，对于较大的基因组，可以利用稀有切点限制酶和脉冲电泳。跨叠克隆群图谱的构建需要具有一定容量的大片段基因组文库，通过比较各个克隆的插入片段，将它们排列成与原来在染色体中的顺序一样的连续克隆群，即跨叠克隆群（也叫重叠克隆群）。DNA 序列图谱是直接反映生物基因组全序列的图谱，从某种意义上讲，也是一种跨叠克隆群图谱，只是它的分辨率达到了碱基水平。

2）*跨叠克隆群物理图谱的构建方法*

（1）菌落杂交法。菌落杂交法的基本原理是利用基因组某一区域特有的或与所需分离的目标基因紧密连锁的 DNA 分子标记为探针，筛选大片段基因组文库，可以得到一系列的阳性克隆，这些克隆之间有部分片段是重叠的，根据其重叠部分可以把它们有序地呈线状排列成跨叠群。在两个跨叠群之间会出现空隙，需要通过染色体步移来填补。该技术从分离大片段阳性克隆群的左、右末端入手，以它们为探针再次筛选基因组文库，获得新的克隆即为沿着染色体向前走了一步，重复这一过程，就能一步一步地将空隙填满，将两个克隆群整合在一起。这一方法能利用各种分子标记扫描文库，准确得到携带分子标记的阳性克隆。

（2）PCR 法。以 PCR 技术为基础发展的一系列技术，包括 STS、RAPD、AFLP 和 Alu-PCR 等已被广泛应用于跨叠克隆群的构建。STS 策略是利用已知核苷酸序列，从两端合成两个与其配对的引物，利用 PCR 进行扩增，理论上讲具有相同扩增带型的克隆，也可以说共享一个或数个 STS 位标的克隆肯定是跨叠的。这个方法具有简便、快速、精确度高等优点，是人类基因组计划所采用的主要策略之一。另一重要的基于 PCR 的策略是 Alu-PCR 技术，该技术利用人类基因组的 Alu 重复序列，合成一对特异性引物，进行 PCR 扩增，然后以 PCR 产物为探针，从文库中筛选出阳性克隆。这一方法简便，但有时会出现一些误差，当与限制性内切酶物理图谱结合使用时，就可以比较精确地排列出阳性克隆的重叠顺序。

（3）DNA 指纹锚标法。该方法的基本原理是建立在 DNA 限制性内切酶酶切图谱基础上，DNA 分子用限制性内切酶酶切后，会产生特异性的酶切指纹（fingerprint），如果两段 DNA 完全相同，则它们的酶解指纹完全相同；如果这两段 DNA 两端的指纹相同，则它们在相同区将重叠相连。这种方法受基因组中的重复顺序的影响小，而且相对于杂交法，速度快、效率高，是构建跨叠群物理图的首选策略。洪国藩（1997）依靠 DNA 指纹构建了水稻第一代 BAC 指纹物理图，所获得的跨叠群覆盖水稻基因组的 92%。近年来指纹法技术正朝着高通量、高分辨率、智能化的方向发展，根据所使用的电泳方法大致可归纳为以下三种类型：琼脂糖胶法（agarose gel-based method）、序列分析胶法（DNA sequencing gel-based method）和毛细管电泳法（capillary electrophoresis-based method）。这三种方法各有其特点及适用范围。

（4）Fiber-FISH 法。Nakamura 等（1997）提出的荧光原位杂交法（Fiber-FISH）是最近几年来新发展的方法，它使 FISH 技术的分辨力接近其理论值 1kb（相当于约 0.14μm 的 DNA 纤丝），即光学显微镜的识别范围内。Fiber-FISH 适宜于基因组的数量作图。而且由于可以在荧光显微镜下同时观察几种探针的位置和顺序，将有效地排除染色体步移过程中经常遇到的重复序列带来的困难。利用 Fiber-FISH 技术可以快速准确地测量位于跨叠群之间的空隙的真实物理距离，并可以将 DNA 克隆准确地定位，确定克隆间的顺序，测量克隆之间的物理距离和重叠程度，提供克隆在 DNA 载体上完整的排列信息。

（5）序列标签接头法。序列标签接头（sequence-tagged connector method，STC）是指 BAC 克隆的末端序列。随机选择种子克隆进行全序列测序，将种子克隆全序列信息与 STC 数据进行同源比对，寻找与种子克隆具有末端匹配的 BAC 克隆，能够实现种子克隆的快速延伸，免去了杂交筛库的耗时费力。该方法实际上是测序与物理图谱构建同步进行。

实际作图过程中，往往将以上方法综合运用。这些物理图谱的构建，无疑给图位克隆基因奠定了坚实的基础。

3.4　目的基因克隆

构建了精细的物理图谱及鉴定出了分子标记，为筛选候选目的基因克隆打下基础。筛选目的基因克隆的方法有以下几种。

3.4.1　染色体步移法

染色体步移是通过逐一克隆来自染色体基因组 DNA 的彼此重复的序列，而慢慢地靠近目的基因，开始步移的克隆可以是已知的基因、RFLP、RAPD 或其他已鉴定的分子标记，用它来杂交筛选大片段 DNA 文库中的阳性克隆，找出与目的基因两侧连锁最紧密的分子标记所在的大片段克隆，接着分别以两侧分子标记所在的克隆为起点进行染色体步移，逐步靠近目的基因。以大片段克隆的末端为探针，筛选基因组文库，鉴定和分离出邻近的基因组片段的克隆；再将这个克隆的远端末端作为探针重新筛选基因组文库。继续重复这一过程，直到获得具有目标基因两侧分子标记的大片段克隆或跨叠群。如果目标基因所在区域已经完成分子作图，就有一套现成的顺序排列的大片段克隆可以利用。当遗传连锁图谱指出基因所在的特定区域时，即可取回需要的克隆，获得目标基因。

3.4.2 染色体登陆、跳查和连接法

染色体步移的主要局限在于当必须经过一个无法克隆的片段时，步行的过程会被打断；当克隆的一端是重复序列时，步行的方向会发生偏差。为克服这些困难，Tanksley 等(1995)创建了染色体登陆、跳查和连接方法。染色体登陆是找出与目标基因的物理距离小于基因组文库插入片段的平均距离的分子标记，通过筛选文库直接获得含有目标基因的克隆，完全避开染色体步移的过程。染色体跳查-连接是使用一个识别位点很少的酶和一个识别位点很多的酶构建跳查文库和连接文库。跳查文库的插入片段是大片段克隆末端经过双酶切的部分，由同样的文库进行克隆。连接文库的插入片段是由切点较少的酶产生的，具有切点较少的那个酶的识别位点。在染色体步移的过程中，交替应用两个文库进行跳查和连接，最终逼近目标基因。

3.4.3 外显子捕捉法和 cDNA 直选法等

近年来，分离基因组大片段 DNA 编码的 cDNA 的技术在不断地创新发展。值得一提的是"外显子捕捉"和"cDNA 直接筛选"技术。"外显子捕捉"是应用 RNA 剪接因子的识别功能来识别克隆于载体中的基因组 DNA 片段，载体本身包含有完成剪接事件所必需的剪接信号，如果插入载体中的基因组 DNA 片段包含有外显子序列和与剪接信号互补的序列，整个剪接事件就可以完成。"cDNA 直接筛选"是一种获得区域特异的 cDNA 克隆的方法，先将 YAC、BAC 或黏粒固定起来，然后与目的基因高丰度表达的 cDNA 文库杂交，洗除非特异性吸附后再洗脱下特异性杂交的 cDNA，并用 PCR 方法扩增后克隆。

3.5 目的基因的鉴定

在与目的基因紧密连锁的分子标记及大插入片段基因组文库都具备的情况下，就可以该分子标记为探针通过菌落杂交和蓝白斑挑选的方式筛选基因组文库而获得可能含有目的基因的阳性克隆。由于被鉴定的、覆盖目的基因区域的基因组 DNA 中可能包含有多个基因，或者由于筛选技术本身的假阳性，使得筛选获得特异的 cDNA 后，仍需对其作进一步验证，验证方法主要有以下 5 种：①精细作图来证实某候选基因克隆与目标性状共分离；②证实某候选基因克隆的时空表达模式与目标性状的表现相同；③把候选基因序列与现有已知功能基因序列数据库进行同源性比较，推断其功能；④比较候选基因序列在野生型与突变型之间的差异，确定在野生型与突变型之间变异的 cDNA 序列；⑤转化候选基因，进行遗传互补实验，这是最直接的证明。利用新兴的 RNA 干扰(RNAi)也可有效地确定目的基因。

随着图位克隆技术的发展，把目前的各种方法综合使用已成为一大趋势，把染色体步移技术和染色体登陆技术有机结合，把物理图谱的构建和精细定位目的基因相统一，并且充分吸收利用当前出现的像 DNA 芯片(DNA chip)这样的先进技术，对图位克隆技术在植物基因克隆中更好地应用也是十分有益的。

4 图位克隆的研究进展

自 1992 年首先利用图位克隆技术，在拟南芥(*Arabidopsis thaliana*)上成功分离 *abi3* 基因和 *fad3* 基因(Iba et al.，1992)以来，已经从拟南芥、水稻、大麦、玉米和番茄等 30 多个植物基因中成功克隆基因。这些被克隆的基因涉及拟南芥的控制生长发育的基因及水稻、大麦、甜菜和番茄等农作物的抗性基因。抗性基因的遗传行为比较简单而且抗性性状表型也比较容易鉴定，所以克隆的这些基因主要是针对病原(真菌、细菌、病毒和寄生虫)的抗性基因(resistance gene，*R* gene)。可以说，目前 *R* 基因的分离和克隆基本上代表了图位克隆技术在植物未知产物功能基因克隆上应用的最新进展。

随着小基因组模式植物拟南芥、水稻全基因组序列测序的完成及大量新分子标记的开发，图位克隆技术中的新发展率先在模式植物中取得突破。高密度遗传连锁图谱和物理图谱的构建完成，使模式植物中目标基因的精细定位工作更简单、快捷，标志着分离新基因的图位克隆技术进入了一个崭新时代。目前，随着结构基因组学和功能基因组学的深入发展，已开发出可以快速实现大基因组植物物理作图的 Elephant(electronic physical map anchoring tool)软件和适用于跨基因组图位克隆(cross-genome map-based cloning)QTL 的基于保守直向同源位点(conserved orthologous set，COS)的 COS 标记软件。尤其是 2008 年相继公布的玉米基因组草图、白菜全基因组精细图、甘蓝和油菜全基因组框架图及 2010 年 1 月发布的大豆基因组序列，使与图位克隆相关的任何尝试变得更加可行。

现在，图位克隆已经成为分离基因的常规方法，尤其令人鼓舞的是DNA芯片和微列阵的发明为图位克隆的应用展示了巨大的潜力和光明的前景。DNA芯片或微阵列与SNP和cDNA相结合在基因的定位、筛选和鉴定方面具有无比的优越性，相信能大大提高图位克隆的效率。特别是近年发展起来的高通量新一代测序技术的应用，大大增加了植物全基因组测序的可能性，预示着将为图位克隆提供更好的基础，也使图位克隆技术在植物中的应用前景更加广阔。

复　习　题

名词解释

图位克隆、近等基因系、分子标记、物理图谱、跨叠克隆群

问题

(1) 图位克隆的基本程序是什么？

(2) 跨叠克隆群图谱的构建方法有哪些？

(3) 试述填补克隆群之间空隙的方法。

第 20 章 酵母双杂交系统分离克隆目的基因

随着分子生物学研究尤其是人类基因组计划的迅速发展，大量关于基因结构的信息不断涌现，对这些信息进行系统研究以了解新基因功能的要求也日益迫切。这不仅需要利用计算机进行生物信息学的分析和预测，而且必须结合生物学实验获取证据。为适应同时对多个基因或蛋白质进行研究的发展趋势，已出现了很多新技术，如 DNA 微阵列技术（DNA microarry），基因表达的系列分析（SAGE），肽质谱分析法，蛋白质双向凝胶电泳技术及酵母双杂交技术（yeast two-hybrid system）等。其中酵母双杂交技术以其简便、灵敏、高效及能反映不同蛋白质之间在活细胞内的相互作用等特点在基因功能的研究中得到了广泛的应用。

酵母双杂交系统简称双杂交体系（two-hybrid system），也叫做相互作用陷阱（interaction trap），是在 1989 年由 Stanley Fields 和 Song 等提出并初步建立的，该系统是在酿酒酵母（Saccharomyces cerevisiae）中研究蛋白质间相互作用的一种非常有效的分子生物学方法。于 20 世纪 90 年代初期发展成为一种敏感的体内鉴定基因的方法。它可用来有效地分离能与已知靶蛋白质（target protein）相互作用的蛋白质的编码基因。本项技术目前已被广泛地应用于真核基因的表达与调控、细胞黏合因子间的相互作用、信号转导通路及细胞周期与分化、反式因子的鉴定与分离等诸多领域的基础研究。近几年来随着人们对该系统的广泛应用，这一系统得到了不断地完善及改进，同时也衍生出单杂合系统、三杂合系统等一系列相关的技术。这些技术在不同研究领域中的广泛应用有力地推动了蛋白质与 DNA、蛋白质与 RNA，以及多种蛋白质分子间相互作用的研究。

1　酵母双杂交系统的基本原理

酵母双杂交系统最初是在人们对酵母转录因子 Gal4 的认识基础上建立的（图 20-1）。研究发现，许多真核生物的转录激活因子（transcriptional activator）都是由两个结构上可以分开的、功能上相互独立的结构域（domain）组成的。例如，一个完整的酵母的半乳糖苷酶基因的转录激活因子 Gal4 可分为两个结构域：位于 N 端 1～174 位氨基酸区段的 DNA 结合域（DNA binding domain，DNA-BD）和位于 C 端 768～881 位氨基酸区段的转录激活域（DNA activation domain，DNA-AD）。DNA-BD 能够识别位于 Gal4 响应基因（Gal4-responsive gene）的上游激活序列（up stream activating sequence，UAS），并与之结合。而 AD 则是通过与转录机（transcription machinery）中的其他成分之间的结合作用，进而启动 UAS 下游的基因进行转录。DNA-BD 和 DNA-AD 单独分别作用并不能激活转录反应，但是当二者在空间上较为接近时，则呈现完整的 Gal4 转录因子活性并可激活 UAS 下游启动子，使启动子下游基因得到转录。将 DNA-BD 与已知的诱饵蛋白质 X 融合，构建出 BD-X 质粒载体；将 AD 基因与 cDNA 文库、基因片段或基因突变体（以 Y 表示）融合，构建出 AD -Y 质粒载体。将两个穿梭质粒载体共转化至特定的酵母菌株内表达。该酵母菌株含有报告基因（如 *lacZ*，*his3*，*leu2* 等），并已经去掉相应转录因子的编码基因，因此本身无报告基因的转录活性。蛋白质 X 和 Y 的相互作用导致了 BD 与 AD 在空间上的接近，从而激活 UAS 下游启动子调节的报告基因的表达（图 20-1），使转化体由于 *his3* 或 *leu2* 的表达而可在特定的缺陷培养基上生长，同时因 *lacZ* 表达而在 X-Gal 存在下显蓝色。通过筛选阳性菌落即可检测已知蛋白间的相互作用、蛋白质二聚体的形成、确定蛋白质相互作用的结构域或重要活性位点，以及从 cDNA 文库中筛选与已知蛋白质 X 相互作用的未知蛋白质 Y 的编码序列等。

利用这一体系可以发现与已知蛋白相互作用的蛋白质的编码基因。这种方法的用途有：①验证已知基因间的相互作用；②可以快速发现编码蛋白质与蛋白质间相互作用的特定区域；③通过筛选文库以得到与已知蛋白质存在特异相互作用的未知蛋白质，从而获得新基因，因此也是一种基因克隆方法。后一种方式操作过程较前两种方式稍为复

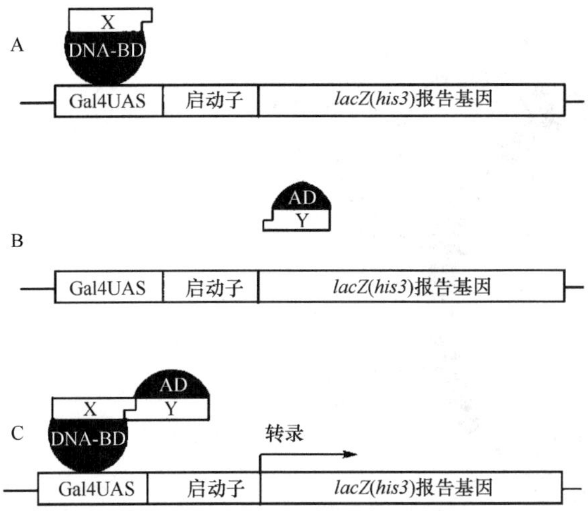

图 20-1　酵母双杂交体系原理示意图（王关林等，2002）

A. Gal4 的 DNA-BD 和蛋白质 X 结合形成的杂合蛋白，同 Gal4 的 UAS 序列结合，但由于没有同 AD 结合，故不能启动报告基因转录；B. Gal4 的 AD 同蛋白质 Y 结合形成的杂合蛋白，没有同 UAS 序列结合，故不能启动报告基因转录；C. 通过这两个杂合蛋白中的 X 蛋白和 Y 蛋白之间的相互作用，在细胞内重建了 Gal4 的功能，结果启动报告基因进行表达

杂。要想从文库中找到真正与目的基因相互作用的蛋白不仅要求有高质量的文库，还要保证较高的文库转化效率以得到足够的转化子。尽管如此，利用酵母双杂交筛选文库仍然是该方法最具优势和最有意义之处。由此而鉴定的各种受体、转录因子、蛋白激酶、磷酸化酶、细胞骨架蛋白及参与细胞周期调控、肿瘤发生的蛋白质已不胜枚举。

2　酵母双杂交系统的内容

2.1　酵母双杂交的组成

酵母双杂交系统由三个部分组成：①与 BD 融合的蛋白质表达载体，表达出的蛋白质称为诱饵蛋白(bait)。②与 AD 融合的蛋白质表达载体，表达出的蛋白质称为靶蛋白(prey)。③带有一个或多个报告基因的宿主菌株。常用的报告基因有 *his3*、*ura3*、*lacZ* 和 *ade2* 等。而菌株则具有相应的缺陷型，双杂交质粒上分别带有不同的抗性基因和营养标记基因，这些有利于实验后期杂交质粒的鉴定与分离。根据目前通用的系统中 BD 来源的不同主要分为 Gal4 系统和 LexA 系统。后者因其 BD 来源于原核生物，在真核生物内缺少同源性，因此可以减少假阳性的出现。

2.2　酵母双杂交的实验模式

双向杂交系统通常在酵母细胞中构建，首先需要构建两种杂合反式作用因子，将蛋白质 A 与报告基因转录因子的特异 BD(如 Gal4-BD，LexA-BD)融合，成为“诱饵”(bait)；蛋白质 B 与特异的 AD(Gal4-AD，LexA-AD)融合为“猎物”(prey)。当编码两种结构域的基因在细胞核内同时表达时，蛋白质 A 和蛋白质 B 之间若存在非共价作用，就会使 AD 和 BD 两种结构域与上游活化序列(up stream activation sequence，UAS)相互接近，进而激活转录过程，使报告基因得到表达。

2.3　酵母双杂交体系的寄主菌与质粒载体

双杂交系统普遍构建于酵母细胞中的原因是因为酵母细胞便于转化，结果易于筛选；而且内源性酵母蛋白极少与哺乳细胞靶蛋白结合，避免了对文库编码蛋白的干扰。为了构建酵母双杂交体系的转化系统，人们首先将酿酒酵母基因组中的 Gal4 的编码基因去掉，使之成为转化系统的寄主菌株。常用的这种缺陷型的酵母寄主菌株有 SFY526 和 HF7c，它们都丧失了表达 Gal4 转录激活因子的能力，因此适用于检测外源 Gal4 转录激活因子的功能活性。

此外，还构建了两种可以在大肠杆菌和酿酒酵母两种细胞中自主复制的穿梭质粒载体。第一种质粒载体是 pGBT9(图 20-2)，又叫做 DNA-BD 质粒载体。靶基因是按正确的方向和读码结构被克隆在这个载体的多克隆位点区内，于是便在靶蛋白和 Gal4-BD 之间产生融合作用，形成杂合蛋白质Ⅰ。第二种质粒载体是 pGAD424(图 20-3)，又叫 AD 质粒载体，它是用来构建 cDNA 表达文库的专用载体。克隆的 cDNA 片段是按正确的方向和读码结构插入在载体的多克隆位点区内，因此由 cDNA 编码的蛋白质便会同 Gal4-AD 之间产生融合作用，形成杂合蛋白质Ⅱ。

这两种杂合蛋白质都能够在酵母细胞中得到高水平的表达，而且在核定位序列(nuclear localization sequence，NLS)的作用下进入到酵母的细胞核内。在 pGBT9 质粒载体中，核定位序列是 Gal4 DNA 结合域序列中间的一部分；而在 pGAD424 质粒载体中，核定位序列则是 SV40 的 T 抗原序列，它被克隆在 ADH1 启动子和 Gal4 激发域序列之间。SV40 的核定位序列，使核内的蛋白质量可以满足检测的灵敏度需要。

常用的 DNA 结合蛋白是 Gal4 和 LexA。AD 的融合蛋白则主要由 Gal4 蛋白提供。大肠杆菌 *lacZ* 基因是应用最多的报告基因，它表达后能在含有 X-Gal 的培养基上产生蓝色菌落，阳性结果易于判断。除此之外，营养缺陷型筛选也应用较多：

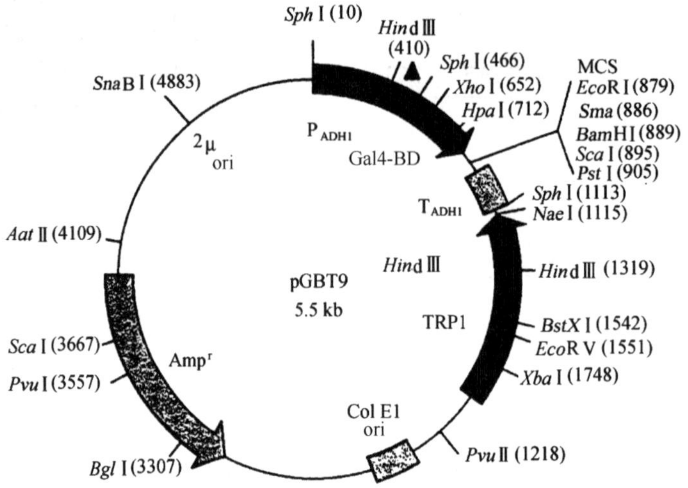

图 20-2　酿酒酵母质粒载体 pGBT9 的结构图(王关林等,2002)

Gal4-BD. Gal4 结合域序列;p. 启动子;T. 转录终止序列;▲. Gal4 核定位信号

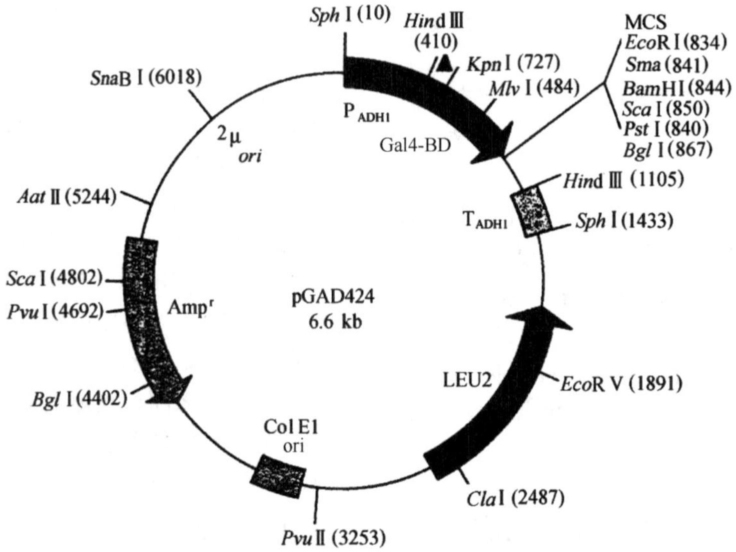

图 20-3　酿酒酵母质粒载体 pGAD424 的结构图(王关林等,2002)

Gal4-AD. Gal4 激活域序列;p. 启动子;T. 转录终止符号;▲. SV40 的 T 抗原核定位信号

通过在缺乏相应氨基酸(如组氨酸、亮氨酸)的培养基上菌落生长与否来判断 *his3*、*leu2* 等基因是否表达。现在多提倡两种报告基因同时应用即颜色筛选(*lacZ*)与营养筛选(*his3* 或 *leu2*)共同进行。一则它可以允许用比单纯颜色筛选更大的菌落密度铺板,从而获得较丰富的表达产物;二则双重筛选相互验证,可以排除一些假阳性结果;三则转化体制造了大量融合蛋白以保证 *his3* 基因产物满足生长需要,结果 *lacZ* 转录相应提高,从而 β-半乳糖苷酶的活性也增强。值得一提的是,虽然该酶的活性是评价融合蛋白作用程度的客观定量指标,但它也受载体蛋白的影响。因此只有比较同系列质粒才能反映互相作用的蛋白质之间的相对结合能力。

经验证明,应用不同体系进行检测的灵敏度差异主要取决于控制报告基因表达的启动子和 DNA 结合序列的特点及两种融合蛋白在酵母中的表达量。

3　酵母双杂交系统的特点分析

3.1　双杂交系统优点

酵母双杂交系统的最主要的应用是快速、直接分析已知蛋白质之间的相互作用及分离新的与已知蛋白质作用的配体及其编码基因(Chien,1991)。传统的研究蛋白质间相互作用的方法,是采用体外实验来进行的,因此在研究过程中往往受到许多外界实验条件、环境和方法的影响,而且对所研究蛋白质的浓度和纯度要求很高,因此导致了许多假阳性和假阴性实验结果,而且传统的方法无法准确研究蛋白质之间的微弱的相互作用(徐东刚,2001)。酵母是真核细胞,可以对表达的融合蛋白进行一些基本的修饰(如糖基化、磷酸化和泛素化等),其表达出的蛋白质可在细胞核内或细胞膜系统产生相互作用。酵母双杂交系统具有以下优点:①所有操作均是在核酸水平上进行,相互作用信号是在融合基因表达后,在细胞内重建转录因子活性的前提下产生的,从而省去了纯化蛋白质的繁琐步骤。②检测在活细胞内进行,蛋白质易于保持天然折叠状态,不易受外界影响,更接近体内真实水平。③检测的结果可以是基因表达产物的积累效应,因而可检测存在于蛋白质之间的微弱的或暂时的相互作用,借助报告基因表达过程中多级放大效应反映出来,系统灵敏度很高。④融合蛋白基因在强启动子的作用下,处于较高的表达水平。⑤采用酵母作为报道株,菌株生长速度快,步骤简洁,容易操作(罗星,2005),同时酵母转化方法操作简单、转化率高、提取也较方便。酵母菌有很多的营养缺陷型标记,筛选比较方便,能够比较容易地获得所期望的阳性克隆。⑥酵母双杂交系统可采用不同组织、器官、细胞类型和分化时期材料构建 cDNA 文库,从文库中直接筛选目标蛋白质的相互作用蛋白,其能分析细胞质、细胞核及膜结合蛋白等多种不同亚细胞部位及功能的蛋白质。例如,已成功分析了 RAP1 与 RIF1ii、P21cip1 与 CDK2iii、P16 与 CDK4iv 等之间的相互作用。

3.2 酵母双杂交系统应用的局限性和存在的主要问题

尽管酵母双杂交系统具有诸多优点,但也存在许多不足之处。因此,要使双杂交法获得成功就必须尽量克服其不足之处。

(1) 被研究的两种蛋白质必须适用于酵母双杂交系统:每一种系统并非对所有蛋白质适用,这是由其原理所决定的。经典的酵母双杂交系统是建立在激活 RNA 聚合酶 H 的基础上的,因此双杂交系统分析蛋白质间的相互作用定位于核内,而许多蛋白质间的相互作用依赖于翻译后修饰加工,如糖基化、二硫键形成等,这些反应在核内无法进行;另外,有些蛋白质的正确折叠和功能有赖于其他非酵母蛋白的辅助,这限制了某些细胞外蛋白质和细胞膜受体蛋白等的研究(Allen,1995)。目前已经在表达质粒中插入了核定位序列,但也不能排除有些必须在胞质中进行翻译后加工修饰的蛋白质,尤其是胞外蛋白质不能进入核内,有时也会因产生错误构象而影响筛选结果(Allen,1995)。另外,专门针对细胞内膜系统蛋白的酵母双杂交系统也已经被构建出来,因此在进行酵母双杂交系统筛库前需要分析目的蛋白质的特性,选择合适的杂交系统才能够提高成功的概率。

(2) 要尽量减少假阳性的产生:酵母双杂交系统的一个重要的问题是"假阳性"。首先是双杂交技术上的缺陷引起的假阳性,主要表现在单独的 BD-X 或 AD-Y 就能激活报告基因的表达。原因可能是由于某些蛋白质本身具有激活转录功能或在酵母中表达时发挥转录激活作用使 DNA 结合结构域杂交蛋白质在无特异激活结构域的情况下可激活转录。另外,某些蛋白质的表面含有对多种蛋白质的低亲和力区域,可能与酵母中的蛋白质形成稳定的复合物从而引起报告基因的表达,产生假阳性。在筛库过程中遇到的假阳性可被分成三种类型,Ⅰ型:表达单独的 AD-Y 融合蛋白即可激活转录;Ⅱ型:表达 AD-Y 融合蛋白和空 BD 载体即可激活转录;Ⅲ型:表达 AD-Y 融合蛋白质与任意 BD 融合蛋白质即可激活转录。部分假阳性来源于筛选对象具有类似转录因子的功能,或在双杂交体系中能表现出这种特性。还有一些可能与酵母中其他蛋白质的作用有关(Gietz,1997)。因此,为排除假阳性就需要做严格的对照试验,确保单独的 BD-X 或 AD-Y 不能激活报告基因的表达,需要对诱饵和靶蛋白分别作单独激活报告基因的鉴定。目前很多生产酵母双杂交系统的生物公司都推出了多个报告基因的酵母双杂交系统,且每个报告基因的上游调控区各不相同,这可减少大量的假阳性产生。此外 *his* 报告基因通常会渗漏表达而造成假阳性,但可通过加入 3-AT 来抑制渗漏表达。所加 3-AT 的浓度必须准确优化,太高会杀死新鲜转化的酵母细胞。但加入高浓度的 3-AT 可以筛选到与目的基因有强相互作用的蛋白质,这时为了避免高浓度的 3-AT 杀死转化细胞就应选用低选择压力的培养基。另外,报告基因通常整合到染色体上,可以使基因表达水平稳定,消除了由于质粒拷贝数变化引起基因表达水平波动而造成的假阳性;转化率偏低。

排除上述假阳性,确定了相互作用可以在酵母细胞中发生,但其在生物体内并不一定发生。这主要是因为两种蛋白质处于不同的细胞类型、细胞空间或生长发育的不同时期、生理状态下是不可能发生相互作用的(张胜,2004)。体内进行的双杂交检测往往需要体外的其他方法来验证,为了使后续的验证步骤更易实施,有报道将双杂交筛出的基因片段插入一个带有抗原决定簇标记的质粒载体,该载体可在哺乳动物细胞中高水平表达被抗原决定簇所标记的蛋白质。用 BD-X 质粒和带有 AD-Y 插入的抗原决定簇质粒载体共转染哺乳动物细胞，即可直接进行免疫共沉淀检测。

(3) 排除假阴性：在酵母双杂交的应用中有时也会遇到假阴性现象，假阴性的成因主要有：①Gal4和 LexA 系统要求被测蛋白质定位于细胞核，然而有些蛋白质却有强疏水结构域，还有些蛋白质携带定位于细胞其他细胞器的强信号，因此涉及后两类蛋白质的相互作用在 Gal4 和 LexA 系统中就检测不到。②Gal4 和 LexA 系统依赖转录激活报告基因而检测蛋白质相互作用，而如果蛋白质是抑制基因表达的，报告基因就不能被激活转录，双杂交系统就检测不到该蛋白质与其他蛋白质的相互作用。③由于在某些酵母菌株中大量表达外源蛋白质常会带来毒性作用，影响菌株生长和报告基因的表达。将报告基因整合到染色体上，可使基因表达水平稳定，消除因质粒拷贝数变动对结果的影响。在转化酵母细胞时采用共转化也比顺序转化对细胞产生的毒性小。④融合蛋白的表达对细胞有毒性，使一些蛋白质间较弱的相互作用可能会因此而被掩盖(James，1996)，抑或可能是由于部分蛋白质处于不同的细胞类型、细胞空间或生长发育的不同时期、生理状态下是不可能发生作用的(张树民，1999)。因此，应选择高敏感的菌株及高拷贝质粒。

(4)为使酵母双杂交成功还必须提高转化效率。方玉楷等(2005)通过比较共转化、顺序转化和交配实验三种方法的优劣，提出了提高转化效率的方法：①顺序转化比共转化的转化效率高；②质粒纯度是影响酵母转化效率的一个主要因素，与经典碱裂解法提取质粒相比，试剂盒提取质粒的转化效率明显高；③PEG 浓度对转化效率也有一定影响。在此基础上，他们提出了一种共转化与交配实验有机结合的有效的酵母双杂交新实验策略。

3.3 酵母双杂交系统的改进

近年来，双杂交系统的广泛应用促进了该系统的不断改进与提高。主要体现在以下几个方面。

(1) 发展了酵母菌株的多重筛选机制。在酵母双杂交系统建立的初期阶段，由于仅仅采用 β-半乳糖苷酶这个单一的报告基因体系，而这种报告基因的表达往往不能十分严谨地加以控制，因此容易产生一些假阳性。采用假阳性显示分析法和双筛选系统可以减少假阳性的发生，其中双筛选系统用两种不同的报告基因(常用 *lacZ* 和 *his3*)有以下优势：①用不同的启动子表达位于酵母两个染色体上的报告基因，可明显减少假阳性。②通过营养型筛选增强了筛选能力，尤其适用于较大库容量而被选蛋白质较少情况下的筛选。James 等于 1996 年构建了 PJ69-4A 菌株，内含三种不同的报告基因(*ade2*、*his3* 和 *lacZ*)，分别受三种不同的启动子(Gal2、Gal1 和 Gal7)调控，这三种不同的启动子都由 Gal4 激活，该菌株可灵敏地检测出很弱的结合作用，从而显著地消除了假阳性。

(2) 降低毒性作用。考虑到某些诱饵蛋白质 X 或待筛选蛋白质 Y 在酵母中大量表达时，可能对酵母产生一定的毒性作用，如使酵母体内的信号转导通路阻断，干扰酵母中正常基因的表达调控，抑制酵母细胞的分裂，甚至使酵母细胞在选择培养基上不能生长等，进而造成某些种类的蛋白质不能在该系统中进行分析。针对这些外源蛋白质对酵母生长的毒性作用，近几年来，双杂交系统的改进主要是选用更加灵敏的报告基因从而降低这些异源蛋白质在酵母中的表达量，减轻这些外源蛋白质在酵母中的毒性，如采用 LEXA 酵母双杂交系统(Kastenetal，1996)。在该系统中 Gal4 的 BD 区段被原核生物的 LexA 蛋白质编码区所取代，单纯疱疹病毒的 88 个 VP 编码区则取代了 Gal4 的 AD 区段。

(3) 非核内蛋白质的作用系统。在酵母双杂交系统中，BD-X 与 AD-Y 在酵母细胞核内发生相互作用，表达的融合蛋白需定位到核内来激活报告基因的转录，这就限制了大量非核内蛋白质如膜受体蛋白质、细胞外分泌蛋白质等在此系统中的应用。针对这一问题，Aronheim 等对传统的酵母双杂交系统做了重大的改进，他们将蛋白质间相互作用场所从核内转移到酵母细胞膜上进行，构建了 Sos 恢复系统(Sos recruitment system，SRS)。酵母细胞的一种温度敏感菌株——Ras 途径突变体——是由于缺乏鸟苷酸交换因子(guanyl nucleotide exchange factor，GEF)Cdc25-2，从而不能将外来信号传递给膜上的 Ras 蛋白，致使该酵母突变体在 36℃不能存活(图 20-4A)。如果人为引入正常的 GEF(Sos 蛋白)，并且使得 GEF 能与 Ras 蛋白足够接近，则可以弥补这一缺陷。为此，Aronheim 等将 GEF 蛋白与蛋白质 X 融合，将蛋白质 Y 与豆蔻酰化信号相连，使 Y 定位于膜上。这样，若 X 与 Y 结合，X 连接的蛋白质(GEF)就会定位于膜上，进而得以靠近膜上的 Ras 蛋白，激活 ras 途径，完成 Sos 过程，在 36℃生长(图 20-4B)。这一系统的提出大大扩展了经典双杂交系统的探索领域，而且冲破了许多的局限。当然，SRS 中也存在一些技术上的问题，如必须分离出可能造成假阳性的 Ras 家族成员及类 Cdc25 蛋白。但是我们相信，不论怎样 SRS 都在构思与应用上给当今的酵母双杂交系统带来了新的启迪。

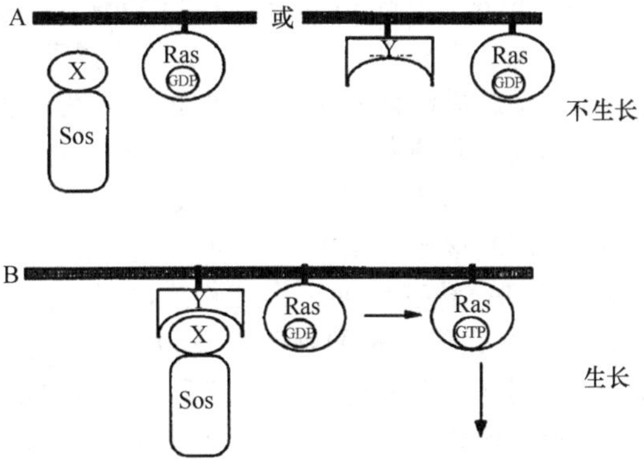

图 20-4 Sos 募集系统原理示意图

(Aronheim et al. ,1997)

Sos. 人类 Ras 鸟嘌呤核苷酸交换好；Ras. 鸟苷三磷酸结合蛋白；GTP. 鸟苷三磷酸；GDP. 鸟苷二磷酸

虽然 SRS 有很多优点，但是它也存在一些局限。例如，文库筛选中如果存在 Ras GTPase 家族成员的 cDNA，会因其自身激活作用给筛选造成假阳性结果；另外，Sos 蛋白的分子较大，应用时可能存在一些局限，如融合蛋白表达时，可能影响其他蛋白质的空间构型，进而影响其相互作用，导致假阴性。针对这一点，Broder 等根据 SRS 的原理设计了 Ras 募集系统(RRS)，直接将哺乳动物缺失膜定位信号的 Ras-GTP 突变蛋白质与蛋白质 X 融合，通过 X 与 Y 的相互作用，将 Ras-GTP 带到酵母细胞膜上，从而激活 Ras 信号系统，使酵母在 36℃生长(图 20-5)。

由于 RRS 中的 Ras-GTP 突变蛋白质比 SRS 中的 Sos 蛋白小，在融合蛋白表达时，对其他蛋白质的空间构型影响相对较小；同时，RRS 可以有效地排除 Ras GTPase 家族成员导致的假阳性结果，因而克服了 SRS 的一些限制，应用范围更加广泛。如 Takemaru 等(2000)利用 RRS 筛选出与 β-catenin 相互作用的 CREB 连接蛋白(CBP)，共同激活 Wnt 信号转导系统；Barr 等(2005)利用 RRS 筛选出与 PP2A-B55 相互作用的蛋白质；KÖhler 等(2003)则利用 RRS 完成了对已知蛋白 Grb2 和 ErbB 相互作用的验证。尽管如此，RRS 仍然不能完全避免哺乳动物 cDNA 文库筛选时的假阳性和假阴性。

(4) 转化效率是酵母双杂交文库筛选时成败的关键之一，特别是对低丰度 cDNA 库进行筛选时，必须提高转化效率才能获得理想的结果。转化时可采用共转化或顺序转化，相比之下共转化省时省力。更重要的是如果单独转化会发生融合表达

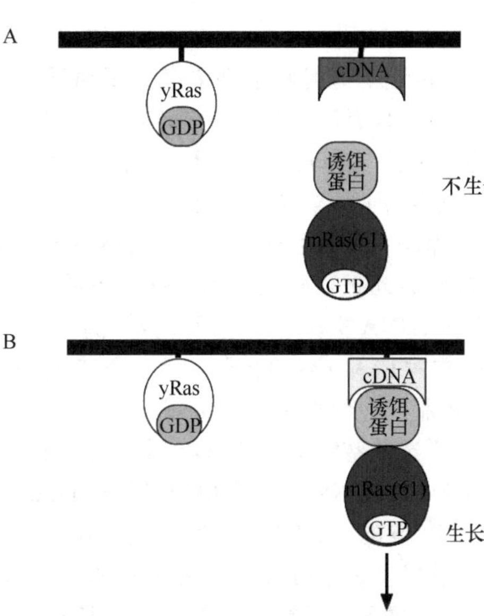

图 20-5 Ras 募集系统原理示意图

(Broder et al. ,1998)

哺乳动物缺失膜定位信号的 Ras-GTP 突变蛋白 mRas(61)与 X 蛋白融合后在 Cdc25-2 细胞质中表达。若 X 蛋白与 cDNA 文库中的蛋白质没有互作，mRas(61)-X 融合蛋白无法上膜，因此不能启动细胞的生长(A)，若 X 蛋白与 cDNA 文库中的蛋白质有互作，mRas(61)-X 融合蛋白就会被拉到膜上，细胞便可以正常生长(B)

蛋白对酵母细胞的毒性时，共转化则可以减弱或消除这种毒性。Bendixen 等通过酵母接合型的引用，避免了两次转化操作，同时又提高了双杂交的效率。在酵母的有性生殖过程中涉及两种配子类型：a 接合型和 α 接合型，这两种单倍体之间接合(mating)能形成二倍体，但 a 接合型细胞之间或 α 接合型细胞之间不能接合形成二倍体。根据酵母有性生殖的这一特点，他们将文库质粒转化 α 接合型酵母细胞，“诱饵”表达载体转化 a 接合型细胞。然后分别铺筛选平板使细胞长成菌苔(lawn)，再将两种菌苔复印到同一个三重筛选平板上，原则上只有诱饵和靶蛋白发生了相互作用的二倍体细胞才能在此平板上生长。单倍体细胞或虽然是二倍体细胞但 DB 融合蛋白和 AD 融合蛋白不相互作用的都被淘汰。长出来的克隆进一步通过 β-半乳糖苷酶活力进行鉴定。这项改进不仅简化了实验操作，而且提高了双杂交的筛选效率。利用这一特点，酵母交配(yeast mating)可以很方便地将两种不同的质粒转入同一酵母菌株(Finley，1994)。此方法已成为酵母转化的主要替代方法。

4 酵母双杂交系统的功能及其新技术

4.1 筛选与已知蛋白特异作用的成分

双杂交系统最大的应用价值在于它可以筛选

cDNA文库中编码与已知蛋白质特异作用的成分。这种筛选过程不但揭示了许多已知蛋白质之间的未知作用，而且有助于发现许多新基因。但值得注意的是，cDNA文库应该与编码活化结构域(AD)的序列融合，因为若与DNA结合结构域(BD)融合，文库编码的某些含有AD成分的蛋白质会直接活化转录、启动报告基因。利用这一思路，已经筛选出许多cDNA文库中的编码成分。例如，在研究Bcl-2蛋白家族和Fas、TNF等因子调节细胞凋亡的作用机制的过程中，Aritomi等(1999)应用双杂交系统，筛选并鉴定了一些影响凋亡的Bcl-2蛋白和作用于Fas、TNF的新蛋白质TRADD、FADD、FIP等。有趣的是，不同学者所筛选出的*tradd*、*fadd*、*fip*等基因中有许多序列极其相似，暗示了这些相似的序列很可能是细胞凋亡调控过程中的关键序列，同时也反映了双杂交系统这一手段的普遍性和可靠性。此外，与HIV的Tat、IN、Nef等蛋白质作用的成分也是通过双杂交系统从cDNA文库中筛选出来的，它们介导了相应蛋白质在体内的生物学作用，为进一步阐明HIV致病机制提供了重要线索。

4.2 确定两个已知有生理作用的蛋白间的作用位点或结构域

酵母双杂交系统可应用于确定两个已知有生理作用的蛋白质间的作用位点或结构域。利用此系统已分析和测定了多种重要结构域，如p85三磷酸肌醇激酶和p110亚单位作用的结构域v，p21cip1蛋白与增殖细胞膜抗原(proliferating-cell nuclear antigen，PCNA)的结合序列vi等。此外酵母双杂交系统还应用于阐明蛋白质相互作用的结构域，绘制酵母细胞完整的蛋白质联系图谱及药物设计等许多方面。

4.3 酵母单杂交系统

基于酵母双杂交系统的建立，1993年发展出了一种研究蛋白质和DNA相互作用的实验体系，该体系被称为酵母单杂交系统(Li，1993)。酵母单杂交系统的构建与双杂交系统相类似，不同之处在于与转录激活域AD相融合的待筛选蛋白质Y直接与DNA结合位点相结合，使AD直接激活启动子下游报告基因的表达。这一过程无需BD-X的参与，因而通过对AD-Y文库的筛选可分离出与靶DNA序列直接作用的蛋白质Y。该系统为转录因子的分离鉴定提供了有效的实验手段。

4.4 反向双杂交技术

在研究那些能阻断蛋白质间相互作用的因素(如寻找哪些结构域上发生突变可使相互作用中断或哪些分子可以阻断相互作用)时，传统的双杂交技术有较大的局限性。因此，反向双杂交系统(reverse-two-hybrid system)应运而生(Vidal et al.，1996;)。这项技术的特点是采取了反选择筛选策略。根据反选择设计的不同，大致可以分为两类：一类是用便于反选择的*ura3*或*cyh2*基因作为报告基因。*ura3*基因编码尿嘧啶合成途径中的重要酶——乳清酸核苷-5′-磷酸脱羧酶，它能把5′-氟乳清酸(5′-FOA)转变为细胞毒性物质，使细胞无法生长。反之，在能生长的细胞中，外界因素已使蛋白质间的相互作用不能发生，而我们想知道的正是这些因素是什么。因此，只要对存活的克隆进行检测就可以得到结果。Vidal等(1996)用这种技术发现了影响转录因子E2F1中与DP1相互作用必需区域内的点突变。另一类是将常规报告基因(如*his3*)置于大肠杆菌转座子Tn10编码的tet-抑制因子(TetR)/操纵基因控制之下。待测蛋白之间发生相互作用后首先激活*tet-R*基因表达抑制因子TetR，TetR结合到*tet*操纵基因后就抑制了报告基因的表达，结果转化子不能生长。只有当待测蛋白之间的相互作用被某种因素所阻断而无法激活*tet-R*基因时，报告基因才能摆脱*tet*操纵基因的控制而表达，使转化子获得在选择培养基上生长的能力。Shih等(1996)利用这种方法鉴定出cAMP应答元件结合蛋白(cAMP-response element binding protein，CREB)中磷酸化位点的Ser133突变会阻断其与辅助激活因子(CREB结合蛋白)的相互作用。

因此采用反式双杂交系统可以很容易地检出与某一蛋白质相互作用的另一蛋白质的突变体。可用于反式双杂交系统的标记基因除了*ura3*以外，还包括*cyh2*，其表达后使酵母对环己亚胺敏感。基于同样原理，Vidal等(1996)还提出了反式单杂交系统，并已成功地用于分离鉴定*p53*突变体。

4.5 酵母三杂交系统

近几年来，以双杂交思想为基础建立起来的三杂交系统可用来研究多个分子间的相互作用，该系统的主要特征是两个融合蛋白空间上的接近须通过第三个分子的参与而实现(Brachmann，1997)。根据第三个参与对象的不同，可以简单地将其分为蛋白质、多肽、激酶、小配体及RNA等不同的三杂交系统。

4.5.1 蛋白质、多肽、激酶三杂交系统

蛋白质三杂交系统是指，蛋白质X与蛋白质Y

的相互作用是以蛋白质 Z 介导的。蛋白质 Z 的作用或是与 X、Y 简单地形成三联体，或是诱导 X 或 Y 的构象改变，促进二者结合，进而激活报告基因的表达。Zhang 与 Lauter 在发现 Grb2 以介导表皮生长因子胞质结构域与 Sos 蛋白的相互作用之后，在研究跨膜受体胞外结构域的过程中，又发展出了以多肽为配体的三杂交系统。跨膜受体的胞外结构域各自与 Gal4 的 BD 和 AD 融合(形成 X-BD 和 X-AD)。胞内自身表达的多肽特异性地与受体结合，导致其二聚体化(X-X)，促使 BD 与 AD 接近，激活报告基因。这个系统可以用来筛选某些随机肽库，也可用以寻找在信号转导过程中的作用蛋白质及相互作用机制。关键氨基酸(如酪氨酸，丝氨酸)的磷酸化常常是某些蛋白质加工成熟的重要一步，基于这一原理，Osborne 等(1995)在原有双杂交系统中加入一可将目的氨基酸残基磷酸化的酪氨激酶 Lck，只有当蛋白质 X、Y 中同样被磷酸化后，两种融合蛋白才能够彼此结合。利用此方法发现在酪氨酸酶 Lck 存在下，IgE 高亲和性受体的 γ 亚基(FcεRIγ)与一种新的蛋白质的相互作用。Lck 使该蛋白质的 SH2 结构域(Src 同源域 2)磷酸化，SH2 构象发生变化从而得以与 FcεRIγ 相结合，并激活报告基因的表达。

4.5.2 小配体三杂交系统

小配体三杂交系统是利用可以渗透的二聚体化学诱导物(chemical inducers of dimerization，CID)作桥梁，将 AD 和 BD 融合蛋白连接到一起，激活报告基因的表达(Lictra，1996)。研究较多的是免疫抑制剂 FK506(McNabb，1996)。Belshaw 等将 FK506 与环孢菌素 A(cyclosporin A)构建成异源二聚体，它能把分别与 FK506 和环孢菌素 A 有相互作用的 AD 和 BD 融合蛋白拉到一起，激活报告基因。Licitra 与 Jiu(1996)利用地塞米松(dexamethasone)与一种小鼠糖皮质激素受体(与 LexA-BD 融合)，以及 FK506 与其受体 FKBP12(与 AD 融合)的相互作用，同样也能激活报告基因。他们还利用杂合配基从 cDNA 文库中重新得到了 FKBP12 的 cDNA。这一系统将 CID 与双杂合系统合并使用，在技术上是一个创新，但是，如何使杂合配体顺利扩散进入酵母细胞仍然是限制其应用的一个重要因素。

4.5.3 RNA 三杂交系统

RNA 三杂交系统(RNA three-hybrid system)的建立为分析 RNA 与蛋白质之间的相互作用提供了有效的手段。这个系统主要是由一个 RNA 分子和两个都能结合该 RNA 的蛋白质组成。此 RNA 的一部分与一个已知蛋白质结合后就可利用它的另一部分去筛选新的 RNA 结合蛋白。因此这种技术既可检测由 RNA 介导的两个蛋白质之间的相互作用，也可筛选鉴定新的蛋白结合 RNA。1996 年，Putz 等把 HIV-1 病毒 Rev 蛋白的突变体 RevM10 与 Gal4 DB 域融合作为诱饵蛋白，利用该 RevM10 蛋白能识别并结合其靶 RNA 中 Rev 蛋白反应元件(Rev responsive element，RRE)的作用去筛选，同样也能与此 RNA 结合并已与 Gal4-AD 域融合的未知蛋白质。根据同样的原理，如将一个已知 RNA 与 RRE 融合形成杂合 RNA 分子并配以 RevM10-Gal4-DB 融合蛋白作为诱饵，便可用于筛选该 RNA 结合蛋白的 cDNA 克隆。SenGupta 等(1996)利用 RNA 噬菌体衣壳蛋白能识别结合其基因组内一种 21 核苷酸的 RNA 茎环结构的特性，将 RNA 噬菌体衣壳蛋白与 Lex-DB 域融合，构建成可用于寻找体内的 RNA 结合蛋白的酵母三杂交系统。

此外，在酵母双杂交系统的基础上，结合荧光共振能量转换效应(fluorescence resonance energy transfer，FRET)和表面胞质团共振分析技术(surface plasmon resonance，SPR)，也可对酵母双杂交系统的结果加以验证，从而更加准确地探明大分子间相互作用的机制(Miyawaki et al.，1997；Malmqvist，1993)。

5 酵母双杂交系统的应用

酵母双杂交体系研究早期主要集中在模式植物拟南芥上，现已广泛应用于研究多种植物。其应用范围主要在以下几个方面。

(1) 筛选 cDNA 文库中编码与诱饵蛋白质特异作用的未知蛋白质，并用于研究这些蛋白质的功能。这在植物研究中应用最多，并涉及诸多方面：①用于植物发育生理研究。美国 Quail 实验室的 Ni 等首先以光敏色素 C 端序列为诱饵，从拟南芥的 cDNA 文库中筛选到一个与光敏色素发生相互作用的蛋白质 PIF3，是一个转录因子。Fankhauser 等用同样的方法，分别检测到另外两种与光敏色素相互作用的蛋白质：PSKI 和 NDPKZ。Quail 用酵母双杂交系统筛选到与光敏色素家族成员相互作用的成分，并据此提出了新的细胞内信号可能的传递途径。Fearon 等用酵母双杂交技术证实拟南芥花发育期间的器官特异性因子 AGAMOUS 有一特异蛋白质与其相互作用，后者富含重复亮氨酸序列，这是首次证实植物中MADS-box的转录调控因子与非MADS-box蛋白之间发生作用。②在细胞周期调控中的应用。控制细胞周期的关键酶是一种依赖于细胞周期蛋白的蛋白激酶（CDK），Doonan和Forbert用酵母双杂交技术分离了CDK的相互作用蛋白质；③在信号转导方面的应用。蛋白质磷酸化是细胞间及细胞内外细胞转导的重要机制之一，Yamada等在研究组氨酸到天冬氨酸的磷酸化信号转导途径时，发现一个拟南芥的AtDBP蛋白可以与细胞分裂素诱导的ARR4反应调节因子相互作用。Urao等利用酵母双杂交技术检测了它们之间的相互作用，初步查清了拟南芥中从组氨酸到天冬氨酸的磷酸化信号转导的可能途径；④检测与植物蛋白质相互作用的病毒蛋白质。Wang等的实验表明夏南瓜黄色镶嵌病毒的RNA依赖型RNA聚合酶和宿主多聚腺苷酸结合蛋白可以相互作用，这一结果可以帮助人们了解病毒感染过程中宿主多聚腺苷酸结合蛋白的重要作用。用此技术研究植物抗病性，在小麦、烟草、番茄和玉米等植物中也均有报道。

（2）检测两种或多种蛋白质之间的相互作用。随着分子遗传学和分子生物学技术的迅速发展和在研究植物生命过程中的广泛应用，越来越多的不同功能基因在不同领域和不同的实验室中分离，这些基因在相关的生物学功能中的关系是直接的或是间接的，如何调控，在解决这些问题之前往往要确定它们之间是否相互作用，酵母双杂交系统可以快速而方便的解决这一问题。

（3）确定蛋白质之间相互作用的特定区域。在分子水平上有时候需要确定蛋白质相互作用所必需的结构域，这对基因工程和分析突变原因相当必要。长期以来，人们多选用分子生物学手段构建多个嵌套缺失突变体，然后再将其导入生物体表达，最后用免疫沉淀等方法检测，或者用体外标记结合免疫沉淀。这些方法费时、费力，在植物研究中除了模式植物拟南芥转基因方法比较成熟外，多数还受到基因转化效率的限制，酵母双杂交系统则可以快速、方便地解决这一问题（朱金鑫，2004）。

复　习　题

名词解释

酵母双杂交系统、诱饵蛋白、RNA三杂交系统

问题

（1）简述酵母双杂交系统的原理及组成。

（2）酵母双杂交适用于解决哪些生物学问题？

（3）非核内蛋白的相互作用如何通过酵母双杂交系统来验证？

（4）设计一个核系统的蛋白互作的酵母双杂交实验，并说明注意事项。

第 21 章

功能蛋白组技术分离目的基因

随着植物基因组计划的实施与发展，GenBank中已存贮了大量未知功能的DNA序列。如何确定这些基因的功能并将其中具重要生物学功能或产生重要经济性状的基因分离出来，是功能基因组学(后基因组学)及植物基因工程研究中的重要内容。澳大利亚学者Marc Wilkins在1994年的国际会议上提出蛋白质组(proteome)的概念，而后此概念逐渐被生物学界广泛应用。为此对植物基因进行功能分析也在转录组及蛋白质组两个水平上逐渐展开。

转录组(transcriptome)是指特定组织或细胞内转录的所有基因及其表达丰度。该水平研究中的主要技术，如减法杂交(subtractive hybridization)、差异筛选(differential screening)、cDNA代表差异分析(representative difference analysis，RDA)、mRNA差异显示(differential display)等已被广泛用于鉴定和克隆差异表达的基因。蛋白质组(proteome)是指细胞内全部蛋白质的存在及活动方式，即基因组表达产生的总蛋白质统称蛋白质组或蛋白组。功能蛋白组是指那些可能涉及特定功能机制的蛋白质群体。这群体可大可小，与特定功能及研究方法、手段及具体实验设计有关。各功能蛋白组的统计组合可描绘出生命细胞大致的蛋白组图谱。由于基因功能最终是以蛋白质的形式表现，仅有转录水平的信息有时不足以揭示基因在细胞内的确切功能，而来自细胞功能蛋白组的信息在基因功能鉴定上具有不可替代的重要作用。

1　功能蛋白组技术概述

随着蛋白质组学的发展，蛋白质组学技术也得到了快速的发展，利用功能蛋白组技术分离基因的策略在基因分离中占有重要地位。功能蛋白质组学(functional proteomics)是指通过分析蛋白质间的互作、蛋白质的三维结构、蛋白质的细胞定位及蛋白质翻译后修饰，明确细胞或组织中全部蛋白质的生理功能。

利用功能蛋白组技术分离目的基因的路线是从基因的功能信息出发，以生物某性状的基本生化过程及生化特征为依据，寻找产生生化特征的蛋白质基础，然后分离纯化功能蛋白。获得了纯化的功能蛋白(以下称目的蛋白)后，有两条路线可供选择：①以目的蛋白的一级结构即氨基酸序列为依据，或者是合成PCR引物，通过PCR扩增分离此目的蛋白基因；或者是合成寡核苷酸探针，通过核酸分子杂交从基因文库中分离此目的蛋白基因。②纯化的目的蛋白为抗原，制备高特异性抗体，利用抗体探针通过免疫反应从表达型基因文库中分离此目的蛋白基因。由此可以看出功能蛋白组技术分离目的基因包括目的蛋白分离纯化、目的蛋白序列分析及目的蛋白基因序列获得三个步骤。此方法分离基因的原则即是从蛋白质功能到基因序列(图21-1)。该方法的关键是确定并制备出高纯度的蛋白质。这需要对目的蛋白的生理生化机制及代谢途径有充分了解，并掌握蛋白质纯化技术及技巧。只要有足够纯的蛋白质并制备出高特异性的引物及探针，这一方法是行之有效的。

该方法是植物基因工程中最早采用的一种分离克隆基因的经典方法。利用这种方法分离并鉴定一批重要功能的植物基因，如葡萄两个编码白藜芦醇合成的二苯乙烯合成酶基因(*Vst 1* 和 *Vst 2*)、水稻巯基蛋白酶抑制剂基因、水稻巯基蛋白酶抑制剂cDNA克隆、黄瓜花叶病毒外壳蛋白cDNA、马铃薯X病毒外壳蛋白基因、真菌无毒基因 *arr* 9、天麻抗真菌蛋白基因等。

早期的工作往往集中在功能较单一的已知蛋白质的基因分离克隆上。近年来，蛋白质双向电泳技术的发展为细胞总蛋白质分析提供了可能。对植物而言，结合双向电泳(two-dimensional gel electrophoresis，2DGE/2-DE)技术所获得的细胞蛋白组图谱，通过比对不同组织、不同发育时期及不同处理条件下的蛋白组图谱，获得差异表达蛋白，并从中确定影响植物代谢及性状的功能蛋白，进而分离出功能基因。Moons等在1997年对水稻在盐胁迫和ABA处理前后的双向电泳蛋白图谱进行对比分析，克隆了几个与水稻耐盐性相关的胚胎晚期丰富蛋白质基因。此外，还可以充分利用现有的突变体资源库，通过比较野生型植株同突变体植株中蛋白组图谱的差异，从而分离出具有相关生理功能的基因。Damerval 等在 1998 年分析了玉米 *Opague 2* 基因的近等基因系之间蛋白质双向电泳图谱的差异，鉴定并克隆了一个新的转录激活因子的基因。综上所述，功能蛋白组技术分离克隆基因是将蛋白质双向电泳与经典的基因克隆方法相结合，它将在基因功能分析及新基因分离中发挥重要作用（图 21-1）。

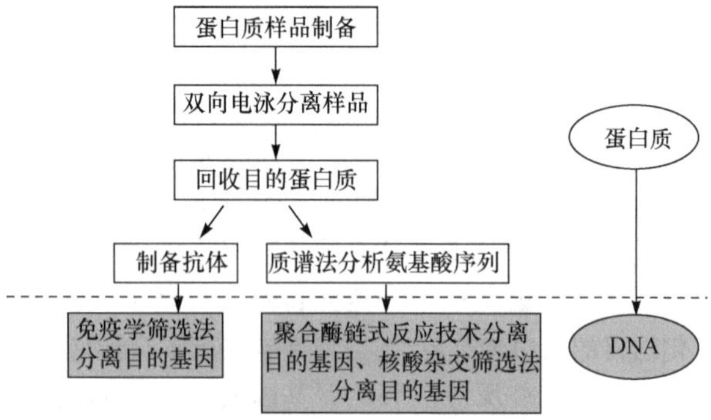

图 21-1　功能蛋白组技术分离目的基因策略

2　蛋白质双向电泳技术

蛋白质双向电泳是目前蛋白质组研究中的首选技术（Humphery，1997）。其对原核及真核生物多种类型细胞内数千种蛋白质成分的精细分离效果已被诸多实验结果所证明。到目前为止，双向电泳技术仍是蛋白质组学研究的一个主要的技术手段，它具有强大的蛋白质分离能力。

2.1　双向电泳原理

双向电泳是由两个单向电泳组合而成，在第一向电泳后再在与第一向垂直的方向上进行第二向电泳。该方法由 O'Farrell 等在 1975 年提出。双向电泳分离原理与组成它的两个单向电泳的分离原理基本相同，其分离效果与组成双向电泳的两个单向电泳的分离依据有关，若两向分离依据相同，所得蛋白斑点呈对角线分布，分离效果与单向电泳近似。要获得良好分离效果，两个单向电泳的分离依据要有很大不同。常用的双向电泳技术是结合一向等电聚焦（isoelectric focusing，IEF）和二向十二烷基硫酸钠聚丙烯酰胺凝胶电泳（sodium dodecyl dulfate polyacrylamide gel electrophoresis，SDS-PAGE）分离蛋白质，其分离依据是：①SDS-PAGE 是基于蛋白质分子质量大小分离蛋白质。通过在凝胶及缓冲液中加入阴离子表面活性剂 SDS 及 β-巯基乙醇，使蛋白质变性，多肽链内部的和肽链之间的二硫键被还原，肽链被打开并与 SDS 结合带负电，各组分间原有的电荷差异被消除，仅按分子大小分离。聚丙烯酰胺凝胶电泳（polyacrylamide gel electrophoresis，PAGE）：依据电荷多少及分子大小；②IEF 是基于蛋白质电荷属性分离蛋白质。蛋白质在具线性 pH 梯度的聚丙烯酰胺凝胶介质中泳动。其泳动方向及速度取决于其所带净电荷的性质及数量，而后者又取决于其所在之处的介质的 pH。pH＞pI 时向正极泳动，pH＜pI 时向负极泳动。由于蛋白质是在具 pH 线性梯度的介质中泳动，其泳动过程中其所带电荷数量及泳动速度不断改变，最终停止并聚焦在 pH＝pI 之处。其中，变性蛋白质的 pI 是由 N 端氨基酸、C 端氨基酸、翻译后修饰物及氨基酸共同形成的。因此依等电点差异分离的等电聚焦与以分子量差异分离的 SDS-PAGE 相组合是合理的。

2.2　用于功能蛋白组研究的双向电泳系统

自 1975 年 O'Farrell 提出双向电泳至今，其技术不断改进，已形成了多种双向搭配系统。目前第一向主要采用 IEF-PAGE；第二向有 SDS-PAGE、PG-PAGE 等。

2.2.1　IEF/SDS-PAGE(ISO-DALT)(O'Farrell)系统

1975 年，O'Farrell 等根据等电点差异及分子质量差异的两种不同分离原理，以含有 9mol/L 尿素、2%NP-40、T＝4%、C＝5%的管状等电聚焦为第一向，以 Lammli 建立的不连续 SDS-PAGE 为第二向，结合同位素标记用放射自显影的方法从大肠杆菌蛋白质提取液中分离并检出了 1100 种不同的蛋白质组分。Arderson 又称这种 IEF/SDS-PAGE 双向电泳系统为 ISO-DALT。目前认为采用该系统可分离 5000 个不同的蛋白质组分，其分辨率之高是其他电泳系统所不及的。

该双向电泳虽然在分离原理上与组成它的两个单向电泳基本相同，但在附加试剂及操作上却有较大差别：①因第一向的分离谱为第二向的样品，为保证在第二向电泳时各组分能充分与 SDS 结合，必须在第一向电泳系统内加入高浓度的尿素和适量的非离子型去污剂 NP-40。样品液中要含有 DTT。这些试剂的作用是破坏二硫键及次级链，使蛋白质变性，有利于与 SDS 结合，它们并不改变蛋白质的等电点及原有的电荷量。②第一向多采用胶条或管状电泳，第二向为板式电泳。样品在第一向中得到一定程度分离。此胶条或凝胶柱作为第二向的样品包埋在凝胶板上端。包埋前胶条或凝胶柱需在第二向样品液中振荡平衡，以使存留在胶条或凝胶柱中的第一向电泳分离系统被第二向取代。

2.2.2　IPG-DALT 系统

该系统是对 ISO-DALT 系统的改进，第一向电泳采用了固相 pH 梯度等电聚焦。固相 pH 梯度的两性电解质是 Immobiline，而不是两性电解质 Ampholine。Ampholine 是一类多羧基多氨基脂肪族化合物，相对分子质量在 300～1000。在直流电场下形成从正极到负极的连续 pH 梯度，分辨率为 0.01pH。由于 Ampholine 在电泳系统中易移动，故 pH 梯度不十分稳定，实验重复性差。并易造成"阴极漂移"现象，导致被检样品中碱性蛋白质丢失等。Immobiline 是一类丙烯酰胺衍生物，能与丙烯酰胺及甲叉双丙烯酰胺共聚合，因此能形成固相的 pH 梯度。梯度在凝胶聚合时形成，故梯度稳定，不受电场因素及凝胶脱水及重新水化的影响。再则该系统凝胶上样量大。电泳结束后转入第二向电泳用第二向样品液平衡时蛋白质样品比 ISO-DALT 系统稳定，不易被洗脱（ISO-DALT 系统平衡时有 10%以上的样品损失），而且在第二向凝胶板上也不需用琼脂糖包埋。此外，固相 pH 梯度的 pH 为 2.5～11，比 Ampholine 宽，分辨率为 0.001pH，比 Ampholine 高。因而此系统具有操作简便、重复性好、分辨率高及信息量大等优点，使用该系统几乎可以获得整个细胞蛋白组图谱。

2.2.3　IEF/PG-PAGE 微型双向电泳系统

微型 IEF/PG-PAGE 是一种近几年才发展起来的适于微量蛋白质分离分析的双向电泳技术。该双向系统的第一相是在毛细管微型凝胶柱内进行的 IEF-PAGE。第二向是在 50mm×38mm 微型凝胶板上进行的 PG-PAGE，即孔径梯度（pore gradient）聚丙烯酰胺凝胶电泳。与 IEF/SDS-PAGE 相比它具有以下优点：①微量。只需 1～2μl 的样品，可分离 50～150μg 的蛋白质。②操作简便。因第二向电泳不需对样品进行处理，所以可省去两向电泳间凝胶柱的平衡步骤。柱内的两性电解质可在凝胶柱置于第二向凝胶板上沿后自动扩散掉。③快速。整个电泳时间 3h 左右。一般双向电泳需十几个小时至几十小时。④可始终保持样品的生物活性。因第二向电泳不是 SDS-PAGE，故无论是哪一向电泳，不再需要尿素、NP-40 等蛋白质变性剂，这对蛋白质的活性检测及功能研究是十分重要的。

2.3　蛋白质双向电泳技术

2.3.1　样品制备

结合已有的研究结果，我们认为影响双向电泳结果的重要因素即是样品制备，成功的样品制备对于获得成功的 2-DE 分析结果至关重要。正是由于人们认识到了样品制备的重要性，通过蛋白质增溶方面的改进、极碱性区域 pH 梯度胶条的引入及低丰度蛋白质的获取等推动样品制备领域的重大变革。双向电泳要求分离的蛋白质在整个实验过程中保持溶解状态，在第一向 IEF 要求增溶试剂不能改变所分离蛋白质的等电点，也不能改变溶液的导电性。但是由于研究对象的不同、研究目的的差异等原因，并没有一个能够解决所有问题的通用的实验方案，必须充分了解实验样品及其中包含的蛋白质性质，才能很好地开展研究工作。

植物有很多特化的器官和组织执行特定的功能，每个细胞类型都可能包含特殊的蛋白质群体，因此可以结合功能蛋白的特性，缩小蛋白来源。但是由于植物蛋白质含量较低，含有很多对蛋白质提取和分离起抑制作用的物质。例如，次级代谢产物酚类化合物、油脂、多糖等，其中多酚类化合物会同蛋白质形成不可逆的复合物从而影响蛋白质的分离，多糖等物质会干扰双向电泳的结果。不同植物及同一植物的不同组织器官中次级代谢产物的种类及含量差异很大。如果功能蛋白特异的存在于叶绿体、线粒体等细胞器中，可以通过分离这些细胞器，有效地降低样品的复杂度；而对于总蛋白质，需要进行不断优化，常见的方法主要有基于酚和三氯乙酸（TCA）的方法，其中酚法适用于含糖等较多的复杂的植物组织，TCA 适用于幼嫩的植物组织。

供蛋白组研究用的样品可直接使用植物组织，研碎后溶于裂解液，经高速离心后取上清液上样。植物材料或制备的蛋白质有时需用冷丙酮萃取，以除去脂类、酚醛色素、水分等。样品应不含核酸，富含核酸的材料或来自核蛋白质复合物的蛋白质样品需经去核酸处理，可采用选择性沉淀或用羟基磷灰石柱层析纯化。样品中的蛋白质应充分解聚，无非共价键结合。所以样品必须溶解在裂解液中。

2.3.2　蛋白质上样量

蛋白质样品在进行双向电泳之前，需要测定其浓度，以指导我们确定合理的上样量。上样量主要取决于电泳后蛋白质检出方法的灵敏度及各组分的含量。在满足检出方法灵敏度要求的前提下，样品量越小越好，因为样品量小可提高分辨率。目前常用的蛋白质浓度测定方法是BCA法和Bradford法，需要结合蛋白质样品的实际情况选择合适的定量方法。蛋白质定量时还需要采用一系列浓度的标准蛋白质绘制标准曲线，常用的标准蛋白包括γ-球蛋白和牛血清白蛋白(BSA)。需要注意的是，定量的时候一定要使样品浓度在标准曲线的线性范围之内，以保证定量数据的可靠；蛋白质标准品要用提取样品蛋白质的缓冲液溶解。

2.3.3 第一向等电聚焦电泳条件

在等电聚焦中使用固相pH梯度(immobilized pH gradient，IPG)胶，通过将缓冲基团固定在凝胶中的聚丙烯酰胺基质上，可以解决阴极漂移和重复性差的常见问题，在初次实验时，一般建议选择宽pH范围(pH 3～10或pH 2.5～11)的胶条，便于观察样品的总体分布情况，在获取了蛋白质的基本信息之后，可根据蛋白质样品的实际情况，选择窄pH范围的胶条，甚至可以将不同梯度的胶条重叠使用，以获得最好的分辨率，使对差异蛋白的分析更加精确。在长、短胶条的选择上需要结合样品实际情况及胶条的优缺点进行选择，长胶条分辨效果好，上样量大，适合分析复杂样品，对于后续的质谱分析更加有利。

利用杯上样的方式较水化上样的方式能够提高分辨率。等电聚焦的运行开始后，可以通过观察溴酚蓝向阳极移动的情况判断聚焦是否开始，但是溴酚蓝到达阳极端并不代表聚焦结束。聚焦结束后应立即进行第二向SDS-PAGE，如因特殊情况无法继续实验，应将未经平衡的胶条放入离心管中−70℃保存以避免蛋白质修饰发生。

2.3.4 平衡

胶条在从等电聚焦过程转换到SDS-PAGE时，需要进行平衡，其目的是通过平衡液中的SDS包裹蛋白质，从而使蛋白质带负电并重新溶解，以利于其进入二向凝胶。两向转换间凝胶的平衡时间主要根据凝胶形状及体积而定，以完成胶内试剂成分更换及尽量减少蛋白质损失为原则。

柱状凝胶平衡时间一般控制在30min，这时蛋白质约丢失10%，若平衡2h，则丢失50%。若是薄层胶条平衡5～10min。超薄胶条平衡只需1～2min。采用在平衡前用三氯乙酸固定或在平衡液中加入终浓度为55%的甲醇均能明显减少蛋白质丢失。

2.3.5 第二向电泳的样品胶处置

第二向电泳采用Tris-甘氨酸缓冲体系，对于大多数样品选择12%的凝胶浓度即可。与常规SDS-PAGE不同的是，此时的凝胶不需要浓缩胶，因为蛋白质经过IEF分离之后不会在进入分离胶的时候再聚集，蛋白质的转移依然是从凝胶到凝胶。另外，传统的浓缩胶和分离胶界面存在的聚合不完全的丙烯酰胺单体等会黏附和修饰蛋白质，有些蛋白质会停留在界面之间不进入二向。与IEF不同的是，SDS-PAGE中溴酚蓝前沿到达凝胶底部时即可终止电泳。

将第一向的凝胶置第二向凝胶板上端时二者要紧密接触，防止蛋白质样品在间隙处发生扩散。管状电泳的凝胶柱需用高纯度的琼脂糖密封。不进行密封的微型凝胶柱及板式胶条通常要用不锈钢片轻压使二者贴紧。

2.3.6 图谱检出

双向电泳检测方法应选用灵敏度高的银染、荧光和放射自显影技术。由于双向电泳经两种原理分离，所用蛋白质标准物与单向电泳有所不同，可查阅生化手册。蛋白质标准物最终在双向电泳蛋白图谱上以一定pH单位间隔排列，斑点数目和分布取决于亚基种类数及分子量(第二向为SDS-PAGE时)。对于高分辨率的蛋白组双向电泳图谱，应用凝胶扫描系统对数据进行处理。根据Cartesin坐标系统可得到斑点的等电点及分子量双重信息。

蛋白质电泳结束后，需要选择合适的染色方法，便于选取目的蛋白。常用的方法包括考马斯亮蓝染色法、银染色法、二价锌离子负染法、SYPRO染色法和放射自显影技术。几种方法的灵敏度和线性范围等指标存在差异。O'Farrell认为用考马斯亮蓝R-250染色的灵敏度在0.1～1μg，银染(silver stain)为2～10μg，高敏感的荧光显色橙染(SYPRO orange)灵敏度为1～10μg，同位素标记的放射性检测法检出时，斑点的蛋白质质量每条带应在10^{-6}～10^{-1}μg。

考马斯亮蓝染色法是应用最广泛的一种方法，该方法与质谱的兼容性较好。银染色法也是应用较多的一种方法，其线性范围较差，但是灵敏度较高，可以达到考马斯亮蓝染色的10倍以上，针对后续要进行质谱分析的凝胶必须选择质谱兼容的银染法(mass spectrometry-compatible silver staining)。以上两种方法都存在固定蛋白质的步骤，尤其是银染还有增敏步骤，这些都不利于蛋白质复原，负染法是染凝胶，有利于蛋白质从凝胶中复原出来。SYPRO染色法与银染的灵敏度相当或更强，由于其原理是通过荧光染料同蛋白质的非共价结合进行染色，线性动态范围更宽，方法简便快速，无需进行长时间脱色，与质谱兼容性好，在性能上超过考染和银染，但其价格昂贵无法普及。

除了以上四种方法以外，人们为了更准确地比较几个样本之间的差异，发展了荧光差异电泳技术(difference gel electrophoresis，DIGE)，在同一块胶上同时分离多个由不同荧光标记的样品。例如，用荧光染料提前标记蛋白质，将内标用 Cy2 荧光染料标记，样品 1 和样品 2 分别用 Cy4 和 Cy5 标记，所有样品和内标混匀之后上样进行双向电泳。最后通过多功能扫描仪对多色荧光一次成像，既可进行样品间差异的比较，也可以通过内标对每个蛋白质点的差异进行统计学分析。这种方法减少了实验过程中各环节可能造成凝胶的差异，极大的提高了差异发现的灵敏度和准确性。

2.3.7　目的蛋白选取及胶内酶解

利用不同的染色方法，分析胶上蛋白质点，利用修剪好的枪头或干净刀片切取感兴趣的蛋白质点。获得的蛋白质即可用于后续的氨基酸测序或抗体制备。如果用于质谱测序，还需先进行脱色然后进行胶内酶解，提取酶解后的片段进行生物质谱分析。用于质谱及数据比对分析的理想肽段大小是 6～20 个氨基酸，低于 6 个氨基酸的短肽序列无法同数据库中的序列一对一匹配，而大于 20 个氨基酸的肽段在进行质谱分析时很难获得序列信息。常用胰蛋白酶进行胶内酶解，原因是胰蛋白酶比较稳定，自切峰少，切割产生的肽段长度很适合于质谱分析，而且缓冲体系同质谱兼容。胰蛋白酶通常在赖氨酸和精氨酸残基位点切割蛋白质，一个 50kDa 蛋白质经胰蛋白酶消化后产生约 30 个胰蛋白酶肽。需要注意的是，在整个过程中要降低杂质污染，以避免对质谱检测产生干扰。除了质谱方法，还可将蛋白质转印至 PVDF 膜上，直接用 Edman 测序法进行测序。

3　功能蛋白氨基酸序列分析

3.1　概述

利用功能蛋白组技术分离目的基因是从蛋白质到 DNA 的策略，所以获得功能蛋白后对其一级结构的测定是分离其基因的关键所在。蛋白质一级结构信息主要是肽链组成及各肽链的氨基酸排列顺序。蛋白质的肽链组成可以通过电泳的方法初步确定。对于达到电泳纯度的由不同亚基组成的寡聚蛋白在 PAGE 电泳后呈现一条蛋白质条带，在分辨率足够的 SDS-PAGE 电泳后呈现多条蛋白质条带，条带数目为分子质量不同的亚基数。对于由相同亚基构成的寡聚蛋白，在达到电泳纯度时，可通过对 SDS-PAGE 及 PG-PAGE 电泳结果的比较而确定。前者呈现一条分子质量较低的条带，而后者产生一条分子质量较高的条带。由于 SDS-PAGE 分离的是蛋白质的亚基，所以一个斑点为一种肽链成分。SDS-PAGE 电泳后，将胶上条带印迹到 PVDF 膜上后可直接用于测序。对于已有数据库基因分离(如拟南芥、水稻等)，一般只需测定肽链中部分肽段的序列即可，通常包括 N 端测序、C 端测序及蛋白质指纹质谱分析，将肽段酶解后利用质谱的方法进行氨基酸测序成为目前较为常用的方法。

N 端测序、C 端测序的关键在于能否严格地依次将氨基酸残基从肽链一端切割下来及能否正确地鉴定每一个依次切割下来的氨基酸。目前氨基酸残基的依次切割可采用化学法和酶法。与酶法相比化学法具有裂解率高、成本低、便于自动化操作等优点而被普遍采用。切割方向可以从 N 端开始，也可以从 C 端开始。从 N 端开始的经典方法是 1950 年由 Edman 提出的异硫氰酸苯酯法。该方法被命名为 Edman 降解法，并于 1970 年发展成全自动的测序方法，此后 N 端序列仪不断改进更新。目前可测到 50 个循环，灵敏度达到 10pmol。早期的蛋白质测序是 Edman 测序法，通过对蛋白质从 N 端开始实施逐步的化学降解，并对每次降解的氨基酸进行检测，但是由于许多蛋白质的 N 端氨基被修饰，无法同 Edman 试剂反应，所以人们又结合酶解的方法，将蛋白质降解后的肽段进行 Edman 测序，以弥补单独使用 N 端测序的不足。从 C 端开始逐一将氨基酸残基切下较 N 端困难。早年的化学降解法只能测一个 C 端氨基酸。用羧肽酶降解虽然能测到 3～5 个氨基酸的序列，但由于酶对某些氨基酸的选择性及分析测定本身是一个动态演绎的方法，可能产生错误，因而限制了该法的使用。近年来经一系列改进，C 端化学法测定技术已初步成熟，1995 年，自动化 C 端序列仪问世。目前可自动测定 5～10 个氨基酸，在 nmol 水平上。对于切割下来的氨基酸的鉴定主要是采用氨基酸残基与生色基团偶联，然后通过色谱法，主要是高效液相色谱法分离鉴定。

3.2　蛋白质指纹质谱分析

现在被广泛使用的是质谱的方法测定氨基酸序列。例如，将酶解后的多肽混合物用基质辅助激光解析电离飞行时间质谱(matrix-assisted laser desorption ionization time of flight mass spectrometry，MALDI-TOF-MS)测定肽质量指纹图谱(peptide mass fingerprinting，PMF)，或者用电喷雾串联质谱(electrospray ionization tandem mass spectrometry,ESI-MS)测定酶切后的多肽的肽序列标签(peptide sequence tag,PST),最后将这些质谱分析数据同数据库进行比对检索从而鉴定蛋白质。PMF最适用于那些可以获得大量基因组序列、cDNA序列和蛋白质序列的生物,尤其是已经完成全基因组测序的物种。与ESI-MS相比,MALDI-TOF-MS在分析多肽混合物时,能耐受适量的缓冲剂、盐和其他物质,多肽混合物中的各个肽几乎均产生单电荷离子,因此MALDI-TOF-MS成为了质谱分析的首选技术。

质谱仪的基本工作原理是将样品离子化,按照离子的质量和电荷比将离子分离,检测分离开的离子,将其转化为电子信号形成质谱图谱,然后利用计算机软件对质谱图谱进行分析。质谱仪通常由五部分组成,即进样系统、样品离子化源、质量分析器、离子检测和转化器及计算机分析软件。基质辅助激光解析电离(matrix-assisted laser desorption ionization,MALDI)是由德国科学家Karas和Hillenkamp所建立的一种离子化方法。将微量蛋白质与过量小分子基质(如小分子含芳香环的化合物)的混合溶液加在样品的靶盘上,溶剂挥发后蛋白质与基质在靶盘上形成共结晶。当脉冲激光照射到靶点上时,基质吸收了激光的能量跃迁到激发态,基质上的质子转移到蛋白质分子上,导致蛋白质的电离和气化。样品离子化后被电场推入分析器。MALDI常用的分析器是飞行时间分析器(TOF),最早由美国科学家William Stephens报道了TOF分析器。TOF测定离子飞行到检测器所用的时间,离子的飞行时间与它的质量/电荷比值相关,比值越小,飞行时间越短,到达检测器越快。

蛋白质指纹质谱分析利用MALDI-TOF-MS技术对蛋白质酶解多肽片段进行高精确度的分子质量分析,形成实验获取的多肽片段分子质量表。计算机软件可以对蛋白质或核酸序列数据库中的所有序列进行理论上的酶解分析,形成一个理论上不同的蛋白质多肽片段的分子质量表。将实验所得到的多肽片段分子质量表同数据库的分子质量表进行比对,寻找分子质量一致的多肽片段,如果发现数据库中某蛋白质有许多片段同实验测得的多肽片段序列吻合,软件即可指出目标蛋白。

4 功能蛋白基因分离

4.1 聚合酶链式反应技术分离目的基因

4.1.1 目的蛋白基因分离

直接分离目的基因是以该植物cDNA为起始材料。当同时测知了目的蛋白质N端及C端序列时,可根据氨基酸序列及密码子的简并性,推测基因两端的可能序列,设计简并引物,以基因组DNA为模板直接扩增目的基因。当测定得到某个肽段的氨基酸序列时,通过将此序列同已知数据库中的蛋白质序列进行比对,将分析到的目的基因设计特异引物克隆目的基因。

4.1.2 目的蛋白cDNA分离

目的蛋白cDNA分离是采用RT-PCR方法。首先提取植物总RNA或从中纯化出mRNA。然后进行反转录得到cDNA第一链。以第一链cDNA为模板,扩增目的蛋白质cDNA。如果测定了目的蛋白N、C两端的序列,可根据两末端氨基酸序列及密码简并性分别推测其mRNA 5′端及3′端的可能序列,然后设计并人工合成简并引物。5′端引物的核苷酸序列与推测的mRNA 5′端的序列相同,而3′端引物与推测的mRNA 3′端的序列互补,这样可扩增出该目的蛋白特定的cDNA片段。若引物中含有限制酶位点,扩增产物可克隆到选定的载体上。如果只测定了目的蛋白N端序列,而不知C端序列,则可以oligo(dT)12~14为3′端引物与上述的5′端简并引物组合,扩增出具3′端的成熟蛋白cDNA。如果只知道目的蛋白的C端序列、反转录时根据C端氨基酸序列来设计合成cDNA第一链的引物。cDNA第一链合成后,可采用锚定PCR方法,用末端转移酶在cDNA第一链3′端加上同聚物尾oligo(dG)或oligo(dC),然后用锚定引物(与同聚物尾互补)及根据C端序列设计的3′端引物,以cDNA第一链为模板进行PCR扩增,扩增产物与载体相连得目的蛋白cDNA克隆。根据生化功能分离纯化的蛋白质为成熟蛋白质。对于成熟蛋白质是否具有前体的分析可通过锚定的PCR来分析。若以C端序列为依据扩增的cDNA分子质量大于以N端序列为依据扩增的cDNA,则表明此成熟蛋白具有前体。

4.1.3 目的蛋白基因分离中简并引物的设计

根据氨基酸序列设计PCR引物的依据是氨基酸的密码。由于密码具简并性,即一种氨基酸有多个密码子,所以必须合成简并引物。简并引物是一组不同序列引物的混合。其中只有一个是与模板严格互补的。简并引物中所含引物的多少与序列中氨基酸种类有关。引物种类过多会引起非特异性扩增,因此在简并引物设计时应注意以下问题:①尽量选择简并性低的氨基酸区域设计引物;②结合物种对密码子的偏爱性,选择该物种使用频率高的密码子,从而降低引物的简并性;③对于简并度高的密码子，引物中可使用次黄嘌呤核苷酸，使它处于简并密码第三位核苷酸的位置，因其配对的专一性较低；④引物3′端不应终止于简并密码的第三位核苷酸处。

4.2　核酸杂交筛选法分离目的基因

该方法是根据目的蛋白的某些氨基酸序列信息，设计合成寡核苷酸探针，通过探针与同源DNA序列杂交将编码此蛋白质的DNA序列或cDNA片段从该植物的基因组文库或表达此蛋白质时的cDNA文库中分离出来。分离工作首先是构建基因文库及合成寡核苷酸探针，然后将基因文库转移到尼龙膜或硝酸纤维素膜上，同合成的寡核探针进行菌落或噬菌斑杂交，筛选具有目的基因的阳性克隆。关于文库构建已在本书中详细讲述，这里只简要介绍有关寡核苷酸探针合成的一些问题。

4.2.1　简并寡核苷酸探针库

筛选cDNA或基因组DNA文库时，寡核苷酸探针长度一般要求在17～20个核苷酸。为此，必须起码已知6个连续排列的氨基酸序列。由于氨基酸密码的简并性(表21-1)，很难一下子确定出编码这6氨基酸序列的核苷酸的真实序列。因此根据氨基酸序列合成的寡核苷酸探针通常是长度相同，但在简并密码第3位核苷酸处存在差异的寡核苷酸序列群，或称之为寡核苷酸探针库(图21-2)，虽然库中的每个序列都能编码出这6氨基酸序列，但其中只有一种能与cDNA库中目的蛋白的cDNA完全互补。因此用寡核苷酸简并探针分离克隆的目的基因时，不可避免地会出现假阳性克隆(其他探针与非目的cDNA杂交)。探针简并程度越高，假阳性发生率越大。

表21-1　具有不同密码子数的氨基酸

密码子数	氨基酸
1	Met　Trp
2	Phe　Tyr　His　Gln　Asn　Lys　Asp　Glu　Cys
3	Ile
4	Val　Pro　Thy　Ala　Gly
5	Leu　Ser　Arg

氨基酸序列：　Val　Asn　Phe　Tyr　Ala　Trp　Lys

寡核苷酸探针库：

A	T	T	T	A		A
GTT	AAC	TTC	TAC	GCT	TGG	AAG
C				G		
G				C		

图21-2　17核苷酸探针库(方框内，含32种序列)
(2×2×2×4×1=32)

4.2.2　猜测体探针

为解决杂交中假阳性克隆问题，Jaye等在1993年首次使用较长而简并性较低的寡核苷酸(后被称为猜测体)分离了人凝血因子IX cDNA克隆。之后许多基因利用此方法分离。经较严密分析推测产生的猜测体探针几乎是唯一的，因其较长(28～70个核苷酸)，所以能较大范围地与目的基因结合，但仍具有与目的基因不配对的核苷酸，所以只要不配对的核苷酸不是均匀地散布在探针分子的各处，而是被长配对区(10～12个完全配对的核苷酸序列)所隔开，这样的猜测体探针就可以特异与目的基因杂交，鉴定出阳性克隆。另外杂交条件也是影响杂交特异性的一个因素，因此应用猜测体探针时应找出最佳杂交条件。

4.2.3　寡核苷酸探针标记

设计合成探针序列后必须进行标记。用于分离目的基因的寡核苷酸引物一般是采用放射性末端标记。主要采用T4多核苷酸激酶标记。人工合成的寡核苷酸5′端没有磷酸基因，因而可用T4多核苷酸激酶从[γ-^{32}P]ATP上转移[γ-^{32}P]，使寡核苷酸5′端带上放射性。

4.3　免疫学筛选法分离目的基因

该方法是利用免疫学原理，通过目的蛋白的特异抗体与目的蛋白的专一结合，从表达文库中分离目的蛋白基因。对于植物基因分离来说，它是一种较新的，也是行之有效的方法。其关键是利用纯化的功能蛋白制备高特异性的抗体及构建表达型基因文库。

4.3.1　基因表达文库构建

基因表达文库是用表达载体(expression vector)构建的。基因载体有两种：克隆载体与表达载体。基因克隆载体要有复制子、多克隆位点及筛选标记，表达型载体除此之外还要有启动子、核糖体结合位点、转录起始及终止信号、转译起始密码子和终止子等一系列基因表达的调控序列。由于真核细胞与原核细胞在启动子等表达调控系列上存在差异，因此表达载体有原核、真核之分。目前已建立了多种原核细胞(如大肠杆菌、枯草杆菌)及真核细胞(如酵母、昆虫等)的重组基因表达系统，其中大肠杆菌是应用最广泛的。而大多数表达载体都是在广泛使用的克隆载体(质粒载体或噬菌体载体)上发展而来的。将植物基因组DNA片段或cDNA片段克隆在表达载体上，再转化进大肠杆菌细胞就构成了植物基因组表达文库或 cDNA 表达文库。

构建 cDNA 表达文库，不仅要将植物各 cDNA 片段插入到载体启动子下游，而且还必须有正确的插入方向及正确的阅读结构，所以在 cDNA 与载体连接前一般采用在 cDNA 片段两端加上寡核苷酸的衔接子，此衔接子各含一种产生黏性末端的限制酶识别序列并且位点与阅读结构匹配，当 cDNA 载体用这两种限制酶消化后再进行连接，便可使 cDNA 定向、定位克隆进入载体。此外，目前许多商品载体是由一系列三种不同阅读框架的载体组成，当用同一种限制酶切割载体并与目的 DNA 片段重组时，至少有一种融合蛋白的框架是与之吻合的。

当外源基因与细菌蛋白质 N 端编码区（如 *lacZ* 基因 N 端序列）融合时，表达产物为融合蛋白。融合蛋白不易被细菌蛋白酶消化而较稳定，故表达量较高。典型的融合蛋白表达载体是 pUR 系列载体（Rüther et al.，1983）。融合蛋白可通过基因融合时引入的蛋白酶作用位点的酶切作用或化学切割而转变为天然蛋白质。如果希望表达载体直接表达天然蛋白质，可以选择“ATG 载体”。这类载体在核糖体结合位点（SD 序列）后有 ATG 起始位点。植物 cDNA 片段应紧插在 ATG 之后，才能正确表达天然蛋白质。在植物基因与载体序列不完全吻合时需使用人工接头或进行切割修补。为提高植物基因在大肠杆菌中的表达效率，要使用强启动子，如 lac、trp、PL 及合成的 tac 和 trc 等。此外核糖体结合位点与起始密码子要有适当的距离。较常用的 ATG 载体是 pKK 233-2。

表达文库的筛选过程与克隆文库大体相同，所不同的是还可以利用目的蛋白的特异抗体为探针，通过免疫化学检测法将正确表达出目的蛋白的阳性克隆从文库中筛选出来，然后提取 DNA 进行核苷酸序列分析，实现从基因的功能信息出发，最后获得基因结构信息的设想。关于文库构建的其他问题可参见本书，此处不再赘述。

4.3.2 抗体制备

目前人工制备的抗体主要有三类：多克隆抗体、单克隆抗体、基因工程抗体。用于表达文库筛选分离目的基因的主要是前两类。

多克隆抗体是用抗原免疫动物制取免疫动物的血清，其中含有大量抗体又称抗血清。因抗原通常含有多种抗原决定簇，所以产生的抗体是由许多 B 细胞及其子代，即多种纯系细胞所产生的多种抗体的混合，称为多克隆抗体（PcAb）。单克隆抗体是利用 Kohler 等 1975 年创建的淋巴细胞杂交瘤技术，通过细胞融合在试管内制备抗体的方法。其技术机制是选取 TK-（TK 胸腺嘧啶核苷激酶）骨髓瘤细胞，与经特异抗原免疫的动物脾中 B 细胞用 PEG 等方法融合，然后在含有次黄嘌呤、氨基嘌呤和胸腺嘧啶的培养基（HAT）中选择融合细胞。没有融合的 B 细胞不具无限增殖能力，不能长期存活。没有融合的骨髓瘤细胞因不含 HGPRT（次黄嘌呤鸟嘌呤磷酸核糖转移酶）核酸合成受阻，也发生死亡。只有融合的杂交瘤细胞既带有来自 B 细胞的 HGPRT，又具有骨髓瘤细胞可长期继代培养的特点而被筛选出来。它能长期增殖并分泌特异抗体，由一个融合细胞克隆产生的后代细胞分泌的抗体是同质的，所以称为单抗隆抗体（McAb）。McAb 是只针对一种特异抗原决定簇（5～7 个氨基酸序列）而产生的特异抗体，因而特异性很强。单克隆抗体可从细胞培养上清液中获得。

用来筛选表达文库的抗体应具有与蛋白质（天然或变性）分子上不依赖于构象的各表位均能高特异性结合的能力，同时与菌体成分反应应十分微弱。目前上述两种抗体在表达文库筛选上都得到成功应用，但各有优缺点。单克隆抗体因具高特异性，筛选时产生的背景远低于多克隆抗体。但它只和一个表位反应，只能检出表达此表位的特定的重组体。多克隆抗体通常能与可能由目的基因不同区域编码的几个不同表位反应，因此带有这种基因片段的重组体就适合用多克隆抗体筛选。为提高多克隆抗体的专一性，可将目的蛋白用 SDS-PAGE 电泳分离纯化，电泳后将分离的目的蛋白条带切下，去免疫动物。单克隆抗体的改进方向是单克隆抗体的多克隆化，也就是使单克隆抗体在保持高度特异性基础上增加反应表位。采用同目的蛋白质不同表位反应的一组单克隆抗体混合物可能会达到理想效果。

由于表达文库筛选时表达蛋白质主要呈变性状态，因而所用的抗体探针必须是与不依赖于构象的表位反应。对于多克隆抗体在使用前须经筛选，以除去与依赖构象的表位发生反应的抗体成分及识别蛋白上寡糖等修饰成分的抗体成分。筛选方法是利用蛋白质无细胞翻译系统。正在萌发的小麦种子抽提物中含有蛋白质合成所需的各种成分，是一个可以活跃进行蛋白质生物合成的系统。将 mRNA 及 20 种氨基酸一起加入到无细胞翻译系统中，可合成出此 mRNA 编码的蛋白质。将用于构建表达文库的 mRNA 同时进行体外翻译，用抗血清同预定分子质量（以目的蛋白分子质量为参照）的多肽进行免疫沉淀反应，反应强烈的抗血清主要同未经修饰的，而且很可能是未经折叠的多肽上暴露着的表位相结合，这样的抗体可选为探针。此外利用免疫印迹方法（Western blot）也可以测试出哪些抗血清可以做探针。目的蛋白进行 SDS-PAGE 后转移到固相膜上，同抗血清反应，不能检测出膜上目的蛋白的抗体不宜做筛选表达文库的探针。这种抗体很可能是只与天然蛋白质上的表位结合。对于识别目的蛋白带的抗体，适合做探针，将这样的抗体从膜上洗脱下来，并不必针对抗原特异性进行纯化。在对抗体的选择上，“背景”问题不容忽视。用如下四张带印痕的滤膜与抗血清反应：一张是要筛选的部分表达文库的印痕，另一张是非重组噬菌斑或非重组质粒的菌落的空白印痕，再有两张分别印有一系列稀释梯度的天然目的蛋白（抗原）及变性目的蛋白，样品量应在 20pg～100ng。四张滤膜分成若干份，供与不同稀释度的抗血清进行反应。能够检出 50～100pg 变性抗原，同时与空白印痕只产生微弱信号或无信号的抗体在筛选表达文库时，除极不稳定的蛋白质外，所有融合蛋白质都可以被检出，此种抗体可作为探针用于表达文库筛选。文库中各菌落或噬菌斑中抗原含量相差悬殊，总体讲融合蛋白的稳定性好于天然蛋白质。

4.3.3　表达文库筛选

表达文库筛选时，一般是以识别目的蛋白的抗体做一抗，一抗不带有标记物，与一抗特异结合的二抗被标记，严格地说是一抗与二抗共同构成探针。

表达文库的筛选过程是先将表达库的细菌在平板上培养，当形成菌落及噬菌斑后原位印迹到固相膜上，用化学试剂（氯仿蒸气）处理膜，使细菌或噬菌斑中的蛋白质充分显露出来，然后用制备的目的蛋白特异抗体与膜一起保温，抗体（一抗）与膜上抗原结合，然后洗膜去除未结合的抗体。再加入第二抗体与膜保温，使二抗与一抗结合，因二抗是带标记的（放射性或酶标记），所以通过二抗的标记可确定表达目的蛋白的阳性克隆的位置。将检测结果与原始平板对照，挑出阳性克隆。

4.3.4　阳性克隆基因表达检测

不管外源蛋白质是以融合蛋白形式还是天然蛋白形式表达，当在大肠杆菌中高水平表达时，绝大多数都是以不溶的包涵体（inclusion body）形式积累。离心收集菌体，裂解细胞后通过离心从粗制细胞裂解液中分离出包涵体，纯化程度为 30%～90%。分离出的包涵体要设法使之溶解（Marston，1987），然后通过 SDS-PAGE 电泳分离，测分子质量并进行免疫印迹分析，判断表达蛋白质是否正确。如果是同 *lacZ* 基因融合的蛋白质，可通过 IPTG 诱导及不经诱导的蛋白质电泳图谱比较分析目的蛋白的表达水平。如果要检测表达蛋白质的功能，在包涵体溶解后，要经透析除去蛋白质变性因素，使多肽链按天然构象重新折叠，形成特定的空间结构。

复　习　题

名词解释

蛋白质组、功能蛋白质组学

问题

（1）简述利用蛋白质组学克隆目的基因的策略。

（2）简述双向电泳的原理。

（3）简述免疫筛选法分离目的基因的程序。

第22章 基因分离克隆的新技术与选择策略

植物基因分离克隆的方法都是依据基因的基本特性创建的，包括基因特定的核苷酸序列、基因在染色体上的位置、基因编码的mRNA、基因的差异表达及基因的功能。每一种基因分离克隆的方法常利用了某些特性，从而产生了各种各样的克隆方法。最近又提出了一些新的探索性方法，但还处于实验阶段，本章对该领域内新技术的研究进展作概要介绍。

1 基因分离克隆的新技术

1.1 EST序列标签法分离克隆目的基因

表达序列标签(expressed sequence tags，EST)是从一个随机选择的cDNA克隆进行5′端和3′端单一次测序获得的短的cDNA部分序列，代表一个完整基因的一部分。这一概念由Adams等于1991年首次提出。1993年，美国国家生物技术信息中心(national center of biotechnologyinformation，NCBI)建立了一个专门的EST数据库dbEST(data base of EST)来收集和保存所有的EST数据。EST作为植物基因组计划的一个重要组成部分，已经在多种植物物种中开展起来，在dbEST中收录了大量各种生物的EST，使得新基因克隆的策略发生了革命性的变革。

所谓EST即从一个随机选择的cDNA克隆进行5′端和3′端单一次测序获得的短的cDNA部分序列，其长度一般20～7000bp，平均长度为(360±120)bp。每个EST代表一个完整基因的一小部分。在人类庞大的基因组中表达基因仅5万～10万个，而EST正是这些表达基因的部分cDNA片段。1995年，Boguski和Schuler首先构思以EST为界标的人类基因组转录图谱计划，这使科学家们在人类基因组测序即将完成之际，提前进入对基因的功能研究。美国国家癌症研究中心(National Cancer Institute)的癌基因组剖析计划(Cancer Genome Anatomy Project)也开始存入从恶性肿瘤组织中发现的EST。截至目前，在NCBI为基础的EST公共数据库和dbEST公共数据库中，载有来自1587个生物体的超过54万个序列(dbEST发表072508)。EST既可能对应于一个cDNA的某一部分，又可能代表mRNA的不同剪接方式。此外，由于EST来源于一定环境下一个组织总mRNA所构建的cDNA文库，故EST也能说明该组织中各基因的表达水平及特异性。EST自身的局限性集中体现在序列分析中的精确程度，另外还有由高丰度与低丰度序列之间的巨大差异造成的重复测定与漏测。

1.2 EST表达标签法的原理

EST研究是通过对随机挑取的cDNA文库中的阳性克隆进行序列测定，然后利用相关的生物学软件对所获EST数据进行分析处理以获得大量信息，并从中寻找生物学意义的过程。基因表达遵从中心法则，在此过程中遗传信息的流向为DNA→RNA→蛋白质，即遗传信息由DNA序列经转录、剪接后流向mRNA，再经翻译，产生有功能的蛋白质。一个典型的真核生物cDNA分子由5′UTR(5′端转录非翻译区)、RF(开放阅读框架)、3′UTR(3′端转录非翻译区)和polyA四部分组成。对于任何一个基因，其5′UTR和3′UTR都是特定的，即每条cDNA的5′端或3′端的有限序列即可特异性地代表生物体某种组织某个时期的一个表达基因。将测序所得的EST序列与NCBI、dbEST等数据库中已知的核酸和蛋白质序列进行同源性比较分析，可以鉴定出哪些代表已知基因，哪些代表未知序列，后者可能代表新基因，并进行基因表达丰度分析，确定这些基因在该组织中的表达水平。

1.3 EST表达标签法的思路

EST表达标签法的思路：①对已知的部分序列进行数据库分析，筛选出代表新基因的EST及相应的重叠群，定位信息等，根据所得信息设计引物，制备探针。②用探针进行cDNA文库筛选，得cDNA阳性克隆，接着用设计引物与所得cDNA阳性克隆载体臂进行巢式PCR和5′、3′RACE，得5′端和3′端部分序列(约400bp)。③对所得阳性克隆和末端序列进行测序。④通过数据库对新序列进行分析，包括与已知基因的同源性分析、拼接延伸、ORF 识别、结构分析、翻译蛋白质分析等。⑤若第一步有新 EST 的定位信息，即可对基因进行定位和结构分析；若无定位信息，还要筛选基因组文库，进行测序和 FISH 定位等工作。⑥最后对发现的新基因进行突变检测和表达分析。

1.4　EST 表达标签法在植物研究中的应用

1）*构建遗传学图谱*　遗传图谱、物理图谱和转录图谱是基因组计划要获得的三张遗传学图谱。

2）*分离与鉴定新基因*　分离基因的经典方法为图位克隆和转座子标签克隆，是利用分子标记或表型变化来分析鉴定基因，以 EST 为重要来源的染色体物理图谱进一步方便了对候选基因的连锁分析，它可将基因确定在更狭小的染色体区段内，缩小了基因的筛选范围，用 EST 取代对 cDNA 全长的筛选、基因组序列的鉴定等繁琐的实验操作。

3）*基因差异表达的研究*　一般认为某一时期的基因表达数量通常占全部基因的 15%细胞的分化由基因特异性的时空表达决定，近年来，对基因的差异表达研究发展了如差减杂交、mRNA 差别显示等新技术，这些技术各有其优势，而 EST 技术的优势在于其稳定性高和分析规模大，对 cDNA 文库随机挑选克隆进行大规模测序，可直接回答特定组织细胞在某一时期哪些基因表达了，丰度如何等问题，从而能在基因整体水平研究相关的功能及代谢，目前基因差异表达研究是植物 EST 研究的主流，基因表达谱的研究更是其中的热点，如水稻胚乳发育中的基因表达、拟南芥防御系统基因表达、油菜保卫细胞的代谢研究、杨树和松树木质形成中的基因表达等，涉及的植物种类多，研究内容广泛。

4）*比较基因组学研究*　植物比较基因组学研究是从比较不同植物的遗传图谱开始的，如禾本科植物遗传作图的共线性研究，利用 EST 中古老保守序列（ancient conserved region，ACR）来研究物种之间的进化关系，可以避免选择家系、构建群体、大量的统计分析等周期长而繁琐的遗传图谱制作过程，并且使结果更加准确，如对拟南芥的研究表明，2/3 以上的 EST 中有 ACR 序列，据此可以判定进化关系，此外利用基因组较小的模式生物所获已知功能基因，用复杂基因组生物如人与作物的 EST 比较，从而推测待测 EST 的功能，也为比较基因组学研究的重要内容。

5）*用于制备 DNA 芯片*　DNA 芯片技术是近年来发展起来的研究功能基因组学的方法，EST 是用于制备 DNA 芯片很好的基因资源，而芯片技术同样也是目前高通量筛选 EST 的有效方法，随着更多基因组计划的开展和更多已知功能基因的累积，将来无需测序只通过 DNA 芯片技术就可研究基因功能 EST 计划的实施，不仅获得了关于表达基因的信息资源，同时也获得了大量已鉴定了的 cDNA 克隆资源，而这些资源都是功能基因组学研究不可缺少的。

6）*作为分子标记*　目前 EST 已成为 STS 及寻找多态性分子标记的主要数据来源，被广泛应用于简单序列重复片段（simple sequence repeat，SSR）、单核苷酸多态性（singlenucleo tide polymorphism，SNP）、限制片段长度多态性（restriction fragment length polymorphism，RFLP）、扩增片段长度多态性（Am plifiedfragment length polymorphism，AFLP）等分子标记中。以上已经介绍了几种运用 EST 的分子标记的方法，总之，通过对大量 EST 数据的归纳整理是寻找 SSR、SNP 构建高密度遗传图谱的最经济方法。

7）*基因的电子克隆*　电子克隆的原理是利用生物信息学技术，通过 EST 或基因组的序列组装和拼接，利用 RT-PCR 的方法和电子计算机快速的运算能力来获得新基因。

8）*记录分析*　虽然基因芯片对基因的记录分析有很大的作用，但是 EST 作为一种分析记录工具有其显著的特点，对于某些特定的实验材料而言，EST 不失为一种鉴别记录分析基因表达成本低和速度快的方法。通过 EST 的方法，可以对肿瘤或一些特定组织的基因表达进行检测，对正常细胞和肿瘤样本 EST-based 表达的分析，发现肿瘤 EST-based 表达的特异性基因，为此 EST 可以作为记录分析的有效手段之一。

2　代表性差异分析(RDA)

代表性差异分析（representational difference analysis，RDA）方法是依赖于 PCR 技术进行细胞间差异基因分析的方法，由于具有较高的检测灵敏度和特异性，该方法广泛应用于基因组 DNA 水平的差异分析、细胞基因表达谱和表观遗传学方面的研究。

根据实验用的 DNA 材料及其文库的特点，DNA 代表性差异分析（DNA-representational difference analysis，DNA-RDA）包括 2 种方法：一

种是基因组 DNA(gDNA)的代表性差异分析(gDNA-RDA)；另一种是 cDNA 的代表性差异分析(cDNA-RDA)，两者具有共同的原理，又各有其特性。

2.1 gDNA-RDA

Lisitsyn 等在差减杂交的基础上提出了 gDNA-RDA 方法，它具有差减杂交和 DDRT-PCR 两者的特点。

在 gDNA-RDA 中，先用相对不足的 6 碱基识别酶对 gDNA 进行消化，再与寡核苷酸接头连接，用 PCR 扩增 20 个循环，只有那些 1kb 以下的片段被扩增，这些被扩增的片段称为扩增子(amplicon)(不同的内切酶可产生不同的扩增子)。在检测扩增子(tester amplicon)和驱逐扩增子(driver amplicon)产生之后，再将检测扩增子的 5′端与新的衔接子连接并与过量的驱逐扩增子混合一起变性、复性以去除两者的共有部分(称为消减富集)；加入 *Taq* DNA 聚合酶后，只有那些自身复性的 5′端带有接头的双链 DNA 3′端才能被补平，这样只有那些自身复性的 tester 片段才能被随后的 PCR 扩增(称为动力学富集)，而驱逐扩增子只为与检测扩增子的同源片段竞争复性而存在。重复杂交扩增步骤可使共有序列最大程度地被去除，剩余的差异表达片段可以被用于克隆和测序。

该方法用于新基因的发现和遗传分析，由于步骤本身的随机性，消减扩增之后的 PCR 产物并不一定代表有意义的目的基因，而且在样本制备中的污染也可能产生假阳性。此外，还不清楚在什么情况下，某一器官或组织会发生基因重组，也不知道组织中基因嵌合的程度。

2.2 cDNA-RDA

2.2.1 cDNA-RDA 的基本原理

cDNA-RDA 的基本原理与 gDNA-RDA 类似，cDNA-RDA 技术是将差减杂交与 PCR 有机地结合，利用双链 DNA 为模板时可通过 PCR 呈指数扩增，而单链 DNA 为模板时则呈线性扩增的原理，首先制备 tester 和 driver 的 cDNA 并用 4 碱基限制酶(*Dpn* Ⅱ 或 *Sau*3A)消化成平均长度为 256bp 的 cDNA 片段，随后利用 PCR 技术使两组的 cDNA 片段得以富集。由于 *Dpn* Ⅱ 或 *Sau*3A 是常见的限制酶，这样设计可确保几乎所有的表达基因至少有一次被扩增的机会。接着连续进行了 3 次差减杂交，以彻底从 tester 中去除与 driver 共有的基因，最后再利用 PCR 技术富集 tester 中特异表达的基因。

2.2.2 cDNA-RDA 的操作程序

cDNA-RDA 的操作过程比 gDNA-RDA 复杂，其主要流程如图 22-1 所示。从图中可见主要包括以下过程。

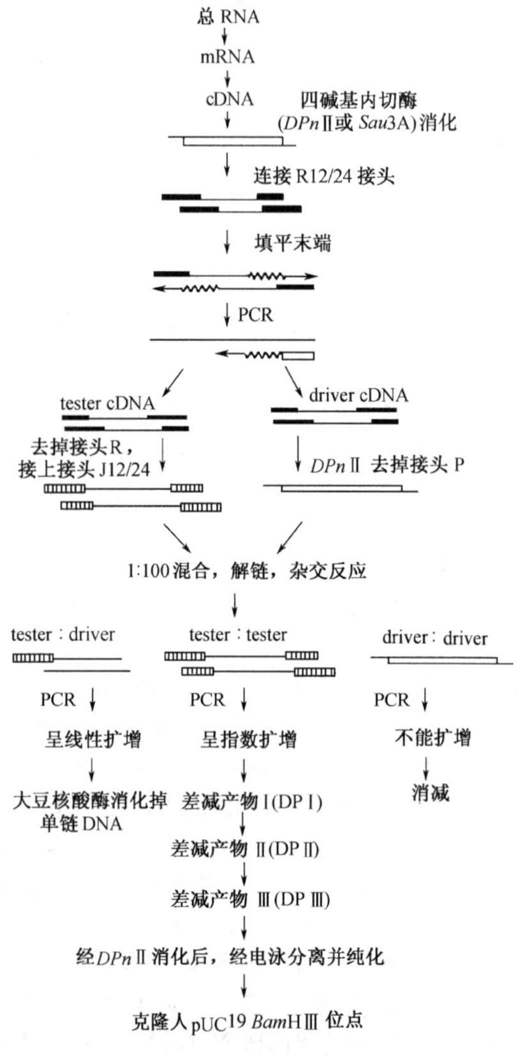

图 22-1 cDNA-RNA 的操作程序(王关林等，2002)

示不同的接头

示 DNA 合成，DPⅡ和 DPⅢ的生长过程类似 DPⅠ

(1) cDNA 模板的制备。分别提取两组(tester 和 driver)组织或细胞的总 RNA，纯化其中的 poly(A)RNA(约需求 2μg)，以此为模板反转录成相应的 cDNA。

(2) 用 *Dpn* Ⅱ、*Sau*3A 分别消化两组的 cDNA，再接上衔接子 R(adaptor R)，经补平末端后作为下一步 PCR 扩增模板。

(3) 加入根据衔接子 R 序列设计的一对引物，利用 PCR 技术使两组的 cDNA 片段得以富集后，再用 *Dpn* Ⅱ 或 *Sau*3A 去除 cDNA 两端的衔接子 R。至此，用于下一步杂交反应的 driver 的 cDNA

样品已制备完毕。

(4) 消减杂交。将进一步获得的 tester 的 cDNA 接上新的衔接子 J(adaptor J),按 tester ∶ driver 为 1 ∶ 100 的比例混合两组的 cDNA,在一定的反应体系中解链并进行充分的杂交反应。

(5) 利用 PCR 反应使 tester 的特异基因得以富集。由于杂交体 A 双链两端均没有接头,即没有引物结合位点,故不能被扩增。杂交体 B 仅有一条链(tester cDNA)的末端有接头,故 PCR 反应时呈现线性扩增。而杂交体 C 则呈现指数扩增。

(6) PCR 反应产物中加入大豆核酸酶(mung bean nuclease,MBN)以特异性去除单链 DNA。这样便获得了第一次差减杂交产物(difference produtionⅠ,DPⅠ)。用普通琼脂糖凝胶电泳(1%～2%)检测,经 EB 染色呈现 0.2～1.5kb 的条带。

(7) DPⅠ经 *Dpn*Ⅱ消化后再接上另一衔接子 N(adaptor N)后,按 1 ∶ 800 的比例与 driver cDNA(实验第 3 步所得)混合,并进行充分杂交反应。重复步骤 4～6,便可得到 DPⅡ。

按类似的方法可获得 DPⅢ,不过,在进行第 3 次杂交反应时,tester 与 driver 的 cDNA 是按 1 ∶ 40 000 的比例混合的,这样可确保从 tester 中彻底去除与 driver 共有的序列。经过 3 轮杂交后,tester 组中的持家基因(如 *β-action*,*GAPDH*)应被彻底减除,否则需进行第 4 轮杂交(*β-action* 作为内对照,可用来鉴定差减杂交的效率)。最后的产物在普通琼脂糖凝胶电泳(1%～2%)上将呈现若干明显条带。

(8) 纯化回收 DPⅢ。经 DPⅡ消化按常规方法克隆入 pUC19 的 *Bam*HⅠ位点,利用蓝白斑筛选法挑选阳性克隆,再结合菌落斑点杂交技术,剔除含相同插入片段的重组子。随后以不同的插入片段(重组质粒经酶切回收所得)为探针,分别与对比组织或细胞的 mRNA 进行 Northern 杂交,以确定差减片段的表达特异性。不同大小的插入片段是否来自同一基因,通过 Northern 杂交也能得以证实。

(9) 最后对含在 tester 中特异表达的 cDNA 片段的重组子进行序列测定分析,以鉴定其身份,并进一步研究这些差异表达基因在相应生理、病理过程中的作用。

2.3 cDNA-RDA 在植物基因分离克隆中的应用

由于 RDA 具有上述许多优点,该方法一经问世便受到学者们的青睐,相关文献的报道逐年递增,从人类基因组的研究很快扩展应用到植物方面。朱玉贤等(1997)采用 RDA 筛选到 G2 豌豆受 GA(gibberellic acid)抑制表达的 3 个基因,经克隆测序和 Northern 杂交分析证明它们是在未受 GA 处理的 G2 豌豆中特异性表达的未知 cDNA 片段。张丽霞等采用 AFLP 技术获得 23 个可能与水稻叶片衰老有关的 cDNA 片段,其中 3 片段与已知植物衰老基因有很高的同源性。随着该技术在实际应用中不断完善与发展,相信其对生命科学研究的多个方面将起到推动作用。

3 TADSH 技 术

Cui 等提出了转录活动的 DNA 差减杂交技术(subtractive hybridization of transcriptionally active DNA fragment,TADSH),并将之用于研究 EPO 诱导和未诱导的来自 Rauscher 鼠的真核细胞中基因的表达差异,从而分离并克隆了 EPO 诱导红细胞生长和分化的相关基因,引起了大家的兴趣,正在扩大使用。

3.1 TADSH 的基本原理

TADSH 基本原理为:组蛋白 H3 的硫醇(巯基,thiol)基因在正常情况下深埋于核小体的核心(core),而在转录活动(transcriptional action)的染色质中则可被暴露于溶剂中,因此是容易接近的。由于组蛋白 H3 的硫醇基因的暴露,使得进行转录活动的基因组 DNA 片段与不活动的染色质具有对汞不同的色谱亲和力,从而可使用汞亲和色谱法,从不具有转录活性的核小体中,分离出进行转录活动的基因组 DNA 片段。然后利用这个进行转录活动的基因组 DNA 库筛选差异表达的基因。

3.2 TADSH 方法操作程序

首先分离待测组和对照组细胞的基因组 DNA,之后使用汞亲和色谱法(mercuryaffinity chromatography),从不具有转录活性的核小体中分离纯化出具有转录活性的基因组 DNA,最后对这两个纯化后的基因库进行差减杂交即可得到差异表达的基因(图 22-2)。

3.3 TADSH 方法特点

TADSH 方法优点:①DD 及消减技术需要许多操作步骤,而 TADSH 法则省去了分离 RNA、mRNA 及反转录过程中的繁琐工作,并也因此避免了降解和一些偶然因素所导致的假阳性。②DD 及消减技术对研究低丰度的 cDNA 常相当困难。本法利用转录活动的基因(越过了 mRNA 及 cD-

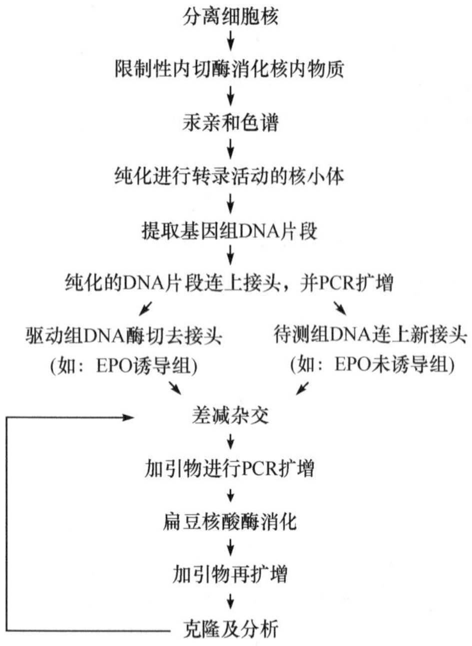

图 22-2 TADSH 技术路线图(王关林等,2002)

NA),因此大大减少基因(或者 mRNA)拷贝数不同的困难。尤其当基因调控应答、生长因子诱导的初期,在 mRNA 水平的变化可能很小,可通过小心地选择仅仅具有转录活性的染色质作为起始材料,基因表达的变化能够更迅速地被鉴定。③在生长因子刺激的延续时间内,不同时间点的基因表达图(基因转录的起始或抑制)的变化能够被避免。④排除了使用基因组 DNA 作为原始材料所增加的杂交的复杂性。存在于转录活性基因区的纯化的 DNA 片段,在消减杂交之前被富集。总之,这是一个有效的新方法,操作简单快捷、特异敏感,有效避免了 mRNA 丰度的影响,将可非常显著地增加鉴定差异表达基因的可能性,应用前景广阔。

4 cDNA-DS 技术(cDNA 直选法)

Elvin 等报道用 YAC 探针直接筛选 cDNA 文库,获得了目的基因。后来针对存在的问题提出了 cDNA 直选法(direct cDNA selection,cDNA-DS)或叫 cDNA 捕捉法(cDNA capturation),是一种直接用基因组 DNA 如 YAC 捕捉 cDNA 片段的方法。这种方法已成功地用于许多定位克隆(杨新平等,1999)。

4.1 cDNA-DS 的基本原理与内容

cDNA 直选法是一种以表达为基础的基因分离技术,直接利用目的基因的基因组 DNA 捕捉 cDNA,快速从大的基因组区域分离表达序列。该 cDNA 直选法的操作原理图解如图 22-3 所示。该方法包括的内容:①用 PCR 扩增来自不同组织的混合 cDNA 池(complex cDNA pools);②cDNA 片段与基因组目标 DNA(genomic target)杂交,选择出与基因组目标 DNA 杂交的 cDNA 片段并进行 PCR 扩增;③进行第二轮选择并将选出的 cDNA 片段克隆到载体上。

4.2 cDNA 直选法的操作程序

图 22-3 显示,其操作过程有如下步骤:①用生物素(biotin)标记基因组目标 DNA。②将不同组织来源的 cDNA 混合,用随机引物和 oligo(dT)引物 PCR 扩增 cDNA 池。③用 Cot1DNA 或 gDNA 与扩增后的 cDNA 池杂交以封闭 cDNA 重复序列,重复序列封闭在 Cot1/2=20 条件下进行。④封闭了重复序列的 cDNA 与生物素标记的目标 DNA 混合,在 Cot1/2 = 100 ~ 200 条件下进行杂交。⑤用表面有链霉亲和素(streptavidin)的磁珠吸附生物素标记的目标 DNA,从而将与目标 DNA 杂交的 cDNA 保留下来。⑥洗去非特异结合的 cDNA 后,再将被目标 DNA 捕捉的 cDNA 洗脱下来。⑦用PCR 扩增第一轮选择所得的 cDNA,并用同样方法进行第二轮选择。⑧将第二轮选择得到的 cDNA 克隆到载体上并进行分析。⑨第二轮选择所得 cDNA 的分析。

4.3 cDNA-DS 方法的影响因素

从上述 cDNA 直选法操作过程中可见其是一个复杂而精确的反应过程,受到许多关键因素的影响。

(1) 高质量 cDNA 来源:覆盖 cDNA 全长各部分,低 rRNA 和质粒 DNA 含量等。由于商业化的 cDNA 库质量差别较大,采用自己制备未克隆到载体的 cDNA 较好。为了保证含 cDNA 全长,将随机引物构建的 cDNA 与 oligo(dT)构建的 cDNA 片段混合。

(2) 基因组目标 DNA 质量也很重要。因为整个技术是建立在捕获生物素标记的目标 DNA 及与之杂交的 cDNA,所以生物素能否很好地整合在目标 DNA 中是该技术的关键之一。

(3) cDNA 和目标 DNA 的相对量也很重要。为了保证低丰度的 cDNA 不丢失,在第一轮选择时,目标 DNA 要大大过量,这一轮选择使目标 cDNA 富集了大约 10^3 倍。第二轮选择时,则限制目标 DNA 浓度,目标 cDNA 又富集了约 10 倍。

(4) 如用 YAC 来选择 cDNA,那么必须将 YAC 从酵母基因组中分离出来。实验表明,用酵

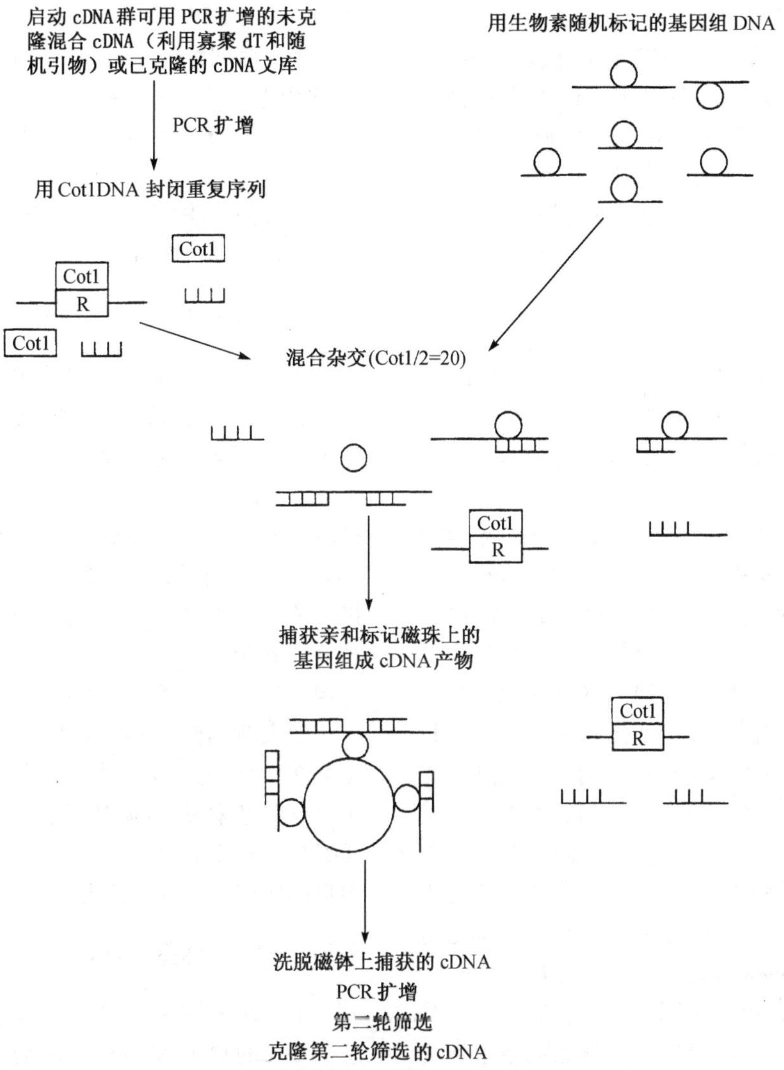

图 22-3　cDNA 直选法的操作步骤(王关林等,2002)

R 重复元件　○ 生物素

母基因组 DNA(含 YACDNA)选择 cDNA,目标 cDNA 只富集 10^2 倍,而用纯化的 YAC 选择 cDNA,则目的 cDNA 可富集 $10^4\sim10^5$ 倍。

(5) 可用报告 cDNA(reporter cDNA)作为阳性对照来监测二轮选择时 cDNA 的富集情况。

4.4　cDNA 直选法的应用及研究进展

cDNA 直选法已成功地应用于图位克隆和详尽的核基因转录图谱的构建。cDNA 直选法特别适合于大的基因组区域内表达序列的分离,如在 1Mb 的 MHC-Ⅰ区域分离了一些新基因,并成功地在大于 2Mb 的基因组区域构建详细的表达图谱(杨新平等,1999)。为了在基因组目标区域内找出尽量多的转录单位,可将多种组织来源的 cDNA 混合,进行一次直选。这同时也解决了基因在不同组织中表达的特异性问题。在对植物的突变基因进行定位克隆时,如果对突变的遗传机制有所了解,可选择与突变发生相关的组织 cDNA 文库来进行。

5　cDNA-AFLP 与 cDNA-RAPD 技术

这两种方法都是利用随机引物进行 PCR 扩增的方法来分析基因的差异表达及检测差异表达的基因,从而分离克隆目的基因,但两者使用的引物不同。

5.1　cDNA-AFLP

cDNA 扩增限制性片段长度多态性(cDNA amplified restriction fragment lengthpoly-morphism,AFLP)PCR 或 cDNA-AFLPPCR,其最大的好处是只用一种 4 碱基识别酶即可筛选大量不同的 cDNA,其基本步骤是:将 DNA 用一种常用酶和另一种稀有酶分别消化后,接上接头(该接头由三部分组成,分别为核心序列、酶特异序列和选择延伸部分),先用 PCR 预扩增,再做 PCR 扩增(后一轮 PCR 的一种引物标有同位素），变性测序凝胶电泳。后来有人将其基本步骤略作了修改：poly(A) mRNA 反转录成 cDNA 后锚定 oligo(dT)引物，*Taq* Ⅰ 酶消化，加上接头，预杂交，选择性扩增，再在测序胶上展示。张丽霞等采用此技术获得 23 个可能与水稻叶片衰老有关的 cDNA 片段，其中 3 个片段与已知植物衰老基因有很高的同源性。

5.2 cDNA-RAPD

随机扩增多态性 DNA(random amplified polymorphicDNA，RAPD)是 1990 年由 Williams 等发明，是一种新奇的遗传标记，后来被用于 cDNA 进行分离克隆目的基因。

该方法以 RNA 反转录的 cDNA 第一链为模板，用 RAPD 的随机引物进行 PCR 扩增，分析不同条件下的差异表达，检测差异表达的 cDNA 片段。从胶上切下这些 cDNA 片段再扩增后进行克隆分析，或制备探针就可以从 cDNA 文库或基因组文库中筛选出全长的基因。江树业等(2000)采用此技术分离得到若干与水稻光敏核不育性相关的 cDNA 片段，对部分片段进行 Northern 杂交验证后获得 1 个阳性片段，并对其进行了克隆和测序，结果表明，此片段是植物来源的新序列，定位于 5 号染色体上。姜振等(2000)利用 RAPD 和 SSR 标记对 12 个家蚕实用品种的基因组 DNA 进行多态性分析和聚类分析。采用 21 条 RAPD 引物对 12 个品种的基因组 DNA 扩增产生的清晰稳定条带数为 196 条，其中多态性片段 143 条，多态位点比例 72.96%，品种间的遗传距离为 0.157～0.352。采用 32 条 SSR 引物对 12 个品种的基因组 DNA 扩增产生的片段数为 86 条，其中多态性带 80 条，多态性位点比例 93.02%，遗传距离为 0.214～0.600。对 12 个家蚕品种的 2 种分子标记的单独聚类结果表现出一定差异，但均把 12 个品种分为中系、日系两大类，其中 7532 和湘晖、871 和 57B 的亲缘关系较近，而传统分类于中系品种，东 34 却聚类于日系，但又独立于其余 6 个日系品种。结合 RAPD 标记和 SSR 标记的 12 个品种间的遗传距离与聚类结果，更能准确地从分子水平上反映品种间的亲缘关系及其来源，是家蚕杂交育种亲本选择的依据。胡能兵等(2011)对甜叶菊 RAPD 反应体系进行了优化，崔广荣等(2012)优化了蝴蝶兰随机扩增多态性 DNA 分子标记体系。

6 基因鉴定集成法

基因鉴定集成法(integrted procedure for gene identification，IPGI)是 Wang 和 Rowley(1998)根据目前表达序列标签计划的发展成就，总结现有各种全基因组基因表达分析技术优缺点的基础上，将 mRNA-DD、SSH、SAGE、抑制性 PCR 和基因数据库技术进行有机结合，建立了一种充分利用生物基因信息资源并能提高稀有转录拷贝鉴定效率的全基因组基因分析新策略。

6.1 IPGI 技术的基本原理

IPGI 技术的原理比较简单。在 tester 组 cDNA 和 driver 组 cDNA 经酶切之后，将 tester 组 cDNA 分成两份，分别接上特殊设计的接头 A 和接头 B(接头的 5′部分含 T7 启动子序列，以作 PCR 扩增用的引物；3′部分含有用于 SAGE 克隆的 *Bsm*F Ⅰ/*NIa* Ⅲ 酶切识别位点，以作克隆测序用；接头 A 与 B 的 5′端和 3′端序列是相对应的，以提高抑制 PCR 扩增的效率)，然后分别与过量的 driver 组 cDNA 进行第一轮扣除杂交，将杂交产物混合后加入新的变性 driver 组 cDNA 进行第二轮扣除杂交，然后将杂交产物进行抑制性 PCR 扩增，由于只有代表稀有拷贝基因且两端带不同接头的 cDNA 片段才能以指数扩增，使得 PCR 扩增产物中目的序列得以高度富集。

6.2 IPGI 的实验步骤

集成法的基本实验过程包括以下几个步骤：①mRNA的提取和 cDNA 的合成。在从总 RNA 分离纯化出 mRNA 之后，加入 3′端锚定引物(含 *Sph* Ⅰ 酶切位点)反转录成第一链 cDNA，合成双链 cDNA 过程中加入 5′端生物素标记引物(与 3′端锚定引物互补)以便回收双链 cDNA。加入 3′端锚定引物是为了去掉模板中的 poly dA/dT 序列。②将回收纯化的 cDNA 片段用 *Sph* Ⅰ 酶切，在反转录引物序列中产生 CATG 黏性末端，用于接头连接。③将酶切后的 cDNA 分成 tester 组和 driver 组，tester 组 cDNA 又分成两份，分别接上接头 A 和 B，然后分别与过量的 driver 组 cDNA 进行第一轮扣除杂交，将杂交产物混合后加入新的变性 driver 组 cDNA 进行第二轮扣除杂交。④在杂交产物中加入一对特殊设计的引物(分别对应于接头 A 和 B 中的部分核苷酸序列)，进行限制性 PCR 扩增，使得目的序列得以高度富集。⑤将 PCR 产物直接用于克隆测序，或依 SAGE 方法先用 *Bsm*F Ⅰ 酶切形成标签序列，然后再进行克隆测序。⑥将克隆测序后的 cDNA 片段作为 3′EST 序列，与 EST 资料数据库(http://www.ncbi.nlm.nih.Gov/dbEST)进行匹配分析。任何无匹配的序列都应当是尚未被数据库收录的新序列。⑦IMAGE 克隆的获得和全长 cDNA 克隆的筛选。如果所获得的 cDNA 片段与相关的 EST 数据库中的某些 EST 序列存在着高度同源时，便可免费索取这些同源 EST 序列的原始 cDNA 克隆，前提是这些 EST 序列项目已经加入了 IMAGE(intergrated molecular analysis of genomesand their expression) 协定 (http://bbrp. llnl. gov/bbrp/image)。如果所获得的 cDNA 片段在相关的 EST 数据库不存在高度同源性的 EST 序列，则应是还未被 EST 数据库收录的新序列，此时欲克隆到该基因的全长 cDNA 序列，则必须采用传统的噬菌斑(或菌落)原位杂交、PCR 的方法筛选全长 cDNA 文库。

6.3　IPGI 技术的优点

IPGI 技术由几种全基因组表达分析技术的不同部分整合而成，并充分利用生物信息数据库，具有以下优点。

(1) 在差减杂交中，cDNA 模板不含 poly dA/dT 序列，避免了模板间 poly dA/dT 序列的随机杂交，极大地保全了稀有拷贝序列进行抑制性 PCR 扩增富集，提高了低表达基因和稀有拷贝基因的鉴定(识别)效率。

(2) 过剩的拷贝经过差减杂交而大量消减，极大地降低了全基因组分析的工作量。引用 SAGE 技术进行克隆测序，进一步降低了测序分析的工作量。

(3) 只回收利用 3′cDNA 模板，保证了对 EST 数据库最大限度的利用。被测序列可直接与 EST 数据库匹配分析进行基因鉴定，任何无匹配的序列都应是尚未被数据库收录的新序列。SSH 和 RDA 方法鉴定的新序列，因其可来源于 cDNA 链的任何部位，而可能为某个已被鉴定的基因的一个序列片段。

(4) 与 5′EST 比较，3′EST 序列最为可靠。因为 mRNA 存在二级结构，反转录生成的 cDNA 通常不能到达模板的 5′端。3′端是基因高度异源的部分，能更好地代表基因，而且每一个表达基因只有一个以 3′序列为代表的标志，避免了应用常规 cDNA 文库分析 3′端和 5′端序列时，出现的多个序列来源于同一个基因的不确定性。

(5) IPGI 技术最大限度地利用 EST 数据库，能降低癌症基因解剖计划的成本，减少重复研究的可能性。

IPGI 技术有不足之处，首先，IPGI 技术不能适应目前分子生物学研究的自动化要求，这是其关键的缺陷。由于基因组的庞大，对于全基因组的研究技术要求具有高通量、自动化水平，IPGI 技术的原理决定其难以实现自动化。其次，IPGI 技术的另一缺陷是仍需较大量的纯化 mRNA(至少 2μg)进行实验分析，这限制了该技术在某些稀有或难以获得的生物资源的研究中的应用。这些缺陷有待在以后的实践应用中得到改善。

6.4　基因鉴定集成法的应用前景

IPGI 技术是基因组学研究技术发展的产物。人类基因组计划和基因组学研究已从结构基因组学进入功能基因组学时代，功能基因组学的研究内容和任务是从基因组整体水平探讨基因的生物功能活动。鉴于 IPGI 的独特性能和优势，IPGI 技术将在目前功能基因组学研究领域得到广泛应用：IPGI 技术能建立更好的包括稀有拷贝的 EST 文库，提高新基因鉴定的速度；IPGI 技术最大限度地利用 EST 计划的成就能降低癌症基因组解剖计划(cancer genome anatomy project，CGAP)的成本；此外，IPGI 技术所获基因序列的特异性和对稀有拷贝鉴定的高效性，也是其在 CGAP 计划中广泛应用的极大优势。综上所述，IPGI 技术的原理相对简单，设计优化，具有其独特的优点且无需特殊试剂和设备，将是功能基因组学研究中广泛应用的技术，是目前各标准实验室从事全基因组基因鉴定(识别)和克隆的优选策略。

7　目的基因分离克隆方法的评述与选择策略

7.1　植物目的基因分离克隆新方法评述

宁顺斌等(1999)都从不同的角度对植物基因分离方法作了综述，并评述了各方法的应用及存在问题，有益于读者借鉴。近些年来，出现了几种差别表达基因显示新技术，归纳起来主要有 cDNA 代表性差异分析技术(representational difference analysis of cDNA)、抑制消减杂交法(suppression subtractive hybridization，SSH)、基因表达连续分析法(serial analysis of gene expression，SAGE)、基因表达指纹法(gene expression finger printing，GEF)、cDNA 3′端限制酶切片段显示法(display of cDNA3′-end-restriction fragment，RFD)，以及标签衔接子竞争 PCR 技术(adaptor tagged competitive PCR，ATAC-PCR)等。

7.1.1　几种差异表达基因显示方法的共同性

上述几种以 mRNA 为起始材料的差异表达基

因显示方法都利用了 RT-PCR 和接头技术，主要用于筛选（克隆）新的基因，称表型克隆法（phenotype cloning），即对差别基因带纹进行回收后作为探针，在 cDNA 或基因 DNA 库中扫描找到相关基因。它与基于分子标记的定位克隆法（positional cloning）相比，省去了分子标记定位分析的繁琐程序，并同时能分离多个未知产物的差异表达基因。回收的差别带纹也可经再次扩增后直接测序或经克隆后测序。它们的基本程序框架也是相同的（图 22-4）。由于不同的 mRNA 3′端非翻译区（约 300nt）变化很大，其对应的 DNA 序列通常也不存在于基因库中，所以很难根据这部分得到的 cDNA 找到相关的基因；而 5′非翻译区都非常相似，这样即使是差别表达的基因，也很难根据 mRNA 的 5′端反转录的 cDNA 进行鉴别；且限制性酶切可能使 cDNA 两端的信息丢失，而在非酶切区域内的差别不能被发现等。因此如何根据差别片段筛选出相应的全长基因，是这些技术面临的共同难题。

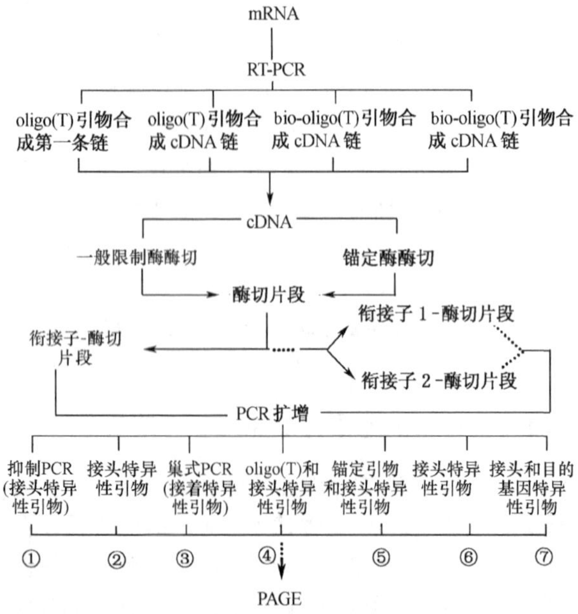

图 22-4　各种基因克隆方法比较（王关林等，2002）

① DD；② cDNA-RDA；③ SSH；④ GEF；

⑤ RFD；⑥ SAGE；⑦ ATAC-PCR

7.1.2　各种方法的特点分析

cDNA-RDA 是在 DD 法和 RDA 的基础上建立起来的，因而同时具备两者的优点，并弥补了它们的许多不足。如能随基因的时空表达不同而分离出差异表达基因，并能发现与表型相关的基因异常，检测基因的上调和下调表达，并能对稀少 mRNA 的 cDNA 进行富集等。同 DD 法相比，RDA 与 cDNA-RDA 充分发挥了 PCR 技术以指数形式扩增双链模板，而仅以线性形式扩增单链模板这一特征。巧妙地排除了特异性扩增，对差异表达的基因 cDNA 进行了代表性筛选和双重富集（消减富集和 PCR 动力学富集），因而假阳性少、重复性好，并使工作效率大大提高。对 cDNA-RDA 进行了进一步的改进，把酶切后的游离接头除去，并增加了 cDNA 合成中 mRNA 的量和杂交液中 tester 的用量，进一步降低了假阳性和提高了灵敏度，并能更有效地显示低丰度 mRNA。

SSH 也是以 DD 法为基础建立起来的，SSH 通过两次特异性杂交和两次 PCR 特异性扩增使得假阳性率大大下降，这是它的显著优点。另外，SSH 灵敏度特高，有证据表明，在一次 SSH 实验中可同时分离出上百个差异表达的基因，使得其在基因克隆方面远远胜过 DD 法和 cDNA-RDA。把 SSH 与反向 Northern（inverted Northern）相结合，将第二次 PCR 的产物克隆到载体中，利用多重 PCR 对其进行第三次扩增。再用反式 Northern 对扩增产物进行筛选，进一步降低了假阳性和提高了对低丰度 mRNA 的显示能力，也大大减少了工作量。同 DD 法相比，SSH 和 cDNA-RDA 都具有假阳性少、重复性高等优点，并能对低丰度 mRNA 进行显示。但它们不能像 DD 法一样，同时进行数种平行材料之间的比较，一般只能有两种材料，并且材料之间差别不能太多、太小。当需要对数组材料进行比较时，DD 法还是人们优先选择的方法。

DD 法、GEF 和 RFD 都是针对 mRNA 3′端 poly(A)尾巴设计的差别显示技术，可避免由于 mRNA 5′端的相似性而对差别表达基因的显示造成障碍，能相互补充各自的缺点，但它们存在一些自身不可解决的共同问题。如获得的差别带纹很少或不含编码信息，不利于序列分析等。GEF 的显著优点是重复性特别高，而假阳性非常低甚至没有。同 cDNA-RDA 和 SSH 一样，GEF 也能优先显示稀少 mRNA。

与上述几种技术不同，SAGE 除能快速、详细地对上千个转录产物进行定性分析、分离差别表达基因外，最独特之处是还能对转录产物进行定量，直接分析基因表达情况。

在实验程序上，几种技术的不同之处主要有几点：①RT-PCR 的模板和/或引物不同。有的直接以 mRNA 为模板，有的以总 RNA 为模板，也有用扩增后的 mRNA 为模板的。②PCR 扩增次数和目的不同。③接头设计及连接载体各不相同。④用于 Northern 杂交筛选的探针不同。有的是直接用 RT-PCR 扩增的 cDNA 产物，有的用经克隆的 cDNA 为探针。

7.2　植物目的基因分离克隆方法的选择策略

7.2.1　基因分离克隆方法选择的基本原则

随着分子生物学的迅速发展及基因组学的创立，基因分离克隆技术不断创新，各种方法相继出现。为使读者系统掌握基因分离克隆的多种方法，作者绘制了基因分离克隆方法选择策略示意图（图 22-5），供读者参考。

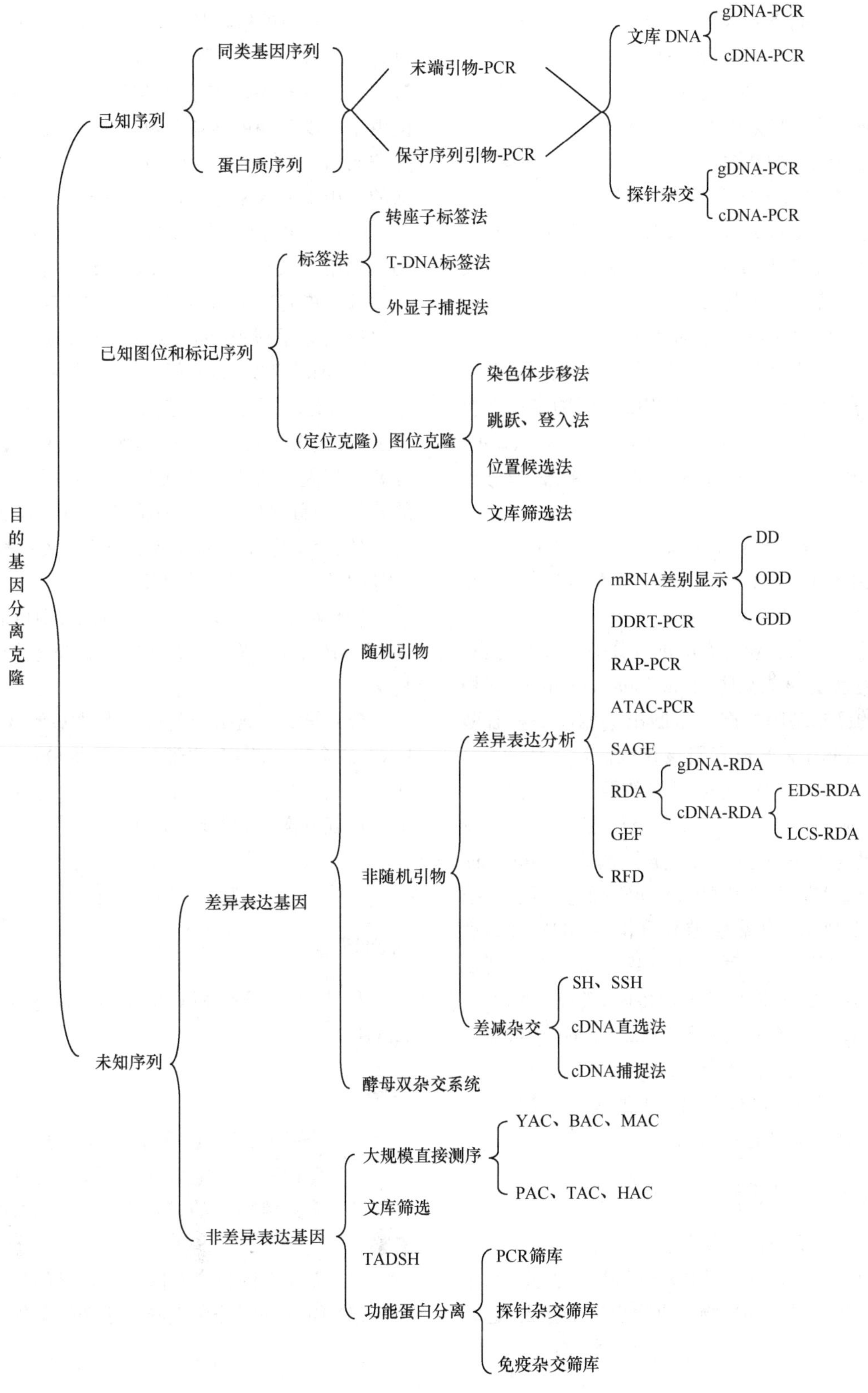

图 22-5　基因分离克隆方法总汇及选择策略示意图（王关林等，2002）

从图 22-5 中可见分离克隆的目的基因可能有三种类型，即三种不同条件，可根据要克隆的目的基因条件选择相应的方法。

1) 类型Ⅰ已知基因的序列

(1) 已知 DNA 序列，包括三种情况，一是已知目的基因 DNA 的全部或部分 DNA 序列；二是已知其他物种的同类基因的 DNA 序列；三是已知目的基因 cDNA 全部或部分序列。

(2) 已知目的基因表达产物蛋白质的序列。以上两种情况一般采用 PCR 技术或探针分子杂交技术分离克隆目的基因。

2) 类型Ⅱ已知基因图位或标记

已有基因图位或标记、转座子等条件，分别可采用转座子标签法、T-DNA 标签法及图位克隆技术进行分离克隆目的基因。

3) 类型Ⅲ未知目的基因序列

(1) 差异表达序列，即目的基因表达具有组织、器官等时空差异性。可采用随机引物多态性扩增技术，定向引物扩增技术和 DDRT-PCR、SSH-PCR、RAP-PCR、DNA-RDA、cDNA 捕捉法等进行克隆。

(2) 无差异表达的目的基因，可采用文库筛选法、功能组蛋白分离法及直接测序法等进行，这是难度最大、最繁琐的策略。

从基因分离克隆的方法进行分类可分为三类：第一种类型是功能克隆(functional cloning)，即根据纯化的已知基因的产物推断出其相应的核苷酸序列，再据此序列合成寡聚核苷酸探针。从 cDNA 文库或基因组文库中钓取目的基因。第二种类型是表型克隆(phenotypical cloning)。这是近年来发展十分迅速的一类方法，如差异筛选法(differential screening)、差减杂交法(SH)、mRNA 差别显示技术(DDRT-PCR)、代表性差异分析(RAD)、抑制性差减杂交(SSH)等。第三种类型是无基因序列及表达功能信息，但具有基因遗传图，转座子标签等条件，常采用图位基因克隆(map based gene cloning)和转座子标签克隆(transposon tagging cloning)。不管怎样分类，它们基本原理是一样的，克隆策略的选择原则是一样的。

7.2.2 基因分离克隆方法选择条件

(1) 若已从一种植物甚至微生物中分离到某个基因，就可根据此基因的核苷酸序列特点，利用序列克隆法从另一种植物中克隆出这个基因，这是一种较为快速有效的方法。

(2) 若一个基因所表达的蛋白质能被分离和纯化，则可利用功能克隆法分离这个基因，功能克隆法的主要限制因素是大多数基因的产物至今仍不清楚，即使知道了也需纯化足够多的蛋白质，供氨基酸测定或制备抗体。

(3) 若一种植物的转座子研究得很清楚，或通过转化较容易获得，则可利用转座子标签法分离此基因。尽管利用转座子标签法已分离了不少基因，但由于可供利用的转座子种类太少，转座子的转化并非易事，且在不同植物间转座频率差异很大，目前的应用主要局限于拟南芥、玉米等。

(4) 若想分离控制缺失突变体表现型的基因，则可利用消减杂交法。消减杂交法是在微生物研究领域发展起来的，在植物中应用此法首先应通过辐射诱变等手段获得缺失突变体，应用范围较狭窄，同时消减杂交法步骤繁琐且费时费工。

(5) 若所要分离的基因已被定位在分子连锁图上，且离分子标记足够近，则可利用图谱分离法分离该基因。图谱分离法已成功应用于许多基因的分离，但首先应采用各种方法对目标基因进行定位，再结合染色体步移和筛选 YAC 文库等才能分离基因，因而难度大、时间长、花费大。

(6) 若要分离差异表达的基因，则可利用 cDNA-RAPD、DD-PCR、RD 和 SSH 等差异表达分析法。

(7) 若要分离植物包含的多数基因，就要进行 DNA 的全序列测定，再通过计算机分析找出分布在 DNA 两条链上所有可能的开放阅读框(ORF)，最终达到分离任意基因的目的。

复 习 题

名词解释

代表性差异分析(RDA)、基因鉴定集成法(IPGI)

问题

(1) 简述 EST 表达标签法的原理。

(2) 简述基因鉴定集成法(IPGI)的基本原理。

(3) 简述植物目的基因分离克隆方法的选择策略。

(4) 简述基因分离克隆方法选择的基本原则。

(5) 简述基因分离克隆方法选择条件。

部分近期参考文献

崔广荣，胡能兵，张子学，等. 2012. 蝴蝶兰随机扩增多态性 DNA 分子标记体系优化. 种子，31(10)：29-34

郭大龙，侯小改，刘崇怀，等. 2012. 一种新的 DNA 分子标记技术——起始密码子-微卫星扩增多态性. 植物生理学报，48：408-412

何俊平，阮松林，祝水金，等. 2010. 图位克隆技术在农作物基因分离中的应用与评价. 遗传，32：903-913

胡能兵，何克勤，张子学，等. 2011. 甜叶菊 RAPD 反应体系的优化. 激光生物学报，20(4)：477，560-563

黄峰，何文锦，代容春，等. 2012. 利用基因芯片筛选甘蔗成熟期叶片差异表达候选基因. 亚热带农业研究，1(8)：46-50

黄映萍. 2010. DNA 分子标记研究进展. 中山大学研究生学刊，31：27-36

姜振，蔡明，徐世清，等. 2010. 基于 RAPD 和 SSR 分子标记的家蚕部分实用品种多态性及其亲缘关系分析. 蚕业科学，36(1)：0157-0164

林克 A J，拉巴厄 J. 2012. 冷泉港蛋白质组学实验手册. 曾明等译. 北京：化学工业出版社：11-31

李美玲，严成其，王栩鸣，等. 2010. 同源序列法克隆植物抗病基因研究进展及其在野生稻中的应用. 生物技术通讯，21：126-130

刘太峰，孟庆峰，段小波. 2012. cDNA 文库构建方法的研究进展. 中国畜牧兽医，(7)：41-48

刘兴地，莫坤联，郑楷，等. 2013. 无核荔枝生长素反应因子基因克隆及序列分析. 中国农学通报，29(7)：111-116

钱学磊，闫海芳，李玉花. 2012. EST 的研究进展. 生命科学研究，16(5)：446-450

唐莉莉. 2012. 基于内含肽介导的 ELPs 蛋白纯化新技术研究. 上海：华东理工大学硕士学位论文

童继平，刘学军，韩傲男，等. 2012. 水稻功能基因图位克隆研究进展. 中国生物工程杂志，(3)：28-36

汪尚，索娜娜，赵红燕. 2012. 反转录转座子分子标记及其在植物研究中的应用. 杭州师范大学学报，11：410-415

王关林，方宏筠. 2002. 植物基因工程. 北京：科学出版社

王关林，方宏筠. 2009. 植物基因工程. 北京：科学出版社

王晓. 2012. 水稻 *Ds* 插入卷叶突变体的鉴定及相关基因的克隆分析. 苏州：苏州大学硕士学位论文

魏开华，应天翼. 2010. 蛋白质组学实验技术精编. 北京：化学工业出版社：16-72

吴爽，刘莉，王守海，等. 2012. 水稻产量性状定位与基因克隆研究进展. 安徽农业科学，(14)：8-15

徐芬，张长林，简正伟，等. 2012. 采用定点突变 PCR 构建 c-kit D816V 突变的重组质粒标准品. 实验与检验医学，(2)：26-31

朱丹，张杰伟，陈亚娟，等. 2013. 双元细菌人工染色体基因组文库研究进展. 现代农业科技，(2)：51-59

Cho K，Shibato J，Kubo A，et al. 2013. Genome-wide mapping of the ozone-responsive transcriptomes in rice panicle and seed tissues reveals novel insight into their regulatory events. Biotechnol Lett，35(4)：647-656

Cifarelli R A，D'Onofrio O，Grillo R，et al. 2013. Development of a new wheat microarray from a durum wheat totipotent cDNA library used for a powdery mildew resistance study. Cell Mol Biol Lett，18(2)：231-248

Delgado J A，Meinhardt S，Markell S G，et al. 2012. Gene cloning using degenerate primers and genome walking. Methods in Molecular Biology，835：611-622

Fujisawa M，Ito Y. 2013. The regulatory mechanism of fruit ripening revealed by analyses of direct targets of the tomato MADS-box transcription factor ripenning inhibitor. Plant Signal Behav，8(6)：doi：10. 4161/psb. 24357. Epwb 2013 mar 21：e24357

Pavan S，Zheng Z，Borisova M，et al. 2008. Map-vs. homology-based cloning for the recessive gene *ol-2* conferring resistance to tomato powdery mildew. Euphytica，162：91-98

Wang Y，Guo H，Li H，et al. 2012. Identification of transcription factors potential related to brown planthopper resistance in rice via microarray expression profiling. BMC Genomics，13：687

第四篇

植物基因工程载体及其构建

基因克隆、重组和转化是基因工程的三大核心技术。在植物基因转化的研究中已建立了多种转化系统，如载体转化系统、原生质体DNA直接导入转化系统、基因枪DNA导入转化系统及利用生物种质细胞如花粉粒等介导转化系统等。目前，载体转化系统仍然是使用最多、机制最清楚、技术最成熟、成功实例最多的一种转化系统，而且无论哪种转化系统，都需要最基本的目的基因载体，故载体是植物基因工程最重要的一种工具。

本篇概述了植物基因工程载体的命名规则、载体的基本结构及植物基因工程常用的质粒载体。详细阐述了植物基因工程载体的标记基因和报告基因的种类及选择策略，讲述了Ti质粒载体和Ri质粒载体的结构、功能及构建方法，介绍了植物病毒载体的种类、构建方法及在植物基因工程中的应用及评价，为科学地进行基因工程操作提供基础材料。

第 23 章

植物基因工程载体

植物基因工程载体具有将外源 DNA 导入到受体细胞的作用，在科学研究中，根据目的基因的差异和研究目的不同，需要根据实际情况对载体进行选择，适合的载体才能为研究的顺利进行提供保障。本章将对植物基因工程载体命名规则及种类、载体的基本结构及常用的植物基因工程质粒载体进行介绍。

1 植物基因工程载体概述

载体具有运输外源 DNA 进入受体细胞的作用，它与目的基因在体外重组形成重组 DNA 分子，在进入受体和细胞后，可以形成一个复制子，即形成可以在细胞内能独自进行自我复制的遗传因子。因此作为载体，应该具备以下条件：①具有复制起点和自我复制的能力，或整合到受体染色体 DNA 上随染色体 DNA 的复制而同步复制。②有某种限制酶的一个切点，最好具有多种限制酶的切点，而且每种酶的切点只有一个。③有利于选择的标记基因，可以很方便地检测目的基因的插入与否，进行重组受体细胞的筛选。④外源 DNA 插入后不影响载体在受体细胞中进行自我复制，并且载体本身是安全的，对受体细胞无害或不能进入到除受体细胞外的其他生物细胞中去。⑤具有促进外源 DNA 表达的调控区及合适的拷贝数目，并且载体能接纳尽可能大的外源 DNA 片段。

常见的植物基因工程载体主要有细菌质粒载体、植物病毒载体及噬菌体载体等，此外，转座子载体系统是近年来新发展起来的载体系统。其中 Ti 质粒转化载体是应用最为广泛的，植物病毒载体和转座子载体也越来越得到广泛开发。

2 植物基因工程载体命名规则及种类

2.1 植物基因工程载体的命名规则

植物基因工程质粒载体的命名规则和细菌质粒有相似之处，但由于其功能的特殊性，仍然有较大差异，具体可归纳如下。

(1) 质粒及其他染色体外因子命名时都要使用与染色体位点明显区别的符号表达。天然存在的质粒使用原有的命名，其符号的第一个字母要大写，并不用斜体字，书写时要用括号括起来，如(ColE1)。重组的质粒也可作类似处理，但通常是用小写字母“p”后加两个大写字母表示：“p”表示(plasmid)，大写字母指构建该质粒的研究人员姓名、完成此工作的研究机构或实验室名称，如 pSC101 中 SC 代表 Stanley Cohen(人名)，pMT555 中 MT 表示 Manchester Technology(曼彻斯特理工学院)。上述字母命名法虽然仍在沿用，但并不是都符合标准。

(2) 农杆菌中的质粒一般在命名中要表示出来，如 pTiT37 或 pAtT37。Ti 或 At 表示根癌农杆菌(*Agrobacterium tumefaciens*)的质粒类型。如果是发根农杆菌质粒则要用 pRiA4 或 pArA4 表示。Ri 或 Ar 表示发根农杆菌(*Agrobacterium rhizogenes*)的质粒类型。但是 pAtT37 或 pTiT37 和 pRiA4 或 pArA4 中的 T37 和 A4 并不是表示如前所述的研究人员或研究单位的名称缩写等，而是他们在研究该质粒时的编号或分类。

(3) 每个基因位点均以三个斜体小写字母表示，如 *leu*(亮氨酸基因位点)，但基因表现型则用正体表示，如 Leu。

(4) 基因中任何位点发生突变则在该基因符号后加写该位点的斜体大写字母，如亮氨酸 A、B 位点分别为突变型或缺陷型，则应写成 *leuA*、*leuB*。

(5) 抗性和敏感性分别用 R 或 r，S 或 s 表示。

2.2 植物基因工程载体的种类及特性

根据载体来源及种类，植物基因工程载体主要分为细菌质粒载体、植物病毒载体、噬菌体载体及转座子载体几大类(图 23-1)。目前转座子载体在动物中应用的比较广泛，而在植物中应用的还比较少。

根据植物基因工程载体的功能及构建过程的不同，可把有关载体分为 4 大类型 9 种载体，如图 23-2 所示，每类载体均有自己的特性。

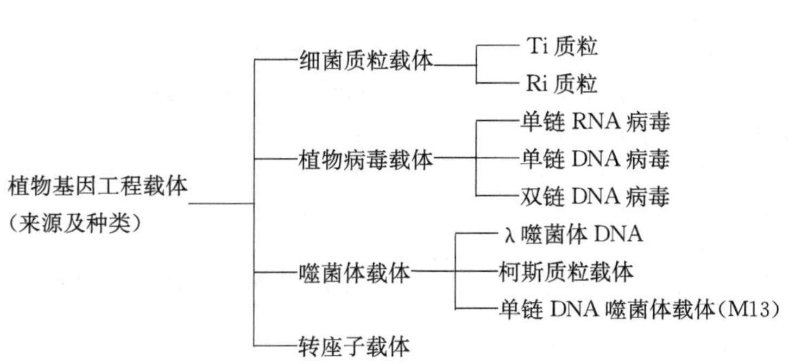

图 23-1　植物基因工程载体根据来源的分类

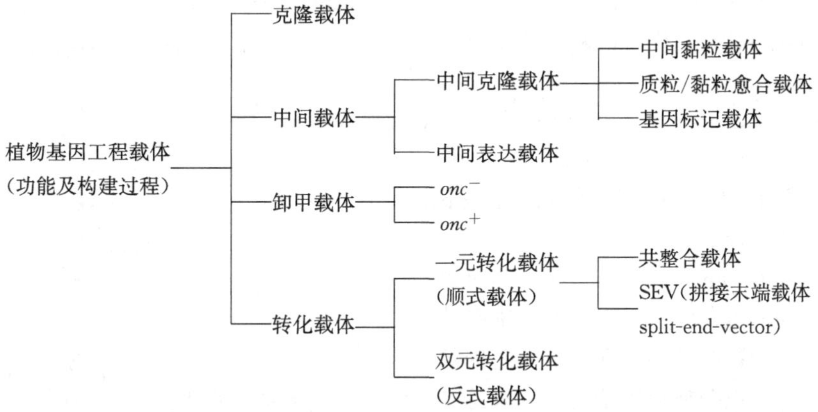

图 23-2　植物基因工程载体根据功能及构建过程的分类

（1）目的基因克隆载体：目的基因克隆载体与微生物基因工程类同，通常是由多拷贝的 *E. coli* 质粒为载体，其功能是保存和克隆目的基因。

（2）中间克隆载体：中间克隆载体是由大肠杆菌质粒插入 T-DNA 片段及目的基因、标记基因等构建而成。它是构建中间表达载体的基础质粒。

（3）中间表达载体：中间表达载体是含有植物特异启动子的中间载体，其功能是作为构建转化载体的质粒。

（4）卸甲载体：卸甲载体是解除武装（切除致瘤基因）的 Ti 质粒或 Ri 质粒，其功能是作为构建转化载体的受体质粒（大质粒）。

（5）植物基因转化载体：植物基因转化载体是最后用于目的基因导入植物细胞的载体，故也称工程载体。它是由中间表达载体和卸甲载体构建而成，根据它的结构特点又可分为两种转化载体，即一元载体系统和双元载体系统。

由此可见，载体在植物基因工程中具有重要作用。载体的构建过程主要是 DNA 的操作技术，也称分子技术。科学家常把这种载体构建过程称为植物基因工程的上游工作，把转化称为下游工作。

3　载体的基本结构

植物基因工程载体在结构上至少包含复制原点、启动子、多克隆位点、转录终止区和遗传标记基因（图 23-3）。

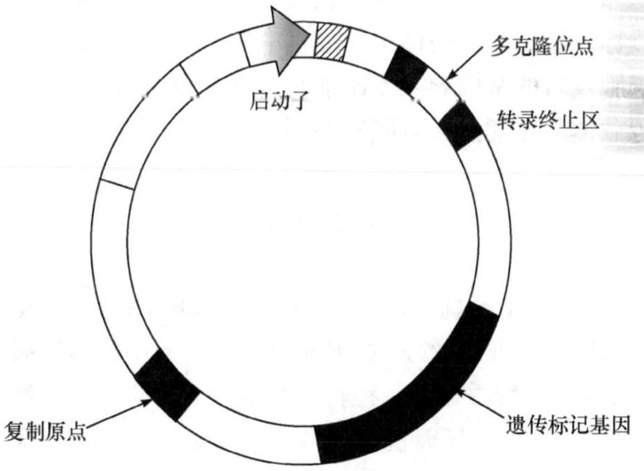

图 23-3　植物基因工程载体的基本结构

（1）复制原点（origin of replication，ori）：DNA 复制的开始位点，一个 DNA 分子只有具有复制原点才能自主复制。一个载体具有了复制起点才可以在受体细胞中自主复制，可以多拷贝存在于受体细胞内。多拷贝的存在有利于外源基因克隆和在受体细胞内的大量表达。

（2）启动子（promoters，P）：一段有特殊结构的 DNA 片段，位于基因的首端，控制基因的表达时间和表达程度。启动子就像“开关”，决定基因的活动，但启动子本身并不能控制基因的活动，而是因为它是 RNA 聚合酶识别和结合的部位，有了它才能驱动基因转录产生 mRNA。

(3) 多克隆位点(multiple cloning site,MCS):由限制性内切酶的识别位点构成的。要将目的基因进行体外重组,形成重组的 DNA 分子,再转移到受体细胞内,就必须有一个供外源 DNA 插入的位点,这个位点就是克隆位点。但克隆位点在载体中必须是唯一的,即在载体中,该限制性内切酶的识别位点有且只有一个的时候,才可以用作克隆位点。由于不同基因的末端可以由不同的限制酶所产生,因而构建了多克隆位点,即将多个克隆位点集中在一个很短的序列内,这样可以减少分子克隆的工作量。

(4) 转录终止区(transcription termination region):位于基因的尾端,终止 DNA 的转录。它相当于一盏红色信号灯,使转录在需要的地方停下来,保证基因的正常翻译。

(5) 遗传标记基因(genetic marker gene):可对载体或重组 DNA 进行指示,主要是为了鉴别受体细胞中是否含有目的基因,从而将含有目的基因的细胞筛选出来;其次可以分析启动子对基因表达的影响,可以对表达产物定量检测。主要包括抗性标记基因(如抗生素抗性基因、重金属抗性基因和代谢抗性基因等)、营养标记基因和生化标记基因(gus、gfp),使用较多的是抗生素抗性基因及生化标记基因。在载体构建过程中,由于不同的受体细胞及目的基因导入受体细胞的方法不同,基因表达载体的构建上也会有所差别。

4 RNA 干扰表达载体

RNA 干扰(RNA interference,RNAi)是与靶基因序列同源的双链 RNA(double strand RNA,dsRNA)所诱导的一种特异性基因沉默现象,也被称为转录后基因沉默(PTGS,post-transcriptional gene silencing)。20 世纪 90 年代初,在试图通过导入色素基因使植物花色更为艳丽的研究中发现,基因导入后并没有达到预期的效果。转基因植株检测发现不仅没有目的基因的表达,反而使原有的色素基因也受到了抑制。Guo 和 kemphues(1995)在秀丽线虫中证明了 RNA 干扰现象的存在,后来,Fire 等(1998)发现将 dsRNA 注入秀丽线虫可显著抑制特定基因的表达,并证明了 Guo 等所发现的正义 RNA 的基因抑制作用其实是转录时污染微量 dsRNA 所造成的,从而证明了 RNAi 现象的普遍存在。RNA 干扰主要应用于通过基因沉默研究相应的基因功能,是后基因组学研究中常用的技术手段。将与 mRNA 同源的双链 RNA(dsRNA)导入细胞,或导入能够产生与 mRNA 形成双链 RNA(dsRNA)的序列,可以使 mRNA 发生特异性的降解,导致其相应的基因沉默。它是真核生物中存在的一种抗病毒入侵、抑制转座子活动、调控基因表达的监控机制,具有重大生物学意义。

4.1 RNAi 的分子机制

通过多年的生化和遗传学的研究,现已阐明 RNA 干扰的分子机制可包括起始阶段和效应阶段,如图 23-4 所示。

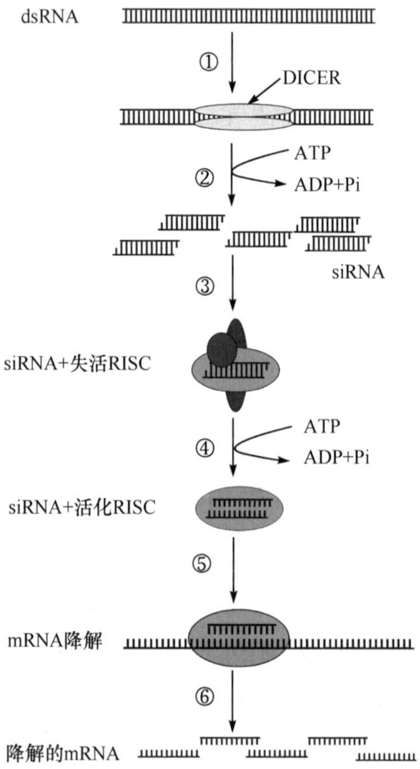

图 23-4 RNAi 抑制基因表达的机制(Bakhetia,2005)
① 双链 RNA(dsRNA 被 Dicer 识别;② 在 ATP 辅助下 dsRNA 被切割为 siRNA;③ siRNA 与失活 RISC 结合;④ ATP 作用下,形成 siRNA-RISC 复合体;⑤ RISC识别并降解 mRNA;⑥ mRNA 降解

第一步(起始阶段)是较长 dsRNA 在 ATP 参与下被 RNase Ⅲ家族中称为 Dicer 的特异核酸酶切割加工成 21~23nt 的由正义和反义链组成的小干扰 RNA(small interfering RNA,siRNA)。siRNA 的两条单链末端为 5′-磷酸和 3′-羟基,且 3′端均有 2~3 个突出的核苷酸。

第二步(效应阶段)是 siRNA 在 ATP 参与下被 RNA 解旋酶解旋成单链,并由其中反义链指导形成 RNA 诱导的沉默复合体(RNA-induced silencing complex,RISC)。RISC 由 siRNA、解旋酶、ATP、核酸内切酶、核酸外切酶等多种成分组成。活化的 RISC 在单链 siRNA 引导下识别互补的

mRNA，并在 RISC 中的核酸内切酶作用下从 siRNA 引导链中心所对应的靶基因位置切割靶 mRNA，最后可能再被核酸外切酶进一步降解，从而干扰基因表达。

除此以外，RNAi 的效应还可以通过小分子 RNA(microRNA，miRNA)和内源 DNA 甲基化的介导途径来完成，后面还会有相关介绍。

4.2 植物 RNAi 的特点

RNAi 具有普遍性、高效性和特异性的特点。研究表明，RNAi 普遍存在于植物、动物细胞内，而且 Fire 等(1998)发现少量的 dsRNA 就能够导致线虫大量的靶 mRNA 降解，说明 RNA 干扰机制中存在着信号放大的步骤，使得非常少量的 dsRNA 就可以达到高效的抑制效果。但 RNAi 也具有特异性，该技术只降解与之序列相应的单个内源基因。siRNA 除正义链上 3′端的两个碱基在序列识别上不起作用外，其他碱基中任何一个改变都可能引起 RNAi 效应失效。植物的 RNAi 具有以下特点。

4.2.1 多种途径介导基因沉默

(1) siRNA 介导的基因沉默：此途径即为上述的 RNAi 分子机制的过程，沉默效应主要发生在细胞质，推测是植物自身用来抵御病毒感染的一种保守机制。

(2) miRNA 介导的内源性 mRNA 沉默：与 siRNA 不同，miRNA(microRNA)是一类长为 19～25nt 的单链 RNA。由内源性发夹结构转录产物经 Dicer 酶切，先以双链的形式存在，最后释放互补链形成成熟的 miRNA。成熟的 miRNA 通过结合 RISC 行使类似 siRNA 的沉默功能。

(3) 指导细胞核内 RNAi 途径：植物中 dsRNA 介导的细胞核内 RNAi 途径主要体现在 RNA 介导的 DNA 甲基化，甲基化使对应的基因转录活性受抑制。

4.2.2 植物 RNAi 的放大效应与系统性

RNA 干扰的高效性正是其放大效应的表现，主要是通过 RNA 依赖的 RNA 聚合酶(RNA-directed RNA polymerase，RdRP)指导降解性 PCR 来实现。在植物 RNAi 途径中一个 dsRNA 可以被切割为多个 siRNA，并且 siRNA 及 RISC 的重复使用，都为 RNAi 的高效性提供了物质保障。沉默效应能通过植物分子运输系统进行系统扩散，如植物沉默信号可以通过胞间连丝进行细胞间运输，也可以通过韧皮部转运系统进行长距离运输。同时植物还可以将 RNA 干扰的沉默效应传递给子代，表现出了 RNA 干扰在植物中的遗传性。

4.2.3 植物 RNAi 的 RNA 靶区的扩散

RNAi 的 RNA 靶区的扩散即 RNA 沉默效应可以从起始 siRNA 同源区向临近的 5′端和 3′端扩散，这个过程中 RNA 依赖的 RNA 聚合酶(RdRP)起着关键的作用。利用 RNAi 的 RNA 靶区扩散特点，可以促进与其同源的基因家族基因的沉默。

4.2.4 植物中 RNAi 的抑制

植物中 RNAi 表现为基因组水平的免疫现象，是一种植物对抗外来基因(如病毒)表达的防御机制。这也正是许多研究中发现 RNA 干扰的转基因植物中干扰效果比较差的原因。

4.3 RNAi 载体的设计及构建

4.3.1 siRNA 的设计

以经典的 siRNA 设计方法为基础再经过大量的实践经验修改和补充，设计的基本原则包括三个方面：功能效率、特异性和对照试验。目标序列的选择可参考以下几点：

(1) 选取以 A 或 G 开头的 19～21bp 的目的 mRNA。从 mRNA 的起始密码子开始，寻找“AA”二联序列，并记下其 3′端的 19 个碱基序列作为潜在的 siRNA 的靶位点。

(2) 选出合适的目标序列。为了达到更好的抑制效果，通常会在多个 siRNA 序列中进行严格的挑选。选择时避免 4 个碱基 T 或 A 的连续序列，避免选择起始密码子下游 50～100bp 处的碱基、终止密码子上游 100bp 处的碱基以及 5′和 3′的非编码区域，GC 含量在 30%～70%且以 50%以上的 siRNA 效率更高。并用 BLAST 检查设计序列的特异性，将设计的目标序列和相应的基因组数据库进行比较，排除那些和其他非相关基因相同源的序列。

对照试验的设计在 RNAi 研究中尤为重要，对照试验应该选择与 siRNA 的靶序列拥有相同的结构但是无同源性的 siRNA 来进行比较，同时仍要保证对照的 siRNA 与其他基因也无同源性。

4.3.2 siRNA 的合成

siRNA 序列设计好以后，合成的途径可以选择多种，按照 siRNA 形成的场所大体可分为体外合成和体内合成两种。

1) 体外合成

(1) 化学合成：化学合成最大的优点就是简便，科研人员不需要进行任何工作。但是也同样带来了高昂的价格负担和过长的周期等缺点。目前siRNA的化学合成可以提供非常专业化的商业服务，可以根据客户的需求提供高质量的siRNA。

(2) 体外转录合成：相较于化学合成的方法，利用寡聚DNA为模板在RNA聚合酶的作用下，体外转录出双链siRNA分子的方法更加适用于多种siRNA的筛选，并且技术简单，花费不大，同时经体外转录得到的siRNA毒性小、稳定性好、效率高，只需要化学合成的siRNA 1/10的量就可以达到同样的效果。但是这种方法的缺点是反应的规模受到一定的限制。

(3) 酶切长片段dsRNA合成：利用体外转录的方法用目标mRNA为模板制备dsRNA，然后用RNase在体外消化，得到一份混合的siRNA并可以直接导入细胞。这种方法的优点是可以节省大量的时间，但同时也增加了非特异性沉默的概率。

2) 体内合成

(1) 质粒载体表达：质粒载体是带有RNA聚合酶Ⅱ(PolⅡ)或RNA聚合酶Ⅲ(PolⅢ)启动子的质粒DNA，其用途是转录RNA产物。

PolⅡ启动子适用于转录长的RNA茎环结构，在细胞内Dicer的切割作用下形成长的dsRNA，发挥RNA干扰的过程，如图23-5所示，这种表达系统比较适于低等生物或植物细胞。

PolⅢ启动子多用于直接表达siRNA的载体系统，PolⅢ启动子的优点在于可以指导小的非编码转录本的合成，PolⅢ不会在RNA产物的5′端加帽也不会在3′端加尾，同时识别poly T为终止信号，这些特性使得应用DNA模板在体内合成小RNA成为可能。它可以在真核细胞中表达较多的小分子RNA，一般这种载体系统在哺乳动物中应用较多。这种表达载体一般会有RNA PolⅢ的启动子和4～5个T的转录终止信号，并在中间携带有目的小发卡RNA(small hairpin RNA，shRNA)的结构，从而转录形成茎环结构，如图23-6所示，或者是正义和反义的siRNA分别为不同的启动子所控制形成dsRNA，它们的抑制效果是一致的。质粒表达载体的优点在于可以进行较长时期的研究。

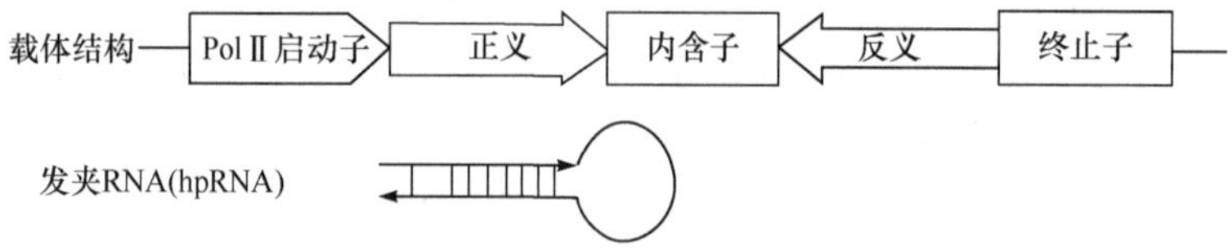

图23-5　转录长片段茎环RNA的载体结构

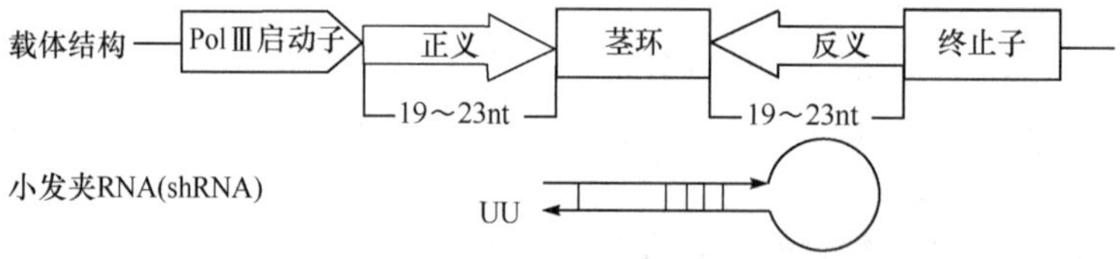

图23-6　转录siRNA的载体结构

(2) 病毒载体表达：病毒载体包括反转录病毒、腺病毒和慢病毒载体。反转录病毒和慢病毒可以把外源的siRNA基因整合到宿主基因组中，使得宿主细胞表达siRNA产物。但是这三种病毒载体也有不同，反转录病毒只能感染增殖细胞，慢病毒只能感染非增殖细胞，而腺病毒可以感染静止细胞。病毒载体的优点在于它可以高效的感染细胞进行基因沉默，并且转染效果稳定。

4.4　RNA干扰的研究与应用展望

从RNA干扰理论的提出到现在经历了二十余年的发展，在它的机制和应用方面仍然存在不完善的地方，如与RNAi途径相关的核酸、蛋白质等成分及作用模式并不是特别清晰。所以RNA干扰依然是分子生物学领域的热点问题，而miRNA的研究这几年更成为热点中的热点，人们对其机制和应用的兴趣还是那样的浓厚。绝不能片面地把它只理解为一种方法或手段，它同时也是在生物界存在的非常古老的一种重要的机制，很可能关系到整个物种的发育与进化。

在植物中，RNA干扰在功能基因组学的研究中应用的比较广泛。研究表明RNA干扰不仅可以在植物中敲除或降低特异性基因的表达，而且还可以随意控制抑制基因的表达时间。与传统的基因敲除技术相比，RNA干扰技术具有投入少、周期短、操作简单等优势。随着现代生物基因测序技术的发展，大量未知功能的新基因不断被发现，研究这些基因的功能是当前生物科学研究的主要方向之一。RNA 干扰技术将大大促进对这些新基因功能的研究。随着对 RNA 干扰机制研究的不断深入，RNA 干扰技术将成为研究基因功能不可或缺的工具。此外，RNA 干扰也是病毒侵染植物和植物抗病毒的一种生物机制，因此可以通过构建病毒转录序列中的高度同源区段的 RNAi 基因沉默表达载体，创造出抗病毒的植物。从而推动抗病育种产业的发展。

RNA 干扰是一门非常年轻的科学，不管是在基础研究还是在应用开发上，它的研究史都非常短，有着巨大的研究潜力亟待去发掘。

5　植物基因工程常用的质粒载体

质粒载体是最早发展起来的一类基因克隆载体，以质粒 DNA 为构建骨架，是植物遗传转化研究的主要载体。

5.1　植物基因工程常用的克隆载体

自 Bolivar 等(1977)组建了第一个系列的克隆载体 pBR 以来，现已构建了各类的克隆载体应用到不同的生物中和不同的研究目的中。常用的植物基因工程克隆载体有 pBR 系列、pUC 系列、pGEM 系列、pBluescript Ⅱ KS 系列及 TOPO 系列等。克隆载体的选择根据载体多克隆位点、载体的容量、载体的稳定性及制备的难易程度等因素，在不同的试验中，选择不同的克隆载体，目前商品化的克隆载体繁多，在这里仅作简单介绍。

5.1.1　pBR322 载体

质粒 pBR322 长 4361bp，由 Rldrd19 质粒的 Tn3 易位子的氨苄青霉素抗性基因(*amp*ʳ)、pSC101 质粒的四环素抗性基因(*tet*ʳ)和 ColE1 的派生质粒 Pmb1 的 DNA 复制起点(ori)三个部分组成(图 23-7)。该载体带有两种抗生素抗性基因可作转化子的选择标记，同时该载体具有多个限制酶识别位点，选择不同的酶切位点将会获得不同的表型，如外源 DNA 插入某些位点会导致抗生素抗性基因失活，利用质粒 DNA 编码的抗生素抗性基因的插入失活效应，可以有效地检测重组体质粒。pBR322 衍生的质粒有 pBR325、pBR327 及 pAT153 等。

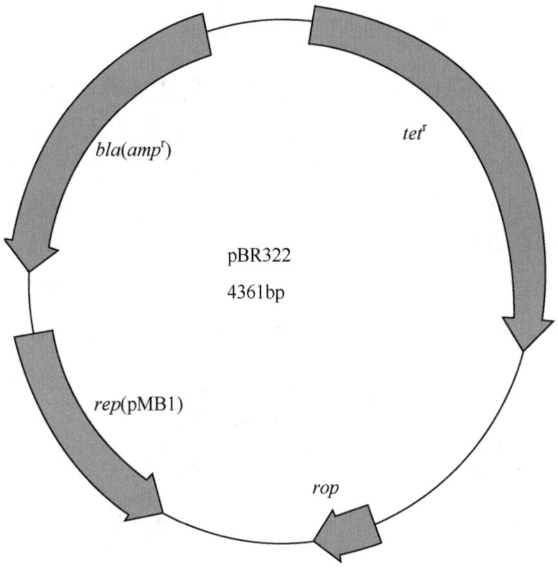

图 23-7　pBR322 载体(引自 Thermo 公司，2013)

5.1.2　pUC 系列质粒载体

pUC 载体是在质粒 pBR322 的基础上，在其 5′端引入了带一段多克隆位点的 *lacZ* 基因(图 23-8)，由美国加利福尼亚大学的科研人员最先构建的。在结构上，含有 pBR322 质粒的复制起点(ori)和氨苄青霉素抗性基因(*amp*ʳ)，但 *amp*ʳ 不再含有原来的核酸内切限制酶的单识别位点，同时引入了大肠杆菌 β-半乳糖酶基因(*lacZ*)的启动子及其编码 α-肽链的 DNA 序列，在 *lacZ* 的 5′端引入了带一段多克隆位点，使其成为具有双功能检测特性的新型质粒载体。该系列载体中比较常用的有 PUC18、PUC19、PUC118 载体。

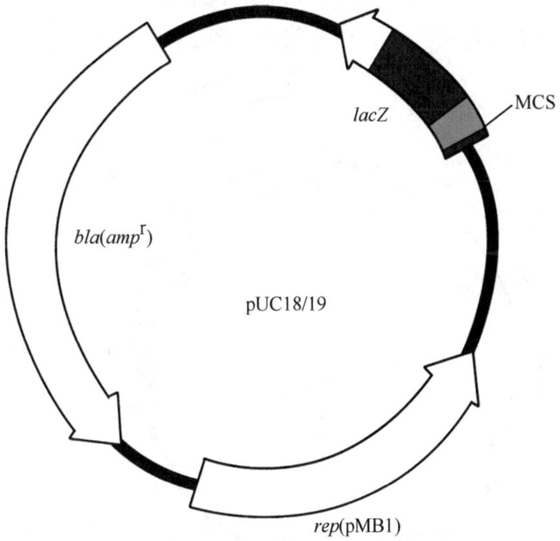

图 23-8　pUC18/19 载体(引自 Thermo 公司，2013)

5.1.3 pGEM 系列载体

pGEM 系列载体由 pUC 系列载体改造而来，增加了一些功能片段(图 23-9)。该系列载体包含丝状噬菌体 f1 的复制起点，在多克隆位点的两端添加了噬菌体的 Sp6 和 T7 转录启动子。pGEM 系列载体主要不同是多克隆区域限制性酶切位点的选择和排列，该系列载体主要有 pGEM-T、pGEM-3Z、pGEM-4Z 和 pGEMpGEM-5Z 等。

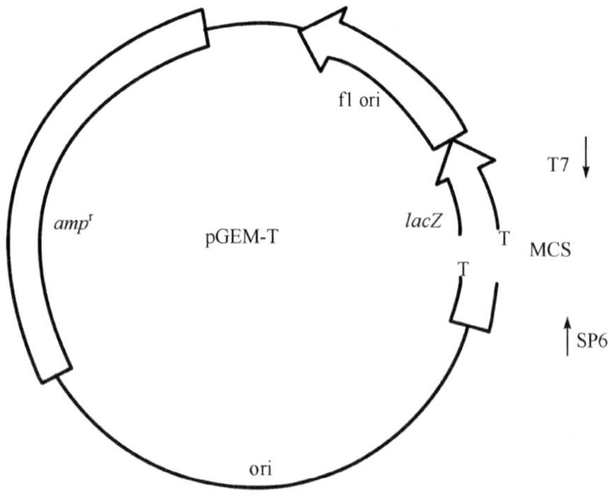

图 23-9 pGEM-T 载体(引自 Promega 公司，2013)

5.1.4 pBluescript Ⅱ KS(±)载体系统

pBluescript Ⅱ KS(±)载体系统除具有质粒载体的基本要素外，综合了上述载体的功能要素，如具备了多克隆位点、*lacZ* 基因、噬菌体的 Sp6 和 T7 转录启动子和丝状噬菌体 f1 的复制起点。该系统由有 4 个质粒，根据多克隆位点两端 *Kpn* Ⅰ和 *Sac* Ⅰ的顺序，用 KS 或 SK 表示，质粒图谱如图 23-10 所示。

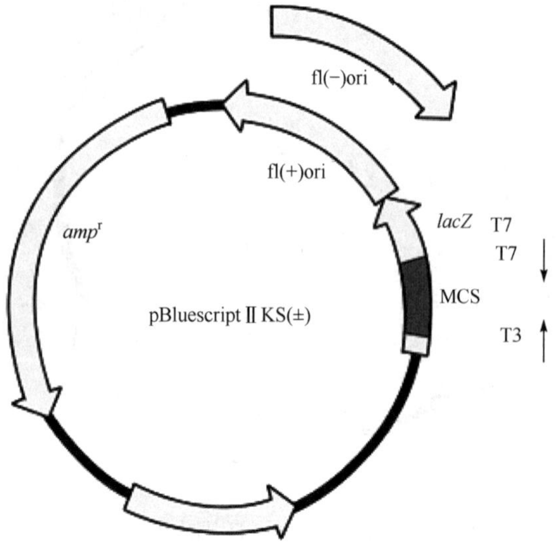

图 23-10 pBluescript Ⅱ KS(±)系列载体
(引自 Stratagene 公司，2013)

5.1.5 TOPO 载体

TOPO 载体是由 Invitrogen 公司开发的，该载体系统引入了 DNA 拓扑异构Ⅰ，它同时扮演了限制性内切酶和连接酶的两个角色。TOPO 载体将原本需两天完成的克隆过程缩短至几分钟内完成。该载体系统自开发以来，应用越来越广泛，包括亚克隆、测序、体外转录及表达等。

1) pCR-TOPO 克隆载体　pCR-TOPO 载体是基于 TOPO 的一种 T 载体，在 3′端的突出 T 上共价结合了一个拓扑异构酶Ⅰ，为了利用拓扑异构酶的连接活性，并在每个 3′磷酸基团上连接了拓扑异构酶Ⅰ，确保了载体与互补末端的迅速连接(图 23-11)。

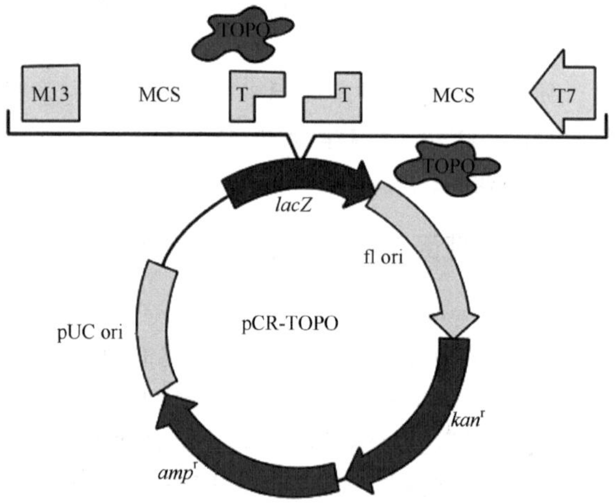

图 23-11 pCR-TOPO 载体(引自 Invitrogen 公司，2013)

2) pCR-Blunt 载体　TOPO 载体系统除开发了 T-A 克隆载体系统外，还开发了平末端克隆载体 pCR-Blunt(图 23-12)。pCR-Blunt 载体在 *lacZ* 基因的下游融合了一个 *ccdB*(control of cell death)基因，当没有外源 DNA 片段插入时，*ccdB* 基因表达并导致大肠杆菌致死；而有外源基因插入时，*ccdB* 基因表达受阻，细胞可正常生长，节省了筛选时间。

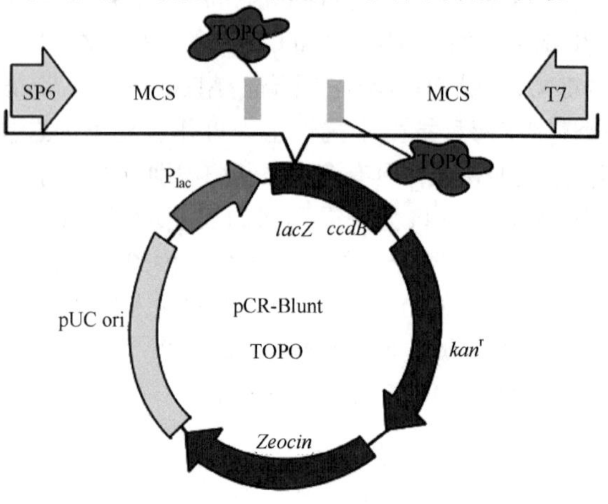

图 23-12 pCR-Blunt 载体(引自 Invitrogen 公司，2013)

5.2　植物基因工程常用的表达载体

常用的植物基因工程表达载体有 pBI121 系列载体、pCAMBIA 系列载体及近几年开发的 Gateway 技术等。

5.2.1　pBI121

植物表达载体 pBI121 是由双元载体 pBin19 演化而来的(图 23-13)。由 CaMV35S 启动子驱动,以 β-葡萄糖苷酶(β-glucuronidase,Gus)基因为报告基因,载体中含有 *Npt* Ⅱ 基因(编码新霉素磷酸转移酶),能赋予细胞抗卡那霉素(kanamycin,Kan)的能力。载体上含有多克隆位点,以便于目的基因的插入。此外,也可以利用多克隆位点,将启动子序列替换掉,改造为试验中需求的启动子。

5.2.2　pCAMBIA 系列载体

pCAMBIA 系列载体的骨架是 pUC18,该系列载体由 CaMV35S 启动子驱动,在农杆菌和大肠杆菌中都可高拷贝表达(图 23-14)。载体大小在7～12kb,除 pCAMBIA3300 和 pCAMBIA3301 含编码抗除草剂草丁膦的 *bar* 基因,其他 pCAMBIA 系列载体均含有卡那霉素抗性基因。此外 pCAMBIA1300 和 pCAMBIA2300 载体不含有报告基因,pCAMBIA2301 和 pCAMBIA3301 含有 *gus* 基因作为报告基因,pCAMBIA1302 只含有绿色荧光蛋白 GFP 的报告基因,pCAMBIA1303 载体含有 *gus* 基因和绿色荧光蛋白 GFP 的两种报告基因。

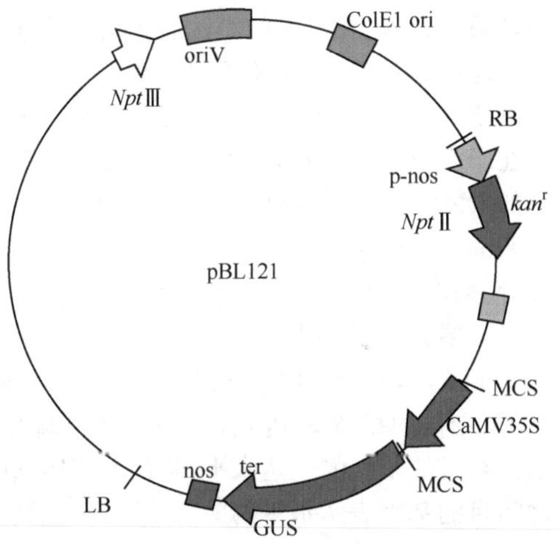

图 23-13　pBI121 载体(陶建英,2009)

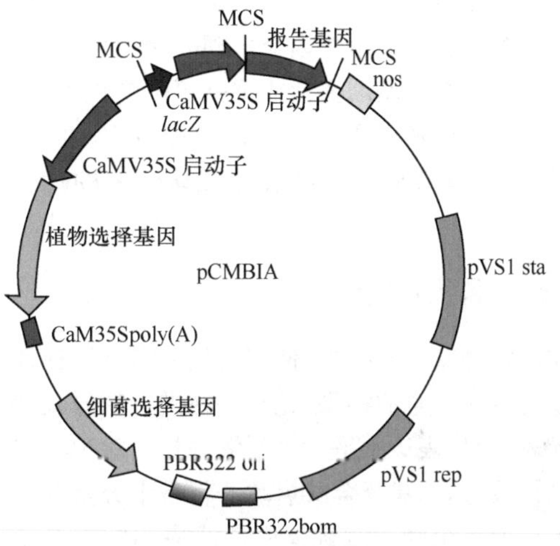

图 23-14　pCAMBIA 系列载体(引自 Cambia,http://www.cambia.org/daisy/cambia/585,2013)

5.2.3　Gateway 技术

Gateway 克隆技术是一种通用型载体构建技术,由 Invitrogen 公司开发的基于 λ 噬菌体位点特异性重组原理进行基因克隆技术。该技术借助位点特异性重组,与传统的克隆方法相比,不需要考虑目的 DNA 是否有合适的酶切位点,不需要进行酶切和连接反应(图 23-15)。

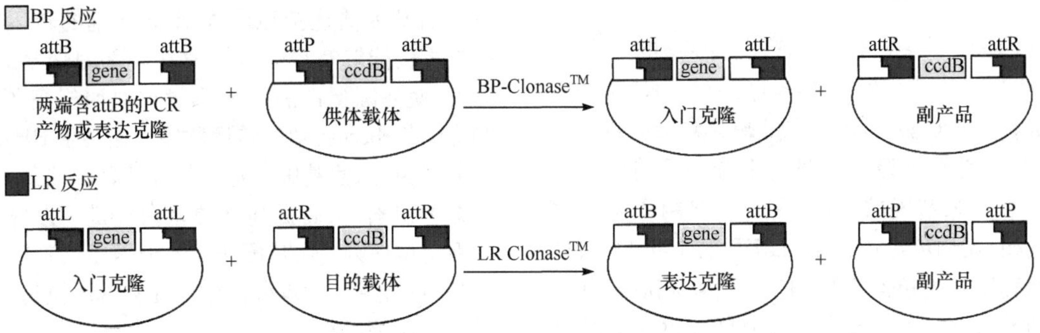

图 23-15　Gateway 技术构建植物表达载体原理(引自 Invitrogen 公司,2013)

Gateway 技术由 BP 和 LP 两个反应组成，BP 反应是 DNA 片段或者包含 attB 位点的表达克隆与包含 attP 位点的供体载体(donor vector)之间进行的反应。BP 反应产生含有 attL 位点的入门克隆(entry clone)，一旦获得入门克隆后就能将目的 DNA 以正确的方向和阅读框克隆到各种与 Gateway 技术兼容的目的载体上(destination vector)。LR 反应是含 attL 位点的入门克隆和包含 attR 位点的目的载体之间的重组反应。LR 反应产生表达克隆，用 LR 反应构建表达载体时不需要对 DNA 分子进行酶切、连接及回收。Invitrogen 公司在入门载体中引入了 TOPO 克隆技术，使载体构建更加方便、快捷。

6 植物基因工程载体改进和优化

外源基因在受体植物内会出现表达效率低、表达产物不稳定甚至基因失活或沉默等不良现象，下面介绍几种使外源基因在特定部位和特定时间内高水平表达，有效提高植物表达载体效率的优化方法。

6.1 改进和优化启动子

在植物转基因研究中，使用天然的启动子往往不能取得令人满意的结果，尤其是在进行特异表达和诱导表达时，表达水平大多不够理想。对现有启动子进行改造，构建复合式启动子将是十分重要的途径。目前在植物表达载体中广泛应用的启动子是组成型启动子。例如，绝大多数双子叶转基因植物均使用 CaMV35S 启动子，单子叶转基因植物主要使用来自玉米的 Ubiquitin 启动子和来自水稻的 Actinl 启动子。在这些组成型表达启动子的控制下，外源基因在转基因植物的所有部位和所有的发育阶段都会表达。

6.2 增强翻译效率

(1) 添加 5′→3′-非翻译序列：许多实验已经发现，真核基因的 5′→3′-非翻译序列(UTR)对基因的正常表达非常必要，该区段的缺失常会导致 mRNA 的稳定性和翻译水平显著下降。目前已有许多载体中外源基因的 5′端添加了 Ω 翻译增强序列。例如，在烟草花叶病毒(TMV)的 126kDa 蛋白质基因翻译起始位点上游，有一个由 68bp 核苷酸组成的 Ω 元件，这一元件为核糖体提供了新的结合位点，能使 *gus* 基因的翻译活性提高数十倍。

(2) 优化起始密码周边序列：起始密码子在生物界是通用的，从不同生物来源的基因各有其特殊的起始密码周边序列。例如，植物起始密码子周边序列的典型特征是 AACCAUGC，动物起始密码子周边序列为 CACCAUG，Kozak 详细研究过起始密码子 ATG 周边碱基定点突变后对转录和翻译所造成的影响，并总结出在真核生物中，起始密码子周边序列为 ACCATGG 时转录和翻译效率最高，特别是 −3 位的 A 对翻译效率非常重要。该序列被后人称为 Kozak 序列，并被应用于表达载体的构建中。

6.3 消除位置效应

当外源基因被移入受体植物中之后，它在不同的转基因植株中的表达水平往往有很大差异。这主要是由于外源基因在受体植物的基因组内插入位点不同造成的。即所谓的“位置效应”。为了消除位置效应，使外源基因都能够整合在植物基因组的转录活跃区，在目前的表达载体构建策略中通常会考虑到核基质结合区及定点整合技术的应用。核基质结合区(matrix association region，MAR)是存在于真核细胞染色质中的一段与核基质特异结合的 DNA 序列。一般认为，MAR 序列位于转录活跃的 DNA 环状结构域的边界，其功能是造成一种分割作用，使每个转录单元保持相对的独立性，免受周围染色质的影响。有关研究表明，将 MAR 置于目的基因的两侧，构建成包含 MAR-gene-MAR 结构的植物表达载体，用于遗传转化，能明显提高目的基因的表达水平，降低不同转基因植株之间目的基因表达水平的差异，减少位置效应。

6.4 使用定位信号

近几年的研究发现，如果某些外源基因连接上适当的定位信号序列，使外源蛋白产生后定向运输到细胞内的特定部位，如叶绿体、内质网、液泡等，则可明显提高外源蛋白的稳定性和累积量，内质网等特定区域为某些外源蛋白提供了一个相对稳定的内环境，有效防止了外源蛋白的降解。例如，杀虫蛋白基因前连接拟南芥 rbcS 亚基的转运肽序，杀虫蛋白能够特异性地积累在转基因烟草的叶绿体内，使外源蛋白总的积累量比对照提高了 10～20 倍；将 rbcS 亚基的转运肽序列连接于 PHB 合成相关基因前，使基因表达产物在转基因油菜种子的质体中积累，从而提高外源蛋白含量。另外，将内质网定位序列(四肽 KDEL 的编码序列)与外源蛋白基因相连接，发现外源蛋白在转基因植物中的含量有了显著提高。

6.5 利用内含子增强基因表达

内含子增强基因表达的作用最初是由 Callis

等(1987)在转基因玉米中发现的,玉米乙醇脱氢酶基因(*Adhl*)的第一个内含子(intron 1)对外源基因表达有明显增强作用,该基因的其他内含子(如 intron8、intron9)也有一定的增强作用。有研究指出,特定内含子对基因表达的促进作用取决于启动子强度、细胞类型、目的基因序列等多种因素,甚至有时会取决于内含子在载体上的位置。例如,玉米 *Adhl* 基因的内含子 9 置于 *gus* 基因的 5′端,在 CaMV35S 启动子调控下,*gus* 基因的表达未见增强;当把内含子置于 *gus* 基因 3′端,在同样的启动子控制下,*gus* 基因的表达水平却增加了大约 3 倍。

综上所述,植物基因工程载体有各自的特点。随着生命科学进入了后基因组时代,大规模基因功能的研究已成为研究热点。高效、便捷的克隆,使表达载体也越来越受到青睐。目前,除了上述载体外,越来越多的商品化载体涌现出来,在研究工作中,根据自己的研究目的选择使用。

复　习　题

名词解释

克隆载体、中间载体、卸甲载体、多克隆位点

问题

(1) 构建质粒载体时需考虑哪些特性? 讲究何策略? 遵循什么设计原则?

(2) 指出 pBR322 的结构来源,并图示 pBR322 的构建。

(3) 简述 *lacZ* 的筛选机制。

(4) RNAi 的分子机制是什么? 植物 RNAi 的特点是什么?

(5) siRNA 的合成有哪几种方法?

(6) Gateway 技术原理是什么?

(7) 简述植物基因工程载体改进和优化的方法。

第 24 章

植物基因工程载体的标记基因和报告基因

自 1983 年第一株转基因植物诞生以来，据统计，全球抗虫、抗病、抗除草剂及品质改良的棉花、水稻、大豆、玉米等转基因植物已达 120 多种，种植面积 4700 多万公顷。为了加快作物遗传改良的进程，将外源目的基因导入植物体，有效筛选出极少量的转化细胞，一套高效安全的选择方法极为重要。同时，对于转基因作物本身及转基因作物筛选方法的安全性问题也越来越受到公众的关注。目前公认的选择方法是利用选择标记基因和报告基因，两者除具有共同之处外，在功能和性质上还存在一定差异，本章将对植物基因工程载体的标记基因和报告基因进行详述，同时对提高转基因植物标记基因安全性的方法进行介绍。

1　标记基因

如何选择和筛选转化体是研究人员在进行植物表达载体构建时需要考虑的一个重要问题。科学家们一直试图把转化体带上一个标记，从而便于选择和筛选。至今已建立了许多标记基因，并已插入各种转化载体中。作为一种标记基因必须具备以下 4 个条件：①编码一种不存在于正常植物细胞中的酶；②基因较小，可构成嵌合基因；③能在转化体中得到充分表达；④检测容易，并且能定量分析。

1.1　标记基因概述及环境安全

为了有利于转化植物细胞的筛选，无论是一元载体系统还是双元载体系统，除目的基因外，植物表达载体通常携带有选择标记基因（selectable marker gene）。选择标记基因在转基因细胞中表达后，转化的植株由于具有抗性能够在相应的筛选压力下正常生长，而没有转化的植株则不能在筛选压力下正常生长。在植物转基因过程中，外源基因对于植物受体细胞的转化频率相当低，因此，为了从数量庞大的受体细胞群中得到真正转化细胞，必须使用合适的特异性选择标记基因。

而选择标记基因的安全性问题是转基因植物安全性的首要问题，因此提高转基因植物标记基因的安全性已成为研究热点。目前提高转基因植物中选择标记基因安全性的策略主要有：①采用非抗性的、无争议的生物安全标记基因或对抗性基因进行一定修饰；②在转化时使用标记基因，但获得转基因植株后采取措施将其剔除；③利用无选择标记基因的直接转化系统。这 3 种策略的作用原理不同，并且存在不同的优缺点，下文将逐一详述。

1.2　标记基因的分类

植物转基因技术自 20 世纪 80 年代初开展以来，已在多方面取得了成功，标记基因功不可没。采用 PCR、Southern blot 或 Western blot 等方法虽然可以直接检测目的基因或其产物的存在，但费时费力，难以做到实时筛选出活细胞，尤其这些方法没有富集转化细胞的作用。在这种情形下，标记基因应运而生，如新霉素磷酸转移酶基因。有了标记基因的帮助，对转化子的筛选变得相对容易。随着研究的深入，人们陆续发现了多种选择性标记基因，目前已广泛应用于植物的遗传转化，取得了理想的效果，见表 24-1。按照基因产物作用的机制，选择标记基因可以分为抗生素抗性、除草剂抗性及近年来逐渐被应用的生物安全性标记。

表 24-1　植物转化的遗传选择标记

选择试剂	抗性基因	抗性水平/(μl/ml)	抗性酶	抗性机制	应用植物
卡那霉素(Kan)	*ApHA*	50～100	NPTⅡ	选择剂磷酸化	双子叶植物和玉米
Geneticin(G418)	*ApHA*	50～200	NPTⅡ	选择剂磷酸化	禾谷类大豆
博来霉素(Ble)	*He*	5～10	—	—	未见报道
潮霉素(Hm)	*hpt*	30～100	APH(4)	Hm 磷酸化	单子叶植物和黄瓜
Basta	*bar*	50～200	PAT	Basta 乙酰化	油菜、玉米
草甘膦	*aroA*	5×10^{-4}	EPSP	靶酶修饰或扩增	大豆、小麦

续表

选择试剂	抗性基因	抗性水平/(μl/ml)	抗性酶	抗性机制	应用植物
Chorsulfuron(CS)	*Csrl*	—	ALS	靶酶修饰	玉米、甜菜、油菜、亚麻
溴苯腈	*bxn*	10^{-4}	腈水解酶	选择剂降解	棉花
2,4-D	*tfdA*	300～3000	DPAM	降解 2,4-D	烟草、棉花
阿特拉津	*PSbA*	$0.5\times10^{-4}\sim1\times10^{-4}$	QB	靶酶修饰	烟草
2,2-DCPA	*Dehl*	—	脱卤素酶	—	烟草
氨甲蝶呤	*dhfr*	0.5～1.0	DHFR	靶酶修饰	甜瓜、水稻
赖氨酸加苏氨酸	*dapA*		DHPS	靶酶修饰	烟草、马铃薯

1.2.1 抗生素类

这种类型的选择标记基因是使抗生素失去活性，解除抗生素对转化细胞在转录和翻译过程中的抑制作用，使转化细胞得以继续生长。常见的基因有：新霉素磷酸转移酶基因（*npt-Ⅱ*），其编码的产物可以使氨基葡萄糖苷类抗生素（如卡那霉素、新霉素和 G418、巴龙霉素等）磷酸转移而失活；潮霉素磷酸转移酶基因（*hpt*）编码的产物使潮霉素降解失活，从而转化的细胞能够在含有潮霉素的选择压力下正常生长。在选用该类标记基因时应考虑到不同植物对抗生素敏感性的差异，如果植物对抗生素不敏感，即使利用较高筛选压力筛选时仍会导致大量假阳性转化体出现，而且使用过量筛选剂可能导致植株再生受到抑制。因此，对一些抗生素不敏感的植物，应选择其他抗生素抗性基因作为选择标记，严格地设置对照并确定致死剂量浓度。筛选压力剂量的确定，一方面要抑制未转化细胞生长、发育，达到筛选的目的；另一方面要保证转化的细胞再生、生长、发育不受影响，转化植株能够正常生长，选择压力的剂量应为未转化植株致死的最低浓度。

1.2.2 抗除草剂类

近年来实验表明，除草剂化合物也是一种理想的选择抑制剂。抗除草剂类选择基因的产物能使转化植物细胞抵抗除草剂的杀灭作用，从而使转化子能够在含有除草剂的选择培养基中存活下来。常用的除草剂类基因包括：草甘膦乙酰转移酶基因（*bar*），草甘膦是一种抗生素，也是一种有效的除草剂，经 *bar* 编码的 BAR 使草甘膦乙酰化失活；5-烯醇丙酮酸莽草酸-3-磷酸合成酶基因（*aroA*），编码 5-烯醇丙酮酸莽草酸-3-磷酸合成酶（5-enolphyruvylshikimate-3-phosphate synthase，EPSP）的突变体，也抗草甘膦除草剂；乙酰乳酸合成酶基因（*csVl-I*）对磺酰脲类除草剂有抗性；2,4-D 单氧化酶基因（*tfdA*）对 2,4-D 有抗性；对于磺酰脲而言，则是通过 *als* 基因的抗性形式突变来实现的；对于除草剂草丁膦（phosphinothricin，PPT）的抗性也是通过表达 PPT 的乙酰转移酶来设计的。实验表明，这些抗除草剂的基因作为培养和整株水平的选择标记可能是有用的，编码抗除草剂的标记基因对于难以转化植物的筛选，包括单子叶植物在内更为有效。

1.2.3 生物安全性标记类

目前在植物基因转化中使用的选择标记基因大多是抗抗生素或除草剂基因，在转基因植物选择过程采用抗生素进行筛选时，转基因植株由于具有这些选择标记基因能够在含有抗生素的培养基上存活，而非转基因植株死亡。这些抗性基因在转基因植株中的表达是否会对人类健康产生影响？这些基因是否会扩散等问题一直使人们不安和疑虑。基于转基因植物安全性的考虑，为了避免使用抗生素或除草剂等抗性标记基因，越来越多的安全标记基因被用于植物遗传转化。

安全标记基因标记的原理与抗生素或除草剂作为标记基因相同，非转化细胞被杀死，而转化细胞由于获得代谢或发育优势存活下来。目前应用的安全标记基因包括：甜菜碱醛脱氢酶（betaine aldehyde dehydrigenase，BADH）基因，在植物体内催化有毒的甜菜碱醛转变成无毒的甜菜碱，只要在培养基中添加适量甜菜碱醛施加筛选压即可，由于起源于植物且催化产物甜菜碱是植物的渗透调节物质，不仅安全而且可以提高作物的抗逆境胁迫能力；木糖异构酶基因（xylose isomerase gene，*xylA*），编码的木糖异构酶催化 D-木糖与 D-木酮糖的可逆转变，马铃薯、烟草和番茄等植物的外植体可利用 D-木酮糖但不能利用 D-木糖作为主要碳源，在添加 D-木糖的培养基上，转化细胞因能利用 D-木糖作为碳源而获得生长优势，非转化细胞因碳源缺乏而使生长受到抑制；基于相似原理的生物安全性选择标记基因还有磷酸甘露糖异构酶基因（phosphomannose isomerase gene，*pmi* 或 *manA*）、

来源于农杆菌的 *ipt* 基因和 *rol* 基因及甜椒类铁氧还蛋白基因（sweet pepper ferredoxin-like protein gene, *pflp*）。

1.3 常用的选择标记基因

1.3.1 新霉素磷酸转移酶基因（*npt-Ⅱ*）

迄今，在植物基因转化研究中最广泛应用的选择标记是新霉素磷酸转移酶基因（*npt-Ⅱ*），也可称为氨基糖苷磷酸转移酶Ⅱ基因（*aph-Ⅱ*）。它编码的产物对某些氨基葡糖苷类抗生素（aminoglycoside angibiotics），如卡那霉素、新霉素和 G418 等具有抗性。新霉素磷酸转移酶Ⅱ最早是从细菌转座子 Tn5 中分离得到的，它的作用原理是 *npt-Ⅱ* 基因产物通过酶促磷酸化使氨基葡糖苷类抗生素失活，从而解除毒性。该基因已和多种启动子一起构建成嵌合基因。例如，胭脂碱合成酶启动子（nos）、在植物中强表达的 CaMV35S 启动子等。这些嵌合基因已被整合到许多植物转化载体上，而且成功地转化了许多种植物。实验证明，*npt-Ⅱ* 对茄科植物的转化选择特别有效，包括烟草、马铃薯、番茄等。目前还没有任何证据表明 NPT-Ⅱ蛋白对人类、动物或环境有害。通常来说，植物中的 NPT-Ⅱ蛋白表达量是非常低的，大约占棉花种子、马铃薯块茎或番茄果实鲜重的 0.00 005%～0.001%。为了获得足够的蛋白质进行安全性评价，通常需要在大肠杆菌中表达 NPT-Ⅱ蛋白，纯化后，进行小鼠实验。结果表明 NPT-Ⅱ蛋白在小鼠胃和肠道津液中很快被降解，即使对小鼠喂食更大剂量的 NPT-Ⅱ蛋白也并不会影响小鼠的健康。因此 NPT-Ⅱ被 FDA 认为是番茄、棉花及油菜的安全食品添加成分。

另外一个来自细菌转座子 Tn903 的新霉素磷酸转移酶Ⅰ基因（*npt-Ⅰ*）能使细菌抗卡那霉素。pLGV1103 上的两个 kan^r 基因，其中一个是在植物中表达的 *npt-Ⅱ*；另一个是能在细菌中表达的 *npt-Ⅰ*。这两个基因的 DNA 序列无明显同源性，而且它们的启动子也各不相同，因此在同一质粒上不会导致同源重组。

1.3.2 二氢叶酸还原酶基因（*dhfr*）

氨甲蝶呤钠是一种二氢叶酸还原酶的潜在抑制剂，它对于植物细胞有很大毒性。现已设计了一个选择方案，即用一个突变酶，它能降低对氨甲蝶呤钠的亲和力 260 倍。*dhfr*（mtx^r）是抗氨甲蝶呤的二氢叶酸还原酶的结构基因，来自细菌质粒 R67。植物细胞由于其本身的二氢叶酸还原酶对氨甲蝶呤非常敏感，不能在含有这种物质的培养基上生长。但是 *dhfr*（mtx^r）基因表达产物就可以抗氨甲蝶呤的毒性，从而作为植物细胞转化成功的选择标记。*dhfr* 基因和 CaMV35S 启动子嵌合在一起后导入植物细胞，包括矮牵牛、烟草等几种植物，对氨甲蝶呤钠表现出高水平的抗性。因此该标记基因同样也得到广泛应用。但是实验中发现，对于某些植物，例如，矮牵牛等，它的选择频率不如用 *npt-Ⅱ* 高。这可能是由于氨甲蝶呤钠比卡那霉素具有更高的毒性之故。

1.3.3 潮霉素磷酸转移酶基因（*hpt*）

潮霉素（hygromycin）对许多种植物都产生很高的毒性，因为它是一种很强的细胞生长抑制剂。通过深入研究后在细菌中找到了潮霉素磷酸转移酶基因（*hpt*）。该基因产物通过酶促磷酸化作用能使潮霉素失活，从而产生抗性。此基因和强启动子嵌合在一起，使多种植物中产生抗性。在组织培养中 HPT 的敏感浓度是 3～10μg/ml。其与启动子的嵌合基因有 2 种类型：一种是 *nos-hpt*/*nos* poly（A），其抗性水平是 50～100μg/ml 潮霉素；另一种是 CaMV35S 启动子与 *hpt* 连接。

1.3.4 庆大霉素抗性基因（*gent*）

Gent 是一类通过乙酰化作用使许多氨基葡萄糖苷类（aminoglycoside）抗生素失活的酶，这些酶称为 Aminoglycoside 乙酰转移酶[AA(13)]。它能有效地使庆大霉素成为失活状态。当 AA(13) 的编码序列和 CaMV35S 启动子连在一起时，它们使植物细胞产生对庆大霉素的抗性。该标记系统已在许多植物中进行了测试，并且已获得了 500 多种转基因植株，包括矮牵牛、烟草、番茄等。

1.3.5 磷酸甘露糖异构酶基因（*pmi*）

磷酸甘露糖异构酶基因是近年来广泛应用的一种生物安全性选择标记基因，该基因编码磷酸甘露糖异构酶（phosphomannose isomerase, PMI）。整合有外源 *pmi* 基因的转化细胞能将 6-磷酸甘露糖异构为 6-磷酸果糖，使得代谢可继续进行，避免了因 6-磷酸甘露糖的大量积累并产生 ATP 为细胞的正常代谢提供了能量。非转化细胞因缺乏磷酸甘露糖异构酶，不能利用 6-磷酸甘露糖正常生长，因此在含有甘露糖的培养基上，只有转化细胞能够正常生长，而非转化细胞则被淘汰掉。因此，在培养基中添加甘露糖为主要碳源或唯一碳源，转基因细胞能正常生长发育及分化，而非转基因细胞则死亡，从而起到选择作用。与卡那霉素选择系统相比甘露糖选择系统转化效率更高。在甜菜的遗传转化中用较低浓度的甘露糖曾得到高达 30%的转化率，比用卡那霉素高 10 倍左右，而且 88%～90%的绿芽都携带有目的基因。并且由甘露糖选择得到的绿芽比卡那霉素上的绿芽更容易生根。随着研究的不断深入，甘露糖选择系统已在许多重要农作物，如甜菜、玉米、小麦等的遗传转化中得到了广泛的应用。

pmi 基因产物是对植物新陈代谢有益无害的糖代谢的酶，选择剂是糖类物质，因此对生物体无毒。大量的动植物实验已证明 *pmi* 基因对人类、动植物均属安全，而且该基因也无环境释放的安全问题。世界上已有 30 多个独立科学委员会认为带有 *pmi* 的转基因植物同样是安全的。而且许多研究表明利用该选择标记基因的遗传转化系统的转化率和筛选率高于抗生素和除草剂类标记基因。

1.3.6　甜菜碱醛脱氢酶基因(*badh*)

一些小的醛类化合物如甜菜碱醛对很多植物细胞是具有毒性的，来源于藜科植物的甜菜碱醛脱氢酶基因(*badh*)在植物中能催化有毒的甜菜碱醛转变为无毒的甜菜碱，从而可使转化植株在添加有甜菜碱醛的培养基中正常生长，而非转化植株则被杀死。另外，由于其催化的终产物甜菜碱是高等植物天然的渗透调节物质，可提高植物的抗渗透胁迫能力，目前已用于提高水稻等作物的抗逆境胁迫能力中。在转化烟草叶绿体的基因组试验中，利用 *badh* 基因作为标记基因，其转化率是利用壮观霉素作为抗性基因的 25 倍。同时利用植物来源的基因作为选择标记基因，可以大大减轻人们对转基因作物安全性的忧虑。目前人们已经陆续从甜菜、山菠菜、大麦、高粱、千穗谷、海榄雌、碱蓬、滨藜等物种克隆了 *badh* 基因。用于大麦、小麦、棉花、甘蓝等植物的转基因研究证实 *badh* 基因的过量表达可以提高植物的耐逆性。

1.3.7　木糖异构酶基因(*xylA*)

马铃薯、烟草和西红柿等许多植物的培养细胞可利用 D-木酮糖但不能以用 D-木糖作为主要碳源。然而在木糖异构酶的催化下，D-木糖能转变成 D-木酮糖，然后再经过磷酸戊糖途径分解代谢，为细胞生长所利用。基于此原理，木糖异构酶基因 *xylA* 可作为标记基因用于植物遗传转化研究。在添加 D-木糖的筛选培养基上，整合有外源 *xylA* 基因的转化细胞因为能利用 D-木糖作为碳源而获得优势生长，非转化细胞因碳源供应不足而使其生长受到抑制，据此可区分转化细胞和非转化细胞。研究表明，将 *xylA* 基因分别转到马铃薯、烟草和西红柿愈伤组织中，然后将愈伤组织置于含有木糖的培养基上进行筛选，得到了能够在该培养基上正常生长的转基因植株。在进行番茄的遗传转化时，通过比较实验证明，以木糖异构酶基因为选择标记，具有更高的转化效率，比卡那霉素选择系统高 10 倍左右。由于木糖异构酶已在食品工业中达到了商品化的程度，所以在植株转化中利用 *xylA* 基因作为选择标记是十分安全的。

1.3.8　草苷膦乙酰转移酶基因(*bar*)

从吸水链霉菌(*Streptomyces hygroscopicus*)中克隆的 *bar* 基因，是一种非常有效的选择标记基因，它编码的膦丝菌素乙酰基转移酶，通过乙酰化作用会使膦丝菌素失去毒性。膦丝菌素是除草剂草甘膦的有效成分。表达 *bar* 基因的植物转化细胞，在经受致死剂量的草甘膦处理之后，仍能正常生长或是以接近正常的速率生长，而敏感的非转化植株则迅速停止生长，并在 10～21d 内死亡。*bar* 基因已成功地应用于水稻、玉米、小麦、高粱及大麦、燕麦、黑麦等多种禾谷类粮食作物的转基因研究。

1.3.9　其他选择标记

除上述的选择标记外，还有许多选择标记基因可利用。最近开始应用博来霉素，也称争光霉素(bleomycin，*ble*)、杀稻瘟菌素(blasticidin，*blas*)、磺胺类药物等。此外，还有目前已有应用的或有应用潜力的标记基因，例如，链霉素、壮观霉素及氯霉素等。

在选择标记的使用中值得注意的是标记基因的正确选择。没有一种标记对所有的植物全都行之有效。不同的标记基因对不同植物转化细胞的生长发育及转化率有着不同的影响；即使是同一种标记基因，在不同的选择压力下也表现不同；不同的植物种类对选择系统的敏感性程度差异很大。因此，当试图转化一种新的植物时，设计几种可替代的选择标记是有利的。选择系统必须突出对相关植物组织的约束性，选择压力要根据选择的靶外植体或组织而异。

1.4　转基因植物中选择标记基因的消除

在获得转基因植物后，标记基因的存在是多余的，甚至是有害的。转基因植物中标记基因的消除技术则可将该标记基因完全删除，这不仅消除了人们对转基因植物的担心，而且有利于对植物进行多次转化和多个基因整合至植物基因组，对提高转基因植物农艺性状具有重要意义。

目前转基因植物选择标记基因消除的方法主要有 4 种:共转化法、转座子系统、位点特异性重组酶系统和染色体体内重组系统。

1.4.1　共转化法

共转化法(co-transformation)起初将选择标记基因和目的基因分别构建在 2 个不同的载体上,共同转化植物受体细胞。由于农杆菌介导的转化过程中 T-DNA 整合于植物基因组中的位置具有一定随机性,2 个分离的 T-DNA(分别包含目的基因和选择标记基因)共同转化植物细胞时,可以获得共整合有目的基因和选择标记基因的植株。经过转化植株有性阶段的遗传重组,使选择标记基因与目的基因分离,得到剔除选择标记基因的转化植株(图 24-1)。共转化途径必须建立在高转化频率基础上,对于转化效率高的植物来说,标记基因和目的基因共转化到同一细胞并整合到不同染色体发生频率可以满足剔除标记的需要。对于那些本来转化困难的植物物种来说,共转化受到限制。共转化需要遗传分离来去除标记基因,适合有性繁殖植物而不适合无性繁殖植物。而且研究发现共转化通常通过农杆菌介导的转化才能有效剔除标记,而 DNA 直接转移法通常获得的 T-DNA 是紧密连锁,很难通过后代分离将标记基因分离。

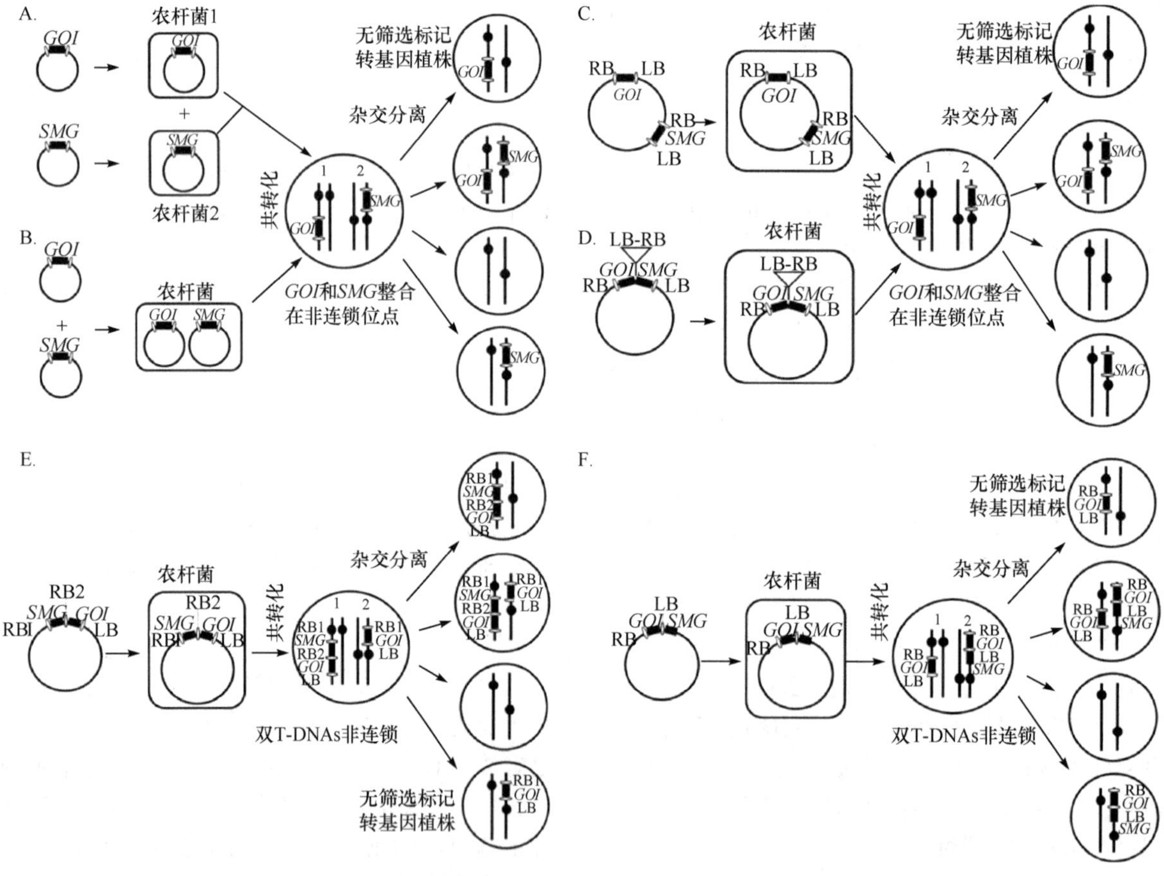

图 24-1　共转化法获得无筛选标记转基因植株的方法(Yau and Stewart,2013)

A. 混合农杆菌共转化方法。两种农杆菌菌株各自带有一个转化载体,一个载体含有目的基因 *GOI*,另一个载体含有筛选标记银 *SMG*。B. 单农杆菌菌株共转化法。一种农杆菌菌株含有两个转化载体,一个载体含有 *GOI*,另一个载体含有 *SMG*。C. 超级双元载体共转化法。一个超级双元载体含有两个独立的 T-DNA 区域,分别含有 *GOI* 和 *SMG*。D. 双边界载体共转化法。一个小的含有左、右边界的 T-DNA 区域嵌合于一个标准的 T-DNA 区域中,且位于 *GOI* 和 *SMG* 之间。E. 双"RB"T-DNA 共转化法。载体设计成含有两个右边界(RB1 和 RB2)和一个左边界(LB),两个 T-DNA 片段(RB1-*SMG*-RB2-*GOI*-LB 和 RB2-*GOI*-LB)可能转化后整合于基因组非连锁位点。F. 读通法进行共转化。*SMG* 构建到 T-DNA 左边界外侧,T-DNA 整合到植物基因组可以两种方式:RB-*GOI*-LB 或 RB-*GOI*-LB-*SMG*,如果二者整合到基因组非连锁位点,通过后代遗传分离则可能获得无筛选标记转基因植株。*GOI*(gene of interest). 目的基因;*SMG*(selectable marker gene). 筛选标记基因;LB. T-DNA 左边界;RB. T-DNA 右边界

1.4.2　转座子系统

转座子系统(transposable element)将选择标记基因或目的基因和转座子相连,转座作用发生,标记基因与目的基因分离或丢失(图 24-2)。从玉米中得到的转座子系统 Ac/Ds,被多次应用于植物

转基因中。一个成功的例子是将选择标记 *npt-Ⅱ* 基因插入到玉米转座子成分 *Ds* 的反向重复序列之间，报告基因 *gusA* 构建在反向重复序列外，以此载体转化番茄，结果发现在转座酶基因 *Ac* 作用下，*Ds* 成分连带 *npt-Ⅱ* 基因转移到植物基因组中一个新的遗传座位。在转基因植株后代中 *gusA* 基因与 *npt-Ⅱ* 基因发生了分离，从而获得了只带 *gusA* 基因而无抗性标记 *npt-Ⅱ* 基因的植株。利用 *Ac*/*Ds* 系统获得无选择标记的转基因植株在烟草和水稻中也获得了成功。

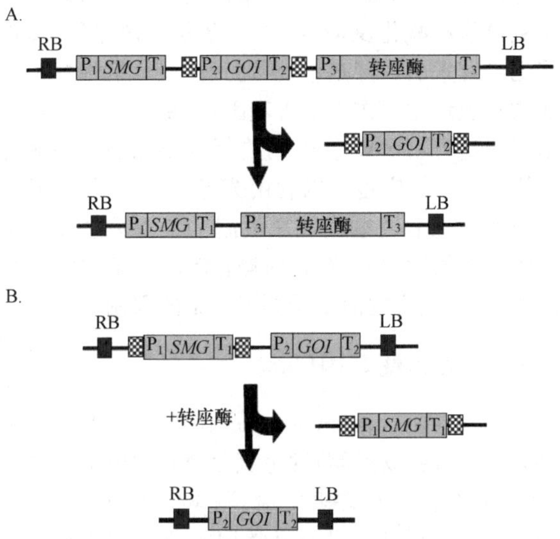

图 24-2　Ac 转座子用于无筛选标记转基因植株获得（Yau and Stewart，2013）

A. T-DNA 区域包含 *GOI* 盒（两侧含有转座酶识别的反向重复序列）和 Ac 转座酶序列共同转化到植物中，当 Ac 转座酶活化，*GOI* 盒被激活转座到基因组不同位点，当 *GOI* 盒整合到非连锁位点，通过后代分离可获得无筛选标记转基因植株；B. T-DNA 区域包含 *SMG* 盒（两侧含有转座酶识别的反向重复序列）和 *GOI* 共同转化到植物中，当外源提供转座酶时，SMG 盒发生转座插入到基因组不同位点，当 *SMG* 盒和 *GOI* 盒整合于基因组非连锁位点，通过连续几代的遗传分离可获得无筛选标记转基因植株。*GOI*（gene of interest）．目的基因；*SMG*（selectable marker gene）．筛选标记基因；LB. T-DNA 左边界；RB. T-DNA 右边界；P_1～P3. 启动子；T_1～T_3. 终止子

1.4.3　位点特异性重组酶系统

位点特异性重组酶系统（site specific recombination system）是通过重组酶作用在 DNA 专一性位点间实现同源交换，同源重组是双向的，可以把外源基因整合到染色体上，也可以从染色体上把外源基因切除。该反应系统由一个重组酶和一个相应的特异识别序列组成。重组酶专一性地识别并介导两个同向特异识别序列发生重组，形成环状 DNA 并脱离染色体。利用位点特异性重组系统剔除选择标记基因正是基于这一原理。将选择标记基因构建在两个同向位点特异性重组序列的中间，待选择标记基因完成对转化组织筛选的任务后，再利用重组酶介导位点特异性重组序列间发生重组，从而剔除选择标记基因。首次利用该方法在转基因植物中进行选择标记基因的剔除是在烟草中实现的。利用两侧带同向 *lox* 序列的潮霉素磷酸转移酶基因（*lox-hpt-lox*）作筛选标记，以荧光素酶基因（*luc*）为报告基因转化烟草，然后分别通过二次转化和有性杂交途径将 *cre* 基因导入到已整合有 *lox-hpt-lox* 标记基因结构和荧光素酶基因的转化植株体内，均获得了荧光素酶活性呈阳性，但潮霉素抗性呈阴性的植株。分子分析证实了 *lox-hpt-lox* 标记基因结构在 *cre* 重组酶蛋白作用下发生重组而被剔除。但在位点特异性重组酶系统应用过程中，重组酶基因完成其功能后，需要从转基因植物中删除；而且此系统删除外源基因的效率不够高，难以满足田间大规模释放转基因植物的要求，因此该方法仍存在明显不足。

1.4.4　染色体体内重组系统（intra-chromosomal recombination system）

理论上同源重组（homologous recombination，HR）的方法可以用来去除两侧有同源区域的 DNA 片段。开始研究者试图利用 λ 噬菌体的整合/切除系统来去除标记基因，但意外发现在没有重组酶活性的情况下烟草的基因被切除了。11 个转基因愈伤组织在位点之间含有相应的抗性基因，在不含抗生素的培养基上它们中有 2 个产生对卡那霉素敏感的白化组织，由这些白化组织发生的 23 个芽中有 3 个通过 2 个位点之间精确重组去除了抗性基因，其余大多数丢失了侧翼序列，实验证实染色体内发生了同源重组。HR 相对其他的途径如位点特异性重组或转座子，有其自身特点。它不需要辅助蛋白（重组酶、转座酶）参与，因而不会对植物基因组造成可能的伤害，也省去了遗传分离的环节。HR 在植物核基因组中频率低，但是可以应用到叶绿体基因组中标记基因的剔除，因为叶绿体同源重组频率与重组酶介导的重组频率相当。一个成功的例子是利用 174bp 或 418bp 正向重复序列之间的同源重组将烟草叶绿体基因组转化植株中标记基因进行了成功剔除。

剔除转基因植物中选择标记基因是可行的策略，但由于技术本身的缺陷，精确性差，程序繁琐，应用植物物种受到限制，这些都不利于转基因植物产业化，在推广应用的过程中仍需要做大量研究工作。“外源基因清除”技术的出现，为解决转基因作物环境和食品安全性提供新途径，这种技术综合利用了2套位点特异性重组酶的元件，来源于细菌噬菌体的Cre/loxP系统和来自酵母的FLP/frt系统，创造了一个loxP和frt的融合识别位点LF(loxP-frt)，获得了一个高效基因清除系统。作为重组特异启动子驱动重组酶FLP或者CRE在适当的时间和部位表达，重组酶识别融合识别位点LF，2个融合识别位点之间的序列(包括重组酶的基因序列)在特定的时期、从特定植物器官的细胞基因组中全部清除。这项技术为解决转基因安全性问题提供了新途径。

2 报告基因

报告基因是一类编码可被迅速检测的蛋白质或酶的基因，其与目的基因融合后的表达产物可用来标定目的基因的表达调控。它在转化系统中通过瞬间表达及稳定表达检测来确定转化的DNA(基因)是否能在转化细胞中得到表达，起到报告的作用，故也称之为报告基因。另外，有些报告基因如绿色荧光蛋白基因(green fluorescent protein，GFP)常用于启动子表达特性的评估及亚细胞定位的研究。它不产生对选择剂的抗性，只是起到对转化表达的报告和筛选作用，与选择标记基因是有差别的。

2.1 报告基因概述

在理想状态下，所有的在选择培养条件下再生的植株都应是转化体。但由于种种原因，例如，生理抗性的产生、无性系的变异性、漏洞的出现等，都会产生非转化植株的再生。因此，对在选择条件下再生的植株或组织乃至细胞都应进行进一步的筛选，以确定其是否属于真正的基因转化体。这是筛选标记基因的第一个作用。筛选标记基因的第二个功能是它不仅仅强调了转化频率，而是要筛选无性系来源于哪一代，即强调了转化基因的遗传特性。筛选标记基因的第三个功能是一个特殊的应用，即作为“报告基因”。第四个功能是被用于启动子表达特性的评估和亚细胞区间的研究分析等。这四方面的功能区别于上述选择标记。有些报告基因具有专一的功能，如*gus*基因不产生对选择剂的抗性，只是起对转化表达的报告和筛选作用。在转化体上出现一个可记录的标记是转化研究中最希望的。理想的植物报告基因应当具有以下遗传特性：①它的产物是唯一的，并对宿主植物细胞无毒性；②它的产物应当表现出很大程度的翻译后水平的稳定；③对报道基因产物检测而言，方便、廉价、敏感、专一为佳；④它的产物应当能耐外源多肽的干扰以在检测时能保持其活力，在植物基因转化中，虽然选择标记基因与筛选标记基因的作用不同，但两者在某些情况下可以共存、甚至互相替代。在转化目的基因的情况下常常省略附加的报告基因，但选择标记基因是不可缺少的。

2.2 氯霉素乙酰转移酶基因(*cat*)

*cat*也是应用得较多的一种报道基因。它是来自细菌转座子Tn9的氯霉素乙酰转移酶基因的结构基因。*Nos-cat*嵌合基因一旦在植物细胞中得到表达，即可敏感地检测这种酶的存在。CAT能催化氯霉素乙酰化反应，将乙酰基从乙酰辅酶A转移到氯霉素的3-羟基上，再通过测量放射性标记的底物实现量化。作为报告基因，氯霉素乙酰转移酶基因表达产物比较稳定，且在活性很低的水平就能被检测出来。它也可以利用荧光光谱法测定，但由于植物内源活性本底较高限制了检测灵敏度。由于依赖放射性元素，存在对操作者和环境的安全性问题，因此其应用前景受到了一定的限制。

2.3 荧光素酶基因(*luc*)

荧光素酶(luciferase，Luc)是能催化不同底物(如荧光素、腔肠素等)发生氧化使其发射出荧光的一类酶的总称，在许多昆虫、海洋生物和原核生物中均能分离得到。目前最常用的荧光素酶是萤火虫荧光素酶(firefly luciferase，FL)，萤火虫荧光素酶由单一多肽链组成，在Mg^{2+}、ATP、O_2存在时，催化D-荧光素(D-Luciferin)氧化脱羧发光($\lambda=550\sim580$nm)。以检测转录因子和其靶启动子中的特异顺序结合的实验为例，其原理简述如下：首先构建一个将靶启动子的特定片段插入到荧光素酶表达序列前方的报告基因质粒；将要检测的目的转录因子表达质粒与报告基因质粒共转染相关的细胞系。如果此转录因子能够激活靶启动子，则荧光素酶基因就会表达，荧光素酶的表达量与转录因子的作用强度成正比；最后加入特定的荧光素酶底物，荧光素酶与底物反应，产生荧光，通过检测荧光的强度可以测定荧光素酶的活性，从而判断转录因子是否能与此靶启动子片段相互作用。利用该系统具有如下优点：①荧光素酶检测系统是非放射性；②比氯霉素乙酰转移酶检测系统(CAT)及其他报告基因系统更快，而且检测系统比CAT灵敏100倍；③荧光素酶在植物中的半衰期为3.5h，由于半衰期短，因此启动子的改变会及时导致荧光素酶活性的改变，而荧光素酶不会积累。高灵敏度、多用途、半衰期短、背景极低和相对简单的分析方法是萤火虫荧光蛋白广泛使用的主要原因。常用的检测荧光素酶的方法有液闪法和光照度计法。随着具有膜透过性和光裂解作用的萤火虫荧光素酶的发现和使用，无需裂解细胞即可检测酶的活性。

2.4　绿色荧光蛋白基因(*gfp*)

荧光蛋白家族是从水螅虫纲和珊瑚类动物中发现的分子质量为 20～30kDa 的同源性蛋白，包括绿色、红色、黄色和青色荧光蛋白等。绿色荧光蛋白(green fluorescent protein，GFP)是其中应用的最多的一种，最初是从维多利亚发光水母(*Aequorea victoria*)中分离得到的。GFP 是一种由 238 个氨基酸残基组成的单体蛋白，分子质量 27kDa。它无需额外添加任何底物、酶、辅助因子等物质，只要暴露于 395nm 的远紫外光或 490nm 的蓝光下便可受激而发出绿色荧光(508nm)。GFP 的荧光是由 Ser65-Tyr66-Gly67 自身环化和氧化而产生的发色团发出的。若采用 395nm 的远紫外光激发，GFP 产生的荧光强而短促；而采用 490nm 的蓝光激发，GFP 产生的荧光则弱但较稳定。由于野生型 *gfp* 产生的荧光强度不够，人们期望从 *gfp* 突变体中能找到强荧光类型。现有两种突变型已被找到。其中，GfpS65T 的 65 位由原来的 Ser 突变为 Thr，它的激发光红移，不仅大大增强了荧光的密度与荧光基团的产生率，而且还有抗光漂白作用；而在 RSGFP4 中，构成发色团的 6 个氨基酸残基(64～69)有 3 个是被转换的，这一突变也使其荧光活性与稳定性大大增强。在转化的 BOSC23 细胞中，上述突变 GFP 的荧光活性各比野生型强 18 倍和 24 倍。

因为植物细胞与水母所偏爱的密码子不同，使得 *gfp* 基因在植物细胞中的潜在剪接位点及密码子使用频率偏低，所以表达效率不高。然而，在不改变序列的前提下，通过突变与重新合成，将水母的密码子换成植物偏爱的密码子，*gfp* 基因在植物中的表达效率与稳定性均大为提高。而且，含此修饰过的 *gfp* 基因的转基因植物不仅形态正常，而且完全可育。

2.5　β-葡萄糖醛酸糖苷酸酶基因(*gus*)

gus 基因来自大肠杆菌染色体上的 *uidA* 位点。它在植物细胞中所产生的葡萄糖苷酸酶在检测上具有以下特点：①在一定条件下与 5-溴-4-氯-3-吲哚-β-D-半乳糖苷(5-bromo-4-chloro-3-indoyl-β-D-glucuronic acid，X-Gal)底物发生作用，发生蓝色沉淀反应，可以直接观察到植物组织由沉淀形成的蓝色斑点。②当加入 4-甲基伞形酮基葡萄糖酸苷时生成 4-甲基伞形酮，发荧光(λ=455nm)，因而可以用荧光光谱法测定。由于荧光强度高，本底低，荧光检测极为灵敏。③检测容易、迅速并能定量，只需少量植物组织抽提液即可在短时间内测定完毕。④比 *cat* 和 *npt-Ⅱ* 检测便宜，而且还不需要使用放射性同位素。

3　标记基因和报告基因的选择策略

上述选择标记和筛选标记的基因产物，按其性质特点可分为三大类型：抗抗生素类标记、生化类标记及荧光素类标记。这些标记基因必须正确使用，尽管在大多数植物中检测表明标记基因的有效表达比较安全，但是并非对全部植物而言，每一种标记都有其特性。所以选择标记基因必须谨慎，总体来说要注意以下几个原则。

(1) 不同的植物种类对选择系统的敏感程度差异极大。例如，对卡那霉素的抗性已在许多植物中被成功地用作选择标记，但有时对某些植物则无效。其无效的原因有两个方面：一方面可能由于这些植物产生对该化合物的高水平的耐受性；另一方面可能是该化合物对这些植物毒性过强，使植物组织枯死。

(2) 标记基因的有效作用可能随被选择的靶外植体或组织而异，植物材料的分化水平，外植体的类型(原生质体、单细胞、细胞群体、胚状体、愈伤组织、离体的根茎叶)、大小等都会影响标记基因的使用效果。

(3) 在诸多的选择标记中，卡那霉素抗性基因已证明是一个很有用的转化选择标记。但近年来人们对它的使用安全性提出疑问。目前 *manA* 作为较安全的选择标记基因受到欢迎。

(4) 报道基因的选择应以检测方法的难易、直观性、灵敏度、准确度为主。以往 *gus* 基因使用最多。近年来 *gfp* 基因以其易于进行活体实时跟踪检测的优点，在外源基因表达调控研究中越来越多地代替着 *gus* 基因。

复　习　题

名词解释

共转化法、报告基因、β-葡萄糖醛酸糖苷酸酶、转座子系统

问题

(1) 简述筛选标记基因与报告基因的特点及其在应用上有哪些异同。

(2) 从转基因植物安全性方面考虑，如何选择选择标记基因？

(3) 选择筛选标记基因和报告基因的基本原则是什么？

第 25 章

Ti 质粒载体及其构建

Ti(tumor inducing)质粒是天然存在于根癌农杆菌中的质粒，其部分 DNA 可以整合到植物基因组内表达，促使植物细胞形成冠瘿瘤。迄今已从多种感染植物中分离出不同类型的农杆菌，也得到了其对应的 Ti 质粒。Ti 质粒的特性为植物转基因提供了可能，改造后使其成为植物基因工程载体，用于科学研究和农业生产。本章主要讲述 Ti 质粒的结构、Ti 质粒介导的基因转化原理及 Ti 质粒的改造发展。

1 Ti 质粒载体的结构与功能

根据其诱导的植物冠瘿瘤中所合成的冠瘿碱的类型不同，Ti 质粒被分成以下几种：章鱼碱型(octopine)、胭脂碱型(nopaline)、农杆碱型(agropine)和农杆菌素碱型(agrocinopine)。

根据对上述几种 Ti 质粒的基因研究可知，Ti 质粒主要包含 4 个功能区域：①T-DNA 区(transferred-DNA region)：是农杆菌侵染植物细胞时能够整合到植物基因组上的一段 DNA，此区段含有的基因与冠瘿瘤的形成有关；②Vir 区(virulence region)：该区段的基因能激活 T-DNA 转移，使农杆菌表现出毒性；③Con 区(regions encoding conjugations)：该区段上存在着与细菌间接合转移的有关基因，调控 Ti 质粒在农杆菌之间的转移；④Ori区(origin of replication)：该区段调控 Ti 质粒的复制。如图 25-1 所示。

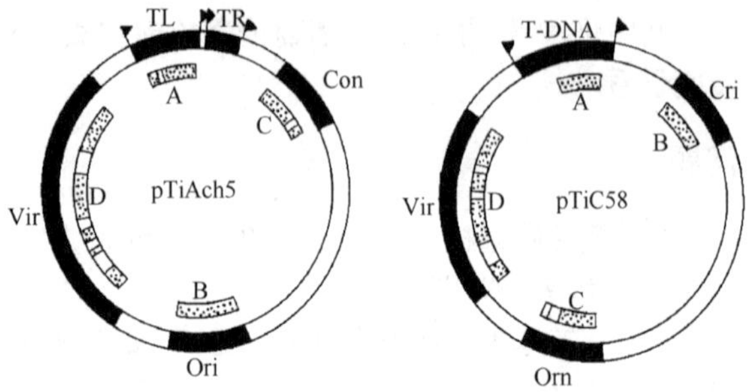

图 25-1　章鱼碱型 pTiAch5 和胭脂碱型 pTiC58 质粒的基因图(Nester，1984)

1.1　T-DNA 区域的基因结构与功能

1.1.1　T-DNA 区的结构特点

T-DNA 是指从农杆菌的 Ti 质粒中能够转移并稳定整合到植物基因组中的一段 DNA 序列。T-DNA 的长度约为 23kb，章鱼碱型和胭脂碱型的 T-DNA 都有 8～9kb 长的一段保守区或称为核心区(图 25-2)，两者的同源性高达 90%。T-DNA 区含有激发和保持肿瘤状态所必需的基因。

胭脂碱型 T-DNA 为连续的一段序列，以一个或多个拷贝存在于肿瘤细胞中。章鱼碱型 T-DNA 分为左右两个部分，称为 TL-DNA 和 TR-DNA。TL-DNA 长度约为 13kb；通常为一个拷贝，存在于所有的肿瘤细胞中。TR-DNA 较短，长约 6kb；通常为数个至数十个拷贝，并非存在于所有的肿瘤细胞中。

T-DNA 的两端左右边界各为 25bp 的序列，分别称之为左边界(LB 或 TL)和右边界(RB 或 TR)。如图 25-2 所示，边界序列的核心部分是 14bp，可分为 10bp(CAGGATATAT)及 4bp(GTAA)两部分，是完全保守的。右边界序列非常保守，缺失不能致瘤；左边界的序列不如右边界保守，缺失突变仍能致瘤。

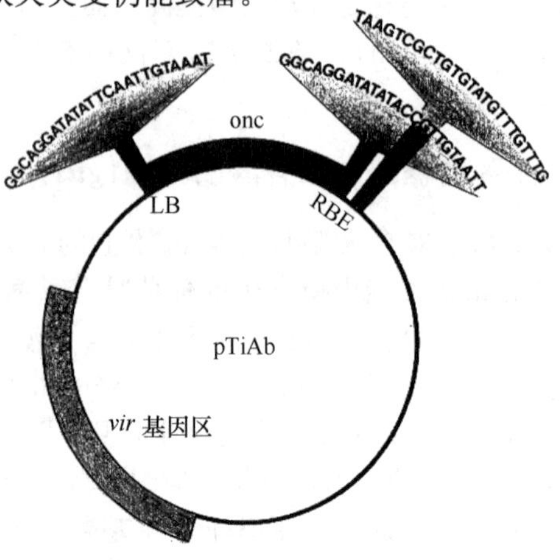

图 25-2　Ti 质粒上的几个重要区域及其序列(Peralta，1985)
LB. 左边界序列；onc. 与致瘤有关的 T-DNA 核心区；
RB. 右边界序列；E. 增强子序列

在章鱼碱型 T-DNA 的右边界右侧 17bp 处有一个 24bp 序列，简称 OD 序列（overdrive sequence），为有效转移 T-DNA 所必需，起增强子作用，去掉后农杆菌诱导肿瘤能力下降。在胭脂碱型 Ti 质粒中没有类似的序列。

T-DNA 的转移由上述的 LB、RB 和 OD 序列决定，与 T-DNA 区域的其他基因无关，这表明可以用外源目的基因来代替致瘤基因进行基因的转移，利用 Ti 质粒作为外源基因的转化载体是完全可能的。

1.1.2　T-DNA 区的编码基因及功能

T-DNA 区基因主要有两类：诱发肿瘤形成的相关基因（*onc*）和编码冠瘿碱代谢的相关基因。

诱发肿瘤形成的相关基因主要位于 T-DNA 的保守区，主要包括三类基因，即生长素基因（*aux*）、细胞分裂素基因（*cyt*）和调控基因（*tml*）。*aux* 突变会导致肿瘤细胞茎芽的产生，包括两个基因：一个是 *aux-1*，编码色氨酸单加氧酶，该酶将色氨酸转变为吲哚乙酰胺，所以又被称为 *gene1*；另外一个 *aux-2*，编码吲哚乙酰胺水解酶，将吲哚乙酰胺转变为吲哚乙酸 IAA，又被称为 *gene2*。*cyt* 编码异戊烯基转移酶，催化异戊烯基焦磷酸盐和 AMP 形成细胞分裂素即异戊烯基-AMP，又被称为 *gene 4*。*tml*（tumor morphology large）与肿瘤细胞的增大有关，包括二个基因，第一个为 *gene5*，编码 ILA 合成酶，将色氨酸转化为 indole-3-lactate（ILA），抑制生长素的合成，调控肿瘤的大小；第二个为 *gene6b*，编码吲哚乙酸-β-糖苷酶，水解吲哚-糖苷，增加细胞内活性生长素调控肿瘤的大小；第三个基因为 *gene-6a*，加强冠瘿碱的运输，促进肿瘤的形成。

aux 控制生长素的合成，*cyt* 控制细胞分裂素的合成，两种激素的比例决定着肿瘤细胞的命运。*aux* 突变导致肿瘤细胞内的生长素合成受抑，生长素与细胞分裂素的比值下降，利于芽的发生；*cyt* 基因突变会导致细胞分裂素的合成受抑，生长素与细胞分裂素的比值上升，利于根的形成。正是由于 *aux* 和 *cyt* 基因的表达，导致侵染的植物细胞内激素平衡紊乱，促使冠瘿碱细胞无限生长，引起癌变。

冠瘿碱代谢的相关基因主要是编码冠瘿碱合成及分解代谢的基因。不同类型的农杆菌中的代谢基因也不同。例如，*ocs* 编码章鱼碱合成酶，而 *occ* 编码章鱼碱分解酶；*agr* 编码农杆碱合成酶，而 *agc* 编码农杆碱分解酶；*nos* 编码胭脂碱合成酶，而 *noc* 编码胭脂碱分解酶。冠瘿碱合成的相关基因只是与冠瘿碱的代谢有关，与致瘤过程无关。

1.2　Vir 区操纵子的基因结构与功能

1.2.1　Vir 区操纵子的基因结构

位于 T-DNA 区左侧的 Vir 区也是农杆菌致瘤所必需的。章鱼碱型 Ti 质粒的 Vir 区大小为 40kb，含有 *virA*、*virB*、*virC*、*virD*、*virE*、*virF*、*virG*、*virH* 等 8 个操纵子，它们的基本结构与功能概括于表 25-1。

表 25-1　章鱼碱型 Ti 质粒中 *vir* 基因的基本结构与功能

转座子	分子大小/kb	基因数	表达方式	功能
virA	2.8	1	组成型	接受信号启动 *virG* 表达
virG	1.0	1	组成型	转录活化
virC	1.5	2	诱导型	T-DNA 加工
virD	4.5	4	诱导型	T-DNA 加工
virE	2.2	2	诱导型	T-DNA 加工
virB	9.5	11	诱导型	膜转运蛋白
virF	1.0	1	诱导型	T-DNA 的转运
virH	94.2	2	诱导型	细胞色素 P450 单氧化酶

1.2.2　*virA* 操纵子的结构与功能

virA 编码一种结合在膜上的双组分组氨酸蛋白激酶，直接感应植物产生的酚类化合物[乙酰丁香酮（acetosyingone，AS）是其中的一个研究代表，很容易在细菌的内膜中积累]，称为感应蛋白（sensor）。VirA 蛋白共有 5 个结构域：N 端位于胞质中；TM-1 及 TM-2 为疏水的跨膜 α 螺旋；周质域（periplasmic）位于细菌的周质区；C 端胞质域包括连接区（linker domain）、激酶区（kinase domain）和接收区（receiver domain）。如图 25-3 所示。连接区感知 AS 的信号促使受体部位结合 AS 信号，导致 VirA 蛋白形成同源二聚体，活化激酶区，G657 提供磷酸基团将 474 位的组氨酸磷酸化，激活的 VirA 蛋白磷酸化 VirG 蛋白上的第 52 位天冬氨酸，将信号向下传递。周质域主要负责感受单糖的信号。有些糖类，尤其是酸化的单糖经常和 AS 一起参与 *vir* 的诱导表达。

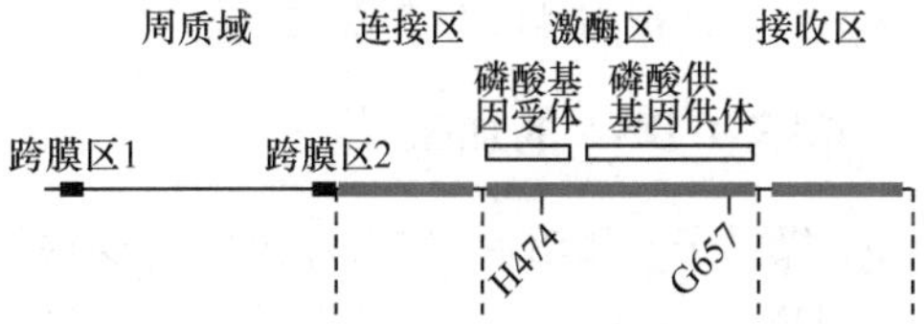

图 25-3　VirA 蛋白的结构域（Brencic，2004）

1.2.3 *virG* 操纵子的结构与功能

virG 操纵子编码的蛋白质为 DNA 结合蛋白，其 C 端具有 DNA 结合活性。磷酸化的 VirG 结合其他 *vir* 操纵子启动子区域的 vir-box，启动它们的表达。vir-box 序列共 102bp，保守的序列为 TNCAATTGAAAY。VirG 蛋白是以双聚体或多聚体的形式结合 vir-box 启动 *virB*、*virC*、*virD*、*virE*、*virH* 等 *vir* 的表达。如果 *virA* 或 *virG* 突变，对其他 *vir* 位点的活化诱导会减弱或完全失去。VirA 和 VirG 的这种调控作用被称为双组分调控体系（two-component-regulatory system）。

1.2.4 *virH*、*virF* 操纵子的结构与功能

virH：*virH* 操纵子含有两个基因，编码类细胞色素 P450 蛋白，P450 可催化 NADH 参加的芳香族烃类、类固醇的氧化反应，可能对植物产生的某些杀菌或抑菌化合物起解毒作用，使农杆菌的生长不受这些物质的抑制，可增强致瘤能力。

virF：*virF* 编码一个具有 F-box 的蛋白质，该蛋白质主要在宿主细胞中发挥作用。VirF 是原核生物中发现的第一个 F-box 蛋白质，能与拟南芥中的 ASK 蛋白互作，在 26S 蛋白酶降解途径中发挥作用，可能参与降解宿主细胞内的某些特定蛋白质。

其他 *vir* 操纵子主要负责将 T-DNA 转移到宿主植物细胞中，它们的结构、功能等将在农杆菌 Ti 质粒基因转化机制中详细讲述。

2 Ti 质粒基因在转化中的调控作用

农杆菌附着到宿主细胞后，T-DNA 首先在农杆菌中剪切、复制，然后进入植物细胞。这是一个复杂的过程，包括：农杆菌附着在植物细胞壁上，促使植物产生酚类化合物如 AS 等；AS 信号和糖信号激活 VirA/ChvE，磷酸化 VirG；磷酸化的 VirG 激活 *vir* 操纵子的表达；VirC、VirD2 蛋白参与单链 T-DNA 的加工形成 T-DNA，同时 VirD4 与 VirB 蛋白形成跨越农杆菌细胞膜和植物细胞膜的通道复合体；VirD2-T-DNA 复合体、VirE2 和 VirF 等通过通道复合体转运到植物细胞里；VirD2-T-DNA 结合 VirE2 形成 T 链复合体并靶向植物细胞核；T-DNA 整合到植物基因组并表达。

2.1 单链 T-DNA 的加工

vir 操纵子被激活后，在农杆菌中主要检测到单链 T-DNA（ss T-DNA，也称 T 链或是正链），但也检测到了极少的双链 T-DNA 分子（ds T-DNA），但 T-DNA 的转运还是倾向于单链转运。这个过程涉及 *virC*、*virD* 两个操纵子。

2.1.1 参与加工过程的 *vir* 操纵子的功能

virC 操纵子：包含 *virC1* 和 *virC2*，表达受到 VirA 和 VirG 的调控，突变会降低农杆菌的侵染性。VirC1 是 ATPase，对质粒 DNA 的准确剪切是必需的。

virD 操纵子：包含 *virD1*、*virD2*、*virD3* 和 *virD4*。VirD1 具有编码拓扑异构酶活性，将超螺旋的 DNA 变为松弛的 DNA。VirD2 具有核酸内切酶活性，切割双链 DNA 上的一条链（T-strand）。此外，VirD2 的 N 端和 C 端均具有核定位信号（nuclear localization signal，NLS），N 端的 NLS 主要与 VirD2 切割 DNA 形成 T 链有关，C 端的 NLS 引导 T 链进入植物细胞核中。VirD3 跟农杆菌致瘤无关；VirD4 与 VirB 操纵子形成转运通道，在 T 链转运中再讲述其功能。

2.1.2 T-DNA 的加工过程

T-DNA 的加工过程：农杆菌附着到植物细胞后激活 *virA* 和 *virG*，诱导 *virC*、*virD* 等操纵子的表达。其中 VirC1 和 VirC2 协同作用结合到超驱动序列上，VirD1 和 VirD2 随之结合到右边界，VirD1 促使该区域 DNA 构象由超螺旋变为松弛，VirD2 在下链右边界左起第 3 和第 4 个碱基间缺口剪切，然后从缺口 3′端开始合成新的 DNA 链，并一直延伸到左边界，置换出原来的下链，形成 ssDNA，即 T 链。整个过程如图 25-4 所示。由 T-DNA的加工过程可知 T 链合成从右边界至左边界，如果右边界缺失，则 T 链的合成便无法开始。

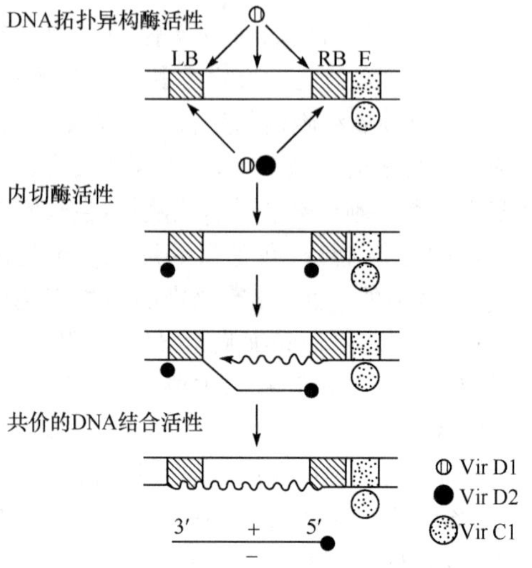

图 25-4 章鱼碱型 Ti 质粒 T-DNA 转移过程中 T 链的合成（Hooykaas，1994）

2.2 T 链复合体的形成

T 链必须横跨农杆菌细胞膜、农杆菌细胞壁、植物细胞壁、植物细胞膜及核膜，才能整合进植物基因组。在此转运过程中，T 链必须避免被核酸酶降解，可能以一种 DNA-蛋白复合体（简称 T 链复合体或 T 复合体）的形式存在。目前已知 VirD2 和 VirE2 与 T 链复合体的形成有关。

2.2.1 参与 T 链复合体形成的 *vir* 操纵子的功能

virE 操纵子包含 *virE1* 和 *virE2*。其中 VirE1 为分子伴侣，结合 VirE2；VirE2 为 ssDNA 结合蛋白，非特异性地结合 ssDNA。VirE1 只存在于农杆菌中，VirE2 存在于农杆菌和植物细胞中。

2.2.2 T 链复合体的形成

在 T 链复合体中，VirD2 与 T-DNA 以共价键结合，VirE2 与 T-DNA 以非共价键结合。从单链 T-DNA 的产生到其进入植物细胞核及整合到植物基因组的整个转运过程中，VirD2 始终与单链 T-DNA 结合在一起，表明 VirD2 和单链 T-DNA 是 T 链复合体的核心组分。而对于农杆菌中 VirE2 是否是 T 链复合体的一个成员还存在争议，在于农杆菌中存在 VirE1 抑制 VirE2 与 T-DNA 的结合，以及 T 链复合体在通过农杆菌细胞膜上通道外运的过程中是没有 VirE2 蛋白存在的。

T 链复合体进入植物细胞后，被大量的 VirE2 结合。这种结合可以防止 T-DNA 被植物体内的核酸酶降解，同时将其结构改变为电话线状的环状结构，利于通过细胞核膜进入细胞核。

2.3 T 链复合体的转运

T 链复合体的转运需要来自于细菌的其他特异蛋白质，如细菌细胞膜上的跨膜孔道蛋白。农杆菌中该类跨膜通道叫做四型分泌系统（type Ⅳ secretion system，T4SS），是一个至少有 12 种蛋白质组成的跨膜蛋白复合体，如图 25-5 所示。这 12 种蛋白质是 VirD4 和 11 个 VirB 蛋白，其中 VirD4 为耦联蛋白，在质膜的内侧识别底物；11 个 VirB 蛋白构成的分泌通道横跨农杆菌细胞的内外膜和周质空间，并延伸到细胞壁外的纤毛中。

2.3.1 VirD4 蛋白与 *virB* 操纵子的结构与功能

VirD4 是定位在内膜上的 ATPase，VirD4 不仅和 VirB 蛋白中的膜蛋白互作，还负责接受转运

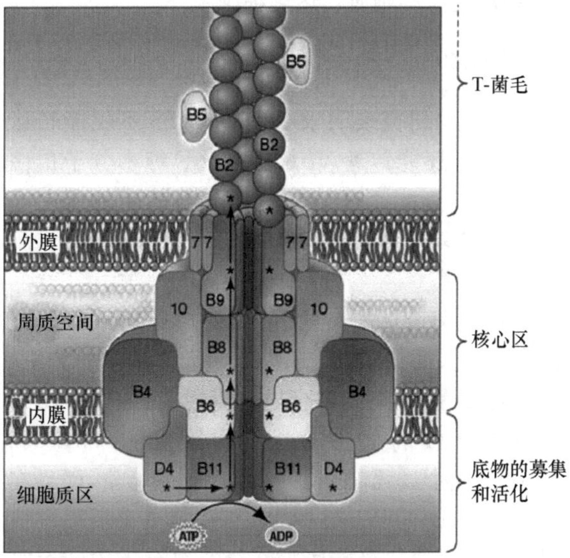

图 25-5 T4SS 复合体结构示意图（Mc Cullen，2006）

底物如 VirD2-ss T-DNA 和 VirE2 的转运信号，通过水解 ATP 提供能量将它们运送到 VirB 蛋白通道里。

virB 操纵子含有 11 个基因，该操纵子编码的蛋白质功能见表 25-2。

表 25-2 *virB* 操纵子基因的功能

基因名称	编码蛋白质	功能
virB1	溶菌酶	促进 T4SS 复合体的功能，非必需
virB2	菌毛蛋白	VirB/D4 菌毛的主要亚基
virB3	类菌毛蛋白	T-pilus 的形成和 T-DNA 的分泌运输
virB4	ATPase 蛋白	为 T4SS 底物的转运提供能量
virB5		T-pilus 的形成
virB6		高度疏水，T-DNA 的运转
virB7	脂蛋白	T4SS 系统的核心组分
virB8		T4SS 系统的核心组分
virB9		高度疏水，T4SS 系统的核心组分
virB10		富含脯氨酸，T4SS 系统的核心组分
virB11	ATPase 蛋白	为 T4SS 底物的转运提供能量

2.3.2 四型分泌系统的组成

四型分泌系统横跨整个农杆菌的内外膜，形成一条能使 T4SS 底物穿越细胞膜和细胞质的通道。其中，胞质中的 3 种 ATP 酶 VirB4、VirB11 和 VirD4 形成一个胞质 ATP 酶复合体，为底物分泌系统装配提供能量；VirB7、VirB9 和 VirB10 形成一个横跨细胞内外膜的中空的蛋白复合物，该核心复合物与内膜 VirB6、VirB8 及外膜菌毛蛋白 VirB2、VirB5 共同构成转运通道。其中 VirD4、VirB11、VirB6/VirB8 和 VirB9/VirB2 有序识别底

物，把底物从细胞质转运到细胞膜外。

2.3.3 T-复合体的运转

现有的研究表明农杆菌中 T4SS 不仅能转运 T-复合体，还能转运 VirE2 和 VirF 等小分子蛋白质。T4SS 可能通过结合在 T-复合体中的蛋白质来识别 T-复合体，故现在认为 T4SS 是一种蛋白质的分泌通道。

对 T-复合体如何通过 T4SS 转运的过程研究已有一个大致的轮廓，如图 25-6 所示。首先 VirD4 感受到 T-复合体并与之结合，将之转运给 VirB11；然后 VirB11 将底物转运给内膜上的 VirB6 和 VirB8。这个过程需要 ATP 水解提供能量，而且在 VirD4、VirB4 和 VirB11 同时存在且具有活性的情况下才能完成。接着底物在核心复合体内转运给 VirB9 然后再转运给位于外膜上的 VirB2，最后被转运出细胞膜外，在最后的过程中，VirB5 和 VirB10 也起着非常重要的作用。

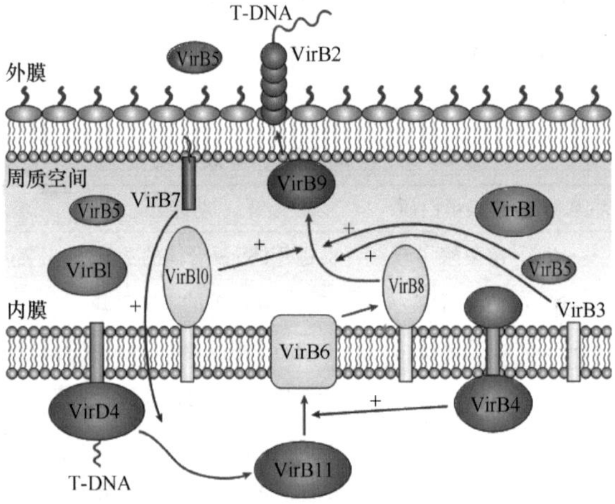

图 25-6 T-复合体的转运过程(Fronzes,2009)

2.4 T-复合体靶向植物细胞核

VirD2 和 VirE2 上均有核定位信号(NLS)，VirD2 C 端的 NLS 引导 T 链进入植物细胞核，去掉章鱼碱型 Ti 质粒 VirD2 C 端的 NLS 导致农杆菌的致瘤性降低。VirE2 中存在的 NLS 引导 T 链靶向细胞核，但功能较弱。VirD2 可能以一种极性方向将 T-复合体定向至核孔，而 VirE2 作为一种促进因子，保证长的 T-复合体在进入核孔时不受干扰。

2.5 农杆菌染色体基因对 T-DNA 转移的调控

目前已发现位于农杆菌染色体上的一些基因也与 T-DNA 的转移有关，这些基因有 *chvA*、*chvB*、*chvC*、*chvD*、*chvE*、*pscA*(*exoC*)、*psdA*、*cels*、*atts*、*ivrs*、*ros* 等。

chvA、*chvB*、*chvC* 与环状 α-1,2-葡聚糖的合成和运输有关，*chvA* 编码产物将多糖从胞质转运到胞外；*chvB* 产物催化合成葡聚糖。*chvD* 编码一个 ABC transporter，通过 *virG* 的表达影响农杆菌的毒性。*chvE* 编码一个单糖结合蛋白，表达受到糖类的诱导，*chvE* 通过影响 VirA 的周质域参与响应农杆菌侵染过程。*pscA*(*exoC*)和 *psdA* 与糖类的合成有关，*pscA* 突变导致农杆菌缺少 β-1,2-葡聚糖和琥珀酰聚糖，不能运动和附着植物细胞。*cels* 包括两个操纵子 *celABC* 和 *celDE*，和农杆菌纤维素合成有关，农杆菌纤维素有助于农杆菌紧密地结合在植物细胞表面，同时也导致大量的农杆菌聚集在植物细胞的同一表面，利于侵染。*atts* 是由一个操纵子编码的包括 9 个基因即 *attA1*、*attA2*、*attB*、*attC*、*attD*、*attE*、*attF*、*attG*、*attH*，其中 *attA2* 和 *attB* 编码的是 ABC transporter，与精胺和腐胺的运输有关；*attaA1* 和 *attE* 编码 ATP 结合蛋白影响农杆菌细胞表面蛋白的合成从而影响农杆菌与植物细胞的接触。*ivrs* 共三个基因，编码与脂多糖合成有关的蛋白质，突变后会使农杆菌中的脂多糖发生改变，导致农杆菌的毒性丧失或影响宿主范围。*ros* 编码一个锌指蛋白，结合 DNA 调控 *virC* 和 *virD* 的表达影响农杆菌的侵染。

3 Ti 质粒的改造及载体构建

野生型 Ti 质粒直接作为植物基因工程载体存在如下障碍：①Ti 质粒分子质量过大，难以操作；②Ti 质粒上分布着各种限制酶的多个切点，很难找到可用的酶切位点；③T-DNA 区内有许多编码基因；④Ti 质粒不能在大肠杆菌中复制；⑤Ti 质粒上还存在一些对于 T-DNA 转移不起任何作用的基因。上述原因致使野生型 Ti 质粒不能直接用作克隆外源基因的载体，必须改造才能使 Ti 质粒成为能用的基因工程载体。

Ti 质粒的改造主要集中于去除 Ti 质粒的致瘤基因及能够轻松容易地导入外源基因，前者主要是指卸甲载体(disarmed vector)的改造；后者就是中间载体(intermediate vector)的改造。卸甲载体指失去致瘤作用的 Ti 质粒，一般指 T-DNA 上的 *onc* 基因缺失的 Ti 质粒。中间载体指在普通大肠杆菌的克隆载体中插入了一段合适的 T-DNA 片段而构成的小型质粒，通常为多拷贝。中间载体不能在农杆菌中复制，只有和 Ti 质粒一起才能侵染植物细胞。这两种载体构成的组合称之为载体系统，目前主要有一元载体系统和双元载体系统两种系统。本章主要讲述双元载体系统。

3.1　双元载体系统

双元载体(binary vector)系统是指由两个分别含有 T-DNA 和 Vir 区的相容性突变 Ti 质粒构成的双质粒系统，也因为其 T-DNA 与 *vir* 基因在两个独立的质粒上，通过反式激活 T-DNA 转移故称之为反式载体(trans vector)。

3.1.1　双元载体系统的构建原理

Ti 质粒上的 *vir* 基因可以反式激活 T-DNA 的转移，将 T-DNA 与 Vir 区处于不同的 Ti 质粒上，同样可以发生 T-DNA 转移，将插入到 T-DNA 区的外源基因导入植物细胞中。双元载体含有广泛宿主范围质粒的复制起始点，能够在任何农杆菌寄主里自主复制，这意味着所有的农杆菌菌株都能导入中间载体成为双元载体，寄主仅需要具有一套完整的 *vir* 基因。双元载体系统主要包括两个 Ti 质粒，即微型 Ti 质粒和辅助 Ti 质粒。

1) 微型 Ti 质粒

微型 Ti 质粒就是含有 T-DNA 边界，缺失 *vir* 基因的 Ti 质粒。微型 Ti 质粒是一个广谱质粒，除含有 T-DNA(左、右边界)外，还具有广谱质粒的复制位点 *oriV* 及选择标记基因。

pBin19 微型质粒(图 25-7)是应用得最广泛的微型 Ti 质粒。它含有来自 pTiT37 的 T-DNA 左右边界序列，在两个边界序列之间的 T-DNA 区含有植物选择标记 *npt-Ⅱ* 基因，以及来自噬菌体 M13mp19 的 *lacZ* 基因。在 *lacZ* 基因内部含有多克隆位点，便于外源基因的插入。

2) 辅助 Ti 质粒

含有 *vir* 基因的 Ti 质粒称为辅助 Ti 质粒，是 T-DNA 缺失的突变型 Ti 质粒，完全丧失了致瘤功能。最常用的辅助 Ti 质粒是根癌农杆菌 LBA4404 所含有的 Ti 质粒 pAL4404，其为章鱼碱型 Ti 质粒 pTiAch5 的衍生质粒，只保存有完整的 *vir* 基因功能。

3.1.2　双元载体的构建

将微型 Ti 质粒转入含有辅助 Ti 质粒根癌农杆菌的途径有两条，一条是直接用纯化的微型 Ti 质粒转化速冻的根癌农杆菌感受态细胞；另一条是采用三亲接合的方式。微型 Ti 质粒均能以 *E. coli* 的 pRK2031 为辅助质粒，通过三亲杂交而接合转移到含有辅助 Ti 质粒的农杆菌细胞内。由于 *E. coli*pRK2031 不能在农杆菌中复制而最后消失(图 25-7)，含有微型 Ti 质粒和辅助 Ti 质粒的根癌农杆菌可直接用于植物细胞的转化。

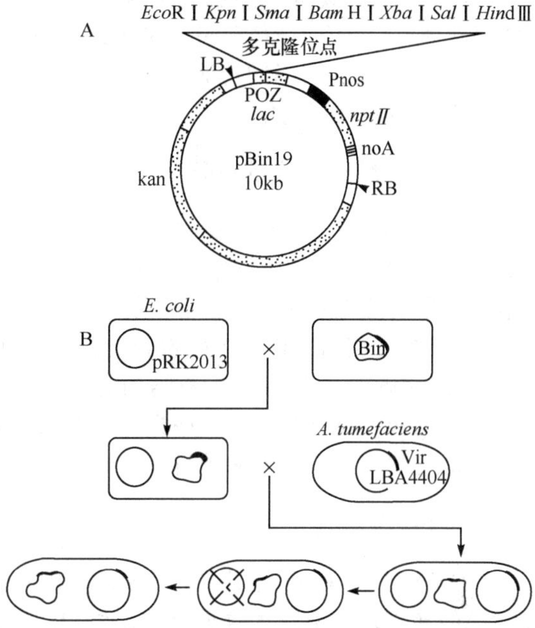

图 25-7　pBin19 的质粒结构(A)及双元载体系统的构建程序(B)(Bevan，1984)

3.2　载体卡盒

所谓载体卡盒(vector cassette)(图 25-8)是将植物标记基因、多克隆位点、细菌标记基因和广谱质粒的复制功能均集于一身的载体系统。有的基因卡盒还含有启动子、修正子和核糖体结合位点等。利用载体卡盒可以更便利地构建基因转化载体。

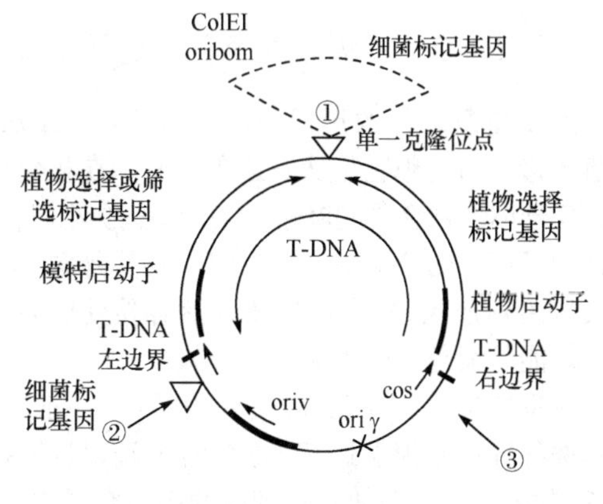

图 25-8　植物基因载体卡盒(王关林等，2002)
① *Bgl*Ⅱ、*Sal*Ⅰ、*Bam*HⅠ；② *Kpn*Ⅰ；③ *Apa*Ⅰ、*Xho*Ⅰ

4　双元质粒 Ti 载体的新技术

双元载体系统主要包括微型 Ti 质粒和辅助 Ti 质粒，其中的微型 Ti 质粒在农杆菌和大肠杆菌中均能复制，这个质粒被称为双元 Ti 载体。由于双元 Ti 载体的体积小而且便于基因克隆操作，逐渐取代了其他形式的载体，成为植物基因工程中主要的转化载体。双元 Ti 载体从最早的 pBin19 构建至今，已经发展了许多不同功能的载体，下面来介绍双元 Ti 质粒的发展变化。

4.1 双元 Ti 载体结构的优化

双元 Ti 质粒结构主要有五部分组成：①T-DNA边界序列；②植物中的选择标记；③广谱宿主范围的质粒复制起始位点；④多克隆酶切位点；⑤大肠杆菌和农杆菌中的选择标记。最初的双元 Ti 载体除了含有这几个结构之外，还含有许多其他转化植物非必需的序列，对载体结构的优化也是从上述几个方面进行。

4.1.1 引入超驱动序列

T-DNA 的左右边界序列（LB 和 RB）在 T-DNA的转移过程中发挥着重要的作用，在部分农杆菌如章鱼碱型 Ti 质粒中还存在另外一个与 T-DNA 转移有关的序列——超驱动序列，该序列对有效转移 T-DNA 所必需。

最早构建的双元 Ti 载体如 pBIN19 的左右边界来自于胭脂碱型 Ti 质粒，该 Ti 质粒上的T-DNA 只有左右边界序列，但没有超驱动序列，转移效率较低。拥有超驱动序列的章鱼碱型 Ti 质粒中的 T-DNA 区域有四个边界序列，T-DNA 转移时会形成不同的 T 链，使用非常麻烦。可以将章鱼碱型 Ti 质粒中的超驱动序列引入到 pBIN19 上，增强 T-DNA的转移效率。

4.1.2 目的基因移至紧邻右边界位置

由 T 链复合体的形成过程可知 T-DNA 从农杆菌转移至植物细胞是从右边界开始。在植物中，T 链复合体经常会受到降解，尤其是核酸外切酶的降解，T-DNA 的 5′端结合有 VirD2 不易降解，但 3′端没有蛋白质保护，该端的核苷酸容易受到降解，而且可能是大范围的丢失。

在早期构建的双元 Ti 质粒载体中，一般是将植物选择标记基因靠近 T-DNA 的 5′端，目的基因靠近 3′端，这样的载体转化到植物中后容易造成目的基因核苷酸的缺失，导致获得的有抗性的转基因植物没有全长的目的基因。后来将目的基因和植物选择标记基因调换位置，保证获得的有抗性的转基因植物中带有完整的目的基因序列。

4.1.3 减小体积和提高拷贝数

早期构建的双元载体如 pBIN19 及其衍生质粒的骨架上带有许多非必需序列，其复制起点 RK2 在大肠杆菌中复制时受到严格的控制，拷贝数很低。为了更加方便地使用双元载体，可以通过改造，即减小质粒的体积和替换复制起点来实现。减少体积可以通过去掉双元载体上非必需序列来实现，如 pCB 系列载体；目前体积最小的载体 pGreen，基本骨架只有 2.4kb，只留有最小的复制起点，将控制质粒在农杆菌中复制的基因中一些反式作用蛋白的基因置于辅助质粒上。经过改造的双元 Ti 质粒不仅体积更小，便于操作，而且具有更高的生物安全性。同时采用两个独立的复制起点分别控制质粒在大肠杆菌和农杆菌中的复制，提高载体在大肠杆菌中的拷贝数。现在常用的双元 Ti 质粒的体积和拷贝数与常用的克隆载体相近。

4.1.4 添加更多的酶切位点

多克隆酶切位点（multiple cloning site，MCS）是指质粒上的一段含有多个限制性酶切位点的很短的序列，为外源 DNA 的插入提供多种可插入的位置。MCS 中的每个限制性酶切位点通常是唯一的，目的基因可通过限制性内切酶位点连接入载体中。在最早构建的双元 Ti 质粒如 pBIN19 中含有很少的几个限制性酶切位点。

在后来发展的许多载体中，有更多的酶切位点加入到多克隆位点中，同时开发出了一系列载体，称为附属载体（satellite vector，pSAT），这些 pSAT 载体包含启动子、多克隆酶切位点、poly（A），以及一些多肽，如 GFP、MYC、FLAG 等。

4.1.5 植物筛选标记基因和细菌筛选标记基因的选择

现在使用的农杆菌菌株都具有利福平（rifampicin）抗性，能在含单碳源的蔗糖上生长，但是大肠杆菌菌株却不能，利用含有利福平和蔗糖的农杆菌培养基可以有效地抑制大肠杆菌的生长，防止污染。

必须要注意使用和农杆菌菌株中的辅助质粒对应的双元 Ti 质粒。不同的农杆菌菌株因为含有不同的辅助质粒具有不同的抗性，见表 25-3。选择双元 Ti 质粒时不能选择有相同抗性的农杆菌菌株。

表 25-3 经常使用的农杆菌菌株

菌株名称	染色体背景	Ti 质粒	抗性
AGL-0	C58	pTiBo542	Rif
AGL-1	C58	pTiBo542	Rif，Carb
C58-Z707	C58	pTiC58	Kan
EHA101	C58	pTiBo542	Rif，Kan
EHA105	C58	pTiBo542	Rif

续表

菌株名称	染色体背景	Ti 质粒	抗性
GV3101:pMP90	C58	pTiC58	Rif,Gent
LBA4404	Ach5	pTiAch5	Rif
NT1(pKPSF2)	C58	pTiChry5	Ery

注:Rif. 利福平;Carb. 羧变青霉素;Kan. 卡那霉素;Gent. 庆大霉素;Ery. 红霉素

经过多年的发展出现了更精细的 T-DNA 双元 Ti 质粒和含有辅助 Ti 质粒载体的农杆菌菌株,便于不同目的的应用。表 25-4 罗列了现在经常用到的双元 Ti 质粒。

表 25-4　常用的双元 Ti 质粒载体及特点

载体名称	载体复制起点	细菌筛选标记	植物筛选标记	特点
pBIN	IncPα	Kan	Kan	蓝白斑筛选
pBI	IncPα	Kan	Kan	有 *gusA*
pGPTV	IncPα	Kan	Kan/Hyg/Bar	有 *gusA*
pCB	IncPα	Kan	Bar	有 *gusA*,*gfp*
pBECKS2000	IncPα	Spec	Kan/Hyg/Bar	Cre/loxP 位点重组
pMOA	IncPα	Kan	Kan/Hyg/Bar	T-DNA 区只有选择标记和 MCS
pGreen	IncW	Kan	Kan/Hyg/Bar	体积小,便于操作
pPZP	pVS1	Spec/Chl	Kan/Gent	筛选标记有选择
pCAMBIA	pVS1	Kan/Chl	Kan/Hyg/Bar	种类多,使用方便
pMDC	pVS1	Kan/Spec	Kan/Hyg/Bar	Gateway 技术克隆

注:Kan. 卡那霉素;Spec. 壮观霉素;Chl. 氯霉素;Hyg. 潮霉素;Bar. 除草剂;Gent. 庆大霉素;*gusA*. β-葡萄糖醛酸酶基因;*gfp*. 绿色荧光蛋白基因;MCS. 多克隆位点

4.2　双元 Ti 载体的发展

随着植物基因工程的发展,目前已有多种农杆菌工程菌株,植物选择标记及不同的报告基因用于植物转化。因此可以选择不同的菌株、植物选择标记和标记基因进行对目的基因的特定功能的分析。目前对目的基因的研究需要进行组成型表达、诱导型表达、定位表达等不同的实验,所以需要系列的质粒进行载体构建,故需要发展系列载体增加载体的可选择性。此外,除了利用酶切连接的方法构建载体外,还发展了许多其他技术,如体外重组来构建大容量的载体,随着技术的发展,还能通过改造双元 Ti 质粒,实现目的基因的定点整合等。

4.2.1　系列载体

所谓的系列载体是指具有相同的基本骨架,而具有不同组合的细菌选择标记、植物选择标记、报告基因及各种辅助序列等的一组载体。在研究目的基因的功能时,可以通过相同的酶切位点将同一个基因连接到带有不同组合的系列载体上,进行不同目的的研究,简单快捷。同时,在一些双元 Ti 载体中更是构建了 T-DNA 区只有多克隆位点的载体,便于加入选择标记、报告基因、启动子、终止子等各种元件,如 pGreen、pCAMBIA 系列载体等,便于使用者构建成合适的双元载体。目前常用的双元系列载体见表 25-4。

4.2.2　Gateway 双元载体

Gateway 技术是克隆和亚克隆 DNA 序列的一项新颖的通用系统,便于功能基因的分析和蛋白质的表达,一旦进入这个多功能的操作系统,DNA 片段可以通过位点特异性的重组在载体中间转移,是一种快速的 DNA 体外重组技术。

Gateway 技术是基于 λ 噬菌体位点特异重组的原理而研发的,即噬菌体 DNA 可以定点整合到细菌宿主基因组上,也可以裂解下来。这个可逆的过程是由 BP 反应和 LR 反应完成的。BP 反应利用一个 attB DNA 片段和一个 attP 供体载体之间的重组反应,创建一个入门克隆。该克隆包含两个位点序列 attL1 和 attL2,大小均为 100bp,中间夹着一个自杀基因——*ccdB* 基因。目的载体的表达调控元件下游也有两个重组位点 attR1 和 attR2,大小均为 125bp,同样也夹着一个 *ccdB* 自杀基因。LR 反应是一个 attL 入门克隆和一个 attR 目的载体之间的重组反应,在含有 Xis、INF 和 Int 等重组因子的反应液中,attR2 和 attL2 序列发生重组,生成一个融合质粒,之后 attL1 和 attR1 再发生重组,融合质粒分解为两个新的质粒,即一个带目的基因的载体和带自杀基因的入门载体。由于带自杀基因的载体不能生长,再加上抗生素筛选,转化产物重组率高达90%以上。由此可见，Gateway技术只需要进行一个快速的体外重组反应将DNA片段克隆至载体中，不需要传统的酶切、电泳、回收及连接等繁琐的操作，这种技术大大提高了DNA片段克隆到各种检测基因功能的表达载体的效率。

Gateway技术促进了Gateway双元载体的发展。2001年，Wesley等在双元载体中引入Gateway技术，构建了一个RNAi双元载体pHELLSGATE。使用Gateway技术，正义的和反义的DNA片段通过一次重组就能同时克隆到载体内含子两侧，使RNAi的载体构建过程大大简化。2002年，Karimi等利用pPZP200构建了一系列的Gateway双元载体，包括基本的转化载体、表达载体、启动子分析载体、RNAi载体等。2003年，Curtis等利用pCAMBIA系列载体也构建可一系列Gateway双元载体pMDC，除了基本的一些载体外，还增加了热诱导和雌激素诱导表达载体，原核表达载体，以及与GUS、GFP等融合表达载体等。

4.2.3 多基因组装载体系统

植物中许多重要的性状牵涉复杂的新陈代谢途径、信号转导途径或复杂的生理生化反应，这些途径或反应往往由多个基因控制，将这样一组相关的基因导入植物中，有利于性状的改良。将多个相关基因组装到一个T-DNA上进行转化，不仅能简化多基因导入的操作过程，而且使多基因以一个连锁的基因座整合至植物染色体中，能更稳定的遗传。但多基因的组装往往受载体多克隆位点的限制。一般组成载体多克隆位点的酶切位点识别概率较高，随着插入基因的增加，载体上可用的克隆位点越来越少，经常需要通过部分酶切或加入接头等手段进行多基因的组装，繁琐复杂。

1999年，McCormac等开发的pBECKS2000系列提供了一种新的多基因连接策略-Cre/loxP位点特异性重组，即目的基因通过Cre/loxP重组系统从中间载体同源重组到转化载体上，再以限制酶切除中间载体的骨架序列，如此循环将多个目的基因组装至转化载体的T-DNA中。因为这个体系需要通过常规的酶切去除中间载体骨架，重组只能进行2～3次循环。

2002年，Goderis等发展了一套最多可以插入6个基因的多基因组装载体系统，转化载体pPZP-RCS衍生自pPZP200，多克隆位点含有13个6碱基酶切位点，6个8碱基酶切位点和5个归位内切酶(homing endonuleases)位点。这5个归位内切酶位点在天然的序列中极其稀少，可以进行定向克隆。还有6个中间载体pAUX系列的多克隆位点两侧分别有上述归位内切酶位点相对应的其中一个，通过酶切连接可以依次将6个中间载体上的表达卡盒转移至转化载体中。

2003年，Lin Li等发展了一套有效的多基因组装系统，这个系统包括了一个转化受体pLYTAC747和两组中间载体pLYSP/pLYPS和pLYSV/pLYVS，其中pLYTAC747是一个含有T-DNA左右边界的人工染色体，同时含有loxP位点和归位内切酶位点I-SceⅠ。两组中间载体也分别含有loxP位点和归位内切酶位点PI-SceⅠ和I-SceⅠ，将目的基因连接到中间载体上后，通过Cre/loxP位点特异性重组进行目的基因的组装，然后以归位内切酶切除中间载体骨架，并使载体在重新连接时接口处形成*Not*Ⅰ酶切位点，组装的每个基因两侧都有这个酶切位点，可以进行酶切鉴定。这个多基因组装系统使多基因组装不受常规的酶切位点和载体容量的限制，为多基因组装提供了一个高效的技术平台。

4.2.4 高容量双元载体

双元载体出现后，为了快速方便的使用，研究者一直致力于体积小、多拷贝的载体的改造。与此同时，科研工作者也在寻找低拷贝、大容量的双元载体。利用高容量的双元载体，可以将一个基因簇的大片段DNA完整地转入受体基因组中，使转化基因的表达调控更接近在植物中的状态。

第一个双元黏粒载体是pC22，该载体以pBR322和pRiHR1的复制起点分别控制质粒在大肠杆菌和农杆菌中的复制，带有羧变青霉素和壮观霉素两种抗性，在RB的左侧是植物选择标记基因*npt-Ⅱ*，接着是λcos位点，插入的外源DNA片段为20～33kb。随后相继出现了pOCA18、SLJ75515、pCLD0454、pLZ03等多种双元黏粒质粒，这些质粒在大肠杆菌和农杆菌中维持低拷贝，选择标记移至左边界，具有超驱动序列，使得基因组文库克隆更稳定；但容量不大，不是基因组文库构建的理想载体。

λ噬菌体载体是在野生型λ噬菌体基础上改建而成的，克隆外源DNA片段的能力为15～20kb。Fuse等结合根癌农杆菌双元Ti质粒和λ噬菌体载体的特点构建了双元λ噬菌体克隆载体λTI1和λTI2，载体骨架为pBI121，带有λGEM-11和loxp位点。双元λ噬菌体克隆载体承载的外源DNA片段可达100kb，但其容量不够大，也不是基因组文库构建的理想载体。

双元BAC质粒是在BAC的基础上构建的。BAC是细菌人工染色体的简称，其容量可以达到

300kb，BAC 的发展促进了双元 BAC 载体的发展。1996 年，Hamilton 构建了双元细菌人工染色体 BIBAC1 和 BIBAC2，利用 F 因子和 Ri 质粒的最小复制区使载体在大肠杆菌和农杆菌中单拷贝复制，能在两种宿主中维持小于 350kb 的 DNA 片段。BIBAC2 比 BIBAC1 在右边界多一个植物选择标记 *hyg*，确保大片段 DNA 转基因植株的筛选。目前 BIBAC 已广泛应用于可转化基因组文库的构建。

4.2.5　双元 Ti 质粒的定点整合

T-DNA 整合到植物基因组上是通过随机的非同源重组进行的，故其整合的位置是不确定的，导致转基因植株个体间外源基因的表达水平会有很大的差异，还会导致多拷贝插入现象，造成基因剂量差异或共抑制等。T-DNA 随机整合的机制目前还不清楚，难以进行改造，而定点整合技术的发展为上述问题的解决提供了一个新的方向，下面简要介绍。

1) Cre/loxP 系统定点整合　　定点整合可以利用位点特异性重组系统进行，而重组系统常用的就是 Cre/loxP 系统。Cre 重组酶来源于 λ 噬菌体 P1，loxP 位点是该酶识别并发生作用的序列，该位点共 34bp，包括中间 8bp 的间隔序列和两侧各 13bp 的反向重复序列（ATAACTTCGTATA<u>ATGTATGC</u>TATACGAAGTTAT）。其中 8bp 的间隔序列是不对称的序列，决定 loxP 位点的方向及同源重组的性质。

1995 年，Alert 等提出利用 Cre/loxP 系统将 DNA 定点整合至植物基因组的策略：目的 DNA 通过带有 loxP 位点的载体经 Cre/loxP 系统的介导定点插入受体基因组的 loxP 位点中。受体基因组的 loxP 位点是之前使用传统的方法插入的，并且是位点非特异性的。所以这个系统为定点敲除植物选择标记基因等提供了很好的途径。但该方法还存在一定的缺陷，该系统的作用底物是环状双链 DNA，而从农杆菌转移至植物细胞的 T-DNA 是线性单链 DNA。1998 年，Vergunst 等将这种方法进一步发展，在双元载体 T-DNA 的左右边界旁加入两个同向的 loxP 位点，T-DNA 在受体细胞中会发生第二链的合成，通过 Cre 介导两个 loxP 位点环化，线性单链的 T-DNA 转变为环状双链 DNA。

2) 锌指核酸酶技术（Zinc Finger Nuclease，ZFN）　　锌指核酸酶由锌指蛋白和 *Fok* Ⅰ 内切核酸酶两个结构域共同构成，其中锌指蛋白能够识别和结合特异的 DNA 序列，*Fok* Ⅰ 内切核酸酶形成二聚体后能够切割非特异性的 DNA 序列，两者结合就可以在 DNA 特定位点进行定点切割，形成双链断裂，提高基因打靶效率。

1996 年，Kim 等首次报道将特异性结合 DNA 的锌指蛋白和非特异性切割 DNA 序列的 *Fok* Ⅰ 内切核酸酶融合到一起，得到了高效切割特定 DNA 序列的锌指核酸酶。2005 年，Lioyd 等利用 pCAMBIA2300、热击转录因子启动子、*QQR*、*ZFN* 基因、QEQ 序列构建定点突变载体，转化农杆菌侵染拟南芥，热击后发现转基因植株的 QEQ 序列突变的频率特别高。2009 年，zhang 等利用 ZFN 技术敲除了拟南芥 *ADH1* 和 *TT4* 两个基因，*ADH1 ZFN* 和 *TT4 ZFN* 受到雌二醇诱导的启动子的调控，载体骨架为 pMDC。雌二醇处理的后代植株中在 ZFN 识别的位点上有典型的插入或缺失突变，并且有 20%的突变能够获得纯合突变，并具有相应的表型。

ZFN 不仅能够提高定点整合的效率，而且能够通过一次打靶实现两个等位基因的同时敲除，但该技术存在一定的不足，识别序列并非十分的特异，ZFN 的靶点选择受到限制，设计程序复杂，价格昂贵等。

3) 转录激活因子样效应物核酸酶技术（TALEN）　　TALEN 是 transcription activator-like effector nucleases 的缩写，该技术的作用原理与 ZFN 一样。转录激活因子样效应物核酸酶也是由两个结构域组成，即识别并结合特异 DNA 序列的酶和切割非特异性 DNA 序列的 *Fok* Ⅰ 内切核酸酶。1989 年，Bonas 等在植物病原体黄单胞菌属中发现其分泌的 avrBs3 蛋白能够进入植物细胞核并改变基因的转录活性，故将该蛋白质称为转录激活因子样效应物（TALE），后来发现其能够与 DNA 发生特异性结合。2009 年，Boch 等破译了 TALE 氨基酸序列与核酸靶序列之间的对应关系，发现 TALE 由 34 个氨基酸组成一个单元模块，重复 17～18 次，每个单元模块中的第 12 个和第 13 个氨基酸为可变残基，对应识别 1 个目标 DNA 碱基。

2011 年，Cermak 等利用 TALEN 敲除人细胞中的 *HPRT1* 和拟南芥中的 *ADH1*，该实验只是将构建好的载体转化到拟南芥原生质体中检测。2012 年，Li 等利用该项技术获得将第 11 号染色体上的 *Os11N3* 基因敲除的转基因水稻植株。该植株对病原菌具有抗性，还发现突变后的 *Os11N3* 表达不受病原菌的诱导，而且纯合的后代对病原菌的侵染有很强的抗性。

TALEN 作为新兴技术在定点整合领域发展迅速。该技术对基因序列、细胞种类、物种种类均没有限制，TALE 的核酸识别单元与 A、T、C、G 有恒定的对应关系，实验设计简单准确，实验周期短，成本低，毒性低，具有很好的应用前景。

4) *规律成簇间隔短回文重复技术*（CRISPR/Cas） 规律成簇间隔短回文重复（clustered regularly interspaced short palindromic repeat，CRISPR），是一类广泛分布于细菌和古细菌基因组中的重复序列，CRISPR 与 Cas 蛋白结合，将进入细菌和古细菌的外来病毒、质粒等降解，是原核生物的一种获得性免疫系统。2012 年，Jinek 等在 *Science* 上发表文章指出，双链 RNA 二元复合体可以介导 Cas9 蛋白在特定位点剪切双链 DNA，进一步的研究发现单链 RNA 也能介导 Cas9 蛋白在特定位点剪切双链 DNA。2013 年，Cong 等利用细菌 RNA 介导的 Cas9 核酸酶在小鼠和人的细胞中成功实现了对基因组的特定基因位点进行精确的切割，Mali 等也利用该方法在人类 293T、K562 细胞及诱导多功能性干细胞中成功实现了 *AAVS1* 的基因敲除。Hwang 等利用 CRISPR-Cas 系统在斑马鱼中实现了基因打靶，与 ZFN 和 TALEN 介导的基因打靶具有同样高的效率。

与 ZFN 和 TALEN 技术比较，CRISPR/Cas 系统更易于操作，更有效，脱靶效应更低，可以预见在不久的将来，该技术将会与双元 Ti 载体相结合，被广泛应用于植物中进行 DNA 的精细修饰。

4.3 双元 Ti 载体应用的展望

双元 Ti 载体的发展使小容量的双元载体的结构更加优化，适合基因的功能分析研究等；大容量的双元载体的发展使得大片段 DNA 转化成为现实，适合自然状态下基因的研究；多基因组装系统的出现使得控制相关表型的同一组基因的转化成为可能，为分子水平上研究复杂的新陈代谢途径、信号转导途径等提供新的证据；定点整合新技术的出现使得植物定点敲除或定点插入目的基因成为现实。这些新的进展表明双元 Ti 载体具有广阔的发展空间，为植物基因工程技术的发展提供更为丰富的资源，在基因工程中将发挥更加重要的作用。

复 习 题

名词解释

Ti 质粒、四型分泌系统、卸甲载体、双元载体系统、双元 Ti 载体

问题

(1) 简述 Ti 质粒的功能区域。
(2) 简述 Ti 质粒中 T-DNA 的结构与功能。
(3) 简述 Ti 质粒介导的基因转化过程。
(4) 简述双元 Ti 质粒的结构组成。

第 26 章

Ri 质粒载体及其构建

发根农杆菌(*Agrobacterium rhizogenes*,Ar)和根癌农杆菌(*Agrobacterium tumefaciens*,At)都可以侵染植物细胞,但引起的病症不同。发根农杆菌侵染后植物细胞产生许多不定根,故称之为毛状根(hairy root),也称为发状根,分别简称为毛根或发根。根癌农杆菌感染植物细胞后诱导冠瘿瘤,故称为根癌农杆菌。两者同属于根瘤菌科,均为革兰氏阴性菌。它们的基因结构功能也有异同,根癌农杆菌为 Ti 质粒,发根农杆菌为 Ri 质粒(root inducing plasmid)。20 世纪 80 年代以后,科学家们对 Ri 质粒研究认识到,和 Ti 质粒相比,Ri 质粒基因工程具有许多优点:①Ri 质粒可以不经"解除武装(disarm)"进行转化,并且转化产生的发根能够再生植株;②发状根是一个单细胞克隆,可以避免嵌合体;③可直接作为中间载体;④Ri 质粒和 Ti 质粒可以配合使用,建立双元载体系统,拓展了两类质粒在植物基因工程中的应用范围;⑤发根适于进行离体培养,而且很多植物的发根在离体培养条件下都表现出原植株次生代谢产物的合成能力。因此,Ri 质粒不仅可作为转化的优良载体,而且可能应用于有价值的次生代谢物的生产。显然,对发根农杆菌的研究将促进其开发和利用,本章将对发根农杆菌的基因结构功能及其载体构建作比较全面的介绍。

1 Ri 质粒载体的结构与功能

Ri 质粒与 Ti 质粒均属于巨大质粒,大小为 200~800kb,而且在一种菌体中可能有几种质粒,如在 A4 菌体中有三种不同分子质量的巨大质粒:pArA4a(180kb)、pArA4b(250kb)和 pArA4c(430kb),其中 pArA4b 是引起毛状根病的因子,称之为 pRi4b 质粒。pArA4a 的功能还不清楚,可能与冠瘿碱的分解有关。pArA4c 是 pArA4a 和 pArA4b 的整合型,因此其分子大小是 430kb。

1.1 Ri 质粒的酶切图谱

Ri 质粒的基本结构与 Ti 质粒相似,具有两个和致病有关的区域,即致瘤区(Vir 区)和转移进入植物细胞核的 T-DNA 区。它们分别含有许多基因,T-DNA 上的基因进入植物细胞后能被植物的 RNA 聚合酶Ⅱ催化转录。T-DNA 上的基因决定肿瘤的表型,还有一类基因决定植物合成一种特殊的小分子物质——冠瘿碱。冠瘿碱可作为唯一的碳源和氮源供农杆菌利用。Ri 质粒 DNA 上除上述两个区外,还有一个复制起点(ori),其功能是启动质粒 DNA 的复制。由于 Ri 质粒的类型不同,它们的基因结构也略有差异。上一节已经提及 Ri 质粒可分为三种类型:农杆碱型、甘露碱型和黄瓜碱型。它们的质粒酶切图谱已经清楚,图 26-1 和图 26-2 分别显示两种 Ri 质粒的不同酶切后的 DNA 片段大小、数量及其排列位置。

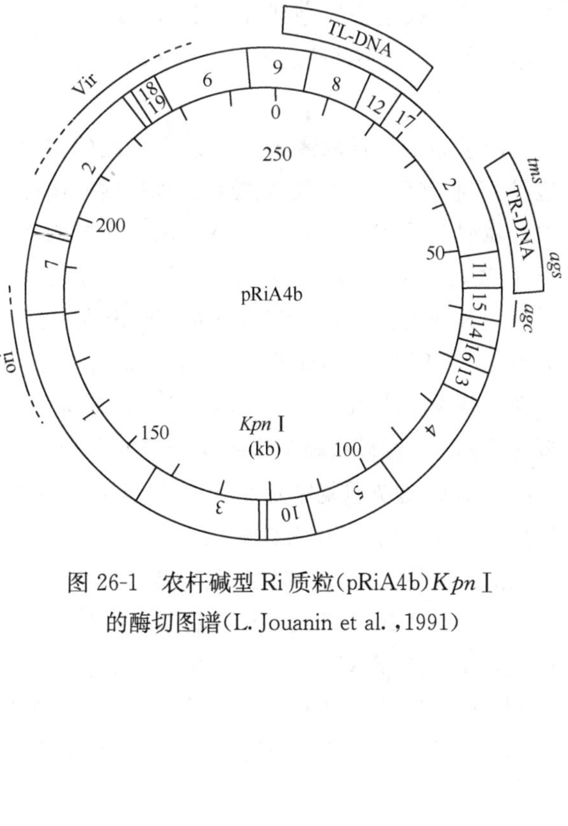

图 26-1 农杆碱型 Ri 质粒(pRiA4b)*Kpn* Ⅰ的酶切图谱(L. Jouanin et al.,1991)

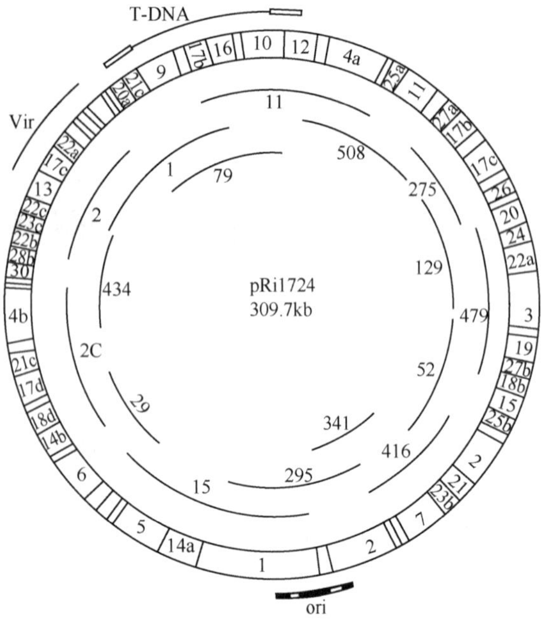

图 26-2 黄瓜碱型(cucumopine-type)Ri 质粒(pRi1724)的酶切图谱(镰田等,1985)

1.2 Ri 质粒与 Ti 质粒的同源性

Ri 质粒和 Ti 质粒结构、特点相似,而且具有相同的寄主范围,转化机制也基本相同,因而可以推测它们的 DNA 结构同样具有很大的相似性,对它们各功能区的同源性研究近年来有较大发展。和 Ti 质粒一样,Ri 质粒与转化相关的也有两个区域,即 Vir 区和 T 区。农杆碱型菌株的 T-DNA 具有两段不连续的边界序列,即 TL 和 TR 区,而甘露碱型和黄瓜碱型菌株边界只有单一的边界区,如图 26-3 所示。

Ri 质粒的 T 区的情况比较复杂,T 区的左、右边界 25bp 重复序列与 Ti 质粒具有很高的同源性。农杆碱型 Ri 质粒的 TR 区 DNA 上有 *aux* 基因,它与 Ti 质粒 *tms1*、*tms2* 基因同源,编码生长素合成。另外,TR 区还有 *ags* 基因(编码农杆碱合成)与 Ti 质粒 *ags* 基因同源,但该基因与转化机制无关。除这两个基因以外,Ri 质粒上其他区域与 Ti 质粒同源性很低。甘露碱型和黄瓜碱型 Ri 质粒的单一 T 区除其 25bp 边界重复序列外,其他部分与 Ti 质粒缺少同源性,但它们和农杆碱型 Ri 质粒 TL 区有较高的同源性。Vir 区都位于复制起点和 T 区之间。三种类型 Ri 质粒的 Vir 区具有很高保守性,而且与 Ti 质粒的 Vir 区同源。Hirayama 等(1988)对 pRiA4b 的 Vir 区进行了详细研究,发现 pRiA4b Vir 区与 pTiA6NC Vir 区具有很高的同源性,而且还将 *virC* 和 *virD* 精确定位。用 pTiA6NC *Vir* DNA 探针与 pRiA4b DNA 杂交,结果显示 6 个 Ti 质粒 *vir* 基因位点都可以在 pRiA4b Vir 区找到相应的同源区域,只不过 6 个基因位点之间的间隔区长度有明显区别。核酸序列比较也表明,pRi 和 pTi Vir 区很相似,它们编码的蛋白质产物也相似。图 26-3 示出三种类型 Ri 质粒的 T-DNA 酶切图谱。农杆碱型 Ri 质粒只示出一个 TL 区。图中示出 DNA 片段的序数和大小(kb)。这些资料引自 Jouanin 等(1986)(pRiA4)及 Slightom 等(1985,1986)(pRiA4)。甘露碱的 T-DNA 资料引自 Combard 等(1987)。图中上面的粗黑线表示最近发现的 T-DNA 的长度,点线表示尚未确定部分。箭头 pER 表示 pBR325 序列在 AR1193 菌株质粒中复制片段的大小和位置。

1.3 Vir 区的基因结构与功能

Vir 区位于复制起点和 T 区之间约 20kb,距 T-DNA 35kb 左右。Vir 区基因不发生转移,但它在 T-DNA 转移过程中起着十分重要的作用,这个区域缺失或突变,该菌株无侵染能力,被感染的植物不出现病症和毛根。Vir 区基因群由 7 个基因组成,通常除 A 外的 6 个基因处于抑制状态。发根农杆菌感染寄主时,被损伤的植物细胞合成特殊的小分子酚类化合物乙酰丁香酮等,并与 *virA* 基因产物结合,诱导其他基因活化,从而发生感染过程。不受 Ri 质粒侵染的单子叶植物可能缺少这种小分子酚类化合物。但最近有人报道小麦的种子和胚、玉米幼苗也有这种小分子酚类化合物。*virA* 和 *virG* 基因对其他联合基因有启动与调节作用。*virD* 基因能将 T-DNA 25bp 重复序列切断,使 T-DNA 转移。其他基因作用尚不明确,Ti 质粒与 Ri 质粒 Vir 区基因群的同源性很高,它们的功能可能也相似,也说明两者在进化过程有着密切的系统关系。

2 Ri 质粒 T 区的基因结构与功能

2.1 农杆碱型 Ri 质粒 T-DNA 区特点与功能

虽然认为 Ri 质粒与 Ti 质粒的 T-DNA 转移过程极为相似,但它们的转化基因的表达产物和表型控制却相差甚远。这一点已充分提示这两类质粒 T 区在同源性上会存在着较大差异,Ri 质粒的不

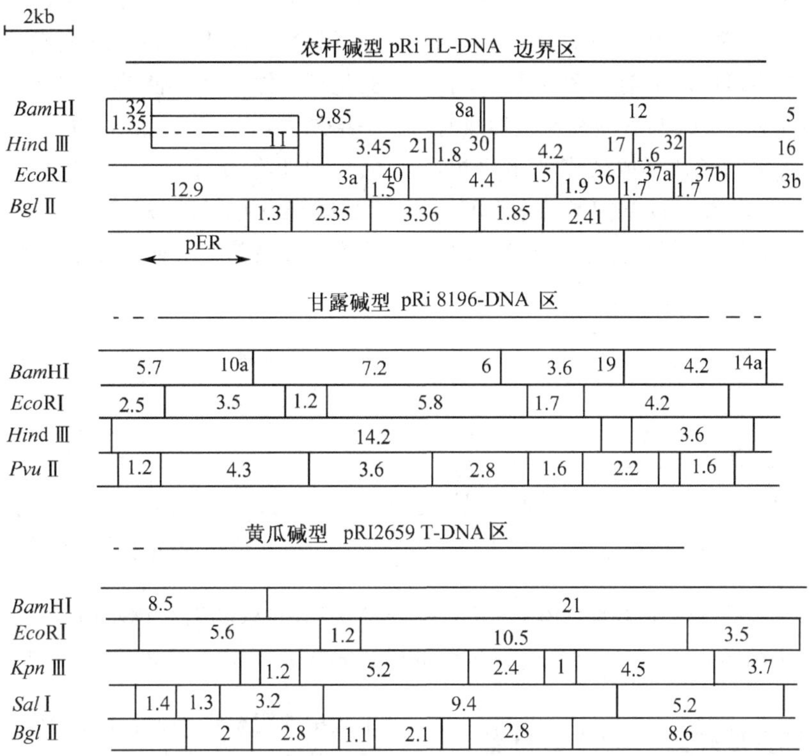

图 26-3 三种类型 Ri 质粒的 T-DNA 酶切图谱(Bernard et al.,1993)

同类型之间也有不同之处。农杆碱型 Ri 质粒(pRiA4b、pRi15834、pRi15855 等)的 T-DNA 有两个边界区域,即 TL-DNA 和 TR-DNA(图 26-4)可分别插入寄主植物基因组 DNA。TR-DNA 区域有与农杆碱合成有关的基因(*ags*),有和生长素 IAA 合成有关的基因(*tms1*、*tms2*);TL-DNA 有与农杆碱素合成有关的基因和决定形成毛状根及其形态特征的 *rolA*、*rolB*、*rolC*、*rolD* 基因群(称 core T-DNA)。据已有的资料表明,各种 Ri 质粒均有 core T-DNA,它是决定毛状根生长和再生植株某些形态特征的基因群。T-DNA 两端各有 25bp 的重复序列,是 T-DNA 从 Ri 质粒上切出的酶的识别位点,缺此序列不能形成毛状根。T-DNA 右端边界(TR)存在三叶草式的碱基结构时,则侵染效率极高。White 等(1987)许多科学家的研究表明,在 Ri 质粒转化植物细胞产生发根中,TL-DNA,尤其是其上的 *rolB* 起着十分重要的作用。在没有 TR-DNA 存在时,单独用 TL-DNA 转化多种植物时,转化细胞同样产生转化产物,并表现出典型的发根表型,如再生植株的皱叶、短节间、弱顶端优势等。但是,单独用 TL-DNA 转化胡萝卜块根时,却表现出对生长素的依赖性:它只能在块根上部有致根性,在其下部却不能诱导出毛状根。因为生长素的向顶运输使胡萝卜块根上部富含生长素而下部缺乏,而且添加外源生长素后又可以使 TL-DNA 对胡萝卜块根下部恢复毒力(发根)。缺乏 *tms* 同源基因的甘露碱型、黄瓜碱型 Ri 质粒也存在类似情况。总之,现有的研究共同表明,TL-DNA,尤其是 *rolB* 基因,在 Ri 质粒转化植物细胞产生发根过程中起着关键作用,TR-DNA 仅有与 Ti 质粒 *tms* 同源的 *ausc* 基因编码的生长素参与作用,而且可被添加的外源生长素代替;也有与此完全相反的结果。例如,Vilaine 等(1987)报道 TR-DNA 和 TL-DNA 两者都可以单独转化植物细胞,而 TR-DNA 在烟草的茎段诱导的根与 TL-DNA 诱导的根在表型上有区别:前者不表现高度分枝,后者表现出高度分枝。他还发现,pRiA4 的一个可能含 *aux* 基因的仅 6kb 的 TR 片段即可诱导出与全长 TR-DNA 诱导发根表型一致的烟草毛根。Melnnes 等(1991)也发现 TR 区可以单独转化黄瓜,而且诱导的发根具有多根、冠瘿碱合成等典型特征。由此可见,TL-DNA 和 TR-DNA 共同作用时会大大提高转化效率,两者有着协同效应。

Taylor 等(1985)用农杆碱型的 Ri 质粒感染 *N. glanuca*,在转化细胞中确认 T-DNA 有 11 种转录产物(650～2500bp)(图 26-4),同时用缺失突变和部位指向突变(site directed mutation)确定农杆碱型 Ri 质粒 T-DNA 上有功能的基因位置:看到在

TR-DNA 上有 6 种 mRNA 转录，其中有两种和 Ti 质粒 T-DNA 上的生长激素合成酶 *tms1*、*tms2* 基因有相同的功能；在 TL-DNA 上有 5 种 mRNA 转录，其中有 4 种（*rolA*～*rolD*）与肿瘤和毛根形成有关。*rolA* 基因不活化则通常形成较多的不定根，而不形成毛状根。*rolB* 和 *rolD* 基因不活化则不出现病症或出现轻微病症。如果用除去 TR-DNA 的 Ri 质粒感染烟草等，则观察不到有病症出现。相反，用除去 TL-DNA 的 Ri 质粒感染烟草等，则和野生型一样产生病症，茎上出现大量的不定根。这一结果说明，TR-DNA 上的生长素合成酶基因在转化初期有着重要作用，是产生不定根的关键，TL-DNA 上的基因（*rolA*～*rolD*）可能对毛状根的形态特征及其生长有着重要作用。

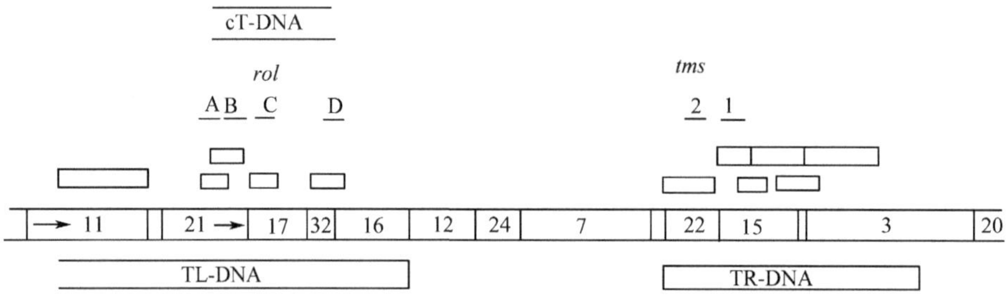

图 26-4 农杆碱型 Ri 质粒（pRiA4b）T-DNA 上的基因座位酶切图谱（Taylor et al.，1985）

▭ 毛状根上可见的转录产物（mRNA）的位置；—— 指功能部位（*rolA*～*rolD*，*tms1*，*tms2*）及具有与 cT-DNA 相同性的位置

2.2 甘露碱型和黄瓜碱型 T-DNA 区特点

甘露碱型 Ri 质粒（pRi8196）只有单一的 T-DNA 区域，没有与 Ti 质粒同源的致瘤基因，也没有与农杆碱型 Ri 质粒 TR 区 *aux* 同源的基因但与农杆碱型 Ri 质粒的 TL-DNA 有较高的同源性。甘露碱型 Ri 质粒的致病性一般较弱，感染时进行生长激素处理，可以提高感染率。用激素处理获得的毛状根，在含激素培养基上培养可以迅速地增殖。在甘露碱型 Ri 质粒单一的 T-DNA 区域上，也有相当于农杆碱型 Ri 质粒的 TR-DNA 部分，因为在该 Ri 质粒单一的 T-DNA 区域存在甘露碱合成酶基因。最近法国的一个研究组在 NCPPB2659 菌株诱导的毛状根中检测出黄瓜碱（cucumopine）。从 *Cucurbita* 属植物的毛状根中分离出的致病性弱的 NCPPB2659 菌株具有 pRi2659 质粒。镰田在日本的千叶县"密伦"（哈密瓜的一个类型）毛状根中也分离到一个带有黄瓜碱型 Ri 质粒的菌株，并命名为 pRi1724。黄瓜碱型 Ri 质粒与甘露碱型 Ri 质粒一样，只有单一的 T-DNA，并与农杆碱型 Ri 质粒的 TL-DNA 区有高度的相似性，具有黄瓜碱合成酶基因。它们的转化机制可能也和农杆碱型 Ri 质粒的 TL-DNA 相似。

2.3 Ri T-DNA 在转化体的整合机制

Ri TS-DNA 的整合机制与 Ti 质粒的 T-DNA 具有相似性，关心的问题是转化的 T-DNA 在植物细胞中的完整性如何？已研究了一些转化根的单系中的 T-DNA 结构，结果表明那些来自于农杆碱型 Ri 质粒的 TL-DNA 区或黄瓜碱型 Ri 质粒的单一 T-DNA 区在转化细胞中，其长度是相当固定的。相反，那些来源于农杆碱型 Ri 质粒的 TR-DNA 区、甘露碱 Ri 质粒的单一 T-DNA，在转化细胞中其长度有很大变化。但在烟草的再生体中观察到这样一个有趣的现象：在烟草转化细胞中的农杆碱型质粒的 TL-DNA 比在其他转化植物细胞中要短，有人认为转化的 TL-DNA 中已有小量序列丢失，该丢失部分和细胞再生或细胞其他生理过程是不相容的，即由于对外源 DNA 的排斥作用所致。整合到植物细胞中的 T-DNA 数目在转化的毛根单系中有相当差异。许多毛根单系中有多于一个 T-DNA 整合。在许多毛根转化体中，整合的 T-DNA 是独立存在的，它们与植物细胞基因组 DNA 的连接可以用适当的探针来确定。然而在一些情况下发现整合的多个 T-DNA 之间是连锁在一起的。对于不同 T-DNA 非连锁的整合，还可以通过分析再生植株有性后代中这些性状的分离来证实。多 T-DNA 整合现象可能是多菌转化的结果，例如一个植物细胞被两个或更多的细菌转化或同一个细菌转化几个 T-DNA 细菌，导致一定比例的多转化体。但是，多菌转化不如一个细菌中同时具两种 T-DNA 进行转化时得到的转化体多，即后者更有效。后者在 90% 的转化体中可以探测到共转化（多 T-DNA），因此，认为后者过程是多

T-DNA整合的主要途径。

3　Ri T-DNA 微型质粒的构建

Ri T-DNA 微型质粒的构建与 Ti T-DNA 质粒构建的基本原理，及操作基本相同。上面叙述了 Ri 质粒和 Ti 质粒有一定的相容性，它们的复制起点(ori)可以被用来构建 Ri T-DNA 微型质粒。Vilaine(1987)将 pRiA4 的 TL-DNA 克隆到广范围寄主的 Cosmid pLAFR1。当这个重组质粒引入农杆菌，并用 pAL4404 或 pRiB278b 来启动时，能够获得转化根。他们还构建了一个 Ri 小质粒(去除了 Vir 区)，并携带有 ColE1 和 pRiA4a 的复制点(ori)，一个细菌选择标记，一个植物选择标记及来自 pRiHRI 单一限制性酶切位点的 T-DNA 边界序列。这个小质粒可以进一步插入目的基因，作为转化的基因载体。微型质粒作目的基因载体必须具有 T-DNA 边界，以使在 *vir* 基因的作用下，将载有目的基因的 T-DNA 转移到受体细胞。

复　习　题

名词解释

Ri 质粒、Ri T-DNA

问题

(1) 图解 Ri 质粒的基因结构。

(2) 简述 Ri 质粒的基因结构功能与 Ti 质粒的异同性。

(3) 简述 Ri 质粒与 Ti 质粒的 T-DNA 结构功能差异。

第 27 章

植物病毒载体及构建

自 20 世纪 70 年代以来，研究者一直致力于研究转基因技术，希望通过特定的遗传转化和植物再生体系进行分子育种。由农杆菌(*Agrobacterium tumefaciens*)介导的 Ti 质粒转化系统被广泛应用到转基因技术中，但利用农杆菌不同株系中的 Ti 质粒，把目的基因整合进植物染色体的方法，难以满足人们需要高效、瞬时表达大量蛋白质的需求，植物病毒载体在研究者对新的瞬时高效表达系统的探索中应运而生。

表达高效、易于进行基因操作和接种、适用对象广泛的特点，使植物病毒载体在基础理论研究及实际生产实践中都具有不可比拟的优点。本章将对植物病毒载体的特点、分类、构建方法及植物病毒载体在植物基因工程中的应用进行介绍。

1 植物病毒载体概述

1.1 植物病毒载体特点

自然界植物病毒侵染寄主植物细胞的过程实际上是一种自发的基因转移过程，病毒侵染细胞后把其 DNA 导入寄主细胞并在寄主细胞中进行复制和表达，说明病毒 DNA 中具有被寄主细胞 DNA 复制和转录的酶系统所识别的核酸序列，因此病毒具有执行基因载体的功能。

由于植物病毒本身的特性，植物病毒表达载体在外源基因的瞬时、高效表达上具有许多优点：①增殖水平较高，可使外源基因高水平表达(高达 100 多倍)。②增殖速度快，外源基因在很短时间(通常在接种后 1～2 周内)可达最大量的积累。③基因组小，易于进行遗传操作，大多数植物病毒可以通过机械接种感染植物，适于大规模商业操作。④宿主范围广，一些病毒载体能侵染农杆菌不能或很难转化的单子叶、豆科和多年生木本植物，扩大了基因工程的宿主范围，如 BMV。⑤稳定且易于纯化，可在室温下储藏多达几十年，显著降低下游生产成本。⑥对环境影响相对较小，绝大多数植物病毒无法通过花粉或种子传播，而通过昆虫、线虫和真菌进行传播也很有限。此外，植物病毒主要是利用植物细胞的遗传物质进行繁殖，可以使伴随表达的外源蛋白进行真核生物特有的修饰，如翻译后加工和糖基化，这也是大肠杆菌和酵母等表达系统所不能的。

至今已发展了多个植物病毒表达载体系统，但尚未发现像动物细胞逆转录病毒(retrovirus)那样能整合到宿主基因组的植物病毒。因此通过植物病毒载体导入的外源基因，只能以游离拷贝的形式存在于植物细胞中，而不能整合到染色体上并通过有性繁殖传递给后代。

1.2 植物病毒载体分类

由于对基因组的分子改造较易操作，最早用作植物病毒载体的是双链 DNA 病毒，但在表达外源基因时，可能是由于包装及其他因素限制了插入外源片段的大小，经常发生外源基因丢失的现象。随着反转录、体外转录等技术成为分子生物学实验室的常规操作，使 RNA 病毒作为外源基因的表达载体成为可能。随着对植物病毒基因组结构、功能及植物病毒基因载体研究的不断深入，植物病毒载体转化细胞的研究日益受到重视。

1.2.1 植物病毒表达载体

以植物病毒载体为平台的转基因系统是将外源基因插入到病毒基因组中，通过病毒对植物细胞的感染而将外源基因导入植物细胞。要想构建一个理想的植物病毒载体，选择的病毒应具有如下特点：①病毒基因组的结构和功能清楚，易于改造；②具有外源基因表达的有效启动子，能高水平复制和翻译；③具有广泛的寄主范围，并可有效的通过机械接种感染植物；④能诱发系统性侵染，引起植物症状较轻或弱毒株；⑤能容纳较大的外源基因并遗传稳定；⑥病毒包装对于基因组大小限制不严。对于具体的某种病毒，基因组组成、对必需和非必需基因的了解、对病毒的顺式作用元件的要求等都将决定应用何种策略来改造病毒作为表达外源基因的载体。目前用于植物基因转化的病毒载体系统有三种：单链 RNA（ss RNA）植物病毒表达载体、单链 DNA（ss DNA）植物病毒表达载体和双链 DNA（ds DNA）植物病毒表达载体。

1）单链 RNA 植物病毒表达载体　单链 RNA 病毒占了植物病毒总数的 90%以上，其中那些有“正”链的病毒（78%），即其病毒 RNA 可直接作为 mRNA 的病毒可以用来构建植物基因载体。RNA 病毒可以在寄主细胞中以极高效率和速度进行复制和表达，使每个细胞中的病毒可以达到 10^6～10^7 个（如 TMV）。按此估算，每个细胞中的病毒衣壳蛋白的量就有 10～100pg。利用 RNA 病毒作为基因载体的基本方法和步骤如下：①单链的病毒 RNA 首先在反转录酶的作用下反转录成一条单链的 cDNA 副本（ss cDNA）。②单链 cDNA 在 DNA 合成酶的作用下形成双链 cDNA（ds cDNA）。③将 ds cDNA 在细菌质粒中或者在 cosmid 中克隆。④把待转移的外源基因通过重组技术插入到克隆质粒的 cDNA 中。⑤将病毒载体连同插入的外源遗传信息转移到寄主植物中去。

以植物 RNA 病毒为载体的基因转化系统首次是利用烟草脆裂病毒（tobacco rattle virus，TRV）建立起来的。TRV 的基因组是由两段独立的 RNA 组成，每一段都单独包装成棒状的病毒颗粒。其中较长的一段 RNA 虽然也在植物细胞中复制，但因为不含有为衣壳蛋白编码的序列，单独存在时只能产生不包装的 RNA 分子。衣壳蛋白由较短的 RNA 编码，但在细胞中的复制必须有较长的 RNA 片段的存在才能进行。利用这两种病毒颗粒共同感染植物，可以使病毒基因组得到正常表达和复制。

1986 年，French 等利用缺失了 0.5kb 的雀麦花叶病毒外壳蛋白基因，构建了能在单子叶植物中表达的 pBD3 载体。该载体利用外壳蛋白派生序列内唯一的 *Sal* Ⅰ识别位点将细菌的氯霉素乙酰转移酶（chloramphenicol acetyltransferase，CAT）引入载体中，接种 20h 后，便可在原生质体中检测到 CAT 活性，而且其水平比已报道的用胭脂碱合成酶基因启动子或二磷酸核酮糖核化酶基因的启动子表达的 CAT 要高 20 倍左右。这说明对于合成高产的异源蛋白质，雀麦花叶病毒载体可能十分有用。

由 TMV 构建的载体系统仅能融合小于 23 个氨基酸的小肽，否则其组装会受到影响，且重组病毒生长速率比野生型慢。Lindbo（2007）构建了一个基于 TMV 病毒的单链 RNA 超表达载体 TRBO，该载体可以在植物组织中高效表达外源蛋白质，蛋白质表达量达到 3～5mg/g 鲜重。随后，Kagale 等（2012）利用 TMV 病毒构建了一系列与 Gateway 兼容的表达载体（TMV-Gate），如图 27-1 所示，利用 TMV-Gate 载体系统可以高效表达外源蛋白质，分析蛋白质-蛋白质互作和蛋白质的亚细胞定位，筛选寄主植物的病原体效应蛋白质，该载体系统为利用单链 RNA 植物病毒载体系统提供了更广泛的思路。

2）单链 DNA 植物病毒表达载体　单链 DNA 植物病毒一般存在成对的病毒颗粒，即植物双生病毒（geminivirus）。这种二联基因组可以把外源基因插入到其中一组 DNA 而不影响另一组 DNA 的复制。双生病毒组病毒具有广泛的寄主范围，是一种很有潜力的植物病毒载体。

番茄金色花叶病毒（tomato golden mosaic virus，TGMV）是最有作为载体发展前景的一种单链 DNA 病毒。成熟的 TGMV 具有 A 链（TGMV A 组分）和 B 链（TGMV B 组分）。A 链编码病毒外壳蛋白质和参与复制的蛋白质，B 链编码控制病毒从一个细胞转移到另一个细胞的运动蛋白质。TGMV 的 A、B 组分处于同一植物细胞内，才能形成具有侵染力的病毒，在缺乏 B 链存在的情况下，A 链仅能在植物细胞中复制，而不具有侵染性。由于 TGMV 在没有外壳蛋白质的环境中，仍然具有侵染性。因此利用 TGMV 进行载体构建时，外壳蛋白质编码基因的大部分序列，可以从 A 链中删除掉，以便为外源基因的插入留出必要的空间位置。

利用 TGMV 将外源基因导入到植物体内的步骤是如图 27-2 所示，①从成熟的病毒颗粒中分离 A 链 DNA，并在体外复制成双链形式。②以外源基因及标记基因取代外壳蛋白基因序列，获得重组分子。③将重组分子克隆到含有 T-DNA 和根癌农杆菌复制子的载体质粒上，并转化含有 Ti 辅助质粒的根癌农杆菌。④将根癌农杆菌注射到已含有 TGMV B 链的植物茎组织中，此时重组 DNA 分子在植物体内重新被包装成具有活性的病毒颗粒，并逐渐扩展到整株植物的所有细胞。同时含有 TGMV A 链和 B 链的双元载体被构建出来后，利用该双元载体侵染植物无需预先用 B 链转化植物，简化了操作过程。

番茄黄化曲叶病毒（tomato yellow leaf curl virus，TYLCV）也属双生病毒组病毒，是一类世界范围内广泛发生的单链环状 DNA 病毒，Peretz 等（2007）利用 TYLCV 及 BluescriptⅡ KS^+ 构建成病毒质粒载体 IL-60-BS。由于移码的存在，导致该载体可以不通过农杆菌介导而直接导入到植物中，并进行正常复制和扩散。IL-60-BS 可以启动外源基

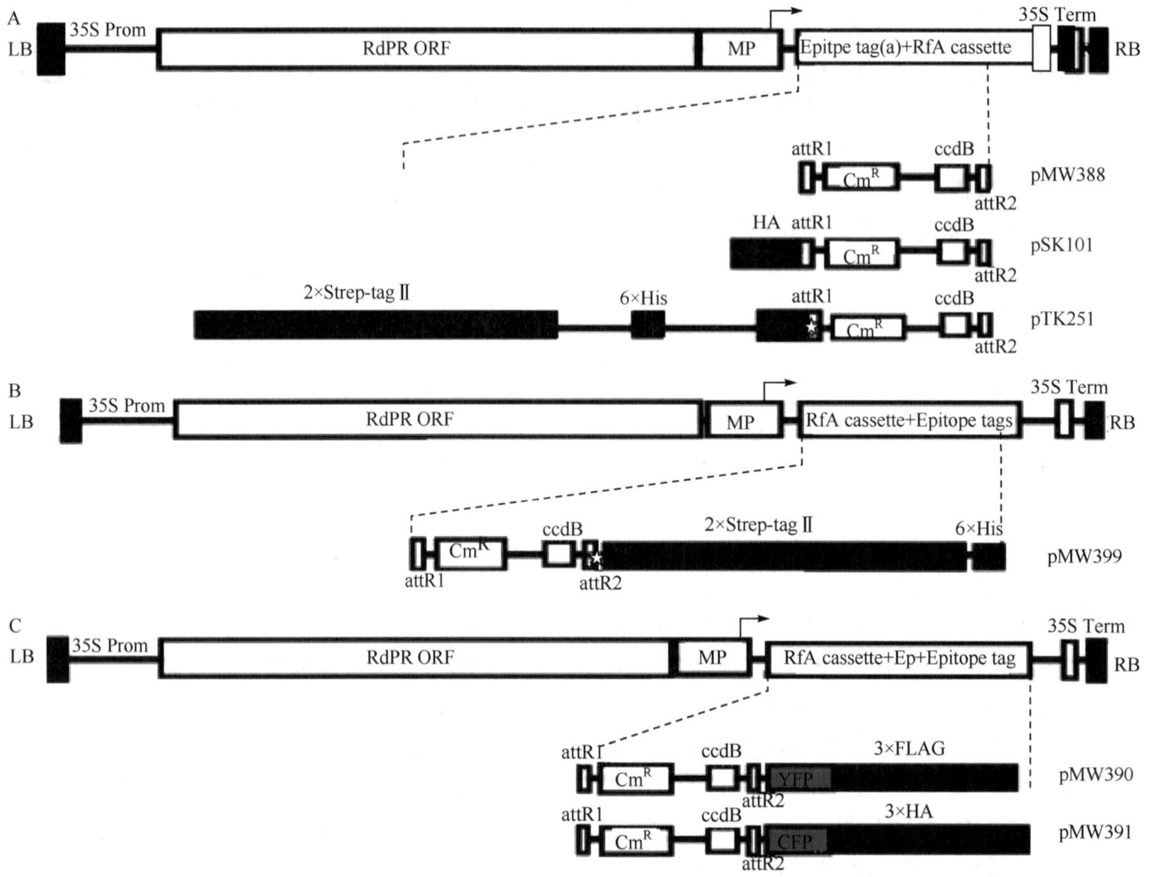

图 27-1 TMV-Gate 载体示意图(Kagale,2012)

A. 利用不同的表位标签促进 N 端与靶蛋白识别的表达载体(表位标签为 HA、2×Strep-tag Ⅱ-6×His-X 等);B. 利用 2×Strep-tag Ⅱ-6×His 表位标签促进 C 端与靶蛋白识别的表达载体;C. 利用荧光蛋白表位标签促进 C 端与靶蛋白的识别的表达载体(YFP-3×FLAG 或 CFP-3×HA);LB. T-DNA 左边界;RB. T-DNA 右边界;35SProm. CaMV35S 启动子;35S term. CaMV35S 终止子;RdRP. RNA-依赖的 RNA 聚合酶;MP. 运动蛋白;YFP. 黄色荧光蛋白;CFP. 蓝色荧光蛋白;Cm^R. 氯霉素抗性标记;ccdB. *E. coli* DNA 回旋酶抑制剂;attR1 和 attR2. Gateway 重组位点;↱. 衣壳蛋白启动子;pTK251 中的☆. 肠激酶识别位点;pMW399 中的☆. 3C蛋白酶识别位点

因最先在脉管中表达,随后,逐渐扩展至叶肉细胞并蔓延至整个植物体。

3) *双链 DNA 植物病毒表达载体* 迄今只有两组病毒的遗传物质是双链 DNA,即花椰菜花叶病毒组和黄瓜黄脉病毒组。最有代表性的是花椰菜花叶病毒(cauliflower mosaic virus,CaMV)和黄瓜脉黄化病毒(cucumber vein yellowing virus,CVYV)。CaMV 被认为是一个比较有希望的基因载体候选者,所以对它的性质、功能及基因组的分子结构作了大量的研究工作,并取得重要进展。而 CVYV 是最近发现的一种新类型的双链 DNA 植物病毒,对其基因结构尚不清楚。

将外源目的基因插入到 CaMV DNA 上,重组分子在体外包装成有感染力的病毒颗粒,就可高效转染植物原生质体,进而通过原生质体培养再生为整株植物。用 CaMV 基因组构建载体的基本思路是把外源基因整合到基因组某个特定的非功能区域或对病毒复制没有重要作用的 ORF 中,外源基因插入后不影响病毒基因组的侵染性。这种载体在细胞中的复制方式与野生型的 CaMV 相同,外源基因不能整合到寄主染色体。已报道的克隆到 CaMV 载体中的外源基因都只有较短的核苷酸序列,插入位点都在 *orf Ⅱ* 中(图 27-3),外源基因的表达多受病毒启动子的调节。

Ohare 等(1981)将从 *E. coli* 和 R67 因子衍生出编码二氢叶酸还原酶(dihydrofolate reductase,DHFR)基因,经过修饰后准确地插入并取代 *orf Ⅱ* 基因。重组的病毒在植株中通过复制后能够保持插入基因的稳定性,而且在 Western 印迹检测中证明了 DHFR 蛋白质的表达。通过测量氨甲蝶呤与进入植物总 DNA 的 ^{32}P 磷酸盐的标记结合的不敏感性也表明,DHFR 蛋白质的活性存在,即插入的取代 *orf Ⅱ* 的外来基因在植物中能稳定地复制和表达。但判断 CaMV 感染的唯一办法就是靠

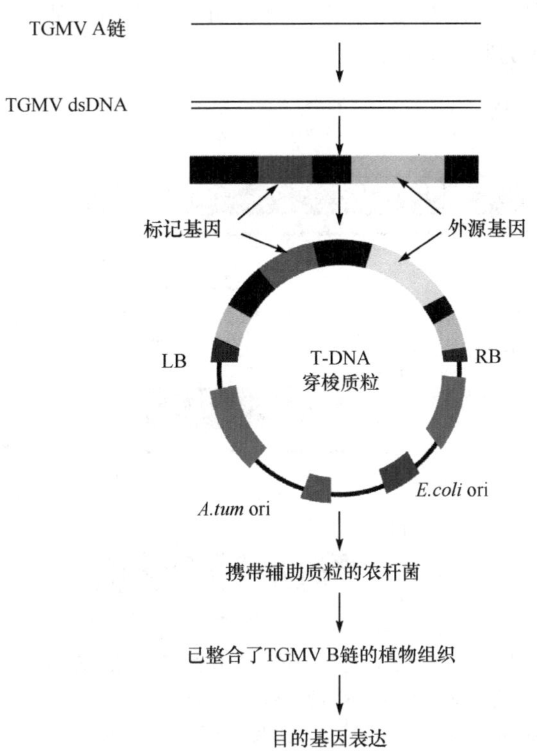

图 27-2　TGMV 载体植物转化示意图

常有限,寄主范围主要是芸薹属植物。而且感染后会使寄主植物患病,降低产量和品质,限制了 CaMV 作为载体的应用。此外,带有外源基因的 CaMV 重组 DNA 不能感染整个植株,必须通过原生质体予以克服,但通过原生质体再生植株对有些作物是非常困难的。因此,要把 CaMV 用作改良农作物的基因载体系统还有一段距离。目前还没有发现可以整合到寄主染色体上的植物病毒 DNA,外源基因的稳定遗传和表达是病毒载体应用的一个问题。

1.2.2　植物病毒诱导的基因沉默(VIGS)载体

病毒诱导的基因沉默(virus induced gene silencing,VIGS)是指携带目标基因片段的病毒侵染植物后,可诱导植物内源基因沉默、引起表型变化,进而根据表型变异研究目标基因的功能。病毒诱导的基因沉默是天然存在的一种抵御外源核酸入侵的防御系统,保护植物免受病毒的侵染。如果在病毒载体中插入目标基因片段,侵染寄主植物后,植物会表现出目标基因功能丧失或表达水平下降

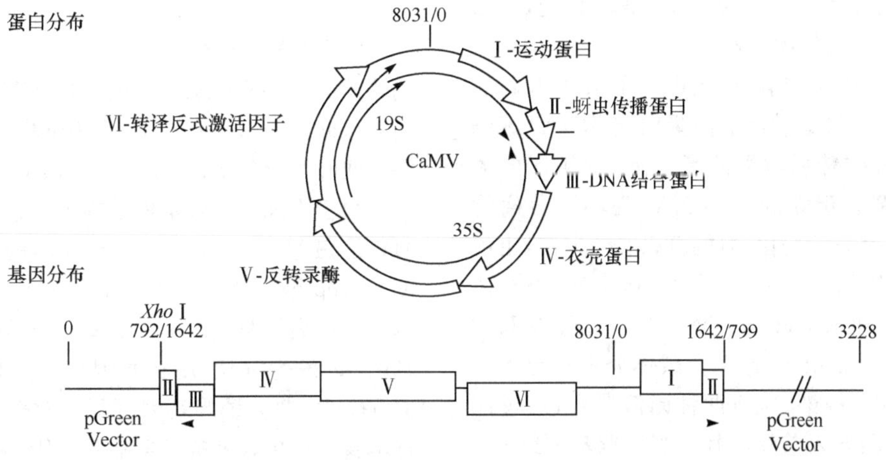

图 27-3　CaMV 载体示意图(Squires,2011)

"症状"的表现,因此,需要一个更好的选择标记使该载体的应用更易检测。

随后的研究中,将金属硫蛋白基因(*mtn*)、干扰素基因(*inf-α-D*)取代 *orf Ⅱ* 基因,都得到了成功表达。此外,对 CaMV 的 19S 和 35S 启动子的研究,特别是 35S 启动子结构与功能的分析及其必备序列的确定对转化的外来基因在植物细胞中的高效表达具有促进作用。35S 启动子具有高强度的表达能力,在大量的单子叶和双子叶植物叶片中都发现有高水平的转录体,并且能有效地控制转化植株的新性状的产生,得到普遍的使用。

但 CaMV 作为载体可容纳外源基因的能力非

的现象,从而可以确定基因功能。

病毒诱导的基因沉默具有简单、快速、高通量等优点,在研究过程中,不需要遗传转化、可在不同的遗传背景下生效及能在不同的物种间进行基因功能的快速比较,这些特点使 VIGS 的研究发展迅速,目前已有多种 VIGS 载体相继得到开发和应用。可被开发用于 VIGS 载体的病毒必须符合几个条件:①能系统性侵染植物寄主,并在植物内复制增殖,且最好能均匀积累于器官内各种组织。②决定侵染、复制、转移等必不可少的组分集中于较少的亚基因组内,否则操作过于繁琐,不适宜于大规模基因鉴定和功能分析研究。每个病毒的寄

主范围是有限的，因此每个 VIGS 载体都只适用于某些植物，从而需要更多 VIGS 载体的开发，以便更多种类重要植物能利用 VIGS 进行分析。根据用以构建载体的病毒性质，VIGS 载体主要分为 RNA 病毒载体、DNA 病毒载体和卫星病毒载体等 3 类。

1) RNA VIGS 载体　用于构建 VIGS 载体的单链 RNA 病毒主要包括 TMV、TRV、烟草坏死病毒 A(tobacco necrosis virus A，TNVA)、番茄丛矮病毒(tomato bushy stunt virus，TBSV)、CMV、PPV 等 17 种，占了目前已有 VIGS 载体的绝大多数。

TMV 是最早被开发为 VIGS 的载体，1998 年，Ruiz 等利用 PVX 也成功诱导了八氢番茄红素脱氢酶基因的沉默，但 TMV 和 PVX 载体诱导的基因沉默系统，导致的病毒症状较重，基因沉默的效率不高，且不持久，而且对顶端分生组织无效。随后，Ratcliff 等(2001)开发了基于 TRV 的 VIGS 载体系统，具有病毒症状较轻、沉默效率高且持久、各种组织均可产生沉默等优点，因而被广泛应用于拟南芥、烟草、番茄、马铃薯、矮牵牛、棉花、罂粟和耧斗菜等多种植物。下面以 TRV 载体为例，介绍一下 VIGS 载体的作用原理。

TRV 全基因组包含两个组分，RNA1 编码病毒在植物中复制和运动所需的蛋白质，RNA2 编码病毒组装和介体传播所需的蛋白质。RNA1 的大小和基因是紧密保守的，而 RNA2 在不同分离物中，大小和基因有所变化，可能编码衣壳蛋白，也可能编码非结构性的 2b 和 2c 蛋白。构建 VIGS 载体时，把 RNA1 和 RNA2 的 cDNA 分别克隆在双元表达载体上(图 27-4)。这两个载体分别被导入不同的农杆菌中，侵染时，将两种菌液混合，通过注射、摩擦等手段导入植物叶片。当病毒基因组 cDNA 导入植物并表达后，病毒被激活，随即诱发 RNA 介导的防卫机制，不仅对病毒产生抑制，同时抑制与插入片段同源的植物内源基因的表达，被侵染的寄主植物表现出目标基因功能丧失或表达水平下降的表型。改良的 TRV 诱导体系(PYL156、PYL279、TRV22b 和 TRVLIC 等)对于内源基因的沉默更加有效，不同的 TRV 载体系统在适用植物范围和可沉默植物组织方面有显著区别，因此在利用 TRV 系统进行基因功能研究时，要谨慎选择。

除 TMV、PVX 和 TRV 外，BSMV 是最早成功应用于单子叶植物(大麦和小麦)的 VIGS 载体。Holzberg 等(2002)利用 BSMV 构建了基因沉默载体，可用于单子叶植物功能基因的研究。BPMV、CMV、ALSV 等一系列 VIGS 载体的陆续开发和应用强烈说明 VIGS 作为植物功能基因组学研究工具的巨大潜力。

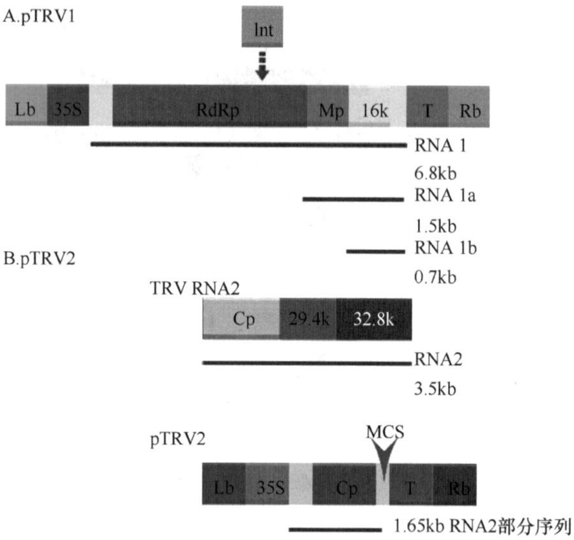

图 27-4　TRV 及其 VIGS 载体的 T-DNA 区结构

A. 野生型 TRV RNA1 的结构及 pTRV1 中的 cDNA 克隆；B. 野生型 TRV RNA2 的结构及 pTRV2 中的 TRV RNA2 的 cDNA 克隆(其中 Lb、Rb 为 T-DNA 的左、右边界 DNA 序列，35S 为启动子序列，RdRp 指依赖于 RNA 的 RNA 聚合酶，MCS 为多克隆位点)

2) DNA VIGS 载体　已被开发用于 VIGS 载体构建的 DNA 病毒种包括 TGMV、大白菜曲叶病毒(cabbage leaf curl virus，CbLCV)、ACMV 和番茄曲叶病毒(tomato leaf curl virus，ToLCV)等。

由于 DNA 病毒体积结构大限制其移动，TGMV 是最早用于开发 VIGS 载体的 DNA 病毒，Kjemtrup 等(1998)在本氏烟上利用 TGMV 载体诱导了镁离子螯合酶的关键基因 *su* 和转荧光蛋白基因 *luc* 发生沉默，使转基因植株不再发出荧光。但 TGMV 载体诱导基因沉默的效率较低，并且病毒本身会产生较强的病毒症状。Peele 等(2001)报道了以 TGMV 的 DNA-B 为载体的 VIGS 体系，其转基因沉默效率和持久性都有所提高，而且转基因植株产生病毒的症状也有所减轻。

对于 DNA 病毒诱导的基因沉默，其机制尚不明确，推测在双生病毒基因组共同区中具有双向转录的启动子，双向转录产生的正向和反向的转录物可能因为相互重叠而形成 dsRNA，从而启动基因沉默；另一种可能为病毒基因组中早期转录基因产物使植物 cDNA 片段转录成异常的 mRNA，在植物内源 RdRp(依赖于 RNA 的 RNA 聚合酶)作用下形成 dsRNA，dsRNA 被 Dicer 酶降解成 siRNA，siRNA 能够与 RNAase 结合形成能够特异地攻击同源 mRNA 的 RNA 诱导沉默复合体(RNA induced silencing complex，RISC)，最终导致基因沉默；双生病毒转录产物复杂的二级结构成为 Dicer 作用的靶标可能是另外一种机制。

除 TGMV 载体外，应用比较广泛的 DNA 病毒源的 VIGS 载体为 CbLCV 载体。2002 年，Turnage 等构建了 CbLCV-A 和 CbLCV-B 的 VIGS 载体，利用该载体侵染拟南芥，表明 CbLCV 可同时携带并沉默多个基因，但 CbLCV-B 应用的范围比较窄。CbLCV 经改造后，在烟草中成功表达了 amiRNA，为研究植物内源 miRNA 的功能奠定了基础。

3）*卫星病毒载体*　继 RNA 病毒和 DNA 病毒作为载体的 VIGS 体系之后，Gossele 等（2002）又发展了一种基于卫星病毒的 VIGS 体系，他们对伴随 TMV U2 的卫星病毒（STMV）基因组进行了改造，使其具有插入外源片段的能力，通过在烟草上对 *pds* 等 13 个植物内源基因的测试表明，STMV 载体能够有效地抑制这些基因的表达并呈现明显的表型突变。

目前已报道的卫星病毒 VIGS 载体有由 RNA 病毒 TMV 的卫星病毒构建成的 SVISS 系统、由 DNA 病毒中国番茄黄化曲叶病毒（tomato yellow leaf curl China virus，TYLCCNV）的伴随卫星分子 DNAβ 构建成的 DNAmβ 载体系统及烟草曲茎病毒（tobacco curly shoot virus，TbCSV）β-satellite（DNA2）和 α-satellite（DNA1）系统。

TYLCCNV 和 TbCSV 构建的 VIGS 载体，既可以抑制转基因 GFP 的表达，也可以抑制植物内源基因 *su* 的表达，并且可以同时在烟草、番茄和矮牵牛等多种作物上高效诱导基因沉默。对 TYLCCNV 的 DNAβ 上的 *βC1* 基因突变研究表明，虽然 *βC1* 对于致病是必需的，但对于 DNAβ 的复制却并非必需。因此将 *βC1* 进行了缺失并引入多克隆位点（multiple cloning site，MCS），改造的 DNA 卫星沉默载体本身在植物中并不产生任何症状，因此在最大程度上减少了对 VIGS 沉默表型的干扰效应。

卫星 DNA 并不含有双向转录的启动子，因此在卫星 DNA 载体诱导的基因沉默中，可能不存在正反向 RNA 转录物的相互重叠而产生 dsRNA 的途径，可能是由病毒基因组转录产生异常的 mRNA，然后通过植物内源的 RdRp 合成 dsRNA 从而诱导植物发生基因沉默。

虽然已有多种病毒载体在 VIGS 上成功应用，但每种病毒载体的寄主范围有限，而且沉默效果也不同。因此，在应用该技术时，所选择的病毒载体应对实验植物有很好的侵染性、不产生疾病表型，最好能在寄主植物中产生系统的沉默效果。

2　植物病毒载体的构建

利用植物病毒构建表达载体，可以采用 4 种方法，即基因替代置换、基因插入、融合抗原及基因互补等（图 27-5）。

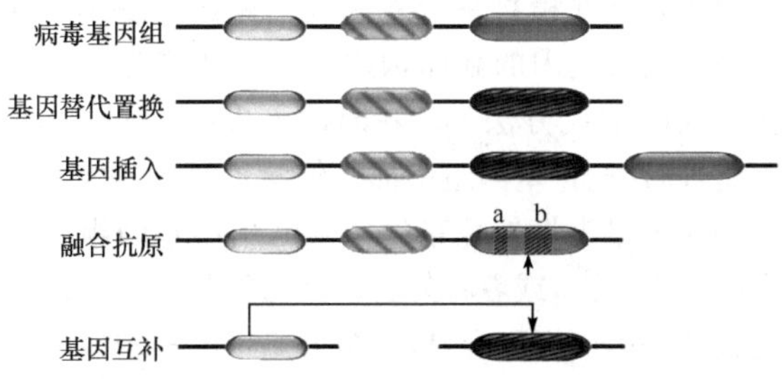

图 27-5　植物病毒表达载体构建策略

a. 外源序列插入外壳蛋白基因中；b. 外源基因在外壳蛋白基因 3′端终止密码子↑处通读

2.1　基因替代置换

基因替代置换（gene replacement）策略是将外源基因置换病毒基因组中的非必须基因。在载体构建时，将外源基因插入到病毒基因组中，会使基因组扩大，往往会对病毒产生不利的影响，为了降低外源基因插入可能造成的负面影响，对利用外源基因替代病毒基因构建病毒载体进行了研究。

利用该策略构建病毒载体时，首先需要考虑的是病毒编码基因功能的主次关系。被取代的基因多是在病毒增殖、移动、组装等生命过程中非必需的。病毒表达载体的增殖及其在植株中的移动是其重要特征，凡涉及复制与移动的基因不能被取代。Gronenborn 等（1981）最先对 CaMV 作为外源 DNA 的表达载体进行了研究，1984 年，Brisson 等用来源于大肠杆菌的二氢叶酸还原酶基因替换了 CaMV 的与蚜虫传播有关的运输蛋白基因Ⅱ，没有影响 CaMV 对宿主植株的感染效率。继后 TGMV、CMV、ACMV、TBSV、BMV、TMV、和 TRV 等也被用于构建置换载体，并成功地进行了外源基因的表达。

替代置换型载体一般用于转染原生质体进行瞬时表达，用于验证构建载体的可行性。构建此类载体用于原生质体转染时，通常不需要考虑病毒的组装，所以可以携带较大的外源基因。但如果在植株系统表达外源基因时就必须考虑病毒的组装。此外，这类载体仅能插入较小的外源基因，且易发生重组而丢失外源基因，从而限制了替代置换型载体的应用。

2.2 基因插入

病毒的所有基因对病毒的整体适应性和感染性都有贡献,因此,基因替换型策略表达外源基因可能会阻碍病毒自身的必需或有益基因的表达,为避免基因删除方法带来的负效应,及克服基因替代置换型载体在植物系统外源基因表达的缺陷。保留完整病毒基因的载体构建策略发展成为表达外源基因的替代方法——基因插入(gene insertion)策略,即在病毒基因组中插入外源基因。这类载体的构建策略为将外源基因插入到病毒基因组不重要的非编码区,或者将外源基因与复制酶基因以外的其他基因同框融合,以避免对病毒的复制或转移造成不利影响。

DNA包装的大小受到病毒形状的限制,球状及二十面体等轴对称病毒由于包装的DNA不能过大,决定了不能插入较大的外源基因。而杆状和丝状植物病毒则受包装限制较小,如TMV、PVY、西葫芦黄化花叶病毒(zucchini yellow mosaic virus,ZYMV)及三叶草黄脉病毒(clover yellow vein virus,ClYVV)等,基因插入策略对于杆状病毒等包装限制不十分严格的病毒更为适用。

外源基因插入的位点通常选择病毒的*cp*基因启动位点之后,如BMV、PVX、TMV、CPMV和TBSV等。Knapp等(2001)利用TMV U1株构建插入型载体时,采用了多种与其同源性较近病毒株CP亚基因组启动子启动绿色荧光蛋白(green fluorescence protein,GFP)的表达,发现温和型烟草绿色花叶病毒U5株的亚基因组启动子比较稳定,其他的调控序列由于和TMV CP亚基因组启动子同源性较高,容易通过重组而丢失外源基因。PVX载体多用作探针研究植物和植物病原基因的功能和结构,一级病原与宿主之间的相互作用;TMV和CPMV载体主要用于展示医药用的外源小肽。

2.3 融合抗原

融合抗原(epitope presentation)策略利用了植物病毒的CP能够与外源蛋白多肽形成融合蛋白的特点。通过在*cp*基因中选择性的插入外源基因,在不影响病毒的组装、侵染和复制的前提下,使目的肽链正好呈现在病毒粒体的表面。此时,病毒CP不仅作为一种载体,起着稳定外源小肽的作用,还能形成嵌合型病毒粒子,增强外源小肽的免疫原性。该策略避免了病毒基因组中重复使用的启动子所带来的RNA重组问题。根据对病毒三维结构和血清学数据的分析,插入位点的选择要使表达的外源多肽展示于病毒粒子表面而对病毒粒子包装的影响降到最低。对于非抗原药物蛋白,则可以预先插入蛋白酶切位点,表达后从植物中分离出重组病毒,用蛋白酶消化后,再获得所需的蛋白质。此外,植物病毒粒子的特殊的物理化学性质使得病毒的纯化非常方便,不同形态的病毒(二十面体,棒状,杆状等)都可以成功地将外源多肽与*cp*融合展示在病毒粒子表面,因此融合抗原策略深受欢迎。

利用融合抗原策略构建载体表达系统主要有以下两种方法:①在不干扰病毒复制和粒体组装的前提下,把外源蛋白多肽融合在*cp*某一特定位点处。这种方法需要对病毒基因组及其*cp*结构有充分的了解,以确保选择插入的位点不影响病毒侵染特性。如豇豆花叶病毒CPMV和PPV等。②在*cp*基因与外源基因之间加入一个通读序列(context sequence,CS),通过对CP弱终止密码子的通读,产生两种蛋白质:正常的CP蛋白及CP和外源蛋白形成的融合蛋白。天然的CP执行病毒必要的包装等功能,同时也可获得需要的融合抗原蛋白。如在*cp*基因3c端插入病毒的复制酶通读序列构建的TMV载体,利用口蹄疫病毒(foot and mouth disease virus,FMDV)有通读功能的2A肽序列构建的PVX载体等。利用融合抗原载体系统,借助TMV、PVX、TBSV、PPV和CPMV等,已经生产了很多具有免疫源的抗原,如FMDV、艾滋病毒1(HIV-1)和犬细小病毒(CPV)等。

2.4 基因互补

基因互补(gene complementation)策略是将外源基因插入缺陷型病毒或用外源基因置换病毒的某个基因构建而成。在载体构建时,需要采用辅助系统,即把外源基因先插入到有缺陷的病毒组分或亚病毒组分中,再依靠载体以外的病毒基因、共转染的辅助病毒或病毒成分来恢复缺陷的功能。

利用基因互补策略构建载体有以下几种方法:①由转基因植株反式提供失活基因产物,即在构建表达载体时,需要预先把欲取代的病毒基因利用农杆菌整合进植物染色体基因组,病毒表达载体侵染转基因植物后,在植物的帮助下,可以表达外源基因。这种方法已经在一些病毒中应用,如苜蓿花叶病毒(alfalfa mosaic virus,AMV),CaMV和TMV等;②将构建的植物病毒载体与辅助病毒一起接种,由辅助病毒供失活基因产物。如用竹子花叶病毒(bamboo mosaic virus,BaMV)卫星RNA作载体表达CAT蛋白,当重组卫星RNA与BaMV共侵染时,CAT可大量表达。缺损干扰病毒的RNA(DI-RNA)也可用作构建基因表达载体。在兰环斑病毒(cymbidium ringspot virus,CyRSV)DI-3 RNA

中插入外源病毒的 *cp* 基因后，在辅助成分作用下有表达，但其生活力和稳定性受 DI-RNA 的组成及插入位点的影响。此外也有利用卫星与辅助病毒一起构建互补型载体的报道。

研究者们最初认为反式提供失活基因表达产物时，可以限制载体病毒的扩散，应该比较安全。但后来发现通过辅助病毒反式提供失活基因产物构建的互补载体很不稳定，即使用同源性较小的相关病毒调控序列进行改造，依然容易发生重组。而通过转基因植株反式提供失活基因表达产物时，载体核酸与转基因之间也存在高频率的重组，因此也不稳定。考虑到重组主要发生在病毒基因组的非编码区，因而采用转基因反式互补时，尽量避免转基因携带过多的非编码序列，可能会降低重组发生的频率。

随着载体构建策略的不断完善，越来越多种类的病毒将被用于构建不同类型的载体，从而表达不同目的的外源基因。同时更多的医用蛋白或疫苗将在植物中得以表达，植物将有望成为生产各种不同用途的外源蛋白的大型生物反应器。

3 病毒载体的应用及评价

病毒载体具有简单、快速、高效的特点，使其在基础理论研究及实际生产实践中都具有不可比拟的优点。在基础理论研究上，可以通过表型变化、生物学鉴定分析基因的功能，还可用植物病毒载体研究宿主基因的表达调控和编码蛋白的功能及病毒基因组的分子间或分子内重组，了解病毒基因组的重组位点和重组机制等。此外，植物病毒载体也可用于病毒基因与转基因间的重组、病毒的运动包壳和传播及基因沉默(gene silence)机制、鉴定基因沉默的病毒抑制子及通过基因沉默分析植物基因组之功能的研究。与理论研究相比，植物病毒载体在开发生产领域中有更大的应用价值，很多研究人员都试图用构建植物病毒载体来解决医药等有用蛋白质的生产规模和成本问题。植物病毒载体表达疫苗或活性多肽比细菌、酵母等表达系统具有更好的抗原性和免疫原性，也比动物或动物细胞制备的疫苗更具安全性。

3.1 植物病毒载体表达系统在植物基因工程中的应用

3.1.1 抗原展示系统

融合抗原策略问世以来，抗原展示系统为利用植物进行疫苗的外源表达提供了新的途径。但由于受到病毒基因组及外壳蛋白结构的限制，目前应用较多的是利用 TMV、PVX、TBSV、PPV 和 CPMV 等建立抗原展示系统，其中 TMV 和 CPMV 系统最具有代表性。

Takamatsu 等(1990)利用 TMV 载体表达脑啡肽病毒进行了尝试，将亮氨酸(Leu)-脑啡肽(Enk)编码序列插入 TMV 的 CP 终止密码子的上游，但病毒核酸在植物细胞间不能移动，也不能形成病毒粒体。Hamamoto 等(1993)将一个 6bp 的通读序列与外源的血管紧张素Ⅰ转化酶抑制剂(ACEⅠ)编码序列共同插入 CP 末端，使 CP 终止密码子(UAG)的通读，可以使病毒正常组装并表达天然 CP。迄今为止，利用 TMV 系统已成功表达了感病毒血凝素(hemagglutinin)、艾滋病毒抗原蛋白(HIV-Igp120)、疟疾抗原蛋白(malaria antigens)和口蹄疫病毒的抗原决定多肽，动物实验结果均表明重组 TMV 具有良好的免疫原性。进一步的研究发现，通过缺失 CP 羧端最后的四个氨基酸($C^{155}P^{156}A^{157}T^{158}$)，获得了能稳定表达 FMDV 的重组 TMVF25TAG，表明 CP 羧端缺失可以在不影响 TMV 复制和表达的基础上，用来表达更长的外源肽。

1993 年，Usha 等设计开发了口蹄疫病毒在 CPMV 表面表达，Porta 等(1994)将 FMDV19 肽的 *vp1* 基因、人鼻病毒 14 肽的 *vp1* 和 HIV 病毒 *gp41* 的 22 肽成功转入 CPMV，并获得了稳定表达。现已在 CPMV 粒子表面表达了犬细小病毒(CPV)抗原、慢性肺炎病菌(*Pseudomon asaeruginosa*)外层膜蛋白的 F 抗原、金黄色葡萄球菌 FnBP 蛋白的 D2 肽段、疟疾抗原、传染性肠胃炎病毒的小分子免疫蛋白(TGEV-SIP)和乙型肝炎病毒核心抗原(HBcAg)等，均能引起机体有效的保护性免疫反应。

此外，利用 AMV 表达狂犬病病毒糖蛋白、TBSV 表达人免疫缺陷病毒(HIV-1)V3 环、PVX/CMVCP 载体表达鸡新城疫病毒(newcastle disease virus，NDV)及利用 PVX 载体系统 pGR106 载体表达人类乳头瘤病毒 HPV-16L12，小鼠喂饲后均可在血清中检测到抗体的存在。由于植物病毒对人不产生侵染，利用植物病毒表达的疫苗可以通过口服来接种。

3.1.2 多肽表达系统

多肽表达系统是将外源基因导入病毒基因组，且在侵染细胞中主要以不融合方式表达重组蛋白。该表达系统可无需提取纯化蛋白，直接食用免疫。目前 TMV、PVX、PPV、TBSV 和 CPMV 等病毒均已成功利用多肽表达系统进行了外源基因表达，其中 TMV 和 PVX 系统应用最为广泛。

Kumagai 等(1993)利用 TMV 构建的多肽表达系统将 α-天花粉蛋白(具 Anti-HIV 活性)在本氏烟中重组，转基因烟草中 α-天花粉蛋白成功表达。并且 TMV 可合成糖基化蛋白，许多免疫性蛋白质也在 TMV 中获得了成功表达。包括口蹄疫病(FMDV)VP1 蛋白、肿瘤 SCFV 抗原决定簇、牛疱疹病毒(BHV)gD 蛋白及猪传染性腹泻病毒(PEDV)中和表位等。

PVX 载体被广泛应用到多肽表达系统上，现已成功地表达了许多蛋白质，如单链抗体(SCFV)、人类乳头状瘤病毒(HPV)E7 蛋白、乙肝病毒表面抗原(HBsAg)人乳铁蛋白 N 叶和肺结核抗原蛋白 ESAT-6 等。Smolenska 等(1998)在插入外源基因的同时在病毒基因组中引入口蹄疫病毒 2A 蛋白酶序列，使外源基因与 CP 的融合表达产物能被 2A 蛋白酶切割而释放。该系统可产生大量的外源蛋白-CP 融合蛋白，并组装成病毒粒子。人表皮生长因子(epidermal growth factor, EGF)也利用 PVX 系统在本氏烟中获得了表达，为工业生产 hEGF 提供了技术依据。

此外，利用 PPV、TBSV、CPMV 分别成功表达了兔出血热病毒(RHDV)VP60 结构蛋白、HIV-1 核壳蛋白 P24 和乙型肝炎病毒核心抗原(HBcAg)等。

3.1.3 表达荧光蛋白研究病毒侵染

植物病毒与寄主的相互作用涉及病毒侵染的整个过程，包括在寄主细胞中的复制和翻译、局部运输和长距离运动、寄主抗性的抑制。对于病毒侵染的大部分过程，病毒蛋白与某些特定的植物蛋白质的相互作用是关键的研究内容。病毒与寄主植物的互作一直是植物病毒学研究的热点问题。荧光蛋白的发现，为这一问题的解决提供了新的研究方法。

为了研究病毒在寄主体内运动的机制，把 GFP 与病毒编码的基因融合在一起，通过观察绿色荧光，即可有效地观察病毒侵染植物后的运动情况。Wolf(1989)把荧光标记的右旋糖苷和多肽注射入表达 TMV-MP 的转基因植物的叶肉细胞，发现能自由通过胞间连丝的最大分子的体积比原来扩大。Heinlein 等(1995)构建了 TMV 的 GFP-CP 融合蛋白，发现病毒在侵染期间运动蛋白和微管是相互作用的。将 GFP 与 MP 融合在一起，还可用来跟踪 MP 在亚细胞间的移动、监测 MP 分子与宿主蛋白质的关系及分离与之相互作用的成分等。

Hu(2002)开发了双分子荧光互补(bimolecular fluorescence complementation, BiFC)技术，可以检测蛋白质在体内是否能发生相互作用。根据荧光产生的位置、时间和强度还可以判断出互作发生的亚细胞定位、时间和强度。Citovsky 等(2006)通过 BiFC 检测 TYLCV 的互作，发现 TYLCV 在番茄叶毛细胞、番茄叶肉细胞及分离的本氏烟叶片细胞原生质体中均能观察到 YLCV CP 在核内聚集的重组荧光信号，表明 TYLCV CP 以同型二聚体形式定位于细胞核中。Krenz 等(2010)利用 BiFC 技术在本氏烟的表皮组织中对青麻花叶病毒(abutilon mosaic virus, AbMV)蛋白复制启动子(replication initiator protein, Rep)的同源低聚物和亚细胞定位进行分析，研究发现蛋白质复制启动子的低聚物积累在核原生质中。

利用荧光蛋白可以追踪植物病毒的侵染过程，可以检测病毒——植物寄主相互作用蛋白质及其亚细胞定位的，并且拓宽应用于病毒编码膜蛋白的拓扑学研究。更多的基于荧光蛋白而开发出来的技术，将会在高通量筛选与病毒相互作用的蛋白质、构建病原寄主编码蛋白质的相互作用网络、确定基因表达模式和研究病毒、寄主及其传播介体三者的多种蛋白质之间相互作用等方面开发和应用。通过研究病原与寄主的相互作用关系，明确病毒致病机制，获得新的病害控制技术，提高作物抗病能力，为防治植物疾病开辟新途径。

3.2 植物病毒诱导的基因沉默系统(VIGS)在植物功能基因组研究中的应用

3.2.1 植病互作

参与植物抗病途径的已知基因和新基因的鉴定及抗病相关基因的功能研究是 VIGS 常用领域之一。在植物抗病毒基因的研究中，最为典型的是利用 TRV 对 *n* 基因介导的对 TMV 抗性反应中重要信号基因的研究。关键调控基因 *NPR1*、*NPK1* 对 *n* 基因介导的抗性是必需的，本氏烟中 *BECLIN-1* 的沉默导致了 *n* 基因丧失了对 TMV 的抗性。

Burch-smith 等(2004)利用 VIGS 鉴定了 2A 型蛋白磷酸化酶(PP2A)催化亚基在植物抗病反应中的功能，在烟草中同源沉默番茄的 PP2AC 序列，转基因植株中防御相关基因上调表达，同时，在叶片和茎部造成局部细胞死亡、坏死，增加了抗病性，加速了抗病基因依赖信号的传递。

VIGS 技术广泛应用到番茄叶霉病抗性相关的寄主基因的鉴定中，研究表明 *ACIK1* 和 *NbCA1*

是 *Cf9/Avr9* 介导的植物抗性所必需的，而 *CIT-RX* 是 *Cf9/Avr9* 诱导过敏性反应的负调控因子。Hein 等(2005)用 VIGS 技术证明了 *RAR1*、*SGT1* 和 *HSP90* 基因在大麦抗白粉病基因 *Mla13* 介导的抗性途径中非常重要。此外，利用 VIGS 技术还鉴定了小麦抗叶锈的相关基因，阐明番茄的 *Pto* 基因介导的抗丁香假单胞杆菌(*P. syringae*)中的毒力因子 COR 的功能，明确了 SGLP(*S*-glycoprotein-like protein)在植物对细菌性青枯病菌抗性中的作用等。

植病互作中相互拮抗又相互依存的机制，使植物和病原菌互作的研究主要集中在植物的抗性基因和病原菌的无毒基因两个方面。随着高通量测序技术的开发，VIGS 体系为植物基因功能及高通量功能基因的筛选鉴定展提供了一个高效的技术平台。

3.2.2 非生物胁迫

胚胎晚期富集蛋白质(late embryogcncsis abundant，LEA)是参与生物体抵抗干旱胁迫的一类重要蛋白质，Senthi-Kumar 等(2006)利用 VIGS 技术，沉默了番茄 *lea4* 基因，表明 *lea4* 基因在番茄对于干旱逆境忍耐和过氧化物介导的氧化逆境忍耐过程有着重要的作用。于国红等(2012)利用 *rd29A* 基因启动子的 DRE 元件通过酵母单杂交技术从番茄幼苗 cDNA 文库中筛选得到的属于 EREBP 家族的一个转录因子基因 *SlDREB2*，利用 VIGS 技术表明 *SlDREB2* 基因具有耐旱性。

此外，利用 VIGS 技术证实了番茄中的谷氧还蛋白 SlGRX1 在番茄抗盐胁迫中的作用；辣椒中氧化还原酶 CaOXR1 在抗盐中的作用；烟草中 *NbPHB1* 和 *NbPHB2* 在活性氧介导的线粒体损伤和 NaHD20 在脱落酸介导的抗旱途径中的作用。

3.2.3 植物发育调节

VIGS 在植物发育调节研究中也起到了重要作用，特别是对一些致死相关基因的研究。Bouvier 等(2006)将转运蛋白 SAMT1 沉默，导致植株发育迟缓的症状，证明了甲基化相关酶 SAMT1 在植物发育中的作用。Kang 等(2008)利用 VIGS 系统分析了 *NbBPS1* 基因导致的烟草叶片畸形、坏死的原因。Hands 等(2011)研究发现 *PapsAG-1* 在罂粟花雄蕊和心皮形状形成中至关重要，而 *PapsAG-2* 则影响了隔片、胚珠和柱头的发育。*FCA* 和 *FY* 等开花相关基因，*AP*3 和 *DEFICIENS* 等花器官形成相关基因，*NbMADS4-1*、*NbMADS4-2*、*PhPHB1*、*PhPHB* 等花发育相关基因也都利用 VIGS 进行了研究。

3.2.4 细胞功能和细胞代谢

植物细胞中各种生物途径的基因功能、参与细胞程序性死亡或凋亡的基因功能分析及叶绿体和线粒体的生物合成等方面研究中 VIGS 技术也发挥了重要作用。利用 VIGS 技术，Stewart 等(2005)鉴定了辣椒素合成相关基因 *AT3*、*Com*、*pAmt* 和 *Kas*；Ahn 等(2006)研究了木质素合成相关基因 *AXS1* 在细胞壁形成中的功能。Lin(2007)等利用 VIGS 研究了拟南芥中细胞死亡相关的调节基因 *AtCDC5* 的功能，同时发现植物细胞死亡与衰老是不同的，并且 SA 在 *AtCDC5* 在调节细胞死亡中并不是必须的。此外，VIGS 还应用到胞质的生物合成、生物碱的合成、类萜化合物的合成、抗坏血酸合成、过氧化物酶体的形成、固醇合成中的关键基因、大豆类黄酮物质合成代谢相关基因功能的鉴定、花卉芳香物质的产生途径及各种生物膜的产生等一系列重要的细胞功能相关的研究中。

3.2.5 VIGS 技术应用研究中存在的问题

VIGS 作为在植物基因功能研究和高通量功能基因组研究中的一种高效的技术平台，具有诸多优越性，但在应用 VIGS 沉默试验结果时，常出现以下问题：①基因沉默后没有出现期望的表型，并不能说明基因没有参与该性状。有时 VIGS 不能完全抑制目标基因的表达，低水平的残留 mRNA 仍有可能支撑靶基因的功能，因此表现为目的基因表达抑制不完全。②植株靶基因沉默的系统性差，表现为在植株内不同部位、植株间、实验间沉默效果不同，使结果分析变得复杂化。此时，内在阳性对照的设置就尤为重要，利用可辨表型标记沉默区域。③病毒自身改变植物的表型。这是由于 VIGS 是在病原——寄主植物相互作用的基础上开发的，单独的病毒接种，也有可能影响植株的发育。

为了解决上述问题，在 VIGS 技术操作时，需要注意以下几点：①病毒载体的选择，应对目的植物有很好的侵染性，但不产生疾病表型，最好能在寄主植物中产生系统的沉默效果。②插入目的片段的长度及序列均影响 VIGS 沉默效率。如果目的基因属于基因家族，为保证目的基因沉默的特异性，应选择非保守区域；如果研究整个基因家族在植物体中的作用，则应该选择保守区域。③植物培育条件与沉默效果密切相关，因此利用人工气候室或生化培养箱可以较好地保持沉默的准确性和稳定性。④设立适合的对照，常用的阳性对照为 *pds* 基因沉默；利用空载体接种植物作为阴性对照可以排除病毒载体自身可能引起的表型干扰。

虽然VIGS技术目前还存在一定问题，但随着研究的深入，VIGS技术必将逐步得到完善。VIGS技术简单、快速、高通量的优点，使其必将成为基因鉴定和功能分析的有力工具，随着VIGS载体的进一步开发和改进，该技术将会在更多的物种中、更广泛的领域中得到应用。

复 习 题

名词解释

ssRNA植物病毒表达载体、dsDNA植物病毒表达载体、双生病毒、病毒诱导的基因沉默、基因替代置换、基因插入、融合抗原、基因互补

问题

(1) 简述植物病毒载体的构建策略。

(2) 简述植物病毒载体表达系统在植物基因工程中的应用。

(3) 简述植物病毒诱导的基因沉默系统(VIGS)在植物功能基因组研究中的应用。

(4) 分析VIGS技术应用研究中存在的问题。

部分近期参考文献

陈扬勋，张治国，路铁刚. 2012. 无筛选标记转基因作物的研究进展. 生物技术通报，12：1-7

郭倩倩，孙熙森，唐益雄，等. 2011. 新型筛选标记磷酸甘露糖异构酶基因在转基因植物中的应用. 中国农业科技导报，(6)：12-19

何海燕，周洁，李亚丽，等. 2012. 剔除转基因植物中选择标记的研究进展. 浙江农业学报，24(2)：355-359

黄昌军，钱亚娟，李正和，等. 2012. 病毒诱导的基因沉默及其在植物功能基因组研究中的应用. 中国科学：生命科学，42(1)：3-15

邝翡婷，袁定阳，李莉，等. 2012. 一种载体构建的新方法：重组融合 PCR 法. 基因组学与应用生物学，(6)：543-551

李虹章，朱丹华，黄英运，等. 2011. 含 *BADH* 和 *Bar* 基因的植物表达载体的构建. 中国农学通报，27(18)：218-222

李文凤，季静，五罡，等. 2010. 提高转基因植物标记基因安全性策略的研究进展. 中国农业科学，43(9)：1761-1770

毛萍. 2011. 耐低钾及安全标记转基因作物的改良. 北京：中国科学院研究生院博士学位论文

孙磊，张国军，闫爱玲，等. 2011. 木糖异构酶基因 *xylA* 的克隆及其表达载体的构建. 生物技术通报，(7)：167-171

孙艳，戴绍军，魏建华，等. 2012. 转基因植物标记基因安全性研究进展. 现代农业科技，3：17-20

王关林，方宏筠，朱延明，等. 2009. 植物基因工程. 北京：科学出版社

王涛，唐永严，刘良玉，等. 2012. 利用酵母磷酸甘露糖异构酶基因作为拟南芥遗传转化的筛选标记. 华中农业大学学报，(5)：541-546

杨宇，李江江，王项，等. 2011. 报告基因及其应用研究进展. 生命科学研究，15(3)：277-282

于国红，马雪峰. 2012. VIGS 介导的番茄转录因子 *SlDREB2* 基因的耐旱特征. 生物技术通报，12：93-100

Cermak T，Doyle E L，Christian M，et al. 2011. Efficient design and assembly of custom TALEN and other TAL effector-based constructs for DNA targeting. Nucleic Acids Res，39(12)：e82(1-11)

Cerovska N，Hoffmeisterova H，Moravec T，et al. 2012. Transient expression of human papillomavirus type 16 L2 epitope fused to N- and C-terminus of coat protein of potato virus X in plants. J Biosci，37(1)：125-133

Clemente M，Corigliano M G. 2012. Overview of plant-made vaccine antigens against *Malaria*. J Biomed Biotechnol，12：1-8

Cong L，Ran F A，Cox D，et al. 2013. Multiplex genome engineering using CRISPR/Cas systems. Science，339：819-823

Hands P，Vosnakis N，Betts D，et al. 2011. Alternate transcripts of a floral developmental regulator have both distinct and redundant functions in *Opium poppy*. Ann Bot，107：1557-1566

Hwang W Y，Fu Y，Reyon D，et al. 2013. Efficient genome editing in zebrafish using a CRISPR-Cas system. Nat Biotechnol，31：227-229

Jinek M，Chylinski K，Fonfara I，et al. 2012. A programmable dual-RNA-guided DNA endonuclease in adaptive bacterial immunity. Science，337：816-821

Kagale S，Uzuhashi S，Wigness M，et al. 2012. TMV-Gate vectors：Gateway compatible tobacco mosaic virus based expression vectors for functional analysis of proteins. Sci Rep，2：874-883

Karpova O，Nikitin N，Chirkov S，et al. 2012. Immunogenic compositions assembled from tobacco mosaic virus-generated spherical particle platforms and foreign antigens. J Gen Virol，93：400-407

Kumar P，Pandit S S，Baldwin I T，et al. 2012. Tobacco rattle virus vector：A rapid and transient means of silencing *Manduca sexta* genes by plant mediated RNA interference. PLoS One，7(2)：e31347

Li T，Liu B，Spalding M H，et al. 2012. High-efficiency TALEN-based gene editing produces disease-resistant rice. Nat Biotechnol，30：390-392

Liscombe D K，O' Connor S E. 2011. A virus-induced gene silencing approach to understanding alkaloid metabolism in *Catharanthus roseus*. Phytochemistry，72：1969-1977

Mali P，Yang L，Esvelt K M，et al. 2013. RNA-guided human genome engineering via *Cas9*. Science，339：823-826

Sempere R N，Gomez P，Truniger V，et al. 2011，Development of expression vectors based on pepino mosaic virus. Plant Methods，7：6-19

Squires J，Gillespie T，Schoelz J E，et al. 2011. Excision and episomal replication of cauliflower mosaic virus integrated into a plant genome. Plant Physiol，155：1908-1919

Tyulkina L G，Skurat E V，Frolova O Y，et al. 2011. New viral vector for superproduction of epitopes of vaccine proteins in plants. Acta Naturae，3(4)：73-82

Yau Y Y，Stewart C N. 2013. Less is more：strategies to remove marker genes from transgenic plants. BMC Biotechnol，13：36-58

第五篇

目的基因转化

研究表明，只有获得大量的转基因植株，才能从中挑选出理想的育种材料。目前植物转基因的成功率还很低，存在转化技术复杂、难以规模化操作、及与常规育种结合不紧密等问题，也是植物基因工程产业化的一个瓶颈。因此，如何提高转化率，实现转化工厂化操作是目前研究的重要课题。

目的基因转化首先要建立理想的受体植物感受态系统，其次是建立高效的基因转化系统。迄今，已创建了 Ti 质粒转化系统、Ri 质粒转化系统、病毒载体转化系统、直接导入法转化系统及种质介导转化系统等，其中最常用的是 Ti 质粒转化系统。近年来创建的植物质体（叶绿体）介导转化系统备受关注，有望大幅度提高转化率。本篇将对以上转化系统的原理与技术作详细的论述。

第 28 章

植物基因转化受体系统的建立

成功的基因转化首先依赖于良好的植物受体系统的建立。所谓植物基因转化受体系统，是指用于转化的外植体通过组织培养途径或其他非组织培养途径，能高效、稳定地再生无性系，并能接受外源 DNA 整合，对转化选择性抗生素敏感的再生系统。我国在植物组织培养方面已有几十年的研究历史，拥有丰富的经验和较高的技术水平，在国际上处领先地位。尽管迄今已有许多植物的组织培养获得成功，然而它们与基因转化受体系统的要求还有一定差距，本章将叙述作为合格的受体系统应具备的条件及建立方法。

1 植物基因转化受体系统的条件

1.1 高效稳定的再生能力

用于植物基因转化的外植体必须易于再生，有很高的再生频率，并且具有良好的稳定性和重复性。从理论上讲，植物的体细胞都具有再生完整植株的潜能，即具有全能性(totipotency)。但是在组织培养的实践中并不是所有的体细胞都能再生出完整植株。不同分化程度的细胞，其脱分化的能力不同。一个细胞脱分化的能力，取决于它在原来已经达到的细胞分化程度和生理状态。全能性只是一种可能性，要实现这种可能性必须满足两个条件：一是把具有较强全能性的细胞从植物组织抑制性影响下解脱出来，使其处于独立发育的离体条件下；二是赋予细胞一定刺激，即营养物质、激素等调控物质。一个已分化的细胞要实现其全能性必须经历脱分化与再分化的过程。有些细胞发挥全能性的培养条件易于掌握，而另一些细胞不易掌握，或由于培养技术不成熟，或由于深度的分化而难以逆转，结果不能在离体条件下表现其全能性。因此，只有具备成熟的组织培养条件，保证经外源基因转化的细胞能继续分化成完整植株，才能作为基因转化的受体系统。

同时，由于植物基因转化率较低，再生频率有不同程度的降低，有的甚至不能再生。一般情况下只有 0.1%的转化率，而且由于在基因转化操作中的一些处理，如农杆菌的侵染，使用抗生素对转化体的筛选等会使转化外植体比非转化外植体的再生频率降低，甚至不能再生或只能分化形成芽，但难以形成正常植株。若建立的受体系统再生频率较低，如只有 10%，则实际的转化频率可能是 10%×0.1%=0.01%，即 10 000 个转化外植体中可能有 1 个获得转化成功。因此，基因转化受体系统必须具有高频的转化率及较强的再生能力，只有这样，转化的外植体才能进一步脱分化和再分化，包括愈伤组织的诱导、芽的分化和生根。贾士荣等报道，用于基因转化的受体系统应具有 80%～90%以上的再生频率，并且每块外植体上必须能再生出丛生芽，其芽数量越多越好，这样才能具有获得高频转化的可能性。若受体系统的外植体的芽再生频率是 100%，每块外植体产生 10 个不定芽(一块外植体至少有 10 个细胞被再生)，则其获得的可能转化率是 10×100%×0.1%=1%，即处理一万个转化外植体可能获得 1 个转化植株。显然受体系统的再生频率对外源基因的转化频率有着直接的影响。

此外，这种再生频率必须具有良好的稳定性和重复性，以便在大量的多次的转化实验中都能获得成功，并且从获得的较多的转基因植株中选育出预期的基因工程植株，同时也有利于其他研究者对此工作的重复实验，从而得以承认。

1.2 较高的遗传稳定性

植物基因转化是有目的地将外源基因导入植物并使之整合、表达和遗传，从而达到修饰原有植物遗传物质、改造不良的园艺性状的目的。这就要求植物受体系统接受外源 DNA 后能稳定地将外源基因遗传给后代，保持遗传的稳定性，并尽量减少变异。在组织培养的研究中已注意到体细胞无性系变异的普遍性，并且无性系的变异与组织培养的方法、再生途径及外植体的基因型等都有密切关系。因此，在建立基因转化受体系统时应充分考虑到这些因素，确保转基因植物的遗传稳定性。

1.3 具有稳定的外植体来源

要建立一个高产的组织培养再生系统并能应用于基因转化，还需要有稳定的外植体来源，也就是说外植体容易得到并且可以大量提供。因为基因转化的频率很低，需要多次反复地实验，所以就需要大量的外植体材料。转化的外植体一般采用无菌实生苗的子叶、胚轴、幼叶等，或采用可进行快速繁殖的材料。利用无菌实生苗的优点在于：①培育无菌实生苗无需复杂的培养基和繁殖操作过程，实生苗的数量取决于种子的效力；②接种前的无菌处理简便易行；③一些植物可由无菌幼苗形成愈伤组织和再生植株；④无需保持无菌苗无性系，只要有种子，随时都可以培育大量的无菌苗。采用快速繁殖的试管苗材料为外植体也有其优点：①快速繁殖材料已适应组织培养条件，有利于外植体在转化过程中的生长；②在取其任一部分为外植体时，无需经过复杂的消毒过程，可直接取用；③快速繁殖材料能保证稳定、大量的外植体来源，适应植物基因转化对外植体材料的要求。

1.4 对选择性抗生素敏感

选择、筛选转化的细胞和植株已有成熟的技术，即通过转化细胞或植株对抗生素产生抗性来选择纯化。在质粒构建时已经人为地嵌合抗生素的标记基因，使其成为筛选植株转化细胞的显性遗传标记，实现基因转化的细胞或植株能够对某些抗生素表现抗性的标志性状。转化的细胞在附加一定浓度抗生素的选择培养基上生长、发育、分化而获得的再生植株可判断为转化植株。抗生素抗性选择也是淘汰非转化细胞或植株的过程，因为非转化细胞无抗生素的标记基因不能产生抗性而不能在附加抗生素的培养基上生长。这类在基因转化中用于筛选转化体的抗生素称为选择性抗生素，其使用就要求植物受体材料对所选用的抗生素有一定的敏感性，即当添加在选择培养基中的该抗生素达到一定浓度时，能够抑制非转化植物细胞的生长、发育和分化；而转化的植物细胞由于携带该抗生素的抗性基因能正常生长、分裂和分化，最后获得完整的转化植株。但也要求该抗生素对受体植物没有严重的毒性，不会很快杀死植物细胞，否则转化细胞也难以生活。

基因转化中使用的另一类抗生素则属抑菌性抗生素。在共培养转化中的一个重要的环节是抑菌处理，即受体材料与农杆菌共培养一定时间后要抑制农杆菌生长，防止细菌过度生长而产生污染。为达此目的，常在培养基中添加对植物细胞无毒害作用或毒性较小的抑菌性抗生素。适当的抑菌性抗生素既能有效地抑制细菌生长，又不影响植物细胞的正常生长。曾有人以烟草为材料，测定了14种抗生素对原生质体植板率(细胞团数/植板原生质体数)的影响并确定了9种抗生素比较安全的浓度范围。结果表明，毒害作用最小的抗生素是β-内酰胺类，即氨苄青霉素(ampicillin)和羧苄青霉素(carbenicillin)。头孢霉素类抗生素可赋予广谱抗性，而且对植物细胞无明显毒性。利福平与三甲氧苄二氨嘧啶配合使用可获得类似的广谱抗性。

氨基葡萄糖苷类抗生素如新霉素(neomycin)和卡那霉素(kanamycin)则对植物细胞有明显毒性而不宜作为抑菌剂，但可用作选择性抗生素。目前所用的抑菌性抗生素，主要是羧苄青霉素和头孢霉素，也有人将几种抗生素合并使用，效果也很好。

1.5 对农杆菌侵染有敏感性

如果是利用农杆菌Ti或Ri质粒为载体介导的植物基因转化，则还需要植物受体材料对农杆菌敏感，也就是说该受体材料应是农杆菌的天然宿主，这样才能接受外源基因。农杆菌Ti或Ri质粒是植物基因转化的有效载体转化系统，但其具有宿主范围的局限性。单子叶植物和裸子植物对农杆菌的侵染不敏感。即使是双子叶植物对农杆菌的敏感程度也不一样，不同的植物，甚至是同一植物的不同组织细胞对农杆菌侵染的敏感性也有很大差异。因此，在选择农杆菌转化系统前必须测试受体系统对农杆菌侵染的敏感性，只有对农杆菌侵染敏感的植物材料才能作为其受体系统。

此外，建立一种植物基因转化的受体系统还应该注意到其是否具有经济价值或具有潜在的生产应用前景等。植物基因转化的受体系统可分为两大类型。

2 植物组织培养转化受体系统

20世纪70年代以来，对植物基因转化受体系统的研究已进行了大量的工作，先后建立了多种有效的受体系统，适应于不同转化方法的要求和不同的转化目的。这些受体系统类型也各有所长，下面分别作较为详细的介绍。

2.1 植物组织培养转化受体系统的种类及其特性

2.1.1 愈伤组织再生系统

愈伤组织再生系统是指外植体经脱分化培养

诱导愈伤组织，并通过分化培养获得再生植株的受体系统。它具有如下特点。

(1) 外植体细胞经历了脱分化和再分化两个过程，使已分化的细胞均回复到脱分化的分生细胞水平，具有易于接受外源基因的能力，因此转化率较高。

(2) 扩繁量大，可获得较多的转化植株，因为获得的转化愈伤组织通过继代扩繁培养，能够分化出更多的转化植株。

(3) 外植体试材广泛，多种组织、器官均可诱导愈伤组织，甚至分化程度较高的组织、器官也能诱导出愈伤组织。

(4) 该再生系统获得的再生植株无性系变异较大，转化的外源基因遗传稳定性较差。

(5) 嵌合体多，这是由于从外植体诱导的愈伤组织是由多细胞形成，从愈伤组织分化的不定芽也常是多细胞起源，因此获得的愈伤组织本身是嵌合体，分化的不定芽嵌合体比例更高，而且随着愈伤组织继代培养的延长，嵌合体比例增加。

(6) 该再生系统几乎适用于每一种通过离体培养途径能再生植株的植物。

2.1.2 直接分化再生系统

所谓直接分化再生系统是指外植体细胞越过脱分化产生愈伤组织阶段而直接分化出不定芽获得再生植株。用叶片、幼茎、子叶、胚轴等为外植体，直接分化的研究已有很多成功的例子，其特点如下。

(1) 获得再生植株的周期短，操作简单，因为外植体直接分化出再生植株，省略了愈伤组织诱导培养过程。

(2) 由于未经脱分化的细胞直接分化芽，体细胞无性系变异小，能较好地保持受体植物的遗传稳定性，转化的外源基因也能实现稳定地遗传，特别是由茎尖分生细胞建立的直接再生系统遗传稳定性更佳。

(3) 更适于无性繁殖的园艺植物，如果树、花卉及某些木本植物，但对茎尖培养困难的粮食作物有一定局限性。

(4) 外植体细胞直接分化芽比诱导愈伤组织困难得多，要使转化细胞直接分化成植株更为难上加难。因此其转化频率低于愈伤组织再生系统。

(5) 不定芽的再生常起源于多细胞，因此直接再生系统同样出现较多的嵌合体。

近年来利用茎尖分生组织直接再生系统进行基因转化的研究日益增多，并取得重要进展。茎尖分生组织直接分化的再生系统是理想的基因转化受体系统。

2.1.3 原生质体再生系统

原生质体是"裸露"的植物细胞，它同样具有全能性，能在适当的培养条件下诱导出再生植株。因此原生质体再生系统同样是理想的基因转化受体系统。20 世纪 70 年代初首次从烟草原生质体成功地培养出再生植株以来，至今已有 250 多种高等植物的原生质体培养获得成功，其中包括一些重要的禾谷类粮食作物，如水稻、小麦、玉米等，这为基因工程利用该受体系统打下基础，其具有以下特点。

(1) 原生质体被去除了细胞壁这一天然屏障，能够直接高效地摄取外源 DNA 或遗传物质，甚至细胞核。从而为高等植物在细胞水平和分子水平上进行遗传操作提供了理想的实验体系。现已明确，进入原生质体的外源 DNA 的命运如图 28-1 所示。外源 DNA 除了整合进细胞核并在细胞质中翻译外，也有可能被叶绿体或线粒体摄取而在这些细胞器中翻译。

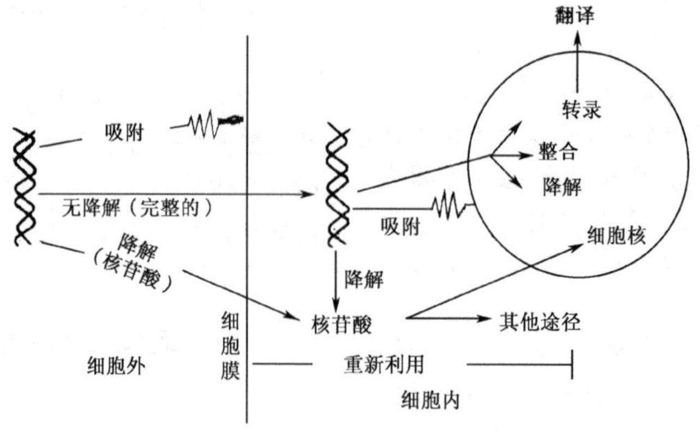

图 28-1 外源 DNA 导入植物细胞后的几种命运(Chaleff，1981)

(2) 通过原生质体培养可形成基因型一致的细胞克隆，由原生质体形成的愈伤组织明显不同于其他外植体诱导的嵌合性愈伤组织。因此从转化原生质体获得的转基因植株嵌合体少。

(3) 原生质体转化受体系统易于在相对均匀和稳定的同等控制条件下进行准确的转化。

(4) 该受体系统可适用于各种转化方法，也可以利用卵细胞的原生质体原理。

(5) 由于原生质体培养经历了许多复杂的生长、发育过程，如细胞壁的再生、愈伤组织的诱导及芽的分化等，因此细胞无性系的变异更为强烈，即遗传稳定性更差。

(6) 原生质体培养周期长、难度大、再生频率低，还有相当多的植物原生质体培养尚未过关，因此其局限性也较大。

2.1.4　胚状体再生系统

植物体细胞胚胎发生是指二倍体或单倍体细胞在未经性细胞融合的情况下，模拟有性合子胚胎发生的各个阶段而发育形成一个新的个体的形态发生过程。在自然情况下有些植物的珠心组织或助细胞也可自发产生体细胞胚。在组织培养离体状态下任何的体细胞及单倍体细胞都可以诱导胚胎发生。经体细胞胚胎发生而形成的在形态结构和功能上类似于有性胚的结构被称之为体细胞胚或胚状体。这些胚状体可以像有性胚那样在一定的条件下发育成完整的植株。该再生系统是最为理想的基因转化受体系统，其特点如下。

(1) 胚状体是由具有卵细胞特性的胚性细胞发育而来，这些胚性细胞具有很强的接受外源DNA的能力，是理想的基因转化感受态细胞，而且胚性细胞繁殖量大，同步性好。转化后的胚性细胞即可发育成转基因的胚状体及完整的植株。因此该受体系统的重要特点是转化率和转化效率都很高。

(2) 许多研究表明胚状体的发生多数是单细胞起源，因此转化获得的转基因植株嵌合体少。

(3) 胚状体具有两极性，即在发育过程中同时可分化出芽和根，形成完整植株，这样减少了不定芽发育途径中比较困难的一个环节——生根培养。

(4) 利用转基因的胚状体可以生产人工种子。

(5) 体细胞胚具有个体间遗传背景一致、无性系变异小、胚的结构完整、成苗快、数量大等许多优点，有利于转基因植株的生产和推广。

此外，胚状体的诱导和发育是植物细胞全能性的最可信的实验证明，也是研究体细胞胚胎发生及转化基因表达调控的最佳实验系统，因此在理论研究方面也是十分有意义的。

2.2　植物组织培养转化受体系统建立的程序

建立一个好的受体系统是实现基因转化的先决条件，关系到基因转化的成败。受体系统的建立主要依赖于植物组织培养技术，但正如前面所述，它与一般植物的组织培养相比要求更高。从受体系统建立的内容来看也比一般组织培养复杂，其包括外植体的选择制备、高频再生系统的建立、抗生素的敏感性试验及农杆菌的敏感性试验(以农杆菌介导转化的植物)等，下面分别叙述。

2.2.1　高频再生系统的建立

正如在受体系统中叙述的那样，所谓高频再生系统必须具有 4 个条件：①外植体的组织细胞具有再生愈伤组织和完整植株的能力，而且最好是外植体能直接分化芽；②芽的分化率达 90%以上；③易于离体培养，具有高度可重复性；④体细胞无性系变异小。为了建立这样一个高频的再生系统应进行以下研究工作。

1) 外植体的选择　外植体的选择是建立再生系统的第一环节。尽管目前认为植物体的任何组织和器官都可以作为建立再生系统的外植体，甚至作为植物基因转化的外植体，但是这些外植体的脱分化和再分化能力、细胞全能性潜在趋势及感受态程度等都有很大差别，即使是同一组织器官的不同部位也有明显差异。因此，不同种类的外植体对离体培养的反应是不同的，培养的效果也不同。外植体选择中应该遵循以下原则。

(1) 选择幼年型的外植体。任何植物的发育过程都要经过幼年型及成年型两个阶段，同一个植株有些组织器官是幼年型，有些是成年型，同一组织器官的不同部位也分别属于幼年型或成年型。幼年型和成年型的外植体在形态解剖结构及细胞生物学等方面均存在着很大差别。成年型的细胞在自然条件下不会返回到幼年型，在离体人工培养下也是十分困难的，有的甚至完全失去再生潜力。其机制可能是由于随着植物组织器官的发育，细胞的组织特异性更明显突出，细胞中失活的基因越来越多。

由此可见，在外植体取材时要以幼年型的组织器官为外植体。一棵植株的近根部区、茎尖区、生长点区的组织器官一般为幼年型。

(2) 选择增殖能力强的外植体。外植体必须具有良好的增殖能力，并且应在培养中继续筛选增殖能力最强的细胞系。胚是受精后发育而成的合子，胚细胞具有很强的分生能力。因此目前认为有性繁殖是一个复壮过程，并主要发生在减数分裂的前期，这时细胞质核糖体及质体大大减少，DNA复制活跃，又可称为脱分化(dedifferentiation)。这种通过有性过程所带来的完全复壮的胚细胞极容易培养成功，而且胚所产生的小植株均是幼年型。花粉管的二倍体细胞与复壮的性细胞十分接近，因为分生细胞的复壮发生在花形成之前或稍稍靠后，所以用减数分裂前的幼嫩花序和减数分裂后的珠心组织作为外植体是建立高频再生系统极其理想的材料。

(3) 选择萌动期的外植体。外植体的生理状态与其分生能力有着直接的关系，代谢活跃、休眠萌动的细胞具有更强的生长潜能，利于培养成功。离体培养条件下芽的休眠时间的研究结果表明，在离体培养条件下芽休眠期长短和萌动的时间与田间自然条件下十分相似，即离体培养下的芽同样也要经过休眠期。因此，取将要萌动的外植体作为试材显然是最适宜的。

(4) 选择具有强再生能力基因型的外植体。大量的组织培养实验证明，外植体的再生能力与其基因型有着直接的关系。在选择外植体时应对同一种植物的不同基因型的外植体进行再生能力筛选，从而选择再生能力强的基因型为外植体。但在筛选时要注意不能用一种培养基比较几种不同基因型的外植体再生能力，因为不同基因型的外植体的最佳培养基是不一样的。

(5) 选择遗传稳定性好的外植体。再生系统的遗传稳定性是基因转化的特殊要求，如果获得的转基因植株把原有的优良性状丢失了，则无生产价值。再生系统的遗传稳定性与再生方式、培养条件等均有关，这里讨论的是与外植体选择的关系。

由此可见，利用这些细胞作为外植体十分有利于无性系的遗传稳定性。顶端分生组织和形成层中的初生形成层细胞、胚细胞等是这些细胞的主要分布处。总体来看，关于外植体的选择以采用胚、幼穗、顶端分生组织、幼叶、幼茎等为宜。

2) 最佳培养基的确立　建立一个好的再生系统的另一个主要的工作是研制出一种最佳的培养基，首先要了解已有基本培养基类型及其特点。

(1) 基本培养基类型及其特点。迄今世界上已研制出许多基本培养基的配方，这些配方既有共性，又有特异性。根据培养基的成分、元素的浓度等特点可把它们分为以下四类：

第一类是富集元素平衡培养基。MS培养基是该类的典型代表，其特点是：①无机盐浓度高，元素间的比例较适合，缓冲性能好，某些元素略有损失不会影响离子平衡；②营养丰富，不需再加入水解蛋白等有机成分；③微量元素种类较全，浓度较高。MS培养基适合多种植物，因此是目前使用最广泛的培养基。与MS相类似的培养基或从MS改良后的培养基还有LS培养基、BL培养基、BM培养基及ER培养基等。

第二类是硝酸钾含量较高的培养基。这类培养基有B5培养基、N6培养基、SH培养基等。这类培养基的特点是：①硝酸钾的含量高；②铵态氮的含量低(高铵对有些植物有抑制作用)；③含有较高的盐酸硫胺素。

第三类是中等无机盐含量的培养基。这类培养基有H培养基、Nitsch培养基、Miller培养基和Blaydes培养基。其特点是：①大量元素无机盐约为MS的一半；②微量元素种类减少而含量增高；③维生素种类比MS多，如增加生物素、叶酸等。

第四类是低无机盐培养基。White培养基、WS培养基、HE培养基、改良Nitsch培养基及HB培养基等均属此类，其特点为：①无机盐含量很低，一般为MS的1/4左右；②有机成分含量也很低；③多数情况是用作生根培养基。

(2) 基本培养基的选择培养基的正确选择是科研获得成功的基础条件。做好如下几个方面的工作才能正确选择培养基。

背景调查：要确定一个试用培养基时，首先要对该供试植物分类地位、生理特性、繁殖、栽培条件及品种类型等有充分的了解，这些资料可作为确定培养基的依据之一。例如，有的植物易吸收硝态氮，而受铵态氮抑制，则培养基应选择硝态氮的类型。因此，应详细查阅前人对该植物的研究工作，并总结分析前人工作的成功和不足之处，从而在此基础上确定基本培养基类型。

选择原则：①同一物种的培养基有雷同性，即同一物种的不同亚种、品种间的基本培养基类型基本相同；②同一植物的不同组织器官的基本培养基类型基本相同；③植物组织培养时所需营养成分与田间栽培有相似性；④MS培养基是大多数植物的通用培养基；⑤无机盐的浓度是基本培养基类型的重要因素，应该作为培养基选择的重要参数；⑥有机成分主要是种类的变化，每种成分含量的变化不大；⑦蔗糖浓度不可忽视，应该在确定基本培养基类型后研究最适的蔗糖浓度；⑧提高磷酸根的水平可以抵消IAA对芽的抑制作用，促进芽的分化；⑨水解酪蛋白能加强激动素诱导分化作用，特别当有高水平的IAA时更为显著，酪氨酸可以相当有效地代替水解酪蛋白的作用。

激素的选择原则：①在植物中生长素主要影响茎和节间伸长、向性、顶端优势、叶片脱落和生根等。在组织培养中主要功能是促进细胞分裂、诱导愈伤组织和生根等,各种生长素的强度按以下排列而减弱:2,4-D、2,4,5-T(三氯苯氧乙酸)、NAA、NOA、IBA和IAA。其中IBA和NAA广泛用于生根,并能与细胞分裂素互作促进茎的增殖。2,4-D和2,4,5-T对愈伤组织诱导和生长非常有效;②细胞分裂素主要促进细胞分裂,改变顶端优势,促进芽的分化等。常用几种细胞分裂素的强度按以下排列减弱:ZT、BAP、6-BA、2-iP和KT;③细胞分裂素与生长素的比例是激素使用的关键,根据培养的目的进行调节,原则是生长素浓度明显高于细胞分裂素则促进细胞脱分化诱导愈伤组织,反之促进细胞分化;④细胞分裂素与生长素的种类对不同植物的敏感性不同,因此激素种类的选择应以植物种类而异。同一植物的不同组织在愈伤组织诱导和芽分化过程中对激素的要求不同,所要求的水平取决于其内源激素的水平;⑤有些植物不能或难以得到芽的分化,这可能是由于未满足其分化的条件,若破例使用一些不常用的激素或激素抑制物,如脱落酸、2,3,5-三碘苯甲酸(0.02mg/L)、7氮吲哚硝基苯酰溴(0.01~0.1mg/L)等,就有可能启动芽的分化。

2.2.2 抗生素敏感性试验

1)受体植物的敏感性试验 在植物基因转化过程中,在进行转化操作之前,对受体材料进行抗生素敏感性测定是十分必要的。在其培养转化中,一个很重要的环节是抑制农杆菌生长,防止细菌过度生长而产生污染。为此,常在培养基中添加对植物细胞无毒害作用的抑菌性抗生素,对这类抗生素的要求是:既能有效地抑制细菌的生长,又不影响植物的正常生长。

在转化操作后的筛选过程中,首先要根据侵染时采用的菌株所携带之抗生素抗性标记基因不同,而使用不同种类的抗生素,这类抗生素为选择性抗生素,用于初选转化体。一般认为能在附加一定种类、一定浓度的选择性抗生素的选择培养基中存活下来的细胞可初步断定为转化细胞,而不能存活生长的则为非转化细胞。这里对抗生素浓度的要求是:既能有效地抑制非转化细胞的生长,使之缓慢地死亡,又不影响转化细胞的正常生长。在转化试验中毒性较低的抗生素比毒性高的抗生素要好得多。因为一种抗生素,毒性太强,就能迅速杀死植物细胞,死细胞对邻近活细胞往往有很强的抑制作用,不利于转化细胞生长。而为了适当运用抗生素,就需对抗生素种类及对不同植物受体类型的适用浓度进行敏感性测定。目前一般采取的方法是,先设计出愈伤组织诱导或分化再生培养基,高压灭菌后加入不同种类不同浓度梯度的无菌抗生素。将未经转化的受体材料置于选择培养基上培养并观察该抗生素对其分化再生的影响,并以未附加抗生素的培养基接种同样的受体材料为对照。

2)农杆菌的敏感性试验及菌种的选择 农杆菌载体转化是目前最成功的转化系统,其缺点是宿主的局限性,即使是同一植物,不同菌株的敏感性也不同。因此选择受体植物敏感的菌株是成功转化的重要因素。一般在进行转化前首先需进行菌株的接瘤(或发根)试验,选择侵染敏感的农杆菌种类。

农杆菌敏感性试验的原理是利用野生型农杆菌能在外植体组织中形成肿瘤(或发根),根据肿瘤的诱导率、发生时间及生长状态可确定其敏感程度。其操作程序是把常用的菌株接种在固体琼脂平板或液体培养基中。用牙签挑取菌体,穿刺受体植物组织中。可在同一植株的不同部位叶片及其中脉、花、茎和幼茎的节间多次接种,比较其敏感性。一般来说幼嫩的节间较为敏感,很易诱发肿瘤。然后将植株放在阳光下几周后观察肿瘤或发根的诱发情况,则说明该植物材料可作为农杆菌的一个宿主,可用带有标记基因、报道基因或目的基因的农杆菌介导转化。

2.3 植物组织培养转化受体系统建立的常见问题

建立一个好的受体系统是实现基因转化的先决条件。然而在受体系统的研究中常常遇到许多问题影响进程,甚至失败,只有解决了这些问题才能建立一个理想的受体系统。

2.3.1 植物组织培养的污染问题

在植物植物组织培养的科学研究及快繁的产业化过程中,最主要的问题就是污染率过高,甚至是基因转化失败。对于转基因植株的快繁增加了生产成本,造成人力、物力和财力的很大损失,也是必须解决的重要问题。

1)污染物的分析及其生长特性

(1)大量的研究表明,常见的组培苗污染物主要是青霉菌、镰刀菌和黑曲霉及革兰氏阳性和阴性菌。这几种污染物即空气中常见的菌类,也是组培过程中常污染的菌类,这说明组培苗污染主要是因为外植体材料带菌,环境中灭菌不彻底和操作程序不严格所造成。在某些特殊环境下,还可能出现螨和蓟马污染。

(2)在组织培养的条件下,测定了污染菌类的生长曲线。从真菌和细菌的生长曲线中可以看出，都经历了一个快速生长的丰值中期阶段，因此应及早对污染组培苗进行挽救可以大大提高接种成活率。

2）污染源的分析及其分布

（1）以叶、芽、嫩枝和硬枝作外植体，接种的污染率及其成活率都从高到低依次是硬枝、嫩枝、幼叶和芽。由此可见，外植体所带的污染菌类与成活率密切相关。

（2）对培养瓶各部位的菌类分布情况调查发现，培养瓶的瓶外壁、外纸和扎线处是操作过程中重要的污染源。因此，培养瓶灭菌后，应尽快运送到接种室。在接种过程中，尽量避免抖动封口膜，动作要轻、快。

3）灭菌剂及其使用技术

（1）灭菌剂，外植体的灭菌剂很多，使用中选择灭菌剂的几个原则：一是根据外植体带菌的特性选择灭菌剂；二是通过预备试验结果来确定；三是选择灭菌效果好，对外植体损伤最小及易于洗脱的灭菌剂；四是对操作者及环境影响最小的灭菌剂；五是常用的灭菌剂为乙醇、汞及抗生素。

（2）紫外线灭菌一直是组培生产中的传统灭菌方法，但其存在很多弊端。臭氧发生器灭菌弥补了紫外线灭菌的不足，无死角、无刺激、无残毒、易操作等，而且安全可靠，程序自控。臭氧发生器灭菌应用于组培生产中，将会促进组培生产的更快发展。

4）外植体内生菌测定　外植体内生菌的测定危害组培苗的内生菌主要是细菌，经试验发现内生细菌可以由导管进入外植体的内部。因此，外植体在进行冲洗时，不应浸泡的时间过长，并使用杀菌剂。

5）植物组培苗污染的防治措施

（1）获得优良外植体：外植体的接种成活率与外植体的采取地点、季节和外植体本身的特性密切相关。在温室中采取的外植体接种成活率高于大田中采取的外植体接种成活率；接种时，应尽量避开高温、多雨的季节，在春、秋季接种较合适。对于组培较难的植物种类，可以对外植体材料进行预处理，提高接种成活率。

（2）挽救污染组培苗的物理方法有挖除污染培养基、转移未污染外植体和切除污染外植体，其中切除污染外植体的方法效果最差。物理方法操作繁琐，只适用于少量试验材料的挽救。

（3）在培养基中加入防腐剂山梨酸和苯甲酸，对污染菌类有很强的抑制作用，两者相比山梨酸的作用效果更好，山梨酸对组培苗的生长状况影响小，并且山梨酸抑菌的持续时间长。抗生素是组培生产中防治污染的传统药剂，将抗生素和医用杀菌剂混合对组培污染起到了很好的抑制作用，这种混合物杀菌作用强，不存在污染菌类的反复性，对组培苗的分化生长基本无影响。

（4）滤纸桥瓶外生根法挽救污染组培苗简化了组培程序，把生根和炼苗两个程序合并起来。滤纸桥瓶外生根用于挽救污染组培苗，起到了很好的效果，这种方法适用于大量污染组培苗，操作简单，成本低。

总结所有的试验结果，归纳为防治污染标准操作程序三步防治法：第一步是无菌的操作条件，严格的操作规程，阻断污染源；第二步是选择最佳的外植体；第三步是勤检查，早发现及时抢救重要材料。

6）植物组织培养仪器设备防治菌类污染的方法

（1）无菌室三消毒：①定期紫外线消毒：每天工作前打开紫外线灯消毒 15 min，工作前切记一定要关闭紫外线灯，忘了关闭紫外线灯会造成对眼睛等其他黏膜的伤害；②设施杀菌：临用前 3h，用新洁尔灭(1/1000)抹地板、门窗等；③臭氧消毒：每次使用前打开臭氧发生器消毒 30min～1h。以上三种方法要根据实际需要正确采用。

无菌鉴定：用牛肉膏培养基，洗手后打开平皿盖，放置无菌间内 15min，然后盖好，放入 35℃恒温箱内，培养 24h，查看菌落个数，2 个菌落以内为合格。

（2）玻璃仪器四除菌：①洗净，用过或没有用过的玻璃仪器，都要先用自来水冲洗，然后浸泡洗衣粉液内，煮沸 30min，然后用自来水冲洗至玻璃上没有水珠为止；②干热消毒，将培养瓶(铝饭盒内)放置鼓风干燥箱内 160℃维持 2h，冷却后取出，放入恒温箱内(40℃)备用；③高压消毒，适用于橡胶类制品、金属器皿、玻璃器皿等；④滤菌器消毒，适用于那些不能用高压、高温消毒的试剂、溶液(培养液、血清等)。

2.3.2　试管苗的玻璃化现象

在植物基因转化受体系统建立中常遇到的一个问题是试管苗的玻璃化现象(vitrification)。转化后的转基因植株也会出现玻璃化现象而死亡，严重影响受体系统的建立。关于“玻璃化”现象已有一些研究工作，现将研究结果作一简要叙述。

1）试管苗玻璃化的症状及生理机制　早在 1981 年在菜蓟(*Cynara scolymus*)组织培养中报道了玻璃化现象。后来在香石竹、苹果、花椰菜、矮牵牛等几十种植物中均观察到。普遍的症状是试管苗植株矮小肿胀、半透明玻璃状，叶片呈浅绿色或黄绿色，叶片增厚而狭长，有时基部较宽，叶片皱缩或纵向卷曲，脆弱易破碎。叶表面缺少角质层和蜡质或蜡质发育不全。茎短、粗、扁平、节间很短或几乎没有节间。

从解剖学看叶片无功能性气孔，由于保卫细胞的功能失调不能关闭气孔，玻璃化的叶片不具有栅栏组织，只有海绵组织。在茎内虽然可见输导组织，但导管和管胞木质化不完全。由于玻璃化植株组织畸形，吸收与光合作用功能不全，因而一般不易再恢复成正常的试管苗，分化能力降低，难以继代扩繁，更难以移栽成活。

2）试管苗玻璃化的成因及解决办法　玻璃化的试管苗已在形态结构及生化特性上发生了很多变化。例如，叶肉的叶绿素含量、蛋白质含量及一些酶的活力、乙烯合成能力等都有较大变化。现在大多数实验结果表明，玻璃化苗的形成主要与培养瓶内的水分、营养、激素有关，有时改善某一方面条件可有所缓解，但已形成玻璃化的苗难以完全恢复。预防玻璃化的措施如下。

（1）降低激素水平可减轻玻璃化现象：在无激素条件下继代培养的香石竹，从未出现玻璃化苗，随着激素浓度增加玻璃化现象趋向严重。这说明它的形成多半是植物激素应用不当而使嫩的幼苗产生不完全的脱分化，因而使试管苗叶片形成不正常的气孔和保卫细胞。因此克服玻璃化苗的方法主要是调节激素的配比，避免试管幼苗的不正常脱分化。

（2）减少培养基的含水量：在这样的条件下可使新再生的芽和试管苗减轻或避免玻璃化的现象。

（3）纯化培养物：已出现玻璃化的试管苗并非整个植株出现变态，取出未变态的部位，转入适当的培养基内重新诱导芽的再生，新芽可能不会出现玻璃化现象。

（4）避免高温：许多现象表明高温是造成玻璃化的原因之一。例如，夏天的玻璃化苗发生率增高，冬天减少，特别是在温度高、湿度大的条件下玻璃化苗发生率很高，这时培养瓶壁上往往结满水滴，致使试管苗在这样不正常的条件下发生变态。

2.3.3　培养物的褐化

在培养初期，外植体的变褐常是诱导脱分化及再生芽的重大障碍。外植体变褐往往使培养难以进行下去，因此有必要对这一问题进行专门讨论。

1）褐变机制及其影响因子　由于组织中多酚氧化酶被激活，使细胞中的代谢发生变化，酚类物质被氧化后产生醌类物质。这类物质是棕褐色，它们会逐渐扩散到培养基中，抑制其他酶的活性，毒害整个外植体组织，这就是所谓的褐变。据报道，在栗子的组织培养中所产生的酚类物质有两种类型，一是浓缩型的，二是水解型的。影响外植体褐变的因子是复杂的，随植物的种类、基因型、外植体的部位及生理状态等的不同，褐变的程度也有所不同。

（1）基因型的影响：我们观察到在橡胶的花药培养中，海垦 2 号花药的褐变较少，因而愈伤组织诱导容易，而有些品系花药容易褐变，因而愈伤组织诱导困难。在组织培养中，有些品系难以成功，而有些则容易成功，其原因之一可能是酚类物质的含量及多酚氧化酶的活性上的差异。因此对培养中易褐变的物种，应注意对不同基因型的筛选，用褐变程度轻的品种进行培养。

（2）材料生理状态的影响：材料本身的生理状态不同，接种后褐变的程度也不同。例如，在欧洲栗的培养中，用幼年型的材料培养时含醌类物质少，而成年型材料培养时含醌类物质多。在枝条上取芽的时期及部位也是重要的因子。如 1 月取欧洲栗的芽培养则醌的形成少，而在 5～6 月份取芽培养则醌类物质发生严重。在第 1～4 个芽的生长期单宁类物质合成多，因此接种后褐变也严重。用油棕的胚培养较少褐变，因此较容易培养，而用高度分化的叶片接种后则容易褐变。总之，分生部位接种后形成醌类物质少，而分化的部分则形成醌类物质较多。

（3）培养基成分的影响：过高的无机盐浓度会引起棕榈科植物外植体酚的氧化。例如，油棕用 MS 无机盐培养基容易引起外植体的褐变，而用降低了无机盐浓度的改良 MS 培养基时则可减轻褐变，而且获得愈伤组织和胚状体。激素使用不当时，材料也容易褐变。细胞分裂素 BA 或 KIN 有刺激多酚氧化酶活性提高的作用，这一现象在甘蔗的组织培养中十分明显。而在对外植体最适宜的脱分化条件下，分生能力强的细胞大量增殖，酚类的氧化受到抑制；在芽旺盛增殖时，褐变也被抑制。培养条件不适宜，如温度过高或光照过强，均可使多酚氧化酶的活性提高，从而加速被培养的组织褐变。在咖啡组织培养中曾观察到这一现象。

（4）材料转移时间：培养时间过长也会引起材料的褐变，以致全部死亡。这在培养过程中是经常看到的。

2）褐化的解决措施

（1）外植体的取材：不同时期、不同树龄的外植体在培养中氧化褐变的程度不同，成年植株比实生幼苗氧化褐变的程度严重，夏季材料比冬季及早春和秋天的材料氧化褐变的程度强。而冬季的芽进入深休眠状态，不太容易生长，所以最好选用早春和秋天的材料作为外植体，比较容易成功。取材时还应注意外植体的基因型，选择褐化程度小的品种为外植体。

(2) 外植体的预处理：所取的外植体(子叶、胚及茎尖等)经流水冲洗后，先放置在 2～5℃的冰箱内低温处理 12～24h，消毒后先接种在只含有蔗糖的琼脂培养基中培养 5～7d，使组织中的酚类物质先部分渗入到培养基中。取出外植体再用 0.1% 漂白粉溶液浸泡 10min，再接种到合适的培养基中，如果仍有酚类物质渗出，3～5d 后再转移培养基 2～3 次，当外植体的切口愈合后，酚类物质减少或停止。这样就可以减少组织的氧化褐变，使外植体能正常地生长和分化。

(3) 培养基中加入抗氧化剂：如果用上述办法仍然无效，每次继代培养中都不能消除褐变，可在培养基中添加抗氧化剂。在每升培养基中分别添加 20% 硫代硫酸钠 5ml、活性炭 5g、二硫苏糖醇 0.4mg、间苯三酚 50mg、维生素 C 5mg，以及盐酸半胱氨酸、抗坏血酸、柠檬酸等(含量因植物而异)。许多实验证明，以添加硫代硫酸钠或二硫苏糖醇的效果较好，其他抗氧化剂也有效，基于二硫苏糖醇价格较贵，加硫代硫酸钠更合乎要求。

(4) 选择最佳培养基：不同状态的培养基对防止子叶、胚及芽的氧化褐变有明显作用，不同外植体接种到不同状态的培养基上，即固体培养基(每升 8g 琼脂)、液体培养基(用滤纸桥作支撑物)和半固体培养基(每升 5g 琼脂)，其结果不同；子叶和胚只有在半固体培养基上才能脱分化长出愈伤组织，芽的诱导也先在半固体培养基上才能形成，而在固体和液体培养基上都因氧化褐变而不易获得成功，可能是与半固体培养基处于低氧状态有关。暗培养也有利于防止褐化，这是因为酚类的氧化需要光的存在。培养基的成分对褐化也有影响，在棕榈的组织培养中观察到过高的无机盐浓度会引起酚类的氧化而使外植体褐化，而降低无机盐浓度时则减轻。细胞分裂素 BA 有刺激多酚氧化酶活性的提高作用，使褐化加剧。温度升高也可提高多酚氧化酶的活性而褐化。

(5) 多次连续转移培养：即在外植体接种后 1～2d立即转移到新鲜培养基中或同一瓶培养基中不同部位。这样可以减轻醌类物质对培养物的毒害作用。连续转移培养 5～6 次后可基本克服外植体的褐化问题。此办法比较经济简单易行，应是克服褐化的首选方法。

2.3.4 白化苗的产生

白化苗的产生也是组织培养中常见的现象，特别在禾谷类作物花药培养中普遍存在着白化苗多，绿苗极少的现象，因此控制白化苗的发生，增加绿苗频率，是禾谷类作物花药培养中一个亟待解决的问题。经研究表明在水稻中造成白化苗的原因主要是由于前质体不能正常发育成叶绿体，既不能形成基粒又缺乏核糖体而造成，改变培养基的基本成分也无助于该问题的解决。

已有许多实验表明，白化苗的形成受温度的影响，当温度由 26℃增加到 35℃时，水稻白化苗的数目也随之增加。陈正华在单倍体培养的研究中指出，许多实验中观察到单核期的花粉若在 10～13℃下冷处理 3～14d，所产生的植株中绿苗大大增加，可达 90%。可见白化苗的形成与叶绿体的发育有着密切关系，适当降低温度有利于叶绿体的发育。

3 植物非组织培养受体系统

植物组织培养再生体系是基因转化的很好受体系统，迄今大量的转基因植物是通过该系统获得，并且已经在生产实践中得到应用。但是其组织培养条件要求较高，仪器设备昂贵，转化率低，操作复杂及有些植物组织培养困难等许多问题制约基因工程的发展。近年来研究表明，植物的一些组织、器官及细胞同样具有基因转化的条件，细胞再生能力强，分裂旺盛，分化程度低，取材方便，甚至比组织培养再生体系有更多的优越性：简便易行，无需组织培养过程，并与常规育种更紧密结合，故称之为非组织培养受体系统。根据组织、器官及细胞的特性分为以下几种类型，鉴于在目的基因转化一篇中将详细论述，本章只简单提及。

3.1 植物生殖细胞受体系统

利用植物自身的生殖过程，以生殖细胞，如花粉粒、卵细胞为受体细胞进行基因转化的系统称之为生殖细胞受体系统，也称之为种质系统。目前主要从两个途径利用生殖细胞进行基因转化：一是利用组织培养技术进行小孢子和卵细胞的单倍体培养，诱导出胚性细胞或愈伤组织细胞，进一步分化发育成单倍体植株，从而建立单倍体的基因转化受体系统；二是直接利用花粉和卵细胞受精过程进行基因转化，如花粉管导入法、花粉粒浸泡法、子房微针注射法等，本章节主要叙述后者。由于该受体系统与上述其他受体系统相比有许多优点，因此近年来发展很快。其特点如下。

(1) 以具有全能性的生殖细胞直接为受体细胞,因此具有更强的接受外源 DNA 的潜能,一旦将外源基因导入这些细胞,犹如正常的受精过程,会收到"一劳永逸"的效果。

(2) 由于受体细胞是单倍体细胞,转化的基因无显隐性的影响,能使基因充分表达,有利于性状的选育,而且通过人工加倍后即可成为纯合的二倍体新品种,缩短了复杂的选育纯化过程。

(3) 利用植物自身的授粉过程操作方便、简单,将现代的分子育种与常规育种紧密结合,因此可能是十分有潜力的一种受体系统。

(4) 利用该受体系统进行转化受到季节的限制,只能在短暂的开花期内进行,无性繁殖的植物不宜采用。

3.2　植物种子受体系统

种子是新一代植物的原始体。胚是种子中唯一有生命的部分,也是最重要的组成部分。胚芽的细胞与卵细胞类似,具有旺盛的分裂能力和强大的再生能力,特别是取材方便。以萌发的种子为载体,只要想办法把外源基因导入种子的胚细胞中,即可发育为一个完整的植株,故植物种子是天然的受体系统。

3.3　植物茎尖分生细胞受体系统

茎尖(shoot apex)也称茎梢,是指茎的顶端分生组织及其周缘部分,有形成茎和侧生叶的营养茎尖和形成花序或花的生殖茎尖。茎的尖端部分和根尖一样,也可以根据其细胞生长发育程度的不同,自上而下划分为三个区域,即分生区、伸长区和成熟区。茎的伸长生长和内部的组织分化都是在茎尖进行的。分生区也叫生长锥,位于茎尖的最前端,是典型的顶端分生组织,包括最顶端的、没有分化的原分生组织和其下方稍有分化的初生分生组织。这些细胞的共同特点是可以不断地进行细胞的分裂,增加茎尖的细胞数目,促进细胞的分化,从而发育成完整的植株。由此可见,如果把外源基因导入茎尖生长点细胞,即可获得转基因植株,故植物茎尖分生组细胞同样是理想的基因转化受体系统。

3.4　植物质体受体系统

几十年来,核基因转化一直是植物基因工程的主要研究方向。然而,随着研究的深入进展,人们逐渐认识到核基因转化有其难以克服的弊端,例如,细胞核基因组大、背景复杂、导入的外源基因难以控制、外源基因表达效率低、后代不稳定、对于来自原核的基因必须加以修饰改造等,这些问题严重影响着核基因转化技术的实际应用。为了克服核基因转化存在的某些不足,1988 年,Boynton 等独辟蹊径,以莱茵衣藻为试材研究质体的基因转化。在高等植物的细胞中,细胞核、质体和线粒体都含有 DNA,它们构成了既相对独立又相互联系的三个遗传系统。质体(plastid)是存在于植物和藻类细胞中的一种细胞器,由前质体(proplastid)分化而来,包括叶绿体(chloroplast)、造粉体(amyloplast)及有色体(chromoplast)等类型。研究发现当外源基因在同源重组序列处的特异性整合可消除位置效应。与核转化相比,叶绿体的转化不会出现转基因沉默的现象,外源蛋白质的表达量更高;可同时进行多种外源基因表达,这类似于原核体系中的多顺反子结构;由于它具有母性遗传的特性,整合的目的基因不遵循孟德尔遗传规律,即在后代中不出现性状分离,故转基因可在子代中稳定地遗传和表达,可有效地避免外源 DNA 在田间扩散污染。为此,质体为载体介导基因转化是当今植物基因工程研究的热点和生长点。

复　习　题

名词解释

质体、全能性

问题

(1) 试述植物生殖系统基因转化的原理。

(2) 评述植物种子系统基因转化的问题。

(3) 评述植物质体系统基因转化的前景。

(4) 说明植物组织培养污染的原因。

(5) 臭氧消毒的机制是什么?

(6) 简述植物基因转化受体系统应具备的条件。

第 29 章

根癌农杆菌 Ti 质粒基因转化

经过 30 多年的研究已建立了多种基因转化系统，获得了一批有价值的基因工程植株。根癌农杆菌(*Agrobacterium tumefaciens*)Ti 质粒基因转化系统是目前研究最多、理论机制最清楚、技术方法最成熟的基因转化途径。第一批能表达外源基因的转基因植物是用根癌农杆菌介导转化获得的。迄今所获得的近 200 多种转基因植株中 80%以上是利用根癌农杆菌转化系统产生的。本章将对根癌农杆菌的转化机制、技术及其研究进展作较详细的论述。

1 根癌农杆菌的生物学特性

1.1 根癌农杆菌的形态结构、生活习性及寄主范围

土壤杆菌属(*Agrobacterium*)都是土壤习居菌，主要生活在曾被多种植物生长过的土壤中，好氧，但也能生长在低氧压的植物组织中，最适温度 25～30℃，pH 生长范围 4.3～12.0，最适 pH 6.0～9.0。农杆菌侵染时，细菌通过原有的病斑或伤口进入宿主组织，但细菌本身不进入宿主植物细胞，只是把 Ti 质粒的 DNA 片段导入植物细胞的基因组中。鉴定菌株时，必须重新通过组织刺伤接种试验来证实。农杆菌细胞呈杆状，0.8×(1.5～3.0)μm，以 1～4 根周生鞭毛进行运动。如果鞭毛仅为 1 根，则侧生比极生更为常见，常有纤毛，不形成芽孢，革兰氏染色呈阴性。在含碳水化合物培养基上生长的菌株常带有丰富的胞外多糖黏液。菌落无色素，随着菌龄的增加，光滑的菌落逐渐变成有条纹，但也有许多菌株生成的菌落呈粗糙型。

根癌农杆菌广泛存在于双子叶植物中，据不完全统计，约有 93 属 643 种双子叶植物对根癌农杆菌敏感。裸子植物对该菌同样具有敏感性，能诱发肿瘤。一般认为单子叶植物对农杆菌不具敏感性，但近年来有报道，农杆菌对单子叶植物也有侵染能力。

1.2 根癌农杆菌的分类及鉴定

农杆菌属，也称土壤杆菌属(*Agrobacterium*)和根瘤菌属(*Rhizobium*)是同属于根瘤菌科(Rhizobiacease)的革兰氏阴性菌。土壤杆菌属有 4 个种，即根癌农杆菌、放射形农杆菌、毛根(发根)农杆菌和悬钩子农杆菌。根癌农杆菌(*A. tumefaciens*)根据其诱导植物细胞产生的冠瘿碱种类不同可分为三种类型的根癌农杆菌，即章鱼碱型(octopine type)、胭脂碱型(nopaline type)和农杆碱型(agropine type)。用 Schroth 培养基很容易从土壤中分离到这些菌株。从正常的根瘤中分离得到的菌株易于鉴定，而其他来源的那些菌株或无侵染性的那些变种常与产碱菌属(*Alcaligenes*)的细菌相混淆。根瘤菌属与土壤杆菌属之间也有区别。土壤杆菌属常用的指示植物是木茼蒿(*Chrysanthemum frutescens* L.)和番茄(*Lycopersicon esculentum* Mill)。

1.3 根癌农杆菌的遗传宿主及内共生原理

农杆菌和宿主细胞之间的化学信号传递、遗传转化及相关的代谢活动在图 29-1 中作了描述。从图中可见：①损伤的植物细胞产生植物酚类作为农杆菌的侵染信号；②这些化学诱导物透过农杆菌的细胞膜，活化 *virA* 和 *virG* 基因，再诱导 Vir 区的其他基因；③*vir* 基因的活化，作用于 T-DNA 的加工及 T-DNA 的转移；④T-DNA 进入植物细胞后整合到核 DNA 上；⑤T-DNA 在植物细胞中表达产生冠瘿碱及植物激素；⑥农杆菌 Ti 质粒上有专一性的冠瘿碱分解酶基因(*ocs*)。该基因启动合成各种酶，分解植物细胞产生的冠瘿碱作为唯一的碳源和氮源；⑦冠瘿碱促进农杆菌的附着及激活 *tra* 基因有利于 Ti 质粒的接合转移，扩大侵染范围；⑧图中还指出农杆菌染色体基因 *chr* 对其附着侵染的作用。

综上所述，根癌农杆菌通过基因转化把 T-DNA 上的基因导入植物细胞并整合到核 DNA 上。这些外源基因在植物细胞中得到表达，致使植物细胞转化为肿瘤状态，并且大量合成冠瘿碱。这些冠瘿碱又是农杆菌的唯一碳源，有利于农杆菌的繁殖和 Ti 质粒的转移，进一步扩大侵染领域，故农杆菌为自己设计了一个十分巧妙的化学分子内共生体

系。这也是一个典型的存在于自然界的天然基因转化过程。

1.4 根癌农杆菌附着植物细胞的机制

根癌农杆菌附着于植物细胞是发生在侵染的最早阶段，而且是极其迅速的过程。随后，农杆菌便会产生出细微的纤丝而将自身束缚在植物细胞壁的表面，同时别的细菌也会被包陷在由这些细丝组成的网络之中，最终在植物细胞壁上出现细菌集结。必须指出的是，根癌农杆菌并不“侵入”到植物细胞中去。实验证明，只有在创伤部位生存了16h之后的菌株才能诱发肿瘤，这一段时间称之为“细胞调节期”。在调节期内，遗传转化所必需的细菌功能已被诱导出来，即农杆菌Ti质粒基因被活化。在细菌的附着过程中，有毒的和无毒的各种农杆菌互相竞争植物细胞壁表面数量有限的附着位点。竞争中，如果无毒的农杆菌先于有毒的农杆菌接合到附着位点，就不会形成肿瘤，反之则会形成肿瘤。根癌农杆菌附着后，便将它的Ti质粒的一部分DNA导入植物细胞，并致使正常植物细胞转化成肿瘤细胞，进而形成冠瘿病。

2 根癌农杆菌侵染植物细胞的化学机制

植物和微生物可以通过一些化学物质分子，以化学的方式发生相互作用。图29-1全面描述了根癌农杆菌的侵染作用是一个复杂的分子生物学过程，它包括病原体和宿主化学分子信号的合成和释放及基因表达的调控。侵染开始于受伤的植物细胞分泌一些酚类的化学物质，农杆菌被这些化学信号所吸引，这些化学物质进入农杆菌并诱导Ti质粒的基因表达，从而起到活化作用。本节着重叙述植物细胞与农杆菌之间的化学信号交流及这些化学物质的作用机制。

2.1 根癌农杆菌的趋化性

植物和菌株相互作用的基础是细菌具有趋化特性，即菌株对植物细胞所释放的化学物质产生趋化反应。农杆菌的许多菌株是高度移动的，并被许多糖和氨基酸所吸引。受伤的植物组织产生的一些糖类、酚类等化学物质具有趋化作用，吸引菌株向受伤组织集中。趋化性与根癌农杆菌的致瘤相关性已被Smith等(1988)所证明，而且他们还做了这样的实验：当把游动性和趋化性缺陷的根癌农杆菌突变株接种到豌豆幼苗的受伤部位和接种在土壤中远离受伤部位，并与无缺陷型的根癌农杆菌对照。接种后把它们分别栽种在沙子和土壤中，它们得到不同的结果：接种在沙子中的豌豆都诱发肿瘤，缺陷型和野生型几乎无差别；种在土壤中的则不同，缺陷型菌株不诱发肿瘤，野生型的诱发肿瘤。这个结果表明：缺陷型的游动性和趋化性与土壤的紧密度有十分重要的关系。这是由于土壤的紧密度影响菌株的游动。不能游动的缺陷型菌株难以表现出趋化反应。

2.2 根癌农杆菌侵染的诱导物及作用机制

2.2.1 酚类化合物对Vir区基因的引导

早在1984年，Shaw等用实验表明，农杆菌对酚类化合物具有趋化性，而且这种趋化性依赖于*virA*和*virG*基因。农杆菌Ti质粒的Vir区基因对T-DNA的转移起到介导作用。当农杆菌在生长培养基中培养、大量繁殖时，所有的Vir区基因包括*virA*和*virG*基因均处于非转录活性状态。当把植物受伤细胞提取液加入培养基时，所有的Vir区基因均被诱导和活化。当把Vir区基因和报道基因连接起来时，这种诱导活化很容易被检测。这说明Vir区基因的诱导物是由损伤细胞产生。Stachel等(1985)的实验中同样观察到叶子的受伤部分与非受伤叶子相比，具有明显的诱导作用。这些现象也提示我们：*vir*基因诱导物是从受伤植物细胞产生的。随之，从受伤植物细胞提取液中分离出一些酚类化合物。这些酚类化合物可能是植物细胞用来抵抗外来微生物的攻击，或是增强植物的细胞壁，从而起到防御作用。但由于根癌农杆菌的特异趋化性使这些酚类物质成为农杆菌侵染植物细胞所必需的诱导物，同时，将其作为趋化物来识别。

进一步的研究证明：一些植物中常见的酚类化合物的混合物都可以激活Vir区基因。它们包括儿茶酚(catechol)、没食子酸(gallic acid)、焦性没食子酸(pyrogallic acid)、*p*-羟基苯甲酸(*p*-hydroxbenzoic acid)、原儿茶酸(protocatechuic acid)和香草醛(vanillin)等。Stachel等在烟草叶片的伤口诱出液中确认了两种主要的Vir区基因诱导物：乙酰丁香酮(3,5-methoxy-4-hydroxyacetophenone，AS)和羟基乙酰丁香酮(hydroxyacetosyringone，OH-AS)，其中诱导效果最佳的是乙酰丁香酮，AS的作用机制如图29-2所示。

研究表明，损伤细胞渗出液中含有0.5～1.0μmol/L的AS即可诱导农杆菌*Vir*区基因活化，但最适诱导浓度要更高。对与其相近的一些化合物的检验表明，苯环上3、5两个位置上的碳原子都结合甲氧基的化合物比只含有一个甲氧基的化合物具有更强的诱导性。研究还发现芥子脂酸(木质素的前体)是一种非常好的 Vir 区基因诱导物。Melchers 等(1990)进一步研究了大量的与 AS 相近的化合物,发现这些化合物均遵守一个化学“规则”,即通常情况下,最强的诱导物在其苯环上含有一个愈创木脂(guaiacyl)或丁香酮(syrinyl)取代基,还有一个羟基电子群。许多比 AS 更常见于植物中的化合物也是 Vir 区基因的诱导物。这些诱导物包括甲基芥子脂(methyl sinapate)、阿魏酸甲脂(methyl ferulate)、阿魏乙脂(ethyl ferulate)、5-羟甲基阿魏酸(5-hydroxymethyl ferulate)、meuy syringate、Syringaldehyde 及松柏醇(coniferyl alcohol)、松柏苷(coniferin)。

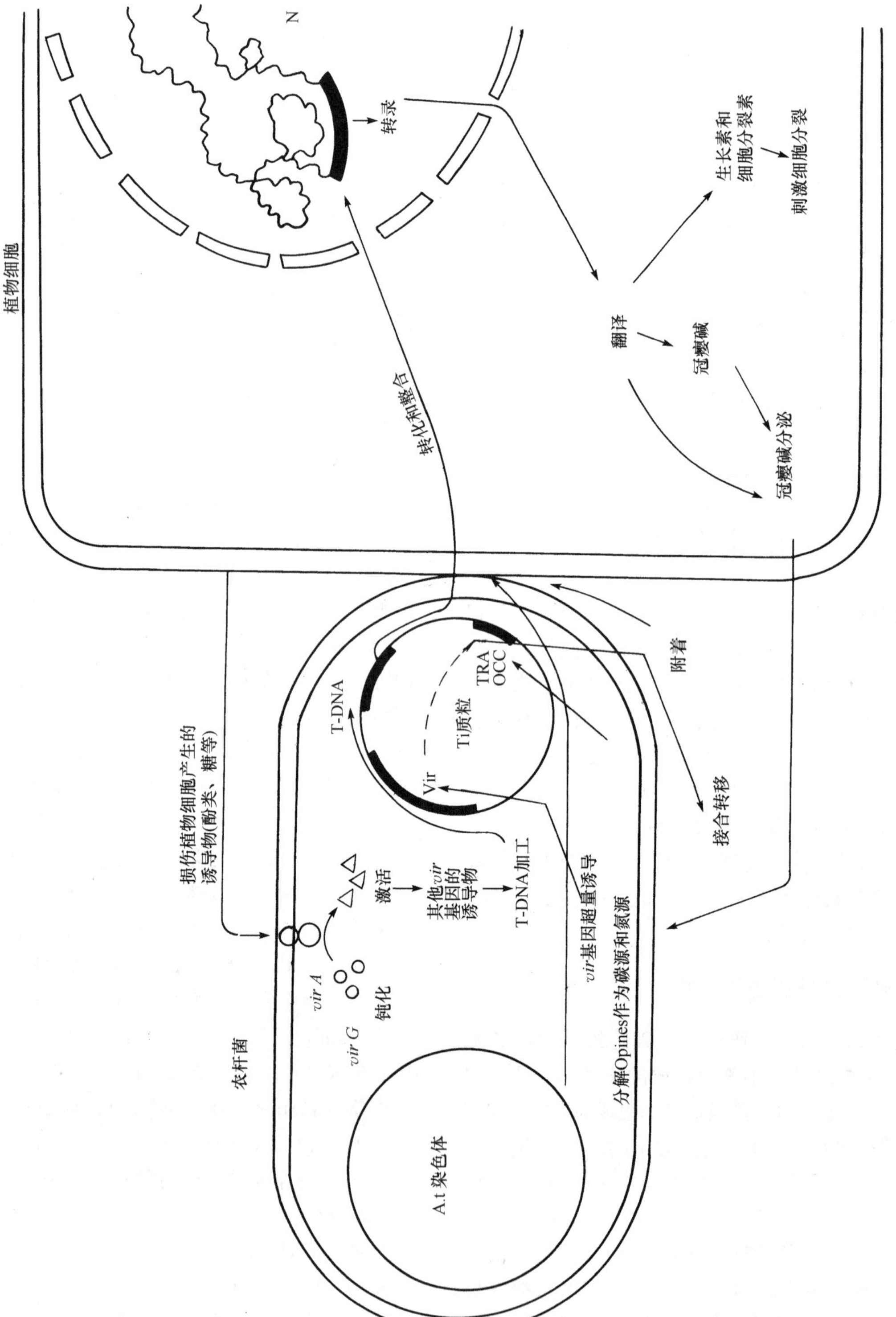

图 29-1　根瘤农杆菌与植物细胞的化学分子内共生关系(Jia et al. 1993)

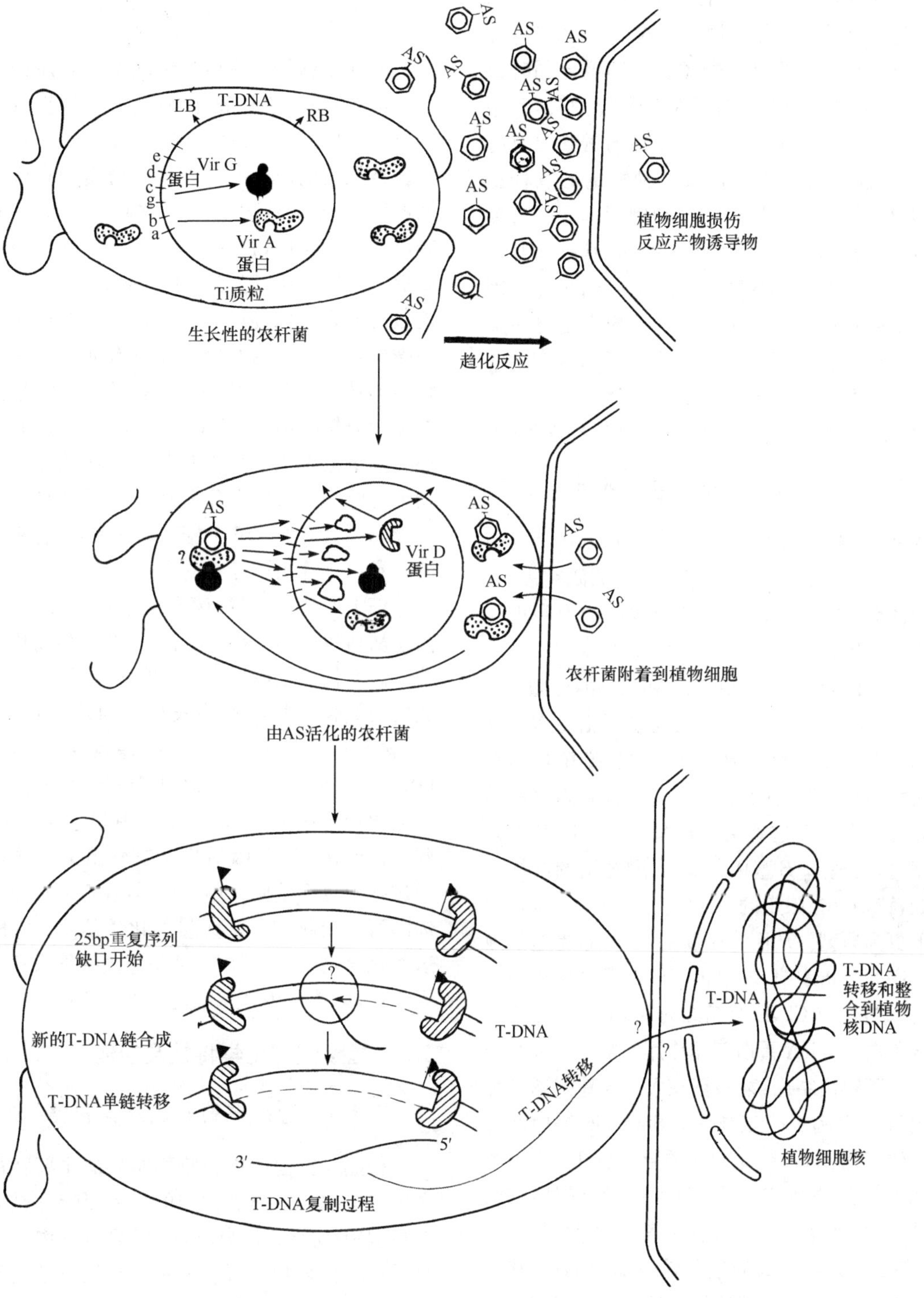

图 29-2　乙酰丁香酮对农杆菌侵染植物细胞的诱导机制(Albright et al.,1987)

这些诱导物在不同 pH 中都是很稳定的,但对其与农杆菌 Vir 区基因的活化来说低于 pH6.0 的培养条件是最适宜的。把农杆菌培养在含有酚类化合物(如乙酰丁香酮等)的培养基中,当 pH 降至 5.1～5.8 时,Vir 区基因的诱导达到一个最高水平。如果植物细胞培养在一个含有翻译抑制剂放线菌酮的环境中,农杆菌的 Vir 区基因的诱导将被抑制。这一结果说明,Vir 区基因的诱导不仅是农杆菌对损伤细胞的一种反应,而且与损伤细胞的代谢合成有着密切关系,是一个相互作用的过程,不是一个简单的化学反应。上述中有些化合物是双子叶植物细胞壁合成的前体,通常不存在于单子叶植物细胞中,因此这正说明了为什么根癌农杆菌不易感染单子叶植物。也有人不同意这种观点,因为即使在转化过程中补充了乙酰丁香酮,很多根癌农杆菌也不易感染单子叶植物。

综上所述，如图 29-2 所示，Vir 区基因的表达需要植物分泌的酚类化合物作为诱导物，如果各种诱导创伤细胞分泌的复合酚类化合物诱导同时都存在，其效应要比单个诱导物的诱导能力强，其中最强的是乙酰丁香酮。这些诱导物的诱导也有特异性，有的仅能诱导某一种或几种特定的农杆菌 Vir 区基因的表达，对另外一些种则无作用。有趣的是，在根瘤菌诱导宿主产生根瘤时，其根瘤基因的表达也需一类称为根瘤素的物质诱导，根瘤基因在无植物细胞存在时也不表达。根瘤素也是一类酚类化合物，但要比诱导农杆菌 Vir 区基因表达的酚类复杂。由此可见，生物的许多基因平时是沉默的，只有在特定的环境条件下，它们才发挥作用。

2.2.2 中性糖对 Vir 区基因的诱导作用

像 AS 这样的酚类大分子在 Vir 区基因诱导中的重要性已经研究得很清楚了。最近的研究表明，某些中性糖在 Vir 区基因诱导和致病毒力中也起很重要的作用。

早在 1980 年 Garfinkel 和 Nester 报道，A1008、A1059 和 A1068 等突变菌株对宿主毒力反应下降。在许多实验中观察到这些突变菌株具有正常接触植物细胞的能力，即其趋化性和附着能力均无异常。在观察这些突变菌株的 Vir 区基因诱导程度时，发现 *virB* 基因与 *lacZ* 融合框的诱导大大降低，特别是在限定的 AS 浓度（10～50μmol/L）条件下更为典型。从而一个新的 *chvE* 致毒基因被发现。序列分析表明，转录的 ChvE 蛋白与葡萄糖或半乳糖结合成 ChvE 核糖结合蛋白，该 ChvE 核糖结合蛋白与 VirA 蛋白互相作用影响 Vir 区基因诱导。从而得出结论：某些糖在 Vir 区基因诱导和农杆菌毒力上起了一定作用。Shimoda 等（1990）进一步研究指出，在限定 AS 诱导条件下，许多中性糖如 L-阿拉伯糖、D-木糖、D-葡萄糖、D-甘露糖、D-艾杜糖、D-半乳糖、D-塔罗糖都可以增强一些 Vir 区基因的诱导。糖的这种效应随着 *virA* 基因删除而消失，可见中性糖的作用是通过 *chvE* 和 *virA* 起作用。Cangelosi 等（1990）也报道了某些糖在 AS 诱导 Vir 区基因中的重要作用。D-角藻糖、D-木糖、D-半乳糖、D-葡萄糖、L-阿拉伯糖、2-脱氧-D-葡萄糖等都能在限定 AS 浓度下刺激 Vir 区基因的诱导。这种刺激功能依赖于一个完整的 *chvE* 基因的存在，同时对 *virA* 基因功能也有依赖性。这些基因位点发生突变，则随糖与 AS 对 Vir 区基因协同作用的消失，菌株对这些诱导糖的趋化性也消失。

2.2.3 农杆菌侵染的调控化合物

酸性多糖是组成植物细胞壁果胶质的主要成分。最近实验证明，酸性糖（胡萝卜根提取物中蒸馏出来）可以改变农杆菌基因的表达。蛋白质标记实验结果表明，至少有 10 种蛋白质的合成被酸性糖诱导，1 种蛋白质的合成被阻遏。在 MudI-681 转座子突变株中，检测出至少 10 个基因座位被这些提取物所活化，还有另外一种菌株 At156 的基因能被诱导到特殊高的水平。这一事实说明，At156 菌株中发生突变的基因可能具有调节农杆菌表达特性的功能。对具有诱导功能的胡萝卜根提取液的化学分析指出，这种蒸馏物含有 80%的酸性糖，还有少量的木糖和阿拉伯糖。这些诱导物是从植物细胞壁的果酸层中分离出来的，最高效的酸性糖诱导物是具有 6～16 个糖残基的聚合物，根据残基的数量可计算出诱导物的最有效浓度。

综上所述，在农杆菌侵染及致瘤过程中，农杆菌既从宿主植物获得化学信号，又向植物传送化学信号。受伤植物细胞分泌的糖类和与细胞防御相关的酚类化合物既作为农杆菌的趋化物，又作为 Vir 区基因的诱导物。Vir 区基因的活化导致 T-DNA 加工和转移，从而达到侵染植物细胞的目的。酚类化合物在诱导 Vir 区基因中起主导作用，但某些中性糖在 *vir* 基因活化及农杆菌染色体基因转录过程中也起重要作用。这样，农杆菌在植物根的周围可以接收和产生大量的化学信号。它既监控这些化合物质，又利用这些信息去指导农杆菌的基因表达，以使其生理状态适应外界环境。

2.3 冠瘿碱的化学特性及功能

2.3.1 冠瘿碱的合成及其种类

根癌农杆菌侵染植物细胞后的主要特征是诱导出冠瘿瘤。冠瘿瘤细胞的最主要特征是能够合成冠瘿碱（opine）化合物，而正常的植物细胞不能合成这些化合物。冠瘿碱是一类低分子质量的碱性氨基酸衍生物，通常是由氨基酸、α-酮酸和糖形成的（如章鱼碱是精氨酸和丙酮酸的缩合物）。在冠瘿瘤中富集的冠瘿碱浓度很高，可达 5～10mmol/L。冠瘿碱的合成机制是：农杆菌侵染植物细胞后，将其 Ti 质粒的 T-DNA 转移到植物细胞中，T-DNA 区具有编码冠瘿碱的基因。十分有趣的是，T-DNA 区的基因虽然来自农杆菌，但它们能在植物细胞内有效表达，转录为含 poly(A)的 mRNA，合成冠瘿碱。因此冠瘿碱的合成种类取决于转移 T-DNA 和 Ti 质粒的特征。冠瘿碱主要分三大类型，即胭脂碱(nopaline)、章鱼碱(octopine)和农杆碱(agropine)。不同类型的农杆菌 Ti 质粒产生不同种类的冠瘿碱。因此，Ti 质粒由此被相应地划分为胭脂碱型、章鱼碱型和农杆碱型 Ti 质粒。但要注意的是，上述三种类型 Ti 质粒除大量产生这三种冠瘿碱外，还分别能诱导植物细胞产生其他类型的冠瘿碱。

根据冠瘿碱化学结构及性质，又可将这些冠瘿碱分为胭脂碱族(nopaline family)、章鱼碱族(ocopine family)、甘露碱族(mannopine family)和农杆菌素族(agrocinopine family)4 个大类，即把农杆菌素 A、B、C、D 归类为农杆菌素族，甘露碱、甘露碱酸、农杆碱和农杆碱酸归类为甘露碱族。

2.3.2　冠瘿碱的功能

1) **冠瘿碱是农杆菌唯一的碳源和氮源**　一个十分有趣的发现是，携带不同类型 Ti 质粒的根癌农杆菌诱导的冠瘿瘤所产生的冠瘿碱，可被该农杆菌分解利用，而且携带有诱导合成胭脂碱型 Ti 质粒的农杆菌只能分解利用胭脂碱，而不利用其他冠瘿碱。这种冠瘿碱利用的专一性是由于 Ti 质粒上同时具有同一冠瘿碱的合成代谢和分解代谢基因的缘故。冠瘿碱的合成基因分布在 T-DNA 上，并转移到植物细胞，而分解该冠瘿碱的基因不在 T-DNA 上，未进入植物细胞而保留在农杆菌中，所以植物肿瘤细胞产生的冠瘿碱被农杆菌分解利用。这样农杆菌能够为自己建立起一个小生态环境。

关于农杆菌对冠瘿碱的利用，目前认为包括 2 个过程，即冠瘿碱的异化作用及运输作用，这 2 个过程都受基因活动的调控。遗传学研究资料表明，负责冠瘿碱的异化和运输的基因是由一种 DNA 结合蛋白调控的，这种蛋白质也由农杆菌核 DNA 编码。后来又发现负责冠瘿碱异化基因的启动子是由冠瘿碱诱导的。所以关于最初的冠瘿碱分子是怎样进入农杆菌、诱导运输和异化基因启动子这个问题油然而生。有人提出一种可能的解释是：冠瘿碱运输基因启动子的轻微“渗漏”启动，导致一个低水平的冠瘿碱运输。近年来的研究资料表明，农杆菌中存在着不依赖 Ti 质粒的促使冠瘿碱向农杆菌运输的核基因。这种由染色体 DNA 上编码精氨酸运输功能的基因介导了冠瘿碱的运输。虽然这个系统的效率远低于 Ti 质粒编码的运输系统，但它可以满足冠瘿碱最初的运输，诱导 Ti 质粒上冠瘿碱异化和运输基因的启动。因此，农杆菌运输这些冠瘿碱至少经过 2 条途径，一个是不依赖 Ti 质粒的途径，一个是依赖 Ti 质粒编码的途径。

2) **冠瘿碱诱导 Ti 质粒在细菌间的接合转移**

农杆菌的 Ti 质粒是属于接合型质粒，也就是说能够进行接合转移，因而有感染性。Ti 质粒拷贝在菌株中广泛扩散是肿瘤发生的遗传因素。有人称这一过程为遗传寄生过程(genetic parasitism)或称遗传殖民地化。

所谓接合转移就是有毒性的 Ti 质粒农杆菌和无毒性农杆菌共培养时，通过 Ti 质粒间发生复制子的融合形成临时的共合体，即转位中间体，最后可把有毒性的 Ti 质粒基因转移到无毒性的农杆菌中使之同样有毒性。有人做过这样的实验，用有毒的及无毒的两种土壤农杆菌菌株的混合物接种植物细胞，然后再从该植株所产生的冠瘿瘤中回收土壤农杆菌，结果发现一部分原来无毒的农杆菌已经变成有毒的菌株。此外，实验还发现，如果将胭脂碱菌株的质粒转移到章鱼碱菌株的无毒衍生菌中去，那么这种无毒的衍生菌株也就获得了诱发胭脂碱型肿瘤和分解代谢胭脂碱的能力。这些事实证明 Ti 质粒是可以转移的。但是，如果把这些菌株共培养在无冠瘿碱的培养基上，这种接合转移便不能发生；当培养基中加入冠瘿碱时，这种接合转移则能够发生。进一步证明，冠瘿碱具有诱发接合转移的作用，而且冠瘿碱的这种诱发接合转移是有专一性的。章鱼碱型 Ti 质粒只有在培养基中加入章鱼碱、赖氨酸或章鱼碱酸等成分时，才能诱发章鱼碱型 Ti 质粒的接合转移能力。

关于冠瘿碱诱导接合转移的机制，现在的研究表明，Ti 质粒上具有控制接合转移的基因。在正常情况下，这些基因不能表达，而只有当其同植物组织所产生的冠瘿碱相接触时才会得以表达。在这里冠瘿碱起到一种分子“激发剂”的作用，使控制接合转移和冠瘿碱分解代谢的两组基因失去抑制，表现出活性。这种有趣的关系，表明 Ti 质粒已给自己“设计”了一套非常巧妙的进化格局：农杆菌侵染植物细胞诱发肿瘤，合成冠瘿碱，这些冠瘿碱一方面作为细菌的能源，而另一方面又可激发 Ti 质粒转移到原来并没有这种有毒 Ti 质粒的土壤杆菌中去，周而复始不断地循环发展。这就是上面提及的所谓遗传殖民地化。

3) **介导肿瘤发生**　早就提出的一个问题是冠瘿碱对肿瘤的诱导有什么作用？最初的答案是冠瘿碱存在时可能抑制肿瘤形成，其原因是由于冠瘿碱抑制酚类化合物对 *vir* 基因的诱导作用。但是人们在实验中奇怪的发现，冠瘿碱不但不抑制肿瘤发生，相反起到诱导作用。冠瘿碱是肿瘤诱导的信号分子。有实验证明冠瘿碱对肿瘤的诱导是通过 *virA* 和 *virG* 基因起作用。冠瘿碱可诱导 T-DNA链在农杆菌中堆积增加，T-DNA 边界重复序列的双链切口也有所增加，从而加快 T-DNA 单链的复制，提高侵染转化能力。有些科学家认为，冠瘿碱的浓度可能影响农杆菌的生理状态。在侵染开始时（初生瘤形成期），低浓度的冠瘿碱可能作为指示农杆菌侵染成功的信号，细菌可能被“鼓励”继续进行侵染。当伤口愈合时（肿瘤生长期），损伤细胞产生酚类化合物的浓度降低，诱导作用也降低。然而，却被升高的冠瘿碱浓度所弥补。最后在肿瘤形成后期酚类诱导分子的浓度降低到一定程度，而成熟的肿瘤产生的冠瘿碱浓度上升到最高浓度。这时 *vir* 基因的活动不再被诱导活化。农杆菌细胞的生理状态从诱导肿瘤侵染态转变到生长增殖态，其生理功能也发生变化，集中在分解冠瘿碱的代谢。科学家们得出这样一个结论，含有野生型 *ocs* 基因的菌株比 *ocs* 基因的突变菌株毒性强约 40%。

总之，合成冠瘿碱是冠瘿瘤细胞的重要特征；冠瘿碱是农杆菌的唯一能源；某些冠瘿碱可以诱导 Ti 质粒在各种农杆菌细胞之间交配转化，受体农杆菌细胞可以进一步参与更长的侵染循环；某些冠瘿碱能够以复杂的方式影响 Vir 区基因的诱导，从而诱发肿瘤。冠瘿碱是介导肿瘤发生的信号分子。

3 根癌农杆菌的侵染能力及其特性

农杆菌的侵染能力与转化率有着直接的关系，也是转化成败的主要因素。如何选择侵染能力强的菌株，怎样提高农杆菌的侵染力等问题一直是科学家们关注的、至今尚未解决的问题。本节仅把常用的菌系、影响农杆菌侵染力的因素及农杆菌对各种作物转化的敏感性等方面研究的进展作简要综述。

3.1 转化中常用的根癌农杆菌菌系及菌株

上面已经叙述，根据农杆菌产生的冠瘿碱的不同将农杆菌分成三大类菌系，即胭脂碱型（Nop）、章鱼碱型（Oct）及农杆碱型（Agr）也称之琥珀碱型（Suc）。常用的根癌农杆菌菌系及菌株见表 29-1。Nop 菌株的特点是其染色体背景是 C58，生长速度快，不结球，在转化实验中易于操作，常用的菌株有 C58、pGV3850、A208SE 等。Oct 菌株的特点是染色体背景为 Achs，生长慢，菌株培养过程中结球，在转化实验中难于操作，其培养后不易洗掉，常用的菌株有 LBA4404、LBA1010。Suc 菌株的特点是染色体背景是 A281 或 A136，具有上述 Nop 菌株的特点，以 A136 为染色体背景的常用菌株是 EHA101。它也具有生长快、不结球等优良特性，特别是这两种菌株的侵染能力都比较强。

表 29-1 农杆菌菌系及菌株

菌株	致瘤性	染色体背景	所含质粒	参考文献
胭脂碱				
C58	Virulent	C58	pTiC58	
A208SE	Virulent Disarmed	C58	pTiT37-SE	Rogers et al. ,1987
pGV3850	Disarmed		pTiC58/pBR322	Zambryski et al. ,1983
MOG301				Hood et al. ,1993
LBA958		C58C9	pTiC58	Hooykaas et al. ,1984
章鱼碱				
Ach5		Ach5	pTiAch5PAL4404	Hoekema et al. ,1983
LBA4404	Avirulent	Ach5		Ooms et al. ,1981
GV3111SE	Disarmed	C58	pTiB6S3-SE	Hoekema et al. ,1983
GV2260	Disamed	C58C9	pGV2260	Fraley et al. ,1985
LBA1010	Disamed	C58	pTiB6S	Rogers et al. ,1986
MOG101			MOG101/pMOG410	Deblaere et al. ,1985
				Koekman et al. ,1982
LBA1010Sp				Hood et al. ,1983
L,L-琥珀碱				
A281	Hypervirulent	C58	pTiBO542	Hood et al. ,1986
EHA101	Hypervirulent		pTiBO542	Hood et al. ,1986
EHZ101		A136	pEHA101	Hood et al. ,1986a
(pEHA101)		A281	pTiBO542	
EHA105	Hypervirulent		删除 pTiBO542	Hood et al. ,1993

近年来，科学家又构建了多种新的供植物转化用的根癌农杆菌菌株。例如，Hood 等(1993)构建了三种新的菌株：Oct 型的 MOG101、Nop 型的 MOG301 及 Suc 型的 EHA105。MOG101 菌株的染色体背景也是 C58，与 LBA4404 相比，也同样具有生长快、不结球的特点，且因 MOG101 具有 Spr 抗性选择标记，因此在通过结合转移将其转移至其他农杆菌菌系时有利于选择。过去 Oct 型质粒菌株仅有 pAL4404 和 GV3111，显然 MOG101 提供了一个新的 Oct 型菌株。MOG301 的染色体背景也是 C58，且含有 Spr 抗性，因此也为 Nop 型提供了一个新的衍生菌株。EHA105 是 EHA101 的衍生菌，删除了 EHA101 中的 pTiBO542 的 T-DNA 及 Kan 抗性基因。Hood 等还报道，用 MOG101、MOG301 及 EHA105 三种菌株作烟草的叶盘法转化时，它们的转化频率分别为 63%、47%及 66%，可见是较为理想的转化菌株。

3.2　影响农杆菌侵染能力的内在因素

根癌农杆菌是天然的用于基因转化的土壤农杆菌，它能侵染双子叶植物，对裸子植物同样具有敏感性。近年来已有许多实验结果表明，它也能侵染单子叶植物，为农杆菌转化单子叶植物带来希望。但是农杆菌的侵染能力随不同的菌株类型、不同的植物有着明显差异。影响农杆菌侵染能力的内在因素有以下几个方面。

3.2.1　农杆菌染色体基因的调控

所谓染色体背景就是农杆菌遗传物质特性。农杆菌的染色体基因组决定着它的遗传特性及生活习惯。Ti 质粒的一些遗传行为受到核基因的调控，显然农杆菌的侵染行为必然会与核基因有关。现已查明的有 7 个染色体基因：*chvA*、*chvB*、*chvD*、*chvE*、*exoC*、*cel*、*att*，均与其侵染能力有关。

1) *chvA* 和 *chvB* 基因　　Stachel 等(1987)分析了野生型根癌农杆菌与染色体位点 A(*chvA*)突变菌株及染色体位点 B(*chvB*)突变菌株中的多糖，发现 *chvA* 突变菌株不影响多糖合成，而 *chvB* 突变菌株为 β-1，2-葡聚糖缺陷型。β-1，2-葡聚糖大约有 20 种。*chvB* 基因控制的 β-1，2-葡聚糖在农杆菌附着过程中可能起关键作用。如果将控制 β-1，2-葡聚糖合成的 *chvB* 基因引入那些不能附着植物细胞的农杆菌中，可能会使后者也能附着。后来他们又发现，*chvB* 突变菌株之所以不能合成 β-1，2-葡聚糖，是因为不能合成一个 235kDa 的内膜蛋白所致。在 *chvA* 突变菌株中有些蛋白质存在，该蛋白质是作为一特异的酶还是以其他方式发挥作用，目前还不清楚，*chvA* 基因的详细功能目前也不明了。

在豆科根瘤菌中，也有类似于 *chvA* 和 *chvB* 的基因存在，而且与根癌农杆菌的 *chvA* 和 *chvB* 基因有同源性。根瘤菌中的根瘤基因 *A* 和 *B* 发生突变时，突变菌株不能使宿主产生有效的根瘤，从而不能固氮。有趣的是，根癌农杆菌 *chvA* 和 *chvB* 突变株中如引入相应的根瘤菌的根瘤 *A* 或 *B* 基因片段，根癌农杆菌的致病力能得到恢复，即根癌农杆菌的 *chvA* 和 *chvB* 基因与根瘤菌根瘤 *A* 和 *B* 基因有反式互补作用，这证明了根癌农杆菌与根瘤菌间存在极为相近的亲缘关系。冠瘿瘤的诱导与根瘤的形成都必须有 β-1，2-葡聚糖，至于 β-1，2-葡聚糖如何发挥作用，目前还不清楚。但是，现已弄清楚 *chvA* 和 *chvB* 基因分别为 1.5kb 和 5.0kb，各为一个转录单位。它们连锁排列在染色体上，两个基因被一段 4.0kb DNA 隔开，基因的表达均属组成型。*chvB* 基因编码一个 235kDa 蛋白质。该蛋白质定位在细胞质膜上，并参与 β-1，2-D-葡聚糖的合成过程。*chvB* 突变体没有鞭毛，不能运动，不能合成 β-1，2-D-葡聚糖。

2) *exoC* 基因(也称 PSCA)　　与豆科根瘤菌一样，致癌农杆菌还具有合成另一种大分子多糖(琥珀酸聚糖，succinoglycan)的基因，即 *exo* 基因。该糖合成后，被细菌分泌到细胞外，已知它在农杆菌致瘤过程中不是必需的。但是，科学家们利用 *exo* 基因突变体可定位出 5 个基因，其中任一基因突变都影响琥珀酸聚糖的合成过程，而 *exoC* 基因突变体还不能合成 β-1，2-D-葡聚糖，细胞不能运动，不能附着在植物细胞上，也无致瘤能力。

3) *cel* 和 *att* 基因　　根癌农杆菌接触到植物细胞后很快能合成一类 β 脂键多糖，形成纤维素细丝，使细菌能紧密地附着和聚集在植物细胞表面。*cel* 基因突变体不能合成纤维素细丝，细菌附着到植物细胞表面后容易被水洗脱。从农杆菌 C58 菌株分离得到 5 个有 Tn5 插入的，被称为 *att* 突变体。它们均不能在胡萝卜悬浮细胞上附着，不致瘤。这些突变体的突变位点在染色体的一段 12kb DNA 上。*att* 缺失不影响 β-1，2-D-葡聚糖和纤维素的合成过程，脂多糖的合成也能正常进行，但是蛋白质合成出现异常，在 3 个突变体中都缺少 34kDa 和 38kDa 两种多肽，这些多肽是细胞外膜和周质蛋白质，从而影响农杆菌附着。

4) *chvD* 和 *chvE* 基因　　*chvD* 基因可能编码一种细菌 ATP 结合蛋白，这种蛋白质通常在主动运输中起主导作用。该基因在低 pH 和磷酸饥饿的情况下可诱导 VirG 蛋白保持一定表达水平。因此很可能在植物受伤组织分泌缺乏磷酸的低 pH

汁液的环境下,ChvD 使 VirD 蛋白的含量升高,然后 VirA 接受 AS 信号刺激 VirG 转化成活化状态,启动其他 *vir* 基因表达。

chvE 基因编码一种葡萄糖和半乳糖结合蛋白,主要组成植物细胞壁的单糖。由于 ChvE 能识别植物受伤后产生的糖单体,导致细菌向植物伤口趋化性。细菌吸附到植物细胞后,ChvE 可在低 pH 和磷酸饥饿条件下启动 *virG* 表达。

3.2.2　农杆菌中 Ti 质粒的差异影响

上述三种不同类型的 Ti 质粒结构不同。例如,致瘤的主要机制是 T-DNA 的转移、整合和表达。已知 T-DNA 左边界(TL)缺失仍能致瘤,但右边界(TR)缺失则不能致瘤。

Nop 型农杆菌的 Ti 质粒上为单一的 T-DNA,Oct 型农杆菌的 T-DNA 分隔成两部分则有左右两个边界序列,即 TL(与致瘤无关)和 TR(与致瘤有关)。在 Oct 型质粒的 T-DNA 右边界(TR)约 17bp 处有一个 24bp 的超驱动序列(overdrive sequence),为有效转移 TL、TR 及 T-DNA 所必需,起增强子作用。将其置于 25bp 边界序列的上游或下游,直至远离边界 6kb 仍有促进 T-DNA 转移的作用。在 Nop 型 Ti 质粒的 T-DNA 边界处无类似的超驱动序列。这些 Ti 质粒基因结构的差异必然导致侵染力的不同。

3.2.3　*vir* 基因的活化能力影响

vir 基因的活化是农杆菌转化的开关。Vir 区有 *virA*、*virB*、*virC*、*virD*、*virE*、*virG*、*virH* 7 个操纵子共 24 个基因,起共调控作用(co-regulation),它们与 T-DNA 的加工和转移有关。

VirA 可以直接感应酚类诱导化合物,故称感应蛋白(senser)。活化的 VirA 蛋白激活 *virG* 基因产生 DNA 结合蛋白(DNA-binding activator protein)。它的 C 端已知能与 vir 启动子的特异区 DNA 结合,起到其他 *vir* 基因转录激活因子的作用,打开了 *virB*、*virC*、*virD*、*virE*、*virH* 等基因的转录。*virA*、*virG* 这种调控作用称之为双因子调控体系。

virD 基因产物对 T-DNA 进行剪切,*virC* 基因产物促进 T-DNA 剪切加工,使 T 链的形成增加。*virE* 包被 T 链,形成核蛋白丝,即 T 链蛋白复合体(T-复合体)起到转移过程中的保护作用,VirD2 和 VirE2 蛋白还有引导 T-DNA 整合功能。*virH* 基因产物则与寄主范围有关,*virH* 基因的活化直接影响到侵染能力。从上述 Vir 区基因活化的功能可见,其在农杆菌转化中的作用十分重要。因此,凡能增强 *vir* 基因活化的因子都能提高其侵染能力。

3.2.4　Ti 质粒载体系统结构影响

在 Ti 质粒载体系统构建的一章节已清楚地叙述,目前使用的用于转化的载体系统有两种,即一元载体系统和双元载体系统。它们结构功能特性不同,侵染能力也不同,在此不再赘述。

3.3　根癌农杆菌的侵染能力差异及植物的敏感反应

业已证明,农杆菌的侵染能力对不同植物有着很大差异,例如,广宿主范围的菌株能使大多数双子叶植物、若干裸子植物及少量单子叶植物产生肿瘤,而窄宿主范围的菌株只能在有限的几种植物上诱发肿瘤。这些差异可能是两个方面的原因:一是 *vir* 基因未被激活,细菌在植物细胞上附着能力差,T-DNA 不能转移进入植物细胞;二是肿瘤基因表达水平低或是宿主细胞对肿瘤基因无敏感性。例如,窄宿主范围的 Ti 质粒 pTiAg162 仅能在葡萄的几个品种上诱发肿瘤,它的 *virA* 基因产物不能应答乙酰丁香酮(AS)的诱导,从而影响其他 *vir* 基因的活化。具有超级致瘤能力的 Ti 质粒 pTiBO542 能诱导产生大肿瘤,而且能在广宿主范围的 Ti 质粒 pTiA6 不致瘤的植株上诱导产生肿瘤,其超级致瘤能力的遗传基础是 *virG* 表达水平高,如将该基因转移进 A6 菌株,既能扩大它的宿主范围,又可使其致瘤能力增强。

近年来发现玉米某些品种的损伤细胞能释放出一种抑制 *vir* 基因的物质,至少证明植物对农杆菌的敏感性与植物本身的敏感反应有关。T-DNA 上的基因也能影响宿主范围,如将广宿主菌株质粒的 *tmr* 基因转移进入只能诱导葡萄形成肿瘤的窄宿主的菌株,可扩大该菌株的宿主范围,得到番茄肿瘤。实验证明,窄宿主范围菌株的 Ti 质粒,如 pTiAg162 和 pTiAg163 均无 *tmr* 基因,该现象也说明,不同植物组织转变为肿瘤组织时需要的生长素和细胞分裂素的水平不同。

综上所述,不同植物对农杆菌侵染的敏感性不同,农杆菌对不同植物的侵染能力也不同。因此,在转化研究中两者的匹配选择十分重要,即选择农杆菌与植物之间有着高侵染力的配合直接影响着转化率。

4　根癌农杆菌转化程序及操作原理

由于对农杆菌 Ti 质粒转化机制的研究不断深

入,对其转化技术已日趋成熟,转化的成功率也不断提高。尽管至今已建立了多种具有重要作用、行之有效的转化方法,但它们转化的基本程序、操作步骤及原理基本相同。

4.1　根癌农杆菌转化程序

农杆菌基因转化可分为三大部分研究工作,即受体系统的建立、Ti 质粒转化载体的构建及目的基因的转化。该部分工作必须在前两部分工作基础上进行。转化工作是将目的基因导入受体的植物细胞,并且能得以表达和稳定的遗传。所以它也是基因工程研究应用于生产的关键技术。其转化的基本程序归纳为图 29-3。本节主要叙述第三部分目的基因的转化。

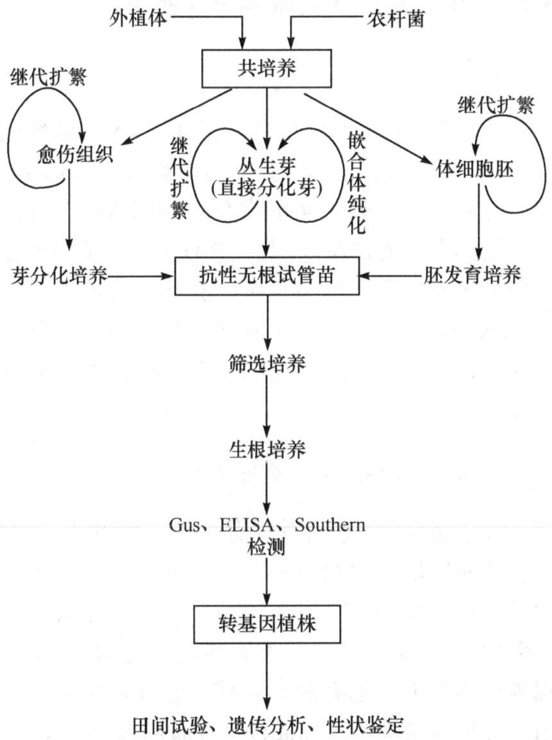

图 29-3　农杆菌 Ti 质粒介导基因转化程序

4.2　根癌农杆菌的培养、纯化、保存及工程菌液制备

农杆菌的培养、生长状态及纯度对转化具有重要作用。如果农杆菌本身生长不良,则其侵染能力大大下降。如果农杆菌中的基因已经丢失,则无法用于转化。因此制备纯度高、生长旺盛、侵染能力强的农杆菌侵染液是 Ti 质粒转化的第一步。这种侵染菌液也称之为工程菌液。

4.2.1　农杆菌的培养

1) 培养基　　农杆菌的培养,基本上遵循细菌的培养原则和操作技术。目前常用的农杆菌培养基有 LB、YEM、YEB、TY、523PA 及 MinA 等培养基。在这些培养基中,LB、YEB、YEM 及 523 属富集培养基,其营养成分丰富,包含有各种有机成分。在这些培养基中农杆菌生长快、分裂旺盛,它们是常用制备工程菌液的培养基。PA 和 TY 培养基是属营养较好的培养基,氨基酸及碳源、氮源都很丰富。农杆菌在这些培养基上生长也很快,是常用的农杆菌选择培养时的培养基。

MinA 培养基与前几种培养基有明显差异:只提供必要的无机盐,并用葡萄糖和$(NH_4)_2SO_4$提供碳源和氮源。还有一种培养基 Minimal,只用相应的冠瘿碱如 nopaline、octopine 等取代蔗糖、氨基酸和无机氮作为农杆菌的碳源和氮源。农杆菌在 MinA 和 Minimal 培养基上生长较慢。在进行三亲杂交时通常用这两种培养基,并加相应的抗生素选择转化的农杆菌。含重组质粒的大肠杆菌及含辅助质粒 pRK2013 的 HB101,因不能利用冠瘿碱作为碳源和氮源而不能生长,同时还存在抗生素的选择,因此有利于选择转化的农杆菌的生长。

2) 农杆菌的生长周期　　农杆菌培养可分为固体平板培养和液体振荡培养,固体培养一般需 2～3d,液体培养生长更快,一般需 1～2d。农杆菌接种在培养液后,并不立即开始增殖。一般在 25～30℃时,需 1～2h 细菌才开始分裂。因此,在用抗生素筛选抗性菌株时,应当让接种菌在培养液中培养 2h 后再加入抗生素,以便让抗性基因充分表达。当生长开始后,细菌数目以一恒定的指数速率倍增,直至培养基成分改变和供氧缺乏时才停止增殖。当细菌增长速率达到对数指数时称之为对数生长状态。将处于对数生长状态的农杆菌用新鲜培养基稀释后,可以保持原有的生长速率不变;或者将对数生长细胞迅速冷却至 8℃,并储存在 4℃冰箱中,取出后重新放在原来温度下培养,也可立即恢复生长。当细菌密度达到 17^7 个/ml 时,空气中的氧气便难以很快地扩散到细胞内。在振荡或通气条件下培养,细菌浓度也很少超过$(2\sim3)\times10^9$ 个/ml。

测定农杆菌浓度的方法很多,最简单的方法是光密度测定法。将菌液装入比色杯中,在分光光度计上选用 600nm 波长测定其 OD 值。光密度与浓度换算公式是 $1OD_{600}$ 约等于 8×10^8 个/ml。无分光光度计时也可将细菌悬浮液滴在血球计数板上,直接在显微镜下计数。

4.2.2　工程菌的纯化

农杆菌在生长培养过程中经常会出现菌种不纯的现象,其主要原因可能是质粒从有些正在分裂的细胞中丢失，也可能是在培养过程中菌株本身的变异，特别是双元载体丢失的可能性更大。因此，在制备工程菌侵染液或保存液时，无论是从保存菌种中取出的原始菌种进行扩大培养，还是从其他实验室引入的工程菌种，都必须首先获得遗传纯合的单菌落，再由此发展成一个新的培养物。为了避免误差，一般取多个单菌落分别培养成几个菌群进行保留或应用。

纯化菌种的方法主要采用常规的微生物纯化方法，即划线法。用接种针划线，然后石蜡膜封口，将平皿倒置放恒温箱内，在 25～28℃条件下培养过夜，次日或即日看到分离的单菌落。挑取单菌落接种在液体培养基内进行液体振荡培养。在工程菌的纯化过程中利用选择抗生素是非常重要的。因为在质粒构建时已把标记基因插入 T-DNA 中，并带有细菌中表达的启动子，故称之为选择标记。

4.2.3 工程菌侵染悬浮液的制备

液体振荡培养的工程菌，通常培养 12～24h 后即可达到对数生长期。用离心管取一定数量的菌液进行 4000r/min 离心，倒掉上清液，再加入植物外植体诱导愈伤组织或分芽的液体培养基，使其光密度 OD 值达到 0.5，即可用作接种外植体的工程菌液。需要注意的是，因为农杆菌培养基中通常含有抗生素，它对外植体的生长、脱分化或分化有不良影响，故需通过离心除去细菌培养基，加入植物培养基。也有的做法是，将农杆菌加入植物培养基后再振荡培养 12h，当细菌生长达到对数生长期后再离心，倒掉上清液，用新的植物液体培养基稀释至一定 OD 值，再作为工程菌液使用。

4.2.4 工程菌的保存

菌种的保存也是一项必不可少的工作，其目的是创造一个适合细菌休眠的环境（低温、干燥、缺氧），使其得以长期保存。其功能在于尽量减少菌株的传代次数；使菌种经保存后不死亡、不污染杂菌，并保持其原有性状，降低菌种的变异率；最终目的是目的基因不能丢失。菌种保存的方法根据其保存时间长短可分为三种方法：短期保存（数月）、中长期保存（数年）、长期保存。

短期保存一般采用斜面或平板保存法，斜面菌种置于 4℃冰箱中可保存数月，平板用石蜡膜密封后也可在低温 0～4℃下放置数月。中长期保存采用穿刺法，这是一种把菌种接入柱状培养基的方法。经常应用的是半固体柱状培养基，用接种针蘸取少量菌体后直接插入柱状培养基中。需注意的是，要从培养基中间插入，直插到接近管底，但不要穿透培养基，再慢慢按原途径拔出接种针，切勿搅动，以免使接种线不整齐而影响观察，甚至会因用力搅动造成空隙太大进入空气，而影响保存效果。穿刺培养的菌种用石蜡封口，在室温下可保存数年。长期保存菌种主要采用甘油保存法。在 7% 二甲基亚砜（DMSO）或 15% 甘油中，菌种可于 −70℃冰箱或液氮中长期保存。当甘油含量增加到 40%～50%时，细菌可在 −20℃或 −70℃条件下保存若干年而不失活。

将冰冻菌种从冰柜中取出时，应当放在冰浴上慢慢融化，不可直接将其放在室温下，否则会导致菌体失活，更不能直接接种至液体培养基内 28℃振荡培养。

4.3 Vir 区基因活化诱导物的使用

4.3.1 诱导物

Vir 区基因的活化是农杆菌 Ti 质粒基因转化阀域，Vir 区基因的活化直接调控着 T-DNA 的转移。已有大量实验表明酚类化合物对 Vir 区基因的活化具有重要作用，因此正确使用 *vir* 基因诱导物至关重要。常用的 *vir* 基因诱导物是乙酰丁香酮（acetosyringone，AS）和羟基乙酰丁香酮（hydroxyacetosyringone，OH-AS），其中效果最佳的是 AS。

4.3.2 诱导物的使用方法

关于诱导物的使用常采用以下三种方法：①在农杆菌液体培养时加 AS，加入时间一般在制备工程菌浸染液使用前 4～6h 加入。使农杆菌既处于对数生长期，又处于 *vir* 基因高度活化状态，从而提高侵染能力。也有的在农杆菌悬浮液离心后用植物外植体培养基稀释成侵染液时加入。②AS 加在农杆菌和外植体共培养的培养基中。共培养的过程是 Ti 质粒实现 T-DNA 转化时期。一般农杆菌附着 16h 后才能进行转化，这时需要 *vir* 基因的高度活化。因此，许多科学家赞成这种使用方法。③在农杆菌液体培养基中及共培养基中都加入 AS。这种方法似乎最牢靠，只不过是使用的 AS 诱导剂太多了。然而，也有很多实验表明不加诱导物同样可以实现转化的目的，不需要把 AS 诱导物看作是必不可少的。另外在苹果叶片转化中发现，与 AS 同时加入诱导稳定剂甜菜碱（1mmol/L）或脯氨酸（1μmol/L），对 *vir* 基因活化有协同作用。

4.3.3 诱导物使用的 pH

研究发现 pH 对 Vir 区的活化有着明显的影

响，从理论上讲含AS的培养基pH为5.0～5.6时，Vir区基因的诱导达到最高水平。pH改变0.3，即对多种植物的转化率有明显影响。章鱼碱型和农杆碱型菌系比胭脂碱型和琥珀碱型需要更低的pH。

通常农杆菌培养时pH为7.2。这种生长旺盛的菌株*vir*基因均处于不活化状态。植物组织培养基中的pH常为5.8，有利于*vir*基因的活化。在*vir*基因活化诱导中应调整培养基的pH。从pH的观点看，在上面三种AS的使用方法中，加在农杆菌生长培养基中似乎是不合理的。同时，还应该注意到培养基在高压灭菌后pH略有下降，依据不同培养基的缓冲能力，下降幅度不同，如MS培养基在高压灭菌条件下pH下降0.3。此外，*vir*基因活化诱导还受到其他因素的影响，如温度，*virD*及*virG*的活化必须低于28℃；培养基中还应加酵母提取液；培养基中的糖或高浓度的肌醇可促进*vir*基因表达。

4.4　外植体的选择

4.4.1　植物细胞的转化能力

一个成功的遗传转化设计的首要条件是正确地选择外植体，明确受体细胞的转化能力是选择外植体的依据。

1）性质未定细胞的转化能力　Meyer等关于农杆菌转化机制的研究指出，转化只发生在细胞分裂的一个较短的时期内，可能只有处于细胞分裂周期的S期（DNA合成期）才具有外源基因的转化能力，因为核基因组DNA正在复制时才能使外源DNA整合。因此，细胞具有分裂的能力是转化的基本条件。幼年的组织中处于发育早期的组织细胞，如分生组织、维管束形成层组织、静止的薄壁组织及胚、雌雄配子体等，这些组织的细胞都具有很强分裂能力，并且它们的发育性质尚未最后确定，依赖于环境对它们的影响可能改变它们的发育途径，这些细胞称之为性质未定细胞。当这些组织发生创伤或由于环境的诱导时，则加速细胞分裂，形成愈伤组织或迅速分化，趋向某一器官的发育，处于转化的敏感期，故称之为感受态细胞、敏感细胞或功能细胞。

2）不同发育时期的组织细胞的转化能力　已经分化的组织细胞的转化能力与其发育程度有着重要关系。一般来说，发育晚期（成熟期）的组织细胞转化能力较差，甚至无转化能力；发育早期（幼年期）的组织细胞转化能力较强。这与许多研究报告中指出的外植体的年龄对转化率有明显影响，随着外植体年龄增长转化率下降的实验结果是一致的。植株顶端的幼嫩组织细胞的转化率明显高于老龄的外植体，因为这些幼年的细胞仍然具有脱分化的能力。当受到外界环境如激素的调控时，能改变原有的发育途径趋向于脱分化，通过细胞分裂形成愈伤组织。即使平常采取的直接分化不定芽的途径，对于原来已分化的细胞来说首先必须解脱原来的分化途径，即脱分化，然后再趋向于另一种分化，即不定芽的分化，而不是形成愈伤组织。要形成愈伤组织或直接分化出不定芽都需要大量的细胞进行分裂，从而为外源DNA的转化创造条件。

由种子萌发的无菌试管苗为外植体，其年龄同样十分重要。Torres等（1993）以生菜子叶为外植体作转化时发现，1～3d苗龄的子叶效果最佳，4～5d苗龄的子叶未能得到转基因植株。贾士荣等（1995）在瓜类作物的基因转化研究中观察到5～6d苗龄的子叶转化效果最佳，苗龄长的子叶转化困难。这是由于不同苗龄的外植体，其器官或胚胎发生的潜力不同。从细胞分裂角度来说，细胞分裂潜力越强的组织，转化频率越高，有潜在分裂能力的细胞意味着处于感受态的时期。根据上述原理用于转化的外植体应选择处于感受态时期的幼年组织。

3）合子胚、体细胞胚或胚性细胞的转化能力　1988年，McGranahan等首次报道了美国西部胡桃（*Juglans regia* L.）体细胞胚转化*npt-Ⅱ*等基因获得成功，并且建立了体细胞胚转化的整套技术，还指出该技术可用于其他植物的体细胞胚的转化研究。1990年，Potrykus在转基因植物综述中指出，合子胚、体细胞胚或胚性细胞可能成为成功的基因转化的重要起始材料。近年来用合子胚及体细胞胚转基因成功的例子逐渐增多，并且发现不同发育阶段的胚胎对农杆菌感染的敏感性不同，有一个最佳的感受态时期。从上述分析中可以看出：合子胚、体细胞胚及胚性细胞对农杆菌具有感受态特性，而且不同发育阶段的胚的敏感性不同，有一个最佳感受时期，它们是理想的基因转化的外植体材料。

4.4.2　外植体的种类

目前作为基因转化的外植体材料已经研究得非常广泛，涉及植物的各个组织、器官和部位。但各种外植体材料的转化率有明显差异。贾士荣等（1992）对不同外植体转化成功的事例进行分析统计结果表明，叶片（叶柄）、子叶（子叶柄）、胚轴、茎等外植体转化成功的事例最多，它们分别占35%、9%、10%和17%。但是，不同植物的最佳外植体种类不同，要根据具体植物进行选择。根据上述植物细胞的转化能力，转化外植体的选择原则如下：①以叶片、子叶、胚轴为首选外植体材料；②要注意外植体的年龄，选择幼年的外植体，同一外植体还要考虑其最佳感受态时期；③以幼胚、体细胞胚及成熟胚作为外植体时应考虑其转化的最佳感受期；④基因转化外植体和组织培养外植体的选择原则基本一致，可参照该组培外植体条件；⑤应考虑感受态细胞在外植体的部位。

一些复杂器官的外植体如胚轴、茎段、子叶、幼叶等，其性质未定细胞的部位及数量分布是不同的，如叶尖部分生细胞少，叶基部分生细胞多，子叶基部有大量的分生细胞，胚轴的极端也有大量的分生细胞，有的外植体的分生细胞埋藏于深层，尽管这些细胞具有强的再生能力，但是农杆菌难以深入到深层附着于这些细胞壁上实现转化。因此切割外植体时应符合以下原则：①暴露分生组织细胞，即在分生组织处切割；②尽量增加农杆菌与分生组织的接种面积，如胚轴斜切面比横切面为优。

4.5 外植体的预培养、接种及与农杆菌的共培养

4.5.1 外植体的预培养

关于外植体在转化前进行预培养的效果，许多研究结果不同，一些研究结果表明外植体预培养有以下作用：①促进细胞分裂，分裂状态的细胞更容易整合外源 DNA，因而提高外源基因的瞬时表达和转化率；②田间取材的外植体通过预培养起到驯化作用，使外植体适应于试管离体培养的条件，并保持活跃的生长代谢状态；③减少外植体转化过程中的杂菌污染率，如果外植体上带污染源时，在预培养中被筛选掉；④有利于侵染接种的外植体能与培养基平整接触。因为外植体在开始培养过程中，由于其迅速生长而出现上翘或卷曲，使农杆菌的接种切面离开培养基致使农杆菌不能生长实现转化。

但是外植体的预培养时间与其效果有明显关系，每一种外植体均有其最佳预培养时间。预培养时间太长降低外植体的转化率，甚至农杆菌侵染后外植体死亡。一般以 2～3d 为宜，例如，矮牵牛、番茄、拟南芥菜叶片转化均需 2d 预培养。但也有相反的结果，有的植物预培养无作用，转化率与未经预培养一样，例如，烟草、豇豆和苜蓿叶片均不需预培养。也有的植物预培养会降低瞬时表达率，如番茄的叶片外植体未经预培养的 *gus* 基因瞬时表达率为 34％～35％，预培养 1～2d，该表达率下降到 10％以下。总之，是否需要预培养，预培养多长时间，要根据不同植物、不同外植体而确定。

4.5.2 外植体的农杆菌接种

所谓外植体接种就是把工程菌接种到外植体的损伤切面。其方法是将切割成小块的外植体浸泡在制备好的工程菌液中，浸泡一定时间后，尚需用无激素植物培养基或无菌水漂洗，再用无菌吸水纸吸干。但目前外植体用菌液浸泡后常不经漂洗，直接放在无菌吸水纸上吸干外植体非伤口面的菌液，即可进行共培养。在接种过程中应注意以下几点。

(1) 掌握外植体在菌液中浸泡的时间，有助于减少后继培养中可能造成的污染，并可减轻细菌对植物细胞的毒害作用，一般控制在数秒至数分钟内，以叶盘边缘充分湿润为度。浸泡时间太短农杆菌尚未接种到伤口面，在其培养时无农杆菌生长，不能转化。如果外植体在菌液中浸泡时间太长，常因农杆菌毒害缺氧而软腐，一般不要超过 30min。

(2) 菌液浓度对不同植物的外植体而言有一定差异，一般浓度范围是 OD_{600}＝0.05～0.7。对农杆菌敏感的植物，因其易产生过敏反应而导致外植体切口处褐化，故常采用较低的 OD 值和较短的浸泡时间。

(3) 浸泡后的外植体在滤纸上吸干要适度，如果暴露时间太长造成外植体失水萎蔫；吸得太干在共培养时切口面无农杆菌生长。因此要明确滤纸吸干的原则是除去过量的菌体。

4.5.3 农杆菌与外植体共培养

接种菌体后的外植体培养在诱导愈伤组织或不定芽分化的固体培养基上，在外植体细胞分裂、生长的同时，农杆菌在外植体切口面也增殖生长，该两者共同培养过程称之为共培养。有的研究中在固体培养基表面加上 1～2 层无菌滤纸，有利于控制外植体上的农杆菌过度增殖。有的植物如猕猴桃叶片外植体共培养时，加滤纸明显优于不加滤纸，*gus* 基因瞬时表达率从 16％上升到 34％，但目前大多数研究者认为无需加滤纸。共培养也可在液体培养中进行，目前采用较少。农杆菌和外植体共培养是整个转化过程中非常重要的环节，因为农杆菌附着，T-DNA 的转移及整合都在这共培养时期内完成，因此共培养技术条件的掌握是转化的关键。

1) 最佳共培养的时间　研究表明，农杆菌转化时并不“侵入”到植物细胞中去，而是把 T-DNA 转移到植物细胞。农杆菌附着后不能立即转化，只有在创伤部位生存 16h 之后的菌株才能诱发

肿瘤，这一段时间称为“细胞调节期”。因此，共培养时间必须长于16h。共培养时间太长，由于农杆菌的过度生长，植物细胞因受到毒害而死亡。共培养时间对转化率有着很大影响，而且不同物种、外植体种类、农杆菌菌株的最佳共培养时间不同。确定最佳共培养时间的方法主要采用 *gus* 基因瞬时表达测定瞬时表达率及表达面积来确定，以表达率高，表达面积大为优。同时还要考虑外植体的受损害程度，以保证外植体的旺盛生长为宜。最后还要以获得的转化愈伤组织频率或转化不定芽频率为最终依据。综合上述三方面因素确定共培养的时间。

2）农杆菌的增殖适度　　共培养中农杆菌的增殖适度直接与转化有关，农杆菌增殖和生长状态与其侵染能力（毒力）相关。如果在共培养时农杆菌增殖生长不良，外植体切口边缘只有很少的农杆菌生长，则转化的概率很小。反之，农杆菌在外植体四周过度增殖，可引起对外植体的毒害，致使其褐化死亡。控制农杆菌增殖适度的原则是既要使菌株在外植体边缘特别是切口面旺盛增殖生长，又不应过度，一般以覆盖切口面为适度。控制农杆菌增殖的方法有以下几种：①调整工程菌液的浓度，生长太快则应降低菌液浓度。②控制共培养时间，农杆菌的增殖生长适度也是确定共培养最佳时间的指标，共培养时间太长可造成农杆菌过度生长。③使用抗生素调控农杆菌的增殖生长，特别是共培养时间较长的植物，常随着共培养时间的加长，农杆菌会过度增殖。因此，一种方法是在共培养基中加入适量的抗生素如羧苄青霉素或头孢霉素。另一种方法是共培养2～3d后的外植体需用含抗生素的液体共培养基充分洗涤，以除去过量的农杆菌，然后转到新鲜的共培养基上继续共培养。共培养结束时若仍存在农杆菌过度增殖，则可再用上述洗涤培养基充分洗涤后进行愈伤组织诱导或不定芽分化培养。

3）共培养中激素的影响　　共培养时培养基中是否加激素，文献报道不一，有的不加激素，有的则认为加激素后促进外植体细胞分裂，保持细胞活力，也有利于转化后细胞的生长，从而提高转化率。如Mansur等（1993）用A281菌株与花生叶片外植体共培养时，加激素比不加激素的肿瘤诱导率提高约30%。Han等（1993）报告，黑刺槐下胚轴用发根农杆菌Ri质粒转化时，共培养基中添加IAA，显著提高发根率。目前大多数研究者采用加激素的方法，而且共培养基与愈伤组织诱导或不定芽诱导培养基相同。

4.6　外植体脱菌及选择培养

4.6.1　外植体的脱菌培养

1）脱菌的抗生素　　与农杆菌共培养后的外植体表面及浅层组织中共生有大量农杆菌。为杀死和抑制农杆菌的生长必须进行脱菌培养，使外植体更好地生长发育。所谓脱菌培养，即把共培养后的外植体转移到含有抗生素的培养基上。常用的脱菌抗生素有羧苄青霉素（carbenicillin，Carb）、头孢霉素（cefotaxine，Cef）及替卡西林（timentin）等。

这些抗生素不仅对农杆菌有杀伤或抑菌作用，而且对植物细胞同样有一定的生物效应，但对不同植物的不同外植体产生的影响不同。Holford等（1992）指出，Carb的分解产物为生长素及苯乙酸，因此Carb可刺激愈伤组织的增殖。Howe等（1994）观察到Cef对杨树的愈伤组织诱导有抑制作用。在甘蓝研究中发现，Carb抑制根分化，Cef抑制芽分化，因此芽分化阶段需用Carb，生根阶段则用Cef。总之，脱菌抗生素对外植体的影响在不同的植物中有很大差异，需要在实验中注意选择。关于脱菌抗生素对农杆菌的抑菌作用强度，不同菌株有一定差异，目前使用最多的还是头孢霉素。这些抗生素的使用浓度一般为500mg/L左右。其使用原则是在达到抑制农杆菌生长的目的后，尽量降低其浓度。

2）脱菌培养的时间　　脱菌培养的时间，一般需5～6次继代培养，但仍然不能把残留的农杆菌杀死，特别是共生在维管束和细胞间隙中的农杆菌。如果停止使用抗生素后的外植体又有农杆菌生长可再使用抗生素脱菌，也有的植物一直使用抗生素，直到试管苗形成。

4.6.2　转化体的选择培养

如何选择转化的细胞也是一个重要环节。转化的细胞和非转化细胞在生长发育过程中存在着竞争，如果转化细胞不能生长起来，转化就不能成功。因此，选择是必不可少的步骤。由于在Ti质粒构建时已作了全盘的设计，T-DNA上插入了标记基因和报道基因，例如，*npt-II* 基因。该基因可产生对Kan的抗性，则在选择培养基中加入Kan抑制非转化细胞的生长，而对转化细胞无抑制作用，从而起到选择的效果，迄今已有多种筛选标记基因及报道基因，在应用中应注意以下几个问题。

1）选择压　　选择抗生素如Kan，加入选择培养基后，对细胞的生长产生一种选择作用，称之为选择压。加入的抗生素浓度越大，选择压也越大。如前一节所叙述的，选择的标记基因和报道基因有许多，常用的有 *npt-II*（新霉素磷酸转移酶）、*hpt*（潮霉素磷酸转移酶）、*dhfr*（三氢叶酸还原酶）、除草剂 *ppt* 等。每一种植物对这些抗生素的敏感性不同，有的对转化细胞有明显的抑制作用；有的基因可以对几种不同的抗生素具有抗性，如 *npt-II* 对 Kan、新霉素及 G418 产生抗性。因此，在选择培养中对抗生素使用要根据不同的植物通过实验来确定，目前最常用的是 *npt-II* 基因。关于选择培养基中抗生素的浓度，即选择压的强度，也要根据植物的特性而定，比较敏感的植物要用较低的 Kan 浓度。一般浓度范围是 Kan 50～100mg/L，*hpt* 10～20mg/L，*ppt* 5～20mg/L。

2）选择的方法及时期　关于选择的方法已有许多研究报道，但不管什么方法，选择的目的是把转化体选择出来。转化体是从转化的细胞再生而成，根据选择和再生的关系来看有两种情况：一种是先再生后选择，即在愈伤组织诱导或不定芽的分化过程中不加入选择压，获得了愈伤组织、不定芽或再生植株后，再在选择培养基中进行转化体筛选。这种做法的最大弊病是嵌合体严重，假转化体多，后期选择纯化困难。第二种情况是先选择后再生，即在愈伤组织诱导或不定芽分化培养的一开始就加入选择压，使非转化细胞的生长受到抑制，只有转化细胞能进行正常生长发育及转化体的再生。这种先选择后再生的方法，尽管可能转化体少，但嵌合体少，假转化体少，转化体纯化方便。这两种情况，后者是在细胞水平上选择，而前者是在组织或个体水平选择，各有其长，各有所用。

按照选择压加入的时期不同，选择的方法又可分为三种：前期选择、延迟选择和后期选择。前期选择就是外植体共培养后，在转入愈伤组织或不定芽诱导的一开始就加入选择压，相当于前面讲到的先选择后再生。这种方法的使用者认为，前期选择有利于转化细胞对非转化细胞的竞争，提高转化率。但有的植物采用这种方法不能得到转化植株。有的实验表明，如果采用第三种后期选择，即相当于前面说的先再生后选择，有利于提高转化率。因为未转化的细胞在含 Kan 选择培养基上不能生长。孤独的转化细胞生长能力太弱也难于生长形成转化体。在无选择培养基中非转化细胞同样能生长，并对转化细胞有滋养作用，从而有利于转化细胞的生长，常常采用的看护培养也是利用这些原理。为此，充分利用非转化细胞的滋养作用可提高转化率。但是也应看到转化细胞的生长对非转化细胞也有滋养作用，例如，转化嵌合体中非转化细胞在含 Kan 的选择培养基中不能正常生长。其细胞中 70S 核糖体功能被抑制，再生的植株叶片呈白化状态。这些非转化细胞虽然不能进行光合作用，由于转化细胞的滋养也能正常生活，但结果产生许多嵌合体，使其再生植株的选择十分困难。因此，许多人采用了第二种方法延迟选择，即当愈伤组织和不定芽诱导培养时开始不加选择压，过一周或一定时间后再加入选择压。这样既有利于转化细胞生长又不会产生更多的嵌合体，例如，在甘蓝转 *cpti* 基因的研究中采用此方法，转化率提高一倍，嵌合体相对较少。但是，在甜瓜子叶转化研究中观察到前期选择法的转化率为 30%，延迟选择的转化率为 20%，后期选择的转化率为 10%。因此采用什么选择法应该因植物而定。

3）选择培养过程中转化和再生细胞的一致性

在选择培养条件下再生细胞和转化细胞是否一致，关系到能否得到真正的转化体。只有同时具有再生和转化潜力的细胞才有可能分化成转基因植株。因此再生部位和可被转化的细胞部位应该发源一致，反之得到的可能是假转化体。假转化体在继代选择培养中常生长不良而死亡或白化。在转化过程中出现假转化体是不可避免的，只是频率高低不同而已。其原因可能是：①外植体的再生部位与选择培养基未充分接触，选择压不起作用；②转化细胞对非转化细胞的滋养作用；③转移 T-DNA 未整合，只是瞬时表达；④生理性抗性植株。

此外，关于选择培养基中的激素使用，原则上和再生系统建立时相同，但应注意观察实验中的现象并适当作相应的调整，因为在选择培养基中加入选择抗生素 Kan 及脱菌抗生素 Cef 等对外植体细胞的生长发育、分化会有一定影响。对选择愈伤组织中获得的转化愈伤组织或不定芽均应编号（E_0），继续扩繁培养形成克隆，并且进一步筛选和纯化。

5　根癌农杆菌转化方法

上面已叙述了农杆菌 Ti 质粒转化的基本程序和步骤。但在转化研究中由于植物的基因型、转化目的及试材条件不同，应采取不同的技术措施。在长期的研究中已建立多种转化的方法适用于不同的要求。

5.1　整体植株接种共感染法

从图 29-4A 可见，该途径是模仿农杆菌天然的感染过程，人为地在整体植株上造成创伤部位，然后把农杆菌接种在创伤面上，或用针头把农杆菌注射到植株体内，使农杆菌在植株体内进行侵染实现转化，获得转化的植物细胞，因此也称之为体内转化为了获得更高的转化频率，一般采用无菌的。种子实生苗或试管苗。它是最简便的转化方法，其优点是：实验周期短；充分利用了这些无菌实生苗的生长潜力；避免在转化过程中其他细菌的污染；菌株接种的伤口与培养基分离，以免农杆菌在培养基上过度生长；允许在无抗生素的培养基上进行；具有较高的转化成功率。但是该方法最大的问题是转化组织中常混有较多未转化的正常细胞，即形成严重的嵌合体，其次是需要大量的无菌苗材料，转化细胞的筛选比较困难。

如果转化的是野生型致瘤农杆菌，则几天后可在创伤接种部位诱导出肿瘤。非致瘤载体的农杆菌进行整株感染时筛选转化细胞较困难，但可将感染部位薄层组织切下来，然后在选择培养基上进行转化体的筛选培养。该方法特别适合于野生型致瘤农杆菌的转化。

5.2　叶盘转化法

5.2.1　叶盘法转化的操作及其优点

叶盘转化法（leaf dish transformation）是由 Horsch 等（1985）发展起来的一种转化方法，其操作步骤如图 29-4B 所示。首先是用打孔器从消毒叶片上取得叶圆片，也称之叶盘。在过夜培养的对数生长期的农杆菌的菌液中浸数秒后，置于培养基上共培养 2～3d，待菌株在叶盘周围生长至肉眼可见菌落时再转移到含有抑菌剂的培养基中除去农杆菌，与此同时该培养基中加入抗生素进行转化体选择，经过 3～4 周培养可获得转化的再生植株。

其优点是适用性广，对于那些能被农杆菌感染的，并能从叶子再生植株的各种植物都可适用。改良的叶盘法可适用于其他外植体如茎段、叶柄、胚轴、子叶，甚至萌发的种子等，不仅操作简单而且有很高的重复性。为此，采用叶盘法可以在实验室内多次重复实验培养大量转化植株。但是应强调的是，叶盘法不是对所有植物都适用，如实验已证明该技术用于马铃薯的转化相当困难，主要是因为马铃薯的叶盘很难分化成再生植株。所以，是否采用该方法主要视其叶片的再生能力。

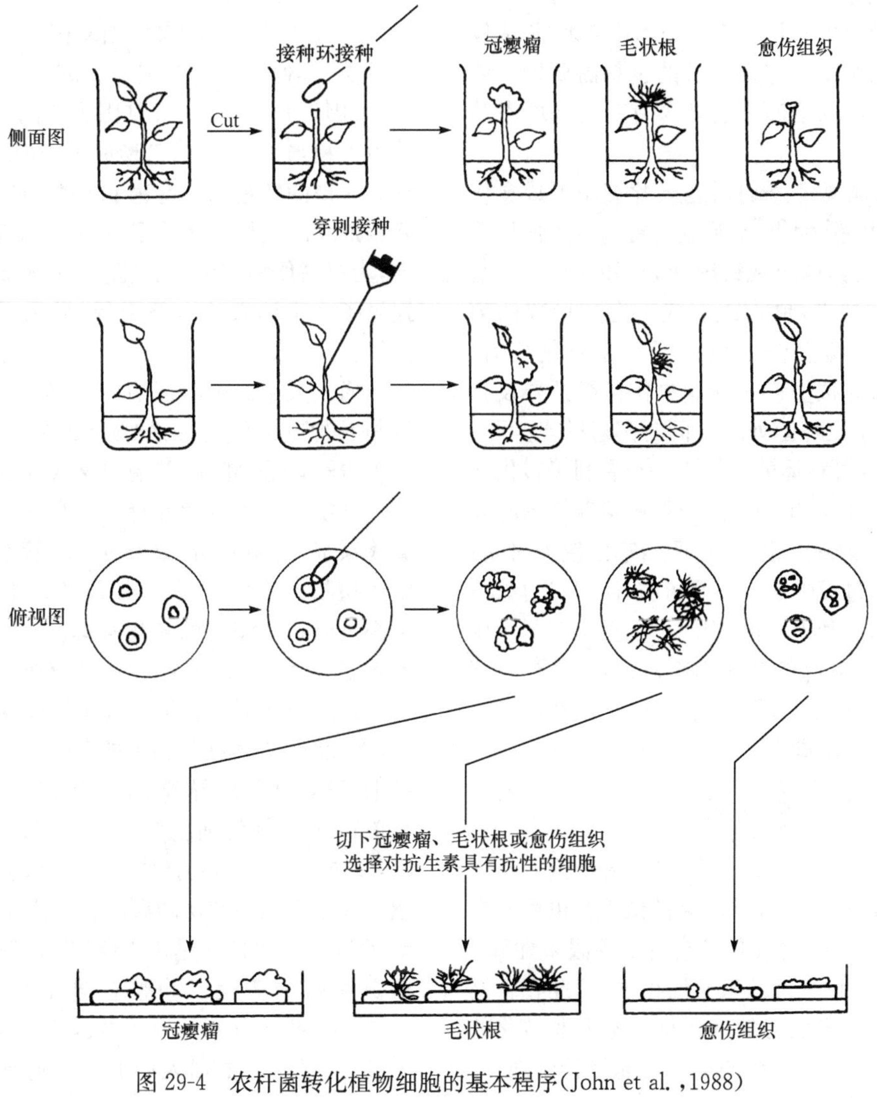

图 29-4　农杆菌转化植物细胞的基本程序（John et al.，1988）

5.2.2 叶盘法转化的一些技术问题及注意事项

从大量的实验中已总结出叶盘法转化的一些技术问题。

(1) 看护培养可明显提高转化率。例如，在烟草叶盘法转化时，用烟草的悬浮培养细胞制成的滋养板对农杆菌处理过的叶盘进行看护培养，可使烟草的转化效率提高3倍左右。其机制可能是滋养细胞补充了叶盘释放信号分子的不足及其生长的调控因子。

(2) 在采用其他组织器官为外植体时，要注意转化敏感细胞在外植体的部位，因为农杆菌难以侵入深层部位。叶片的切口边缘形成的不定芽主要来源于对农杆菌转化敏感的分裂细胞，其他类型的外植体常包含休眠分生组织或存在于外植体内部的分生细胞层，它们不易使农杆菌深入到达侵染，亚麻下胚轴外植体即如此。

(3) 在适合的培养基上培养时，叶盘的切口处转化细胞快速分裂产生愈伤组织。如果培养在分化培养基上时，切口处将产生转化不定芽，并常伴随有少量愈伤组织。这是正常的也是需要的。启动叶盘植株再生的培养基通常含有高比例的激动素/生长素。

(4) 详细地观察、统计叶盘转化细胞形成愈伤组织的位点、数量、大小、类型及与对照组的比较等是十分重要的，具体应观察统计如下内容：①叶盘中功能细胞的位点，愈伤组织或不定芽形成的部位；②CK_0 的叶盘愈伤组织和不定芽分化能力；③抑菌剂和选择抗生素对叶盘愈伤组织诱导及其分化的影响；④农杆菌处理不同时间对叶盘生长、分化的影响；⑤外植体的预培养是否有利于转化。

注意事项：①叶组织浸入农杆菌培养液中时间过长会导致植物细胞损伤，应适当掌握侵染时间；②叶片在培养过程中常膨大而扭曲，使切口边缘不能接触培养基不利于转化，因此可以把切口边缘压入培养基中；③叶脉的功能细胞常常在深层，农杆菌不易侵入，因此不易转化，特别是主脉，在制备叶盘时最好避免叶脉进入。

5.2.3 转化苗的生根

一般情况下试管苗对卡那霉素选择压力不如愈伤组织那样敏感，因此非转化的试管苗也可能在选择培养基上生长，这就是经常所说的假阳性(escapes)。但根对抗生素的敏感性很强，因此在含高浓度卡那霉素选择压力的选择培养基上非转化的苗是难生根的，只有转化的苗才可能重新生根，所以苗的生根能力是实现转化的一个有力佐证。转化苗生根培养时的一些技术问题简述如下：①切下幼茎常带2～3片叶，避免用细长的或白化的苗作生根培养，因为生理状态不佳的苗难以长出健壮的根。②用不加卡那霉素选择压力的培养基对照转化苗生根培养是非常必要的。③在5～20d内应定期检查外植体生根、黄化和新叶形成情况，在一些非转化苗黄化死亡的前几周，也可能长出新叶，但最终还是死亡。只有转化的苗才能在含Kan的培养基上获得生根和旺盛生长。④对有些植物而言，在非选择培养基上再生苗，而在含卡那霉素选择压力培养基上再生根可能更有效。⑤为了使无根试管苗在生根培养时不形成或少形成愈伤组织，在生根培养基中常不含或只含低水平的生长素如IAA，这样茎尖产生的IAA能向茎段运输，使其基部生根。⑥在生根培养基中保持抑菌抗生素浓度，以防农杆菌在植物组织内存活。

6 根癌农杆菌转化系统的评述

最近30年，根癌农杆菌基因转化载体系统日趋成熟，人们从植物基因的分离、基因工程载体构建、基因转化，直到外源基因表达的检测等方面都获得了相当大的进展，已形成了相当成熟的实验流程。获得的转基因植物达116种，在抗病、抗虫、抗除草剂和改良植物果实品质等方面都已应用于生产，为提高作物产量、抗逆能力、优质高产良种选育提供了一条诱人的全新途径，显示了潜在的美好前景。

通过大量的实验证明，农杆菌Ti质粒转化系统与其他基因转化体系(如DNA直接导入，基因枪轰击转化等)相比，具有许多突出的优点。①该转化系统是利用自然界存在的称之为天然的转化载体系统，成功率高、效果好。不管是用菌株接种整体植物的伤口，还是直接侵染离体培养细胞，通常都可以获得满意的转化频率。②在所有的转化系统中，农杆菌Ti质粒转化系统机制研究得最清楚，方法最成熟，应用也最广泛。③Ti质粒的T-DNA区可以容纳相当大的DNA片段插入，目前已把长达50kb的异源DNA序列通过T-DNA完整地转移到植物细胞中。④T-DNA上含有引导DNA转移和整合的序列，以及能够被高等植物细胞转录系统识别的功能启动子和转录信号，使插入到T-DNA区的外源基因能够随同T-DNA一道在植物细胞中表达。⑤整合进植物基因组中的T-DNA及插入其间的外源基因不仅能在植物细胞中表达，而且可根据人们的需要连接不同的启动子,使外源基因能够在再生植株的各种组织器官中特异性表达。例如,在果实中表达,在叶中表达,甚至仅在根中表达,即可进行人为地控制。⑥农杆菌 Ti 质粒转化系统转化的外源基因以单拷贝为多数,遗传稳定性好,并且多数符合孟德尔遗传规律,因此转基因植株能较好地为育种提供了中间选育材料。

根癌农杆菌 Ti 质粒载体系统作为一个植物基因转化载体系统的不足之处是尽管近年来,关于根癌农杆菌介导转化单子叶植物的研究报道已有不少。但转化率较低,敏感性较差。此外外源 DNA 整合的随机性及其基因结构功能的不确定性机制仍然不清楚,有待解决。近年来,关于根癌农杆菌介导转化单子叶植物的研究报道已有不少。根癌农杆菌 Ti 质粒载体系统还难以实现多基因转化的要求。

复　习　题

名词解释

冠瘿碱、农杆菌的趋化性、农杆菌的叶盘转化法、超驱动序列

问题

(1) 图解根瘤农杆菌侵染植物细胞的化学机制。

(2) 设计采用叶盘法进行农杆菌基因转化的科研方案。

(3) 简述根瘤农杆菌介导基因转化的基本原理。

第 30 章

发根农杆菌 Ri 质粒基因转化

发根农杆菌(*Agrobacterium rhizogenes*,Ar)和根癌农杆菌(*Agrobacterium tumefaciens*,At)同属于根瘤菌科,均为革兰氏阴性菌。它们都可以侵染植物细胞,但引起不同的病症。根癌农杆菌感染植物细胞后诱导冠瘿瘤及合成冠瘿碱,故称为瘤诱导 Ti 质粒(tumor inducing plasmid)。发根农杆菌侵染后植物细胞产生许多不定根,这种不定根生长迅速,不断分枝成毛状,故称之为毛状根(hairy root),也称为发状根,分别简称为毛根或发根,Ri 质粒为根诱导质粒(root inducing plasmid)。长期以来,人们很重视 Ti 质粒的研究,并取得较大进展。对发根农杆菌的研究主要集中在毛根的病害及与根癌农杆菌的相似性上。直到 20 世纪 80 年代以后科学家才对 Ri 质粒研究开始产生兴趣,特别是日本、欧洲国家、美国等发达国家的许多学者从多方面研究了 Ri 质粒及其转化特点。近年来,国内有些实验室也相继开始了这方面的研究工作。现在认识到,和 Ti 质粒相比,Ri 质粒转化具有许多优点:①Ri 质粒可以不经"解除武装(disarm)"进行转化,并且转化产生的发根能够再生植株;②发状根是一个单细胞克隆,可以避免嵌合体;③可直接作为中间载体;④Ri 质粒和 Ti 质粒可以配合使用,建立双元载体系统,拓展了两类质粒在植物基因工程中的应用范围;⑤发根适于进行离体培养,而且很多植物的发根在离体培养条件下都表现出原植株次生代谢产物的合成能力。因此,Ri 质粒不仅可作为转化的优良载体,而且可能应用于有价值的次生代谢物的生产。显然,对发根农杆菌的研究将促进其开发和利用,本章将对发根农杆菌作比较全面的介绍。

1 发根农杆菌的生物学特性

1.1 发根农杆菌的宿主及转化体的特性

发根农杆菌是一种寄主非常广泛的土壤细菌,能够侵染几乎所有的双子叶植物和少数单子叶植物。据统计,目前已有数百种植物感染 Ri 质粒后产生毛状根,其中大部分是双子叶植物和裸子植物,单子叶植物报道甚少。发根农杆菌感染植物伤口,经一周到数周后出现毛状根(图 30-1)。毛状根没有向地性,除菌后在无生长激素的培养基上培养,可迅速生长并产生许多分枝,其增长速度一个月可增殖几百倍。通过培养可直接从毛状根再生植株,或通过诱导愈伤组织再分化出再生植株。关于 Ri 质粒转化植株的形态特征是非常值得重视的,尽管发根农杆菌的种类不同及转化所采用的植物材料不同,但它们的转化体绝大多数具有共同的特征:①能在无激素培养基上生长。②分生不定根和侧根的能力极强,呈现毛状根。③根趋向于水平生长,向地性全部或部分消失,多数根含有相应的冠瘿碱。但是不同植物在转化根的生长习性上有一定差异,同一植物的不同组织也可产生不同的转化根系。④转化植株的形态、生理及生长发育特性也表现出一系列异常变化。许多发根农杆菌转化植株的叶缘缺刻变浅、叶片皱缩、节间缩短、顶端优势减弱、侧根和不定根分生能力增强等。

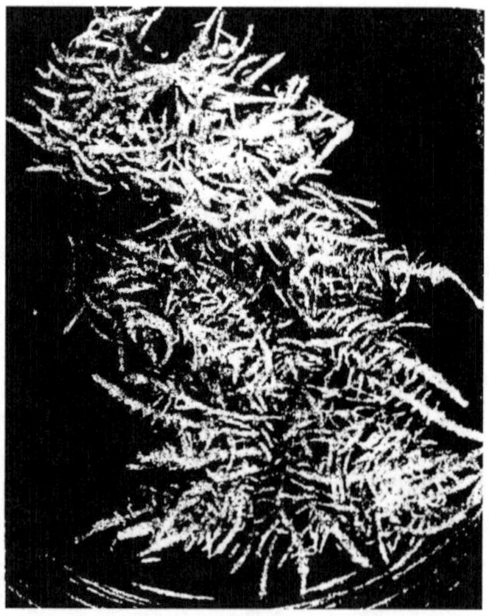

图 30-1 发根农杆菌 Ar. 15834 转化甜瓜诱导的毛状根(Bernard et al. ,1993)

由于甘露碱和黄瓜碱类型 Ri 质粒的单一 T-DNA 区携带有在转化细胞中编码冠瘿碱合成的基因,所以那些转化根和转化植株常含有冠瘿碱。因此冠瘿碱已成为转化的一个可靠标记,也是转化体的筛选标记。

上述现象,即转化植株的形态变异称之为“发根综合征”(hairy-root syndrome)。它是一种普遍的现象,目前已在烟草、番茄、马铃薯、旋花科植物甘薯、豆科植物百脉根、木本植物刺槐等观察到。其机制是与 Ri 质粒的 TL-DNA 上的 *rolA*、*rolB*、*rolC* 基因位点有关,这些位点参与发根的形成。*rolB* 或 *rolC* 基因转入烟草、番茄、马铃薯后均发现表型改变。Kurioka 等(1992),将 35S/*rolC* 转入番茄后,转基因植株除了表型改变外,还发现提前开花,且每节都开花。如果转化时不采用 35S 启动子,而使用 *rolC* 基因本身的启动子,则无表型变异,说明 35S 启动子能使 *rolC* 基因高水平表达。虽然发根农杆菌转化植株中有些改变是不良的园艺性状,但只要转基因植株群体足够大时,或者不影响花的形成及育性,仍然有可能通过当代或后代选择获得正常的。无 *rol* 基因影响的表型。节间缩短、矮化及根系发达或许在矮秆、抗旱及抗倒伏育种上有重要意义。

Ri 质粒感染产生病症的过程和 Ti 质粒相似:①*A. rhizogenes* 感染植物伤口后,受伤的植物细胞合成一种特殊的小分子化合物,如酚类化合物(phenol carbolic acid)等,从而诱导 Ri 质粒的 Vir 区基因群活化;②在 Vir 区基因表达产生的酶作用下 T-DNA 被切下;③T-DNA 转移到植物细胞并整合到植物基因组 DNA;④T-DNA 在植物细胞中得到转录和转译,发挥其功能出现病症。在此过程中 *vir* 基因的活化和植物本身存在感染因子是最初感染的关键。

1.2　发根农杆菌的分类及命名

根据来源的不同,开始人们将发根农杆菌分为 8196 和 A4 两大类。前者是从苹果树上分离得到的,致毒力较弱;后者是从玫瑰植株上分离得到的,致毒力较强。A4 型菌株导致的转化组织合成各种农杆碱(agropine),有 81%菌株导致转化组织合成与农杆碱有关的其他冠瘿碱,因此通常把 A4 型菌株叫做农杆碱型菌株,而把 8196 型菌株叫做甘露碱(mannopine)型菌株。此外,近来发现一种叫做甜瓜碱,也称黄瓜碱[cucumopine,4-carboxy-4(2-carboxythyl)spi-nacine]的冠瘿碱,它是组氨酸和 α-酮戊二酸缩合物,故称黄瓜碱型发根农杆菌。迄今,对发根农杆菌的分类和命名研究已比较深入,和 *A. tumefaciens* 菌株一样,*A. rhizogenes* Ri 质粒是根据转化根中合成的冠瘿碱来分类,并根据质粒的分解代谢途径来分级的。*A. rhizogenes* 可分为三种菌株类型,诱导合成 7 种冠瘿碱。这些发根农杆菌的分类命名、Ri 质粒类型及代表菌株等归纳为表 30-1。

表 30-1　Ri 质粒类型及代表菌株

类型	诱导合成的冠瘿碱种类	代表菌株	质粒
农杆碱型	农杆碱 农杆碱酸 甘露碱 甘露碱酸 农杆碱素 A	1855	pAr15834a
		15834	pAr15834a pRi15834 pAr15834c
		A4	pArA4a pRiA4 pAra4c
		HRI	pRiHRI
		TR105	Ri105
甘露碱型	甘露碱 甘露碱酸 农杆碱酸 农杆碱素 C	8196	pAr8196a pRi8196 pAr8196c
		TR107NCPPB	Ri107
黄瓜碱型	黄瓜碱	2659	pRi2659
		NCPPB 2657	pRi2657

像 Ti 质粒一样,虽然 Ri 质粒具有多种形式,但它们能够归属于两种生物型菌株(biovar1 和 biovar2)。农杆碱型(agropine type)和甘露碱型(mannopine type)菌株是属于 grobactorium biovar2(生物型 2),而黄瓜碱型(cucumopine type)菌株属于 biovar1(生物型 1)。它们像 Ti 质粒一样能够在细菌之间进行质粒转移。

1.3　毛状根是单细胞克隆体

对单个根尖培养系的研究表明,一个毛根是单个转化细胞的克隆体。即使它们含有多个独立的转化毛根,每个毛根的 T-DNA 结构是非常稳定的,并且单个根尖的分枝也常常具有像亲本根系一样的 T-DNA 基因结构。实验表明,那些已经历了体细胞胚胎阶段的胡萝卜再生植株同样表现出和其亲本培养物一样的 T-DNA 组成。毛根植株的有性后代的遗传分析进一步表明,子代的分离类型完全和亲本的一个克隆组分相一致。因此,虽然只有有限的植物被详细研究,但是可以得到这样的结论:如果不是全部的话,那么至少是大部分的毛根是单克隆体。毛根克隆的特性及它们特殊表型有利于转化体的分离。相对地说,冠瘿瘤通常是嵌合体。

1.4 发根农杆菌的冠瘿碱合成

在带有完整 T-DNA 的 Ti 质粒或 Ri 质粒的转化植物细胞中，都能检测到一类特殊的非蛋白态的氨基酸，这一类氨基酸被总称为冠瘿碱(opine)。在 Ri 质粒转化细胞中检测到的冠瘿碱有农杆碱、甘露碱、黄瓜碱、农杆碱酸、农杆碱素 A～D(agrocinopine A～D)，这些冠瘿碱合成基因存在于 T-DNA 上。在真核生物细胞中具有冠瘿碱基因的功能启动子，因此，T-DNA 上这些冠瘿碱合成基因只能在真核细胞中转录，而不能在农杆菌中转录。在 Ri 质粒转化的细胞中检测到的冠瘿碱，因感染的发根农杆菌的种类不同而有差异，即某一农杆菌类型合成一种或几种相应类型的冠瘿碱，也导致发根农杆菌的上述不同分类。

2 发根农杆菌基因转化策略

Ti 质粒作为载体进行基因转化时，必须首先解除“武装”(disarmed)，因为 Ti 质粒的 T-DNA 上具有致病基因，该基因的表达和植物再生是不相容的。然而，Ri 质粒的 T-DNA 上的基因不影响植株再生，野生的 Ri 质粒直接可以作转化载体。因此，转化策略上与 Ti 质粒略有不同，但基本程序与 Ti 质粒相同。

Ri 质粒转化的一般程序是：①中间表达载体构建，将目的基因导入 T-DNA；②Ri 质粒的转化载体构建，将中间载体导入发根农杆菌；③利用发根农杆菌工程菌液转化植物受体细胞，诱导毛状根；④对毛状根进行筛选、检测和除菌；⑤从毛状根诱导转基因植株。关于 Ri 质粒转化有上述两种转化策略。

2.1 共整合载体转化

在 Ri 共整合载体的构建过程中，中间载体常用 pBR322、pBI121 及 pBI101 等，并带有 *nos-pro*，*nos-ter*(T-DNA 限制性内切酶片段)及 *npt-Ⅱ* 基因等。把目的基因插入 T-DNA 中，构成中间表达载体。然后通过诱导菌株的协助质粒，常用 *E. coli* HB101(pRK2013)和野生型的发根农杆菌直接进行三亲杂交，再通过同源重组把中间载体整合到 Ri 质粒的 T-DNA 中，即构建成带有目的基因的共整合载体。它和 Ti 质粒的共整合载体不同之处是可直接利用野生型的 Ri 质粒。

Stougard 等(1987)曾利用共整合载体将外源基因导入烟草、牛角花、番茄等植株，并得到表达。Morgan 等(1987)构建了中间载体 pAMNeo10，并利用 pRiA4 和 pAM-Neo10 之间的共整合载体，成功地获得了具有 Kan 抗性的番茄转化根和转化植株。Robaglia 等(1987)利用 pBR322 构建了一系列的中间载体，它们拥有片段农杆碱型 pRiTL-DNA 的 *Hind*Ⅲ 32 或 pBR322 的 *Eco*RⅠ-36，利于使其整合到 Ri 质粒的 TL-DNA 区。

2.2 双元载体转化

Ri 质粒双元载体的转化策略及其构建程序基本和 Ti 质粒相同。其原理主要是 Ri 质粒的 *vir* 基因在反式条件下同样能驱动 T-DNA 转移，即 Vir 区基因和 T-DNA 分别在两个 Ri 质粒上同样能执行上述功能。但是有一个十分有趣的问题：Ri 质粒与 Ti 质粒之间的 *vir* 基因和 T-DNA 功能关系，即 Ri 质粒的 *vir* 基因能否诱导 Ti 质粒的 T-DNA 的转移，Ri 质粒和 Ti 质粒之间能否进行接合转移等。

2.3 Ri 质粒与 Ti 质粒的相容性

早在 1984 年 Hooykaas 等的研究表明，菌株 1885 的 Ri 质粒可以提供侵染功能来弥补 Ti 质粒突变菌株失去的侵染能力。Ri 质粒的 Vir 区基因既可以诱导 pRiT-DNA 的转化，又可诱导 pTi-DNA 的转化。Simpson 等(1986)描述了一种以野生型 Ri 质粒作为侵染转化的双元载体：他们构建了两个 mini-Ti 质粒载体，该载体具有来自广泛寄主范围的 pK2 质粒的 Ori 区及 *npt-Ⅱ* 和含 *nopine* 基因的 pTi37 的 T-DNA 边界。用野生型 pRiA4 质粒和 mini-Ti 质粒转化获得的烟草、大豆、苜蓿和番茄的转化根都具有 Ti 质粒的 T-DNA。该实验表明 pTi 质粒的 T-DNA 可以在 Ri 质粒的 *vir* 基因的作用下进行转化。Petit 等(1986)把野生型 Ri 质粒接合到根癌农杆菌 C58C1(pGV3850)中。该菌株侵染胡萝卜等植物时，在诱导出的毛根中 60%～90%含有胭脂碱合成酶。该实验表明 Ri 质粒与 Ti 质粒具有相容性，能够进行共转化。

3 发根农杆菌基因转化的方法及操作原理

目前发根农杆菌转化的方法很多，但转化的基本程序是一致的：①发根农杆菌的纯化培养；②被转化植物材料的预培养和切割；③菌株在植物外植体上的接种和共培养(cocultivation)；④诱导毛根的分离和培养；⑤转化体的确认和选择；⑥转化体毛状根的植株再生培养；⑦转化体的生物测定和分析。在发根农杆菌介导的转化实验中，作为受体植物的外植体通常有下胚轴切段、茎切段、叶圆片、肉质根和块茎圆片、悬浮培养的植物细胞及原生质体，整体整株也可作为接种的外植体。下面对每一个方法进行较为详细的叙述。

3.1　转化方法

3.1.1　直接接种法

用新鲜菌液对发芽数日或 2 周内的无菌幼苗或试管苗的茎部进行 1～3 次注射接种，2 周后于注射处长出毛状根。茎切段一般取自大田或温室内的植株，将表面消毒的茎切段插入培养基，用沾有发根农杆菌悬浮液的刀片刺穿或切伤茎切段的任何部位，通过培养后在刺伤和切伤部位长出毛状根。利用愈伤组织进行直接注射菌液也是一个很好的直接转化方法。

3.1.2　外植体共感染接种法

常用的外植体有胚轴、子叶、子叶节、幼叶、肉质根、块茎及未成熟胚。首先对外植体进行常规消毒(无菌苗不用消毒)。然后将外植体在菌液中浸染数秒，重复 1～3 次，然后进行共培养。下胚轴切段倒插法是一种较为常见的方法，叶盘法也是常用的方法，叶盘侵染后应以叶背面朝上放在培养基上。毛根的发生部位常常在叶圆片的周围切口处。但叶盘法最易引起植物组织周围发根农杆菌的过分生长和培养基的污染，导致叶片的黄化和死亡。

3.2　毛状根的培养

3.2.1　毛状根的除菌培养

(1) 切取毛状根尖端部分放在有抗生素的培养基上，进行 2～3 周 3～4 次继代培养，然后转入无抗生素培养基上观察，确认无菌后进行分化培养。抗生素对毛状根生长有影响，使生长停止或愈伤组织分化，除去抗生素后毛状根生长可恢复。

(2) 为了避免抗生素的抑制作用，可用不含抗生素培养基多次截取毛状根先端进行继代培养，也可达到除菌目的。

3.2.2　毛状根的增殖培养

除菌后的毛状根在无激素培养基上可迅速增殖。如在低盐浓度的 White 培养基上(特别是在液体培养基中恒温、黑暗、振荡培养下)，有的一个月可增殖数千倍。在高盐浓度的 MS 培养基培养，毛状根生长停止，在根端和后部产生许多瘤状突起与愈伤组织块。

3.2.3　毛状根的选择培养

由于转化的 T-DNA 不同，毛根的生长速度、分枝形态会有差异。有的毛状根生长缓慢，可能是毛状根缺少 TL-DNA，因此对毛状根必须进行筛选。

3.2.4　毛状根的分化再生培养

利用 Ri 质粒转移外源基因容易从毛状根或愈伤组织上产生再生植株。烟草在无激素的 MS 培养基上培养，在毛状根上产生大量的不定芽，由不定芽产生再生植株。多数植物从毛状根诱导再生植株需要在培养基中添加激素。胡萝卜等植物从毛状根分化再生植株，是通过不定胚途径，而马铃薯、油菜等植物在萘乙酸和细胞分裂素的作用下，由不定芽产生再生植株。

3.2.5　转化植株的检测

由于再生植株通常有 T-DNA 基因群的作用，常表现叶皱缩、节间短、不定根多等形态特征。检测 T-DNA 是否导入和表达，可用纸电泳法分析是否有农杆碱与甘露碱(农杆碱型 Ri 质粒也产生甘露碱)的存在。确定目的基因是否导入必须用分子杂交法对转化株 DNA 进行检测，其方法与 Ti 质粒转化相同。

4　发根农杆菌基因转化的影响因素

4.1　发根农杆菌种类之间侵染能力的差异

在胡萝卜圆盘接种及敏感反应时，观察到强侵染力的菌株在圆盘的顶面及两边都可诱导毛根的形成，而弱侵染力的菌株只在圆盘顶面形成根尖。关于不同类型菌株侵染力差别的原因现已查明，毛根的发育可以分为 2 个阶段：①根的原初分生组织开始形成阶段；②根的生长和次生根分生组织形成阶段。对于这两个阶段，仅前一阶段需要高浓度的生长素。侵染力强的农杆碱型菌株的 Ri 质粒上有 TL-DNA 和 TR-DNA，在 TR-DNA 上有生长素合成基因 *tms1*、*tms2*。而侵染力弱的黄瓜碱型及甘露碱型菌株 Ri 质粒上只有 TL-DNA 而无 TR-DNA。因此农杆碱型菌株能够引起寄主细胞合成生长素，这些基因表达合成的生长素足以供应 TL-DNA 转化细胞的根的形成，而其他类型的发根农杆菌则不能。只带有 TL-DNA 的农杆碱菌株几乎不诱导毛根产生。但是该结论只是从 TR-DNA 的功能来论述，影响侵染力及毛根发生的因素还很多。

4.2 发根农杆菌 Vir 区基因的影响

vir 基因的表达是 T-DNA 转移的前提，因此 *vir* 基因表达的强弱直接关系到侵染力的强弱，故 Vir 区称为致病区(virulence region)。*virA* 的基因表达产物可能是植物信号分子的环境敏感因子。它能直接或间接感受植物细胞的酚类化合物的存在，并结合成复合体，再激活 *virG* 基因的表达，从而诱导 Vir 区其他基因的表达。其中 *virD* 可编码两个分子质量为 16.2kDa 和 4.7kDa 的多肽，这两个多肽共同作用表现为限制性核酸内切酶活性，专一性识别 T-DNA 的两个 25bp 边界序列，并在这两个部位剪切形成游离的 T-DNA。然后游离的 T-DNA，在其他 *vir* 基因产物的协同作用下以某种方式转移并整合到植物核基因组中。可见 *vir* 基因表达对侵染具有重要作用。*vir* 基因的表达又受到启动子的调控，强表达的启动子或启动子的增强子均可提高 *vir* 基因的表达而提高侵染力。菌株的致病力强弱直接影响感染效果，利用强致病性菌株 pRi15834 对裸子植物多数物种能诱导出毛状根。这和 Vir 区和 TR-DNA 的 *tms* 基因有关。对弱致病菌株感染的植物，用不同的生长激素(auxin)处理可增加感染率，由此可见，感染与生长激素关系甚大。

4.3 发根农杆菌染色体基因的影响

侵染过程除与 Vir 区基因群活化有关外，发根农杆菌的染色体 DNA 基因对其侵染力同样有着一定的作用。实验中已观察到农杆菌附着到植物细胞壁上，受伤的植物细胞壁释放的酚类物质激活 *vir* 基因过程均有核基因参与。目前知道农杆菌核基因组 DNA 中至少有两个基因 *chvA* 和 *chvB* 与纤维素及 β-D-1,2-葡聚糖合成有关。*chv* 基因缺失感染率降低，成为狭寄主性。农杆菌核基因组中存在着色氨酸合成酶基因也与感染率有关。

4.4 宿主对发根农杆菌侵染的敏感性

值得注意的是，在 Ri 质粒转化过程中寄主植物本身的参与也是极为重要的。几乎所有研究者的结果都表明，即使同一菌种在不同植物如烟草和胡萝卜，或者在不同接种部位如胡萝卜块根上部和下部，其转化结果都有差异。其主要原因是两个方面：①被转化植物细胞产生的酚类诱导物的性质、种类及数量差异；②转化的植物生理状态及基因表达状态的差异。实验表明，感染与病症出现和宿主植物种类、感染部位、生理状态、年龄、植物自身合成抗性物质及感染时环境条件等均有关。例如，用 Ri 质粒感染葡萄时，只出现肿瘤不出现毛状根；感染荞麦时，在干旱条件下只在节上产生肿瘤而不出现毛状根；感染某些健壮的药用植物植株，则出现典型的毛状根；在室外感染成熟植株则不出现病症；在温室或实验室内感染幼小的实生苗则容易出现典型的毛状根；在温度不适的条件下只出现瘤状突起而不出现毛根；接种部位和病症出现也有关系，在切茎生理上端接种时，外植体不出现病症；在生理下端接种时，则容易出现毛状根。

5 发根农杆菌转化的应用

利用 Ri 质粒载体导入外源基因有许多优点：如可直接作为中间载体的受体、不影响植株再生、转化的植株是纯合体等，从而日益受到人们的重视。更令人欣慰的是转化体内的 T-DNA 基因及引起的异常形态生理表现对植物本身并没有明显害处。相反，有些 T-DNA 基因及由它形成的形态有利于作物改良和生产。RiT-DNA 的转化体在植物遗传育种上可作为一种选择优良性状的系统，迄今，国内外利用发根农杆菌转化已获得几十种转基因植株，具体应用有以下几个方面。

5.1 促进生根

由于发根农杆菌 Ri 质粒的 TL-DNA 上有 *rolA*～*D* 基因群，TR-DNA 有 *tms* 基因，被感染的寄主植物伤口可产生大量的不定根，对插枝困难的某些木本植物、裸子植物，如葡萄、桃子、杉树等有促进生根的作用，提高成活率，在伤口处涂抹菌液后产生不定根数量比对照组增加 1.5 倍，还可使结实提前，产量增加。将 RiT-DNA 转入石刁柏等难于生根的植物中，可以使这些植物获得生根的性状。特别是果树的砧木要求有发达的根系，但是往往一些矮化性状好的砧木根系不发达，有待通过 RiT-DNA 的转化改良其发根性状。

5.2 增强抗逆性

许多植物转化后侧根分生能力大为增强，在这些根系发达的植株中，可选择抗旱能力较强的品系和单株。Moore 等在 1992 年就报道，发根农杆菌侵染苹果树后其抗旱性增强。另一方面，许多植物转化根系生长的向地性不明显，根系分布在浅土层中。从这些根系分布较浅的转化植株中，又可选择抗涝性的作物品种。可见，RiT-DNA 转化后在增强植物抗逆性上有很大的选择潜力。

5.3 次生代谢产物生产

Ri 质粒诱导的毛状根在无激素培养基上培

养，可迅速增殖。据镰田报道，一个月可增殖60～200倍，有的植物在适宜的培养条件下可增殖2000～5000倍。因此，可利用它生产次生代谢产物，如生物碱、蒽醌、萘醌、多糖等，成功的例子有生产紫草素、罂粟、颠茄碱、曼陀罗碱等。用发根农杆菌生产中草药有效成分，国外有用毛状根生产人参皂苷、黄连素、黄柏素等，国内王毅等用毛状根生产甘草酸，增殖率为10.1～99.5倍。用毛状根生产龙胆苦苷，在1/2MS培养基上培养2个月含量达3.36%，而对照组仅为2.59%，为工业化生产某些药用植物经有效成分开辟了新途径。近年来发展迅速的领域是利用毛根生产抗体、疫苗及工业用生物酶、脂肪及可降解塑料等。

复习题

名词解释

发根农杆菌、毛状根、Ri质粒

问题

(1) 简述Ri质粒转化的影响因素。

(2) 简述Ri质粒与Ti质粒生物特性的差异。

(3) 简述Ri质粒基因工程的用。

(4) 设计一个Ri质粒生产某一药物的实验方案。

第 31 章

植物病毒载体介导基因转化

一个有效的植物基因转化载体必须具备两种功能：一是它能作为媒介将外源基因导入到植物细胞中去，并且整合到宿主细胞的基因组 DNA 上；二是它能提供被寄主细胞的复制和转录系统所识别的 DNA 序列，即启动子和复制子起始位点，以保证转化的外源基因能在植物细胞中进行复制和表达。病毒侵染细胞后把其 DNA 导入寄主细胞，并且这些病毒 DNA 能在寄主细胞中进行复制和表达。这一事实说明，病毒的 DNA 中必然具有被寄主细胞 DNA 复制和转录的酶系统所识别的核酸序列，病毒具有执行上述基因载体的两项功能。自然界中病毒侵染寄主细胞的过程与农杆菌 Ti 质粒相似，本身就是一种潜在的基因转化系统。因此，病毒可以作为一种基因转化的载体，并且已在微生物和哺乳动物的基因转化及基因组分析研究中得到应用。但是，植物病毒作为载体的研究仍处于初级阶段。其原因首先是绝大部分的植物病毒是以 RNA 为遗传物质。它没有像 DNA 那样经过长期研究，已形成一套完整的基因工程的转化方法，特别是尚未发现像动物细胞反转录病毒（retrovirus）那样能整合到宿主基因组的植物病毒。所以即使构建了植物病毒载体，将外源基因通过系统感染引入植物细胞，但它们只能以游离拷贝的形式存在于其中，而不能整合到植物染色体上并通过有性繁殖传递给后代。其次是由于高效的农杆菌 Ti 质粒转化系统的研究热点，影响了植物病毒载体的发展。然而，近年来对植物病毒的基因组结构、功能及植物病毒基因载体的研究也有了较大进展。特别是发现了 CaMV 病毒的 35S 启动子是理想的高效表达的启动子，并已经在植物基因工程中得到广泛应用。目前许多科学家已认识到植物病毒是一种有希望的潜在基因载体，需要挖掘开发。下面仅对植物病毒的研究进展作系统介绍，为了知识的系统性同时简述植物病毒基础知识。

1　植物病毒的生物学特性

病毒具备生命活动最主要的两类化合物，即核酸与蛋白质，同时又具有生物的主要特性：繁殖和突变。它们能通过感染宿主细胞进行繁殖，能适应不良环境而存在，这是它们发生变异的结果。所以，病毒是目前已经发现的最小的生命单位。

1.1　植物病毒的种类及其特性

病毒种类繁多，根据其所含有的核酸分为两大类：即核糖核酸（RNA）病毒和脱氧核糖核酸（DNA）病毒。根据《病毒的分类与命名》一书的分类原则又可分为 4 种类型：即双链 DNA 病毒和单链 DNA 病毒，双链 RNA 病毒和单链 RNA 病毒。每个大类中的属，是依据病毒的大小、形态、结构及易感染宿主等项目而划分的。

在已知的 300 多种植物病毒中，大约 78％的病毒中含有一条正链（或称信使链）的单链 RNA 为其基因组；大约 13％的病毒含有负链（不能直接作为转录本），单链 RNA；含双链 RNA、双链 DNA 和单链 DNA 的病毒各占的比例都是 3％左右。常见植物病毒的种类及其结构类型见表 31-1。显然，这些植物病毒并不是都能用来作为载体的，必须从中选择合适的种类。根据病毒的复制类型又可把植物病毒分为 5 种类型。

表 31-1　植物病毒种类及结构类型

遗传信息类型	植物病毒种类	大小/nm	典型病毒
单链 DNA	双联体病毒组	18～20 成对	菜豆金色花叶病毒
双链 DNA	花椰菜花叶病毒组	45～50	花椰菜花叶病毒
		(740～800)×(15～18)	黄瓜黄脉病毒
双链 RNA	植物呼肠孤病毒组	70	水稻丛矮病毒
		60～80	玉米粗缩病毒

续表

遗传信息类型	植物病毒种类	大小/nm	典型病毒
单链 RNA(负链)	弹状病毒组	230×66	莴苣坏死性黄化病毒
单链 RNA(正链)	棒状：		
	烟草花叶病毒组	300×15	烟草花叶病毒
	烟草脆裂病毒组	(180～215)×25	烟草脆裂病毒
	大麦病毒组	(100～150)×20	大麦条斑花叶病毒
	线状：		
	马铃薯 X 病毒组	(470～580)×13	马铃薯 X 病毒
	石竹隐潜病毒组	(620～700)×13	石竹隐潜病毒
	马铃薯 Y 病毒组	(680～900)×11	马铃薯 Y 病毒
	线性病毒组	(600～2000)×12	甜菜黄化病毒
	球状：		
	黄矮病毒组	25	大麦黄矮病毒
	芜菁黄花叶病毒组		芜菁黄花叶病毒
	番茄丛矮病毒组		番茄丛矮病毒
	南方菜豆花叶病毒组	28～30	南方菜豆花叶病毒
	玉米褪绿矮化病毒组		玉米褪绿矮化病毒
	烟草坏死病毒组		烟草坏死病毒

(1) 单一基因组的植物病毒。如烟草花叶病毒组、芜菁花叶病毒组(tymovirus)、马铃薯 Y 病毒组(potyvirus)等都属此类，研究得较详细的是 TMV。烟草花叶病毒是长 300nm，粗 18nm 的杆状粒体。其衣壳内的 ssRNA 分子质量为 2×10^3kDa，在 5′端的鸟嘌呤碱基上的 7 位有甲基，有此结构便可抗核酸酶降解，所以称 5′端封闭结构(m7G5′-ppp5′GP)。其基因组由 6400 个核苷酸组成，外壳蛋白分子质量为 17.5kDa，由 158 个氨基酸组成。

(2) 多分体基因组植物病毒。所谓多分体基因病毒是指病毒基因组分装在两种、三种或多种蛋白质外壳中，植物病毒有很多属于这类病毒。如分装在至少三种颗粒中的有雀麦花叶病毒组(bromovirus)、黄瓜花叶病毒组(cucumovirus)和苜蓿花叶病毒(AMV)等。分装在两种颗粒的有烟草脆裂病毒(tobravirus)、豇豆花叶病毒组(comovirus)、大麦条纹花叶病毒(BSMV)、小麦土传花叶病毒(SBWMV)。

(3) dsRNA 植物病毒。属这类植物病毒的如水稻黑条矮缩病毒、玉米粗缩病毒、玉米裴济病毒等。病毒粒体为直径 61～80nm 的 20 面体，有两层蛋白质外衣，病毒粒体含 6～10 种蛋白质，核酸是 10～12 片段的双链的 RNA。但是双链 RNA 是不能作为 mRNA 的，必须以“负”链为模板复制出 mRNA。mRNA 和病毒粒体 dsRNA 中正链都在 3′端有 poly(A)，而 5′端有封闭式的帽状结构。dsRNA 中的“负”链则既无帽子结构，也无 poly(A)。

(4) dsDNA 植物病毒。这类病毒以花椰菜花叶病毒(cauliflower mosaic virus，CaMV)为例说明。因为 dsDNA 植物病毒是较佳的运载体之一，所以近年来对 CaMV 的复制及其分子生物学方面的研究进展很快。

根据现有的分子生物学有关转录起始点和终止点、翻译的起始点和终止点等方面的知识，可推论出 CaMV-DNA 的全部基因组至少有 6 或 8 个可读框，其中第二区是非必要区，约含 430 个碱基。将第 3 区用限制性内切酶切去后，则 DNA 不能在植物体内复制。

(5) ssDNA 植物病毒。如菜豆金色花叶病毒、甜菜卷顶病毒、虎尾草条点病毒、菜豆畸矮病毒和烟草曲叶病毒。含 ssDNA 的植物病毒大多是病毒粒体两两相连，所以归入联体病毒组(geminivirus)，其粒体是目前所知的病毒中最小的，直径 16～18nm，ssDNA 环状，分子质量(0.7～0.8)$\times10^3$kDa。

1.2　植物病毒的形态结构

植物病毒形态结构是多样的。有的呈多面体结构；有的呈螺旋结构，如烟草花叶病毒等；有的呈棒状，如大麦病毒组；有的呈线状，如马铃薯 X 病毒组等，它们的大小差别很大，从表 31-1 中可见，弹状病毒组的大小为 230nm×66nm 左右，而双联体病毒组仅有约 20nm×20nm。

植物病毒的化学组成主要是核酸和蛋白质，

有的病毒还有糖和脂质等。病毒常见结构有套膜(envelope)、纤突(spike 或 pro-rections)、衣壳[或称壳膜(capsomeie)或称病毒颗粒(virus domere 或 virion)]及髓核(或称核酸芯子和病毒颗粒中心)(图 31-1)。病毒颗粒的中心是核酸组成的,称髓核,它是决定病毒生物活性的重要成分,它独立存在于中央或与壳膜结合在一起。壳膜是由蛋白质组成,包在病毒的外面,主要起保护作用,防止核酸酶的破坏,它的外形有螺旋状和多面体。衣粒是组成壳膜的具有特殊形状的亚单位,其化学成分为蛋白质或核蛋白。各种病毒衣粒形态、大小和数目各不相同。它们在壳膜上排列成一定形状,例如,烟草花叶病毒(图 31-1)外壳只有一种蛋白质组成的衣粒构成一种杆状形态。有些病毒的壳膜外面还有一层套膜,由脂类、蛋白质和糖类组成。在套膜的表面伸出细胞突起结构,一般呈放射状,特称纤突,它们是病毒感染时附着到宿主细胞受体的主要"工具",是结合抗体的抗原,由脂蛋白和糖蛋白组成。套膜与纤突仅出现在某些大病毒或中等病毒中,这类病毒的壳膜有的称为内套膜,有的病毒有几层套膜,有的小病毒没有套膜,甚至有的最简单的病毒如马铃薯纺锤管形病毒,仅有 RNA 结构,没有任何蛋白质外壳。毒核酸外面只有一层起保护作用的壳膜,而无细胞质及任何细胞结构,所以病毒属非细胞生物。

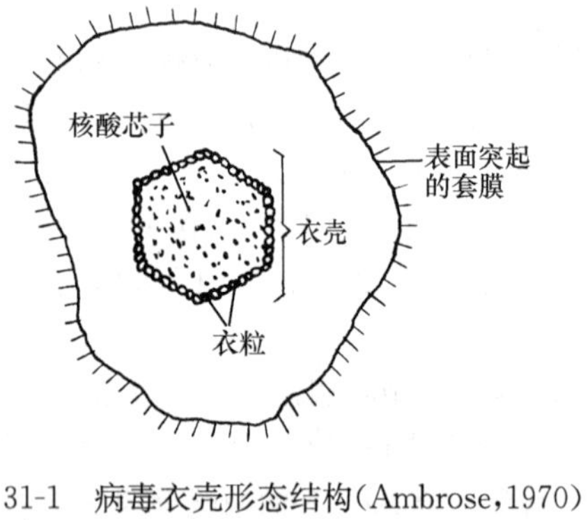

图 31-1 病毒衣壳形态结构(Ambrose,1970)

2 植物病毒介导基因转化的原理

2.1 植物病毒的侵染机制

病毒的生活与宿主细胞有着密切的关系,病毒一定要侵入宿主细胞后才能繁殖。侵染过程通常是病毒先黏附于细胞膜上,两者的膜相并合,病毒的遗传物质由并合处进入细胞质,或者由于膜的卷曲病毒进入细胞质内,然后脱去套膜和壳膜,放出遗传物质(DNA 或 RNA)。接着在分子水平上进行如下的过程:①DNA 进入细胞核,在核内 DNA 复制酶系统的调控下进行 DNA 复制;②mRNA 将病毒信息传到细胞质;③mRNA 利用寄主细胞的蛋白质合成系统合成病毒蛋白质;④病毒蛋白质合成后,一部分留在细胞质内,结合到质膜上,另一部分进入到细胞核内,组成病毒衣壳(壳膜);⑤病毒颗粒进入细胞质,在质膜上发育;⑥在质膜上发育成熟的病毒颗粒排到细胞外,再感染新的宿主,一般把这种具有复制功能的病毒称为成熟病毒颗粒(virion)。

科学家所关心的一个问题是,病毒的外壳蛋白是由病毒 DNA 编码还是由宿主细胞的核 DNA 编码?研究表明,病毒具有保护作用的外壳蛋白是由病毒的遗传物质编码。在未感染的正常细胞内从未发现有外壳蛋白的存在,而且外壳蛋白对某种病毒来说是完全特异性的,这说明寄主细胞核 DNA 中无病毒外壳蛋白基因。现在还有很多例子说明,DNA 病毒还携带有编码某些酶的信息,而这些酶与合成它的核苷酸前体有关。最明显的例子之一是细菌病毒 T_4。T_4DNA 上有 5-羟甲基胞嘧啶,要合成含有 5-羟甲基胞嘧啶的核酸,首先要编码合成 5-羟甲基胞嘧啶的酶,而大肠杆菌中无 5-羟甲基胞嘧啶。因此要生物合成这种 5-羟甲基胞嘧啶,必须要由 T_4-DNA 编码几个新的酶。这一事实表明,病毒核酸既编码它的酶,也编码它的外壳蛋白质。

第二个问题是病毒与寄主细胞的代谢关系如何?现已清楚,病毒核酸和病毒蛋白质的合成,有时和正常细胞的核酸和蛋白质合成一起进行。在病毒生活周期的一大段过程中,病毒的代谢活动受到细胞核基因的调控。但是寄主细胞的代谢活动同样受到病毒的影响。病毒侵染后,寄主细胞的代谢转向合成新的蛋白质和核酸分子,以利于产生新的病毒颗粒。在极个别的例子中,寄主染色体停止合成 DNA 和 RNA,甚至原来已合成的 RNA 模板降解,然后完全在病毒核酸编码的新的 RNA 模板上合成病毒需要的蛋白质。

病毒调控寄主细胞合成代谢的程度差异很大,它取决于侵染病毒的特性和寄主细胞的种类,一般说病毒核酸含量越大调控寄主细胞功能的能力越强。关于病毒基因如何影响细胞代谢,从 T_4 的研究中表明它是通过合成某些病毒的酶来破坏细胞染色体。最新研究指出病毒侵染后寄主 mRNA 不能作为模板的原因是寄主的 δ 因子被破坏,不能和 RNA 聚合酶结合之故。

2.2 病毒在植物细胞内的装配

前面已经谈到组成病毒的核酸及蛋白质均在寄主细胞中合成,并且复制出新的病毒颗粒。那么病毒这些组分怎样装配起来的问题一直是科学家研究的课题，现在已基本搞清。实验表明，把 TMV-RNA 和 TMV 衣壳蛋白放在一起，并没有加任何提供能量的物质，只是简单地控制离子强度、pH 和温度就能装配起来，可见这是自身装配。最近提出了一个新自我装配控制模型(图 31-2)，其过程如下：

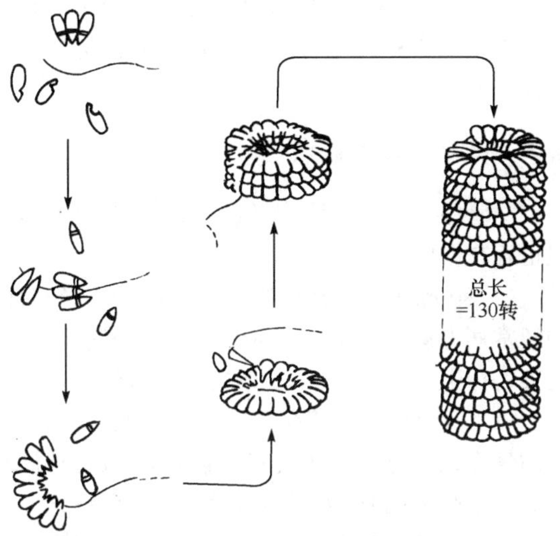

图 31-2　由 TMV 蛋白质亚基和 RNA 分子形成 TMV 颗粒(Strashourg et al. ,1987)

TMV 衣壳蛋白亚基和 3′端内侧 800 左右核苷酸的位置识别并形成起始复合物，它一旦形成，单体亚基即可逐个添加使粒体不断延长，同时 RNA 的 5′端不断缩短，而外露的 3′端长度保持不变。可见粒体的延长首先是从 3′端向 5′端的方向进行。待从 3′端向 5′端的延长过程完成后，亚基从 5′端向 3′端的方向添加，直至完成装配。

3　植物病毒介导基因转化的程序

上述对三类不同植物病毒的结构功能及其复制和表达机制进行了较为系统的分析。可以得知，某些植物病毒具有作为基因载体的潜力和前景，其中较有希望的是双链 DNA 的花椰菜花叶病毒(CaMV)及 RNA 病毒。在研究中也认识到病毒作为一个基因载体系统还需要具备一定的条件。

3.1　病毒载体转化系统的基本条件

(1) 病毒的核酸中应该包含有一个在农艺上有用的性状基因，用以转移到待改良的作物中去；或者可以通过 DNA 重组技术在病毒核酸中插入一个有用的基因。对于前一种情况已经有了实际应用的例子，这就是利用病毒感染植物时产生的所谓交叉保护作用(cross protection)，即当植物被一种病毒感染以后，就会产生对另一种相近病毒的抵抗能力。20 世纪 70 年代以前，当抗烟草花叶病毒(TMV)的番茄品种还未培育出来时，就经常利用这一原理，对温室栽培的番茄幼苗接种无毒的 TMV 品系，从而防止花叶病毒的发生。在这种情况下，导入的抗病毒基因是作为病毒载体的一部分进入植物细胞的，从而达到抗病毒作用。

(2) 作为载体的病毒本身必须是既能够正常地在植物细胞中复制增殖，又不至于过分地扰乱寄主的正常生理功能。

(3) 病毒接种的方法必须简便可行，以适合较大规模的实际应用。对许多植物病毒包括上述的 TMV 来说，这一点并不是问题。因为通常只要将病毒喷洒在植物的叶片上，病毒一旦感染了少数叶细胞以后就可以很快地在细胞之间扩散，蔓延至整个植株(即系统传播)。

(4) 病毒基因能耐受修饰或改造以改变某些生物学特性，才能成为有用的基因载体。修饰的主要目标之一是减弱或消除病毒的致病性。

(5) 病毒基因组能耐受插入报道基因、目的基因等，同时又不改变病毒的特性。

3.2　病毒载体转化系统的选择策略

目前对病毒载体性质和结构了解得比较清楚的植物病毒大约有 300 种。选择病毒载体的标准除了以上提到的寄主范围、毒性、感染和传播的方式及通过种子传递的比例等以外，还包括病毒携带外加的遗传信息的能力。因为对于多数病毒来说，衣壳的容量限制了其包装额外遗传物质的潜力，就这一点而言，那些具有细长形状或棒状衣壳的病毒，或者是具有多份基因组，可以分别进行包装的各类病毒通常更有希望容纳大量的额外核酸。另一办法是选用那些不需要包装也可以感染植物细胞的 RNA 病毒，如 TMV。

选择载体病毒的另一个重要标准是病毒核酸的相应 DNA 克隆具有感染植物的能力。目前所知道的具备这样特性的病毒是一类花叶病毒(*Caulimovirus*)的双链 DNA 病毒，其中有的种已经发展成极有希望的载体。另一类有可能具有应用价值的是具单链 DNA 的双粒病毒属(*Geminivirus*)。从其特性，包括广泛的单子叶和双子叶的寄生范围和具有多份独立的基因组等来看，*Geminivirus* 的某些成员是很有潜力的载体。

对已知植物病毒种类中绝大多数的单链 RNA 病毒来说，由于这些病毒的基因组是 RNA 而不是 DNA，用作基因载体还存在着一些问题，但也已出现了一系列解决这一障碍的可能途径，仍然需深入研究。

3.3 病毒载体转化的方法

病毒介导基因转化技术是所有转化方法中最简便易行最廉价的操作，而且能够与常规育种紧密结合。研究表明现有的许多转基因技术都可以应用于病毒的基因转化，如电击法、基因枪法、原生质体法、共培养法、脂质体法等。脂质体在介导植物病毒RNA的转化方面应用更多，并取得重要进展。脂质体在包裹植物病毒裸露的RNA后，与原生质体在特定的融合条件下保温，可获得较高的感染率。

用不同方法把烟草花叶病毒RNA基因导入植物原生质体的比较实验表明：虽然电激法和聚乙二醇法均能有效地将外源病毒基因导入植物原生质体，但经阳离子脂质体处理后的TMV-RNA，其转染效率可提高10倍以上。其原因可能是受脂质体包裹的外源基因比裸露的DNA对原生质体具有更高的亲和力，易与原生质体吸附，造成原生质体表面RNA分子浓度提高，同时又可避免核酸酶对RNA的降解。此外，用脂质体转染可以大大降低核酸的用量，TMV-RNA的用量可以从50μg降低到5μg。一般讲，直接使用植物病毒RNA时，50μg的量可以直接从病毒中分离获得，但这一数量对于体外的cDNA转录体来讲则是一个巨大的数字。因此，从50μg降到5μg，使体外转录体的应用变为可能，具有很高的实用价值。

4 病毒载体与质粒载体转化系统的比较

4.1 病毒载体与质粒载体转化系统的异同

植物基因工程病毒载体与农杆菌Ti质粒载体之间有着本质上的差异，各自有其优点和弊端，概括起来有如下几个方面。

(1) 植物病毒或其侵染性的基因组是以一定的传播途径侵入寄主植物，由其构建的载体能把外源基因直接导入植物细胞，而Ti质粒载体是通过侵染转化等复杂的转移过程而完成。

(2) Ti质粒载体转化时将外源基因整合到植物核DNA上，而植物病毒载体感染植物以后，不影响寄主细胞核基因组的结构，即病毒载体DNA一般不整合到植物细胞核DNA上，从而防止无限传代扩散，故比较安全可靠。

(3) 由于病毒载体感染植物细胞以后只是利用寄主细胞的功能在细胞质中进行复制和表达，同时又由于病毒具有高效的自我复制能力，故在转化植物中可得到高拷贝的外源基因，从而十分有利于外源基因的表达和功能实现。Ti质粒载体转化整合的外源基因拷贝数很低，一般情况外源基因蛋白质产物低于细胞可溶性蛋白质的1%。然而，病毒载体感染的外源基因蛋白质产量远高于1%。

(4) 病毒能系统地侵染整株植物，避免了单细胞、原生质体或组织、器官的转化和再生培养，能够较快地获得转基因植物。

(5) 植物病毒的寄主范围较广，因而由某种病毒基因组构建的载体可用于多种不同植物的遗传操作。

4.2 病毒载体的缺点

尽管植物基因工程病毒载体具有明显的优点，但也存在缺陷。

(1) 外源基因在转化植物中的遗传不稳定性，即通常病毒载体不能把携带的外源基因整合到寄主染色体上，也不能按孟德尔规律传递给后代。

(2) 病毒载体仍然存在致病的可能性，因为改建的病毒载体可能仍然具有致病能力，故在外源基因导入细胞的同时，可能会诱发植物产生病害。

(3) 由于病毒载体本身的不稳定性，病毒载体中的外源基因很容易丢失。此外，在病毒复制过程中，病毒基因组发生突变的频率很高，尤其是RNA病毒和dsDNA病毒，其复制过程中涉及的RNA复制酶或反转录酶都没有校正功能，错误较多而丢失。

5 病毒载体转化系统的应用潜力

关于病毒载体应用潜力，显然必须根据基因的性质、被转化的对象及目的等诸因素作出选择。一般说来，对于一年生的作物不适宜采用病毒载体，因为病毒载体通常不能通过种子把性状传递给第二代。尽管如此，病毒载体在某些特殊场合下对一年生植物也具有实用价值。

(1) 个别病毒可以以较高的频率通过种子传递到下一代，如烟草环斑病毒对大豆、甜菜等具有潜隐病毒(cryptic virus)特性。在这种情况下采用病毒直接感染，可以避开用质粒载体转化时的组织培养植株再生的困难。

(2) 在那些用营养器官进行繁殖的一年生植物如土豆，用病毒接种这些器官是可行的。

(3) 密集种植的温室栽培植物如番茄等，用人工接种，在经济上是可以被接受的。

病毒载体系统在许多多年生作物中与质粒载体相比较往往显示出相当的优越性，特别是对于那些从种植到收获要相隔许多年的植物，如对果树来说更是适合。可以想象，对一个苹果园来说，对每一棵果树接种一种病毒以获得对另一种病原病毒的抗性，肯定要比用新的抗病品种替代所有的果树更有时效性和经济效益。

病毒载体与质粒相比的另一个突出的优点，是它们可以在寄主细胞中反复复制，产生出大量的核酸分子的拷贝，例如，TMV 在每一个细胞中的拷贝数高达 10^7 个。因此它们可能提供一个非常高效的外源基因的表达途径和系统。当转化植物的目的是为了使之大量产生某种特殊的蛋白质或次生代谢产物时，采用病毒载体就显示出十分有价值的优越性。

最后应该强调的是，病毒产生的交叉保护作用有显著的实践应用潜力。对各种作物的为数众多的病毒病害来说，常常可以找到一个相近的无毒的病毒种用来获得对病原种的抗性。

复　习　题

名词解释

多分体基因组植物病毒、dsRNA 植物病毒、dsDNA 植物病毒、ssDNA 植物病毒、双连体病毒、病毒双表达载体

问题

（1）简述植物病毒载体基因工程的基本原理。

（2）分析植物病毒载体基因工程的优缺点。

（3）简述反转录病毒载体基因工程的原理。

（4）评述病毒载体与质粒载体基因工程比较及应用潜力。

第32章

DNA直接导入法基因转化

农杆菌介导基因转化分子机制的阐明，打开了利用自然的基因转化载体系统的大门，并且已取得可喜的成果。DNA直接导入法一度被冷落，但有趣的是，发展到分子时代又回过头来重新利用先进的分子生物技术研究DNA直接导入的转化方法。这是由于农杆菌载体转化系统对单子叶植物的局限性所迫。更重要的是实验表明，转化DNA整合植物基因组不一定需要特殊的T-DNA序列或结构。根据这一事实现在已发展了一系列的将DNA导入植物细胞的技术，其重要性比农杆菌转化毫不逊色。

所谓DNA直接导入转化就是不依赖农杆菌载体和其他生物媒体，将特殊处理的裸露DNA直接导入植物细胞，实现基因转化的技术，因此也称之为无载体DNA介导转化。常用的DNA直接转化技术根据其原理可分为化学法和物理法两大类。具体的方法可分为PEG(聚乙二醇)法、脂质体法、电激法、基因枪法、超声波法、激光打孔法等，下面逐一论述。

1 化学诱导DNA直接转化

化学诱导DNA直接转化是以原生质体为受体，借助于特定的化学物诱导DNA直接导入植物细胞的方法。初期的化学转化是从促进原生质体融合的方案衍生而来，只是近年来才建立了有效的化学转化技术。目前主要有两种方法：PEG介导的基因转化和脂质体(liposome)介导的基因转化。

1.1 PEG介导基因转化

PEG介导基因转化是Davey等(1980)首先建立，Davey等以矮牵牛悬浮培养细胞的原生质体为受体，从农杆菌分离Ti质粒DNA，用4×10^6密度原生质体与10mg DNA混合，同时加入多聚L-鸟氨酸促使转化，用无激素培养基选择转化体。结果在转化组织中检测到冠瘿碱的酶活性。Krens等从烟草无菌苗分离原生质体，在PEG和小牛胸腺DNA协助下用Ti质粒DNA转化，不但在转化组织中检测到冠瘿碱酶活性，而且证明T-DNA能稳定地整合进植物基因组中。从而这些成功的实验开创了用裸露DNA直接转化植物原生质体的新途径，为近年的直接基因转移法奠定了基础。

1.1.1 转化原理

PEG法的主要原理是化合物聚乙二醇、多聚L-鸟氨酸(pLO)、磷酸钙及高pH条件下诱导原生质体摄取外源DNA分子。聚乙二醇、聚乙烯醇(PVA)和多聚L-鸟氨酸等都是细胞融合剂。PEG分子质量为1.5～6kDa，水溶性，pH从4.6～6.8，因多聚程度不同而异。它可以使细胞膜之间或使DNA与膜形成分子桥，促使相互间的接触和粘连。另有实验证明，PEG是通过引起膜表面电荷的紊乱，干扰细胞间的识别，而有利于细胞膜间的融合和外源DNA进入原生质体，因此称之为PEG诱导法。

磷酸可与DNA结合成DNA磷酸钙复合物，几乎可以被所有的原生质体摄取。此外钙离子具有直接的诱导作用，为此也称为磷酸钙共沉淀法。但是通常只有极少量DNA可以在核中检出，这一事实表明核膜可能是外源DNA进入核内的天然屏障。因此，在进行转化实验时，若以处在M期的原生质体作为受体，可能有助于提高转化率，因为M期细胞处于无核膜阶段。Keller等在烟草的细胞融合实验中证明，高pH可诱导原生质体的融合和摄取外源DNA，但pH高于10则损伤原生质体。因此，高pH和高钙离子强度也是诱导原生质体摄取外源DNA的方法之一。

1.1.2 转化步骤

(1) Ti质粒DNA提取：从构建的农杆菌Ti质粒载体或中介载体中提取Ti质粒DNA。这种Ti质粒DNA中已携带着外源目的基因，也可直接提取某一植物的DNA作为目的基因，提取方法见第四篇。

(2) 原生质体分离：从新鲜的叶片或其他组织中分离原生质体。

(3) 转化培养:将新制备的原生质体悬浮液与Ti质粒DNA一起保温培养,同时加入分子质量4～6kDa的PEG,在pH8～9下促进原生质体摄取DNA,从而使细胞转化。

(4) 转化培养同时加入运载DNA,即鲑鱼精DNA或小牛胸腺DNA,促进转化。

(5) 离心收集原生质体或用钙离子溶液使PEG逐步稀释。

(6) 将原生质体培养于选择培养基上,或先不加选择压力,按一般方法培养。

(7) 当细胞团长到一定大小时,将细胞团转移至含选择压力的培养基中筛选转化细胞。

1.1.3 转化率及影响因素

PEG诱导直接基因转化方法获得的转化率很低,一般在10^{-6}～10^{-5}。这主要是由于原生质体培养本身成功率很低,原生质体摄取外源DNA整合到核基因组的概率更低。为此,如何提高PEG转化率的问题一直是科学家研究的内容,至今已明确了许多影响转化率的因素,同时也建立了下述一些提高转化率的措施。

(1) 加入DNA与PEG的次序明显影响转化率,DNA应在PEG处理前加入。

(2) 加入PEG,其一般浓度为20%,有时也有用到28%的。

(3) 用含有$MgCl_2$的溶液(5～25mmol/L)或$CaCl_2$处理原生质体能显著地提高转化率。先用$CaCl_2$处理烟草原生质体,再加入DNA及PEG,转化率可达约4.8%。

(4) DNA构象对转化率有很重要影响。线性DNA比环形DNA对植物细胞的转化更有效,有的实验报道可高5倍;单链DNA与双链DNA相比,前者可明显提高转化率。质粒DNA类型同样有明显影响。开始时人们用Ti质粒的DNA进行转化试验,但由于Ti质粒太大(200kb),提取困难,特别实验中发现在DNA直接导入中Ti质粒并非必要,在转化DNA整合到植物基因组时不一定需要特殊的DNA序列或结构,因此以后的研究中一般采用分子质量较小的改建的大肠杆菌质粒DNA。

(5) 加入携带DNA(carrier DNA)提高转化率,携带DNA最有效的大小为4～6kb,常用的有小牛胸腺DNA及鲑鱼精DNA。

(6) 经同步化处理后的烟草叶肉原生质体的转化研究发现,在细胞周期的S期或M期时的转化率明显高于其他时期。有报道指出可提高10倍之多。除草剂2,4-二氯甲腈(DB)浓度为10mg/L时,可以非常有效地阻断细胞分裂,但不影响细胞核的分裂。其作用机制是抑制纤维素的合成,而且这种抑制是可逆的,不会阻止以后细胞的正常发育。在处理开始时,90%以上的细胞均处于G_1期,处理3d后,细胞则进入S期和M期,从而有效地提高转化率。

(7) 在PEG处理前,用低剂量X线或紫外线处理原生质体,可使抗性细胞团的发生率增加2～3倍,而不影响细胞团的分化。这种处理也不影响瞬时表达,其原因被认为是辐射使得更多的细胞可以有效地整合外源基因。

(8) 其他一些因素,如保温处理的时间,在加入DNA之前对原生质体的热激处理等也有一定影响。

(9) 外源DNA的浓度对转化的影响很容易理解,在一定DNA浓度范围(10～60μg/ml)转化率随DNA浓度增加而递增。当超过60μg/ml DNA或一定浓度范围时则转化率下降。

(10) 原生质体本身浓度对转化率的影响更为突出,一般原生质体密度为1.0×10^6个/ml。

(11) pH对PEG转化的影响,一般情况是pH太低时(pH<4)原生质体大多数破裂或凝聚成团块,不利于转化。当pH为5.8～6.0时,转化处理后的原生质体分散性好,转化率高。

1.1.4 PEG法的特点及其应用

PEG法是植物遗传转化研究中较早建立、应用广泛的一个转化系统。它随着原生质体培养技术的发展而兴旺。它与其他方法相比具有以下特点。

(1) 原生质体本身具有摄取外来物质的特性,PEG法是利用生物生理功能来实现外源基因的导入,对细胞的伤害少,而且转化顺利。

(2) 基因转化中的嵌合体产生是其他转化方法难以克服的问题,而PEG法获得的转化再生植株来自一个原生质体,可以避免嵌合转化体的产生。

(3) PEG法转化的原生质体易于选择转化体。转化的原生质体能在具有选择压力的培养基上生长,并且形成同一基因型的转化体克隆。未转化的原生质体在选择培养基上难以生长。

(4) 原生质体转化是理论研究的极好的实验系统,例如,早期分析转化动态、外源基因在细胞内的表达调控等。

(5) 受体植物不受种类的限制,只要能建立原生质体再生系统的植物都可以采用PEG法转化,特别是为禾本科植物的基因转化开辟了途径。

PEG法最早在1982年被建立,但至今尚未普遍应用，其主要原因是它存在着难以克服的困难：①建立原生质体再生系统十分困难，从而阻碍了PEG法的应用；②转化率低；③从原生质体再生的无性系植株变异较大，因此通过PEG法转化后的转基因植株将产生更多的无性系变异。当然这种变异对于不同的目的，有不同的意义。

总的来说，PEG直接转化方法在目前具有一定的应用价值，特别对禾谷类作物有重要作用。水稻、高粱、玉米等重要粮食作物都获得了转基因植株。在其他的双子叶植物中已取得更多的成果，如烟草、绿豆、杨树、火炬松、白云杉等。

1.2 脂质体介导基因转化

脂质体法是用脂类化学物质包裹DNA成球体，通过植物原生质体的吞噬或融合作用把内含物转入受体细胞，因此也是化学法之一。Deshayes等用脂质体包装带有卡那霉素抗性嵌合基因的大肠杆菌质粒，用PEG诱导脂质体与烟草原生质体融合。实验成功地从转化原生质体获得再生植株。转化再生植株的叶肉原生质体也能在高浓度的卡那霉素培养基上生长，在转化植株中检测到转基因酶的活性及DNA序列。转化植株的种子也能在卡那霉素培养基上正常萌发生长，未转化的对照组种子不能萌发生长。自交或与野生型互交所得抗性表型比例为3∶1和1∶1，符合分离规律，说明抗性因子是以显性单因子核基因传递。这一成功例子，为基因转化建立了新的方法。

1.2.1 转化原理

脂质体(liposome)是根据生物膜的结构功能特性合成人工膜，然后把DNA包裹在人工膜内。脂质体是由磷脂酰胆碱或磷脂酰丝氨酸等脂质构成双层膜囊，它可分三种结构类型：小型单一双层膜(SUV)型、大型单一双层囊(LUV)型和复合双层囊(MLV)型。脂质体制备的方法主要有"Ca-EDTA螯合法"(Ca^{2+}-EDTA cochleate)和"反相蒸发法"(reverse-phase evaporation)。

脂质体的形成原理是先将MLV型的磷脂经超声波处理制成SUV，当Ca^{2+}加入时可使各个SUV分子相互融合成卷曲状，再加入DNA，最后加入EDTA螯合Ca^{2+}而使之除去，即可制成包囊了核酸的LUV脂质体。反相蒸发法制备脂质体的原理，是在溶于有机溶剂的磷脂中加入核酸水溶液。磷脂即以其亲水基团朝向水相，疏水的尾链伸向有机相而整齐地排列在两相界面上，经超声波处理后，在有机相中形成包有DNA水溶液的囊泡，通过减压蒸馏有机溶剂，并加入水溶液后即可形成包含有DNA的脂质体。将脂质体与原生质体在适当的培养基中混合，加入PEG或PVA，再用高pH、高Ca^{2+}溶液漂洗，通过原生质体的吞噬或融合可将外源DNA导入受体细胞。为了避免在包裹DNA时超声波和有机溶剂对DNA的损伤，通常使用去垢剂透析法制备脂质体，也有人使用反相蒸发法。

1.2.2 转化步骤

(1) 用反相蒸发法制备脂质体，常用的脂类是牛脑磷脂酰丝氨酸(pS)和胆固醇。

(2) RNA或DNA核酸制备。

(3) 脂质体纯化。

(4) 脂质体原生质体保温培养转化。

(5) 转化原生质体选择培养。

1.2.3 脂质体的转化率及其影响因素

脂质体可直接转化外源RNA或DNA，也可用于基因的瞬时表达检测，特别对植物病毒RNA的转化具有较高的转化率。一般情况下，Ca^{2+}-EDTA螯合核酸包入率为10%；反相蒸发法核酸包入率为30%～50%，最高可达到70%。脂质体在包裹植物病毒裸露RNA后，与原生质体在特殊条件下可获得较高转化率，约为4×10^{-5}。Ti质粒DNA也可以用脂质体包装后导入原生质体获得转化。但有人认为，原生质体容易摄取周围的裸露DNA，也就是说，DNA是被原生质体摄取，因此DNA被包裹到脂质体中并非有利于原生质体的摄取。但是脂质体作为核酸载体的优点是包在脂质体内的DNA、RNA核酸大分子，在转移到植物细胞过程中免受细胞内核酸酶的降解，并能更有效地进入原生质体；核酸内包后能在4℃稳定保持数月；细胞器也能包装在脂质体内，因此，融合法在转化细胞器上可能更有潜力；实验结果表明，用脂质体包裹的DNA分子，在转化烟草时，其转化率可达10^{-3}，比单独使用PEG提高100倍。

近年来，美国BRL公司推出一种新型脂质体即转化脂(lipofectia)，它主要是由具有强电荷的*N*-[1-(2,3-dioleyoxy) propyl]*N*,*N*,*N*-trimethylammonium chloride(DOT-MA){*N*-[1-(2,3-二油酰)丙酰]*N*,*N*,*N*-三甲氨盐酸盐}和磷脂组成的小单层脂质体(SUV)。借助于DOTMA的强正电荷，可以与带有负电荷的DNA分子自发地结合，只要把转化脂与DNA简单地混合，即可形成转化脂与DNA的复合体，把DNA包裹在脂质体内，并可有效地转化动植物细胞。此方法不仅可明显提高转化率，而且由于这种脂质体有商品出售，免去耗时的制备工作，操作简便，反应条件温和。因此，脂质体介导转化原生质体法是值得广泛试用的一种转化方法。

脂质体在介导植物病毒 RNA 的转化方面应用更多，并取得重要进展。脂质体在包裹植物病毒裸露的 RNA 后，与原生质体在特定的融合条件下保温，可获得较高的感染率。

用不同方法把烟草花叶病毒 RNA 基因导入植物原生质体的比较实验表明：虽然电激法和聚乙二醇法均能有效地将外源病毒基因导入植物原生质体，但经阳离子脂质体处理后的 TMV-RNA，其转染效率可提高 10 倍以上。其原因可能是受脂质体包裹的外源量可以从 50μg 降低到 5μg。一般讲，直接基因比裸露的 DNA 对原生质体具有更高的使用植物病毒 RNA 时，50μg 的量可以从病亲和力，易与原生质体吸附，造成原生质体毒中分离获得，但这一数量对于体外的表面 RNA 分子浓度提高，同时又可避免核 cDNA 转录体来讲则是一个巨大的数字。因酸酶对 RNA 的降解。此外，用脂质体转染此，从 50μg 降到 5μg，使体外转录体的应用可以大大降低核酸的用量，TMV-RNA 的用变为可能，具有很高的实用价值。

影响脂质体转化率的因素很多：①脂质体的制备类型、方法均有明显差异；②PEG 的浓度、加入时间、pH 及 Ca^{2+} 浓度均起到重要作用；③保温培养及转化时的条件同样十分重要。总之，脂质体转化与 PEG 法、电激法都有相似之处，甚至经常联合使用，因此其他影响因素与 PEG 法、电激法类同，这里不再赘述。

2　物理法诱导 DNA 直接转化

物理转化方法是基于许多物理因素对细胞膜的影响，或通过机械损伤直接将外源 DNA 导入细胞。它不仅能够以原生质体为受体，还可以直接以植物细胞乃至组织、器官作为靶受体，因此比化学法更具有广泛性和实用性。常用的物理方法已有电激法、超声波法、激光法、微针注射法、基因枪轰击法等。

2.1　电激法介导基因转化

电激法是利用高压电脉冲作用在原生质体膜上“电激穿孔”(electroporation)，形成可逆的瞬间通道，从而促进外源 DNA 的摄取。此法在动物细胞中应用较早并取得很好效果，李宝健等于 1985 年首次将其应用于植物细胞的基因转化。现在这一方法已被广泛应用于各种单、双子叶植物中，特别是在禾谷类作物中更有发展潜力。

2.1.1　转化原理

细胞膜主要由脂类组成，每一个脂质分子有极性的头部和疏水的尾部。因此细胞膜可以视为一种电容，其静息膜电位(Vm)约为 100mV。当细胞处于一个外加电场中时，膜电位增高，即 $V>Vm$。V 的高低与电场强度(E)、细胞半径(a)、膜上电压最高部位与电场作用方向之间的夹角(ϕ)成正比，即 $V=1 \cdot 5a \cdot E \cdot \cos\phi$。随着 E 的不断增大，V 也不断升高，于是膜被压缩变薄。当 V 升高到一定值时，膜被击穿形成微孔，此电压称为击穿电压(Vc)。如果电场强度不断继续增大，膜孔数量少、孔径小，间隔一段时间后即可复原，称之为“可逆击穿”。相反，如果电场强度继续增大，膜上的穿孔区域增大、数量增多、孔径增大，最后引起“不可逆击穿”。由此可见，只有当 $E=Ec$ 时，为可逆击穿，当 $E>Ec$ 时为不可逆击穿。

2.1.2　转化步骤

(1) 分离的原生质体加入电激缓冲液重悬，并离心 3min 去掉上清液，再加入适量的电激缓冲液，计数，将原生质体密度调节到 $1\times10^6\sim2\times10^6$ 个/ml。

(2) 加入 10μg/ml 质粒 DNA 和 50μg/ml 鲑鱼精子 DNA，混合后分装于电激反应槽内。

(3) 冰浴 5min。

(4) 选择不同参数电激。

(5) 冰浴 10min。

(6) 600r/min 离心 3min 除去电激缓冲液，用液体培养基洗涤。

(7) 将原生质体包埋于固体培养基中，28℃黑暗条件下选择培养。

2.1.3　转化效率及其影响因素

电激法的转化率与化学法大致相似，早期实验得到的基因直接转化率在 $1\times10^{-6}\sim1\times10^{-5}$。随着实验方法改进并与化学法结合，现在转化率可达到 1.2%。影响电激法转化率的因素很多，也相当复杂，但概括起来有以下几个方面因素。

(1) 电激的处理方式对转化率有着决定性的作用，有两种不同的处理方式：一种是较低的电压，处理较长时间(350V/cm，54s)；另一种是高电压，短时间处理(1～1.25kV/cm，10s)。一般常用第二种处理方式。

(2) 电激法转化中使用的电场强度、波形及处理时间对转化率有极为重要的影响。在一般情况下增加场强，延长脉冲时间能提高转化率，但也导致原生质体成活率下降。因此，总体积转化效率常常有一个最大值。

(3) 在电激处理时，有 PEG 存在对转化率有重要促进作用，因电激法与 PEG 法结合，可提高转化率约 10 倍。PEG 最适浓度为 7.8%(*W*/*V*)，使用 1.0～1.5kV/cm 的脉冲电压(10s 时间)，可获得最高的转化率、植板率和转化细胞数。

(4) 加入载运 DNA 对于提高转化率也是必要的，它可能在质粒 DNA 与植物基因组 DNA 重组中起一种同源媒介作用。但目前认为加入载运 DNA 有助于竞争性抑制 DNA 酶活性，而有助于提高转化率。载运 DNA 一般使用鲑鱼精子 DNA。

(5) 原生质体所处的介质成分同样有重要作用，原生质体应悬浮在便于进行电激的具有特定电阻的盐溶液中，一般采用电激缓冲液。

(6) 其他因素如 Ca^{2+} 浓度、pH、质粒 DNA 浓度等对转化率都有影响。不同的植物种类要求的各种条件也有很大差异，要注意因材而异。

2.1.4 电激法的特点分析及其应用

电激法除了同样具有 PEG 原生质体转化的优点外，还具有操作简便，DNA 转化效率较高，特别适于瞬时表达的研究。缺点是造成原生质的损伤，使植板率降低，且仪器也较昂贵。相比之下，PEG 法价廉，实验结构稳定，重复性较好，但 PEG 法对有些植物效果低劣。因此，电激法和 PEG 法已成为两种较常用的 DNA 直接转化的方法，并且也已取得可喜的成果。

此外，近年来对电激法的使用又有所发展，可以通过电激法直接在带壁的植物组织和细胞上打孔，然后将外源基因直接导入植物细胞，这种技术称之为“电注射法”。使用该技术可以不制备原生质体，提高了植物细胞的存活率，而且简便易行，现已在水稻上获得转基因植株。

2.2 超声波介导基因转化

近年来发展形成的一种新的外源 DNA 导入方法是超声波导入法。贾士荣等于 1991 年发展了这种新的转化方法，其获得的转基因植株的频率以起始外植体数计算，可达到 22.3%。迄今，许多研究工作利用此技术已将 *gus* 基因导入小麦幼穗愈伤组织，以及将 *cat* 基因导入甜菜和烟草原生质体，均得到瞬时表达。章力建等将烟草叶外植体置于含 pBI121 质粒 DNA 的缓冲液中，超声处理后培养 1 天即从 85%的叶切块检测到 *gus* 表达，并经培养获得转基因烟草植株。此转化途径可以避免脉冲高电压对细胞的损伤作用，有利于原生质体存活，目前认为是一种有潜力的转化途径。

2.2.1 转化原理

超声波基因转化的基本原理是利用低声强脉冲超声波的物理作用，击穿细胞膜造成通道，使外源 DNA 进入细胞。超声波能击穿细胞膜的机制简述如下。

(1) 超声波的特性及发生原理：频率超过能听到的声波范围($50\sim2\times10^4$ 次/s)的声波称为超声波。超声波的波长比普通电波的波长还要短，电波在物体内部几乎不能传播，而超声波能传播。超声波最显著特征是：在固体中能传播，而且有纵波和横波两种声波(图 32-1)。质点振动方向与波的传播方向一致的称为纵波，垂直的称为横波，它们同时对物体产生影响，并很容易互相转换。产生超声波的原理是当电压加至具有伸缩特征的材料上时，材料就会按照电压的正负和大小进行振动，产生超声波。在仪器中超声波产生原理是一个短而持续时间的脉冲电压去激励换能器，从而产生短的超声脉冲。通常用来作脉冲激励源的电路是电容放电回路，并由换能器把电能转变成超声脉冲。

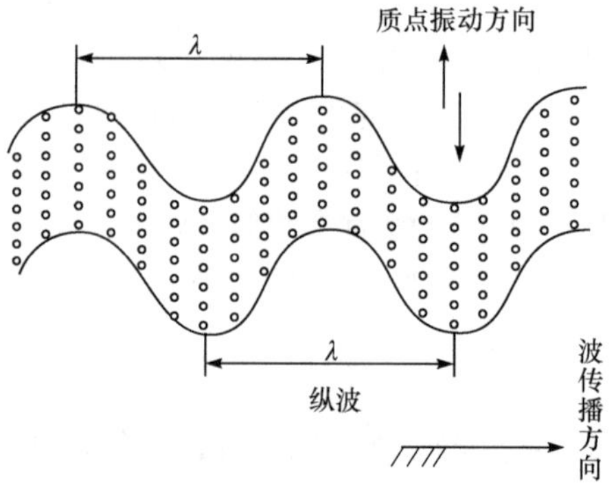

图 32-1 横波的质点振动和波的传播方向的关系(Morten et al.，1990)

(2) 超声波的生物效应：一般认为超声波的生物学效应主要是机械作用、热化作用及空化作用。生物组织在超声机械能的作用下由于黏滞吸收，将一部分超声转化为热能，使生物组织的温度上升，称之为超声波的热化作用。生物组织大多数属软组织，因而在超声的机械力作用下，其细微结构发生形变。这种形变将随着超声波强度的增强而增大，当增加到一定强度时，细胞就要被击穿。在超声波的作用下，还会产生空化作用，表现出空泡湮灭过程。小泡内部产生高温高压，甚至产生电离效应及放电，推测这可能是导致空泡周围细胞壁和质膜破损或可逆的质膜透性改变的主要机制，从而使细胞内外发生物质交换。

2.2.2 操作过程

(1) 无菌试材的准备:一般采用无菌苗的不同组织和器官,无菌试管苗的准备与组织培养常规操作相同。

(2) 质粒 DNA 提取:用 Maniatis 碱法筛取质粒 DNA,用 RNA 酶除去 RNA。电泳检测 DNA 含量,超声波处理质粒 DNA,观察对其影响(琼脂糖凝胶电泳带的变化)。

(3) 超声缓冲液配制。

(4) 超声处理:取无菌试管苗中部的展开叶片,切成小块,并在叶片上针刺若干小孔,放入超声小室中。同时加入 5%DMSO 缓冲液 3ml,质粒 DNA 20μg/ml 及鲑鱼精 DNA 40μg/ml,室温下超声处理 30min。

(5) 超声处理后的外植体用缓冲液洗涤 3 次。

(6) 接种在 MS 或其他培养基上培养。

2.2.3 转化率及影响因素

(1) 超声波强度对转化的影响:上面已经谈到超声波的强度,对外植体产生的热化作用、机械作用及空化作用强度都有很大的影响。贾士荣等对烟草的超声波基因转化中用不同声强[0.5、1.0、2.0(W/cm^2)]处理叶片 30min,结果发现,1.0W 及 2.0W 超声处理因热化作用太强,导致缓冲液温度上升,最终温度达 54℃,外植体损伤严重。0.5W 处理 30min 升温 4℃,最终温度为 30℃,叶片组织正常,无明显损伤。

(2) 二甲基亚砜(DMSO)浓度对超声波转化的影响:缓冲液中加入 DMSO 的浓度对 *gus* 基因瞬时表达有明显影响。在烟草中不加 DMSO,TTF 值(*gus* 基因瞬时表达率)仅为 16.7%。加 5%DMSO 可提高到 86%,芽分化率也高达 60%,但是 DMSO 浓度过高则产生损害作用。加 20%DMSO 时,TTF 值下降至 70%,并且芽分化率为零。Topfer 等用种子成熟胚通过吸胀过程摄取外源 DNA 的研究中,DMSO 浓度为 20%。因此,DMSO 的最适浓度随转化的不同材料和方法而定。

(3) 鲑鱼精 DNA 的影响:实验表明,鲑鱼精 DNA 对质粒 DNA 具有一定的保护作用,从而有利于转化率的提高。例如,在烟草超声波转化中,不加鲑鱼精 DNA,TTF 值仅为 30%;加入鲑鱼精 DNA 后,TTF 值上升到 8.6%,可见适当加入鲑鱼精 DNA 有利于转化。

2.2.4 超声波基因转化的特点与应用

超声波所特有的机械作用、热化作用和空化作用、穿透力大、在液体和固体中传播时衰减小、界面反射造成叶片组织受超声波作用的面积较大等特点,可能是造成高效短暂表达和稳定转化的重要原因,这些特点使超声波转化具有下列优点:操作简单、设备便宜、不受宿主范围限制、转化率高等。与其他直接转化方法相比具有更大的应用潜力,但该转化系统尚待进行更深入的研究,使之完善。

2.3 显微注射介导基因转化

显微注射(microinjection)进行基因转化是一种比较经典的技术,其理论和技术方面的研究都比较成熟。特别在动物细胞或卵细胞的基因转化,核移植及细胞器的移植方面应用很多,并已取得重要成果。植物细胞的显微注射在以前使用较少,但近年来发展很快,并且无论在理论上,还是在技术上都有所创新,已经成为当今一个重要的植物基因工程的新途径。

2.3.1 转化原理

其基本原理比较简明,它是利用显微注射仪将外源 DNA 直接注入受体的细胞质或细胞核中。显微注射中的一个重要问题是必须把受体细胞进行固定。动物细胞具有独特的贴壁生长特性(黏附于玻片表面生长),因此,不存在固定细胞的问题,也为动物细胞的显微注射创造了十分有利条件,也是动物细胞能广泛使用该技术的因素之一。但是,植物细胞的显微注射必须首先建立固定细胞技术。目前有三种方法:①琼脂糖包埋法,把低熔点的琼脂糖熔化,冷却到一定温度后将制备的细胞悬浮液混合于琼脂糖中。需要注意的问题是,在包埋时细胞 1/3～1/2 暴露在琼脂糖表面,即细胞体的一半埋在琼脂糖中,起固定作用,暴露的一半细胞可以进行微针注射,否则琼脂固化后很难进行。②多聚-L-赖氨酸粘连法,先用多聚-L-赖氨酸处理玻片表面,由于聚赖氨酸对细胞有粘连作用,因此当分离的细胞或原生质体与玻片接触时被固定在玻片上。而且一个玻片上可固定较多数量的细胞或原生质体。③吸管支持法,用一固定的毛细管将原生质体或细胞吸着在管口,起到固定作用,然后再用微针进行 DNA 注射。这种方法的优点是吸管可以旋转或移动位置,使操作者能选择最佳位置进行注射。

显微注射用的微针通常用拉针机制备,针尖直径以 0.5μm 左右为宜。一次注入细胞质中的 DNA 量约为 10^{-9}/ml。关于受体细胞最早仅用原生质体,但现在已发展成为适用带壁的悬浮细胞,甚至直接注射组织或器官中的某一细胞。

2.3.2 转化步骤

(1) 制备原生质体或细胞悬浮液。

(2) 从大肠杆菌提取质粒 DNA。

(3) 固定原生质体或细胞。

(4) 显微注射。

(5) 注射过的细胞放入培养皿中进行悬浮培养。

(6) 愈伤组织或细胞团转入固体培养基克隆培养。

2.3.3 转化率及影响因素

显微注射虽然操作繁琐耗时，但其转化效率很高。据 Crossway 等对烟草原生质体进行显微注射结果统计，平均转化率高达 6%(胞质注射)和 14%(核内注射)。Reich 等对苜蓿原生质体核内注射结果，转化率为 15%～26%。瑞士的科学家 Neuhaus 等已发展出一套完善的技术，在烟草、油菜、苜蓿等植物的原生质体转化率高达 60%以上。但是转化过程中仍然有许多因素影响转化率。

(1) 原生质体的成活率是转化率的重要因素，只有注射那些能够分裂、成活的原生质体才能得到转化。因此，注射时要选择启动分裂、细胞壁开始形成的原生质体进行注射。

(2) 线性 DNA 比环形 DNA 具有更高的转化率。

(3) 操作要迅速敏捷，选择最佳的注射强力和浓度，使细胞的损伤减少到最低程度。

(4) 固定技术要可靠，不能损伤细胞。

2.3.4 特点分析及其应用

由上可见，显微注射具有许多优点：①方法简单、转化率高；②它是一种纯粹的物理方法，适用于各种植物和各种材料，无局限性；③整个操作过程对受体细胞无药物等毒害，有利于转化细胞的生长发育；④转化细胞的培养过程无需特殊的选择系统。其缺点是需要有精细操作的技术及低密度培养的基础，注射速度慢、效率低，要求研究者有耐心。

近年来，这一技术已发展为以培养细胞或胚性细胞团为受体。例如，用油菜花粉起源的 12 细胞期的体细胞胚注射含 *npt-II* 基因的 DNA，转基因植株的频率为 27%～51%。DNA 直接注射花粉粒(花粉注射)、卵细胞(合子注射)、子房(子房注射)等均获理想结果。

2.4 激光微束介导基因转化

1987 年 12 月，在荷兰举行的第七届国际原生质体学术讨论会上，德国的 Weber(1990)报告了用激光微束单脉冲照射，将外源 DNA 直接导入油菜细胞和叶绿体的试验结果，引起与会代表的极大兴趣。以后，对激光微束技术的研究更加广泛和深入，逐渐形成了一种较完整的基因直接转移系统。这种利用激光微束照射受体细胞实现外源 DNA 直接导入、整合和表达的技术称之为激光微束基因转化系统(gene transfer by laser microbeam)，也称激光导入法。

2.4.1 转化原理

(1) 激光的特性：激光微束法导入外源 DNA 的基本原理，是将激光引入光学显微镜聚焦成微米级的微束照射培养细胞后，在细胞膜上可形成能自我愈合的小孔，使加入细胞培养基里的外源 DNA 流入细胞，实现基因的转移。激光是一种很强的相干单色电磁射线。细胞膜系统或细胞内的某些结构由于能够吸收特定波长的激光而招致某种程度的损伤。一定波长的激光束经聚焦后到达细胞膜平面时其直径只有 0.3～0.5nm。这种直径很小，但能量很高的激光束可引起膜的可逆性穿孔，但短时间内(小于 10s)又可自动修复，利用激光的这种效应可以对细胞进行遗传操作。

(2) 激光微束与细胞作用效应：①激光微束的热损伤效应。激光微束照射细胞膜或细胞壁后能产生可恢复的小孔，其机制是激光微束的热效应之故，即由于膜吸收光子产生的热造成的损伤。那么这种热效应是否会造成周围细胞死亡，这是我们所关心的问题。激光脉冲宽只有 5ns。如图 32-2 所示，短时间内照射点的温度由 T_0 逐渐上升，最后到达 T_2，然后温度迅速再由 T_2 降到 T_3、T_4、T_5。这种热量不能及时扩散到周围环境。因此，可以认为激光微束对周围环境的影响很小。②激光击孔大小的因素。击孔的直径是取决于激光的能量和细胞膜的能量阈值。Berns 用不同的激光剂量照射红细胞膜，得到了不同直径的小孔。结果表明，

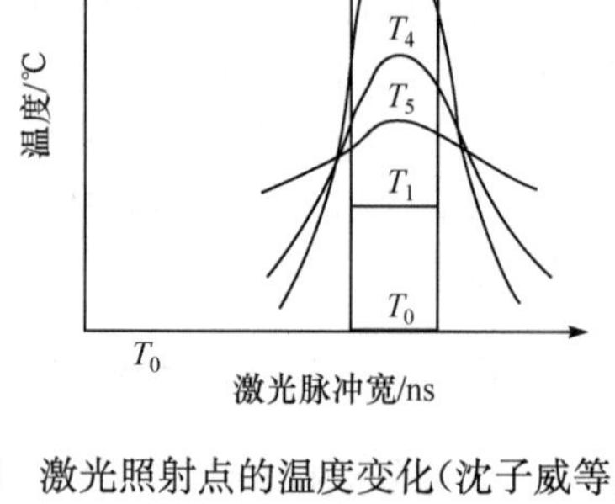

图 32-2 激光照射点的温度变化(沈子威等，1991)

能量越小，孔径也越小。③激光微束系统装置原理。一套完整的激光微束系统至少包括 2 个部分：激光源和显微镜。为更有利于操作，有的系统增设电视屏幕显示系统。④激光器。一般采用的激光器为 YAG 激光器（$\lambda=1064nm$），激光源产生的激光经多块 KDP 晶体倍频、混频后可产生多种激光波供选用。⑤显微镜的主要功能是将激光聚焦成微束，其次是放大，操作观察等。

2.4.2 操作程序

（1）导入 DNA 的提取（同原生质体 PEG 导入法）。

（2）受体植物样品须处理：将欲照射的植物细胞或组织用高渗缓冲液浸泡数分钟，不同作物不同外植体所用高渗液不同，浸泡时间也不同。

（3）转导细胞悬浮液准备：激光照射前洗去高渗液，加新鲜培养液。吸取 0.5ml 细胞悬浮液，加 50μl 质粒 DNA 或植物外源 DNA（浓度 5μg/ml），一起注入激光微束系统的 Rose 小室。

（4）激光微束照射：激光微束显微照射装置如为 Nd-YAG 四集倍频脉冲激光显微照射系统，即输出波长按需要选择，脉宽 10～15ns。激光束引入一台相差显微镜，用 40 倍物镜聚焦于欲照射的细胞。光斑直径为 1.3nm。照射时移动载物台，使激光脉冲在植物细胞团上进行扫描照射，照射时间每个样品 60min，约打 7000 个脉冲。

（5）培养：激光照射后，将样品用新鲜的培养液冲洗 1～2 次，然后接种在装有液体培养基的小培养皿中，25℃条件下悬浮培养 2～3d 或固体培养。

2.4.3 技术评述

（1）激光导入法与其他转化系统相比具有以下优点：①操作简便。整个导入过程能在较短的时间内完成。②基因转移效率高。激光微束系统可用光笔在电视屏幕上指点细胞发射激光，即所谓“指点式”，每分钟可操作 10^3 个细胞，比人工的显微注射法效率提高 20 倍，比化学法提高三个数量级。③无宿主限制，可适用于各种动植物。④对受体细胞正常的生命活动影响小，而且不需加抗生素防止污染。⑤受体的类型广泛，可以使用细胞、组织、器官等作为试材。⑥可进行细胞器的基因转化，由于激光微束小于细胞器，它可以在显微水平上直接对细胞器击孔，实现外源 DNA 对细胞器的转移。⑦穿透力强，深度方向可作调整。

（2）缺点：①需要昂贵的仪器设备；②转化效率明显高于化学转化法，但与电激法、基因枪轰击法相比还是低的；③转化率较低，一般在 10^{-4}～10^{-3}；④与电激法和基因枪法相比在多方面较差，如稳定性、安全性等。

（3）影响转化率的因素：①对不同种的植物可通过控制脉冲数来调控能量；②选择合适的波长；③确定合适的高渗液处理时间和浓度；④其他因素同电激法。

2.5 基因枪法介导基因转化

用基因枪对大豆茎尖分生组织进行轰击，结果约有 2%的组织通过器官发生途径获得再生植株，并且基因枪法（particie gun）又称微弹轰击法（microprojectiole bombardment，parti-clebombardment 及 biolisties）。最早是由美国康奈尔大学的 Sanford 等（1987）研制出火药引爆的基因枪。Klein 等（1987）首次在洋葱上对细胞进行试验，当用加速的钨粒对面积为 $1cm^2$、具有约 2000 多个细胞的洋葱组织进行轰击时，约 90%的细胞同时被击孔，使表面吸附有烟草花叶病毒 RNA 的钨粒进入细胞，并在受体细胞中检测到了病毒 RNA 的复制。他们还用这种技术将 *cat* 基因导入洋葱表皮细胞，从被轰击的表皮组织的提取液中检测出很高的 Cat 活性。1988 年，McCabe 等（1988）用外源 DNA 包被的钨在 R_0、R_1 代植株中检测到了外源基因的表达。这些成功的实验，大大加快了基因枪技术的应用与发展。1990 年，美国杜邦公司推出商品基因枪 PDS-1000 系统。在此期间，高压放电、压缩气体驱动等各种基因枪相继出现，并都在重复的实践中得到改进和发展。其改进的核心是粒子加速系统，以提高射弹的可控度，即粒子速度和射入的浓度等。

2.5.1 原理

其基本原理是将外源 DNA 包被在微小的金粒或钨粒表面，然后在高压的作用下微粒被高速射入受体细胞或组织。微粒上的外源 DNA 进入细胞后，整合到植物染色体上，得到表达，从而实现基因的转化（图 32-3）。根据基因枪的动力系统，可将它们分为三种类型。

第一类是以火药爆炸力（gunpowder）为加速动力，也是最先出现的一种基因枪（图 32-3A）。其显著特征是塑料子弹和阻挡板。塑料子弹前端载放已沉淀有 DNA 的钨（金）粉。当火药爆炸时，塑料子弹带着钨（金）粉向下高速运动，至阻挡板时，塑料子弹被阻遏，而其前端的钨（金）粉粒子继续以高速向下运动，击中样品室的靶细胞。这种枪型的产品如 PDS-1000 系统（美国杜邦公司）及 JQ-700（中国科学院生物物理研究所），其粒子速度主要是通过火药的数量及速度调节器控制，不能做到无级调整，可控度较低。

第二类是以高压气体(high pressure gas)作为动力，如氦气、氢气、氮气等。图 32-3B 显示，其工作原理是把载有 DNA 的钨(金)粉喷洒在一张微粒载片上(microprojectiles carrier sheet)，电极间悬滴着微水滴。在压缩空气的冲击下，微水滴雾状喷射，驱动载片。当载片受阻于金属筛网时，载有 DNA 的钨(金)粒继续向下冲击射入细胞。1991 年，瑞士科学家 Sautter 和 Potrykus 设计了一种新装置，DNA 不需要事先沉淀在金属颗粒上，而是使二者简单混合在一起，经过雾化，由氮气或二氧化碳压缩气体驱动直接射入细胞，靶范围可精确控制到 0.15mm，因而可用于分生组织及胚胎的转化。采用这一装置，他们用小麦幼胚盾片获得了 *gus* 基因的短暂表达，在烟草上也得到了大量转基因植株。

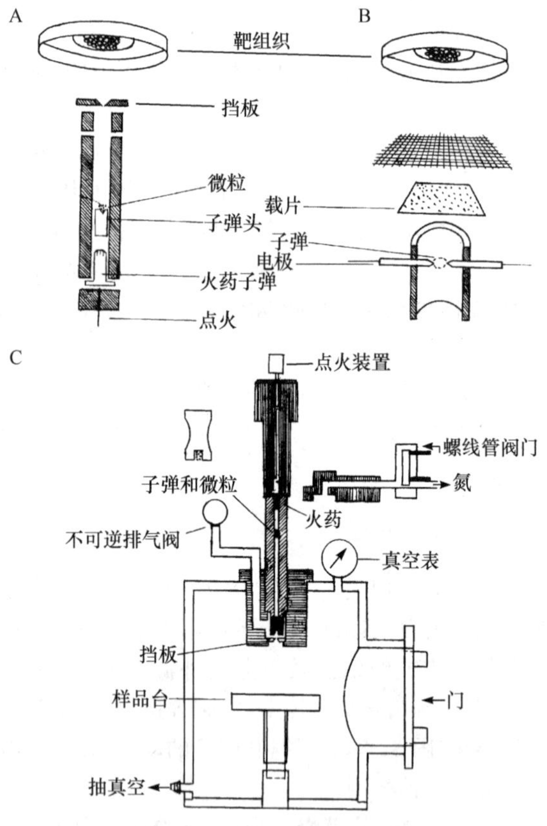

图 32-3　基因枪的原理(Bernard et al.,1993)

A. 火药爆炸为加速动力；B. 高压气体为加速动力；C. 高压放电为加速动力

第三类是以高压放电为驱动力。其最大优点是可以无级调速，通过变化工作电压、粒子速度及射入浓度可准确控制，使载有 DNA 的钨(金)粉粒子能到达具有再生能力的细胞层。这一点非常重要，因为不同的外植体需要不同的参数。采用该放电轰击，已在大豆和水稻上成功地获得了转基因植株。据现有文献报告，高压放电及高压气体轰击的转化率均高于火药引爆法。总之，基因枪的种类多样，不同受体植物，不同组织、器官、外植体材料应选用不同类型的基因枪。关于三种类型基因枪的机械结构装置基本相同。有点火装置、发射装置、挡板、样品室及真空系统等几部分组成(图 31-3C)。

DNA 微粒载体的制备原理是 $CaCl_2$ 对 DNA 有沉淀作用，亚精胺、聚乙二醇具有黏附作用。将这些化合物与 DNA 混合后与钨粉或金粉混合，吹干后，则 DNA 沉淀在载体颗粒上。

2.5.2　操作步骤

(1) 微粒体的洗涤：①取 60～100mg 钨粉或金粉，其微粒直径最好选择为细胞直径的 1/10，并溶于 1ml 无水乙醇中，用超声波振荡洗涤。微粒体处理后可在密闭条件下，室温储存 1 周；②离心尽量除去乙醇。加 1ml 无菌水，振荡离心，移去上清液。如此重复 2 次，将残留的乙醇除净，再用 1ml 无菌水重悬沉淀，密闭储存于室温中，备用，保存时间不要超过 1 周。

(2) DNA 微粒载体的制备：①上述微粒储存液离心，移去上清液，加 1ml 无菌水重悬；②每份样品取 25μl 微粒重悬液，加入 25μl DNA(1μg/μl)，手指振荡 3 次，充分混匀；③加入 25μl 2.5mol/L $CaCl_2$ 溶液，手指振荡 5 次；④加入 20μl 40% PEG4000，手指振荡 5 次；⑤加入 2.5ml 0.1mol/L 亚精胺，手指振荡 5 次；⑥混合液在室温下静置 10min，使 DNA 沉淀到微粒体上；⑦离心 5min，移去 50～60μl 上清液(严格掌握体积，使剩余溶液量可以进行 3 次枪击)；⑧制备好的 DNA 微粒载体，可在冰水中存放保存，但不能超过 4h，枪击时每次取样 8μl。

注意：上述制备过程均在无菌条件下操作。

(3) 靶外植体材料准备：①在无菌条件下截取靶外植体(有菌的外植体按常规方法消毒处理)，放于样品皿中，外植体大小按基因枪要求选择；②在无菌条件下，把靶外植体放入基因枪的样品室，并对准子弹发射轴心。

(4) DNA 微弹轰击，按照不同的基因枪说明书操作。

(5) 轰击后外植体的培养，DNA 微弹轰击后立刻转入相应的培养基中培养，以免材料脱水加重细胞受伤害的程度，获得再生植株。

2.5.3　转化率及其影响因素

关于基因枪法的转化率，目前不同的作者报告差别很大，不同的植物、同一植物的不同外植体均有明显差异。例如，McCabe 等(1993)报道大豆茎尖基因枪轰击转化率高达 2%，但有的报道只有 10^{-4}，一般在 $10^{-3}\sim10^{-2}$ 频率范围。影响转化率的因素很多。

1) *金属微粒的影响*　目前主要采用两种金属微粒作为 DNA 包裹的载体：一种是钨粉，其微粒直径可根据不同植物材料进行选择，一般以 0.6～4μm 为宜，其优点是廉价易得，制备容易。但钨粉会产生一层对植物有害的氧化物。国内为克服此缺点，在制备时进行了碳化处理，所以钨仍然是被广泛应用的微粒载体。另一种是金粉颗粒，其比钨粒具有更规则的球形体积，可以在相同体积下取得最大的附着面积；化学性质也更为稳定，也不像钨粒那样形成氧化膜。此外，金粉对 DNA 的吸附力更强，因此许多学者认为金粉比钨粉更理想，但金粉价格昂贵，仍然应用较少。

2) *DNA 沉淀辅助剂的影响*　目前常用的 DNA 沉淀辅助剂有 $CaCl_2$、亚精胺、聚乙二醇等。这些化合物的浓度不仅对 DNA 在钨(金)粒上的黏附有重要影响，而且对植物受体细胞的伤害也至关重要。一般的使用浓度范围是 0.24～1.9mol/L$CaCl_2$，7.69～76.9mmol/L 亚精胺，25%PEG4000。特别应注意的是亚精胺对植物细胞的毒害作用较大，而且在 DNA 微粒载体制备中容易使钨粉形成凝块，降低转化率。因此，现在许多实验中都采用降低亚精胺浓度，加入适当的 PEG。本章节介绍的实验步骤中也采用这一原则。

3) *DNA 的纯度及浓度对转化率的影响*　DNA 的纯度越高越容易获得成功的转化。这显然是由于高度纯化的 DNA 射入受体细胞后整合到植物基因组的概率更高。加入携带 DNA(camer DNA)，如 4～6kb 的小牛胸腺 DNA 及鲑鱼精 DNA，可提高转化率，但混杂的 DNA 起干扰作用。

DNA 的浓度对微弹转化率也有影响，有实验报道，DNA 的量提高一倍，不加沉淀剂进行转化，也可得到阳性结果。Klein 等认为每毫克钨粉含 2.0μg DNA 的浓度具有较好的转化效果。DNA 浓度过高也会使金属微粒凝聚成块，反而降低转化率。

总之，微弹制备的目的是为了将较多的 DNA 更好地吸附在微粒载体上，尽量减小对细胞的伤害，从而提高转化率。

4) *微弹速度的影响*　基因枪的轰击参数，如粒子速度、入射浓度、阻挡板至样品室高度、轰击次数等均影响基因介导转化率，其中微弹的速度是影响转化率的一个重要因素。它直接决定了微弹对细胞和组织的作用力及产生损伤的程度。不同的植物材料、不同的转化要求，应选择不同的速度。特别需要指出的是如何准确地控制微弹的飞行速度和飞行方向，确保 DNA 微弹载体最有效地射入感受态的植物细胞是最重要的问题。这既需要具有组织解剖学的知识，又需要有精确的仪器操作系统，也是衡量一台基因枪好坏的标准。例如，以大豆茎尖分生组织为外植体进行轰击时，由于其第 2～4 层细胞才具有再生植株能力，故选用 14～18kV 的工作电压为适。但是，若以水稻幼胚为外植体进行轰击时，则因其胚胎发生及植株再生潜力的细胞是在表皮层，故应选用的工作电压为 10kV。

国产的 JQ-700 型基因枪的速度是通过弹药的爆炸力、爆炸力的大小及滤网的孔径及层次来决定的，射速一般在 350～680m/s，超过了国外同类基因枪的指标。但火药柱难以调节其粒子速度和入射浓度。目前国外的电枪和气枪可以分别通过调节电容和气压较为精确地控制射速，从而可以控制微弹射入细胞的层数，为特定细胞的基因转化提供方便，而火药基因枪具有较大的盲目性。保证基因枪仓内的真空度是减少空气对微弹的阻力，提高微弹速度的技术措施，一般在 0.05～0.09MPa。但应根据不同外植体材料而确定，不同材料真空耐受程度不同。

5) *植物材料的内在因素的影响*　在基因转化中起主导作用是植物细胞本身，各种基因转化的系统只是导入外源基因到植物细胞的方法。因此，植物受体细胞本身的因素在转化中起主要作用。这些生物因素包括外植体的种类、细胞的生理状态、细胞潜在的再生能力、轰击前后的培养条件及细胞内环境对外源 DNA 的接受能力等。一个重要原则是潜在分裂能力的细胞才具有接受外源 DNA 的可能。因此，选用具有分生能力的细胞、幼嫩的组织、幼胚、茎尖及采取预培养等使细胞处于感受态的技术都有利于转化率的提高。

2.5.4　基因枪转化技术的应用前景

基因枪技术具有许多优点，因此可应用于现代分子生物学的许多领域，概括起来有以下几个方面。

1) *植物基因转化*　目前已有十几种植物采用此技术获得了转基因植株。其中最引人注目的是 Vasil 等用基因枪把 *bar* 基因转入了小麦的胚性愈伤组织，并获得转基因植株。R_0、R_1、R_2 代植株均对 BastaR 具有抗性，分子杂交证明三代植株中均有 *bar* 基因，有的已经进入田间试验。目前，水稻、玉米、小麦三大谷类作物均已用基因枪法获得转基因植株，显示了其生命力和应用前景。特别是近年来发现基因枪与农杆菌协同转化可大幅度提高转化频率。多基因转化是近年来又一个新亮点，由于基因枪法转化容量大，一次能导入 12～14 个不同质粒，总长度达 600kb 的 DNA，被认为是实现多基因转化的较理想的方法。Maqbool 等用基因枪将两种 *bt* 基因（*cry1AC* 和 *cry2A*）同时转化到水稻中，获得转多基因植株。

2）外源基因导入植物细胞的细胞器　在植物细胞中有三套遗传系统，即在细胞核、线粒体、叶绿体中都有自己的 DNA 遗传物质。它们相互调节，共同调控着细胞的生命活动。细胞器的遗传系统同样具有重要作用，因此通过细胞器的基因转化改造生物同样是一条可行的途径。但是迄今其他方法尚无成功的报告。现已证明基因枪法可将外源基因导入细胞器，并能得到稳定表达。Blower 等（1989）通过同源重组方式把外源 DNA 插入到酵母线粒体。Boynton 等（1989）把外源 DNA 导入单细胞藻类的叶绿体中。Daniell 等（1991）用叶绿体启动子把 *cat* 基因转入烟草、小麦的叶绿体内，并且在烟草的质体中证明能稳定地遗传。Ren 等（1996）构建了叶绿体转化 *bt* 基因的载体 pTRS1、2、3。Hou 等（2001）构建了叶绿体定点转化表达载体，并把 *cry1Aa10* 基因导入油菜，获得了抗性植株。为此，基因枪为细胞器的基因转化开拓了一个新前景。

3）基因枪在种质转化中的应用　近年来提出了种质转化（germ line transformation）概念，所谓种质（germline）就是合子胚中特定细胞将来分化发育成植物体的特定器官和部位，这种预定的胚胎发育系统也称之为细胞种系关系（cell line）。目前研究得最清楚的有玉米、拟南芥菜等植物。植物的种质系统包括茎尖分生组织、配子体及胚胎细胞，它们均有可能作为外植体而被转化。如大豆茎尖分生组织用基因枪转化成功即为一例。分生组织中的某些细胞将决定花粉、子房及配子体的形成，这些细胞被转化后，即可在雌雄性器官中携带外源基因，从而获得转基因植株。

模拟自然界的有性过程，用转化的花粉授粉，以获得转化的种子，是一条最为简捷和理想的转化途径，若能成功，则可克服基因型的依赖性，克服植株再生的困难，且容易得到大量的种子以供筛选。贾士荣、董云州等（1993）采用中国科学院生物物理研究所生产的 JQ-700 型高速基因枪及 pBI121 质粒 DNA，对玉米花粉和谷子花粉进行轰击转化，再进行人工授粉。玉米花粉易于采集，体外存活时间为 16～18h，便于转化操作。谷子属于自花授粉作物，具穗状花序，小花丛生，不便于去雄、采粉和授粉。我们采用不育系以免去去雄手续。谷子花粉的离体存活时间为 5h 左右，足以完成基因枪轰击操作。经转化得到的玉米和谷子的种子，可在有菌条件下，在加卡那霉素（Kan）的培养液中进行筛选，省时、省事、效率高。R_0 代的种子在卡那霉素选择压下长出的绿苗有 Southern 杂交信号，叶片中有 β-葡糖苷酸酶（Gus）活性，说明了外源基因的整合与表达。

4）植物基因表达调控研究　利用基因枪技术为外源基因导入特定组织提供了可能，因此可以用于研究植物的发育及调控。如果把外源的特定基因导入不同的细胞或不同发育时期，则可以研究其基因表达的特点。通过培养条件的改变可以研究基因表达的环境因素。Malcuit 等（1999）把马铃薯抗病毒基因 *nb* 中一段 25kb 的片段，连同 *gus* 基因用基因枪导入马铃薯中，研究发现了 *nb* 基因中编码 25kDa 蛋白质的功能片段。

此外，基因枪技术还可以应用于微生物和动物细胞的基因导入。特别引起人们重视的是，其他的基因转化技术对动物细胞转化一直较困难，而现在运用基因枪技术已成功地在动物的培养细胞、器官、卵细胞、胚胎细胞等实现了基因转化。甚至直接对活体动物的组织器官，如皮肤、肌肉、肝脏等进行基因转化，并取得了成功，揭开了动物基因转化的新篇章。由于活体动物基因转化的成功，使基因枪作为基因治疗的工具成为可能。如果对特定的器官导入组织特异性表达的基因，可对病变部位进行直接治疗，或通过遗传免疫产生抗体治疗疾病。

2.5.5　基因枪转化的特点分析

1）基因枪转化方法的优点　基因枪技术与其他遗传转化方法相比，具有以下优点。

（1）无宿主限制：根癌农杆菌只对某些双子叶植物敏感，而对多数单子叶植物尤其是重要的禾谷类作物不敏感，从而大大限制了它的应用范围。基因枪技术没有物种限制，对双子叶和单子叶植物都可适用，对动物、微生物也同样适用。

（2）靶受体类型广泛：PEG 法、脂质体法、电激法等介导基因转化，需要以原生质体作为受体细胞。由于原生质体不易培养和再生，或再生周期长，基因型依赖性强，使这些方法的应用受到限制。基因枪技术可以选用易于再生的受体，绕过原生质体再生的困难。它不仅以原生质体、叶圆片为靶受体，而且悬浮培养细胞、茎或根切段及种子胚、分生组织、幼穗、幼胚、愈伤组织、花粉细胞、子房等几乎所有具有潜在分生能力的组织或细胞都可以用基因枪进行轰击转化。

(3) 可控度高:近代的高压放电或高压气体基因枪已可根据实验需要无级调控微弹的速度和射入浓度,可以较高的命中率把 DNA 微粒载体射入特定层次的细胞,即感受态细胞和分生区细胞,从而为基因转化提供可靠的技术措施。

(4) 操作简便快速,甚至可克服无菌的困难。

2) *基因枪转化的缺点及需要进一步研究的问题*　基因枪转化技术从诞生至今仅五年多的时间,尽管已取得可喜的进展,但是还有不少问题值得进一步研究。例如,转化频率低,目前大多数只报道转化后的瞬时表达,而稳定遗传的比例甚差,外源 DNA 的整合机制等理论问题也不清楚,应该说基因枪转化技术只处在研究阶段,尚未成熟。为此今后应对以下问题进一步深入研究。

(1) 基因枪的硬件设计尚待改善,仪器可控性、准确性、精确性等都需进一步提高和完善。

(2) 微弹的表面结构、大小、均一性及承载 DNA 的量及 DNA 微粒载体的制备技术等。

(3) 特定物种,特定组织、细胞的轰击条件。

(4) 受体细胞只有在转化和再生两方面都处于感受态,才能实现转化获得再生植株,因此,如何诱导更多的细胞同时成为转化和再生感受态是一个非常重要的问题。

(5) 轰击后进入受体细胞的 DNA 生物学变化及其调控等理论问题。

2.6　低能离子束介导植物基因转化

20 世纪 80 年代中期,我国首次将低能离子束(low energy ion beam)生物技术应用于农作物品种的遗传改良并获得成功,随后很多研究证实离子束生物技术是创造新遗传材料的有效手段,并在诱变育种、植物转基因、生命起源和进化、环境辐射与人类健康等方面取得了一些重要的阶段性研究成果,为遗传育种开辟了重要的理论和应用研究方向,也为转基因植物育种提供了一种简便有效的手段。

2.6.1　低能离子的基本概念

低能离子(low energy ion)是指能量为 104～105 电子伏特(eV),原子序数大于氦(He),壳层电子被部分或全部剥离的原子。雷电、宇宙辐射和极光等自然现象是自然界中常见的,它们辐射的离子对生物体具有诱变效应,这与太空诱变育种有相通之处。与 X 线、Y 线等辐射相比,低能离子具有传能线密度高、在能量沉积过程中存在尖锐的能量损失峰、与介质原子核的碰撞截面大、相对生物效应和氧增强比较小、对 DNA 的损伤具有可修复性等特点。离子束生物技术最初采用的离子主要是氮离子(N^+),因为 N^+ 是一种活性离子,注入生物样品后可掺入靶分子形成新物质,容易引起生物体变异。氩离子(Ar^+)虽是惰性元素,但 Ar^+ 的蚀刻作用优于 N^+,也可避免因离子注入而引起的生物体变异。所以,离子束介导转基因一般选用蚀刻效果好、化学性质不活泼的 Ar^+ 作为注入离子,一些研究也采用了 He^{2+}、Zn^{2+}、Fe^+、C^{4+} 和 C^{5+} 等离子。加速后的离子具有质量、能量和电荷三种作用,当离子注入生物体后,产生质、能、电共同作用于生物体,在生物体的局部产生溅射、原子位移,甚至生物大分子结构的改变,从而引发生物学效应,为生物的遗传改良开辟新的手段。

2.6.2　低能离子束介导转基因的原理

低能离子束介导转基因技术是我国在 1989 年首次提出来的,该技术利用离子束对植物细胞的蚀刻作用,造成受体细胞表面的损伤和穿孔,从而引起细胞膜通透性和跨膜电场的改变,有利于将外源基因引入植物细胞。低能离子束介导转基因技术的原理可以归结为通道作用、吸引作用和整合作用三个方面:其一是通道作用,离子束对生物体细胞表面有一定的机械蚀刻作用,在注入植物细胞的过程中造成细胞表面的通道和穿孔,还产生溅射作用,使得本不相连通的孔道互相连通,为外源基因进入细胞提供了通道;其二是吸引作用,由于注入的离子都带正电荷,当注入离子在生物体通道内沉积时,对带负电荷较强的外源 DNA 产生吸力,有利于带负电荷的 DNA 分子进入细胞内;其三是整合作用,离子束的注入会对部分染色体产生可修复性的损伤,受体细胞会修复这些损伤,并在修复的过程中促进外源基因的遗传物质整合到受体细胞的基因组中,产生稳定的遗传。

2.6.3　低能离子束介导植物转基因的操作程序

(1) 受体材料的选择,等离子体转化的受体材料应具有较强的分化再生能力的植物组织、器官和细胞。

(2) 受体材料的预处理,用甘油或玻璃化处理,以减少离子束注射时损伤,保持再生能力。

(3) 携带目的基因的质粒 DNA 或供体植物 DNA 的制备。

(4) 采用中国科学院等离子体研究所研制的"强流离子注入机",每个脉冲计量为 2.6×10^{13}。

(5) 离子注入后受体细胞活力测定,了解细胞的再生能力。

(6) 转基因植株的筛选检测。

2.6.4 低能离子束介导转基因的优点

与其他植物转基因技术相比,低能离子束介导植物转基因技术具有以下特点。

(1) 射程的可控性和集束性可以选择注入离子的种类和注入离子的能量、剂量、脉冲量等参数条件,利于精确控制被处理植物细胞表面的蚀刻程度和损伤范围,在不影响受体细胞正常生命活动的情况下,转入外源 DNA。

(2) 蚀刻和溅射有利于外源 DNA 进入离子束对细胞加工的深度 200μm 以内,为外源 DNA 进入提供大小不同互相连通的微通道,使具有质粒水平的小分子 DNA 容易导入,也极易将基因组 DNA 导入细胞内。

(3) 静电作用带正电荷的离子注入受体细胞后,在微通道产生沉积积累,引起局部正电荷变高,减少细胞环境斥力的,同时还产生对带有负电荷的外源 DNA 的吸力,使外源 DNA 容易进入受体细胞内部。

(4) 可修复损伤离子束注入生物体后由于能量的作用导致质量沉积,形成大量自由基,造成植物细胞内染色体 DNA 键的断裂,从而诱导和激发细胞对 DNA 的修复和重接,增加进入细胞的外源 DNA 插入并整合到受体细胞染色体中的机会,从而提高转化效率。

(5) 受体材料广泛受基因型限制小,取材方便;不需要原生质体培养和再生植株的培养,主要是处理植物的种胚和愈伤组织,操作简单,可以大批量处理,且不受季节限制。

2.6.5 低能离子束介导植物转基因的研究进展

研究证实,低能离子束介导植物转基因具有可行性,并获得了一些转基因植株。1994 年,杨剑波等将 *gus* 基因和潮霉素基因分别导入水稻成熟胚细胞,获得了转基因水稻植株。1996 年,程备久将比克氏棉和红麻 DNA 导入泗棉 2 号,经过选育获得了一批抗枯萎病、早熟、种子少腺体、各具特色的优质陆地棉新种子系。2000 年,倪大虎等将抗菌肽 *shiva* 基因导入水稻恢复系明恢 63 的成熟胚,经愈伤诱导和植株再生,PCR 检测证实目的基因已经整合到再生植株的基因组。同年,吴丽芳等通过低能离子束介导将水稻几丁质酶基因导入小麦,并获得了小麦转基因植株。

此外,在离子束介导的总 DNA 转化方面也取得了很大成果。中国科学院等离子体物理研究所与安徽农业科学院合作通过离子束介导法将紫玉米的总 DNA 导入水稻品种早籼 213,经过 12 代的选育,获得了一批稳定遗传的、茎干等部位表现出供体玉米的紫色性状、光合作用较强的“玉米稻”。吴丽芳等、姬生栋等通过离子束介导实现了大豆—小麦分子远缘杂交,这证明离子束介导大分子 DNA 转移在分子远缘杂交方面是可行的,为远缘物种之间的遗传物质交流提供了一种简便有效的途径。宋道军等借助离子束成功将银杏 DNA 导入到西瓜品种,获得含银杏内酯的西瓜,实现了超远缘杂交。

离子束诱变是创造新遗传材料的有效手段,为作物育种提供了新的方法,已育成一批优质品种和种质。相信不久的将来,应用离子束生物技术能够培育出更多的优良变异植物,为离子束生物工程学这一新兴的具有强大生命力的交叉学科提供更有力的支持,产生育种方面革命性的突破。

复 习 题

名词解释

脂质体介导基因转化、PEG 介导基因转化、低能离子束

问题

(1) 简述基因枪法基因转化的原理。

(2) 比较基因枪法与农杆菌质粒转化基因的优缺点。

(3) 简述激光微束介导基因转化的优缺点。

(4) 简述低能离子束转化的原理。

第 33 章

植物种质系统介导基因转化

前面章节已介绍了两大类基因转化系统，即载体转化系统和 DNA 直接导入转化系统。另外，还有一类转化系统是以生物自身的种质细胞为媒体，特别是植物生殖系统的细胞（花粉粒、卵细胞、子房、幼胚、幼穗等）来实现转化目的，称为“种质转化系统”（germ line transformation），也称之为生物媒体转化系统。归纳起来第三类转化系统的特点是：①转化的 DNA 可以是裸露的，也可以重组在质粒 DNA 上；②转化过程不是依靠化学物理过程，而是依靠生物自身的种质系统或细胞结构功能来实现；③不需要植物组织、细胞、原生质体等离体培养过程；④植物整体水平上的转化；⑤方法简便易行，并与常规育种紧密结合。它有可能成为一种颇有潜力的转化系统，它包括花粉管导入法、子房、幼穗、幼胚注射法、细胞器导入法及染色体导入法等。

经过先驱者的探索，种质转化途径越来越集中于利用植物传粉受精的过程，即花粉管导入法。但是至今对此转化途径仍有许多异议，有些理论问题尚未清楚，下面将进行较为详细的论述。

1　花粉管通道法介导基因转化

1.1　花粉管通道法的提出

利用花粉授粉过程导入外源 DNA 的技术，称“花粉管通道法”（pollen-tubepathway），是由我国周光宇等（1983）建立并在长期科学研究中发展起来的。早在 1974 年，周光宇为探索植物基因技术，多次调查国内粮食作物等远缘杂交的情况，对那些亲缘关系远的杂交所产生的染色体水平以下的杂交现象提出了 DNA 片段杂交假设。1978 年初，进行了部分的分子验证实验，周光宇等开始陆续与邵启全、张先程和黄骏麒等协作分别以小麦、水稻和棉花为试材进行外源 DNA 导入研究。这些研究都得到了变异子代，1979 年，周光宇等发表了《远缘杂交的分子基础 DNA 片段杂交假设的一个论证》一文，为花粉管导入外源 DNA 的整合奠定理论基础。Hess 经过多年的努力早在 1980 年首次报道利用花粉萌发时吸收种内或种间 DNA 技术将外源 DNA 导入矮牵牛中，获得来自外源 DNA 的花色变异子代。在这些实验的基础上，科学家们提出了利用自花授粉将外源 DNA 导入植物的技术。1983 年，周光宇等在 *Methods in Enzynology* 杂志上报道了棉花花粉管导入外源 DNA 获得成功的文章。由此可见，这一技术的建立是许多科学家长期努力的结果。该技术的建立开创了整株活体基因转化的新途径。

1.2　花粉管导入的原理

花粉管通道法的主要原理是授粉后使外源 DNA 能沿着花粉管渗入，经过珠心通道进入胚囊，转化尚不具备正常细胞壁的卵、合子或早期胚胎细胞。这一技术原理可以应用于任何开花植物。

但是从这一技术的研究开始一直充满着争论和分歧，至今尽管已经通过这一技术培育出多种植物的新品种并已推广应用，但仍有许多科学家持怀疑态度。因为有许多理论问题没有得到圆满的解释。例如，外源 DNA 怎样进入卵细胞？外源 DNA 能否整合到卵细胞核 DNA 上？怎样整合？后代的变异可能是由于柱头和胚囊受到化学刺激而引起的遗传变异等。

从胚囊的结构及受精过程的理论上可以看出：①滴注在柱头上的外源 DNA 片段可以随着花粉管进入胚囊，因为花粉管是先进入助细胞或胚囊后再破裂，所以，DNA 悬浮液不管在花粉管腔内或腔外都可以进入胚囊。当然如果 DNA 片段在花粉管腔内则对进入胚囊内更是毫无异议；②卵细胞在远离珠孔端是无细胞壁的，仅有细胞膜，花粉管放入胚囊的精核也是 DNA 遗传物质，开始时精核的染色体附着在核膜上，然后断裂分散，并与卵核 DNA 融合；③在胚发育的初期，即原胚期间的细胞无厚的细胞壁，而具有很强的分裂能力，并从胚囊中吸取营养物质，这时外源 DNA 被吸入这些细胞参与核的融合；④从上述论述中可见花粉管导入的关键问题是掌握受精过程的时间。

近 20 多年来，已有大量的实验结果表明：①植物生殖系统基因转化，是利用植物有性生殖过程中的有性细胞或组织为受体，采用基因工程的手段改良植物的技术领域；②成熟花粉既可在液相介质转化，也可在气相介质中转化，基因枪可穿透花粉外壁，将外源 DNA 导入花粉粒，并使花粉保持活力；③通过授粉、微注射等方法，可使外源基因沿花粉管外通道，经胎座上部传输组织束中的花粉管外缝隙、胎座表面、珠孔、珠心通道进入胚囊，直接转化无壁的处于融合期的生殖细胞，这就是通常所说的花粉管通道法。

1.3 花粉管通道法的操作程序

1.3.1 外源 DNA 制备

(1) 从植物提取 DNA：①取供体植物的幼叶、幼穗等为试材，采用 Bendike 等快速提取植物组织 DNA 方法，提取总 DNA；②DNA 纯化，进行波长 230nm、260nm 及 280nm 的光吸收值测定，计算比值，DNA 回收率一般为 200～500μg/g 鲜重组织；③酶切：用核酸内切酶，*Hind*Ⅲ、*Bam*HⅠ等酶切成片段；④DNA 导入液制备：配制 SSC 溶液，制备浓度为 500～1000μg/ml DNA 导入液，用光谱扫描显示出呈典型的核酸吸收图谱，符合外源 DNA 导入要求。

(2) 从细菌中提取质粒 DNA，已构建的中介载体一般克隆在大肠杆菌中，因此可以直接从大肠杆菌中提取质粒 DNA，并酶切后制备符合上述要求的外源 DNA 导入液。

(3) 从农杆菌中提取已重组构建的 Ti 质粒，带有 *npt-Ⅱ*、*gus* 及目的基因的质粒 DNA，并酶切后制备成符合上述要求的外源 DNA 导入液。

(4) 分析受体植物受精过程及时间，确定导入外源 DNA 的时间及方法。

(5) 外源 DNA 导入受体植物。

1.3.2 外源 DNA 导入方法

外源 DNA 导入有多种方法，作者根据发表的资料综合归纳为三种。

(1) 柱头涂抹法：未授粉前，先用 DNA 导入液涂抹柱头，然后人工授粉，迅速套袋。

(2) 柱头切除法：当受体植物自花授粉一定时间后(一般 2～3h)，切去花柱，将 DNA 导入液滴于切口，迅速套袋 1h 后复滴 1 次。

(3) 花粉粒吸入法：提前去雄套袋隔离，花粉粒授粉首先用 DNA 导入液处理，使外源 DNA 吸入花粉粒，然后对受体植物进行人工授粉套袋。

上述各实验均以不含 DNA 的等量 SSC 溶液做相同处理为对照。

1.3.3 后代材料处理

经外源 DNA 处理获得的种子与供体、受体植物的子代均点播在同一试验田，进行田间试验。

1.4 对花粉管通道法的技术评价

1.4.1 花粉管通道法的优点

(1) 利用整体植株的卵细胞、受精卵或早期胚细胞转化 DNA，无需细胞、原生质体等组织培养和诱导再生植株等一整套人工培养过程。

(2) 方法简便，可以大田、盆栽或温室中进行，一般常规育种工作者易于掌握。

(3) 单胚珠和多胚珠的单双子叶植物均可应用，只需针对具体植物的花器构造、开花习性和受精过程，采用合适的导入技术。

(4) 育种时间缩短。如棉花和水稻应用这一技术，筛选遗传稳定的品系只需 3～4 代时间。这是因为在自花授粉的基础上只有部分外源 DNA 片段进入受体基因组，避免了供体基因与受体基因组全面重组，因而易于稳定。

(5) 可以任意选择生产上的当家品种进行外源 DNA 的导入，达到目的性状基因的转移。可以保留受体的优良性状，无需顾虑体细胞变异的问题，通过这一技术可以直接获得种子，对其后代的生产价值进行考察，可避免一般生物技术的实验室研究与大田要求脱节的问题。

(6) 通过外源总 DNA 片段的导入可以了解一些具有重大经济价值，而遗传背景极差的农艺性状是否能够通过 DNA 片段进行转移，这些性状是否为单基因或单基因控制的多基因决定性状，从而能为基因工程课题选择打下基础。

(7) 这一技术可以同样应用于重组分子的导入。正如前述，卡那霉素抗性基因重组分子导入水稻后得到整合、遗传和表达。

1.4.2 转化率的影响因素

花粉管导入法的成株转化率一般在 1%～10%，影响因素很多。

(1)花粉管导入的关键因素在于精确掌握受体植物的受精过程及时间规律，恰当地应用花粉管途径，达到外源 DNA 导入的目的。以水稻为例，水稻自花授粉一般 1h 以内花粉管伸进胚囊，2h 左右完成双受精，3～6h 初生胚乳和合子先后开始分裂，这一阶段是接受外源 DNA 的敏感时期，因此，一定要掌握导入 DNA 的时期。

(2) DNA 导入液的浓度、pH 等均影响转化率。

(3) DNA 的分子结构及其片段大小对转化率也有重要影响。环状分子难以转化，大片段 DNA 转化率低，片段太小不能保证完整基因存在，因此要使用适宜的 DNA 片段。

1.4.3　存在问题及应注意的问题

(1) 应用总 DNA 片段的导入，筛选到的子代仍可能带入少量目的性状基因以外的 DNA 片段。

(2) 这一技术局限于开花时间才能应用。

(3) 方法虽然简单，但必须有遗传育种和分子遗传学、分子生物学方面的基础知识，才能恰当地进行 DNA 供受体的组合和判断 DNA 导入的结果，达到分子育种的目的。

(4) 外源 DNA 能否与受体基因整合，决定于目的性状基因的结构与功能是否与受体基因组 DNA 和细胞代谢相容。如果是不受单基因或单片段 DNA 控制的多基因性状，则不能或很难通过这一技术导入植物。

(5) DNA 大小和纯度应加注意，过大易于断裂，过小遗传功能丧失。DNA 不纯可能引起转基因当代(S_0)性状的变异。

(6) 本技术的转化率可达 1%～10%。从分子转移的水平来看是相当高的，但从常规育种特别是显性基因的表现来看，一般育种工作者往往对百分之十几到几甚至更少的转化植株引起异议。甚至应用第一代田间统计平均数值判断基因的导入，这是不符合分子转化规律的。事实上外源基因的导入具有很大的随机性，和染色体配对完全不同。故应采取导入植株的单株记录，单株扩种检验，繁殖获得目的性状的后代。这种后代还必须从整体看是否符合育种要求。

综上所述，花粉管导入法既有一定的理论基础，又有大量实践的证实。作者认为尽管目前还存在一些尚未解决的疑义，但应该说是值得研究应用的转化系统。科学的研究常常是从简单到复杂，又发展到简单，特别是该转化系统利用植物自身的生殖系统作为载体是得天独厚的长处，相信随着研究的深入，将会表现出更大的潜力。

2　花粉粒介导基因转化

2.1　花粉粒介导基因转化的原理

2.1.1　花粉粒的发育

花粉粒是由花粉囊里的小孢子母细胞(花粉母细胞)发育而成的。每个小孢子母细胞经过减数分裂，形成 4 个细胞，叫做小孢子，即花粉粒。在这一过程中，一次 DNA 复制，二次细胞分裂，生成 4 个细胞(小孢子)。每个小孢子细胞内的染色体数目都比小孢子母细胞减少一半(n)，即单倍体，该细胞分裂方式称之为减数分裂。单核花粉粒形成不久，便进行一次有丝分裂，形成 2 个细胞：一个是营养细胞，另一个是生殖细胞。营养细胞一般比生殖细胞大，而且里面储存有营养物质。有些植物的生殖细胞接着又进行有丝分裂，形成 2 个精子。故成熟的花粉粒中就有 3 个细胞。由此可见，外源 DNA 的导入应该在单核小孢子时期为宜。

2.1.2　双受精原理

花粉由各种媒介传到雌蕊的柱头上后，立即与雌蕊发生相互作用。在亲和的情况下，花粉萌发长出花粉管并进入柱头后经珠孔进入胚珠，最后抵达胚囊。电子显微镜研究证实花粉管是从一个助细胞进入的，而且进入的那个助细胞常常是在花粉管进入之前解体。花粉管就在此助细胞的位置释放出内容物。精细胞与卵细胞的融合形成二倍体的合子，恢复了各种植物原有的染色体数目，保持了物种遗传的相对稳定性；最重要的是把父本的基因转化到母本，并同时通过父、母本具有差异的遗传物质重新组合，使合子具有双重遗传性，既加强了后代个体的生活力和适应性，又为后代中可能出现新的遗传性状、新变异提供了基础。

另外，另一个精细胞与 2 个极核或 1 个次生核(中央细胞)融合，形成了三倍体的初生胚乳核及其发育成的胚乳，同样结合了父、母本的遗传特性，生理上更为活跃，更适合于作为新一代植物胚胎期的养料(在胚的发育或种子萌发过程中被吸收)。这样，可以使子代的变异性更大，生活力更强，适应性更为广泛。因此，双受精作用是植物界有性生殖的最进化、最高级的形式，是被子植物在植物界繁荣昌盛的重要原因之一。同时，双受精作用的生物学意义也是植物遗传和育种学的重要理论依据。

2.1.3　花粉粒是基因转移的载体

花粉粒是植物有性杂交过程中把父本基因转移到母本的载体，也是自然界基因转化重组，创造新基因型的重要途径。由此可见，花粉粒是理想的基因转化载体。如果把外源目的基因导入花粉粒，即可通过授粉过程把目的基因转化到受体植物，这是一个利用植物自身的转基因系统进行目的基因转化的最佳种质途径。

2.2　花粉粒介导基因转化的操作程序

(1) 携带目的基因质粒 DNA 提取。

(2) 在开花期适时收集花粉。

(3) 单核花粉粒的检测。

(4) 采用基因枪、超声波等物理方法将外源DNA进入单核花粉粒。

(5) 适时授粉将外源DNA导入到受体植物中。

(6) 转基因植物筛选、检测。

2.3 花粉粒基因转化的优点及问题

2.3.1 优点

花粉粒介导基因转化法首先大大简化了植物转基因操作过程,可以不经植物组培程序直接获得转基因植株或种子;其次是转化率高,最高可达近40%;再次它可以应用于大多数开花植物,而且基本没有品种特异性。最后是该方法最大的优点在于可使人们普遍认为的实验室高精尖分子水平的植物基因工程育种技术与广大常规育种技术紧密结合。

2.3.2 问题

(1) 其缺点是受植物开花期和授粉期习性的限制,花粉要求量较大。同时授粉过程受气候条件影响,处理不当结实率就会很低。

(2) 外源基因导入花粉粒的技术不够成熟,效率低,而且对花粉的处理要在尽可能短的时间内完成以减少损伤。

(3) 有些理论问题尚未清楚。例如,导入花粉粒细胞的基因是否整合到小孢子的核DNA? 单核花粉粒形成不久,便进行一次有丝分裂,形成2个细胞:一个是营养细胞,另一个是生殖细胞,有些植物的生殖细胞接着又进行有丝分裂,形成2个精子,这样,成熟的花粉粒中就有3个细胞,如何保证外源DNA在精核细胞中?

(4) 向日葵、小麦、棉花和紫萼几种植物所作的详细观察证明,被子植物雄核与雌核融合的基本程序是:①雄性核与雌性核接触;②雄性核和雌性核之间的核膜融合;③精子核的染色质在卵核内分散和出现雄性核仁;④雄性核的染色质与雌性核的染色质混合;⑤雄性和雌性的核仁融合为一个大的核仁。精核同极核的融合过程与精核同卵核的融合程序基本相同。因此,如果外源DNA只存在于精子细胞中,未整合到小孢子的雄核DNA中,则怎样进入卵细胞的核基因组? 这些理论问题需要深入研究。

2.4 花粉粒基因转化的应用

利用该方法,已在玉米、高粱、谷子、油菜和花生等许多植物上获得了转基因植株,说明其对大多数单子叶和双子叶植物都有普遍的应用价值。最终的目标是使“高新技术实用化,贵族技术平民化”,为植物基因工程提供高效、简便、实用、经济的基因转化新方法,使转基因技术成为常规育种家手中的有力武器,给植物育种工作带来新的变革和活力。

3 生殖细胞浸泡法介导基因转化

3.1 浸泡转化法的原理

顾名思义,浸泡法是将供试外植体如种子、胚、胚珠、子房、花粉粒、幼穗等细胞培养物直接浸泡在外源DNA溶液中,利用渗透作用把外源基因导入受体细胞并稳定地整合表达与遗传。

该转化系统是由联邦德国科学家Hess提出。早在1969年Hess用外源DNA浸泡矮牵牛(*Petunia hybrida* L.)的萌动种子,结果在转化的植株中表现出不同的性状。1976年,Hess等又用人工培养萌发的花粉直接与外源总DNA溶液混合授粉,结果在后代植株中发现了外源基因表达的性状,检测到了外源基因表现的酶活性。1980年,他又进行了研究,得到了外源DNA导入转化植株的分子证据,从而引起了大家的重视。随后国内外有不少学者利用种子为受体材料实现了外源DNA的遗传转化。因为种子具有自然的形态建成能力和遗传传递能力,不存在再生植株的困难,而且种子取材方便,不受季节限制,因此,种子是浸泡法转化的良好试材。

其原理主要是利用植物细胞自身的物质运转系统将外源DNA直接导入受体细胞。植物细胞能够不断地与周围环境进行物质运输,吸收水分和有机物质。特别是在种子萌发吸涨过程中吸收大量水分,一般表现为三个阶段:第一阶段是种子迅速吸水,这一阶段主要是物理吸水,与种子是否休眠无关;第二阶段是吸水的停滞时期,当种子吸水后一些酶开始活动,与萌发有关的主要代谢活动是在这一阶段进行的;第三阶段是胚根、胚芽的生长。外源DNA能够随着植物细胞的物质运输一起进入受体细胞。关于植物细胞运输系统的结构与功能已有很多的研究,现已明确植物细胞可以多种途径将外源DNA吸入细胞内。

3.1.1 质外体和共质体运输系统

植物体内存在着两大纵横交错、相互联系的运输体系,即质外体(apoplast)和共质体(symplast)。

1) 质外体　质外体是由植物细胞壁框架构成的连续体系。胞壁与胞壁之间在各个方向上相互连续，从而使植物器官具有固定的模式。在胞壁的微纤丝结构中存在着大量的空隙，水、溶质、空气充盈其中，球形细胞和圆柱形细胞的相接处也常留有不同开关的间隙，这种细胞间隙有时可占到根、茎、叶的总容积的30%以上，并且在体内曲折、转辗地串联一起，形成连续的通道、导管，这是质外体发展的高级形式。细胞外围的非生命组分连成的、相互沟通的质外体系统，为生活在胞壁框架中的原生质体提供了稳定、有利的生存与活动环境。

2）共质体　原生质体各自地封闭在一个有限的空间内，但是这种封闭并不那么绝对。实际上，在坚韧的胞壁内，疏密不等地分布着大量纤细的孔道，由原生质体表面向孔道凸入、延伸而形成的原生质连丝，就好像桥梁一样大量横贯胞壁屏障，将各个原生质体串联在一起。这个凭借原生质连丝联成一体的有生命的体系即称之为共质体。原生质细丝被认定为胞间活动与联系的纽带，而且其影响不只是局限于一个细胞的范围内的刺激与信息的传递，细胞间物质的相互交换均可通过这一联系来进行。在共质体系统中也存在着一种高级的植物组织结构，即韧皮部的筛管。

3）质外体、共质体之间的互为依存　从细胞间的相互联系与整体性的角度来看，可以说高等植物是一个质外体和共质体相互交错、互为依存的统一体，从外界摄取的水分、养分及细胞内部合成的有机营养，可以各自沿着质外体和共质体途径分配到植物周身，也可以在这两个体系之间交替迁移，持续运转。水和矿质主要是经质外体而分配到各处进入原生质体内部参与代谢活动；而有机营养主要是在细胞内部合成的，可经胞间连丝在共质体内运行，或穿越质膜向质外体迁移。物质在质外体中运输时主要依赖于由浓度梯度推动的扩散过程；而在共质体内的移动则复杂得多，还要受原生质的代谢活动的影响。因此，从理论上来说，外源的DNA可以通过这个运输系统被运输到植物的每一个细胞。有人提出已经发育的胚有着复杂的组织结构，胚芽的细胞被包裹在多层幼叶细胞中，外源DNA能到达生长锥的分生细胞吗？根据这一质外体和共质体运输系统理论，外源DNA是可以被运输到每一个细胞。

3.1.2 传递细胞与跨膜运输系统

20世纪60年代末70年代初，Gunning与Pate发现维管束中有胞壁内突生长特征的传递细胞的存在。从亚显微水平上揭示，在有机物跨膜运输加强的状况下，细胞壁与膜处出现了特定的结构分化，大量内突生长物从壁的内侧多处向内伸展，质膜随之内陷与转折，从而表面积明显扩展，可增大10～20倍，大大增加了质膜与质外体溶质的接触界面，使跨膜运输进行得更为活跃。细胞化学的证据表明，质膜上具有很高的ATP酶活性，显然与跨膜运输中能量的需求相吻合。在维管束中传递细胞是由伴胞或薄壁细胞分化而来，但并不局限于此，在吸收与分泌极其活跃的状态下，如生殖体和胚胎发育进程中，细胞也可出现类似的转化。因此，生殖细胞和胚胎可能具更强的摄取外源DNA的能力。

3.1.3 内吞和外排作用的运输系统

胞饮和吞噬是动物细胞中常见的物质运输方式，类似的过程是否在植物细胞的物质交换中存在和发挥作用，则是很有争议与亟待深究的问题。20世纪60年代末期，Mayo和Cocking等在番茄原生质研究中证实植物的质膜同样具有内吞作用。近年来的研究进一步表明，450kDa的蛋白质可进入大豆和菜豆的原生质体。不仅如此，这种内吞现象在带壁的细胞中也存在，特别值得注意的是通过内吞可以有效地克服质膜对某些物质可透性的限制，从而为一些大分子聚合物如外源DNA等的迁入提供了机会。

3.2 浸泡转化法程序

（1）外源DNA的制备可来源于两种途径：①植物总DNA的分离提取；②质粒DNA的提取。

（2）将种子消毒后浸泡于0.1×SSC缓冲液，并加入20%的二甲基亚砜(DMSO)。

（3）浸泡液中加入外源DNA。

（4）用无菌0.1×SSC缓冲液冲洗种子。

（5）将种子接种在不含激素的固体培养基上。

此外，也可以把浸泡液(含外源DNA)注入子房、胚珠或包裹幼穗的颖壳内浸泡胚达到转化的目的。

3.3 浸泡转化法的技术评价

尽管浸泡法有许多优点，特别是成熟种子浸泡法可以说是高等植物遗传转化技术中最简单、快速、便宜的一种转化方法，它不涉及昂贵的仪器及组织培养技术，容易被接受。但是，浸泡法有其致命弱点，即分子生物学方面的证据不足。尽管早在Hess之前便有学者寻找浸泡法转化的分子生物学证据，但这些结果引起了其他学者的不同看法。后来Senaratna等采用浸泡法将*gus*基因导入到苜蓿的体细胞胚中，并在苜蓿小苗期检测到了Gus活性，这为浸泡法提供了进一步的证据。但由于许多植物的不同组织或器官中存在着内源 Gus 活性，所以，仅 Gus 活性的证据仍然不是十分充足。此外，采用种子(或胚)的浸泡法还有一个让人费解的问题，即 DNA 是怎样通过多层细胞壁的阻碍到达分生细胞的？傅荣昭 1992 年通过电镜观察到成熟种子胚浸泡后内部细胞的胞壁之间有断裂处，DNA 是否可能通过这些断壁处转移到分生细胞？这需要做进一步的实验来证明。总之，此转化方法目前只处于研究阶段。近年来又发展了浸泡转化法的技术，真空浸泡渗入法。早在 1993 年，Bechtold 等采用真空渗入法将 T-DNA 导入拟南芥。曹鸣庆等(2000 年)报道，采用真空渗入法将 *bar* 基因导入小白菜，得到一批 Basta 抗性不再分离的转基因株系。

4 胚囊、子房注射法介导基因转化

4.1 胚囊、子房注射法的原理

生殖细胞注射法最早始于动物卵细胞，迄今无论在理论和技术方面均已十分成熟，并取得许多重大成果。1990 年，美国农业部水产研究所将生长激素基因注入鲤鱼的卵细胞中，获得生长速度明显加快的转基因鲤鱼。根据植物生殖器官的结构特点，借助于动物卵细胞微针注射技术，胚囊和子房注射法逐渐发展起来，并同样取得开拓性的进展。

所谓胚囊、子房注射法是指使用显微注射仪把外源 DNA 溶液注入子房或胚囊中，由于子房或胚囊中产生高的压力及卵细胞的吸收使外源 DNA 进入受精的卵细胞中，从而获得转基因植株。其主要依据有以下几点：①植物的胚囊结构是八核胚囊，除具有卵细胞、助细胞、反足细胞外，胚囊是一个拥有较大空隙的空腔，能够注入一定的外源 DNA 溶液；②卵细胞有一侧没有细胞壁，只有一层质膜，能够吸入外源 DNA；③正常的花粉管进入胚囊后也是在胚囊中破裂，释放出的雄配子 DNA 也在胚囊中；④受精后的细胞能正常发育成胚及种子；⑤外源 DNA 溶液注入胚囊后对卵细胞造成一个较大的渗透压，迫使外源 DNA 进入卵细胞；⑥如外源 DNA 注入子房中，通过花粉管进入胚珠的通道，能够使外源 DNA 从子房引入胚囊；⑦注入的外源 DNA 可以是已重组构建的带目的基因及启动子的 DNA，因此，导入卵细胞后可以整合到核 DNA 中并得到表达。所以，许多科学家认为胚囊、子房注射法是一种简便可行的转化途径，特别对于那些子房大、多胚珠的作物更为适宜。

4.2 胚囊、子房注射法的操作程序

1) 外源 DNA 制备　与花粉管导入相同，有三种 DNA 的来源，即从供体植物中提取总 DNA；从大肠杆菌中提取重组的中介载体质粒总 DNA；从农杆菌中提取重组构建的质粒 DNA。关于 DNA 导入液的配制见花粉管通道法的操作程序。

2) 外源 DNA 注射的时间　分析受体植物受精过程及时间，确定注射外源 DNA 的时间是非常重要的。原则上注射的时间应在卵细胞受精后，到第一次细胞分裂前这一段时间，因为这一段时间是卵细胞第一次分裂的准备期，外源 DNA 易于整合。从授粉、花粉粒萌发到受精这一段时间不同的植物差异很大，因此要严格掌握注射时间。也有的作者提出在受精前注射。总之，目前尚无确定的时间，应在实验中探索最佳的注射时间。

3) 外源 DNA 注射的部位　关于注射的部位是人工难以掌握的，但是子房注射的部位可能有几种情况：外源 DNA 被注射在子房室内(locule)；外源 DNA 被注射在胚珠的胚囊中(embryosac)；外源 DNA 被注射在胎座中(placenta)。从理论讲最好把外源 DNA 注射在胚囊中，利于卵细胞吸收。

4) 操作　当受体植物授粉后一定时间(不同植物有很大差异)，用自制的玻璃毛细针在膨大的子房上部先扎一小孔，再插入胚珠部位，用微量进样器注入 DNA 导入液，注入量约为 1μl/个，最后用标签标记。

5) 后代材料的筛选　获得种子的筛选有两种方法，如果导入的目的基因带有 *npt-Ⅱ* 基因，种子在含有 Km 的条件下进行萌发筛选(不同的植物抑制种子萌发的浓度不同)，取能在 Km 培养液中萌发的种子播种于温室内。如果导入的外源 DNA 中带有 *gus* 基因，则使用种子萌发出来的侧根进行 X-Gluc 的 Gus 颜色反应进一步作鉴定，最后移栽成活后的转化植株要进行 Southern 印迹杂交鉴定。若导入的基因是从植物中提取的总 DNA，则将获得的种子全部播种在同一试验田中，进行田间试验和筛选。

4.3 胚囊、子房注射法的评述

尽管胚囊、子房注射法的理论机制尚未完全清楚，但已进行了大量的实验，并取得可喜的进展。丁群星等(1993)报道了用子房注射的方法将 *bt* 毒蛋白基因导入玉米自交系，获得一株转基因玉米(T_0)自交系，并得到了 71 株 T_1 代的植株。转基因玉米(T_0)经点杂交法，Southern 分子杂交及 PCR 扩增均获得阳性结果。用 T_1 代植株叶片 DNA 进行 PCR 扩增，在 71 株中有 7 株呈阳性反应，对其中 4 株进行抗玉米螟测试，呈现一定的抗虫效果。在海南岛用农大 60 玉米再次进行子房注射，也获得了成功，说明这种方法是可重复的，从而为利用

基因工程技术改造玉米开拓了新的途径。由此可见，注射法是可以实现基因转化，其优点很多，最大的缺点是转化效率太低。

5　萌发种子基因转化

5.1　萌发种子基因转化的原理

胚(embryo)由受精卵发育而成的新一代植物的原始体，也是种子的最重要的组成部分。在种子胚已有初步的器官分化，包括胚芽、胚轴、胚根和子叶四部分。种子萌发是种子的胚从相对静止状态变为活化状态，开始进行一系列有序的生理过程和形态发生过程，因此，萌发种子基因转化实际上是胚的转化，故列入种质系统。胚芽生长点细胞具有旺盛的分裂能力，是理想的基因转化感受态受体。农杆菌介导基因转化是原理最清楚、应用最广泛、获得转基因植株最多的方法。这两者结合一起具有更多的优越性。

5.2　萌发种子胚基因转化方法

以玉米为试材，首先将玉米种子浸泡24h左右，并用刀片等锋利工具在其刚开始萌动的生长点部位造成创伤，然后将玉米种子与农杆菌共培养48～72h。待种子胚芽部分露出时，将其播种到苗床上。在处理种子出苗前后以适当的筛选溶液浇灌，淘汰未转化株，并对入选植株做进一步的检测。如果以全部处理种子计算该方法转化率为0.6%左右。但如果根据筛选标记基因利用抗生素或除草剂进行初筛，可以将绝大部分未转化株淘汰，因而只需对少量植株进行分子检测，从而可大大提高阳性植株检出率(PCR检测阳性率可达29%)。预计该方法对多数单子叶和双子叶植物也是可行的。

5.3　萌发种子基因转化的优缺点

农杆菌侵染植物萌发种子转化方法除了与花粉介导法相同的优点外，它最大的优点是不受季节和发育期的限制，只要在温室条件下常年可以开展转化研究，操作更为简便。其主要缺点是后期筛选鉴定的工作量较大，造成胚损伤的程度和位点难以掌握，获得的转化植株多为嵌合体。其转化的机制尚未明确。胚芽中被转化的细胞怎样筛选？转化的细胞怎样发育成完整的植株？转化的细胞怎样分化发育成为胚珠，并获得种子。萌发种子转化方法获得完整植株有三条途径：一是原胚芽直接生长发育途径；二是转化细胞分裂形成愈伤组织，分化再生植株；三是以胚芽直接生长发育为主，嵌合有转化细胞。如何鉴别这三条途径？嵌合体植株如何获得转基因的种子？这些问题都需要研究阐明。

5.4　萌发种子基因转化的应用前景

该方法在国内外已得到了一定的应用，研究文章报道屡见不鲜。目前，利用这种技术已成功地将外源DNA导入到小麦、水稻、玉米、大豆、高粱等多种重要作物中，一年生植物当年即可获得转化种子。一个实用价值高的转基因方法应具备如下特点：高效、重复性好、简易、快速、经济和无物种及基因型依赖性(即适用范围广)，并能够与常规育种方法有机结合，可被广大农作物育种工作者直接应用。萌发种子介导基因转化法具有了这些优点，是有应用前景的新技术，但是应该看到还有许多理论问题尚需研究，技术也需完善。

复　习　题

名词解释

种质转化系统、质外体运输系统、共质体运输系统

问题

(1) 评述花粉管通道法介导基因转化的理论基础及其优缺点。

(2) 分析子房注射法介导基因转化的关键技术。

(3) 评述花粉粒介导基因转化的优缺点。

(4) 评述萌发种子介导基因转化法存在的问题。

第34章

植物质体基因转化系统

近年来叶绿体基因工程迅速发展，并取得可喜的成果，引起科学家的高度重视。这主要是因为其与传统的核转基因技术相比有很大的优越性。该转化系统是以叶绿体为受体，叶绿体是质体的一种，其他的质体同样可以进行基因转化，故这一转化系统被称为植物质体基因转化系统，但是该转化系统还存在许多理论和技术问题，本章将全面论述。

1 植物质体基因转化系统概述

1.1 植物质体系统的定义

质体(plastid)是存在于植物和藻类细胞中的一种细胞器，由前质体(proplastid)分化而来，包括了负责光合作用的叶绿体(chloroplast)、储存淀粉的造粉体(amyloplast)、决定植物果实颜色的有色体(chromoplast)等类型。作为基因转化系统主要是叶绿体，故植物质体基因转化系统是一般性概念，实际上是指叶绿体基因转化系统。叶绿体是植物细胞和真核藻类的重要质体细胞器。叶绿体的功能包括氧的产生，碳的固定，淀粉粒的生成，氨基酸、脂肪酸和色素的合成，硫和氮代谢等主要方面。叶绿体是半自主性细胞器，含有自身的DNA和蛋白质合成体系。

1.2 植物质体基因转化的研究历史

自Boynton在1988年完成了莱茵衣藻(*Chlamydomonas reinhardtii*)的遗传转化以来，叶绿体基因工程被成功应用到更多的植物种类。高等植物质体转化最早是在烟草(*Nicotiana tabacum*)叶绿体中实现的(Svab et al.，1990)。该实验中，150次轰击只得到3个质体转化株系。在随后的改进实验中，Svab和Maliga(1993)用已在衣藻中成功应用的筛选标记基因转化烟草质体，转化效率提高了大约100倍。虽然烟草质体转化技术在之后的发展中日趋成熟，但该技术在新的物种中的应用并不顺利，在此后的将近十年时间里未见在新的植物中实现质体转化的报道。直到2000年前后，才在马铃薯(Sidorov et al.，1999)、番茄(Ruf，2001)等植物中相继实现了质体的转化和同质化。此外，在拟南芥(Sikdar et al.，1998)、水稻(Khan and Maliaga，1999)、油菜(Hou，2003)等植物中获得转基因株系。虽然没有能够解决转基因质体的同质化或培育正常可育转基因植株等问题，但也有了一些突破性的进展。2004年，用体细胞胚作为外植体的质体转基因方法在大豆(Dufou et al.，2004)、胡萝卜(Kumar et al.，2004a)和棉花(Kumar et al.，2004b)中取得了同质化等难题的重大突破，掀起了质体转化技术发展的新高潮。

1.3 植物质体基因转化系统的优越性

由于质体基因工程是以叶绿体基因组为平台进行遗传操作，其与传统的核转基因技术相比有很大的不同，也具有许多核转基因技术所不具备的优越性。

(1) 外源基因的高通量表达特性：由于叶绿体基因组是多倍性的，每个植物细胞中叶绿体基因组的拷贝数可达10 000，因此叶绿体转基因植株达到同质化后，可积累大量的外源蛋白质，最高可占叶片总蛋白质含量的46%。在莴苣叶片叶绿体中表达转基因编码的GFP，也能占到总可溶蛋白质的36%。因为叶绿体基因工程所具备的独特高通量表达特性，使得植物可以被用作生物医药的“生产工厂”。

(2) 基因的原核表达形式：由于叶绿体的原核表达方式使原核基因无需改造就可在叶绿体中表达，原核启动子也能在叶绿体中正常行使功能。在叶绿体中可同时表达多个基因，为在单一的转基因步骤中表达多价抗体创造了机会。在转化的叶绿体中可同时表达几个异源的操纵子，且多顺反子不用被加工成单顺反子就可被翻译。

(3) 目标蛋白在叶绿体中定位表达：在核转化中表达产物在转基因植物中的积累会对植物本身的生长发育造成多方面的影响。外源基因在叶绿体中定位表达，叶绿体又是双层膜结构的细胞器，因此，能有效限制内部积累的外源基因蛋白对细胞造成毒害，同时也能防止胞质内的蛋白酶对目标蛋白的消化作用。

(4) 外源基因定位整合：植物质体转基因利用载体携带的质体同源序列将目的基因定点地整合到植物质体基因组中，克服了细胞核转基因技术的外源基因是随机插入的难题，增加了外源基因整合的可控性。

(5) 外源基因表达无位置效应和沉默现象：细胞核转基因技术的外源基因是随机插入的。由于插入位点的不同使得外源基因表达水平各异，并受基因拷贝数的影响，出现低表达及基因沉默现象。在叶绿体中由于转化外源基因是通过其两端的侧翼序列同源整合到叶绿体基因组的相应位点，其表达无位置效应和基因沉默现象。

(6) 环境安全性好：在大多数的作物中，质体是母性遗传，这在很大程度上排除了导入质体的外源基因随花粉传播的可能性。因此，这就大幅减少了转基因植物对非转基因植物造成污染的概率。对叶绿体转化烟草进行的母性遗传严谨性试验表明，质体转化为转基因植物安全性提供了一种高效的方法。

(7) 易保持纯系、后代不分离：一旦得到纯合而稳定的质体转化体，由于外源基因的母系遗传特性，这种纯系的种子后代将永远保持为纯系，不会因为有性杂交而发生分离。

2　叶绿体基因转化及原理

质体转化目前一般通过基因枪的方式将外源基因打入细胞中，或者对原生质体进行聚乙二醇(PEG)处理后，通过浸泡等其他方式将外源基因导入宿主细胞。这几种基因转化的原理与核基因转化相同。但是鉴于叶绿体基因组的结构特点其基因转化具有独特的转化原理。

2.1　叶绿体基因组结构特点

关于叶绿体的起源，目前大家普遍认可的是“内共生”理论(endosymbiotic theory)，即起源于内共生细菌。因而叶绿体具有原核生物基因组的特点。

(1) 叶绿体基因组中不少基因以多顺反子形式存在，其调控元件启动子、转录终止序列、核糖体 RNA 等结构也与原核生物非常类似。

(2) 植物质体基因组由一环状双链 DNA 分子构成，但有些具有二聚体、三聚体等结构，机制尚不清楚，大小为 120～220kb。

(3) 叶绿体的 DNA 序列非常保守。不同的陆生植物叶绿体基因组通常包含一段高度保守的区域，该区域内含 2 段反向重复的序列，即 Ira 和 Irb。这 2 段反向重复序列之间发生重组，形成短单拷贝序列(small single copy)。叶绿体基因组的其余部分则是长单拷贝序列(large single copy)。

(4) 在漫长的进化过程中，大部分原先存在于质体基因组中的基因都转移到细胞核中，现在的叶绿体只保留了很少的对执行自身功能必不可少的 120～130 个基因，主要包括与光合作用有关的基因和将其自身携带的遗传信息转录翻译成蛋白质所需各元件的编码基因两大类。

(5) 通常情况下，每个植物细胞有 100 个左右的质体，每个质体中又有 100 个左右拷贝的环状基因组 DNA。换句话说，一个植物细胞中含有大约 10 000 份的质体 DNA。

2.2　叶绿体的转化方法及原理

根癌农杆菌基因转化系统导入植物细胞的外源基因，不能穿越质体双层膜，因此在质体转基因中不能采用农杆菌介导法。现在绝大多数的植物质体转基因都采用基因枪法，也有少数实验采用 PEG 介导的原生质体法。此外，还有采用微注射法成功实现外源基因瞬时表达的报道。高等植物质体转化过程包括以下步骤。首先，是准确地将外源基因导入到植物质体中；其次，进入到质体中的外源基因整合到质体基因组中；再次，通过筛选使受体植物细胞中的质体基因组达到同质化，即植物中所有质体基因组中都含有目的基因。叶绿体转化过程具体分以下 6 步操作程序：①将外源 DNA 通过适当的转化方法导入叶绿体中；②将外源 DNA 整合到质体基因组中；③筛选成功转化的叶绿体的细胞；④稳定叶绿体转化株的繁殖；⑤同质化细胞的筛选；⑥获得稳定的转基因植株。

叶绿体转化的难题集中体现在 2 个主要方面。首先，由于叶绿体的跨膜运输机制与核膜运输机制不同，它属转录翻译同步运转机制。外源基因要转入到细胞核中可通过核孔完成，核孔的开放性使得核转化相对容易，而 DNA 穿过叶绿体双层膜的难度较大且更为复杂。它需要信号肽的牵引及多种跨膜蛋白的协同调控才能完成外源基因的定向运输。其次，叶绿体基因组是以高拷贝数形式存在的，这样就很难达到同质化。随着转基因技术的逐步发展，质体转化已不再仅仅局限基因枪法。目前已经衍生出许多新型转化力法，如 PEG 法、花粉管通道法、改进农杆菌介导法等。这些转化方法的基本原理与核基因转化相同。

2.3　叶绿体基因转化载体的特性

为了实现外源 DNA 的整合，构建质体转化载体时，一般都在外源 DNA 两侧各连接一段质体的序列，称为定位片段(targeting fragment)。当转化载体被导入质体后，通过定位片段与质体基因组的同源片段之间发生两次同源重组，就可将外源基因定位到基因组的特定位点，从而实现定点整合。如果同源片段位于基因组的反向重复序列区内，整合到其中一个拷贝上的外源基因会通过拷贝矫正作用(copy correction)使两个重复序列保持一致。

作为定位片段，一般要求具备下面三个条件：①足够的长度，以保证外源 DNA 的有效整合。根据文献报道，定位片段的长度在 1～2kb 比较合适，过短会降低重组频率，而过长虽能增加转化频率，但操作不便。②合适的插入整合位点，要求同源重组发生以后，外源基因的插入既不引起质体基因组原有序列丢失，又不至于干扰邻近基因的正常功能。为满足这一要求，已有的工作都选用了相互毗邻的两个片段作为定位片段，例如 rbcL/ori512，16stmv/rps7、rps12 及 rbcL/accD 等，两个片段之间一般为非功能区，正是外源基因合适的插入位点。③具有合适的限制性酶切位点。要求片段两端的酶切位点是单一的，以防止在克隆时该片段被切成几段。

Daniell 在 2007 年报道了一种被称为"通用载体"的叶绿体转化载体。该通用载体选于烟草叶绿体基因组 1R 区域的 trn1 和 trnA 序列作为载体转化的同源重组序列。经过大量研究发现，不同高等植物叶绿体基因组的基因间隔区高度保守，正是基于这种理念，trn1 与 trnA 同样能够在其他植物叶绿体中发挥功效。Sidorov 等将烟草质体转化载体成功地应用于马铃薯与番茄，但是转化效率明显低于烟草。这种现象同样出现在矮牵牛花质体转化中。测序结果表明矮牵牛的侧翼间隔序列与烟草有 98%同源，还有 2%的差异，这很可能表明即便拥有如此高的同源率，但只要不是完全同源，就会很大程度上降低转化效率。因此，只有当不同植物物种类中存在高度同源的间隔序列时，通用载体才适用。

为了使外源基因整合进质体基因组后能够高效表达，构建转化载体时，一般选用质体来源的强启动子和终止子。最常用的启动子是光系统Ⅱ作用蛋白基因 *psbA* 的启动子和核糖体 RNA 基因 *rrn* 的启动子，常用的终止子是 *psbA* 终止子。由于应用了质体来源的启动子和终止子，从而保证了外源基因在质体中的正常表达。Khan 和 Maliga 使用了绿色荧光蛋白基因 EGFP 作为筛选标记基因，只需在荧光显微镜下即可观察鉴别，提供了更为简便直观的检测方法，如水稻质体转化表达载体结构(图 34-1)。

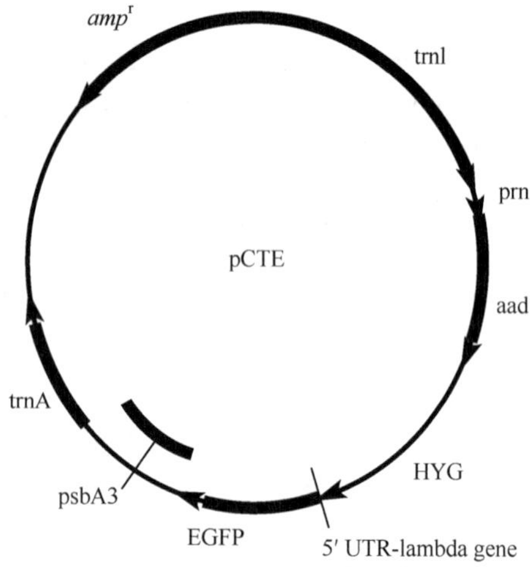

图 34-1　水稻叶绿体表达载体 pCIE 的质粒图谱(Cui，2011)

2.4　外源基因在叶绿体基因组的整合原理

外源基因主要以同源重组法和位点特异性整合法两种方式整合到高等植物质体基因组中。在叶绿体基因转化时，1～2kb 大小的左侧和右侧的侧翼序列，用于通过同源重组将外源基因插入到叶绿体 DNA 中。在叶绿体基因组中的插入位点是由所选择的位于标记基因和目的基因两侧的叶绿体 DNA 片段决定的。已经在叶绿体基因组多个位点完成了外源 DNA 片段与叶绿体基因组的整合，最常用的 3 个插入位点是 trnV-3-rps12、trn1-trnA 和 tmfM-tmG。tmV-3-rps12 和 trnI-tmA 位点都位于叶绿体 DNA 中 25kb 的反向重复序列区域，而插入这些位点的基因能够在反向重复序列区域被快速复制成两个拷贝。tmfM-tmG 位点位于叶绿体 DNA 的大单拷贝区(LSC)内，插入 tmfM 和 tmG 之间的目的基因在每个叶绿体 DNA 中只有单一拷贝。外源基因整合时主要以同源重组和位点特异性整合两种方式整合到叶绿体基因组中。

2.4.1　同源重组法

现在普遍采用的同源重组方式是将目的 DNA 片段特异性地重组到植物质体基因组的某个位点。通常是先设计一个质体转化载体，将目的 DNA 片段插入在载体中与受体植物质体 DNA 同源的约为 1kb 的片段内，然后通过上述的手段将该载体导入到质体中，载体中与质体 DNA 同源的片段就能与质体基因组发生同源重组，完成目的片段的位点特异性插入。

2.4.2　位点特异性整合法

Maliga 实验室报道的由 phiC31 噬菌体位点特异性整合酶(integrase,INT)介导的位点特异性整合法(Lutz et al.,2004),其转化原理是基于 INT 能够介导噬菌体 attP 与细菌 attB 位点之间的整合。他们首先通过经典的质体转化方法将细菌 attB 位点同源重组到质体基因组中,并以这种质体转基因系为受体,在 INT 酶的帮助下,可以将 *int* 基因转化到核内表达后再定向到质体中,也可以直接将带 *int* 基因的质粒导入质体内实现瞬时表达。带目的基因、筛选标记基因和 attP 位点的质粒通过 attP 位点与质体基因组中的 attB 位点的整合,将目的基因和筛选标记带入到受体质体基因组中,从而实现目的基因的整合。图 34-2 是由 phiC31 噬菌体位点特异性整合酶(integrase,INT)介导的质体转基因示意图。

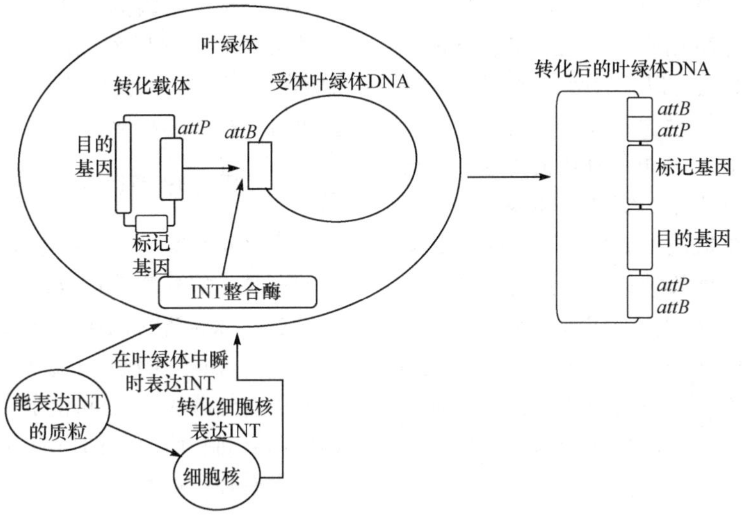

图 34-2　植物质体转基因及其应用(Lutz,2004)

外源基因基因定点整合已有较高的可行性,目前许多经济植物的限制性内切酶图谱已经制成,若干基因已经被定位,许多高等植物叶绿体基因组全序列已被测定。因此,在利用叶绿体进行遗传改良时,通过同源片段间重组作用,可将外源基因定点整合到叶绿体基因组中。定点整合不仅有利于控制外源基因的表达,维持基因组正常的功能,而且可以减少因整合位点的不确定性所产生的位置效应造成的不利影响。

多基因的同时转化在叶绿体基因组中,常常是许多功能相近的基因聚合在一起,和一个启动子组成操纵子结构。这种结构为在同一启动子的调控下通过一次转化使多个外源基因以多顺反子的形式同时在叶绿体中表达提供了可能,而且还可以避免因多个相同的启动子调控多个基因在表达时产生的基因沉默现象。

3　外源基因在叶绿体基因组的表达

调控叶绿体的基因表达水平主要是由启动子和 5′端非翻译区元件决定的,因此,包含有一个核糖体结合位点的 5′非翻译区是叶绿体表达载体的重要组成。为了通过转基因表达使蛋白质大量积累,首先需要一个强启动子来保证高水平的转录 mRNA。大多数实验室用了叶绿体 rRNA(Pml)操纵子的强启动子。转基因 mRNA 的稳定性是由转基因两侧的 5′UTR 和 3′UTR 序列保证的,转基因蛋白质的积累依赖于插入到编码目的基因的开放阅读框上游的 5′UTR 序列。由同一启动子(Prm)调控引起的蛋白质积累的差别可能高达千倍,这是由于对翻译调控信号的选择不同。最常用的 5′UTR 和 YUTR 是 psbMT-psbA、Mayfield 对 atpA 5′UTR、rbcL 5′UTR、psbA 5′UTR 与 atpA 3′UTR、rbeL 3′UTR、psbA 3′UTR 进行了不同组合。证实不同的组合可能会引起转录和翻译效率的不同,并利用 atpA 5′UTR-luxCt 与 rbcL 3′UTR 调控组合在莱茵衣藻叶绿体中成功高效表达了既有报告基因功能又具有定量功能的荧光素酶基因。要使外源基因在质体中得到高效表达,在导入到质体基因组中的外源基因表达框的设计时需注意以下几点:①合适的启动子;②保证 mRNA 稳定的 3′端非编码区;③保证高浓度蛋白质及稳定所需的 5′端非编码区和蛋白质 N 端序列等。

4 转化外源基因在叶绿体基因组的同质化途径

前面已经提到，一个植物细胞中有成千上万个拷贝的质体基因组。而转基因过程首先只能将目的 DNA 片段整合到一个或者少数几个质体基因组中，那么如何使植物细胞中的所有质体 DNA 中都整合进目的基因片段，即实现同质化，这就成为质体转基因的关键步骤。而这一步至今仍然是许多物种不能实现质体转化或是转化效率极低的主要原因。同质化的难题可以分为两大类：其一类是转化后同一个细胞内同时含有未转化与转化的叶绿体；另一类则是在同一个叶绿体中同时含有未转化和转化的叶绿体基因组。实现质体基因组同质化的方法是将具有少数质体基因组转化子的植物细胞（异质体）在高浓度筛选条件下进行一轮一轮的筛选，质体基因组在一代代的复制过程中逐渐降低其异质化程度，直至再生出完全同质化的转化植株。在这一过程中，筛选标记基因的选择起着非常重要的作用。目前国内外研究中获取同质转化植株的途径有如下几种。

4.1 16S rRNA 突变型细胞途径

最初有人选用过致死型突变体作为外源基因的转化受体，如 16S rRNA 突变型细胞，或采用降低细胞内叶绿体的拷贝数，从而减少同质化的代数。进一步的发展是利用抗生素的突变型细胞进行同质化的筛选。在高筛选压力条件下，细胞至少要分裂 16～17 代，进行多轮次的分化再生筛选才得到同质化的细胞。DADA 突变型标记基因筛选是通过向叶绿体转入筛选标记基因（多为抗生素抗性基因），在高浓度的选择压力下进行多轮次的抗性筛选，淘汰未转化的叶绿体来实现，但前提是选择压力必须是非致死性的，以允许细胞在生长的同时抑制非转化的叶绿体的扩增。在实际工作中常用的突变型筛选标记基因有：DADA/A 和突变型/I：＋Z34 基因，后者来自于烟草的突变细胞系，最早被用作筛选标记，其主要原理是导入突变型/I：＋Z34 基因，使转化细胞产生对壮观霉素、键霉素或林可霉素的抗性，但由于/I：＋Z34 基因的抗性是隐性的，直到抗性拷贝基本上取代了野生型拷贝后抗性才会表达出来，而这一段时间内抗性拷贝可能会丢失，故转化率相对较低。另外壮观霉素作用于叶绿体的小亚基，抑制叶绿体内蛋白质的合成，是一种非致死性选择压。在壮观霉素的选择压下，敏感的愈伤组织为白色，而抗性幼芽为绿色，能从外观上早期筛选出转化植株和幼芽。实验表明用高浓度的壮观霉素多次筛选结合腋芽继代，对提高叶绿体转基因植株同质化程度是非常有效的。

4.2 利用筛选标记基因途径

较好的筛选标记基因来源于菠菜的甜菜碱乙醛脱氢酶基因（42U）作为筛选标记基因，并将其导入烟草叶绿体基因组，用甜菜碱氨基乙醛（4）进行筛选，结果发现在其他条件等同的情况下，用 42U 作为筛选标记基因的烟草在转化后有每个叶盘的芽数很高，而且用 42U 作标记筛选基因能够在短时间内达到完全的同质化，同时也可以为转化植株提供抗旱抗盐的特性。

4.3 利用花粉管导入途径

利用花粉管导入途径也能达到同质化的目的，其原理是大部分高等植物的叶绿体基因是母系遗传，在合子期或胚胎早期细胞中叶绿体以前质体的形式存在，而且在数量上减少到最低限度。因此，此时引入外源基因，有可能通过一次性的整合事件而使源自同一前质体的所有叶绿体或大部分叶绿体都含有外源基因。

5 标记基因的选择及删除

5.1 选择筛选标记基因

最初，人们通常使用突变型 16S rRNA 基因来筛选转化子，因为 16S rRNA 突变型细胞具有壮观霉素抗性。*aadA* 基因能够编码出氨基糖苷-3′-腺苷转移酶，该酶使壮观霉素与链霉素发生腺苷化从而使其失活。*neo* 也可作为筛选标记的抗性基因，当质体转化后，能通过卡那霉素来筛选带有该基因的转化子。但另外一种也具有卡那霉素抗性的基因 *aphA6* 则具有更高的转化效率。在棉花的质体转化中利用 *aphA* 和 *npt-Ⅱ* 这 2 种抗生素基因筛选获得比单个 *aphA* 基因筛选效率高出 8 倍的结果。16S rRNA 启动子与能在暗环境和非绿色组织中表达的 λgene101 共同调控 *aphA 6* 的表达，而 *npt-Ⅱ* 则受 psbA 启动子与能在光环境下作用的非编码区域的双重调控。因此，不论是在白天黑夜都能表达。随后，编码氨基葡糖苷-3′-腺苷酰转移酶的 *aadA* 基因被用作选择标记基因，用 *aadA* 基因转化显著提高了叶绿体转化子的回收率，使被轰击的每个叶片样品中平均存在一个转化子。*npt-Ⅱ* 基因也被用于烟草叶绿体转化的标记基因，但是转化效率也低，大约每 25 个被轰击的样品中存在一个转化子。高效表达的 *neo* 基因使质体转化效率得到明显改善,用携带 *neo* 基因的载体(pAAK201)轰击的 25 片叶子中产生了 34 个卡那霉素抗性的克隆。编码草丁膦乙酰转移酶(phosphinothficinacetyl transferase,PAT)的 *bar* 基因也曾经被用作标记基因,但其仍然不足以得到广泛的应用。

另一个较好的标记基因是提供甜菜醛抗性的甜菜碱醛脱氢酶(BADH)基因,携带甜菜碱醛选择性的叶绿体转化效率比烟草中携带壮观霉素的高 25 倍,表达甜菜碱醛脱氢酶基因的转基因胡萝卜植株能够在浓度高达 400mmol 的 NaCl 环境中生长。但除此以外并未见以甜菜醛抗性作为筛选标记的报道。此外,绿色荧光蛋白(GFP)、增强型绿色荧光蛋白(EGFP)、荧光素酶(luxAB)等既可作为标记基因又能作为报告基因,尤其是 *luxAB* 基因的应用更加广泛。

因此,在实际工作中所用到的筛选标记基因主要有下列三种。

(1) 突变型 16S rRNA 基因:这是在质体基因转化中最早用到的筛选标记,它们来自烟草的突变细胞系,但转化频率较低。

(2) *npt-Ⅱ* 基因:该基因来自于细菌的 *npt-Ⅱ* 基因编码新霉素磷酸转移酶,能赋予细胞抗卡那霉素的能力,这是核基因转化中常用的一种筛选标记。实验发现在 50mg/ml 卡那霉素的选择压力下,能同时筛选得到质体转化体和细胞核转化体。但在 500mg/ml 压力下,由于细胞核转化体不抗如此高的浓度而被淘汰掉。结果表明,在较高选择压力下,*npt-Ⅱ* 基因也可以作为质体转化的筛选标记。

(3) *aadA* 基因:该基因来自于原核生物编码氨基糖苷-3′-腺苷酸转移酶,能产生壮观霉素和链霉素抗性。*addA* 基因是目前质体基因转化中最常用、最好的筛选标记。已有的工作表明,用 *aadA* 作筛选标记,平均每个被轰击的叶片就可获得 1 个稳定的质体转化植株,它比用 16S rRNA 基因的转化频率高大约 100 倍,比 *npt-Ⅱ* 基因的转化频率高 20~30 倍。分析造成差别的原因是 16S rRNA 基因的抗生素抗性是隐性的,直到抗性拷贝基本上取代了野生型拷贝后抗性才会表现出来,而在这一段时间内抗性拷贝则有可能丢失。而 *aadA* 基因是显性的,它只要在质体基因组内有一定的数量,就会表现出抗性表型。*npt-Ⅱ* 基因筛选效率低的原因则认为,转化型质体基因组是随着不断的细胞发裂而扩增的,由于卡那霉素能抑制细胞分裂,使转化型基因组失去了扩增机会,因而降低了转化体出现的频率。另外,卡那霉素筛选容易使核转化体存活下来,这也是 *npt-Ⅱ* 基因作筛选标记转化频率低的原因之一。无论用哪种标记进行筛选,为了得到稳定的质体转化体,Maliga 认为,在选择压力下至少要使细胞分裂 16~17 次,以便在此过程中不断淘汰未转化的质体及未转化的细胞,最后得到同质的转化细胞。在烟草质体转化工作中一般采用两轮再生方案,即烟草叶片轰击—选择压下再生—切下再生苗的叶片—选择压下再生。这样得到的绿苗大部分为稳定的质体转化体。

5.2 筛选标记基因的删除

尽管绿体具有母性遗传的特点,可极大降低外源基因发生逃逸现象的概率,但在以生产为目的的转化中,为避免筛选标记基因逃逸而造成对生态环境破坏,删除筛选标记基因很有必要。到目前为止,2 种重组酶(Cre 和 C31 噬菌体整合酶 INT)已用于质体标记基因的删除。在 Pl 噬菌体 Cre/lox 特异位点重组系统中,经核基因组表达的 Cre 蛋白可将 lox 位点之间的标记基因删除。另外一种特异位点重组酶 INT,更适用于 *aadA* 的删除,此过程中用到了不同的 2 个重组位点即噬菌体 attP 位点与细菌 attB 位点。Klaus 等在不影响筛选的条件下,甚至采用了共转化载体避免标记基因整合在叶绿体基因组中去。

6 叶绿体基因工程的应用

6.1 提高光合效率

光合作用这一地球上最为重要的生化反应是在叶绿体中进行的,其中的一些蛋白质与酶类都是由叶绿体基因组编码的。所以,能够对叶绿体基因组进行操作的质体转化技术就成为研植物光合作用的有效手段。在光合作用中,起固定二氧化碳作用的关键酶核酮糖二磷酸缩化酶(Rubisco)对光合作用的效率起主要的影响。因而,目前对于光合作用的研究主要集中在如何提高 Rubisco 的效率上。而通过基因工程方法对 Rubisco 的改造就成为当前研究的热点。Rubisco 由核基因编码的小亚基 RbcS 和叶绿体基因编码的大亚基 RbcL 所构成,因此,对它的改造包括核转化与叶绿体转化两个方面。在植物质体转化技术出现之前,人们只能通过反义 RNA 技术调节核内 RbcS 的表达来控制叶片中 Rubisco 的量,对 Rubisco 进行初步的操作。质体转基因技术建立后,人们已开展了对 Rubisco 的大亚基 RbcL 进行敲除、突变、替代等一系列研究。这些研究使得我们对于 Rubisco 大小亚基的组装及其功能调控都有了进一步的了解。而质体转基因技术对于人们研究 Rubisco 及光合作用将继续发挥着其不可替代的作用。

对于植物来说，它的光合效率是有限的，只能把小部分太阳能转化为植物所需要的能量。Rubisco 酶是植物光合作用的关键酶之一。它既可以产生可溶性蛋白质，同时又对 CO_2 的固定起着限制作用。提高光合速率可以通过两种途径提高，一种方式是改善酶的特性，降低其催化植物代谢进入光呼吸途径，减少光呼吸对能量的浪费；另一种则是使酶催化的循环过程加速。许多研究者正在试图通过改善 Rubisco 酶特性来将植物的光合作用效率提高，最近在水稻的定点整合试验中取得了成功，这有力地证明了叶绿体基因工程是能够提高植物光合作用效率的有效方法。

6.2 改良作物特性

一些环境压力如疾病、干旱、害虫、盐度和冰冻等会严重限制植物生长和发育。为了改良植物特性，许多研究者进行了一系列的尝试，多种重要的作物特性通过叶绿体基因组转化被设计改良，如除草剂抗性、昆虫抗性、耐盐性和耐旱性等。在烟草中已有利用叶绿体基因工程培育具有草甘膦抗性的烟草植株以控制杂草的相关研究。*bar* 基因编码使除草剂失活的草胺膦乙酰转移酶，通过叶绿体基因工程可以使 *bar* 基因高效表达并使草胺膦乙酰转移酶的积累量达到一定水平，从而使田间作物具有除草剂抗性。在叶绿体基因组中高水平的表达昆虫抗药性基因也已有相关研究。*cry* 基因尤其能够在叶绿体基因组中被很好地表达而不需要改变密码子的使用，也不需要其他序列的操控。因此，这些转 *cry* 基因植物的叶子对食草性昆虫的幼虫具有很大的毒性。但最近有报道称叶绿体基因组中 *cry* 基因过高水平的表达会导致植物生长受到严重阻滞，说明适当的表达水平而不是最大化的表达是获得具有良好昆虫保护性作物并降低减产所必需的。表达甜菜碱醛脱氢酶(BADH)的叶绿体转基因植株能够在高浓度 NaCl(高达 400mmol/L)条件下生长，这是迄今为止在转基因作物中所报道的最高水平的耐盐性能。在一些胁迫条件下，如冰冻、高温、盐或干旱，细胞中会积累海藻糖，因此它在保护细胞免受这些胁迫伤害中起着重要作用。在核转化的植物中即使海藻糖合成酶基因的表达处于较低水平，植株也会表现出多效性效应。与此形成对比，叶绿体转海藻糖合成酶基因植株能够正常生长并且积累的海藻糖是核转化植株的 25 倍，叶绿体转基因植物表现出很高程度的耐旱性，在 6%的聚乙二醇条件下仍然能够保持绿色和健康，而野生型植株则完全褪色。A9 脱氢酶基因是脂质代谢中的重要基因，利用叶绿体转化技术已将该基因成功转化到烟草中，证实了利用质体转化技术在营养和再生组织中改良脂质成分来提高抗寒性的可行性。

6.3 生产药物及工业生物产品

到目前为止，已有超过 100 个基因在叶绿体基因组中稳定整合并表达，包括基因编码的有工业价值的酶、生物材料、生物制药蛋白质、抗体、抗生素、疫苗抗原和具有重要农学特性的基因等。通过恰当的基因构建使蛋白质在叶绿体中获得高水平的积累，证明了叶绿体基因工程技术强大的潜。2001 年，人血清蛋白(HSA)在转基因叶绿体中得到高效表达，说明在转基因叶绿体中表达药物蛋白质已经成为可能；霍乱毒素亚基(CTB)基因在转基因叶绿体中高度积累而对细胞没有毒害，证明叶绿体转化在实用型疫苗生产中的可行性。最近，烟草叶绿体转化系统作为 HIV-1 p24 抗原的一个生产平台的可行性已被测试。如上所述，转基因叶绿体已经用于多种治疗蛋白质的生产，表明叶绿体应该具有能够使蛋白质正确折叠和形成二硫键以表达出功能完全蛋白质的机制。尽管利用叶绿体发展植物分子农业医药有了快速的进步，但是糖蛋白还没有能够在转基因叶绿体中表达，因为 N 或 O 糖基化是保证许多蛋白质稳定性和功能性所必需的。如果糖蛋白能够被表达，并且表达的蛋白质有正常的糖基化位点和功能，叶绿体基因工程就能应用于更多方面，而这都需要对叶绿体中糖蛋白表达和糖基化机制进行进一步的研究。

此外，叶绿体具有许多代谢途径，因此它通常被称为“植物细胞的生物合成中心”。酶、脂肪、淀粉、维生素及生物塑料聚羟基丁醛(PHB)可在叶绿体中大量合成，展示了叶绿体生物合成的巨大潜力。

7 存在问题及展望

7.1 转化效率低

虽然通过器官生成的方法在一些双子叶植物物种中完成了质体的转化，包括烟草、番茄、马铃薯、拟南芥、油菜、矮牵牛和莴苣等。但此技术被证明仅在烟草中才具有高转化效率。在拟南芥中，每 40～150 盘基因枪处理过的材料中只能获得 1 个转基因株系，而且是不育的。在马铃薯中，每 18～25 盘基因枪处理过的材料中可获得 1 个转基因株系，目前没有数据表明其是否可育。以上提到的研究均为在双子叶植物中进行质体转化的尝试，并且获得不同程度的成功。但是，迄今为止仅在水稻中报道了质体转化的单子叶植株能产生种子，并能够将目的基因传到下一代中，但转基因植株并没有达到同质化，并且与双子叶植物相比，水稻的转化效率非常低。

7.2　叶绿体同质化困难

植物叶绿体转化不同于细胞核转化的重要一点是同质化问题。高等植物的每个细胞中含有许多叶绿体，单独的每个叶绿体又含有许多叶绿体基因组拷贝，所以转化后所得到的叶绿体植株中未被转化的野生型叶绿体和被转化的叶绿体同时存在，一般情况下是异质的，这在遗传学上较不稳定。因此，在将外源基因导入之前必须使转基因植株易于同质化，然而改造叶绿体的基因组相当困难，它的基因组结构使人们难以进行深入的加工和修饰。

7.3　展望

迄今为止，在烟草叶绿体基因组中稳定整合并表达的转基因已超过 40 余种，而且产生了有价值的工业生物材料和治疗蛋白质。重组蛋白质在叶绿体工程系统中的高效表达表明植物作为生物反应器的潜在巨大效益，并且这种环保的植物生物反应器途径已逐渐被应用于治疗蛋白质、疫苗和生物材料的生产。叶绿体基因工程作为分子水平上的一种技术手段，为转基因植物的研究开辟了一个新的方向，为外源基因在高等植物中表达提供了一个良好的平台。然而这只是第一步，这个技术尚不能使产品商业化，目的基因表达水平的调控还有待解决，并且叶绿体转基因植物需要得到更多层面的评估。随着对叶绿体基因工程的进一步探索与完善，叶绿体作为一种新型高效的生物反系统必将为生物工程领域带来新的希望。

复　习　题

名词解释

“内共生”理论、定位片段

问题

(1) 阐明质体的种类及功能。
(2) 质体基因工程的优点是什么？
(3) 叶绿体基因组的特点是什么？
(4) 试述质体转基因同质化的原理。
(5) 设计一种质体转基因的方案。
(6) 评述质体基因工程的可行性及问题。

部分近期参考文献

白立伟. 2012. 植物组织培养新技术与应用的研究进展及发展趋势. 时代报告,(6):321-323

别晓敏,佘茂云,杜丽璞,等. 2010. 植物多基因转化研究进展. 中国农业科技导报,(6):18-23

崔柳青,李一帆,潘卫东. 2012. 叶绿体基因工程研究进展. 生物技术通报,(6):1-6

杜志钊,陆瑞菊,黄剑华. 2010. 以单倍体材料为转化受体的植物转基因研究进展. 核农学报,(2):36-43

段红英,于永昂,李新伟. 2012. 低能离子束介导植物转基因技术概述. 生物学教学,(1):50-59

高金秋,于丽杰,陶雷. 2012. 白细胞介素-4 基因转化胡萝卜的研究. 北方园艺,(24):115-119

古亚楠,赵永亮,王丹,等. 2010. 转基因植物研究中目标蛋白鉴定方法研究进展. 河南师范大学学报,(6):131-139

韩光明,李三和,陈志军,等. 2012. 根癌农杆菌介导的高效水稻遗传转化影响因素. 华北农学报,(z1):46-50

姬丹丹,王鹏,向凤宁. 2011. 大豆外源基因转化体系建立及条件优化研究. 山东大学学报,(5):84-91

李春风,张兴政,张洁莉,等. 2012. 根癌农杆菌介导抗菌肽基因转化大豆的研究. 中国油料作物学报,(4):348-352

李锦锦,王昉,张万科,等. 2012. 发根农杆菌介导不同基因型大豆转化效率的筛选. 河南农业科学,(5):37-41

刘明月,左开井. 2011. 农杆菌介导棉花茎尖遗传转化体系优化. 上海交通大学学报,(02):15-19

罗昌,黄丛林,张秀海,等. 2012. 叶绿体基因工程在农业中的应用. 安徽农业科学,40(24):11968-11971

马翠萍. 2002. 植物组织培养污染防治的研究. 泰安:山东农业大学硕士学位论文

毛莲香. 2011. 香蕉胚性细胞悬浮系再生体系的优化和转基因研究. 广州:华南农业大学硕士学位论文

牛伯庆,汪文静,宋洪英,等. 2012. 农杆菌介导脂滴包被蛋白基因 8-3 转化烟草的研究. 中国农学通报,(3):240-244

潘永明,张李华,李春彦,等. 2011. 靶向 CMV 外壳蛋白基因的 RNA 干涉在番茄中转化及表达. 北方园艺,(6):133-136

秦荣. 2012. CMV 和 ToMV 嵌合基因反向重复植物表达载体的构建及遗传转化. 石河子:石河子大学硕士学位论文

曲文利,孙传波,孟凡梅,等. 2012. 玉米茎尖导入 *sag12* 基因的初步研究. 吉林农业科学,37(4):10-12

孙鹤,郎志宏,朱莉,等. 2011. 连接肽在多基因转化中的应用. 生物技术进展,(1):21-25

孙毅. 2010. 拥有自主知识产权的高效转化方法是我国作物转基因领域健康发展的关键. 山西农业科学,38(1):3-5

王关林,方宏筠. 2002. 植物基因工程. 北京:科学出版社

王关林,方宏筠. 2009. 植物基因工程. 北京:科学出版社

吴锁伟,张丹凤,方才臣,等. 2012. 玉米高效农杆菌转化体系的研究进展及其影响因素分析. 玉米科学,20(1):59-64

杨胜. 2011. 三分三毛状根中托品烷生物碱不同成分间的生物转化研究. 上海:上海师范大学博士学位论文

张明义,张彦芹,杨丽莉,等. 2011. 农杆菌介导法向玉米萌发种子转化 *bar* 基因的研究. 生物技术通报,3:91-93

张艳婷,郭斌,关正君,等. 2013. 根癌农杆菌介导乙肝病毒表面抗原基因转化樱桃番茄体系优化. 北方园艺,(11):105-109

张韵洁,李德铢. 2011. 叶绿体系统发育基因组学的研究进展. 植物分类与资源学报,33(4):365-375.

Back R, Wanoeha H. 2010. Solar-powered factories for new vaccines and antibiotics. Trends Biotechnoi, 28(5):246-252

Chattopadhyay T, Roy S, Mitra A, et al. 2011. Development of a transgenic hairy root system in jute(*Corchorus capsularis* L.) with *gusA* reporter gene through *Agrobacterium rhizogenes* mediated co-transformation. Plant Cell Reports,(4):115-123

Clarke J L, Daniell H. 2011. Plastid bioteclmology for crop production: present status and future perspectives. Plant Mol Biol,77(I-2):203-233

Georgiev M I, Agostini E, Ludwig-Muller J, et al. 2012. Genetically transformed roots: from plant disease to biotechnological resource. Trends in Biotechnology,(10):4356-4362

Lossl A G, Waheed M T. 2011. Chloroplast-derived vaccines against human diseases: achievements, challenges and scopes. Plant Biotechnol J, 9(5):527-539

Scotti N, Rigano M M, Cardi T. 2012. Production of foreign proteins using plastid transformation. (Special Issue: Foreign protein production using plant cells: opportunities and challenges.). Biotechnology Advances,(2):1542-1549

Zhou M L, Zhu X M, Shao J R, et al. 2012. An protocol for genetic transformation of *Catharanthus roseus* by *Agrobacterium rhizogenes* A4. Applied Biochemistry and Biotechnology,(7):207-215

第六篇

转基因植物的检测

进行基因转化后，外源基因是否进入植物细胞，进入植物细胞的外源基因是否整合到植物染色体上，整合的方式如何，整合到染色体上的外源基因是否表达，这一系列的问题仍需回答，只有获得充分的证据后才可认定被检的材料是转基因的。

根据国内外十几年的研究，目前认为转基因植物的检测应有以下几点：①要有严格的对照（包括阳性及阴性对照）；②转化 F_1 代要提供外源基因整合和表达的分子生物学证据（Southern 杂交，Northern 杂交，Western 杂交等）与表型数据（酶活性分析或其他生化指标）；③提供外源基因控制的表型性状证据（如抗虫、抗病等）；④根据该植物的繁殖方式（有性繁殖还是无性繁殖）提供遗传证据。有性繁殖作物需有目的基因控制的表型性状传递给后代的证据，无性繁殖作物需有繁殖一代稳定遗传的证据。

此外，还必须检测转基因植物的遗传稳定性，为此，本篇将系统叙述转基因植物在上述检测方面的具体内容、生化原理及操作技术。

第35章 标记及报告基因的表达检测

转基因植物检测的第一步是要从大量的转化体中筛选出已被转化的细胞和个体。为便于筛选，在载体构建时携带了一个特性基因，如抗卡那霉素基因（*npt-Ⅱ*）等，称之为标记基因。同时，为了快速方便地检测目的基因的表达，还要在载体构建时串联一个报告基因，如β-葡萄糖苷酶基因（*gus*）。因此，转基因植物的检测首先要进行标记基因和报告基因的检测。

报告基因和标记基因必须具有两大特点：一是其表达产物及产物的类似功能在未转化的植物细胞内并不存在；二是便于检测。目前植物基因工程中使用的报道基因一般是编码酶的基因，主要有β-葡萄糖苷酸酶基因（*gus*）、氯霉素乙酰转移酶基因（*cat*）、冠瘿碱合成酶基因（胭脂碱合成酶基因、章鱼碱合成酶基因）、抗卡那霉素基因（*npt-Ⅱ*）等。近年来，绿色荧光蛋白基因（*gfp*）作为一种新型的报道基因开始在植物基因转化及基因表达调控研究中得到应用，并显示出较前几个报道基因具更大的优越性。按照基因产物作用的机制，选择标记基因和报道基因可以分为抗生素抗性基因、除草剂抗性基因、生化代谢基因及近年来逐渐被应用的生物安全性标记基因。

1 抗生素抗性基因检测

1.1 β-葡萄糖苷酸酶基因 *gus* 的检测

1.1.1 检测原理

gus 基因存在于某些细菌体内，编码β-葡萄糖苷酸酶（β-glucuronidase，Gus），该酶是一种水解酶，能催化许多β-葡萄糖苷酯类物质的水解。大肠杆菌的 Gus 是由 *gusA* 位点编码，在该位点下游有两个相关基因：*gusB* 及 *gusC*，前者编码一个葡聚糖苷透性酶，后者功能尚不清。*gusA*、*gusB*、*gusC* 组成一个操纵子。操纵子转录受其上游的调节基因 *gusR* 的产物调控，它能被很多种类的葡萄糖苷诱导，也就是说，*gus* 的表达受 Gus 底物的诱导。绝大多数的植物细胞内不存在内源的 Gus 活性，许多细菌及真菌也缺乏内源 Gus 活性，因而 *gus* 基因广泛用作转基因植物、细菌和真菌的报道基因，尤其是在研究外源基因瞬时表达的转化实验中，*gus* 基因应用最多。此外，*gus* 基因 3′端与其他结构形成的融合基因也能够正常表达，所产生的融合蛋白仍具有 Gus 活性，这对于研究外源基因表达的具体细胞部位及组织部位提供了方便条件，这是它较其他报道基因的又一大优点。

Gus 在转化植物细胞内及提取液中都很稳定，在叶肉原生质体中 Gus 的半衰期为 50h。Gus 对较高温度及去污剂都有一定的耐受性。该酶表现活性时不需要辅酶，催化作用的最适 pH 为 5.2～8.0，对离子无特殊要求，能适应较宽的离子强度范围，但某些二价金属离子能抑制其活性。该酶专一性很低，可对人工底物进行催化。用于 *gus* 基因检测的常用底物有三种：5-溴-4-氯-3-吲哚-β-D-葡萄糖苷酸酯（X-Gluc）、4-甲基伞形酮酰-β-D-葡萄糖醛酸苷酯（4-MUG）及对硝基苯β-D-葡萄糖醛酸苷（PNPG）。这三种底物分别用于不同的检测方法，分述如下。

1.1.2 检测方法

1）组织化学染色定位法　使用该法以 X-Gluc 为底物，通过显色反应可直接观察到组织器官中 *gus* 基因的活性。该方法不用将酶从组织中提取出来，而是使底物进入被测的植物组织、细胞或原生质体之中。将被检材料浸泡在含有底物的缓冲液中保温，若组织、细胞、原生质体发生了 *gus* 基因转化，表达出 Gus，在适宜条件下该酶可将 X-Gluc 水解生成蓝色物质，初始产物并不带有颜色，为无色的吲哚衍生物，后经氧化二聚作用形成 5′-二溴-4′-二氯靛蓝染料，此靛蓝染料使具有 Gus 活性的部位或位点呈现蓝色，可用肉眼或在显微镜下观察到。在测定时，有时会发生无色中间产物渗漏的现象及由于植物体内的过氧化物酶能促进氧化二聚作用，使颜色加深，所以染色程度不能准确地反映出 Gus 活性，以钾的高铁氰化物/亚铁氰化物混合物做氧化剂可克服这一问题。

检测时要有非转化的材料做对照。由于正常的植物细胞中一般不存在这个酶，所以对照染色应为阴性，即无蓝色出现。需要说明的问题是，由于植物叶片中往往有叶绿素存在，使被检的对照材料呈绿色，与阳性结果对比不明显。因此，对于含叶绿素的被检材料需要进行脱色处理，在脱色过程中叶绿素逐渐溶于脱色剂，脱色后对照材料呈黄白色，而转化材料虽经脱色处理蓝色并不消失，与对照明显不同。实验中常用的脱色剂有两种，乙醇及FAA固定液。建议使用后者，因为使用FAA时，可以使细胞在固定的状态下脱色，防止细胞收缩，便于脱色及观察。还需要指出的是，有时也会遇到对照材料经脱色后仍然有一定的蓝色，这就是所谓的本底(背景)。产生这种现象的原因有：①被检材料的细菌污染，因大多数细菌的质粒上都带有 *gus* 基因，当材料被细菌污染时(有时是材料中含有潜在的细菌)，染色后就会出现深浅不同的蓝色。②试剂被细菌污染。③植物材料内的类 Gus 活性。Hu 等曾对52种种子植物进行了分析，发现某些植物的果壁、种壳、胚乳，尤其是成熟胚部分有类 Gus 活性，但多数植物的幼苗及成株期的营养器官中不具有这种类 Gus 活性。一般说来类 Gus 活性均较弱，并且产生类 Gus 活性的酶的抗原性与使用的大肠杆菌 Gus 的抗原性不同，为了区别 Gus 与类 Gus 活性，检测时要有严格的阴性及阳性对照，另外，染色时间不要太长，一般为几小时至过夜。④关于某些个别植物的内源性 Gus 活性也有过报道，如黑麦的初叶及一些植物的雄配子体与 X-Gluc 温育产生蓝斑等。

为增强染色效果，降低本底，在材料处理上要注意：叶片一般要做成徒手切片；原生质体要离心收集，用缓冲液洗涤，尽可能除去污染物；由于植物细胞具有细胞壁，为使底物更好进入细胞，可采用抽真空几分钟的做法，若愈伤组织和细胞团具有细胞壁障碍，抽真空时间可适当延长。

2) 荧光法测定 Gus 活性　以4-甲基伞形酮酰-β-D-葡萄糖醛酸苷(4-MUG)(4-methylumbelliferyl-β-D-glucu-ronide)为底物，Gus 催化其水解为4-甲基伞形酮(4-MU)(4-methylumbelliferone)及β-D葡萄糖醛酸。4-MU分子中的羟基解离后被365nm的光激发，产生455nm的荧光，可用荧光分光光度计定量，由于4-MU羟基的 pK_a 在8～9，欲使羟基大量离子化，溶液的pH应大于其 pK_a，一般使用碳酸钠终止反应并创造碱性的测定条件。

该方法最早为 Jefferson 所确定，需将被测材料破碎，用磷酸钠缓冲液提取酶。缓冲液中需加入 TritonX-100 及 Sarcosyl，起离析细胞作用，前者主要作用于细胞器，后者作用于细胞核；加入β-巯基乙醇或 DTT，使 Gus 的巯基处于还原态；加入 EDTA 可防止酶被高浓度的二价离子抑制，缓冲液的 pH 应为中性，这时 Gus 才能更好地保持活性。

影响测定的因素来自三方面：一是内源性蛋白酶对 Gus 的降解作用。Gus 能在某些程度上抵抗某些蛋白酶活力，因而在植物细胞及提取液中半衰期较长，但有些植物材料中蛋白酶活力过强，如紫参含有较多的丝氨酸型蛋白酶，这时就需要在提取缓冲液中加入5μmol/L的 PMSF(苯甲磺酰氟)，它是丝氨酸蛋白酶的抑制剂，在其保护下可以测得80%的 Gus 活性。有实验表明，在测定中使用酶保护剂 BSA(它无 Gus 活性，对4-MU也无影响)，测得的值比使用 PMSF 时高，如果加入 BSA 的同时再加甘油，酶活性还会增加，这说明除丝氨酸蛋白酶外，还会有其他的抑制物，因而在测 Gus 活性时常在酶提取液中加入小牛血清白蛋白、甘油、β-巯基乙醇等保护物质。二是荧光猝灭物质的影响。植物粗酶提取液中还可能存有使产物4-MU荧光猝灭的物质，这些物质的存在使测得值偏低。例如，植物叶片提取液中常含有大量的叶绿素，叶绿素除在400nm有最大吸收外，在365nm及455nm处也有明显的吸收，这样就使激发4-MU的光及4-MU激发后发射的荧光均被减少，此现象称为猝灭。消除猝灭现象可采用减少提取物浓度，或从提取物中去除猝灭分子。使用 Sephadex-G 25 层析柱或微型离心柱都可达到去除目的。三是内源性荧光物质的影响。有的植物组织含有高水平的内源性的荧光物质或多酚化合物，会使测定的灵敏性下降，这时除了可通过上述柱层析或在提取缓冲液中加入能与荧光物特异结合的物质使之被去除外，有人报道采用更换荧光底物的做法，如可用9-羟基-3-异吩唑酮-β-D-葡萄糖苷酸，它被 Gus 水解生成的产物被570nm的光激发，发射590nm的荧光，植物体内的物质对该范围的荧光，即不吸收也不发射，这样就避开了测定上的干扰。该物质在中性pH时发射荧光最大，因而不需要用碱停止反应及增强荧光，但使用该底物时反应体系中需除去β-巯基乙醇或 DTT，因为在它们存在时会使产物转变成无荧光的形式。此外还有2,4-三氟甲基伞形酮-β-D葡萄糖苷酸(TT-MUG)，该化合物是一个对 Gus 非常敏感的底物，产物发射500nm荧光。

具体测定时有两种做法：①仅在一个时间点上测定溶液的总荧光量，这种测定方法需要有对照，以消除内源荧光强度；②测定酶反应不同时间溶液荧光量（荧光法十分灵敏，微小的增加量也可以测定出来），在酶反应初始阶段，酶作用生成的荧光物质在反应体系中处于积累阶段，荧光产量与时间有线性关系，而内源性荧光物质的荧光量与时间无此种关系，因而可通过测定酶反应初始阶段几个时间的荧光量，得到的线性关系即可作为酶活力的依据。

3）*分光光度法测定 Gus 活性*　对硝基苯基-β-D-葡萄糖醛酸苷（p-nitrophenyl-β-D-glucuronide，PNPG）是该法的最好底物，Gus 将其水解，生成对硝基苯酚（p-nitrophenol），在 pH ＝7.15 时离子化的发色团吸收 400～420nm 的光，溶液呈黄色，酶反应在 pH＝7.0 条件下进行，随反应进行，产物生成，逐渐碱化，显色增强。测定步骤与荧光法大致相同，以对硝基苯酚为标准样品，分别在反应开始后不同时间取样，终止反应后于 415nm 测吸收值。

采用分光光度法测定 Gus 活性操作简单，不需要复杂的仪器，但是灵敏度不高，好在 Gus 具有较好的稳定性，可以通过延长反应时间来增强显色。对于长时间的实验（几小时或更长）可加入 0.02%的叠氮钠（NaN_3）来抑制微生物的生长，加入 100～200μg/ml 的 BSA 稳定酶。另外，大多数植物所含有的色素与硝基苯酚有相同的最大吸收波长，可通过脱色处理或设置对照消除，设置对照做法简单，但较粗略，有条件时最好用柱层析纯化。

4）*Gus 活性的荧光法定性检出*　进行转化后，常常需要简便快速地检测 Gus 活性。这时一般不需要严格地定量，除组织化学染色定位法外，还可以采用底物凝胶荧光测定法及 SDS-PAGE 电泳法。

（1）底物凝胶荧光检测法。该法在 Jefferson 的 MUG 测定法基础上，通过一次制作较多的底物凝胶块，供以后多次检测使用。凝胶块制备方法是将 8mg 的琼脂糖与 5mg 的 MUG 分别溶解于 5ml 热缓冲液中，趁热将两溶液混合，并倒入培养皿中，凝固后，用打孔器或小刀切成小块，即成为检测用的凝胶小块。制备好的凝胶可以当时使用，也可以于 4℃冰箱中保存备用。检测时取5～50mg 被检材料，加入 0.1ml 提取缓冲液（与荧光法的提取缓冲液相同），研磨成匀浆，经离心或静置后提取清液。取一块底物凝胶，浸入提取清液中，于室温或 37℃条件下保温 10min 至过夜。酶反应后取出凝胶块，置紫外光下观察凝胶中是否产生荧光，若有荧光生成，则表明被测样品中有 Gus 活性，证明 *gus* 基因转化成功并正常表达。实验表明，阳性样品的荧光亮度随材料量的增加及反应时间的延长而增加。

（2）SDS-PAGE 法。此法同样是利用 Jefferson 的荧光检测法原理，不同之处是该法通过电泳使 Gus 在凝胶上定位，因而可鉴定产生荧光区带的酶的分子质量是否正确。测定方法是用含 0.1%SDS 的 7.5%聚丙烯酰胺凝胶电泳分离被检植物材料的 Gus 提取物。电泳前将植物材料的提取物与 SDS 样品缓冲液等量混合，室温下温育 10～15min。50V电泳过夜后取出凝胶置 Gus 提取缓冲液中洗涤，然后转入含 1mol/L 的 MUG（Gus 的底物）的 Gus 提取缓冲液中于 37℃ 温育约 30min，向胶面上喷洒 0.1mol/L 的 Na_2CO_3 停止反应并促进 4-MU 解离。最后将胶置长波透射紫外光下观察荧光区带并照相。该方法可检出 0.2ng 的 Gus。图 35-1 所示的是用两种携带 *gus* 基因的不同质粒，pBI131 及 pBI121 转化的烟草叶片中 Gus 活性分析的 SDS-PAGE 电泳图谱。其中 1、2 泳道是 pBI131 转化的烟草样品。pBI131 中的 *gus* 基因是组装在 ssu（rubisco 小亚基启动子）下游。3～5 泳道是pBI121 转化的烟草样品，pBI121 中 *gus* 基因是组装在 CaMV35S（花椰菜 35S 启动子）下游。6、7 泳道是非转化烟草样品，3～5 泳道的荧光区比 1～2 泳道大，且亮度也大，说明在 CaMV35S-*gus* 转化烟草中 Gus 的活性要比 *ssu-gus* 转化烟草中的 Gus 活性强，说明花椰菜 35S 启动子的转录活性要比 rubisco 小亚基启动子的转录活性高。

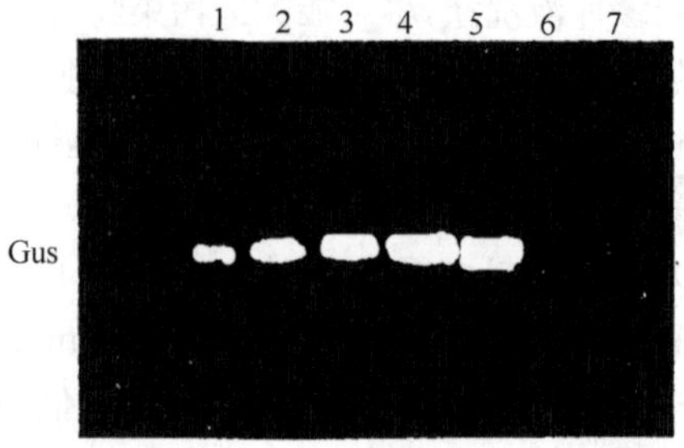

图 35-1　Gus 活性的 SDS-PAGE 分析
（王关林等，2002）

1.2　氯霉素乙酰转移酶基因 *cat* 的检测

1.2.1　检测原理

cat 基因编码氯霉素乙酰转移酶，该酶催化酰基由乙酰-CoA 转向氯霉素，可生成 1-乙酰氯霉素、

3-乙酰氯霉素、1,3-二乙酰氯霉素三种乙酰化产物,其中主要是 3-乙酰氯霉素,乙酰化了的氯霉素不再具有氯霉素的活性,失去干扰蛋白质合成的作用。真核细胞不含有氯霉素乙酰转移酶基因,无该酶的内源性活性,因而 *cat* 基因可作为真核细胞转化的标记基因及报道基因,*cat* 基因转化的植物细胞能够产生对氯霉素的抗性,并可通过对转化细胞中氯霉素乙酰转移酶活性的检测来了解外源基因的表达。Cat 的活性可以通过反应底物乙酰-CoA 的减少或反应产物乙酰化氯霉素及还原型 CoA-SH 的生成来测定,目前常用的方法有硅胶 G 薄层层析法及 DTNB 分光光度法。

1.2.2 检测方法

1) *薄层层析法* 薄层层析法是测定乙酰化产物的生成,氯霉素及它的三种乙酰化产物可以用硅胶板薄层层析法分离。氯霉素易溶于甲醇、丙醇及乙酸乙酯,微溶于氯仿。氯霉素及它的三种乙酰化产物在氯仿中的溶解度不同,因而在用氯仿作扩展剂进行薄层层析时,4 种物质的 Rf 值不同,扩展剂中加入 5%的甲醇可以增加这种效果。将待测材料的提取液与乙酰-CoA 及用 ^{14}C 标记的氯霉素混合,在适宜的温度下保温,保温后,用乙酸乙酯萃取,蒸发掉乙酸乙酯后再用少量乙酸乙酯溶解,制成样品液,然后以氯仿/甲醇=19/1 的混合液为扩展剂,进行硅胶薄层层析,通过放射自显影检测乙酰化产物的生成。如果被检材料未发生 *cat* 基因转化,则样品液中无乙酰化产物,只有氯霉素,放射自显影后,X 线片上只有 1 个曝光点(图 35-2)。如果被检材料为转化体,X 片上则出现 4 个曝光点(图 35-2),各点的强度随保温时间不同而不同,保温时间增长,1,3-二乙酰氯霉素含量增多,d 点强度增大,如果需要定量测定时,可以用光密度计(densitometer)对放射自显影图谱进行扫描,或者将标记的 3-乙酰氯霉素曝光点从硅胶板上收集下来,用闪烁计数器测定放射性强度。

2) DTNB *法* 该法用于定量测定 Cat 活性的原理是反应产物 CoA-SH 具游离的巯基,能与 DT-NB(5,5′-dithiobis-2-nitrobenzoicacid)发生反应。反应产物在 412nm 处有特定的光吸收,摩尔消光系数为 13 600。Cat 的活力单位定义为 37℃、1min 催化产生 1μmol 乙酰化氯霉素。反应生成的乙酰化氯霉素与 CoA-SH 的摩尔数相等,CoA-SH 的摩尔数可由其与 DTNB 的反应产物对 412nm 的光吸收求出。使用该方法需注意:①反应体系中应无其他的含巯基化合物;②防止硫酯酶对乙酰-

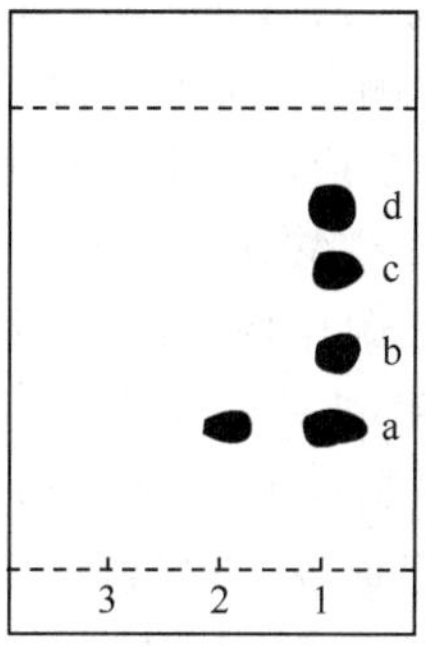

图 35-2 氯霉素及其乙酰化产物薄层层析图谱(王关林等,2002)

a. ^{14}C 标记的氯霉素;b. 1-乙酰氯霉素;c. 3-乙酰氯霉素;d. 1 3-二乙酰氯霉素

CoA 的水解作用,因为该酶作用的产物也是 CoA-SH,会使测定值增高。一般植物粗提液中硫酯酶含量较高,要想得到可靠的结果,需从粗提液中纯化出 Cat。

1.3 *npt-Ⅱ* 基因的检测

1.3.1 检测原理

目前在植物基因工程中被广泛使用的 *npt-Ⅱ* 基因来源于细菌转座子 Tn5 上的 *ahpA2*。该基因编码氨基糖苷-3′-磷酸转移酶(aminnoglycoside-3′-phosphotransferase Ⅱ)又称 Npt-Ⅱ(neomycinphos-photrans-ferase Ⅱ),该酶使氨基糖苷类抗生素(新霉素、卡那霉素、庆大霉素、巴龙霉素和 G418 等)磷酸化而失活。此类抗生素抑制原核生物蛋白质生物合成 70S 起始复合体的生成,并使 fMet-tRNA 从 70S 起始复合体上解离,因而阻碍了原核生物的蛋白质生物合成。该类抗生素对植物细胞表现毒性的机制是与植物细胞叶绿体和线粒体中的核糖体 30S 亚基结合,影响 70S 起始复合体生成,干扰叶绿体及线粒体的蛋白质生物合成,最终导致植物细胞死亡。Npt-Ⅱ使 ATP 分子上的 γ 磷酸基转移到抗生素分子上,影响抗生素与核糖体亚基的结合,从而使抗生素失活。使用 *npt-Ⅱ* 基因转化植物,可以使植物细胞产生对上述抗生素的抗性,因而该基因是一个有效的选择标记基因。此外,该基因表达产物是酶,可以通过酶反应检测其表达,因而又是一个常用的报道基因。检测原理是使用放射性标记的[γ-^{32}P]ATP,通过 γ 磷酸基团转移,生成带放射性的磷酸卡那霉素。

1.3.2 检测方法

1) *点渍法* 从上述反应原理中可以看出,

底物 ATP 是放射性标记的，而且浓度较高，要在高放射性的体系中测出放射性产物的生成，就必须在反应后将产物从反应体系中分离出来，点渍法是利用 Whatman P81 磷酸纤维素纸(一种离子交换纸)对卡那霉素的吸附作用(在某一特定的 pH 条件下，Whatman P81 纸只与卡那霉素结合)从反应混合物中分离出放射性的产物。做法是先制备被检材料的 Npt-Ⅱ 提取液，将适量提取液与底物保温后，将反应混合物吸附在滤纸上，然后用热的特定 pH 的磷酸缓冲液洗脱，这时[γ-^{32}P]ATP 很容易从纸上洗脱下来，只有^{32}P 磷酸化的卡那霉素结合在纸上，将纸干燥后放射自显影，根据 X 光片上的曝光情况可知样品中 Npt-Ⅱ 活性的有无及强弱。

2) *层析法*　被检材料提取物与底物保温进行体外磷酸化反应后，用纸层析分离反应产物，放射自显影检出。该方法最早由 Cacbnes-Bastos 等使用，需要特殊的聚乙烯亚胺纤维板，并且反应后在薄层色谱板的放射自显影图谱上出现多个点，分析起来比较困难。后来 Roy 等用纸代替层析板，建立了纸层析检测法，该方法简单、快速、适用性广，且[γ-^{32}P]ATP 的用量少。

3) *凝胶原位检测法*　对于真核细胞使用点渍法比较困难。这是因为真核细胞内含有高水平的 ATP 酶活性。细胞提取物中的 ATP 酶会使底物 ATP 水解而不参与 Npt-Ⅱ 催化的磷酸基团转移反应。目前克服该问题的最有效的方法是用非变性聚丙烯酰胺凝胶电泳分离 Npt-Ⅱ 与 ATP 酶。首先从实验材料中制备细胞提取物，操作要在低温条件下进行，并且提取液中要加入蛋白酶抑制剂，抑制蛋白酶活性，以防止 Npt-Ⅱ 被降解。然后电泳分离细胞提取物中的蛋白质。电泳分离后，在聚丙烯酰胺凝胶上覆盖一层含有 Npt-Ⅱ 底物及反应所需物质的琼脂糖凝胶，室温下放置 30min，这时聚丙烯酰胺凝胶中的 Npt-Ⅱ 与琼脂糖凝胶中的底物接触发生催化反应，对应于 Npt-Ⅱ 的部位则有^{32}P-卡那霉素生成。再用一张 Whatman P81 纸覆盖在琼脂糖凝胶上，并按印迹转移的做法将胶面上的物质转移到 Whatman P81 纸上。由于细胞提取物中还往往含有各种激酶，常导致与本试验无关的放射性磷酸化蛋白产物的生成，它们也能与 Whatman P81 纸结合，并在放射自显影中显现出同样的曝光斑点，为了清除干扰，反应后用蛋白酶处理，使蛋白质降解，再用磷酸缓冲液洗脱(pH7.6)，放射性蛋白质降解物及[γ-^{32}P]ATP 被洗脱下来，只有 Npt-Ⅱ 作用的产物——放射性磷酸卡那霉素结合在纸上，最后通过放射自显影，从 X 光片上的曝光点可得知 Npt-Ⅱ 活性的有无及大小。若需要定量测定时，可以将 Whatman P81 纸上的 Npt-Ⅱ 条带割下，用闪烁计数器计量。

图 35-3 所示的是凝胶原位检测法分析转化的胡萝卜细胞中 Npt-Ⅱ 活性的实验结果。A 中 1 是大肠杆菌的提取物；2 是非转化的胡萝卜愈伤组织提取物；3 和 4 是由根癌农杆菌 C58C1(pGV3850：1103)转化的胡萝卜悬浮培养细胞产生的胚状体及诱导的愈伤组织提取物。B 图是经蛋白酶处理与未处理的放射自显影比较，其中 1 为未处理的对照，2 是处理的。

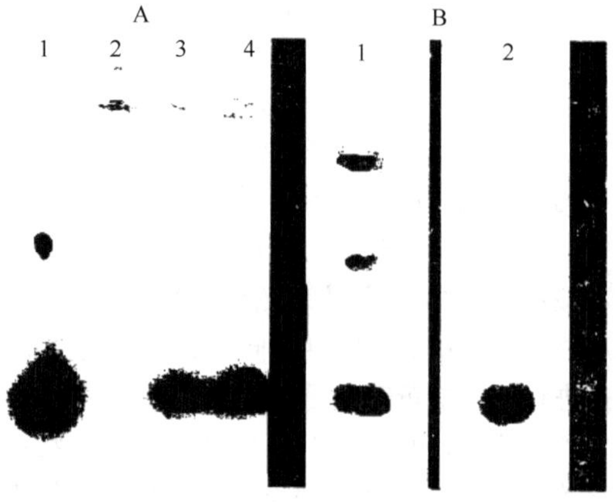

图 35-3　Npt-Ⅱ活性的凝胶原位检测(John，1988)

2　抗除草剂基因检测

2.1　*pat* 基因的检测原理

pat 基因为抗除草剂基因，它编码 PPT 乙酰转移酶(PAT)。PPT 是一种谷氨酸结构类似物，能竞争地抑制植物体内谷氨酰胺合成酶(GS)的活性，起到解氨毒的作用。当 PPT 存在时，GS 活性被抑制，细胞内 NH_4^+ 积累，细胞中毒而死亡。*pat* 基因编码的 PPT 乙酰转移酶可以催化乙酰-CoA 分子上转移到 PPT 分子的游离氨基上，使 PPT 乙酰化，乙酰化了的 PPT 失去对 GS 的抑制作用，因而转化了 *pat* 基因的植物表现出对除草剂 PPT 的抗性。

目前 PPT 来源有两种：一种是化学合成的，称为 Basta；另一种是 Streptomyces hy-grocopicus 发酵产生的含有 PPT 的三肽，称为 Bialaphos。*pat* 基因也有两种，一种是来自 *Streptomyces hygroscopicus* 的 *bar* 基因(因其抗 Basta 而得名，*bar* 基因)，另一种来自 *S. viridochrgtnes*，称 *pat* 基因。*bar* 与 *pat* 都编码 PAT，*bar* 基因可以作为转化体的筛选标记，又因检测方法灵敏，因而也用做报道基因。*bar* 基因表达产物 PAT 活性测定方法有硅胶G薄层层析法及DTNB比色分析法。

2.2 检测方法

2.2.1 硅胶G薄层层析法

检测原理与CAT相同，是通过PPT乙酰化产物的生成来检测PAT的活性。以1-propanol：$NH_4OH(25\%NH_3)$=3：2为扩展剂，通过硅胶G薄层层析，可以将PPT及其乙酰化的产物分开。以^{14}C标记的乙酰-CoA及PPT为底物，与适量的被检样品提取液混合，37℃保温，具有PAT活性的样品可生成放射性乙酰PPT，层析后的硅胶板，于室温下干燥，压X光片，−70℃曝光，通过放射自显影可了解*bar*基因的表达情况。

2.2.2 比色分析法

该方法可以定量地检测*pat*基因的活性。原理是在PAT催化的反应中，转移到PPT上的乙酰基数目与反应生成的游离CoA-SH的数目相同。游离CoA-SH具有巯基，能与DTNB反应，生成的产物对412nm光的摩尔消光系数为13 600。

3 生化代谢基因检测

3.1 冠瘿碱合成酶基因的检测

3.1.1 检测原理

冠瘿碱合成酶基因存在于农杆菌Ti质粒或Ri质粒上，该基因与Ti质粒的致瘤作用无关，故载体构建时，有时将该基因保留作为报道基因使用。该基因的启动子是真核性的，在农杆菌中该基因并不表达，整合到植物染色体上后即行表达，编码与冠瘿碱合成有关的酶，催化冠瘿碱合成。目前已发现的催化冠瘿碱合成的酶主要有两种，一种是胭脂碱合成酶（nopalinesynthase），也称胭脂碱脱氢酶（nopalinedehydrogenase，NP-DH），它催化冠瘿碱的前体物质精氨酸与α-酮戊二酸进行缩合反应，生成胭脂碱。另一种是章鱼碱合成酶（octopinesyn-thase），或叫Lysopion脱氢酶[D-(+)-lyso-piondehydrogenase，LpDH]。它催化精氨酸与丙酮酸缩合，生成章鱼碱。除胭脂碱及章鱼碱外，冠瘿碱还有其他几种形式，如农杆碱（agrocinopine）、农瘿碱（agropine）、琥珀碱（succinamopine）和甘露碱（mannopine）等。

3.1.2 检测方法

植物细胞内冠瘿碱的检出目前主要采用Otten的方法，纸电泳分离被检组织抽提物，用菲醌染色。菲醌是胍基类化合物的特异染色剂，与精氨酸、胭脂碱、章鱼碱作用后在紫外光下显示黄色荧光，放置两天后变为蓝色。精氨酸、胭脂碱、章鱼碱三种物质的电泳迁移率不同，精氨酸的最大，章鱼碱与胭脂碱的接近，电泳1h以上可将二者分开，章鱼碱的迁移率略大于胭脂碱。

农杆碱也可以用纸电泳法检测，将电泳后的滤纸浸在丙酮配制的0.2%硝酸银溶液中1min，转入甲醇配制的1%NaOH溶液中2～3min，用5%的硫代硫酸钠溶液固定，染色后出现黑色斑点为阳性结果，其迁移率大于章鱼碱。检测时应有阳性对照及阴性对照，并要有精氨酸及冠瘿碱的标准样品同时电泳。

3.2 萤光素酶基因的检测

3.2.1 检测原理

20世纪60年代以来，人们陆续发现了多种结构不同的萤光素酶。它们可以催化生物体自身发光反应。目前研究最多的是萤火虫萤光素酶及细菌产生的萤光素酶。虽然人们笼统地将萤光素酶催化的底物都称为萤光素，但各种萤光素的化学结构有一定差异，甚至完全不同。萤火虫萤光素酶催化的底物是6-羟基喹啉类，在镁离子、三磷酸腺苷及氧作用下，酶使底物氧化脱羧，生成激活态的氧化萤光素，其发射光子后转变成常态的氧化萤光素，反应中化学能转变成光能。

$$\text{萤光素}+ATP+O_2\longrightarrow\text{氧化萤光素}+CO_2+AMP+PPi+\text{光}$$

细菌萤光素酶以脂肪醛为底物，需要还原型的黄素单核苷酸及氧参与，使脂肪醛氧化为脂肪酸，同时放出光子。用作报道基因的萤光素酶基因主要来自细菌或萤火虫。

$$RCHO+O_2+FMNH_2\longrightarrow RCOOH+H_2O+FMN+\text{光}$$

3.2.2 检测方法

检测方法有两种：①活体内萤光素酶活性检测。取被检的植物材料置小容器内，加入适量的组织培养液体培养基、ATP、萤光素，置暗室中放置，用肉眼观察荧光，或覆盖X光片，室温下放置1至数日，观察曝光情况，产生曝光点的样品可认为实现了萤光素酶基因的转化及表达。②体外萤光素酶活性的检测。将被检的材料细胞破碎，加入酶提取液提取，离心，取上清液加入到含有适量Mg^{2+}、ATP、萤光素的缓冲液中，用荧光计测定荧光强度。检测时需要有未转化材料的阴性对照及仅含萤光素、Mg^{2+}、ATP和培养基，不含样品液的反应体系空白对照。

萤光素酶基因的检测方法简便、灵敏，并且通常无本底，因而该基因很适合在植物基因转化中用作报道基因。此外，与其他的报道基因相比，该基因还可以在不损害植物体或离体器官的情况下测定表达产物，做法是使荧光素渗入被检材料，通过照相或图像电视系统检测植物体内生成的可见光，并通过光生成的部位了解基因表达部位及底物在植物组织中的转移等。

3.3 二氢叶酸还原酶基因的检测

3.3.1 检测原理

dhfr 基因又称氨甲蝶呤抗性基因，编码二氢叶酸还原酶。二氢叶酸还原酶在DNA生物合成中起重要作用，其催化二氢叶酸还原成四氢叶酸。四氢叶酸是一碳基团的载体，它首先由丝氨酸获得亚甲基生成N5，N10亚甲四氢叶酸，然后N5，N10亚甲四氢叶酸将亚甲基转给尿嘧啶脱氧核苷酸，使之生成胸腺嘧啶核苷酸，而本身变成二氢叶酸。生成的二氢叶酸再经二氢叶酸还原酶催化转变成四氢叶酸，按如上过程不断完成胸腺嘧啶核苷酸的合成。氨甲蝶呤与二氢叶酸结构类似，竞争性抑制二氢叶酸还原酶活性。植物细胞的二氢叶酸还原酶对氨甲蝶呤极为敏感，而用作选择标记的二氢叶酸还原酶基因是非植物来源的，来自细菌或小鼠，其编码的二氢叶酸还原酶对氨甲蝶呤的亲和力很低。以氨甲蝶呤作为选择剂筛选转化细胞时，非转化的植物细胞在含有一定浓度氨甲蝶呤的培养基上不能正常生长，而转化细胞中含有由标记基因表达的二氢叶酸还原酶，氨甲蝶呤对它的抑制作用很弱，所以转化细胞能够在添加氨甲蝶呤的培养基中生长。

3.3.2 检测方法

二氢叶酸还原酶活性检测方法是将植物材料在含氨甲蝶呤及放射性标记的磷酸盐培养基上培养，然后提取总DNA，琼脂糖凝胶电泳后将X光片放在凝胶上放射自显影检测放射性标记的磷酸盐是否掺入到DNA分子中。X光片上出现放射性植物DNA条带的样品具有DHFR活性，证明 *dhfr* 基因已在植物细胞内表达。

4 生物安全性标记基因检测

4.1 磷酸甘露糖异构酶基因(*pmi*)的检测

pmi 基因广泛存在于植物以外的生物界，编码磷酸甘露糖异构酶(phosphomannose isomerase PMI)。该酶可催化甘露糖-6-磷酸转化成果糖-6-磷酸，然后在磷酸果糖激酶的催化作用下生成能进入糖酵解途径的果糖。目前，用于植物遗传转化的磷酸甘露糖异构酶基因主要来源于大肠杆菌(*Escherichia coli*)。*pmi* 系统对人体和环境安全、筛选试剂价格低廉、不影响转化植株的生长发育、筛选效率高，因此有望代替部分抗生素或除草剂等传统筛选体系，在植物的遗传转化过程中得到更广泛的应用，成为植物转基因中的又一有效筛选体系。但是，肉桂和一些豆类植物由于具有内源PMI活性，因而该筛选体系在这些植物上不能应用，对于以往研究尚未涉及过的材料，需先对内源PMI活性进行检测。另外，作为一种新的筛选体系，它在植物，尤其是木本植物上的应用尚十分有限，因而对包括葡萄在内的多数植物，有必要对筛选培养基中甘露糖与其他糖及磷酸根离子浓度等因素进行进一步的优化，同时还必须考虑基因型对转化的影响。

4.1.1 检测原理

由于 *pmi* 基因编码6-磷酸甘露糖转移酶可以催化6-磷酸甘露糖转变为6-磷酸果糖。在甘露糖为唯一碳源的培养基上，植物内源己糖激酶催化甘露糖磷酸化为6-磷酸甘露糖，而转化细胞又可以将6-磷酸甘露糖进一步转化为6-磷酸果糖，并被转化植物细胞利用，从而避免了6-磷酸甘露糖的大量积累，同时在转化过程中产生的ATP可以为细胞正常生长提供能量。相反，非转化细胞由于缺乏6-磷酸甘露糖异构酶，不能够利用体内的6-磷酸甘露糖，造成6-磷酸甘露糖积累并消耗ATP，长期处于饥饿状态抑制了其正常生长。因此，在含有甘露糖唯一碳源的培养基上，只有转化细胞能够正常生长，而非转化细胞将被淘汰。

4.1.2 检测方法

pmi 基因编码的蛋白质是一种酶，因此，检测酶活性的一些方法也可用于转基因PMI植株的检测，目前常用的方法有氯酚红法、分光光度计检测法、蛋白质电泳及染色。

1) 氯酚红(chlorophenol red，CPR)法　该方法基于甘露糖代谢时可使培养基酸化的原理。pH指示剂氯酚红在pH6.0时呈红色，随着pH下降转变成黄色。将待测组织小块接种到添加甘露糖和氯酚红的MS液体培养基中，在黑暗条件下，25～30℃培养4～5d后，如培养基呈黄色或橘红色，则说明 *pmi* 基因成功导入了外植体；如培养基仍呈红色或紫色，说明没有PMI活性，该材料为非转基因材料。该方法是目前PMI活性检测中最常用的方法。

2）分光光度计检测法　PMI催化甘露糖-6-磷酸转化成果糖-6-磷酸的同时会将$NADP^+$还原成NADPH，而NADPH的增加会造成340nm处的吸光度上升。因而，转基因植物中，用分光光度计检测其340nm处NADPH吸收值的上升速度，就可以检测PMI活性。从非转基因植株中不能检测到PMI活性。

3）蛋白质电泳及染色　利用蛋白质电泳及染色检测PMI的原理与分光光度计检测法相似，PMI催化甘露糖-6-磷酸转化成果糖-6-磷酸的同时会将$NADP^+$还原成NADPH，NADPH又可将其电子转移给电子传递剂吩嗪硫酸甲酯（PMS），还原态的电子传递剂可直接还原噻唑蓝（MTT），生成深蓝色的不溶于水的甲瓒（formazan），在凝胶上显现条带。因此，待测组织的蛋白质经电泳和染色后，如果有蓝带出现，则说明*pmi*基因导入外植体；反之，则表明转基因不成功。

4.2　木糖异构酶基因（*xyla*）检测

4.2.1　检测原理

*xyla*基因广泛分布于原核微生物中，主要来源于细菌和放线菌。*xyla*编码木糖异构酶（xylosc isomcrase，XI），又称葡萄糖异构酶（GI），该酶的分子质量一般在40～50kDa。不同来源的XI酶在亚基组成上略有差别，有些为四聚体，有些则为二聚体。该酶能将D-木糖、D-葡萄糖、D-核糖等醛糖转化为相应的酮糖。其中最重要的两个用途：①在细胞体内可将木糖异构化为木酮糖，在利用木质纤维素微生物发酵生产乙醇过程中起着关键作用；②在体外催化葡萄糖至果糖的异构化反应。

许多植物细胞可利用D-木酮糖作为主要碳源，但不能利用D-木糖。在D-木糖作为唯一碳源的筛选培养基上，整合有外源*xyla*基因的转化细胞，其产物木糖异构酶将D-木糖异构为D-木酮糖，经磷酸戊糖途径分解代谢，为转化细胞的生长提供条件的同时，也为DNA和RNA的合成提供原料——5-磷酸核糖。而非转化的细胞则因D-木酮糖缺乏，生长受到抑制。XI酶的作用底物木糖是常用的食品工业原料，因此，*xyla*作为植物转化细胞的筛选标记是安全的。根据XI不同的作用底物及产物特点，其常用的活力检测方法如下。

4.2.2　检测方法

1）半胱氨酸-咔唑法　此方法可以定量测定XI酶的活性。原理是果糖在一定条件下能与半胱氨酸盐酸盐——咔唑反应生成紫色物质，而在此条件下，葡萄糖呈浅蓝色。0.1mol葡萄糖50μl，粗酶液50μl，10mmol/L $MnCl_2$ 50μl，缓冲液（PBS pH 7.2）50℃，反应1 h，沸水浴终止反应；取50μl立即加入13mol/L的H_2SO_4 6ml，1.5%的半胱氨酸盐酸盐0.2ml，0.12%的咔唑酒精溶液0.2ml，混匀25℃反应30min于540nm处测定光吸收，据果糖标准曲线求得果糖量。在标准反应混合物中，酶活力单位（U）定义为每分钟催化产生1μmol果糖所需的酶量。

2）间苯二酚显色法　根据酮糖在酸的作用下生成的羟甲基糠醛能与间苯二酚反应生成鲜红色复合物的原理，在葡萄糖或木糖溶液中加入XYLA酶提取液，合适的温度及pH下观察液色变化，有鲜红色现象的说明提取物中有XYLA酶活性是转基因植物，无变化的为非转基因植物。

3）木糖酵解试验　在木糖溶液中预先加入溴甲酚紫[一种酸碱指示剂，变色范围pH5.2（黄色）～6.8（紫色），它能指示糖酵解产生的pH变化]，此时溶液为紫色，加入待测的酶提取物。适当的温度及其他条件下，随着木糖被酶降解，pH发生改变，根据酶活力强弱，颜色以黄色（酶活强），淡黄色（酶活弱），紫色（不变色，没有活力）分布。溶液颜色由紫色变为黄色的为转基因植物，不变的是非转基因植物。

4）旋光法　葡萄糖在葡萄糖异构酶的催化下转变为果糖。两种糖的比旋光度相差悬殊（葡萄糖为+53，果糖为−92）。当两种糖共存时，由比旋光度的变化可测定果糖的生成量，从而计算出酶的活力。方法是取25ml带塞比色管2支，各加底物溶液10ml，70℃预热5min，各加入酶液1ml（含124～372单位），一支先加入高氯酸1ml作空白对照，70℃水浴保温1h后，另一支加入高氯酸1ml。再分别用蒸馏水定容到25ml，过滤得透明溶液，各取滤液用10cm测盘管在国产WXG-6型自动旋光仪上测定比旋光度。

4.3　甜菜碱醛脱氢酶（BADH）基因的测定

4.3.1　检测原理

甜菜碱醛脱氢酶（betaine aldehyde dehydrigenase，BADH）基因（*badh*）来源于藜科高等植物，目前已作为筛选标记基因用于多种植物的遗传转化，并且 BADH 在植物中能催化有毒的甜菜碱醛转变成无毒的甜菜碱，甜菜碱是高等植物重要的渗透调节物质，能够提高细胞的渗透调节能力，降低因渗透失水造成对细胞膜、酶及蛋白质结构与功能的伤害，因而 BADH 在调节植物对环境胁迫的适应性，以及提高植物对各种胁迫因子抗性等方面具有重要作用。总之，*badh* 基因来源及产物安全，并且催化的终产物（甜菜碱）对被转植物有益，筛选程序简单，只需培养基中适量的甜菜碱醛提供筛选压即可，无需其他辅助设备，因此成为目前常用的新型安全筛选标记基因。

4.3.2 检测方法

1) *BADH 酶对底物法* BADH 酶对底物甜菜碱醛和辅助因子 NAD 具有很强的专一性，有还原 NAD 活性的应为转基因植株 BADH 酶的活性，而未转化和亲本植株都不能检测到 BADH 酶活性。具体方法是将收集到的纯化蛋白以甘氨酸甜菜碱醛为底物、NAD^+ 为辅酶，25℃下反应 20min，紫外分光光度计连续记录 A340nm。吸收值的变化，并以未加入甘氨酸甜菜碱醛的反应液作为阴性对照，实验重复 3 次。表达纯化蛋白在 A340nm 吸光值有明显升高，表明该植株可催化甘氨酸甜菜碱醛的脱氢反应，具有甜菜碱醛脱氢酶活性，是带有该基因的转化植株。而亲本对照及未转化植株吸光值基本无变化。

2) *相对电导率测定法* 外源 *badh* 基因插入后会导致一些转基因植株叶片内 BADH 的超量表达，这在一定程度上保护了植物叶片细胞膜的正常透性，因而反映为相对电导率降低，所以，可以根据转基因前后植株相对电导率测定来判断是否为转基因植物。将新鲜叶片用 2% NaCl 胁迫处理 4h，取 0.25g 叶片加 1.5ml 超纯水。每样品植株准备两份，一份于室温下 80r/min 振荡 4h，用 DDS-11 型电导仪测定溶液电导率，读数定为 RC′；另一份在沸水中加热 10min，测定的电导率读数定为 RC。相对电导率(%)＝RC′/RC×100%。

4.4 绿色荧光蛋白基因 *gfp* 的检测

4.4.1 检测原理

绿色荧光蛋白（green fluorescent protein，Gfp）是指存在于生物体的，能在激发光作用下发射出荧光的蛋白质。Chalfie 等对 Gfp 在异源细胞中的表达研究表明，Gfp 在其他原核或真核细胞中，在蓝光激发下都能发出绿光，即发射团的形成无物种特异性，也不需要特异的辅助因子。基于这一特点 *gfp* 基因作为新型标记或报道基因可以广泛应用于各种生物。与其他报道基因相比，*gfp* 基因具以下优点：①适用于各种生物的基因转化；②检测方法简便。无需底物、酶、辅因子等物质，只要有紫外光或蓝光照射，其表达产物既可发出绿色荧光，这对转化细胞的检测极为有利；③便于活体检则，目前常用的几种报道基因都是酶基因，检测时需底物或辅因子，因此在活体内使用受限，而 *gfp* 基因编码产物是荧光素蛋白，检测时只需光照，同时，Gfp 对细胞无毒害作用，故其为细胞中基因表达调控及蛋白质定位研究的有效标记；④检测时可获得直观信息，有利于转基因植物安全性问题的研究及防范。若此报道基因通过自然杂交扩散到其他栽培植物或杂草中时，很容易通过光照获得直观信息。

4.4.2 检测方法

转化细胞的检测方法是用蓝光照射，在显微镜下挑选发出强烈绿色荧光的细胞。目前已有一种荧光激活的细胞分拣器，称流式细胞仪(FACS)，根据分离对象的光学性质的不同，通过设置不同的参数而分离所需的细胞。*gfp* 基因转化细胞与非转化细胞间荧光差异明显，因此，可以在分拣器中被快速分离。对于转化植株与非转化植株，可在激发光照射下通过绿色荧光产生与否进行分辨。利用解剖照相系统或图像电视系统可以进行 Gfp 蛋白定位观察。

复 习 题

名词解释

gus 基因、*cat* 基因、*pat* 基因

问题

(1) 总结分析各种报道基因的优缺点。

(2) 提出几种新的报道基因，简述其结构功能特点。

第 36 章

外源基因整合检测

在植物基因工程研究中，最初提出的问题是可否将基因转入到植物细胞中，近代的研究成果已明确地回答了这一问题，并显示了基因工程的巨大潜力。然而，随着研究的深入迫使科学家们思考另一个新问题，即基因作为一个外源 DNA 序列，是否能够整合到植物染色体中，整合的方式又如何？整合的拷贝数是否发生变化？如何检测到外源 DNA 的整合及拷贝数？这些是转基因实现高效、稳定表达的基础。只有获得充分的检测数据才可称转化的植株是转基因植株。

目前判定转基因植物的依据有以下几点：①要有严格的对照（包括阴性和阳性对照）；②转化当代要提供外源基因整合和表达的分子生物学证据，包括物理证据（如 Southern 杂交、Northern 杂交、Western 杂交等）与表型数据（如酶活分析及其他）；③提供外源基因控制的表型性状证据（如抗性）；④根据植物的繁殖方式（有性繁殖和无性繁殖）提供遗传证据。

为了获得这些证据，第一步就是筛选转化细胞，利用选择试剂筛选转化细胞，再诱导形成再生植株，这一步部分内容在选择标记基因时已经介绍过，本章就不再加以解释。第二步则是对转化再生的植物进行分子生物学检测，以提供物理证据。而物理证据的第一步即是提供外源基因整合的检测结果。对于外源基因整合的检测，目前主要有 4 种方法：Southern 杂交、反向 PCR、实时荧光定量 PCR 绝对定量检测及染色体的原位杂交。其中 Southern 杂交是最直接的检测外源基因整合的方法，其不仅可以确定外源基因是否整合，并可以利用不同的限制性内切酶进行基因组 DNA 的酶切，通过杂交带的数目获得外源基因整合的拷贝数。反向 PCR 技术是由 PCR 技术发展起来的，最初可以通过该技术获得已知基因的侧翼序列，如基因组上基因的启动子序列。根据其原理，外源基因的整合位置可以作为已知基因（即外源基因）的侧翼序列，获得侧翼序列的同时，既可间接的得到外源基因整合的证据，同时，根据得到的侧翼序列的位置和数量可以获得外源基因整合的拷贝数和整合的位置。但是得到的证据是间接的，并且反向 PCR 技术存在着一些技术难点，扩增侧翼片段的有无和扩增得到的片段的数量与真实外源基因的整合和拷贝数并不一致。随着分子生物学实验技术的发展，荧光定量 PCR 技术应运而生，而且由于其检测的灵敏性，也应用到外源基因整合的检测中。在具有 DNA 标准品的条件下，可以通过绝对定量的方法对外源基因整合与否及拷贝数进行检测，获得外源基因整合的证据。原位杂交，是指通过杂交确定被检物在样本中的原本位置，染色体原位杂交技术可用于检测外源基因是否整合在染色体中，简单地说，即将外源基因进行标记，看其在染色体上是否能够检测到，通过染色体上检测到探针的数量判定其整合的拷贝数。以下便逐一介绍以上 4 种整合检测的方法。

1 外源基因整合的 Southern 杂交鉴定

Southern 杂交是以 DNA 或 RNA 为探针，检测 DNA 链，用于外源基因整合与否及拷贝数的鉴定。杂交可以在液相及固相中进行。目前实验室中广泛采用的是在固相膜上进行的固-液杂交。根据杂交时所用的具体方法，Southern 杂交又可分为印迹杂交、斑点（dot）或狭缝（slot）杂交。Southern 杂交的实验涉及三大内容：①植物 DNA 提取；②探针制备；③印迹及杂交。以下针对 Southern 杂交所涉及的三大内容分别进行阐述。

1.1 植物 DNA 提取

1.1.1 植物总 DNA 的提取

1）*提取方法选定*　直接采用 Southern 杂交来鉴定转化体，由于 Southern 杂交对 DNA 样品的数量及质量要求都较高，需要的样品量在 5～15μg，而且要较纯，所以对于含酚类物质及糖类物质较高的植物材料，采用 CTAB 法是比较理想的。CTAB 法可以不通过氯化铯密度梯度离心使 DNA 与绝大部分多糖类物质分离，并获得大于 50kb 的较纯的 DNA 分子。同时该方法对材料数量的要求也不苛刻，单个胚、胚珠，或是毫克量的干燥植物材料都能通过 CTAB 法提取出供杂交使用的 DNA，所得的 DNA 样品可以在几小时内被限制酶消化。

2) *植物材料量及 DNA 样品量*　DNA 提取前首先要考虑的问题是 DNA 的提取量，即提取多少 DNA 样品才够检测时使用，而提取这些 DNA 又需要多少植物材料。这是实验设计中的重要一环。检测时所需植物 DNA 的样品量是由检测方法的最小检出量及被检基因在基因组中的含量决定，而所需的植物材料的量则由所需的 DNA 样品量及所用的提取方法对该种植物材料的 DNA 产率决定。可由下面的方法推算：

$$\text{基因含量}=\frac{\text{基因长度}\times\text{拷贝数}}{\text{基因组大小}}$$

$$\text{所需基因组 DNA 的量}=\frac{\text{最小检出量}}{\text{基因含量}}$$

$$\text{所需植物组织量}=\frac{\text{所需 DNA 量}}{\text{产量}}$$

1.1.2　样品纯度及浓度

需要考虑的一个重要问题是 DNA 样品的纯度、浓度及完整性。纯度上应无蛋白质、RNA、多糖及抑制限制性酶切的杂质，如酚类物质、单宁、类萜、色素等，并无提取时盐离子的残留。在完整性上不应低于 50kb。对于浓度的要求应在 0.5～1.0μg/μl。因此，提取的 DNA 在用于酶切前必须检测片段大小、纯度及浓度。目前主要采用琼脂糖凝胶电泳及紫外分光光度法进行检测。要求先通过凝胶电泳检测 DNA 样品的完整性，再利用紫外分光光度计法检测纯度，只有达到一定纯度的样品才可以通过测定紫外吸收值来确定浓度。若样品中含有较多 RNA 及核酸降解物杂质时，是不能用紫外吸收法测定其浓度的，因为此时测定的 OD 值并不完全由 DNA 产生，这时，样品 DNA 的含量应该用二苯胺法测定。

1.2　杂交探针的制备

探针是指经特殊化合物标记的特定的核苷酸序列。根据标记物是否有放射性可将探针分为放射性探针及非放射性探针，根据标记物掺入的情况又可分为均匀标记探针及末端标记探针。用于检测植物基因组中外源基因整合的探针应为同源探针，一般认为探针长度在 300 个核苷酸以上时杂交效果较好，染色体上基因定位的探针应较长，可达 2000bp。

1.2.1　探针核苷酸序列的获取

鉴定转基因植株时应使用同源探针，即探针的核苷酸序列与被检的外源基因的序列完全互补或在某区段上互补。所以，以转化的外源基因为探针是最合理不过的。在以农杆菌介导的基因转移中，T-DNA 为外源基因，含有 T-DNA 边界序列、标记基因及目的基因，有的还含有与标记基因不同的报告基因。检测目的基因整合及拷贝数时要以目的基因为探针。欲分析外源基因的整合情况（如单点插入还是多点插入等）除目的基因探针外还需要 T-DNA 边界序列探针，有时还需要利用 T-DNA 制备重叠探针。

探针核苷酸序列可以人工合成（短的几十个核苷酸的序列）也可以从工程菌质粒上切取。目的基因探针一般都是从中间载体质粒上切取。边界探针需从 Ti 质粒上切割，但无论从哪种质粒上切取，都需要将质粒从细菌体内分离纯化出来，然后用限制性内切酶切割，电泳分离酶切片段，最后从凝胶上回收目的片段，这些是进行 Southern 杂交所不可缺少的操作。

1.2.2　探针标记

1) *标记物*　理想的标记物应满足以下几个条件：①标记前后探针的基本结构相同，标记物不影响探针杂交的特异性、T_m 值及酶反应特征等；②检测灵敏度高、特异性强、本底低、重复性好，并且操作简便、节时；③稳定、安全、无环境污染；④经济。目前用于分子杂交的探针标记物已有 20 多种，可分为放射性及非放射性两大类，这些标记物都有各自的局限性，寻找理想的探针标记物仍是研究的重要课题。

2) *标记方法*　标记方法有化学法、酶法和 PCR 法。化学法是通过标记物的活性基团与核酸分子中的某种基团发生化学反应而进行标记，标记物直接与核酸分子相连。酶法是先将标记物标记在核苷酸上，然后通过酶促聚合反应使带标记的核苷酸掺入到核酸序列中，产生核酸探针，常用的酶法有切口平移法（nick translation）及随机引物法（random priming），这两种方法均为均一标记。此外还有利用多核苷酸激酶的末端标记法，为不均一标记。

(1) 切口平移法。DNA 酶Ⅰ是核酸内切酶，它能在双链 DNA 分子的单链上产生切口，但不破坏双链结构。DNA 聚合酶Ⅰ是多功能酶，除具有 5′→3′的聚合作用外，还具有 5′→3′的外切作用及 3′→5′的外切作用。切口平移法是利用微量的 DNA 酶Ⅰ使待标记的双链 DNA 分子产生若干单链切口，然后利用 *E.coli* DNA 聚合酶Ⅰ的 5′→3′外切作用在切口的 5′端将脱氧核苷酸逐个切下，同时该酶的 5′→3′聚合活性又使反应体系中的核苷酸底物按模板要求依次连接到切口的 3′羟基处，由于在切口 5′处切去核苷酸的同时又在切口 3′处补上核苷酸，从而使切口沿着 DNA 链移动，形成所谓的切口平移。此时若反应体系中含有放射性的核苷酸，它将掺入到新合成的链上，从而获得放射性标记的 DNA 探针(图 36-1)。

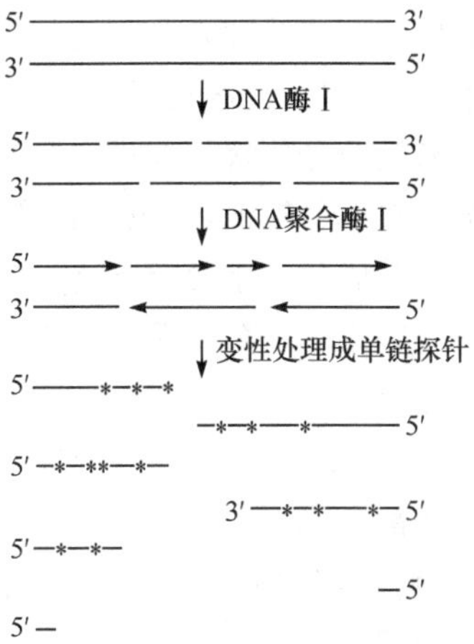

图 36-1　切口平移法制备标记 DNA 探针示意图
(王关林等，2002)
* 示标记的脱氧核苷酸残基

(2) 随机引物法。随机引物法是反应体系中外加寡核苷酸引物，模板 DNA 变性成单链后与寡核苷酸引物杂交，形成局部的双链区，DNA 聚合酶以引物的 3′-OH 为起始点，按照模板的顺序合成互补的探针链(图 36-2)。

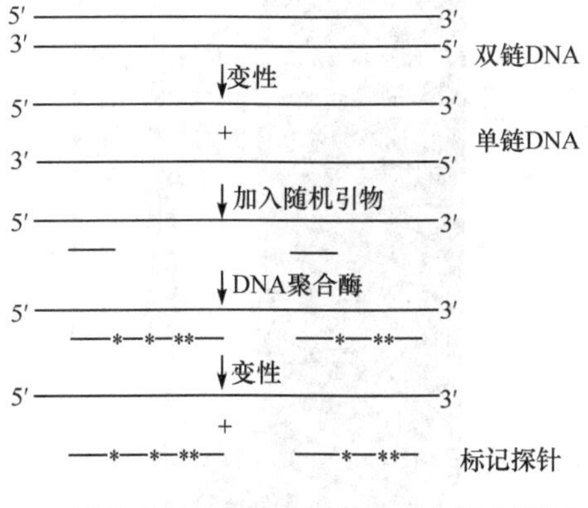

图 36-2　随机引物法制备标记 DNA 探针原理示意图
(王关林等，2002)
* 示标记的脱氧核苷酸残基

该方法反应体系中只有 DNA 聚合酶，而无内切酶，并且使用的是 *E.coli* DNA 聚合酶 Ⅰ 的 Klenow 片段。该片段是利用蛋白酶的水解作用，从 *E.coli* DNA 聚合酶 Ⅰ 全酶(一条相对分子质量为 109 000 的多肽链，具有 5′→3′，3′→5′外切酶活力及 5′→3′聚合酶活力)分子中除去 5′→3′外切酶活力，保留 5′→3′的聚合酶活性及 3′→5′的外切酶活性，这种酶切处理后产生的大片段(相对分子质量为 76 000)称为 Klenow 片段。标记反应中，Klenow 片段主要表现 5′→3′的聚合酶活力。因反应体系的 pH 控制在 6.6，其 3′→5′的外切酶活力被抑制。该方法标记的是模板互补链，模板本身不被标记。这与切口平移法不同。反应中使用的随机引物是含有各种可能顺序的寡聚核苷酸片段的混合物。若核苷酸片段的长度为 6 核苷酸，那么可能的排列顺序有 46 种，这种引物称为随机引物。使用随机引物标记的探针一般长 400～600 个核苷酸，具多种序列，但都与模板互补。如果引物只有一种排列顺序，不是随机序列的混合物，则标记的探针序列相同。随机引物一般可由小牛胸腺 DNA 经酶解制备或人工合成。

(3) 末端标记法。该方法标记的是线性 DNA 或 RNA5′端或 3′端，属非均一性标记。5′端标记时常用 T4 多聚核苷酸激酶，标记物常用[γ-^{32}P]ATP 。该酶能特异性地将^{32}P 由 ATP 转移到 DNA 或 RNA 的 5′端。但由于线性核酸 5′端常带有磷酸基团，标记前需将该基团用碱性磷酸酶移除。也可以采用在反应物中加入过量的 ADP，这样多聚核苷酸激酶先将 DNA5′端的磷酸基团转移到 ADP 分子上，然后再将 γ-^{32}P 由[γ-^{32}P]ATP 转移到 DNA 的 5′端。人工合成的寡核苷酸 5′端没有磷酸基团，可以直接用该酶标记。3′端标记可使用末端转移酶，该酶催化同种或不同种的[α-^{32}P]dNTP 加到寡核苷酸的 3′端，可加上单个或多个标记物，多个标记物的加入可以提高探针的比活。

(4) 生物素探针的化学标记法。用光敏生物素来标记核酸探针：该方法先将一光敏基团连接到生物素分子上，制备出光敏生物素，然后将光敏生物素与待标记的核酸混合，在一定条件下用强可见光照射约 15min，这时光敏生物素与核酸间形成牢固的可能是一种共价连接，从而获得生物素标记的核酸探针。

用双功能胺标记单链核酸探针：原理是先用一双功能胺在亚硫酸钠存在下，将核酸单链上的胞嘧啶进行修饰，形式 N-4 位置上带侧链的衍物。这侧链的末端是一个具活性的氨基。该活性氨基能与氨基特异性试剂生物素酯反应，生成生物素化的胞嘧啶残基，于是获得了生物素标记的核酸探针。

用生物素酰肼直接标记单链核酸探针：核酸分子中不成对的胞嘧啶残基可以与生物素酰肼直接反应，从而使核酸分子被标记。标记时双链 DNA 需先经变性，将生物素酰肼溶于水，然后加入变性 DNA，再加入重亚硫酸盐，于 37℃温育 24h 即可完成标记反应。

1.2.3 标记核苷酸的结合率、探针的产量及比放射性测定

在标记反应结束后，需要对探针进行纯化。但在实验条件有限时，标记的探针也可不经纯化直接使用，使用切口平移及随机引物试剂盒标记探针，未经纯化也能取得较为理想的杂交结果。之后，对标记的探针进行浓度测定，包括探针的结合率、产量及放射性等。

$$\text{结合率}(\%)=\frac{\text{单位体积中结合的标记核苷酸的放射性(cpm)}}{\text{单位体积中标记核苷酸(结合的+游离的)总放射性(cpm)}}\times 100$$

测定方法有磷酸钠洗脱法及三氯乙酸沉淀法。当标记反应所用的标记核苷酸总量已知并已测定出反应的结合率后，假设四种核苷酸等量掺入，四种核苷酸的平均分子质量为 330Da ，那么标记探针的产量及比放射性可用公式计算。具体计算方法参阅《植物基因工程》(王关林，2002)。

1.3 Southern 印迹杂交

Southern 印迹杂交由 Southern 于 1975 年建立，用来检测限制性内切核酸酶切割的植物 DNA 片段中是否存在与探针同源的序列，并可分析外源基因在植物染色体上的整合情况，如拷贝数、插入方式及外源基因在转化植株 F_1 代中的稳定性等问题。Southern 印迹杂交需要依次完成如下 8 个实验步骤：①植物 DNA 的限制性酶切；②凝胶电泳分离各酶切片段；③各酶切片段于凝胶中原位变性；④将凝胶中变性的 DNA 片段转移到固相膜上；⑤预杂交，掩盖非特异性位点；⑥探针与膜上同源 DNA 片段杂交；⑦漂洗去除未结合的及非特异性结合的探针；⑧杂交体检出。各程序中有关问题阐述如下。

1.3.1 植物总 DNA 的限制性酶切

可对植物基因组 DNA 进行单酶切，也可进行双酶切，一般选用与制备探针相同的酶。有时为了进一步确认外源基因的整合，同一被检植物基因组 DNA 样品可以用两种不同的限制性内切酶切割，一种在目的基因内无切点，而另一种在目的基因中有单一切点，通过杂交后阳性带数量的比较，可进一步确认阳性条带的外源性。

酶切体系及条件是否合适，需通过检测酶切效果来确定。酶切充分的植物 DNA 产生若干大小不同的片段。将酶切样品用 0.7%或 0.8%的琼脂糖凝胶分离，电泳后在紫外灯下观察，酶切效果好的样品应呈现出一条连续的、荧光由深至浅的均匀条带(高分子质量区深，低分子质量区浅)。有人形象地将它描述成“涂抹片状”(图 36-3)，点样孔附近不再有荧光区出现。若样品 DNA 中含有可被限制酶切下的高度重复序列时，酶切后的电泳谱上有可能在连续荧光背景的某一位置上出现集中的条带，如果荧光区仍集中在点样孔附近，则表明样品未被充分酶解。如果在荧光区带两侧边缘出现荧光较深的轨道，一般是点样量过大(超过 15～20μg)造成的。前沿呈锯齿状，往往是样品不纯，含盐量较高。条带不均匀，时深时浅，应考虑酶解不完全。如果荧光区带中间出现较深的弯月面，则是由电泳时电压过高造成。出现上述情况时应改变酶切条件或电泳条件，或重新纯化 DNA 。经检测酶切效果良好时可按此反应体系及条件进行酶切。

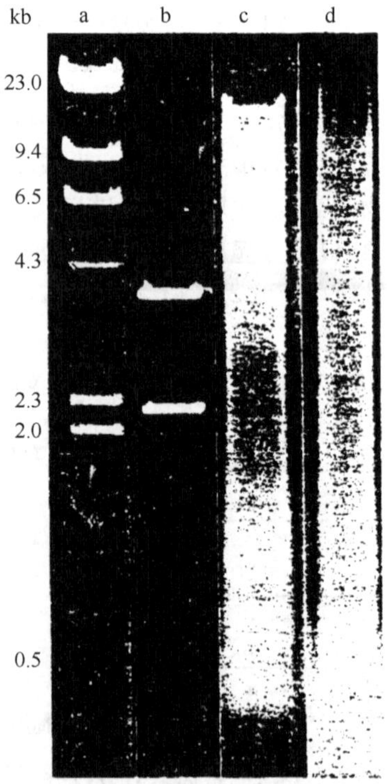

图 36-3 DNA 限制酶酶切片段电泳图谱(Roderick，1988)

a. λDNA/*Hin*dⅢ；b. 质粒 DNA 双酶切片段；c. 农杆菌总 DNA 酶切片段；d. 植物总 DNA 酶切片段

1.3.2 凝胶电泳分离酶切片段

分子质量标准 DNA、阳性对照、阴性对照与被检植物 DNA 样品要点在同一块胶上。阳性对

照样品的上样量一定要小，阴性对照样品与被检样品上样量应较大，并要相同。分子质量标准 DNA 样品一般点在最外侧。采用低电压、长时间的电泳条件，一般为 1V/cm 电泳 16h 。如果胶中加入 EB，含量不能太高。电泳后紫外光下观察分离效果。

1.3.3　DNA 变性

Southern 杂交是单链探针与单链同源 DNA 片段结合，因而凝胶上的双链 DNA 片段必须经变性处理，使之成为单链。通常采用碱变性，将凝胶浸泡在 0.5mol/L NaOH、1.5mol/L NaCl 溶液中，室温下于脱色摇床上轻摇 1h，其间可更换一次变性液以使 DNA 充分变性，注意胶不要浮在液面上。用硝酸纤维素膜印迹时碱变性后需要中和，用蒸馏水洗涤凝胶后置适量的 1.5mol/L NaCl、1mol/L Tris·Cl pH7.4～8.0 的中和液中中和 1h 左右，其间更换 1～2 次中和液。若中和不完全，转移时会使硝酸纤维素膜变脆而易碎。使用尼龙膜时，因尼龙膜对碱稳定，碱变性后不用中和，还可以不经碱变性处理，直接用碱溶液进行转移。

1.3.4　印迹

Southern 杂交是杂交液中的探针与固定在固相支持物上的同源序列进行的固液杂交。固相支持物也称固相膜或简称为膜。将凝胶上的变性 DNA 片段原位转移到固相支持物上的过程称为印迹。为满足印迹及杂交操作的要求，固相膜必须具有如下特点：①能很好地与 DNA 分子结合，要求每平方厘米能结合 10μg 以上的 DNA，同时又不影响 DNA 片段与探针杂交；②对探针及其他物质的非特异性吸附小；③具良好的机械性能。目前，使用带电荷的尼龙膜较多。

Southern Blot 印迹方法有三种：毛细转移法、电转印法及真空转印法。

（1）毛细转移法是利用吸水纸的毛细作用进行转移，在稳定放置过程中，由于干燥吸水纸产生的毛细作用，使缓冲液沿滤纸上升，形成经过凝胶、膜至吸水纸的细微液流，凝胶中的 DNA 片段被液流带出沉积在膜的表面。其优点是操作简便，不需要复杂的仪器设备，成本低（图 36-4）。存在的问题是小片段的 DNA（＜1kb）转移的效率较高，1h 内可以全部从 0.7 %的凝胶中转移出来，大片段的 DNA 则转移慢，效率低。在转移过程中，凝胶间隙中的水分会渐渐流失，而使凝胶发生脱水。脱水后的凝胶则阻止 DNA 分子转移。对于大片段 DNA，转移前常采用弱酸处理的做法，DNA 分子中嘌呤糖苷键对酸敏感，发生脱嘌呤作用，碱变性时脱嘌呤位点的磷酸二酯键较易断裂，使 DNA 片段分子质量下降，从而提高转移速度及效率。但这种做法必须保持一定的限度，因片段过小会产生两个问题：一是不能与膜有效地结合，二是扩散作用增大。因而一般只在 DNA 片段大于 15kb 时使用。

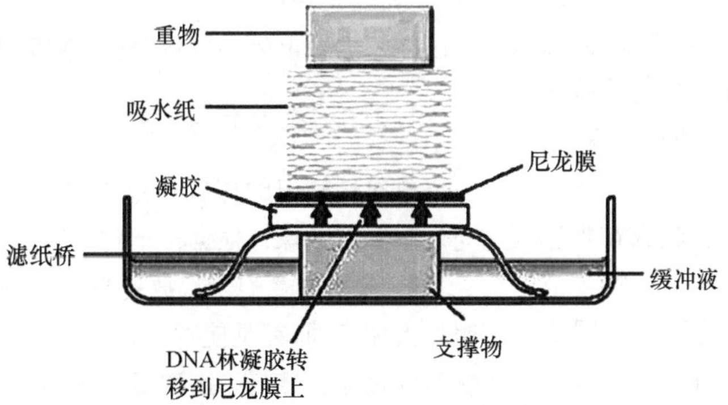

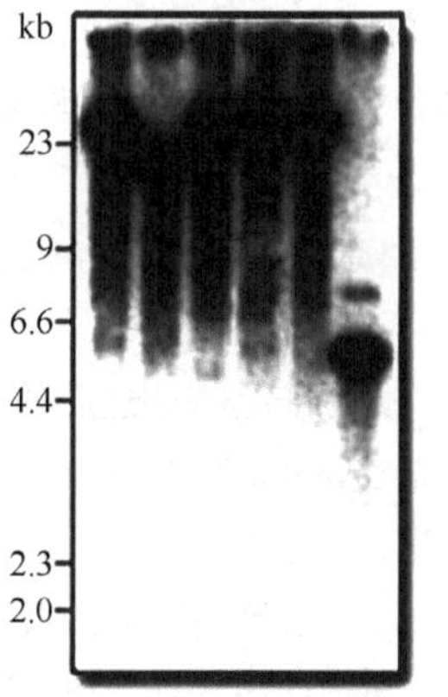

图 36-4　Southern blot 原理（引自 http://openlearn.open.ac.uk/file.php/2645/formats/print.htm）

（2）电转移法是利用电泳的原理，凝胶上的 DNA 片段在电场作用下脱离凝胶，原位转至固相支持物上。电转移法应使用经正电荷修饰的尼龙膜或化学活化膜（ABM 或 ATP 纤维素膜），不能使用在高盐溶液中与 DNA 结合的硝酸纤维素膜。因不使用高盐溶液，DNA 不能很好与膜结合，若使用高盐溶液，电泳时会产生强大电流而使转移体系升温，导致 DNA 破坏。电转移前凝胶经碱处理使 DNA 变性，然后浸泡在电泳缓冲液中进行中和，电泳缓冲液早先使用 pH 5.5～7.0 的磷酸缓冲液，近来使用 TAE、TBE 效果也很好。尼龙膜及滤纸也要在缓冲液中充分浸泡。中和后使凝胶与尼龙膜贴紧，凝胶和膜外侧各贴1～2张滤纸，再其外是吸饱缓冲液的海绵。将此体系夹在多孔的支持夹中，固定在电泳槽内，浸泡在电泳缓冲液中。DNA转移的方向是由负极向正极，所以尼龙膜应放在正极侧，凝胶放在负极侧。300～600mA恒流电泳4～8h，循环水冷却。电泳完毕，尼龙膜用缓冲液漂洗后，滤纸吸干，短波紫外线照射数分钟，以使DNA固定于膜上，即可用于杂交。

(3) 真空转移法是利用真空作用造成流经凝胶的液流，使凝胶中的DNA片段洗脱出来而沉积在凝胶下面的固相支持物上。固相支持物可用尼龙膜或硝酸纤维素膜。该方法的优点是快速，30min能使DNA片段从0.4～0.5cm厚的凝胶中转移出来。DNA的碱变性可预先进行，也可在转移的同时进行变性及中和。

1.3.5 杂交程序

Southern杂交是液相中的探针与固定在膜上的同源序列碱基配对形成异源双链的过程，杂交是以DNA的复性为理论基础。杂交效果的好坏主要取决于杂交的特异性、灵敏性及杂交反应速度。它们受杂交体系中的探针浓度、样品浓度、温度、离子强度等多种因素的影响并与非特异性位点的封闭、非特异性杂交的消除直接相关。因而建立适宜的杂交反应体系，合理的杂交程序及最佳操作是至关重要的。

(1) 杂交的特异性是影响杂交效果的重要因素。特异性杂交是探针与其同源序列的杂交，探针与非同源序列的结合、探针与固相膜的结合均为非特异性杂交。非特异性杂交的去除主要是通过杂交前的预杂交及杂交后的洗膜两个过程完成的。

(2) 预杂交操作是将印迹后的固相膜放在含有封闭剂的预杂交液中，于37～42℃温育3～12h 。

(3) 洗膜是杂交后将固相膜依次置于不同浓度的溶液中漂洗，以除去游离的及非特异性位点上结合的探针。洗膜液的温度、离子强度及洗膜时间是影响洗膜效果的三要素：①洗膜温度应确定在能使非特异性杂交体解离而保留特异性杂交的范围内。由于杂交体的 T_m 值与碱基严格配对程度有关，双链DNA的同源性每减少1%，即错配率每增加1%，其 T_m 值就下降1～1.5℃，所以非特异性杂交链的 T_m 值低于特异性杂交链的 T_m 值。通常采用低于特异杂交体 T_m 值12～20℃的温度洗膜；②离子强度影响杂交链的稳定性。杂交液只有达到一定的离子强度时互补链才能复性，离子强度下降，杂交链稳定性下降。要控制洗膜液的离子强度，使非特异性杂交易于解离而特异性杂交又较为稳定，一般采用2×SSC～0.1×SSC溶液洗膜，洗膜液中还经常加入0.5%的SDS以促进非特异性杂交链的解离。降低洗膜液的离子强度可提高洗膜效果；③洗膜时间要根据洗膜效果来定，对于放射性标记的探针，洗膜过程中要用盖革记数器检测膜上的放射性强度，当放射性强度明显下降，膜上无DNA区无明显的放射性信号检出时应停止洗膜。

杂交操作中应注意以下几方面问题：①双链探针必须变性。切口平移法及随机引物法标记的探针是双链的，杂交前必须使之变性成单链。最常用的方法是将探针置沸水浴中加热5min ，然后迅速置冰浴中。也可以采用碱变性法，加入终浓度为2.0mol/L的NaOH。②尽量减少杂交本底。减少探针用量、缩短杂交时间、预杂交液用滤膜过滤、增加洗膜力度等措施均可使本底降低。③为提高探针浓度及降低成本，应尽量减少杂交液体积，但要保证杂交时膜要始终被杂交液所覆盖。一般采用每平方厘米加入0.1ml的杂交液。④制作杂交袋的塑料要有一定的强度，无渗漏。为防止杂交液的污染，建议杂交袋外再封1～2层塑料袋。如果条件允许，可以用塑料盒代替塑料袋，膜放盒内，倒入适量杂交液，盖上盒盖，进行杂交。这样操作十分方便，尤其是在使用同位素时，为减少器皿污染，还可以在盒内衬上完整的保鲜膜，在膜内杂交。

1.3.6 杂交信号的检出

放射性标记的探针通过放射自显影检出。非同位素标记的探针根据标记物的特有性质检出。

1) 放射自显影　放射自显影的原理与普通照相大体相同，都是使感光材料曝光，先形成潜影，然后经过显影、定影、水洗等处理，获得影像。放射自显影与普通照相不同之处是：①使感光材料曝光的是核射线，主要是β射线，而不是可见光，因而使用的感光材料必须对核射线敏感。②放射自显影所成的影像为正片，即放射性的部位形成黑影，放射性强度越高，黑影越深。而普通照相所得的底片是与被照物体明暗相反的负片。

2) 非放射性标记探针的检出　酶反应检出法：目前大多数非放射性探针的制备是采用分子杂交

与酶反应相结合的策略。杂交后杂交信号的检出依赖于酶反应。但除酶直接标记的探针可直接通过酶反应检测外，其他的非放射性标记物，如生物素、地高辛等标记探针的杂交信号均不能直接检出，要先使杂交体与酶标记的检出系统特异结合后再通过酶反应间接检出。间接检出过程包括耦联反应及酶的显色反应两阶段。第一阶段是使杂交体与检出系统专一耦联上。耦联主要通过免疫机制或亲和机制来完成，有时也将这两种作用结合起来。当探针的标记物为半抗原时，通过抗体与抗原特异结合的免疫反应实现耦联。检出的第二阶段是显色，通过酶反应生成不溶的有色产物将杂交信号检出。

1.3.7　重复杂交

使用尼龙膜时，由于尼龙膜与核酸结合得比较牢固，一次印迹的 DNA 样品可以与不同的探针重复杂交。前次杂交的探针经适当处理（碱或热变性）可以从膜上除去，除去探针的膜可与第二种探针杂交或将膜保存在 4℃备用。但要注意的是探针去除之前不能让膜干燥，要使膜一直保持湿润。

1.4　Southern 印迹杂交结果分析

利用 Southern 印迹不仅可以分析出外源基因是否整合到植物染色体上，而且还可以对外源基因的整合情况进行分析，如整合的外源基因是单拷贝还是多拷贝，多拷贝的插入方式如何，是串联插入还是分散插入，串联的方式是同向还是反向等。

T-DNA 外源基因的插入数可通过分析边界片段及复合片段的数量来估计。在植物染色体不同部位插入的 T-DNA 外源基因，酶切时产生的边界片段长短不同，迁移率不同。从这些边界片段的数目，可知插入数。复合片段带有边界结构，因而边界片段＋复合片段数目＝插入数。插入的外源基因总拷贝数则可以通过比较放射自显影的强度来确定。下面根据某 Southern 杂交模式图进行外源基因整合情况的分析。

图 36-5 示出 Ti 质粒基因结构。黑折线部分表示 T-DNA 25bp 的边界序列，箭头处为限制酶 *Eco*RⅠ的位点。1、2、3、4 片段分别为用于整合分析的重叠探针。将转化植株用限制酶酶切，与已知拷贝数的 T-DNA 酶切片段（用作对照）于同一凝胶上电泳，杂交后的放射自显影图谱示于图 36-6、图 36-7、图 36-8。这三个图中的 A、E 泳道为对照样品，B、C、D 泳道为植物 DNA 酶切样品。

图 36-6 中 A 泳道为单拷贝 T-DNA 质粒 DNA 的 *Eco*RⅠ酶切图谱。从 Ti 质粒基因图上我们可以看出 *Eco*RⅠ酶切后产生 4 个与 T-DNA 相关的片段：a、b、c、d。这 4 个片段内 a 与 d 分别带有 T-DNA 的左边界及右边界。b 与 c 为 T-DNA 的内部片段。4 个片段的长短依次为 b＜c＜d＜a，故电泳谱中的迁移率为 b＞c＞d＞a。

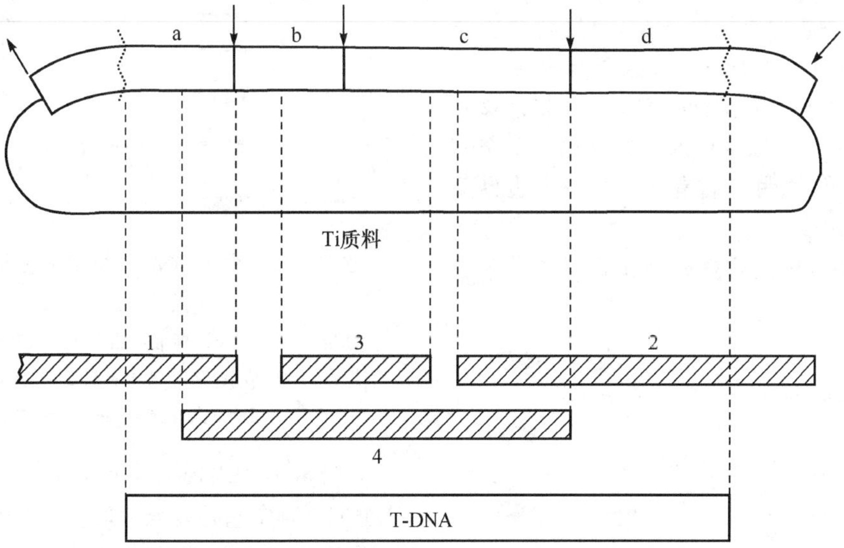

图 36-5　外源 DNA 酶切 4 种片段及重叠探针示意图（王关林等，2002）
a. 左边界片段；b、c. 内部片段；d. 右边界片段；1. 左边界探针；
2. 右边界探针；3、4. 内部片段重叠探针；↓示 *Eco*RⅠ位点；〉示 25bp 重边界序列

E 泳道为 5 个 T-DNA 拷贝的 *Eco*RⅠ酶切电泳谱。酶切生成的片段大小与 A 泳道相同，片段的数目为 A 泳道的 5 倍。所以从电泳谱上看，A、E 两泳道中条带的迁移率相同，但 E 泳道条带的浓

度为A泳道的5倍。

B泳道为植物DNA酶切片段与重叠探针1、2、4杂交结果。出现的四条杂交带中，有两条与A道中的b、c迁移率及着色深浅相同，表明它们是单拷贝的内部片段。这两条杂交带是整合在植物基因组内的T-DNA的内部片段与内部探针4杂交而成。另外还有两条与对照迁移率不同的条带，可能是边界片段或是复合片段，从强度上看它们很弱，很可能是边界片段，最后的确定要通过与边界探针杂交来验证。

C泳道是与左边界探针杂交的结果，只出现一条很浅的杂交带，该带与B泳道中的第三条带迁移率及深浅相同，因而可说明B泳道中的第三条带为左边界带，与左边界探针杂交只出现一条杂交带，表明植物基因组中只有一条左边界片段，因而推测外源基因的插入数为1。插入数为1时，并不等于拷贝数为1，但B泳道中内部片段的浓度已表明其拷贝数为1。

D泳道为植物基因组DNA酶切片段与T-DNA右边界探针杂交的情况。出现了两条杂交带，一条与对照酶切片段的迁移率相同，它是与右边界探针有部分同源序列的内部片段。另一条是迁移率不同的右边界片段，该片段与B泳道中的第四条杂交带迁移率及深浅相同，表明B泳道中的第四条带为右边界片段。

从C泳道及D泳道的杂交情况上看，B泳道中的那两条带是边界片段，而不是复合片段。因边界片段只与一条边界探针杂交，而复合片段与左、右两边界探针均能杂交。如果是复合片段，C泳道及D泳道中与边界探针杂交的杂交带迁移率应相等。C泳道及D泳道中的与边界探针杂交的带迁移率不相等，说明它们是各自与一个边界探针杂交的边界片段。

综上，图36-6中重叠探针杂交显示了外源基因在植物DNA上的整合情况为单插入，单拷贝。外源基因的左边界片段、右边界片段及两个内部片段均被杂交检出。

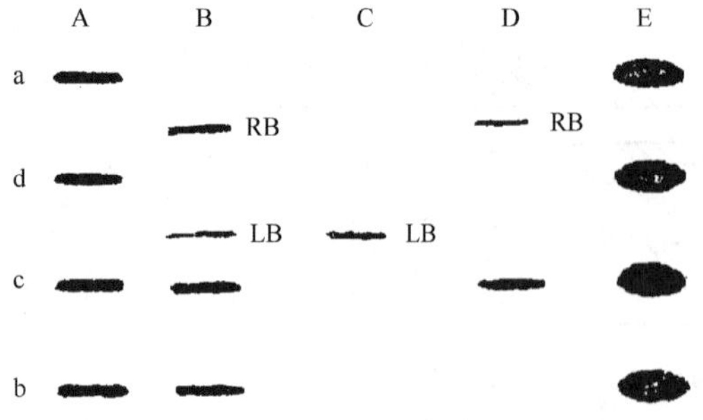

图36-6　T-DNA单插入杂交图谱(王关林等，2002)

泳道A、E. 1×、5×标准对照DNA；泳道B. 与重叠探针1、2、4杂交结果；泳道C. 与探针1杂交结果；泳道D. 与探针2杂交结果；a～b为条带编号

多拷贝整合情况的分析：外源基因整合有两种情况，一是简单地插入，外源基因未发生串联及重排。这时，插入的拷贝数应与边界片段的数目相等。二是串联插入，酶切后会出现内部片段及复合片段，内部片段与质粒载体酶切片段的迁移率相同，而复合片段的迁移率一定要小于内部片段。此外，当内部片段的浓度较高，拷贝数超过1时，与对照酶切片段迁移率不同并着色较深的片段为复合片段。复合片段的特征是一定与左、右两边界的探针都杂交，如果只与一个边界探针杂交，则表明是反向串联。

图36-7是3个分别简单插入的杂交图谱。在B泳道3个重叠探针杂交谱中有两条内部片段。此外还有六条迁移率与对照酶切片段不同的条带，它们着色浅，与C泳道左边界探针杂交情况及D泳道右边界探针杂交情况对照，可以得知是六条边界片段。

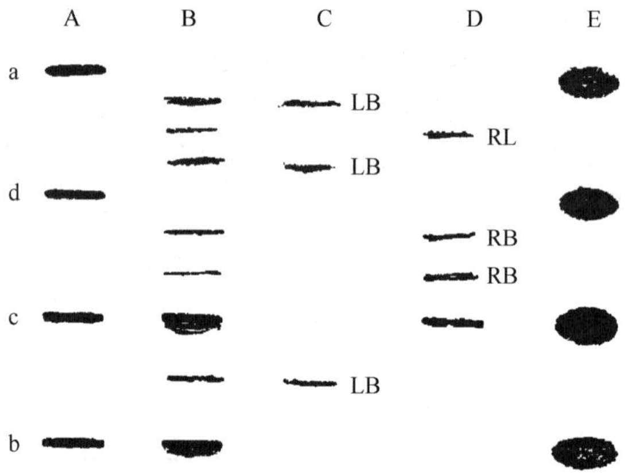

图36-7　3个T-DNA分别简单插入的杂交图谱(王关林等，2002)

泳道A、E. 1×、5×标准对照DNA；泳道B. 与重叠探针1、2、4杂交结果；泳道C. 与探针1杂交结果；泳道D. 与探针2杂交结果；a～d为条带编号

图36-8中出现了一个6kb的片段。通过下面3个依据判定它是复合片段。①它着色深，边界片段一般着色浅；②内部片段b、c的浓度大，与5×拷贝数相近，说明内部片段拷贝数超过1；③与左、右边界探针均杂交。在D泳道及C泳道中各出现一条迁移率、着色都相同的杂交带，此为与左、右边界探针均杂交的同一复合片段。

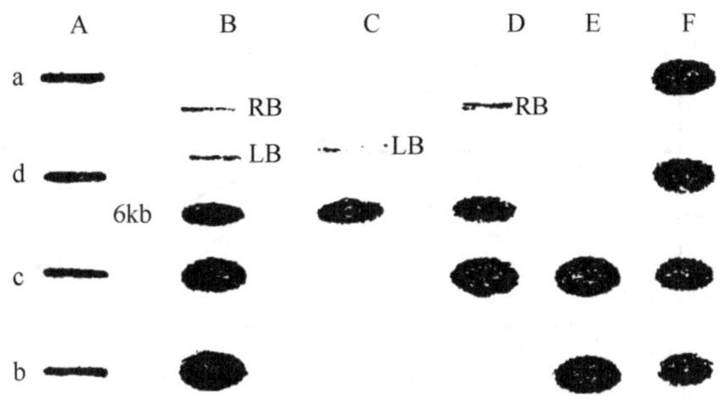

图 36-8　串联插入的杂交图谱(王关林等,2002)
泳道 A、F. 1×、5×标准对照 DNA;泳道 B. 与重叠探针 1、2、4 杂交结果;泳道 C. 与探针 1 杂交结果;泳道 D. 与探针 2 杂交结果;泳道 E. 与探针 3 杂交结果;a～d 为条带编号

2　整合外源基因拷贝数的 IPCR 检测

2.1　IPCR 的原理

IPCR(inverse PCR)称为反向 PCR。反向 PCR(图 36-9)与普通 PCR 相同之处是都有一个已知序列的 DNA 片段,引物都分别与已知片段的两末端互补。不同的是对该已知片段来说,普通 PCR 两引物的 3′端是相对的,而 IPCR 两引物 3′端是相互反向的。由于 DNA 聚合酶是以引物的 3′-OH 为起点催化聚合反应,因而普通 PCR 扩增的是已知片段序列,而 IPCR 扩增的是已知片段旁侧的序列,此旁侧序列可以是未知的。

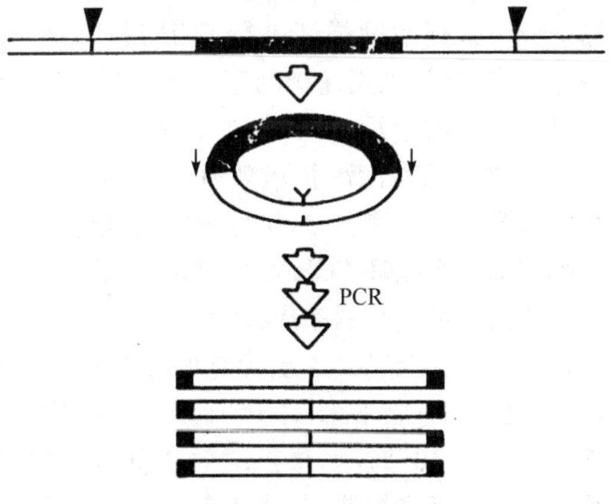

图 36-9　反向 PCR 扩增旁侧序列示意图(王关林等,2002)
▬外源基因;▼内切酶位点;↓反向 PCR 引物序列位置

对于线性 DNA 或长度超过普通 PCR 扩增范围的环状 DNA 要实现 IPCR,需选择一种在已知片段两侧分别具有酶切位点,而已知片段内部没有这个位点的限制酶进行酶切,然后用 T4-DNA 连接酶进行连接,形成一个大小适宜的环状 DNA,通过与普通 PCR 相同的程序可使已知 DNA 旁侧的序列得到扩增。有的人采用在旁侧序列连接环化后于已知片段内进行第二次限制性酶切,然后再进行 PCR 扩增的做法,效果大致相同。由于反向 PCR 可以扩增已知 DNA 旁侧的未知序列,所以可以用于外源基因在植物基因组中整合拷贝数的分析,不同整合位点的外源基因旁侧的植物基因组序列不同,所以在相同的 IPCR 扩增条件下,植物基因组扩增产物的电泳图谱不同,多拷贝多位点整合时,扩增产物在凝胶电泳上呈现出多条条带。单拷贝时只得到一条带。

2.2　IPCR 技术要点

模板制备、引物设计及 PCR 条件优化是 IPCR 三个重要环节。模板制备包括:①被检测材料 DNA 提取;②旁侧序列位点限制酶切;③T4 DNA 连接酶环化;④外源基因内部位点限制性酶切;⑤乙醇沉淀 DNA,TE 溶解后做扩增模板。

引物根据外源基因两端顺序合成。IPCR 反应可以先按总反应体积 50μl,两引物各 25pmol,4 种 dNTP 各 50μmol/L,10×Buffer5μl,模板 5μl,*Taq* 酶 2U 的反应体系,反应参数为 95℃ 5min,60℃ 1min,72℃ 1.5min 1 个循环后进入 95℃ 1min,60℃ 1min,72℃ 1.5min 共 30 个循环进行,然后根据反应结果再在此基础上进行优化。

3　整合外源基因实时荧光定量 PCR 检测

3.1　实时荧光定量 PCR 概述

实时荧光定量 PCR(real-time quantitative polymerase chain reaction,RQ-PCR)又称荧光定量 PCR,是在 PCR 定性技术基础上发展起来的核酸定量技术,是在 PCR 反应体系中加入荧光基团,利用荧光信号积累实时监测整个 PCR 进程,最后通过标准曲线,按照 PCR 反应的数学函数关系,结合相应的算法,加入相应的内对照,对待测样品中的未知模板进行定量分析的方法。使用实时荧光定量 PCR,每次循环结束后通过荧光染料检测 DNA 的量,荧光染料产生的荧光信号与生成的 PCR 产物分子(扩增片段)数直接成正比。利用反应指数期采集的数据,生成有关扩增靶点起始量的定量信息。实时荧光定量 PCR 使用的荧光报告基团包括双链 DNA(dsDNA)结合染料或在扩增过程中掺入 PCR 反应,与 PCR 引物或探针结合的染料分子。利用具有热循环功能及荧光染料筛查能力的仪器,检测反应过程中荧光的变化。实时荧光定量 PCR 仪通过绘制荧光与循环数曲线,生成扩增曲线,表示在整个 PCR 反应过程中积聚的产物。

3.2 实时荧光定量 PCR 的基本概念

(1) 扩增曲线。实时荧光定量 PCR 就是通过对 PCR 扩增反应中每一个循环产物荧光信号的实时检测从而实现对起始模版定量及定性的分析。在实时荧光定量 PCR 反应中,引入了一种荧光化学物质,随着 PCR 反应的进行,PCR 产物的不断积累荧光信号强度也等比例增加。每经过一个循环,收集一个荧光强度信号,这样就可以通过荧光强度的变化监测产物量的变化,从而得到一条荧光扩增曲线(图 36-10)。

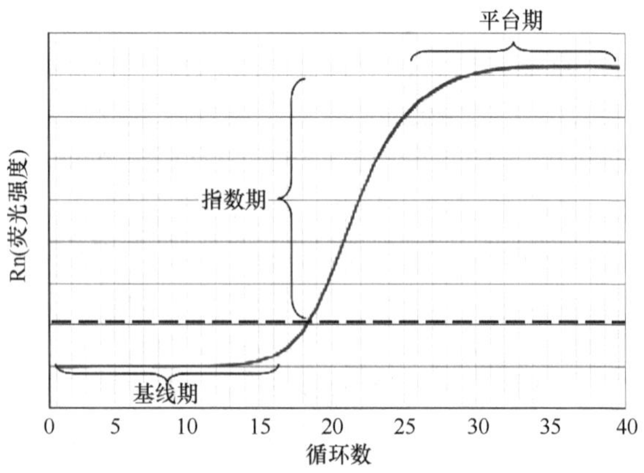

图 36-10　实时荧光定量 PCR 扩增曲线示意图

一般而言,荧光扩增曲线可分为 3 个阶段:荧光背景信号阶段,也就是基线期;荧光信号指数扩增阶段和平台期。在荧光背景信号阶段,扩增的荧光信号被荧光背景信号所掩盖,无法判断产物量的变化。而在平台期,扩增产物已不再呈指数级增加,其终产物量与起始模板量之间没有线性关系,所以根据最终的 PCR 产物量不能计算出起始 DNA 拷贝数。PCR 理论方程只在指数期成立,只有在荧光信号指数扩增阶段,PCR 产物量的对数值与起始模板量之间存在线性关系,可以选择在这个阶段进行定量分析。

(2) 标准曲线。绝对定量中,未知样本的量(即拷贝数或单位数量)可以通过从已知量的标准品范围中推算得出。为了建立标准曲线,需要已知浓度的标准模版。模版稀释后用这些稀释样品作为标准样品,将未知的待测样本和标准样品置于同一实验中进行反应,用稀释的标准样品构建标准曲线,通过推算来确定未知样本中目的基因的量。这与用分子质量标记来判定琼脂糖凝胶上未知 DNA 条带分子质量大小原理相似。如图 36-11 所示,得到一组含 $10^3 \sim 10^7$ 拷贝模板的标准品,标准品和样品在同一实验中运行,将得到的 Ct 值代入标准曲线的线性方程即可得出拷贝数。

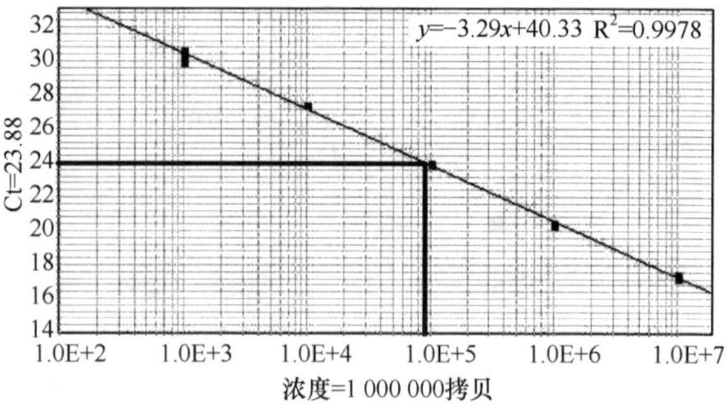

图 36-11　实时荧光定量 PCR 标准曲线示意图

(3) 荧光阈值。为了便于对所检测样本进行比较,在实时荧光定量 PCR 反应的指数期,首先需设定一定荧光信号的阈值(threshold),一般这个阈值是以 PCR 反应 15 个循环的荧光信号作为荧光本底信号(baseline),荧光阈值的缺省设置是 3～15 个循环的荧光信号的标准偏差的 10 倍。如果检测到荧光信号超过阈值被认为是真正的信号,它可以用于定义样本的阈值循环数 Ct。

(4) Ct 值。Ct 值的含义是每个反应管内荧光信号达到设定的阈值时所经历的循环数。研究表明,每个模板的 Ct 值与该模板的起始拷贝数的对数存在线性关系,其实拷贝数越多,Ct 值越小。利用已知起始拷贝数的标准品可作出标准曲线,因此只要获得未知样品的 Ct 值,即可从标准曲线上计算出该样品的起始拷贝数。

(5) 扩增效率。扩增效率的确定方法是将模板稀释成一系列浓度梯度进行 PCR 反应,用这个结果作标准曲线,利用递减的直线关系等式和相关系数(R)或可信度(R^2)来计算扩增效率。

扩增效率(E)计算:扩增效率与标准曲线的斜率相关,($E=10^{-1/斜率}-1$),扩增效率的理论值应为 1,即每增加一个循环 PCR 产物翻倍,那么 $10^{-1/斜率}=2$,优化的标准曲线斜率应该为 -3.32。

扩增效率接近 100%是优化的重复性好的实验的最好标志,实际操作时 PCR 反应的扩增效率应该在 90%～105%,如果扩增效率低,可能原因是系列稀释样品加样错误,或者存在非特异性产物扩增,如引物二聚体产生。如果扩增效率小于 90%或大于 105%,建议重新设计引物或探针。

3.3 实时荧光定量 PCR 的化学原理

3.3.1 非特异性荧光定量 PCR (以 SYBR Green Ⅰ为例)

1) SYBR Green Ⅰ染料介绍　SYBR Green Ⅰ是荧光定量 PCR 最常用的 DNA 结合染料,可与双链 DNA 结合并发出荧光。在游离状态下 SYBR

Green Ⅰ发出微弱的光，一旦与双链 DNA 结合后，其荧光增强到游离状态的 1000 倍。所以，一个反应发出的全部荧光信号与出现的双链 DNA 量成正比，可以根据荧光信号检测出 PCR 体系存在的双链 DNA 数量，SYBR Green Ⅰ的工作原理如图 36-12 所示。SYBR Green Ⅰ的最大吸收波长约为 497nm，发射波长最大约为 520nm。在应用 SYBR Green Ⅰ进行 Real-time PCR 反应时，选择的 PCR 扩增程序一般为变性(94℃)—退火(50～60℃)—延伸(68～72℃)三步法，40～45 个循环。

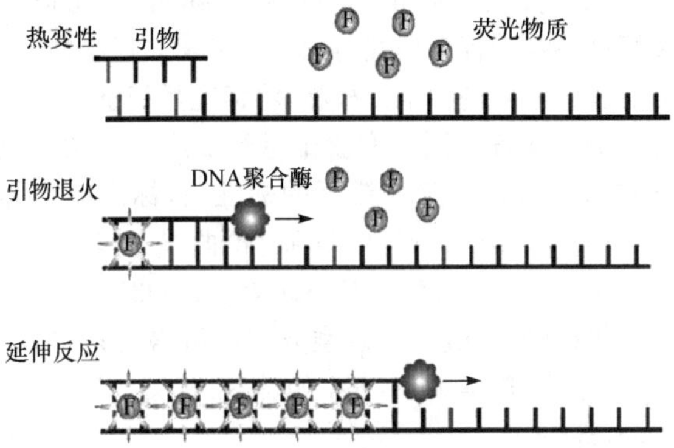

图 36-12　SYBR Green Ⅰ工作原理示意图

2) *融解曲线的分析*　　由于在定量 PCR 分析中利用的是在低温复性后，扩增产物会按碱基互补配对原则结合成 DNA 双链，而染料在与 DNA 双链结合时产生活化，产生荧光效应。通过逐渐增加温度同时监测每一步的荧光信号来产生融解曲线，随着反应中双链 DNA 的变性解链，荧光信号降低，用荧光信号改变的负的一次导数与温度作图，在扩增产物的解链温度上便会产生特征峰值(T_m，双链 DNA 解链 50%的温度)。但由于存在少量的非特异聚合体(如引物二聚体等)，能引起干扰，非特异聚合体的融解温度较特异性结合低，当扩增结束后，染料被释放，荧光减少，而非特异结合先于特异性结合减少，对融解过程进行连续动态监测可得融解曲线，通过融解曲线将非特异性信号和特异性信号区分出来，同时在特异性信号区荧光减少的快慢与浓度的对数成正比。

融解曲线的设置是在整个 PCR 完成后进行，从 60℃升至 95℃，每升高单位温度，仪器会自动收集荧光信号，得到的融解曲线是随着温度升高，双链 DNA 的解链，荧光信号不断降低，且在 T_m 值时下降最快，将温度与荧光强度的变化求导，即得到单峰的融解曲线。

3.3.2　特异性荧光定量 PCR(以 TaqMan、Beacon 和 FRET 为例)

1) *TaqMan 法*　　TaqMan 荧光定量 PCR 技术是以 TaqMan 荧光探针为基础，TaqMan 荧光探针为一寡核苷酸，两端分别标记一个荧光发射基团和一个荧光猝灭基团。探针完整时，发射基团发射的荧光信号被猝灭基团吸收，检测系统检测不到荧光信号。当 PCR 扩增时，*Taq* 酶的 5′→3′外切酶活性将探针酶切降解，使荧光发射基团和猝灭基团分离，从而荧光检测系用可接收到荧光信号，即每扩增一条 DNA 链，就有一个荧光分子形成，荧光信号的累计与 PCR 产物的形成完全同步，从而实现定量(图 36-13)。常用的荧光基团有 FAM、TET、VIC、HEX 等。

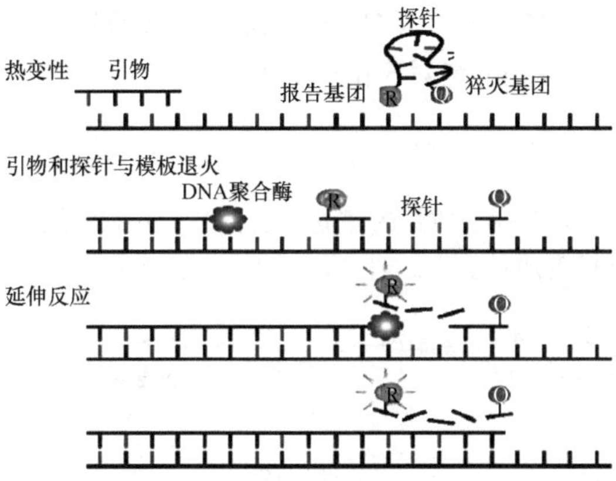

图 36-13　TaqMan 工作原理示意图

2) *Beacon 法*　　分子信标(Beacon)是一种呈发夹结构的茎环双标记寡核苷酸探针，两端的核酸序列互补配对，因此标记在一端的荧光基团与标记在另一端的猝灭基团紧紧靠近。分子信标的茎环结构中，环一般为 15～30 个核苷酸，并与目标序列互补，茎一般为 5～7 个核苷酸，并相互配对形成茎的结构。荧光基团标记在探针的一端，而猝灭基团则标记在另一端。加热变性时互补配对的茎环双链解开，环序列与模板配对，分子信标将由发卡变成链状，使得荧光基团与猝灭剂分开(图 36-14)。当荧光基团被激发时，因猝灭作用被解除，发出激光分子。由于酶切作用的存在，分子信标也是积累荧光。常用的荧光基团有 FAM、Texas Red。PCR 扩增程序通常是：变性(94℃)—退火(50～60℃)—延伸(68～72℃)三步法，40～45 个循环。在分子信标设计时，最佳信标杆的设计是至关重要的，必须能够折叠成正确的结构。荧光基团如不能立即靠近猝灭基团，则会导致高背景信号。

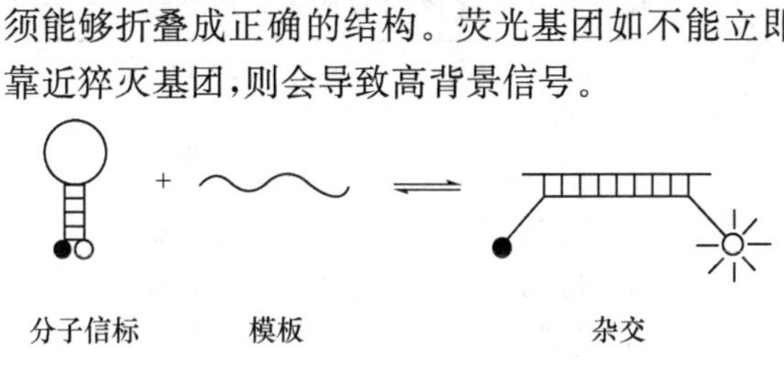

图 36-14　分子信标工作原理示意图

3) FRET 法　Fret 又称双杂交探针，由两条相邻探针组成，在一条探针的 5′端标记 FAM 基团，另一探针的 3′端标记 Red640 荧光基团。当复性时，探针结合在模板上，FAM 基团和 Red640 基团相邻，激发 FAM 产生的荧光，作为 Red640 基团的激发光被吸收，使 Red640 发出 640nm 波长的荧光。当变性时，探针游离，两基团距离远，不能产生 640nm 波长的荧光。由于 FRET 探针是靠近发光，所以检测信号是实时信号，非积累信号。常用的荧光基团有 LC-Red640、LC-Red705。

3.4 应用 SYBR Green Ⅰ 法进行基因整合检测(绝对定量分析)

3.4.1 材料与方法

(1) 标准质粒的建立流程：如图 36-15 所示，建立标准质粒。

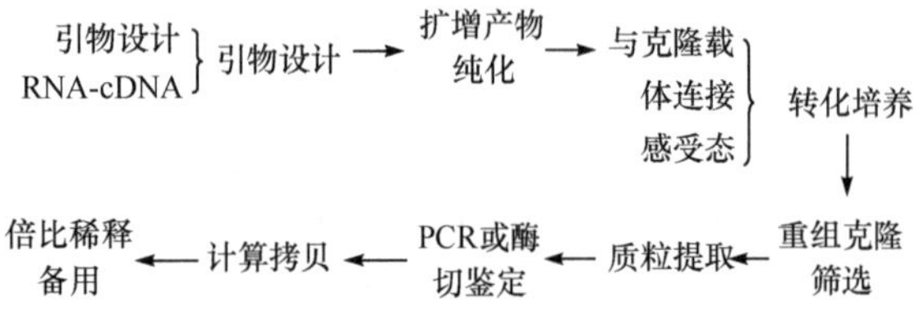

图 36-15　标准质粒的建立流程

(2) 拷贝数的计算：

待测样本浓度 (ng/μl) = OD_{260} × 40 × 稀释倍数

样本相对分子质量＝碱基数×324

待测样本拷贝数(copies/μl)＝待测样本浓度/样本相对分子质量×6×10^{14}

(3) 标准品与待测样品的准备：将计算好拷贝数的含 *Jun* 基因的标准品质粒做系列浓度稀释，分别含有 10^3、10^4、10^5、10^6、10^7 拷贝，使用 RealMasterMix(SYBR Green) 建立 20μl 反应体系，3 次重复；取 2μl 待测样品(50～100ng)反转录产物建立 20μl 反应体系，每个样品 3 个重复。

(4) 实时荧光定量 PCR 反应体系及反应程序设置(表 36-1)。

表 36-1　实时荧光定量 PCR 反应体系及反应程序设置

组成成分	20μl 体系
2.5×Real Master Mix 20×SYBR solution	9μl
正向引物	0.5μl
反向引物	0.5μl
cDNA 模板	2μl
ddH$_2$O	至 20μl

续表

反应过程	温度	时间	
预变性	95℃	2min	
变性	94℃	15s	40 循环
退火	55℃	15s	
延伸(收集荧光)	68℃	31s	
融解曲线制备	65～95℃		

3.4.2 结果与分析

(1) 标准曲线绘制与分析及未知样本定量分析：绝对定量中，未知样本的量(即拷贝数)可以通过标准品构建标准曲线得出。为了建立标准曲线，需要已知浓度的标准品模板，将标准品级别稀释后与待测样本置于同一实验中进行反应。得到一组含有 10^3～10^6 个拷贝模版的标准品，标准品与样本在同一实验中运行，可得到标准曲线方程：

$$y=-3.42x+35.82(R^2=0.992)$$

将得到 Ct 值代入线型方程即可得出拷贝数，以确定未知样本的量，如未知样本 Ct 值为 18.6，即

$$18.6=-3.42x+35.82, x=5.04$$

$$\text{QuantityUnknown}=10^{5.04}=109\ 648 \text{ copies}$$

(2) 融解曲线绘制与分析：融解曲线的设置是在整个 PCR 完成后进行，从 60℃升至 95℃，每升高单位温度仪器会自动收集荧光信号，得到的融解曲线是逐渐下降的过程，且在 T_m 值下降最快，为方便分析，将温度与荧光强度的变化求导，即得到单峰的融解曲线。证明反应特异性良好，无非特异扩增和引物二聚体等干扰实验结果因素。

4　整合外源基因的原位杂交

所谓原位杂交是指通过杂交确定被检物在样本中的原本位置。原位杂交技术最早由 Gall 等于 1969 年建立。它以染色体显带、探针标记、化学及电镜技术为基础。随着这些技术的发展，原位杂交技术也日趋完善，目前在植物基因工程研究中已成为外源基因在染色体上定位及外源基因在组织细胞内表达定位的主要方法。

目前原位杂交技术主要有两种：同位素原位杂交及荧光原位杂交(FISH)。二者的杂交原理相同，不同之处是探针的标记物及杂交体的检出方法。前者是用放射性同位素标记探针，通过涂感光乳剂、放射自显影检出。该方法灵敏性强，对于单拷贝 DNA 序列检出非常有用。后者以荧光素偶联的抗原抗体系统标记探针，利用荧光显微镜观察杂交体位置并照相。此法方便、实验周期短，还可以进行双

重及多重原位杂交。荧光素标记有直接法及间接法两种。直接法是将荧光素直接标记在核苷酸分子上。目前已有异硫氰酸、试卤灵和羟基香豆素标记的核苷酸。这 3 种荧光素分别呈黄绿色、红色和蓝色荧光。荧光素标记的核苷酸通过酶反应掺入到核酸探针中，得到不同颜色的探针。如果将上述 2 种或 3 种不同荧光素标记的核苷酸按不同比例掺入到探针中就能产生多种新的不同颜色的探针（如红色与蓝色混合呈现紫色）。不同探针序列不同，颜色不同，与同一条染色体杂交，就可同时显示出两种或两种以上基因在染色体上的空间位置，即双重及多重原位杂交。间接法是分别用带不同标记物（如地高辛和生物素）的核苷酸标记不同探针。再用带不同荧光素的两种标记物的抗体与标记物探针免疫结合，从而检出杂交体。利用荧光标记的双重及多重原位杂交可以直接确定空间位置紧密连锁的序列，是基因定位及绘制基因图谱的好方法。

根据杂交对象的不同，将原位杂交分为染色体 DNA 原位杂交、组织细胞 mRNA 原位杂交、外源基因表达蛋白的组织细胞的免疫定位、组织印迹的 Northern 及 Westhern 杂交。其中染色体 DNA 原位杂交的方法可以用做研究外源基因在染色体中的整合情况。

4.1　染色体 DNA 原位杂交原理

关于外源基因在较小的 DNA 分子中的定位，经 Southern 印迹杂交可以提供依据。因为这些 DNA 分子较小，限制性内切核酸酶谱易于制定，根据杂交的 DNA 条带的大小，对照该 DNA 分子的限制性内切核酸酶谱，就可以分析出外源基因在该 DNA 分子上的位置。当 DNA 分子大于 250kb 时，其限制性内切核酸酶谱很难确切地制定出来，因此要想了解外源基因在植物染色体上的整合位置，就需要利用原位杂交技术了。

原位杂交的原理首先是基于处于分裂过程中的植物细胞染色体可以用光学显微镜观察到，并可以通过染色体的形状及经不同染色后形成的条带分布来对各染色体进行鉴别及分析，此技术称为染色体分带技术。其次是原位杂交，以标记的外源基因为探针，在适宜的条件下，探针与固定在玻片上的细胞内变性染色体上互补序列形成稳定的杂交体，然后根据探针的标记性质进行检测。放射性同位素标记的探针，通过放射自显影检测，酶标记探针通过显色反应检出，在显微镜下观察。

4.2　染色体 DNA 原位杂交方法

原位杂交包括取材及材料预处理、固定细胞、细胞的 RNase 酶解及染色体变性、杂交、检出 5 个程序。探针的制备与印迹杂交相同。在取材及材料处理上，因要观察的是细胞内的染色体，取材时应取便于观察染色体的材料，如植物的根尖、茎尖、幼叶、幼小的子叶、茎形成层、居间分生组织、愈伤组织、花蕾、花粉等，还要用化学或物理的方法对材料进行预处理，阻断纺锤体微管的形成，使有丝分裂停滞于中期，有丝分裂中期的染色体高度浓缩，形态结构清晰。这样可以得到大量的供实验用的染色体。为了便于观察，细胞固定前，要用低盐溶液进行低渗处理，使之体积膨大，将染色体分散，然后再固定。固定后的细胞置玻片上，进行原位杂交前，需用 RNase 降解 RNA，旨在减少非特异性杂交。杂交前染色体 DNA 必须用 NaOH 使其变性，从而使染色体在一定程度上解聚，使包含在内部的 DNA 序列可暴露出来，并由双链变为单链，以便探针与互补序列杂交。如果使用放射性标记的探针，杂交后涂上感光乳剂，暗盒中曝光，然后显影、定影，相差显微镜下观察照相。必要时可用染料染色。

目前原位杂交存在着两个问题：一是灵敏性不高，二是有时会出现非特异性杂交。对于植物细胞，目前使用的探针的灵敏度对多拷贝及重复序列的检测是可以满足要求的，但对农杆菌介导的外源基因转化（往往是单拷贝整合）检出率较低。目前采用三种方法来解决这个问题：①去除细胞壁，采用原生质体制片；②提高检出灵敏度，可以使用具有级联放大作用的酶联抗体抗原检测系统；或者是采用荧光标记物叠加方法使荧光信号增强；③在原位杂交前在染色体上进行原位 PCR。

复　习　题

名词解释

切口平移法、分子信标、随机引物法、IPCR、实时荧光定量 PCR、本底信号、阈值

问题

(1) 简述 Southern blot 的基本原理及操作步骤。

(2) 如何采用 Southern blot 的方法检测外源基因的拷贝数?

(3) 简述反向 PCR 的基本原理及操作要点。

(4) 简述实时荧光定量 PCR 检测外源基因整合的基本原理。

(5) 如何采用实时荧光定量 PCR 方法对外源基因的拷贝数进行定量?

(6) 简述原位杂交技术检测外源基因整合的基本原理。

第 37 章

外源基因的表达检测

外源基因的表达检测主要用探针检测 mRNA 或用抗体检测出表达的蛋白质(转录水平上对特异 mRNA 的检测和翻译水平上对特异蛋白质的检测)。外源基因转录水平的鉴定:基因表达分为转录及翻译两阶段,转录是以 DNA(基因)为模板生成 mRNA 的过程,翻译是以 mRNA 为模板生成蛋白质的过程,检测外源基因的表达就是检测特异 mRNA 及特异蛋白质的生成。基因表达检测分为两个水平:即转录水平上对特异 mRNA 的检测和翻译水平上对特异蛋白质的检测。转录水平上的检测主要方法是 Northern 杂交,它是以 DNA 或 RNA 为探针,检测 RNA 链。和 Southern 杂交相同,Northern 杂交包括斑点杂交和印迹杂交,也可用 RT-PCR(reverse transcribed PCR)方法检测外源 DNA 在植物体内的转录表达。其原理是以植物总 RNA 或 mRNA 为模板进行反转录,然后再经 PCR 扩增。如果从细胞总 RNA 提取物中得到特异的 cDNA 扩增条带,则表明外源基因实现了转录。此法简单、快速,但对外源基因转录的最后决定,还需与 Northern 杂交的实验结果结合。外源基因表达蛋白的检测:外源基因编码蛋白在转基因植物中能够正常表达并表现出应有的功能是植物基因转化的最终目的。表达蛋白应具有一定的稳定性,不被细胞内的蛋白酶迅速降解,同时应对植物细胞无毒性。外源基因表达蛋白检测主要利用免疫学原理,ELISA 及 Western 杂交是经典的方法,此外,本章对外源基因表达的原位杂交检测等方法进行了描述。

1 外源基因转录的 Northern 杂交检测

通过 Southern 杂交可以得知外源基因是否整合到植物染色体上。但是,整合到染色体上的外源基因并不一定都能表达。植物细胞的基因表达是一个十分复杂的问题。大部分的植物基因只在特定的细胞内,特定的发育时期,特定的环境因素作用下才表达。通过转化整合到植物染色体上的外源基因除同内源的植物基因一样,其表达要受生理状态调控外,还与其调控序列及整合部位等因素有关。转基因植株中外源基因的转录水平可以通过细胞总 RNA 或 mRNA 与探针的杂交来分析,称 Northern 杂交,它是研究转基因植株中外源基因表达及调控的重要手段。Northern 杂交程序也分为三大部分:①植物细胞总 RNA 的提取;②探针的制备;③印迹及杂交。

1.1 植物 RNA 提取

植物细胞内含有细胞质 RNA、细胞核 RNA 和细胞器 RNA。细胞质 RNA 包括 mRNA、rRNA、tRNA。细胞核 RNA 主要有细胞质不均一核 RNA(hnRNA)及核内小 RNA(snRNA)、染色体 RNA(chRNA)等。细胞器 RNA 主要指线粒体 RNA 及叶绿体 RNA。这些 RNA 统称细胞总 RNA,其中大量的是 RNA,占 80%左右。基因转录产物 mRNA 在总 RNA 中只占 1%～5%。不同的 mRNA 在分子大小、核苷酸序列及在细胞内转录水平等方面各不相同,但真核细胞 mRNA 3′端都具有 20～200 个不等的多聚腺苷酸的尾,称为 poly(A)结构。利用 poly(A)结构可以把 mRNA 从总 RNA 中分离出来。对于 Northern 杂交可以使用植物细胞总 RNA,也可以使用由总 RNA 中分离出的 RNA。

植物细胞 RNA 提取中的首要问题是防止 RNA 酶的降解作用。植物 RNA 提取的第二个问题是水溶性的细胞代谢物如酚、多糖等易与 RNA 结合成胶冻状的不溶物或有色的复合物,它们能影响 RNA 的质量及产量。

1.1.1 总 RNA 提取

用于研究基因表达的总 RNA 提取时首先要考虑的问题是材料的选取及预处理。由于基因表达与生理状态密切相关,因而取材时必须考虑材料的生理状态,必要时还要对材料进行预处理,即施加某种因素,诱导目的基因表达,如进行光照、暗处理或加入诱导物等。

材料的破碎与植物细胞总 DNA 的提取相同,采用液氮冷冻及在液氮中研磨。预处理过的材料要尽早地投入到液氮中，投入前要尽可能保持材料完整及新鲜，不要让材料压碎及破损。因为植物材料在破损时会引起多酚类物质的积累及氧化，使组织变褐而影响 RNA 分离。细胞膜裂解也与 DNA 提取相同，主要使用 SDS 或 Sakosy Ⅰ、酚等。目前用于 Northern 杂交的植物总 RNA 提取方法主要有苯酚法、异硫氰酸胍法及氯化锂沉淀法。

1）*苯酚法*　该法利用苯酚协助破碎细胞；酚/氯仿变性蛋白质并反复抽提核酸；3mol/L 乙酸钠选择沉淀 RNA；提取液中使用 4-氨基水杨酸及 3-异丙基萘硫酸盐抑制 RNase 活性。该方法操作简单、经济，可用于从植物叶、茎、根及萌发幼苗中提取总 RNA 或核 RNA。

2）*异硫氰酸胍法*　异硫氰酸根及胍离子都是很强的蛋白质变性剂。异硫氰酸胍与十二烷基肌氨酸钠合用可使核蛋白体迅速解体；与还原剂 β-巯基乙醇合用使 RNase 活力十分低下，将异硫氰酸胍、β-巯基乙醇、十二烷基肌氨酸钠三者合用，强有力抑制了 RNA 降解，增加了核蛋白体的解离，大量的 RNA 释放到溶液中，然后用酸性酚（pH＝3）进行抽提，既可保证 RNA 稳定，又可抑制 DNA 解离，使 DNA 与蛋白质一起沉淀，RNA 被抽提进入水相，用异丙醇沉淀 RNA 后，经酚/氯仿再次抽提进行纯化。该方法提取的 RNA 用于 Northern 杂交可以得到满意结果。

3）*氯化锂沉淀法*　该方法的主要原理是在一定的 pH 条件下，Li^+ 使 RNA 发生特异性沉淀，通过多级沉淀可提高 RNA 的纯净度。利用氯化锂选择性沉淀时，有的使用硼酸缓冲液，加入还原剂二硫苏糖醇抑制 RNase 活性，用 SDS 变性核蛋白；有的使用 Tris · Cl 缓冲体系，用苯酚及蛋白酶 K 处理蛋白质；还有的使用高浓度尿素变性蛋白质同时抑制 RNase。氯化锂沉淀法虽也有效，但沉淀过程较为繁琐，并存在着 Li^+ 的污染问题。

1.1.2　mRNA 分离

从总 RNA 中分离 mRNA 主要是利用亲和层析的原理。植物 mRNA 的 3′端具有 poly（A）结构，可用 oligo（dT）纤维素（寡聚（dT）纤维素）或 Poly（U）-sepharose［多聚（U）琼脂糖］亲和层析技术来纯化 mRNA。总 RNA 在流经寡聚（dT）纤维素层析柱时，在高盐缓冲液作用下，mRNA 3′端 poly（A）残基与连接在纤维素柱上的 oligo（dT）残基间配对，形成氢键，使 mRNA 被吸附在柱上。不具 poly（A）结构的 RNA，不能发生特异性结合而从柱中流出。结合在柱上的 mRNA 可以用低盐缓冲液或蒸馏水洗脱。因为在高盐溶液中碱基间的氢键稳定，在低盐状态下易解离，水打破 poly（A）与 oligo（dT）间的氢键，使 mRNA 洗脱。层析中涉及的缓冲液有两种，一是上样缓冲液，也有人称结合缓冲液，各文献报道的结合缓冲液都由 Tris · Cl、EDTA、氯化物盐类及去污剂组成。不同之处是有的使用 0.5mol/L 的 NaCl 溶液、有的使用 0.5mol/L 的 LiCl 溶液。不管使用哪种盐溶液，都为高浓度，以促进 poly（A）与 oligo（dT）结合。第二种是洗脱缓冲液，除 Tris、去污剂的浓度减半外（也有 Tris 量不减半的），最大的变化是不含氯化物或含少量 LiCl，其作用是解除 Poly（A）与 oligo（dT）的结合，使 mRNA 洗脱下来。在没有特制的层析柱时，可以用无菌硅化的巴斯德吸管或 1ml 的注射器做层析柱，出口端用无菌硅烷化过的玻璃纤维填充。oligo（dT）纤维素用上样缓冲液悬浮后装柱。柱体积在 0.25ml 左右。装柱后用 0.1mol/L 的 NaOH 洗柱，上样缓冲液平衡。RNA 的样品量一般在 2～5mg，体积为 1ml 左右。上样前样品要经过变性处理，置沸水浴中加热数分钟后立即置冰浴中。上样后就要立即收集流出液，这时流出液中可能含有一些未能与纤维素结合的 mRNA。将流出液加热至 65℃维持 6～7min，然后快速冷却再重新上样，如此反复多次，以使 mRNA 充分被吸附在纤维素柱上，用 5～10 倍体积的结合缓冲液洗柱，这时 rRNA、tRNA 等逐渐被洗脱，而 mRNA 挂在柱上。洗脱至流出液的 OD_{260} 值几乎为零，换用低盐的洗脱缓冲液洗脱 mRNA，部分收集器收集，测定每管中的 mRNA 浓度，合并含 mRNA 的洗脱液，用乙醇沉淀 mRNA，于－70℃保存。

1.1.3　RNA 样品质量

用于 Northern 杂交的 RNA 样品应是纯净的，分子完整，无严重降解。同 DNA 样品质量检测相同，主要有紫外吸收法及琼脂糖凝胶电泳法两种。

1）*紫外吸收法*

（1）纯度检测。在分光光度计上分别测定样品在 230nm、260nm、280nm 的吸收值（A），计算 A_{260}/A_{280} 及 A_{260}/A_{230} 的值。纯净的 RNA 样品 A_{260} 融/A_{280} 的值应在 1.7～2.0，若小于 1.7 则表明样品中有蛋白质或酚试剂污染。此时可用等体积的酚/氯仿重新抽提去除蛋白质；用氯仿、乙醚抽提去除残酚。在抽提过程中 RNA 损失较大（约 60%）。A_{260}/A_{230} 的值应大于 2.0，如小于 2.0 则表明 RNA 被异硫氰酸胍污染。这时可以通过乙醇或异丙醇重新沉淀（可反复几次）来去除。关于 DNA 杂质的存在与否紫外分光光度法不能予以明确说明。

(2) 浓度测定。纯净的RNA样品(无DNA及核苷酸杂质)260nm的光吸收值等于1.0时,RNA的含量为37μg/ml。根据此吸收值与浓度的关系可求出任一RNA样品的浓度。RNA含量(μg/ml)=AX稀释倍数×37μg/ml 当对含量要求不十分精确时,可近似认为 $A_{260}=1.0$ 时的RNA浓度为40μg/ml。测定时如果按如下做法可使计算简化:取4μlRNA样品,加蒸馏水至1ml,以蒸馏水或TE为空白测定 A_{260} 值,该数值×10即为样品RNA浓度(μg/μl)。

2) 琼脂糖凝胶电泳法　RNA分子结构与DNA不同,因而RNA电泳有着与DNA电泳的不同之处。因RNA为单链分子,链内配对碱基很易通过氢键结合而形成二级以至三级结构。不同的RNA分子空间结构不同,因而RNA分子在未变性的条件下分子质量与泳动率无严格的相关性。在变性条件下电泳,破坏RNA的空间结构,才能使RNA的泳动距离与其分子质量对数值成正比。变性后的RNA泳动速度比天然RNA小1/2左右。在不需要测定RNA分子质量时,使用1.0%～1.4%浓度的非变性琼脂糖凝胶也可以将不同的RNA分子分离。当需要对所提取的RNA样品进行快速检测时可使用非变性胶。总RNA样品中的主要成分是8S rRNA、18S rRNA及5S rRNA。电泳后在胶板上呈现三条明显的条带。在上样量小时,5S rRNA的条带有时显示不清。若在变性胶上,这三条带的迁移率分别与5.1kb、2.0kb及0.12kb的标准RNA的迁移率相近。从量上看,溴化乙锭染色后28S rRNA条带的亮度应为18S rRNA的两倍。如果28S rRNA的亮度不如18S rRNA条带,表明样品中RNA有降解。发生降解的原因主要是RNase灭活不好,或操作中温度过高。防止的方法是操作全过程在4℃低温条件下或冰上进行。操作中一次性手套要经常更换,尽量避免RNase污染。

1.2 探针制备

杂交探针选定:检测外源基因转录的mRNA应使用同源DNA探针或反义RNA探针,杂交后形成DNA探针mRNA或反义RNA-mRNA杂交体。检测目的基因表达可使用cDNA探针,研究基因表达调控时常以报告基因表达为对象,这时可将报告基因标记成探针,如*npt-Ⅱ*基因、胭脂碱合成酶基因等。探针来源:与Southern杂交的探针制备大体相同,除可人工合成外,探针序列主要从质粒上切取。探针标记物及标记方法与Southern杂交相同,此处不再重复。

1.3 Northern斑点杂交

Northern斑点杂交是检测植物基因转录本稳定表达量的有效方法,可用于外源基因表达及表达调控的研究。由于斑点杂交不能检测出转录的mRNA的分子质量,因而只在外源基因与植物本身基因无同源性时才可明确地检测出外源基因是否表达。当外源基因与植物本身基因有一定的同源性时,如果使用的探针能够分出内源基因及外源基因的区别,或通过控制杂交条件可以使内、外源基因与探针杂交情况产生差异,采用斑点杂交进行检测还是可行的。

Northern斑点杂交大致过程是:①预处理材料,如进行光照、黑暗、高盐、高温、冷冻等处理。研究上述因素对基因表达影响时需进行必要的处理,同时要设有对照。不需要进行预处理时,可直接从转基因植株上取材。②试材总RNA提取。③按实验要求稀释样品(同一样品可有几个不同浓度),将样品点在固相膜上。同时要点上阳性对照样品及阴性对照样品。阳性对照样品是已知稀释度的被检RNA,有时也可以使用克隆的质粒DNA。阴性对照是以同样方法提取的非转化植株的总RNA。在点样前各样品均要进行变性处理,RNA样品于65℃水浴中保温10～15min,DNA样品要经煮沸3～5min,加热及煮沸后立即置冰中速冷。点样后膜烘干或经紫外线照射固定样品。④膜与不含探针的杂交液温育,以封闭非特异性位点。⑤加入经变性处理过的探针,进行杂交。⑥根据标记物性质进行检出。⑦分析杂交结果,通过与阳性对照比较来估计外源基因表达量。Northern斑点杂交时总RNA样品量一般在0.1～1.0μg,探针量为1～2ng/ml,杂交液体积根据膜面积确定,以50～100μl/cm^2 为宜。

1.4 Northern印迹杂交

1.4.1 原理

整合到植物染色体上的外源基因如果能正常表达,在转化植株细胞内将有其转录产物——特异mRNA生成。将提取的植物总RNA或mRNA用变性凝胶电泳分离,不同的RNA分子将按分子质量大小依次排布在凝胶上,将它们原位转移到固相膜上,在适宜的离子强度及温度下,探针与膜上同源序列杂交,形成RNA-DNA杂交双链。通过探针的标记性质可以检出杂交体。根据杂交体在膜上的位置可分析出杂交RNA的大小。若经杂交,样品中无杂交带出现，表明虽然外源基因已经整合到植物细胞染色体上，但在该取材部位及生理状态下该基因并未有效表达。

1.4.2　杂交程序

Northern 杂交程序中除第一步——总 RNA 或 mRNA 变性凝胶电泳分离与 Southern 有着较大不同外，其他步骤与之相同。

1.4.3　Northern 印迹

经变性凝胶电泳分离的各 RNA 由凝胶转移到固相膜上称为 Northern 印迹。其原理及方法同 Southern 印迹。

2　外源基因表达的 RT-PCR 检测

2.1　原理

目前 PCR 技术只能扩增 DNA 模板，对 RNA 模板不能直接扩增。mRNA 反转录生成的 cDNA 可以作为 PCR 的模板进行扩增，这种在 mRNA 反转录后进行的 PCR 扩增被称为 RT-PCR（反转录-聚合酶链式反应 reverse transcription-PCR）。实际上它扩增的是特定的 RNA 序列。所以，可以用它检测特定的 RNA 分子。Northern 杂交是检测基因表达的权威方法。但 Northern 杂交的灵敏度有限，对细胞中低丰度的 mRNA 检出率较低。农杆菌介导转化的外源基因若以单拷贝方式整合，其 mRNA 的检出常借助于 RT-PCR。在转基因植物检测中，RT-PCR 用于检测外源基因是否表达，分析外源基因在不同组织或相同组织不同发育阶段的表达情况，从而研究外源基因的功能。扩增外源 cDNA 有两种做法：一种是非特异性的反转录，以 oligo(dT) 为引物，由总 RNA 或 mRNA 合成出各种 cDNA 第一链，然后，以外源基因的 mRNA 5′端特异序列为引物，从各种 cDNA 中扩增出外源基因的特异 cDNA。另一种是以外源基因的 mRNA 3′端特异序列为反转录引物，合成出特异 cDNA 第一链，即特异 mRNA 反转录。然后，以外源基因 mRNA 的 5′端及 3′端特异序列为引物进行特异 DNA 扩增。目前多采用后一种做法（Aatsinki et al.，1994）。

2.2　RT-PCR 反应程序

进行 RT-PCR 反应必须具有以下成分：①总 RNA 或 mRNA；②反转录酶：AMV-RTase 或 MMLV-RTase；③耐热 DNA 聚合酶：*Taq* 酶或其他；④核酸酶抑制剂：RNasin（Promega 公司）或 Inhibit-ACE（5Prime-3Prime 公司）；⑤特异引物：根据外源基因 3′、5′序列设计合成；⑥10×PCR 缓冲液；⑦dNTP。由于目前使用的商品 PCR 缓冲液也能用于反转录反应，所以检测外源基因表达的 RT-PCR 反应可以在一个反应管中完成（Wang et al.，1992）。将上述反应物加入管中，反转录及 PCR 过程在同一管中分段进行，反应性质是由反应条件控制的。开始的反转录过程是在一种固定的温度（42℃）条件下进行。后来的 PCR 反应是在 95℃变性、50℃左右退火、72℃延伸 3 种温度循环条件下进行。一般采用反转录反应 1h 后转入 95℃ 5～10 min 使 RNA-cDNA 杂交体解离，然后进行 PCR 循环 30 次。RT-PCR 扩增产物用琼脂糖凝胶电泳检测。除检测基因表达外，Aatsinki 等（1994）报道了可以扩增 cDNA 大片段的一步法 RT-PCR 程序，适于克隆开放阅读框架的全长。

3　外源基因表达蛋白的检测

外源基因编码蛋白在转基因植物中能够正常表达并表现出应有的功能是植物基因转化的最终目的。表达蛋白应具有一定的稳定性，不被细胞内的蛋白酶迅速降解，同时，应对植物细胞无毒性。外源基因表达蛋白检测主要利用免疫学原理，ELISA 及 Western 杂交是经典的方法。

3.1　ELISA 检测

ELISA 为酶联免疫吸附法（enzyme-linked immuno sorbent assay）的简称，是一种利用免疫学原理检测抗原、抗体的技术。ELISA 检测程序包括抗体制备、抗体或抗原的包被、免疫反应及检出三个阶段，现将这三个阶段的有关原理及操作介绍如下。

3.1.1　抗体的制备

抗体是机体应抗原刺激产生的一组特殊的球蛋白，以 Ig 表示。无脊椎动物不产生免疫球蛋白；两栖类产生 IgM、IgG；家兔产生 IgM、IgG、IgA；人类出现 IgG、IgM、IgA、IgD、IgE，其中 IgG 是主要的，占总量的 75%，分子质量为 160kDa。ELISA 检测中涉及的抗体有两种，一种是未标记的抗体，另一种是酶标记的抗体。酶标记的抗体又有两种情况，第一种是针对特异抗原的酶标一抗，第二种是针对一抗的酶标二抗。酶标抗体制备包括通过免疫过程制备抗体及对所获的抗体进行酶标记两大步骤，目前酶标抗体、酶标二抗均有试剂出售，便于各种 ELISA 测定。

3.1.2 包被

ELISA 检测的第二个重要环节是包被，即将抗原或抗体固定在固相载体表面，也称包埋。包被可采用物理吸附或共价交联的方法，包被好坏是影响固液抗体抗原反应的重要因素之一。

3.1.3 免疫反应

ELISA 检测的最后一环是抗原与抗体结合的免疫反应。具体测定方法有多种，但无论是测定抗原还是抗体，都必须选择好抗原、抗体、酶标抗体三者的浓度关系，为减少误差，定量测定时光吸收值原则上要大于 1.0，需根据抗原或抗体的不同要求，用棋盘法加以确定。

3.1.4 检出

ELISA 检测最后是通过酶反应检出，目前最常用的酶底物系统列于表 37-1。

表 37-1 ELISA 检测的酶底物系统

酶	底物	产物颜色	测定波长/nm
辣根过氧化物酶(HRP)	3,3′-二氨基联苯胺	深褐色	沉淀
	5-氨基水杨酸	棕色	449
	邻苯二胺	橘红色	492，460
	邻联甲苯胺	蓝色	425
碱性磷酸酶(AKP)	4-硝基酚磷酸	黄色	400
	萘酚 As-Mx 磷酸盐＋重氮盐	红色	500

3.2 免疫荧光技术检测

免疫荧光技术(immunofluorescence technique)又称荧光抗体技术，是标记免疫技术中发展最早的一种。它是在免疫学、生物化学和显微镜技术的基础上建立起来的一项技术。很早以来就有一些学者试图将抗体分子与一些示踪物质结合，利用抗原抗体反应进行组织或细胞内抗原物质的定位。

用荧光抗体示踪或检查相应抗原的方法称荧光抗体法；用已知的荧光抗原标记物示踪或检查相应抗体的方法称荧光抗原法，这两种方法总称免疫荧光技术。用免疫荧光技术显示和检查细胞或组织内抗原或半抗原物质等方法称为免疫荧光细胞(或组织)化学技术。

免疫学的基本反应是抗原-抗体反应。由于抗原抗体反应具有高度的特异性，所以当抗原抗体发生反应时，只要知道其中的一个因素，就可以查出另一个因素。免疫荧光技术就是将不影响抗原抗体活性的荧光色素标记在抗体(或抗原)上，与其相应的抗原(或抗体)结合后，在荧光显微镜下呈现一种特异性荧光反应。

4 表达蛋白的含量测定

研究目的基因在细胞内的表达效率时，常需要测定细胞可溶性蛋白质总量及目的蛋白质在总蛋白质中所占的比例，因而细胞内蛋白质含量测定是植物基因工程研究中必不可少的分析内容。蛋白质含量可以根据它们的物理性质，如折射率、比重、紫外吸收进行测定。也可以用化学的方法，如定氮、双缩脲反应、Folin 酚试剂反应等测定。还可以通过与染料结合生成有色物质进行测定，这里主要介绍几种最常用的方法。

1) *紫外吸收法* 蛋白质的紫外吸收有三种情况：①分子中的肽键产生对 210nm 波长的光吸收；②蛋白质分子中的酪氨酸、色氨酸残基对 280nm 紫外光有最大吸收；③蛋白质分子中的苯丙氨酸残基对 260nm 的紫外光产生最大吸收。大多数蛋白质分子中都含有这三种氨基酸残基，因而对 280nm 及 260nm 紫外光均有吸收，但最大紫外吸收峰在 280nm 处，一般蛋白质溶液的 280nm 紫外吸收值大于 260nm 紫外吸收值。纯蛋白质溶液的 280nm 与 260nm 的吸收值比为 1.8 左右，蛋白质溶液 280nm 的光密度值(或吸收值)与其含量成正比。

2) *双缩脲法* 蛋白质分子中含有两个以上的双键，在碱性溶液中与 Cu^{2+} 形成蓝紫色的络合物，颜色深浅与蛋白质含量成正比，而与蛋白质分子的氨基酸组成及分子质量无关，可通过测定蛋白质溶液在 540nm 处的吸收值求出其含量(Levinetal,1951)。该方法测定范围为 1～10mg 蛋白质，测定结果不十分精确。

3) *Folin 试剂法* Folin 试剂为复合磷钼酸试剂，由磷钼酸及磷钨酸组成，也称为 Folin-Ciocal-

teu 试剂。蛋白质分子中的酪氨酸与色氨酸残基与该试剂反应生成蓝色物(钼蓝与钨蓝的混合物),于 540nm 进行比色测定,可求出蛋白质含量。测定中通常以 BSA 为标准蛋白,并假设未知蛋白质与标准蛋白质中酪氨酸及色氨酸的含量相等。该方法可定量 10～20μg 的蛋白质,存在的问题是对于酪氨酸含量低的蛋白质,测定的准确度下降。此外,一些物质如去污剂、变性剂、硫代物、有机溶剂等会干扰反应。

4) *Lowry 法*　该方法是在双缩脲法及 Folin 试剂法基础上发展起来的(Lowryetal,1951)。试剂由两部分组成,一是碱性的硫酸铜溶液,另一部分是复合的磷钼酸试剂(Folin 试剂),反应包括两步,第一步是在碱性溶液中蛋白质与 Cu^{2+} 反应形成铜蛋白质复合物(似双缩脲反应),然后这个复合物还原 Folin 试剂,产生深蓝色的钼蓝及钨蓝混合物,可通过比色法测定。该方法的灵敏度为 5μg。

5) *Bradford 法*　该方法由 Bradford(1976)提出,它简单、快速、可靠。其原理是考马斯亮蓝(camassie brilliant biue)G250 与蛋白质结合产生蓝色,在 595nm 有最大吸收。测定时需有标准蛋白质为参照,通常以牛血清白蛋白(BSA)为标准蛋白质。配制 BSA 含量梯度溶液,测定各溶液的吸收值,以吸收值对蛋白质浓度作图,得到标准曲线。未知样品蛋白质含量测定时,将待测溶液适当稀释或浓缩后于分光光度计上读出其 595nm 的吸收值,从标准曲线上便可直接得出该吸收值对应的蛋白质浓度,再乘以稀释倍数,得出未知样品蛋白质含量。该方法可定量 1～10μg 的蛋白质,十分灵敏。需要注意的是甘油、乙酸、去污剂、Tris、硫酸铵及碱等都会干扰测定。

5　Western 杂交检测

5.1　Western 杂交原理

Western 杂交是将蛋白质电泳、印迹、免疫测定融为一体的蛋白质检测方法。它具有很高的灵敏性,可以从植物细胞总蛋白质中检出 50ng 的特异蛋白质(Johnet et al.,1988),若是提纯的蛋白质,可检至 1～5ng(Sambrook et al.,1989)。其原理是:转化的外源基因正常表达时,转基因植株细胞中含有一定量的目的蛋白质。从植物细胞中提取总蛋白质或目的蛋白质,将蛋白质样品溶解于含去污剂和还原剂的溶液中,经 SDS 聚丙烯酰胺凝胶电泳使蛋白质按分子大小分离,将分离的各蛋白质条带原位印迹到固相膜上,膜在高浓度的蛋白质溶液中温育,以封闭非特异性位点。然后加入特异抗体(一抗),印迹上的目的蛋白质(抗原)与一抗结合后,再加入能与一抗专一结合的标记的二抗,最后,通过二抗上标记化合物的性质进行检出。Western 杂交的灵敏度是由所用的免疫血清抗体的滴度决定的。根据检出结果,可得知被检植物细胞内目的蛋白质表达与否、浓度大小及大致的分子质量。

5.2　Western 杂交程序

Western 杂交全过程包括转基因植株蛋白质的提取、SDS 聚丙烯酰胺凝胶电泳分离蛋白质、蛋白质条带印迹、探针制备、杂交 5 个步骤。

1) *植物蛋白质的提取*　Western 杂交的蛋白质样品一般不需要制备出来,得到提取液即可。植物细胞的功能蛋白质绝大多数都能溶于水、稀盐、稀酸和稀碱溶液中,所以提取时以水溶液为主,其中稀盐溶液和缓冲液对蛋白质稳定性好、溶解度大,是提取时最常用的溶剂。

2) *SDS 聚丙烯酰胺凝胶电泳分离*　聚丙烯酰胺凝胶电泳(PAGE)是以聚丙烯酰胺凝胶作支持介质的区带电泳。蛋白质在支持介质内的溶液中泳动。

3) *蛋白质印迹*　蛋白质印迹是将经 SDS-PAGE 电泳分离的蛋白质区带,通过某种动力作用,由凝胶转移到固相膜上,然后与探针,即特异性抗体反应,一般针对目的抗原的第一抗体不标记,标记二抗,二抗与一抗及抗原形成的复合物特异结合,从而检测出特异的蛋白质区带。

4) *探针制备*　探针是针对目的蛋白质的抗体,又称一抗。需按抗体制备方法制备。一抗探针的质量是影响杂交效果的主要因素之一。Burnette(1981)曾指出,Western 杂交的灵敏度是由所用的免疫血清抗体的滴度决定的。只有得到特异性强、效价高的抗体,目的抗原的检出才能达到一定的灵敏度。

5) *杂交与检出*　杂交与检出包括封闭、第一抗体反应、第二抗体反应、显色 4 步。封闭也称猝灭。由于探针多是蛋白质,很容易与固相膜结合。加入探针后,探针不仅与结合在膜上的特异蛋白质(抗原)结合,而且也会与膜上未结合蛋白质的部位结合,造成很高的背景,使检出的灵敏度下降。因而在未加入探针之前必须将膜上的空白部位封闭。方法是将印迹后的膜浸泡于一种非特异性蛋白质溶液中,使这种蛋白质与膜上空白部位结合,然后再加入探针,探针就只与特异蛋白质结合,消除了背景。小牛血清白蛋白(BSA)、血红蛋白、酪蛋白、卵白蛋白、白明胶、脱脂奶粉及非离子去污剂如 Tween-20 等都可作封闭剂使用，应根据实验材料及实验方法加以选择。封闭后的固相膜经缓冲液洗涤后，加入第一抗体，于 37℃轻轻摇动，保温 1h，或室温条件下保温 2～3h，还可采用 4℃过夜的做法，可根据具体情况而定。结合了第一抗体的固相膜经洗涤后加入适宜浓度的二抗，于室温或 37℃轻摇保温 1h。封闭及与一抗、二抗反应均在密封的塑料袋中进行。此步的关键是反应时间及洗膜程度。最后显色是加入酶反应的底物，摇动至产色条带出现。此步关键是掌握好特异条带颜色及背景的关系。一般显色至背景刚刚出现时止。显色后的膜用蒸馏水漂洗后晾干、照相。干燥后的膜可以封入塑料袋中保存。

5.3 Western 印迹实验设计

实验中必须设置适当的对照。两个负对照，一个是以免疫前血清作不与目的蛋白质反应的负对照，另一个是完全不含目的蛋白质的同类蛋白质制品。阴性对照用来确定非特异性蛋白质条带。正对照是含已知量目的蛋白质的同类蛋白质制品，通过正对照可确定被检样品中目的蛋白质的位置，并估计大致的含量。根据被测蛋白质的分子质量确定使用的凝胶浓度，20kDa 左右的蛋白质一般使用 15%的分离胶，5.4%的浓缩胶。检测的各样品量在 1～100μg。上样前加入含 4%SDS 的上样缓冲液，95℃加热 3min。电泳条件采用稳流 30mA，电泳至蛋白质充分分离。免疫学试剂应选择对变性目的蛋白质免疫的高滴度的多克隆抗体，或单克隆抗体混合物。

6 外源基因表达的原位杂交检测

所谓原位杂交是指通过杂交确定被检物在样本中的原本位置。原位杂交技术最早由 Gall 等于 1969 年建立。它以染色体显带、探针标记、化学及电镜技术为基础。随着这些技术的发展，原位杂交技术也日趋完善，目前在植物基因工程研究中已成为外源基因在染色体上定位及外源基因在组织细胞内表达定位的主要方法。原位杂交技术主要有两种：同位素原位杂交及荧光原位杂交(FISH)(吴刚，1999)。二者的杂交原理相同，不同之处是探针的标记物及杂交体的检出方法。前者是用放射性同位素标记探针，通过涂感光乳剂、放射自显影检出。该方法灵敏性强，对于单拷贝 DNA 序列检出非常有用(McNeil et al.，1991)。后者以荧光素偶联的抗原抗体系统标记探针，利用荧光显微镜观察杂交体位置并照相。此法方便、实验周期短，还可以进行双重及多重原位杂交。

6.1 组织细胞 mRNA 原位杂交

6.1.1 组织细胞 mRNA 原位杂交的意义

组织细胞 mRNA 原位杂交是将核酸杂交技术与组织细胞学实验技术相结合，对特异的 mRNA 序列进行组织细胞分布的空间定位。ardin 等指出，在最佳条件下，特异 RNA 序列在单个细胞内只要有 5～10 个拷贝，就可以被检测出来。与 Northern 杂交相比，mRNA 原位杂交的优点是不仅能获得外源基因是否表达的信息，而且能够获得在转基因植物组织细胞内表达部位的信息，为基因功能定位提供依据。同时，通过 mRNA 原位杂交也可直观地观察到外源 mRNA 的表达量及在不同发育时期表达水平有否差异，所以 mRNA 原位杂交也是研究基因表达调控的主要方法之一。

6.1.2 组织细胞 mRNA 原位杂交原理

通过化学固定使植物组织细胞保持天然形态结构。在固定过程中 mRNA 及其他大分子化合物被原位固定在组织细胞内。将组织制成薄切片封固在载玻片上，经蛋白酶消化去除蛋白质。反义 RNA 或 cDNA 探针渗入组织细胞，与靶 mRNA 杂交。根据探针标记物的物理化学及免疫性质检出杂交体。从杂交体的解剖位置可得知特异 mRNA 在组织细胞中的分布，从而确定基因的表达部位。

6.1.3 反义 RNA 探针制备

mRNA 为单链分子，探针可以是单链 RNA 或 cDNA。最佳的探针长度为 150～200bp(Angerer et al.，1987，1989)。Cox 于 1984 年建立了以 RNA 为探针的组织原位杂交技术。RNA 探针通过体外转录制备。后来随着其他探针标记方法的相继建立，人们逐渐采用 DNA 作探针，用随机引物法进行标记。随机引物法标记的探针长度为 250～300bp，适于原位杂交使用(刘庆法等，1998)。通过体外转录制备放射性标记的单链 RNA 探针从理论上讲较 DNA 探针有以下优点：①RNA-RNA 杂交体的 T_m 值要高于 RNA-DNA 杂交体；②可以合成反义 RNA 及有义 RNA。反义 RNA 探针用于与 mRNA 杂交，有义 RNA 可作为对照来检测杂交背景(非特异性结合)；③杂交后可以用 RNA 酶解，在较高温度下洗涤，使背景降低。RNase 可识别 RNA-RNA 杂交体中单碱基错配并除去未杂交的 RNA，对 RNA-RNA 杂交体无影响;④反义 RNA 探针基本不含载体序列,可减少非特异性杂交;⑤反义 RNA 为单链,不存在 dsDNA 探针的竞争作用。体外转录时要将作模板的外源基因克隆到 pGEM 类载体上。此类载体在多克隆位点两侧具有噬菌体 T7 及 SP6 启动子,当转录反应体系中加入 T7 或 SP6RNA 聚合酶时,克隆在多克隆位点的 DNA 即可被转录。

6.1.4　组织细胞 mRNA 原位杂交技术要点

mRNA 组织原位杂交实验程序为材料固定—组织切片制备—探针合成—组织切片处理及预杂交—杂交—洗涤—检出。

6.2　外源基因表达蛋白的组织细胞免疫定位

6.2.1　蛋白质组织细胞免疫定位的意义

外源基因表达蛋白的免疫定位是指利用外源基因表达蛋白的抗体通过免疫反应确定表达蛋白在转基因植物组织及细胞中的分布。表达蛋白的定位是研究基因功能的重要方法,尤其是对那些在不知道其编码蛋白结构及功能情况下克隆的基因。表达蛋白的组织细胞定位也是研究转基因植物中外源基因功能及外源蛋白稳定性的重要手段。再有,研究表达蛋白在功能部位的含量情况:是稳定表达还是条件诱导性表达;其合成及降解速率怎样;能否具有发挥功能的稳态含量水平等,这些都是获得转基因植物后必须了解的问题。因此,表达蛋白的组织细胞定位是植物基因工程中必然涉及的问题。此项技术为基因功能分析所必需。

6.2.2　外源基因表达蛋白组织细胞免疫定位原理

蛋白质免疫定位属组织化学技术,它利用抗原抗体特异结合的免疫学原理,用外源基因编码蛋白制备抗体,再用该特异抗体检测转基因植物组织切片中的抗原,从而确定外源基因表达蛋白在转基因植物组织细胞中的分布。其免疫学原理与 ELISA 及 Western 杂交相同,但该技术的主要目的在于对表达蛋白进行组织细胞定位,因此制备能良好保持组织细胞形态结构的组织切片是免疫定位的前提。这一点同组织细胞中 mRNA 的原位杂交相同。免疫定位检测效果与转基因植物组织中外源蛋白质的表达量相关。高表达的外源蛋白质检出较为容易,而低表达量的或在组织细胞内广泛分布,无特定区域的蛋白质检测起来比较难。

6.2.3　蛋白质组织细胞定位技术要点

蛋白质组织细胞免疫定位实验程序包括植物组织固定和包埋、包埋组织块切片和封固、免疫反应及检出。切片的质量是影响检测效果的重要因素,固定是关键的一步。过度的固定会引起蛋白质变性,而使依赖于构象的表位反应消失,或是靶表位被遮盖。如果固定不够,蛋白质会被抽提或移位。影响检测效果的另一个因素是抗体,用于免疫于定位的抗体可以是多克隆抗体,也可以是单克隆抗体,各有优缺点。多克隆抗体(抗血清)中含有大量不同的抗体,每一种都能与抗原独特位点或表位点结合,所以能够产生强于单克隆抗体的检出信号,单克隆抗体识别单一表位,专一性强,背景低。抗体探针标记时要考虑植物材料内源荧光物质及内源酶的问题。组织中自溶酶活性可能会引起非特异性背景。对于具有较强荧光或较高的自溶酶活性的样品,荧光及酶标记不太适合,这时可采用金属标记的抗体。金属类光密度或电子密度标记物适用于细胞原位杂交,可以在光镜或电镜下观察。进行免疫反应时,一抗的稀释度可参照印迹杂交。为减少非特异结合造成的背景,在一抗稀释液中可加入制备二抗的动物的普通血清。抗体与抗原反应在足够密闭并保持一定温度的容器中进行。抗体稀释液滴加在封固的切片上,先用一抗反应,洗去一抗后加入二抗稀释液。免疫反应于 37℃ 进行 30～45min。为减少非特异性抗体的结合,反应后需要反复用含 BSA 及 NaCl 的 Tris・Cl 溶液漂洗。显色根据抗体探针标记物的物理化学性质进行。

6.3　组织印迹的 Northern 及 Western 杂交

Northernblot 和 Western blot 是将 mRNA 及蛋白质从被检测的植物材料中提取出来,经凝胶电泳分离,将凝胶上的 mRNA 或蛋白质条带印迹到固相膜上,探针与膜上的 mRNA 或蛋白质进行杂交。这里介绍的组织印迹杂交是一种无需将 mRNA 及蛋白质提取出来,无需电泳分离的方法。它是将被检测材料制成组织切片,切片置固相膜(尼龙膜或 NC 膜)上,用手指轻压使切片中的细胞破碎,内容物转移到膜上,mRNA 及蛋白质等各种大分子近似原位地印迹在膜上,然后用相应探针与膜上的目的 mRNA 或目的蛋白质进行杂交。组织印迹杂交与本书介绍的 mRNA 原位杂交及蛋白质免疫定位不同之处是使用了膜，有一个组织原位印迹过程，杂交发生在膜上。杂交体在组织中的位置是通过与印迹后对组织切片染色使之呈现出的组织解剖结构相比较而确定的。mRNA 原位杂交及蛋白质免疫定位的杂交过程是在组织切片上进行，杂交体的位置直接在切片上观察。组织印迹的 Northern 及 Western 杂交原理及杂交的主要操作过程与印迹杂交相同。尼龙膜及硝酸纤维膜都可以用于组织印迹的 Northern 杂交，尼龙膜的分辨率比硝酸纤维素膜高，并且耐受操作，两种膜都无需预处理。进行 Western 组织印迹时多使用硝酸纤维素膜。在研究细胞壁蛋白时，为促进细胞壁蛋白释放，膜预先要用 0.2mol/L $CaCl_2$ 溶液浸泡 30min。一张膜上可同时印迹多个具可比性或系统性的组织切片，以研究基因的特异表达现象或基因表达的规律。植物材料的解剖结构通过对印迹后组织切片的甲苯胺蓝染色确定。综上所述，组织印迹法是一种简便可行的对外源基因表达产物进行初步定位的方法，它为在一张膜上同时分析不同转基因植物、不同组织器官或不同发育阶段多种组织印迹提供了十分方便的条件。

复　习　题

名词解释

组织细胞 mRNA 原位杂交、蛋白质组织细胞免疫定位、组织 Southern 印迹杂交、组织 Western 印迹杂交、RT-PCR

问题

（1）设计一个 ELISA 的实验程序，并说明应注意的问题。

（2）设计一个定量分析的 Western 印迹实验程序。

（3）设计一个组织细胞的 mRNA 原位杂交的程序，并说明其目的意义。

（4）设计一个组织 Western 印迹杂交程序，并说明其目的意义。

（5）设计一个 RT-PCR 的实验程序，并说明其主要影响因素。

（6）怎样分析外源基因在转基因植物中的整合位点？

第 38 章

转基因植物的生物学特性检测

通过 DNA 整合及表达检测在分子水平上证实获得了转基因植株。然而，在遗传学水平上还存在着更深层次的问题，转基因植株是纯合体还是杂合体？在遗传过程中是否出现分离？这就涉及转基因植株的遗传稳定性。因此，在获得转基因材料的同时要进行纯合体的鉴定。

除此之外，还需要意识到转基因后代遗传多样性的问题，加强对转基因功能植物主要性状和遗传多样性评价，不断挖掘转基因植物种质资源遗传信息，对促进植物种质资源创新和培育综合性状优良品种具有重要意义。利用分子标记技术进行遗传多样性检测是行之有效的手段。

判定转基因植物还需要提供外源基因控制的表型性状(如抗性)及这种表型性状的遗传稳定性等证据，即外源基因的导入是否真正发挥了外源基因的作用，以及这种功能是否能稳定遗传，使作物在某一方面的性状得以提高。基因决定功能，功能体现于表型。因此，对于转基因植物生物学特性的检测还应包括表观遗传学检测。本章包括转基因植株外源基因纯合和嵌合基因性检测、遗传多样性检测、表观遗传学检测及遗传稳定性检测等 4 部分内容，以下分别详细介绍。

1　转基因植株外源基因纯合和嵌合性检测

1.1　转基因植株外源基因纯合体检测

随着分子生物学和生物技术的发展，对转基因植物的研究也日益广泛。如何快速、有效地从转基因植物后代中检测出纯合的转基因植株是转基因植物研究的重要环节，也是鉴定目标基因效应所必需的。在遗传学中，纯合体又称同型合子或同质合子，是指由两个基因型相同的配子所结合而成的合子，也指由此种合子发育而成的生物个体。纯合体的同源染色体，在其对应的一对或几对基因座位上，存在着完全相同的等位基因，如 *AA*、*aa*、*AABB*、*AAbb*、*aaBB*、*AABBcc*、*aaBBcc* 等，具有这些基因型的生物，就这些成对的基因来说，都是纯合体。在它们的自交后代中，这几对基因所控制的性状，不会发生分离。

杂合体又称异型合子或异质合子，是指由两个基因型不同的配子结合而成的合子，也指由此种合子发育而成的生物个体。杂合体的同源染色体，在其对应的一对或几对基因座位上，存在着不同的等位基因，如 *Aa*、*AaBb*、*AaBbCc* 等，具有这些基因型的生物，就这些成对的基因来说，都是杂合体。在它们的自交后代中，这几对基因所控制的性状会发生分离。根据外源基因插入位点已知与否，纯合体的鉴定方法并不相同。首先介绍在不清楚外源基因插入位点的情况下如何鉴定转基因植株外源基因是否纯合。

1.1.1　插入位点未知的纯合体鉴定

1) 筛选剂及 PCR 鉴定纯合体　　根据遗传分离的原理，结合筛选标记基因对应的筛选剂及 PCR 检测的方法进行纯合体的鉴定。一般要对转基因当代(T_0)、第 1 代(T_1)和第 2 代(T_2)植株进行连续的检测和分析。常规分析方法是通过对 T_2 代转基因幼苗在抗生素或除草剂选择下的基因分离情况进行分析，或通过转基因的 PCR 检测，分析鉴定 T_1 代植株中的纯合和杂合体。由于在 T_1 代 PCR 阳性植株中只有 1/3 是转基因纯合株，所以，一般从每个 T_0 代转基因植株所产生的 T_1 代中取 6～9 个 PCR 阳性株进行分离分析。当 T_1 代 PCR 阳性株产生的 T_2 代幼苗经过检测全部含有转基因时，则该 T_1 代 PCR 阳性株为转基因纯合株；反之，则为杂合株。如果一个 T_1 代 PCR 阳性株所产生的 T_2 代幼苗发生转基因分离且分离比率明显偏离 3∶1，就表明在转基因植株中存在 2 个或多个不连锁转基因拷贝，而且都为杂合状态。

除了可以采用 PCR 分子检测的方法外，*bt* 还可以通过筛选剂进行筛选。近年来，利用抗生素或筛选标记基因法鉴定转基因纯系已有报道。李长福等根据转 *bt* 基因棉中整合的 *gus* 和 *npt-Ⅱ* 基因，建立了 3 种种子纯度检测方法，即 GUS 组织化学染色法、NPT-Ⅱ培养法和 NPT-Ⅱ叶片涂抹法，准确率达到 98%，在检测转 *bt* 基因棉原始群系 20-1 时，与生物测定比较准确率同样在 98%。但是，它比酶联免疫吸附法(ELISA)法检测 Bt 杀虫蛋白的操作简单,成本低廉且易于判断。陈旭升通过研究发现转基因抗虫棉平均抗性指数与棉苗群体抗虫标记基因纯度两者呈极显著的正相关,即品种群体抗虫标记基因的纯度越高,其生物学抗虫性越强。一般来说运用PCR方法检测目的基因需要较完备的实验条件,实验技术细节的把握不当往往导致假阳性或假阴性带型的出现。而基于抗生素-筛选标记基因等建立的抗生素筛选体系简单、直观、省时,适用于对转基因纯系种质的筛选,对转基因亲本与杂交组合纯度的检测同样具有指导意义。

现以"应用G418催芽胁迫体系鉴定携带*npt-Ⅱ*基因的转育水稻纯系的研究"为例,阐述此方法。

(1)确定G418(*npt-Ⅱ*筛选标记基因对应的有效筛选剂)筛选剂的最佳筛选浓度,保证可以达到筛选效果的最低剂量。

(2)利用G418对水稻种子的发芽进行处理。要求设计好阴性对照和阳性对照,同时,对转基因的水稻材料和未转基因水稻进行处理,并保证种子的状态一致;确定最佳的处理时间(要求具有明显表型),注意处理时的培养条件,均要保证最佳的环境条件。考虑到技术重复及统计的最小样本,要合理安排好处理的水稻种子数量。

(3)确定评价的表型标准。该研究将种子完全浸泡于抗生素溶液中,统计发芽7d后的发芽率、死亡率、生根种子数、根长等形态指标。

(4)利用PCR检测的辅助手段,对抗性植株进行检测,确定该筛选剂的准确性及筛选压力,并与PCR检测的方法进行比较。

2)双重定量实时PCR方法鉴定纯合体

无论是PCR检测还是借助筛选试剂筛选的方法都是比较费时费力的,而且也浪费了许多宝贵的T_1代转基因植株资源。实时定量PCR技术的完善及荧光定量检测仪器和相关反应试剂盒的开发使得该技术的应用越来越广泛。实时PCR技术被认为是目前最好的定量PCR方法。可精确地检测样品中起始DNA和RNA的含量,并且能够分辨DNA水平上2倍的差异。German等以转基因番茄为试材,建立了应用双重定量实时PCR技术快速鉴定T_1代转基因纯合株和杂合株的方法。李润植等在该技术的基础上进行改进,并对转基因大麦、棉花和油菜材料进行检测,证明此方法是可行和有效的。以下对该技术的原理和特点、实验流程及操作、结果分析作一简单介绍。

(1)双重定量实时PCR的原理及特点。本方法需2对引物和TaqMan探针,第1对为扩增转基因(目标基因或选择标记基因)的引物(上游引物和下游引物)和TaqMan探针(与所扩增的转基因产物的某一区段互补,位于两引物之间);第2对为扩增内源参照基因(最好选择单拷贝基因,如番茄的液泡转化酶基因)的引物和TaqMan探针(与所扩增的内源参照基因产物的某一区段互补)。在转基因和内源参照基因TaqMan探针5′端标记上不同的荧光报告基团。内源基因和外源基因的荧光TaqMan探针互不相同,可在同一反应过程中对内源基因和外源基因同时进行分析。这种在同一PCR反应中同时扩增2种不同基因的PCR技术被称为双重PCR。因此,本方法可被称为双重实时PCR。

单拷贝内源参考基因的选用,可对每一个反应中DNA量的差异进行校准,提高实验的准确性和重复性。选取T_1代转基因幼苗及相应的T_0转基因亲本植株幼苗的叶片作为样品,每个样品至少重复3次。分别计算每个样品的转基因和内源参考基因Ct值,进一步计算出每个T_1代转基因幼苗内源参考基因和转基因Ct值的比率(公式见下文)。如果该比率接近1,说明该T_1株为杂合型;如果该比率接近2,则为转基因纯合型。通过计算T_0转基因亲本植株样品的Ct值,还可用来消除转基因拷贝数对鉴定转基因整合状态的影响。该方法还可检测转基因的拷贝数,详见下文。

(2)实验流程及操作。

a. 待测转基因植株DNA的制备。

b. 用常规PCR方法对T_0和T_1代转基因植株进行预检测。PCR反应所用引物可以是扩增选择标记基因的特异引物,也可以是扩增目标转基因的特异引物。选择PCR检测为阳性的T_0及其T_1代的转基因植株样品进行后续实验检测。

c. 设计实时PCR反应所用引物和TaqMan探针。应用软件设计扩增转基因和内源参照基因的引物及TaqMan探针。转基因和内源参照基因TaqMan探针的5′端要用不同的荧光报告基团进行标记(使用荧光标记试剂盒)。探针序列应位于两引物之间。

d. 双重定量实时PCR反应。实时PCR反应体系为:在10μl 2×TaqMan通用PCR反应混合液中,加入每一引物(终浓度为500nmol/L)、每一探针(终浓度为200nmol/L)和1μl基因组DNA(5~10ng),反应总体积为20μl。每一个DNA样品和不含模板DNA处理及负对照都至少设3次重复。为检测实时PCR产物的大小,用一定浓度琼脂糖凝胶(1%~3%)对反应产物进行电泳分离。

e. 依据各转基因植株样品的目标基因和内源对照基因的 Ct 值，计算各个所测植株的目标基因 Ct 值和内源对照基因的 Ct 值的比率。按设定的程序完成实时 PCR 反应后，可获得各样品转基因植株样品的目标基因和内源对照基因的 Ct 值。取几次重复的平均值，并进行统计分析。根据各转基因植株的目标基因 Ct 值和内源对照基因的 Ct 值，按下式计算每一转基因植株的 Ct 观察值：

$$转基因植株\ Ct\ 观察值 = 2^{(Ct\ ref-Ct\ tra)}/2^{(Ct\ refp-Ct\ trap)}$$

式中，Ct ref 和 Ct tra 分别代表 T_1 代植株中的内源对照基因和目标基因的 Ct 值，Ct refp 和 Ct trap 分别代表 T_0 亲本植株的内源对照基因和目标基因的 Ct 值。

3) T_1 代转基因纯合株和杂合株的鉴别

这里以转基因棉花的实验结果（表 38-1 和表 38-2）为例，说明如何根据 Ct 观察值鉴别 T_1 代转基因纯合株和杂合株（李润植等，2004）。计算所得的 Ct 观察值明显分为 2 种：一种植株 Ct 值接近 1，另一种植株 Ct 值接近 2。T_1 姊妹系（同一 T_0 亲本的后代）内的 2 种 Ct 观察值比率约为 1∶2。这一比例表明 Ct 值接近 1 的植株是转基因杂合型，Ct 值接近 2 的植株是转基因纯合型。

公式中以亲本（T_0）的转基因 Ct 值作为标准化系数，消除不同亲本植株中的转基因拷贝数差异引起的变异。当公式中不包括亲本植株的 Ct 值时，一些杂合株和纯合株的 Ct 值就会分别高于 1 和 2（表 38-1）。例如，转基因植株 4-A 的分值分别为 3.45 和 7.74，转基因植株 3-B 的分值分别为 2.35 和 4.18。这种高 Ct 值表明转基因植株 4-A 中有 4 个目标基因拷贝，在转基因植株 3-B 中有 2 个目标基因拷贝。表 38-2 中的理论值同样以数字的形式表明了这种情况。

转基因植株 4-A 和转基因植株 3-B 的低值和高值的比例为 1∶2，也明显表明了植株的转基因合子状态（表 38-2）。此外，用 T_0 代亲本的 Ct 值，可以对单一植株相对于其亲本的合子状态进行检测。所以，就不必用 T_1 植株中的 1∶2 的比例确定转基因合子状态。因此，不管拷贝数如何，代入公式后 Ct 值接近 2 的植株就为转基因纯合株。

综上所述，实时 PCR 技术具有对目标序列的高特异性及设计相对简单的优点，可作高通量分析。应用双重定量实时 PCR 技术在 T_1 代苗期就可以对转基因纯合株和杂合株及转基因拷贝数进行准确的鉴定，是一种快速有效的转基因植物合子状态及转基因整合拷贝数的鉴定方法。这种方法不仅可以在短时间内对多个转基因植株的 T_1 代进行分析，并且保存了完整的 T_1 代转基因群体。Tesson 等用相似的双重 TaqMan PCR 方法检测转基因老鼠的合子状态，不同的是他们用已知的杂合型转基因小鼠在公式中作为参照。

双重定量实时 PCR 技术的缺点是反应中存在 2 种模板之间的干扰和竞争，尤其当 2 种模板的起始拷贝数相差比较大时，这种竞争会表现得更为显著。应用该技术进行转基因合子状态和拷贝数鉴定时，要依据具体试材对实时 PCR 反应条件和程序作改进和优化，以确保获得准确的检测结果。

表 38-1　T_0 转基因植株的 T_1 代转基因纯合子和杂合子

转基因植株	$2^{(Ct\ ref-Ct\ tra)}/2^{(Ct\ refp-Ct\ trap)}$			$2^{(Ct\ ref)}/2^{(Ct\ refp)}$		
	杂合子	纯合子	比例	杂合子	纯合子	比例
转基因 1-A	0.94±0.04	1.92±0.08	1∶2.0	1.19±0.05	2.42±0.10	1∶2.0
转基因 1-B	1.05±0.09	1.96±0.26	1∶1.9	1.13±0.10	2.15±0.28	1∶1.9
转基因 2-A	1.21±0.03	2.47±0.15	1∶2.0	1.18±0.02	2.44±0.11	1∶2.1
转基因 2-B	0.95±0.07	2.00±0.03	1∶2.1	1.32±0.13	2.89±0.08	1∶2.2
转基因 3-A	1.19±0.09	2.38±0.08	1∶2.0	1.22±0.06	2.44±0.11	1∶2.0
转基因 3-B	1.10±0.03	1.90±0.21	1∶1.7	2.35±0.02	4.18±0.44	1∶1.8
转基因 4-A	1.05±0.09	2.37±0.01	1∶2.3	3.45±0.32	7.74±0.01	1∶2.2
	0.99±0.08	1.97±0.01		3.23±0.22	6.58±0.04	

注：1. 转基因 1～4 分别代表 4 种不同的目标转基因；2. 转基因 1-A 和 1-B 为来自 2 个 T_0 转基因 1 植株的 T_1 代杂合株和纯合株；同理，转基因 2-A、2-B 和 3-A、3-B 分别来自 2 个 T_0 转基因 2 和 3 植株的 T_1 代杂合株和纯合株；3. 每一植株 3～6 次重复，表中数据为 Ct 平均值和标准误；4. 2 中计算方法是用 T_0 株的 Ct 值进行校正，或不用 T_0 株的 Ct 值进行校正；5. 来自同一个 T_0 转基因植株的 T_1 代杂合株和纯合株数的比率也在列表中

表 38-2　转基因拷贝数对纯合株和杂合株 Ct 值的理论效应

	拷贝数	亲本 Ct	杂合株 Ct	纯合株 Ct	w. 亲本		w. o. 亲本	
					He	Ho	He	Ho
对照基因	1	22	22	22	1	2	1	2
转基因	1	22	22	21				
对照基因	1	22	22	22	1	2	2	4
转基因	2	21	21	20				
对照基因	1	22	22	22	1	2	3	6
转基因	3	20.4	20.4	19.4				
对照基因	1	22	22	22	1	2	4	8
转基因	4	20	20	19				

注：1. 单拷贝转基因 T_0 亲本的 Ct 值的确定是基于已有的实验结果。2、3 或 4 个连锁转基因拷贝的 T_0 亲本的 Ct 值及它们的 T_1 代杂合和纯合后代的 Ct 值是依照假定 PCR 100%有效进行计算的。2. 用公式 $2^{(Ct\ ref-Ct\ tra)}/2^{(Ct\ refp-Ct\ trap)}$ 计算中包括亲本 Ct(w. 亲本)，用公式 $2^{(Ct\ ref)}/2^{(Ct\ refp)}$ 计算中不包括亲本 Ct(w. o. 亲本)。3. He 代表杂合子，Ho 代表纯合子。4. 含 2 个和 4 个转基因拷贝植株的理论值分别与表 38-1 中的转基因 3-B 和转基因 4-A 的结果近似

1.1.2　插入位点已知的纯合体鉴定

当目的基因和标记基因插入位点确定后或已知，纯合体的鉴定就略显简单得多。但是，在大多情况下，转基因植株目的基因和标记基因的插入位点是未知的，或者在低世代转基因材料研究中是未知的。因此，在实际应用中，以下介绍的方法更适合 T-DNA 插入突变体(通过转基因的方式构建的突变体)纯合体的筛选。以下以转基因 T-DNA 插入拟南芥纯合突变体筛选为例，介绍在已知插入位点的情况下，如何鉴定纯合体。

目前，鉴定方法主要有 2 种 (http://signal. salk. edu/tdnaprimers. html)："三引物法"和"双引物法"。

"三引物法"的原理如图 38-1 所示，即采用三引物(LP、RP、LB)进行 PCR 扩增。野生型植株(wild type，WT)目的基因的两条染色体上均未发生 T-DNA 插入，所以，其 PCR 产物仅有 1 种，片段长度约 900bp (即从 LP 到 RP)；纯合突变体植株(homozygous lines，HM)目的基因的两条染色体上均发生 T-DNA 插入，而 T-DNA 本身的长度约为 17kb，过长的模板会阻抑目的基因特异扩增产物的形成，所以也只能得到 1 种以 LB 与 LP(或 RP)为引物进行扩增的产物，片段长度约(410+N)bp(即从 LP 或 RP 到 T-DNA 插入位点的片段，长度为(300+N)bp，再加上从 LB 到 T-DNA 载体左边界的片段，长度为 110 bp，N 为 T-DNA 的实际插入点与侧翼序列之间的长度)；杂合突变体植株(heterozygous lines，HZ)只在目的基因的一条染色体上发生了 T-DNA 插入，所以，PCR 扩增后可同时得到(410+N)bp 和 900bp 两种产物。此法优点是可同时鉴定出纯合突变体 T-DNA 插入片段，以确定所获突变体为 T-DNA 插入并确定 T-DNA 的插入情况。

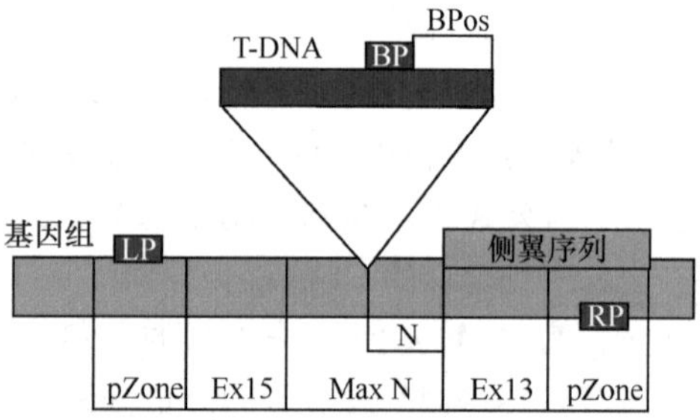

A

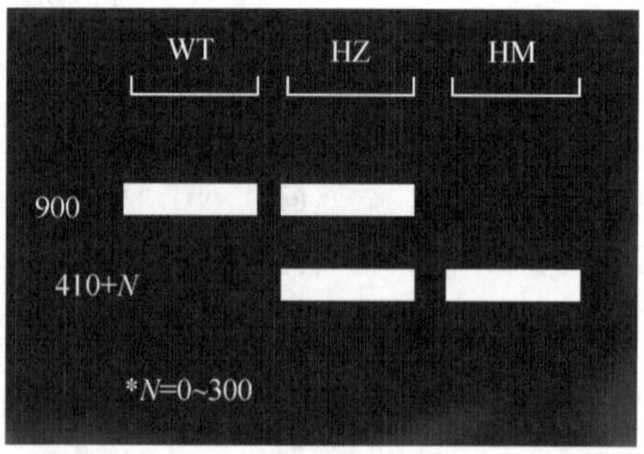

B

图 38-1　"三引物法"原理示意(引自 http://signal. salk. edu/tdnaprimers. html，2013)

A. T-DNA 插入目的基因编码序列的方式、位置及 PCR 鉴定反应所需引物。LP、RP. 与目的基因片段互补的特异引物；LB. 插入 T-DNA 片段的特异引物；N. T-DNA 的实际插入位点与侧翼序列之间的距离(通常 0~300bp)。B. 3 种可能的基因型植株 PCR 产物的差异。WT. 野生型植株；HZ. 杂合突变体植株；HM. 纯合突变体植株。

"双引物法"的基本原理与"三引物法"相似，即采用特异引物扩增目的基因片段和 T-DNA 插入片段，通过比对扩增结果进行突变体的鉴定。具体方法如图 38-2 所示：首先以基因组 DNA 作为模板，用一对特异引物（LP 和 RP）扩增目的基因片段，初步鉴定出纯合突变体（图 38-2A）；然后再以基因组 DNA 为模板，由 T-DNA 片段的特异引物（LB）与 LP 或 RP 组成一对引物，扩增目的基因 T-DNA 插入片段，以确定所获突变体为 T-DNA 插入目的基因的突变体（图 38-2B）。此法的不足之处是完成最终鉴定需进行两轮 PCR 扩增。

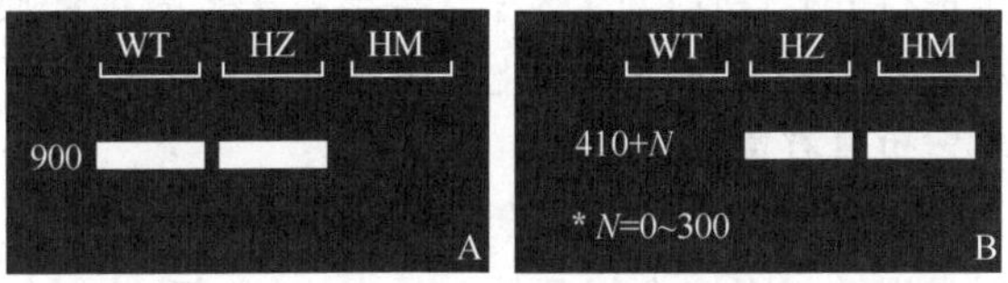

图 38-2 双引物普通 PCR 法原理示意

（引自 http://signal.salk.edu/tdnaprimers.html，2013）

A. 以 LP、RP 为引物，不同基因型植株 PCR 产物的差异；B. 以 LP、LB 或 RP 为引物，不同基因型植株 PCR 产物的差异；N、WT、HZ、HM 同图 38-1

具体的检测分为以下 3 步。

（1）确定 T-DNA 插入的侧翼序列，根据侧翼序列设计 LP、LB 或 RP 引物。

（2）利用 LP、RP 为引物进行纯合鉴定。

（3）利用 LP、LB 或 RP 为引物，T-DNA 插入鉴定。

1.2 转基因植株嵌合体检测

遗传学上嵌合体指不同遗传性状嵌合或混杂表现的个体。染色体异常是嵌合体主要类型之一，即来自不同合子的细胞系所组成的个体，称异源性嵌合体。起源于同一合子发育成不同核型的细胞系所形成的个体则称同源性嵌合体（mosaic），又称镶嵌体。同一器官出现不同性状的生物体，是由于体细胞突变形成遗传型不同的细胞所组成的。根据转基因的方法不同，嵌合体产生的比例也各不相同。通常转化的受体组织为单细胞或分化程度较低的转基因材料嵌合体的比例相对比较低。而多细胞或分化程度较高的组织来源的再生转基因材料嵌合体的比例较多。嵌合体的检测多采用 PCR 的方法，即对转基因植株不同组织部位进行检测。需要指出的是，对于嵌合体的植株，T_0 代检测阴性的植株并不代表其是非转基因植株，尚需对其后代进行检测，仍有较低阳性率的后代。

2 转基因植物遗传多样性检测

经过几十年的努力，转基因技术已日趋完善，陆续获得大量的、不同功能型的转基因植株新品种。由于转基因后代遗传的多样性，使得转基因新品种选育与资源创新已经成为植物遗传育种研究的重要方向之一。加强对转基因功能植物主要性状和遗传多样性评价，不断挖掘转基因植物种质资源遗传信息，对促进植物种质资源创新和培育综合性状优良品种具有重要意义。而关于转基因植物遗传多样性研究，目前报道还很少，多采用分子标记技术和表型性状进行评价。分子标记技术检测的多态性是品种（系）DNA 水平的变异，而品种的表现型是品种（系）的基因型、环境效应和基因型与环境互作效应的综合评价结果。以下简单阐述一下利用分子标记技术进行遗传多样性检测的基本原理和成功应用。

2.1 RFLP 检测分析原理

RFLP 是了解基因组细微结构及其变化的一种分析方法。RFLP 全称是限制性片段长度多态性。如果两个 DNA 分子完全相同，用同剂量的同种限制酶在相同的条件下消化，所得的限制酶谱将相同。如果两个 DNA 分子基本相同，只是在一处或几处发生某种差异，哪怕是很小的差异，消化后两 DNA 分子限制酶谱的条带方式将出现不同，即产生多态性。对这些条带进行分析可从中获得两种 DNA 分子结构差异的信息。外源基因的转入，即便是单拷贝的转入也会导致 DNA 分子结构的改变，因此利用 RFLP 的 DNA 分析检测方法进行转基因植物遗传多样性的检测。

如某限制酶对 DNA 片段有 A、B、C 3 个切点，完全消化后用琼脂糖凝胶电泳分离，在凝胶上将出现 4 条条带。若在该片段中有外源基因插入，插入部位没有影响酶切位点，并且插入的片段中也无该限制性酶的切点，那么谱带数仍为 4，但有的条带的迁移率将出现差异，即产生了多态；若插入位置正好在酶切位点上，则条带数将减为 3 条，并出现迁移率的变化；若插入的外源基因内有一个该限制酶的位点而且没有影响原有的酶切位点，则条带数目将增至 5 条。由此可见，外源基因的插入是引起多态的原因，这样就可以反过来，通过分析样品 DNA 限制酶切片段多态性的有无及多态性的类型，来判定转基因的遗传多样性。理论上是这样，然而在实际操作中因植物染色体 DNA 大且复杂，会出现限制酶切片段电泳分离后在凝胶上呈现出的是一条涂抹片状的连续荧光区,很难分辨出片段的多态性,因而也就很难得到DNA结构多态性的信息。连续荧光区的出现是因为酶切片段太多,在有限的凝胶上,及有限的电泳条件下很难使这些条带清晰地分离开,酶切片段的密集掩盖了多态性。为解决这一问题,人们采用了Southern杂交。将琼脂糖中的DNA转移到固相膜上,然后用标记的外源基因做探针,经放射自显影后可在X线片上看到RFLP。所以发展到今天,可以说RFLP是一项利用放射性同位素或非放射性物质标记探针,与转移在固相膜上的基因组DNA酶切片段进行杂交,通过显示限制酶切片段的差异来检测不同遗传位点等位变异的一项技术。

2.2 RAPD检测分析原理

RAPD是randomly amplified polymorphic DNA的缩写,意为随机扩增多态DNA。RAPD与RFLP相同之处是都从琼脂糖凝胶上DNA条带的多态性来反映基因组结构上的多态性,不同的是RFLP是用限制性内切酶消化DNA,通过分析限制酶切片段的多态性,来显示DNA结构的多态性。而RAPD是利用PCR技术从扩增的DNA片段上分析多态性。由于片段被引物选择地扩增,并不是所有序列都扩增,扩增了的片段能在凝胶上清晰地显现出来,这样就可以通过同种引物扩增条带的多态性,反映出模板的多态性。

RAPD以PCR为基础,核心是DNA片段扩增,其与常规PCR不同之处在于引物。常规PCR需要两个引物,每个引物分子15~30个核苷酸,引物序列需根据待扩增的基因两端的序列设计,因此要进行PCR时,必须知道待扩增基因两端的序列。而RAPD分析时,只需要一个引物,长度为10个核苷酸左右,引物序列是随机的,因而可在被检对象无任何分子生物学资料的情况下对其基因组进行分析。

单引物扩增是通过一个引物在两条DNA互补链上的随机配对来实现的。在基因组DNA分子内可能会存在或长或短被间隔开的颠倒重复序列,那么在两条单链上就各有一个引物结合的部位,构成单引物PCR扩增的模板分子。如果引物的核苷酸序列很短,退火温度又较低,引物与DNA模板颠倒重复序列的结合机会就会增多,产生若干单引物PCR扩增产物,形成该引物的特异图谱。不同DNA中这种颠倒重复序列数目及间隔的长短不同,扩增的条带就不同,即出现多态性。

外源基因转化后转基因植株(不同“转化事件”)基因组DNA与非转化植株基因组DNA在外源基因插入的部位有着明显不同,当引物适宜时,扩增的条带长短就会不同,所以利用RAPD分析可以快速对导入的外源基因进行鉴定。如果转化植株有外源基因插入,则可能会引起植物基因组重排,这样在一定条件下,用RAPD技术可以检测出对照植株和转化植株PCR产物带型的区别,以及不同“转化事件”间的多样性,还可以检测后代植株间基因组的遗传多样性。由于RAPD可以在对被检对象无任何分子生物学资料的情况下对其基因组进行分析,所以对DNA直接导入法基因转化及种质系统介导的基因转化及其后代多样性的分析鉴定也具有重要意义。

对于转基因植物遗传多样性的研究,在我国最早是以转基因抗虫棉开始。早在2002年,为了能更好地了解转基因抗虫棉的3个主要类型(美国岱字棉系列,中棉所系列和国抗系列的品种)及材料的遗传多样性,指导转基因抗虫棉的科研工作开展和生产上的推广应用及合理布局,华中农业大学利用RAPD和SSR 2种分子标记,对我国不同棉区的转基因抗虫棉进行了遗传多样性分析。利用从260个随机引物中筛选得到的带型清晰且重复性好的15个RAPD多态性引物和从74对SSR引物中筛选出多样性引物14对,对30个转基因棉花进行多态性扩增和分析。从聚类图上看出分布于我国各地的抗虫材料具有相对较高的遗传多样性,可能也正反映了这一点,我国现有的转基因抗虫棉的抗虫性多由1对显性基因决定。另外,研究也发现,RAPD标记的多样性很差,仅为5%,SSR标记的多态性则多为19%。虽然差异的原因尚无报道,但是在更多的研究中均发现这一结果,由此可见,RAPD方法分析转基因遗传多样性尚存在一些技术问题。

2.3 SSR标记分析转基因植株的遗传多样性

简单序列重复(simple sequence repeat,SSR),也称为短串联重复(short tandom repeat,STR)、微卫星(microsatellite DNA)或简单序列长度多态性(simple sequence length polymorphism,SSLP),是由1~9个碱基为基本重复单元组成的高度重复序列(重复次数一般为10~50),由于分布在基因组的不同位置上,且重复次数不同,而形成的多态性,如图38-3所示。每个SSR座位(SSR loci)两侧一般是相对保守的单拷贝序列,因此可根据两侧序列设计一对特异引物来扩增SSR序列。经聚丙烯酰胺凝胶电泳，比较扩增带的迁移距离，就可知不同个体在某个 SSR 座位上的多态性。

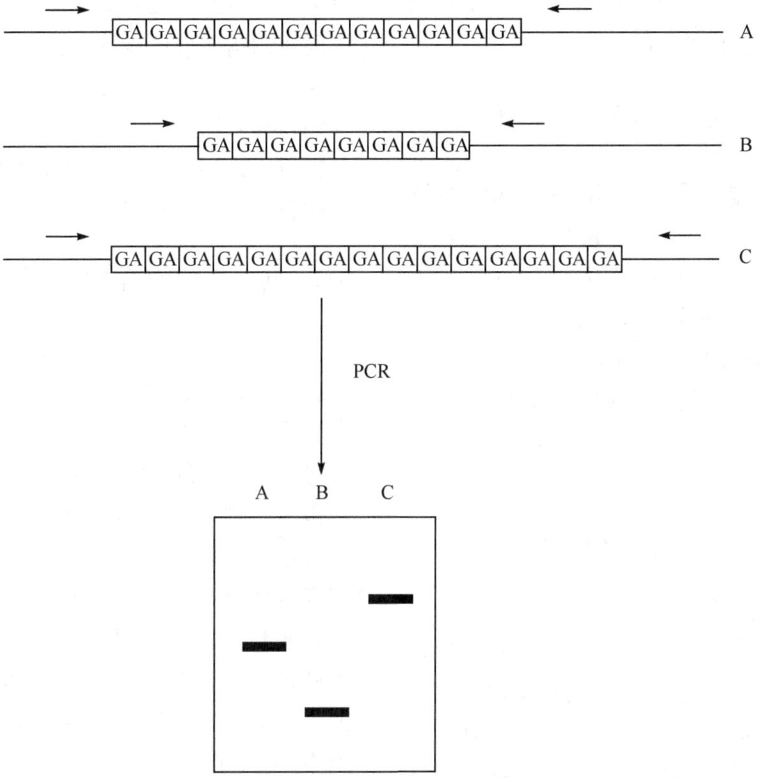

图 38-3　SSR 多态性分析示意图（方宣钧等，2000）
A、B、C 分别代表不同基因型

SSR 标记的多态性主要依赖于基本重复单元的重复次数的变异，而这种变异在生物群体中是大量存在的。因此，SSR 标记的最大优点是具有大量的等位差异，多态性十分丰富，目前 SSR 标记已广泛应用于遗传作图和种质鉴定等。另外，因微卫星呈共显性遗传，故可鉴别杂合子和纯合子。但是，SSR 标记必须针对每个染色体上的微卫星，发现其两端的单拷贝序列。因此，开发微卫星两侧的引物序列成为 SSR 分析的关键所在。

外源基因转化，由于基因插入位点不同而产生具有遗传多样性的不同“转化事件”，不同“转化事件”种质或品系之间就会产生不同的 SSR 差异。这样在同一条件下，用 SSR 技术可以检测出对照植株和转化植株 PCR 产物带型的区别，以及不同“转化事件”间的多样性，还可以检测后代植株间基因组的遗传多样性。

SSR 标记是建立在 PCR 基础上的一种新型遗传标记，因具有较高的多态性信息量，共显性分离，标记位点专业化，试验重复性好，被广泛地应用于多种植物遗传多样性分析。在转基因棉花上，利用 SSR 标记技术分析转基因棉花多样性方面也有较多报道，除此之外，多种标记技术相结合的手段也被应用于遗传多样性检测研究中。马峙英等利用 SSR 和 AFLP 2 种分子标记技术，分析了 52 份转基因抗虫棉品种（系）的遗传多样性；朱龙付等应用 SSR 和 RAPD 2 种分子标记对来自我国各个棉区的 30 份陆地棉转基因种质材料进行了遗传多样性分析。

杜雄明等用 SSR 标记分析技术对陆地棉遗传标准系 TM-1 及其转激素基因后代材料进行分析，使用 6 对 SSR 多态性引物基本上能把这些转基因材料区分开，SSR 标记可以揭示这些转激素基因材料的遗传多样性。除此之外，通过转基因材料遗传多样性分析，对种质资源遗传多样性、育种材料遗传相似性、亲体选配、组合制也具有重要意义。朱四元等利用 SSR 标记对不同类型抗虫棉品种的遗传多样性分析，首次对 3 种不同类型的 14 份转基因抗虫棉品种进行了 SSR 分析，发现同一亚类的 3 个无蜜腺的品种 BR-S-10，97014 和 ISA4ne 与其他抗虫棉品种之间存在较大差异。最终提出利用形态抗虫棉和转基因棉花品种进行杂交，配制新的抗虫组合、选育优质高产的抗虫棉新品种的转基因育种的思路。通过 SSR 标记可以很方便、直观、快速、有效地进行亲本选配，减少盲目性，这对抗虫棉新品种的选育和杂种优势的利用具有很重要的意义，以上研究均说明应用 SSR 技术进行棉花品种(系)间遗传关系分析是可行的。

3 转基因植株的目的性状检测

判定转基因植物还需要提供外源基因控制的表型性状证据(抗性)，即外源基因的导入是否真正的发挥了外源基因的作用，使作物某一方面的性状得以提高。基因决定功能，功能体现于表型。转基因与未转基因的植物在生理生化或表型上是有差距的。因此检测生理生化指标可以间接的鉴定外源基因的作用；而直接证据就是表型的差异。

3.1 生理生化检测转基因植物的目的性状指标

根据外源基因功能的不同，转基因植物的生理生化指标会相应的发生变化，因而通过测定这些生理指标可以间接的鉴定外源基因的作用，尤其是一些提高植物某种抗性或耐性的基因。如检测转基因植物抗逆性在转化前后的变化来检测外源基因或判断外源基因的功能，就可以采用检测游离脯氨酸含量来判断。植物在正常条件下，游离脯氨酸含量很低，但遇到干旱、低温、盐碱等逆境时，游离脯氨酸便会大量积累，并且积累指数与植物的抗逆性有关。脯氨酸作为植物抗逆性的一项生化指标可以间接的指示外源基因对提高受体植物抗逆性(或耐逆性)作用。另外，细胞膜的相对电导率，SOD(超氧化歧化酶)、CAT(过氧化氢酶)等活性的变化也可以作为一种生理生化指标来确定外源基因的转化是否成功并行使功能。

3.2 转基因植物目的性状的生物学鉴定

转基因的目的是通过外源基因在受体植株中表达，来改良植株某些方面的生物学性状。同样是在那些以提高植物生物和非生物胁迫抗性的转基因研究中，也可以通过表型特征来判断外源基因在转基因植物中的作用。可以给转基因植株施加一定的选择压力，如低温、干旱、盐胁迫、接种病毒、虫害等，检测转基因植株和未转基因植物表型的差异(图 38-4)，如果植株表现同对照植株相比有明显的抗性，则表明该植株是转基因植株，并且确定转入的外源基因起了作用。在转抗白叶枯病基因的水稻中，用人工接种白叶枯病菌的方法选择抗性植株，经连续多年的接种，一直表现为抗性的植株可以确定为转基因植株。在转耐盐基因的水稻、小麦和苜蓿的研究中，在含有高浓度 NaCl 的培养基或盐碱地中可筛选出转基因植株。

图 38-4 转基因植物生物学特性鉴定基因功能(Yoh Sakuma et al.，2006)
35S:DREB1A-b. 转基因珠系名称，该植株转化由 CaMV35S 启动子调控的 *AtDREB1A* 基因；35S:DREB2ACA. 转基因株系名称，该植株转化由 CaMV35S 启动子调控的经改造的 *AtDREB2A* 基因

4 转基因植物稳定性检测

植物转基因技术旨在利用分子育种技术定向、高效、快速培育新品种。其成功与否关键在于外源基因能否在转化体中稳定遗传和表达。因此，在转基因的当代通过不同水平检测到转基因的存在并没有结束，还需要将这样的检测延续到下一代，甚至下几代，这就是所谓的转基因植株遗传稳定性的分析，这里的稳定性指的是在遗传传递中的稳定性。

有研究表明，大多数外源基因在转化植物中是遵循孟德尔遗传规律的，即在第二代，有 1/4 的比例是纯合体。因此，在这一代还需要采用以上相应的手段进行筛选(大多采用生物学筛选并结合分子验证的方法)，选择纯合体，以便于育种工作。而第三代、第四代，外源基因是否能够稳定的传递下去，还需要继续进行跟踪选择。随着研究的深入，以及大量转基因植物的田间试验，科学家认识到外源基因在受体植物中复杂的遗传行为并非是孟德尔遗传规律所能解释的。因此，研究外源基因在转化体后代中的遗传规律及其稳定性是植物基因工程育种的新兴发展领域，还有很多的问题存有争议并在研究过程中。

获得的转基因植物能否保持外源基因的稳定性，即能否稳定地遗传给下一代，直接关系到基因工程新品种的培育。常规杂交育种的大量实验已明确，整合到受体细胞染色体的基因能够稳定遗传。转化的外源基因在理论上和常规杂交实现基因的转移是一样的。在多数情况下虽然供体 DNA 和靶 DNA 顺序在整合过程中可能经受各种变化，但整合一旦发生，插入的外源基因在减数分裂中能保持下来，并稳定地通过有性过程传递给后代，保持高度的减数分裂稳定性。

关于转基因植物遗传稳定性检测包括 3 个方面，分别为外源基因整合的遗传稳定性、外源基因转录表达的稳定性及功能性状的遗传稳定性。针对每个方面，都要对转基因株系的后代进行检测，并且至少要持续 3 代。通过连续 3 代的基因检测结果，确定外源基因在传递过程中的遗传稳定性，并可判断外源基因的遗传规律。以下为转基因植物安全评价针对遗传稳定性提出的要求。

1) 目的基因整合的稳定性　用 Southern 或 PCR 手段检测目的基因在转化体中的整合情况，明确转化体中目的基因的拷贝数及在后代中的分离情况，需要提供不少于 3 代的试验数据。

2) 目的基因表达的稳定性　用 Northern、RT-PCR、Western 等手段提供目的基因在转化体不同世代在转录盒翻译水平表达的稳定性(包括不同发育阶段和不同器官部位的表达情况)，提供不少于 3 代的试验数据。

3) 目的性状表现的稳定性　用适宜的观察手段考察目标性状在转化体不同世代的表现情况。

4) 具体要求

(1) 目的基因在基因组中的整合情况：采用 PCR、Southern 杂交等方法，分析外源插入片段在植物基因组中的整合情况，包括目的基因和标记基因的拷贝数，标记基因、报告基因或其他调控序列删除情况，整合位点等。外源插入片段的全长 DNA 序列包括实际插入受体植物基因组的全长 DNA 序列和插入位点两侧的边界序列。

(2)外源插入片段的表达情况：转录水平表达采用 RT-PCR 或 Northern 杂交等方法，分析主要插入序列(如目标基因、标记基因等)的转录表达情况，包括表达的主要组织和器官(如根、茎、叶、种子等)。翻译水平表达采用 ELISA 或 Western 杂交等方法，分析主要插入序列的蛋白质表达情况，包括表达的主要组织和器官。

复 习 题

名词解释

嵌合体、微卫星、简单序列长度多态性、随机扩增多肽 DNA、超氧化歧化酶、过氧化氢酶、纯合突变体植株、简单序列重复、短串联重复、限制性片段长度多态性、杂合突变体植株、酶联免疫吸附法

问题

(1) 通过何种方法判断转基因植株是否为纯合体?

(2) 嵌合体产生的原因及如何鉴定?

(3) 转基因植物遗传多样性检测的意义及其方法?

(4) 外源基因目标性状检测包括几个方面? 如何实施?

(5) 转基因植物遗传稳定性检测包括几个方面?

部分近期参考文献

王关林，方宏筠. 2009. 植物基因工程. 2 版. 北京：科学出版社

王涛，唐永严，刘良玉，等. 2012. 利用酵母磷酸甘露糖异构酶基因作为拟南芥遗传转化的筛选标记. 华中农业大学学报，31(5)：541-546

朱四元，陈金湘，刘爱玉，等. 2006. 利用 SSR 标记对不同类型抗虫棉品种的遗传多样性分析. 湖南农业大学学报(自然科学版)，32(10)：469-472

朱延明. 2009. 植物生物技术. 北京：中国农业出版社

孙磊，张国军，闫爱玲，等. 2011. 木糖异构酶基因 *xylA* 的克隆及其表达载体的构建. 生物技术通报，7：167-170

阮燕晔，张莹，王波. 2011. 拟南芥 *atcwinvl* 基因 T-DNA 插入纯合突变体 PCR 鉴定及表型观察. 河南农业科学，40(5)：62-66

严建萍，梁燕，谭湘陵. 2011. 水淹胁迫对棉花幼根 ADHa 与 BADH 表达的影响. 中国棉花，10：22-24

李文凤，季静，王罡，等. 2010. 提高转基因植物标记基因安全性策略的研究进展. 中国农业科学，43(9)：1761-1770

李亚南，高俨，张艳，等. 2012. 转基因植物核酸检测策略与体外扩增技术. 生物技术通报，(10)：52-61

罗笛，牛向丽，余进德，等. 2012. 水稻、菠菜甜菜碱醛脱氢酶(BADH)重组蛋白表达及酶活性分析. 农业生物技术，20(12)：1390-1397

贺艳，郑文杰，张裕君，等. 2011. 磷酸甘露糖异构酶基因快速初筛方法的建立. 食品研究与开发，32(8)：100-102

郭倩倩，孙熙森，唐益雄，等. 2011. 新型筛选标记磷酸甘露糖异构酶基因在转基因植物中的应用. 中国农业科技导报，13(6)：12-19

袁文龙. 2010. 基因芯片技术及其在植物中的应用. 安徽农业科学，38(26)：14279-14280

柴晓芳，赵宏伟，省长文. 2012. 浅析转基因作物检测技术研究进展. 种子世界，11：9-14

阎淑滑，周波，赵霞，等. 2010. 以木糖异构酶基因 *xylA* 为选择标记的 Gateway 系统植物表达载体的构建. 生物技术通讯，21(1)：35-38

董莲华，赵正宜，李亮灯. 2012. 转基因植物标准物质研究进展，农业生物技术学报，20(2)：203-210

Christopher W，Simmons N，Nitin J S，et al. 2012. Rapid *in situ* detection of *Agrobacterium tumefaciens* attachment to leaf tissue. Biotechnology Progress，5：209-224

German M A，Kandel-Kfir M，Swarzberg D，et al. 2003. A rapid method for the analysis of zygosity in transgenic plants. Plant Science，164(2)：183-187

第七篇

转基因植物的遗传特性及其安全性

在获得了转基因植物之后，人们接下来很关心的几个问题：一是整合到植物基因组的外源基因的遗传特性是什么？能否正常表达？二是转化外源基因的遗传规律如何？能否稳定遗传？是否符合孟德尔的遗传规律？三是在遗传育种中如何合理高效利用转基因材料？四是转基因植物的安全性，即转基因植物对环境是否安全？转基因的产品是否和非转基因的产品等同？这些问题对阐明植物基因工程基础理，促进其合理利用论及提高人们对转基因植物安全性的认识具有重要的理论和实践意义。

针对这些问题，结合目前的研究进展，本篇从外源基因在转基因植物中的整合特性、表达特性、遗传特性和其正遗传育种中的利用及转基因植物的安全性共4个方面进行了深入论述，以促进植物基因工程学科的发展及产业化的进程。

第 39 章

外源 DNA 在转基因植物中的整合特性

在植物基因工程研究中，最初提出的问题是转基因能否转移到植物的细胞中去。近代的研究成果已明确地回答了这一问题，并显示了基因工程的巨大潜力。然而，随着研究的深入迫使科学家思考另一个新问题，即转基因作为一个外源 DNA 序列，在植物基因组中的整合方式如何？整合后的转基因结构和拷贝数是否有变化？这些问题是转基因实现高效、稳定表达的基础。迄今，关于上述问题的研究有一定的进展，本章主要介绍外源基因整合特点、整合机制整合方式和其结构变化、整合效应及外源基因的删除，并提出了提高转基因整合效率的策略。

1 外源 DNA 的整合特点

1.1 外源 DNA 整合的随机性

现在普遍认为，转基因在寄主染色体内的整合位点是随机的，可以整合到植物基因组的任何一条染色体，也可以插入到一条染色体上的任何位点，或者说没有固定的插入位点，但往往在转录活跃区域优先插入。

同一植物基因组中可发生多次的整合，同一染色体上同样也可以发生多次整合。因此，在一条染色体上尽管通常是一个单基因位点的整合，但也可发生多位点的整合。对采用基因枪法转化的大麦等植物的分析结果也表明，转基因在染色体上的整合是随机的，其整合位点常位于染色体末端和亚末端，但也存在染色体区域的偏向性。不同转基因黄瓜品系中，转基因以单拷贝整合到 1～4 条染色体，转基因优先整合于常染色质区域。

综上所述，外源 DNA 在植物基因组中整合的随机性主要表现在以下几个方面：①对基因组中染色体的选择是随机的；②在每条染色体上的整合位点是随机的；③在一个基因组中发生整合事件的次数是随机的；④在一条染色体上发生整合事件的次数也是随机的；⑤在一个整合位点的拷贝数也是随机的。此外，整合的外源 DNA 的结构变化同样有一定的随机性。

1.2 外源 DNA 整合的规律性

虽然外源 DNA 在植物基因组中的整合具有随机性，但也有大量的实验证明，其在植物基因组中的整合也有规律性的表现：①优先整合到转录活跃的植物基因位点；②与植物 DNA 连接处富含 A＝T 碱基对；③边界序列与植物 DNA 上的插入靶位点有一定的同源性；④整合多发生在植物基因组 DNA 的高度重复序列区等。此外 Ti 质粒载体上的 T-DNA 通常在相同的遗传位点进行整合，表现为用同一转化方法获得的各自独立的转化体中，众多独立的整合同时出现在紧密连锁的某一区域。一些同源染色体的同一位点（也可能是紧密连锁的不同位点上）同时整合了转化的外源基因，使得 R_0 代的转化植物仅产生纯合的转化体（R_1 代）。

研究表明，多个外源基因在植物基因组中的整合特点同单基因相似。用基因枪法将 14 种不同的 PUC 质粒同时轰击水稻的胚发生组织，对转化体分析结果表明，85％的 R_0 植株含有多于 2 个的目标基因，17％的 R_0 植株目标基因多于 9 个，而且这些多个转基因都整合到 1 个或 2 个遗传位点上，其遗传特性也符合 3∶1 的孟德尔比例。

也有研究认为，T-DNA 在基因组和基因水平的整合均为非随机。T-DNA 优先整合在基因富集区，插入到基因组中富含 AT 的区域。T-DNA 在拟南芥染色体的着丝粒和 rDNA 区的整合受到抑制，而向染色体末端整合频率逐渐提高，整合和基因密度相关。在基因水平上，整合偏向于编码区的 5′端和 3′端，在基因的启动子处整合频繁。

微粒轰击和农杆菌介导的转基因在染色体的整合尽管是随机的，但会优先整合在转录活跃区。

分析表明，转基因整合主要发生在受体基因组的编码区，具有染色体区段的偏向性。目标基因及有关选择基因进入受体细胞并和受体基因组整合，首先会在细胞水平上进行表达。外源转基因整合于异染色质区将使转基因低表达或不表达，使得该转基因细胞不能被选择再生为植株，而只有外源选择基因及转基因表达的细胞通过筛选后才能进一步培养为转基因植株，结果导致转基因植株中的转基因都偏向于能表达的基因富集区。众所周知，大部分植物的染色体中异染色质主要位于着丝粒区域，近末端是基因富集区，所以，转基因在染色体上整合偏向染色体末端的特征，实际上是组培筛选过程中对转基因表达细胞的选择结果，外源基因随机整合的特点因转化细胞筛选培养中的选择被掩盖，因而表现出了明显的规律性。

另外，转基因成簇存在和染色体重排也对具有外源基因的转基因细胞产生明显的选择压力，导致具有独立多拷贝结构的转基因细胞不能成活，因此，单整合位点的转化就成为转化体的主要类型。这样，转基因整合的染色体和染色体区段的随机性就被掩盖了。

研究认为，转基因整合可分为2个过程，首先是染色体外的完整质粒及转基因片段在整合之前进行重排形成多联体(concatemer)，其间没有基因组DNA，然后，这些重排的转基因以单位点整合，由此产生整合热点而有利于其他转基因和基因组片段在邻近区域相继整合。结果转基因常以多拷贝整合在基因组的同一位点，紧密相连而以转基因簇存在，最后导致转基因的缺失、基因组DNA不同长度的缺失、转基因的正向或反向重复、转移DNA的重排和填充DNA的杂乱无章以及基因组DNA片段分散存在的复合转基因座位。

1.3　农杆菌介导法的整合特点

农杆菌介导的T-DNA整合进入植物细胞的过程相当复杂。研究认为，T-DNA在染色体上是随机插入的，任何染色体都可以插入，但大多倾向于插入转录活性区域，容易整合进入植物富含AT碱基的区域。转基因水稻的研究表明，T-DNA的整合与表达与基因组中染色体的拓扑结构有关。

起初人们认为只有T-DNA边界内的片段会插入到宿主基因组上，但是后来发现边界外的载体骨架序列也会整合入宿主基因组。研究表明，T-DNA在插入时，插入位点处的染色体DNA都有删除，21%的插入位点处的染色体DNA发生了大范围的重排和删除，其中有两个插入位点处的染色体DNA发生了置换，其他研究者也发现了同样的结果。

1.3.1　T-DNA整合的相对随机性

基因组水平上，外源基因的整合随机分布在受体基因组的各染色体。在无选择压条件下对获得的转化拟南芥悬浮细胞的研究暗示，T-DNA的分布更趋向随机，包括着丝粒、端粒及重复区的异质染色区也存在较高频率的T-DNA插入，其分布的比例与异质染色区占总基因组的比例相近。造成T-DNA偏向性结果的主要原因是：选择标记沉默的转化细胞丢失，使得选择压下筛选到的T-DNA插入到异质染色区的比例偏低。

1.3.2　T-DNA整合的规律性

研究还发现，T-DNA优先插入到基因组中富含AT的区域，但大量已知功能的基因内没有T-DNA整合，表明T-DNA虽然偏向于整合到富含基因区，但在基因的选择上也不是随机的。T-DNA容易整合进入植物富含AT碱基的区域，可能是由于与AT配对的碱基只含有两个氢键，它的断裂比GC配对的碱基容易，使得AT富含区形成的DNA不稳定，容易解链或者形成DNA弯曲结构。基因水平上，T-DNA在基因区的插入频率高于基因间区，内含子区高于外显子区。研究拟南芥T-DNA侧翼序列发现，T-DNA优先整合于蛋白质编码序列及RNA聚合酶Ⅰ的5′端和3′端旁。在整合区域的碱基组成上，对T-DNA插入莴苣基因组侧翼序列研究表明，整合区域的AT碱基含量为60%以上。对1000多个水稻T-DNA转化体的研究表明，整合区域的AT碱基含量为55%～65%。

综上所述，T-DNA在宿主染色体上整合时，对染色体的选择是随机的，没有倾向性；在特定的染色体上，对染色体区段的选择有一定偏好性，倾向于插入富含A/T核苷酸的基因组区域，但在基因的选择上并不是随机的；对于特定的基因而言，倾向于插入在基因的启动子区、编码区的5′端和3′端。

1.3.3　T-DNA整合的拷贝数

利用农杆菌介导法转化植物，外源基因以单拷贝形式插入的频率比其他方法高，但也有大量多拷贝形式插入的情况。在同一插入位点处往往会插入多个重复的外源基因，多拷贝多位点插入的现象也普遍存在。

对农杆菌转化的拟南芥的T-DNA拷贝数分析发现，在124个独立的转化植株中，单拷贝单位点插入的占44%，两个位点的多拷贝插入的占28%，三个位点的多拷贝插入占10%，有一株为4个拷贝。一般来讲，农杆菌介导的遗传转化的拷贝数较少，常为1～3个拷贝，且整合位点的特异性较强，而DNA直接转化法的拷贝数则相差较大(1～50个)，且表现出较大的随机性，有引起转基因发生多拷贝数和多位点整合的趋势。

1.4　基因枪法的整合特点

利用基因枪转化的植物外源基因往往以高拷

贝的形式插入，插入位点结构也较复杂，一般外源基因在染色体上的排列有 3 种形式：一是紧密相连成簇排列，二是间断相连成串排列，三是大范围分散排列。而这些高拷贝的外源基因在染色体间的选择插入都是随机的。

至于详细地对每个插入位点的研究则很少，现有的研究也往往选取单拷贝形式插入的转化体，而这样的转化体往往不多，因此得出的结论都不具有代表性。由基因枪法获得的已商业化的转基因作物外源基因插入情况也各不相同。例如，转基因抗虫/耐除草剂玉米 TC1507，外源基因 *cry1Fa* 和 *pat* 以单拷贝形式连锁在一起完整插入基因组。此外，一段由 Ubi 启动子部分片段启动的 *cry1Fa* 基因也一起整合入基因组，并且这两部分连锁稳定遗传。在转基因玉米 MON802、MON809 和 MON832 中多个外源基因的整合形式更为复杂，在同一插入位点处往往插入多个拷贝的外源基因，并且外源基因有断裂和重排现象。

目前，关于基因枪法转化外源基因的整合情况分析都是基于少数转化体，所以不能代表外源基因和寄主染色体的总体变化特征，但可以肯定的一点是，利用基因枪法转化外源基因有可能造成外源基因和染色体的缺失、重排。

基因枪法通常产生多拷贝的复合转基因座位，整合位点中转基因的拷贝数有 1～20 个，多拷贝的转基因通常集中于单位点，转基因间可由植物基因组 DNA 序列分隔。

1.5 花粉管通道法的整合特点

利用花粉管通道法转化外源基因在国内研究的相对较多，但关于转化后外源基因插入位点的研究则很少。对利用花粉管通道法转化获得的抗虫棉 GK12 的外源基因插入位点侧翼序列的分析，推测外源基因与受体植物基因组整合的过程可能有转座作用参与。

2 外源 DNA 的整合机制

转基因与受体基因组的整合实际上是 DNA 水平的遗传重组，包括同源重组、非同源重组、位点特异性重组等。那么转基因通过什么机制与受体基因组整合？在转基因的不同方法中转基因的整合机制是否相同？双链断裂（double-strand break，DSB）修复和转基因整合是否利用相同机制？

2.1 T-DNA 整合的机制

2.1.1 T-DNA 整合的过程

根癌农杆菌 T-DNA 整合过程概括起来可以分为 6 个步骤（图 39-1）：①农杆菌对宿主的物理化学识别。②农杆菌毒性区（Vir）上的 Vir 蛋白基因的激活和表达。③T-DNA 的加工和 T-链复合物的形成。④ T-DNA 转移入植物细胞。⑤ T-DNA 转移入植物细胞核。⑥T-DNA 整合到核基因组。

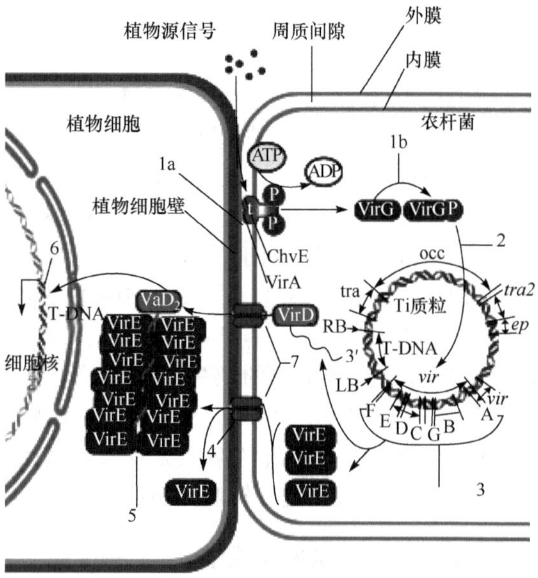

图 39-1 根癌农杆菌介导植物细胞模型概略
（McCullen et al.，2006）

1a. 农杆菌结合到宿主细胞壁；1b. ChvE/VirA 识别植物源信号，并形成大量 VirG-P 蛋白；2. VirG-P 激活毒蛋白基因的转录；3. 转移底物和 VirB 复合物的形成；4. 转移底物与 VirB 复合物的结合及转移至植物细胞；5. T-DNA 复合物形成并转移至细胞核，进而整合到基因组；6. T-DNA 整合到宿主基因组；7. VirB 复合物

2.1.2 T-DNA 整合的模型

T-DNA 整合的两种模型，分别是“单链缺口修复模型”（single-stranded gap repair，SSGR）和“双链断裂修复模型”（double-stranded breaking repair，DSBR）。

1）T-DNA 整合的单链缺口修复模型 单链缺口修复模型（SSGR，图 39-2）认为，植物基因组的部分序列双链解开，单链 T-DNA 的 3′端有一段核苷酸序列与植物 DNA 同源，被取代的植物 DNA 链的一条链被核苷酸内切酶消化，单链 T-DNA 如果有悬垂的 3′端（c 图三角形处）也将被核苷酸外切酶或核酸内切酶消化。T-DNA 被 5′端结合到互补靶向链，依箭头方向复制延伸，T-DNA 便共价整合到植物染色体中。T-DNA 5′端连接的 VirD2 蛋白起主要作用。该模型表明在 T-DNA 的整合过程中，两端的作用机制是不同的。左边界和宿主基因组的预整合位点结合(pre-insertion site)，在整合过程中有缺失，并且与靶向位点处有一小段同源序列(5～7bp)。而右边界整合过程比较保守，与靶向位点没有同源序列或者只有单碱基同源序列。这个模型强调了 VirD2 蛋白的作用，同时 T-DNA 的整合是通过复性实现的。

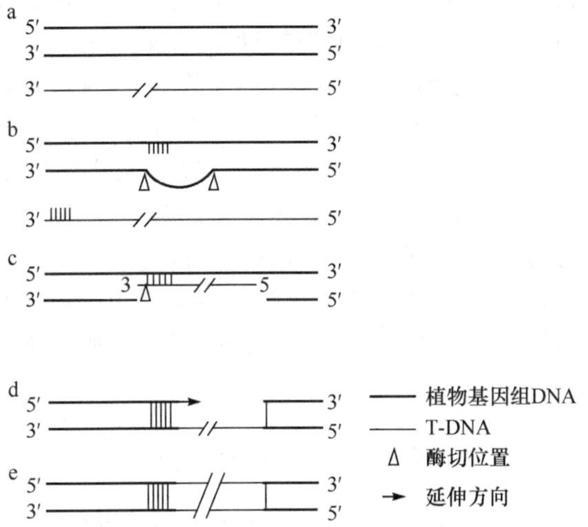

图 39-2　T-DNA 整合的“单链缺口修复模型”
(杨琳等，2011)

2) T-DNA 整合的双链断裂修复模型　一些研究表明，VirD2 蛋白不具连接酶的活性。Salomon 和 Puchta 通过对转基因烟草的研究，提出 T-DNA 整合机制是通过“双链断裂修复机制”完成的，与 VirD2 无关。Kumar 和 Fladung 通过对转基因山杨的研究，完善了以基因组的双链断裂修复为基础的整合模型(DSBR，图 39-3)。该模型首先是植物靶 DNA 产生双链断裂，游离出的 3′端捕获双链 T-DNA 形成的 D 环，找到与其同源的小段 DNA 后开始修复合成，新合成的 DNA 序列与植物基因组另一端游离的 3′端有一小段同源的序列，或没有同源序列而直接连接到平末端，通过单链复性使余下的单链缺口被修复。

双链断裂修复模型表明 T-DNA 整合过程中，左右边界序列都有部分缺失，由 T-DNA 的左边界复制形成的填充 DNA 就插入到了 T-DNA 的右侧与基因组序列之间。模型很好地解释了 T-DNA 整合过程中出现的缺失及填充 DNA(filler DNA)的形成。但对于许多研究所报道的多拷贝单位点整合等复杂的整合方式，及 DNA 直接转化中的整合情况都不能很好地解释。

另外，Tzfira 等和 Zhu 等针对串联多联体的整合形式提出了“双链断裂整合模型”。他们认为，串联的 T-DNA 在整合进入植物基因组的过程中，T-DNA 两末端对宿主植物的预整合位点不同，导致染色体倒位。“双链断裂整合模型”也认为宿主染色体发生了双链的断裂，但其整合方式比“DSBR 模型”复杂。

这些机制分别可以解释研究过程中的一些现象，但不能适应所有的整合情况，仍需要完善或提出新的机制加以阐述。

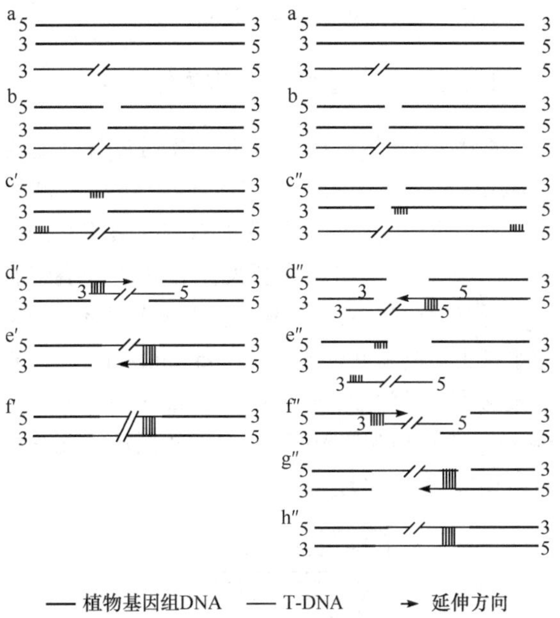

图 39-3　T-DNA 整合“双链断裂修复模型”
(杨琳等，2011)

植物 DNA 产生双链断裂，当植物基因组游离的 3′端捕获到 T-DNA 上的小段同源序列后开始修复合成。新合成的 DNA 序列与植物基因组另一端游离的 3′端有一小段同源的序列或没有同源序列而直接连接到平末端，通过单链退火使余下的单链缺口被修复，T-DNA 就整合进入植物基因组中。当植物基因组游离的 3′端去捕获 T-DNA 小段同源序列时，修复合成也可能发生失败，此时，植物基因组另一链游离的 3′端与 T-DNA 有小段序列同源结合，然后依据第一种途径整合进入植物基因组中

2.2　直接导入法外源 DNA 整合的分子机制

2.2.1　受体 DNA 产生断裂缺口

基因枪转化法中微粒的轰击作用可在核中切割 DNA 环，使染色体断裂，转基因在这些切割的 DNA 环处整合。在转基因转移过程中，其本身也发生断裂，产生短的双链片段，这些片段将作为细胞中双链断裂修复的底物而被整合到植物基因组中。另外，转基因水稻、拟南芥、燕麦、烟草等转基因座位邻近的基因组 DNA 中存在拓扑异构酶Ⅰ、Ⅱ的切点序列。拓扑异构酶酶切位点富含 AT，而

转基因优先在富含 AT 区整合，意味着拓扑异构酶产生双链断裂而使转基因整合。一部分转基因座位在双链断裂位点形成，表明双链断裂的产生有利于转基因整合，但还不能认为所有的转基因整合都和双链断裂有关。

比较 T-DNA 整合和双链断裂修复，最显著的差异是填充 DNA 的频率和结构组成。拟南芥在双链断裂修复中没有填充 DNA，但填充 DNA 存在于 T-DNA 整合中，双链断裂修复和 T-DNA 整合可能紧密相连，但机制有所不同。

2.2.2 同源重组和异常重组

直接 DNA 转移中转基因主要通过异常重组(illegitimate recombination，IR)整合到植物基因组。异常重组是植物体细胞中双链断裂修复的主要机制，而同源重组则主要发生在减数分裂细胞中，在体细胞双链断裂修复中发生频率很低。异常重组可由单链复性(single-strand annealing，SSA)、合成依赖链复性(synthesis-dependent strand annealing，SDSA)和依赖 Ku 蛋白的非同源末端连接进行调节(图 39-4)。

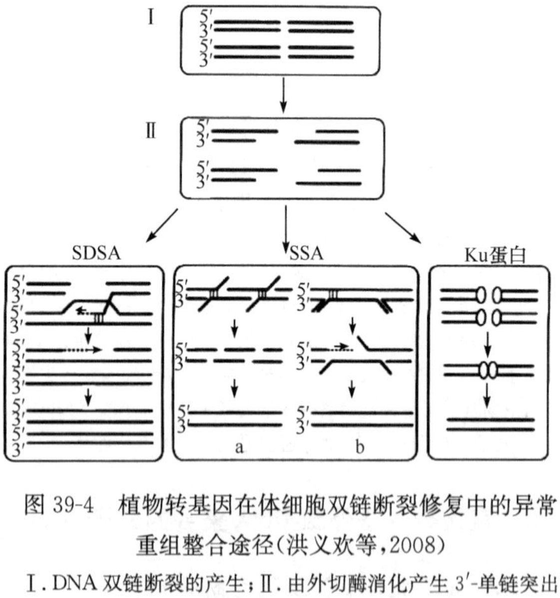

图 39-4 植物转基因在体细胞双链断裂修复中的异常重组整合途径(洪义欢等，2008)

Ⅰ. DNA 双链断裂的产生；Ⅱ. 由外切酶消化产生 3′-单链突出端；SDSA. 受体产生双链断裂后，游离的 3′-单链突出端侵入供体双链区，进行新 DNA 链的合成，新合成的 DNA 链离开模板并释放，这将有利于模板的转换，从而导致复杂的填充 DNA；SSA. a 为双链断裂修复，突出的单链区在微同源位点处进行复性、剪切和连接，b 为单链缺口修复，单链 DNA 侵入缺口，与靶 DNA 部分配对，并以入侵 DNA 为模板进行合成修复；Ku 蛋白. DNA 末端结合蛋白(椭圆形)与非同源的 DNA 双链末端结合，连接断裂双链，可正确修复至原序列，也可能导致非重复关联部分序列的缺失

2.2.3 单链复性途径

单链复性途径(SSA)首先通过外切酶使 3′端突出，这是植物中大多数修复的第一步。SSA 有两种可能，双链 DNA 断裂修复和单链间隙修复，前者是双链的 2 个 3′端在双链断裂处通过微同源(microho-mology)与非相邻片段的 3′端复性，未复性的单链 3′端核苷酸经内切酶或外切酶降解，留下单链缺口由 DNA 聚合酶填充修复，连接酶最后进行连接，结果导致同源区段两侧发生缺失。该途径可特别有效地导致顺接重复间的序列缺失。单链间隙修复是单链侵入双链 DNA 的单链缺口，通过单链和靶点 DNA 的微同源关系进行复性，然后靶点 DNA 的另一条链发生断裂并以侵入单链 DNA 为模板进行合成，突出的未配对的单链被去除，最后连接酶将靶点和入侵 DNA 进行连接。SSA 途径可产生同源重组或异常重组，两种重组的主要差别是同源区段的大小，大的同源区段则为同源重组。

2.2.4 合成依赖链复性途径

合成依赖链复性途径(SDSA)是双链断裂修复中的常见类型，单链 3′端侵入非同源的模板双链，启动 DNA 合成，新合成的 DNA 链和模板链的结合较弱，易脱离而进行模板链的转换，结果产生高度杂乱无章的填充 DNA 和复杂转基因座位。该途径进行 DNA 合成但不产生 Holliday 中间体。在 SDSA 途径中，1～3bp 的微同源就能启动 DNA 合成，若单链 3′端侵入同源的模板双链、无模板链的转换，结果就发生同源重组而产生基因转换，这对串联排列的抗性基因家族的进化有促进作用。

在农杆菌和基因枪产生的转基因座位中，转移 DNA 和基因组 DNA 之间出现微同源，为产生 SSA 或 SDSA 途径提供了条件。

2.2.5 依赖 Ku 蛋白的非同源末端连接

Ku 蛋白是由多肽链组成的与双链断裂片段末端结合的异二聚体，能促进 DNA 末端准确连接和抑制错误修复，在端粒维持、转录和细胞凋亡等基础细胞生理过程中发挥重要作用。Ku 蛋白在酵母双链断裂修复的异常重组中可见，而在同源重组中缺乏。Ku 蛋白在植物中很少，拟南芥中分离到表达量很低的 Ku70 和 Ku80 的同源基因，但在产生双链断裂的培养细胞中表达明显增加。事实上，Ku70 也是 T-DNA 通过异常重组整合植物基因组所需要的。拟南芥 Ku80 突变体对辐射和其他双链断裂诱变剂非常敏感，T-DNA整合效率下降。也有研究发现Ku80突变体并未影响T-DNA的整合频率，Ku80在拟南芥中并非是双链断裂修复和T-DNA整合的唯一途径，可能还有其他途径。

许多研究认为农杆菌介导和直接DNA转移产生的复杂的转基因座位的整合机制基本相同，同样是以依赖于DNA双链断裂修复的异常重组进入植物基因组为主要方式，同源重组在转基因整合中也具有一定的作用。基于同源重组原理设计的转基因定点整合和基因打靶策略则是研究反向遗传学的重要手段，近年来，关于植物基因的定向整合或敲除的研究报道较多，但其成功率较低，这也说明了转基因的整合机制很复杂。

3　外源DNA的整合方式及结构变化

通过农杆菌和直接DNA转移技术获得的转基因植株在外源DNA整合位点都具有复杂的转基因座位，转基因整合的染色体和染色体区段是随机的，但组织培养的选择作用表现为非随机性，偏向整合于染色体的基因富集区。转基因座位除少数含有完整的单拷贝转基因之外，大多数转基因座位中外源转基因片段、基因组片段和填充DNA相间而存在。转基因座位中转基因及基因组DNA片段产生缺失、重复和染色体的重排，影响转基因的完整性，进而对转基因表达产生重要影响。

3.1　外源DNA的整合方式

3.1.1　单拷贝单位点整合

一般情况下，外源基因是以单拷贝单位点整合的。但是单位点的单拷贝插入并非都是完整的单拷贝插入，在多数情况下T-DNA及其边界序列都有修饰发生。对整合有单拷贝T-DNA的转基因拟南芥的系统研究发现，在多数情况下单拷贝T-DNA插入伴随有基因组重排的发生，如目的位点序列的删除或复制、T-DNA序列的部分删除或复制及染色体上的变化（如易位及倒位的发生）等。但这种修饰作用对目的基因的表达并无影响。

3.1.2　串联多联体单位点整合

在同一位点有较多拷贝的串联整合的现象是普遍存在的。这种整合方式的DNA有两种存在方式：①转化的质粒DNA以完整的多拷贝串联形式整合到宿主染色体基因组上。其形式主要有顺向重复和反向重复两种，其中反向重复又有头对头式串联和尾对尾式串联两种。②一般只有一个或几个完整的质粒DNA整合到受体染色体基因组上，而一端或两端连有不完整的质粒DNA。同样，这种截短的DNA片段也有顺向重复和反向重复两种。

还有一些研究表明，在T-DNA重排形成串联多联体时，常有未知序列插入到了连接处使其结构发生改变。

3.1.3　单拷贝或多拷贝多位点整合

在农杆菌介导和基因枪转化法所获得的转基因植株中都发现了单拷贝或多拷贝在多位点整合的整合方式，这种整合方式较为复杂，不易分析。Du等在苜蓿（*Medicago sativa*）转化研究中发现，基因的拷贝数可多至30～50个，整合在苜蓿基因组的1～4个插入位点上。这种整合方式更多地存在于基因枪转化法所获得的转基因植株中。

3.1.4　T-DNA整合的方式与结构变化

农杆菌介导会导致复杂的转基因座位，T-DNA在染色体上整合具有散在特点，优先整合在蛋白编码区。利用2种不同T-DNA共转化拟南芥，常出现多个T-DNA整合在染色体的相同位置，导致反接和顺接重复，右边界的双链T-DNA的头-头连接精确，而左边界连接不精确，也存在填充DNA、缺失、微同源等特征的异常重组。

T-DNA/植物DNA和T-DNA/T-DNA的连接有些为简单连接，其间没有微同源和填充DNA，而有些连接中具有微同源和填充DNA。T-DNA的左边界或右边界的游离3′端入侵植物靶点后寻找微同源，一旦找到就以微同源为起点进行DNA合成。由于该阶段的反应不稳定，T-DNA可能离开并在附近靶点或T-DNA质粒序列中入侵，发生模板转换，该过程反复进行便产生了复杂的填充DNA。

T-DNA断裂时会出现碱基的缺失，整合到植物基因组中时会出现碱基序列的填充。在T-DNA整合的转基因水稻研究中发现，在插入位点的宿主植物基因片段与T-DNA左右边界的25bp反向重复序列间存在边界序列的缺失和填充序列（filler DNA）。同时，左右边界出现缺失序列的情况不同且不存在规律，而填充序列与宿主植物基因片段或T-DNA的左右边界存在一定程度的同源性。Matsumoto（1990）等认为正是由于这种同源性才使得插入的T-DNA和靶序列相互靠近，并有效的发生DNA链的交换，造成了DNA的缺失和填充。

载体骨架进入植物基因组是转基因植物中的一种普遍现象。骨架序列的出现与DNA边界序列的缺失是相关联的，其本质是由于T-DNA断裂位点不同。当断裂点存在于T-DNA边界序列的内部时，出现了T-DNA序列的缺失；当断裂点存在于T-DNA外部时，载体的骨架序列就会伴随靶序列一同整合进入植物基因组中。

另外，在插入位点处往往还会有冗余DNA的插入，这些冗余DNA是在外源基因插入宿主基因组时通过重组、删除、倒位等形成的一些新片段，其中包括部分不完整或是完整的外源基因片段、部分载体骨架序列及填充DNA。

3.1.5 直接导入法整合的方式与结构变化

农杆菌或微粒轰击产生的转基因座位普遍存在单拷贝、多拷贝、转基因片段和基因组DNA的重排(图39-5)。转基因座位的大小、结构决定于转基因拷贝数、基因组片段的长度和数目。

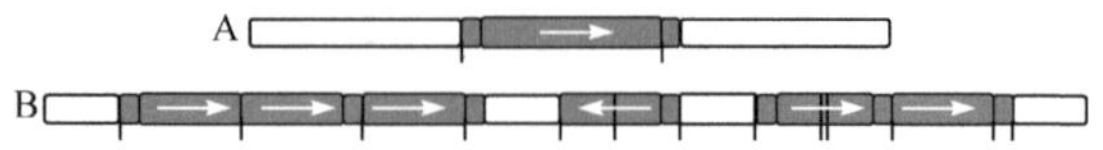

图39-5 植物转基因座位的一般结构示意图(陈建民等,2007)

A.完整单拷贝转基因座位;B.复合转基因整合座位一般结构;转基因序列;基因组DNA;填充DNA

基因枪法转化燕麦的转基因座位长35～280kb，存在转基因片段集簇，转基因片段间有2～12个基因组DNA片段连接。微粒轰击转化植物细胞时均会激发损伤反应，激活受体基因组的核酸酶和DNA修复酶，结果大部分外源DNA被降解，小部分外源DNA可能作为DNA异常重组修复的底物，导致大规模的受体基因组和外源DNA的整合重排。

基因枪法不但使染色体断裂，也使转基因片段断裂，燕麦中发现转基因DNA的大部分断裂发生在转移DNA片段的完整或不完整的回文结构处，回文序列可能充当重组热点角色。重排的转基因一基因组DNA的边界连接点有1～6bp的微同源，微同源和回文结构的断裂点相连，表明转移DNA的片段通过微同源的异常重组连接在一起。

3.1.6 外源DNA整合座位的旁侧序列

基因组DNA和T-DNA的连接点有3种：①7个核苷酸重叠，左边界比右边界多；②大部分右边界的连接是直接的，没有重叠或填充DNA；③T-DNA和基因组DNA间有填充DNA。但在水稻中也发现T-DNA右边界和相邻基因组片段间具有填充DNA，且与其微同源。填充序列和微同源性的存在进一步表明，T-DNA整合进水稻基因组是通过双链断裂修复的异常重组机制。

转基因座位中转基因片段和基因组片段共同存在，基因组片段并非来自整合位点邻近的DNA，而且其排列杂乱无章。转基因的旁侧序列往往难以准确确定，如果存在频率比较高的较一致的旁侧序列，就表明转基因整合确实存在位点特异性。

3.1.7 外源DNA结构对整合方式的影响

外源DNA结构一般分为4种类型：单链线形DNA、单链环形DNA、双链线形DNA和双链环形DNA。

在*bar*基因转化植株的实验中，观察到线性单链DNA的整合效率为33.2%，而线性双链DNA的效率为3.56%。农杆菌介导的转化中T-DNA转移时采用单链线性形式转移，说明以单链DNA形式转化植物时，整合效率较高，整合稳定。一般认为单链DNA可以有效地通过不正常的整合参与同源染色体序列的重组，在单链完全变成双链之前就已发生了重组或是在导入外源DNA的1h内就发生了重组。

3.2 转化后外源DNA的结构变化

3.2.1 转化后整合位点的DNA结构变化

相对于植物基因组来讲，外源DNA作为“侵入者”的整合，会引起不同程度的基因重排，涉及缺失、易位、倒位及重复等一系列的现象，这主要与细胞本身的重组和修复功能有关。

研究者对15个独立的T-DNA插入的序列作了详细分析，认为：①T-DNA的插入不会引起植物DNA大的重排，但在T-DNA的两侧各出现了一个158bp的正向重复序列，而且多数插入会导致插入靶位点处小的缺失。②在T-DNA和植物DNA连接处常有几个至33个核苷酸的填充DNA，这些填充DNA序列与靠近连接处的植物DNA序列相似。③在植物基因组插入的靶位点处不要求有特异的序列，但若在T-DNA两端和植物靶位点之间有一段短序列(5～10bp)同源，则可能对T-DNA整合进植物基因组起主要作用。

有研究认为，插入植物染色体的外源DNA的大小是有限制的。例如，插入油菜(*Brassica campestris*)染色体组的外源DNA单拷贝长度为5～6kb的DNA。但在烟草中已经发现有长达9kb的完整非选择性外源DNA的整合，但是DNA插入的频率较低。

近年来，发现了T-DNA边界外的转移。研究者在检测了不同作物的几百株转基因植株整合的外源 DNA 后，发现 T-DNA 左右边界重复序列以外的 DNA 序列同样能够整合进植物基因组中，而且这种转移在转基因植株中的比例占 20%～30%。在农杆菌 T-DNA 链形成过程中可以读过边界序列，如果这种现象具有普遍性，则转化 T-DNA 的结构变异将变得更复杂。

3.2.2　转化方法对外源 DNA 结构的影响

1）T-DNA 介导的转化　在农杆菌介导的转化细胞中 T-DNA 结构完整，转化机制较清楚，整合位点比较稳定，多数情况下在 25bp 处与植物 DNA 连接，整合后的外源基因结构变异较少。但是农杆菌介导转化的外源 DNA 也会出现结构的变化，主要表现在 T-DNA 的串联和截短现象。

（1）T-DNA 串联（tandemerization）。农杆菌转化中由 5～20 个拷贝的 T-DNA 首尾相连，常常整合在同一个位点。其机制是外源 DNA 在导入植物细胞初期，T-DNA 可能被修饰了，如重组、突变、缺失等，然后这个“先驱”分子以一种定向方式扩增产生许多规律性的重复 DNA，在从细胞质转移到细胞核过程中发生串联。

（2）T-DNA 截短（truncation）。由于 T-DNA 区内“框类似”序列的存在和作用，该序列可被用作引导 T-DNA 转移及整合的次级识别位点，从而代替正常情况下使用的 25bp 右边界序列，所以正常的右边界序列被截短。共整合载体比双元载体更易发生 T-DNA 截短。SEV 载体 T-DNA 进入受体细胞可产生两种结构：一种是长的转化 T-DNA，一种是短的转化 T-DNA。

2）直接转化的外源 DNA　用裸露 DNA 直接转化时，供体 DNA 容易在整合过程中发生各种结构变化及修饰，整合的外源 DNA 往往出现很复杂的杂交图谱，在转化当代及子代中常出现 DNA 环化（concatemerization）、甲基化（methylation）、片段分离和丢失等现象，而植物靶 DNA 序列也可以在外源 DNA 整合过程中发生重排。

有研究在实验中观察到导入的 DNA 片段发生重排，同时在不同位点有许多相同的外源 DNA 拷贝的整合。重组实验有 10～25 个拷贝的供体 DNA 连接在一起。多拷贝重复的原因是：应用的 nopaline T-DNA 衍生载体在整合之前发生复制和连接。

用质粒 DNA（pLGV2103neo）直接转化后发现，整合的外源 DNA 结构有着一定差异。它们的供体 DNA 是一样的，而且转化的条件也是相同的，可见在整合过程中发生了变化。

4　外源 DNA 整合的效应

外源基因整合到植物基因组后产生的遗传效应可分为以下 3 种情况：位置效应（position effect）、重组效应（recombination effect）和转基因沉默（transgene silencing）。

4.1　位置效应

外源 DNA 在植物基因组中的整合位点是随机的，每一条染色体都可作为整合靶位点，一条染色体上的整合位点也是随机的。显然，不同插入位点的遗传背景是不同的，对其表达必然会有很大影响，产生的遗传效应也必然不同。在同一实验中得到的不同转化植株，外源基因的表达水平有很大差异，这主要是由于外源基因在染色体上插入的位点不同而造成，该现象称为位置效应。研究认为这是由于插入位点附近染色体的微环境影响了外源基因启动子的表达活性所致。

外源基因插入的位置效应也可引起转基因的失活，其原因可能是插入位点周围的 DNA 序列组成起了重要作用。高等生物染色体的各个区段，碱基组成是不均匀的，某些区段常含有固定的、较高的 GC 碱基对，这一组成方式称为等容线（isochore）。如果某一特定的等容线区域由于外源 DNA 的插入而使其特征性的组成遭到破坏，就有可能在这一位置产生一个易于识别的甲基化位点，或者说，插入事件本身给自己造成了一个甲基化的标记。也有报道称转基因甲基化与染色质的浓缩变化有关。

位置效应的明显表现是外源基因的整合位置对其表达频率的影响。烟草试验表明：稳定表达的转基因整合到宿主染色体的端粒附近（该区域宿主 DNA 富含 AT 碱基对）与核基质结合；而不能稳定表达的转基因常常是整合到异染色质区和中间区域或高度重复序列区。

目前，通用的遗传转化方法通常导致转基因在宿主细胞基因组中的随机整合。因此，可以说位置效应是转基因表达不一致的主要原因之一。

4.2　重组效应

转基因相对受体植物基因组来讲是“外来侵入者”，对于转基因的“侵入”，植物肯定会做出排斥反应来保护自己。现在已明确转基因很容易被植物基因组存在的重组和修复系统所识别，致使转基因发生不同程度的重排。转基因的同源和非同源的重组必然引起 DNA 的易位、缺失、重复等一系列的结构变化。研究表明,基因的重排对基因的表达调控有重要作用,外源基因结构的异常也会导致其失活。

外源基因在受体基因组中的结构、拷贝数等多有差异,这种差异是由于外源基因整合时引起的 DNA 的重组造成的。外源基因结构变化甚至不同位点碱基序列的变化对其表达的影响不同,表现出 DNA 重组效应的多样性:正效应、负效应及无影响等情况。

有人认为外源基因 DNA 片段大小也是影响其表达的一个因素,大片段外源基因对 DNA 截断(truncation)、位置效应(position effect)和(或)共抑制(co-suppression)要更敏感。

4.3 转基因拷贝数的效应(剂量效应)

外源基因拷贝数与其功能表达之间没有确定的关系。在水稻(*Oryza sativa*)中,目的基因只有在多拷贝时才沉默,而在拷贝数相对较低的转基因植株中不沉默。但也有一些研究结果与此观点相反,在转基因的矮牵牛植株中具单拷贝的外源基因沉默发生的频率较高。在基因枪转化获得的转基因水稻中,拷贝数的多少与其表达和沉默不存在必然联系。在大麦中利用基因枪获得的转 *gfp* 基因的研究发现,若插入位点拷贝数相同,随着插入位点数的增加,转基因的表达呈增加效应。另外,在大麦外源 *gfp* 基因表达研究中,发现外源基因表达存在明显的剂量效应。

4.4 转基因沉默

在转基因植物中外源基因表达受到抑制而出现的基因失活现象称为转基因沉默(transgene silencing)。

在植物遗传转化中,外源基因的整合具有很大的随机性,外源基因的沉默也表现出多种形式。若外源基因以单拷贝整合到植物细胞基因组中,会发生失活;如在不同位点上或在同一位点上插入多个外源基因时,基因失活的频率更高。除了基因的拷贝数外,整合位点与外源基因的沉默也密切相关。如果整合在转录活跃的常染色体上,毗邻寄主基因的调控序列将会影响外源基因的表达。如果插入到重复 DNA 或异染色体中或旁边,外源基因可能会失活。

植物转基因沉默或不稳定表达已成为进一步研究和应用植物转基因技术的主要障碍,人们不但希望得到转化体,还希望得到能稳定表达转基因的转化体,从而应用到研究和生产中去,因此,转基因沉默问题已成为进一步研究的重点。

5 外源基因的删除

删除转基因植物中的选择标记基因,获得无选择标记的转基因植物(marker-free transgenic plant, MFTP),无论是对转基因作物的安全性和商业化,还是对转基因技术的发展和完善都有积极的作用。目前用于构建无选择标记基因的转基因体系的方法主要有:共转化法(co-transformation)、转座子法(transposable element)、位点特异性重组法(site-specific recombination)和染色体内同源重组法(intrachromosomal recombination)等。

5.1 共转化法

共转化法是将选择标记基因和目的基因分别构建在两个独立的转化载体上,共同转化植物体,获得共整合的转化植株,再通过后代的分离获得无筛选标记的植株。这是由于两个基因随机地整合到不同的位点上,转基因植株在后续的自交过程中,只要两个基因不处于连锁状态,目的基因和标记基因就会发生分离,从而达到删除选择标记基因的目的。目前,应用最为广泛的是基因枪和农杆菌介导的共转化。

以农杆菌介导法为例,比较成熟的共转化法有以下 3 种:①双菌株系统,即两个 T-DNA 分别位于不同菌株的载体上(图 39-6A)。②双载体系统,即两个 T-DNA 位于同一个菌株的不同质粒载体上(图 39-6B)。③双 T-DNA 法,即两个 T-DNA 位于同一个质粒中(图 39-6C)。共转化植株后代的分离筛选工作量大,而且需要植物进行有性繁殖,不适用于无性繁殖的植物。

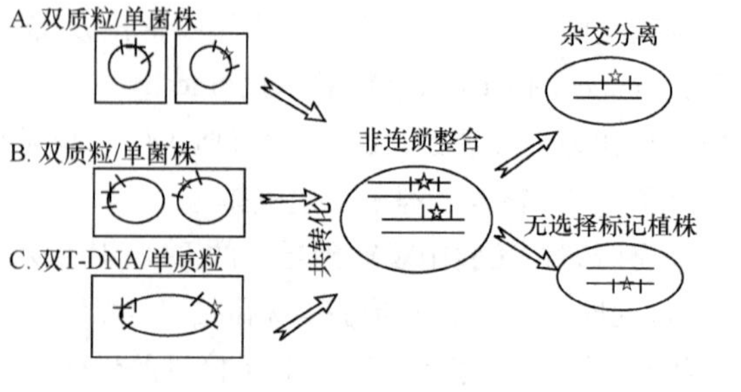

图 39-6 共转化系统原理(魏毅东等,2010)

☆示目的基因;◇示选择标记基因;|示 T-DNA 边界序列

5.2 转座子法

玉米的 Ac/Ds 系统,其自主成员 Ac 基因编码转座酶用于自身和非自主成员 Ds 基因的转座。在 Ac 存在时,位于 Ds 反向重复序列之间的 DNA 序列能被转移到新的位点上。利用这个特性，将选择标记基因或目的基因插入到 Ds 反向重复序列之间，转座作用发生后，标记基因即随转座作用而与目的基因分离或丢失，最后分离出无标记的转基因后代。

多元自主转化载体（multi-auto-transformation，MAT）可将作为选择标记基因的 *ipt* 基因直接插入到 Ac 转座元件内，利用 Ac 转座元件的转座丢失来删除标记基因（图 39-7）。*ipt* 基因编码异戊烯基转移酶，其过量表达导致内源细胞分裂素大量合成，植株表型异常。在转化后，*ipt* 首先作为选择标记基因筛选表型异常的转化体，进一步培养，去除表现异常的转化体，获得去除标记基因的转化植株。

转座子法由于转座后插入位点的不确定性，并且不同物种转座频率差异很大，从而降低了获得无选择标记基因的转基因植株的频率，也容易产生突变体，其操作繁琐、周期一般较长，限制了此方法的广泛应用。

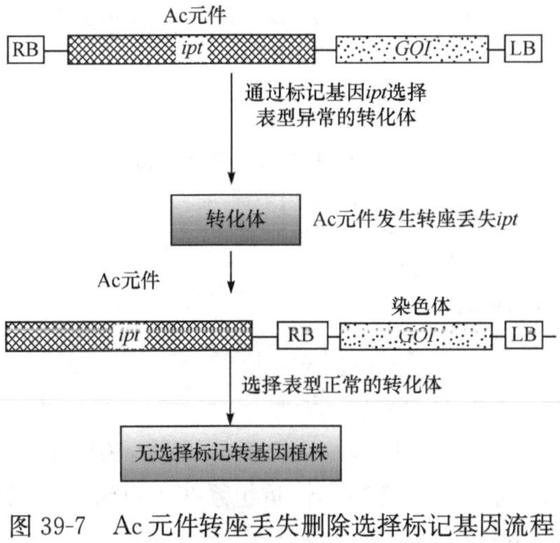

图 39-7　Ac 元件转座丢失删除选择标记基因流程（魏毅东等，2010）

5.3　位点特异性重组法

位点特异性重组系统是利用重组酶识别并催化特异的重组位点间发生重组，导致重组位点间相互交换或者删除的一种精确重组形式（图 39-8）。目前，已发现的位点特异性重组系统包括 3 种：①Cre/loxP 系统，重组酶 Cre 识别重组位点 loxP。②FLP/FRTs 系统，重组酶 FLP 识别重组位点 FRT。③R/RS 系统，重组酶 R 识别重组位点 RS。

借助化学诱导或热诱导激活型启动子，在适当的时候对转化体给予化学诱导剂处理或热激处理，可以特异瞬时地诱导重组酶表达，删除选择标记基因和重组酶本身，操作简便，不需要二次转化和有性杂交。如利用 R/RS 系统建立的 GST-MAT 载体，将选择标记基因 *ipt* 与受除草剂诱导的 GST 启

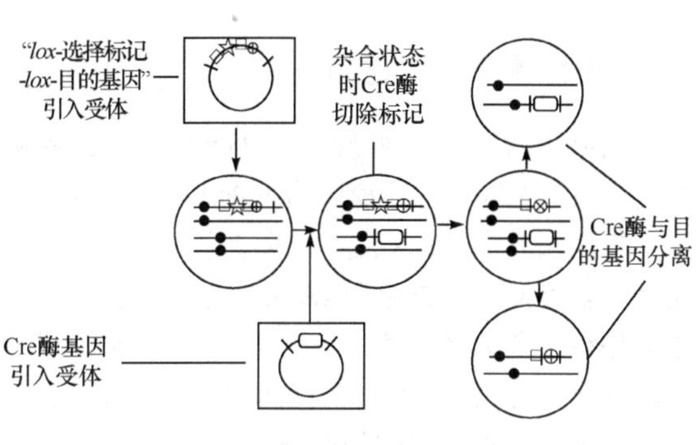

图 39-8　位点特异性重组系统原理（以 Cre/loxP 为例）（薛健等，2008）

| 示 T-DNA 边界；⊗示目的基因；☆示标记基因；□示 Cre 酶基因；⇒示 lox 位点

动子启动的 R 基因构建于重组序列 RS 之间。通过诱导 GST 启动 *R* 重组酶表达，使转化体发生重组获得无选择标记基因的转基因植株，其删除效率达到 14%。利用来源于大豆的热激启动子 Gmhsp17.5C 诱导 Cre 重组酶表达来重组删除 *gus* 报告基因。利用这一系统转化烟草，在热激后对 GUS 表型进行统计，两个株系的删除率高达 90%。也可借助组织特异性启动子调控重组酶基因的表达来删除标记基因。

邹璐琳等（2011）利用两套位点特异性重组系统（lox/frt），利用 pAB5 启动子，在花粉及胚胎等发育早期高效率删除标记基因 *bar* 及重组酶 FLP 等非目的基因片段（图 39-9，两个 lox/frt 之间的部分），从而保证在种子中只含有目的基因表达产物 Bhlea2。

位点特异性重组法在删除两个特异性识别序列中的 DNA 序列后，会在删除位点上留下一个特异识别序列，后续导入新的目的基因后，使用相同的重组系统删除选择标记基因将受到影响。

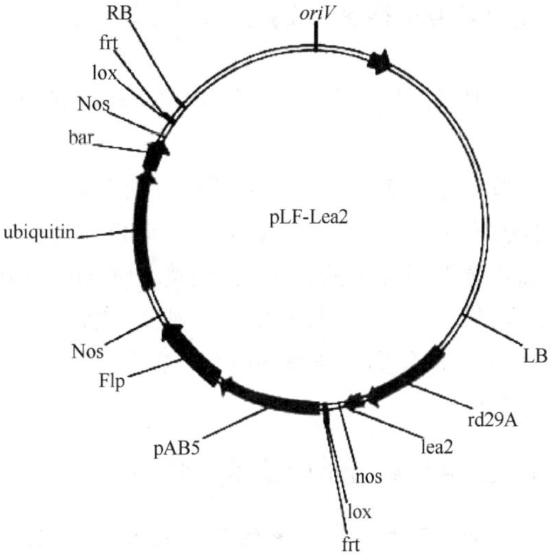

图 39-9　表达载体 pLF-Lea2 结构示意图（邹璐琳等，2011）

5.4 染色体内同源重组法

染色体内同源重组发生在DNA的同源序列之间，同源序列之间可较严格地配对，通过链置换和单链侵入形成异源双链，借助细胞内一些重组修复酶修复可使2条异源DNA链发生交换。该方法通常是在获得转基因植株后，再重新导入一段序列，使标记基因置于2个DNA同源序列之间，通过染色体内重组将含有选择标记的DNA片段去除，获得无选择标记的转基因植株。此体系利用受体植物自身重组删除选择标记，不借助于外源的酶和蛋白质，但同源重组的重组频率低。

5.5 几种方法的比较和评价

目前，标记基因的删除技术仍有许多不足之处，还有待发展和完善；选择哪一种删除体系，必须根据具体情况来决定，以适应不同基因和受体植物的需要（表39-1）。

表39-1 几种外源基因删除方法的比较（魏毅东等，2010）

类型	优点	缺点	应用事例
共转化	方法较为简单，无需构建复杂的载体系统	共转化频率低，且标记基因和目的基因需共整合到受体基因组的不同位点，耗时长，工作量大	已较成功应用于烟草、水稻、油菜、大豆、玉米等植物中
同源重组	对序列特异性没有要求，同源序列之间严格地配对即可	需通过两步再生，耗时长，工作量大，同源重组频率较低	已较成功应用于微生物和动物中
多基因自动转化(MAT)系统	避免了有性杂交或二次转化的过程，两步再生即可产生无标记基因的转化植株，染色体内重组不受杂交条件限制，省时省力	较长的世代交替影响遗传重组和后代分析	生育期长或以营养器官繁殖的植物，如木本植物和块茎花卉
位点特异性重组	不需要大量的初级转基因植株就能筛选到去选择标记后代，该系统中的元件序列均不存留在无选择标记的转基因植物中	DNA重组率低，需要进行二次转化或杂交，费时，工作量大	可育材料、有性生殖材料和一年生草本植物，如转基因果蝇，哺乳动物细胞，玉米和水稻的原生质体
转座子系统	具有跳跃性和可删除性，可以更方便直接地获得无选择标记的转基因植株	需要通过有性繁殖分离目的基因与选择标记基因，周期较长，效率较低	只适用于有性生殖和生育周期短的植物

转基因选择标记删除技术的不断发展，使得获得无选择标记基因的转基因植株成为可能，这将会消除转基因植物对人类健康和环境安全等方面造成的隐患，加速转基因作物的商业化和产业化；同时，为作物复杂性状的改良提供了可能。

6 提高外源DNA有效整合的技术

提高外源基因有效整合可采取的策略关键在于减少转化过程中外源基因和宿主染色体的变化，降低外源基因插入的拷贝数，让整合情况简单化，使外源基因的整合可以人为控制、事先预测。目前，最受关注的提高外源基因有效整合的技术是定点整合技术。

6.1 定点重组转基因技术简介

转基因技术的最新突破在于通过高效定点重组反应介导外源基因在特定位点的导入，并进行稳定表达和遗传。如前所述，植物中已被应用的定点重组系统有3种：Cre/loxP系统、FLP/FRT系统和R/Rs系统。位点特异性重组系统由重组酶基因及其特异性识别位点组成。

这一技术体系的优点主要体现在：①特异性的外源基因整合位点。②获得单拷贝或者接近单拷贝的外源DNA。③外源基因在不同株系中的定点易位交换（transgene translocation）。④多次重复使用同一特定位点进行基因叠加（gene stacking）。

6.2 定点重组转基因技术的主要类型

6.2.1 位点特异整合的Cre/loxP系统

位点特异整合利用的主要是Cre/loxP系统，定点整合过程分为两步：第一步先将带有单一loxP序列的靶标载体整合到宿主染色体，筛选好的转化体；第二步以筛选到的好的转化体为受体材料，再次转化带有单一loxP和目的基因的载体，在Cre重组酶的作用下，两个loxP序列之间发生重组交换，目的基因可定点整合到事先确定了的宿主染色体基因组上。

但这个过程是可逆的，在重组酶持续表达的情况下，整合到基因组的目的基因会因为两端 loxP 序列的存在而发生删除。因此人们将 loxP 序列突变，使靶标载体和带目的基因载体上的 loxP 序列不同，这样外源基因定点整合后就不会发生删除，或使 Cre 蛋白瞬时表达，也可以防止定点整合后的外源基因发生删除。

利用位点特异整合系统使外源基因在宿主染色体上定点整合已经成功地应用于烟草、拟南芥、水稻等植物。并且外源基因定点整合产生的转化体有两种类型：一是以单拷贝形式定点整合到染色体基因组；二是外源基因以多拷贝形式插入染色体基因组，单一拷贝定点整合的外源基因和随机整合的多拷贝外源基因共存。第一种类型的转化体外源基因表现出更好的表达一致性和遗传稳定性。

6.2.2 重组酶介导的盒式交换

重组酶介导的盒式交换(recombinase mediated cassette exchange，RMCE)是利用位于不同的两个 DNA 分子上的两对位点特异识别序列来完成位点间片段的交换，实现外源基因的定点整合。为了避免两位点间的片段发生删除，两位点的方向必须相反。也可以将位于同一个 DNA 分子上的两个位点特异识别序列中的一个进行改造，使两个序列不完全相同，这样略有不同的两个序列能被相同的重组酶特异识别，但是相互之间却不能发生重组交换，使得同一 DNA 分子上两位点间的片段比较稳定。

利用 RMCE，外源基因同样可以定点整合入宿主染色体基因组内，但是也有很多为随机整合的转化体。外源基因在同一位点处定点插入所得的不同转化体，若插入的方向相同，其群体表达水平趋于一致，但是若方向各不相同，外源基因的表达还是会有所差异。同时发现目的基因的表达水平同靶标载体上的靶标基因的表达水平并不一致。

6.3 位点特异性重组的作用机制

不同类型特异重组系统的工作机制十分相似。现以 Cre/loxP 重组系统为例加以说明：Cre 来源于噬菌体 P1，编码 343 个氨基酸的 38.5kDa 的蛋白质，即一种重组酶。loxP 位点是 Cre 重组酶作用的特异性重组位点，由 34bp 组成，即 2 个 13bp 的反向重复顺序和 8bp 的间隔区域构成。Cre 重组酶可作用于多种结构的 DNA 底物，高效率地使线状、环状，甚至超螺旋的 DNA 发生重组反应，而产生功能。重组反应是在 DNA 的 2 个 loxP 位点间进行，整个过程没有 DNA 的合成和丢失，既可以发生在体内、体外的细胞中，也可以在无细胞体系中进行。

Cre/loxP 重组的作用机制是一个识别、切割、重组、连接、分离的过程，其过程如图 39-10 所示。

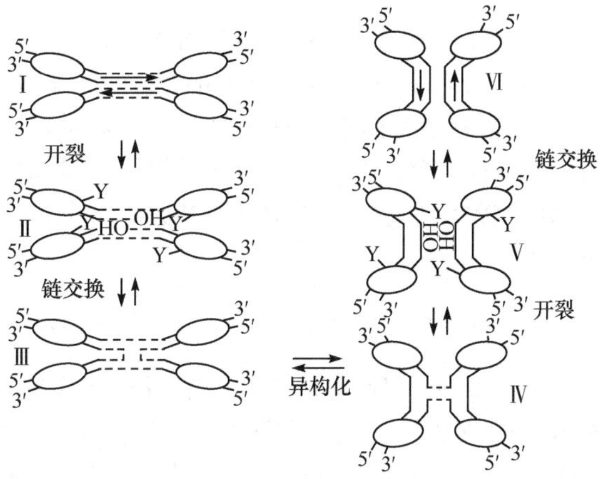

图 39-10 Cre/loxP 位点特异性重组系统的作用机制(孙家利等，2010)

Cre/loxP 系统可以介导位点特异性的插入、倒位、易位、切除等，且 Cre 重组酶介导 2 个 loxP 位点间的重组是一个动态、可逆的过程。根据 2 个 loxP 位点是否位于同一分子及 loxP 位点方向不同，可以分成 3 种情况：①2 个 loxP 位点处于同一分子并方向相反时，DNA 片段重组后发生倒位；②2 个 loxP 位点处于同一个分子并方向相同时，DNA 片段重组后被剔除；③2 个 loxP 位点在不同分子上，如一个在质粒 DNA 上，而另一个在某个染色体上，则可使 DNA 发生交换或易位，质粒 DNA 便可整合到染色体中 loxP 所在的位置上，实现定点重组(图 39-11)。

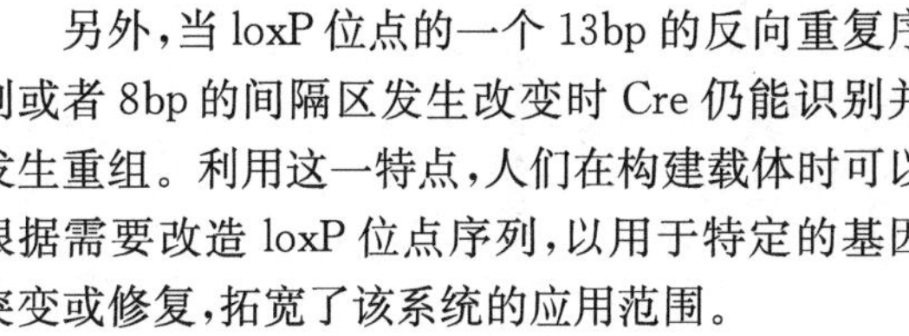

图 39-11 Cre/loxP 位点特异性重组系统的重组模式(孙家利等，2010)

另外，当 loxP 位点的一个 13bp 的反向重复序列或者 8bp 的间隔区发生改变时 Cre 仍能识别并发生重组。利用这一特点，人们在构建载体时可以根据需要改造 loxP 位点序列，以用于特定的基因突变或修复，拓宽了该系统的应用范围。

6.4 位点特异性重组的应用

6.4.1 定点转化植物

通过重组位点的部分突变，向染色体的特定位点(重组位点)处稳定插入一个外源基因,从而实现定点转化植物,也有助于发现整合后靶位点所发生的结构变化。

6.4.2 控制转基因整合的拷贝数

含有较少的拷贝数对于转基因稳定表达及研究转基因的整合特性是非常有利的,利用 Cre/loxP 系统,可将外源基因准确整合到设定的基因组位置,且整合的 DNA 是未发生重排的单个拷贝。运用基因打靶技术也可以实现目的基因的定点单拷贝插入。

6.4.3 可将多个基因导入植物基因组

导入多基因以改进复杂的代谢途径、调控许多有价值的农艺性状是目前研究的热点。将 Cre/loxP 重组系统引入多基因表达载体的构建中,实现了多个目的基因在载体上的插入,替代了传统的酶切连接法,避免了有限内切酶位点所带来的局限。Lin 等已成功利用这套系统将 10 个外源基因转化入水稻基因组中。

利用定点整合技术,外源基因多以单拷贝形式定点插入,而且很少发生重排、删除等现象,并且在定点整合过程中宿主染色体也很少发生变化。但目前外源基因发生定点整合的频率有待提高。

复 习 题

名词解释

同源重组、位点特异性重组、位置效应、重组效应、转基因沉默

问题

(1) 外源基因在遗传转化中整合的特点是什么?

(2) 根据不同转化法外源基因整合的特点,分析其各有什么利弊。

(3) 外源基因整合的机制是什么? 对不同转化方法的载体构建有什么启示?

(4) 根据外源基因整合的方式及其 DNA 结构变化特点,在表达载体构建中,应该注意哪些问题?

(5) 什么是转基因沉默? 其产生的可能机制是什么? 如何避免转基因沉默现象的产生?

(6) 如何有针对性地提高植物转基因整合的效率?

第 40 章

外源基因在转基因植物中的表达特性

获得转基因植株是植物基因工程的第一步，转化的外源基因能否表达？怎样表达？表达特点是什么？怎样调控？这些都是人们十分关心的问题，也是生命科学的研究热点。具有经济性的外源基因的有效表达是转基因的根本目的，同时，具有外源基因恰当表达的转基因材料也是开展基因表达理论研究的极好资料，因此，外源基因在植物受体细胞中的表达特性备受关注。近年来的研究业已证明，转化的外源基因在植物细胞中是能够表达的。外源基因的表达表现为瞬时表达（transient expression）和稳定性表达（stable expression）两种方式。

1 外源基因的瞬时表达

在合适的条件下，转化的外源基因通常在数小时后就能检测到其表达的产物，即检测到新合成的蛋白质或酶的活性，并在 1～2d 内达到最高值，随后又逐渐降低，至十多天后完全消失。这种短时间内的外源基因表达为瞬时表达或瞬间表达，导入细胞的外源 DNA 并未与宿主细胞的染色体 DNA 发生整合，导入的质粒或 DNA 片段游离在细胞中，不能够传递给后代。

1.1 瞬时表达的过程

转化外源基因的瞬时表达已在谷子、花椰菜、毛白杨、玉米、水稻等多种植物中观察到，是基因转化的普遍现象。从检测到的报道基因产物的活性，可以判断导入的外源基因的表达强度。一般在 10d 内都可以检测到酶活性，但是并非基因表达也延续这么长时间。研究者将 pRT101Cat 质粒导入烟草叶肉原生质体，培养 30min 后就能检测到 Cat 活性，4～24h 内 Cat 活性最强。如果在培养 1h 内加入转录抑制剂蛹虫草菌素（cordycepin）或培养 4h 内加入翻译抑制剂放线菌酮（cycloheximide）都能抑制 Cat 活性。在这两个时间之后加入抑制剂并不影响 Cat 活性。这表明培养 1h 已转录足够的 RNA，1h 后加入 RNA 合成抑制剂，由于已有足够的翻译模板，Cat 合成照常进行。培养 4h 合成的 Cat 能在一段时间内保持 Cat 的活性。4～24h，Cat 的合成和降解达到动态平衡，此后，Cat 活性缓慢降低，10d 后完全消失。

1.2 瞬时表达的机制

1.2.1 瞬时表达是未整合的外源基因的表达

质粒 DNA 导入植物细胞后，大部分并未插入到染色体上，而是以游离状态存在。这部分质粒 DNA 会在细胞中得以瞬时表达。将 *cat* 基因导入一粒小麦（*Triticum monococcum*）的原生质体中，培养不同时间后提取总 DNA，然后用 DNase 酶解去除染色体外的 DNA，再进行分子杂交，检测不到 *cat* 基因整合到染色体组中，而未经 DNase 酶解的分子杂交信号却很强，表明大部分导入的 DNA 是以游离状态存在的。由于瞬间表达只延续十多天，因此整合进染色体部分的 DNA 在瞬间表达中不起作用或表达极微弱。

实验中还观察到瞬时表达的游离质粒 DNA 常发生构象变化。Werr 等在将质粒 pS-KAN1 导入一粒小麦原生质体的研究中，还发现导入前的质粒主要以超螺旋形式存在，导入原生质体 4d 后转变为线状和开环状态，第 10 天则全部呈线状 DNA。早期的工作认为，以超螺旋形式导入最有利于瞬时表达。以电激法将线状和开环质粒 pCaMVCN DNA 导入白云杉原生质体中，培养 48h 后线状质粒的表达比开环状的高 5～10 倍。由此可见，瞬时表达是一种未整合基因的表达方式。

1.2.2 瞬时表达是一种正常的表达方式

外源基因的瞬时表达是在细胞核中进行的，是一种正常的表达方式。实验中观察到质粒 DNA 导入原生质体或细胞后，一般先进入细胞质中，然后通过核膜进入细胞核。研究发现，细胞分裂期间的核膜消失可大大促进外源 DNA 进入核内，把外源 DNA 快速而有效地导入到核中有利于瞬间表达，表明瞬时表达与外源 DNA 进入核内有关。细胞质内无 DNA 转录系统，只有进入核内的基因才能转录成 RNA。转录抑制剂也是在细胞核内发挥作用。因此,可以推测外源基因是在核内转录的,这与染色体 DNA 的转录是一致的。转录后的 RNA 再进入细胞质内进行翻译,生成蛋白质。

1.3 植物瞬时表达的技术

植物瞬时表达是未整合的外源基因在受体细胞中的表达,因此导入目标外源基因的方法与稳定表达类似,使用较多的方法主要有基因枪法、农杆菌渗透法、聚乙二醇(PEG)介导法、电激法及植物病毒载体介导法。

1.3.1 基因枪介导法

基因枪法介导的瞬时表达应用较早,技术也较成熟。基因枪法的主要技术流程包括载体构建、金粉或钨粉包裹质粒、基因枪轰击和瞬时表达。植物材料的种类、受体材料的状态与预处理、氦气压力、轰击次数等因素对瞬时表达效率均有影响。基因枪转化法不受材料基因型的限制,但只能靶向植物组织表面的细胞,获得并表达外源基因的细胞数目比较少,一般为点状分布,瞬时表达效率较低。

1.3.2 农杆菌介导法

农杆菌介导的瞬时表达是一种快速有效的分析基因表达的方法。农杆菌渗入法的技术流程包括载体构建、农杆菌培养、针管注射浸润和瞬时表达。影响农杆菌瞬时表达系统的因素主要有农杆菌菌株、浓度、生长环境及植株的基因型和叶片的生理状况等。农杆菌介导的瞬时表达可获得不仅限于组织表面的表达细胞,表达细胞呈块状分布,容易分离并进行 RNA 和蛋白质水平的体外分析;可以在完整植株上进行,在分析生物或非生物胁迫与外源基因表达互作时,能够真实反应植株体内的基因表达模式。

1.3.3 PEG 介导原生质体转化法

PEG 法或电激法介导原生质体转化是最早出现的植物细胞瞬时表达技术,至今仍广泛应用。PEG 法的技术流程包括载体构建、原生质体分离、PEG 处理原生质体、转化。影响转化的主要因素有植物种类、原生质体密度、质粒浓度、PEG 浓度、PEG 的处理时间等。该方法的优点是可直接作用于单个细胞,便于更直接地研究外源基因在细胞内的瞬时表达。但是,原生质体本身比较脆弱,处理过程中容易受到破坏,限制了该方法的应用。

1.3.4 植物病毒载体介导法

植物病毒(大多为 RNA 病毒)载体介导的外源基因瞬时表达系统近年发展较快。目前应用较成功的病毒载体有马铃薯 X 病毒(PVX)、烟草花叶病毒(TMV)、大麦条斑花叶病毒(BSMV)等。该方法的主要优点是:①病毒载体可进入植株的各种类型细胞,有利于在植株整体水平研究外源基因的功能;②病毒在植物细胞内大量复制,外源基因的总体表达较高;③外源基因与病毒外壳蛋白的融合,便于提取及分析外源基因产物。其缺点是:①目前成功开发为转化载体的病毒仍然较少,一些重要植物还无法使用;②病毒侵染后,植物的侵染症状可能会对表型分析形成干扰;③病毒载体所能插入的外源片段较小,且病毒之间的重组可能会影响表达产物的稳定性。

1.4 瞬时表达的应用

植物瞬时表达具有以下优点:①瞬时表达载体可以不需要筛选标签,稳定表达的载体也可用于瞬时表达;②操作简易且周期短,仅需要 2~4 周,避免了繁琐的组织培养过程;③表达效率高,可达稳定转化表达量的数倍,且不受基因位置和基因沉默的影响;④不产生可遗传的后代,生物安全性高;⑤瞬时表达无需筛选基因,载体可以更小,更容易转化较大的目的片段和多个基因;⑥可在完整植株上进行,能够更真实地反应植物体内的基因表达模式。因此,外源基因的瞬时表达是十分理想的研究基因表达调控的实验系统,作为转基因稳定表达的一种快捷的替代检测方法,瞬时表达已应用到植物研究的各个方面,包括生物制剂的合成、转基因表达的检测、转录元件的克隆与分析、细胞定位等方面。

1.4.1 生物制剂的合成

在植物细胞或组织中瞬时表达外源基因,可生产药用蛋白产品,如单克隆抗体和疫苗等由植物生产的生物制剂。通过优化农杆菌渗入过程,不到一周便可在莴苣叶片上得到 20~80mg 的抗体,是一个获得重组抗体非常有效、简便和快速的途径。Giritch 等(2006)将分别含有抗体重链和轻链基因载体的农杆菌混合渗入植物叶片,两个载体互不相斥而同时瞬时表达并组装成全长的功能性抗体,产量可以达到 1kg 鲜重叶片中收集 0.5g 的抗体;通过这个技术可以在短时间内生产科研需要的抗体,也可以用于工业生产。

1.4.2 转录元件和转录因子的功能分析

利用瞬时表达系统结合报告基因的使用,可以简便地分析植物基因的增强子、启动子等转录元件和转录因子的功能。Zahur等(2009)采用农杆菌介导的瞬时转化体系，将棉花GHSP26启动子区的不同DNA片段与*gus*基因连接，转入烟草叶片，通过逆境处理分析鉴定了该启动子响应非生物胁迫的DNA区段。Wang等(2008)以*gus*作为报告基因，通过原生质体瞬时转化，证明了拟南芥MYB转录因子GL1和bHLH转录因子GL3能够以互作的方式与*GL2*基因的启动子结合并激活其表达，从而调控叶片和根部毛状体细胞的分化。

1.4.3　转基因表达的检测

使目的基因在受试植物中瞬时表达，在转化植物之前可以快速地检测转基因的表达情况及表达产物的功能。Orzaez等(2006)通过在花柱顶端注射农杆菌从而渗入整个果实中，在果实中瞬时表达β-葡糖苷酸酶和黄色荧光蛋白，发现在胎座中表达量高，在果皮中表达中等。Shang等(2007)构建了两个载体，一个为金鱼草查耳酮合成酶基因(*chs*)的反向重复序列，另一个为金鱼草转录子基因*Rosea* Ⅰ的反向重复系列，分别在花瓣中表达，结果*chs*和*Rosea* Ⅰ都表现为基因沉默，其中表达*chs*基因时，花瓣中大面积缺乏花色素，沉默在表层及深层的细胞中都有表达，在其他花瓣中的表层也有表达。

1.4.4　蛋白质互作分析

瞬时表达技术结合双分子荧光互补技术(BiFC)，可以更直观地展现蛋白质的相互作用。该技术将荧光蛋白在合适的位点切开，形成不发荧光的2个片段，这2个片段借助融合于其上的目标蛋白的相互作用彼此靠近，重新形成具有活性的荧光蛋白。利用该技术需要构建瞬时表达体系来检测蛋白的相互作用，如将目的基因导入pSITE、pSITEII载体，利用农杆菌渗入法导入烟草叶片，在共聚焦显微镜下结合BiFC技术检测蛋白质的互作。

1.4.5　细胞定位

瞬时表达技术结合报告基因，可以有效跟踪融合产物在细胞内的运输、亚细胞定位及代谢。基因枪轰击洋葱表皮观察*gus*或*gfp*基因的瞬时表达是研究基因表达特性、基因表达产物的亚细胞定位等的主要方法。

2　外源基因的稳定表达

2.1　外源基因稳定表达的特点

如上所述，瞬时表达是游离DNA基因的表达，并不能表明外源基因转化的成功。而稳定表达是指外源基因整合到核基因组DNA分子上，形成稳定的转化细胞，并可传给后代，稳定地遗传与表达。外源基因在植物细胞中稳定表达有以下特点：①表达时间长，没有迅速衰退现象；②分子杂交证明DNA已整合到植物基因组中；③能够遗传给后代，并符合分离规律。根据外源基因所携带的启动子不同，外源基因在转基因植株中的稳定表达同样可以分为组成型表达、组织特异性表达和诱导型表达，并且由其表达载体构建时所用的启动子所决定。

2.2　外源基因稳定表达的类型

外源基因稳定表达的类型及其特点与启动子(promoter)密切相关，根据启动子的结构功能及调控方式，根据采用的启动子的类型大体可以将外源基因的稳定表达分为组成型、组织特异性和诱导型三种稳定表达类型。

2.2.1　几种组成型启动子下的稳定表达

在组成型启动子控制下，结构基因的表达大体恒定在一定水平上，在不同组织部位、不同生长发育时期其表达水平没有明显差异，其表达的特点是表达具持续性，转录产生的RNA和蛋白质表达量相对恒定，不表现时空特异性，也不受外界因素的诱导。

1) *CaMV35S启动子*　CaMV 35S启动子是目前应用最多的组成型启动子，研究表明，p35S比pNos启动的转录水平高30倍，NPT-Ⅱ的酶活性高110倍。但是这种差异也受植物种类，受体细胞的生理特性等影响。例如，CaMV35S启动子在禾本科植物细胞内的表达强度仅为双子叶植物中的1%～10%。即使同一启动子、同一种植物，受体细胞的生理状态不同，表达水平也有明显差异。

2) *nos和cos启动子*　农杆菌Ti质粒上的nos和cos启动子具有与植物基因相似的共有序列。研究发现，nos启动子的强度依组织部位及器官位置不同而变化，在老组织内通常比新生组织中强，在生殖器官内随发育状态也不同。值得注意的是nos启动子在禾本科植物中几乎没有启动表达能力或表达能力很弱。

2.2.2　组织特异性启动子下的稳定表达

组织特异性启动子调控下，基因表达只发生在某些特定的器官或组织部位且表现出发育调节特性。马铃薯块茎蛋白基因启动子是一个典型的组织特异性启动子。该蛋白质由多基因家族编码，通常只在块茎中表达，有时也在茎秆和根系中表达，但不会在叶片中表达。研究发现，大豆β-伴大豆球蛋白的α亚基基因5′端若有159个碱基对，则可种子特异性表达，但表达水平不高；若在其上游再加上49bp，表达量就大大增加。将从烟草分离出的花粉绒毡层细胞特异表达的基因启动子与*RNase*结构基因构成嵌合基因，在转化植物中*RNase*基因可在绒毡层细胞内特异性地大量表达，从而降解了细胞内的RNA，抑制了绒毡层的形成，并引起花粉败育，最终导致雄性不育。

许多研究也表明，组织特异性启动子的调控除了受组织细胞生理状态和化学物质等的诱导，还受发育阶段的调控。如大麦α淀粉酶(α-amylase)组分Ⅰ基因(*amy*)通常在发芽大麦的糊粉层内表达，植物激素GA_3可以增加其表达，ABA(abscisic acid)可以抵消GA_3的作用。将*amy*的启动子与*npt-Ⅱ*基因相连接，转化不同来源的原生质体，结果表明，*npt-Ⅱ*基因可以在糊粉层来源的原生质体内低水平表达，GA_3可以使表达水平提高10倍，ABA可以抵消GA_3作用，在盾片来源的原生质体只能低水平表达*npt-Ⅱ*，且不受上述激素影响；在叶肉原生质体中则根本不表达。而在使用CaMV35S启动子的对照实验中，其在三种不同来源的原生质体中均可高效地表达，而且受激素影响。上述结果充分证明，amy启动子不但具有激素诱导活性，而且也具有组织特异性。

2.2.3 诱导型启动子下的稳定表达

诱导型启动子在某些特定的物理或化学信号的刺激下，可以大幅度地提高基因的转录水平。这里主要介绍光诱导的基因表达和热诱导的基因表达。

1) 光诱导启动子　大量实验证明光对基因的转录过程和转录后加工过程都有调节作用，其中许多转录调控是通过光诱导启动子来实现的。目前研究得较为清楚的是核酮糖二磷酸羧化酶小亚基(*SSrbc*)基因和光捕获复合物a/b结合蛋白(*LHCPa/b*)基因。这两个基因均由核基因编码，并在细胞质内合成含有信号肽的前体蛋白，最终转运到叶绿体内发挥生物学功能。豌豆叶绿素a/b结合蛋白基因(*cab*)的光调节序列位于转录起始位点的−347～−100，这段247bp的DNA序列不但具有增强子的性质，同时也具有弱化子的特性。用*cab*基因启动子与*npt-Ⅱ*基因构成嵌合基因，暗条件下*npt-Ⅱ*基因在转基因烟草中只能以基础水平在叶中表达，而在光照条件下表达水平可提高5～8倍，但在根中无论光照与否*npt-Ⅱ*基因均不表达。

2) 热诱导启动子　当植物在高温下(通常在35℃以上)或热激(heat shock)时，会合成热激蛋白(Hsp)。Hsp的产生与植物的耐热性获得有关，可使植物经受高达40℃的致死温度，对植物有保护作用。若将植物放回正常温度下，在30min内恢复正常的蛋白质合成。植物热激蛋白基因的结构分析表明，这些基因的5′区段含有一段保守的热激共有序列或称热激元件(HSE)，作为热诱导基因表达的调控序列。迄今已分析的热激蛋白基因中，大多数都包含有类似的HSE序列，并且是多拷贝的，其中有几个HSE序列常以4个核苷酸相互重叠。研究表明，果蝇的*hsp70S*基因的HSE是适用于植物的理想热诱导启动子，将它与*npt-Ⅱ*连接构成嵌合基因，转基因烟草的愈伤组织、根、茎和叶中均表现出热诱导表达，但不能在花粉中表达。

3 同源性和异源性外源基因的表达

研究已清楚表明，在长期的生物进化过程中，各种生物，如动物、植物和微生物都已形成了各自独立的基因表达系统，在顺式元件及反式调控因子方面都有一定差异，因此，它们的基因只能在同源的本种类生物的细胞中表达，而不能在异源的其他种类生物细胞中表达。但是现已明确，不论是来源于何种生物的基因，只要它具有植物基因特有的启动子和其他调控序列，就可以在植物细胞中表达。为区别表达基因的来源不同，凡是非植物来源的基因在植物细胞中的表达都可以视为“异源性表达”(heterologous expression)，而植物基因在同种或非同种植物细胞中的表达仍属于“同源性表达”(homologous expression)。由此可见，所谓异源性表达，只是基因的编码序列“异源”，而启动子和其他调控序列必须同源。

3.1 同源性外源基因的表达

同源性表达的机制主要是因为RNA聚合酶等能够识别本物种的启动子序列，即植物的RNA聚合酶能识别植物的启动子序列，也就是说，外源基因能否在植物细胞中表达，并不在于其编码序列与植物基因有什么不同，而在于该基因的5′端启动子序列能否被植物的表达调控系统所识别。采用“通用”启动子，如nos、cos、35S等，或者具有定时、定位表达的“特异”启动子，以及增强子序列、poly(A)信号及其他调控区段，为外源基因在植物中的高效和正确表达提供必要条件。植物基因的同源性表达为克服植物远缘杂交不亲和性和引入野生植物的优良基因资源提供了条件。

3.2　异源性外源基因的表达

植物异源基因表达可以使植物细胞中原来没有的基因得到表达，从而赋予植物预期的新的优良表型。基于这一乐观的考虑，病毒、细胞、动物或人类等从低等到高等的不同进化类型物种的基因都可以成为取之不尽的基因资源。

正常情况下，动物的基因在植物细胞内不表达是由于动物和植物的基因结构及表达调控系统的差异。主要表现在以下几个方面：①动物的启动子不能被植物细胞识别，因而不能进行转录，但是也有类外，如果蝇 *hsp70* 基因的热诱导启动子。②动物和植物的内含子序列不同，因此 hnRNA 的加工修饰受阻。例如，人的生长激素（HGH）基因在植物 Nos 启动子等驱动下，能在烟草细胞内表达，形成 HGH 前体 mRNA，但不能有效地切除所含的 4 个内含子，而形成成熟的 mRNA 。现在已清楚位于动物和植物内含子的 5′端和 3′端边界区域均为高度保守的 GT/AG 二核苷酸序列，此序列对于正确拼接是必需的。植物的内含子比动物的内含子短，一般为 100～200bp ，同时 AT 碱基对含量也比动物的高。③动物细胞的多聚腺苷信号与植物也有不同，植物系统不能有效地识别动物的多聚腺苷信号。④动物和植物翻译系统的起始序列不同，动物是 CACCAUG，而植物是 AACAAUGGC。因此在植物中异源表达动物基因时，要考虑到两者之间的差异，构建载体质粒时采用植物的调控序列是必要的。如果采用植物的调控机制，动物基因可以在植物细胞中表达，人血清白蛋白（HSA）在烟草、马铃薯中的表达就是一个有说服力的实例。

原核生物与真核生物因在基因表达机制上有着很大差异，因此细菌的基因直接导入植物细胞是不能表达的，即使采用了植物细胞的基因表达调控系统，未经改造的细菌基因也只能很低水平地表达。例如，苏云杆菌 δ 毒蛋白抗虫基因，表达量仅占植物可溶性蛋白总量的 0.001%，对于抗虫目的而言，表达量显然是不够的。其主要原因是细菌 mRNA 结构中可能隐含有多聚腺苷信号 AAUAA 序列及内含子切割序列等，从而造成 mRNA 在不适当位置上的断裂而降解。在人工合成 δ 毒蛋白基因时，在不改变氨基酸序列的情况下，变更了约 20%的碱基序列，结果比原细菌基因表达调控系统有了较大程度的改进，使其表达量提高了 50～100 倍，使抗虫水平有了显著提高。因此在植物基因工程中异源性表达动物及细菌等原核生物的基因时，表达载体的构建十分关键。

4　外源基因的沉默

植物遗传转化的目的是使导入的转基因高效、稳定地在当代和子代转化植株中表达，但是大量的实验常常不如愿地出现这样的情况：Southern 印迹、RT-PCR 等分析证明转基因已整合到寄主植物基因组中，且保留着完整的拷贝，但是转基因不能稳定表达或表达水平低下，有时甚至完全不表达，这种外源基因在转基因植物中的表达受到抑制的现象称为转基因沉默（transgene silencing）。

4.1　转基因沉默的表现

在植物基因工程开始时期，研究集中在那些表现组织特异性或可以高水平表达的植株上，人们关心的是得到转化体，那些没有表现出所希望特性的植株都被抛弃，因此转基因沉默没有引起关注。1990 年，研究者首次提出植物转基因沉默现象，他们在将与花色有关的查尔酮合酶基因导入矮牵牛的研究中发现，50%的矮牵牛转基因植株中导入的外源基因与同源的内源基因均发生了沉默。

植物遗传转化中外源基因的整合具有很大的随机性，外源基因的沉默也表现出多种的形式。若外源基因以单拷贝整合到植物细胞基因组中，会发生失活；如在不同位点或在同一位点插入多个外源基因时，基因失活的频率更高。除了基因的拷贝数外，在受体植物染色体上的整合位点与外源基因的沉默也密切相关。如果整合在转录活跃的常染色体上，毗邻寄主基因的调控系列将会影响外源基因的表达。如果插入到重复 DNA 或异染色体中或旁边，外源基因可能会失活。基因沉默也不总是发生在转化体的每一个发育时期、每一个细胞中。有研究发现转基因植株中的外源基因，在幼苗阶段表达是正常的，但萌发 2～6 周后基因表现沉默。

植物转基因沉默或不稳定表达已成为进一步研究和应用植物转基因技术的主要障碍，人们不但希望得到转化体，还希望得到能稳定表达转基因的转化体，从而应用到研究和生产中去，因此，转基因沉默的问题成了进一步研究的重点。

4.2　转基因沉默的机制

转基因沉默主要涉及转基因与转基因之间或转基因与内源基因之间的互作，因此认为转基因沉默主要来源于多拷贝的同源 DNA 序列，包括蛋白质编码区、启动子或两者皆有。随着研究的深入，发现转基因沉默主要发生在两个阶段，一是发生在转录水平上的基因沉默(transcriptional gene silencing,TGS),二是发生在转录后水平上的基因沉默(post-transcriptional gene silencing,PTGS)。

4.2.1 转录水平的转基因沉默机制

转录水平的基因沉默是指对转基因专一的细胞核RNA合成的失活。它的发生主要是由于转基因无法被顺利转录成相应的RNA而导致沉默。转录水平的基因沉默有以下3个特点:①转录活性的阻塞;②在启动子序列上发生严重的甲基化;③沉默和甲基化的减数分裂可以通过有性世代传递。引起转录水平基因沉默的机制主要有以下几种。

1) 转基因及其启动子的甲基化　甲基化作用是转录水平上表达调控的基本方式之一。由于宿主细胞基因组DNA中不同位点的甲基化程度存在某种平衡,并形成一定的空间结构特点。一旦转基因的整合破坏了这种平衡及空间特征,这种破坏后的结构便成为宿主基因组防御系统识别的信号,使新整合进去的DNA序列发生不同程度的甲基化而抑制转录的顺利进行。从所报道的转基因沉默的例子来看,几乎所有的转基因沉默现象都与转基因及其启动子的甲基化有关,且发生在转基因启动子5′端的甲基化是造成转录水平基因沉默的主要原因。有研究发现,转*bar*基因水稻中*bar*基因的沉默是由于*bar*基因及控制*bar*基因转录的*ubq*启动子高度甲基化所引起。

2) 多拷贝转基因引起的基因转录水平沉默　直接基因转化法常常导致多拷贝转基因在宿主细胞基因组中的整合,多拷贝转基因无论是单位点整合还是多位点整合分散在基因组中,都能使转基因植株发生较高概率的基因沉默现象。针对这种转基因沉默现象,研究者认为:重复序列间很可能通过异位配对(ectopic pairing),即多拷贝重复转基因序列之间及转基因与转录产物之间的配对,使整合位点的染色质发生异染色质化或使DNA从头甲基化,从空间上阻碍了转录因子与转基因的接触,造成转录受抑,引起转录水平基因沉默。如将正、反向重复*gus*基因分别导入能表达*gus*基因的水稻品种中去后,产生基因沉默的频率依次增加。

3) 同源基因间的反式失活　反式失活(transinactivation)主要是由于拥有同源序列的沉默位点和其他位点DNA的相互作用而引起的转基因沉默。反式失活的靶基因既可以与沉默基因是等位基因,也可以是非等位基因。研究认为,反式失活主要是由基因启动子间同源序列相互作用引起。启动子区域只要有90bp的序列同源,即可使两个基因间产生反式失活。当外源基因与受体插入位点的其他序列存在一定程度的同源性时,发生基因沉默的概率会相对较高。

4) 转基因位置效应　转基因在宿主细胞基因组中的整合位点周围的序列组成对转基因能否稳定表达影响巨大。当外源基因整合到高度甲基化、转录活性低的异染色质区域时,外源基因一般表现沉默,这说明毗邻DNA的甲基化和异染色质化对插入的外源基因的表达影响很大,可能导致外源基因在转录水平上失活。研究证明,稳定表达的转基因烟草的T-DNA位于与核基质结合的富含AT的烟草DNA中且位于端粒附近,而不能稳定表达的则位于同臂内异染色质区域和中间区域。

4.2.2 转录后水平的转基因沉默机制

转录后水平的基因沉默(PTGS)是指转基因在细胞核里能稳定转录,但在细胞质里却无相应的稳定的mRNA存在的现象。PTGS是通过细胞质内RNA的特异性降解,控制内、外源mRNA的存留量来进行基因表达的精细调节和发育调控。与转录水平的基因沉默相比,转录后水平的基因沉默具有以下3个特点(Crete et al.,1999):①核内的转录速率正常,但mRNA不在细胞质中累积;②在转录区有偶然的甲基化;③沉默的减数分裂的可逆性,即沉默基因通过减数分裂可以恢复表达活性,表现为减数分裂的不可遗传性。目前,有以下几种假说解释转基因在转录后水平的沉默。

1) 生化开关模型　生化开关模型(biochemical switch model),又叫RNA阈值模型(RNA threshold model)。根据这个模型,基因表达产物如RNA可以在细胞中累积到一个特定的阈值,如果超过这个阈值,细胞将激活一个代谢过程以降解RNA或使相应的基因甲基化。使用强启动子驱动转基因是主要原因。

2) 异常RNA模型　异常RNA模型(aberrant RNA model)主要指转基因的特殊结构可能促使形成异常的转基因RNA。当病毒或转入的外源基因内部有同源序列,或者外源基因与内源基因之间有同源序列时,往往会导致异位配对(ectopic pairing),其结果是转录产生异常RNA(aberrant RNA,aRNA)。这些异常RNA一旦产生并进入细胞质后,可以作为依赖RNA的RNA聚合酶(RdRp)的模板合成大量约25bp的互补RNA(cRNA),如果这些cRNA分子与同源的mRNA相遇就会结合上去形成部分双链RNA(dsRNA),而被双链特异性的RNase识别、降解,结果导致这些mRNA的降解,这样外源基因的导入最终导致内源和外源基因的表达共同受阻。

3）反义RNA模型　生物合成植物乙烯的关键酶ACC合成酶基因 *le-acs2* 的反义RNA的表达和截短的 *le-acs2* 基因的导入都可使内源 *le-acs2* 基因发生沉默，降低靶基因的表达，进而抑制果实成熟。分析指出，表达的反义序列可能同靶RNA形成双螺旋复合体，抑制靶RNA成为信使RNA，并且可能使靶RNA发生降解。将正义RNA和反义RNA导入植物后，发现正义RNA与反义RNA共转录比二者单独作用更易引起沉默。分析认为，外源基因插入受体基因组中的方向不同，导致正义RNA和反义RNA的合成，这些转录产物将形成dsRNA，dsRNA在细胞质中被螺旋酶、RdRp和类似于RNaseL的核酸内切酶形成的复合体所识别，进而被降解。

4）RNA干扰　RNA干扰(RNAi)是利用双链RNA特异性地降解相应序列的mRNA，从而特异性地阻断相应基因的表达。研究表明，RNA干扰广泛存在于从真菌到植物、哺乳动物的各种生物中。

导致转基因植物中外源基因沉默的分子机制非常复杂，各种机制都涉及核酸(DNA-DNA，DNA-RNA和RNA-RNA)间的相互作用，形成了相互影响、相互制约的复杂的调控机制。此外，环境在植物生长和发育中也起重要作用，植物的基因表达与调控对环境有高度依赖性。研究发现，光控因子、热休克元件、种子特异发育因子等顺式作用元件和反式作用因子及其他因子共同作用都能够影响基因的表达。在一定条件下，导入植物的外源基因可能由于这些环境因素的诱导而沉默。

5　外源基因的整合方式对其表达的影响

5.1　外源基因的整合位置

转基因在染色体上插入的位置不同将产生不同的表达结果，即位置效应。一般来说，T-DNA整合到异质染色区时，则趋向沉默；而整合到富含转录活性的常染色质区时，则趋向表达。转基因烟草的实验表明，稳定表达的外源基因常常整合在宿主染色体的端粒附近与核基质结合，而不稳定表达的外源基因常常整合到异染色质区和中间区域或高度重复序列。

5.2　外源基因的拷贝数

一般认为外源基因在受体基因组内的多拷贝整合不利于基因的表达，常引起转基因的沉默，而单拷贝整合的外源基因易于得到稳定表达。但实际上，基因的多拷贝整合并非总是降低外源基因的表达水平，相反，非选择标记基因具有4～5个拷贝时比1～2个拷贝时具有更高的表达量。许多报道表明，外源基因拷贝数与其功能表达之间没有确定的关系。通过对基因枪转化获得的转基因水稻中外源基因整合与表达的研究发现，转基因拷贝数的多少与其表达和沉默没有必然联系。油菜转基因对脂肪酸的含量的效应研究表明乙酰载体蛋白硫酯酶的拷贝数与脂肪酸的含量呈正相关。在研究转基因柑橘时发现GUS表达水平与其基因的拷贝数存在明显的负相关。

6　优化外源基因表达的策略

通过各种转化手段成功导入到宿主的外源基因往往表达效果不理想，难以实现预期目的，而且在不同植株个体之间表达水平也存在着明显的差异。因此，如何提高转基因植物中外源基因的表达量是研究者需要解决的关键问题。科研工作者在多年的实践经验上，针对性地提出了一些解决方案，以期通过优化体系，提高转基因的表达效率，减少基因沉默，使目的基因恰当表达。

6.1　启动子的合理选择

启动子是决定外源基因转录效率的关键因素，选择合适的启动子对于增强外源基因的表达量至关重要。目前，植物遗传转化中广泛使用的启动子多是组成型启动子，如双子叶植物的CaMV-35S启动子，单子叶植物的水稻肌动蛋白基因(*actin1*)启动子和玉米泛素基因(*ubiquitin*)启动子。组成型启动子驱动的基因表达不受时间、部位、诱导物质的影响，使下游基因在植物体内各个组织器官及整个生命周期表达，而这些表达产物尽管可能达到预期目的，但对植物生长发育来说可能是非必需的或是毒性物质，从而加重了植物的合成与代谢负担，影响植物的正常生长发育。而组织器官特异性启动子可使转基因仅在目标组织器官中表达，诱导型启动子可使转基因仅在相应的诱导条件存在时表达，从而有效地避免因外源基因表达产物的过分积累而对宿主植物造成伤害，大大提高转基因实现预期目标的效率。

因此，选用恰当的诱导型或者组织器官特异性启动子，是促进基因有效表达的首要选择。近年来，也有研究将细胞特异性表达启动子与诱导型启动子相结合，建立可用于基因表达的时、空、量三维调控的表达系统，进而精确调控植物转基因的有效表达。

6.2 目的基因的修饰

来源于微生物或动物的基因由于表达机制的不同，在高等植物中往往表达效果不理想，在单子叶植物与双子叶植物中也存在密码子使用的整体性差异，因此，对转基因进行适当的修饰是提高外源基因表达效率的重要策略之一。其主要方法是根据受体生物的密码子偏爱性对目的基因进行改造和优化，在不改变氨基酸序列的前提下通过人工改造或重新合成，使之适于在植物体内表达，就可以大大提高有效蛋白质的表达量。尤其是将原核生物的基因导入到植物基因组时，某个或某几个使用频率低的密码子的改造就会使目的基因的表达得到极大的提高。除了密码子偏爱性之外，信使RNA的稳定性也是决定表达水平非常关键的因素，因此，目的基因的修饰通常还包括去除影响mRNA稳定性的序列，如AUUUA、AAUAAA等，可以大幅度提高蛋白质的产率。一个典型的例子就是*Bt-toxin*基因的改造。人们最先利用野生型*Bt-toxin*基因获得的转基因植株抗虫性都很弱，其表达的毒蛋白几乎检测不到。而在不改变毒蛋白氨基酸序列的前提下，通过选用植物偏爱的密码子，稀有密码子的替换，去除原序列中存在的poly(A)和富含AT的ATTTA序列等不稳定元件，优化后的*cryIA(b)*基因的表达量可达野生型基因的100倍以上。

6.3 信号肽序列的利用

植物细胞中表达的各种蛋白质都会在信号肽的作用下，准确地转运到特定细胞器中发挥功能。利用亚细胞定位信号肽将外源蛋白引导到特定的亚细胞或植物细胞外，从而减少或避免植物细胞酶系统的降解作用，提高外源蛋白的含量，或者有利于外源表达蛋白执行应有的功能。

植物常用的信号肽有以下几种：①内质网滞留信号短肽KDEL(Lys-Asp-Glu-Leu)，其位于蛋白质C端，能够将蛋白质定位到内质网膜上。在外源蛋白C端加上KDEL序列后，可以明显提高外源蛋白的含量。Udo等(1998)在烟草种子和叶片中检测发现，FcSv抗体蛋白含量从无KDEL序列时的0.1%～0.6%提高到有KDEL序列时1.0%～4.0%。②叶绿体导肽-CTP(chloroplast transit peptide)，是一种引导蛋白质进入叶绿体的信号肽。利用CTP可将外源蛋白贮存在叶绿体中以提高其含量，如抗除草剂系列的转基因玉米就是应用CTP作为引导肽。③储藏性液泡导肽-VTS(vacuole targeting sequence)，是一种引导蛋白质进入储藏性液泡的信号肽。利用液泡信号肽将外源蛋白储存在液泡中是提高其含量的重要途径。Stephen等(2003)分析发现玉米中不同的亚细胞中标抗原蛋白Lt-B的表达量有显著差异，其中定位于液泡中的Lt-B含量是细胞质中含量的10 000多倍。

6.4 特殊序列的恰当使用

6.4.1 内含子序列的添加

尽管内含子一般并不参与编码多肽，但内含子具有特定的生物学功能，其中一个重要的功能就是调控和增强外源基因在受体中的表达。目前已知的能增强外源基因表达的内含子来自玉米脱氢酶、玉米泛素蛋白、玉米蔗糖合酶、玉米肌动蛋白、水稻肌动蛋白等基因。Callis等(1987)研究玉米脱氢酶等位基因*Adhl-S*和*Adhl-F*发现，如果在cDNA序列中正确插入*Adhl-S*基因的9个内含子中的一个或多个之后可使其恢复到其正常表达水平。Maas等(1989)发现，通过玉米蔗糖合酶基因(*Sh1*)的第一外显子和第一内含子的共同作用可使报告基因氯霉素乙酰转移酶(CAT)的表达量提高近1000倍。

6.4.2 增强子序列的运用

增强子是指一段可以增强与其连锁的基因的转录效率的DNA序列，其所在位置及增强作用的方向均具有不确定性，可位于基因的任何位置，但具有组织细胞特异性。利用具有组织与发育特异性调控作用的增强子是提高外源基因的表达效果的有效措施之一，可诱导正确的去甲基化作用，启动基因转录，确保转基因按照适当的调控模式表达。Lee等(2009)用4个35S增强子串联在一起使*OsNAS3*基因的转录本与野生型相比增加了30～60倍。

6.4.3 Kozak序列的使用

当ATG两侧序列为GCCATGATGG和GCCACCATGG时，转录和翻译效率最高，尤其是-3位的A对翻译效率特别重要，该序列即为Kozak序列，并被广泛应用于表达载体的构建中。Kozak序列实际相当于原核生物中的S-D序列，转录起始复合物结合5′帽子结构并沿着mRNA扫描，在Kozak序列引导下寻找第一个起始密码子，从而提高转录的起始效率。

6.4.4 MAR序列的使用

核基质附着区(matrix attachment region,

MAR)是指真核生物基因组中能特异与核基质结合并富含 AT 碱基的 DNA 序列。不同来源的 MAR 序列中常含有 T-box,AT 结构域及拓扑异构酶Ⅱ识别序列等结构域。在两个 MAR 之间可以构成一个 DNA 环,形成一个独立的区域,据此,可以将 MAR 置于所转的外源基因的两侧,构建成 MAR-基因-MAR 的形式进行转化。已有实验证明,这种结构可以克服植物基因组对外来基因的识别,避免位置效应引起的基因失活。另外,MAR 中具有的拓扑异构酶Ⅱ识别序列,可与核基质中的拓扑异构酶Ⅱ相互作用,使外源基因产生独立的松弛结构域,有利于转录因子的结合,使外源基因易于表达,还可以减少转基因个体之间的差异。研究表明用基因枪法进行烟草转化时发现,在 gus 基因两侧加上 MAR 序列,可使其表达活性比对照提高 140 倍。多种实验表明 MAR 可减少转基因个体之间的表达差异,并能减少位置效应,显著提高转基因的表达水平,是克服转基因沉默的一个强有力的工具。如有研究采用构建的两侧含有支架结合区的表达载体转化烟草,转基因烟草中外源基因的表达水平及个体间表达的差异性均比对照有了显著的改进。

6.5　利用优良的转化方法和重组系统

转化方法不同,外源基因整合的拷贝数也不同,目前使用较多的是农杆菌介导的转化法,该方法一般比 DNA 直接转化法所产生的拷贝数低或只为单拷贝。此外,利用一些优良的转化载体和重组系统,如基于 Ac/Ds 转座系统建立的转化载体,能够扩大寄主范围,提高转化效率及转基因位点的质量;利用位点特异性重组系统,减少外源基因的随机整合,避免位置效应。

目前,采用基因枪或农杆菌法导入的外源基因在宿主染色体上的整合大多是随机发生的,如果外源基因整合在转录活跃的常染色质可能得到较好的表达。但高等植物的绝大多数细胞在特定阶段有 90%以上的基因在转录上是不活跃的,插入到这部分染色质区的转基因其表达活性则会大大下降,甚至出现沉默。而利用位点特异的重组系统则可以实现转基因单拷贝、位点特异的整合。Cre/lox,Flp/frt、R/rs 和 Gin/gix 这 4 种重组系统就是将带有 Flp、Cre、R 及 Gin 重组酶基因的转基因整合到事先整合有 lox、frt、rs、gix 识别位点的植物上,这样既避免多拷贝基因所造成的顺式或反式失活,又避免位置效应所造成的转基因沉默。

复　习　题

名词解释

瞬时表达、同源性表达、异源性表达、转基因沉默

问题

(1) 转基因瞬时表达有什么特点? 转基因瞬时表达有哪些应用?

(2) 启动子的结构有什么特点? 不同类型启动子的结构有何异同?

(3) 根据转基因沉默的机制,如何有效克服转基因沉默现象的发生?

(4) 根据外源基因整合方式对基因表达的影响,评述不同遗传转化方法的优缺点。

(5) 试述提高外源基因表达的策略有哪些。

第 41 章

外源基因的遗传特性及其利用

植物基因工程旨在利用分子育种技术定向、快速、高效、培育植物新品种。其成功与否的关键在于外源基因能否在转化体中稳定遗传和表达。随着研究的深入、更多的转基因植物的获得及田间试验的开展，科学家认识到外源基因在受体植株中的遗传行为是非常复杂的，在许多方面有别于经典的遗传规律。因此，研究外源基因在转化体后代中的遗传规律及其稳定性是当前植物基因工程育种的重要内容。本章阐述外源基因的传递规律、遗传稳定性及其影响因素，并介绍了转基因植物在遗传学研究和育种实践中的应用。

1 外源基因的遗传规律

转基因(transgene)是指通过转基因技术导入受体细胞内的外源基因。外源基因进入受体细胞后，其整合、表达、传递规律一直是研究的重点，一般利用表型传递、标记基因及分子杂交分析等方法进行研究。Braun 等早在 1959 年已证明，nopaline 型 Ti 质粒农杆菌侵染植物细胞后产生的冠瘿瘤细胞中带有 T-DNA，并保留一些形态发生潜力，但只能形成异常芽，也称畸形瘤。嫁接到正常烟草植株上可使这些异常芽开花结果，自交的 F_1 代仍然带有 *nopaline* 基因，这说明 T-DNA 是可遗传物质。后来的许多研究结果表明，转化的外源基因表现为典型的孟德尔式遗传。

但有些转基因植物中基因的传递也并非都遵循孟德尔遗传规律，转基因发生异常分离的情况时有发生，如显性个体的数目明显低于孟德尔比率等，这种非孟德尔遗传的发生频率为 10%～50%。对于某种转基因植物而言，往往是孟德尔遗传与非孟德尔遗传两种现象并存。例如，Yin 等(2004)发现转基因黄瓜的卡那霉素抗性呈现出 3∶1、15∶1 及 63∶1 的分离比，表明转基因的活性位点数目分别为 1、2 和 3，在这些株系中转基因均按孟德尔方式进行遗传；同时也出现卡那霉素抗性分离异常的现象，依照转化时选用载体的不同，这种异常分离的比率分别达到 22%和 54%。类似的孟德尔与非孟德尔遗传并存的现象在其他转基因植物中也有发现，如石刁柏、大麦、水稻、小麦、玉米等。

目前，尽管已经成功地得到了各种转基因植物，但是对转基因在转化植物中的遗传特点和稳定性的了解还较少。因为其遗传分离特点受转化方法、载体、环境条件等因素的影响而呈现出复杂的分离情况，表现遗传的多样性。

1.1 孟德尔式遗传

当外源基因以单拷贝或多拷贝串联方式插入染色体的单一位点时，外源基因可作为一个独立的遗传单位共同分离，即表现为单基因显性孟德尔遗传。

外源基因还可以与植物染色体发生多次整合，从而导致转基因在染色体上出现多个整合位点，如果每个位点的转基因拷贝在遗传分离时相互独立，就会呈现多基因的孟德尔遗传现象。

1.1.1 单位点插入

在大多数的转化植株中，转基因呈单基因显性的孟德尔式分离。在转入 *gusA* 和 *neo* 基因的水稻株系中，其 R_1 代的 *Gus* 和 *Npt-Ⅱ* 的表型分离比为 3∶1，同孟德尔的单个显性基因的分离规律相一致，并且被 R_2 代植株的酶活性分析进一步证实。这证明，转基因有可能作为一个单个显性基因而在转基因水稻中遗传。对于转基因来说，植物同源染色体没有其相对的等位基因位点，因而转基因一般呈显性遗传。同类结果的研究报道还有许多，他们的结果表明，单位点插入不论是单拷贝还是多拷贝串联，在不超过一定长度时，大多数转基因植株中外源基因能稳定遗传并显示孟德尔单基因分离规律。

外源基因的遗传规律主要是由外源基因插入的拷贝数及其插入位置决定的。如果一条染色体上单位点插入(单拷贝或多拷贝串联)，而且插入位置对植株生长、发育、繁殖不会产生较大影响，则外源基因一般作为显性基因遗传给后代，遵循孟德尔遗传分离规律，自花授粉后代表现 3∶1 分离规律，与非转化亲本杂交后代表现 1∶1 分离规律。一般来说，单位点插入都具有较好的遗传传递稳定性，是育种工作者期望得到的一种整合方式。

1.1.2　多位点插入

转化的外源基因的 R_1 代呈 3∶1 单基因显性孟德尔分离是外源基因传递中的常见现象，但是并非都是如此。例如，在拟南芥 R_1 代植株中有 10 个株系的抗性分离比为 3R∶1S，有 3 个株系是 15R∶1S，1个株系是 63R∶1S，说明多数情况下为单位点插入，但也有二三个位点的插入。

Molinier 等(2000)使用 GFP(绿色荧光蛋白)为标记基因，发现株系 145-4 中 T-DNA 插入到两个位点的后代中荧光∶无荧光的植株的比率为 15∶1，符合两个独立显性位点的分离假说。将潮霉素磷酸转移酶(HPT)抗性筛选标记基因和红色荧光蛋白基因(*mCherry*)通过农杆菌介导的方法导入水稻，利用 mCherry 荧光蛋白作为报告基因，对 T_1 代转 *mCherry* 基因水稻株系检测结果发现，139 个株系中，符合单个遗传位点分离比例(3∶1)的株系占 54.0%(75/139)，符合两个位点分离比例(15∶1)的株系占 28.8%(40/139)，符合三个位点分离比例(63∶1)的株系占 14.4%(20/139)。说明 *mCherry* 在转基因水稻后代中稳定遗传，不同转基因株系的遗传模式不完全相同，大约一半的株系表现单位点遗传。

可见，多个转基因在转化植物后代的分离规律与其整合特性密切相关，如果多个转基因以连锁形式整合到一个位点上，那么就符合单基因的孟德尔分离规律；如果多个转基因分别整合到不同的位点，那么每个转基因的分离符合孟德尔规律，各个基因间不影响。

1.1.3　嵌合基因的遗传

嵌合基因(chimeric gene)是指通过重组由来源与功能不同的基因序列剪接而形成的复合基因。Maqbool 等通过 Western blot 分析表明，在转 *cry1Ac*＋*cry2A*＋*GNA*(galanthus navies agglutinin)三价基因的水稻中，这 3 个抗虫基因表现为单个显性基因的遗传方式，一起遗传给下一代并都能稳定地表达。通过对转 *Bt*＋*GNA* 双价基因抗虫棉花 TL1 的 3 个连续世代的目的基因 PCR 检测和 PCR-Southern 分析，证明了整合到棉花基因组中的外源抗虫基因能稳定地存在，完全连锁遗传，各世代对棉铃虫具有很强的毒杀作用并对蚜虫有较好的抑制效果，抗虫基因在各世代植株的基因组中也没有发生表达上的明显变化。这说明外源基因在转 *bt*＋*gna* 双价基因抗虫棉花 TL1 中稳定地遗传和表达，为新型多价转基因抗虫棉花的育种奠定了基础。

1.2　非孟德尔式遗传

理论上讲，外源基因一般在自交一代中发生分离，在自交二代中能得到纯合体。但由于转基因的失活、纯合体致死及一些未知的原因，在自交二代中也往往得不到纯合体或者无法得到纯合体。有意思的是，在转基因当代也有可能出现纯合体的情况。如 Spencer 等(1992)在分析转基因玉米后代遗传分离时，发现有一个转基因株系 T9 在由转基因当代传给自交一代时并不发生基因分离，Southern 印迹结果也表现出亲本与后代染色体 DNA 中只有一个相同的转基因整合位点，表明 T9 在转基因当代就产生了纯合体。原因可能是在 T9 愈伤组织有丝分裂时，转基因的单一整合位点发生复制，形成了纯合体。也可能是发生了非细胞核的转化事件，后代受细胞质遗传控制。此外，在转基因植物后代的分离中，普遍存在着一些显性个体不符合孟德尔比例的现象，这些都称为非孟德尔遗传现象。就目前的研究来看，导致非孟德尔遗传现象的原因有如下几点。

1.2.1　转基因的丢失

关于转化外源基因的丢失问题，研究者曾经对自然界中发生的农杆菌侵染转化烟草根瘤进行了遗传稳定性研究，发现以转基因烟草植株的茎、叶、花粉、花丝为外植体获得的再生植株中多数仍然能合成胭脂碱(nopaline)，存在 T-DNA，但也有少数再生植株 T-DNA 丢失。从花粉离体培养获得的单倍体植株中只有少量植株保持胭脂碱的合成，也未能检测到 T-DNA 的存在。该实验结果表明，无性系 S_1 代中也有一定数量的细胞丢失 T-DNA，在减数分裂过程中 T-DNA 的丢失率更高。有些试验特别是早期的一些试验，筛选时都是以标记基因的表达或酶活性检测为指标，基本上不做 DNA 分子水平的检测，致使后代的外源基因分离比例发生较大误差。进一步研究指出，用酶活检测方法得到的 3∶1 分离中，其 3 份转化体中仅有 20% 含有目标基因或其片段。在一个小麦转化株系 2B-2 中发现，转基因在自交一代中能表达，在自交二代中仅能检测到，在自交三代中发生了丢失。因此，要采用标记选择、表达分析和分子检测方法相结合的手段来检测转化体，避免丢失现象的发生。

除此之外，转基因的不稳定整合还可能导致转基因的丢失，如果转基因位点过大也可能在减数分裂时因不稳定被切除而在后代中丢失。

诸多实验结果显示，外源基因的丢失存在普遍性。转基因既可在减数分裂过程丢失，也可在无性系变异中丢失，也可通过雌配子或雄配子丢失，表明植物基因组中有些特定位点对转基因的可遗传的稳定整合是不利的。

1.2.2 转基因的沉默

转基因沉默是植物遗传转化过程的普遍现象，在谷类作物中，有超过50%的转基因在世代传递过程中发生沉默。由于转基因沉默，转基因不表达或表达活性降低，从而引起了转基因后代分离规律的异常，当以转基因的表型分离比确定转基因的遗传类型时，转基因沉默是造成非孟德尔遗传的首要原因。

转基因的拷贝数、整合位点的结构尤其是其附近的染色体环境(包括碱基组成、甲基化位点、GC含量等)及转化方法、转化时使用的载体结构、启动子等调控序列、转化的受体材料及外界环境因素等均可能诱导转基因沉默。

1.2.3 花粉致死(雄配子致死)和配子存活力

许多研究表明，转基因的存在可能影响配子的发育和成熟，导致转基因不能有效地通过配子传递给子代，从而造成转基因的分离异常。

一般认为转基因通过花粉传递的能力要小于卵细胞，因而以转基因植株作母本更有利于转基因的传递，原因可能是转基因植株花粉的发芽力、花粉管伸长能力与受精能力低于相应的非转基因植株，也可能转基因插入到影响花粉活力的基因位点上而造成花粉致死。在转基因玉米中发现小麦*Glu-1DX5*基因不能有效地通过花粉进行传递。在某些转基因水稻的R_2代植株中观察到畸形的花粉粒，在这些植株的R_3代中外源基因呈现1∶1异常分离。

雌配子的不育也可以导致转基因的异常分离。Aragao等(1996)研究发现转基因的插入可能导致与卵细胞受精和发育必需的基因发生插入突变，结果导致转基因豌豆中*gus*、*neo*、*ACI23*和*Bcl*基因异常分离。也有研究发现转基因只能通过雄配子进行传递，产生这一现象的原因可能是插入突变影响了雌配子的存活能力。

转基因可能从以下几个方面影响配子存活能力：转基因的表达产物干扰配子的发育和成熟；外源基因导致与配子发育成熟必需的基因发生插入突变；转化过程导致的染色体异常也可能影响配子的竞争能力。

1.2.4 转基因纯合致死

在转基因水稻中发现个别株系*gus*的基因型和表型分离比均接近2∶1，暗示着某些植株可能在转基因纯合状态下发生了致死。在转基因水稻品系IR54-1的R_3代中发现，所有含有转基因的R_2代都产生了分离的后代植株，也就是说R_2代中没有转基因的纯合体，可能是纯合致死现象导致了缺少阳性纯合后代。

虽然导致非孟德尔遗传现象的原因较多，其发生也普遍，但据王守才等(1999)报道，在转基因玉米的R_1至R_2代部分家系中，转化体的比例较低，有的发生了转基因丢失的现象，但经过自交和选择，大多数的家系到R_3代以后都趋于正常的孟德尔遗传。

1.2.5 染色体异常

染色体是转基因附着的载体，染色体结构和行为的异常会在一定程度上影响转基因的遗传。转化和组织培养再生等过程都可能导致染色体发生缺失、倒位或易位等异常重排。

研究发现，在基因枪转化的六倍体燕麦中发现有4个株系的*gus*表型分离不符合孟德尔比例，经FISH观察发现其中3个株系分别发生了染色体的臂间倒位、缺失和易位，转基因的分离异常可能是由这些染色体异常造成的。

1.2.6 转化方法影响

通常由直接DNA转化(如基因枪法、电激法)得到的转基因植株含有较多的外源基因拷贝(可以高达100个拷贝)，并且整合的外源DNA易发生结构变化和修饰，如DNA片段的丢失、环化、甲基化等，遗传稳定性较差；而采用农杆菌介导法，常表现为单拷贝整合，整合位点也比较稳定，外源基因的结构变化较少，遗传稳定性较高。

通过对农杆菌介导转化和基因枪转化的转基因大麦的研究发现，所有农杆菌介导转化的株系其转基因的拷贝数都小于3，而基因枪转化获得的株系中有60%转基因的拷贝数超过8，并且多伴随转基因的重排，绝大多数农杆菌转化的株系，整合的T-DNA能够稳定地遗传表现出简单的孟德尔遗传特点，而有近70%的基因枪转化株系出现*bar*基因的失活即沉默，另外，有3个株系T_1代出现*luc*基因(荧光酶素基因)的丢失。

此外，转化时使用的载体结构、启动子、选择策略及用于分析的植物组织都会影响转基因的遗传和表达。采用农杆菌介导法转化时，选用的外植体类型和相应的转化条件也会对转基因位点的结构产生影响。

1.2.7　遗传背景的影响

由于遗传背景的不同，不同植物对于转基因可能做出不同的反应，从而导致转基因出现不同的遗传和表达行为。转基因所处的遗传背景是导致转基因异常分离的原因之一。

研究发现，异源六倍体燕麦（*Avena sativa* L.）中转基因位点的数目、大小和复杂程度均高于相应的二倍体水稻，认为含有多套染色体组成的多倍体细胞可能具有承受染色体和转基因复杂变化的遗传缓冲效应，而相应的二倍体细胞在这样的变化条件下则很难生存。转基因所处的遗传背景可能通过某种遗传因子的存在与否来影响转基因的稳定性。对植物基因组进行某些突变可以消除转基因诱导的基因沉默，也说明转基因沉默可能受植物宿主的遗传调控。如果外源基因整合在一个有高度转座活性的区域，可能导致外源基因的丢失。

总之，造成植物转基因发生非孟德尔遗传的因素很多，除了可能存在某个起主导作用的因素之外，很可能是多个因素共同作用的结果，而且这些因素之间并不是孤立的，而是相互联系，相互作用。因此，要阐明转基因的非孟德尔遗传机制必须对这些因素进行综合考虑。

2　外源基因的遗传稳定性

关于外源基因的遗传稳定性含义包括两个方面：其一是外源基因在受体细胞培养、分裂繁殖及分化过程中的稳定性，即转化细胞培养过程中的稳定性；其二是外源基因在植株繁育过程中遗传传递的稳定性。

2.1　转基因在转化细胞中的稳定性

转化细胞必须经过一系列的培养过程，如愈伤组织诱导、芽分化、根分化等才能成为完整的转基因植株。在这一复杂的过程中，转化的外源基因能否稳定地保持和传递关系到稳定遗传的转基因植株的获得。关于这方面的研究迄今很少，但是从众多体细胞无性系建立的研究结果中可以判定，转化的外源基因与体细胞内的其他基因一样在细胞培养和再生过程中是基本稳定的，能够从转化的细胞获得转基因植株。

外源DNA一旦整合到植物细胞的基因组，其稳定性与核基因是同等的，能够通过细胞分裂稳定地传递给下一个细胞世代。迄今已有多种植物成功地获得了转基因植株，并且推广应用及进行商业化生产的事实足以作为证据。

外源基因在转化细胞培养过程中的不稳定性也是存在的。因为组织培养过程中存在较高的无性系变异，细胞培养中可发生染色体数目变异、结构变异（包括染色体的断裂、易位、倒位、缺失、重组等）、核基因的扩增和丢失、核基因的突变重组等。转化的转基因随着体细胞的无性系变异而产生不稳定性。如在大豆悬浮培养中发现，细胞中的DNA遗传物质最多丢失1/3；采用基因打靶技术研究农杆菌T-DNA在植物基因组中的稳定性，结果表明即使在植物的发育阶段保持稳定的T-DNA也可能失去稳定性。

2.2　转基因在遗传传递中的稳定性

获得的转基因植物能否保持外源基因在后代的稳定遗传，直接关系到基因工程新品种培育的成败。常规杂交育种的大量实验已明确，整合到受体细胞染色体的基因能够稳定遗传，转化的外源基因和常规杂交实现基因的转移在理论上是一样的。

有研究显示，在黄瓜花叶病毒的卫星cDNA转化烟草的转基因植株的后代中保持大量卫星RNA的表达及对CMV的抗性，并且经选择已得到纯化的抗病毒烟草品种。将*kan*基因通过农杆菌导入烟草，再经有性杂交获得的5个F_1代抗性植株，Southern杂交分析得到的杂交图谱与亲本基本相同，说明在5个转化事件中，整合的DNA在减数分裂和植株后期发育中是稳定的，整合的供体DNA在有性传递过程中是稳定的。研究发现，在以潮霉素抗性为表型标记性状的转基因拟南芥中，外源基因以单位点插入，T_1代转基因植株在自交繁殖过程中存在转基因的沉默或丢失现象，转基因株系在T_3代的遗传已比较稳定，符合孟德尔遗传，抗性分离比例表现为3∶1或1∶0。随着自交世代的增加，外源基因的遗传性趋于稳定，转基因在雌雄配子中的传递无差异，不受细胞质的影响。

可见，在多数情况下虽然供体DNA和靶DNA顺序在整合过程中可能经受各种变化，但整合一旦发生，插入的外源基因在减数分裂中能保持下来，并稳定地通过有性过程传递到后代，保持高度的减数分裂稳定性。

综上所述，转化的外源基因在受体细胞及转基因植株中基本上是稳定的，能够遗传给后代。但是外源基因的不稳定性也是存在的。而一个较为普遍的现象是多拷贝、复合整合方式的转化DNA不易稳定，而单拷贝或低拷贝的插入具有较高的稳定性。

2.3 转基因植株的倍性变化

在组织培养中，体细胞无性系变异的一个常见现象是再生植株的染色体倍性变化，也称为多倍体化变异。其机制一般认为主要是由于核内有丝分裂及内多倍体的分裂。遗传转化后的细胞也同样存在倍性变化，甚至发生频率更高。例如，用 17 个二倍体马铃薯试管球茎切片进行组织培养和转化，球茎切片愈伤组织细胞中 4*X* 占 35%，球茎切片经根癌农杆菌转化后诱导的愈伤组织细胞中 4*X* 占 65%，获得的转基因植株中 4*X* 约占 50%。可见，转化细胞中 4*X* 发生频率明显高于非转化的细胞。在番茄子叶外植体转化中也观察到转基因植株中的倍性变化的比例高于非转化的组培再生植株，但在转基因植株中保持二倍体的仍为大多数（约 80%），其余 20% 的转基因植株有倍性变化，因此认为，转基因植株尽管多倍性变化较大，但基本上能保持其原来的二倍体。类似的研究还发现，多倍性变化与外植体的基因型及取材的组织器官有很大关系。

2.4 沉默转基因的遗传稳定性

转基因沉默的表现可以说是一种后生性状。对于转基因植物来讲，沉默的转基因可以通过无性繁殖或器官再生，以及嫁接而传递下来，但是却无法预测沉默的转基因通过减数分裂即在世代间的传递，因为多位点的插入使情况变得更复杂，一般来讲，沉默的转基因植株的后代出现沉默现象概率为 2%～100%。

据报道，在导入烟草的对磺酰脲类除草剂有高水平抗性的乙醇酸合酶（Ahas）基因 *crsH* 的转化体中发现 *csrH* 与其内源基因 *sarA* 和 *sarB* 存在共抑制现象，分别挑选两株有抗性和无抗性的纯合植株的自交种子，萌发后发现所有的种子都具有抗性，说明通过萌发恢复了抗性，这说明了沉默转基因在传递过程中的不稳定性。

为了研究在转录后水平发生 *chs* 基因沉默的转化体的遗传力，研究者通过对 5 个 *chs* 转化体同未转化的 V26 植物回交后代的分析结果表明：①沉默只发生在 Irnt-Irnt 的纯合后代中，与 R_1 代相比，R_2 代降低了 0 沉默水平。②纯合体比杂合体的沉默水平强，即使在纯合植株中（－/stst），st 位点自身都不能使 *chs* 沉默，而没有 T-DNA 或者仅有 st 位点的植株，无论是杂合的还是纯合的，都不表现沉默。

对于转基因植物来讲，基因沉默可以通过无性繁殖传承下来，但沉默转基因在有性世代间的传递因转基因沉默发生阶段的不同而有差异，如果沉默发生在转录水平上，那么沉默的转基因可以通过有性世代传递，表现为减数分裂的可遗传性，如果沉默发生在转录后水平上，一些沉默的转基因可以通过减数分裂恢复表达活性。

3 影响外源基因遗传特性的因素

3.1 环境条件

转基因的特性与环境条件有着密切的关系。但是研究者一直没有注意到这一点，比如绝大多数有关转基因沉默的报告都是在温室内进行的，很少有在田间的。在德国，研究者发现大量田间携带单拷贝转玉米 *al* 基因的矮牵牛植株，其转基因的表达受亲本的年龄和环境因素的影响，而在温室中植株间转基因的表达却差不多，并无差异。Broer（1996）证明，携带玉米 *al* 基因的矮牵牛花色受热诱导，当 37℃时 *al* 基因即失活，在降温后又恢复表达。

环境条件可以通过影响启动子而影响转基因的表达效率和稳定性。CaMV35S 启动子对光周期的缩短非常敏感。研究者把 CaMV35S 启动子同 *gus* 基因融合导入烟草，然后将光周期由 16∶8h 缩短为 8∶16h（光∶暗）。结果发现，当光周期缩短时，特异性 Gus 活性和 *gusA* RNA 水平都有提高，说明光周期通过调节启动子而调节了转基因的表达水平。

环境条件的改变可以使外源 DNA 甲基化程度发生变化，从而影响转基因的表达效率和稳定性。一些环境因子（如高温）也能影响植物的生长发育调控，对转基因植物的遗传稳定性产生影响。

在众多环境因子中，移栽是一个重要的因子。Hart 等早在 1992 年就观察到带有整合几丁质酶基因的烟草植株，在组培条件下萌发、成苗、移栽到土壤中，这时的几丁质酶基因是沉默的，但那些直接播种到温室土壤中的植株，却没有表现出基因沉默。研究者认为早期的培养条件影响着几丁质酶基因的沉默。研究发现，在温室内通过条件限制延迟了共抑制的发生，移栽到大田后，60% 的纯合烟草植株发生了共抑制，认为在幼苗时期移栽影响了共抑制的发生。在转抗除草剂基因 *crs1-1* 的烟草中，杂合体是有抗性的，但是将近 59% 的纯合植株受到除草剂的损害，这种损害与 *crs1-1* 转基因和内源烟草 *ahas* 基因的共抑制有关，而共抑制是被幼苗移栽这一普通的农艺操作所触发的。

温室与大田环境条件不同，许多因素影响着转基因的特性，一个普通的农艺操作就可能对田间的表型产生深远的影响，田间表型不能简单地由温室结果来判断。但由于对基因工程安全性的顾虑，目前，对转基因植物的研究绝大部分还必须在温室环境条件下进行，因此，通过技术手段，改进温室的生长条件，使之更接近于大田生产条件。同时，采用多种不同的环境条件对转基因材料进行研究，才能更准确地反映转基因的性状，揭示转基因材料的利用价值。

3.2　转化方法

植物基因工程研究发展迅速，各种转化方法应运而生。但不论采用什么转化方法，一旦整合发生，则整合的外源 DNA 能够在减数分裂过程中保持下来，并稳定地遗传。

3.2.1　农杆菌介导法

根癌农杆菌介导的遗传转化是植物转化的常用方法，由于 Ti 质粒在受体染色体组中一般呈特异的交换重组结合，整合的位置较固定，拷贝数较少。因此，遗传传递较稳定，其后代多呈现孟德尔遗传，但是转化细胞需要经过组织培养再生植株，一些组培再生频率低或移栽成活率低的植物品种采用这种方式进行转化有很大困难，再生的植物群体还存在体细胞无性系变异，采用整株或种子接种共感染的基因转化方法则可以避开植物组织培养途径，不会产生体细胞无性系变异。因此，农杆菌质粒载体共培养转化能较理想地获得完整的供体 DNA 结构，遗传稳定性好。

3.2.2　DNA 直接转化法

利用物理或化学方法将裸露的 DNA 随机地导入植物受体细胞，其有序性和统计性都较差，整合机制也尚不清楚。利用基因枪法进行基因转化可以不受材料类型的限制，但也有其局限性，如转化效率不高、基因插入往往是多拷贝、常造成转基因的失活或沉默、轰击过程中可能造成外源基因的断裂，使插入的基因成为没有活性的片段、出现非转化体或嵌合体的可能性较高等。

与农杆菌介导法相比，DNA 直接转化的外源 DNA 整合位点较复杂，多拷贝整合较多，外源 DNA 易发生结构变化和修饰，整合外源 DNA 的遗传效应比较复杂，转基因植株的表型丰富，F_1 植株的分离比例比较复杂，但也基本符合孟德尔规律，单位点的 3∶1 分离比较少。因此，在有性繁殖过程中传递的遗传规律比较复杂，稳定性也相对较差。

3.2.3　花粉管通道法

花粉管通道法作为一种颇具特色的转基因技术，无基因型限制和易于实现大规模基因转化，但是其转化后代中易出现碱基甲基化、基因沉默及多拷贝等问题，会对表达水平产生影响，同时转基因工作受自然花期和环境条件的影响与限制。即使如此，外源基因一旦发生整合，外源 DNA 一般都能稳定遗传，只是传递的规律性较差。

如上所述，不同的基因转化方法对整合的外源基因的结构、稳定性及其传递规律均有明显影响。随着分子生物学的进步和研究方法与手段的改进，转基因植物遗传传递研究的更加深入，转基因遗传传递的稳定性将得到进一步的提升。

4　转基因材料在遗传育种中的应用

4.1 转基因材料在遗传学研究中的利用

在植物基因工程研究中，分离克隆控制性状的目标基因，并对其功能进行初步研究是重要的一个环节，获得目标基因后，通常优先采用的方法是构建目标基因的过表达载体，通过遗传转化，获得其转化体，通过对其表达、功能等特性的解析，进而分析其调控网络。

4.1.1　揭示基因功能

在对基因的功能进行合理的预测后，需要通过实验来进行研究和验证。通常的研究策略是将基因导入到一个细胞或个体中，通过该基因在体内的表达情况，观察细胞生物学行为或个体表型遗传性状的变化，从而鉴定基因的功能。主要的方法有基因的过量表达、基因表达的干扰和突变体分析等。

1）过量表达　　过量表达（over-expression）是指将目的基因全长序列与高活性的组成型或组织特异性启动子融合，通过转化获得该基因产物大量积累的植株，从而扩大该基因在生理生化过程中的效应，这部分扩大的效应带来的与正常植株在各种表型上的差异，有助于帮助理解基因功能。重要逆境调控基因微小的表达变化就可以引起下游基因的积累效应，有可能使生物体表型发生可评估的变化，使其功能凸现。

过量表达的技术已经相当成熟，与 RNAi 相比，目的基因过量表达后的表达量更易检测，但其与反义抑制和共抑制一样，均可能导致转基因植株的致死效应或强烈的多重效应。目前，常用的过量表达载体可以分成组成型和诱导型两种。基因诱导表达可以实现基因表达的空间控制、时间控制和数量控制，从而避免了组成型过量表达带来的麻烦。

2) RNA 干扰(RNAi)　研究证实 dsRNA 在体内 RNase 作用下将 dsRNA 降解成 21～25nt 的片段，这些小片段与内源 mRNA 结合后，可由 RNase 高效降解，表现出基因敲除的特性，且可传递给子代，这一现象叫 RNA 干扰(RNA interference)。在细胞内同时表达同一基因序列的 sense RNA 和 antisense RNA 会形成双链 RNA，dsRNA 进入组织或细胞诱导内源序列特异的 RNA 降解，从而高效抑制目标基因的表达。

根据已有基因序列，预测设计对应各个基因序列的有效 siRNA 或 dsRNA，构成基因组的 RNAi 文库，将文库中不同序列的 siRNA 或 dsRNA 分别导入不同个体的细胞内，通过观察对应的缺失表型可以大致确定基因功能。RNAi 文库技术作为高通量基因功能分析工具，具有操作简单、周期短、成本低、高特异性和高效性等特点。

3) 突变体分析　插入突变是通过使目的基因失活从而直接研究基因功能的方法，可分为转座子插入突变和 T-DNA 插入突变。插入突变具效率高、基因失活完全、容易分离鉴定被插入引起失活的目的基因等优点。但因为植物中有一定数量的多拷贝基因，有的甚至紧密串联，使得到目标基因的纯合突变体受到局限，基因家族的存在也影响得到表型差异明显的突变体。

T-DNA 介导的基因诱捕技术是以 T-DNA 作为转化载体，对其进行适当修改后整合报告基因，通过报告基因的表达来研究目的基因表达并进而分离、鉴定基因的一门遗传学技术。其基本原理是将含有已知 DNA 序列的 T-DNA 载体通过转化插入到受体基因组中，使插入位点基因的功能缺失或获得而造成突变，并在被诱捕序列启动子的控制下表达插入的报告基因，以鉴定可见或非可见的突变。T-DNA 插入不仅可产生大量突变体，而且转化载体中的报告基因还可作为克隆整合位点内源基因的标签，便于分离和鉴定突变体相关基因。

最直接最有效的方法是构建饱和的基因突变群体，通过突变体分析鉴定基因功能。因此突变群体的构建是功能基因组学的基础。随着农杆菌介导的植物转基因技术的不断完善，通过创造大量的 T-DNA 插入的独立转化子已成为快速构建插入突变体库的主要方法。另外，人们还构建了激活标签系统，可以产生功能获得性的突变体，便于研究功能冗余或具有高度多效性及致死效应基因的功能。

4.1.2　研究基因的表达特性

基因的表达在个体发育的不同阶段及在个体的不同组织和细胞类型中均不相同，即基因表达的时空性。转基因材料中外源基因的时空表达特性分析，包括 mRNA 和蛋白质两个水平上的基因表达谱分析。

除了常规的利用转基因方法研究基因的表达特性外，利用基因诱捕系统等方法创制的突变体材料，可以更好地分析基因的表达特性。对具有细胞和组织特异性表达、暂时性表达或有条件表达的基因，可通过报告基因的表达得以分离，并分析其表达特性。

4.1.3　转基因的调控网络

通过分析由转化创制的突变体的基因表达特性及其表型特征，可以分析基因的表达调控网络。围绕转基因突变体中外源目的基因的表达特性分析，解析与目的基因相关联的其他基因的表达特性和网络系统，对于调控基因而言，更有利于解析外源目的基因的作用机制，挖掘与目的基因互作的新基因及信号转导网络。

一个成功的例子是利用构建的突变体来分离驱动特异表达的启动子。同样，用启动子诱捕技术，已从拟南芥突变体中克隆和鉴定了一个新的、在根部特异表达的隐藏性启动子序列。

4.2　转基因材料的育种利用

利用植物基因工程技术，通过外源基因向植物基因组的导入，可以创制许多具有特异性状的转基因种质材料，使得创造和培育新品种成为可能。分子育种技术就是合理利用这些转基因材料，培育生产上可利用的植物新品种。因此，分子育种技术是继自然选择、杂交育种、远缘杂交之后，建立在 DNA 分子操作基础上的又一新的育种途径。从一定程度上，转基因技术只是创制新种质的一项技术，要充分发挥其作用，还必须与常规育种技术有机结合，才能培育出适于生产利用的植物新品种。

4.2.1　转基因材料的特点

1) 具有特异的选择标记基因　在构建目的基因表达载体的过程中，为了便于转化细胞和转化植株的筛选，通常在载体中附加了一些选择标记基因或报告基因，这样获得的转基因植株通常也携带有这些基因，因此，利用这些相应基因的选择方法可以保证用作回交的材料具有目的基因。

但随着人们对转基因生物安全的考虑，创制无筛选标记的安全转基因植物的已成为近年来外源基因遗传转化发展的方向，并在近年来取得了显著的研究进展。

2) 目的基因是已知的　转基因材料中目的基因的序列信息是已知的，转基因控制的目标性状也是确定的。在转基因材料利用中，可以利用目的基因的性状特点有针对性和目的性地对转基因材料进行个体选择，或者根据目的基因的序列设计相应的引物或探针，开展分子标记辅助选择，保证所选的材料具有目的基因。

4.2.2 转基因材料的利用策略

虽然获得的转基因材料已经具有所需的目标性状，但绝大多数仍然不能直接作为品种应用，主要存在以下问题：①目前主要的基因转化技术需要通过组织培养途径实现，而植物离体培养对材料的基因型依赖性很强，组培再生率高的材料通常是一些农艺性状不佳的基因型，这样获得的转基因植株通常农艺性状不佳，难以直接利用。②即使在转基因中所用的受体材料是当时的优良品种，但因生产上优良品种的不断更新，利用基因工程获得的转基因材料，仍需要对其进行农艺性状的选择提高，才能跟上品种更新的步伐。因此，在受体材料选择上，应有前瞻性，同时，需要通过回交转育途径将外源基因导入到优良品种中，才能获得具有优良农艺性状改良的能在生产中应用的新品种。一般将转基因植株提供给植物育种家，在 2～3 年时间就可获得优良品种，而且可在育种中长期利用转基因材料外源基因的目标性状。

植物转基因育种可以分为两个主要步骤：第一步通过基因工程的手段将外源的优良基因转移到作物的基因组中，并得到恰当的表达，获得转基因材料，实现外源基因的跨物种转移；第二步利用该转基因材料，通过常规育种方法选育可应用于生产的转基因品种。另外，转基因中目的基因在回交育种中可以作为选择标记开展分子标记辅助选择育种，保证选择准确性，提高育种效率。

4.2.3 利用回交育种培育转基因品种

把供体的目标性状通过回交导入受体的育种方法称为回交育种。回交育种主要应用于现有品种(系)一个或几个少数性状需要改良，而保持受体品种原有优良性状的育种方法。通常用作回交的材料都是在农艺性状上比较优良的品种，只是在个别性状上有缺陷，需要改良，而转基因材料就具有要改良亲本的缺陷性状。因此，利用转基因材料与优良品种进行连续回交是转基因材料利用的主要手段。

1) 回交的遗传效应

(1) 受体和供体遗传物质在回交后代中的传递：对背景性状而言，每回交一次，由受体亲本导入回交后代的有利遗传物质较上代增加一半，而来自供体的不利遗传物质较上代减少一半。在回交 r 代，来自受体的遗传物质在回交后代中占($1-1/2^{r+1}$)，当回交代数较高时，回交后代的背景性状与受体极为相似。

受体和供体对目标性状在回交后代的遗传影响因交配方式而异。在不加选择下回交，目标性状在回交后代群体中出现的频率逐代下降，直至消失。若选择目标性状携带者回交，则目标性状一直处于杂合状态，不论回交多少代，受体和供体控制目标性状的遗传物质总是各占一半。表明选择目标性状携带者回交，对实现回交改良的目的具有十分重要的意义。

(2) 从受体导入基因的纯合体频率：设某性状受 n 对基因支配，回交 r 代后，该性状表现纯合的频率为 $f=(1-1/2^r)^n$，根据纯合率公式，可以计算出导入受 n 对基因控制的目的基因的纯合体在回交世代 r 的频率。控制该性状的基因对数 n 越少，回交次数 r 越多，回交后代中该性状纯合率越高。

(3) 相邻回交世代多基因纯合体频率的递增量：在 1 对基因控制下，从回交 $r-1$ 代到 r 代，回交后代中纯合体频率的递增量为 $1/2^r$，即每回交一次，回交后代纯合体频率较上代增加的量是上代递增量的一半。

若该性状受多对基因控制，回交后代纯合体频率递增量就不等于 $1/2^r$。回交后代中有 85%以上的纯合体是在连续回交 5～7 代中获得的，但是随着基因对数的增加，纯合体频率显著递增的世代逐步向后推移。

2) 回交育种的程序

(1) 杂交。以要改良的优良品种(系)为母本，转基因材料为父本进行杂交，获得携带有目的基因的杂种 F_1 代植株。

(2) 回交。在完成杂交后，选择含有目标性状基因的回交后代植株作为母本，进行连续回交。由于转基因材料的目标性状和基因序列已知，在每一回交后代，可以根据目标基因的序列设计的特异引物进行 PCR 分子检测筛选，或者通过酶联免疫反应等方法，筛选出回交后代中含有目标基因的个体，作为下一轮回交的母本，这样可大大提高回交育种的选择效率。而且通常情况下，转基因材料的目标性状都是显性的，可结合目的基因控制的性状进行选择，保证具有目的基因的回交后代的准确选择和利用，从而提高回交育种效率，缩短育种年限。

回交的次数关系到轮回亲本优良性状的恢复程度。在转基因材料的回交中，由于目标性状未与不良基因连锁，通常连续回交3～5次，即可取得良好效果。如果转基因材料和轮回亲本的差异过大，可参照公式 $(1-1/2^r)^n$ 计算轮回亲本导入目标基因后的纯合体比率，式中 n 为基因差异对数，r 为回交次数。

例如：$n=10$，$r=5$，轮回亲本导入基因纯合体比率为72.8%。

$n=10$，$r=6$，轮回亲本导入基因纯合体比率为85.5%。

应该指出的是，回交育种的效率与目标性状得以表现所需的环境条件有关。环境条件越适宜，目标性状表现得就越充分，选择的效果越好。因此，应该创造使目标基因的性状充分表现的环境条件，同时还应尽可能排除那些干扰目标性状表现的不良条件。

(3) 自交。在回交到适宜世代后，回交后代的背景性状大致纯合，但目标性状仍然处于杂合状态，必须自交1～2代使之纯合，才能获得一个性状稳定的品系。

(4) 比较鉴定。回交育成的新品系，其丰产性、适应性等性状与轮回亲本相似。因此，在比较鉴定时，一般不需经过多年的鉴定和比较试验，只需用较短的时间与原品种进行比较鉴定，以评判新品系是否保持原品种的主要优点、重要缺陷的性状是否得到改良等。

4.3 转基因材料的基因聚合利用方法

通过基因聚合将多个目的基因导入同一个受体品系，使植物同时具有抗多种害虫和多种除草剂等性状是生产实际的需要，也是目前转基因育种常用的手段。

4.3.1 转基因亲本杂交聚合基因法

即通过常规的杂交手段，把两个或多个转基因亲本的转基因性状聚合到一个受体中去。如用常规杂交把MON863的 *cry3Bb1* 基因和MON810中的 *cry1Ab* 基因聚合。这种聚合的目的基因由于相互独立，转基因之间没有连锁，后代中会发生分离，在后代的筛选过程中需要有较大的群体。

4.3.2 多基因单载体共转化聚合法

多基因单载体共转化聚合法即把两个或多个基因用同一个载体一次性转化到一个受体品系中，把两个或多个独立表达框串联在一个表达载体中，各个目的基因的两端均具有各自的启动子、增强子、终止子等转录和翻译调控因子。在这种情况下，不同的目的基因导入到受体的特定染色体位点后，目的基因之间一般完全连锁，筛选简单，比较容易获得稳定的后代，而且通过使用不同的启动子和调控元件，可以灵活调控各基因的表达，但随着基因数目的增加，载体的容量会成为限制因素。

4.3.3 多基因多载体共转化聚合法

多基因多载体共转化是先将目的基因连接到不同的载体上，然后将位于不同载体上的多个基因同时转化到同一个受体中。由于基因位于不同载体上，构建表达框比较容易，但是不同基因的转化率可能不相同。

除以上聚合方法外，多次转化法、叶绿体基因技术、内部核糖体进入位点序列(IRES)和多蛋白技术也可以用于基因的聚合。在实际应用中，常常多种聚合方法结合使用，把多个目的基因聚合到一个品系中。

4.4 快速利用转基因材料的技术

加快作物育种速度，首先必须加快相应作物的发育速度。小麦加代就是根据小麦生理、生态特性，改变栽培条件，促使营养生长迅速向生殖生长转变，缩短从播种到成熟的生长发育时期，加速世代进程，缩短育种年限的技术。小麦幼胚离体培养，一直以来主要应用于远缘杂交中的胚挽救和胚性愈伤组织诱导植株再生方面。为了加快小麦转基因材料在小麦育种中的利用，闵东红等在人工控制温室，以黄淮麦区的半冬性小麦为材料，采用转基因材料后代幼胚离体培养直接成苗、绿体快速春化、温室快速生长发育及分子跟踪检测，建立了小麦转基因材料利用的快速定向育种技术体系(图41-1)，实现1年4代的繁育速度，并成功将抗旱相关TaEBP转录因子基因定向转育到黄淮麦区的10个优良小麦品种中，在1年内获得回交3代的转基因抗旱小麦新种质，提高了转基因小麦育种效率。

4.4.1 技术流程

以优良小麦品种为母本，以转基因小麦材料为花粉供体进行杂交10穗；取杂交授粉后10～12d的小

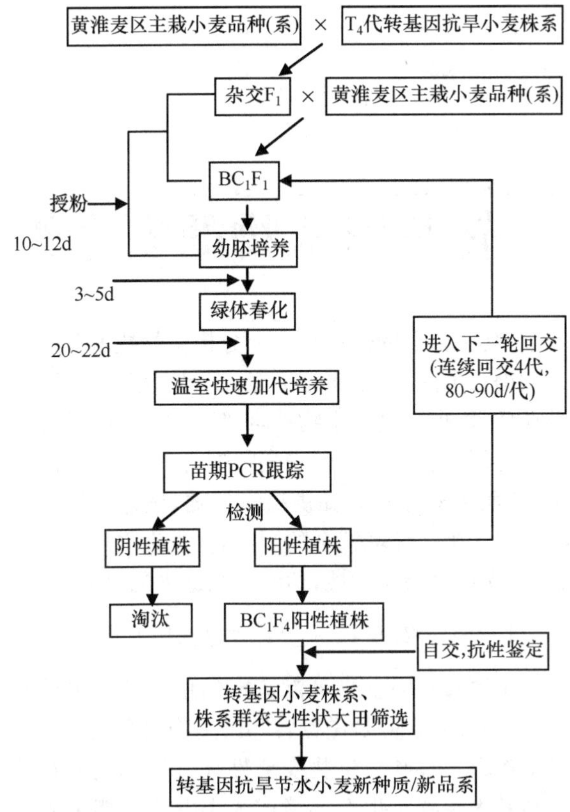

图 41-1　快速定向利用转基因育种技术流程示意图

麦幼穗(幼胚直径 1～1.5mm,乳白色),常规表面消毒后,无菌条件下用解剖针挑出完整幼胚,盾片向下接种在 MO 培养基(在 MS 和 N6 培养基基础上,经过筛选建立的适于幼胚直接成苗的培养基)上,在 25℃、光照 24h/d 的条件下诱导幼胚萌发成苗。将培养 3～5d 的胚苗移入定植盆,缓苗后在 4～8℃、24h 连续光照下春化20～22d。春化结束后,放入温室中培养,培养过程中严格控制室内的温度与光照,不同阶段配合使用不同成分的营养液。苗期至孕穗期 25～30d,孕穗至授粉期持续 18～20d,期间,按时去雄 5～10 株,并用优良品种授粉回交;授粉结束后温度控制在 24℃,每天光照 14h,配施含磷钾的液肥,促幼胚发育,保证充分灌浆及促籽粒饱满。取回交授粉后 10～12d 的小麦幼穗,用同样的方法,进行下一轮的快速加代。在整个生育期注意防治白粉病及蚜虫。从第二次回交开始,在苗期,采用 PCR 检测,筛选含有转基因的单株 5～10 株与轮回亲本优良品种回交。连续回交 3～4 次,最后经 1～2 代自交纯合即可实现定向培育转基因小麦新品种的目的。

4.4.2　方法特点及注意事项

快速定向利用转基因育种方法结合了转基因材料目的基因已知的特点,利用人工控制温室条件进行转基因材料的快速加代定向育种,不仅可以解决常规育种速度慢的问题,而且回避了转基因技术安全性顾虑的问题,而且小麦幼胚培养直接成苗不受基因型的限制,大大提高了转基因育种的效率。

建立的 1 年 4 代快速定向育种技术体系每代生育期在 90d 左右,不仅使每代能在相对宽松的条件下实现,而且保证了植株营养生长和前期生殖生长的时间。鉴于利用人工控制温室加代的成本较高,而且不管 1 年加代次数的多少,最后都必须经过大田种植选择,因此,选择合适的培养起始点,不仅可合理利用冬季及夏季的自然条件进行春化处理或促生长扬花等,节约资源降低成本,而且最后 1 次回交结束也可尽量和当地的小麦正常播种季节相衔接,以便后代迅速进入正常的大田种植。

快速定向育种技术体系是将温室快速加代和分子跟踪检测相结合的转基因育种方法,针对目标性状基因进行分子跟踪检测是极为重要的一个环节,因此,建立稳定快速高效的分子检测技术,才能进一步发挥这一技术的优势。另外,由于温室空间的限制,必须控制加代规模,为获得足够量的携带目的基因母本植株和纯合后代,应尽量增加杂交 1 代和最后 1 代的回交数量。而作为轮回亲本的父本花粉植株尽量利用大田的种子提前春化处理,以保证花期相遇并能提供足量的花粉。

复　习　题

名词解释

孟德尔式遗传、嵌合基因、转基因的沉默、RNA 干扰、回交育种

问题

(1) 什么是转基因的非孟德尔式遗传?其产生的原因是什么?

(2) 嵌合基因的遗传有什么特点?应用嵌合基因转化材料时应该注意什么问题?

(3) 利用转基因材料分析基因的功能时,常用的方法有哪些?请举例说明。

(4) 转基因材料具有哪些可以在回交育种中利用的特点?如何利用?

(5) 多基因聚合育种有哪些方法?在具体操作中,应该注意哪些问题?

第42章 转基因植物的安全性

自1983年世界上第一例转基因作物问世以来,转基因植物的研究和产业化得到了迅速发展。随着转基因技术的发展,转基因作物显现出传统作物难以匹敌的优势,大量的转基因作物开始被批准进入商品化生产。人们在为科技上的重大进展感到兴奋的同时,也担心这种人为干预自然进化的科技活动会不会潜藏着某些尚不能预知的危险,人们开始更加关注转基因生物技术的双重性。

一方面,转基因技术的使用为人们创造了许多高产、抗病及具有优良农艺性状和品质性状的农产品,给人们带来巨大的经济效益;另一方面,转基因技术本身可能存在一些暂时还不能被确定的潜在风险,如对生态环境和公众健康的威胁。生物技术具有的这种双重特性,即利益和风险之间的冲突大大促进了转基因生物安全学科的发展。转基因生物安全已经不再仅仅是最初认为的实验室内的一种安全操作规则,而已演变成为政治、经济、伦理、法律等诸多方面相互胶合的综合性问题,在广度和深度上都被极大地扩展了。

1 转基因生物安全性概述

1.1 生物安全的定义

广义的"生物安全(biosafety)"是指在一个特定的时空范围内,由于自然或人类活动引起的新的物种迁入,并由此对当地其他物种和生态系统造成危害和改变,造成环境的剧烈变化对生物多样性产生影响和威胁,形成对人类健康、生存环境和社会生活有害的影响。一般包括外来生物入侵、重大生物灾害、转基因生物和生物武器等。狭义的"生物安全"特指转基因生物安全。转基因生物安全是指由于现代生物技术的开发和应用可能产生的负面影响,即对生物多样性的保护和持续利用、生态环境保护及人体健康等产生的潜在危害,还包括对这些负面影响所采取的有效预防和控制措施,最终达到保护生物多样性、生态环境和人体健康的目的。

1.2 转基因生物的安全性评价

安全性评价是转基因生物安全管理的核心和基础,其主要目的是从技术上分析生物技术及其产品的潜在危险,确定安全等级,制定防范措施,防止潜在危害,也就是对生物技术研究、开发、商品化生产和应用的各个环节的安全性进行科学、公正的评价,从而为安全管理提供决策依据,确保在保障人类健康和生态环境安全的同时,促进生物技术的健康、有序和可持续发展,达到兴利避害的目的。

1.2.1 安全性评价原理及原则

了解转基因生物可能造成的危害及产生危害(危险性)的概率,是进行转基因生物安全性评价的基本途径。转基因生物安全性评价工作主要是针对转基因生物对生态环境或人类健康可能带来的风险进行评价。风险不能等同于危险性,两者既相互联系,又明显区别,它们之间存在如下关系式:

风险(%)=危险性×暴露率

安全性评价原则主要有:科学性原则(science-base principle)、熟悉原则(familiarity principle)、预先防范原则(precautionary principle)、个案分析原则(case-by-case principle)、逐步深入原则(step-by-step principle)、实质等同原则(substantial-equivalent principle)。

1.2.2 安全性评价的主要内容

对我国而言,目前转基因植物的安全性评价主要从分子特征、遗传稳定性、环境安全和食用安全4个方面展开。

分子特征方面,主要从基因水平、转录水平和翻译水平,评价外源插入片段在受体植物中的整合与表达情况,以及分子水平上的基因操作可能会对受体植物产生什么样的影响。

遗传稳定性方面,主要评价目的基因在转基因植物不同世代间的整合与表达水平的稳定性,以及目的基因导入后产生的目标性状的稳定性。

环境安全性评价方面,主要从生存竞争能力、基因漂移风险、功能效率、对非靶标生物的影响、对生态系统群落结构和有害生物地位演化的影响、靶标生物的抗性风险等多个角度,综合评价转基因植物对生态环境的影响因子及程度。

食用安全评价方面，重点从新表达物质的毒理学和致敏性、关键成分及全食品安全性、营养学、生产加工对安全性的影响等方面，遵循个案分析和实质等同原则，综合评价转基因植物与受体植物的相对安全性。

1.3　转基因生物安全等级的划分

转基因生物安全等级的确定需要综合考虑受体植物、目的基因(包括标记基因和报告基因)及基因操作方式等因素对人类健康和生态环境的影响程度，在对每一个因素进行科学评价分级的基础上，采取合适的方式最终确定转基因植物安全等级。我国农业部在 2002 年实施的《农业转基因生物安全评价管理办法》，对转基因生物的安全等级进行了明确划分。总体而言，转基因生物安全划分为 4 个等级：安全等级Ⅰ：尚不存在危险；安全等级Ⅱ：具有低度危险；安全等级Ⅲ：具有中度危险；安全等级Ⅳ：具有高度危险。

1.3.1　基因操作对受体生物安全等级影响类型

根据转入外源基因及基因操作对受体生物安全等级影响的程度，可将基因操作划分为 3 种类型：①类型 1，增加受体生物安全性的基因操作。主要包括两种情况，一是从受体生物基因组上去除了某个或某些已知具有危险的基因，二是抑制了受体基因组中某个或某些已知具有危险的基因的正常表达。②类型 2，不影响受体生物安全性的基因操作，对于这类基因操作，尽管受体生物的表型或基因型发生改变，但这种改变对人类健康和生态环境没有影响或者没有不利影响。③类型 3，降低受体生物安全性的基因操作，当受体生物的表型或基因型改变后，可能对人类健康或生态环境产生不利影响，或者基于现有科学认知水平还不能确定是否会对人类健康或生态环境造成不利影响。

1.3.2　转基因生物安全等级的确定

根据受体生物的安全等级和基因操作对受体生物安全性的影响类型及影响程度，可确定转基因生物的安全等级(表 42-1)。

表 42-1　转基因生物安全等级与受体生物安全等级和基因操作安全类型的关系

转基因生物安全等级		基因操作的安全性类型		
		1	2	3
受体生物安全等级	Ⅰ	Ⅰ	Ⅰ	Ⅰ，Ⅱ，Ⅲ，Ⅳ
	Ⅱ	Ⅰ，Ⅱ	Ⅱ	Ⅱ，Ⅲ，Ⅳ
	Ⅲ	Ⅰ，Ⅱ，Ⅲ	Ⅲ	Ⅲ，Ⅳ
	Ⅳ	Ⅰ，Ⅱ，Ⅲ，Ⅳ	Ⅳ	Ⅳ

2　转基因植物的基因元件安全性

2.1　目的基因的安全性

目前国内外鉴定和研发的植物转基因技术应用的目的基因有 100 种以上，最常见的有抗虫基因、抗除草剂基因、抗病毒基因和种子贮藏蛋白基因这四大类。此外还有固氮基因、几丁质酶基因、脯氨酸基因、核酸酶基因、生长素基因等。

目的基因本身不存在安全性的风险，评价目的基因的安全性，主要从目的基因的供体生物特性、基因结构(编码区、启动子、终止子等)、新表达物质、安全使用历史等方面综合评价目的基因的安全性。

2.2　标记基因的安全性

转基因植物研究中使用的标记基因主要有两大类：一种是选择基因，另一种是报告基因。选择标记基因可分为抗生素抗性、除草剂抗性和植物代谢三大类。其中抗生素抗性标记基因的安全性尤为重要，并被普遍关注。目前对这类标记基因的安全性质疑主要包括两个方面，一是可能转移到微生物中，使得病原菌获得抗性，从而导致目前临床使用的抗生素失效；二是可能引起植物基因组变异和植物生化系统的化学物质合成改变，从而对人类健康和食品安全产生不利影响。

由于抗生素抗性标记基因存在一些可以预见的潜在风险，在转基因生物研究，特别是以产业化为导向的转基因植物研究中，科学界已达成较为普遍的一致认识，即采取技术措施避免在转基因植物研究中使用这类标记基因，以提高标记基因安全性，目前应用较为广泛的策略包括：利用无争议的安全标记基因，如甜菜碱醛脱氢酶基因、木糖异构酶基因、磷酸甘露糖异构酶基因等；通过共转化、位点特异性重组等方法剔除转基因植物中的标记基因；利用无选择标记基因的转化系统。

此外，经过多年来对除草剂抗性基因的安全性评价，科学界普遍认为，抗除草剂基因转入受体植物后，可在植物体内表达对靶标除草剂具有解毒作用的酶，从而显著提升植物对靶标除草剂的耐受能力。通常情况下，这些解毒酶的表达量低于植物可溶蛋白总量的1/10，在作用原理方面，它们或者催化一种植物正常代谢的反应，或者催化新的、仅以靶标除草剂为底物的代谢反应，因此，这些除草剂抗性基因对植物本身是无害的，既可以作为目的基因获得抗除草剂转基因植物，又能用作选择标记基因，用于转基因植物后代材料的筛选。

2.3 调控元件的安全性

调控元件包括启动子、终止子、增强子等。启动子是基因表达所必需的元件，它决定了外源基因表达的空间、时间和表达强度等，是人们定向改造生物的重要限制因素。植物遗传转化中最常用的是组成型启动子——花椰菜花叶病毒(CaMV)35S启动子。CaMV35S启动子的潜在风险在国外曾有过理论上的假设，但是到目前为止，已经商业化的转基因植物转化体中，含有CaMV35S启动子的占60%以上，在如此众多的转基因植物中还没有任何关于CaMV35S启动子的安全性问题出现。因此，更多的观点认为，转基因植物中的CaMV35S启动子不存在安全性问题。同样，尽管有研究表明，转基因转化载体中终止子的选择会一定程度地影响转基因的表达活性，但关于终止子的安全性问题至今未见报道。

2.4 载体骨架序列的安全性

T-DNA是指转基因转化载体中两侧边界以内被转移到植物中的DNA区域，包括报告基因、标记基因、多克隆位点和启动子、目的基因、终止子等结构。载体骨架序列即转化载体上T-DNA边界以外的DNA序列。目前，载体骨架序列整合到植物基因组上并引发安全性问题的风险还不能够确定，但有报道称，这些序列有可能会逃逸到环境中产生有副作用的蛋白质，而且载体骨架序列可能会影响植物正常基因的表达和导致转基因的重排等，从而增加转基因植物的安全风险。

3 转基因植物的环境安全性

就现有科学水平，尚无法完全、精准的预测基因进入新的遗传背景所产生的全部效应，特别是预见转基因植物大面积释放后引发的环境效应。因此，从20世纪80年代起，转基因植物环境安全性被高度重视，并达成广泛认同：①确切存在转基因植物环境风险问题；②环境安全评价应以个案分析为基础；③评价内容应考虑目标基因来源、释放环境、基因受体的生物学与生态学特性、释放的规模与频率等因素。

目前，转基因植物的环境安全性研究内容主要包括转基因植物的生存竞争能力、基因漂移的环境影响、转基因植物的功能效率评价、对生物多样性的影响及转基因植物产业化后的环境监测与风险管理等。

3.1 生存竞争能力

3.1.1 转基因植物的生态幅宽

每一种生物对每一种生态因子都有一个耐受范围，即有一个生态上的最低点和最高点。在最低点和最高点(或称耐受性的上限和下限)之间的范围，称为生态幅(ecological amplitude)。外源基因的导入可能增加转基因植物的环境适应性，植物在获得新基因后对环境的忍耐力和耐受性等方面比非转基因植物强，如耐除草剂、耐寒、耐旱、耐涝、耐污染、耐贫瘠土壤及对有害生物的耐受性，使其在环境中获得对土著种的竞争优势，并且能占据土著种不能利用的生态位。

3.1.2 转基因植物“杂草化”

一般认为，杂草化(weediness)是多个基因共同作用的结果，仅仅因为一两个基因的加入就使它们转变成杂草的可能性很小。但有些植物(如甘蔗、苜蓿、大麦、水稻、莴苣、马铃薯、小麦、燕麦、高粱、油菜、向日葵等)本身就具有很强的杂草特性。用这类植物作为遗传转化的受体，所获得的转基因植物释放和扩散后，由于具备了比原来植物更强的生存能力而有更多的机会转变为杂草。

3.1.3 转基因植物导致生物入侵

转入各种抗性基因的转基因植物，由于具有竞争优势而使其可以“入侵”到原本不能生存的生态空间，或将“优势基因”扩散到新生态区域中的野生近缘种中，从而提高后者的繁殖能力并扩大其适应范围，造成更严重的草害。具有某种“优势基因”的转基因植物进入新的栖息地后，可能排挤原有的植物类型，改变新生态区中的生态动力学，从而影响该生态系统中的能量流动和物质循环，最终对生态系统的“健康”产生无法治愈的损伤。

3.2　基因漂移的环境影响

基因漂移(gene flow)也称作基因漂流，广义讲就是基因发生了地理位移，从一个地方移动到了另一个地方。狭义而言，是指一种生物的基因向野生近缘种的自发转移，导致野生近缘种发生内在的基因变化，使后者具有目标基因的一些优势特征，形成新的物种，以致整个生态环境发生结构性的变化。由于物种在其近缘种之间都存在有性繁殖的相容性，转基因植物中通过基因操作导入的外源目的基因经过花粉等途径传播，将目的基因通过有性繁殖过程扩展到其他自然界物种，就会造成物种和种群的基因混乱，称为转基因逃逸(transgenic escape)。转基因逃逸是外源基因入侵生物的重要途径。

3.2.1　基因漂移的途径

造成基因漂移的主要原因之一是物种间通过花粉、种子等形式引入外源基因，转基因植物花粉的传播是外源基因逃逸的主要渠道。花粉扩散受很多因素控制，包括传粉距离、花粉传播方式、转基因植物与野生种间杂交后代的可育性等。尽管物种间存在不同程度的生殖隔离，但也时常发生不同种间的天然杂交。

种子扩散是转基因逃逸的另一渠道。它引起的基因逃逸比花粉扩散更严重、范围更大。自然传播和人为传播都能造成种子扩散。但由于自然传播的距离是有限的，最远也不过数百公里。人为传播在种子扩散中起着极其重要的作用。随着经济贸易全球化发展，转基因植物的种子通过贸易、运输、旅游等方式从世界的一个地方被带到另一个地方，从有少数近缘野生种的地区转移到有大量该植物近缘野生种的区域，造成转基因植物种子迅速和大规模扩散。因此，国际间共同防范转基因扩散是必要的。

3.2.2　外源基因漂移的后果

如果基因漂移发生在转基因植物和生物多样性中心的近缘野生种之间，则有可能降低生物多样性中心的遗传多样性；如果这种基因漂移发生在转基因植物和有亲缘关系的杂草之间，则有可能产生更加难以控制的杂草。

转基因植物作为外来品种进入自然生态系统，可能通过基因漂移，使外来基因在栽培品种或野生种中固定，引起栽培品种多样性降低或野生资源退化；如果外来基因具有竞争优势，则可能加速其他野生资源的消亡，导致生物多样性的流失。

“超级杂草”一词最初来源于加拿大抗除草剂转基因油菜事件。由于多年在相邻地块中种植抗各种除草剂的转基因油菜，在加拿大的油菜地里发现了个别油菜植株可以抗一种以上的除草剂，被称为“超级杂草”。有些物种本身具有杂草特性，如果具有竞争优势的抗性(抗虫、抗除草剂)基因通过基因漂移转入杂草中，则该杂草将可能产生相应抗性，成为“超级杂草”。

3.2.3　控制基因漂移的措施

虽然“超级杂草”目前并不存在，且由于转基因植物与野生近缘种或近缘杂草之间的杂种存活能力低、不育性高等原因，其今后产生的可能性也很小，但一旦成为现实，则后果十分严重。因此，有必要及早采取相应的有效措施与对策来进行预防。目前应用的防治措施主要有物理隔离、弱化作用和终止子技术的利用等。另外，还可以利用叶绿体遗传转化、染色体组特异性选择等方法控制基因漂移。

3.3　转基因植物的功能效率评价

高效表达的目标性状是转基因操作的根本所在，而且转基因植物的功能效率与环境安全息息相关。以转 *bt* 基因抗虫玉米为例，如果对靶标害虫——玉米螟的抗性效率不高，不仅影响产量，也会在一定程度上促进玉米螟对转 *bt* 基因玉米抗性种群的产生。因此，在推广前应通过室内生测、田间种植等试验，系统评价转基因植物产生的抗性物质对靶标生物的综合控制作用。在推广种植以后，还要对转基因植物的功能效率进行跟踪监测。

3.4　对生物多样性的影响

转基因植物环境安全性评价的另一个重要内容就是它对生物多样性的影响。生物多样性是指生物及其与环境形成的生态复合体，以及与此相关的各种生态过程的综合。转基因植物因其外源基因来源的跨物种特性、生存竞争优势、基因漂移等特点，将会从各个方面影响生物多样性。

3.4.1　对非靶标生物的影响

在评价转基因植物对非靶标生物的影响时，应根据转基因植物外源基因表达蛋白质的特点和作用机制，科学地确定具有研究意义的非靶标生物，包括植食性害虫、天敌昆虫、资源昆虫、传粉昆虫及其他受关注或保护的物种等。

3.4.2 靶标生物的抗性风险

靶标生物的抗性是指靶标生物由于连续多代取食转基因植物，敏感个体被淘汰，抗性较强的个体存活、繁殖、逐渐发展成高抗性种群的现象。如转 *bt* 基因抗虫棉花、玉米在世界范围内广泛种植，靶标害虫长期处在较高的选择压力下，存在抗性进化风险。害虫抗性的产生是一种必然规律，但需要一个较长的过程，可以利用合理的策略有效的延缓靶标害虫的抗性进化发生。

3.5 产业化后的环境监测与风险管理

产业化后的环境监测内容主要包括：重要转基因作物外源基因成分的监测、靶标生物对转基因作物抗性的监测、转基因作物对生物多样性和生态功能影响的监测、转基因作物种植田的重要节肢动物群落演替的监测等。

4 转基因植物的食品安全性

4.1 转基因食品安全

以转基因生物直接作为食品或作为原料加工生产获得的食品，称为转基因食品（genetically modified food）。由于转基因技术是一种打破物种界限利用基因资源的新兴技术，加上应用时间较短、社会认知度不高等因素，转基因食品对人体健康是否存在安全风险一直是学术界争论的焦点，并由此引发了社会公众的广泛热议。

人们关于转基因食品安全性方面的主要担忧是：转基因食品有毒性吗？转基因食品可能造成过敏吗？转基因食品的营养成分发生变化了吗？一些具有杀虫功能的基因是否会通过食物链进入人体而影响健康？转基因食品对人类的生殖遗传是否有影响？

4.2 转基因植物食品安全性的评价内容

尽管各国都根据本国的实际情况，制定了相应的转基因植物安全管理法规和评价原则，在食品安全性评价的具体程序上有所区别，但主要评价内容基本一致，包括：营养成分和抗营养因子、毒性、过敏性、抗生素标记基因的安全性等。

4.2.1 营养成分与抗营养因子

目前，对转基因食品营养成分的评价主要针对蛋白质、碳水化合物、纤维素、脂肪、脂肪酸、氨基酸、矿物质、维生素、灰分等与人类健康营养密切相关的物质。此外，根据转基因食品的种类及对人类的主要营养成分，还需要针对一些特定营养成分进行分析。如在评价转基因大豆的营养成分时，还应重点对大豆异黄酮、皂苷等成分进行分析，因为这些成分是对人类健康具有特殊功能的营养成分，但在食用过量的情况下，会对人体的营养吸收产生影响，甚至会造成中毒。

食品不仅含有大量的营养物质，也含有广泛的非营养化学物质，其中，有些物质当超过一定量时，会对营养物质的消化、吸收和利用产生不利影响，进而对人体健康产生不良反应，这类物质统称为抗营养因子（antinutritional factor），如大豆中的胰蛋白酶抑制剂、玉米中的植酸、油菜籽中的硫代葡萄糖苷、棉花中的棉酚等。

对植物基因组进行改造修饰的过程中，可能会造成有些抗营养因子含量水平的变化，若是这个变化超出了一定的范围，就有可能产生风险，因此在开展转基因食品安全评价时，有必要对这类抗营养因子进行分析。目前的研究表明，转基因食品中抗营养因子的含量范围与其对照物种基本一致，表明在抗营养因子方面具有实质等同性。

4.2.2 毒理学

毒性物质是指那些由动物、植物和微生物产生的对其他生物物种有毒的化学物质。转基因食品是否具有毒性（toxicity）是其安全性评价重点考虑的问题，转基因食品在毒理学方面所关注的除了传统的食品毒理学安全问题外，还要考虑外源基因的插入是否导致受体植物内源性毒素含量的变化，以及是否产生了新的毒性物质。

转基因食品的毒理学评价，重点是对新表达物质进行安全评价，评价时可以使用从转基因食品中分离的物质，或通过其他途径产生的在结构和功能上与转基因食品中该物质完全相同的物质。

4.2.3 致敏性

食物过敏是人类食物食用历史上一个由来已久的卫生问题，是由食物中含有的某些能引起人产生不适反应的抗原因子造成的。转基因食品中由外源基因编码产生的新蛋白质，或由于改变代谢途径产生的新蛋白质，都需要进行致敏性（allergenicity）评价。这是因为新产生的蛋白质，有些自身可能就是过敏原，有些经胃肠内消化后的片段可能具有致敏性。

转基因食品在下列情况下可能产生过敏性：

①外源基因编码已知的过敏蛋白质；②基因供体生物含过敏蛋白质；③转入蛋白质与已知的过敏蛋白质氨基酸序列在免疫学上有明显的同源性；④转入蛋白质属某类蛋白质的成员，而这类蛋白家族中有些成员是过敏的。

转基因食品的潜在过敏性评价遵循以下步骤：第一，判断基因供体是否含有过敏原；第二，对新表达蛋白质的氨基酸序列与已知过敏原进行同源性分析；第三，进行新表达蛋白质的热稳定性和体外模拟胃肠液消化试验；第四，若新表达蛋白质的氨基酸序列中有的序列与已知过敏原具有同源性，还应进行免疫学鉴定。

4.2.4　抗生素标记基因的安全性

标记基因，特别是抗生素抗性标记基因是否会在肠道中通过基因水平转移(horizontal gene transfer)至肠道微生物或上皮细胞，从而对机体的正常生理功能造成影响或产生抗生素抗性，是转基因食品安全性关注的焦点问题之一。

就现有研究来看，从植物或植物源食品发生基因水平转移到肠道微生物或人体细胞的可能性极小。随着转基因技术的快速发展，现在已可将转基因植物中的标记基因通过无选择标记基因植物转化系统去除，也可以在转基因植物研究过程中使用更安全的标记基因或不用标记基因。为降低标记基因对人体健康的潜在风险，国际上已形成了“在主要粮食作物和饲料作物中不应该含有抗生素抗性标记基因”的共识，我国也已不再批准含有抗生素抗性标记基因的转基因食品进入生产应用环节。

4.2.5　非预期效应

就目前的技术水平来说，人们还不能将外源基因准确无误地插入到预先设定的特定位点上，这种非精确的插入使外源基因的表达方式和性状具有较大的不确定性和变异性，由此可能会产生某些事先无法预料到的效应，称为非预期效应(unintended effect)。

转基因植物的非预期效应主要来源于外源基因的插入对受体植物原有基因表达的干扰，包括三种类型：①使原来沉默的基因激活；②引起原来正常表达的基因失活；③上调或下调某些基因的表达。这些不可预料的基因多效性将引起转基因植物的细胞成分发生变化，进而对细胞代谢活动产生直接影响。

5　转基因生物安全管理

5.1　国外转基因生物安全管理

转基因生物安全管理不仅是一个科学分析、科学决策的过程，同时也是一个不同利益团体之间利益平衡、相互妥协的过程。各国由于转基因生物技术发展和产业化程度不同，政治架构、文化传统等方面也存在差异，对转基因生物的安全性影响认知程度不同，导致各国转基因生物法律法规体系和管理模式也有所不同。有的制定了专门的转基因生物安全管理法规，有的将转基因生物安全管理纳入现有法规框架，在具体管理程序上各国之间也存在明显差异。归纳起来，可将国际转基因生物安全管理分为三种类型：以产品为基础的美国模式，以技术为基础的欧盟模式，以及介于两者之间的中间模式。

自 20 世纪 80 年代后期开始，联合国粮农组织(FAO)、世界卫生组织(WHO)等国际组织就开始制定与转基因植物及其产品的安全评价相关的技术和管理规范，致力于转基因生物安全的国际协调管理。联合国 FAO、WHO、经济合作与发展组织(OECD)、工业发展组织(UNIDO)和环境规划署(UNEP)等国际组织制定了一系列有关转基因生物安全管理的法规和准则。国际食品法典委员会(CAC)针对转基因食品安全管理制定了一系列指导原则和规范。在 1992 年以来的《21 世纪议程》、《生物多样性公约》、《关于环境与发展的里约宣言》和 2000 年通过的《卡塔赫纳生物安全议定书》中，分别对转基因生物及其产品安全管理的原则和程序进行了规定。世界贸易组织(WTO)则考虑在《卫生与植物卫生条约》(SPS)和《贸易技术壁垒条约》(TBT)的基础上，制定有关转基因产品(特别是转基因农产品)安全管理和标识制度的规定。

5.2　我国转基因生物安全管理

我国是有 13 亿人口的大国，粮食安全始终是关系我国经济安全、社会稳定的重大战略问题，人多地少、资源短缺、粮食供给长期紧平衡状态是我国的基本国情。多年来，我国高度重视并一贯支持转基因技术的研究和应用，制定了“加快研究、推进应用、规范管理、科学发展”的指导方针，转基因生物技术发展迅速。

然而，由于我国转基因技术研究起步稍晚，同发达国家仍有较大差距。因此，在转基因生物安全管理上一直持稳妥的态度，在管理上综合借鉴了国外一些做法，兼顾产品管理和技术管理，力求在科学评价、依法管理、确保转基因生物安全的前提下加快研究、推进应用，在制度设计上则强调适合我国国情、符合国际惯例、维护国家利益。

5.2.1　法律法规

我国的转基因生物安全研究及立法工作始于

20 世纪 90 年代初期。早在 1990 年，我国就制定了《基因工程产品质量控制标准》，是我国第一个有关生物安全的标准和管理办法。进入 21 世纪以来，我国政府更加重视转基因生物安全管理工作，坚持立法先行、依法监管的原则，2001 年 5 月 23 日，国务院颁布了《农业转基因生物安全管理条例》（简称《条例》），这是我国第一部专门的农业转基因生物安全管理法规，旨在加强农业转基因生物安全管理，保障人体健康和动植物、微生物安全，保护生态环境，促进农业转基因生物技术研究与应用。

5.2.2 管理机构

转基因生物安全管理涉及实验研究、试验、生产、加工、经营、进出口等众多领域，归口于多部门管理，需要部门之间密切协调配合，为此，我国由国务院批准建立了农业转基因生物安全管理部际联席会议制度，成员单位包括农业部、科技部、环保部、卫生部、国家质检总局等 11 个部委，负责研究、协调转基因生物安全管理工作中的重大政策和法规问题，保证了转基因生物安全管理的统一性和高效性。

根据《条例》规定，农业部负责全国农业转基因生物安全的监督管理工作，是我国农业转基因生物安全管理的具体主管部门，农业部下设农业转基因生物安全管理办公室，是全国农业转基因生物安全管理的日常行政机构。

5.2.3 管理制度

根据《条例》规定，我国建立了农业转基因生物安全评价、生产许可、加工许可、经营许可、产品标识、进口审批等管理制度，对在我国境内开展的农业转基因生物的研究、试验、生产、加工、经营和进口、出口活动进行全过程监管。其中，安全评价制度是转基因生物安全管理的核心，贯穿于转基因生物研发的全过程，确保转基因生物及其产品的安全性。产品标识制度是转基因生物风险交流的重要体现，有效保障了消费者的知情权和选择权。

5.2.4 技术支撑体系

农业部依托国内相关科研单位，建成了 1 个国家级检测机构和一批部级检测机构，初步形成了以国家级检测机构为龙头的农业转基因生物安全检测机构网络体系，为我国转基因生物安全管理工作提供了完善的检测和监测平台，以及重要的科学数据支撑。

在安全评价技术标准化方面，农业部牵头成立了全国农业转基因生物安全管理标准化技术委员会，负责转基因生物安全管理方面的国家标准制修订工作，目前已有一大批环境安全、食用安全和产品成分检测技术标准通过审定并发布实施，大力推进了我国转基因生物安全管理工作的标准化进程。

6 转基因生物安全的风险交流

6.1 风险交流的定义

根据世界卫生组织联合国/粮农组织（WHO/FAO）出版的《食品安全风险分析——国家食品安全管理机构应用指南》中的定义，“风险交流是在风险分析全过程中，风险评估人员、风险管理人员、消费者、企业、学术界和其他利益相关方就某项风险、风险所涉及的因素和风险认知相互交换信息和意见的过程，内容包括风险评估结果的解释和风险管理决策的依据。”通俗一点讲，就是“在正确的时间通过正确的方式将正确的信息传达给正确的人”。

风险交流的目的主要在于增加风险评估的科学基础，协调和保护不同利益相关方的利益。从本质上说，转基因生物安全的风险交流，应该是一种由政府主导和推动下的不同利益相关方为保障各自利益，而进行的平等的信息交换与共享，最终达成妥协的过程。

6.2 风险评估、风险管理和风险交流之间的关系

风险评估、风险管理和风险交流是风险分析中的三个有机组成部分（图 42-1）。风险评估是安全管理的核心和基础，在科学的基础上对风险进行分析、预测，并为风险管理提出科学建议；风险管理是安全管理的关键，以风险评估为基础，通过采取特定的措施，将风险评估中所确定的风险控制在可接受的程度；风险交流是风险评估和风险管理的纽带，既可以为风险评估提供更加广泛的科学基础，又可在风险管理过程中促进各方利益的平衡。

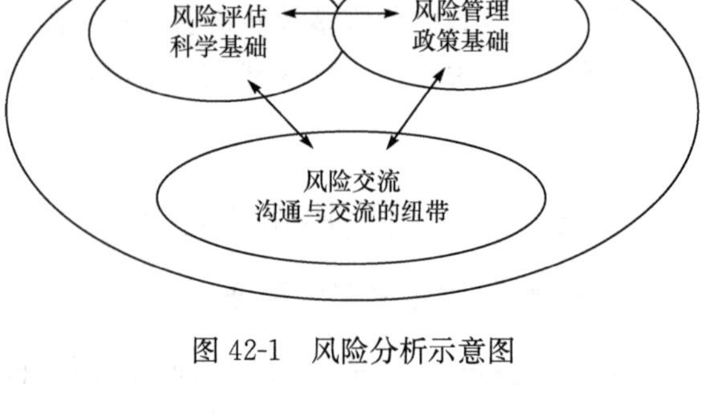

图 42-1 风险分析示意图

7　转基因生物安全事件澄清

7.1　Pusztai 事件

苏格兰 Rowett 研究所 Pusztai 博士于 1998 年秋在英国电视台发表讲话，声称用转雪花莲凝集素基因的马铃薯喂饲大鼠后，大鼠“体重和器官重量减轻，免疫系统受到破坏”。此事引起国际轰动，绿色和平组织、地球之友等组织称其为“杀手”马铃薯，策划了破坏试验地、焚烧转基因作物、阻止转基因产品进出口、游行示威等活动。英国政府对此非常重视，委托皇家学会组织了同行评审，评审结果指出 Pusztai 的实验结论不成立，存在 6 个方面的错误：①不能确定转基因和非转基因马铃薯的化学成分有差异；②对食用转基因马铃薯的大鼠未补充蛋白质以防止饥饿；③供试动物数量少，饲喂几种不同的食物，且都不是大鼠的标准食物，缺少统计学意义；④实验设计不合理，未作双盲测定；⑤统计方法不当；⑥实验结果无一致性等。

7.2　大斑蝶事件

1999 年 5 月，康奈尔大学的一个研究组在 *Nature* 上发表文章，称用带有转基因抗虫玉米花粉的马利筋(一种杂草)叶片饲喂美国大斑蝶幼虫，导致 44%的幼虫死亡，由此引发转基因作物环境安全性的争论。美国政府高度重视这一问题，组织相关大学和研究机构在美国 3 个州和加拿大进行专门试验，结果表明，康奈尔大学研究组的试验结果不能反映田间实际情况，缺乏说服力。主要理由有：一是玉米花粉相对较大，扩散不远，在玉米地以外 5m，每平方厘米马利筋叶片上只找到一粒玉米花粉，远低于康奈尔大学研究组的试验花粉用量；二是田间试验证明，抗虫玉米花粉对大斑蝶并不构成威胁；三是实验室研究中用 10 倍于田间的花粉量来喂大斑蝶的幼虫，也没有发现对其生长发育有不利影响。

7.3　转基因玉米品种对大鼠肾脏和肝脏毒性事件

2009 年，de Vendomois 等在《国际生物科学杂志》发表论文，称 3 种转基因玉米“MON810”、“MON863”和“NK603”对哺乳动物大鼠肾脏和肝脏造成不良影响。欧洲食品安全局转基因小组随即对论文进行了同行评审，重新进行了统计学分析，认为文中提供的数据不能支持作者关于大鼠肾脏和肝脏毒性的结论，其所提出的有关肾脏和肝脏影响的显著性差异，在欧洲食品安全局转基因生物小组最初对 3 个转基因玉米的安全性作出判断时，就已经被评估过了，不存在任何新的有不良影响的证据，不需要对这些转基因玉米的安全性重新进行评估。原论文作者的研究并未提供任何新的毒理学效应证据，此外，其所用的方法还存在以下 5 项缺陷：①所有的结果都是以每个变量的差异百分率表示的，而不是用实际测量的单位表示的；②检测的毒理学参数的计算值与有关的物种间的正常范围不相关；③检测的毒理学参数的计算值没有与用含有不同参考品种的饲料饲喂的实验动物间的变异范围进行比较；④统计学显著性差异在端点变量和剂量上不具有一致性模式；⑤原作者单纯依据统计学分析得出的结论，与器官病理学、组织病理学和组织化学相关的 3 个动物喂养实验结果没有一致性，而作者在论文中并没提及这一点。

复　习　题

名词解释

实质等同原则、非预期效应、基因漂移

问题

(1) 转基因植物安全评价包括哪几方面的内容?

(2) 转基因植物的食品安全性评价主要包括哪些内容，评价的一般程序是什么?

(3) 简要评述国际转基因生物安全管理的现状及发展趋势。

(4) 设计一个转 *bt* 基因抗虫玉米环境安全评价的研究方案。

部分近期参考文献

王关林,方宏筠. 2009. 植物基因工程. 北京:科学出版社:397-405

王华忠,陈雅平,陈佩度. 2007. 植物瞬间表达系统与功能基因组学研究. 生物工程学报,23(3):367-374

王明远. 2010. 转基因生物安全法研究. 北京:北京大学出版社

王晓丹,王黎明,焦少杰,等. 2009. 植物分子育种的后代选择与利用. 黑龙江农业科学,(4): 7-9

王淼,王旭静,唐巧玲,等. 2010. 高等植物绿色组织特异表达启动子研究进展. 中国农业科技导报,12(2):33-37

王锐,王俊斌,丁博,等. 2013. 适于植物转基因体系优化的绿色荧光蛋白表达载体构建及其瞬时表达验证. 中国农学通报,29(15):164-168

朱祥芬,闵东红,张小红,等. 2011. 快速定向育种技术体系的建立及其在转基因小麦育种中的应用. 西北农业学报,20(6):75-79

刘培磊,康定明,李宁,等 2011. 我国转基因技术风险交流分析. 中国生物工程杂志,31(8):145-149

旭日干,范云六,戴景瑞,等. 2012. 转基因 30 年实践. 北京:中国农业科学技术出版社

沈平,黄昆仑. 2010. 国际转基因生物食用安全检测及其标准化. 北京:中国物资出版社

孙家利,闫晓红,王力军,等. 2010. Cre/loxP 位点特异性重组系统在植物中应用的研究进展. 中国农业科学,43(6):1099-1107

陈建民,姚泉洪,熊爱生,等. 2007. 植物转基因整合座位的结构. 遗传,29(2):157-162

杜鹃,赵峰,曹越平. 2010. 超声波辅助农杆菌介导转化大豆 *gus* 基因在不同外植体中的瞬时表达. 上海交通大学学报,28(5):439-441

李云河,彭于发,李香菊,等. 2012. 转基因耐除草剂作物的环境风险及管理. 植物学报,47(3):197-208

李亚丽,刘中来,周洁,等. 2012. 转 *mCherry* 基因水稻的遗传分析及 T-DNA 整合位点的研究. 分子植物育种,10(2):121-130

宋新元,张欣芳,于壮,等. 2011. 转基因植物环境安全评价策略. 生物安全学报,20(1):37-42

邱礽,陶刚,李奇科,等. 2009. 农杆菌渗入法介导的基因瞬时表达技术及应用. 分子植物育种,7(5):1032-1039

杨东生,张研,张建会,等. 2010. Cre/Loxp 重组酶系统与转基因. 安徽农业科学,38(8):3916-3918

杨晓杰,刘传亮,张雪妍,等. 2010. 转基因植物中 T-DNA 整合的分子特征及表达. 基因组学与应用生物学,29(1):125-130

杨丽萍,金太成,徐洪伟,等. 2013. 植物中瞬时表达外源基因的新型侵染技术. 遗传,35(1):111-117

赵霞,周波,李玉花. 2009. T-DNA 插入突变在植物功能基因组学中的应用. 生物技术通讯,20(6):880-884

赵文婷,魏建和,刘晓东,等. 2013. 植物瞬时表达技术的主要方法与应用进展. 生物技术通讯,24(2):294-300

周银,王跃驹,王瑛. 2008. 新型定点重组酶系统在植物基因转化和基因叠加中的应用前景. 遗传,30(2):149-154

岳同卿,郎志宏,黄大昉. 2009. 转基因植物外源基因的整合分析. 生物技术通报,10:1-6

柳小庆,陈茹梅. 2012. 增强外源基因在转基因植物中表达的策略. 中国农业科技导报,14(1):76-84

彭于发,吴孔明,李云河,等. 2011. 转基因生物安全学学科发展研究 . 北京: 中国科学技术出版社

彭洪雨,于丽杰. 2011. 植物转基因的整合特性及遗传分析. 黑龙江农业科学,1:25-27

钱雪艳,杨向东,郭东权,等. 2008. 植物叶绿体遗传转化及研究进展. 分子植物育种,6(5):959-966

赖鹏程. 2011. 高等植物特异启动子研究现状. 安徽农学通报,17(03):56-58

董静,张玉平,番青华,等. 2009. 外源转入基因 *CBF1* 在转基因草莓中的遗传分析. 分子植物育种,7(1):63-66

Akhond M A Y, Machray G C. 2009. Development of an efficient transient gene expression assay based on tobacco (*Nicotiana tabacum* var. Xanthi) male gametophytes. Plant Tissue Cult Biotech,19(1):9-23

Ayala M, Gavilondo J, Rodríguez M, et al. 2009. Production of plantibodies in *Nicotiana* plants. Methods in Molecular Biology, 483: 103-134

Bicar E H. 2009. Characterizing transgene inheritance. Methods in Molecular Biology: Transgenic Maize, 526: 147-159

D'Aoust M A, Couture M M, Charland N, et al. 2010. The production of hemagglutinin-based virus-like particles in plants: a rapid, efficient and safe response to pandemic influenza. Plant Biotechnol J, 8:607-619

Itoh K, Ozaki H, Okada K, et al. 2013. Introduction of *Wx* transgene into rice *WX* mutants leads to both high-and low-amylose rice. Plant Celt Physiology, 44(5):473-480

Jones H D, Sparks C A. 2009. Promoter sequences for defining transgene expression. Methods Mol Biol, 478: 171-184

Kim M J. 2009. Optimization of conditions for transient *Agrobacterium-mediated gene expression assays in Arabidopsis*. Plant Cell Rep, 28: 1159-1167

Lu Y H, Wu K M, Jiang Y Y, et al. 2010. Mirid bug outbreaks in multiple crops correlated with wide-scale adoption of *Bt* cotton in China. Science, 328(5982): 1151-1154

Lu Y H, Wu K M, Jiang Y Y, et al. 2012. Widespread adoption of *Bt* cotton and insecticide decrease promotes biocontrol services. Nature, 487: 362-365

Ma B G, Duan X Y, Niu J X, et al. 2009. Expression of stilbene synthase gene in transgenic tomato using salicylic acid-in ducible Cre/loxP recombination system with self-excision of selectable marker. Biotechnology Letters, 31: 163-169

Martin K, Kopperud K, Chakrabarty R, et al. 2009. Transient expression in *Nicotiana benthamiana* fluorescent marker lines provides enhanced definition of protein localization, movement and interactions in planta. Plant J, 59(1): 150-162

Monsanto. 2009. Insect-resistant and herbicide-tolerant GM maize MON88017 for food and feed uses, import and processing. EFSA J, 1075: 3-28

Ow D W. 2007. GM maize from site-specific recombination technology, what next? Current Opinion in Biotechnology, 18: 115-120

Thomson J G, Yau Y Y, Blanvillain R, et al. 2009. A resolvase catalyzes site-specific excision of DNA from the *Arabidopsis* genome. Transgenic Research, 18: 237-248

Wen X L, Hua L L, Zhi J C, et al. 2010. Evaluation of seed storage-protein gene 50 untranslated regions in enhancing gene expression in transgenic rice seed. Theor Appl Genet, 121: 1267-1274

Zuraida A R, Rahiniza K, Nurul H M R, et al. 2010. Factors affecting delivery and transient expression of *gusA* gene in *Malaysian indica* rice MR 219 callus via biolistic gun system. Afr J Biotechnol, 9(51): 8810-8818

第八篇

生物信息学与植物基因工程

生物信息学是20世纪80年代末伴随着基因组研究而产生的一门新兴的前沿学科。它以计算机为主要工具，对日渐增长的浩如烟海的DNA和蛋白质的序列和结构功能信息进行收集、整理、储存、发布、提取、加工、分析和研究，破译隐藏在DNA序列中的遗传语言，是基因、基因结构、基因产物功能分析必不可少的技术手段。随着水稻、玉米等植物基因组的解译，产生了大量的生物学数据，进一步推动了生物信息学的发展。利用生物信息学方法，可以快速地找到各种经济作物与其经济效益相关的基因，进而对它们按照人们的愿望加以改造。因此，生物信息学必将成为植物基因工程中目的基因筛选、克隆与分析的重要手段。本篇将从以下几个方面来介绍生物信息学在植物基因工程中的应用：生物信息学在基因信息挖掘中的应用；生物信息学在基因克隆中的应用；生物信息学在转基因植物表达分析中的应用和生物信息学在整合外源基因结构功能分析中的应用。

第 43 章

生物信息学概述

在人类基因组计划完成之后，以生物信息的采集、处理、存储、传播、分析和解释为研究内容的生物信息学得到了极大发展。目前，掌握生物信息学方法，进行核酸和蛋白质的序列分析已经成为生命科学工作者的一项基本技能，因此生物信息学已经成为植物基因工程中发现新基因的重要手段。本章主要从生物信息学的定义、生物信息学的研究内容、生物信息学的发展几个方面对生物信息学进行概述，同时介绍一些在生物信息学研究与应用中非常重要的生物数据库资源。

1　什么是生物信息学?

生物信息学(bioinformatics)是一门交叉学科，它包含了生物信息的获取、处理、存储、分发、分析和解释等在内的所有方面，它综合运用数学、计算机科学和生物学的各种工具，来阐明和理解大量数据所包含的生物学意义。

1.1　生物信息学概念

20 世纪 80 年代，随着分子生物学的高速发展，计算机科学和数学越来越多的应用到了分子生物学的研究当中去。

80 年代末期，林华安博士认识到将计算机科学与生物学结合起来的重要意义，开始留意要为这一领域构思一个合适的名称。起初，考虑到与将要支持他主办一系列生物信息学会议的佛罗里达州立大学超型计算机计算研究所的关系，他使用的是“CompBio”，之后，又将其更改为兼具法国风情的“bioinformatique”，看起来似乎有些古怪。因此不久，他便进一步把它更改为“bioinformatics(或 bio/informatics)”。但由于当时的电子邮件系统与今日不同，该名称中的“-”或“/”符号经常会引起许多系统问题，于是林博士将其去除，今天我们所看到的“bioinformatics”就正式诞生了，林博士也因此赢得了“生物信息学之父”的美誉。

由于生物信息学发展的主要推动力来自分子生物学，生物信息学的研究主要集中于核苷酸和氨基酸序列的存储、分类、检索和分析等方面，所以目前生物信息学可以狭义地定义为：将计算机科学和数学应用于生物大分子信息的获取、加工、存储、分类、检索与分析，以达到理解这些生物大分子信息的生物学意义的交叉学科。而从广义上来说，生物信息不仅包括基因组信息，如基因的 DNA 序列、染色体定位，也包括基因产物(蛋白质或 RNA)的结构和功能及各生物种间的进化关系等其他信息资源。生物信息学既涉及基因组信息的获取、处理、贮存、传递、分析和解释，又涉及蛋白质组信息学如蛋白质的序列、结构、功能及定位分类、蛋白质连锁图、蛋白质数据库的建立、相关分析软件的开发和应用等方面，还涉及基因与蛋白质的关系如蛋白质编码基因的识别及算法研究、蛋白质结构功能预测等，另外，新药研制、生物进化也是生物信息学研究的热点。

1995 年，在美国人类基因组计划(HGP)第一个五年总结报告中给出了一个较为完整的生物信息学的定义：生信息学是包含生物信息的获取、处理、贮存、分发、分析和解释的所有方面的一门学科，它综合运用数学、计算机科学和生物学的各种工具进行研究，目的在于了解大量的生物学意义。

1.2　生物信息学的研究内容

1.2.1　生物信息数据的收集、存储、管理和提供

生物信息学中研究的生物信息主要包括核酸序列、蛋白质序列、大分子空间结构等。随着生物信息研究的进一步开展，尤其是随着二代测序技术的普及，生物数据正以指数增长。如何获取与存储这些数据是研究人员开展研究、交流合作、使用公共资源、更正或优化相关内容的重要条件，也是最基础的问题。

1.2.2　新基因的发现与鉴定

基因是决定生物体遗传性状的基本单位。新基因发现与鉴定对各方面的研究具有重要意义，发现一个新的基因就能了解与其相关的生理功能或疾病的本质，从而为遗传育种奠定基础。传统的基

因鉴定主要手段是基于活的细胞或生物体的实验，通过对若干种不同基因的同源重组的速率的统计分析，能够获知它们在染色体上的顺序。若进行大量类似的分析，可以确定各个基因的大致位置。随着测序技术的发展，现在人们已经获得了巨大数量的基因组信息，传统的实验分析已经不能满足基因识别的需要，基于生物信息学的基因识别技术已经得到了长足发展，成为了基因发现与鉴定的主要手段。

1.2.3 非编码区的信息分析

真核生物的基因组中只有一小部分为蛋白质编码序列，而绝大部分则是不具有编码蛋白质能力的非编码序列。非编码DNA是指不包含制造蛋白质的指令，或是只能制造出无转译能力RNA的DNA序列。这部分序列必定具有重要的生物功能。普遍的认识是，它们与基因在四维时空的表达调控有关。因此寻找这些区域编码特征，信息调节与表达规律是未来相当长时间内的热点课题。

1.2.4 生物进化的研究

自1859年Darwin的物种起源发表以来，进化是对人类自然科学和自然哲学发展的最重大贡献之一。随着分子生物学的不断发展，进化论的研究也进入了分子水平。并建立了一套依赖于核酸、蛋白质序列信息的理论方法。现在随着序列信息的大量出现，开展分子进化的研究具有了极好时机。

1.2.5 比较基因组学研究

在后基因组时代，生物信息学家面对的不仅是序列和基因而是越来越多的完整基因组。科学家们对最早的七个完整基因组所做的分析就得到了很多有意义的结论。这些生物体都是能独立存活的，最大的是啤酒酵母，它有5932个基因，最小的是生殖道支原体，它只有470个基因。有了这些资料人们就能估计，最小独立生活的生物至少需要多少基因，这些基因是如何使它们活起来的？基因组研究还发现，鼠和人的基因组大小相似，都含有约30亿碱基对，基因的数目也类似。可是鼠和人差异却如此之大，这是为什么？同样，有的科学家估计不同人种间基因组的差别不大于0.11%；人猿间差别不大于1%。因此其表型差异不仅应从基因、DNA序列找原因，也应考虑染色体组织上的差异。总之，由完整基因组研究所导致的比较基因组学必将为后基因组研究开辟新的领域。

1.2.6 基因表达分析

基因表达分析是对象是在不同条件下，全部或部分基因的表达数据所构成的数据矩阵，通过对该数据的分析，可以回答一些生物学问题，例如，基因的功能是什么？在不同条件或不同细胞类型中，哪些基因的表达存在差异？在特定条件下，哪些基因的表达发生了显著改变，这些基因受到哪些基因的调节，或者控制哪些基因的表达？哪些基因的表达是细胞状态特异性的，根据它们的行为可以判断细胞的状态（生存、增殖、分化、凋亡、癌变或应激等）等。对这些问题的回答，结合其他生物学知识和数据有助于阐明基因的表达调控路径和调控网络。揭示基因调控路径和网络是生物学和生物信息学共同关注的目标，是系统生物学研究的核心内容。

1.2.7 蛋白质分子空间结构预测

当前不论是国际还是国内，蛋白质空间结构预测和蛋白质分子的改性设计都在广泛而快速地展开。近年来对蛋白质构象模式的研究取得了很大进展。比较公认的看法是：蛋白质的折叠类型是有限的，目前估计为几百至几千种。这要远小于蛋白质所具有的自由度数目。同时蛋白质的折叠类型是与它们的组分和一级序列相关的，蛋白质分子折叠成的天然三维结构的全部信息通常被认为蕴藏在蛋白质的一级结构中，低级结构对于高级结构起着决定性的作用。而蛋白质的二级结构在蛋白质肽链快速折叠成具有特定功能的构象方面扮演着极其重要的角色。蛋白质二级结构预测不仅有助于了解蛋白质的功能及其作用机制，对于正确预测蛋白质的空间结构更具有非常重要的意义。

1.2.8 代谢调控网络分析

生命的维持与繁衍依赖于生物的代谢过程和体内外调控。通过对基因表达数据的分析，可以构建包含基因、蛋白质等的多元调控网络，进而揭示生命过程的关键节点基因，也可以在计算机中模拟生命在分子水平上的部分生理过程。

1.2.9 应用与发展研究

随着人类基因组、水稻基因组及各种模式生物基因组的解译，根据不同物种间的进化距离和功能基因的同源性，可以容易地找到各种家畜、经济作物与其经济效益相关的基因，进而对它们按照人们的愿望加以改造。

总之，当前是人类基因组研究的一个有活力的新时代。不少科学家还说它是人类基因组研究的收获时代，它不仅将赋予人们基础研究重要成果，也会带来巨大的经济效益和社会效益。在未来的几年中DNA序列数据将以意想不到的速度增长，这是一个难得的机会，尽早利用这些数据就可能走在国际科学界的最前沿。

2 生物信息学发展简史

纵观生物信息学发展历史，可将它大致分为三个主要阶段。

（1）萌芽期：主要是以各种算法的开发、生物数据库的建立及DNA和蛋白质的序列分析为主要工作。在这一阶段，著名的Needleman-Wunsch和Smith-Waterman序列比对算法先后发表；国际三大核酸序列数据库建立并逐步完善，它们实际组成了生物信息学的一个最基本的内容和思路：序列比较。它们的出现，代表了生物信息学的诞生。

（2）形成期：以分子数据库和BLAST等相似性搜索程序为代表。1982年，三大分子数据库的国际合作使数据共享成为可能，同时为了有效管理与日俱增的数据，以BLAST、FASTA等为代表的工具软件和相应的新算法大量被提出和研制，极大地改善了人类管理和利用分子数据的能力。在这一阶段，生物信息学作为一个新兴学科已经形成，并确立了自身学科的特征和地位。

（3）高速发展期：1990年启动的国际人类基因组计划(HGP)将生物信息学的发展推向了高潮。按照这个计划的设想，在2005年，要把人体内约10万个基因的密码全部解开，同时绘制出人类基因的谱图。换句话说，就是要揭开组成人体4万个基因的30亿个碱基对的秘密。与此同时各种基因组测序计划、网络数据库系统的建立和基因的寻找工作相继展开。1994年，细菌基因组计划开始；1998年底，人类完成了第一个多细胞生物——线虫的基因组全序列测定；英美等国科学家宣布绘出拟南芥基因组的完整图谱，这是人类首次全部破译出一种植物的基因序列；2000年，果蝇基因组测序完成；2001年，中国完成粳稻基因组工作框架图；2001年2月，人类基因组工程测序的完成，使生物信息学走向了一个高潮。由于DNA测序技术的快速发展，DNA数据库中的核酸序列公共数据量正以几何速度增长，生物信息迅速地膨胀成数据的海洋。生物信息学步入了后基因组时代。毫无疑问，我们正从一个积累数据向解释数据的时代转变，数据量的巨大积累往往蕴含着潜在突破性发现的可能，“生物信息学”正是从这一前提产生的交叉学科。粗略地说，该领域的核心内容是研究如何通过对DNA序列的统计计算分析，更加深入地理解DNA序列、结构、演化及其与生物功能之间的关系，其研究课题涉及分子生物学、分子演化及结构生物学、统计学及计算机科学等许多领域。生物信息学已成为整个生命科学发展的重要组成部分，成为生命科学研究的前沿。

3 生物分子数据库

近年来大量生物学实验的数据积累，形成了当前数以百计的生物信息数据库。它们各自按一定的目标收集和整理生物学实验数据，并提供相关的数据查询、数据处理服务。随着因特网的普及，这些数据库大多可以通过网络来访问。

一般而言，这些生物信息数据库可以分为一级数据库和二级数据库。一级数据库的数据都直接来源于实验获得的原始数据，只经过简单的归类整理和注释，大体可以分为3个大类，即基因组数据库、核酸和蛋白质一级结构序列数据库、生物大分子(主要是蛋白质)三维空间结构数据库；二级数据库是在一级数据库、实验数据和理论分析的基础上针对特定目标衍生而来，是对生物学知识和信息的进一步整理。根据生命科学不同研究领域的实际需要，对基因组图谱、核酸和蛋白质序列、蛋白质结构及文献等数据进行分析、整理、归纳、注释，构建具有特殊生物学意义和专门用途的二级数据库，是数据库开发的有效途径。近年来，世界各国的生物学家和计算机科学家合作，已经开发了几百个二级数据库和复合数据库，也称专门数据库、专业数据库、专用数据库。

一般说来，一级数据库的数据库量大，更新速度快，用户面广，通常需要高性能的计算机硬件、大容量的磁盘空间和专门的数据库管理系统支撑。例如，欧洲生物信息学研究所用Oracle数据库软件管理、维护核酸数据库EMBL。而基因组数据库GDB的管理、运行则基于Sybase数据库系统，即使是安装其镜像，也需要有Sybase支撑。Oracle和Sybase均为流行的数据库管理商业软件。而二级数据库的容量则要小得多，更新速度也不像一级数据库那样快，也可以不用大型商业数据库软件支撑。许多二级数据库的开发基于Web浏览器，使用超文本语言HTML和Java程序编写的图形界面，有的还带有搜索程序。这类针对不同问题开发的二级数据库的最大特点是使用方便，特别适用于计算机使用经验并不丰富的生物学家。

二级数据库种类繁多，以核酸数据库为基础构建的二级数据库有基因调控转录因子数据库TRANSFAC、真核生物启动子数据库EPD、克隆载体数据库Vector、密码子使用表数据库CUTG等。以蛋白质序列数据库为基础构建的二级数据库有蛋白质功能位点数据库 Prosite、蛋白质功能位点序列片段数据库 Prints、同源蛋白家族数据库 Pfam、同源蛋白结构域数据库 Blocks 等。以具有特殊功能的蛋白质为基础构建的二级数据库有免疫球蛋白数据库 Kabat、蛋白激酶数据库 PKinase 等。以三维结构原子坐标为基础构建的数据库为结构分子生物学研究提供了有效的工具，如蛋白质二级结构构象参数数据库 DSSP、已知空间结构的蛋白质家族数据库 FSSP、已知空间结构的蛋白质及其同源蛋白数据库 HSSP 等。蛋白质回环分类数据库则是用于蛋白质结构、功能和分子设计研究的专门数据库。此外，酶、限制性内切酶、辐射杂交、氨基酸特性表、序列分析文献等，也属于二级数据库或专门数据库。

国际上许多生物信息中心建有生物信息学和基因组信息资源网络导航系统。其中美国 Oak Ride 国家实验室人类基因组信息资源导航系统和英国基因组图谱资源中心（human genome mapping resource center，HGMP）的 GenomeWeb 所列网址最为详尽，搜集了世界各地基因组中心、基因组数据库、基因组图谱、基因组实验材料、基因突变、遗传疾病、生物技术公司、实验规程、网络教程、用户手册等几百个网址。

3.1　基因组数据库

3.1.1　GenBank

GenBank 库包含了所有已知的核酸序列和蛋白质序列，以及与它们相关的文献著作和生物学注释。它是由美国国立生物技术信息中心（NCBI）建立和维护的。它的数据直接来源于测序工作者提交的序列、由测序中心提交的大量 EST 序列和其他测序数据，及与其他数据机构协作交换而来的数据。GenBank 每天都会与欧洲分子生物学实验室（EMBL）的数据库和日本的 DNA 数据库（DDBJ）交换数据，使这三个数据库的数据同步。2006 年 8 月，GenBank 中收集的序列数量达到 6113 万条，65 亿个碱基，而且数据增长的速度还在不断加快。GenBank 的数据可以从 NCBI 的 FTP 服务器上免费下载完整的库，或下载积累的新数据。NCBI 还提供广泛的数据查询、序列相似性搜索及其他分析服务，用户可以从 NCBI 的主页上找到这些服务。

GenBank 库里的数据来源于约 55 000 个物种，其中 56％是人类的基因组序列（所有序列中的 34％是人类的 EST 序列）。每条 GenBank 数据记录包含了对序列的简要描述，它的科学命名、物种分类名称、参考文献、序列特征表，以及序列本身。序列特征表里包含对序列生物学特征注释，如编码区、转录单元、重复区域、突变位点或修饰位点等。所有数据记录被划分在若干个文件里，如细菌类、病毒类、灵长类、啮齿类，以及 EST 数据、基因组测序数据、大规模基因组序列数据等 16 类，其中 EST 数据等又被各自分成若干个文件。

3.1.2　EMBL 核酸序列数据库

EMBL 核酸序列数据库是由欧洲生物信息学研究所（EBI）维护的核酸序列数据构成，由于与 GenBank 和 DDBJ 的数据合作交换，它也是一个全面的核酸序列数据库。该数据库由 Oracal 数据库系统管理维护，查询检索可以通过因特网上的序列提取系统（SRS）服务完成。

数据库网址是 http://www. ebi. ac. uk/embl/。

SRS 的网址是 http://srs. ebi. ac. uk/。

3.1.3　DDBJ 数据库

日本 DNA 数据仓库（DDBJ）也是一个全面的核酸序列数据库，与 GenBank 和 EMBL 核酸库合作交换数据。可以使用其主页上提供的 SRS 工具进行数据检索和序列分析。可以用 Sequin 软件向该数据库提交序列。

DDBJ 的网址是 http://www. ddbj. nig. ac. jp/。

3.1.4　GDB

基因组数据库（GDB）为人类基因组计划（HGP）保存和处理基因组图谱数据。GDB 的目标是构建关于人类基因组的百科全书，除了构建基因组图谱之外，还开发了描述序列水平的基因组内容的方法，包括序列变异和其他对功能和表型的描述。目前 GDB 中有：人类基因组区域（包括基因、克隆、扩增 PCR 标记、断点、细胞遗传标记、易碎位点、EST 序列、综合区域和重复序列等）；人类基因组图谱（包括细胞遗传图谱、连接图谱、放射性杂交图谱和综合图谱等）；人类基因组内的变异（包括突变和多态性，加上等位基因频率数据）。GDB 数据库以对象模型来保存数据，提供基于 Web 的数据对象检索服务，用户可以搜索各种类型的对象，并以图形方式观看基因组图谱。

GDB 的网址是 http://www. gdb. org。

GDB 的国内镜像是 http://gdb. pku. edu. cn/gdb/。

3.2　功能数据库

3.2.1　KEGG

京都基因和基因组百科全书（KEGG）是系统

分析基因功能，联系基因组信息和功能信息的知识库。基因组信息存储在基因数据库里，包括完整和部分测序的基因组序列；更高级的功能信息存储在通路数据库里，包括图解的细胞生化过程如代谢、膜转运、信号传递、细胞周期，还包括同系保守的子通路等信息；KEGG 的另一个数据库是配体数据库，包含关于化学物质、酶分子、酶反应等信息。KEGG 提供了基于 Java 的图形工具来访问基因组图谱，比较基因组图谱和操作表达图谱，以及其他序列比较、图形比较和通路计算的工具，可以免费获取。

KEGG 的网址是 http://www.genome.ad.jp/kegg/。

3.2.2 DIP

互作蛋白质数据库(DIP)收集了由实验验证的蛋白质-蛋白质相互作用。数据库包括蛋白质的信息、相互作用的信息和检测相互作用的实验技术三个部分。用户可以根据蛋白质、生物物种、蛋白质超家族、关键词、实验技术或引用文献来查询 DIP 数据库。

DIP 的网址是 http://dip.doe-mbi.ucla.edu/。

3.2.3 ASDB

可变剪接数据库(ASDB)包括蛋白质库和核酸库两部分。ASDB(蛋白质)部分来源于 SWISS-PROT 蛋白质序列库，通过选取有可变剪接注释的序列，搜索相关可变剪接的序列，经过序列比对、筛选和分类构建而成。ASDB(核酸)部分来自 GenBank 中提及和注释的可变剪接的完整基因构成。数据库提供了方便的搜索服务。

ASDB 的网址是 http://cbcg.nersc.gov/asdb。

3.2.4 TRRD

转录调控区数据库(TRRD)是在不断积累的真核生物基因调控区结构-功能特性信息基础上构建的。每一个 TRRD 的条目里包含特定基因各种结构-功能特性：转录因子结合位点、启动子、增强子、静默子、基因表达调控模式等。TRRD 包括 5 个相关的数据表：TRRDGENES(包含所有 TRRD 库基因的基本信息和调控单元信息)；TRRDSITES(包括调控因子结合位点的具体信息)；TRRDFACTORS(包括 TRRD 中与各个位点结合的调控因子的具体信息)；TRRDEXP(包括对基因表达模式的具体描述)；TRRDBIB(包括所有注释涉及的参考文献)。TRRD 主页提供了对这几个数据表的检索服务。

TRRD 的网址是 http://wwwmgs.bionet.nsc.ru/mgs/dbases/trrd4/。

3.2.5 TRANSFAC

TRANSFAC 数据库是关于转录因子在基因组上的结合位点和与 DNA 结合的 profiles 的数据库。由 SITE、GENE、FACTOR、CLASS、MATRIX、CELLS、METHOD 和 REFERENCE 等数据表构成。此外，还有几个与 TRANSFAC 密切相关的扩展库：PATHODB 库收集了可能导致病态的突变的转录因子和结合位点；S/MART DB 收集了与染色体结构变化相关的蛋白因子和位点的信息；TRANSPATH 库用于描述与转录因子调控相关的信号传递的网络；CYTOMER 库表现了人类转录因子在各个器官、细胞类型、生理系统和发育时期的表达状况。TRANSFAC 及其相关数据库可以免费下载，也可以通过 Web 进行检索和查询。

TRANSFAC 的网址是 http://transfac.gbf.de/TRANSFAC/。

4 生物信息学在植物基因工程中的应用

生物信息学是基因、基因结构、基因产物功能分析必不可少的技术手段。目前，生物信息学方法越来越广泛地被应用于基因工程领域。许多文献的基因克隆思路是：先在基因组数据库中查询有关基因的序列信息，然后使用生物信息学软件设计引物，接着运用 RT-PCR 克隆该基因，最后应用 Southern 杂交等技术对获取的基因进行检测。许多植物微卫星序列(SSR)引物的开发也采取此策略，避免了烦琐的基因组文库杂交筛选工作。本节将从以下几个方面来介绍生物信息学在植物基因工程中的应用。

4.1 生物信息学在基因信息挖掘中的应用

植物基因组数据库可以高效地实现数据的输入、查询、统计等较低层次的功能，实现数据的积累。但从堆积如山的数据中提取有用的信息，如寻找数据中存在的关系和规则、挖掘并识别作物的重要基因、发现新基因、加快基因克隆的速度等，都需要强有力的生物信息学工具。如利用序列比对在 EST 数据库(dbEST)中对新基因进行搜索，从而预测其功能、挖掘候选 SNP 位点等。

4.2 生物信息学在基因克隆中的应用

基于生物信息学资源的电子克隆是利用计算机技术，依托现有的网络资源(EST 数据库、核苷酸数据库、蛋白质数据库、基因组数据库等），采用生物信息学方法（包括同源性检索、聚类、序列拼装等），通过 EST 或基因组的序列组装和拼接，利用 RT-PCR 快速地获得部分乃至全长 cDNA 序列的方法。目前植物中公布的基因组序列比较多，使得植物基因克隆越来越多的利用已有的序列信息资源。另外，基于生物信息学的引物设计软件已经广泛使用于基因克隆过程中。

4.3　生物信息学在转基因植物表达分析中的应用

通过分析基因表达情况，筛选在特定条件或组织中表达发生变化的基因，是获取目的基因的一种有效手段。目前生物信息学在基因表达分析中常用的技术有三种，表达序列标签（EST）、基因芯片（gene microarray）和二代测序（next generation sequencing）技术。EST 代表着一段表达的功能基因，根据同源同功原理，按照一组同源 EST 在不同组织不同时期的分布，利用数据库提供的信息，可在基因整体表达的水平上研究相关的功能及代谢。基因芯片技术可以同时实现多个基因的表达水平检测，实现了目的基因的高通量筛选。二代测序技术是近年兴起的高通量测序技术，可以获取全基因组水平上基因的表达情况，包括一些未知基因。

4.4　生物信息学在整合外源基因结构功能分析中的应用

转化整合到受体植物基因组的外源基因，其结构功能是否发生缺失、变异需要检查。当用分子检测获得目的基因序列之后，需要知道这段序列是否完整，是否和研究的性状相关，在无性系群体中是否有结构变异的多态性？其表达功能的稳定性等这些都可以通过生物信息学方法来解决。例如，通过生物信息学工具检测外源基因的完整性、分析基因的启动子及其结构域、分析基因所编码蛋白质的结构、功能等。这些内容将在后面的章节中进行详细的介绍。

复　习　题

问题

（1）简述生物信息学定义与研究内容。

（2）简述生物分子数据库中一级数据库和二级数据库的差异。

第 44 章

生物信息学与基因结构功能分析

生物信息学是基因、基因结构、基因产物功能分析必不可少的技术手段。转化整合到受体植物基因组的外源基因，其结构功能是否发生缺失、变异需要检查。当用分子检测获得目的基因序列之后，需要知道这段序列是否完整，是否和研究的性状相关，在无性系群体中是否有结构变异的多态性，本章将介绍如何通过生物信息学工具分析外源基因序列、检测外源基因的完整性与其结构域并分析基因的启动子。

1 序列同源性分析

当通过分子生物学实验获得一段序列之后，需要知道这段序列是否属于要克隆的基因，是否和研究的性状相关，如果该序列与已知的同类基因序列存在差异，是否会影响基因功能，下面的内容介绍了如何解决该类问题。

1.1 序列比对

生物序列一般指的是 DNA、RNA 或蛋白质序列，对它们的研究是近代生命科学研究中的基本问题。序列比对的核心问题是比较各种不同类型的生物体序列的相互关系。序列比对通过比较生物分子序列，发现它们的相似性，找出序列之间的共同区域，同时辨别序列之间的差异，从而揭示生物序列的功能结构和进化信息。比较两条序列，判断其相似程度的过程称为两条序列比对，而同时比对多条序列则为多重序列比对。

序列对比的数学模型大体可以分为两类，一类从全局序列出发，考虑序列的整体相似性，即全局序列比对；第二类考虑序列部分区域的相似性，即局部序列比对。全局比对是对序列从头到尾进行比较，试图使尽可能多的字符串匹配。全局比对适用于相似度较高且长度相近的序列。局部序列比对是寻找序列中相似度最高的区域，也就是匹配密度最高的部分。局部比对适用于在某些部位相似度较高，而其他部位差异较大的序列。当序列长度差异较大，或者具有相同的保守区域时，应利用局部比对进行分析。

序列比对是在两条或多条序列中寻找按照相同次序比对的一连串的单个字符或字符模块的过程。在进行两条序列比对时，将两个序列写成两行；相同或者相似的字符置于同一列，不同的字符要么置于同一列作为一个错配要么对应于另一个序列上一个空位。加入空位的目的，就是要使尽可能多的相同或相似的字符出现在同一列中。

两条序列的比对通常有三种方法可以实现，即点阵分析法、动态规划算法和词串法（BLAST 中所用的算法）。

如果两条序列相似度不是非常的高，一般会采用点阵法进行分析。因为点阵法能将所有可能的比对结果用该矩阵的对角线表现出来。点阵法还能显示插入缺失及序列内部正向和反向重复的存在，这是其他比对方法很难做到的。这种方法的局限性在于大部分的点阵分析程序无法给出一个真正的比对结果。

动态规划首先是由计算机科学家提出来的一种算法，它从数学意义上可以保证结果是最优的。在给定的得分系统下，动态规划方法能保证给出最优化的对比结果，正因为如此，动态规划算法得到了广泛的应用。但是随着序列长度的增加，计算步骤和对计算机的内存的要求也会变成平方或立方增长，所以当序列较长时，使用这种方法的效率将会变得很低。

FASTA 和 BLAST 采用的是词串（K 值）方法。这些方法通过搜索序列间完全相同的一短串字符（K 值），然后通过动态规划方法把这些词语连接成比对结果。这些方法的优点是速度很快，适用于搜索整个数据库，寻找与待查询序列比对结果最好的序列，得到的比对结果在统计上是可靠的。

序列比对可通过 DNAMAN 等软件来完成。如果克隆的是已知基因的序列，可以通过与已知序列的比对来确认和预期结果是否一致。

如果两者完全匹配，说明获得的就是想要克隆的序列。如果两者匹配得很不好，说明该序列不是预期的结果，是非特异扩增的产物。如果两者有部分差异，说明该序列是想要克隆的基因。而产生该差异的可能原因有两个，一个是测序错误，一个是生物个体间的差异。测序错误可以通过对该克隆进行多次测序来核实并获得真实序列;个体间的差异属于正常现象,反映了生物分子的多态性。

在排除测序错误后,序列中依然存在的差异是否会影响基因功能呢?首先需要考虑两者编码的氨基酸序列是否有差异,由于密码子的简并性,核酸序列虽然有差异,也可以编码出氨基酸序列一致的蛋白质,因此,需要将其翻译成蛋白质序列再进行比对。

当氨基酸序列也存在差异时,可通过分析以下几点来初步判断所克隆的基因的功能是否与已知基因有差异。

(1) 是否是移码突变。如果差异是由移码突变导致的,那么突变的位置之后会有很多个氨基酸发生改变,对成熟蛋白质的影响很大,尤其是发生在结构域内部时,几乎都会导致蛋白质功能的改变或丧失。

(2) 有所改变的碱基是否是起始密码子或终止密码子。这将导致该序列不能被正确地翻译成蛋白质。

(3) 序列改变后是否能影响蛋白质构象。例如,形成二硫键的半胱氨酸(Cys)被替换成了其他氨基酸,则蛋白质结构和功能一定会发生变化;或是氨基酸的疏水性质发生了很大的变化、改变的位置涉及较易改变蛋白质构象的氨基酸等,都会使蛋白质的功能发生变化。

如果发生的改变不涉及以上各种情况,则可以初步认为所得基因与已知基因的功能一致或相似,如果需要了解差异造成的具体影响,则需要做相应的分子生物学实验。

当所获得的序列是未知基因时,例如,通过同源克隆获得的基因、筛选文库获得的基因,所得基因往往没有明确的正确序列,这时需要将该序列与其同源基因进行序列比对,一般可对生物序列数据库来进行,常用的程序有 BLAST、FASTA 等。比对结果的分析同上,只是由于所克隆基因是新基因,通常都是和已知基因序列存在差异。

需要说明的是,克隆序列与已知基因一致或相似,说明两者结构和功能上一致或相似,理论基础是低级结构决定高级结构,高级结构决定功能;克隆序列与已知基因不一致时,可能是改变、减弱或丧失了功能,也可能是增强了功能,例如,由于序列的改变增强了新基因的稳定性、延长了半衰期等。因此,对于有些实验来说,期望得到与已知基因一致的序列,从而对该基因做进一步的研究;对于另外一些实验,期望得到与已知基因有差异的序列,以期发现功能有所不同的新基因,或是发现导致某个性状有所差异的基因等。

1.2　进化树分析

获得新基因序列后,除了分析该基因与已知基因的序列差异来判断基因功能之外,还可以通过构建进化树来判断与已知基因的功能的相似程度和进化关系。

系统发生是指生物形成或进化的历史。系统发生学研究物种之间的进化关系,其基本思想是比较物种的特征,并认为特征相似的物种在遗传学上接近。系统发生研究的结果往往以系统发生树表示,用它描述物种之间的进化关系。通过对生物学数据的建模提取特征,进而比较这些特征,研究生物形成或进化的历史。在分子水平上进行系统发生分析具有许多优势,所得到的结果更加科学、可靠。分子系统发生分析主要分成三个步骤:分子序列或特征数据的分析、系统发生树的构造及结果的检验。本节主要介绍与系统发生树相关的方法。

常用的构建系统发育树的方法有三种,分别为邻接法、最大简约法和极大似然法。

1.2.1　邻接法

邻接法也称为紧接法(neighbor-joining method,NJ)由 Saitou 和 Nei 提出。该方法首先确定距离最近的分类单元对,然后为使系统树的总距离达到最小,不断循序将相邻分类单元合并成一个新的分类单元,最终建立相应的系统发育树。

1.2.2　最大简约法

最大简约法(maximum parsimony, MP)。通过最小化序列中产生可观测变异所需要的步数来构建进化树,因而该方法也被称为最小进化法。首先对选择序列进行多序列比对,从而确定哪些位置是相对应的。对于每一个配对的位置,按照最小进化的需求处理可观测的变异确定系统发生关系,照此分析比对结果中所有信息位点。最终从全部信息位点构建出的系统树中鉴别出整体变异数最小的树,即为最佳的系统发生树。这种方法特别适用于数量较少而且非常相似的序列。这种算法不是特别复杂,但它能确保找到最优的树,因为它穷尽了与分析序列相关的所有的树。正因如此,这种算法非常耗时,不能用于序列数目非常多或者序列中变异非常多的序列集。

1.2.3　极大似然法

极大似然法(maximum likelihood ML)与最大简约法类似。极大似然法通过概率计算来找到最能反映一组序列中变异的系统树，需要对多序列比对结果的每一个垂直列进行分析。与最大简约法不同之处在于其采用标准的概率模型分析序列中的各种变异。通常新突变出现的概率非常小，因而对于比对结果中每一位序列的改变都要加以考虑，而且这种方法要穷尽所有可能的树，因而运算量极大，主要适用于序列数目较少的情况。使用极大似然法进行系统发育分析时，首先假定系统树的结构，然后选择分枝长度以使产生特定系统树的似然值最大化。确定最优系统树的过程是寻找似然函数值极大的系统树的过程，由于似然函数的不同，不同系统树的似然函数值便不同。如果将最小变化的树作为最似然的树，极大似然法就成了最大简约法。

较常用的构建进化树的软件有 ClustalX、Phylip、PAUP 等，具体操作参照相关书籍或使用手册。

2 基因完整性分析

通过 RACE、EST、同源克隆、电子克隆等方法获得的基因序列往往只是完整编码区的一部分，在获得这样的序列后需要判断该序列是否包含完整编码区、缺失的片段在 3′还是 5′等，该过程称为基因的完整性分析。

首先要做的仍然是序列比对。将所得序列对数据库做同源性检索（BLAST 等），找出与之最匹配的全长基因序列，查看所得序列是否能覆盖完整编码区，由此可以判断该序列是否完整，并能找出缺失部分所在的位置。

如果数据库中不存在合适的匹配序列（通常是因为该基因是新基因），则无法通过上述方法来分析基因的完整性。此时需要进行 CDS 预测（或称基因预测），常用的软件有 Genscan、ORF Finder 等。

Genscan 能够给出的预测信息，包括不同类型的编码区、起止位置、长度和位置等。其中编码区类型分为起始外显子、中间外显子、终止外显子、单一外显子（没有内含子的完整基因），同时还会给出预测到的启动子（TATA-box 或转录起始位点）和 poly(A)加尾信号，由此可以判断出预测序列的完整性，例如，该序列含有一个单一外显子，或是同时含有起始外显子和终止外显子，则说明该序列含有完整的编码区，否则可以根据缺失的外显子类型判断是哪一端不完整。

由于基因预测软件往往是针对不同的物种进行构建的，所以在使用时需要注意选择的软件是否适用于所要分析的序列。一些软件对分子类型有要求，或是只能处理 mRNA 序列（不含内含子），或是只能处理基因组序列（可以有内含子），或是两者均可。

另外，如果能够通过序列比对判断出序列的完整性，则不必再进行基因预测，由于预测软件是根据已知的序列总结出一般性的规律，再由此来分析新的序列，所以预测结果不会比比对结果更可靠。

3 基因结构域分析

在对新基因进行以上分析时，如果没有与之相似的已知序列，或是相似性很弱，就难以对新基因的功能做出判断。此时可以通过结构域分析等方法获得基因功能的提示。有很多数据库专门收集结构域信息，并提供了相应的分析工具，如 Pfam、InterPro、SMART 等，其中 InterPro 数据库提供的结构域分析软件 InterProScan（http://www.ebi.ac.uk/InterProScan/）可以对多个数据库进行搜索。

在确认含有哪些结构域后可初步判断基因的功能，例如，基因中含有 DNA 结合结构域（bZIP、HLH、锌指结构等），则该基因应为转录因子，通过调控其他基因的表达来起作用；如果基因中含有激酶结构域，则应该属于激酶类基因，处于信号通路中起到传导信号的作用；如果含有跨膜区，则可能是信号感应分子、受体或是分子通道等。因此，分析出基因序列中含有哪些结构域后，就可以初步推断该基因的功能。

除此之外，还可以进行亚细胞定位分析来进一步获得信息，主要的软件有 TargetP（http://www.cbs.dtu.dk/services/TargetP/）等。通过亚细胞定位，可以确定基因编码的成熟蛋白质最终被运送到细胞中的哪个位置去执行功能，由此可以为判断它的功能提供信息。例如，定位到叶绿体中的蛋白质很可能参与光合作用，定位到细胞外的为分泌蛋白，定位到线粒体则可能是参与能量转化的蛋白质。

通过以上分析，可以为进一步研究基因提供更明确的方向，从而减少不必要的操作，缩短时间，提高科研效率。

4 启动子分析

启动子是位于结构基因 5′端上游的一段 DNA 序列，能够指导 RNA 聚合酶全酶（holoenzyme）同模板正确结合，活化 RNA 聚合酶的核心酶，启动基因转录。高等生物中的绝大多数基因的表达都受到外环境或内环境的调控,基因的启动子是下游基因转录的开关。因此,通过分析基因上游序列,可发现与特定信号相关的启动子,而通过分析启动子,可推断基因的表达模式及功能。启动子分析不只对于分析启动子和元件本身的功能有意义,也是一种预测基因功能、发现新基因的有效手段。

对启动子的分析重点集中于对启动子中各调控元件——模体(motif)的识别和分析。启动子中的模体本质上就是各种转录因子的 DNA 识别/结合位点,通常较为保守,长度较短,从几个碱基到十几个碱基不等。为简化模型,通常忽略远程作用,认为共调控的基因在启动子区域共享模体,受相同因素诱导或抑制的基因启动子具有共同的模体。这样,分析启动子的核心就是分析其中的模体,而基因转录水平调控元件的识别问题就转化为从启动子序列中寻找各种模体,并分析它们的种类、数量和分布。表 44-1 列出了一些常见的模体识别软件。

表 44-1　常见模体识别软件的网址

软件/工具名称	网址
YMF	http://abstract.cs.washington.edu/~saurabh/YMFWebRSH/YMFInput.pl
dyad-analysis	http://rsat.ulb.ac.be/rsat/tutorials/tut_dyad-analysis.html
Consensus	http://ural.wustl.edu/software.html
weeder	http://159.149.109.16:8080/weederWeb/
MEME	http://meme.sdsc.edu/meme/intro.html
improbizer	http://www.soe.ucsc.edu/~kent/improbizer/improbizer.html
Gibbs Sampler	http://bayesweb.wadsworth.org/gibbs/gibbs.html
AlignACE	http://atlas.med.harvard.edu/
Motif Sampler	http://homes.esat.kuleuven.be/~thijs/Work/MotifSampler.html
ANN-Spec	http://www.cbs.dtu.dk/~workman/ann-spec/
SeSiMCMC	http://favorov.imb.ac.ru/SeSiMCMC/

这里介绍一种基于 EM 算法的开源软件 MEME,用于分析 DNA 或蛋白质中高度保守的区域,该软件可以本地安装使用,也是一个在线分析工具,结果可以邮件形式发送。该站点还开发了 Meta-MEME 软件包,Meta-MEME 建立并应用基于模体的隐马尔可夫模型,使用时除输入一组 DNA 或蛋白质的序列之外,再输入一系列通过 MEME 发现的模体模型,Meta-MEME 将这些模型整合为一个单独的、基于模体的隐马氏模型,并用这一模型从序列数据库中搜索同源序列。

MEME 比对搜索可通过两种方式完成:在线搜索、本地运行。在线搜索需要使用网络上的服务器,这种方式快捷方便,不需要很多软件使用基础,但一些高级参数设置往往不太方便,获得结果需要更多时间,适合初学者使用。

4.1　在线搜索的方法

登录 http://meme.nbcr.net/meme,填入邮件地址,接下来输入待查询数据库,然后设定一些常用高级参数,最后执行搜索。各种参数的说明信息以链接的形式给出,可以帮助初学者熟悉软件的参数设置。稍后服务器将结果发送到事先提供的邮件地址。

4.2　本地运行方法

MEME 程序可下载到本地运行,在本地计算机上使用 MEME 进行 MOTIF 搜索,可实现较大规模快速查找工作。

本地使用 MEME 的步骤如下。

(1) 下载 linux 版的单机 MEME 程序。

登录 http://meme.nbcr.net/meme/download,下载 linux 系统下的 MEME 最新版本压缩包。

(2) 安装 MEME。顺序执行以下命令:/configure;make;make test;make clean. MEME 命令的格式为:meme〈dataset〉[optional arguments]。

命令中参数主要包括(〈〉内的参数为必须参数,[]内的参数为可选参数):

〈dataset〉　　其中序列以 FASTA 格式存储的数据库

[-dna]　　数据库中的序列是 DNA,缺省值为 protein

[-mod oops|zoops|anr] motifs 假设分布值，其中 oops：One Occurrence Per Sequence MEME 假设每个 motif 在数据集每条序列中存在 1 次；zoops：Zero or One Occurrence Per Sequence MEME 假设每个 motif 在数据集每条序列中至多存在 1 次；anr：Any Number of Repetitions MEME 假设每个 motif 在数据集每条序列中不交叠的存在任意次数

[-nmotifs〈nmotifs〉] 查找的不同 motif 的个数

[-nsites〈sites〉] 每个 motif 的出现次数

[-minsites〈minsites〉] 每个 motif 的最少出现次数

[-maxsites〈maxsites〉] 每个 motif 的最多出现次数

[-w〈w〉] motif 长度

[-minw〈minw〉] motif 最小长度

[—maxw〈maxw〉] motif 最大长度

[-nomatrim] 不用多序列比对来调整 motif

[-wg〈wg〉] 多序列比对中起始 gap 罚分

[-ws〈ws〉] 多序列比对中延续 gap 罚分

[-noendgaps] 多序列比对中不计算 gap 罚分

[-bfile〈bfile〉] 马尔可夫模型背景文件

[-revcomp] 允许在正义链和反向互补链查找 motif

[-pal] force palindromes (requires -dna)

[-text] MEME 的运行结果以 txt 文件(ASCII)给出，缺省为超文本格式(HTML)。

[-maxsize〈maxsize〉] 数据库最大容量

[-nostatus] 不将程序运行过程报告输出终端

(3) 运行 MEME，结果中将给出 MEME 的相关信息，如版本号与发布日期等；所提交的序列集的描述信息，如每条序列的名字、长度、权重等；所使用的命令行包括命令和各种命令行参数；每个 motif 的详细信息包括 motif 长度、出现次数、E 值、位置相关可能性矩阵、motif 位置信息、位置特异性得分矩阵等；摘要包括数据集中每条序列中 motif 的存在情况。

复 习 题

问题

(1) 试用 Genscan 软件进行基因完整性分析。

(2) 试用 ClustalX 软件进行序列比对并构建进化树。

第 45 章

生物信息学与植物基因分离克隆

基于生物信息学资源的电子克隆是利用计算机技术,依托现有的网络资源(EST数据库、核苷酸数据库、蛋白质数据库、基因组数据库等),采用生物信息学方法(包括同源性检索、聚类、序列拼装等),通过EST或基因组的序列组装和拼接,利用RT-PCR快速地获得部分乃至全长cDNA序列的方法。目前植物中公布的基因组序列比较多,使得植物基因克隆越来越多的利用已有的序列信息资源。另外,基于生物信息学的引物设计软件已经广泛使用于基因克隆过程中。本章主要介绍如何获取基因组及基因信息,并利用生物信息学方法对其进行表达分析及电子克隆。

1 植物基因组与基因信息获取

1.1 TAIR库资源的获取

TAIR是位于美国的拟南芥信息资源网站(the arabidopsis information resource, TAIR)(http://www.arabidopsis.org/),也是国际上最为权威的拟南芥基因组数据库和拟南芥基因组注释系统。它具有丰富的数据资源和最新的注释信息。拟南芥转录因子数据库DATF的每个条目都有TAIR链接,可以直接查看最新更新信息。Salk研究所基因组分析实验室(the salk institute genomic analysis laboratory, SIGnAL)也主要是一个涉及拟南芥的信息资源(http://signal.salk.edu/),它整合了各种组学数据。RIKEN植物科学研究中心的基因组的百科全书(the rIKEN arabidopsis genome encyclopedia, RARGE)能够提供关于拟南芥的各种组学信息(http://rarge.gsc.riken.jp/db_home.pl)。上述这样的门户网站都提供了获取组学综合数据的生物资源,还设有注解基因的数据,如基因的全长cDNA克隆、基因突变、基因表达模式和基因组中的同源基因。Gramene是谷类比较图谱的资源网站。它是一个协助性的、以网络为基础的公开性数据资源,致力于稻科植物的比较基因组分析。Gramene的目标是使用公用工程信息促进交叉物种的同源关系研究。这些公用工程信息包括基因组、EST序列、蛋白质结构和功能分析、遗传学和物理图谱、生物化学通路的阐述、表型特征和突变的QTL定位及描述。作为一个信息源,Gramene可以在公共资源中提供更多有价值的资料,便于研究者利用。

随着基因组测序计划的实施,分享组学进展成果和整合相关资源的门户网站也相继推出。其中包括番茄基因组测序计划的基因组信息资源门户网站(http://solgenomics.net/)。SoyBase是大豆基因组研究资源的门户网站,它公布全基因组序列数据(http://soybase.org/)。MaizeGDB是关于玉米生物信息的数据库,包括遗传和基因组数据集和相关信息(http://www.maizegdb.org/)。Sol基因组网络是茄科植物基因组的门户网站,包含有番茄基因组计划的信息资源(http://solgenomics.net/)。

1.2 GenBank库资源的获取

GenBank是美国国家生物技术信息中心(national center for biotechnology information, NCBI)建立的DNA序列数据库,从公共资源中获取序列数据,主要是科研人员直接提供或来源于大规模基因组测序计划。为保证数据尽可能的完全,GenBank与EMBL、DDBJ建立了相互交换数据的合作关系。

GenBank库包含了所有已知的核酸序列和蛋白质序列,以及与它们相关的文献著作和生物学注释。GenBank将这些数据按高通量基因组序列(High-throughput genomic sequence, HTG)、表达序列标记(expressed sequence tag, EST)、序列标记位点(sequence tagged site, STS)和基因组概览序列(genome survey sequence, GSS)单独分类。它是由美国国立生物技术信息中心(NCBI)建立和维护的。

可通过Entrez数据库查询系统对GenBank进行查询。这个系统将核酸、蛋白质序列和基因图谱、蛋白质结构数据库整合在一起。此外,通过该系统的文献摘要数据库MEDLINE,可获取有关序列的进一步信息。在万维网上,进入NCBI的主页,可以用BLAST程序对GenBank数据库进行未知序列的同源性搜索(详见本书第44章)。

完整的 GenBank 数据库包括序列文件，索引文件及其他有关文件。索引文件是根据数据库中作者、参考文献等字段建立的，用于数据库查询。GenPept 是由 GenBank 中的核酸序列翻译而得到的蛋白质序列数据库，其数据格式为 FASTA。

2 分子标记和基因组数据分析

2.1 基因表达数据分析与候选基因筛选

基因表达序列标签（expressed sequence tag, EST）来自随机选取的 cDNA 克隆的末端序列，简单地说，一个 EST 就是对应于某一种 mRNA 的一个 cDNA 克隆的一段序列。一般长于 150bp 的 EST 在同源查找和基因作图中的作用较大。

2.1.1 EST 数据资源和数据获取

EST 方法发展几年来，使分子遗传学家识别和克隆新基因的策略发生了革命性的变化。现在 NCBI 的 EST 数据库中（dbEST）（http://www.ncbi.nlm.nih.gov/dbEST/index.html）已录入来自不同物种的不同组织的 EST 有 2 690 828 条。当然，人和小鼠的 EST 占绝大部分。

对绝大部分克隆来说，EST 取自其 cDNA 的两端，而且很容易调取该 EST 相应克隆的其他序列进行分析（http://www.genome.wustl.edu/gsc/）。另外，也可以在几天内从它们的国际分送者（distributor）那儿获得大部分 EST 的 cDNA 克隆（http://www-bio.llnl.gov/bbrp/image/idistributors/html）。EST 克隆已成为基因定性、基因表达和重组蛋白表达研究的有力的分子生物学工具。

2.1.2 利用 EST 数据库进行基因克隆

在 dbEST 中找到某一 EST 的最有效方法即是通过序列同源寻找，一般借助 NCBI 的 BLAST 软件即可达到这一目的（http://www.ncbi.nlm.nih.gov/BLAST/）。从核酸序列或氨基酸序列出发进行查询，可以证实 dbETS 中是否存在与待查询项完全相同或相似的 EST。待查询项既可以是基因组序列，以鉴定相应的转录本是否存在（如用于定位克隆计划），也可以是一个已知的基因，以鉴定与该基因相关的序列的存在（如一个基因家族中的新成员）。

为了进行电子 cDNA 文库筛选，可以把通过以上方法获得的 EST 序列作为查询项通过 BLASTN 软件对 dbEST 进行搜寻，寻找 EST 重叠群，进而通过计算机程序整合几条更长的 EST 序列。现在一些生物信息中心，如 TIGR（http://www.tigr.org/tdb/hgi/）和 NCBI（http://www.ncbi.nlm.nih.gov/UniGene/index.html/）已经对所有人类 EST 和已知基因序列进行了分析，识别并聚类属于某一相同转录本的序列。特别是 NCBI 定期进行该项分析，并将其分析结果存放入 UniGene 数据库。

2.1.3 利用 EST 数据库筛选 SNP

除了用于电子克隆外，EST 组装程序及 EST-blast 也是检查和分析 DNA 序列变异频率或转录序列多样性的有力工具。当某一重叠群中包含大量的来自不同 cDNA 文库的 EST 时，该方法尤为适用。

单核苷酸多态性（single nucleotide polymorphism, SNP）是基因组变异最丰富的一种形式，也是对复杂遗传性状进行定位的重要源泉。筛选步骤如下：cDNA 序列的组装，有很多强大的程序可以完成这个任务（http://genome.washington.edu）；识别出候选 SNP，简单地说就是通过对大量重复的 EST 进行序列比较找到 SNP，然后对候选 SNP 进行确认。

2.2 基因芯片数据分析

2.2.1 基因芯片数据的下载

网上收录基因芯片数据的数据库较多，常用的有美国国家生物技术信息中心（National Center for Biotechnology Information，NCBI）的基因表达数据仓库（Gene Expression Omnibus，http://www.ncbi.nih.gov/geo，GEO），欧洲生物信息研究院（European Bioinformatics Institute，EBI）的 AarryExpress 及斯坦福大学的微阵列数据 SMD（Stanford Microarry Database）等。

2.2.2 基因芯片数据的标准化

从 NCBI 下载的是基因芯片表达谱的探针数据，要进行背景去除、标准化、探针组求和，才能形成我们常说的基因的表达谱矩阵。

2.2.3 差异基因的筛选

从基因表达谱数据中筛选差异基因的方法很多，包括倍数法、t 检验等，由此产生的软件包也就很多，但是大多数都是针对特定实验设计产生的表达谱数据的。例如，针对多因素多水平的表达谱数据，或是时间序列表达谱实验设计。在此，介绍一种应用比较广泛的软件：SAM(significance analysis of microarrays)，它是依据修正的 t 检验设计的，通过控制 FDR 来控制筛选基因的效用，可以作为 Excel 的插件，对 Excel 数据表进行操作，非常方便。对于进行学术研究的人员，它可以在线免费下载(http://www-stat. stanford. edu/～tibs/SAM/)。下载安装后，可以按照软件说明书，将经过 RMAExpress 处理得到的基因表达谱数据格式化成相应的 Excel 格式，在 Excel 下运行，选择参数运行，筛选差异表达基因。

2.2.4　差异基因表达谱的聚类分析

基因表达谱数据聚类的方法很多，基因表达谱聚类的软件更多，在此，介绍较为经典的 Gene Cluster 软件。Gene Cluster 是由斯坦福大学 Eisen 的实验室开发出来的，整合了聚类算法中常用到的层次聚类、k-means 聚类、SOM 聚类和 PCA 分析，软件可以从 Eisen 实验室的主页上(http://rana. lbl. gov/EisenSoftware. htm)下载。先将差异基因的表达谱数据提取出来，形成单独的文件，加载入 Gene Cluster，选择聚类的方法和相应的参数，运行 Gene Cluster，结果以 cdt 和 gtr 形式输出(聚类方法选用的是层次聚类)。将输出的文件导入可视化软件 Mapletree 中，调节输出的参数，输出聚类结果。

2.2.5　差异基因的生物学意义分析

差异基因筛选形成一个基因集合(gene set)，这个基因集合从某种意义上说反映着某种生物现象，或者隐含着某个生物问题。为了揭示这个生物学问题，需要研究这些基因的信息，但是，如果人工去一个一个查找，那么就会浪费很多时间，效果还不一定明显。为此，研究人员基于网上的注释数据库，如 GO、KEGG 开发出一些基因集合富集检验的统计学工具，用以挖掘基因集合后隐藏的问题或规律。我们介绍一个使用方便的 WEB 分析工具：DAVID 生物信息学中心(http://david. abcc. ncifcrf. gov/content. jsp? file＝about_us. html)，它在线提供对基因集合的 GO、蛋白质结构域、代谢通路等信息的分析。

2.3　Next-generation sequencing (NGS) 数据分析

目前，针对第二代测序技术已经发展了各种各样的分析工具，这些工具各有特点，适用于不同的方面。从软件的作用来说，可以分成两类：一类是对序列进行排序操作的软件，这类软件的主要作用就是去冗余，把数据按照一定的规律和要求整合到一起，为后面的分析做准备，主要的实现方法是序列拼接和定位；还有一类是通过各种数据整理方法，在遵循生物学基础上进行知识发现的软件，包括基因结构变异分析、SNP 分析、可变剪切分析、等位基因表达差异分析等。

任何信息处理的开始步骤都是数据，因此数据的获取是进行数据处理和分析的基础。第二代测序技术条件下的数据获取过程，主要包括测序仪生产的原始数据(称为测序)，然后通过特定的软件把原始数据蕴含的序列信息提取出来并对提取序列的质量进行评估称为 base calling。数据的存储与交换是指数据应该以什么样的格式存储，从而方便提取，分布在不同物理位置的不同研究人员共享，为不同分析软件提供一种方便转换的数据格式。数据的交换和整合，从来都是生物信息学的一个重要研究方向，随着高通量技术和方法的不断发展，数据的交换和整合除了数据存储和交换的格式以外，如何通过有效的方法来减小数据的容量以有效的存储和传输数据也日益成为生物信息学的一个重要研究方向。

2.3.1　NGS 数据的获取

NGS 数据可以根据自己的研究需要自行设计文库并进行测序得到。2007 年，NCBI 建立了新一代测序结果的子数据，利用新一代测序数据测得的数据都可以提交到上面。目前 NGS 数据可以在 NCBI(http://www. nvbi. nlm. nih. gov/Traces/sra)、EBI(http://www. ebi. ac. uk/ena)和 DDBJ(http://www. ddbj. ng. ac. jp/sub/trace_sra-e. html)中得到。其他 NGS 数据获取途径见表 45-1。

表 45-1　NGS 计划项目图表

计划名称	网址
ENCODE(ENCyclopedia of DNA Elements)project	http://www. genome. gov/10005107/
modENCODE(model organism ENCyclpoedia of DNA Elements)project	http://www. modencode. cn

续表

计划名称	网址
NIH Roadmap Epigenomics Program	http://nihroadmap.nih.gov/epigenomics/
GWAS(Genomic-Wide Association Studies)	http://grants.nih.gov/grants/gwas/
The Large-Scale Genome Sequencing Program	http://www.genome.gov/10001691/
International HapMap Project	http://www.genome.gov/10001688/
Genetic Variation Program	http://www.genome.gov/10001551/
1000 Genomics——A Deep Catalog of Human Genetic Variation	http://www.1000genomics.org

对测序来说，数据的获取就是DNA测序仪序列产生DNA原始文件的过程。目前第二代测序仪，除了Life Technology公司的PGM基于电压变化进行序列读取不产生图像文件以外，其他商业测序平台都是通过拍摄测序过程中，DNA序列合成释放的光信号来获得DNA序列的最原始图像数据，产生的是图像文件。对每一次完整的测序过程来说，其获得的图像数目非常多，每一幅图像所占据的存储空间也非常的大，最后导致总的图像文件通常需要数千甚至数万G的磁盘空间来存储，如Hiseq2000运行一次产生的图像数据高达32T，在数据交换和分析中直接使用这些图像数据是非常不切实际的。所以每一个测序平台最后交付给用户的序列格式都是通过转换的、比原始图像文件小很多的序列文件（上面32T的图像文件，经过转换为fastq格式后，只有800G）。通常来说，每一个测序平台产生的原始图像文件，都必须通过随机附带的图像处理生成代表序列及质量的序列文件，因为这一步处理与测序仪的电气理化性质极其相关，因此第三方通常不具备开发同样软件的实力。

2.3.2 NGS数据分析工具

NGS数据分析的主要生物信息学工具获取途径见表45-2。

表45-2 NGS数据分析工具

工具名称	功能	网址
Velvet	短片段序列的重新组装拼接	http://www.ebi.ac.uk～zerbino/velvet
EULER	短片段的拼接及第二代测序(NGS)和Sanger测序混合片段的组装	http://euler-assembler.ucsd.edu/portal/
GMAP	可用最少的时间和内存将DNA序列映射和拼接到基因组，可进行批量处理	http://www.gene.com/share/gmap
MOSAIK	将NGS数据两两比对到参考序列	http://bioinformatics.bc.edu/marthlab/Mosaik
RMAP	将短片段匹配到参考基因组	http://rulai.cshl.edu/rmap
SHARCGS	短片段的重组装	http://sharcgs.molgen.mpg.d
SOAP	将有缺口或者没缺口的片段匹配到参考基因组，能够进行单一或者末端匹配的重测序、smRNA的发现及mRNA标签的序列匹配	http://soap.genomics.org.cn/
VCAKE	短片段的重组装，具有强大的错误检测能力	http://sourceforge.net.progects/vcake
Zoom	将千万条短片段匹配到参考基因组，并进行以后的相关分析挖掘序列变异的工具	http://www.bioinformaticssolutions.com/products/zoom.index..php
SNPsniffer	专门为Roche454测序技术设计的发现单核苷酸多态性(SNP)的工具	http//bioinformatics.bc.edu/marthlab/Polymorphism _ Discovery_in_Next-Generation_Sequencce_Data
Atlas-SNP	利用NGS技术从重新测序的基因组里发现SNP	http://code.google.com/p/atlas-snp
ssahaSNP	发现纯合SNP及缺失	http://www.sanger.ac.uk/Software/analysis/ssahaSNP
MAQ	短片段的匹配和组装，也可以利用其简单的组装可视化工具(Maqview)报告SNP及缺失	http://maq.sourceforge.net/
SeqMan genome analyzer	分析匹配NGS和Sanger数据，SNP的挖掘，具有可视功能	http://www.dnastar.com/products/SMGA.php
CLCbio Genomics Workbench	利用Sanger和NGS序列数据进行参考基因组的重组装，SNP的挖掘和浏览	http://www.clcbio.com

2.3.3　序列的去冗余

数据的去冗余是指数据的过滤和归并，即如何把序列规整为统一的，更具有信息的形式，对 DNA 序列来说，主要是序列的拼接(Assembly)和定位(Mapping)。不管是什么样的测序平台，都会因为各种系统的原因使测序产生各种错误，或产生的序列达不到一定的分析要求，数据过滤的主要作用就是，对这些产生的数据进行质量控制分析，然后根据一定的要求或者修正序列的错误或者把含有错误和低质量的序列去除，以免给后续的数据分析带来干扰。因此，Mapping 和 Assembly 是第二代测序技术 DNA 分析的两个基本手段和方法，是所有后续分析的基础。

2.3.4　序列的分析和知识提取

这也是描述第二代测序技术的应用的主要方面。这一步的主要目的就是根据实验目的，在生物学知识的指导下，使用各种的数理统计方法对去冗余的数据进行分析，发现数据的生物学意义。对第二代测序技术来说，主要包括覆盖的统计、表达差异、基因组结构和 SNP 的分析等。使用的主要数理方法将是基于泊松分布发展而来的各种分析工具和程序。

3　基因克隆中的生物信息学方法

3.1　PCR 引物设计方法

PCR 是基因克隆中最重要的技术之一，引物的设计是其关键步骤。按照对所克隆序列了解程度的不同，可将其分为对已知序列的引物设计和对同源克隆基因的引物设计。

3.1.1　已知基因的引物设计

已知基因的引物设计即所要克隆的基因序列是已知的，这种引物的设计相对简单，只要从该序列中找出扩增效率较高的一对子序列即可作为引物，也可以根据需要在两端添加酶切位点等。其中从基因序列的 5′端向 3′端扩增的引物称为上游引物 (sense primer)，从基因序列的 3′端向 5′端扩增的称为下游引物 (anti-sense primer)；两引物之间的序列(含引物序列)即为扩增产物。

下面列出了引物设计的基本原则：①引物长度一般在 15～30 碱基。②引物 GC 含量在 40%～60%。③上下游引物的 T_m 值之差小于 5℃。④引物 3′端最后一个碱基避免用 A。⑤引物自身不能有连续 4 个碱基的互补。⑥引物之间不能有连续 4 个碱基的互补。⑦引物 5′端可以被修饰，如加酶切位点。⑧引物 3′端不可被修饰，需和模板完全匹配。⑨引物序列内部避免含有特殊结构，例如，连续多个相同碱基重复、反向重复。

引物长度取决于模板的复杂度，模板的复杂度低，较短的引物就可以扩增到特异序列，如以质粒为模板，模板的复杂度高，则需要较长的引物；水稻的单倍体基因组含有 12 条染色体，碱基数约为 450Mb，远比几千碱基对的质粒复杂，以其做模板时则需要较长的引物才能扩增到特异的基因序列，一般要 22bp 以上，否则引物可能会在该模板的其他位置发生匹配并扩增到非特异的序列。

由于 GC 间的匹配能形成 3 个氢键，比 AT 间多一个氢键，所以 GC 含量能够影响引物与模板结合的稳定性，同时 GC 含量过高或 AT 含量过高容易导致引物内或引物间的匹配，从而影响扩增效率，较理想的 GC 含量在 40%～60%。

引物的 T_m 值与退火温度相关，T_m 值越高，则对应的最适退火温度越高。由于 PCR 反应中上下游引物在同一体系内，最有效的扩增条件是上下游引物同时退火，因此一对引物间的 T_m 值不能相差太多，一般要求小于 5℃。

有实验表明，当引物 3′端最后一个碱基是 A 时，即使 A 不与模板匹配也能引发扩增反应，因此最后一个碱基要避免用 A，最好用 T，GC 次之，可增强扩增的特异性。

引物内部与引物之间的匹配会妨碍引物与模板的结合，因此应尽量避免。引物与模板的匹配发生在退火阶段，因此在退火温度下，如果引物内部或引物间的匹配能解链，则不会影响扩增效率。退火温度通常比两条引物的平均 T_m 值低 5℃左右，因此设计引物时可以用 T_m 值代替退火温度来判断引物错配是否会影响扩增。一般的经验是，T_m 值在 55～65℃时，可允许最多 4 个碱基的错配；T_m 值在 65～70℃时，可允许 5～6 个碱基的错配。

由于 PCR 扩增的延伸是从引物的 3′端开始的，所以 3′端要保证与模板匹配，不能进行编辑，而 5′端则可以不与模板完全匹配，所以可以进行编辑，如添加酶切位点和保护碱基等。

引物序列如果含有特殊结构，如常见的重复序列等，该引物则容易形成二级结构，妨碍与模板的匹配，或是容易与模板中类似的重复序列匹配而影响扩增的特异性，因此应避免此类结构的出现。

引物设计常用的软件有 Primer premier、Oligo、Primer 5 等，其中 Primer premier 擅长自动搜索；Oligo 精于 T_m 值的计算；Primer 5 可在线使用，单机版的 Primer 5 还可以进行批量引物设计。需要指出的是，以上列出的原则中量化的部分只是通用的规律，并不是绝对的，可以参照以上说明根据实际情况进行调整。例如，GC 含量的范围、连续匹配碱基的数量等。而且有时受条件所限，有些条件无法达到。例如，所要扩增片段的总体 GC 含量偏高或偏低，就不好控制引物的 GC 含量，而扩增全长编码区时引物的位置就会受到限制，可选择的范围就会很小，各项参数就很难保证符合理想条件。这些可以通过采用一些特殊的 PCR 方法来弥补，如降落 PCR 等。

3.1.2 同源克隆基因引物设计

在分子生物学实验中常常需要克隆新的基因，即所要克隆的基因序列是未知的，这种情况下用得较多的一种方法就是同源克隆。同源克隆是指根据其他物种中的某个基因的序列的保守区设计引物，在另外一个物种中来克隆它的同源基因，它的理论依据是同源基因的序列在亲缘关系相近的物种中相差不大，尤其是序列中的结构域部分。扩增出保守序列后，可进一步设计基因特异引物利用 RACE 技术获得全长基因序列。

由于密码子的简并性，保守区中的一个氨基酸可能对应多个密码子，真实的基因序列所使用的密码子可能是其中的任何一种，所以在引物中要包含所有可能的情况，才能确保将该基因扩增出来。这样该引物就包含了多种类型的引物序列，是多个相似序列的混合，这类引物称为简并引物。例如，基因中有一段保守序列为 NAVARM，根据通用遗传密码表，第一个氨基酸 N 对应的密码子为 AAY，其中 Y 是 C 或 T，由此可以得到整条引物序列为 AAYGCNGTNGCNMGNATG，也可表示为 AA(C/T)GC(A/T/C/G)GT(A/T/C/G)GC(A/T/C/G)(A/C)G(A/T/C/G)ATG。其中 Y 代表两种碱基 C 或 T，即简并度为 2，N 代表 4 种碱基，即简并度为 4，整条引物的简并度为各个位置的碱基简并度的乘积，该引物的简并度为 1024，该值代表了该引物所含有的引物序列类型的数量，所以在选择保守区时应选择简并度较低的区段，以减少该值，增加扩增的特异性。次黄嘌呤(I)可以和任意一种碱基匹配，所以可以用 I 来代替 N，降低引物的复杂程度，有利于 PCR 扩增。

由于以上提及的原因，简并引物的 3′端碱基应尽量避免有简并性，尤其是最后一个碱基。同时在将氨基酸序列翻译成核酸序列时，可使用对应的遗传密码表来提高引物的特异性。

在设计简并引物之前，需要先确定基因的保守区，这个过程可以通过序列比对来实现。收集到相关序列后，利用 Clustal 等软件进行序列比对，从而找到保守区；Primer premier 同时也提供了设计简并引物的功能，可以将序列导入到该软件中进行比对，并进行引物设计，同时会给出各项相关参数，以方便用户选择、编辑引物序列。具体使用方法请查阅相关手册。

3.2 电子克隆基因

电子克隆 (in silico cloning)是近年来伴随着基因组计划和 EST 计划发展起来的基因克隆新方法。上海生物信息技术研究中心 EST 电子克隆平台(http://www.scbit.org/eclone/help.html)将电子克隆定义为：以数学算法为手段，以计算机和互联网为工具，利用现有的表达序列标签(EST)和生物信息数据库，在未注释的基因组序列上发掘未知功能的新基因，并通过生物学实验进行编码序列和功能验证的方法。电子克隆可为基因组学与蛋白质组学研究提供新的线索和基础。1994 年，Boguski 等学者开始利用电子克隆方法发现新基因。

3.2.1 电子克隆的基本原理

传统的基因克隆方法是先获得基因的 DNA 片段，再对片段测序来获得基因序列，而电子克隆技术是根据序列的相似性，利用感兴趣的 EST 序列，搜索与之相似的 EST，通过序列拼接，将已有 EST 与搜索得到的序列进行组装，推断出目的基因序列。

电子克隆的基本过程如图 45-1 所示。首先，确定一个目的 EST 的序列作为电子克隆的起始序列，称为种子序列 (seed sequence)，以种子序列为待查询序列(query)，在已发布的序列(通常是 EST 序列)数据库中进行序列比对和搜索，再利用一些序列拼接软件，将搜索结果(subject)与 query 进行拼接，将这些具有相似性的序列组装成较长序列(contig)，此过程又被称为电子延伸 (in silico elongation)；将组装结果或是最靠近拼接结果两端的 subject 作为新的种子序列，重复"序列比对搜索-序列组装"即电子延伸过程，直至所得 contig 不能继续延伸，或已得到目的基因编码区的完整序列；以上获得序列的过程均利用软件和数据库完成，为保证拼接所得序列的正确性和真实性，排除由于参数设定不适宜、序列不准确等原因产生的错误延伸，需要在所得 contig 两端设计引物，通过 RT-PCR 对延伸结果进行验证，初步证明拼接结果为实际存在的序列，再将扩增产物测序，最终得到目的基因的确切序列。在电子克隆过程中，电子延伸的效率和准确性密切关系到基因克隆的结果，是电子克隆的关键和核心。

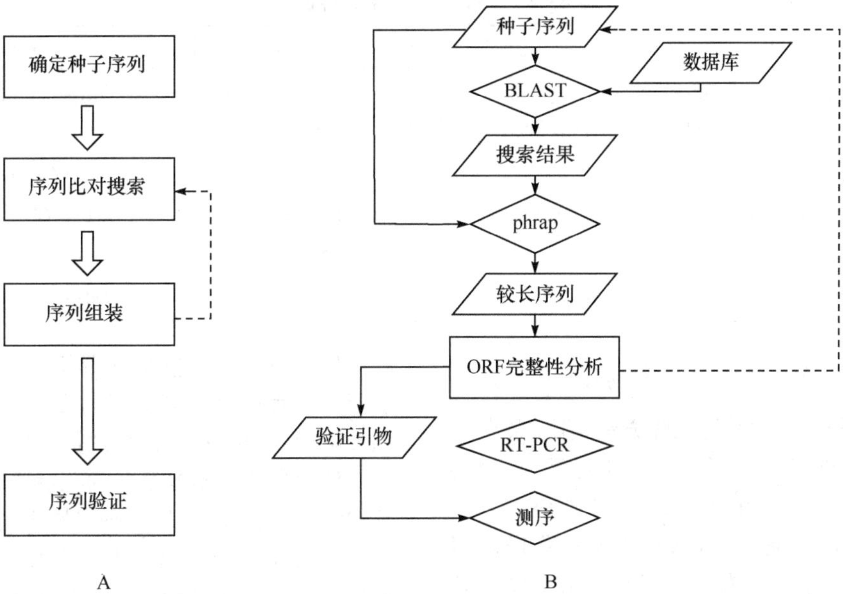

图 45-1　电子克隆的基本过程

A. 总体技术路线；B. 实现方法

3.2.2　电子延伸的实现方法

电子延伸工作的主要内容就是两项工作：一是种子序列在数据库的比对搜索，二是检出的 subject 与种子序列的拼接组装。

1）*数据库比对搜索*　对数据库进行比对搜索的常用方法有两种："基本局域联配搜索工具"（basic local alignment search tool，BLAST）BLAST 和"快速联配"（fast alignment，FASTA）FASTA。其中，BLAST 是基于局部比对的方法，与 FASTA 相比，BLAST 运行速度比较快，搜索结果的假阴性较少，而且改进后的 BLAST 程序允许空位的插入，这些都使 BLAST 更适合于电子延伸，成为最为常用的方法。

BLAST 比对搜索主要有两种实现方式：在线搜索、本地运行。在线搜索：许多生物信息中心都有专门运行 BLAST 的服务器，主要的 BLAST 服务器网址见表 45-3。

表 45-3　常用的 BLAST 服务器

URL	版本	备注
http://www.ncbi.nlm.nih.gov/blast/	BLASTR 2.0	美国，维护 GenBank
http://www.ebi.ac.uk	WU-BLAST 2	欧洲，维护 EMBL 数据库
http://www.blast.genome.ad.jp/	BLAST 2.0	日本
http://blast.cbi.pku.edu.cn	BLASTR 2.0	中国，北京大学生物信息中心，有 NCBI 和 EBI 的镜像

在线搜索具有良好的图形界面，但需要反复的手工操作，所以只适合少数序列的电子克隆，无法进行批量处理。本地运行 BLAST：BLAST 程序和序列数据库可被下载到本地计算机上运行，从而有利于大规模的电子克隆工作。

2）*序列拼接组装*　已有越来越多的序列拼接软件被开发和应用。目前用于序列组装的较常用的拼接软件有 phrap、cap3、TigrAssembler、Staden Package（gap4）等。表 45-4 将这 4 种软件进行了比较。其中 phrap 软件（http://www.phrap.org/phredphrapconsed.html）基于 swat 算法，最初用于组装霰弹法测序的 DNA 序列，精确度较高，可利用整个 reads 进行组装（而不只是高质量区），且可以处理海量的数据，更利于大规模的序列拼接工作，因此，是目前比较成功的序列组装软件之一。许多研究者利用 phrap 对文库克隆的测序结果进行分析，以获得文库中的非冗余 EST，而 phrap 也适用于电子延伸中的序列组装，尤其是大规模的序列组装。

表 45-4 EST 组装常用软件的比较

特点	phrap	cap3	Tigr Assembler	Staden Package
获得地址	http://www.phrap.org/phredphrapconsed.html	http://genome.cs.mtu.edu/cap/cap3.html	http://www.tigr.org/software/assembler	http://staden.sourceforge.net/
操作系统	Unix	Unix	Unix	Unix/Windows
公开性	学术用户可自由下载	需联系作者	自由下载	自由下载
操作数据	海量	大量	大量	大量
用户界面	命令行	命令行	命令行	图形化

3.2.3 电子克隆的优点和局限

电子克隆与其他的基因克隆方法相比，最大的优点就是快速和经济。整个电子延伸过程、对拼接所得序列的分析、验证引物的设计等工作仅需一天到几天的时间即可完成，从 RT-PCR 到获得确切序列也只需要一个月左右的时间。在用于序列验证的 RT-PCR 之前的工作全部在电脑上完成，材料只需要基因或 EST 的数据库，以及一些相关的软件，验证工作也只需要消耗较少的普通分子生物学试剂，因此基因克隆的成本比其他方法都要低。

电子克隆最大的局限性就是强烈地受已有序列数量的限制，这也限制了该技术更广泛的应用。虽然可以利用已知 EST 克隆其他物种的相应基因，但这也增加了潜在的错误延伸的风险，为结果的分析和验证加大了难度。除序列数量以外，序列的准确性也直接影响到序列拼接及结果验证的正确性和效率。

另外，电子克隆技术的应用需要强大的计算机硬件和适当的生物信息学分析软件的配合。在电子延伸过程中，软件的使用，尤其是各参数的设定也会影响序列搜索和拼接的灵敏度和准确性，而何为最佳的参数并不是绝对的，这就需要研究者有丰富的经验并尝试、对比多种参数设置。

总之，由于电子克隆技术与传统的基因克隆方法相比非常快速和经济，因此随着 EST 信息的不断完善，电子克隆已成为克隆新基因的重要方法。目前，电子克隆已在人类、小鼠等基因组和 EST 信息较丰富的模式生物中得到了广泛应用，也越来越多地应用于其他物种的基因克隆工作。

复 习 题

问题

(1) 简述电子克隆的基本原理和过程。

(2) 简述下一代测序数据分析流程。

(3) 试述基因芯片分析过程。

第 46 章

生物信息学与蛋白质结构功能分析

蛋白质结构数据库的日益完善和生物信息学技术的不断发展大大加速了蛋白质的结构解析过程及其相关的蛋白质功能研究进程。根据蛋白质高级结构特征，可以预测蛋白质与小分子配体的作用、蛋白质间的相互作用和蛋白质与核酸的相互作用，并可以根据其结构同类家族的功能特征预测新的蛋白质的功能。本章主要介绍一些主要的蛋白质结构数据资源库，同时介绍预测蛋白质二级结构及三级结构的生物信息学方法及应用平台，最后介绍怎样利用蛋白质结构特征来预测蛋白质功能。

1 蛋白质结构数据库

蛋白质结构数据库是一类重要的生物分子信息数据库，是结构生物信息学的关键组成。随着X线晶体衍射技术、核磁共振技术和冷冻电子显微镜技术等的发展，已测定了很多蛋白质的结构；随着蛋白质结构分类研究的深入，出现了蛋白质家族、折叠模式、结构域和回环等数据库。接下来介绍一些常用的蛋白质结构数据库。

1.1 PROSITE

PROSITE 数据库收集了有显著生物学意义的蛋白质位点和序列模式，并能根据这些位点和模式快速和可靠地鉴别一个未知功能的蛋白质序列应该属于哪一个蛋白质家族。有的情况下，某个蛋白质与已知功能蛋白质的整体序列相似性很低，但由于功能的需要保留了与功能密切相关的序列模式，这样就可能通过 PROSITE 的搜索找到隐含的功能 motif，因此，它是序列分析的有效工具。PROSITE 中涉及的序列模式包括酶的催化位点、配体结合位点、与金属离子结合的残基、形成二硫键的半胱氨酸、与小分子或其他蛋白质结合的区域等；除了序列模式之外，PROSITE 还包括由多序列比对构建的 profile，能更敏感地发现序列与 profile 的相似性。PROSITE 的主页上提供各种相关检索服务。

PROSITE 的网址是 http://www.expasy.ch/prosite/。

1.2 PDB

蛋白质数据仓库(PDB)是生物大分子结构数据档案库，由美国 Brookhaven 国家实验室建立。PDB 收集的数据来源于 X 线晶体衍射和核磁共振(NMR)的数据，经过整理和确认后存档而成。目前 PDB 数据库的维护由结构生物信息学研究合作组织(RCSB)负责。RCSB 的主服务器和世界各地的镜像服务器提供数据库的检索和下载服务，以及关于 PDB 数据文件格式和其他文档的说明，PDB 数据还可以从发行的光盘获得。使用 Rasmol 等软件可以在计算机上按 PDB 文件显示生物大分子的三维结构。

RCSB 的 PDB 数据库网址是 http://www.rcsb.org/pdb/。

1.3 SCOP

蛋白质结构分类(SCOP)数据库详细描述了已知的蛋白质结构之间的关系。分类基于若干层次：家族，描述相近的进化关系；超家族，描述远缘的进化关系；折叠子(fold)，描述空间几何结构的关系；折叠类，所有折叠子被归于全 α、全 β、α/β、α+β 和多结构域等几个大类。SCOP 还提供一个非冗余的 ASTRAIL 序列库，这个库通常被用来评估各种序列比对算法。此外，SCOP 还提供一个 PDB-ISL 中介序列库，通过与这个库中序列的两两比对，可以找到与未知结构序列远缘的已知结构序列。

SCOP 的网址是 http://scop.mrc-lmb.cam.ac.uk/scop/。

1.4 CATH

CATH 是另一个著名的蛋白质结构分类数据库，其含义为类型(class)、构架(architecture)、拓扑结构(topology)和同源性(homology)，它由英国伦敦大学 UCL 开发和维护。CATH 数据库的分类基础是蛋白质结构域。与 SCOP 不同的是，SCOP 注重从蛋白质进化的角度进行分类，而 CATH 偏重于从结构角度对蛋白质进行分类，CATH 把蛋白质分为 4 类，即 a 主类、b 主类，a-b 类(a/b 型和 a+b 型)和低二级结构类。低二级结构类是指二级结构成分含量很低的蛋白质分子。

CATH 的网址是 http://www. cathdb. info/。

1.5 PIR 和 PSD

PIR 国际蛋白质序列数据库(PSD)是由蛋白质信息资源(PIR)、慕尼黑蛋白质序列信息中心(MIPS)和日本国际蛋白质序列数据库(JIPID)共同维护的国际上最大的公共蛋白质序列数据库。这是一个全面的、经过注释的、非冗余的蛋白质序列数据库,包含超过 142 000 条蛋白质序列(至 1999 年 9 月),其中包括来自几十个完整基因组的蛋白质序列。所有序列数据都经过整理,超过 99%的序列已按蛋白质家族分类,一半以上还按蛋白质超家族进行了分类。PSD 的注释中还包括对许多序列、结构、基因组和文献数据库的交叉索引,以及数据库内部条目之间的索引,这些内部索引帮助用户在包括复合物、酶一底物相互作用、活化和调控级联,以及具有共同特征的条目之间方便地检索。每季度都发行一次完整的数据库,每周可以得到更新部分。

PSD 数据库有几个辅助数据库,如基于超家族的非冗余库等。PIR 提供三类序列搜索服务:基于文本的交互式检索;标准的序列相似性搜索,包括 BLAST、FASTA 等;结合序列相似性、注释信息和蛋白质家族信息的高级搜索,包括按注释分类的相似性搜索、结构域搜索 GeneFIND 等。

PIR 和 PSD 的网址是 http: //pir. georgetown. edu/。

数据库下载地址是 ftp: //nbrfa. georgetown. edu/pir/。

1.6 SWISS-PROT

SWISS-PROT 是经过注释的蛋白质序列数据库,由欧洲生物信息学研究所(EBI)维护。数据库由蛋白质序列条目构成,每个条目包含蛋白质序列、引用文献信息、分类学信息、注释等,注释中包括蛋白质的功能、转录后修饰、特殊位点和区域、二级结构、四级结构、与其他序列的相似性、序列残缺与疾病的关系、序列变异体和冲突等信息。SWISS-PROT 中尽可能减少了冗余序列,并与其他 30 多个数据库建立了交叉引用,其中包括核酸序列库、蛋白质序列库和蛋白质结构库等。利用序列提取系统(SRS)可以方便地检索 SWISS-PROT 和其他 EBI 的数据库。

SWISS-PROT 只接受直接测序获得的蛋白质序列,序列提交可以在其 Web 页面上完成。

SWISS-PROT 的网址是 http: //www. ebi. ac. uk/swissprot/。

1.7 COG

蛋白质直系同源簇(COG)数据库是对细菌、藻类和真核生物的 21 个完整基因组的编码蛋白,根据系统进化关系分类构建而成。COG 库对于预测单个蛋白质的功能和整个新基因组中蛋白质的功能都很有用。利用 COGNITOR 程序,可以把某个蛋白质与所有 COG 中的蛋白质进行比对,并把它归入适当的 COG 簇。COG 库提供了对 COG 分类数据的检索和查询,基于 Web 的 COGNITOR 服务,系统进化模式的查询服务等。

COG 库的网址是 http://www. ncbi. nlm. nih. gov/COG。

下载 COG 库和 COGNITOR 程序在 ftp://ncbi. nlm. nih. gov/pub/COG。

2 蛋白质结构预测

蛋白质结构的确定和分析具有非常重要的应用价值,可用于点突变作用分析、蛋白质复合物和活性位点的相互作用分析、晶体衍射数据的定向和相近家族的归类、配体类药物设计和虚拟筛选等。目前,蛋白质序列数据库中多肽链序列记录的数量与结构数据库中结构记录的数量相差很大,而在现有条件下,能通过实验检测方法确定的蛋白质结构只是少数,因此更多的结构需要用预测的方法获得。本节主要介绍蛋白质结构预测的方法及软件。

2.1 蛋白质二级结构预测的方法及软件

2.1.1 蛋白质二级结构预测方法

1) Chou-Fasman *方法*　该方法是一种基于单个氨基酸残基统计的经验参数方法,由 Chou 和 Fasman 在 20 世纪 70 年代提出来。通过统计分析,获得的每种氨基酸形成 α 螺旋、β 折叠、β 转角等特定二级结构构象的倾向性因子,进而利用这些倾向性因子预测蛋白质的二级结构。每种氨基酸残基出现在各种二级结构中倾向或者频率是不同的。例如,Glu 主要出现在 α 螺旋中,Asp 和 Gly 主要分布在转角中,Pro 也常出现在转角中,但是绝不会出现在 α 螺旋中。因此,可以根据每种氨基酸残基形成二级结构的倾向性或者统计规律进行二级结构预测.

Chou-Fasman 法使用较为简便,其准确率为 50%～60%。

2) GOR *方法*　该方法是由 Garnier,Osguthorpe 和 Robson 研制的基于信息论原理的蛋白质二级结构预测方法,也属于统计学方法的一种。在利用 GOR 方法预测某一氨基酸残基处于哪种二级结构时,不仅考虑被预测位置本身氨基酸残基种类对该位置构象的影响,也考虑到相邻的左右各 8 个氨基酸残基对该位置构象的影响,计算 17 个残基的信息差值之和,取信息差值最大的二级结构作为该氨基酸的二级结构。

GOR 方法的物理意义清楚明确,数学表达严格,其准确率约为 65%。

3) 神经网络模型　BP(back-propagation network)网络即反馈式神经网络算法是目前二级结构预测应用最广的神经网络算法,它通常是由三层相同的神经元构成的层状网络,使用反馈式学习规则,底层为输入层,中间为隐含层,顶层是输出层,信号在相邻各层间逐层传递,不相邻的各层间无联系,在学习过程中根据输入的一级结构和二级结构的关系的信息,不断调整各单元之间的权重,最终目标是找到一种好的输入与输出的映象,并对未知二级结构的蛋白质进行预测。

神经网络方法应用方便,获得结果较快较好,其准确率为 70%~72%。

2.1.2 蛋白质二级结构预测软件

目前较为常用的蛋白质二级结构预测软件有 Jpred、SOMPA、PSIPRED、PREDATORH 和 PSA 等,这些软件都有在线的服务器,进入这些软件的主页,输入 FASTA 格式的目的蛋白序列,在网页上直接选取适合的蛋白质结构预测算法,点击运行即可。

1) Jpred 简介　Jpred 是一种蛋白质二级结构预测网络服务器,由 Barton Group 创建于 1998 年 (http://www.compbio.dundee.ac.uk/www-jpred/)。通过提交单一蛋白质序列或多重蛋白质序列并运行,Jpred 就可以预测出蛋白质序列的二级结构:α 螺旋、β 折叠或无规则卷曲。Jpred 应用了 Jnet 神经网络算法,准确率达到了 76.4%。

2) SOPMA 简介　SOPMA (http://npsa-pbil.ibcp.fr/cgi-bin/npsa-automat.pl? page =/NPSA/npsa-sopma.html)是由法国里昂的 CNRS(centre national de la recherche scientifique)开发的蛋白质二级结构预测平台。它使用 5 种相互独立的方法进行预测,并将结果汇集整理成一个"一致预测结果"。这 5 种方法包括:Garnier-Gibrat-Robson (GOR)方法、Levin 同源预测方法、双重预测方法、作为 PredictProtein 一部分的 PHD 方法和 CNRS 自己的 SOPMA 方法。SOPMA 这种自优化的预测方法简要地建立了已知二级结构序列的次级数据库,库中的每个蛋白质都经过基于相似性的二级结构预测。然后用次级库中得到的信息去对查询序列进行二级结构预测。

2.2 蛋白质三级结构预测的方法及软件

2.2.1 蛋白质三级结构预测方法

蛋白质三级结构预测的方法可以分为三种。

1) 同源性(Homology)方法　这类方法的理论依据是如果两个蛋白质的序列比较相似,则其结构也有很大可能比较相似。有工作表明,如果序列相似性高于 75%,则可以使用这种方法进行粗略的预测。这类方法的优点是准确度高,缺点是只能处理和模板库中蛋白质序列相似性较高的情况。

2) 从头计算(Ab initio)方法　这类方法的依据是热力学理论,即求蛋白质能量最小的状态。生物学家和物理学家等认为从原理上讲这是影响蛋白质结构的本质因素。然而由于巨大的计算量,这种方法并不实用,目前只能计算几个氨基酸形成的结构。IBM 开发的 Blue Gene 超级计算机,就是要解决这个问题。

3) 穿线法(Threading)　由于 Ab initio 方法目前只有理论上的意义,Homology 方法受限于待求蛋白质,必须和已知模板库中某个蛋白质有较高的序列相似性,对于其他大部分蛋白质来说,有必要寻求新的方法,穿线法(Threading)方法应运而生。

以上三种方法中,Ab initio 方法不依赖于已知结构,其余两种则需要已知结构的协助。通常将蛋白质序列和其真实三级结构组织成模板库,待预测三级结构的蛋白质序列,则称之为查询序列(query sequence)。

2.2.2 蛋白质三级结构预测软件

同源性方法利用序列相似的已知结构来预测未知序列的三级结构,是目前蛋白质结构预测比较有效的方法。常用的基于同源性方法的服务器和软件有 SWISS-MODEL、Predict Protein 和 FAMS 等,下面主要介绍一下 SWISS-MODEL。

SWISS-MODEL(http://swissmodel.expasy.org/)是日内瓦生物医学研究所(the geneva biomedical research institute)建立发展起来的分子模建服务系统(molecular modeling server),采用一系列工作软件,从经典的布鲁克海文蛋白质结构数据库(Brookhaven PDB)中提取蛋白质查询序列的模拟结构信息,用具有蛋白质相似性的已知结构蛋白建立的未知结构蛋白质的分子模型。目前 SWISS-MODEL 不仅能够产生一系列蛋白质分子模型,而且与 SWISS-2DPAGE 等数据库建立了数据整合连接,扩大了服务系统的功能。

蛋白质分子模建在设计突变实验,设计新药等分子生物学领域,有不可缺少的指导作用,提供了十分必要的参考信息。虽然目前分子模建的实验基础数据有待充实(已知结构蛋白尚不够多),模建方法有待完善,而且模建运作系统需要昂贵的计算机硬件和软件,限制了模建的推广应用,但分子模建发展仍然十分迅速,有着非常广阔的发展前景和不可估量的指导作用。

SWISS-MODEL是建立在已知生物大分子结构基础上的分子模建自动服务系统,为全世界的生物化学和分子生物学研究人员提供了方便可行的网上免费服务,从而不受昂贵的计算机硬件和软件的限制,极大程度地发挥着指导分子生物学实验和提供参考信息的作用。

3 蛋白质功能预测

3.1 蛋白质功能预测方法

3.1.1 基于序列相似性预测蛋白质功能

具有相似性序列的蛋白质具有相似的功能。因此,确定蛋白质功能最可靠的方法是进行数据库的相似性搜索。需要明确的是,一个显著的匹配应至少有25%的相同序列和超过80个氨基酸的区段。目前FASTA和BLAST是相似性搜索的常用工具。FASTA可以有效地分析那些与数据库同源性较高的序列,但有时可能忽略一些评分不高的结果。BLAST是一个寻找序列间具有相似性的区段,进而比较它们之间结构和功能的工具,而不是仅仅比较整个序列的同源性,目前提供了网页、电子邮件等方式进行序列分析,使用十分方便。

3.1.2 基于序列特性预测蛋白质功能

许多功能可直接从蛋白质序列预测出来。例如,疏水性信息可被用于跨膜螺旋的预测。疏水性信息可用ExPASy(http://expasy.hcuge.ch/egibin/protscal.pl)的ProtScale程序创建并演示。这是一个很有用的工具,它能计算超过50种蛋白质的特性。程序的输入即可通过输入框将序列粘贴进去,也可输入SWISS-PROT的记录号。仅一项需要额外设定的参数是输入框的宽度,该参数将指示系统每次运行计算和显示的残基数,其缺省值为9。如果想考虑跨膜螺旋特性,该参数设置应为20,因为一个跨膜螺旋通常有20个氨基酸长度。

有多种方法可以预测序列的跨膜螺旋。最简单的方法是通过查找包含有20个疏水残基的区段,一些更复杂、更准确的算法不仅可以预测跨膜螺旋的位置,还能确定其在膜上的方向。这些方法都依赖于一系列已知跨膜螺旋特性的研究结果。跨膜螺旋是可以根据序列数据比较准确预测的蛋白质特性之一。

3.1.3 基于模序预测蛋白质功能

基于模序的方法通过识别功能相关的蛋白质中保守的三维模序,并建立这些保守的模序与保守的蛋白质功能间的映射关系,用于预测待测蛋白质的某些生化功能。例如,有许多短序列可以识别蛋白质活性位点或结合区域。整联蛋白(integrin)受体识别RGD或LDV配体模序,如果未知序列中包含有RGD模序,则可推测未知序列的一个功能可能是结合整联蛋白。这样的推测并不是说该蛋白质序列一定会结合整联蛋白(许多含有RGD的蛋白质并不结合整联蛋白),但它提供了一个可供试验的假设。还有些例子是保守序列位于酶活性位点、转录后修饰位点、协作因子结合位点或蛋白质分类信号等,不少有关这些保守模式的生物信息学资源已经建立起来,并已用于在序列的搜索比对。

3.2 蛋白质结构与功能关系数据库

蛋白质结构与功能关系数据库是进行蛋白质功能预测及蛋白质设计的基础,目前已有一些蛋白质结构与功能关系的数据库,如PIR、Pfam和Iner-Pro等,在43章已经介绍过PIR数据库,所以本节主要介绍Pfam数据库和InterPro数据库。

3.2.1 Pfam数据库

Pfam数据库(the protein families database)是通过自动比对构建的蛋白质结构域家族数据库,数据库中具有结构相似性的序列被认为是同源的,因此被归为一类。序列的相似性检测基于隐马尔科夫模型(HMM),由HMMER3(http://hmmer.janelia.org/)程序获得。最新的Pfam26.0的版本包括13 000多个手工筛选的蛋白质家族,Pfam的网址是http://pfam.sanger.ac.uk/。

Pfam数据库中包含两种类型的数据:Pfam-A和Pfam-B。Pfam-A是人工筛选的高质量的数据;Pfam-B是自动生成的家族数据,其是由ADDA算法聚类产生的数据。虽然Pfam-B数据的质量较低,但也可以被用来鉴别功能保守区域,尤其是没有Pfam-A家族的时候。

Pfam数据库包括功能注释、参考文献,以及每个家族链接的数据库,其重要功能包括将蛋白质快速自动划分为不同的结构域家族。当前除了主要应用HMMer3软件对蛋白质翻译进行注释,也应用Gene Wise 2软件对基因进行直接预测并对基因组DNA进行注释。Gene Wise的检测结果表明,在同源区域内其预测基因的准确率可达到98%。

3.2.2 InterPro 数据库

整合蛋白质结构域和功能位点资源数据库(InterPro),是集成了蛋白质结构域和功能位点的数据库,其网址为 http://www.ebi.ac.uk/interpro/。InterPro 数据库是包含关于蛋白质家族、蛋白质结构域和作用位点的整合数据资源,它最初是作为 PROSITE、PRINTS、Pfam 和 ProDom 等的补充而建立的。用户可以直接利用 JAVA 服务器进入数据库,它以 XML 形式文件存储数据;同时,其提供友好的人机界面和基于文本的搜索和序列扫描。另外,InterPro 数据库包含很多来自不同数据库的人工助理文件,形成了对一个给定的蛋白质家族、结构域和功能位点的独特描述。

复 习 题

问题

(1) 采用哪些理论计算的方法可预测蛋白质的高级结构?

(2) 试用 Swiss-Model 进行蛋白质三级结构预测并根据结果分析目标蛋白的功能。

部分近期参考文献

陈铭. 2012. 生物信息学. 北京：科学出版社：305

Blair C, Murphy R W. 2011. Recent trends in molecular phylogenetic analysis: where to next. Journal of Heredity, 102(1): 130-138

Daga P R, Patel R Y, Doerksen R J. 2010. Template-based protein modeling: recent methodological advances. Current topics in medicinal chemistry, 10(1): 84-94

Dewey C N. 2012. Whole-genome alignment. Methods in Molecular Biology, 855: 237-257

Gong Z, Li F, Dong L. 2010. Performance assessment of protein multiple sequence alignment algorithms based on permutation similarity measurement. Biochemical and Biophysical Research communications, 399(4): 470-474

Hunter S, Jones P, Mitchell A, et al. 2012. InterPro in 2011: new developments in the family and domain prediction database. Nucleic Acids Research, 40(D1): D306-D312

Kelmansky D M. 2013. Where statistics and molecular microarray experiments biology meet. Methods in Molecular Biology, 972: 15-35

Liu T, Tang G W, Capriotti E. 2011. Comparative modeling: the state of the art and protein drug target structure prediction. Combinatorial Chemistry & High Throughput Screening, 14(6): 532-547

Löytynoja A. 2012. Alignment methods: strategies, challenges, benchmarking and comparative overview. Methods in Molecular Biology, 855: 203-235

Mutz K O, Heilkenbrinker A, Lönne M, et al. 2012. Transcriptome analysis using next-generation sequencing. Current Opinion in Biotechnology, 24(1): 22-30

Pavlopoulou A, Michalopoulos I. 2011. State-of-the-art bioinformatics protein structure prediction tools. International Journal of Molecular Medicine, 28(3): 295-310

Qiao S Y, Wu Y H, Lou H L, et al. 2012. From gene cloning to expressional analysis-Practice and experience from educational reform of experimental gene engineering. Hereditas, 34(2): 248-252

Ramanna H, Ding X S, Nelson R S. 2013. Rationale for developing new virus vectors to analyze gene function in grasses through virus-induced gene silencing. Methods in Molecular Biology, 975: 15-32

Sleator R D. 2012. Proteins: form and function. Bioengineered Bugs, 3(2): 80-85

Sleator R D. 2012. Prediction of protein functions. Methods in Molecular Biology, 815: 15-24

Strickler S R, Bombarely A, Mueller L A. 2012. Designing a transcriptome next-generation sequencing project for a nonmodel plant species1. American Journal of Botany, 99(2): 257-266

植物基因工程中英文名词对照

英文缩写	英文全称	中文名
——	aberrant RNA model	异常 RNA 模型
——	agropine	农杆碱
——	allergenicity	致敏性
——	ampholine	两性电解质
——	amplicon	扩增子
——	amyloplast	造粉体
——	anchored PCR	锚定 PCR
——	antinutritional factors	抗营养因子
——	antisense primer	下游引物
——	antisense RNA	反义 RNA
——	architecture	构架
——	artificial mini chromosome	人造微小染色体
——	assembly	拼接
——	backcrossing breeding	回交育种
——	bait	诱饵蛋白
——	baseline	本底信号
——	binary vector	双元载体
——	bioinformatics	生物信息学
——	biosafety	生物安全
——	border sequence	边界序列
——	bromovirus	雀麦花叶病毒组
——	carbenicillin	羧变青霉素
——	caulimoviruses	花叶病毒
——	cecropin or attacins	杀菌肽
——	cell line	细胞系
——	cell totipotency	细胞全能性
——	cellulase	纤维素酶
——	chemical genomics or chemogenomics	化学基因组学
——	chimeric gene	嵌合基因
——	chloroplast	叶绿体
——	chloroplast genetic transformation	叶绿体遗传转化
——	chloroplast genome	叶绿体基因组
——	chondriome	线粒体基因组
——	chromoplast	有色体
——	chromosome deletion	染色体缺失
——	chromosome duplication	染色体重复
——	chromosome landing	染色体登陆
——	chromosome translocation	染色体易位
——	chromosome transposition	染色体倒位
——	chromosome walking	染色体步移
——	*cis*-acting elements	顺式作用因子
——	*cis*-inactivation	顺式失活
——	co-cultivation	共培养
——	co-integrate	共合体
——	como virus	豇豆花叶病毒组
——	comparative genomics	比较基因组学
——	complex probe	复合探针
——	complex transposons	复合转座子
——	contig maps	跨叠克隆群图谱
——	controlling element	控制元件
——	Coomassie brilliant blue	考马斯亮蓝
——	co-regulation	共调控作用
——	co-suppression	共抑制
——	co-transformation	共转化
——	cross-protection	交叉保护
——	cryptic virus	潜隐病毒
——	cucumopine	黄瓜碱
——	cucumovirus	黄瓜花叶病毒组
——	cyclosporin A	环孢素 A
——	dedifferentiation	脱分化
——	degenerate primer	简并引物
——	degenerateness	简并度
——	dehydrin	脱水素
——	deletion mutation	缺失突变
——	destination vector	目的载体
——	dexamethasone	地塞米松
——	differential expressing	差别表达
——	differential screening	差异筛选法
——	diploid	二倍体
——	disarm	解除武装
——	disarmed vector	卸甲载体
——	disulphide isomerase	二硫化合物异构酶
——	diversity	生物多样性
——	DNA chip	DNA 芯片
——	DNA damage	DNA 损伤
——	DNA microarray	DNA 微集阵列
——	domain	结构域
——	donor vector	供载体
——	duplication heterozygote	重复杂合体
——	duplication homozygote	重复纯合体

英文缩写	英文全称	中文名
——	electroporation	电穿孔
——	embryo	胚
——	embryosac	胚囊
——	endosymbiotic theory	内共生理论
——	enhancer	增强子
——	enkephalin	脑啡肽
——	entry clone	入门克隆
——	enzymatic degrading subtraction	酶降解差减杂交
——	epitope presentation	融合抗原
——	erythromycin	红霉素
——	exon	外显子
——	extein	外显肽
——	fluorescence-labeled primer	荧光标记引物
——	food safety	食品安全
——	food vaccine	食品疫苗
——	foreign gene	外源基因
——	forward genetics	正向遗传学
——	frame-shift mutation	移码突变
——	functional proteomics	功能蛋白质组学
——	geminivirus	双生病毒
——	gene complementation	基因互补
——	gene flow	基因漂移
——	gene insertion	基因插入
——	gene manipulation	基因操作
——	gene microarray	基因芯片
——	gene replacement	基因替代置换
——	gene set	基因集合
——	gene tagging	基因标签法
——	genetic colonization	遗传寄生
——	genetic engineering	基因工程
——	genetic marker gene	遗传标记基因
——	genetic modification	遗传修饰
——	genome	基因组
——	genomic DNA	基因组 DNA
——	genomics	基因组学
——	genotype	基因型
——	gentamicin	庆大霉素
——	germ line transformation	种质转化
——	germline	种质
——	glycine betaine	甘氨酸甜菜碱
——	glyphosate	草甘膦
——	hairy root	毛状根
——	hairy-root syndrome	发根综合征
——	haploid	单倍体
——	herbcide	除草剂
——	heterozygous lines	杂合突变体植株
——	homing endonucleases	归位内切酶
——	homologous chromosome	同源染色体
——	homologous gene	同源基因
——	homology	同源性
——	homology gene clone	基因序列同源克隆
——	homozygous lines	纯合突变体植株
——	horizontal gene transfer	基因水平转移
——	humoral immunity	体液免疫
——	hybridization probe	杂交探针
——	hybridoma	杂交瘤
——	hydrolysis probes	水解探针
——	hygromycin	潮霉素
——	illegitimate recombination	异常重组
——	in silico cloning	电子克隆
——	in silico elongation	电子延伸
——	inclusion body	包涵体
——	inducible promoter	诱导型启动子
——	innate immunity	先天免疫系统
——	insertion mutation	插入突变
——	insulator	绝缘子
——	intein	内含肽
——	interaction trap	相互作用陷阱
——	intermediate vector	中间载体
——	intra-chromosomal recombination	染色体内同源重组
——	intron	内含子
——	kanamycin	卡那霉素
——	large single copy	长单拷贝序列
——	leaf dish transformation	叶盘转化法
——	lectin	植物凝集素
——	length polymorphism	长度多态性
——	liposome	脂质体
——	long period interspersion	长周期散布
——	low energy ion beam	低能离子束
——	lysozyme	溶菌酶

英文缩写	英文全称	中文名	英文缩写	英文全称	中文名
——	mannopine	甘露碱	——	plastid	质体
——	mapbased cloning	图位克隆	——	plastome	质体基因组
——	mapping	定位	——	point mutation	点突变
——	Mendelian inheritance	孟德尔式遗传	——	pollen-tube pathway	花粉管通道法
——	microarray	微阵列	——	polymorphism	DNA 序列多态性
——	microinjection	显微注射	——	position effect	位置效应
——	microprojectile bombardment	微弹轰击法	——	positional cloning	定位克隆法
——	microsatellite DNA	微卫星 DNA	——	precautionary principle	预先防范原则
——	minisatellite DNA	小卫星 DNA	——	preferred codons	偏爱密码子
——	missense mutation	错义突变	——	prey target protein	靶蛋白
——	molecular beacons	分子信标	——	prokaryotic organism	原核生物
——	molecular chaperon	分子伴侣	——	proline synthetase	脯氨酸合成酶基因
——	monocistron	单顺反子	——	promiscuous DNA	混源 DNA
——	mosaic	同源性嵌合体	——	proplastid	前质体
——	multiple sites insertion	多位点插入	——	prosystemin	前系统肽
——	multi-replicon	多复制子	——	protein domain	蛋白结构域
——	mutation	突变	——	proteome	蛋白质组
——	mutation by T-DNA insertion	T-DNA 插入突变体	——	protoxin	原毒素
——	neomycin phosphtransferase	新霉素磷酸转移酶	——	pseudogene	假基因
——	neutral mutation	中性突变	——	pseudomonas aeruginosa	慢性肺炎病菌
——	non-Mendelian inheritance	非孟德尔式遗传	——	pyramiding of multiple genes	基因聚合
——	nonrepetitive sequence	非重复序列	——	random priming	随机引物法
——	nonsense mutation	无义突变	——	recombination effect	重组效应
——	nopaline	胭脂碱	——	recurrent parent	轮回亲本
——	octopine	章鱼碱	——	regulon	调控子
——	oleosin	油脂蛋白	——	replicase	复制酶
——	oligonucleotide array	寡核苷酸阵列	——	replicative transposition	复制性转座
——	optimal codons	最佳密码子	——	report gene	报告基因
——	organ specific promoter	器官特异性启动子	——	restriction-enzyme finger printing	限制酶指纹
——	overdrive sequence	超驱动序列	——	retrotransposons	反转座子
——	over-expression	过量表达	——	retrovirus	反转录病毒
——	particie gun	基因枪法	——	reverse genetics	反向遗传学
——	periplasmic	周质域	——	reverse Northern dot blot	反向 Northern 斑点印迹
——	pharmacogenomics	药物基因组学			
——	phenol carbolic acid	酚类化合物	——	reverse-two-hybrid system	反向双杂交系统
——	phenotype	表现型	——	rifampicin	利福平
——	phenotype cloning	表型克隆法	——	RNA fingerprinting	RNA 指纹图谱技术
——	physical map	物理图谱	——	RNA three-hybrid system	RNA 三杂交系统
——	placenta	胎座	——	root inducing plasmid	根诱导质粒
——	plant defensin	植物防御素	——	sarkosyl	十二烷基肌氨酸钠
——	plasmid dot blotting	质粒斑点印迹法	——	seed sequence	种子序列

英文缩写	英文全称	中文名
——	selectable marker gene	选择标记基因
——	sense primer	上游引物
——	sensor	感应蛋白
——	sephadex G-50	葡聚糖凝胶 G-50
——	shoot apex	茎尖
——	silencer	沉默子
——	silver stain	银染
——	simple transposition	简单转座
——	single site insertion	单位点插入
——	site-specific recombination	位点特异性重组法
——	small single copy	短单拷贝序列
——	spectinomycin	壮观霉素
——	SSR loci	SSR 座位
——	stability of transgene	转基因稳定性
——	stable expression	稳定表达
——	structural genomics	结构基因组学
——	substantial-equivalent principle	实质等同原则
——	sulfonylurea	磺酰脲
——	SWISS-PROT	蛋白质序列数据库
——	synonymous mutation	同义突变
——	systemin	系统肽
——	tandemly repeated sequence	串联重复序列
——	target character	目标性状
——	target protein	靶蛋白
——	targeted recombination	定点重组
——	T-DNA tagging	T-DNA 标签法
——	T-DNA tandemerization	T-DNA 串联
——	T-DNA truncation	T-DNA 截短
——	termination codon mutation	终止密码突变
——	terminator	终止子
——	tetroelement	还原因子
——	thaumatin	甜味蛋白
——	thaumatin-like protein	类甜蛋白
——	threshold	阈值
——	tissue-specific promoter	组织特异性启动子
——	tomatine	番茄素
——	topology	拓扑结构
——	totipotency	全能性
——	toxicity	毒性
——	*trans*-acting elements	反式作用因子
——	*tran*-scription activation domain	转录激活区
——	transcription factor	转录因子
——	transcription machinery	转录机制
——	transcription regulation domain	转录调控区
——	transcription repression domain	转录抑制区
——	transcription termination region	转录终止区
——	transcriptional activator	转录激活因子
——	transferred-DNA region	T-DNA 区
——	transformed cell	转化细胞
——	transgene	转基因
——	transgene silencing	转基因沉默
——	transgenic escape	转基因逃逸
——	transgenic mitigation	转基因弱化作用
——	transient expression	瞬时表达
——	*trans*-inactivation	反式失活
——	transposable element/transposon	转座子
——	transposition	倒位
——	transposition heterozygote	倒位杂合体
——	transposition homozygote	倒位纯合体
——	transposon tagging cloning	转座子标签克隆
——	trehalose	海藻糖
——	tumor inducing plasmid	Ti 质粒
——	unique sequence	单一序列
——	vector cassette	载体卡盒
——	virion	病毒颗粒
——	vitrification	玻璃化现象
——	weediness	杂草化
——	Western blot	免疫印迹方法
——	zinc finger nuclease	锌指核酸酶
αAI	α-amylase inhibitor	淀粉酶抑制剂
2DGE/2-DE	two-dimensional gel electrophoresis	双向电泳
5′UTR	5′-untranslated region	5′端非翻译区
6-SFT	sucrose:fructan-6-fructosyltr-ansferase	蔗糖:果聚糖-6-果糖基转移酶
Ab	antibody	抗体
ABA	abscisic acid	脱落酸
AbMV	abutilon mosaic virus	青麻花叶病毒
ABP	auxin binding protein	生长素结合蛋白
ABRE	ABA-responsive element	ABA 应答元件

英文缩写	英文全称	中文名
Ac/Ds	activator-dissociation element	激活解离元件
ACCase	acetyl-CoA carboxylase	乙酰辅酶A羧化酶
ACDS	1-aminocyclopropane-1-carboxylicacid deaminase	ACC 脱氨酶
Ac-MV	African cassava mosaic virus	非洲木薯花叶病毒
ACO	ACC oxidase	ACC 氧化酶
ACS	ACC synthase	1-氨基环丙烷-1-羧酸(ACC)合成酶
AE	anchoring enzyme	锚定酶
AFLP	cDNA amplified restriction fragment length polymorphism	cDNA 扩增限制性片段长度多态性
AFP	antifreeze protein	抗冻蛋白
AGPP	ADPG pyrophosphorylase	ADPG 焦磷酸化酶
AKP	alkaline phosphatase	碱性磷酸酶
ALS	acetolactate synthase	乙酰乳酸合成酶
AMCV	artichoke mottled crinkle virus	洋蓟斑点皱叶病毒
AMP	antimicrobial peptide	抗菌肽
AMV	alfalfa mosaic virus	苜蓿花叶病毒
AOS	active oxygen species	活性氧类物质
APX	ascorbate peroxidase	抗坏血酸过氧化物酶
Ar	*Agrobacterium rhizogenes*	发根农杆菌
ARF	auxin response factor	生长素响应因子
ARS	autonomously replicating sequence	自主复制 DNA 序列
AS	acetosyingone	乙酰丁香酮
At	*Agrobacterium tumefaciens*	根癌农杆菌
ATP	adenosine triphosphate	三磷腺苷
AUX/IAA	auxin response repressor/inhibitor	生长素反应阻遏子/抑制子
AVR	avirulence gene	无毒基因
BAC	bacterial artificial chromosome	细菌人工染色体
BADH	betaine aldehyde dehydrigenase	甜菜碱醛脱氢酶
BaMV	bamboo mosaic virus	竹子花叶病毒
Bar	—	草甘膦乙酰转移酶基因
BB	bacterial blight	白叶枯病
BiFC	bimolecular fluorescence complementation	双分子荧光互补
ble	bleomycin	争光霉素
BMV	barely mosaic virus	大麦花叶病毒
BSA	—	牛血清白蛋白
BSMV	barley stripe mosaic virus	大麦条纹花叶病毒
bZIP	basic leucine zipper	碱性亮氨酸拉链
CaMV	cauliflower mosaic virus	花椰菜花叶病毒
CAT	catalyse	过氧化氢酶
CAT	chloramphenicol acetyltransferase	氯霉素乙酰转移酶
CBF	CCAAT binding factor	CCAAT 结合因子
CbLCV	cabbage leaf curl virus	大白菜曲叶病毒
CDPKs	calcium-dependent protein kinase	钙依赖的蛋白激酶
CDs	cyclodextrin	环化糊精
CEN	centromere DNA sequence	着丝粒 DNA 序列
CGTase	cyclodextrin glycosyltransferase	环糊精葡萄糖基转移酶
CHS	chalcone synthase	查尔酮合成酶
CKX	cytokinin oxidase	细胞分裂素氧化酶
ClYVV	clover yellow vein virus	三叶草黄脉病毒
CMS	cytoplasmic male sterility	细胞质雄性不育
CMV	cucumber mosaic virus	黄瓜花叶病毒
COG	Clusters of Orthologous Group	蛋白质直系同源簇数据库
CP	coat protein	外壳蛋白
cpDNA	chloroplast DNA	叶绿体 DNA
CREB	—	cAMP-应答元件结合蛋白
CRF	cytokinin response factors	细胞分裂素响应因子
CRY	cryptochrome	隐花色素
CS	context sequence	通读序列
CTAB	cetyltriethylammonium bromide	十六烷基三乙基溴化铵
CTK	cytokinin	细胞分裂素
CTP	chloroplast transit peptide	叶绿体导肽
CysP	cysteine proteases	半胱氨酸蛋白酶
DAB	diaminobenzidine	二氨基联苯胺
DBD/DNA-BD	DNA-binding domain	DNA 结合结构域
dbEST	the expressed sequence tags database	表达序列标签数据库
DDRT-PCR	difference display reverse transcription polymerase chain reaction	差异显示反转录 PCR
DDRT-PCR	mRNA differential display reverse transcription PCR	mRNA 差异显示技术
DHFR	dihydrofolate reductase	二氢叶酸还原酶

英文缩写	英文全称	中文名
DIGE	difference gel electrophoresis	荧光差异电泳技术
DIP	the database of interacting proteins	互作蛋白质数据库
DIRNA	defective interfering RNA	缺陷干扰 RNA
DMAPP	dimethyl allyl pyrophosphate	二甲烯丙基焦磷酸
dMP	defective movement protein	缺陷型运动蛋白
dsDNA	double strand DNA	双链 DNA
dsRNA	double strand RNA	双链 RNA
EGFP	enhanced GFP	增强型绿色荧光蛋白
ELISA	enzyme-linked immuno sorbent assay	酶联免疫反应
EPD	eukaryotic promoter database	真核生物启动子数据库
EPSPS	5-enolpyruvylshikimate-3-phosphate synthase	5-烯醇式丙酮酸莽草酸-3-磷酸合成酶
ERF	ethylene responsive factors	乙烯响应因子
ESI-MS	electrospray ionization tandem mass spectrometry	电喷雾串联质谱
EST	expressed sequence tag	表达序列标签
ET	ethylene	乙烯
FAS	fatty acid synthase complex	脂肪酸合酶复合体
FASTA	fast alignment	快速联配
FBPase	fructose-1,6-bisphosphatase	果糖-1,6-二磷酸酯酶
FFT	fructan: fructan fructosyl transferase	果聚糖:果聚糖果糖基转移酶
FHB	fusarium head blight	小麦赤霉病
FL	firefly luciferase	萤火虫荧光素酶
FMDV	foot and mouse disease virus	口蹄疫病毒
FMN	flavin mono nucleotide	黄素单核苷酸
FMO	flavin monooxygenase	黄素单加氧酶
FRET	fluorescence resonance energy transfer	荧光共振能量转换效应
GA	gibberellins	赤霉素
GA13ox	GA 13-oxidase	GA13 氧化酶
GA20ox	GA 20-oxidase	GA20 氧化酶
GA2ox	GA 2-oxidase	GA2 氧化酶
GA3ox	GA 3-oxidase	GA3 氧化酶
GDB	genome database	基因组数据库
GEF	gene expression finger printing	基因表达指印法
GEF	gene expression finger printing	基因表达指印法
GEO	gene expression omnibus	基因表达数据仓库
GFP	green fluorescent protein	绿色荧光蛋白
GGDP	geranylgeranyl diphosphate	牻牛儿基焦磷酸
GMC	genetically modified crops	转基因作物
GMO	genetically modified organisms	转基因生物
GMP	genetically modified plants	转基因植物
GMS	genic male sterility	细胞核雄性不育性
GPAT	glyceral-3-phosphate acyltransferase	甘油-3-磷酸酰基转移酶
GPX	glutathione peroxidase	谷胱甘肽过氧化物酶
GRF	growth regulating factors	生长调节因子
GS	glutamine synthetase	谷氨酰胺合成酶
GSS	genome survey sequence	基因组概览序列
GTF	general transcription factor	普通转录因子
Gus	β-glucuronidase	β-葡萄糖醛酸糖苷酸酶
HAC	human artificial chromosomes	人类人工染色体
HD	homeodomain	同源域
HGP	human genome project	人类基因组计划
HM	homozygous lines	纯合突变体植株
HMM	hidden Markov model	隐马尔科夫模型
HMW-GS	high molecular weight subunit	高分子质量麦谷蛋白亚基
HPT	hygromycin phosphotransferase	潮霉素磷酸转移酶
HR	homologous recombination	同源重组
HR	hypersensitive response	过敏性反应
HRP	horse radish peroxidase	辣根过氧化物酶
HTG	high throughput genomic sequences	高通量基因组序列
HZ	heterozygous lines	杂合突变体植株
IAA	indole-3-acetic acid	吲哚乙酸
iaaH	indole acetamide hydrolysis enzyme	吲哚乙酰胺水解酶
iaaL	indole-3-acetic acid lysine synthetase	吲哚-3-乙酸赖氨酸合成酶
iaaM	tryptophan monooxygenase	色氨酸单加氧酶
IAM	indole-3-acetamide	吲哚乙酰胺
ICP	insecticidal crystal protein	杀虫结晶蛋白
IEF	isoelectric focusing	等电聚焦
IFN	interferon	干扰素

英文缩写	英文全称	中文名
INT	integrase	特异性整合酶
IPCR	inverse PCR	反向 PCR
IPG	immobilized pH gradient	固相 pH 梯度
IpGI	integrated procedure for gene identification	基因鉴定集成法
iPMP	isopentenyl adenosine-5′-monophosphate	异戊烯基腺苷-5′-磷酸
IPCR	inverse PCR	反向 PCR
IPT	isopentenyl transferase	异戊烯基转移酶
IR	intergenic region	间隔区
IS	insertion sequence	插入序列
ISR	induced systemic resistance	诱导系统抗性
JA	jasmonic acid	茉莉酸
JIPID	Japan international protein information database	日本国际蛋白质序列数据库
KAO	ent-kaurenoic acid oxidase	内根-贝壳杉烯酸氧化酶
KEGG	Kyoto encyclopedia of genes and genomes	京都基因和基因组百科全书
KS	ent-kaurene synthase	内根-贝壳杉烯合成酶
LEA	late embryogenesis abundant protein	胚胎晚期富集蛋白
LMW-GS	low molecular weight subunit	低分子质量麦谷蛋白亚基
LOX	lipoxygenase	脂氧合酶
LRR	leucine-rich repeat	亮氨酸重复序列
Luc	luciferase	荧光素酶
LZ	leucine zipper	亮氨酸拉链
MAC	mammalian artificial chromosomes	哺乳动物人工染色体
MALDI	matrix-assisted laser desorption ionization	基质辅助激光解析电离
MAPK	mitogen-activated protein kinase	促分裂原活化蛋白激酶
MAR	matrix attachment region	核基质附着区
MCS	multiple cloning site	多克隆位点
MEP	methyl-erythritol phosphate	甲基赤藓糖醇磷酸
MFTP	marker-free transgenic plant	无选择标记的转基因植物
MIPS	the Munich Information Center for Protein Sequences	慕尼黑蛋白质序列信息中心
ML	maximum likelihood	极大似然法
MP	maximum parsimony	最大简约法
MP	movement protein	运动蛋白
MTN	metallothionein	金属硫蛋白
NADPH	reduced nicotinamide adenine dinucleotide phosphate	还原型辅酶
NADP-ME	—	NADP 苹果酸酶
NBS	nucleotide binding site	核苷酸结合位点
NBT	nitroblue tetrazolium	硝基四氮唑蓝
NCBI	National Center for Biotechnology Information	美国国立生物技术信息中心
ncRNA	non-coding RNA	非编码 RNA
NDR1	non-race-specific disease resistance	非种属特异性抗病性
NDV	new castle disease virus	鸡新城疫病毒
NGS	next-generation sequencing	二代测序
NIL	near isogenic line	近等基因系
NJ	neighbor-joining method	紧接法
NLS	nuclear localization signal	核定位信号
non-LTR	non-long-terminal-repeats	非长末端重复
nos		胭脂碱合成酶启动子
npt-II	—	新霉素磷酸转移酶基因
NUE	nutrient use efficiency	养分利用效率
OC	organizing center	组织中心区
OG	oligo-galacturonide	多聚半乳糖醛酸
ORF	open reading frame	开放阅读框
Ori	origin of replication	复制原点
OXO	oxalate oxidase	草酸氧化酶
P	promoter	启动子
P450	cytochrome P450 monooxygenase	细胞色素 P450 单加氧酶
PA	phytoalexins	植保素
PAC	P1-derived artificial chromosomes	P1 噬菌体及其衍生人工染色体
PAC	plant artificial chromosome	植物人工染色体
PAD	phytoalexin deficient	植保素缺陷

英文缩写	英文全称	中文名
PAGE	polyacrylamide gel electrophoresis	聚丙烯酰胺凝胶电泳
PAL	phenylalanine ammonialyase	苯丙氨酸裂解酶
PAL	phenylalanine deaminase	苯丙氨酸脱氨酶
PAT	phosphinothficinacetyl transferase	草丁膦乙酰转移酶
PAT	phosphinothricin *N*-acyltransferase	草铵膦乙酰转移酶
PCD	programmed cell death	程序性细胞死亡
PCNA	promotion cell nuclear antigen	增殖细胞膜抗原
PDB	protein data bank	蛋白质数据仓库
PDR	pathogen-derived resistance	病原介导的抗性
PDS	phytoene desaturase	番茄红素脱氢酶
PE	pectin pectylhydrase	果胶酯酶
PEBV	pea early brown virus	豌豆早褐病毒
PEPC	phosphoenolpyruvate carboxylase	磷酸烯醇丙酮酸羧化酶
Pfam	protein families database	同源蛋白家族数据库
pflp	sweet pepper ferredoxin-like protein	甜椒类铁氧还蛋白
PG	polygalaeturonase	多聚半乳糖醛酸酶
PHA	polyhydroxyalkanotate	聚羟基烷酸酯
PHB	poly-β-hydroxybutyrate	聚β-羟基丁酸酯
PHOT	phytochrome	光敏色素
PHY	phototropin	向光素
PI	proteinase inhibitor	蛋白酶抑制剂
PIF	phytochrome interacting factor	光敏色素相互作用因子
PK	phosphotyrosine kinase	酪氨酸激酶
PL	pectate lyases	果胶裂解酶
PLRV	potato leaf roll virus	马铃薯卷叶病毒
PME	pectin methylesterase	果胶甲酯酶
PMF	peptide mass fingerprinting	肽质量指纹图谱
PMI	phosphomannose isomerase	磷酸甘露糖异构酶
POD	peroxidase	过氧化物酶
PPDK	pyruvate orthophosphate dikinase	磷酸丙酮酸二激酶
PPO	polyphenol oxidase	多酚氧化酶
PPT	phosphinothricin	草丁膦
PPV	plum pox virus	洋李痘疱病毒
PRINTS	——	蛋白质功能位点序列片段数据库
PROS-ITE	——	蛋白质功能位点数据库
PRs/PRP	pathogenesis-related proteins	病程相关蛋白
PS	pinosylvin synthase	赤松素合成酶
PST	peptide sequence tag	肽序列标签
PTGS	post-transcriptional gene silencing	转录后基因沉默
PTK	protein kinase	蛋白激酶
PVX	potato virus X	马铃薯 X 病毒
PVY	potato virus Y	马铃薯 Y 病毒
qRT-PCR/Real-time PCR	real-time quantitative polymerase chain reaction	实时荧光定量 PCR
RACE	rapid amplification of cDNA ends	cDNA 末端快速扩增技术
RAPD	random amplified polymorphic DNA	随机扩增多态 DNA
RARGE	the RIKEN *Arabidopsis* genome encyclopedia	RIKEN 拟南芥基因组的百科全书
RDA	representational difference analysis	DNA 示差分析技术
RdRP	RNA-directed RNA polymerase	RNA 依赖的 RNA 聚合酶
RDV	rice dwarf virus	水稻矮缩病毒
Rep	replication initiator protein	蛋白复制启动子
Rf	repetition frequency	重复频率
RFLP	restriction fragment length polymorphism	限制性片段长度多态性
RIP	ribosome-inactivating protein	核糖体失活蛋白
RISC	RNA induced silencing complex	RNA 诱导沉默复合体
RNAi	RNA interference	RNA 干扰
RS	resveratrol synthetic enzyme	白藜芦醇合成酶

英文缩写	英文全称	中文名
RSV	rice stripe virus	水稻条纹叶枯病毒
RT-PCR	reverse transcription PCR	反转录聚合酶链式反应
Rubisco	ribulose-1,5-diphosphate oxygenase	1,5-二磷酸核酮糖羧化酶/加氧酶
RuBP	ribulose-1,5-diphosphate	1,5-二磷酸核酮糖
Rz	ribozyme	核酶
SA	salicylic acid	水杨酸
SABP	SA binding protein	SA 结合蛋白
SAGE	serial analysis of gene expression	基因表达系列分析
SAG	senescence-associated gene	衰老相关基因
SAM	shoot apical meristem	茎端分生组织
SAR	systematic acquired resistance	植物系统获得性抗性
Sat-RNA	satellite RNA	卫星 RNA
SBE	starch branching enzyme	淀粉分支酶
SBPase	sedoheptulose-1,7-bisphosphatase	景天庚酮糖-1,7-二磷酸酯酶
SB-WMV	soil borne wheat mosaic virus	小麦土传花叶病毒
SDBE	starch debranching enzyme	淀粉去分支酶
SDS	sodium dodecyl sulfonate	1-十二烷基磺酸钠盐
SDS-PAGE	sodium dodecyl sulfate poly-acrylamide gel electrophoresis	十二烷基硫酸钠聚丙烯酰胺凝胶电泳
SGR	stay-green protein	叶绿体滞绿蛋白
SH	subtractive hybridization	消减杂交法
ShB	sheath blight	纹枯病
SNP	single nucleotide polymorphism	单核苷酸多态性
SOD	superoxide dismutase	超氧化物歧化酶
SS	starch synthase	淀粉合成酶
SSCP	single-strand conformation polymorphism	DNA 单链构型多态性
SSH	suppression subtractive hybridization	抑制性差减杂交
SSLP	simple sequence length polymorphism	简单序列长度多态性
SSR	simple sequence repeats	简单序列重复
SST	sucrose:sucrose fructosyl-transferase	蔗糖:蔗糖果糖基转移酶
STF	specific transcription factor	特异性转录因子
STR	short tandom repeats	短串联重复
STS	sequence tagged sites	序列标记位点
SUT	sucrose transporter	蔗糖转运蛋白
TAC	transformation competent artificial chromosome	可转化人工染色体
TADSH	subtractive hybridization of transcriptionally active DNA fragments	DNA 差减杂交技术
TAG	triacylglycerol	三酰甘油
TAIR	the *Arabidopsis* information resource	拟南芥信息资源网站
TAV	tomato aspermy virus	番茄不孕病毒
TbCSV	tobacco curly shoot virus	烟草曲茎病毒
TBSV	tomato bushy stunt virus	番茄丛矮病毒
TEL	telomere sequence	端粒序列
TEV	tobacco etch virus	烟草蚀纹病毒
TGMV	tomato golden mosaic virus	番茄金色花叶病毒
TGS	transcriptional gene silencing	转录水平基因沉默
Ti	tumor-inducing plasmid	肿瘤诱发质粒
TIR	Toll and interleukin receptor	Toll 蛋白及白细胞介素受体
TLP	thaumatin-like protein	类甜蛋白
TM	transmembrane domain	跨膜结构域
TMB	tetramethylbenzidine	四甲基联苯胺
TNVA	tobacco necrosis virus A	烟草坏死病毒 A
ToLCV	tomato leaf curl virus	番茄曲叶病毒
TRANS-FAC	transcription factor database	基因调控转录因子数据库
TRRD	transcription regulatory regions database	转录调控区数据库
TRV	tobacco rattle virus	烟草脆裂病毒
TSWV	tomato spotted wilt virus	番茄斑萎病毒
TuMV	turnip mosaic virus	胡萝卜花叶病毒
TVMV	tobacco vein mottling virus	烟草叶脉斑点病毒

英文缩写	英文全称	中文名	英文缩写	英文全称	中文名
TYLCV	tomato yellow leaf curl virus	番茄黄化曲叶病毒	X-Gal	5-bromo-4-chloro-3-indolyl-β-D-glucuronic acid	5-溴-4-氯-3-吲哚-β-D-半乳糖苷
UAS	upstream activation sequence	上游激活序列			
UGE	UDP-glucose epimerase	UDP-葡萄糖异构酶	Y2H	yeast two-hybrid system	酵母双杂交系统
Vector DB	Vector Database	克隆载体数据库	YAC	yeast artificial chromosomes	酵母人工染色体
VIGS	virus induced gene silencing	病毒诱导基因沉默	ZYMV	zucchini yellow mosaic virus	西葫芦黄化花叶病毒
Vip	vegetative insecticidal protein	营养杀虫蛋白			